ISBN 3 7913 0393 7

Wiedergabe des Erstdrucks von 1842 nach dem Exemplar der Bayerischen Staatsbibliothek in München

Prestel-Verlag München 1976

DER RHEIN

von den

Quellen in der Schweiz

bis zur

Mündung in die Nordsee.

Historisch-Topographischer

Dampf-Schifffahrts-

ATLAS,

mit den Abstechern

auf der

Eisenbahn von Basel bis Strassburg;

der

Dampfschiffreise auf dem Neckar bis Heilbronn;

auf der

Eisenbahn von **Mannheim** über **Heidelberg** nach **Carlsruhe;**

der

Dampfschiffreise auf dem Main *zwischen* ***Mainz und Bamberg,***

und der

Taunus-Eisenbahn *zwischen* ***Wiesbaden und Frankfurt;***

der projektirten

Lahn-Dampfschiffreise von Giessen bis Lahnstein,

so wie der

Mosel-Dampfschiffreise von Coblenz bis Trier;

sodann auf der

Eisenbahn von Cöln nach Aachen.

Mit vielen Städte-Planen und Vignetten.

ZWEIBRÜCKEN, 1842.

Druck und Verlag der **G. Ritter**'schen Buchdruckerei und Buchhandlung.

Quellen — Chur

Ein stattliches Gebirg erhebt sich zwischen den hohen Schweizeralpen, der ST. GOTTHARD, umgeben von den Gletschern Furca, Vogelberg, Krispalt und dem Splügen. Seine höchste Spitze ist 13,280 Fuss über der Meeresfläche. Er ist einer jener ungeheuern Urfelsen, welche der Erde Gestalt geben. Aus seinen wasserreichen Klüften strömen rechts und links herrliche Flüsse nach Italien, Frankreich u. Deutschland. Unter diesen ist

DER RHEIN

der schönste und berühmteste Strom in Europa. — In Beziehung auf den Handel, zum Absatz der innern Produkte wie zum Empfang der überseeischen Waaren, kann der Rhein als die wichtigste Wasserstrasse in Deutschland angesehen werden. Durch die Vereinigung des Vorder-, Mittel- u. Hinterrheins wird er gebildet. — Der **Vorderrhein** entsteht aus den kleinen Bergseen und Bächen, welche auf der Nordostseite des Gotthardstocks am Badus u. Krispalt im Tavetscher Thal zusammenfliessen. Jeder Arm führt in der Landessprache seinen eigenen Namen. Der mittlere, der aus den Gletschern an der Ostseite des Sixmadun abfliesset, deren Gewässer sich 7240 F. üb. d. M. im Lac de Tomo und Palidulca sammeln, heisst Rin di Ciamot; der zweite Arm, Rin di Cornära, entspringt 6890 F. üb. d. M. im Hintergrunde des Val Cornära an der Cima de la Repeca; der dritte Arm fliesst aus dem Cjämer-Thal, am Fusse des Krispalt, von einer Höhe von 6710 F. üb. d. M. ab. Von ihrem Zusammenfluss bei Chiamut, 5270 F. üb. d. M., heisst derselbe auch Tavetscher Rhein. Bis zur Vereinigung mit dem Mittelrhein bei Disentis nimmt er noch etwa zehn Bäche auf. — Der **Mittel- oder Medelser-Rhein** fliesst aus zwei Hauptbächen zusammen, wovon der eine aus dem L. Dim, der andere aus dem L. Scur, 6670 F. üb. d. M., im Val Cadlim am Lukmanierberg, abläuft und bildet bald den See Insla im Westen vom Hospiz S. Maria. Der Abfluss dieses Sees, Froda genannt, nimmt hierauf den Termser- u. Radicer-Bach auf, vereinigt sich bei Perdatsch mit dem Ausflusse des Gletschers im Cristallinerthal und durchfliesst nun als Mittelrhein das Medelser-Thal, welches er, nach einem schönen Doppelsturze durch eine halbe Stunde lange, enge waldige Schlucht verlässt. Vereint mit dem Vorderrhein durchfliesst er nun von Disentis das schöne Oberland, ein Längenthal der Alpen bis Reichenau, wo er sich mit dem Hinterrhein vereinigt. Auf dieser Strecke nimmt

Bei der Vereinigung mit dem Ill ist der Rhein 350 F. breit, bei der Mündung in den Bodensee 290. In dem Bodensee scheint der junge Strom seine Gewässer und Kräfte zu sammeln zu einer weiten ruhigen Fläche, auf welcher sich die Natur umher sanft abspiegelt. Auf ihrer Mitte schwimmen 2 stille Eilande, die Meinau u. Reichenau, wie blühende Gärten, und verschönern sowohl den See, als seine fernen Umgebungen. Kaum aber ist der noch wilde Fluss aus diesen sanften Banden wieder hervorgetreten, als er in neuen u. schrecklichen Fällen die Felsen durchbricht. Aus dem Bodensee strömt er bei Constanz nach W. in den Untersee, 1190 F. üb. d. M., den er bei Stein 250 F. br. verlässt. Er wendet sich bald unterh. Schaffhausen bei d. Rheinbrücke, 270 F. br. u. 1164 F. ü. d. M., nach SW. und bildet zwischen Laufen u. Neuhausen den berühmten 50—60 F. hohen Rheinfall. Nicht sowohl die Höhe, von welcher der mächtige Fluss herabstürzt, als die Wasserfülle u. malerischen Umgebungen sind es, welche diesem Wasserfalle die Bewunderung aller Freunde erhabener Naturscenen sichern werden. Derselbe stellt sich am prächtigsten von Zürch aus dar, von wo man ihm auf einem hölzernen Vorbau ohne Gefahr nahe kommen kann, jedoch vom Wasserstaube durchnässt wird. Einen gleichfalls schönen Anblick desselb. geniesst man in dem Pfarrgarten. Am schönsten ist er in den Monaten Juni u. Juli, und zwar in den früh. Morgenstunden u. Abends, sowie insbesondere bei Mondschein. Links erhebt sich stolz auf der dunkelgrünen Höhe das malerische Bergschloss Laufen mit vielen Thürmen und zackigen Wänden. Unten aus dem Abhange strotzen kahl, oder nur auf dem Haupte mit Gesträuch und Moos bedeckt, zwei Felsen herauf, durch die Länge der Zeit schon ausgehöhlt. Hinten aus dem dunkeln Gebirgsschl. stürzt der Rhein hervor und verschlingt sich in tückische Wirbel, wie er sich d. Felsen nähert. Dann schiesst er plötzl. und pfeilschnell gegen sie an; sein zuvor dunkelgrünes Wasser bricht sich in ein Gewirr v. weissen, blauen u. grauen Strudeln, und stürzt in ungeheuern Bächen und mit schrecklich. Getöse in den Abgrund herunter. Der Fall verhallt wie ein naher Donnerschlag, der Dampf steigt an dem dunkeln Berge wie eine Nebelwolke hinauf, indess die Sonnenstrahlen in den aufgelösten Tropfen mit schönen Regenbogenfarben spielen. Ganz nahe unterhalb des Falles ist der Rh. wieder schiffbar und die Ueberfahrt gewährt einen besondern Reiz. Bei Reimehr als sechzig Bäche auf, von denen der Sumwixer-Rhein, der Lugnetzer-Rh. oder Glenner, und der Savier-Rhein die wichtigsten sind. Neuere Geographen anerkennen den Mittelrh. nicht als eine Hauptquelle des Rheins, sondern unterscheiden nur Vorder- und Hinterrhein. — Der **Hinterrhein** entst. aus dem Bache, den der Paradies-Gletscher (zwischen dem Moschelhorn und Piz Val-Rhin) entlässt, 5760 F. üb. d. M. Ohngefähr 50 F. von der Erde rinnt die Quelle aus einer Eiswand. Eine halbe Stunde von der Quelle abwärts vernimmt man ein donnerähnliches Brausen: der Rhein stürzt in eine Felsenschlucht, die fast ganz von einem ungeheuern Felsen bedeckt ist. Bald wird er aber noch aus dreizehn andern Bächen, welche über den Kamm des Moschelhorns herabstürzen, bereichert. Er durchströmt in nordöstl. Richtung das Rheinwaldthal, nimmt bei der Roffla-Brücke, 3220 F. üb. M., den Avner-Rh. auf, erhält nördlich durch die Nolla einen gefährlichen Zufluss und vereinigt sich bald darauf bei Silz, 2240 F. üb. d. M., mit der aus dem Thalschlund Schyn hervorströmenden Albula. So vereint durcheilt er wild verheerend das weite Thal von Domleschg und drängt sich unterhalb Räzüns durch ein enges Felsenbett zur Vereinigung mit dem weniger starken Vorderrhein beim Schlosse Reichenau, wo er bereits eine Breite von 120 F. hat. Der Hinterrh. nimmt von den Hauptquellen bis Reichenau über dreissig grössere Bäche auf und ist für Flösse von der Fürstenauer Brücke an schiffbar. Bei Chur, dem der 8000 F. hohe Calandaberg gegenüber liegt, nimmt nun der vereinigte Rhein die Plessur auf und strömt in nördl. Richtung, oft seine flachen Ufer verheerend, bis zur obern Zollbrücke, wo er die aus dem Prättigau herfliessende geschiebreiche Lanquart aufnimmt, von da die Grenze zwischen Bündten und St. Gallen bildend, an Ragatz vorüber, wo ihm die wilde Tamina zueilt. Bis hierher nimmt der Rhein Gewässer von wenigstens 150 Gletschern auf. Hier ist nun die Gegend, wo der Rh. in dunkler Vorzeit seinen nordw. Lauf in den Wallenstädter See verlassen und zwischen dem Fläscher u. Schollberg die westl. Fortsetzg. des Rhätikon durchbrochen hat, um anfänglich nach NO. und bald darauf nach N. seine so oft verderblichen Fluthen fortzuwälzen. Unweit Hirzensprung nimmt er im O. den Ill und bald darauf die Frutz auf und strömt nach mancherl. Windungen in n-n-w. Richtung bei Altrhein, 1220 F. üb. M., in den Bodensee.

... so nahe zusammen, dass der Hinterrh. ... neben ihm die Str. meist in Felsen gesprengt werden musste. Diese Gegend ist den Lauinen sehr ausgesetzt und hat ein rauh. Klima, doch bekleidet noch ein kräftiger Waldwuchs die Gehänge; die Wiesen sind reich an Futterkräut. und auf den Bergen herrscht eine üppige Alpenflora. Die Gletscher um die Quellen des Rh. sollen seit frühern Zeiten auffallend zugenommen und auf der Zaport-Alp ein Wirthsh. gestanden haben; auch zeigt man noch den Ort, wo einst ein heidnischer Tempel, spät. eine Einsiedelei gestanden haben soll. Das Klima muss früher bedeut. milder gewesen seyn, denn ehem. haben viele Elstern hier gebrütet und die Nester der Schwalben stehn nun verlassen. — Von den tief in's Thal herabsteigenden Gletschern ist der Hinterrhein- oder Rheinwald-Gletscher der berühmteste. Der vordere Gletscher senkt seine Eismassen in den schauerl. Schlund, die „Hölle", gegenüber der Alpweide „Paradies." Als im August 1834 die Regengüsse einen Gletscherarm wegspülten, fand man Gerippe, Waffen und Ueberreste von Kleidungsstücken, welch letztere für spanische gehalten wurden. — Die Einwohner (in 6 Ortschaften ohngef. 1400) sind deutschen Stammes und ohne Zweifel Abkömmlinge jener deutschen Colonisten, welche Kaiser Friedrich I. zur Bewachung der Alpenpässe in die Hochthäler Graubündtens versetzte. Sie beschäftigen sich mit Alpenwirthschaft, Viehzucht u. Fuhrwesen. — Durch das Rheinwaldthal und über die umgebenden Höhen führen die grossen Bergstrassen über den Splügen nach Chiavenna, und über den Bernhardin in's Misocco-Thal und nach Bellinzona; ausserdem die Alpenwege über den Valserberg in's St. Peter- und über den Löchliberg in's Savien-Thal.

Das Dorf **Rheinwald od. Hinterrhein** (180 E.) liegt am nördl. Fusse des Bernhardins und an der gr. Strasse über denselben. Wirthshaus: Post. — Hier reift kein Getreide mehr, dageg. findet man vortreffl. Wiesen u. schöne Tannenwaldungen. Oberh. führt eine steinerne Br. über den Rh.; nicht weit davon ist der sehensw. Wasserfall des Weissbachs.

a. Hinterrhein

b. d. M. Ueber denselben ..., im Frühjahr aber durch ... durch 4 fest gebaute Gal... die Ueberreste von Baum... hen Zeiten in der Umgeg. ... ster gebrochen. Im Osten ... Saumthiere diese Strasse. ... r Name Splügen). ... beiden hier zusammentr. ... Suversberge. — Excurs.: ... d. M.; St. Bernhard &c.

Quelle des Hinterrheins.

Entfernung der Stadt Chur

von den wichtigsten Orten des Cantons Graubündten.

(In Schweizer-Stunden.)

	St.		St.		St.
Alveneu	$6^{1}/_{4}$	St. Maria (auf d. Lukmanier)	$17^{3}/_{4}$	Schiers	$4^{3}/_{4}$
Andeer	$7^{3}/_{4}$	— (im Münster-thal)	$16^{1}/_{2}$	Schuols	24—
St. Berhardin, D.	15—	Mayenfeld	$3^{3}/_{4}$	Septmer	$13^{1}/_{2}$
Casaccia	15—	St. Moritz	$16^{1}/_{2}$	Soazza	$18^{1}/_{2}$
Cernitz	$18^{1}/_{2}$	Parpan	$2^{3}/_{4}$	Splügen, Df.	$10^{1}/_{2}$
Churwalden	2—	Ponte	14—	Splügenhöhe	$12^{1}/_{4}$
Davos	$6^{1}/_{4}$	Poschiavo	23—	Stella	$11^{1}/_{2}$
Davos (üb. Lenz)	$11^{1}/_{2}$	Reichenau	2—	Tinzen	$7^{3}/_{4}$
Disentis	$12^{3}/_{4}$	Roveredo	$22^{1}/_{4}$	Trons	10—
Hinterrhein	$12^{1}/_{2}$	Samaden	$15^{1}/_{2}$	Tusis	5—
Ilanz	$6^{1}/_{2}$	Scanf	$15^{1}/_{4}$	Vicosoprano	$16^{1}/_{2}$
Klosters	$8^{1}/_{2}$			Weisenstein	11—
Lenz	$4^{1}/_{2}$			Zizers	2—

Quellen des Vorderrheins.

Fall des Rheins.

Es liegt über dem Meere:

	Fuss.
der Ursprung des Rheins	7240
der Rhein bei Chiamut	5365
„ „ „ Disentis	3550
„ „ „ Ilanz	2210
„ „ „ Reichenau	1830
„ „ im Bodensee	1255
„ „ bei Schaffhausen	1183
„ „ „ der Aarmündung	956
„ „ „ Basel	752
„ „ „ Kehl	424
„ „ „ Mannheim	284
„ „ „ Mainz	256
„ „ „ Coblenz	180
„ „ „ Cöln	104
„ „ „ Arnheim	30

nen Weg, nimmt bei Ellikon die Thur und bei Teufen, 1013 F. üb. d. M., die Töss auf und wendet dann plötzl. seinen Lauf wieder nach W. Bei Rheinfeld nimmt er die von S. kommende Glatt und unterh. Zurzach die aus NO. herbeistr. Wutach auf und vereinigt sich bei Coblenz mit der mächtigen Aare, 570 F. breit und 950 F. üb. d. M. Zwischen Waldshut u. Laufenburg nimmt er die vom Schwarzw. kommende Alb auf, zwängt bei letzterm Orte seine Fluthen durch ein enges mit Felstrümmern bedecktes Bett und bildet die Stromschnelle, Laufenburger Laufen genannt, unterhalb welcher er, 814 F. üb. d. M., eine Breite von 680 F. besitzt. Hier müssen die Schiffe durch die Stromschnelle an Tauen herabgelassen werden. Bei Nd.-Offlingen nimmt er am r. U. die Wehr, bei Äugst am l. U. die Ergolz, b. Basel die Birs u. Birsig auf, und ist, 770 F. üb. d. M., circa 760 F. breit. Hier wendet er sich plötzl. nach Norden und nimmt die Wiese am r. U. noch auf schweizerischem Boden auf, den er bei Kl.-Hüningen, 764 F. üb. d. M. u. 840 F. br., verlässt.—Der Rhein nimmt fast alle Wasserschätze der Schweiz, welche auf dem Jura und an der Nordseite des hohen Alpenkammes, von der Dent de Jaman bis zum Selvretta, nahe an der Tyroler Grenze, aus mehr als 370 Gletschern entspringen, auf. Nach einer zwölfjähr. Durchschnittsberechnung soll der Rhein b. Basel in einer St. 4,301,769 Kubikfuss Wasser vorbeiführen. Sein niedrigster Wasserstand fällt in die Monate Dezember u. Januar, sein höchster in den Mai u. Juni. Der Rhein durchströmt von Basel bis Rotterdam eine Strecke v. 207 Wegstunden. Sein schönes Thal ist rechts u. links von hohen Gebirgsreihen umgeben, wovon es seine eigene Gestalt erhält. An den rechten Ufern hin heissen sie in Schwaben der Schwarzwald und die rauhe Alb, zwischen dem Neckar u. dem Main der Odenwald, über dem Main nannten sie die Deutschen den Haynrig, die Römer den Taunus. Hinter diesem erstreckt sich der Westerwald und endigt mit dem hohen Siebengebirge. Auf dem link. Ufer hängen diese Gebirge mit dem Jura zusammen, ziehen sich längs dem Elsasse, unter dem Namen der Vogesen und des Haardtgebirgs, vermittelst des Donnersbergs bis an die Nahe; über dieser tragen sie den Nam. Hunnsrück und endigen, nachdem die Mosel zwischen ihnen in den Rhein geflossen ist, ebenf. mit d. Siebengebirge. — Für grössere Schiffe ist der Rhein von Rheineck an schiffbar; die gross. Schiffe des Bodensees können, des Rheinfalls wegen, nur bis Schaffhausen fahren.

Was die **Münzen** der Schweiz betrifft, so findet in diesem Lande eine ausserordentliche Verschiedenheit statt. Der Raum erlaubt es nicht, die in den verschiedenen Cantonen gebräuchlichen Münzsorten hier folgen zu lassen, da es für den Reisenden auch kaum der Mühe lohnt, sich in alle kleinliche Details hineinzustudiren. Der Fremde wird an einigen ausländischen Geldsorten eher gewinnen, als verlieren; solche sind: in Gold vollgewichtige alte franz. Louisd'or u. Napoleonsd'or od. Zwanzigfrankenstücke; in Silber Brabanterund Fünffrankenthaler. Der Reisende thut wohl, nicht mehr an kleinen Münzsorten bei sich zu führen, als der ohngefähre tägliche Bedarf erheischt, indem die kleinere Scheidemünze im nächsten Canton fast durchgehends verboten ist; und zu diesem Ende eignen sich am besten französische oder Schweizerfranken (à 10 Batzen od. 100 Rappen), da sie beinahe in allen Cantonen gleichen Werth besitzen.

Buchdr. u. Lithogr. v. G. RITTER in Zweibr.

Chur — Bodensee

Der Bodensee,

auch **Constanzer See** genannt, begrenzt v. Baden, Bayern, Würtemberg, den schweiz. Cantonen Thurgau und St. Gallen, theilt sich bei Constanz und Mörsburg in zwei Arme, von denen der erstere, in westl. Richtung fortgehend, der **Zeller-** od. **Untersee**, der andere nach NW. hinzieht und **Ueberlinger-See** genannt wird. Seine grösste Ausdehnung von Bregenz bis Ludwigshafen beträgt 13—14 St., von Bregenz bis Constanz 10—11, und von Constanz bis Stein $4^1/_2$ St. Von Arbon nach Langenargen ist seine Breite $3^1/_2$ St. Seine Oberfläche wird zu 9 QM. angenommen — nach dem Genfersee also der grösste in der Schweiz. Seine Tiefe zwischen Mörsburg und Constanz beträgt 650, zw. Rorschach u. Friedrichshafen 850 und zw. Bregenz u. Lindau 2200 F. Sein Spiegel liegt im mittlern Wasserstand (nach den neuesten Messungen) 1211 F. üb. d. M. Seine Ufer sind fast überall flach oder von niedern Hügeln umgeben, nur bei Bregenz felsig, daher ist er auch fast allen Winden ausgesetzt. Sein Hauptzufluss ist der Rhein, der bei Altrhein einmündet u. bei Stein a. Rh. ausströmt. Diese Einmündung geschieht bisweilen mit solcher Kraft, dass man seine Strömung deutl. am entgegengesetzten Ufer unterscheidet, wo er den Flüssen Argen und Schussen begegnet. Ausser dem Rhein ergiessen sich viele Bäche in denselben, die Dornbirner- und Bregenzer-Ach im Vorarlbergischen, die Lieblach an der öster.-bayer. Grenze, die Argen, Schussen und Ach im Würtembergischen, die Zeller-Ach im Badischen, die Goldach im Canton St. Gallen u. s. f. Die Ufer des Bodensees sind, besonders auf der Schweizerseite, vortrefflich bebaut, mit unzähligen Dörfern, kleinen Städten und Schlössern besetzt. Aus seinem Spiegel erheben sich die Inseln Reichenau u. Meinau und die auf 3 Inseln erbaute Stadt Lindau. Meinau wird die Perle des Sees genannt; sie liegt etwa 300 Schritte vom festen Lande und erhebt sich kegelförmig zu einer mässigen Höhe. Auf dem Gipfel steht das Schloss, von Gärten und geschmackvollen Anlagen umgeben, eine Reihe von herrlichen Aussichten gewährend. Diese Insel hat einen Umfang von etwas mehr als einer halben Stunde und ist ganz mit Weinbergen, Wiesen und Ackerland bedeckt. Früher war sie der Sitz eines Deutsch-Ordens-Commenthurs; seit 30 Jahren ist sie Privateigenthum des Fürsten Esterhazy. Am Eingange des Schlosses hat der Obergärtner ein Wirthshaus, wo der Fremde alle Bequemlichkeiten und Erfrischungen findet. — Die Insel Reichenau liegt im Untersee; sie ist $^5/_4$ St. lang u. $^1/_2$ St. breit und von 1500 Menschen bewohnt. Hier wurde schon im 8. Jahrh. eine Benediktiner-Abtei gestiftet, die nach und nach grosse Reichthümer und bedeut. Privilegien gewann. Reichenau war die Bildungsschule des deutschen Adels, welche zur Zeit Ludwigs des Frommen an 1600 Mönche und Priester zählte, die sämmtlich von der Abtei abhängig waren; 1538 fiel das Kloster sammt seinen Gütern und Gerechtsamen an das Bisthum Constanz und wurde 1799 gänzlich aufgehoben, nachdem es 1075 Jahre bestanden hatte. Sehenswerth ist die durch ihre alterthümliche Bauart merkw. Klosterkirche. — Der Untersee überfriert fast jährlich, der Obersee seit 4 Jahrh. nur 5mal (1477, 1572, 1596, 1695 u. 1830). An Fischen ist der Bodensee sehr reich: man zählt 126 Arten, unter denen vorzüglich die Lachsforellen, Felchen und Gangfische geschätzt und zum Theil in Menge ausgeführt werden. Ferner zählt man 36 Arten Schwimm- und 30 Arten Sumpfvögel.

Die Schifffahrt

auf dem Bodensee ist sehr lebhaft, besonders für Getreide, Wein und Güterfrachten.

Folgende Schiffe versehen regelmässigen Dienst:

1) Das kgl. bayer. Dampfschiff fährt

Montags v. Constanz n. Ueberlingen u. Sernatingen (Ludwigshafen), woselbst übernachtet wird.

Dienstags v. Sernatingen n. Constanz, dann

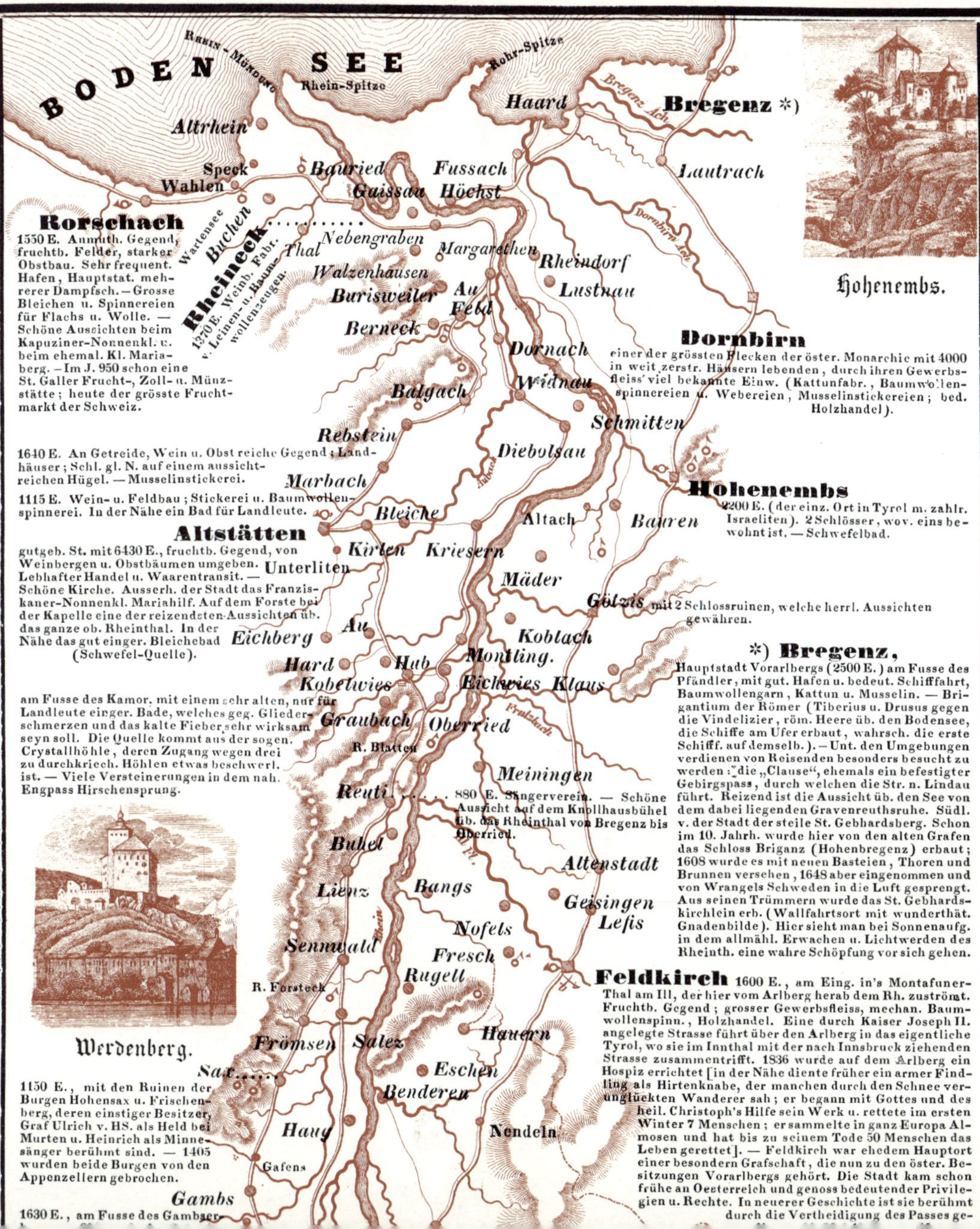

Rorschach 1550 E. Anmuth. Gegend, fruchtb. Felder, starker Obstbau. Sehr frequent. Hafen, Hauptstat. mehrerer Dampfsch. — Grosse Bleichen u. Spinnereien für Flachs u. Wolle. — Schöne Aussichten beim Kapuziner-Nonnenkl. u. beim ehemal. Kl. Mariaberg. — Im J. 950 schon eine St. Galler Frucht-, Zoll- u. Münzstätte; heute der grösste Fruchtmarkt der Schweiz.

Rheineck 1370 E. Weinb. Fabr. v. Leinen- u. Baumwollenzeugen.

Rebstein 1640 E. An Getreide, Wein u. Obst reiche Gegend; Landhäuser; Schl. gl. N. auf einem aussichtreichen Hügel. — Musselinstickerei.

Marbach 1115 E. Wein- u. Feldbau; Stickerei u. Baumwollenspinnerei. In der Nähe ein Bad für Landleute.

Altstätten

gutgeb. St. mit 6430 E., fruchtb. Gegend, von Weinbergen u. Obstbäumen umgeben. Lebhafter Handel u. Waarentransit. — Schöne Kirche. Ausserh. der Stadt das Franziskaner-Nonnenkl. Mariahilf. Auf dem Forste bei der Kapelle eine der reizendsten Aussichten üb. das ganze ob. Rheinthal. In der Nähe das gut einger. Bleichebad (Schwefel-Quelle).

Eichberg am Fusse des Kamor, mit einem sehr alten, nur für Landleute einger. Bade, welches geg. Gliederschmerzen und das kalte Fieber sehr wirksam seyn soll. Die Quelle kommt aus der sogen. Crystallhöhle, deren Zugang wegen drei zu durchkriech. Höhlen etwas beschwerl. ist. — Viele Versteinerungen in dem nah. Engpass Hirschensprung.

Reuti ...... 880 E. Sängerverein. — Schöne Aussicht auf dem Knollhausbühel üb. das Rheinthal von Bregenz bis Oberried.

Sax ...... 1150 E., mit den Ruinen der Burgen Hohensax u. Frischenberg, deren einstiger Besitzer, Graf Ulrich v. HS. als Held bei Murten u. Heinrich als Minnesänger berühmt sind. — 1405 wurden beide Burgen von den Appenzellern gebrochen.

Gambs 1630 E., am Fusse des Gambser-

Dornbirn

einer der grössten Flecken der öster. Monarchie mit 4000 in weit zerstr. Häusern lebenden, durch ihren Gewerbsfleiss viel bekannte Einw. (Kattunfabr., Baumwollenspinnereien u. Webereien, Musselinstickereien; bed. Holzhandel).

Hohenembs

2200 E. (der einz. Ort in Tyrol m. zahlr. Israeliten). 2 Schlösser, wov. eins bewohnt ist. — Schwefelbad.

Götzis mit 2 Schlossruinen, welche herrl. Aussichten gewähren.

*) Bregenz,

Hauptstadt Vorarlbergs (2500 E.) am Fusse des Pfändler, mit gut. Hafen u. bedeut. Schifffahrt, Baumwollengarn, Kattun u. Musselin. — Brigantium der Römer (Tiberius u. Drusus gegen die Vindelizier, röm. Heere üb. den Bodensee, die Schiffe am Ufer erbaut, wahrsch. die erste Schifff. auf demselb.). — Unt. den Umgebungen verdienen von Reisenden besonders besucht zu werden: die „Clause", ehemals ein befestigter Gebirgspass, durch welchen die Str. n. Lindau führt. Reizend ist die Aussicht üb. den See von dem dabei liegenden Gravenreuthsruhe. Südl. v. der Stadt der steile St. Gebhardsberg. Schon im 10. Jahrh. wurde hier von den alten Grafen das Schloss Briganz (Hohenbregenz) erbaut; 1608 wurde es mit neuen Basteien, Thoren und Brunnen versehen, 1648 aber eingenommen und von Wrangels Schweden in die Luft gesprengt. Aus seinen Trümmern wurde das St. Gebhardskirchlein erb. (Wallfahrtsort mit wunderthät. Gnadenbilde). Hier sieht man bei Sonnenaufg. in dem allmähl. Erwachen u. Lichtwerden des Rheinth. eine wahre Schöpfung vor sich gehen.

Feldkirch 1600 E., am Eing. in's Montafuner-Thal am Ill, der hier vom Arlberg herab dem Rh. zuströmt. Fruchtb. Gegend; grosser Gewerbsfleiss, mechan. Baumwollenspinn., Holzhandel. Eine durch Kaiser Joseph II. angelegte Strasse führt über den Arlberg in das eigentliche Tyrol, wo sie im Innthal mit der nach Innsbruck ziehenden Strasse zusammentrifft. 1836 wurde auf dem Arlberg ein Hospiz errichtet [in der Nähe diente früher ein armer Findling als Hirtenknabe, der manchen durch den Schnee verunglückten Wanderer sah; er begann mit Gottes und des heil. Christoph's Hilfe sein Werk u. rettete im ersten Winter 7 Menschen; er sammelte in ganz Europa Almosen und hat bis zu seinem Tode 50 Menschen das Leben gerettet]. — Feldkirch war ehedem Hauptort einer besondern Grafschaft, die nun zu den öster. Besitzungen Vorarlbergs gehört. Die Stadt kam schon frühe an Oesterreich und genoss bedeutender Privilegien u. Rechte. In neuerer Geschichte ist sie berühmt durch die Vertheidigung des Passes ge-

Der im Schlaf Besiegte.

(Siehe auf der Karte den Ort Ragatz.)

Auf Nidberg sitzt ein Rittersmann,
Den nicht sein Feind bezwingen kann,
Er schanzet in den Nächten,
Am Tage thät er fechten.

Von keinem Stosse wankt sein Thurm,
Es prasselt nieder, wer im Sturm
Die Zinnen will ersteigen,
Und um die Burg ist Schweigen.

Die Knechte zogen, flogen fort,
Sein Feind — ermüdet liegt er dort
Im Thal, am Quell im Grunde,
Da wäscht er seine Wunde.

Darüber kommt die dunkle Nacht,
Der Feind in schweren Sorgen wacht,
Als auf geheimen Wegen
Ein Weib ihm trat entgegen.

Sie rührt' an sein gesenktes Haupt,
Sie sprach: „Folgt mir, wenn Ihr mir glaubt,
Ich geb' ihn Euch bezwungen,
Mit dem Ihr habt gerungen."

Der Feind, er sprach: „Du schwaches Weib,
Du willst mir stellen seinen Leib,
Durch Schanzen, Thürme, Waffen
Willst heut ihn mir noch schaffen?"

So frägt er sie, und Mondenlicht
Scheint auf ihr bleiches Angesicht,
Ihr Auge flammt in Trübe,
Wild wie betrogne Liebe.

Da sprach der Feind: „Ich glaub's, du kannst!
Mit welchem Zauber du ihn bannst,
Mir gilt es gleich! komm, führe
Durch Thore mich und Thüre!"

Sie führet ihn, doch durch kein Thor,
Sie führet ihn den Berg empor
Zu einem Felsenzinken,
Dort sieht die Burg er winken.

Dort ragt sie mächtig in die Luft,
Dazwischen ist nur kleine Kluft,
Beleuchtet stehn vom Schimmer
Des Mondes Gang und Zimmer.

Und nah, ganz nah im Kämmerlein,
Da sieht er in des Mondes Schein
Den Feind, von lauter Siegen
Ermattet, schlafend liegen.

Von der entblössten Stirne heiss —
Rinnt noch der langen Arbeit Schweiss;
Viel alte Narben wieget
Die Brust, die offen lieget.

„Dort", spricht das Weib mit tiefer Wuth,
„Ich kenne seine Kammer gut,
Ich kenne seinen Schlummer,
Den tiefen ohne Kummer.

„Schnell send' ihm deines Pfeiles Schmerz,
Triff jählings ihn, triff ihn in's Herz!
Das Fenster stehet offen,
Was willst du Bessres hoffen?"

Wohl zittert vor dem Schläfer noch
Der arge Feind; er zielte doch —
Und flimmernd hat vom Bogen
Die Luft ein Pfeil durchflogen.

Und jener weiss nicht, wer ihn traf,
Fährt nach der Brust im süssen Schlaf,
Haucht aus im Traum sein Leben,
Der Feind erblickt's mit Beben.

Zu seinem Volke kehrt er um,
Das bleiche Weib stand lang noch stumm,
Ihr Blick ruht' auf der Kammer
Und sah sich satt am Jammer.

…sin. …à 20 …di. …=27s.	Genf. 1 flor. à 20 Sols. 1 fl.=12 kr.	
sld.	flor.	sols.
—	51	—
$13^3/_4$	$43^3/_8$	—
$^1/_2$	$25^1/_2$	—
$5^3/_4$	12	5
$3^1/_2$	10	9

…ohl, dieselben

falls wieder zum Uebernachten n. Constanz.
Donnerstags wie Montags.
Freitags v. Sernatingen n. Constanz und Rorschach, von da n. Bregenz, wo übernachtet wird.
Samstags v. Bregenz n. Lindau, von da n. Friedrichshafen und v. letzterm Orte wieder zurück n. Constanz.
Sonntags werden nur Spazierfahrten gemacht.

Man bezahlt von Constanz

nach Bregenz - - - -	in 5 St.	- 1 fl.	12 kr.
„ Friedrichshafen	„ 3 „	— „	42 „
„ Lindau - - - -	„ 4 „	1 „	— „
„ Rorschach - - -	„ 3 „	— „	48 „
„ Sernatingen - -	„ 3 „	— „	42 „
„ Ueberlingen - -	„ 2 „	— „	30 „

Von Bregenz

nach Friedrichshafen	in 3 St.	- — fl.	48 kr.
„ Constanz - - -	„ 5 „	1 „	12 „
„ Lindau - - - -	„ 1 „	— „	18 „
„ Rorschach - - -	„ 2 „	— „	36 „
„ Sernatingen - -	„ 7 „	1 „	30 „
„ Ueberlingen - -	„ 6 „	1 „	18 „

Von Lindau

nach Bregenz - - - -	in 1 St.	- — fl.	18 kr.
„ Friedrichshafen	„ 2 „	— „	36 „
„ Constanz - - -	„ 4 „	1 „	— „
„ Rorschach - - -	„ 2 „	— „	36 „
„ Sernatingen - -	„ 6 „	1 „	18 „
„ Ueberlingen - -	„ 5 „	1 „	6 „

2) Das würtemberg. Dampfboot in Friedrichshafen fährt Dienstags Morgens vor 5 Uhr von da ab, kommt in 2 St. nach Rorschach, und fährt Mittags um 1 Uhr von da wieder zurück nach Friedrichshafen.

Die zweite Fahrt zwischen genannten Orten geschieht Mittwochs mit Getreide.

Die dritte u. vierte Fahrt findet Donnerstags Morg. um 7 Uhr und Freitags um 8 Uhr, so wie die Rückfahrt an denselb. Tagen statt.

Die Person zahlt von Friedrichshafen nach Rorschach: 30 kr. — und umgekehrt: 33 kr.

Pfäffers,

Dorf mit 1262 E. und ehemal. grosser Benediktinerabtei, von Wiesengeländen, Obstgärten und Weinbergen umgeben. Das Kloster wurde 713 gestiftet; die Kirche hat einige gute Altargemälde. Nahe am Dorf ein schöner 180 F. h. Wasserfall. Auf der Terrasse des Taborberges herrl. Aussicht, beim Mondschein entzückend. Interessant der Weg nach dem

Pfäfferser-Bad,

3/4 St. v. Ragatz, in einem tiefen von der Tamina durchströmten Schlunde, von 6-700 F. hohen Felswänden eingeschlossen, 2030 F. üb. d. M. Ein erhabenes Schauspiel gewährt in dieser Schlucht das Zucken des Blitzes, das Rollen des Donners und das Tosen der von allen Seiten üb. die Felsen herunterstürzenden Wasserfälle bei einem Gewitter; nicht minder merkwürdig ist die Zeit, wo beim Brechen der Winterkälte die an den Felsen hängend. Eismassen mit furchtbarem Gekrache herunterstürzen. — Die Quellen (etwa 30° R.) sind 600 Schritte von den Badeh. entfernt und dringen aus mehrern Ritzen der s.-östl. Felswand hervor; in manchen J. fliessen sie nur v. Frühling b. z. Herbst, in andern auch den ganzen Winter durch. Man bedient sich des Wassers innerlich u. äusserlich; im Allgem. ist es reizend u. belebend, erwärmend u. verdünnend. Die Badezeit dauert vom Juni bis Mitte September. — Die Quellen wurden im J. 1038 v. einem Jäger der Abtei entdeckt, aber erst 200 J. später benutzt. 1382 wurde hoch üb. der Tamina a. d. Q. das erste Badehaus errichtet, zu dem man auf Leitern hinuntersteigen musste. Später wurden noch einige Badehäuser erbaut, 1629 aber sämmtlich durch Brand zerstört. 1630 wurde ein neues grosses Gebäude errichtet und 1704 endlich die jetzigen festen Badehäuser angelegt. Sie sind (4 a. d. Zahl) durch bedeckte Gänge verbunden; die beiden Hauptgebäude sind massiv, aber in klösterl. Geschmacke; sie enthalten 140 Zimmer u. können 300 Personen aufnehmen. 14 schöne Badegewölbe sind vorhanden, ausserdem ein Douche- u. ein Local-Dampfbad; die Trinklaube ist sehr geräumig. — Einfache und billige Bewirthung. — Angenehme Excursionen in die Umgegend.

3000 E. Starke Viehzucht. Hammerschmieden.

Werdenberg

960 E., an der nördl. Seite der Kuhfirsten. Starke Durchfuhr nach Bündten, bed. Jahrmärkte. Oberh. die alte Stammburg des berühmten Geschlechts der Grafen v. Werdenberg; sie hat einen ausgez. Thurm und ist merkwürdig durch historische Erinnerungen, sowie durch ihre Lage und Fernsicht. — In den benachbarten Dörfern Buchs, Seewelen und Azmoos finden häufige Ueberschwemmungen des Rheines statt, die oft bedeutenden Schaden anrichten.

Azmoos . . . .

500 E., am Fusse des Schollbergs. Eisenbergwerk, Eisenschmelze bei Flums. — 1799 gingen hier die Franz. üb. d. Rh. und drangen in Bündten ein. 1716 u. 1819 grosse Brände.

Sargans

800 E., am Fusse des Gonzen. Vereinig. der gr. Str. v. Zürich n. St. Gallen u. Chur. — Auf einem Marmorfelsen das Schloss, ehem. landvögtl. Sitz. 1618 drohte hier der Rhein auszubrechen u. seinen Lauf n. dem Wallenstädter See zu nehmen. Bei fortwährender Erhöhung des Flussbettes könnte eine solche Katastrophe vielleicht einmal eintreten.

Ragatz

1250 E., an der Einmünd. der Tamina in d. Rh., an einem bewaldeten Gebirge u. einem finstern Schlund — welches Alles der Gegend einen düstern, aber äusserst romantischen Charakter verleiht. Bedeut. Waaren- u. Personen-Transit. — Sch. Standpunkte u. Excursionen: bei den Ruinen des Schl. Freudenberg (deutscher Name statt des alten rhätischen Rhucanz, Ragaz); diese Burg war eine der schönsten in Rhätien und noch jetzt blicken ihre Thürme — vorn ein viereckiger, auf dem Bäume u. Gesträuch wachsen, und hinten ein runder alemannischer — stolz und herrlich von dem grossen Viereck ins Dorf u. Thal. — Unterh. der letztern Burg liegen die Ruinen des sagenreichen Schl. Nidberg, vom Volke Nipperg od. Ipperg genannt. Der letzte der tapferen Nipperger soll im 13. Jahrh., durch Verrath eines der Burgweiber vom jenseit. Hügel, im Schlafe erschossen worden seyn [siehe nebenstehende Romanze von Dr. Henne]. — Drei angenehme Wege führen von Ragatz nach dem Bad Pfäffers, wovon der üb. Valens besonders anmuthig und auch für Pferde gangbar ist. — Historisch merkwürd. ist der Ort durch den im Zürcherkriege (1446) von den Eidgenossen über die Oesterreicher daselbst erfochtenen Sieg. 1762 durch die Fluthen der ausgetretenen Tamina theilweise verheert; 1765 brannten 112 Häuser ab; 1800, während des Krieges, die Hälfte des Ortes eingeäschert.

Trimmis . . . .

1100 E., bei denen man auffallend viele Kröpfe bemerkt, was man dem hiesigen Wasser zuschreibt. Nach dem Genuss des Wassers der Mineralquelle im Maschanzer Tobel soll sich alsbald ein ausserordentl. Appetit einstellen. In der Nähe ein schöner, 300 F. hoher Wasserfall. Ruinen von Rauchenberg.

Haldenstein . . . .

560 E., am Fusse des Calanda, der sich von hieraus am besten besteigen lässt. Wein- u. Obstbau, treffl. Alpen. Das alte Schl. Haldenstein auf einem Felsen, 7 Stockwerke hoch, mit herrlicher Aussicht. Nahe sind die Schlossruinen von Krottenstein u. Lichtenstein, letzteres die Stammburg der Herren v. Lichtenstein. Bis zum J. 1798 bildete Haldenstein mit den genannten verfallenen Schlössern eine unabhängige Freiherrschaft der Familie v. Salis. Das hier vormals ber. Philantropin wurde nach Marschlins verlegt. Alkalische Quelle. Seltsame Neujahrs- u. Fastnachtsgebräuche.

Leute verlor.

Liechtenstein (Fürstenthum, Herrschaft Vaduz in Tyrol), 5500 E. Schöne Waldungen, Getreide, Flachs, Wein, Obst; gewerbsfleissige Einw.; Viehzucht.

R. Haldenstein und Lichtenstein.

Fläsch 500 E. Guter Wein; besuchtes Bad. — Der Ort wird in alten Urkunden Faliscum genannt und soll schon vor mehr denn 2000 Jahren von einem Stamme der Falisker gegründet worden seyn.

Maienfeld 1220 E., in einem fruchtb. Thale. Schl. Saleck mit reizender Aussicht. — Der Ort hiess früher Lupinum; den jetzigen Namen erhielt er in fränk. Zeit von den hier gehalt. Maifeldern (Volksversammlungen). In den J. 1458 u. 1718 brannte der Ort fast gänzlich ab.

Malans 1050 E., am Fusse des Augstenbergs, nahe am Eingange in's Prättigau, in einer lieblichen u. fruchtb. Gegend. Weinbau; bed. Kornhandel. Wohnort des Dichters Gaudenz v. Salis-Seewis, † 1834.

Marschlins, uraltes Schloss mit 4 Thürmen u. doppeltem Graben; die im vor. Jahrh. hier erricht. Erziehungsanstalt ging aus Mangel an Zöglingen bald wieder ein.

Zizers 1000 E., auf einem Hügel gelegen. Der alte Thurm, jetzt Gefängniss, war einst ein Theil des Schlosses Fridau. — Kapuzinerhospiz; unbenutztes Mineralbad. Landsitz Molinära des Bischofs von Chur, unfern der Ruinen der B. Aspermont, deren Erbauung dem Kaiser Valentinian (368) zugeschrieben wird. Sumpfige Gegend. Oeftere Verheerungen des Rheins. — Im Jahre 1778 wurde hier die erste ökonomische Gesellsch. in Graubündten gegründet. — In der Kirche des nahe gelegenen Dorfes Igis befind. sich mehrere Grabmäler der Familie Salis.

Chur

Chur ist der Stapelplatz der aus der nördl. Schweiz und Deutschlaud nach Italien gehenden und der von daher kommenden Waaren. Deshalb finden bedeut. Speditions- und Wechselgeschäfte, grosser Detailhandel und starker Waarentransit statt. — Assecuranz-Compagnie der Speditoren. — Bleischrot- und Zinnblech-Fabrik. — Wissenschaftliche Anstalten und Vereine: das kath. Cantons-Seminar in dem ehem. Kloster St. Lucii; die ref. Cantonsschule (mit einer Biblioth.); das Schullehrer-Seminar; die medizinische u. naturforschende Gesellschaft. — Unter den gemeinnützigen Anstalten bemerken wir: die Armenanstalt, das Irrenhaus und die Freimaurerloge.

Werth einiger ausländischen Geldstücke in den Schweizer-Cantonen.

Geldsorten.	Zürich. 1 fl. à 40 Schill. od. 60 kr.		Bern. 1 Fr. à 10 Batz. od. 40 kr.		Basel. 1 fl. à 15 Batz. od. 60 kr.		Luzern. 12 fl. Fuss, à 40 Sch. 1 Fr. à 30 s.		Schwyz. 13 fl. Fuss, à 40 Sch. od. 60 kr.		Glarus. $10^1/_2$ fl. F. 20 Sch. = 30 kr.		Bündt. $13^3/_5$ fl. F. à 70 Blutzger = 60 kr.		St. Gall. 11 fl. Fuss, 1 fl. à 60 kr.	
	fl.	s.	Fr.	Btz.	fl.	kr.	fl.	s.	fl.	s.	fl.	s.	fl.	kr.	fl.	kr.
Der neue franz. Louisd'or à 24 Liv.	10	—	16	—	10	40	12	—	13	—	10	20	13	36	11	—
Frz. 20 Frankenstücke (Napoleond'or)	$8^1/_2$	—	13	5	9	—	10	5	11	—	8	$34^1/_3$	11	30	9	47
Oesterr. u. holländ. Ducaten	5	—	8	—	5	29	6	—	6	30	5	10	6	48	5	30
Brabanterthaler	2	18	3	9	2	36	2	37	3	5	2	$22^1/_2$	3	20	2	42
Fünffrankenthaler	2	5	3	$3^3/_4$	2	15	2	$21^1/_4$	2	30	2	$8^1/_2$	2	52	2	20
Friedrichsd'or oder 5 Thlr. preuss.	werden gewöhnlich wie die Napoleon angenommen, zuweilen noch mit Agio, doch thut [illegible] an der Schweizergrenze in Fünffrankenthaler oder Napoleond'or umzuwechseln.															

Entfernungs-Tabelle

zwischen

Chur und den Hauptorten

der 22 Schweizer-Cantone.

	St.		St.
Aarau	32—	Locarno	$30^1/_2$
Altorf	26—	Lugano	32—
Appenzell	$16^3/_4$	Luzern	29—
Basel	$39^1/_4$	Neuenburg	$53^1/_4$
Bellenz	$26^3/_4$	Sarnen	33—
Bern	$46^1/_2$	Schaffhausen	33—
Frauenfeld	$27^1/_2$	Schwyz	25—
Freiburg	$52^1/_2$	Sitten	$61^1/_4$
St. Gallen	18—	Solothurn	42—
Genf	$75^3/_4$	Stans	$30^1/_2$
Glarus	$14^1/_2$	Trogen	$16^1/_2$
Lausanne	$63^1/_4$	Zug	24—
Liestall	$36^1/_4$	Zürich	23—

☞ Die Entfernungs-Tabelle der Stadt CHUR nach den wichtigsten Orten des Cantons Graubündten, so wie das Wesentliche der Geschichte dieser Stadt siehe Sect. I.

Rheineck — Diessenhofen

Diessenhofen, Städtchen mit 1500 Einw., zum Canton Thurgau gehörig, in einer ausgezeichnet fruchtbaren Gegend; hat 8 bed. Jahrmärkte, wichtig für den Vieh-, besonders Schaaf- und Schweinehandel; beträchtl. Wein- und Speditionshandel; Schifffahrt u. Fischerei; Spielkartenfabrik, Oelmühle mit hydraul. Pressen, Barchentweberei, Kattundrukkerei, Rothfärberei, Gerbereien. In der Nähe liegt das Dominikaner-Frauenkloster St. Catharinenthal, und das beinahe von lauter Israeliten bewohnte Dorf Gailingen. — Diessenhofen ist Geburtsort der berühmten Aerzte Wepfer, Brunner und Aepli. 1460, nach vielen Gefechten mit den Oestreichern, von den Eidgenossen erobert. 1799 nachth. Gefechte der Russen und Oestreicher gegen die Franzosen.

Ramsen, Dorf im Hegau (Canton Schaffhausen), mit 860 Einw., historisch merkwürdig durch die langwierigen Streitigkeiten, die sich über die Hoheitsrechte zwischen Zürich und Oestreich erhoben. — In der Nähe wurde Bernstein in ziemlich grossen Stücken gefunden.

Radolfzell, badische Bezirksamtsstadt mit 1200 Handel, Acker-, Obst- u. Weinbau treibenden Einw. Sie hat ihren Ursprung von Radolf, einem Alemannen, der Bischof von Verona geworden, und von dort in die Heimath zurückgekehrt war, wo er vom Bischof Hatto von Basel, der zugleich Abt auf Reichenau war, einen Platz am See erhielt und eine Kirche und für sich eine Zelle erbaute, woraus denn Radolfzell entstand. Nach dem Tode des Stifters fiel die Stadt an das Gotteshaus Reichenau, gehörte aber schon vor 1415 zu Oestreich. — Sehenswürdige Gebäude sind: die Kirche, ein altes, grosses, goth. Bauwerk; das neue Rathhaus; das Dominialgebäude; das sogen. Ritterhaus (ehem. Ritterkanzlei).

Meersburg, Hauptort des gleichn. bad. Bezirksamts, hat 1300 E. und liegt in einer romantischen Gegend, dicht am See, an der Abstufung einer hoh. Felswand. Merkwürdigkeiten der Stadt sind: das alte Schloss, welches unter den Merovingern erbaut wurde; das neue Schloss, ehemalige Residenz der Fürstbischöfe v. Constanz; das uralte Getreidehaus; die Kapelle auf dem Gottesacker.

Ludwigshafen (früher Sernadingen), Haupthafen mit 830 E.

Bodmann 860 E., mit altem Schlosse, ehem. ein Palast der deutschen Kaiser. Hier wächst einer der besten Seeweine.

CON…
zogl. bad.
Ausfluss …
Brücke n…
sehnliche …
Kattundr…
Handel, …
mer mehr…
endung n…
sprung de…
selben hi…
an; sie w…
stantius …
in einer …
Stadt unt…
bert das …
freie Reic…
1474 wurd…
Oestreich…

Constanz.

Stekborn. 2220 E., Thurgau'scher Bezirksort, in angenehmer, wohlangebauter Gegend; hat eine mech. Baumwollenspinnerei, eine Tuch-, Spitzen- und Stecknadel-Fabrik; ausser dem Wein-, Obst- und Feldbau beschäftigen sich noch die Einw. mit Schifffahrt u. Fischerei. — Bemerkenswerth ist die Kirche, das Stadthaus, das Armenhaus, das alte Kastell, Thurm genannt, jetzt Kauf- u. Vorrathshaus. — In der Umgebung sind sehenswerth: das Frauenkloster Feldbach, der schöne Landsitz Klarisegg; das Dorf Mammern, mit einem kleinen, aber prächtigen Schlosse. — Stekborn ist Geburtsort der ber. Landschaftsmaler Düringen u. Labhard.

Romanshorn, (auch Romishorn), 1220 E., in reizender Lage auf einem Horn, welches weit in den See hineinragt; auf der äussersten Spitze steht ein schönes Schlösschen, und etwa 100 Fuss weit im See liegen die Trümmer einer alten Wasserburg (wahrscheinl. … röm. Leuchtthurms). Das Dorf hat bedeut. Verkehr m… Nachbarschaft und man findet hier immer sichere Sc… Ueberfahren nach Meersburg, Friedrichshafen u. Lin… Stunde unter Romanshorn, am Saume eines Waldes, … See auf einem Hügel, steht die alte „Moosburg“, wel… Edlen v. Güttingen gehörte. Sie wurde vor einigen Ja… abgebrochen und zu einer ländlichen Wirthschaft ein… Sage, ähnlich der vom Mäusethurm im Rhein, lebt in…

Wüthrige hauseten hier; in die Scheune verschloss…
Zündeten an das Gebäu, lauschten dem Wimmern…
Nannten es Mäusegepfeif: hervor da krochen die M…
Zogen, ein greuliches Heer, hundertmaltausend …
Trieben die Ritter hinaus aus der hochaufragenden…
Folgten zur Wasserburg ihnen, durchschwamme…
Frassen das wilde Geschlecht und nagten den hölze…
Um den versunkenen Grund spielen die Fische sc…
Und auf den Trümmern des Schlosses, das grau vo…
Lädt nun ein bäurisches Haus lustig zu Spiel und…
Ländliches Volk ergötzet sich hier und gedenkt de…
Wenn es mit stampfendem Fuss steinernen Aest…

Nussbaumen, zur Thurgauischen Gemeinde Eschenz gehörig, mit welcher es 1150 Ew. zählt. Nahe die Burg Steinegg, mit ausgedehnter Fernsicht und einer Sammlung alterthümlicher Merkwürdigkeiten. Der bei dem Schloss gezogene Wein gehört zu den besten im Canton. Zuweilen werden hier noch römische Münzen u. sonstige Alterthümer gefunden; besonders zeigt der Hügel, auf dem die Kirche steht, deutliche Reste eines Römer-Castrums. — Nicht weit davon entfernt, gegen Westen, in einer fruchtbaren Ebene, liegt das 1570 E. starke und zum Canton Zürich gehörige Dorf *Stammheim*, am Fusse des bewaldeten Berges gl. N., an dessen Abhang ein vortreffl. Wein gezogen wird. Zwischen Ob. u. Unt. Stammh. ist ein gut eingerichtetes Bad, mit guter u. billiger Bewirthung. In der Nähe die Schlösser Schwandegg u. Gyrsberg; angenehme Excursionen in die ganze Umgegend.

Frauenfeld 2860 E., Hauptstadt des Cantons Thurgau, an den Strassen v. Wintherthur u. St. Gallen n. Constanz, in fruchtbarer Gegend (eine der obstreichsten der Schweiz); äusserst gewerbreiche Stadt (Baumwollen- u. Flachsspinnerei, Kattundruckerei, chemische Produktenfabrik, Roth- u. Blaufärberei, mechan. Werkstätten, Dampf-Getreidemühle &c.). — Sehenswerthe Gebäude: Das alte Schloss (vorm. Sitz der eidgenössischen Landvögte üb. Thurgau); die kath. u. reform. Kirche, das Kapuzinerkloster, das Rathhaus, die Staatskanzlei, das Zeughaus. — In der Nähe ist das „Jungholzbad“ mit Anstalten zu Mineral-, Kräuter- u. Dampfbädern; auch angenehmer Belustigungsort. — Frauenfeld wurde 1460 von den Eidgenossen erobert. 1771 u. 1778 durch Feuersbrünste fast ganz in Asche gelegt. 1798 Gefecht der Franzosen u. der helvet. Legion gegen die Oestreicher, wobei der helv. General Weber fiel. — Geburtsort des Reformators Wolfg. Joners; des Literators Dasypodius; des Medailleurs Mörikofer u. s. f.

Stein, angenehm gelegenes Städtchen in der östlichen Parzelle des Cantons Schaffhausen, am Ausflusse des Rheins aus dem Untersee, mit 1200 E., die sich vorzüglich mit Feld- u. Weinbau, Schifffahrt u. Spedition abgeben; auch hat Stein einen stark besuchten Kornmarkt. Interessant ist ein Saal im ehemal. Benediktinerkloster St. Georg mit Schnitzwerk u. Frescomalerei; vortreffliche Glasgemälde im Schützenhaus und im Haus „zum Klee“; Sammlung von Versteinerungen aus dem Oehninger Steinbruch (s. neben) bei Hrn. Leonh. Barth, junior. — Nahe liegt auf einem Hügel das Schloss Hohenklingen, mit herrlicher Aussicht. — Stein steht an der Stelle des röm. Kastells Gaunodurum, welches die Alemannen zerstörten; noch findet man häufig röm. Münzen auf beiden Seiten des Rheins und im Rhein selbst Reste des Pfahlwerks einer uralten Brücke. Im 8. Jahrh. stand hier schon ein beträchtlicher Flecken, welcher im J. 966 von Herzog Burkhard mit Mauern umgeben wurde und sich schnell hob, als im J. 1005 die Abtei des heil. Georg v. Hohentwiel hierher verlegt wurde. — 1633 gingen hier die Schweden unter General Horn, zur Belagerung von Constanz, und 1799 die Oestreicher unter Erzherzog Karl über den Rhein. — In Stein lebt auch der um die Schweizer Reform.-Gesch. verdiente Pfarrer M. Kirchhofer.

Oehningen, Dorf mit 900 E., $1/2$ St. v. Stein, am r. Ufer d. Rheins im Grosshrzgth. Baden, mit einem aufgehob. Augustinerkloster. Höchst merkw. ist der nahe Steinbruch; er liegt 1 St. nördl. vom See u. 5–600 F. über demselben. Der obere Bruch bei Bühl besteht aus Stinksteinschiefer, Pflanzenblättern 8 F., Mergel $1/2$ F. und darunter 12–13 F. Stinkkalksteinschiefer in 18 Schichten von verschiedener Farbe u. Textur, welche Säugethiere, Vögel, Reptilien, Fische, Muscheln u. Pflanzentheile enthalten. Der interessanteste Fund ist eine sehr grosse Schildkröte und das vollständige Skelett eines Fuchses. Diese Flötze ruhen auf blaulich-grauem Sandstein, der in der ganzen Gegend streicht. Die 12te Schichte Fischplatte enthält sehr viele Fische. — Ausser der Sammlung v. Versteinerungen aus dem Oehninger Bruche bei Hrn. Barth in Stein, befindet sich auch noch mehreres in Zürich; Vieles kam nach Leyden.

Arbon, 750 E., kl. Stadt im Cant. Thurgau, unfern der Grenze des Cant. St. Gallen. Die reizende Lage dieses Ortes und die Fruchtbarkeit der Umgegend gewähret dem Freunde der Natur den reichsten Genuss. Der See ist breit, und nördl. von den lieblichsten Hügeln Schwabens, östl. u. südl. von erhabenen Felsgebirgen begrenzt, das Land um Arbon aber ist mit Weinbergen u. Getreidefeldern und mit einem ganzen Wald von Obstbäumen besetzt. — Hier stand das „Arbor felix“ der Römer, ein von Tiberius erbautes und von den Alemannen zerstörtes Kastell. Den Grund der Benennung desselben kennt man nicht genau; Arbor felix hiess bei den Römern ein fruchttragender Baum; die einfachste Vermuthung ist also, dass hier die erste röm. Obstpflanzung am Bodensee gewesen. Dieser Ansicht entgegen vermuthen Andere, es sey an dem Orte, wo nachher Arbon erbauet worden, eine geweihte Eiche gestanden, worunter die Druiden ihre Menschenopfer verrichtet haben, wesshalb dieselbe von den angrenzenden Germaniern, weil viel-

ANZ (früher Costnitz), Hauptstadt des grossher-
reises, in einer schönen u. fruchtbaren Gegend, am
densees in den Untersee, über den eine bedeckte
tershausen führt; sie zählt 5600 Einw., besitzt an-
u. Arbeits-Institute, hat mehrere Indiennefabriken,
ien u. Baumwollspinnereien und treibt lebhaften
r durch die Dampfschifffahrt auf dem Bodensee im-
ben wird; ein neuer schöner Hafen ist seiner Voll-
Constanz ist eine sehr alte Stadt, welche ihren Ur-
nern verdankt. Zur Zeit des Augustus erbauten die-
eria und legten mehrere Waffenplätze am Bodensee
aber von den Alemannen zerstört. Der Kaiser Con-
(Vater Constantins d. Gr.) bezwang die Germanen
n Schlacht nahe bei Valeria (297) und baute die
n Namen Constantia wieder auf. 630 verlegte Dago-
m Windisch hierher. Im Mittelalter war Constanz
t und zählte zu Anfang des 15. Jahrh. gegen 40,000 E.
zwischen den Eidgenossen u. Erzherzog Sigmuud v.
59jähr. Krieg ein ewiger Friede geschlossen und von König Ludwig XI. v. Frankreich gewährleistet. Vergebens bewarb sich Constanz 1510, in den Bund der Eidgenossen aufgenommen zu werden, trat aber zur Behauptung der Reformation mit Zürich u. Bern in Burgrecht und verlor, nach dem ungleichen Ausgang des Glaubenskrieges u. nach Zerstörung des Schmalkald. Bundes 1548, seine Freiheit, musste sich Oestreich unterwerfen und die päbstl. Lehre wieder annehmen; von dieser Zeit an fiel seine Bevölkerung bis auf 2000 Einw. herab. In den J. 1784 u. 1792 schienen Genfer'sche Ausgewanderte ihr einen neuen Aufschwung zu geben, der aber nach ihrer Rückkehr in's Vaterland wieder verschwand. 1805 wurde Constanz durch den Pressburger Frieden dem Gebiete des Markgrafen v. Baden zugetheilt. Seit Errichtung des deutschen Zollverbandes erhebt sich die darnieder gelegene Industrie auffallend und die Bevölkerung ist in raschem Steigen. — Sehenswerth in Constanz sind: die Domkirche oder das Münster, 1052 in goth. Style erbaut; schönes Hauptportal mit Schnitzerei aus der Leidensgeschichte; im Saale hinter der Sakristei befindet sich ein grosser Himmelsglobus; herrl. Aussicht auf dem Thurme. — Die St. Stephanskirche, im 9. Jahrh. gestiftet, mit mehreren vorzügl. Arbeiten des ber. Constanzer Bildhauers Hans Moring aus der Zeit v. 1580-1612. — Das Kaufhaus, 1386 gegründet; in diesem Gebäude wurde das ber. Concilium v. 1414-1418 gehalten, wobei zugegen waren: der Kaiser, 26 Fürsten, 140 Grafen, der Papst, 22 Cardinäle, 20 Erzbischöfe, 3 Patriarchen, 92 Bischöfe, 124 Aebte, an 500 and. Prälaten u. Doktoren und üb. 2000 Priester mit einem Gefolge von vielen Tausenden; die Lehren Wiclef's u. des böhm. Reformators Huss wurden verdammt, und dieser, nebt seinem Freunde Hieronymus von Prag, ungeachtet des von Kaiser Sigismund versprochenen sichern Geleits, 1416 auf dem Bühl vor der Stadt als Ketzer verbrannt. Dasselbe Gebäude, in welchem viele Merkwürdigkeiten aus jener Zeit aufbewahrt werden, diente damals auch zum Cardinals-Conclave; auch befindet sich darin eine Sammlung altdeutscher u. römischer, in der Umgegend gefundener Alterthümer, sowie ein Kunstkabinet von schönen Schnitzarbeiten in Holz u. Elfenbein. — Das ehem. Dominikanerkloster ist jetzt eine Indiennefabrik; das Kapuzinerkloster dient zur Kaserne und seine Kirche wird von den Protestanten benutzt. — Angenehme Excursionen in die Umgegend: Zu Wasser auf die Insel Reichenau ($1^1/_2$ St.); auf die Insel Meinau (2 St.). Zur St. Lorettokapelle; nach dem Landgute Eichenhain; auf die Schlösser Hard, Wolfsberg, Eugenshöhe, Arenaberg &c. — Gute Gasthöfe in Constanz sind: Hecht, Adler, Bad. Hof, Krone.

Ueberlingen, 3000 E., ehemals freie Reichstadt, seit 1803 grosshrzgl. bad. Munizipal- u. Amtsstadt, in einer vortrefflichen Gegend. Die Stadt selbst ist auf einer Felsenlage erbaut und der Stadtgraben in und durch diese Steine gehauen. Der See ist hier nahe dem Ufer über 100 Klafter tief. Merkwürdig ist die Münsterkirche, 1353 in goth. Style erbaut, mit 250 F. hohem Thurme. Das Getreidehaus (Gredhaus), mit 8 Thoren und einer Schifflände. Das Spital mit einer Kirche. Das Rathhaus mit dem Pfennigthurm. — Ueberlingen besitzt eine alkalisch-eisenhaltige Mineralquelle, die bei Gliederkrankheiten gute Dienste leisten soll. — Wirthshäuser: Krone, Adler, Schwan.

Gottlieben (bei Constanz, zum Canton Thurgau gehörig) Mfl. mit 300 E., in einer obst- u. weinreichen Gegend. Lebhafter Verkehr durch Ablage u. Versendung der Waaren, welche über Lindau in die nördliche u. innere Schweiz gehen. — In dem alten festen Schlosse sassen Papst Johann XXIII. und der Reformator Huss gefangen; 1837 wurde es von Louis Napoleon angekauft, der bereits den Anfang gemacht hatte, es wieder herzustellen, durch seine spätern Schicksale kam das Werk in Stocken. — Bei der Belagerung von Constanz (1633) hatte der schwed. General Horn sein Hauptquart. in Gottlieben.

Friedrichshafen, ehemals Buchhorn, würtembergisches Städtchen mit 1200 E.; seit 1816 mit einem sichern Hafen und besondern Freiheiten versehen; lebhafte Schifffahrt, vorzüglich Getreideausfuhr nach Rorschach. — In der Nähe das ehem. Kloster Hofen, jetzt Sommerresidenz des Königs v. Würtemberg.

Markdorf (ehemals Constanzische Stadt), mit 2 Vorstädten 1700 E., die starken Feld- u. Weinbau treiben. Die Stadt besitzt ein Hospital, ein Kapuziner-Mannskloster u. ein Franziskaner-Nonnenkloster (beide nunmehr aufgehoben).

LINDAU,

3000 E., ehemalige Reichsstadt, jetzt Landgerichtsstadt in Schwaben u. Neuburg des Königreichs Bayern; in reizender Lage auf drei Inseln des Bodensees, durch eine 300 F. lange hölz. Br. mit dem r. Ufer des Sees verbunden; Brückenkopf, Maximilianshafen von 1812, der 70 grosse u. 200 kleine Schiffe aufnehmen kann, bed. Handel u. Spedition; Land- u. Weinbau; starke Schifffahrt mit 5 Dampfschiffen (seit 1837 das prächt. eiserne Dampfschiff Ludwig). Merkwürdigkeiten: Die Marienkirche (sonst mit einem Damenstift); in einem Anbau der Kirche schöne alte Gemälde. Die St. Peterskirche. Die St. Stephanskirche. Die geschlossene Dreifaltigkeitskirche mit der dabei befindlichen Stadtbibliothek von 14,000 Bdn.; auch ist eine Münzsamml. damit verbunden. Die Heidenmauer, ein altes Gemäuer nahe an der Br., Ueberrest eines Römerkastells (hier unter Constantius ein fester Waffenplatz). — Nach Auflösung des deutschen Reichs kam Lindau an den Fürsten v. Bretzenheim; 1803 wurde es Oestreich, 1806 Bayern einverleibt.

Langenargen,
Mfl. mit 1000 E., im würtemberg. Oberamte Tettnang, am Ausflusse der wilden Argen in den See. Dieser Ort verdankt seinen Flor den Grafen v. Montfort.

Tettnang Stadt mit Schloss, 1210 E.

Reichenau.

um
Eine
ahe am
emals den
30 Fuss hoch
ntet. Folgende
de des Volkes:
Bettler,
ust,

burg,
See,
Bau weg,
ng;
l herabsieht,
nz;
nnen,
rührt.

mancher Gefangene aus ihrem Volke daselbst getet worden, den Namen „Ar-bom-fel“ (von Ar, l. Gottesfurcht; Bom, Baum, und fel, unbarm-), d. i. grausamer Götterbaum, erhalten; diese nung könnte nun leicht im Munde der Römer in felix übergegangen seyn. — Von hieraus führte eerstrasse über Pfyn (Castellum „ad fines“) und interthur (Vitodurum) nach Windisch (Vindo-, und über Bregenz nach Pannonien. Bei niedri-Vasserstande sind im See noch Mauerreste des l. Kastells sichtbar. — Arbon war häufig der Auftsort des für die Verbreitung des Christenthums dienstvollen Glaubensboten Gallus, woselbst er n J. 460 starb; er wurde aber nicht hier, sondern r einsam im Walde gelegenen, von ihm gegründeelle beigesetzt, da, wo die heutige reiche Stadt llen prangt. In Arbon verlebte auch der unglück-Königssohn Conradin süsse Jugendtage. — Schloss nönem Garten u. reizender Aussicht.

Rorschach

1550 E., Mfl. im Cant. St. Gallen, am Abhange eines fruchtbaren, wiesen- u. obstreichen Hügels, in anmuthiger Gegend, 2 St. von St. Gallen; stark besuchter Hafen; grosser Getreidemarkt, schönes Kornhaus, Salz- u. Waarenhalle; bedeutende Speditionsgeschäfte u. Handel mit Leinwand u. Baumwollenzeugen; Wein u. Obst; Vieh, Butter u. Käse. In der Nähe ansehnliche Bleichen u. Spinnereien für Flachs u. Wolle, Appretirmaschinen u. s. f. Rorschach hat auch ein gutes Spital. — Wirthshäuser: Krone (Post), Bäumli, Löwe, Schiff. — Ueberall findet man auf den umliegenden Höhen schöne Ausblicke; im Rücken erhebt sich der Rorschacher Berg, mit Obstpflanzungen u. Weinreben bedeckt und mit zahlreichen Landhäusern geschmückt; seitwärts steigen die Appenzeller Berge empor, und vor dem Beschauer breitet sich der weite See aus, in dessen Hintergrunde die fernen Anhöhen, die ihn einschliessen, hervorragen.

Rheineck

wohlhabendes Städtchen im Rheinthal, auf der grossen Strasse von St. Gallen nach Chur, mit 1370 E. Wirthshäuser: Rebstock, Hecht. — Lebhafte Waarendurchfuhr von u. nach Italien; Leinen- u. Baumwollenzeug-Fabrikation; Acker-, Obst- u. Weinbau (der beste rothe Rheinthaler Wein); stark besuchte Jahrmärkte. — Rheineck besitzt eine schöne Kirche mit interessant. Fenstergemälden, ein Waisenhaus u. ein Spital. — Oberhalb liegen die Ruinen von zwei Ritterburgen (1445 von den Appenzellern zerstört). Herrliche Aussicht auf dem Buchberge; bei dem $^3/_4$ St. entfernten Appenzeller Dorfe Walzenhausen, das 2036 Fuss üb. d. M. liegt und woselbst man u. A. 92 Kirchthürme übersieht.

NB. Der Bodensee ist Sect. II. beschrieben.

Buchdr. u. Lithogr. v. G. RITTER in Zweibr.

Diessenhofen — Rheinfelden

Die Aar,

nach dem Rhein und der Rhone der grösste Fluss in der Schweiz. Sie entspringt auf der Grimsel (Bergrücken in der Kette der Berner Alpen), vorzüglich aus 3 Gletschern, die am Fusse des Finsteraarhorns u. Schreckhorns liegen. Nicht weit vom Grimsel-Hospiz bildet sie mehrere schöne Fälle, von denen der sehenswertheste der „Handeckfall" ist, wo sich der Erlenbach mit ihr vereint; unterh. Hasli nimmt sie den Engstlenbach auf, wendet sich nun von NW. fast ganz n. W., drängt sich durch die malerische Felsenschlucht „die finstere Schlauche", und durchströmt in ziemlich ungeregeltem Laufe das schöne Meyringer Thal, wo sie mehrere Waldbäche aufnimmt. Bei Brienz fällt sie in den Brienzer See (3 St. lg., 1 St. br.), den sie bei Interlachen verlässt. Bei Unterseen strömt sie in den Thuner See (üb. 3 St. lg., 1 St. br.) und nimmt wieder einen n-w. Lauf an. Nachdem sie Bern umströmt hat, wendet sie sich n. W., bis sie in der Nähe des Aarberger Mooses, nachdem sie die bedeutende Saane aufgenommen, eine fast nördl. Richtung annimmt. Bei Meyenried nimmt sie die Thiele auf; von Büren an strömt sie in n-ö. Richtung durch Solothurn, wo sie die Emme aufnimmt, dann an Aarwangen, Olten, Aarau, Brugg vorbei und vereinigt sich bei Windisch mit der Reuss und der Limmat. Nunmehr wendet sie sich n. N. und fällt zu Coblenz bei Waldshut in den Rhein. Ihr Gefälle beträgt von der Quelle bis zur Mündung in den Rhein 6000-6500 F. Die Schwellen bei Unterseen und Bern sind der Schifffahrt sehr hinderlich, doch wird sie von Thun bis Bern, und von da bis Solothurn, so wie vom Bieler See (üb. 3 St. lg., bein. 1 St. br., mit der häufig besuchten „St. Petersinsel", Aufenthaltsort J. J. Rousseau's v. 1762-66), vermittelst der Thiele bis ebendahin mit grössern, dann aber wegen felsigen Strombetts bei Wynau, nur mit kleinern Schiffen befahren. In der Gegend von Belp, so wie zwischen Aarberg u. Solothurn, ist der Strom wegen seines durch zugeführte Geschiebe erhöhten Flussbettes und desshalb häufigen Austretens gefährlich. Auch bei Aarau wird sie durch Ueberschwemmungen öfters schädlich (1831 riss sie in Aarau selbst die bedeckte Brücke weg, an deren Stelle eine 300 F. lange hölz. Jochbrücke erbaut wurde). Oberhalb des Einflusses der Thiele macht sie grosse Strecken Landes sumpfig. — Die Aar hat ihren Lauf an mehrern Stellen verändert, wie bei Dozingen, von wo sie früher in gerader Richtung nach Büren strömte. Zur Beförderung der Schifffahrt und zum Einhalt der Zerstörungen zwischen Thun u. Bern wurde seit 1824 sehr viel gethan; auch sind unterhalb Aarberg, wo die Krümmungen viel Land versumpfen, Correktionen projektirt. — Die Aar führt dem Rhein einen grossen Theil der Wasserschätze der Schweiz zu, und zwar alle die, welche auf der Nordseite der Central-Alpen, von den Grauen-Hörnern im Cant. St. Gallen bis zum Oldenhorn im Cant. Bern entspringen. Sie ist durch ihren Fischreichthum und durch die Schifffahrt sehr vortheilhaft; auch führt sie Goldsand mit sich, der an verschiedenen Orten ausgewaschen wird (sie erhält denselben wahrscheinlich aus der goldreichen Emme). — Ueber die Aar führen 28 Brücken.

Base
Saanen
Gemmi
nach A
wand,
durch's
stadt,
Appenz
Zürich
üb. Im
üb. die
lauibad
Wenge
Thun;
Bad; B

Schloß Weiß-Wasserstelz.

Rheinfelden, kleine Stadt von 1330 E. im Cant. Aargau. Ober- u. unterhalb der bedeckten hölz. Brücke, die von hier nach dem bad. Ufer führt, bildet der Rhein einen Fall, den sogenannten „Höllenhaken" oder das „Gewild." Die Brücke ruht zum Theil auf einem Felsen, welcher ehemals das Stammschloss der Grafen v. Rheinfelden getragen, und der „Stein von Rheinfelden" genannt wird. — Wichtiger Zoll von Transitgütern. In der Nähe ein vorzügl. Steinbruch. Schifffahrt nach Basel (ohne Gefahr, bedarf jedoch an einigen Orten geübter Steuerleute). Sehenswerth sind: das Rathhaus, mit Glasmalerei aus d. 15. Jahrh.; die St. Margarethenkapelle, mit dem Bilde des heiligen Fidelis; das ehem. Johanniterhaus. — Rheinfelden kam von den Grafen gl. N. an das Haus Zähringen und nach Erlöschen desselben (1218) an das deutsche Reich, und durch Verpfändung Ludwigs v. Bayern (1330) an Oestreich. Nach der Schlacht bei St. Jakob (1444) führte der Adel von hier aus den Krieg geg. die Schweizer mit Erbitterung fort, wobei der Stein v. Rheinfelden von den Eidgenossen belagert und 1445 eingenommen u. zerstört wurde. Im 30jähr. Kriege wurde die Stadt abwechselnd von den Schweden u. Kaiserlichen belagert u. eingenommen; 1679 durch den franz. Marschall Créqui belagert, aber die wohlvertheidigten Mauern nicht erobert; 1744 von den Franzosen eingenommen u. geschleift. 1803 kam Rheinf. mit dem Frickthal an die Schweiz. — Hier wurden auch der treffl. Maler u. Stecher Agricola in Wien und der bekannte Dr. Ernst Münch geboren.

Gr.-Laufenburg, Städtchen mit 700 E., zum Cant. Aargau gehörig, verbunden durch eine hölz. Brücke mit Kl.-Laufenburg im Badischen. — Der Rhein bildet hier zwischen Granitfelsen eine Stromschnelle, „Laufen" genannt, oberhalb welcher die Waaren aus den Kähnen ausgeladen und darauf diese an Seilen hinabgelassen werden. Hier verunglückte der junge Lord Montague, der die Fahrt durch die Stromschnelle wagte. Unterhalb wird einträglicher Lachsfang betrieben. — Laufenb. kam im 14. Jahrh. von einer Linie der Grafen v. Habsburg an Oestreich; das Schloss wurde im 30jähr. Kriege zerstört. — Kl.-Laufenburg gehört in den Amtsbezirk Säckingen und zählt 350 E., die sich vorzügl. mit Schifffahrt, Holzflösserei u. Fischerei beschäftigen; auch sind Eisenhammerwerke vorhanden.

Hauenstein, 312 E., Hauptort der gleichn. Breisgauischen Herrschaft, welche viel Denkwürdiges hat. Sie bildete ehemals einen Theil des Albgaus. Die Einwohner waren freie Leute und hatten das Recht, sich selbst zu richten. Noch hat sich aus jener Zeit das Ansehen erhalten, welches die Aeltesten im Volke über die Jüngern haben, und dabei viel Eigenthümliches in Sitte und Kleidertracht. In dem Charakter dieser Menschen liegt etwas Keckes und Entscheidendes; sie gelten für Reste der alten, biedern Alemannen.

Klingnau, Aargauisches
wirthschaft, Weinbau u. Schifffahrt trei
„Sion" ist in eine Fabrik und deren Kirc
Stunde geg. Osten, in einer fruchtbaren
tägige Messen früher berühmte

Zurz

Mfl. mit 1000 E. Die beiden Messen (Sa
sind die grössten in der Schweiz, haben
hältnisse ihre frühere Wichtigkeit verlo
burgerhaus; viele Kaffeehäuser, vorzügl
sind: die kath. u. die ref. Kirche; das Co
ursprüngl. eine von Karl dem Dicken geg
Chor befindet sich das ehemals von Wall
Verena). Zurzach hat auch ein Spital fü
der Burg, wo eine viel benutzte Rhein
römischen Bauwerken u. andere Altert
erblickt man die Ruinen der malerisch g
Zurzachs v. Aarau 8 St.; Basel 11; Bern
Zürich $7^1/_2$.

Waldshut, gr.hrzgl. bad. Amtsstadt mit 1250 grösstenth. Handel treibenden Ew. Sie ist die erste der vier Waldstädte a. Rh. (die drei andern sind: Laufenburg, Säckingen u. Rheinfelden). Ehemals stand hier nur ein Jägerhaus, das in Urkunden „Sylva Custodiæ" genannt wird, und woselbst ein kaiserl. Amtmann seinen Sitz hatte. Um's Jahr 1250 erbaute Graf Albrecht v. Habsburg daselbst eine Stadt, die er befestigte und mit vielen Privileg. begabte. Die Reste der Ringmauern und die merkw. Bauart der Häuser beurkunden ihr Alter. 1492 litt sie sehr durch einen grossen Brand, nachdem sie zuvor (1468) durch ihre

Säckingen, Hauptort des gr.herzgl. bad. Bezirksamts gl. N., mit 1400 E., die meist von der Landwirthschaft leben. Die Stadt verdankt ihren Ursprung dem frommen Irländer Fridolin, welcher im Anfange des 6. Jahrh. an den Rhein kam, das Christenthum zu lehren. Eine alemannische Familie, die hier auf einer Insel wohnte, nahm ihn gastfreundlich auf. Fridolin baute die Hilariuskirche und ein Kloster, vielleicht das erste in ganz Deutschland. Allmälig erhob sich um das Kloster ein Städtchen, und von dieser Insel, die Sachingo hiess, ging die erste Cultur in den obern Alb- und Brisgau. Fridolins Gebeine ruhen in einem schönen Sarkophag in der Hilariuskirche zu Säckingen, und ausserhalb der Stadt zeigt man noch einen steinernen Altar und anderes Denkwürdige von ihm. Das hier bestandene adliche Damenstift war sehr reich; es wurden nur solche aufgenommen, die 16 Ahnen zählten; auch war die jeweilige Aebtissin eine Fürstin des Reichs.

Karsau mit *Beuggen*, 850 E. letzteres war vormals der Sitz eines Deutsch-Ordens-Commandeurs. — In der Nähe, bei Rindmatt, ist eine $^3/_4$ St. weite Höhle, das „Tschamberloch."

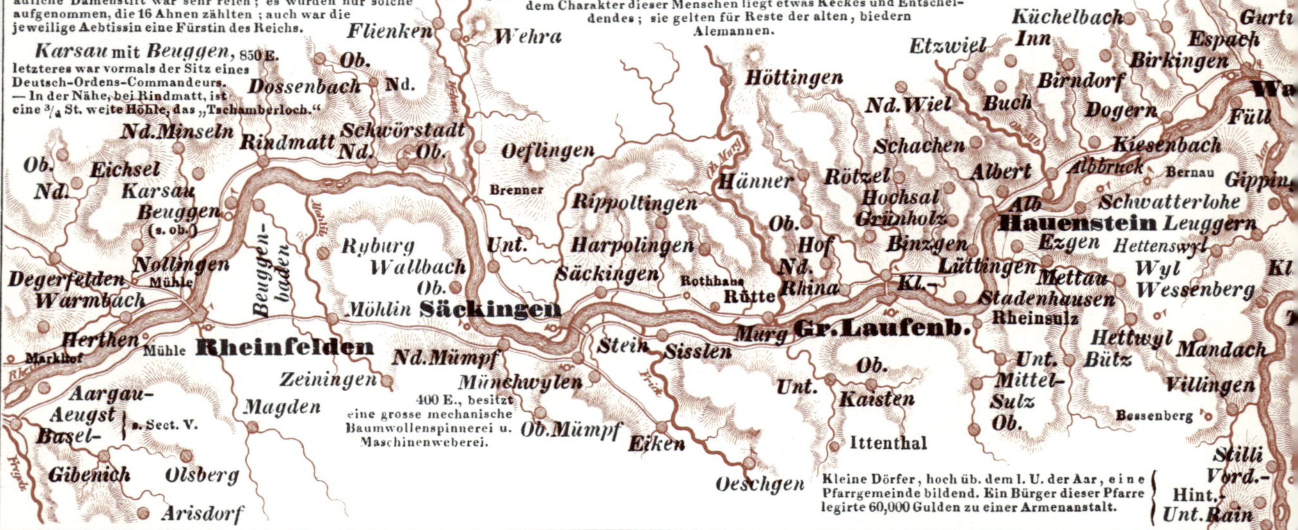

SCHAFFHAUSEN, 7000 E., Hauptstadt des Cantons gl. N., am Abhange eines mit Weinbergen bedeckten Hügels, verdankt Namen und Entstehung den Schifferhütten, welche ursprünglich hier standen; erscheint schon 1190 als Stadt, die im 13. Jhdt. Mauern u. Gräben erhielt und als Reichsstadt betrachtet wurde. 1330 verpfändete sie Kaiser Ludwig an die Herzoge v. Oestreich, von denen sie sich 1415 loskaufte. Im Anfange des 15. Jhdts. stand sie in ihrer höchsten Blüthe; sie zählte an 12,000 E. und war ein Haupthandelsplatz von Oberschwaben. 1479 schloss Schaffhausen mit Basel, Zürich u. St. Gallen ein Bündniss, worauf es nach dem Schwabenkrieg, 1501, in den ewigen Bund aufgenommen wurde. Durch Kauf erwarb es sich ein kleines Gebiet und in Folge seines Beitritts zur Reformation, vornehmlich durch die Klöster-Säcularisation, nicht unbedeutendes Staatsvermögen. 1629-1632 wüthete die Pest furchtbar in Schaffh.; 1630 allein starben über 4000 Personen an derselben. Während des 30jähr. Krieges erlitt die Stadt häufige Drangsale, ebenso in den J. 1798-1800 durch die Oestreicher u. Franzosen, wobei Letztere unter Oudinot die merkwürdige, aus einem Bogen bestehende u. 340 F. lange Brücke zerstörten, welche 90,000 fl. kostete. 1799 gingen die Russen, bei ihrem Abzuge aus der Schweiz, unfern Schaffh. über den Rhein. — Geburtsort des ber. Geschichtschreibers Joh. v. Müller und des ausgez. Bildhauers Trippel. — Schaffh. ist ziemlich gut gebaut, hat meist breite Strassen und einen weiten Platz (Herren-Acker), der durch das schöne Postgebäude geschmückt ist. Handel u. Industrie sind im Flor; lebhafter Waarentransport auf dem Rhein und auf den Strassen n. Zürich u. Basel. Fabrikation von baumwollenen u. seidenen Zeugen, Indiennedruckerei, mech. Spinnerei mit Gasbeleuchtung; die ber. Fischer'sche Gussstahl- u. Feilenfabrik (im Mühlethal), ber. Schleifmühle, Steingutfabrik, Flinten- u. Pistolenfabrik &c. — An gemeinnützigen u. wohlthätigen Anstalten u. Vereinen besitzt die Stadt: das Collegium Humanitatis mit 9 Professoren, und als Vorschule dazu das Gymnasium mit 13 Lehrern; Schullehrerseminar mit einer Musterschule; Waisenhaus, Arbeitshaus; 2 Wittwen- u. Waisenkassen, 2 Ersparnisskassen, Blinden-Institut; medizinische Gesellschaft, landwirthsch. Verein, Bibel- u. Missionsverein. Bürgerbibliothek, mit Joh. v. Müllers Büchersammlung; Ministerialbibliothek, mit seltenen Druck- u. Handschriften; medizinische Bibliothek. Ausgezeichnete Kupferstichsammlung des Hrn. Keller; Conchylienkabinet bei Hrn. Amman; Petrefaktensammlung von Hrn. A. Seiler, senior; reiche Insektensammlung von Hrn. A. Seiler, junior; Herbarium u. Mineraliensammlung des Hrn. Laffon u. s. f. Für gesellige Vergnügungen u. Unterhaltung: die Gesellschaft der Schützen und diejenige der Armbrustschützen; geschl. Gesellschaft auf der Herrenstube im Winter, im Fäsenstaub im Sommer. —

Sehenswürdige Gebäude in Scha
Münster (ehem. Kloster Allerheil
das Spital (ehem. Agneskirche);
Bauart mit schönem Getäfel); das
lichem astronomischem Uhrwerk
(vielleicht von Munitio, Schirmw
Ringmauer, woselbst ein röm. W
Quadern 18 F. dick aufgeführt und
in Kriegszeiten als Zufluchtsort d
in einem besondern Thurm hinau
hohe unterirdische Gänge. — Fre
Auf der Rheinbrücke, auf dem Sc
häuschen, auf Grafenbuck, nach
n. der Sommerau (vortreffl. Bewi
Kloster Paradies, Rheinau. — W
seinen Namen durch ganz Europ
eine gute Stunde unterhalb der St
Wer denselben von hieraus besu
thalen auf Züricher Seite in's Sc
dem dabei liegenden Eisenhamme

…e Tagreisen für Fussgänger sind zu 8—10 Stunden, …ür die im Wagen zu machenden 10—12 berechnet.

Plan zur Bereisung der Schweiz in drei Touren.

Die meisten Ortschaften werden dem Reisenden ein gutes, oder doch leidliches Nachtlager darbieten.

… Bereisung der deutschen Schweiz.

(Reise von 5 Wochen).

…r-Hauenstein, Solothurn; Bern; Thun, Zweisimmen, …g, Lauenen, Leuk; Adelboden, Kanderstäg; über die … dem Leukerbad; Brieg; längs dem Aletschgletscher … Viesch u. Münster; auf die Grimsel; über die Mayen- … Rhonegletscher, üb. die Furka n. Andermatt; Altorf; …henthal, Klausen, Stachelberg, Glarus, Wesen, Wallen-…ser Bad; Sargans, Altstetten, Ruppen, Trogen, Gais, …eisbad; Herisau, St. Gallen; Constanz; Schaffhausen; …erswiel, Einsiedeln; üb. den Sattel nach Schwyz, Rigi; … u. Zug nach Luzern; üb. den See n. Flüelen u. Altorf; …en n. Engelberg; Stanz, Sarnen, Meyringen; Rosen- … Faulhorn; Giesbach, Brienz, Unterseen; Grindelwald, …auterbrunnen; durch's Kienthal n. Müllenen, Aeschi, …ach, Burgdorf; Langnau, Sursee; Aarau, Schinznacher …Basel.

II. Bereisung der französischen Schweiz.

(Reise von 3 Wochen).

Basel, Soisière, Pruntrut; St. Ursanne, Seigne-légier, la-Chaux-de-fonds; Locle, Brevine, Val-Travers, Neufchatel; Yverdon, Orbe, in's Jouxthal, auf den Mont-tendre, Pont; Moudon; Rue, Chatel St. Denys, Vevay; Lausanne; Morges, Aubonne; Rolle, Nyon; Genf; üb. den See n. Villeneuve, Aigle, Bex; üb. den Pass la Cheville n. Sion (Exc. auf gr. St. Bernhard, üb. den Col de fenêtres, durch das Ferrexthal nach Orsière u. Martigny); oder directe nach Martigny (auf den Col de Balme, Tête noire, zurück nach Martigny; oder von letzterm Orte aus in's Chamouny üb. den gr. St. Bernhard und üb. den Col de Balme zurück); St. Maurice, Vauvrier, St. Gingoulph; und üb. den See n. Villeneuve, üb. den Pass la Tinière n. Chateau d'Oex; Albeuve, Pass Evi, Moléson, Gruyère oder Bulle (Exc. in's Thal von Bellegarde); über Corbières und Arconciel n. Freyburg; Avenche, Morat, Landeron, Biel; Pierre-Pertuis, Court, Courrendelin, Delsberg, Basel.

III. Bereisung der italienischen Schweiz.

(Reise von circa 3 Wochen).

Chur; Disentis; durch's Medelserthal üb. S. Maria, durch's Piorathal nach Airolo; Bellinzona; Magadino, üb. den See nach Brissago, Ascona, Locarno; durch's Onsernone-Thal nach den Bädern von Craveggia in Piemont und durch's Vigezza und Centovalli nach Intragna und von da durch's Maggiathal bis Bignasco, üb. den Berg in's Verzascathal n. Gera, Gordola, Locarno; Melide, Capolago, Mendrisio; durch's Muggiathal auf den M. Generoso, Bissone, Lugano, und über den M. Cenere n. Bellinzona; durch's Misoccothal n. S. Bernadino; üb. den Berg n. Hinterrhein; Splügen-Dorf (oder von Lugano nach Porlezza und Menaggio; üb. den See n. Lecco; zu Lande n. Como; üb. den See n. Varenna, zu Lande n. Chiavenna; üb. den Splügen n. Dorf Splügen; Exc. üb. den Valserberg u. durch's Lugnez n. Ilanz); Viamala, Tusis; Obervaz, Lenz, Stalla im Oberhalbstein, üb. den Septimer n. Casaccia u. üb. die Maloya n. S. Moritzen; üb. die Albula n. Filisur od. Alveneu; Davos, Klosters, Fiderisbad; Feldkirch.

…hen mit 1150 Ew., welche Land- …ie ehem. Benediktiner-Probstei … Rathhaus umgewandelt. — Eine … liegt das durch seine zwei zehn-

…vor Pfingsten und vor Verenatag) …rch die veränderten Handelsver- … Wirthshäuser: Rebstock, Frei- …ommerhaus. — Bemerkenswerth …stift (10 Chorherren u. 3 Kaplane, … Benediktiner-Abtei; unter dem … stark besuchte Grab der heiligen … Durchreisende. — In der Gegend …rt ist, werden häufig Reste von …gefunden. Auf dem r. Ufer d. Rh. …en Küssenburg. — Entfernungen …St. Gallen $18\frac{1}{2}$; Schaffhausen 8;

…volle Vertheidigung die denk- …. Belagerung der Schweizer aus- …lten. Im 30jährig. Kriege wurde …on Herzog Bernhard v. S.-Weimar …enommen. — $1\frac{1}{2}$ St. von da, am …usse der Alb in den Rh., liegen …eträchtlichen Eisenwerke von

Albbruck,

…rüher der reichen Abtei St. Blasien …rten, nun aber bad. Kammergut sind. …Produktion von Eisen, Eisenwaaren …raht wirft jährl. einen reinen Ertrag …chen 30 u. 40,000 Gulden ab.

Kloster Rheinau.

Eglisau, 1608 E., Stadt im Cant. Zürich, auf der gr. Strasse v. Zürich n. Schaffhausen, am r. U. d. Rh., über den eine bedeckte hölz. Brücke führt; der auf dem l. U. liegende Theil, wo der alte Schlossthurm u. das Zollhaus stehen, heisst Seglingen. — Bed. Weinbau, starke Durchfuhr (bes. Getreide), Schifffahrt (Schiffer-Corporation). — Eglisau ist häufigen Erderschütterungen ausgesetzt, die gewöhnlich an beiden Ufern gespürt werden. In der Umgegend hat man röm. silberne und kupf. Münzen von verschiedenen Kaisern gefunden. — 1799 fanden hier hitzige Gefechte der Oestreicher u. Russen gegen die Franzosen statt, wobei die Brücke zusammengeschossen und dem Ort grosser Schaden zugefügt wurde. — Nicht weit entfernt, zwischen dem Rafzerfeld u. dem Rhein, der hier in felsigem Bette um eine scharfe Ecke umbiegt, liegt das Schaffh. Dorf Buchberg, wo bisweilen versteinerte Thiere aus der Urwelt gefunden werden. Herrliche Aussicht auf dem Haarbruck.

Kaiserstuhl, kl. Stadt im Cant. Aargau, in einer getreide- u. weinreichen Gegend, mit 400 E. Eine hölz. Brücke führt auf das r. Rh. Ufer nach dem alten Schlosse Röteln, welches jetzt als Wirthshaus dient. — Hier soll zur Zeit der Römer das Forum Tiberii gestanden haben. Auch im Mittelalter scheint es der Sitz vieler angesehenen Familien gewesen zu seyn; allein durch allerlei widerwärtige Schicksale kam der Ort gänzlich in Verfall. — Nahe liegen die malerischen Schlösser Weiss- und Schwarz-Wasserstelz.

…hiengen . . . . 1000 E., Hauptort der ehem. Landgrafschaft Klettgau, nun zum Amtsbezirk Waldshut gehörig; hat Gypsgruben. Einige wollen hier das römische Tenedo finden, von dem die in der Nähe, bei dem Dorfe Lauchringen, stehende alte Römerburg (das sogenannte Heidenschlösslein) ein Ueberrest seyn soll.

Jestetten 800 E., Amtssitz. Bedeut. Obstwachs u. Weinbau; — Eisengruben.

Rheinau Dorf u. Benediktiner-Abtei im Canton Zürich; jenes auf einer v. Rhein fast ganz umflossenen Landzunge, diese auf einer Insel im Rh., die eine steinerne Brücke mit dem Dorf verbindet. Die Einw., 720, beschäftigen sich mit Landwirthschaft u. Schifffahrt. — Rheinau ist wahrscheinlich röm. Ursprungs und diente als Grenzveste gegen die Germanen; auch findet man bisweilen röm. Alterthümer (eiserne Spiesse u. Pfeilspitzen, Münzen v. Aurelian, Probus, Diocletian u. s. w.). Im J. 14 v. Chr. sollen hier die Vindelizier von den Römern geschlagen worden seyn. — Die Abtei wurde 778 gestiftet; sie hat eine an gedruckten und handschriftlichen Werken über Kirchen- u. Klostergeschichte reiche Bibliothek, Manuscripte vom 9. Jahrh., Evangelienbücher mit schönen Miniaturen &c.; eine bed. Kupferstichsammlung, ein Naturalien- u. Antiquitäten-Cabinet. Auf den Gallerien der Kirchthürme ist eine angenehme Aussicht; in der Kirche sind eilf Altäre, eine gr. Orgel u. die Grabmäler des ersten Stifters Wolfhard, eines alemannischen Fürsten, des Fintanus, eines Irländers, und eines im Rhein ertrunkenen Sohnes Kaiser Rudolphs I. — Rheinau hatte mehrere gelehrte Mönche aufzuweisen, besonders den 1795 verstorbenen Pater Moritz van der Meer v. Hohbaum, der 80 ungedruckte Abhandlungen über Profan- u. Klostergeschichte hinterliess. 1710 wurde die unter Abt Gerold II. erbaute schöne neue Kirche eingeweiht u. 1777 die tausendjährige Gründung des Klosters gefeiert. — Nicht weit entfernt geg. Süden, in einem fruchtbaren und wohlangebauten Gelände, liegt das 1300 E. starke Dorf Marthalen, woselbst im J. 360 Kaiser Julian die Alemannen besiegt haben soll.

Bülach kl. Stadt im Cant. Zürich, an der gr. Strasse n. Schaffhausen, in fruchtbarer Gegend, mit 1700 E. — Bülach wurde 1386 u. 1443 von den Eidgenossen verbrannt. In der Nähe liegt ein besuchenswerther Eichenhain, die sogenannte „Bülacher Hard."

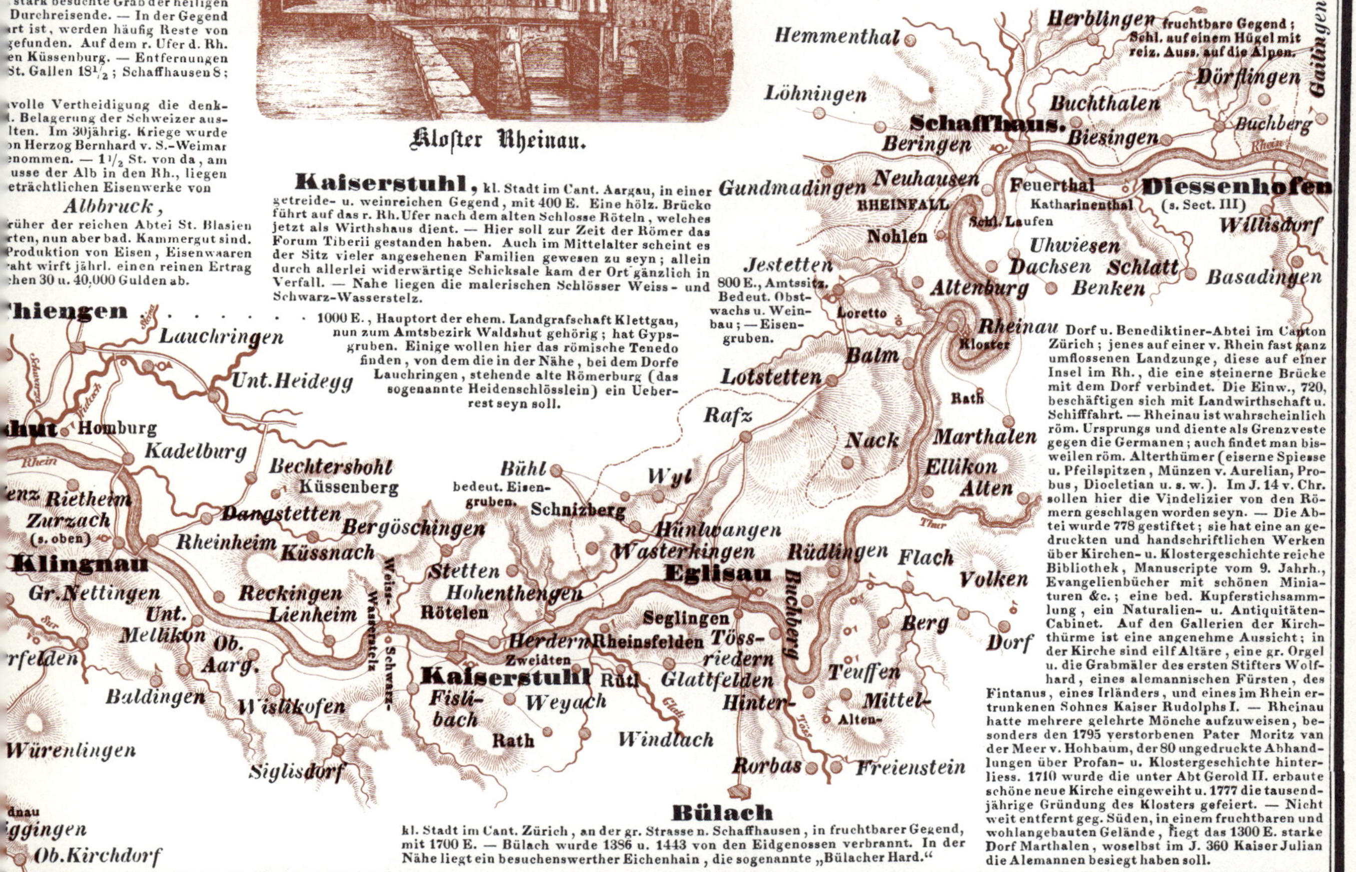

…ad: die Hauptkirche St. Johann; das … das Gymnasium, die Mädchenschule, …lzhof, das Rathhaus (von alter fester …haus, der Frohnwagthurm (mit künst- … alte Veste Unnoth, eigentl. Munnoth …abzuleiten), auf einem Hügel an der …urm gestanden haben soll; sie ist von …ungeheure bombenfeste Gewölbe, die … ein furchtbarer Schneckenweg führt … rings herum laufen 45 F. breite u. 8 F. …he Promenaden und schöne Punkte: …platz, in der Enge, beim Seckelamts-…lus, über den Geishof n. Herblingen; …), auf den Randen, auf Hohentwiel, …affh. besonders berühmt gemacht und …reitet hat, ist der „Fall des Rheins", …ehe Sect. I. die Beschreib. d. Rheins]. …vill, nehme seinen Weg über Feuer-…Laufen, dann quer über den Rhein zu …und in's Schlösschen Wörth.

Entfernungen zwischen Schaffhausen und den wichtigsten Orten des Cantons.

(In Schweizerstunden).

Altorf	$2\frac{7}{8}$	Gächlingen	$2\frac{1}{2}$	Neuhausen	$\frac{3}{4}$
Bargen	$2\frac{3}{4}$	Gundmadingen	$1\frac{1}{2}$	Neunkirch	$2\frac{1}{2}$
Barzheim	$2\frac{5}{8}$	Ob.Hallau	$2\frac{3}{4}$	Osterfingen	$3\frac{1}{2}$
Beggingen	$4\frac{1}{4}$	Unt.Hallau	$3\frac{3}{4}$	Ramsen	3—
Behringen	$1\frac{1}{4}$	Hemmenthal	$1\frac{3}{4}$	Rüdlingen	$2\frac{5}{8}$
Bibern	$2\frac{5}{8}$	Hemishofen	$3\frac{3}{8}$	Schleitheim	$3\frac{5}{8}$
Buch	$2\frac{5}{8}$	Herblingen	$\frac{7}{8}$	Siblingen	$2\frac{3}{8}$
Büttenhard	$2\frac{1}{8}$	Hofen	$2\frac{3}{4}$	Stein	$3\frac{7}{8}$
Buchberg	$2\frac{3}{4}$	Lohn	2—	Stetten	$1\frac{1}{2}$
Buchthalen	$\frac{1}{4}$	Löhningen	$1\frac{7}{8}$	Trasadingen	4—
Dörflingen	$1\frac{3}{8}$	Merishausen	2—	Wilchingen	$3\frac{1}{4}$

Entfernung der Hauptorte der 22 Cantone von Schaffhausen.

Aarau	$13\frac{1}{2}$	Liestal	18—
Altorf	$24\frac{1}{4}$	Locarno	$50\frac{1}{4}$
Appenzell	$14\frac{1}{2}$	Lugano	$51\frac{3}{4}$
Basel	$17\frac{3}{4}$	Luzern	$19\frac{1}{2}$
Bellenz	$46\frac{1}{2}$	Neuenburg	$34\frac{3}{4}$
Bern	$28\frac{1}{2}$	Sarnen	$22\frac{3}{4}$
Chur	33—	Schwyz	$19\frac{1}{2}$
Frauenfeld	$5\frac{1}{2}$	Sitten	$63\frac{1}{2}$
Freiburg	$34\frac{1}{2}$	Solothurn	$23\frac{1}{2}$
St. Gallen	$13\frac{1}{2}$	Stans	$20\frac{1}{4}$
Genf	57—	Trogen	$15\frac{1}{4}$
Glarus	22—	Zug	$13\frac{3}{4}$
Lausanne	$49\frac{1}{2}$	Zürich	$9\frac{1}{4}$

Buchdr. u. Lithogr. v. G. RITTER in Zweibr.

Basel — Markolsheim

BASEL,

Hauptstadt des gleichnam. Kantons und ihrem Umfange nach die grösste Stadt der Schweiz; sie wird durch den Rhein in 2 Theile (Gross- u. Kl.-Basel) getheilt, welche durch eine 630 F. lange steinerne Brücke mit einander verbunden sind, und zählt 22,300 E. Die Strassen sind eng und unregelmässig, die Bauart grösstentheils alterthümlich. Der Name dieser Stadt leitet sich von einem daselbst gestandenen römischen Castrum her, das Basilea hiess und ohne Zweifel zu dem Banne des alten ber. „Augusta Rauracorum" gehörte, welches 452 von den Hunnen zerstört wurde und auf dessen Trümmern nun das Dörfchen Aeugst steht. —Im Mittelalter ward Basel ein bed. Ort und stark befestiget. Zweimal kämpften die Eidgenossen, im Angesicht seiner Wälle, einen schweren Kampf für ihre Freiheit und waren jedesmal Sieger. Hierher wurde im 15. Jahrh. die grosse Kirchenversammlung berufen, welche so vielen Einfluss auf die künftig. Fortschritte der religiösen u. politischen Unabhängigkeit des Landes haben sollte. Bald nach diesem Zeitpunkte erfolgte die Stiftung der Universität; die Baseler freien Druckereien trugen ebenfalls viel zur Verbreitung der Wissenshaften u. der Kirchenreformation bei. Die Bibliothek der hoh. Schule besitzt eine grosse Anzahl selt. Handschriften, unter denen sich mehrere von ausgezeichneten Männern des 16. Jahrh. geschrieb. Briefe befinden. Das „Lob der Narrheit" von Erasmus, mit Zeichnungen von Holbein auf dem breiten Rande, ist noch erhalten, sowie auch die Originalholzschnitte von Albrecht Dürer auf den „Todtentanz" unversehrt geblieben sind. — 1795 wurde zu Basel der Separatfriede zw. Preussen u. Spanien mit Frankr. abgeschlossen. 1796 schlug Erzherzg. Karl, als er Hüningen belagerte, auf dem Oetlinger Berge sein Hauptquart. auf, wodurch der Kriegsschaupl. in die Nähe v. Basel versetzt wurde. 1814 gingen hier die drei verbündet. Monarchen üb. d. Rhein, und nicht lange darauf wurde die Festung Hüningen belagert und geschleift, was für Basel von grösster Wichtigkeit war. — Die öffentl. Gebäude u. sonstigen Sehenswürdigkeiten, deren diese Stadt mehr als jede andere der Schweiz darbietet, sind bei der Erläuterung des Planes näher beschrieben. — Basel hatte von jeher viele vortreffl. wissenschaftl. Anstalten und Vereine, eben so reich ist es an wohlthätigen und gemeinnützigen; auch bestehen daselbst mehrere Gelehrten- u. Künstler-Vereine. — Der Handel u. die Industrie sind sehr im Flor; die Oktober-

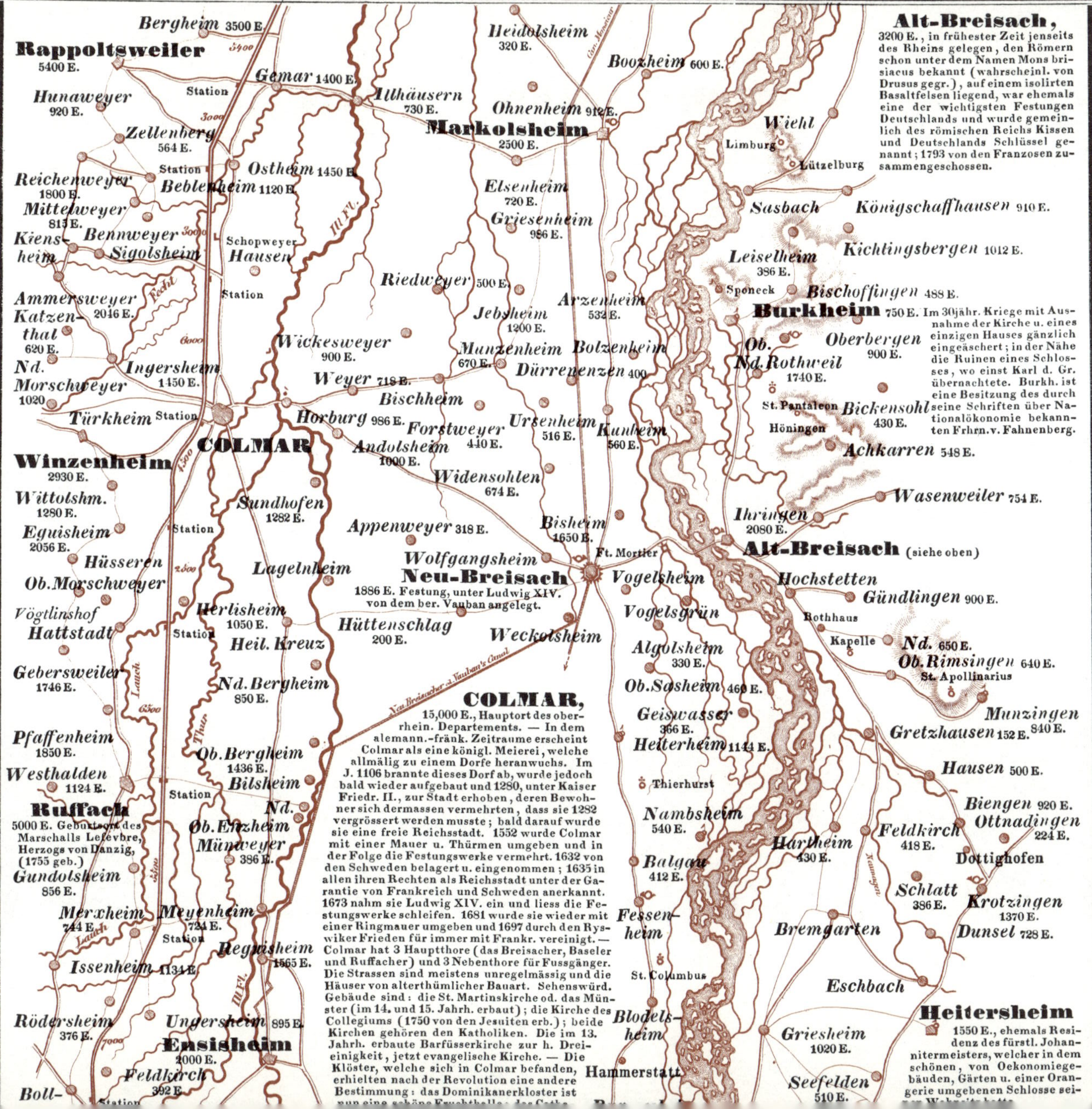

Erläuterung
zum
Plan von Basel
nebst
Beschreibung
der wichtigsten Punkte für Reisende.

A. Gross-Basel.

1. St. Johannsthor.
2. St. Paulsth. (Spahlenth.)
3. Steinenthor.
4. Aeschenthor.
5. St. Albansthor.
6. Rheinthor.

— —

7. St. Petersplatz.
8. Todtentanzplatz.
9. Fischmarkt.
10. Kornmarkt.
11. Münsterplatz.
12. Barfüsserplatz.
13. Rossmarkt.

— —

14. Münster, v. Kaiser Heinrich II. von 1010-1019 in byzant. Style erbaut und nach dem Erdbeben von 1356 in goth. Style wieder hergestellt; seine Thürme enthalten 8 Glocken, von denen die grösste 105 Zentner wiegt. Sehensw. sind der Chor, die Crypta, die Kanzel und der Taufstein, die Orgel und die St. Galluspforte. In der Kirche und dem sie umgebenden Kreuzgang befinden sich eine Menge interess. Begräbnissstätten: der Anna v. Hohenburg, Gemahlin Rudolfs v. Habsburg; des Erasmus v. Rotterdam; des Oekolampadius &c.—In einem Seitengewölbe zeigt man den Saal, wo das Concilium (1431-1448) seine Sitzungen hielt.
15. ehem. St. Ulrichskapelle.
16. St. Albanuskirche nebst Kloster.
17. St. Jeremiaskapelle.
18. St. Elisabethkirche.
19. Steinenkl. St. Magdalena
20. ehem. Barfüsserkirche.
21. St. Leonhardskirche, mit schönen Kreuzgewölben auf Quadersäulen.
22. ehem. Augustinerkirche.
23. St. Martinskirche — soll schon zu Chlodwigs Zeit erbaut worden seyn. In dieser Kirche trat Oekolampad zuerst als Kämpfer für die Reformation auf.
24. St. Peterskirche, mit interessanten Grabmälern vieler berühmt gewordenen Baseler.
25. Französ. Kirche, früher Dominikanerkloster.
26. Synagoge.

— —

27. Botan. Garten.
28. Armenherberge.
29. Zeughaus, mit dem Panzerhemd Karls d. Kühnen und andern Trophäen.
30. Posthaus.
31. Rathhaus, 1508 erbaut, mit vorzügl. Schnitzwerk u. prächt. Glasmalereien, im Hofe eine Statue von Munatius Plancus, Gründers v. Aug. Rauracor.
32. Unteres Univers. Colleg.
33. Gelten (Kunstausstell.).

Einwohner sind zuvorkommend gegen Fremde, doch besitzen sie die fröhlichen Eigenschaften ihrer französischen Nachbarn nicht. — Von hieraus wird der Rhein mit Dampfschiffen befahren, was denn für den Handel besonders wichtig ist. Basel ist als Hauptdepot für den Handel von Frankr. u. Deutschl. nach Italien und für die Bedürfnisse der Schweizer aus dem Auslande zu betrachten. Die Seidenbandfabrikation ist am besten im Flor (4000 Stühle beschäftigen 15,000 Arbeiter). Basel hat viel Geld: ohngefähr 100 Mill. Franken theilen sich auf etwa 2500 Vermögliche. --- Die Regierungsform ist demokratisch; die Beamten werden vom Volke gewählt, welches sehr viel auf seine Gleichheits-Systeme hält, aber leider immer noch den schönen Traum einer vollkommenen Gleichheit forträumt, ohne Aussicht auf Verwirklichung. Überhaupt findet man in den kleinen Schweizer-Republiken oft einen vom Volke gewählten Mann eben so willig die ihm anvertraute Gewalt auf eine drückende Weise ausüben, als wenn er im Dienste des grössten Despoten der Erde wäre.

Schöne Standpunkte und Excursionen

in einer Entfernung von 1/2—3 1/2 St. von Basel.

Die Anhöhe bei St. Margarethen am r. Ufer der Birsig, u. das „Bruderholz“, beide mit schöner Aussicht. — Auf das Schlachtfeld von St. Jakob [hier fiel die berühmte Schlacht am 26. August 1444 zwischen 1600 Eidgenossen und 40,000 Armagnaken, unter Anführung des Dauphin, nachher. Königs Ludwig XI. v. Frankr., vor. Alle Schweizer, mit Ausnahme einiger Flüchtlinge und 30 Verwundeten, starben den Heldentod; von den Feinden blieben üb. 8000 auf dem Platze. Ein Monument v. Gusseisen nach Wochers Modell wurde 1823, unweit des Schlachtfeldes, von der Bürgerschaft Basels, zur Erinnerung an diese Begebenheit errichtet. Der auf dem Schlachtfelde wachsende Wein, von vorzügl. Qualität, trägt den Namen Schweizerblut]. — Der Birs entlang nach Brügglingen; nach Klein-Hüningen u. zu den Festungstrümmern von Gross-Hüningen; nach Chrischona; auf den Wartenberg; auf das Grenzacher Horn; nach Arlesheim; nach Weil und auf die aussichtsreiche Höhe von Tüllingen; nach der Saline Schweizerhall und nach Aeugst (viele Spuren römischer Bauwerke und sonstige Ueberreste des alten Augusta Rauracorum). In's Schaumburger Bad; n. St. Louis; n. dem Kloster Mariastein; in die Bäder v. la Bourg; n. Flühen &c.

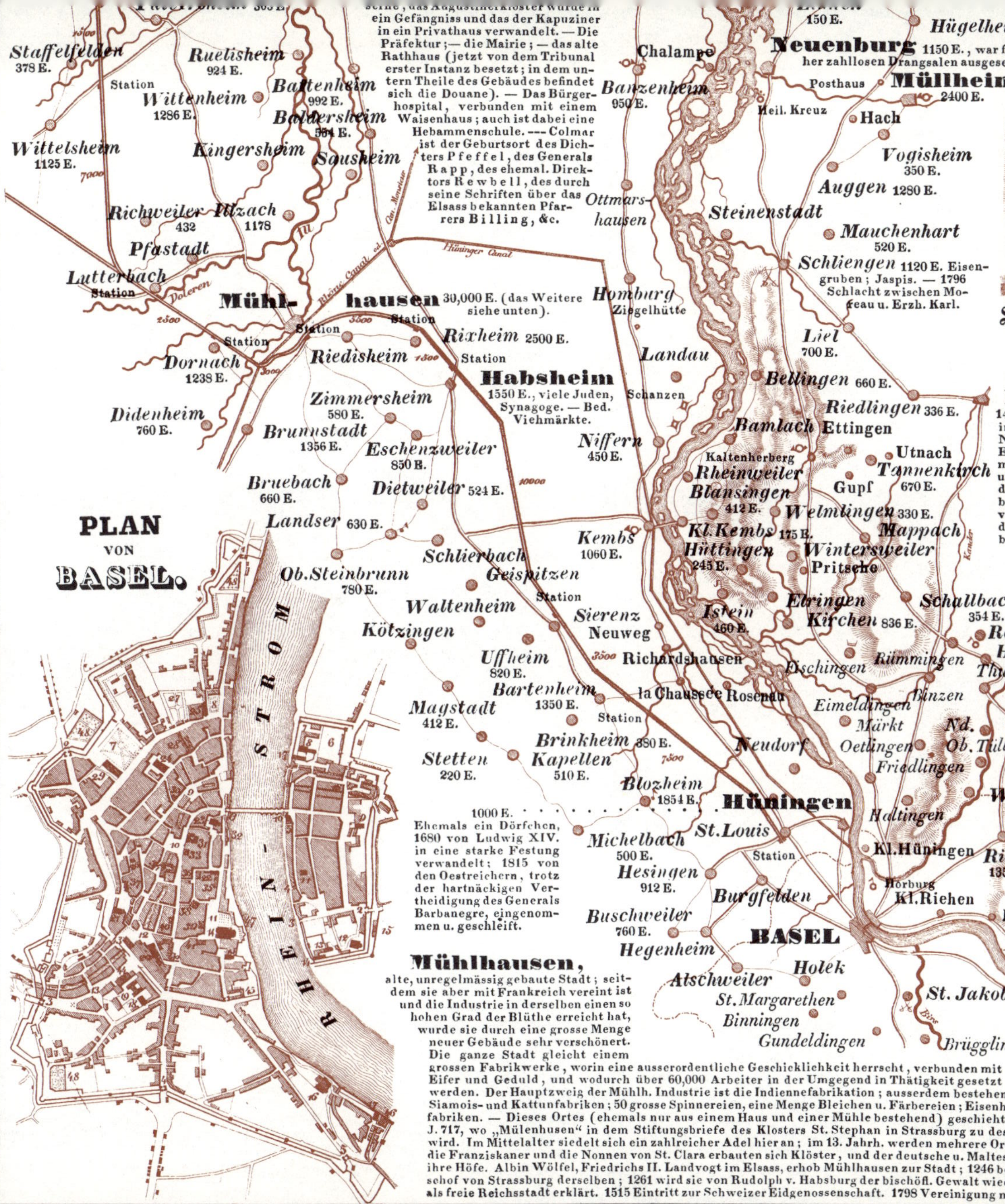

St. Paulsthor (Spahlenthor) in Basel.

37. Frey-Grynäisches Institut (1747 zur Förderung des theolog. Stud. gestiftet). Biblioth. v. 100,000 Bdn, für Theolog. u. Philolog., besond. f. Orientalisten.
38. Univers.-Bibliothek (im Haus „zur Mücke“), mit 50,000 Bdn. u. 4000 Handschriften; Sammlung v. Gemäld., Kupferstichen, Alterth. (bes. v. Aeugst), 12,000 Münzen &c.
39. Gymnasium (mit 18 Lehrern).
40. Centralpolizei.
41. Naturhistor. Museum — zoologische und vorzügl. reiche mineralog. Sammlung, physikalisches Kabinet und Bibliothek von 4000 Bdn. Anatomisches Kabinet, mit mehr denn 2000 Präparaten.
42. Bürgerhospital.
43. Casino.
44. Theater.
45. Deutsch-Ordenshaus.
46. Papierfabrik.
47. Schwimmanstalt.

B. Klein-Basel.

1. Blasienthor.
2. Riehenthor.
3. Ober- } Rheinthor.
4. Mittel- } Rheinthor.
5. Unter- } Rheinthor.
6. Exerzierplatz.
7. Turnplatz.
8. ehem. Kl. Klingenthal.
9. St. Clara-(kath.) Kirche.
10. St. Nikolauskapelle.
11. St. Antonikapelle.
12. St. Theodorskirche.
13. ehem. Karthäuserkirche u. Kloster.
14. Waisenhaus.
15. Glockengiesserei.
16. Richthaus.
17. Armenanstalt.

Vorzügliche Wirths- und Kaffeehäuser in Basel.

Drei Könige (am Rhein), Storch, wilder Mann; goldene Krone, Schwan, Kopf.

Kaffeeh.: Winz am Markt (Nachmitt. von ältern Kaufleuten besucht); Schlegel am Fischmarkt (wo die jüngere Welt sich versammelt).

Ferner die Badehäuser bei Dickemann, Sigmund, Till.

Monument zur Erinnerung an die ewig denkwürdige Schlacht bei St. Jakob.

Die zwischen den Stationen der Strassburg-Basler Eisenbahn stehenden Ziffern bezeichnen die Meterzahl.

Buchdr. u. Lithogr. v. G. RITTER in Zweibr.

Strassburg

Artolsheim – Iffezheim

Fort-Louis,

während der Republik Fort-Vauban, war ehemals eine kleine Stadt und gute Festung, welche Ludwig XIV. 1689 durch Vauban aus den Ruinen des Hagenauer Schlosses auf einer Rheininsel erbauen liess. Alle Strassen waren schnurgrad und die Häuser symmetrisch gebaut. Allein 1793 wurde sie von den Oestreichern unter Lauer belagert und vom jenseitigen Ufer bombardirt, abgebrannt und schrecklich verwüstet. 1794 wurde sie den Franzosen wieder eingeräumt, aber von ihnen nicht wieder hergestellt. Am 1. Januar 1814 gingen die Russen unter Wittgenstein und das badische Armeecorps unter dem Grafen von Hochberg über den Rhein und stellten die Festungswerke wieder etwas her, rissen sie aber bald wieder nieder. — Jetzt ist der Ort ein offenes Dorf mit 600 Einw.

STRASSBURG,

Hauptstadt des niederrhein. Departements, eine halbe Stunde vom Rhein, eine der bedeutendsten Festungen von Frankreich; die Citadelle (1682 von Vauban angelegt, bastionirtes Fünfeck, 5 Ravelins und 2 Hornwerke) schützt die Rheinseite. Sie ist von 3 Armen der Ill durchflossen und zählt ohne die 6000 Mann starke Besatzung über 60,000 Ew. Die Festung hat 19 Bastionen, 17 Ravelins in den Wassergräben, 3 detachirte kleine Werke, 11 detachirte Forts; das ehemals für unüberwindlich gehaltene Fort Kehl, mit seinen bombenfesten Kasematten u. unersteiglichen Wällen, existirt nicht mehr. — Ueber dem Ursprunge von Strassburg liegt ein tiefes Dunkel. Dass es von einem Sohne des Ninus und der Semiramis, 1200 Jahre v. Chr., erbaut worden sey, ist wohl eine Sage. Aus historischen Quellen geht hervor, dass die Römer hier schon einen bedeutenden Ort antrafen, den sie als einen guten militärischen Haltpunkt betrachteten u. durch Anlegung fester Kastelle schützten. Sie nannten die Stadt

ARGENTORATUM,

wahrscheinlich nach dem zur Bestreitung der Kriegskosten hier aufbewahrten Silbervorrathe, und AUGUSTA TRIBOCCORUM, weil die Tribokken, ein deutscher Stamm, diese Gegend bewohnten. Der römische Geschichtschreiber Ammianus Marcellinus rechnet sie unter die wichtigsten Städte in Obergermanien, woselbst auch die 8. Legion, welche den Ehrennamen Augusta trug, ihr Standquartier hatte. Bei der grossen Völkerwanderung traf sie das Schicksal anderer rheinischen Städte, sie wurde durch die Vandalen u. Hunnen zerstört. Nachdem aber die Franken ihre siegreiche Macht befestigt hatten, bauten sie diesen vortheilhaft gelegenen Ort wieder auf und nannten ihn **Strateburgum**, ohne Zweifel, weil er längs der Hauptstrasse, die aus Germanien nach Gallien führte, der heutigen langen Strasse, angelegt und dann durch Ringmauern in eine Burg verwandelt wurde. Er ward bald der Sitz eines angesehenen Bisthums, und die deutschen Kaiser verliehen ihm noch besondere Rechte u. Privilegien, welche aber der Bischof Walter v. Geroldseck zu beeinträchtigen suchte, worauf die Bürger sich gegen ihn bewaffneten, in der Schlacht bei Molsheim (1263) dessen Macht vernichteten und hierdurch ihre Unabhängigkeit er-

Bischweiler

(ehemals Bischofsweiler, lat. Episcopivilla), ansehnlicher Marktflecken und Cantonshauptort mit beinahe 5000 Einw. In diesem Orte herrscht grosse Thätigkeit: es befinden sich daselbst Woll-, Tuch-, Handschuh-, Leder-, Lichter-, Seif-, Oel-, Töpferwaaren-, Krapp-Fabriken und viele wohlhabende Handelsleute. Nebst 3 Primärschulen besteht hier auch ein Pensionnat für Mädchen. — Vor der Revolution hatte Bischweiler einen berühmten Jahrmarkt, „Pfeiferstag" genannt, welcher am 15. August gehalten wurde. An diesem Tage versammelten sich alle Musikanten des untern Elsasses in diesem Flecken, um dem „Geigerkönige" zu huldigen, welchen Titel das Zweibrückische Haus als Herr v. Rappoltstein zum Lehen trug. [Die heil. Maria von Tusenbach (bei Rappoltsweiler) war bis zur Revolution die Patronin der Elsässer Musikanten. Diese bildeten eine Brüderschaft, deren Ursprung in das Zeitalter der Minnesänger fällt. Um ihrem Gewerbe mehr Ansehen zu geben, vereinigten sie sich und begaben sich unter den Schutz der Herren v. Rappoltstein. Geschmeichelt durch dieses Zutrauen nahmen sie den Titel eines Geigerkönigs an und machten ein besonderes Amt daraus, das sie zuerst als Reichslehen trugen und in der Folge vom Könige v. Frankreich annahmen. Die Brüderschaft bekam ihre Statuten; der König der Spielleute hatte gewisse Rechte, so wie die verbrüderten Musikanten gewisse Pflichten. Ihrer grossen Anzahl wegen waren sie in drei Corps abgetheilt, welche in Thann, Rappoltsweiler u. Bischweiler Gericht hielten und ihre Feste feierten].

SCHLETTSTATT

(Salestadium, franz. Seléstatt), ehem. freie Reichsstadt, jetzt bed. Festung und Hauptort des gleichn. Bezirks, mit 10,000 E. Es bestehen hier Fabriken in Wollenwaaren, Metallgeweben, Gewehren, Strohhüten &c.; auch wird Handel mit Wein und starker Ackerbau getrieben.— Zur Zeit der fränk. Könige war hier ein königl. Hoflager. Im 13. Jahrh. erhob sich Schlettstatt zur Stadt. 1632 wurde sie von den Schweden erobert, die sie 1634 den Franzosen einräumten; allein im westphäl. Frieden wurde sie wieder als Reichsstadt anerkannt. 1673 nahm sie Ludw. XIV. ein und liess sie befestigen. (siehe weiter unten)

Kehl. Stadt im bad. Bezirksamt Kork mit 1000 E., war ehemals eine Festung, welche 1688 v. den Franzosen angelegt, 1697 an das deutsche Reich abgetreten, 1703 aber schon wieder von denselben erobert wurde. Im Rastatter Frieden (1714) kam sie wieder an's deutsche Reich. 1734 wurde sie von den Franzosen mit Sturm genommen; 1797 von den Oestreichern erobert und 1805 von den Franzosen wiederum besetzt; 1814 abgetreten und 1815 geschleift.

Erläuterung
des
Planes von Straßburg,
nebst
näherer Beschreibung der sehenswerthesten Gebäude.

1. Fischerthor. 2. Judenthor. 3. Petersthor. 4. Kronenburgerthor. 5. Weissenthurmthor. 6. Spitalthor. 7. Metzgerthor. 8. Austerlitzplatz. 9. Guttenbergsplatz mit Guttenbergs Standbild. 10. Paradeplatz mit Gen. Klebers Standbild. 11. Broglieplatz. 12. Theaterplatz. 13. Schlossplatz. 14. Münsterplatz.

— —

15. Münster (s. unten). 16. Jungen St. Peterskirche, mit dem Grabmal des Marschalls Dubourg. 17. Alten St. Peterskirche, soll von dem h. Maternus (Apostel der Elsässer) gegründet worden seyn. 18. St. Johanneskirche, gehörte vor der Revolution den Johannitern. 19. St. Magdalenenkirche, früher dem Kloster der Reuerinnen gehörig. 20. St. Louiskirche, von Ludw. XIV. gegründet. 21. St. Thomaskirche, sehr besuchenswerth; reich an schönen Denkmälern, ausgezeichnet das Grabmal des Marschalls Moritz von Sachsen. 22. Neue Kirche, ehem. Predigerkirche, 1234 von den Dominikanern erbaut. 23. Wilhelmerkirche, 1300 erbaut. 24. St. Nicolaikirche, 1182 gegr. 25. St. Aurelienkirche. 26. Kirche der Reformirten. 27. Synagoge.

[Die 6 ersten der genannten Kirchen gehören zum kathol. Gottesdienste; die 5 nachfolgenden sind den Protestanten Augsb. C.]

— —

28. Königl. Schloss, ehem. bischöfl. Palais. 29. Kgl. Collegium. 30. Seminar. 31. Protest. Gymnasium. 32. Theater, ein Prachtgebäude, 1805 gegr. 33. Artillerieschule. 34. Zeughaus. 35. Giesserei. 36. Präfektur. 37. Stadthaus. 38. Justizpalais. 39. Briefpost. 40. Mehlhalle. 41. Zuchthaus. 42. Militär-Gefängniss. 43. Münze. 44. General-Consistorium u. protest. Seminar. 45. Kaufhaus. 46. Bischöfl. Colleg. 47. Bürgerhospital. 48. Akademie. 49. Schule für Pharmacie. 50. Bot. Garten. 51. Waffensaal. 52. Militärhospital.

Der Straßburger Münster.

Nach dem Cölner Dom ist dieses Gotteshaus gewiss eines der prächtigsten Meisterstücke deutscher Baukunst. Die Stelle, wo dieser Prachtbau sich erhebt, war in früheren Zeiten ein Hügel, auf dessen Rücken, zwischen drei majestätischen Buchen, sich eine Druiden-Opferstätte befand. Die Bewohner rundum nannten sich darnach Dribukken (Dreibucher), woraus die Römer Tribocci machten. — Der Druiden-Altar wurde von spätern Eroberern in einen dem Kriegsgotte geweihten umgewandelt. Diese Bildsäule ist an der nordwestl. Vorderseite des Münsters angebracht und unter dem Namen Crutzmana (Kriegsmann) zu finden. — Den ersten Grund zu dem jetzigen Tempel soll 510 König Chlodwig gelegt haben, und Pipin u. Karl d. Gr. erbauten den Chor. 1007 wurde das erste Gebäude vom Blitz verzehrt, der jedoch den Chor verschonte. Beim Bau des Münsters, welcher 1015 unter Bischof Werner I. begann, 1275 aber erst vollendet wurde, behielt man den alten Chor bei. 1277 wurde durch den Baumeister Erwin aus Steinbach in Baden der Grundstein zu dem majestätischen Thurme gelegt, allein erst 1439 durch Joh. Hülz aus Cöln gänzlich ausgeführt. Nach Erwins Plan sollte der Münster eigentlich zwei gleich hohe Thürme haben, deren Höhe über dem Boden der Kirche auf 594 Fuss berechnet war. Es wurde aber nur der eine Thurm (zwar nicht bis zu der bestimmten Höhe), der andere bis zur Plattform od. dem sogenannten Wächterhaus. Die ganze Höhe beträgt 438 Pariser F.; bis zur Krone hat man von der Plattform 339 Stufen, im Ganzen 654, zu steigen. — Der eigentliche Thurm bis an das flache Dach besteht aus drei Stockwerken, die durch Gänge wo es in die Gewalt Ludwigs XIV. kam und mit Frankreich vereinigt wurde; durch eine vortheilhafte Capitulation sicherte es sich jedoch manches seiner alten Privilegien und Rechte. Die Franzosen erweiterten die Fortificationen der Stadt bedeutend und bildeten sie zu einer Hauptfestung gegen Deutschland. 1814 u. 15 wurde sie von den Alliirten berannt, General Rapp vertheidigte sie tapfer gegen den Kronprinzen v. Würtemberg und übergab sie erst, nachdem Ludw. XVIII. zum zweiten Male wieder eingesetzt war. Die Nationalgarde wetteiferte bei dieser Gelegenheit mit den Truppen von der Linie; überhaupt zeichneten sich die hiesigen Bürger stets durch Muth und Patriotismus aus. — Gegenwärtig ist Strassburg Sitz der Präfektur des Niederrheins, eines Generalcommando's der 5. Militärdivision, eines Bischofs und eines protestantischen Generalconsistoriums &c. Von Bildungsanstalten nennen wir nur die von jeher berühmte Academie mit 33 Professoren. Die Stadt besitzt viele Wohlthätigkeitsanstalten. Handel u. Industrie sind blühend. — An Sehenswürdigkeiten fehlt es hier nicht (s. die Erläuterung des Plans); allein bei all dem ist die Stadt nichts weniger als schön. Die grossartigsten Gebäude sind nicht selten in schmalen Strassen, oft gar in Winkelgässchen verborgen, während auf den grossen Plätzen und in den breiten Strassen ein Luxus kleiner, alter und überhängender Häuschen prunkt, den man in die erstern verbannt sehen möchte. Von den 268 Plätzen, Strassen und Gassen tragen zwei Drittel höchst prosaische Alltagsnamen, die Ochsen-, Bocks-, Kochlöffel-, Wassersuppengasse &c. — Wer sich mit dem Leben u. Treiben der Strassburger vertraut machen will, besuche das Caffé Spiegel, zw. der Lang- u. Schlossergasse. Das Gemisch der Gäste, welche dieses Caffé von 1-4 Uhr Nachmitt. und von 7-11 Abends beleben, ist eben so charakteristisch als sonderbar; kein Unterschied der Stände ist hier bemerkbar.

— Zu Schlettstadt blühte zu Ende des 15. Jahrh. eine Schule, aus welcher viele ausgezeichnete Männer hervorgingen: Jakob Wimpheling, geb. 1449 † 1528, Geschichtschreiber u. Dichter; Jak. Spiegel, † 1550, ein gründlicher Rechtsgelehrter und Rath Karls V. u. Ferdinands I.; Johann Sapidus (Witz), geb. 1490 † 1561, Dichter u. Freund des Erasmus v. Rotterdam; Martin Bucer, geb. 1491 † 1551 zu Cambridge, einer der thätigsten Reformatoren; alle vier wurden zu Schlettstadt geboren; Beatus Rhenanus (Bild) aus Rheinau, gb. 1485 † 1547, Geschichtschreiber u. Literator, &c. — Die wichtigsten Gebäude der Stadt sind: das Haus des Unterpräfekten, der Justizpalast, die Mairie, das Collegium, das Zeughaus, die Gefängnisse, die Casernen, das Bürgerspital, das Haus der Schwestern „der Vorsehung", wo die Novizen gebildet werden. Merkw. ist die alte Kirche zu St. Fides, im J. 1094 durch Hildegardis, aus dem Geschlechte der Hohenstaufen, nach dem Muster des heil. Grabes zu Jerusalem gegründet. Die ehem. Klöster sind meist Militärmagazine.

führen. In der zweiten Abtheilung erblickt man über dem mittlern Portal eine grosse gläserne Rose, welche manchfaltige Farben zurückstrahlt und in ihrem Innern 43 Strassb. F. hat. Ueber den vorspringenden Pfeilern der Portale stehen, ebenfalls in der mittleren Abtheilung des Thurmes, vier Könige zu Pferd: Chlodwig, Dagobert, Rudolph von Habsburg und Ludwig XIV. In dem dritten Stockwerke befinden sich die Glocken. Ueber dem Thurme ist ein flaches steinernes Dach, auf dessen Nordseite sich die Thurmspitze in die Wolken erhebt. — Vier Wendeltreppen, die sich in vier durchsichtigen Thürmchen hinaufwinden und wovon jedes eine Seite des achteckigen Thurmes verhüllet, führen auf die Gallerie des ersten Stockwerkes der Pyramide, von der man, sowie schon von dem flachen Dach, die herrlichste Aussicht auf die Stadt, über die Fluren des Elsasses, nach den Höhen des Schwarzwaldes, und sogar bis an die Gebirge der Schweiz geniesst. Acht schmale Wendeltreppen führen nun von der Gallerie zur Krone, über welcher das Kreuz mit dem achteckigen Knopfe aufgepflanzt ist. — Auf der Kuppel des Chores, dem sogenannten Bischofshut, befindet sich der Telegraph, der mit Paris correspondirt. — Die Kirche ist im Innern 102 Mtrs. 64 Centimtrs. lang und 38 M. 16 Centm. breit. Die herrliche Glasmalerei in den drei hohen Säulenhallen verbreitet ein schauerliches Halbdunkel. Sehenswerth sind: der Chor mit dem Hochaltar; die Orgel, ein Meisterstück von A. Silbermann, sen., der sie 1714 vollendete; sie hat 49 Register, 2242 Pfeifen, deren grösste aus Zinn 341 Pf. wiegt, 28 F. lang ist u. über einen F. im Durchmesser hat. Die Lorenzenkapelle; das heilige Grab; die Grabmäler mehrerer Bischöfe, des Baumeisters Erwin und seiner Familie, &c. Das von Isaak Habrecht aus Schaffhausen, nach den Zeichnungen des Mathematikers Dasypodius, von 1571-74 verfertigte astronom. Uhrwerk steht schon seit 60 Jahren still.

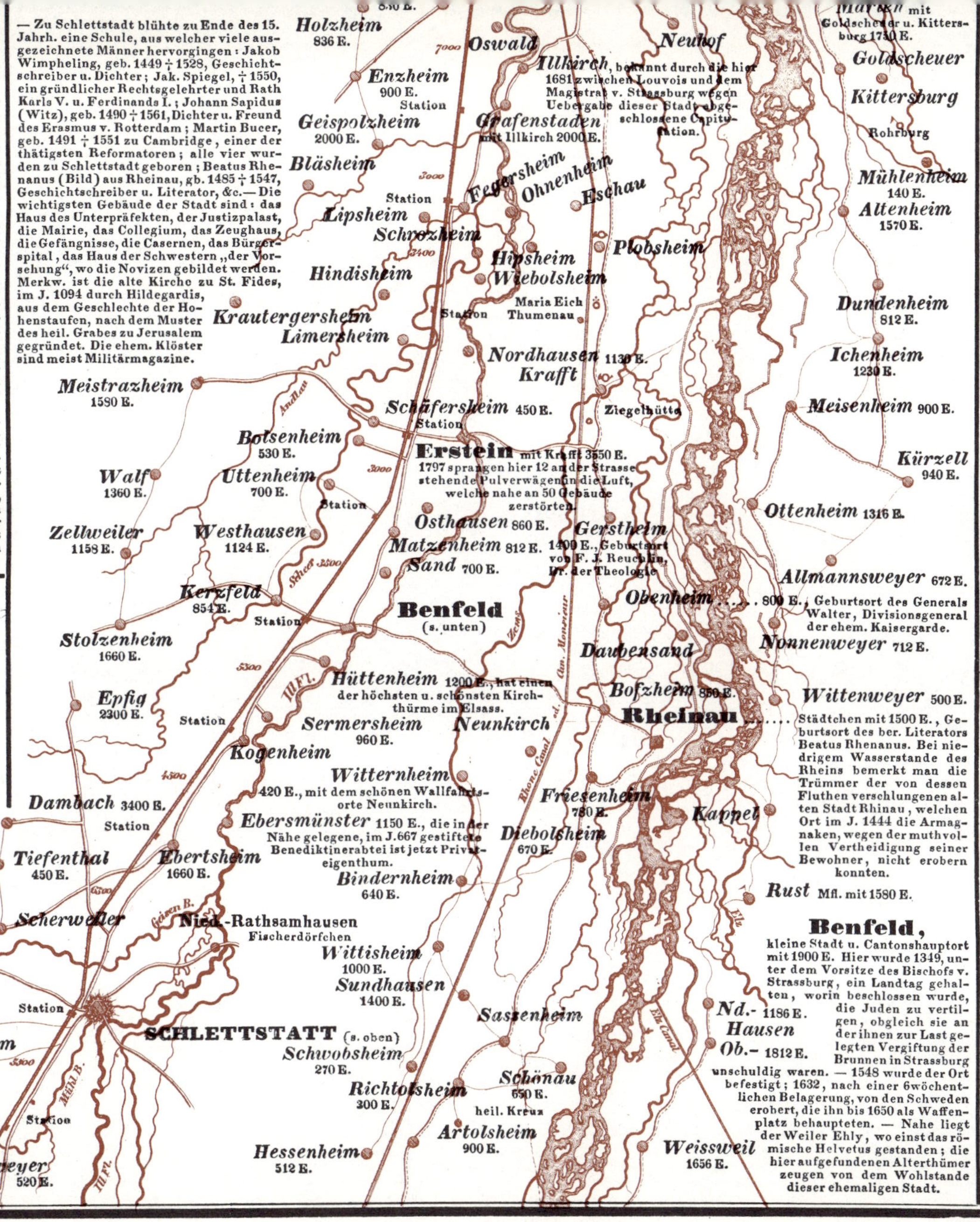

Guttenbergs Denkmal
in Strassburg.

Strassburg soll von 1430-1444 Guttenbergs Wohnsitz gewesen und hier die Idee zur Erfindung der Buchdruckerkunst in ihm erwacht seyn.

Tiefenthal 450 E.
Scherweiler

Kästenholz (Castinetum, franz. Châtenois), Flecken, zählt nebst einigen Weilern 3000 E. In der Umgegend wird viel Wein gebaut. 1444 wurde dieser Ort von den Armagnaken verbrannt.

Kinzheim 1400 E.
Orschweiler 912 E.
St. Hippolyt 2300 E.
Roderen 800 E.
Bergheim

Klebers Denkmal
in Strassburg.

Joh. Bapt. Kleber, einer der ausgezeichnetsten Generale der französischen Republik, geb. zu Strassburg 1753, Sohn eines Gartenarbeiters, kam in seinem 16. Jahre nach Paris, die Baukunst zu studiren, kehrte jedoch bald wieder nach Strassburg zurück und ging mit einigen Bayern nach München, durch deren Vermittlung er in die dortige Militärschule kam. Hier lernte ihn der östr. General Kaunitz kennen, der ihm 1772 eine Lieutenantsstelle in östr. Diensten verschaffte. Als solcher machte er den Türkenkrieg mit, nahm aber, da er durchaus keine Beförderung fand, 1783 seinen Abschied, kehrte in die Heimath zurück und wurde als Bauinspektor in Belfort angestellt. Die Revolution rief ihn bald auf eine ruhmvollere Laufbahn: 1792 Freiwilliger bei einem Grenadierbataillon; während der Belagerung von Mainz Generaladjutant; Brigadegeneral in der Vendée; 1794 Divisionsgeneral bei der Sambrearmee, Sieger in vielen Schlachten; 1799 in Aegypten, nach Napoleons Abreise Obergeneral daselbst; — er wurde 1800 zu Cairo von einem fanatischen Türken ermordet.

Buchdr. u. Lithogr. v. G. RITTER in Zweibr.

Selz — Mannheim

Badische Rheinbahn von MANNHEIM bis STRASSBURG.

(Theilweise fertig.)

PLAN VON MANNHEIM.

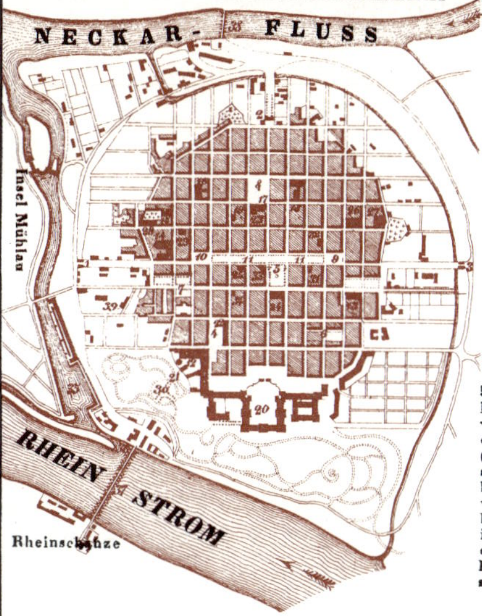

1200 E., schon im Karoling. Zeitalter als ein Ort des Wormsgaues erwähnt. Ehemals stand hier ein kurfürstl. Jagdschloss und in dem geg. d. Rh. lieg. Walde war ein Thier- u. Fasanengarten; auch findet man dort noch wilde Fasanen.

Oggersheim 1700 E. Merkw. durch hist. Erinnerungen [der Kuhhirt im 30jähr. Kr.; Ziegelhütte 1782 Schiller's Aufenthalt, &c.] — Sehensw. Kirche.

* **Altripp,** 550 E. Alta ripa, eines der 50 Kastelle, die Drusus am Rhein errichtete. Hier lag fortwährend eine starke Besatzung, die unter einem vornehmen Befehlshaber (Præfectus militum) stand. Dieses Kastell war auf einer kleinen Höhe erbaut und seine Trümmer sind wahrscheinl. unter dem Rheine verborgen, da derselbe ohne Zweifel in früherer Zeit hier seinen Lauf etwas verändert, wodurch manche Lokalität verschwunden oder verfallen seyn mag.

Germersheim 2600 E. Festung (guter Vertheidigungsort wegen seiner vortheilhaften Lage, als Brückenkopf von Wichtigkeit); schräke und histor. merkwürdige Stadt.

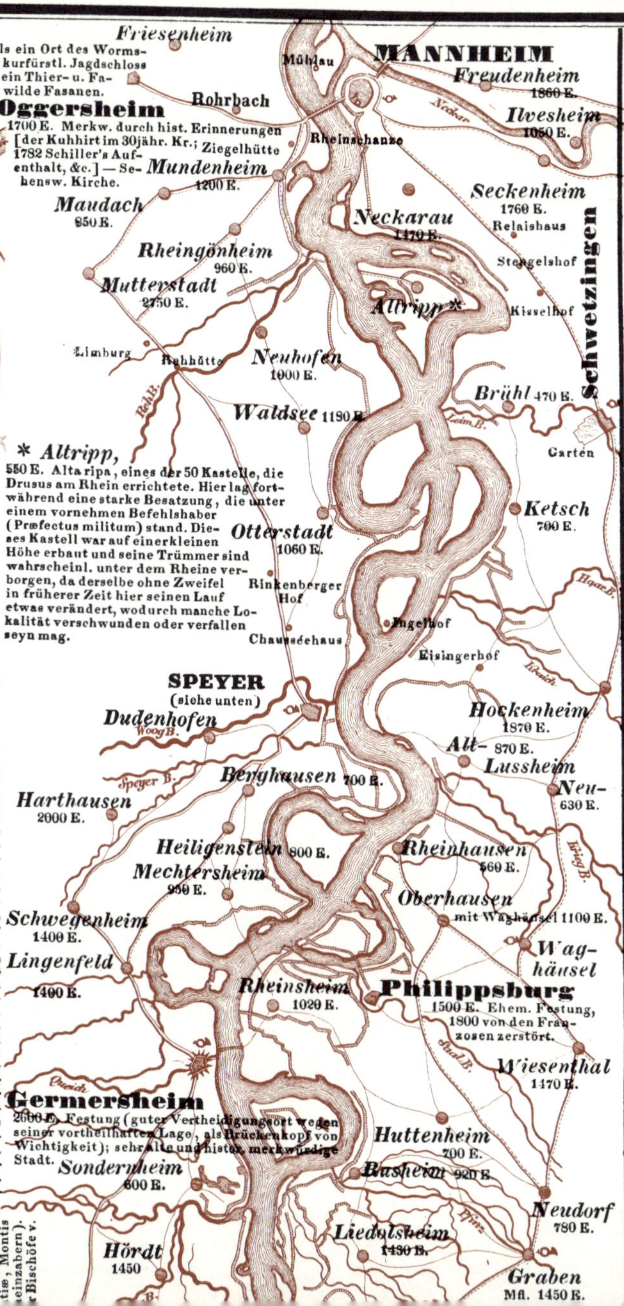

Erläuterung zum Plane von Mannheim nebst Beschreibung der wichtigsten Punkte für Reisende.

1. Rheinbarriere. 2. Neckarthor. 3. Heidelberger Thor. 4. Theaterpl. 5. Paradepl. 6. kl. Paradepl. 7. Zeughauspl. 8. Speisemarkt. 9. Strohmarkt. 10. Fruchtmarkt. 11. Die Planken. 12. Jesuitenkirche (prächt. Gebäude, 250 F. lang, 100 br., 200 hoch, in gemischtem Baustyle; 2 schöne Thürme an der Front, der Hauptthurm mit ausgezeichneter Kuppel; treffl. Bildhauerarbeiten, gute Gemälde. Das dabeiliegende ehemal. Jesuitenkollegium enthält jetzt das Lokal des Lyceums, mit kath. u. prot. Lehrern besetzt). — 13. Ehemalige Kapuzinerkirche u. Kloster. 14. Kathol. Bürgerhospital u. Kirche. 15. Evang. Hospital u. Kirche. 16. Trinitaskirche u. Hospital. 17. Pfarrkirche. 18. Concordienk. 19. Synagoge. 20. Schloss (das grösste in Deutschl.: 5 Haupteing., 4 Höfe, 12 Pavillons, 1500 Fenster, 1720 durch Kurf. Karl Philipp der Grundstein gelegt; Rittersaal, schöne Kirche in alt-franz. Style; der linke Flügel, wo sich auch das Opernhaus befand, durch das österr. Bombardement 1796 in Ruinen verwandelt (proj. Wiederaufbau); in dem andern Flügel befinden sich interess. Sammlungen für Kunst u. Wissenschaft: Gemäldegallerie, Kupferstichsammlung, Antikensaal, Kabinet röm. Denkmäler, Naturalienkabinet; Lokal des Kunstvereins. Auch ist ein Theil des Schlosses Residenz der verwittweten Grossherzogin Stephanie). — 21. Lyceum (s. oben Ziff. 12). 22. Theater (mit Conzert- u. Redoutensaal; v. 1783–85 war S c h i l l e r hier als Theaterdichter angestellt, nachdem er schon ein Jahr vorher in Oggersheim seinen „Fiesco" für diese Bühne geschrieben hatte). — 23. Rathhaus. 24. Kaufhaus (160 Schritte lang, 72 Bogen; dabei das Lokal für das Hofgericht, das Stadtamt u. die Polizei (Pass-Bureau). — 25. Harmonie. 26. Armen- u. Krankenhaus. 27. Zuchthaus. 28. Militärhosp. 29. Jüd. Hosp. 30. Botan. Garten. 31. Russischer Hof. 32. Rhein. H. 33. Pfälzer H. 34. Schwarzer Bär. 35. Neuer Hafen. 36. Freihafen. 37. Rheinbrücke. 38. Neckarbrücke.

Lauf des Neckars von MANNHEIM bis HEILBRONN.

KARLSRUHE, Haupt- und Residenzstadt des Grossherzogthums Baden, 22,000 E. Ehemals stand hier nur ein kleines Jagdschloss. Markgraf Karl ...

...000 E. Hier ...thename. Als ... Heer gegen ... Truppen auf ... die Winter-Hauptquar-...tiæ, Montis ...r Bischöfe v.

bildet, und von ihm aus laufen wie Strahlen die Strassen der Stadt und im nahen Hartwald die Alleen. Um das Schloss zieht sich in einem grossen Bogen der Zirkel und neun Strassen ziehen aus diesem in die Stadt, welche von der 1/2 St. langen, vom Mühlburger bis zum Durlacher Thore in schnurgrader Richtung laufenden „langen Strasse“ queer durchschnitten und in zwei Theile getheilt wird. Auf dem Marktplatze findet man eine steinerne Pyramide, in welcher die Ueberreste des Erbauers der Stadt aufbewahrt sind. 131 Morgen Gärten umgeben die Stadt und eine Wasserleitung von Durlach mittelst eisernen Röhren versieht dieselbe mit vortreffl. Wasser. — Zur Unterhaltung dienen verschiedene Gesellschaften: das Museum, die Lesegesellschaft, die Eintracht, der Bürgerverein, der Cäcilienverein und die Harmonie; sonstige Vergnügungsorte, ausser mehreren Kaffeehäusern und Gärten im Bezirke der Stadt, sind besonders: die englische Anlage vor dem Ettlinger Thor, das Promenadehaus, die herrlichen Spaziergänge nach Durlach, Rüpurr, Beiertheim und durch den Hartwald nach Mühlburg. Unweit Karlsruhe liegt Gottsau, früher ein Kloster, nachher Kammergut, jetzt Artillerie- und Cavalleriekaserne. — Der anschnlichen Gebäude sind so viele, dass, aus Mangel an Raum, die Aufzählung hier nicht statt finden kann; diejenigen, welche für den Reisenden von Wichtigkeit sind, findet derselbe näher beschrieben in folgender

Erläuterung
des
Planes von Karlsruhe.

1. Mühlburger Thor. 2. Karlsthor. 3. Ettlinger Th. 4. Rüpurrer Th. 5. Durlacher Th. 6. Ludwigsth. 7. Schlossplatz. 8. Marktpl. 9. Spitalpl. 10. Ludwigspl. 11. Evang. Stadtkirche (mit 12 korinth. Säulen, ein von dem berühmt. Baumeister Weinbrenner geschaffenes Werk, dessen innerer Bau der Schönheit des Aeussern entspricht). 11 a. Lyceum (früher Gymnasium illustre). 12. Kathol. Kirche (in Form einer Rotunda, mit 12 jonischen Säulen, von Weinbrenner erb.; Orgel und Thurmgeläute stammen aus dem ehem. Kloster St. Blasien). 13. Grossherzgl. Residenzschloss (in alt-französ. Styl errichtet). 14. Schlossgarten (mit des alemannischen Dichters H e b e l Denkmal). 15. Hofbibliothek u. Naturalienkabinet. 16. Theater (in alt-röm. Style; vorzügl. Oper). 17. Botanischer Garten (Sammlung von mehr als 6000 Pflanzen). 18. Marställe. 19. Karl Friedr.-, Leop.- u. Sophien-Stiftung. 20. Münzgeb. 21. Kriegsschule. 22. Schullehrer-Seminar. 23. Hofgärtnerei. 24. Akademiegeb. 25. Kriegs- 26. Finanz-Ministerium. 27. Synagoge. 28. Veterinärschule. 29. Polytechnische Schule (aus rothen Sandsteinen aufgeführt). 30. Zeughaus. 31. Bürger- u. Militärhospital. 32. Armenanstalt. 33. Ober-Postdirektion u. Briefpost. 34. Stadt-Commandantur. 35. Rathhaus. 36. Städt. Töchterschule. 37. Ministerium des Aeussern. 38. Garten des Grossherzogs. 39. Garten der Prinzessin v. Nassau. 40. Giesserei. 41. Fasanerie.

Vorzügliche Gasthöfe:
Der englische Hof,
Zähringer Hof,
Waldhorn,
Erbprinz,
Kreuz,
&c.

Speyrer Dom.

Rheinzabern befanden sich die Tabe... der röm. Feldherr Dru... die Germanen führte u... dem gallischen Gebiete... quartiere bezogen, wu... tiere errichtet: Tabern... & Rheni (Elsass-, Berg... — Im Mittelalter Resid... Speyer.

SPEYER, schon vor der Römer Zeit ein Hauptsitz der Nemeter, weshalb auch von jenen AUGUSTA NEMETUM genannt. Später erhielt diese Stadt von dem Flüsschen, an dem sie liegt, den Namen SPIRA, woraus die deutsche Benennung Speyer entstand. Tacitus bezeichnet den Ort als einen der stärksten und mächtigsten a. Rh.; Julius Cæsar liess daselbt einen Winterpalast erbauen; auch war hier das Standquartier eines Hauptheils der 4. Legion. — Im Anfange des 4. Jahrh. wurde die Stadt durch die Alemannen zerstört, unter Constantin aber wieder aufgebaut. Nachdem sie durch die Hunnen und Vandalen abermals verheert worden, gelangte sie endlich durch die fränkischen Könige zu neuer Wichtigkeit. Später ein Palatium und Hauptaufenthalt der deutschen Kaiser (als Reichsst. bed. Privileg.); berühmt durch viele im „Retschin“ oder „Retscher“ gehalt. Reichstage (darin 1529 Uebergabe der Protestation der Fürsten u. Bürger gegen die Beschlüsse des Reichstags, daher der Name „Protestanten“); v. 1530 b. 1689 bestand hier das Reichskammergericht (dadurch grosser Ruf). — Im 14. Jahrh. zählte Speyer 30,000 Einw.; allein während des 30jähr. Krieges nahmen dieselben bedeutend ab. Im Orleans'schen Krg. wurde die Stadt von den Franzosen besetzt und 1689, beim Heranrücken der Alliirten, verbrannt und gänzlich verwüstet. Nach dem Ryswicker Frieden kehrte ein Theil der Versprengten wieder zurück und schuf sich eine neue Ansiedelung, die 1794 nochmals schwere Leiden zu bestehen hatte. — Gegenwärtig zählt Speyer über 9200 E. und ist der Sitz der Regierung der k. b. Pfalz, eines Bisthums u. prot. Consistoriums &c. Es bestehen daselbst viele Bildungs- u. Erziehungsanstalten, so wie auch mehrere wissenschaftl. Vereine. — Von den zahlreichen öffentl. Gebäuden ist das merkwürdigste der D o m, v. Konrad II. im 11. Jahrh. auf der Stelle eines röm. Tempels gegründet und von seinem Enkel Heinr. IV. beendet (meist byzant. Styl, rothe Sandsteinquader; die 2 h. Thürme u. der Halbkr. am östl. Ende sind die einz. Ueberreste vom ursprüngl. Baue). 3 Gänge des Langhauses mit 24 Säulen erwecken Ehrfurcht bei dem Beschauer. Auf einer Treppe gelangt man zu dem „Königschor“, unter dem sich die Gruft von 8 Kaisern u. 4 königlichen Frauen befindet. Ausserdem schmücken noch viele herrl. Denkmäler das Innere dieses Tempels, die uns aber der Raum hier aufzuzählen nicht gestattet.

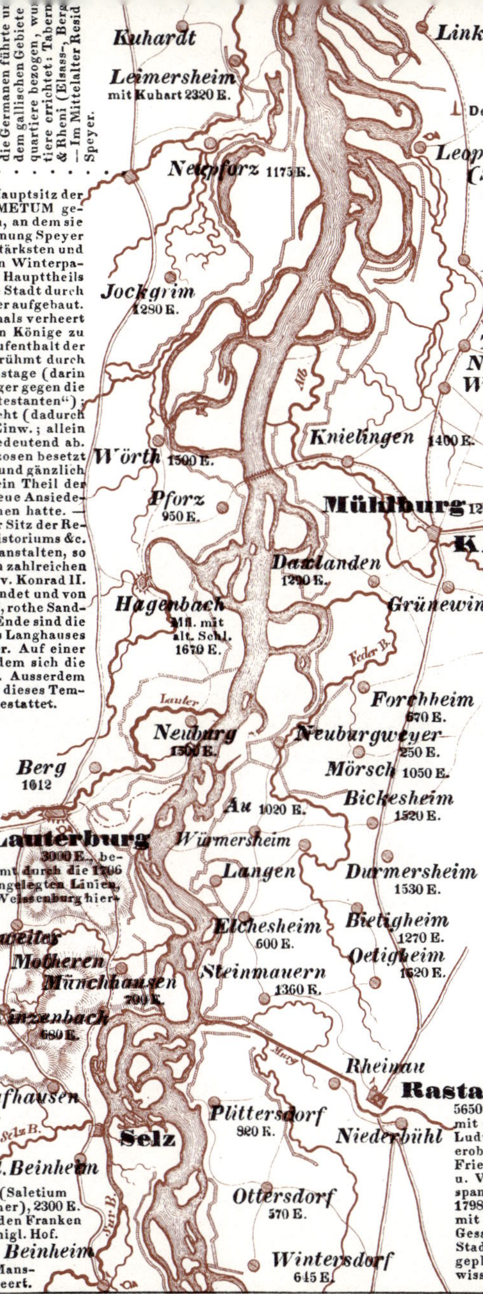

Lauterburg 3000 E., befestigt; berühmt durch die 1706 von Villars angelegten Linien, die sich von Weissenburg hierher ziehen.

Selz (Saletium der Römer), 2300 E. Unter den Franken ein königl. Hof.

Beinheim 1500 E. 1609 von Graf v. Mansfeld überfallen und verheert.

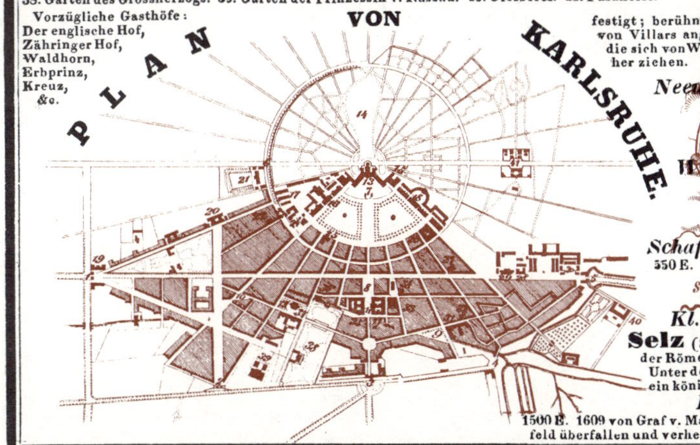

Mannheim, 24,000 E., ehem. Hptst. der kurfürstl. Pfalz, jetzt die zweite Stadt des Gr. Hrzgth. Baden, in einem Winkel, welchen der Rhein und der Neckar bei ihrer Vereinigung bilden. Ursprünglich stand an dieser Stelle ein Dorf. Im J. 1606 legte Kurf. Friedr. IV. den Grundstein zur Stadt und baute unweit davon ein Kastell, Friedrichsburg genannt. Stadt und Kastell fanden aber im 30jähr. Kriege ihren Untergang. 1689 wurde Mannh. zum zweitenmale von den Franz. zerstört, und die Stadt in ihrer jetzigen Gestalt ist die dritte seit ihrer Erbauung, aber auch zugleich eine der regelmässigsten u. schönsten Deutschlands, obgleich sie bei der Belag. von 1795 wieder beträchtlich gelitten hatte. 1806 wurden die Festungswerke abgetragen und in Gärten u. Anlagen umgewandelt. Seit Mannh. aufgehört hatte, Residenz zu seyn, war seine Bevölkerung so wie sein Wohlstand gesunken, allein in neuerer Zeit heben sich beide wieder, wozu der aufblühende, vielfach begünstigte Handel, namentl. mit Bauholz aus dem Schwarzwalde, die Industrie in den Chaisen-, Bijouterie-, Krapp-, Liqueur- (Mannheimer Wasser), Tabaks- &c. Fabriken, sodann die immer im Steigen begriffene Dampfschifffahrt und die Eisenbahnverbindungen, sowie der neuangelegte Hafen mit seinem grandiosen Lagerhaus am meisten beitragen. — Die Stadt wird durch 21 liniengrade, sich durchkreuzende Strassen in 112 länglichte Quadrate zerschnitten. Was jetzt, nach Abtragung der Festungswerke, dem Durchblick in jeder Strasse einen eigenen Reiz gibt, ist, dass man am Ende derselben entweder eine schöne Baumgruppe, einen waldbegrenzten Berg oder einen Theil des Schlosses erblickt. Eine Schiffbrücke, auf 43 Pontons, verbindet Mannheim mit der Rheinschanze; über den Neckar führt eine ähnliche auf 23 Pontons, die aber in Kürze durch eine im Bau befindliche Kettenbrücke ersetzt werden soll. — Mannh. ist der Sitz des Oberhofgerichts und der Regierung des Unterrheinkreises. Es bestehen hier viele Anstalten für öffentlichen Unterricht u. Erziehung, sowie auch reiche Hülfsquellen für geistige u. gesellige Unterhaltung. Die Umgebungen der Stadt laden zu angenehmen Spaziergängen u. Erholungspartieen ein. — Durch die Eisenbahn ist nun Mannheim mit

HEIDELBERG

enge verbunden. Mit allen Lieblichkeiten der Natur begabt, ruft diese Musenstadt den Fremden herbei; wohin er sich wendet, strahlt ihm Anmuth u. Schönheit entgegen. Heidelberg hat unstreitig eine der prächtigsten Umgegenden, die man in Deutschland, ja in ganz Europa finden kann. Sie liegt am Eingange des Neckarthals, zwischen hohen, felsigten Waldgebirgen, deren Fuss an mehreren Stellen mit Reben bepflanzt ist. Dieses, mit dem Anblick der schönen über den Fluss führenden Brücke und der majestätischen Ruinen des alten kurf. Schlosses, welches über der Stadt auf einer stolzen Höhe thronet, bildet ein Gemälde, worin der grossartige Charakter wild-romantischer Landschaften sich mit einer sanften, reichen u. üppigen Natur auf das Herrlichste vereint. — Heidelberg zählt 13,500 E. und ist der Sitz einer blühenden Universität, 1386 von Kurf. Ruprecht gestiftet (reiche Biblioth., Sternwarte, anatomisches Theater, Sammlung physikal. Instrumente, zoolog. Kabinet, chemisches Laboratorium, Samml. von Modellen für Bergbau, Baukunst, Mechanik u. Ackerbau, Mineralienkabinet, akadem. Hospital &c.). Heidelbergs Kirchen sind sehr merkw., besonders die Heiliggeist- u. St. Peters-K. — Der erste Ausflug des Fremden ist die „Schlossruine“: ehemals Palast u. Festung zugl., höchst interess. durch seine Ausdehnung u. die prächt. architekt. Ueberreste (Bauart aus verschied. Jahrh.), so wie auch durch seine Schicksale (3mal durch Brand u. 10mal durch Krieg gelitten). Vom Entstehen dieses Schlosses ist nichts Bestimmtes bekannt. Anfangs des 15. Jahrh. wurde der Ruprechtsbau und 200 J. später der Friedrichsbau aufgeführt. In dem Schlosskeller liegt das berühmte grosse Heidelberger F a s s, das 250 Fud. od. 1500 Ohm enthält (seit 1769 nicht mehr gefüllt).

Rastatt mit der Vorst. Rheinau 5650 E., hat ein schönes Schloss mit den Trophäen des Markgr. Ludw. Wilh., im Türkenkriege erobert. Hier wurde 1714 ein Friede geschlossen (von Eugen u. Villars unterz., Schluss des span. Erbfolgekr.) und 1797 u. 1798 ein Congress gehalten, der mit der Ermordung der franz. Gesandten endete (unfern der Stadt überfallen, ermordet und geplündert, die Anstifter ungewiss). — Lyceum; bed. Handel.

3 Stunden von Mannheim entfernt, liegt

Schwetzingen,

2500 E., merkwürd. durch seinen bekannten Schlossgarten, welcher einen Flächenraum von 186 Morgen hat. Er wurde von dem Kurfürsten Karl Theodor v. d. Pfalz angelegt; das dabei befindl. Schloss wurde zum Theil schon im 14. Jahrh. erbaut, erlebte aber nach und nach manche Veränderung. Die schönsten Partieen des Gartens sind: der Apollotempel, der Felsen des Pan, das Badehaus, der Tempel der Minerva, Merkuriustempel, die röm. Wasserleitung und die Moschee.

Buchdr. u. Lithogr. v. G. RITTER in Zweibr.

Frankenthal — Bingen

MAIN-LAUF von Bamberg bis Mainz.

Mainz (Moguntia, Moguntiacum), Stadt und Bundesfestung, hat mit dem gegenüberlieg. Castel 38,150 E. ohne Militär. Beide Städte sind durch eine auf 47 Pontons erbaute Schiffbrücke verbunden und bilden eins der stärksten Bollwerke Deutschlands. Auf der ganzen Stromlänge des Rheins, von seinen Quellen bis zum Meere, gibt es wohl keinen malerischern Punkt, als den von Mainz und seiner Umgebung gebotenen. Die Stadt mit ihren alt-

Modellirt von dem edlen Meister Thorwaldsen in Rom.

Gegossen von dem Künstler Crozatier in Paris.

Gutenbergs Denkmal in Mainz.

Inaugurirt am 14. August 1837.

Es werde Licht! sprach Gott, und aus des Chaos Tiefen
Entstieg sein Engel mit den Strahlen, welche schliefen.
Der Morgen zieht voran, es folgt der junge Tag;
Zerstoben ist die Nacht; die ganze Welt ist wach. —
Und noch ein zweites Licht schuf Er: es ist der Geist!
Dem Menschen gab Er ihn, der ja Sein Abbild heisst.
Doch Aberglaube hielt in ängstlich ems'ger Wacht
Des Geistes Leben, der schlief in des Klosters Nacht.
Da rief Gott selbst in Dir: Es werde Licht! und sieh:
Du gabst der Welt das Licht, durchbrachst die todten Schranken
Und jedem ward ein Strahl der lichten Symphonie!
Der Geist ist frei, nicht mehr gefesselt an Colossen,
Und eine inn're Welt zerstört nun kein Despot,
Der, Wenigen bekannt, in Eine Form gegossen,
Durch einen Einzelnen Vernichtung oft gedroht!
Enthoben ist sie jetzt von Deinen Flügelrossen,
Und Deine Letter siegt, der alte Schein ist todt.
Der Leib erliegt dem Geist, die Nacht erliegt der Klarheit,
Der Aberglaube fällt, Du krönst die ew'ge Wahrheit!

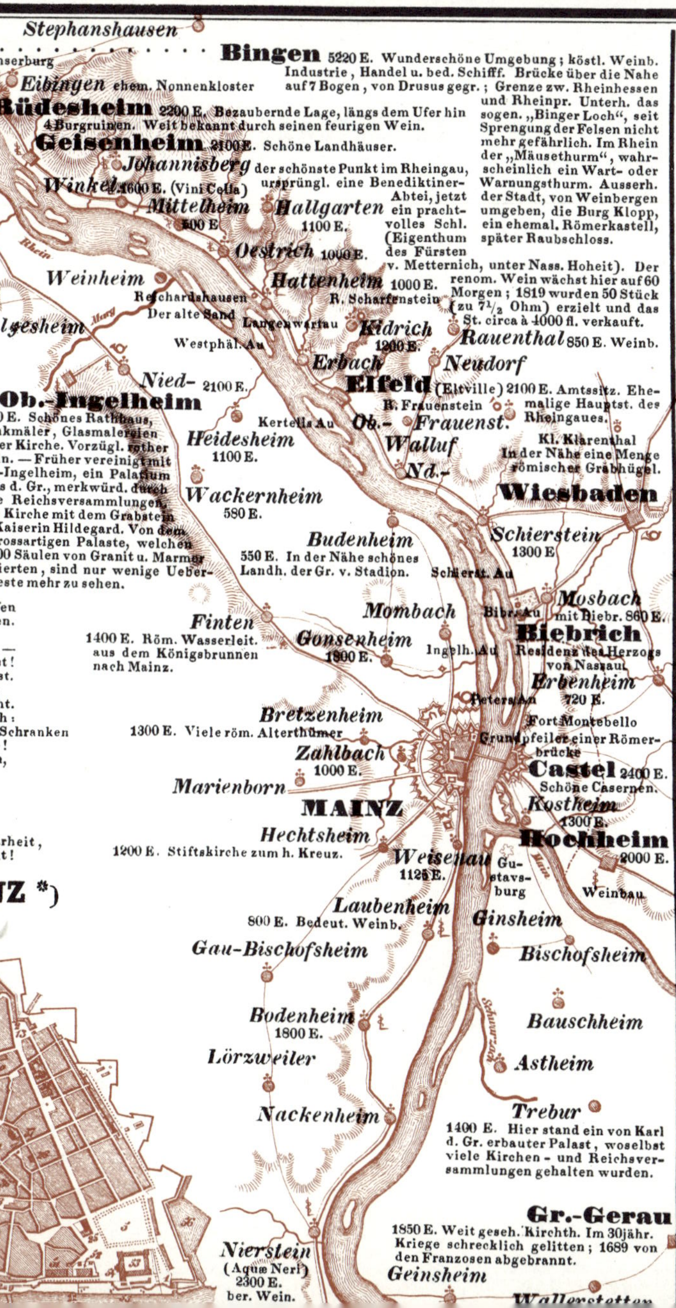

PLAN VON MAINZ *)

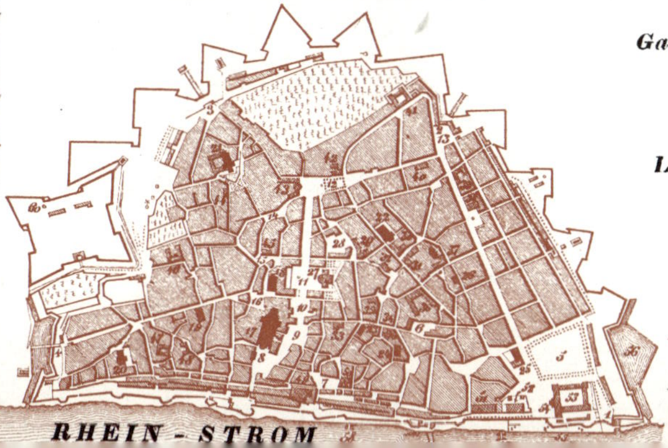

TAUNUS-EISENBAHN zwischen Wiesbaden und Frankfurt.

WIESBADEN,

12,000 E., Haupt- u. Residenzstadt des Herzogthums Nassau, der grösste Badeort des Continents, jährlich von mehr denn 20,000 Fremden besucht, hat sich seit zehn Jahren prachtvoll erhoben und ist nun durch die Taunus-Eisenbahn mit Frankfurt und Mainz enge verbunden. Wiesbaden ist von dem grossartigsten Panorama Deutschlands umgeben und durch die Nähe von Schwalbach, Schlangenbad, des Rheingaues und Taunusgebirges, wird es selbst dem Kurgaste möglich, Excursionen zu machen, ohne die Kur zu unterbrechen. Seine grandiosen Gast- und Badehäuser, die Colonnaden des herrlichen Kursaales, so wie das Theater und noch viele andere Sehenswürdigkeiten sind Zeugen der glanzvollsten Einrichtungen. — Die ganze Umgegend ist reich an Denkmälern der Römerzeit und die ältesten Nachrichten

100 Fuss über dem Rheinspiegel erhöhten städtischen Gipfelpunkte; der schwarzgrauen Rundmasse des Eichelsteins (von Aquila, franz. Aigle, Adler), eines Römerdenkmals, welches die Besatzung von Moguntiacum zur Verewigung ihres Feldherrn DRUSUS gesetzt, das schon über 18 Jahrhunderte gesehen hat, und fast wie der Fels, auf dem es steht, eine eben so lange Jahresreihe an sich vorübergehen lassen zu wollen scheint; dem ehemal. kurf. Schlosse und vielen andern Gegenständen, die nicht allein eine geschichtliche Wichtigkeit haben, sondern auch der Landschaft zur eigenthümlichen Zierde gereichen, — dehnt sich vor den Blicken des Reisenden aus, der Mainz auf der Rheinseite begrüsst.

Vor Drusus soll Martius Agrippa ein befestigtes Lager hier gehabt haben. Die eigentliche Geschichte der Stadt beginnt jedoch erst mit Drusus, der ohngefähr um das J. 13 v. Chr. Geb. das Castell Moguntiacum hier anlegte, weil (wie Tacitus erzählt) die meisten deutschen Stämme, welche Gallien am gefährlichsten waren, von Mainz den Rhein abwärts wohnten. Nach mancherlei Wechsel der Besatzung kam endlich (J. 80 n. Chr. G.) die 22. Legion nach Moguntiacum; sie hatte unter Titus bei der Belagerung von Jerusalem gedient und brachte den h. Crescenz mit, der als erster Lehrer des Christenthums hier auftrat. Unter ihm soll das erste Kirchlein im sogenannten Heiligenthal erbaut worden seyn. Durch die Kämpfe der Germanen wurde Rom's 400jährige Herrschaft am Rhein vernichtet und Mainz durch die Alemannen, dann durch die Vandalen und Alanen, endlich durch des Hunnenkönigs Attila furchtbare Horden in Trümmer verwandelt. Den fränk. Königen Theodobert I. und Dagobert I. verdankt es seine Wiederherstellung. Bischof Siegbert umgab die Stadt 712 mit Mauern. 745 kam der glaubenstarke Bonifacius (Winfried) auf den erzbischöfl. Stuhl, der Mainz zur Metropolis von ganz Deutschland erhob. Unter Karl d. Gr. entstanden Kirchen, Klöst. und Schulen daselbst. Erzb. Hatto (891–912) fügte zuerst der geistl. Oberherrsch. landesherrliche Gewalt und Würde bei. Unter Willigis und Aribo blühte die Stadt gewaltig auf. Adalbert I. befreite die Bürger von der erzbischöfl. Gerichtsbarkeit und allen Abgaben. Hundertjährige Kämpfe entstanden nun zwischen den Erzbischöfen, Bürgern und Patriziern. Im 30jähr. Kriege abwechselnd von den Spaniern und Schweden besetzt und gebrandschatzt, wurde Mainz im Orleans'schen Erbfolgekrieg von den Franz. erobert, ihnen aber bald wieder entrissen. Die Schicksale der Stadt nach der franz. Revolution bis auf heute sind bekannt. Ihre goldnen Zeiten kehrten wieder.

*) Die Festungswerke mit inbegriffen, hat Mainz 4 Stunden im Umfange, 10 Thore, 129 Strassen, worunter die drei Bleichen und die Ludwigsstr. die schönsten, und 27 öffentliche Plätze. — Die bemerkenswerthesten Punkte für Reisende sind:

1. Raimundithor. 2. Münsterthor. 3. Gauthor. 4. Neuthor. 5. Paradeplatz (herrliche Musik zur Paradezeit). 6. Flachsmarkt mit österr. Hauptwache. 7. Der Brand od. Kaufhauspl.. 8. Liebfrauenpl. mit preuss. Hauptw. 9. Speisemarkt. 10. Höfchen. 11. Gutenbergspl. mit Gutenb. Denkm. 12. Thiermarkt. 13. Münsterpl. 14. Ballpl. 15. Bischofspl. 16. Leichhof. 17. Dom, gegr. 978 durch Erzb. Willigis; nach viermal. Niederbrennung erweitert durch Erzb. Siegfried; 1793 durch das Bombardement der Preussen abermals zerstört; später Heumagazin; 1803 wieder Kirche, jetzt hergestellt; Grabmäler: der Kaiserin Fastrada, dritte Gemahlin Karls d. Gr.; des Meistersängers Heinr. Frauenlob (Heinr. v. Meissen), von Frauen zur Gruft getragen, &c. 18. St. Johannis- od. evang. Kirche. 19. Augustinerk. 20. St. Ignatiusk. (harmon. Geläute). 21. St. Stephansk. 22. St. Emmeransk. 23. St. Quintinsk. 24. St. Christophsk. 25. St. Petersk. 26. Synagoge. 27. Theater. 28. Platz der Fruchthalle. 29. Gymnasium. 30. Pfandhaus. 31. Wambolder Hof, in der reichen Clarastrasse. 32. Hof zum Jungen (erstes Druckhaus Gutenbergs). 33. Dreikönigshof, Schusterst. (ehem. Haus zum Humbrecht, wohin Fust und Schöffer, nach dem Zerwürfniss mit Gutenberg, ihre Druckerei verlegten). 34. Hof zum Gutenberg (Wohnh. des Erfind. der Buchdruckerk., im Hofraum dessen Standbild von Bildh. Scholl). 35. Stadthaus. 36. Justizpalast (früher das Dalberg'sche Palais: „zu den drei Sauköpfen"). 37. Entbindungs- u. Impfanstalt. 38. Bibliotheksgebäude, vereinigt mit dem Museum (röm. Alterth.: viele Altäre, üb. 60 Legionsteine &c.); Münzkabinet; Bildergallerie. 39. Festungs-Command. 40. Regierungspalais, Thiermarktstr. (fr. Präfektur). 41. Militärhospital. 42. Militärcasino. 43. Generalswohnung. 44. Perlenfabrik. 45. Bischöfl. Palast. 46. Armenhaus. 47. Waisenhaus. 48. Zuchthaus. 49. Weibl. Arresthaus. 50. Brief- und fahrende Post, zugl. Gasthaus zu den drei Reichskronen. 51. Zeughaus (gr. Waffensaal). 52. Deutsche Ordensh. (oft Resid. Napoleons, jetzt grosshzgl. Schl.). 53. Kurfürstl. Schl., vormal. Resid. der Erzb., jetzt Lagerhaus und 54. Zollamt. 55. Freihafen. 56. Sicherheitshafen. 57. Landungspl. der niederrh. und 58. der Mannheimer Dampfschifff. 59. Schiffbrücke. 60. Eichelstein.

Eilwägen: tägl. nach Worms, Mannh. u. Heidelberg; üb. Saarbr. u. Metz nach Paris: tägl. Eilw. u. Mallepost. nach Frankfurt: tägl. Eilw. u. Briefcour. Den Rhein abwärts: tägl. ein Eilw. nach Coblenz, Cöln u. s. w. — Die Taunuseisenbahn nach Frankf. — Regelm. Dampfschifff. Die Stunden der Abfahrt u. Ankunft kann der Reisende an Ort und Stelle überall leicht erfahren.

PLAN VON FRANKFURT.

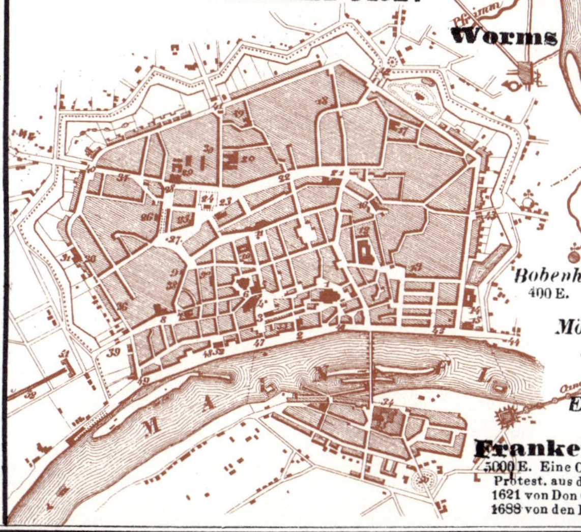

Erläuterung des Planes von Frankfurt.

1. Dom. 2. Heil. Geistkirche und Spital. 3. Nicolaikirche. 4. Römer nebst Römerberg. 5. Gymnasium. 6. Barfüsserkirche. 7. Münze. 8. Weissfrauenk. 9. Göthe's Haus. 9 a. Reformirte Kirche. 10. Braunfels, Börse. 11. Liebfrauenkirche nebst Liebfrauenberg. 12. Ehemal. Dominikanerkloster. 13. Jüd. Hospital. 14. Neues Hospital. 15. Bibliothek. 16. Synagoge. 17. Waisenhaus. 18. Peterskirche. 19. Senkenberg'sche Stiftung. 20. Thurn u. Tax. Palast. 21. Polizeiwache. 22. Zeil. 23. Katharinakirche. 24. Hauptwache mit Paradepl. 25. Casino. 26. Franz. Kirche an der Stadtallee. 27. Rossmarkt. 28. Theater mit Th.pl. 29. Marstall. 30. Postwagenexpedition. 31. Städl's Kunstinstitut. 32. St. Leonhardsk. 33. Saalhof. 34. Deutsches Ordenshaus und 35. deutsche Ordenskirche in Sachsenhausen. 36. Neue Mainzer Strasse. 37. Gr. Bockenh. Strasse. 38. Hirschgraben. 39. Gallusthor. 40. Bockenheimer Thor. 41. Eschenheimer Thor. 42. Friedberger Thor mit Denkmal der Hessen. 43. Allerheiligenthor. 44. Obermainthor. 45. Schöne Aussicht. 46. Metzgerthor. 47. Fahrthor. 48. Leonhardsthor. 49. Untermainthor. 50. Affenthor (Sachsenhausen). 51. Bahnhof. 52. Eisenbahn.

petern, abstammen, welches die Römer in „Visipetri" und die Germanen dann wieder in „Wisibäder" verwandelt haben. Drusus erbaute hier, zur Beschützung des Taunuspasses, eines seiner 50 rhein. Kastelle, wovon auf dem Römerberge noch ehrwürdige Reste zu sehen sind. 1783 fand man beim Erbauen des Schützenhofs ein 90 F. langes röm. Schwitzbad, dessen gebrannte Ziegelsteine den Stempel der 22. Legion trugen. Im Adler und im Schwanen- u. Römerbad wurden ähnliche Ueberbleibsel entdeckt. Unweit der Fasanerie war eine Opferstätte alter Germanen. — Die Usipeter u. Mattiakken waren Jahrhunderte lang bald Besiegte, bald Verbündete der Römer; ihnen folgten andere deutsche Völker und machten der Römerherrschaft am Rhein ein Ende.

Bemerkenswerthe öffentliche Gebäude: 1) das neue herzogl. Schloss; 2) das Rathhaus; 3) die Münze; 4) die Stadtkirche, 1488 erbaut, mit interessanten Grabsteinen; 5) das von Kaiser Adolph gegründete Spital; 6) das alte Schloss, jetzt zu Magazinen benutzt; 7) das Theater; 8) das Palais in der Wilhelmsstrasse, mit der Bibliothek und der Antiken-Sammlung; 9) die Colonnaden, während der Kurzeit in glänzende Bazars verwandelt; 10) der Kursaal. Seine Façade ist 330 F. lang und wird durch 30 Säulen gestützt; 28 korinth. Säulen im Innern stützen die Gallerien und die grossherzogl. Loge. In der Kurzeit haben hier Bälle und Conzerte statt. — Die Badeanstalten sind vortrefflich. 17 heisse Quellen (38°—56° R.) geben übermässigen Vorrath. Reinlich u. bequem eingerichtete Bäder existiren hier ohngefähr 700, ohne die vielen Wannenbäder in den Gasthäusern, welche keine eigene Quellen haben.

WORMS,

im Mittelalter mit 60,000 Seelen bevölkert, zählt jetzt nur noch 8500, obgleich es sich in neuerer Zeit bedeut. gehoben hat. Im 30jährig. Kriege schon hart mitgenommen, wurde Worms 1689, gleichzeit. mit zwanzig andern Rheinstädten, von den Franz. gänzlich verwüstet. Vor dieser barbarischen Verheerung war die Stadt durch ihren Wohlstand und ihre angenehme Lage sehr berühmt. Ihre Umgebung wurde „Wonnegau" genannt und die Bewohn. desselben hiessen Wonnegäuer, woraus die Röm. Vangiones machten. Unter den vorzüglichsten hier wachsenden Weinen steht die Liebfrauenmilch oben an. — Worms ist eine sehr alte Stadt und ihr Ursprung soll sich 1500 Jahre v. Chr. Geb. herschreiben. Drusus erbaute hier ein Kastell und nannte es Bormitomagus (von dem altd. Worte „worm", Schlange, u. dem keltischen „mag", Wohnung — also urspr. wahrscheinl. Schlangenwohnung). Dieses Kastell wurde in der Folge ein fester Standpunkt d. Römer und gab Veranlassung zu einer Stadt, welche später öfters Sitz der fränkischen Könige war, wo viele Reichstage gehalten wurden. Das einzige aus frühern Zeiten in Worms noch vorhandene Gebäude ist der Dom, der zwar ebenfalls ausgebrannt wurde, dessen Mauern aber unversehrt blieben. Schon im 8. Jahrh. wurde der Grund dazu gelegt, aber erst nach einigen Jahrh. vollendet. Die luther. Dreifaltigkeitskirche, 1709 gegründet, erhebt sich in der Nähe, wo Luther sein Glaubensbekenntniss ablegte. Ein Frescogemälde von Seekatz, diese merkwürdige, historische Scene darstellend, ist sehensw. Im Hofe des Stadthauses röm. Alterthümer. Auch zeigt man noch die Bank, auf welcher Luther gesessen haben soll, als man ihm den Willkommen oder Labetrunk reichte, das Glas aber von dem darin enthaltenen Gifte zersprang. — In der Nähe ist die Rheininsel Rosengarten, auf welcher (einer alten Sage zufolge) Ritter Sigurd, der Held des Nibelungenliedes, gewöhnl. der „gehörnte Siegfried" genannt, den furchtbaren und weithin das Land verheerenden Drachen oder Lindwurm erschlug. — Gasthäuser: der Schwan (Post), der schwarze Adler, das weisse Ross, der rheinische Hof (am Rhein).

Buchdr. u. Lithogr. von G. RITTER in Zweibr.

Sinzig — Bingen

Das Aarthal.

Unterhalb Sinzig ergiesst sich der kleine Bergstrom Aar in den Rhein. Er durchfliesst ein enges, tiefes, gekrümmtes Thal, dessen Weinberge uns den trefflichsten rothen Wein „Aarbleichart" liefern. Die Aar ist reissend und ihre Austretungen oft sehr verwüstend. 1804 glich das Thal gegen den Rhein hin einem tobenden See, dessen Fluthen Alles zerstörten. Der untere Theil dieses Thals hat höchst interessante Parthien und bietet dem sinnigen Reisenden herrliche Scenerien und alterthümliche Merkwürdigkeiten. Besonders interessant ist der unterirdische Gang oder Tunnel unter dem Alt-Aarfelsen.

Der Laacher See.

Ganz von Wald umkränzt, 660 F. über der Fläche des Rheins, liegt der schöne Laacher See; nahe dabei die alterthümliche Abtei mit ihren Thürmen. Der See mit seiner ganzen Umgebung ist höchst merkwürdig. Sein Flächeninhalt beträgt 1320 Morgen bei einer Tiefe von mehr als 200 F. Ueber 3000 Quellen sollen ihn mit Wasser versehen, das reichlich mit Hechten, Schleien und Bärschen bewohnt ist; Karpfen gedeihen hier nicht. Das Wasser ist bläulich, sehr kalt, widerlich von Geschmack, und wirft, vom Winde bewegt, einen Sand aus, der vom Magnet angezogen wird. Der See hat keinen natürlichen Ablauf, sondern wird durch einen unterirdischen Kanal, den die Mönche des nahen Klosters schon im 12. Jahrh. an der Westseite anlegten, abgeleitet. Allem Anscheine nach ist dieser See, welcher viel höher liegt, als alle benachbarten Thäler, der Krater eines ausgebrannten Vulkans; denn die umherliegenden Felsstücke sind alle lavaartig und aus eigenthümlichem Gemenge von glasigem Feldspath, Augit, Hornblende &c. und verschiedenen Quarzarten. Oestlich am Ufer befindet sich ein 5 Fuss tiefes Loch in der Erde, aus dem fortwährend kohlensaure Luft strömt; daher die Sage: dass kein Vogel über den Laacher See fliegen könne, ohne zu ersticken. Zwischen dem Kloster und dem See ist eine angenehme Mineralquelle. -- Die Benediktinerabtei Laach wurde 1093 von Pfalzgraf Heinrich II. von Laach gestiftet und reich mit umliegenden Dörfern und Gütern begabt. Einen überraschenden Eindruck macht das schöne Gebäude mit seinen Thürmen. Aus dem freundlichen Garten tritt man in den kleinen Kreuzgang, dessen zierlich-mannigfaltigen Kapitale und Sockeln mit seinen gekuppelten Säulchen und lichten Bogenstellungen sehenswerth sind. In der Kirche befindet sich das Grabmal des Stifters zwischen kostbaren Marmorsäulen. Durch Hospitalität war die Abtei besonders berühmt und ein ganzer Flügel zur Aufnahme der Fremden hergerichtet. Seit 1820 hat hier aber eine arge Metamorphose statt gefunden. Hr. Regierungspräsident v. Delius kaufte das Ganze um circa 25,000 Thaler und verwandelte die Gebäude in eine Meierei. Die Hauptkirche ist jetzt eine Branntweinbrennerei; die Speisesäle sind nun Viehställe. — Südwestlich von der Abtei, ohngefähr eine Stunde entfernt, liegen die Dörfer Bell und Niedermendich; ersteres durch seine feuerfesten Ofensteine, letzteres durch seine Mühlsteinbrüche berühmt. Diese Steinbrüche waren den Römern schon bekannt, und die Lava, welche man an römischen Bauwerken der Umgegend häufig angewandt findet, hatten sie zu Mühlsteinen benutzt; denn selbst in den Römerniederlassungen Northumberlands und Yorkshire's fand man Handmühlen davon. — Eine Stunde von Niedermendich in der Kapelle Frauenkirch soll die heil. Genofeva begraben liegen. Sie lebte hier in der Wildniss, bis sie ihr Gemahl wieder fand.

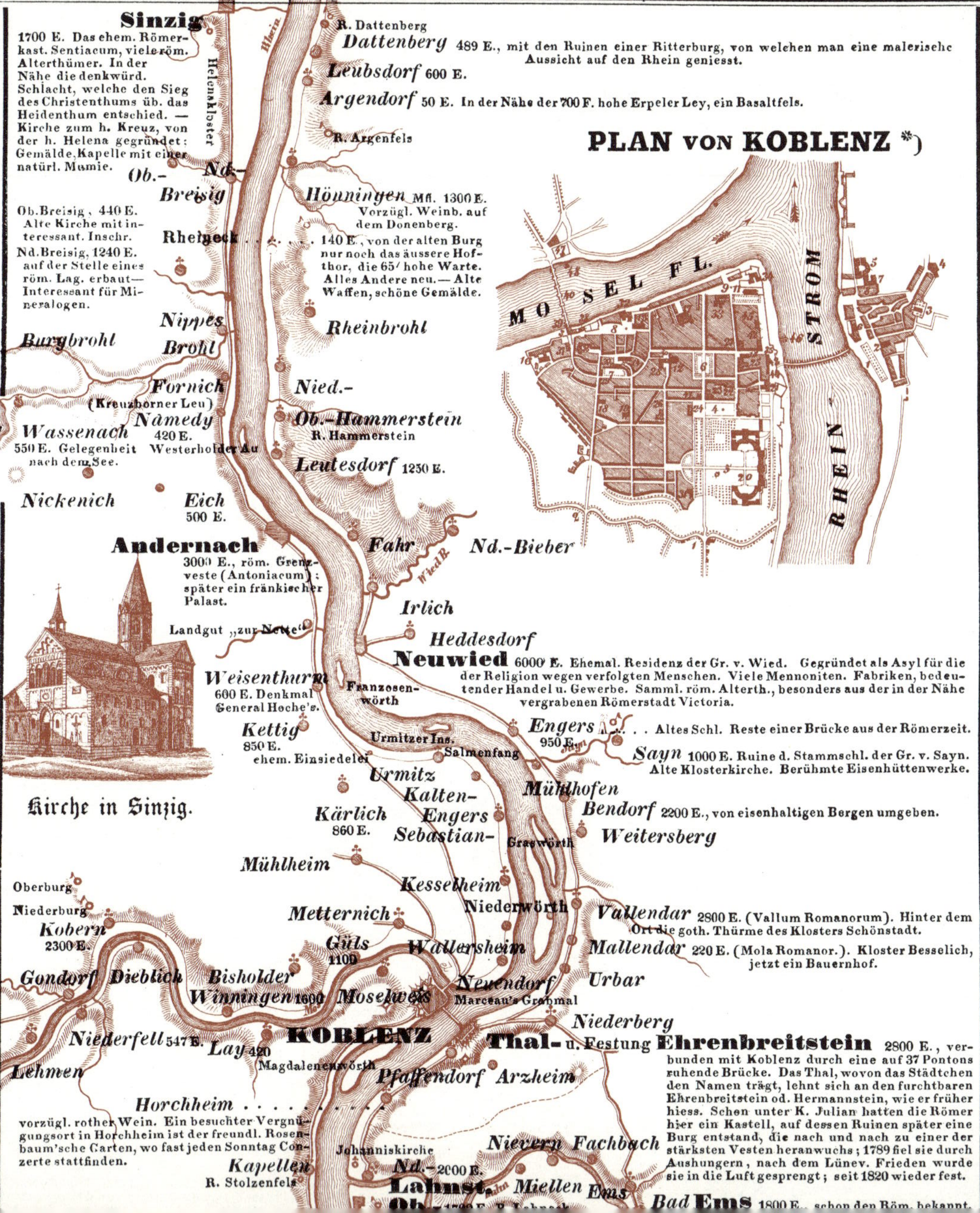

LAUF DER LAHN von Giessen bis Lahnstein.

Erläuterung des **Planes von Koblenz**

LAUF DER MOSEL von Trier bis Koblenz.

Städtch. entfernt, die Stelle jedoch nur noch durch einige Steine bezeichnet. Er diente zur deutschen Königswahl; 14 Stufen führten hinauf; 7 Sitze für die Kurfrst. waren zw. 9 Säulen angebracht.

Braubach 1350 E. Kupferschmelzhütten. Marxburg, Gefängniss für Staatsverbrecher. Sehenswerth die ehem. Folterkammer mit den Werkzeugen der Tortur und Hinrichtung.

Haus, 4) das Brunnenhaus zu den 4 Thürmen.

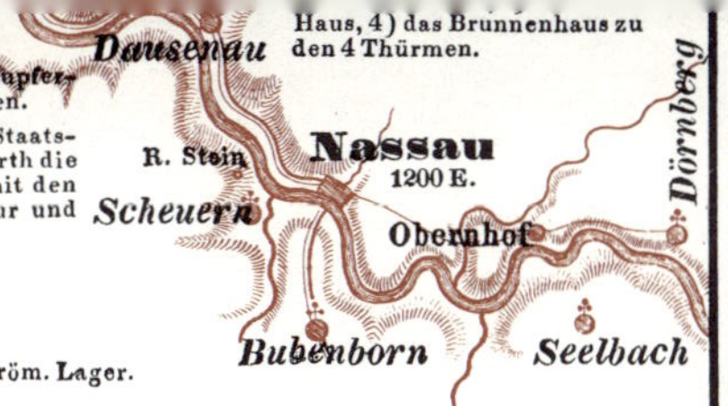

Niederberg

Boppard 3700 E. Alte Grabmäler in der Kirche. Industrie und Gewerbe blühend. Bodobriga unter den Römern galt als ansehnl. Castell. Als Reichsst. berühmt durch die Tapferkeit seiner Bewohner. In der Nähe die Klöster Marienberg und St. Martin.

Brei, **Nd.-Peter-Spai**, **Filsen**, **Ob.-**, **Osterspai**. Dinkholder Brunnen

Camp 1100 E., verdankt seine Entstehung einem röm. Lager.

Salzig 800 E. ehem. Kloster Bornhofen

Sternberg, Liebenstein } genannt die Brüder

Weiler 300 E.

Kestert, **Prath**, **Weier**

Hirzenach 400 E.

Ehrenthal 130

Wellmich 500 E. Die Maus, od. Thurmberg

Werlau, **Nochern**

R. Rheinfels. Die Katze

Patersberg 310 E.

St. Goar 1600 E. Ausgez. schöne Gegend. Salmenfang. Silber und Blei. Im Rhein die Goarsbank und das „Gewirre“.

Bieberheim 300 E. Lurleifels vielfaches Echo

St. Goarshausen 850 E. Alterthümlich, theilweise mit Mauern umschlossen. Hinter dem Ort das Bergschloss „Katz“, 1393 von Johann III. v. Katzenellnbogen erbaut; 1806 von den Franz. zerstört.

Niederburg, **Urbar** 240, **Orben**

Die 7 Jungfrauen. Der Sage nach waren diese Felsspitzen ehemals 7 wunderschöne aber eben so spröde Schwestern vom Schlosse Schönberg, welche durch ein Marienbild in einer Nische der Burg, an das sich die von ihnen verschmähten Jünglinge wendeten, plötzlich, als sie sich hier badeten, diese Verwandlung erlitten.

Oberwesel 2300 E., das röm. Vosalia. Sehenswerthe Kirche.

R. Rheinfels. **Bornich**. **Dorscheid** 320 E. R. Schönberg. **Dellhofen**

Caub 1500 E. Handel mit Dachschiefer, der vorzüglichste am Rhein. Bedeutende Schifffahrt. Der hier gewonnene Wein gehört zu den bessern Rheinweinen. — Auf einem steilen Berge die Veste Gutenfels, die man auf zahllosen Treppen ersteigt; an einer vorspringenden Felsenspitze befindet sich ein Wachthaus, von welchem man schwindelnd in den unten rauschenden Strom schaut; von hieraus gab Gustav Adolph im 30jähr. Krieg seine Befehle geg. d. Spanier, welche sich gegenüber festgesetzt hatten. Die Burg wurde unter Napoleon zerstört. — In der Mitte des Rheins liegt die auf einen Felsen erbaute „Pfalz“ (Pfalzgrafenstein), die in der Ferne einem Kriegsschiffe gleicht. Papst Johann XII. bezeichnet Kaiser Ludwig den Bayer als deren Erbauer im J. 1326. In dem Thurme befindet sich ein kleines niederes Gemach, wo die Pfalzgräfinnen, einer alten Sage nach, ihre Niederkunft halten mussten. Verschiedene Gewölbe dienten zu Staatsgefängnissen. Das Schloss ist von interessanter eigenthümlicher Bauart. — 1814 (am 1. Januar) führte Blücher sein Heer hier über den Rhein, indem er eine Brücke nach der Pfalz und von da auf das linke Rheinufer schlagen liess.

Perscheid. Pfalz. R. Gutenfels. Sauerburg

Pfalz im Rhein, Caub und R. Gutenfels.

Steeg Wernerskapelle R. Stahleck.

Bacharach 1900 E., seine Ringmauern verbind. die Stadt mit der Burg Stahleck.

Lorchhausen R. Sareck R. Fürsteneck

Rhein-, **Ob.-**, **Nd.-Diebach**, **Medenscheid**, R. Fürstenberg, **Niederheimbach**, **Oberheimbach**, R. Heimburg, R. Sonneck

Lorch 1850 E., schon 832 bekannt, mit den Resten der Burg Fürsteneck auf der Höhe. Oberhalb Lorch ist der Kedrich (auch Teufelsleiter genannt), ein steiler Felsen, welchen, der Sage nach, Ritter Gilgen von Lorch hinaufgeritten seyn soll, seine dort versteckte Braut zu holen.

Trechtlingshausen 550 E., soll röm. Ursprungs seyn und Trajani Castrum geheissen haben.

Rhein- od. Friedrichstein. In mittelalterlichem Style geschmackv. wieder hergerichtet von dem Prinzen Friedrich (jetzt König) von Preussen.

Vautsburg

Aulhausen meist von Töpfern bewohnt. Unweit im Thale das ehemalige Frauenkloster Marienhausen.

Asmannshausen vorzüglicher rother Wein auf dem Hellenberge.

Rossel. Tempel auf dem Niederwald (ausgezeichnete Aussicht)

Mäuseturm. Ehrenfels

Bingen

*) **Koblenz** (CONFLUENTIA), eine der stärksten Festungen am Rhein, liegt in der reizendsten Gegend auf der Landspitze, die sich durch die Mündung der Mosel in den Rhein bildet. Hauptstadt des gleichnam. preuss. Regierungsbezirks, hat mit dem mit einer Schiffbrücke — auf deren Mitte ein einziges Echo — verbundenen Ehrenbreitstein und der Garnison 22,000 Einwohner. Koblenz wurde ohngefähr um das Jahr 13 v. Chr. Geb. von Drusus angelegt, erhielt seinen Namen von dem Zusammenfluss der Mosel und des Rheins. Das Schloss oder der alte Königshof hiess Cobolenza oder Cophlenzi; im J. 486 kam das Kastell mit der nach und nach dabei entstandenen Stadt (Municipium) unter fränkische Herrschaft, und durch Schenkung Kaiser Heinrichs II. (1018) ging die Stadt und der Königshof an das Hochstift Trier über. 1492 hielt Maximilian hier einen Reichstag. 1606 Bewegung der drei geistlichen Kurfürsten gegen die protestant. Union. 1632 kam der Kurfürst unter franz. Hoheit und räumte Ehrenbreitstein. In diesem Jahre besetzten die Schweden die Stadt. Etwas später kam Stadt und Festung an die Kaiserlichen und Spanier. Nach der Zerstörung 1688 durch Marschall Boufflers verschönert. 1792 grosser Zusammenfluss der französ. Emigranten. 1795 fiel Koblenz in die Hände der Franzosen, die Veste wurde aber vergeblich blokirt, und nach dem Frieden von Lüneville erst definitiv an Frankreich abgetreten.

Die bemerkenswerthesten oben im Plane bezifferten Punkte sehe man hier neben.

---

1. Mainzer Thor. 2. Löhrthor. 3. Moselthor. 4. Clemensplatz mit dem schönen Clemensbrunnen. 5. Schlossplatz, Promenade. 6. Kl. Paradeplatz. 7. Der Plan. 8. Florinsplatz od. Fruchtmarkt. 9. St. Castorplatz. 10. Jesuitenplatz. 11. St. Castorkirche, in byzantinischem Styl, mit ausgezeichneten Thürmen. 12. Jesuitenkirche. 13. St. Florins- (jetzt evangelische) Kirche. 14. Pfarr- od. Liebfrauenkirche. 15. Carmeliterkirche (Magaz.) 16. Dominikanerkirche (Garnisonslazareth). 17. Franziskanerkirche mit Bürgerhospital in der St. Castorsgasse. 18. St. Barbarakirche in der Löhrstrasse. 19. St. Georgenkloster. 20. Schloss (Gerichts- und Assisenhof) mit dem ersten Telegraphen der Linie nach Berlin. 21. Regierungsgebäude. 22. Oberpräsidium. 23. Oberpostamt. 24. Theater. 25. Gefängniss. 26. Casino. 27. Militärcasino. 28. Gymnasium (mit einer über 9000 Bde. starken Biblioth.) 29. Hauptwache. 30. Polizei- u. Oberbürgermeisteramt. 31. Commandantur. 32. Ehemal. Kaufhaus, jetzt Rathhaus. 33. Generalcommando. 34. Das ehem. deutsche Haus (Militärmagazin). 35. Zollamt. 36. Metternicher Hof (Stammschl. des Fürsten v. Metternich). 37. Gräfl. Bassenheimer Hof. 38. Gräfl. Renessischer Hof. 39. Die alte Burg (Blechwaarenfabrik). 40. Moselbrücke (536 Schritte lang, aus Lavasteinen erbaut). — Gasthäuser: 41. Triersche Hof. 42. Riese. 43. Drei Schweizer. 44. Bellevue. 45. Pariser Hof. 46. Landungsplatz der Dampfschiffe. 47. Kronprinz von Preussen. 48. Badhaus (die beiden letztern über der Moselbrücke).

Ehrenbreitstein.

1. Promenade. 2. Kapuzinerkirche. 3. H. Kreuzkirche mit Friedhof. 4. Mineralbrunnen. 5. Dikasterialgebäude. 6. Rathhaus. 7. Commandantur. 8. Sicherheitshafen.

Fernere Sehenswürdigkeiten sind:

Das Fort „Kaiser Franz“ auf dem kaum 500 Schritte von der Moselbrücke gelegenen Petersberg, wo vormals das kleine Fort Marceau stand. Das in letzterm errichtete Monument des 1796 bei Altenkirchen gefallenen franz. Generals Marceau wurde bei Erbauung des neuen Fort abgebrochen und an den Fuss des Petersbergs versetzt, dadurch aber so sehr beschädigt, dass seine ursprüngl. Form beinahe nicht mehr zu erkennen ist. — Das Fort „Kaiser Alexander“ auf der Karthause, einem ehemaligen Kloster, eine halbe Stunde südl. von der Stadt. Von diesem Fort, welches das ausgedehnteste um Koblenz ist, geniesst man die reizendste Aussicht auf die umliegende Rhein- und Moselgegend. Auf beiden Forts, von denen auch jedes für sich eine Veste bildet, sind mehrere hundert Fuss tiefe Brunnen durch die Felsen gehauen. — Die Veste Ehrenbreitstein (richtiger Ehrenbrechtstein), jetzt „Friedrich Wilhelm“, auf einem 408 Fuss hohen Felsen, Meisterstück militärischer Baukunst, ein wahres Gibraltar des Rheins. Sie fasst 14,000 Mann und die Magazine Proviant für 8000 Mann auf 10 Jahre. Am steilsten Abhange befindet sich eine Kunst-Eisenbahn, um die Materialien und andere Gegenstände auf- und abzubringen. Auf dem grossen Platze zwischen den Kasernen und dem Zeughause stand die berühmte Karthaune, der „Vogel Greif“, welche der Kurfürst Richard von Greifenklau zu Frankfurt giessen liess. Sie war 17 F. lang, wog 200 Zentner und schoss mit 80 Pfund Ladung eine Kugel von 160 Pfund. Die Franzosen brachten dieses Geschütz nach Metz.

Koblenz ist der Stapelplatz der Rhein- und Moselweine nach Holland u. England. — Viele Dampfschiffe begegnen sich hier täglich auf dem Rhein; auf der Mosel ist die Dampfschifffahrt bis Metz in geregeltem Zustande. — Eilwagen gehen täglich nach Köln, über die Bäder nach Frankfurt, nach Mainz und nach Trier.

Buchdr. u. Lithogr. von G. RITTER in Zweibr.

Linz — Neuss

Eisenbahn-Linie zwischen CÖLN und AACHEN.

Erläuterung des Planes v. Cöln.

1. Severinsthor. 2. Weyerth. 3. Hahnenth. 4. Ehrenth. 5. Friesenth. 6. Gereonsth. 7. Eigelsteinth. 8. Cunibertsth. 9. Hafenth. 10. Rheinth. 11. Nächelsth. 12. Bayenth. 13. Bayenthurm. 14. Neumarkt (Paradepl.) 15. Heumarkt (in dessen Mitte die Börse). 16. Altenmarkt. 17. Domhof. 18. Frankenpl. 19. Weidmarkt. 20. Gereonspl. 21. Augustinerpl. 22. St. Laurenzpl. 23. Dom. 24. St. Cunibertsk. 25. Ursuliner Stiftsk. 26. Allerheiligen Stiftsk. 27. St. Ursulak. (mit den Reliquien der 11,000 Jungfr.) 28. Jesuiten-Mariahimmelfahrtsk. (schöner Bau; der Rosenkranz des h. Xaver, der Rock des h. Ignatius; die Glocken im hohen Thurme sind von Kanonenmetall, die Tilly bei Magdeburg erbeutet). 29. St. Andreask. (seltener Altar aus Holz sculpirt, mit den Bildsäulen der maccabäischen Mutter u. ihren 7 Söhnen, deren Reste in einem prächtigen Sarcophage). 30. Minoritenk. (zierl. Holzthurm; Grabmal von Duns Scotus, dessen Manuscripte in 14 Folianten hier aufbewahrt sind). 31. Columbak. 32. St. Maria zur Kupfergasse. 33. St. Gereonsk. (eine der schönsten Kirchen der Stadt). 34. St. Apostelkirche (nach Art der Sophienk. in Constantinopel). 35. St. Mauritiusk. 36. St. Pantaleonsk. (jetzt evang. Garnisonskirche, in deren Nähe die Telegraphenstation). 37. St. Petersk. (1024 auf den Resten eines röm. Tempels erbaut). 38. St. Elisabeth-Stiftsk. 39. Amoniterk. (der evang. Gemeinde überlassen). 40. St. Martinsk. (mit merkw. Taufstein und Kanzel). 41. St. Albansk. 42. St. Marienk. in Capitolio (Cölns älteste Kirche, von Plectrudis, Pipins Gemahlin, erbaut). 43. St. Georgsk. 44. St. Johannesk. 45. Elendsk. 46. St. Severinsk. (die Reste des h. Severin in einem silbernen Sarg). 47. Mariak. in Lyskirchen (schönes Portal und die uralte Matronsgruft). 48. Mariak. in der Schnurgasse. 49. Justizpalast. 50. Zeughaus. 51. Regierungs-Geb. 52. Erzbischöfl. Pal. 53. Neues Gefängniss. 54. Theater. 55. Artillerie-Depot. 56. Russ. Dampfbadeanstalt. 57. Wallraf'sches Museum (Sonn- u. Freitags offen, sehr besuchenswerth). 58. Rathhaus. 59. Kaufhaus Gürzenich. 60. Börse. 61. Casino. 62. Oberpostamt. 63. Polizeidirektion. 64. Militär-Casino u. Garnisons-verwaltung.

PLAN VON CÖLN.

65. Pionnier-Kaserne. 66. Garnisons-Lazareth. 67. Bürgerhospital. 68. Kgl. Bank. 69. Commandantur. 70. Städt. Armenverwaltung. 71. Haupt-Zollamt. 72. Expedition der oberrh. und 73. der niederrh. Dampfschifffahrt. 74. Waisenhaus. 75. Karmeliten- od. Friedr. Wilh. Gymnasium. 76. Jesuitengymnasium. 77. Priesterseminar. 78. Botan. Garten. 79. Kadettenschule. 80. Mengelberg'sche Kunst- u. Gewerbsschule. 81. Taubstummen-Institut. 82. Hebammen-Lehranstalt. 83. Sicherheitshafen für 100 Schiffe. 84. Höhere Bürgerschule.

Gasthöfe: Der kaiserliche Hof, Mainzer Hof, Wiener Hof, Pariser Hof, Laacher Hof, das Bonn'sche Posthaus, der königliche Hof, der russische Hof, der grosse Rheinberg, der Hof von Holland, der Cölnische Hof.

Cöln ist der Hauptplatz der Rheinschifffahrt. Die Dampfschifffahrtsgesellschaft für den Nieder- und Mittelrhein in Düsseldorf ist im J. 1838 mit der Cölnischen in Concurrenz getreten, welch letztere mit der Rotterdamer, Amsterdamer und Baseler Gesellschaft in Verbindung steht.

…-Tarif 1841.

Grosse Cajüte. fl.	Grosse Cajüte. kr.	Vor-Cajüte. fl.	Vor-Cajüte. kr.
4	23	2	55
8	45	5	50
11	12	7	28
13	48	9	29
15	28	10	20
15	56	10	48
37	6	21	44

und ihre Güter confisciren. Von jetzt an war Cöln der Tummelplatz des Hasses und der Zwietracht. Der aristokratische Senat und die demokrat. Zünfte versöhnten sich nicht mehr. Das Vorwärtsschreiten der Zeit brachte auch dem Alterthümlichen dieser Stadt den Todesstoss. Die Erfind. des Schiesspulvers vernichtete die alte Kriegs- und Wehrkunst und alle darauf bezüglichen Einrichtungen; die Eroberung Constantinopels durch die Türken, die Flucht altgriechischer Weisheit und neugriechischer Gelehrten nach Italien erleuchtete die lateinische Weisheit und gestaltete, unterstützt durch die aufblühende Buchdruckerkunst, alle Köpfe und Gedanken um. Die Entdeckung Amerikas, der neue Weg nach Ostindien vernichteten die eingebildeten Monopole des Handels. Nun kommt, beim Beginne des folgenden Jahrhunderts, die Reformation, die ganz Europa in zwei feindliche Lager theilte, in die Anhänger des Alten und Neuen. Von allen diesen Ereignissen wurde Cöln um so unfreundlicher ergriffen, weil seiner Verwaltung jede grossart. Lenkung fehlte. Die frühere Handelsthätigkeit artete in blossen Handlangerdienst, in Spedition aus, sobald Holland seine Freiheit erkämpft und die Mündungen seiner Flüsse geschlossen hatte. Am einflussreichsten wirkte auf Cölns Zukunft die Reformation. Aus vielen Rücksichten glaubte man an dem alten Bestande festhalten zu müssen. Die Stadt und der damalige Erzbischof, Hermann v. Wied, traten in den Religionsstreitigkeiten gleich scharf auf. Zwei sogenannte Schwärmer, Elistadt u. Klarenbach, wurden 1529 vor dem Ehrenthor verbrannt. — Indessen machte die neue Lehre in Cöln dennoch Fortschritte. Mit der Grösse der Widerstandsmaasregeln für das Alte wuchsen die Bestrebungen der Reformatoren Melanchthon, Bucer, Pistorius. Blut und Gewalt wurde nicht gescheut. 1618 liess der Senat alle Protestanten aus der Stadt verjagen, wodurch 1400 Häuser verödet wurden. Die Verbannten vertheilten sich in Mühlheim, Elberfeld, Aachen, Barmen, Düsseldorf, Crefeld &c. und brachten diesen Städten durch ihre Industrie Reichthum und Ansehen. Der 30jährige Krieg löste bekanntlich die religiöse Frage. Das deutsche Reich legte sich verödet und ermattet zum Todesschlafe nieder, die Reichsstädte theilten sein Loos, mithin auch Cöln. — Was die franz. Revolution brachte, ist bekannt. Nach dem Abzuge Clairfait's besetzten am 6. Okt. 1794 Jourdan und Bernadotte Cöln. Die freie Reichsstadt hatte den letzten Tag ihrer Freiheit gesehen und der freie Rath seine letzte Sitzung gehalten. Die Göttin der Vernunft verdrängte die Wappen und sonstige würdige Denkmäler der Vorzeit. Das alte Hansahaupt hoffte vergeblich auf Befreiung durch das Reich; der Friede von Campoformio vereinigte 1797 Cöln mit der franz. Republik. 1802 wurden die Klöster aufgehoben, die Kirchen und sonstige Gebäulichkeiten meistbietend verkauft, wodurch viele Gemälde, Denkmäler und Manuscripte verloren gingen. 1804 besuchten Napoleon u. Josephine die Stadt und beehrten sie bald darauf mit dem Prädikat: „bonne ville.“ Nach dem Pariser Frieden kam Cöln und der Niederrhein unter preussische Hoheit. Künste, Wissenschaften, Handel und Gewerbe haben sich seit dieser Zeit sehr gehoben und sind fortwährend im Zunehmen. Die grossart. Einrichtungen der Dampfschifffahrt, Wiederanknüpfung der alten Seeverbindungen, Anlagen von Eisenbahnen, selbst die Bemühungen der Regierung, sind die natürlichen Elemente, den steigenden Flor zu heben. — Die Befestigung besteht in einer hohen und starken, mit Schiessscharten versehenen Mauer mit 80 Thürmen, in Wall, Graben, detachirten Forts mit Montalembert'schen Thürmen.

nem Urvölkerstamme der Deutschen, den **Ubiern**; damals hiess sie Ubierstadt (oppidum Ubiorum). Später wurde sie von Kaiser Claudius, der sich hier ansiedelte, aus Liebe zu seiner Gemahlin Agrippina, Tochter des Germanicus, die hier geboren war, **Colonia Agrippina** genannt. — Der Umfang dieser Römerstadt ist aus den noch vorhandenen Ueberresten u. Spuren der alten Stadtmauer zu ermessen: von dem Pfaffenthor (porta flamma, p. paphia) aus westlich durch die Strasse, welche „auf der Burgmauer“ genannt wird, bis St. Clara, dann das alte Zeughaus, das auf der ganzen Südseite auf der alten Stadtmauer ruht. Bei dem ehemaligen Kloster St. Clara, wo das Prätorium Constantins und das Theater gewesen seyn soll, findet man zwei alte Thürme mit Mosaikverzierung. Von St. Clara zog die alte Stadtmauer durch mehre Gärten bis zur Ehrenpforte, von dieser aber an der alten Mauer und der Apostelk. vorbei bis zum Laach (lacus). Von hier lief die Mauer über den Marzollenstein bis an die Kriegspforte, zu dem Hochthore, längs dem Rothgerberbach, dem Malsbügel bis zur St. Marienk., wo das Capitolium der Römer stand. Nun zog sie sich zum Kaufhause, dem Rathhause bis zur Marktstrasse, an der niedergerissenen Margrodenk. vorbei bis wieder zum Pfaffenthor. Trajan verlieh der Stadt römische Rechte u. Freiheiten; unter ihm wurden Tempel, Paläste, Bäder, Naumachien (Wasserkampfspiele) und Rennbahnen errichtet. Unter Gratian und Valentinian wurde Cöln eine Beute der Franken, an deren Spitze König Childerich I. stand. Der erste Erzbischof hiess Agilolph. Unter seinen Nachfolgern Günther und Willibert wurde Cöln von den Normannen verwüstet. Bruno I., ein Bruder des Kaisers Otto d. Gr., beschenkte die Stadt mit vielen Freiheiten. Nach u. nach dehnte sich das alte Cöln nach allen Seiten aus. Es waren viele Vorstädte entstanden, die des Schutzes wegen von Philipp von Heinsberg mit Gräben u. Mauern umgeben und dadurch mit der Altstadt verbunden wurden. Nach Philipp v. Heinsberg war Engelbert I. einer der berühmtesten Erzbischöfe von Cöln. Er entwarf den Plan zur Erbauung des Doms, aber sein tragisches Ende vereitelte die Ausführung desselben, indem er am 7. November 1225 von seinem Vetter, Graf v. Isenburg, zwischen Schwelm und Grevelsberg meuchlings angefallen und ermordet wurde. 47 Wunden bedeckten den Leichnam, der im Dom begraben liegt. Der Mörder, in die Reichsacht erklärt, floh nach Frankreich, kehrte später, verkleidet, in die Heimath zurück, ward aber zwischen Huy und Lüttich von Balduin v. Gennep erkannt, gefangen und gegen 2000 Mark Silber ausgeliefert. Bald darauf wurde der Mörder in Cöln von unten auf gerädert und sein Körper auf das Rad geflochten. 1248, am Tage Maria Himmelfahrt, wurde, unter Erzbischof Konrad von Hochstedten, der Grundstein zu dem Cölner Dom gelegt. Einige Eingriffe, die der Herr Erzbischof nicht lange darauf in die Freiheiten u. Rechte der Bürger that, bestimmten diese, ihm den Gehorsam aufzukündigen und ihn mit seinem ganzen Anhange fortzujagen. Er flüchtete nach Andernach, verband sich mit dem Herzog von Brabant und zog bald mit 14 Schiffen den Rhein hinab. Die Cölner empfingen ihn, wohlgerüstet. Beinahe zwei Jahre dauerte die Blokade ohne Erfolg, bis endlich Friede geschlossen wurde. Gegen das Ende d. J. 1250 brachen die Feindseligkeiten wieder auf gleiche Weise los. Der Erzbischof wurde nochmals verjagt; und die Cölner siegten in mehreren Treffen. Endlich schloss der schlaue geistl. Held einen scheinbaren Frieden. Bald suchte er unter den Patriziern und den Zünften den Saamen der Zwietracht auszustreuen, und als dieser Wurzel gefasst, trat er als Schiedsrichter auf, liess 20 der Vornehmsten verhaftsn, Andere aus der Stadt jagen

Dampfschiff-P

Distanzen.

Von Cöln nach Coblenz . . . . . Mainz . . . . . Mannheim . . . . Carlsruhe . . . . Kehl . . . . . Strassburg . . . . Von Cöln nach London . . . .

Apostelkirche in Cöln.

Königswinter, 1900 E., Acker-, Wein- u. Gartenbau; gute Steinbrüche. Von hier aus lassen sich die Ruinen des Siebengeb. am leichtesten besteigen. Zur Bequemlichkeit stehen Führer u. Esel bereit.

Remagen (Rigomagum), 1800 E. Viele röm. Alterthümer. Kirche nach byzantinischer Bauart, das kath. Pfarrhaus mit interessanter Bildhauerarbeit. — In der Nähe der Apollinariusberg, ehem. reiche Probstei u. ber. Wallfahrtsort; neue schöne Kirche, vom jetzigen Eigenthümer Frhrn. Egon von Fürstenberg-Stammheim erbaut.

erbaut.

BONN (COL. JULIA BONA), 14,000 E. ohne die Besatzung, auf einer sanft aufsteigenden Höhe des Vorgebirgs der Eifel, war schon im 13. Jahrh. Residenz der Erzb. v. Cöln. In der einheimischen Fehde von 1583—1589, im 30jährigen, so wie im französischen und spanischen Erbfolgekrieg, erfuhr diese Stadt manch hartes Schicksal. — Drusus Germanicus erbaute hier schon früh eine Brücke über den Rhein, errichtete dabei ein Kastell, das allmählig zur Stadt anwuchs. Diese Brücke stand an der sogen. Römer- od. Hamstrasse und führte zu dem jenseitigen Lager Gesonia (das heutige Geussen unterh. Schwarz-Rheindorf). Der h. Maternus pflanzte hier zuerst das Zeichen der Christenheit auf. Der umgestürzte Heidentempel der Ubier wurde bald durch einen römischen und dieser durch einen christlichen ersetzt. — Ausserdem hat die Geschichte von Bonn noch einige wichtige Momente: 921 der denkwürd. Bund zw. Heinrich dem Finkler u. Karl dem Einfältigen. 942 Kirchenversammlung. 1254-56 trat die Stadt der Hansa bei. 1268 wurde sie Residenz des Erzbischofs wegen einem Bürgeraufstande in Cöln. 1583 ehelichte in Bonn der Erzb. Gerhard die schöne Gräfin Agnes v. Mansfeld und ging zur prot. Relig. über. 1584-88 Belagerungen, Stürme u. Plünderungen. 1673 von den vereinigt. Spaniern u. Oesterr., und 1689 von Friedr. III. v. Brandenb. belagert u. eingenommen. 1703 ging Bonn an Marlborough über. 1717 von Kurf. Joseph Clemens geschleift. — Seit 1784 Universitätsstadt.

Erläuterung zu obigem Plane: 1. Rheinthor. 2. Josephsthor. 3. Cölner Thor. 4. Sternenthor. 5. Stiftskirche. 6. Ehem. welsche Nonnenk. 7. Jesuitenk. 8. Remigiusk. (mit einem vorzgl. Altarbilde v. Spiesberg, des Frankenkönigs Chlodwig Taufe durch den h. Remigius darstellend). 9. Postamt. 10. Münsterk. (sehensw. in ihrem Innern). 11. Münsterplatz. 12. St. Martinspl. 13. Marktpl. 14. Viereckspl. 15. St. Remypl. 16. Das ehem. Residenzschl., jetzt Universitätsgeb. mit der chirurg. Clinica, Biblioth. v. 100,000 Bdn. 17. Sitzungssaal. 18. Theater. 19. Gefängniss. 20. Anatomiegeb. mit Sternwarte. 21. Casinogeb. 22. Rathhaus. 23. Gymnasium. 24. Hospital. 25. Der alte Zoll (im engl. Garten, herrl. Aussicht). 26. Ob. Bergamt. 27. Exped. der oberrh. Dampfschifff.

7000 Militärs. Sitz eines Erzbischofs, der Provinzialregierung u. Provinzialsteuerdirektion, einer k. Bank, des Appellationshofs für die Rheinprovinzen, eines Landgerichts, eines Polizeipräsidiums von 5 Friedensgerichten, eines Obersteueramts, einer Handelskammer, eines Handelsgerichts &c. Wohnhäuser hat die Stadt 7060, darunter 145 Fabriken, 33 Kirchen, ein Seminar, zwei Gymnasien, eine höhere Bürgerschule, eine Taubstummenanstalt &c.

Nähert sich der Reisende der Stadt von ferne, so erblickt er in der unabsehbaren Menge von Häusern und Kirchen eine schwärzliche, plumpe Masse, welche bergähnlich über die höchsten Thürme emporragt. Kommt er allmählig näher, so gewinnt die scheinbar plumpe Masse eine für das Auge gefällige Form; er unterscheidet einen Thurm, eine Kirche und einen Chor, mit unzähligen Knäufen, Thürmchen, Bogenfenstern, Geländern, Kreuzen, Steinbildern und Gehäusen, und endlich, wenn er vor dem immer anwachsenden Riesengebäude steht, fühlt er sich von einem heiligen Schauer der Ehrfurcht und von Bewunderung durchbebt, und überzeugt sich mit Erstaunen und Entzücken, dass er das ehrwürdigste u. grossartigste Denkmal deutscher Kunst und deutschen Fleisses, den **Cölner Dom** vor Augen hat. Es gibt sicher kein Tempel auf Erden, bei dessen Anblick der Geist des Menschen so sehr ergriffen und zum Göttlichen emporgetragen wird, als dieser. Jeder, auch der minder Gebildete, verliert sich hier in Bewunderung u. wird stumm, ehe er noch das Innere dieses Heiligthums betreten hat; denn er ist das Charaktervollste der Deutschheit und die erstrebte höchste Vollkommenheit, welche einem Werke menschlicher Erfindung gelingen konnte. Von dem Steinmetzen Gerhart ist der Plan. Er erhebt sich am nördlichen Rande eines Hügels; 459 F. ist die Länge des Baues, 500 F. sollten die Thürme hoch werden, 146 F. der Chor und das Hauptschiff. Bis zum 9. Jahre arbeiteten 5000 Menschen daran, dann kam eine Stokkung in die Ausführung. Erst unter Erzb. Wichbold erneuerte sich der Eifer: Männer aus den ersten Ständen zogen als Sammler umher; der heilige Vater verkündigte den Beitragenden vollkommene Sündenvergebung auf 1 Jahr und 40 Tage. Aus weiter Ferne strömten die Gläubigen herbei, um sich den beschwerlichsten Arbeiten zu unterziehen. So geschah es denn, dass der Bau so weit gebracht wurde, dass 74 Jahre nach der Grundsteinlegung, 1322, die Einweihung des Chors statt finden konnte. — Im Innern des Doms finden wir einen unbeschreiblichen Reichthum von Kunstschätzen und Denkmälern. Um den Chor reihen sich 7 Kapellen, die mittlere enthält die Reliquien der heil. 3 Könige. Der Kasten, welcher diese und andere Reliquien umschliesst, ist von Goldblech, mit werthvollen Steinen geschmückt. Die Kronen der heil. 3 Könige (von Gold, mit Edelsteinen besetzt, jede 6 Pfund schwer) sind durch vergoldete ersetzt worden, weil jene 1794, bei der Flucht des Domkapitels nach Arnsberg, nebst vielen andern werthvollen Sachen abhanden kamen. — Wer den Dom besuchen will, verschaffe sich die in Cöln bei Eisen erschienene Beschreibung dieses Tempels.

Buchdr. u. Lithogr. v. G. RITTER in Zweibr.

Düsseldorf—Rees

Rees,

4000 E., Kreishauptort im Regierungsbezirk Cleve, schon nach holländischer Art gebaut, mit einem schönen, grossen, von hohen Gebäuden umgebenen Marktplatz; die neue, prächtige kath. Kirche steht dicht am Rhein. In hiesiger Gegend wird viel Tabak gebaut, sonst sind Handwerksbetrieb, Viehzucht und Schifffahrt die Hauptnahrungsquellen der Bewohner. — Ehemals stand hier nur ein Augustinerkloster, welches im 11. Jhrdt. gegründet und später in ein zu Cöln gehöriges Collegiatstift umgewandelt wurde, das im J. 1228 von Erzbischof Heinrich v. Molenark die Stadtgerechtigkeit erhielt. 1392 kam die Stadt an die Grafschaft Cleve. 1598 wurde sie von den Spaniern eingenommen und litt schrecklich, bis diese 1614 durch die Niederländer, unter dem Prinzen Moritz v. Oranien, daraus vertrieben wurden. — 2 St. von Rees, zu Ysselburg, liegt die 1794 entstandene „Minervahütte,“ ist in neuer Zeit als Maschinenfabrik zu grosser Bedeutung gestiegen und liefert jährlich an 11,000 Ctr. Gusswaaren zum Rohwerth von circa 40,000 Thlr.; sie fertigte 1835 einen Dampfcylinder zu 200 Pferdekraft, damals der grösste des Continents.

PLAN VON DÜSSELDORF.

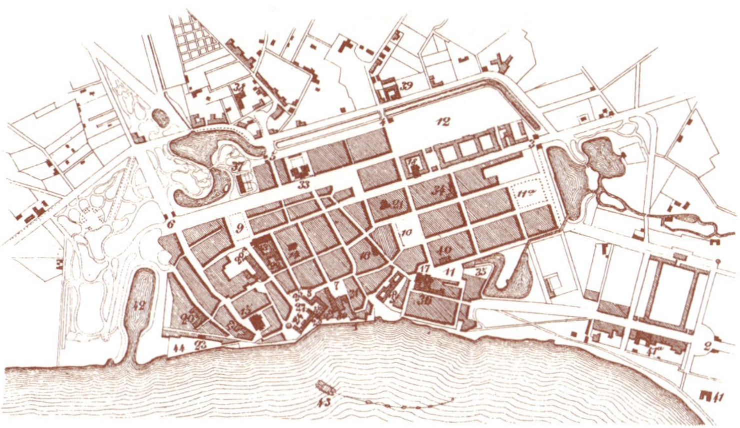

Beschreibung nebenstehenden Planes.

1. Zollthor. 2. Neusser Barriere. 3. Cölner Barriere. 4. Benrather Barriere. 5. Elberfelder Barr. 6. Radinger Barr. — 7. Marktplatz, mit der kolossalen Reiter-Statue des Kurf. Johann Wilhelm (1706 von den Landständen errichtet). 8. Burgplatz. 9. Friedrichsplatz. 10. Karlsplatz. 11. Maximiliansplatz. 11 a. Schwanenmarkt. 12. Exerzierplatz. — 13. Hof- od. Andreaskirche (chem. Jesuitenkirche), mit vielen kunstvollen Verzierungen; Fürstengruft des Hauses Pfalz-Neuburg; in der Seitenkapelle befindet sich ein interess. Frescobild von Mücke, das Christenthum symbol. darstellend. 14. Grosse evang. Kirche. 15. Lambertuskirche, mit dem Mausoleum mehrerer älteren Regenten; auch das Grab der unglücklichen Jakobea v. Baden befindet sich seit 1819 darin. 16. Kleine evang. Kirche. 17. Maximilians- (ehem. Franziskaner-) Kirche, 1736 auf einen Theil des alten Schlossgartens erbaut, mit schönem Altarpult von Bronze. 18. Garnisonskirche. 19. Kloster der barmherzigen Schwestern. 20. Kloster der Ursulinerinnen. 31. Synagoge. — 22 a. Palast des Reg.-Präsidenten. 22. Regierungsgebäude (ehem. Jesuitencollegium). 23. Arsenal. 24. Münze (in einem wiederhergestellten Theile des alten 1794 durch das Bombardement der Franzosen zerstörten kurf. Residenzschlosses). 25. Hauptwache. 26. Denkmal Joh. Wilhelms (im Hofe des noch wohl erhaltenen Galleriegebäudes des ehem. kurf. Schl.), Statue u. Piedestal aus weissem Marmor, mit symbolischen, auf Beschützung der Künste u. Wissenschaften deutenden Verzierungen, 1780 errichtet. 27. Kunst-Akademie (gegr. von Joh. Wilh., fortgesetzt von dessen Nachfolgern); seit 1822 unter dem Namen „Rheinisch-Westphälische Maler-Akademie (ihr erster Direktor C o r n e l i u s aus Düsseldorf, nach dessen Berufung n. München W. S c h a d o w, Sohn v. G. Sch., Direkt. d. Künste in Berlin); sie nimmt unter den Akademien Deutschlands den ersten Rang ein, besitzt über 14,000 Originalzeichnungen der berühmtesten Meister, an 24,000 Kupferstiche, 150 Kupferplatten (die besten Kunstwerke), auch eine Antikensammlung. Ein besonderer Zweig ist das „architektonische Institut“, ausserdem besteht eine Schule für „Bauhandwerker“, und in Verbindung mit dieser eine „polytechn. Anstalt.“ In einem Flügel des Akademiegebäudes befindet sich die „Landesbibliothek“, 40,000 Bde. stark, mit seltenen Werken u. Manuscripten (bereichert aus aufgehobenen Klöstern u. Stiftern). — 28. Casino. 29. Rathhaus. 30. Theater. 31. Hauptzollamt. 32. Justizgebäude und Gefängniss (letzteres mit einer Spinnerei). 33. Gymnasium (mit 16 Lehrern). 34. Militärhospital. 35. Orangerie. 36. Citadelle. 37. Botanischer Garten. 38. Freimaurerloge. 39. Posthalterei. 40. Postbüreau. 41. Irrenanstalt. 41 a. St. Hubertushospital. 42. Neuer Hafen. 43. Flieg. Brücke. 44. Freihafen (prachtvoll, sein Bau kam üb. 300,000 Thlr.; die steinernen Werften haben eine Länge von 1716 Fuss.

G a s t h ö f e in Düsseldorf: Zweibrücker Hof (besteht schon 90 Jahre); Drei Reichskronen; Breitenbacher Hof; Cölnischer Hof; Römischer Kaiser.

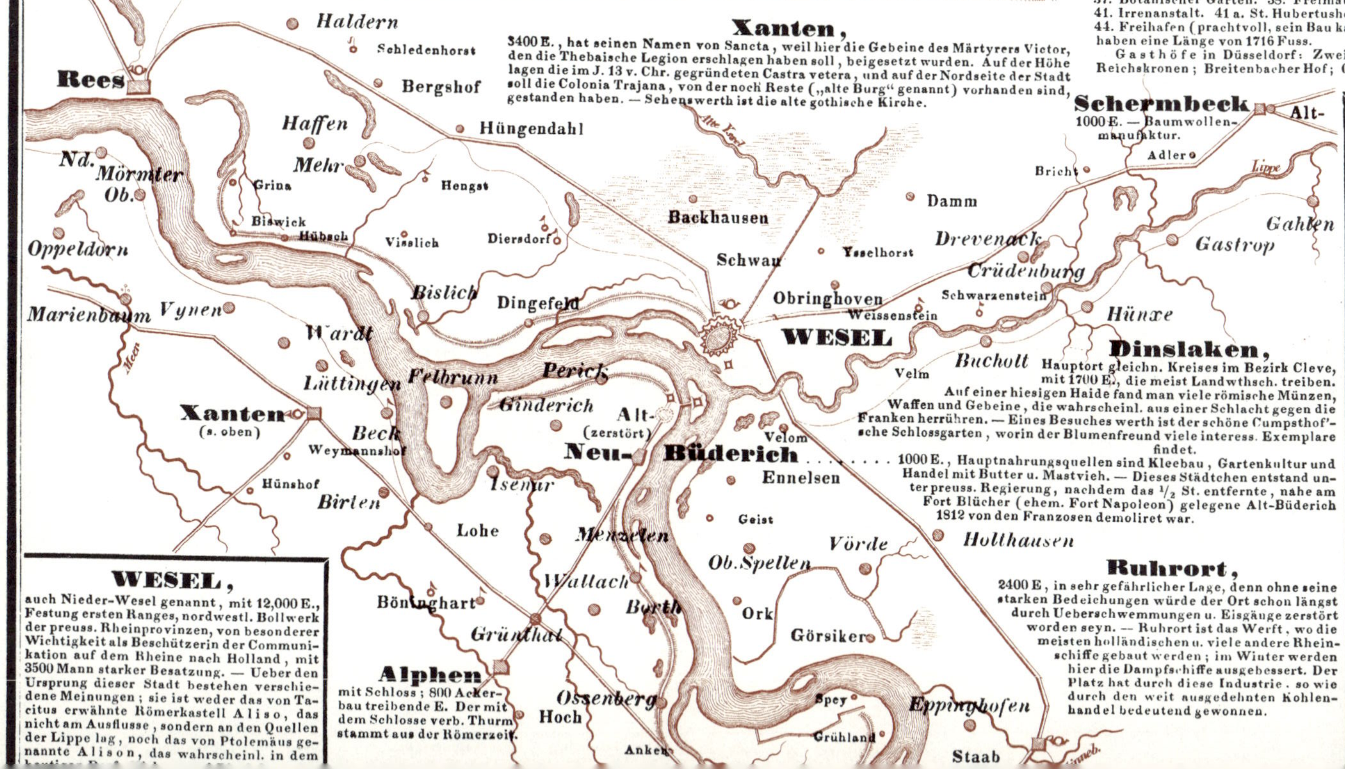

Xanten,

3400 E., hat seinen Namen von Sancta, weil hier die Gebeine des Märtyrers Victor, den die Thebaische Legion erschlagen haben soll, beigesetzt wurden. Auf der Höhe lagen die im J. 13 v. Chr. gegründeten Castra vetera, und auf der Nordseite der Stadt soll die Colonia Trajana, von der noch Reste („alte Burg“ genannt) vorhanden sind, gestanden haben. — Sehenswerth ist die alte gothische Kirche.

Schermbeck 1000 E. — Baumwollenmanufaktur.

Dinslaken, Hauptort gleichn. Kreises im Bezirk Cleve, mit 1700 E., die meist Landwthsch. treiben. Auf einer hiesigen Haide fand man viele römische Münzen, Waffen und Gebeine, die wahrscheinl. aus einer Schlacht gegen die Franken herrühren. — Eines Besuches werth ist der schöne Cumpsthof'sche Schlossgarten, worin der Blumenfreund viele interess. Exemplare findet.

Büderich . . . . . . 1000 E., Hauptnahrungsquellen sind Kleebau, Gartenkultur und Handel mit Butter u. Mastvieh. — Dieses Städtchen entstand unter preuss. Regierung, nachdem das ½ St. entfernte, nahe am Fort Blücher (ehem. Fort Napoleon) gelegene Alt-Büderich 1812 von den Franzosen demoliret war.

Ruhrort,

2400 E., in sehr gefährlicher Lage, denn ohne seine starken Bedeichungen würde der Ort schon längst durch Ueberschwemmungen u. Eisgänge zerstört worden seyn. — Ruhrort ist das Werft, wo die meisten holländischen u. viele andere Rheinschiffe gebaut werden; im Winter werden hier die Dampfschiffe ausgebessert. Der Platz hat durch diese Industrie, so wie durch den weit ausgedehnten Kohlenhandel bedeutend gewonnen.

Alphen mit Schloss; 800 Ackerbau treibende E. Der mit dem Schlosse verb. Thurm stammt aus der Römerzeit.

WESEL,

auch Nieder-Wesel genannt, mit 12,000 E., Festung ersten Ranges, nordwestl. Bollwerk der preuss. Rheinprovinzen, von besonderer Wichtigkeit als Beschützerin der Communikation auf dem Rheine nach Holland, mit 3500 Mann starker Besatzung. — Ueber den Ursprung dieser Stadt bestehen verschiedene Meinungen; sie ist weder das von Tacitus erwähnte Römerkastell A l i s o, das nicht am Ausflusse, sondern an den Quellen der Lippe lag, noch das von Ptolemäus genannte A l i s o n, das wahrscheinl. in dem

DÜSSELDORF,

eine der schönsten u. angenehmsten Städte, welche von Basel bis Holland an den Ufern des Rheines prangen; Hauptstadt des Herzogthums Berg, Sitz einer Regierung, eines Oberlandgerichts und eines Provinziallandtags, mit 22,600 Ew. Düsseldorf besteht eigentlich aus drei Städten: aus der Altstadt, welche von der Düssel, die hier in den Rhein mündet und auch dem Orte den Namen gab, bespült wird; der Karlsstadt, von Karl Theodor erbaut, und der Neustadt, die ohngefähr 2000 Schritte vor dem Bergerthor liegt und als Vorstadt zu betrachten ist. Der schönste Theil ist die Karlsstadt, welche seit Abtragung der Festungswerke an Umfang u. Schönheit bedeutend gewonnen hat. Die Neustadt ist vom Kurfürsten Joh. Wilhelm erbaut und hat eine Menge prächtiger Gebäude. — Vor 100 Jahren fand man in der Nähe der Stadt einen monument-artigen Stein, dessen Inschrift auf die Anwesenheit der 30. (Varianischen) Legion deutet, und an demselben Orte einige Jahre später gegen 40 Todtenurnen mit Resten verbrannter menschlichen Gebeine, die auf eine röm. Begräbnissstätte (vielleicht verwundeter, aus der Schlacht im Teutoburger Walde entronnener Krieger) schliessen lassen, wohl aber nicht auf eine Gründung der Stadt durch die Römer, da sich sonst keine Spuren von ihnen in derselben vorfinden. Ursprünglich standen hier nur einige Fischerhütten; Lage und Umstände leiteten die Fischer zur grössern Schifffahrt und so trat man bald von hieraus mit entfernteren Gegenden in Verbindung. Der schnell wachsende Reichthum verdrängte in kurzer Zeit die niedern Hütten und erhob das ehemalige Fischerdorf zum Range der Städte. 1288, nach der Schlacht bei Woringen, erhob Graf Adolph von Berg die Villa Düsseldorf zur Stadt, verlieh ihr besondere Privilegien und umgab sie mit Mauern und Gräben. 1385 bestätigte Herzog Wilhelm II. ihre Freiheiten, und seit dem 15. Jhrdt. hielten die Herzoge sich öfters hier auf. Düsseldorf wurde Residenz und nahm an Glanz u.

Spuren von einer röm. Niederlassung aufzuweisen. Im 11. Jahrh. stand hier ein Dorf, das sich nach und nach zur Stadt erhob, und von der Menge Wisel, die sich in dieser Gegend aufhielten, den Namen Wesel erhielt; das Stadtwappen hat seit alter Zeit 3 weisse Wisel in rothem Felde. 1220 kam Wesel an Cleve, behielt jedoch als Reichsstadt viele Freiheiten. Im Anfange der niederländischen Unruhen war sie das Asyl vieler Emigranten. 1598 wurde sie von Franzisko Mendoza belagert, der ihr eine grosse Summe Geldes abzwang; allein nach dessen Abzug musste sie von den streifenden Parteien noch manches Ungemach erleiden. 1614 erschien Ambrosius Spinola vor derselben, welchem sie sich ergeben musste, da sie ihm zu widerstehen sich zu schwach fühlte und die versprochene Hülfe zu lange verzog. Die durch die Spanier der Stadt zugefügten Leiden sind unbeschreiblich und dauerten bis 1629, in welchem Jahre sie durch eine Kriegslist mit Hülfe der Niederländer von dem spanischen Joche befreit wurde. Alljährlich wird noch am 19. August (als am Befreiungstage) hier ein fröhliches Festmahl gehalten, welches „das spanische Blut" genannt wird. 1672 wurde die Stadt von den Franzosen in Besitz genommen, 1674 aber wieder geräumt und an Brandenburg abgetreten (die Festungswerke durch Friedr. I. verstärkt). 1805 kam sie an das Gr.-Hrzgth. Berg (durch die Franzosen die Festungswerke bedeutend vermehrt). 1809 wurden in Wesel 11 Offiziere des Schill'schen Corps erschossen, 1834 ihre Gebeine ausgegraben u. in einem schönen Monumente (ausserhalb der Stadt, auf ihrem Todesplatze) aufbewahrt. Seit 1815 gehört Wesel zum kgl. preuss. Reg.-Bezrk. Cleve, Kreis Rees. — Es befinden sich hier Fabriken in Tuch, Leder, Zwirn, Hüten, Handschuhen; Tabak ...; Baumwoll- und Wollspinnereien, Leinenweb.; Zuckersied.; eine Fabrik von chirurg. Instrumenten u. Messern; Dampf-, Oel- u. Windmühlen. Die vorzügl. Gegenstände des Handels sind: Holz, Getreide, Salz, Wein, Branntwein und Colonialwaaren (Holz u. Salz auf der Lippe aus Westphalen; der Wein aus den obern Rheingegenden; die Colonialwaaren a. Holland). — Wesel mit seinen Festungswerken hat einen bedeutenden Umfang; eine schattige Promenade führt über das Glacis um die Stadt. Sehenswürdigkeiten derselben sind: die Willibrodiskirche, gegr. im 12. Jahrh., 1506 in ihre jetzige Form gebracht, 1521 mit dem schönen Portal u. 1597 mit dem Thurm versehen; 188 F. lg., 115 F. br., die Höhe des Thurmes 160 F. Die Mathenakirche, 1429 in spitzbogig. Styl begonnen, 1477 vollendet; von 1804-11 diente sie als Heumagazin, jetzt wieder zum Gottesdienst eingerichtet. Das Rathhaus, mit schöner Façade, 1390 erbaut; auf demselben die Portraits der Clevischen und Brandeburgischen Fürsten. Die Commandantur, ehemals das von Herzog Adolph 1417 erbaute Palais. Unter den vier Thoren der Stadt ist das Berliner wegen seiner Bauart sehenswerth; so auch die neue steinerne Brücke, welche über die Lippe führt. — Gesellige Vereine bestehen in Wesel mehrere: die erste und zweite Bürgersocietät, das Militärcasino, die Loge zum goldenen Schwert; im Concordiensaale finden in den Wintermonaten theatralische Vorstellungen statt. Vergnügungsplätze ausserh. der Stadt sind: Görz am Rhein, der Brömerhof an der Yssel, Diershof, Schlossgarten, botanischer Garten, Försterberg, Michaut's Haus in der Nähe der Lippe (nicht weit davon das Denkmal oben gedachter Offiziere). — Vorzügliche Gasthöfe: Hôtel Dornbusch; König von Preussen; Rheinhof; Stadt Bielefeld.

Für die Dampfschiffe sind hier Landungsbrücken; Tragerlohn 5 Sgr. Von drei Gesellschaften, die an hiesiger Stadt den Rhein passiren, ist bei Tag und Nacht Gelegenheit rheinauf- und abwärts; um aber des Nachts durch die Thore zu kommen, ist eine Erlaubnisskarte von der Commandantur erforderlich, die auch bereitwillig verabreicht wird. Hinsichtlich der Ankunft u. des Abgangs der Dampfschiffe, so wie auch der Postwagen, sind in jedem Gasthofe Affichen angeheftet.

zweige: Ackerbau u. Viehzucht, Tuch-, Baumwoll- u. Leinwandmanufakturen. — Rheinberg war ehemals befestigt und bildete die letzte Grenze des Cölnischen Niederstifts. 1626 liess die Gouvernantin der span. Niederlande, Clara Isabella Eugenia, hier den berühmten Canal (Fossa Eugenia) anfangen, welcher von Rheinberg über Geldern und Venlo den Rhein mit der Maas verbinden sollte. Dieses Unternehmen soll auf Anrathen des span. Feldherrn Ambrosius Spinola geschehen seyn, um die Holländer desto eher bezwingen zu können, wenn sie in ihrem Handel mit Deutschland gehemmt wären; wesshalb denn auch die Letztern durch stetes Ansprengen eine solche Heirath des Rheins mit der Maas zu vereiteln suchten; zu den Kriegsunruhen gesellte sich noch Geldesmangel, und so mussten die Spanier den Plan aufgeben.

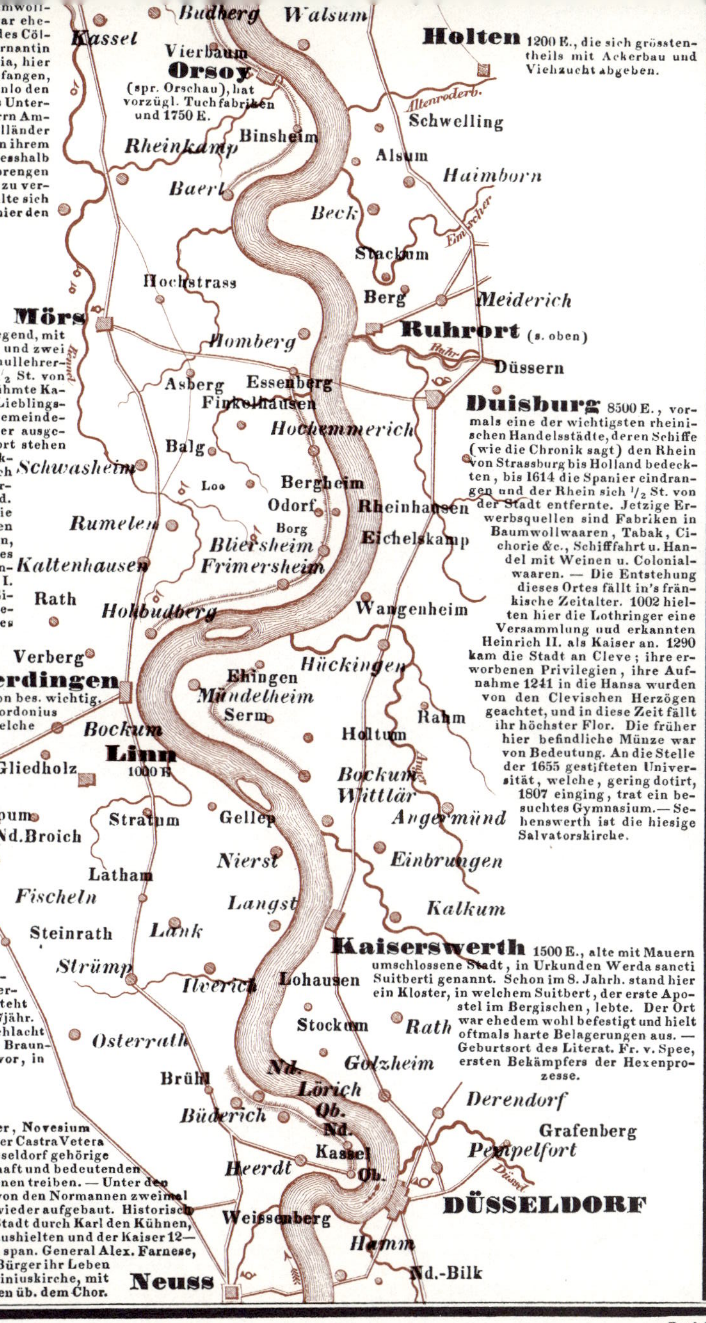

Mörs

regelmässig gebaute Stadt, in fruchtbarer Gegend, mit 2500 E.; sie hat schöne Häuser, ein Schloss und zwei grosse öffentl. Plätze; auch ist hier ein Schullehrerseminar und ein Taubstummeninstitut. — 1/2 St. von Mörs, bei dem Dorfe Asberg, stand das berühmte Kastell Asciburgum, welches nach Tacitus ein Lieblingsaufenthalt der Römer war. Die vor dem Gemeindehaus zu Mörs liegenden Löwen wurden hier ausgegraben und im Garten des Hauses Teervoort stehen zwei gleichfalls b. Asberg aufgefundene Denksteine mit den Namen röm. Legionen; auch Grabmäler, Urnen, Waffen, Münzen, Opferkrüge &c. findet man häufig in dieser Gegend. Mörs hatte einst seine eigenen Grafen; die letzte Gräfin starb 1594 und setzte den Fürsten Moritz v. Oranien zum Erben ihres Landes ein, wozu sie kein Recht hatte, da es ein Clevisches Lehen war. Dennoch behaupteten die Holländer die Stadt bis 1712, wo König Friedrich I. sich derselben, als seines rechtmässigen Eigenthums, mit Gewalt bemächtigte. Die ehemaligen Festungswerke mit einem Theile des Schlosses wurden 1764 geschleift.

Uerdingen

2800 E., wohlhab. Ort, Schifffahrt u. Spedition bes. wichtig. Hier soll das befest. Lager des röm. Feldh. Hordonius gestanden haben, als er von den Batavern, welche Claudius Civilis gegen Rom empörte, angegriffen wurde.

Krefeld

Kreishauptort im Reg.-Bez. Düsseldorf, eine der schönsten Städte a. Rh., mit 18,000 E. Zu ihren vorzüglichsten Industriezweigen gehören die Manufakturen in Seide und Sammet; man zählt 3500 Stühle in Seide, 10 in Baumwolle, 50 in Wolle, 40 für Strümpfe, 10 in Leinen; 30 Färber u. Zeugdrucker, &c. Die hier verfertigten Sammetwaaren haben den Vorzug selbst vor denen zu Lyon und gehen bis nach Amerika und der Levante. Die erste Anlage dieser Manufakturen, die jetzt auf einem so hohen Grad der Blüthe stehen, hat die Stadt den aus dem Cölnischen vertriebenen Mennoniten zu verdanken. Es besteht hier eine Taubstummen-Lehranstalt. — Im 7jähr. Kriege (23. Juni 1758) fiel in der Nähe eine Schlacht zwischen den Alliirten unter dem Herzog v. Braunschweig und den Franzosen unter Clermont vor, in welcher die Letztern geschlagen wurden.

Neuss,

ursprünglich ein Römerkastell u. festes Lager, Novesium oder Castra Nova genannt (zum Gegensatz der Castra Vetera bei Xanten); jetzt eine zum Reg.-Bez. Düsseldorf gehörige Kreisstadt mit 8000 E., welche Landwirthschaft und bedeutenden Handel mit Gyps, Dachschiefern u. Mühlsteinen treiben. — Unter den Kaisern Julian u. Valentinian wurde Neuss von den Normannen zweimal verwüstet, von den Römern aber jedesmal wieder aufgebaut. Historisch berühmt ist die 48wochige Belagerung der Stadt durch Karl den Kühnen, während welcher die Belagerten 56 Stürme aushielten und der Kaiser 12—15,000 Mann verlor. 1586 wurde sie von dem span. General Alex. Farnese, Herzog v. Parma, erobert, wobei gegen 2000 Bürger ihr Leben einbüssten. — Bemerkensw. ist die alte Quiriniuskirche, mit der vergoldeten Bildsäule ihres Schutzheiligen üb. dem Chor.

Holten

1200 E., die sich grösstentheils mit Ackerbau und Viehzucht abgeben.

Duisburg

8500 E., vormals eine der wichtigsten rheinischen Handelsstädte, deren Schiffe (wie die Chronik sagt) den Rhein von Strassburg bis Holland bedeckten, bis 1614 die Spanier eindrangen und der Rhein sich 1/2 St. von der Stadt entfernte. Jetzige Erwerbsquellen sind Fabriken in Baumwollwaaren, Tabak, Cichorie &c., Schifffahrt u. Handel mit Weinen u. Colonialwaaren. — Die Entstehung dieses Ortes fällt in's fränkische Zeitalter. 1002 hielten hier die Lothringer eine Versammlung und erkannten Heinrich II. als Kaiser an. 1290 kam die Stadt an Cleve; ihre erworbenen Privilegien, ihre Aufnahme 1241 in die Hansa wurden von den Clevischen Herzögen geachtet, und in diese Zeit fällt ihr höchster Flor. Die früher hier befindliche Münze war von Bedeutung. An die Stelle der 1655 gestifteten Universität, welche, gering dotirt, 1807 einging, trat ein besuchtes Gymnasium. — Sehenswerth ist die hiesige Salvatorskirche.

Kaiserswerth

1500 E., alte mit Mauern umschlossene Stadt, in Urkunden Werda sancti Suitberti genannt. Schon im 8. Jahrh. stand hier ein Kloster, in welchem Suitbert, der erste Apostel im Bergischen, lebte. Der Ort war ehedem wohl befestigt und hielt oftmals harte Belagerungen aus. — Geburtsort des Literat. Fr. v. Spee, ersten Bekämpfers der Hexenprozesse.

dung der Gemäldegallerie (s. bei der Planerklärung Ziff. 27). Durch vielfache Reisen wurde sein Kunstsinn ausgebildet, und seine zweite Gemahlin, Maria v. Medicis, brachte 1690 die ausgezeichnetsten Künstler an den Hof. Der 30jähr. Krieg und seine Nachfolger liessen auch hier verwüstende Spuren zurück, doch nach dem Jülich'schen Successionsstreite wurde die Stadt Residenz der Herzoge und von 1685-1718 der Kurfürsten von Pfalz-Neuburg. Der 7jähr. Krieg, so wie der franz. Revolutionskrieg waren für Düsseldorf ebenfalls hart und drückend. 1794 wurde ein Theil des kurfürstl. Schlosses und ein grosser Theil der Stadt in einen Schutthaufen verwandelt. Nach dem Tode Karl Theodors (1799) kam Düsseldorf an Maximilian Joseph, nachmaligen König von Bayern, blieb jedoch bis 1806 unter franz. Occupation, in welchem Jahre es förmlich an Napoleon abgetreten, sodann Hauptstadt des Gr.-Herzgth. Berg und Residenz Mürats wurde. Als dieser aber 1808 das Königreich Neapel erhielt, kam das Land definitiv an Frankreich. 1813 besetzten preuss. u. russ. Truppen die Stadt und 1815 erfolgte ihre, sowie des ganzen Landes Besitznahme durch den König von Preussen. Seit 1821 ist Düsseldf. Residenz des Prinzen Friedrich v. Preussen, Chefs der 14. Militärdivision, und Hauptwohnsitz des niederrhein. Adels. Im Mittelpunkte des bevölkertsten Theiles der preussischen Rheinlande gelegen [mit Ausnahme der Grafschaft Mittelessex (London), dem Seinedepartement (Paris) u. Nordholland (Amsterdam) die bevölkertste Gegend in Europa], ist Düsseldorf zugleich auch der Centralpunkt aller Heerstrassen, die in diesen wichtigen Theil des Königreichs Preussen führen; die benachbarten Kreise Elberfeld, Solingen, Neuss, Krefeld, Gladbach haben durchschnittlich 12,000 E. auf 1 QM. und sind weltberühmt durch ihre Fabriken u. Manufakturen. — Schifffahrt, Handel u. Spedition stehen auf einer hohen Stufe. Die hiesige Dampfschifffahrt für den Nieder- u. Mittelrhein, bekannt unter dem Namen „Düsseldorfer Gesellschaft" (Dienst zwischen Mainz, Düsseldorf, Rotterdam u. London, und den Orten zw. Mainz u. Rotterd.) ist 1837 in Concurrenz getreten, was für das Reisepublikum hinsichtlich der Preisermässigung von Seiten anderer Gesellschaften von grossem Vortheil war; 1840 setzte sie ebenfalls ihre Personentaxe bedeut. herab und gedeiht mit jedem Jahre herrlicher. — Der Posten-Cours zwischen Elberfeld, Düsseldorf u. Cöln ist einer der bedeutendsten der preuss. Monarchie, denn von hier aus werden, nächst Berlin u. Cöln, die meisten Posten abgefertigt. – Von besonderer Wichtigkeit für Düsseldorf war die Anlegung der Eisenbahnen nach Cöln u. Elberfeld. — An Fabriken befinden sich hier: mehre Tuch- u. Siamois-Manufakturen, 2 Wagenfabriken, eine Kattundruckerei (mit 200 Arbeitern), Leder-, Tabaks-, Zucker-, Senf- u. Liqueurfabriken, eine Eisengiesserei, eine Kunstmöbelfabrik, &c. Die in hiesiger Münze geschlagenen Geldstücke sind mit D bezeichnet. Ausser den genannten und noch vielen andern schönen Etablissements u. Einrichtungen ist auch die Stadt reich an wohlthätigen u. gemeinnützigen Anstalten u. Vereinen. — Excursionen u. Vergnügungsorte: Der Hofgarten (während des Krieges sehr beschädigt, 1811 durch Napoleon wieder hergestellt). - Allee- od. Friedrichsstrasse. Allee am Kanal, jenseits der neuen Benrather Brücke. - Allee vor dem Bergerthor, nach der Neustadt. - Baumgruppe auf dem Eiskellerberge, der ehemaligen Thomas-Bastion. - Auf dem Grafenberge treffliche Aussicht nach Cöln u. dem Siebengebirge. - Schloss Roland, unweit Derendorf. - Dorf Hamm, in einem Obstwalde. - Sehr besucht der dicht beschattete Garten auf dem Steinwege bei Becker (jeden Sonntag mit herrlicher Musik). - Pempelfort, Dorf mit 1720 Ew., einst der Sitz eines Rittergeschlechts. Das landesherrliche Schloss, beschattet vom Hofgarten u. von schönen Landhäusern umgeben, ist jetzt Residenz des Prinzen Friedrich von Preussen.

Buchdr. u. Lithogr. v. G. RITTER in Zweibr.

Emmerich—Wyk

ARNHEIM, Hauptstadt der Provinz Geldern mit 15,000 E.; sie liegt in einer angenehmen und fruchtbaren Gegend, ist stark befestigt und treibt bedeutenden Handel und Spedition. Ihr Name stammt von „Villa Arnoldi", das schon in Urkunden des 10. Jahrh. vorkommt. 1578 wurden hier zwei Versammlungen der Staaten gehalten, welche im folgenden Jahre zu Utrecht die Union schlossen. 1672 wurde Arnheim von den Franzosen erobert. Später befestigte der bekannte holländ. General Coehorn die Stadt. Unmittelbar vor derselben stand 1813 ein befestigtes Lager, bei dessen Erstürmung durch das Bülow'sche Corps (30. Nov. 1813) der franz. Divisions-General Charpentier sein Leben verlor. — Unter den merkwürdigen Gebäuden dieser Stadt zeichnen sich aus: der alte Palast des Statthalters; die Cathedralkirche zum heil. Eusebius, mit den Grabmälern der Grafen und Herzoge von Geldern (besonders das des Grafen Karl v. Egmont verdient die Beachtung des Fremden); von dem hohen Thurm dieser Kirche geniesst man eine herrliche Aussicht in die weiten Ebenen Hollands. — Zwischen Arnheim und Wageningen befindet sich das Landgut „Roozendael" (Rosenthal), vor dem Kriege einer der schönsten Gärten von ganz Gelderland, das überhaupt an solchen Anlagen reich ist und das Paradies von Holland genannt werden kann. Von Arnheims Umgebungen sind ferner besuchenswerth die schönen Landhäuser Sr. K. H. des Prinzen Friedrich der Niederlande, der Herren Backer, van Spaan u. A., welche Anlagen alle mit schönen Wasserwerken und sonstigen Merkwürdigkeiten versehen sind und dem anständigen Fremden stets bereitwillig gezeigt werden. Einen angenehmen Ausflug gewährt das 1 St. entfernte Dorf Velp, sowie der Rehberg mit reizender Aussicht. — Täglich gehen Diligencen von Arnheim nach Utrecht (in 5 St.), nach Nymwegen (in 2 St.), nach Deventer (in 5 St.), nach Zutphen (in 3 St.), nach Amsterdam (in 9 St.); sie fahren fast alle vom „Zwynshoofd" ab. — Die Dampfschifffahrt rheinauf- und abwärts findet bei günstigem Wasserstande jeden Tag statt; man fährt in 8 St. nach Rotterdam. Auch die Boote der Yssel-Dampfschifffahrts-Gesellschaft legen in Arnheim an, bevor sie in die Yssel über Campen nach Amsterdam fahren. Die Preise sind in Holland durchschnittlich fast dieselben, wie in Deutschland; eine Uebersicht derselben wäre überflüssig, da sie sich jedes Frühjahr verändern; der Reisende findet in jedem ordentlichen Gasthofe Affichen mit Tarifen und Postcursen in verschiedenen Sprachen. — Gasthöfe in Arnheim: In den Arend; Hôtel de Pays-bas; de Zon; Zwynshoofd.

Wer von hier aus weiter den Rhein hinunter reiset, gelangt über Rheenen bald an den Ort, wo der Rhein den Namen Leck annimmt. Der Bataver Claudius Civilis soll dort den Rhein, zur Vertheidigung gegen die Römer, nach der Maas hin haben abgraben, und der röm. Feldherr Corbulus den später verfallenen Canal wieder haben herrichten lassen. Der alte Thurm in jener Gegend soll das letzte röm. Castell am Rhein und am Ende des von der Donau am Taunus vorbei bis dahinab ziehenden Pfahlgrabens gewesen seyn.

Das König
(H

an der Nord- und am Zuide
2,560,000 E. auf 530 QM. Völ
hier und da einzelne in alter
geworfene Hügel, im Norde
wahres Nieder- oder Ho
(Sandhügel ohne Vegetatio
gegen die anstürmenden We
ten durch ein künstliches Ca
theilung in 12 Provinzen. D
und Wallonen (meist Reform
Das Klima ist gemässigt, a
Geflügel; Fische, Austern;
müse: Torf; Seesalz. — Im
reichste Land in Europa (di
und Gärten); neben Reicht
habender Bauernstand (kei
merkt man die grösste Reinli

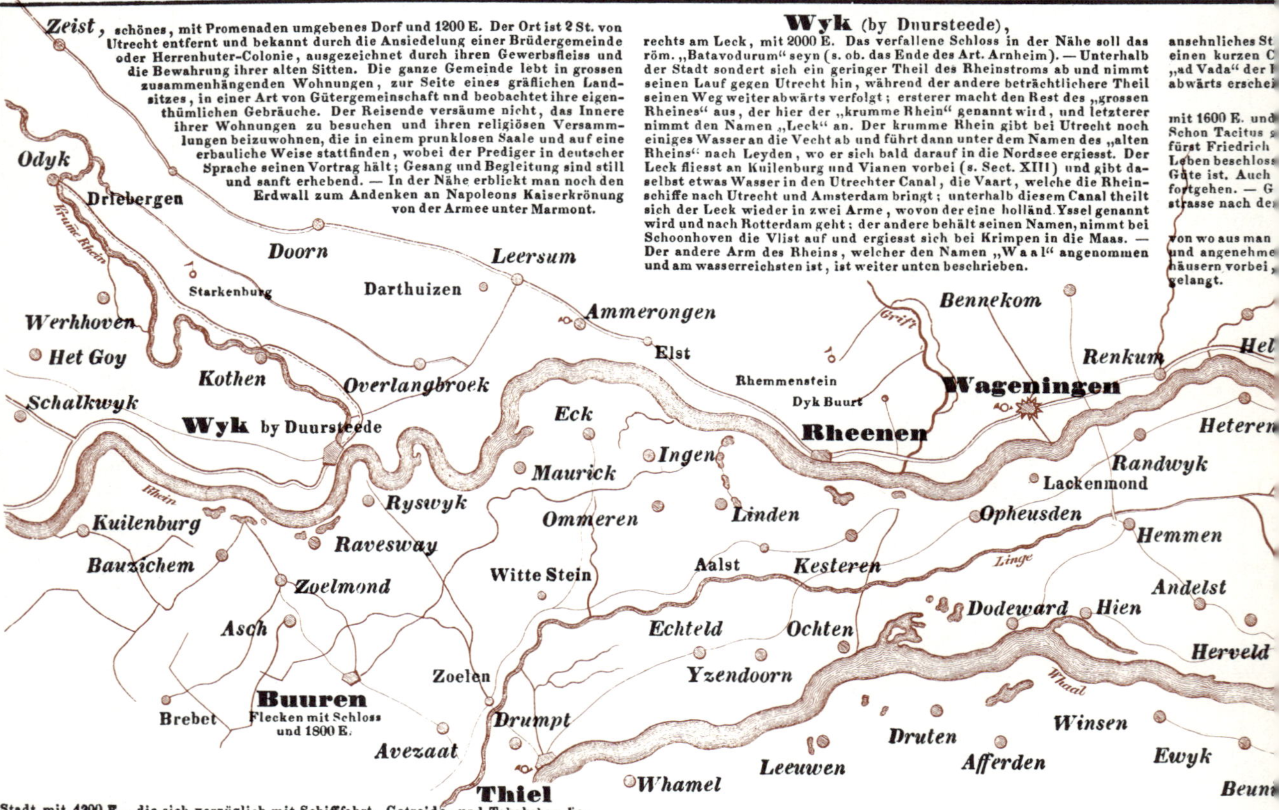

Zeist, schönes, mit Promenaden umgebenes Dorf und 1200 E. Der Ort ist 2 St. von Utrecht entfernt und bekannt durch die Ansiedelung einer Brüdergemeinde oder Herrenhuter-Colonie, ausgezeichnet durch ihren Gewerbsfleiss und die Bewahrung ihrer alten Sitten. Die ganze Gemeinde lebt in grossen zusammenhängenden Wohnungen, zur Seite eines gräflichen Landsitzes, in einer Art von Gütergemeinschaft und beobachtet ihre eigenthümlichen Gebräuche. Der Reisende versäume nicht, das Innere ihrer Wohnungen zu besuchen und ihren religiösen Versammlungen beizuwohnen, die in einem prunklosen Saale und auf eine erbauliche Weise stattfinden, wobei der Prediger in deutscher Sprache seinen Vortrag hält; Gesang und Begleitung sind still und sanft erhebend. — In der Nähe erblickt man noch den Erdwall zum Andenken an Napoleons Kaiserkrönung von der Armee unter Marmont.

Wyk (by Duursteede),

rechts am Leck, mit 2000 E. Das verfallene Schloss in der Nähe soll das röm. „Batavodurum" seyn (s. ob. das Ende des Art. Arnheim). — Unterhalb der Stadt sondert sich ein geringer Theil des Rheinstroms ab und nimmt seinen Lauf gegen Utrecht hin, während der andere beträchtlichere Theil seinen Weg weiter abwärts verfolgt; ersterer macht den Rest des „grossen Rheines" aus, der hier der „krumme Rhein" genannt wird, und letzterer nimmt den Namen „Leck" an. Der krumme Rhein gibt bei Utrecht noch einiges Wasser an die Vecht ab und führt dann unter dem Namen des „alten Rheins" nach Leyden, wo er sich bald darauf in die Nordsee ergiesst. Der Leck fliesst an Kuilenburg und Vianen vorbei (s. Sect. XIII) und gibt daselbst etwas Wasser in den Utrechter Canal, die Vaart, welche die Rheinschiffe nach Utrecht und Amsterdam bringt; unterhalb diesem Canal theilt sich der Leck wieder in zwei Arme, wovon der eine holländ. Yssel genannt wird und nach Rotterdam geht; der andere behält seinen Namen, nimmt bei Schoonhoven die Vlist auf und ergiesst sich bei Krimpen in die Maas. — Der andere Arm des Rheins, welcher den Namen „Waal" angenommen und am wasserreichsten ist, ist weiter unten beschrieben.

ansehnliches St
einen kurzen C
„ad Vada" der
abwärts erschei

mit 1600 E. und
Schon Tacitus
fürst Friedrich
Leben beschloss
Güte ist. Auch
fortgehen. — G
strasse nach de

von wo aus man
und angenehme
häusern vorbei,
gelangt.

Buuren
Flecken mit Schloss und 1800 E.

Thiel

Stadt mit 4200 E., die sich vorzüglich mit Schifffahrt, Getreide- und Tabaksbau beschäftigen. Thiel war ehemals eine Hansestadt und, besonders vor der Belagerung durch Karl V., stark befestigt, wie noch jetzt die in angenehme Promenaden verwandelten Wälle zeigen. Thiel ist auch die Vaterstadt des Generals Chassé, des tapfern Vertheidigers der Citadelle von Antwerpen. — Von hier aus kommt man bald zu dem Fort St. Andreas, wo ein natürlicher Verbindungscanal die Waal mit der Maas vereinigt. Westlich von diesem Fort liegt das Schloss Loewestein, 1619 Gefängniss des gelehrten Grotius (Hugo de Groot), Rathspräsidenten von Rotterdam, welcher in Folge der Religionsstreitigkeiten zu ewiger Haft auf demselben verurtheilt war. Nach 20 Monaten Gefangenschaft bemerkte seine Gattin, dass die Kiste, in welcher sie ihm gewöhnlich Bücher und Leinenzeug schickte, nicht mehr untersucht wurde; hierauf gründete sie den Befreiungsplan für ihren Gatten, der auch glücklich gelang. Diese treue Gefährtin ihres Mannes hiess Maria van Reigersberg.

Die Waal.

Nach seinem Eintritt in Holland, bei Pannerden, theilt der Rhein sich in zwei Arme; der links fliesst nach Nymwegen und nimmt den Namen Waal an, den er auch bis zu seiner Vereinigung mit der Maas behält; der rechte Arm heisst auf einer kurzen Strecke „Canal von Pannerden", dann „Niederrhein." Letzterer theilt sich bei Westervoort wieder in zwei Arme, wovon der rechts unter dem Namen Yssel sich in die Zuidersee ergiesst; der links fliesst über Arnheim und Wageningen nach Wyk, wo er sich abermals theilt (s. ob. den Art. Wyk). Die durch diese Trennung und spätere Wiedervereinigung der verschiedenen Rheinarme entstandene grosse und fruchtbare Insel heisst Betuwe, daher der

Name Bat
Wasserbau
die Waal
Zwecke m
grossenthe

Plan zur Bereisung von Holland.

Von Cöln nach Nymwegen mit dem Dampfschiff . . .	1	Tag.
In Nymwegen	1/4	—
Von Nymwegen nach Arnheim, Aufenthalt daselbst und Besuch des Landguts des Barons von Heekeren . .	1/2	—
Von Arnheim nach Utrecht	1/4	—
In Utrecht	1/2	—
Von Utrecht nach Amsterdam	1/4	—
In Amsterdam	3	—
Ausflug nach Nordholland, Broek und Zaandam . . .	1	—
Von Amsterdam nach Harlem und Aufenthalt daselbst	1/2	—
Von Harlem nach Leyden und Aufenthalt daselbst . .	3/4	—
Von Leyden nach dem Haag	1/4	—
Aufenthalt im Haag und Ausflug nach dem Busch . .	1 3/4	—
Vom Haag nach Delft und Aufenthalt daselbst . . .	1/2	—
Von Delft nach Rotterdam und Aufenthalt daselbst .	1 1/2	—

Holländisches Geld.

1 Gulden [früher 20 Stüber, jetzt 100 Cents; 5 Cts. = 1 Stb.; $24\frac{3}{8}$ fl. = eine feine Mark, daher sehr nahe dem rhein. Gulden]; also
1 fl. = 60,3 kr. rh. = 17,2 Sgr. pr.

Geprägte Silbermünzen:

1 Stüber-Stücke; 2 Stüber-St. (Dubbeltje od. Döppelchen), 1 Gulden- und 1/4 Gulden-St.; 1 Thaler-St. (Daalder) = 1 fl. 50 Cts. = 30 St. = 25 Sgr.; Reichsthaler zu 50 St.; 3 Gulden-St.

Gold-Stücke:

Wilhelmsd'or = 10 fl. = 1 Friedrichsd'or od. $5\frac{2}{3}$ Thlr. pr.; halbe Wilh.d'or; Dukaten = 5 fl. 60 Cts. = $3\frac{1}{6}$ Thlr.

NYMWEGEN (NOVIOMAGU

alte, berühmte und von der Landseite stark
Stadt mit 17,500 E. Sie erhebt sich amphit
am linken Ufer der Waal und gewährt vom
Ufer einen herrlichen Anblick. Die Erbauung d
Noviomagum wird Jul. Cäsars Legionen zuge
unter Karl d. Gr. und seinen Nachfolgern ein
später Hauptort der Hansa in Gelderland.
die Stadt von den Spaniern erobert; 1589 vers
Holländer dieselbe zu überrumpeln, was jedo
und wobei ihr Feldherr, Martin Schenk v. Ny
Waal ertrank. Sein Leichnam wurde von de
aufgefunden, geviertheilt und in Ketten an
thoren aufgehangen; erst 1590, nach Wiede
der Stadt durch Moritz v. Nassau, wurden die
theile gesammelt und in der Hauptkirche be
Unter den öffentl. Gebäuden ist besonders da
merkwürdig durch den 1678 zwischen Ludwig
nien und der Republik Holland darin abges
Frieden. Es ist in goth. Styl erbaut und an d
seite mit den Statuen einiger römischen Kais

der Niederlande.

LAND)

zwischen Belgien, Preussen, Hannover; n, Hügelketten sieht man nur in Geldern, m Schutze bei Ueberschwemmungen auf- t tiefer als das Meer — ist dieses Land ein d. An den Küsten schützen die Dünen r künstliche Dämme das niedrige Land las Innere des Landes wird trocken erhal- em, durch Dämme und Schleussen.— Ein- vohner sind Bataver, Friesen, Deutsche ıre Sprache dem Plattdeutschen ähnlich). cht. Produkte sind: Pferde, Rindvieh; ; Flachs, Hanf, Tabak, Obst, Blumen, Ge- ltniss zur Bewohnerzahl ist Holland das Bodenkultur wechselt zwischen Wiesen errscht ein bemittelter Bürger- u. wohl- ler, nur in Amsterdam), und überall be- , selbst bei den niedersten Klassen.

EMMERICH, 6000 E., die letzte Stadt auf preuss. Gebiete am Rhein, der hier seine Reize zu verlieren anfängt; in grossen Krümmungen windet er sich durch weite Ebenen, und an Deutschlands Grenze winket der majestätische Eltenberg mit der Abtei dem vaterländischen Strome den letzten Abschiedsgruss zum Ausgang nach Hollands Niederungen. — Emmerich liegt 1 St. von Cleve, dessen Thürme man von hieraus sehen kann, gegenüber der Einmündung der Kalflak (lacus Calcariensis) in den Rhein. Im J. 700 lehrte hier zuerst Willibrord das Christenthum und gründete für seine und des heiligen Suibertus Schüler ein Kloster mit einer Münsterkirche. So entstand aus dem Fischerdorfe, das ursprünglich hier stand, eine Stadt, die Anfangs zum Stifte Elten gehörte. 1239 begab sie sich unter den Schutz der Grafen von Geldern. Unter Friedrich II. wurde sie stark befestigt, und 1366 kam sie durch Heirath an Cleve. Sie trieb bedeutenden Handel, gehörte zum Hansabund, und in ihrer Nähe wurden einst die Sitze der Friesen durch die Niederlassung der Franken begrenzt. Die hart am Rhein gelegene Münsterkirche wurde, wie schon erwähnt, auf Veranlassung des heil. Willibrord erbaut; die in byzant. Styl gebaute unterirdische Kapelle scheint von dieser ursprünglichen Basilika zu stammen, welche 1440 bis auf das jetzige Chor ein heftiger Brand zerstörte; das Hauptschiff, zwei Seitenschiffe und ein viereckiger Thurm mit 124 F. hohem Mauerwerk und 64 F. hoher Spitze, so wie zwei Seitenarme wurden später in goth. Style angebaut; der südliche Arm liegt im Rhein begraben. Die Adelgundiskirche (wie erstere zum kath. Gottesdienste gehörig) bestand schon 1227, erhielt aber erst im 15. Jahrh. ihre jetzige Form nebst dem 99 F. hoch viereckig und 55 F. hoch achteckig gebauten und mit einem Glockenspiel versehenen Thurme; 1651 wurde durch einen Blitzstrahl die Spitze von diesem schönen Thurme heruntergeschlagen, seitdem aber nicht wieder hergestellt. Die grosse evang. Kirche wurde im Anfange des vorigen Jahrh. erbaut. Früher bestand hier ein Gymnasium, das von Jesuiten besorgt wurde, nach Aufhebung des Ordens aber einging. Das jetzige Gymnasium besteht erst seit 1832. Sehenswerth sind die Zollgebäude und der neue Hafen; oberhalb des letztern befindet sich ein guter Sicherheitshafen, der mehr als 40 grosse und 60 mittelmässige Schiffe aufnehmen kann. Aus Holland gehen jährlich über Emmerich an 2,000,000, und von diesem über hier an 5,200,000 Zentner. In hiesiger Gegend wird viel Tabak gepflanzt, der theils ausgefahren, theils in den Emmericher Fabriken verarbeitet wird. Auch besitzt die Stadt bedeutende Manufakturen in Leinwand, Wollenzeugen und Posamentirwaaren. — Im Garten der Loge (Pax inimica malis) steht eine von Blüchers Hand gepflanzte Akazie, der in seiner Jugend hier einmal in Garnison lag. — Zur Ueberfahrt ist eine öffentl. Fähre und für die Dampfschiffe sind Landungsbrücken. In Hinsicht der Posten gehört Emmerich zu den belebtesten Punkten. — Gasthof bei Cüpper, mit herrlicher Aussicht auf den 2150 F. breiten Rhein; bei Gratter im Weinberg; im Sak, ohnfern des Marktes.

Buchdr. u. Lithogr. v. G. RITTER in Zweibr.

Wageningen,

n mit 3000 E., in obstreicher Gegend. Dieser Ort, welcher durch it dem Rhein zusammenhängt und befestigt ist, wird für das gehalten. — Gasthof: Wappen von Gelderland. — Zwei Stunden Städtchen

Rheenen,

gothischer Kirche, deren zierlicher Thurm sehenswerth ist. — dieses Ortes, in welchem auch später der unglückliche Kur- der Pfalz, nach Verlust seiner Königskrone in Böhmen, sein hiesiger Gegend wird viel Tabak gebaut, der von vorzüglicher nan hier die herrlichen Backsteinwege an, die bis Amsterdam zum König von Böhmen. — Von hier führt die Utrechter Land- e

Ammerongen,

en Fruchtfeldern, Wiesen lern, an schönen Land- Stunden nach Zeist

Die Schenkenschanze.

Dem ersten holländ. Orte Lobith gegenüber, jedoch noch auf preuss. Gebiete, an einem Arme des Rheins, der alte Rhein genannt, liegen die Trümmer der „Schenkenschanze", einer von dem holländ. General Martin Schenk v. Nydek 1586 erbauten und in den damaligen Kriegen viel genannten, starken Veste. 1635 wurde sie von den Spaniern, ein Jahr drauf von den Holländern und 1672 von Turenne durch Uebergabe genommen, 1674-81 von den Brandenburgern besetzt, und endlich 1794 von den Franzosen mit Sturm erobert. Sie lag ehemals auf einer Erdzunge in dem Winkel, wo Rhein und Waal sich trennen, beide beherrschend, und wurde als Schlüssel der Niederlande betrachtet; seitdem aber der Fluss sein Bett verändert und seine Scheidung weiter abwärts erfolgt (s. unt. den Art. Waal), hat sie ihre Bedeutung verloren und ist zerfallen, so dass nur noch die Wälle zu erkennen sind. In der Nähe der Schenkenschanze, bei dem ehemal. Zollhaus (Tolhuis, von den Franzosen Tholu genannt), drang Ludwig XIV. 1672 über den Rhein, um Holland zu erobern.

Der Eltenberg,

eine Stunde unterhalb Emmerich und $1/2$ St. vom Rhein entfernt, berühmt wegen des Drususbrunnens und der schönen Aussicht auf das umliegende, meist flache Land. Hier liess Drusus eine Brücke über den Rhein schlagen, als er zur Grabung des Canales schritt, der jenen Fluss mit der Yssel vereinigen sollte, um dadurch für seine Truppen die Wasserfahrt bis in den Flœvus (die heutige Zuydersee) zu verlängern. — Auf der Spitze des Eltenbergs erblickt man einige Gebäude und eine Kirche mit einem Thurme, die zu dem adeligen, reichsfreien Frauenstifte Elten gehörte; sie wurde 963 von Graf Wichmann v. Hameln gegründet; 1585 von den Holländern zerstört, und 1670 von der Aebtissin Marie zu Elten (eine geb. Salm-Reiferscheid) wieder aufgebaut. 1836 traf sie der Blitz und sie brannte bis auf's Mauerwerk ab. Der Reisende auf dem Rhein hat hier einen herrlichen Prospekt: rechts der Eltenberg mit seinen wallenden Abhängen, in der Ebene zerstreut liegende Orte; links, am Fusse des Fürstenbergs, die Stadt Cleve, und den Mittelpunkt bildet der seegleiche Strom.

Lobith,

das holländische Grenz-Zollamt, woselbst die Schiffe eine Stunde verweilen müssen, damit die Zollbeamten, die auf die Schiffe kommen, ihre Untersuchung vornehmen können. Vorher schon fragt der Capitän die Passagiere, ob sie etwas Zollpflichtiges bei sich haben, in welchem Falle der Gegenstand nebst dem Werthe angegeben werden muss. Die holländ. Zollbeamten sind gewöhnlich höflich und nachsichtig beim Durchsuchen des Gepäckes der Reisenden; kleine Koffer, Mantelsäcke und Hutschachteln werden in der Regel nicht visitirt, besonders wenn man per Dampfboot reiset. Gebrauchte Gegenstände, überhaupt alles, was ein Reisender zum Nutzen oder Vergnügen mit sich zu führen pflegt, werden, wie überall, nicht deklarirt. Finden die Beamten nicht deklarirte zollpflichtige Sachen, so werden dieselben confiszirt, und mit der Beschlagnahme sind Unkosten und Aufenthalt verbunden. — Wer zu Lande nach Holland reist und zollpflichtige Artikel mit sich führt, achte wohl auf das an der Grenze stehende Zollhaus; er fahre oder gehe nie vorbei, auch wenn er nicht angehalten wird, da jene Sachen nach den holländ. Gesetzen schon einen Schritt hinter dem Zollhause als Contrebande behandelt werden.

Griethausen

Clevisches Städtchen mit 800 E. — In der Nähe auf einem Hügel steht das mit Cypressen umgebene Monument des 17jähr. Joh. Sebus, der bei der Ueberschwemmung des Rheins 1809 seine kranke Mutter rettete und, als er noch eine Mutter mit ihren zwei Kindern retten wollte, von den wilden Fluthen verschlungen wurde.

— An der erstern Stromscheidung befindet sich ein wichtiges wodurch bewirkt wird, dass zwei Drittel der Wassermasse in in Drittel in den Pannerden'schen Canal fliesst, und zu diesem stets neue Werke aufgeworfen werden, denn hievon hängt physische Existenz Hollands ab.

r Römer, holl. **NIJMEGEN**, franz. **NIMÈGUE**),

igte lisch igen tells ɔen; um; urde die lang der iern upt- rung per- t. — haus Spa- enen der- ert;

im Innern befindet sich eine Sammlung röm. Alterthümer, die Bildnisse der Friedensgesandten und einige andere Gemälde; ein künstliches Uhrwerk verdient Beachtung; auch zeigt man noch das Schwert, mit welchem 1568 Graf Egmont enthauptet wurde. Ferner die Cathedralkirche zu St. Stephan, mit prächtiger Orgel und interessanten Grabmälern. — Unweit der Stadt, auf einer Anhöhe, liegen die Trümmer des 1794 durch französisches Geschütz zerstörten fränkischen Reichpalastes „Falkenhof", gewöhnlich „het Hof" genannt, wo oftmals Karl d. Gr. verweilte. — Nymwegen treibt bedeut. Handel, Spedition und Schifffahrt, weil sie für Handelsverbindungen mit der Maas, der Schelde und dem Rhein sehr vortheilhaft gelegen ist. Für die Dampfschiffe sind hier Landungsbrücken, und zu dem jenseitigen Ufer, wo die Strasse nach der 3 St. entfernten Stadt Arnheim führt, ist eine fliegende Brücke. — Hier kommt täglich ein Eilwagen von Cleve an, der gleich nach Rotterdam abgeht, und einer eben so umgekehrt. Gasthöfe: Hôtel de Pays-bas; Stadt Frankfurt.

Reiserouten in Holland.

Von Rotterdam nach Amsterdam ($16\frac{3}{4}$ St.)

von	Rotterdam	nach	Delft	$2\frac{3}{4}$ St.
„	Delft	„	Haag	$1\frac{1}{2}$ „
„	Haag	„	Leyden	$3\frac{1}{2}$ „
„	Leyden	„	Haarlem . . .	$5\frac{1}{2}$ „
„	Haarlem	„	Amsterdam . .	$3\frac{1}{2}$ „

Von Amsterdam nach Utrecht und Nymwegen ($20\frac{1}{4}$ St.)

von	Amsterdam	nach	Nieuwersluis	5 St.
„	Nieuwersluis	„	Utrecht . . .	3 „
„	Utrecht	„	Amerongen .	$5\frac{1}{4}$ „
„	Amerongen	„	Nymwegen .	7 „

Von Utrecht nach dem Haag ($13\frac{1}{2}$ St.)

von	Utrecht	nach	Woerden	$3\frac{1}{2}$ St.
„	Woerden	„	Alphen	$3\frac{1}{2}$ „
„	Alphen	„	Leyden	3 „
„	Leyden	„	Haag	$3\frac{1}{2}$ „

Von Amsterdam zu den Armen-Colonien „Frederiks- u. Willemsoort" bei Meppel.

von	Amsterdam	nach	Naarden	4 St.
„	Naarden	„	Amersfoort . .	$4\frac{3}{4}$ „
„	Amersfoort	„	Harderwyk . .	6 „
„	Harderwyk	„	Elburg	4 „
„	Elburg	„	Zwolle	4 „
„	Zwolle	„	Meppel	$4\frac{3}{4}$ „

Utrecht—Nordsee

HAAG (Gravenhage, la Haye),

60,000 E., Residenz des Königs von Holland und Sitz der verschiedenen Ministerien und Administrationen, so wie der Versammlung der Generalstaaten. Im 9. Jahrh. stand hier nur ein Jagdschloss; 1370 erscheint der Ort als ein grosses Dorf, nachdem das Schlösschen schon 1248 in einen prächtigen Palast verwandelt worden, in welchen Wilhelm von Holland, der zugleich deutscher Kaiser war, seine Residenz verlegte. 1527 schon Sitz des höchsten Gerichtshofes; unter Moritz von Nassau Residenz des Statthalters; unter Wilhelm III. Mittelpunkt der europäischen Diplomatik; von 1795 an bedeutendes Sinken (Ludwig Napoleon hatte seine Residenz in Amsterdam); die Rückkehr des Prinzen von Oranien 1814 und seine Ernennung zum König gaben der Stadt ihren alten Glanz wieder. — Die Strassen sind breit und regelmässig, von Canälen durchschnitten und mit Lindenbäumen bepflanzt. Die bemerkenswerthesten Gebäude sind: der neue königliche Palast, der ehemalige Statthalterhof, das Prinz-Moritz-Haus mit der königl. Gemäldegallerie und dem Kunstmuseum, der Palast des Prinzen von Oranien, das Bibliotheksgebäude mit dem Münzkabinet, das Rathhaus, das Theater; die grosse Kirche, die Kreuzkirche. Von den Bildungsanstalten bemerken wir: Lateinische-, grosse Freischule, die Gesellschaft Diligentia mit einem Museum, Gesellschaft für schöne Wissenschaften und Künste, der Wohlthätigkeit &c. — Nahe dabei der „Busch", ein Buchenwald, mit dem Lustschloss „Oranien-Saal." — Gasthöfe: Belle vue, Marschall Turenne, Heerenlogement, alte Doelen, neue Doelen.

Schie

am Einflusse der Schie in
5 Kirchen, Börse, 200 Ge
weissfabriken; starke S
Abfällen von den Bren
mühlen, bed. Seehandel
an der Maas, liegt

Delftsh

der Hafen von Delft, ver
durch einen Canal, mit 2
Härings- u. Stockfischfar
ostindischen Compagnie.
Heyn (v. 1577-1629), E
Silberflotte (v. 12 Millio
es von den niedersten St
Admi
Tr

DELFT,

gutgebaute Stadt mit breiten, von Canälen durchschnittenen Strassen und 16,000 E. Erwerbszweige sind: Handel und Fabriken in Fayence, feinen Tüchern, Lederwaaren &c. Sehenswerth: die Neue Kirche (auf deren Thurm das schönste Glockenspiel in Holland; Grabmäler der oranischen Fürsten, Monument des Hugo Grotius); Alte Kirche (schiefer Thurm wie in Pisa; Grabmäler der ber. Admirale Tromp und Heyn); Rathhaus; Zeughaus; Artillerie- u. Marineschule; anatom. Theater; Irrenanstalt. — Gasthöfe: goldene Mühle, Stadtherberge, de Zon.

LEY

Stadt mit 58,
Ende des Rh
einer Meng
Brücken
Batav

Scheveningen 2800 E. Vorzügliches Seebad, häufig besucht von hohen und angesehenen Personen.

Hyswyk 1800 E., ausgez. cultivirte Gegend. Berühmt durch den Frieden von 1697 zwischen Frankreich, Deutschland, Holland u. Spanien.

Brielle auf der Insel Voorne, mit 4000 E., die sich grösstentheils von der Fischerei ernähren. — Hier geschah die erste Abwerfung des spanischen Joches. — Berühmtes Glockenspiel auf der Peterskirche.

UTRECHT,

45,000 E., Hauptstadt der kgl. holländ. Provinz gl. Namens, wohl gebaut, lebhaft, von Canälen durchschnitten und mit angenehmen Promenaden versehen; besitzt vorzügliche Fabriken in Tuch, Sammt, Seide, Spitzen u. dgl., Gewehrfabriken, Kattundruckereien, Garn- u. Leinwandbleichen; ist einer der vornehmsten rheinischen Hafen, die mit Cöln in den weitumfassendsten Handelsverbindungen stehen; berühmte Universitätsstadt und Sitz der Münzbehörde für ganz Holland. — Utrecht liegt an der Stelle, wo ein Arm des alten Rheins „Leydsche Vaart" heisst, war schon den Römern bekannt und wurde von diesen gewöhnlich „Utrajectum" („Ultra Trajectum" zum Gegensatze von „Trajectum ad Mosam", Mastricht) genannt. Später kamen die Friesen in den Besitz des Castells und gründeten hier die Stadt Willaburg; erst auf der Nordseite des Rheins, dann unter Dagobert (830) auf der Südseite rasches Zunehmen; unter dem Bischof Balderich von Cleve († 977) nahm es die Form einer Stadt an, wozu es sich jedoch erst im 11. Jahrh. recht ausbildete; 1125 starb Heinrich V. in Utrecht und Konrad II. in der Nähe; 1527, unter dem Bischof Heinrich, kam Stadt und Fürstenthum an Karl V., welcher daselbst 1529 die Vreedeburg (Friedensburg) erbaute. Einen grossen Namen in der Geschichte hat Utrecht durch die am 23. Jan. 1579 abgeschlossene, in dem Auditorium der Universität unterzeichnete „Union der sieben niederländischen Provinzen", welche als das erste und vornehmste Grundgesetz dieser neuen Republik angesehen ward; daher auch Anfangs die Versammlungen der Generalstaaten hier gehalten wurden, bis zu ihrer Verlegung nach Haag 1593. Eben so berühmt ist Utrecht durch den 1713 u. 1714 in seinen Mauern gehaltenen Congress und, zwischen Frankreich einseits, England, Portugal, Holland u. Preussen anderseits, abgeschlossenen Frieden, welcher den spanischen Successionskrieg beendigte und die Ruhe in Europa herstellte. — Die Universität wurde 1636 gegründet; sie hat viele ausgezeichnete Männer aufzuweisen und ist noch immer in blühendem Zustande (bei der neuesten Jubilarfeier waren gegen 30,000 Fremde anwesend); sie besitzt eine reiche Bibliothek, gute naturhistorische Sammlungen, ein physikalisches Cabinet, Observatorium &c.; die Veterinärschule bei der Stadt ist ebenfalls bemerkenswerth. Die gelehrte Gesellschaft („Utrechtsch Genootschap voor Künsten en Wetenschappen") wurde 1778 gestiftet und theilt jährliche Preise (goldene Medaillen von 50 Dukaten Werth) über beantwortete Fragen aus dem Gebiete der Wissenschaften aus. — 1459 wurde auch hier Hadrian Florissen geboren, Lehrer Kaiser Karls V. und nachher Papst unter dem Namen Hadrian IV. — In der Nähe ist die Herrnhutercolonie Zeist, 1200 E., ausgezeichnet durch Manufakturen, Reinlichkeit und Ordnung. — — Gasthöfe: Goude Leeuw; Hof van Holland; Kastel van Antwerpen.

Zum Plane von

Thore, Barrieren u

1. Weerd barriere (ehem.
2. Wittevrouwen poort (W
3. Malie barriere (ehem.
   genannt von der Malieb
   leen zum Malie- oder K
   mehr gebräuchlich).
4. Tolsteeg poort (Zollga
5. St. Maria- od. Kirmesw
6. Catharina-Thor.
7. Nikolaus-Platz. 8. M
9. Münster-Platz. 10. F
11. Neude-Pl. 12. Johann

Protestantische K

13. Domkirche und Münste
14. Buur Kerk (Nachbar-K
15. St. Peters-K. 16. St. J

…n,
…aas, mit 10,000 E.
…rennereien, Blei-
…ezucht (aus den
…); viele Wind-
…ht weit entfernt,

…,
… mit dieser Stadt
…, welche ansehnl.
…en; Magazin der
…urtsort des Peter
…s der spanischen
…rth); er brachte
… zur Würde eines
… blieb in einem
…egen Dünkircher
…hiffe.

ROTTERDAM, am Einflusse der Rotte in die Maas, nach Amsterdam die wichtigste Handelsstadt Hollands, mit 79,000 E. Der Ursprung Rotterdams, welches seinen Namen von dem hohen Deich oder Damme trägt, der die Stadt bei hoher Fluth vor Verheerungen schützt, — reicht nicht über das 11. Jahrh., wo es als Dorf vorkommt, und sein angeschwemmter Boden ist nicht viel älter; 1272 erhielt es Mauern und Stadtrechte; 1570 wurde die Stadt von den Spaniern erobert, machte sich aber einige Jahre drauf wieder frei; im 14. und dann 16. Jahrh. wurde sie bedeutend vergrössert, da sie wohl befestigt ein Asyl vieler vor den spanischen Verfolgungen geflüchteter Bewohner aus Flandern und Brabant war. Fortwährend stieg der Wohlstand Rotterdams durch seine vortheilhafte Lage an der Maas, die hier die schwersten Kauffahrteischiffe trägt, die vermittelst der Canäle mitten in die Stadt unmittelbar vor die Waarenlager und Packhäuser gelangen können; und durch die Leichtigkeit der Communikation mit Deutschland, welche durch die Dampfschifffahrt vermehrt worden ist, werden die Vortheile des Handels noch immer erhöht. Ueberhaupt herrscht hier viel Thätigkeit, Handelsgeist und grosser Reichthum. Hauptsitz der „niederländischen Dampfschifffahrts-Gesellschaft“ (Dienst zwischen London, Havre, Nymwegen, Antwerpen, Cöln, Coblenz, Mainz &c.); Eisenbahn über Haag, Leyden, Harlem nach Amsterdam (der ganze Landstrich von Rotterdam bis Amsterdam, 20 Stunden Weges, gleicht einem einzigen grossen Garten und hat einen europäischen Ruf). — Es besteht hier eine Seekadettenschule, so wie eine höhere Schule für Baukunst; die Volksschulen sind in einem treffl. Zustande. Auch fehlt es nicht an Fabriken verschiedener Art, besonders für Wollenstoffe. Interessante Kunstsammlungen befinden sich bei den HH. Rozemann, Loekhorst, van der Palz, Plockhuizen, Pot, Bans &c. Die öffentl. Plätze und bemerkenswerthesten Gebäude sehe man bei der Erläuterung des Plans. Die schönsten und neuesten Häuser stehen in der „Hoog Straat“ auf dem grossen Damm; das Innere der Stadt ist für den Reisenden sehr anziehend durch die Verbindungen von Wassern, Brücken, Strassen, Bäumen und Schiffen, und durch das rege Leben auf und zwischen diesen Punkten; man gewahrt freundliche Häuser, 5-6 Stockwerke hoch. In den Vorstädten sind viele öffentl. Gärten, worin im Sommer häufig Conzerte und Bälle gehalten werden, bei denen Fremde leicht Zutritt haben. Vor den Thoren findet man angenehme Promenaden mit Aussichten; der botanische Garten, die Plantage, die Spaziergänge in die „Poompjes“ am neuen Werke, und am Ende des letztern das „Pontegat“ und die Ueberfahrt nach Dortrecht mit schöner Aussicht auf die Maas. Bekannt sind die Kirmessen, welche hier jährlich gehalten werden und 14 Tage dauern. — Gasthöfe: Hôtel de Pays-bas; Nieuw Badhuis, auch mit Bädern von Seewasser; Schippershuis oder Heerenlogement; Twynshoofd oder Hof von England; Hôtel de l'Europe; St. Lukas; Berliner Hof; Hôtel de Washington. — Das holländische, deutsche, englische und französische Kaffeehaus. — Fast jede Stunde gehen „Dreckschuiten“ (Canal-Fahrzeuge) nach Delft und Haag ab, und eben so Diligencen nach Haag und Amsterdam.

Buchdr. u. Lithogr. v. G. RITTER in Zweibr.

…EN,
… unweit dem
…rchschnitten von
…e, über welche an 150
… Hier stand das „Lugdunum
…der Römer, schon zu Ptolomäus
…ne grosse Stadt; im Mittelalter
…sehnl. Herrschaft der Grafen von Holland. Höchst berühmt ist Leyden durch seine heldenvoll überstandene Belagerung v. 1573-1574 durch die Spanier, und die 1575 von dem Prinzen von Oranien zur …elohnung seines Muthes gestiftete Universität, mit grosser Biblioth., bot. Garten, Museum für Naturgesch., Kabinet für Alterth.; Gesellsch. für niederländ. Literatur; Akademie zur Beförderung der schönen Künste &c. — Gasthöfe: Au Soleil, Bourg, Lion d'or, Moulin d'or.

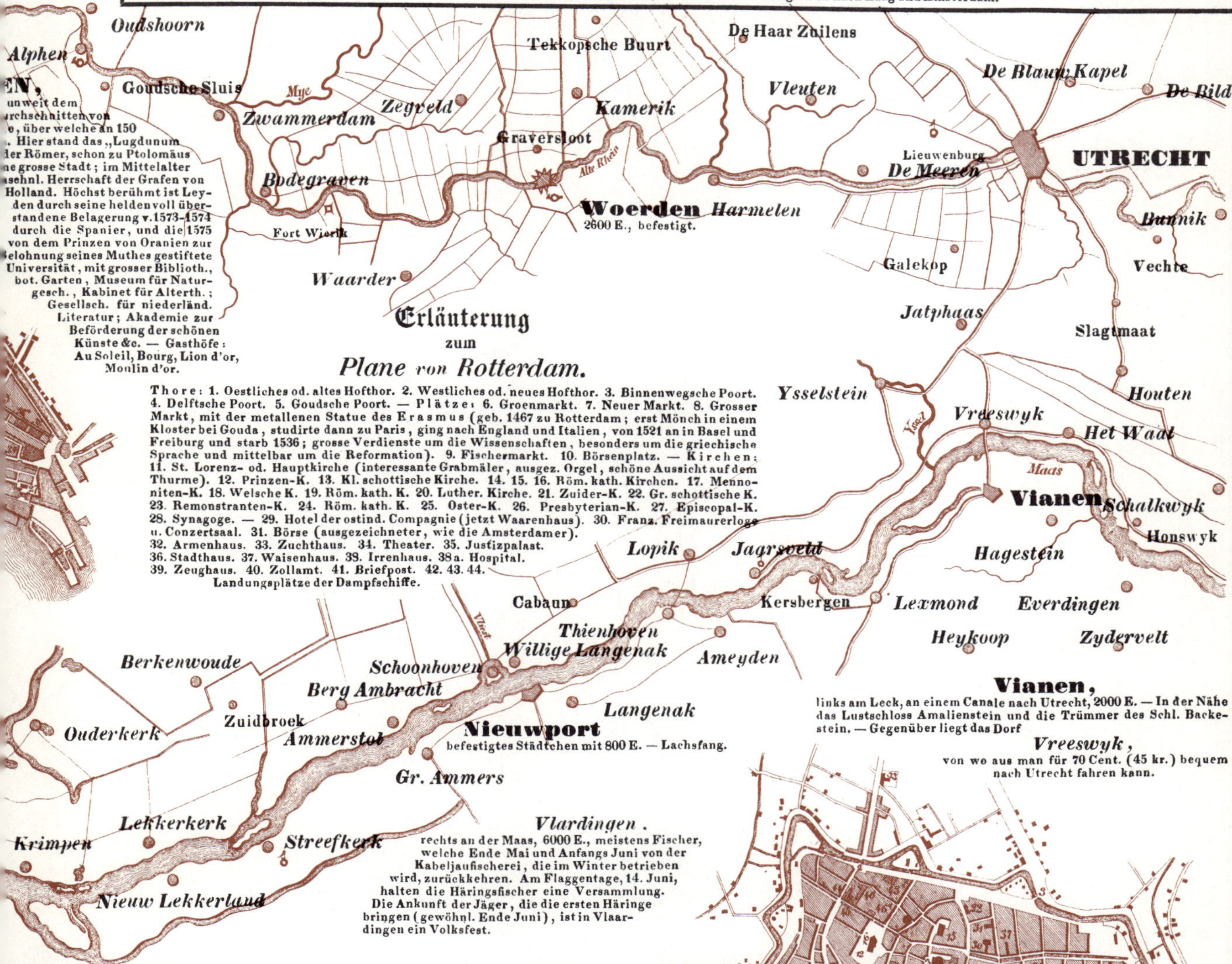

Erläuterung
zum
Plane von Rotterdam.

Thore: 1. Oestliches od. altes Hofthor. 2. Westliches od. neues Hofthor. 3. Binnenwegsche Poort. 4. Delftsche Poort. 5. Goudsche Poort. — Plätze: 6. Groenmarkt. 7. Neuer Markt. 8. Grosser Markt, mit der metallenen Statue des Erasmus (geb. 1467 zu Rotterdam; erst Mönch in einem Kloster bei Gouda, studirte dann zu Paris, ging nach England und Italien, von 1521 an in Basel und Freiburg und starb 1536; grosse Verdienste um die Wissenschaften, besonders um die griechische Sprache und mittelbar um die Reformation). 9. Fischermarkt. 10. Börsenplatz. — Kirchen: 11. St. Lorenz- od. Hauptkirche (interessante Grabmäler, ausgez. Orgel, schöne Aussicht auf dem Thurme). 12. Prinzen-K. 13. Kl. schottische Kirche. 14. 15. 16. Röm. kath. Kirchen. 17. Mennoniten-K. 18. Welsche K. 19. Röm. kath. K. 20. Luther. Kirche. 21. Zuider-K. 22. Gr. schottische K. 23. Remonstranten-K. 24. Röm. kath. K. 25. Oster-K. 26. Presbyterian-K. 27. Episcopal-K. 28. Synagoge. — 29. Hotel der ostind. Compagnie (jetzt Waarenhaus). 30. Franz. Freimaurerloge u. Conzertsaal. 31. Börse (ausgezeichneter, wie die Amsterdamer).
32. Armenhaus. 33. Zuchthaus. 34. Theater. 35. Justizpalast.
36. Stadthaus. 37. Waisenhaus. 38. Irrenhaus. 38a. Hospital.
39. Zeughaus. 40. Zollamt. 41. Briefpost. 42. 43. 44. Landungsplätze der Dampfschiffe.

Vianen,
links am Leck, an einem Canale nach Utrecht, 2000 E. — In der Nähe das Lustschloss Amalienstein und die Trümmer des Schl. Backestein. — Gegenüber liegt das Dorf

Vreeswyk,
von wo aus man für 70 Cent. (45 kr.) bequem nach Utrecht fahren kann.

Vlardingen.
rechts an der Maas, 6000 E., meistens Fischer, welche Ende Mai und Anfangs Juni von der Kabeljaufischerei, die im Winter betrieben wird, zurückkehren. Am Flaggentage, 14. Juni, halten die Häringsfischer eine Versammlung. Die Ankunft der Jäger, die die ersten Häringe bringen (gewöhnl. Ende Juni), ist in Vlaardingen ein Volksfest.

…cht.
…ätze.
…-Thor).
…uenth.)
…Thor, so
…osse Al-
…el, nicht
…or).
…hor.
…latz.
…burg.
…en.
…
…s-K.

17. Jakobi-K. 18. Maria-K. (Conzertsaal).
19. Reguliers- od. Wees- (Waisen-K.)
20. Lutherische K. 21. St. Catharinen-K.
22. Remonstranten-K. 23. Doopsgezinde- (Wiedertäufer-K.) 24. Gertruden-K.
25. St. Nicolaas- (Klaas- od. Nikolaus-K.)

Röm. kathol. Kirchen.

26. Achter de Twyn of Weistraat (hinter der Zwirn- oder Molkenstrasse.
27. Unter den Linden.
28. Dortige hart steeg (In der Durstig-Herz-Gasse). 29. In der Cathar.-G.
30. Heeren-straat (In der Herrenstrasse).
31. Augustiner-K. 32. In der Wallgasse.
33. Vor dem Weissfrauenthor.
34. Drichoek- (Dreieck-K.)
35. Hinter Klarenburg.
36. Vor dem Weerdthor.
37. Soli Deo gloria.
38. Synagoge.

Oeffentliche Gebäude.

39. Universitätsgebäude. 40. Stadthaus.
41. Staaten-Versammlungs-Saal (jetzt Univ.-Museum).
42. Katholisches Waisenhaus.
43. Apostel- oder Krankenspital.
44. Militär-Obergericht.
45. Cabinet von Landbau-Werkzeugen.
46. Universitäts-Bibliothek.
46a. Postbüreau. 47. Reichsmünze.
48. Alte Männer- u. Frauen-Haus
49. Schouwburg (Theater).
50. Groot-Ryks-Spital.
51. Bürger-Waisenhaus.
52. Bartholomäus Spital.
53. Smee-Thurm oder Sternwarte.
54. Stiftung der Frau v. Renswoude.
55. Arresthaus. 56. Irrenhaus.

PLAN VON UTRECHT.

Adenauer
Rhöndorfer Ausgabe

Adenauer
Rhöndorfer Ausgabe

Stiftung Bundeskanzler-Adenauer-Haus

Herausgegeben
von Rudolf Morsey und
Hans-Peter Schwarz

Siedler Verlag

Adenauer

Teegespräche 1950-1954

Bearbeitet

von Hanns Jürgen Küsters

Siedler Verlag

Inhalt

Vorwort der Herausgeber

Hintergrundgespräche mit einem Regierungschef gehören zu den Höhepunkten im Leben eines jeden politischen Journalisten. Für den Korrespondenten in einer Hauptstadt gibt es nichts Erstrebenswerteres – es sei denn die Veröffentlichung einer ganz heißen Nachricht, mit der ihm ein »scoop« gelingt. Ist einer neu am Ort, oder jung und aufstrebend, so wäre er manchmal fast bereit, für eine solche Einladung seine Seele zu verkaufen. Gehört er dagegen zum wohlsituierten Establishment des Presse-Corps, dann bedarf auch er gelegentlicher Tee-, Kaffee-, Whisky- oder Weinrunden mit dem Regierungschef, um seine Reputation zu pflegen. Befindet sich einer auf Weltreise, so vermag er das heimische Publikum oder wenigstens die Chefredaktion zuhause am besten von seinen hervorragenden Fähigkeiten und Beziehungen zu überzeugen, wenn ihn der Regierungschef zu empfangen geruht.

Je größer das Prestige des betreffenden Politikers, je ausgeprägter sein Ruf des Könnertums, je legendärer seine Gerissenheit auch und gerade der Presse gegenüber, um so edler ist dieses Wild für den Journalisten. Dabei geht es keineswegs allein um vertrauliche Informationen, so wichtig sie sind. Es geht ebensosehr, wenn nicht noch mehr, um den Gesamteindruck der Persönlichkeit. Ausgepichte journalistische Profis, vollgestopft mit Informationen, bestens informiert über das jeweils letzte Gerücht, erbarmungslos und skeptisch wie jeder gute Reporter, belauern hier einen politischen Profi. Wie ist seine Tagesform? Läßt er schon nach? Oder weiß er sich den bald lässig, bald provozierend hart gestellten Fragen souverän zu entziehen? Wie verkauft er seine umstrittenen Absichten? Meistert er auch das immer arg komplizierte Detail? Wie präsent ist er, wie unbeugsam, wie flexibel, wie naiv oder wie hintergründig?

Nichts ist verräterischer als ein solches Gespräch, eben weil es entspannt, vertraulich, aber doch wieder nicht ganz so vertraulich, angeblich offen, aber natürlich von seiten des Regierungschefs nur mit wachsamster Umsicht zu führen ist. Er bemüht sich zwar nach Kräften, die zumeist einigermaßen hochachtungsvoll auftretende Runde oder einen einzelnen Gesprächspartner auf seine jeweilige Politik einzustimmen, weiß aber genau, daß er dabei auf dem Prüfstand sitzt.

Es sind nicht nur die öffentlichen Auftritte, nicht nur die größeren oder kleineren Einzelentscheidungen, auf die sich das Ansehen eines Staatsmanns gründet oder die seinen Ruf ruinieren können. Zu einem nicht unerheblichen Ausmaß speist sich das politische Renommee eben auch aus derartigen Hintergrundgesprächen mit den Meinungsmachern. Selbst wenn sie die Äußerungen des Regierungschefs, wie zuvor vereinbart, nicht wörtlich und nicht unter direkter Bezugnahme auf die Quelle zitieren, finden ihre Eindrücke in die zahllosen Gespräche mit Kollegen oder Politikern ebenso Eingang wie in ihre Berichte und Leitartikel.

So ist ein derartiges Hintergrundgespräch zweifellos eines der wichtigsten und subtilsten Instrumente politischer Führung – würdig nicht nur des gründlichen Studiums aller Politiker, sondern auch der Aufmerksamkeit von Politologen, Medienforschern und nicht zuletzt des politisch interessierten Bürgers.

Wer Antennen für psychologisch heikle Formen mitmenschlichen Umgangs hat, weiß, daß es sich dabei um eine besonders reizvolle Art der Interaktion handelt. Zwischen den Teilnehmern der Gesprächsrunde, sofern sie nur hinlänglich klein und handverlesen ist, herrscht trotz des hervorgehobenen Status des Regierungschefs eine gewisse Gleichheit der Waffen des Intellekts. Jeder darf fragen, jeder darf aber auch kritisch nachhaken, gegebenenfalls widersprechen.

Nun ist Widerspruch dem Politiker nichts Unvertrautes. Sein ganzes Leben ist ein einziger Kampf gegen skeptische Widerstände. Argumentative Entfaltung seiner Vorstellungen ist für ihn eine Überlebenstechnik. Aber ein Regierungschef, ein berühmter Kanzler gar, an den schwer heranzukommen ist, entfernt sich mit seinem Amt häufig aus jener Sphäre, in der ihm direkte, vielfach kritische Fragen Auge in Auge gestellt werden und in denen er sie präzise beantworten muß.

Oft genug kann sich ein Regierungschef lästigen Fragen von vornherein entziehen. Parteiversammlungen, Wahlversammlungen, Jahrestagungen von Verbänden, denen er die Ehre gibt, müssen sich seine packenden oder langweiligen Ausführungen im Regelfall geduldig anhören, selbst die eigene Fraktion. Sogar Minister, Diplomaten, ausländische Staatsmänner werden ihm nur mit großer Vorsicht widersprechen, Kritiker aus der eigenen Partei desgleichen.

In den parlamentarischen Debatten wird er zwar gleichfalls mit Kritik und Zweifeln konfrontiert. Aber so er sich auf seine Mehrheit verlassen kann, vermag er auch über die Opposition und deren Argumente hinwegzugehen – forsch, vorsichtig oder manchmal auch stolpernd. Vorlaute Frager bei den öffentlichen Pressekonferenzen kann er gleichfalls leicht abbürsten.

Im Hintergrundgespräch jedoch werden kritische Fragen, Einwände, Zweifel nicht nur nuanciert artikuliert, sie müssen auch sachlich beantwortet werden. Die Künste rednerischer Selbstdarstellung wollen hier kaum verfangen. Denn der Regierungschef hat in der Journalistenrunde ja keine abhängigen, gläubigen oder sonstwie auf Zustimmung programmierten Hörer vor sich, sondern unabhängige, kritische und durchweg wohlinformierte Zeitgenossen. Sie mögen ihm teilweise gewogen sein, aber sie sind ihrem Berufsethos verpflichtet, und unter den Augen ihrer journalistischen Konkurrenten sind der Parteinahme Grenzen gezogen. Wenn überhaupt, so ist gerade bei solchen Gesprächen zu erwarten, daß ein Spitzenpolitiker seine besten Argumente ausspielt, die ihm selbst am meisten einleuchten. Gewiß: die Lagebeurteilung, die er hier gibt, die Motive, von denen er spricht, mögen nicht vollständig sein. Vieles wird selbst hier ungesagt bleiben. Aber die Ausführungen müssen sachlich überzeugen. Sie müssen darüber hinaus auch stimmen, denn wenn irgendjemand in der Lage ist, ihren Wahrheitsgehalt ziemlich weitgehend zu prüfen, dann ist das der Korrespondent in einer Hauptstadt.

Macht man sich die Eigenart derartiger Rencontres zwischen einem Regierungschef wie Adenauer und einflußreichen Journalisten klar, wird erst recht deutlich, was für eine einzigartige Quelle die Teegespräche sind, deren ersten Band wir hiermit der Öffentlichkeit übergeben.

Im zeitgeschichtlichen und politologischen Schrifttum zur Nachkriegsgeschichte der Bundesrepublik oder eines anderen Staates gibt es bisher keine entsprechende Publikation, die ein so genaues Studium dieses wichtigen Instruments modernen Regierens erlaubt.

Die Aufzeichnungen ermöglichen es, die im jeweiligen Zeitpunkt verfolgte Politik des ersten Bundeskanzlers zu analysieren. Sie machen aber auch Adenauers Persönlichkeit auf besonders anschauliche Art und Weise lebendig. Journalisten, die an den Teegesprächen teilgenommen haben, wissen sich noch genau an das besondere Fluidum zu erinnern, das diese Zusammenkünfte im Palais Schaumburg gekennzeichnet hat.

Daß Adenauer ein Meister im Umgang mit Menschen war, ist bekannt. Er war auch ein Virtuose in der Behandlung von Journalisten. Gerade weil er unentwegt argwöhnte, die Presse wolle ihm übel, gab er sich entsprechende Mühe. Wer herausfinden möchte, wie ein Könner in der Kunst politischen Überredens alle Register der Einflußnahme, der gelegentlichen Indiskretion und gezielten Bosheit, der differenzierten Argumentation und der sachlichen Diskussion zieht, kann in den Bänden dieser Edition fündig werden.

Die Teegespräche widerlegen übrigens auch die verbreitete Annahme,

Adenauer sei ein dialogunfähiger Autokrat gewesen. Das Gegenteil war der Fall. Er setzte sich als Bundeskanzler 14 Jahre lang auch deswegen durch, weil er wußte, wie man ein ergiebiges Sachgespräch zu führen hat. Somit vermittelt diese Quelle nicht allein eine Fülle interessanter Aufschlüsse über die Außen- und Innenpolitik Adenauers. Sie gewährt auch auf denkbar anschauliche Art und Weise Einblick in einige seiner wichtigsten Regierungstechniken, die im Zeitalter vor Einführung des Fernsehens bzw. in dessen Anfängen von ganz erheblichem Gewicht gewesen sind.

Den Kernbestand der neuen Reihe, die mit dem vorliegenden Band beginnt, bildet die förmliche Institution der Teegespräche. Ihr Teilnehmerkreis, ihre Entwicklung und ihre Funktion werden in der anschließenden Einführung des Bearbeiters Dr. Hanns Jürgen Küsters näher beschrieben.

Wir haben in die Edition aber nicht nur die Aufzeichnungen über Adenauers Hintergrundgespräche mit Bonner Journalisten aufgenommen. Es schien angebracht, zugleich auch die wichtigeren Interviews mit ausländischen Journalisten einzubeziehen, von denen Dolmetscherstenogramme vorliegen. Die Zahl solcher gleichfalls höchst aufschlußreicher, vertraulicher Einzelgespräche nimmt in den Folgebänden noch zu. In diesem Punkt wird der Begriff Teegespräche also etwas über das ursprüngliche Verständnis hinaus ausgedehnt. Veröffentlichte Interviews kommen aber grundsätzlich nicht zum Abdruck.

Die ganze Reihe der Teegespräche ist jedenfalls darauf abgestellt, alle wichtigeren Hintergrundgespräche Adenauers mit deutschen und außerdeutschen Journalisten zu erfassen.

Generell stützt sich die Edition auf amtliche Wortprotokolle und Dolmetscheraufzeichnungen. Eine Ausnahme von diesem editorischen Grundsatz machen einige Aktennotizen von Beamten oder Aufzeichnungen beteiligter Journalisten aus den Anfängen der Teegespräche, bei denen es sich um Gedächtnisprotokolle handelt. Sie haben hier Aufnahme gefunden, weil gerade über die ersten Teegespräche allem Anschein nach Stenogramme fehlen. Die späteren Bände der Teegespräche werden fast ausschließlich Wortprotokolle enthalten.

Wie bei der »Rhöndorfer Ausgabe« der Briefe Adenauers, von der bisher zwei Bände für die Zeit von 1945 bis 1949 vorliegen, ist auch bezüglich der Teegespräche die Überlegung maßgebend, wissenschaftlich gesicherte, ungekürzte Texte vorzulegen. Die Editionsprinzipien werden in der folgenden Einführung erläutert. Da im ersten Band der Teegespräche für die

Jahre 1950–1954 zahlreiche Personen erstmals vorzustellen sind und der Forschungsstand noch keineswegs befriedigend ist, war ein vergleichsweise umfangreicher Kommentar des Bearbeiters angezeigt. Die Kommentierung ist formal und substantiell mit den Kommentaren der Briefausgabe verklammert.

Jeder einzelne Band der Teegespräche wird ein Personenregister erhalten. Technische Gründe, aber auch der begrüßenswerte Wunsch des Verlegers nach zügigem Erscheinen der »Rhöndorfer Ausgabe«, machen es geboten, das Sachregister erst dem zweiten Band der Reihe beizufügen, also den »Teegesprächen 1955–1959«.

Die Herausgeber haben auch in bezug auf die Reihe der »Teegespräche« wie schon im Vorwort zum Briefwerk Adenauers zahlreichen Institutionen und Personen aufs verbindlichste zu danken. Unter ihnen ist wiederum und in erster Linie die Stiftung Volkswagenwerk zu nennen. Mit ihrer Hilfe ist es möglich, auch die vorgesehenen drei Anschlußbände für die Jahre 1955 bis 1959, 1959 bis 1961 und 1961 bis 1963 zügig zu bearbeiten. Die Dankesschuld im einzelnen, wie sie bei einer derartigen Edition in reichem Umfang anfällt, wird der Bearbeiter in der Einführung ansprechen – abzutragen ist sie ohnehin nicht, da guter Wille und guter Rat zu den Gaben gehören, die letztlich unschätzbar, gleichzeitig aber auch ganz unentbehrlich sind, wenn ein wissenschaftliches Projekt gedeihen soll.

Im August 1984

Rudolf Morsey Hans-Peter Schwarz

Zum Tee beim Kanzler

Einführung in die Edition

»Was ich jetzt sage, ist sehr vertraulich, und ich verlasse mich auf Ihre Diskretion!« – Diese und ähnliche Bemerkungen Konrad Adenauers sind charakteristisch für die Teegespräche, zu denen der Bundeskanzler von 1950 bis zum Ende seiner Regierungszeit 1963 einen Kreis ausgesuchter Journalisten der deutschen und ausländischen Presse in zwangloser Folge traf, um ihnen seine Gedanken zu aktuellen und grundsätzlichen politischen Problemen darzulegen und sich darüber auszusprechen.
Adenauer und die Presse – dieses vielschichtige und kaum behandelte Thema wirft in seinem Kern die Frage nach der Informationspolitik eines Kanzlers auf, dessen Regierungsstil auch heute noch zu Unrecht als verschwiegen, einsam, nach Alleinherrschaft in der Demokratie strebend umschrieben wird.
Daß die Verbreitung amtlicher Einschätzungen, Überlegungen und Beurteilungen ebenso wie deren Zurückhaltung wichtige Instrumente der Machtausübung sind, war Adenauer sehr wohl bewußt. In jedem demokratischen Staat stehen Regierung und Presse schon wegen ihrer unterschiedlichen Aufgaben und Interessen in einem Spannungsverhältnis, obwohl oder gerade weil beide aufeinander angewiesen sind. Trotz seiner Leistungen und Erfolge beim Wiederaufbau Deutschlands gehörte Adenauer nie zu den politischen Persönlichkeiten, die eine ausgesprochen »gute Presse« hatten.* Auch wenn sich der Kanzler des öfteren sagte, daß die in den Zeitungen »veröffentlichte Meinung« nicht identisch sein müsse mit der »öffentlichen Meinung der Wähler« – wie der langjährige Bonner Korrespondent und ständige Gast der Teerunden, Alfred Rapp, berichtet** –, wußte Adenauer doch sehr genau, welche Belastung eine »schlechte Presse« für den Politiker sein kann.

* Zu Adenauers Verhältnis zur Presse in seiner Zeit als Kölner Oberbürgermeister vgl. Ekkhard *Häussermann,* Konrad Adenauer und die Presse vor 1933, in: Hugo *Stehkämper* (Hrsg.), Konrad Adenauer, Oberbürgermeister von Köln, Festgabe der Stadt Köln zum 100. Geburtstag ihres Ehrenbürgers am 5. Januar 1976, Köln 1976, S. 207–247.

Bessere Beziehungen zur Presse suchte Adenauer sich dadurch zu verschaffen, daß er mit Journalisten vertraulich sprach. Aus dieser schlichten Überlegung entstanden denn auch die »Kanzlertees«.

Die Entwicklung der Teegespräche 1950-1963

Anfang der fünfziger Jahre, als es noch kein Fernsehen gab und der Rundfunk eine untergeordnete Rolle spielte, war es für den am 15. September 1949 gewählten Bundeskanzler Konrad Adenauer wichtig, die Presse, das einzig wirklich meinungsbildende Organ, über seine politischen Absichten und Ziele zu unterrichten: Innenpolitisch, um der jungen Demokratie in der Bundesrepublik einen stärkeren Rückhalt zu verleihen, außenpolitisch, weil Interviews oftmals der einzige Weg waren, die Öffentlichkeit im Ausland gezielt über deutsche Vorstellungen, Interessen und Wünsche zu informieren. Die mit dem Begriff »Interviewpolitik« bezeichnete Öffentlichkeitsarbeit diente in der Anfangszeit zugleich als Ersatz für die fehlenden diplomatischen Kanäle des noch unter Besatzungsstatut stehenden Staates, sich vor allem in den westlichen Hauptstädten Gehör zu verschaffen.

Bei den regierungsinternen Diskussionen über die Gestaltung der Informationsarbeit spielten vor allem zwei Gedanken eine Rolle: Es war notwendig, eine *aktuelle* Informationspolitik zu betreiben, die auf Breitenwirkung angelegt sein sollte, um die Öffentlichkeit über die politischen Ereignisse zu unterrichten. Darüber hinaus mußten den Presse- und Medienvertretern, die unmittelbar auf die Bildung der öffentlichen Meinung einwirkten, zusätzlich Hintergrundinformationen gegeben werden, damit sie imstande wären, die grundsätzlichen Probleme und Entwicklungen in der Politik zu erkennen und entsprechend zu kommentieren. Diese *informelle* Öffentlichkeitsarbeit sollte im Sinne der politischen Absichten der Regierung möglichst effektiv gestaltet werden.

Schon kurze Zeit nach der Kanzlerwahl führte das Bundespresseamt wöchentlich Informationsgespräche mit Journalisten. Doch ersetzte die Öffentlichkeitsarbeit nicht die Wirkung, wie Adenauer es sich vorstellte. Bekanntlich hatte er einige Mühe, einen geeigneten Regierungssprecher

** Vgl. Alfred *Rapp*, Adenauer und die Journalisten, in: Dieter *Blumenwitz*/Klaus *Maier*/Konrad *Repgen*/Hans-Peter *Schwarz* (Hrsg.), Konrad Adenauer und seine Zeit, Politik und Persönlichkeit des ersten Bundeskanzlers, Bd. 1 Beiträge von Weg- und Zeitgenossen, Stuttgart 1976, S. 283–290.

zu finden. Mit Dr. Heinrich Böx (September bis November 1949), Paul Bourdin (November 1949 bis Februar 1950) und Dr. Heinrich Brand (Februar bis Dezember 1950) gab es bereits im ersten Jahr drei Amtsinhaber. Auch kam unter den in Bonn ansässigen in- und ausländischen Journalisten eine gewisse Verärgerung auf, als Adenauer am 3. Dezember 1949 dem Korrespondenten der amerikanischen Provinzzeitung »Cleveland Plain Dealer«, John Leacacos, ein Exclusiv-Interview mit wichtigen Äußerungen zur künftigen Verteidigung und Sicherheit Deutschlands gab, nur weil Präsident Truman dieses Blatt las.*

Nach Ansicht des Presseamtes war eine persönliche Unterrichtung der Journalisten durch den Kanzler erforderlich, um gezielt auf die Presse Einfluß zu nehmen.** Adenauer wünschte einen kleinen Kreis ausgesuchter Journalisten zu sehen (vgl. Abb. S. 4), mit denen er »reden« konnte. Nicht allein Vertreter der CDU nahestehender Zeitungen, sondern politisch unabhängige oder der Opposition zuneigende Pressevertreter suchte er zu gewinnen, die mit ihm politische, hauptsächlich außenpolitische Fragen diskutieren sollten. Voraussetzung war absolute Vertraulichkeit und Diskretion aller Beteiligten. Es kamen also nur Journalisten in Betracht, die Einfluß auf die Bildung der öffentlichen Meinung besaßen und als vertrauenswürdig im Sinne der Regierungsinteressen galten.

Die größten Schwierigkeiten bei der Vorbereitung der Kanzlertees bereitete die Zulassung der Journalisten. Das Presseamt, das die Teegespräche organisierte, sah sich praktisch von Beginn an in der heiklen Situation, einige Korrespondenten für diese Treffen auszuwählen, dabei aber die Vielzahl der Unberücksichtigten nicht zu verprellen. Politisch freimütige Äußerungen des Kanzlers waren aber nur in einem Kreis von 10 bis maximal 15 Personen möglich.

Zu den ersten Teerunden wählte das Presseamt eine Anzahl unabhängiger Journalisten aus, die schon während des Parlamentarischen Rates 1948/49 in engerem Kontakt zu Adenauer gestanden hatten. Im Laufe der Zeit kristallisierte sich dann ein Kreis von teils CDU-nahen, teils unabhängigen Journalisten, aber auch einigen Vertretern der SPD-nahen Presse

*Vgl. zu dem Interview und den Reaktionen darauf Konrad *Adenauer,* Erinnerungen 1945–1953, 3. Auflage, Stuttgart 1976, S. 341–345.

** Vgl. dazu und zu weiteren Hinweisen auf einzelne Teegespräche Felix *von Eckardt,* Ein unordentliches Leben, Lebenserinnerungen, Düsseldorf–Wien 1967, passim; Arnulf *Baring,* Außenpolitik in Adenauers Kanzlerdemokratie, München–Wien 1969; insbes. S. 31–47, 293–328; Horst O. *Walker,* Das Presse- und Informationsamt der Bundesregierung, Frankfurt/Main 1982.

heraus, die die persönliche Wertschätzung des Kanzlers genossen. Nicht zufällig waren darunter die Vertreter der überregionalen Tageszeitungen. Auch gab es durchaus Teilnehmer, die auch zum Tee im Hause Kurt Schumachers beisammensaßen, um im vertraulichen Gespräch ebenso vom Oppositionsführer Hintergrundinformationen zu bekommen.

Ein besonderes Problem stellte die gleichzeitige Unterrichtung deutscher und ausländischer Korrespondenten dar. Aus verschiedenen Gründen wollte das Presseamt den deutschen Journalisten einen gewissen Vorrang einräumen. Abgesehen von den sprachlichen Verständigungsschwierigkeiten, die den Gesprächsverlauf hemmten, war gerade bei außenpolitischen Themen das Verhältnis zwischen deutschen und ausländischen Berichterstattern nicht frei von Spannungen. Hinzu kam, daß einige Pressevertreter glaubten, im Umgang mit dem Kanzler Privilegien in Anspruch nehmen zu können. In den Jahren 1950 bis 1952 wurde daher die Unterrichtung meist getrennt vorgenommen.

Der »harte Kern« von anfangs 10 bis 15 deutschen Journalisten, der schon bald »Dienstagskreis«, bald »Donnerstagskreis«, bald »Freitagskreis« genannt wurde, weil man sich meist an diesen Wochentagen zum Tee beim Kanzler sah, wurde durch drei bis fünf Korrespondenten ergänzt, die jedoch ständig wechselten. Damit sollte auch anderen Journalisten einmal die Möglichkeit gegeben werden, direkt vom Regierungschef informiert zu werden, da sie ansonsten keinen Interviewtermin bei ihm bekommen hätten.

Bei der Auswahl dieser gelegentlich eingeladenen Journalisten spielten ganz unterschiedliche Kriterien eine Rolle: Auflagenstärke der Zeitung, Bedeutung des Blattes, die politische Ausrichtung, regionale Verbreitung, soziale Gruppierung der Leserschaft, aber auch regionale Ausgewogenheit der Zeitungen und schließlich die persönlichen Beziehungen zum Presseamt ließen den Kreis der Hinzugezogenen zunächst beliebig wechseln.

Auf die Dauer führten die Kanzlertees – überspitzt formuliert – zu einer »Zwei-Klassen-Gesellschaft« unter den Bonner Journalisten, nämlich diejenigen, die dazu gehörten, und die Außenstehenden. Verständlich, daß dem Presseamt von allen Seiten angetragen wurde, einzelne Journalisten als Sonderfall zu betrachten und sie bei Einladungen zum Teegespräch möglichst immer zu berücksichtigen. Die Folge war eine allmähliche, aber stetige Ausdehnung der Teilnehmerzahl bis auf 30, Ende 1953 gar auf 50 bis 60 Personen. Zurückzuführen war das auf die allgemeine Praxis, Journalisten, die mehrere Male zum Tee eingeladen worden waren und nunmehr zum »erweiterten Kreis« gehörten, weiterhin einzuladen.

Diese Entwicklung, die den ursprünglichen Absichten Adenauers diametral entgegenlief, brachte die Teegespräche in den folgenden Jahren bis 1959 praktisch zum Erliegen. Bezeichnend dafür war der Beginn des Teegesprächs am 14. Dezember 1953 (vgl. Dok. Nr. 49), als Adenauer spontan sagte: »Ich bin gar nicht darauf gefaßt, so viel[e] Köpfe hier zu sehen ... so hat die Sache natürlich einen ganz anderen Charakter. Es hat mir sehr viel daran gelegen, in einem kleinen Kreis einmal mich auszusprechen, in einem so großen Kreis muß ich mich natürlich sehr vorsichtig ausdrükken. Wenn ich Sie dabei enttäusche, ich bin nicht schuld, sondern das Arrangement.«

Vorbereitet wurden die Teegespräche im Presseamt durch den Regierungssprecher in Absprache mit dem Chef des Bundeskanzleramtes. Einen festen Termin gab es nicht. Je nachdem, wann der Terminkalender des Kanzlers Zeit ließ und Adenauer mit den Journalisten sprechen wollte, wurden die Treffen in unregelmäßigen Abständen anberaumt. Anfangs versuchte man, den wöchentlichen Rythmus einzuhalten, doch dann kamen besondere Ereignisse wie zum Beispiel eine bevorstehende Auslandsreise, die Ergebnisse einer europäischen Ministerratssitzung oder die Übermittlung einer Note der Sowjetunion dazwischen, zu denen der Kanzler Forum und Aussprache wünschte. Die Einladungen an die Journalisten erfolgten meist telefonisch, sofern sie in Bonn erreichbar waren, oder per Fernschreiben an die Heimatredaktion. Zu- oder Absagen ergingen auf dem gleichen Wege. In der Regel traf sich der Gesprächskreis im kleinen Kabinettssaal des Palais Schaumburg, in späteren Jahren auch im Arbeitszimmer des Bundeskanzlers.

Obwohl es im Vorfeld der Teegespräche keine Absprache zwischen den Journalisten und dem Presseamt über die anzusprechenden Themen gab – prinzipiell konnte jeder den Kanzler fragen, was er wollte –, überließ Adenauer nichts dem »Zufall«. Gezielt nutzte er den Teekreis, seine politischen Überlegungen und Absichten darzustellen. Absprachen über die Ausführungen gab es kaum. So wußten auch engste Mitarbeiter wie Regierungssprecher Felix von Eckardt, sein Stellvertreter, Werner Krueger, oder der Staatssekretär im Kanzleramt, Dr. Carl Otto Lenz, und später Dr. Hans Globke, die fast immer von Amts wegen an den Teerunden teilnahmen, zuvor nicht genau, welche Themen der Kanzler erörtern würde. Er notierte sich lediglich auf einem Zettel die Punkte, die er unbedingt ansprechen wollte.

Gewöhnlich begann die Gesprächsrunde, bei der den Journalisten Tee und etwas Gebäck gereicht wurden, mit einer ausführlichen Darstellung Adenauers über die politische Lage. Ihm kam es darauf an, zunächst seine

Überlegungen zu entwickeln und anschließend in die Diskussion einzutreten. Trotz gelegentlicher Kanzler-Monologe waren die Teegespräche keine informationspolitische »Einbahnstraße«. Wo Adenauer seine Gedanken ausbreitete, wollte er auch persönliche Stellungnahmen und Beurteilungen hören. Kritik war ihm willkommen, selbst wenn er sie hin und wieder nur dazu benutzte, die Richtigkeit seiner Position zu unterstreichen. Dabei ging Adenauer jedoch nicht über das hinaus, was er beabsichtigte zu sagen. Auch durch geschickt gestellte Fragen, Zwischenrufe oder Bemerkungen ließ er sich kaum aus dem Konzept bringen. Politisch geheimzuhaltende Vorgänge konnte man ihm ohnehin nicht entlocken.

Seine wiederholt geäußerten Hinweise wie: »Ich lege wirklich nicht die Worte auf die Goldwaage, und blamieren Sie mich nicht, indem Sie irgend etwas schreiben« (Dok. Nr. 26) wirkten nachhaltig. Abgesehen von einigen Grenzfällen, wo Absprachen mit dem Presseamt über die Verwendung von Kanzler-Äußerungen nicht eindeutig befolgt worden waren, zeigten die Erfahrungen, daß die Teilnehmer die Aufforderung zur Diskretion befolgten. In der Regel respektierten die Beteiligten das Gebot menschlicher Fairness und politischer Verantwortung, »off the record« Mitgeteiltes auch vertraulich zu behandeln und nicht am nächsten Tag in die Zeitung zu setzen. Ein freier Gedankenaustausch wäre dadurch unmöglich geworden.

Es ging den Teilnehmern nicht darum, Sensationen zu erhaschen; denn sensationell Neues war in den Teerunden kaum zu erfahren. Vielmehr legten sie Wert auf Informationen »aus erster Hand«, die ihnen eine bessere Beurteilung der Lage und möglicher Alternativen erlaubte. Langjährige, erfahrene Tee-Teilnehmer hatten durchaus ein Gespür dafür entwikkelt, wann sie welche Fragen anschneiden konnten. Einige scheuten auch nicht davor zurück, den Bundeskanzler ihre gegenteilige Auffassung wissen zu lassen.

Obschon die Journalisten sich während des Gesprächs keine Notizen machen durften, setzte Adenauer voraus, daß sie Berichte über seine Mitteilungen an ihre Chefredaktion schreiben und somit seine Gedanken indirekt Eingang in die Zeitungen finden würden.

Zumindest in der Anfangszeit beobachtete das Presseamt sehr genau, inwieweit die eingeladenen Journalisten ihren Informationsvorsprung gegenüber nicht beteiligten Kollegen nutzten und in ihren Kommentaren die Politik des Bundeskanzlers zum Tragen brachten. So kam es auch vor, daß Journalisten, die zum festen Teilnehmerkreis zählten, künftig nicht mehr eingeladen wurden, weil sie in ihren Kommentaren die von seiten

der Regierung erwartete Resonanz vermissen ließen. Wohl ein Einzelfall war die Verpflichtung der Gesprächsteilnehmer am 6. September 1951, einen Passus zu unterschreiben, der sie zu strengstem Stillschweigen über den Inhalt verpflichtete. Lediglich die Chefredaktion durfte von den Aussagen Adenauers in Kenntnis gesetzt werden (Dok. Nr. 19, Anm. 26).
Ab 1954 beschränkten sich die Kanzlertees im wesentlichen auf die großen außenpolitischen Ereignisse und Entscheidungen wie die Berliner Konferenz (Januar 1954), die Londoner und Pariser Konferenz (September/Oktober 1954), den Moskau-Besuch Adenauers (September 1955) oder die Unterzeichnung der Römischen Verträge (Februar/März 1957), um nur einige zu nennen. Daß man sich immer seltener zusammensetzte, hatte aber auch andere Gründe.
Einmal war die Regierung nach der im September 1953 gewonnenen Bundestagswahl nicht unbedingt darauf angewiesen, über ihren politischen Kurs so intensiv zu informieren wie bisher. Die Informationsfreudigkeit nahm ab. Zudem waren im Mai 1955 mit der Erlangung der Souveränität der Bundesrepublik Deutschland und ihrem Beitritt zur NATO und zur Westeuropäischen Union die wichtigsten außenpolitischen Grundsatzentscheidungen gefallen, die innenpolitische Diskussion über die Westintegration abgeschlossen. Neue Initiativen mußten erst reifen.
Außerdem machte sich der Wechsel an der Spitze des Presseamtes überaus negativ bemerkbar. Von Eckardt ging als Beobachter zur UNO nach New York, und Werner Krueger baute in der Zwischenzeit beim NWDR in Köln und Hamburg die Abteilung Fernsehen auf.
Der neue Regierungssprecher, Edmund Forschbach, hatte nicht gerade eine glückliche Hand im Umgang mit der Presse, was 1956 zu heftigen Auseinandersetzungen und zu Kritik an der Informationspolitik der Regierung führte. Adenauer reagierte prompt. Er holt das bewährte Gespann von Eckardt/Krueger wieder ins Presseamt zurück, um an alte Gepflogenheiten anzuknüpfen bzw. vertraute Personen an der pressepolitischen Front zu haben. Denn immerhin standen im Herbst 1957 erneut Bundestagswahlen bevor.
Den Erfahrungen aus der Frühzeit der Teegespräche Rechnung tragend, änderte sich in den Jahren 1959 bis 1963 an deren grundsätzlicher Konzeption nicht viel. Der Teilnehmerkreis wurde auf die ursprüngliche Zahl von etwa 10 Journalisten reduziert, ohne daß weitere hinzukamen. Die Auswechselung blieb gering. Sie beschränkte sich weitgehend auf Fälle, in denen der eine oder andere Journalist vielleicht ganz aus Bonn wegging.
Thematischer Mittelpunkt der Teegespräche stellten die zentralen außen- und innenpolitischen Entscheidungen dar, die in der vierzehnjäh-

rigen Kanzlerzeit Adenauers getroffen wurden. So dominierten in den Jahren 1950 bis 1954 die Themen Wiederbewaffnung, Westintegration, Beendigung des Besatzungsstatuts und Erlangung der Souveränität. Dabei wurden ebenso die Hauptprobleme bilateraler Beziehungen erörtert wie das deutsch-französische Verhältnis, insbesondere im Hinblick auf die Regelung der Saarfrage, das deutsch-amerikanische und das deutsch-britische Verhältnis. Im Zusammenhang damit kam immer wieder die Frage nach den Möglichkeiten und Chancen der Wiedervereinigung Deutschlands und nach den Absichten Moskaus im kalten Krieg auf.
Diese Probleme wurden auch in den Jahren 1955-1963 hauptsächlich diskutiert. Der Leser findet somit ein Spiegelbild der damals aktuellen Beurteilungen, Ziele und Motive Adenauers in allen außenpolitisch wichtigen Bereichen. Über seine persönlichen Beziehungen zu den führenden Regierungs- und Staatschefs und Eindrücke der Begegnungen mit Chruschtschow, Churchill, Dulles, de Gaulle, Kennedy, Macmillan kommen häufig die wichtigen außenpolitischen Vorgänge der fünfziger und sechziger Jahre zur Sprache, also Berlin-Krise, Mauerbau, die Entwicklung der europäischen Integration, Großbritanniens Rolle in Europa, Verteidigungs- und Rüstungsfragen und die Entwicklung der atomaren Waffen.
Doch waren ebenso innenpolitische Themen Gegenstand der Diskussionen wie zum Beispiel die Bundestagswahlen 1953, 1957 und 1961, die Koalitionsfragen, die Auseinandersetzungen und die Diskussionen um die Kandidatur Adenauers bei der Bundespräsidentenwahl 1959, die Regierungsbildung 1961 und deren Folgen oder die Gründung des Zweiten Deutschen Fernsehens.
Die beim Tee diskutierten Fragen erstreckten sich also auf das gesamte Spektrum deutscher Innen- und Außenpolitik der Ära Adenauer.

Entstehung und Überlieferung der Dokumente

Die unterschiedliche Qualität und Quantität der abgedruckten Dokumente erklärt sich aus der Entstehungs- und Entwicklungsgeschichte der Teegespräche. Da die Informationen Adenauers auf den Teilnehmerkreis beschränkt bleiben sollten, schrieben entweder der stellvertretende Regierungssprecher, Werner Krueger, oder einer der leitenden Beamten des Presseamtes gelegentlich Vermerke über die wesentlichen Argumente des Kanzlers. Die Kenntnisnahme dieser Aktennotizen blieb der Amtsleitung vorbehalten. Vermutlich wegen der Diskretion über den Gesprächsinhalt hielt man bei den ersten Teegesprächen die Anwesenheit eines Stenografen nicht für erforderlich. Mit ziemlicher Gewißheit – so ließ sich feststellen – wurden die Kanzlertees zwischen April 1950 bis März 1951 überhaupt nicht mitstenografiert.

Das wachsende Interesse der Journalisten hatte die allmähliche Vergrößerung der Teilnehmerzahl zur Folge, jedoch erhöhte sich damit die Gefahr von Indiskretionen. Um eventuell unvollständige, sinnentstellende oder fälschlicherweise Adenauer zugeschriebene Äußerungen aus den Teerunden richtigstellen zu können, wurden die Gespräche vermutlich ab April 1951 von Stenografen aufgezeichnet.

Die Stenogramme – Stenogrammblocks existieren wohl nicht mehr – wurden anfangs von ihnen selbst, später von den Sekretärinnen des Büros Chef vom Dienst (CvD) bzw. des Schreibbüros in Maschinenschrift übertragen. Gewöhnlich wurden vier oder fünf, in späteren Jahren bis zu zehn Ausfertigungen erstellt. Davon blieben zwei Exemplare im Bundespresseamt, und zwar in den Akten des Büros CvD und des Regierungssprechers, die restlichen Durchschläge wurden dem Vorzimmer des Bundeskanzlers übersandt bzw. dienten der Unterrichtung des Staatssekretärs im Bundeskanzleramt. Beteiligte Journalisten bekamen keine Durchschläge.

Der Verteilerkreis vergrößerte sich jedoch im Laufe der Jahre. So erhielt der Vorsitzende der CDU-Bundestagsfraktion, Dr. Heinrich Krone, ein Exemplar, und je nach thematischem Schwerpunkt wurden Kopien zur Unterrichtung an leitende Beamte anderer Ressorts weitergereicht. Ebenso kam es vor, daß Journalisten, die über gute Beziehungen zu den leitenden Beamten des Kanzleramtes bzw. des Presseamtes verfügten, für die Abfassung bestimmter Artikel doch Einblick in die Protokolle nehmen und gelegentlich eine Kopie behalten durften.

Wenn heute nur noch wenige Durchschläge existieren, so dürfte das darauf zurückzuführen sein, daß die Empfänger den Inhalt der Teegespräche lediglich als zusätzliche Orientierung über die vom Kanzler verfolgte Politik gegenüber der Presse auffaßten und sie deshalb nicht gesondert aufbewahrten.

Weder im Archiv des Bundeskanzleramtes noch des Presseamtes oder des Auswärtigen Amtes wurden die Mitschriften der Teegespräche systematisch erfaßt. Lediglich die Sekretärinnen des Kanzlers sammelten die Manuskripte der Tee- und Informationsgespräche für die persönlichen Handakten Adenauers.

Neben diesem Bestand in seinem Nachlaß, der von der Stiftung Bundeskanzler-Adenauer-Haus in Rhöndorf verwahrt wird, befinden sich verschiedene Exemplare der Teegespräche zwischen 1951 und 1957 im Archiv des Bundespresseamtes, chronologisch eingeordnet unter den

Protokollen der Bundes-Pressekonferenz. Einige Durchschläge der frühen Teegespräche und aus den Jahren 1960 bis 1963 sind im Nachlaß Felix von Eckardts in der Konrad-Adenauer-Stiftung in Sankt Augustin enthalten. Die Aktenregistratur der Teegespräche im Besitz des Bundesarchivs beginnt erst im Jahre 1963 mit der Kanzlerschaft Ludwig Erhards. Einzelstücke mögen vielleicht noch in den Sachakten verschiedener Ressorts vorhanden sein; sie konnten jedoch in Anbetracht des umfangreichen Bestandes des Bundesarchivs unmöglich alle durchgesehen werden. Wenn Adenauer Journalisten empfing, legte er größten Wert darauf, festzustellen, ob er ein *Interview* geben sollte, bei dem er auf die gestellten Fragen nicht so ausführlich antwortete, oder ob man ein vertrauliches *Teegespräch* bzw. *Hintergrundgespräch* führen wollte, in dem er seine Grundlinien und Vorstellungen darlegen konnte.
Ob es sich bei einer stenografischen Mitschrift über eine Unterredung Adenauers mit Journalisten um ein Teegespräch handelte, war daher nicht immer auf Anhieb zu erkennen. Nur in einigen Fällen erlaubten die Dokumententitel eine klare Zuordnung. Unterschiedliche Bezeichnungen wie »Tee-Empfang«, »Presse-Tee«, »Kanzler-Tee«, »Presse-Empfang« oder »Informationsgespräch« deuteten darauf hin, daß diese Einrichtung zunächst keinen festen Namen hatte. Hilfreich bei der Identifizierung waren die im Rhöndorfer Archiv erhaltenen Besucherlisten, die von den Vorzimmerdamen des Kanzlerbüros nach dem tatsächlich stattgefundenen Arbeits- und Besuchsplan des Kanzlers Tag für Tag mit genauen Zeitangaben geführt wurden. Gleiche Daten und Uhrzeiten der Teegespräche gaben dabei größere Gewißheit. Ausschlaggebendes Erkennungsmerkmal war jedoch die inhaltliche Prüfung des Gesprächs. Die Ausführungen Adenauers, der von ihm oftmals betonte vertrauliche Charakter des Gesprächs, ließen erkennen, daß es sich um ein Teegespräch handelte.
Außer den Teegesprächen mit den ausgewählten Pressevertretern gibt es jedoch noch eine weitere Quelle vertraulicher Informationsgespräche, nämlich die Dolmetscherprotokolle über Unterredungen Adenauers mit ausländischen Journalisten. Daß davon überhaupt Aufzeichnungen existieren, ist allein der Anwesenheit von Dolmetschern zu verdanken, die anhand ihrer Notizen Protokolle anfertigten. Denn ebenfalls vertrauliche Gespräche, wie Adenauer sie vornehmlich mit dem Bonner Korrespondenten der »Neuen Zürcher Zeitung«, Dr. Fred Luchsinger, führte*, wurden nur deshalb nicht festgehalten, weil beide deutsch sprachen.

* Vgl. unter diesem Aspekt Fred *Luchsinger,* Bericht über Bonn, Deutsche Politik 1955–1965, Zürich 1966; Realitäten und Illusionen, NZZ-Artikel zur internationalen Politik 1963–1983, Zürich 1983.

Die Entstehung der Niederschriften wirft im Hinblick auf die Authentizität der Adenauer zugeschriebenen Äußerungen natürlich zahlreiche Fragen auf, von denen sich manche nicht mehr überprüfen ließen. Genaugenommen müßte hinter jedem Satz ein Fragezeichen stehen, weil nicht mit absoluter Sicherheit festgestellt werden kann, ob Adenauer ihn so, und wirklich genau so, gesagt hat. Der Leser sollte sich gelegentlich die vielfältigen menschlichen Fehlerquellen von der Niederschrift des Stenogramms bis zur fertigen Fassung in Maschinenschrift in Erinnerung rufen. Unvollständige Worte und Sätze zeigen dies. Hinzu kommt, daß es sich um unkorrigierte Manuskripte handelt. In keinem Dokument fanden sich handschriftliche Notizen oder Korrekturen Adenauers, die auf eine Vorlage beim Kanzler, geschweige denn seine systematische Durchsicht hindeuteten. Allenfalls hat der Chef vom Dienst des Presseamtes das Manuskript gelesen. Doch mindern solche Unwägbarkeiten keineswegs den Quellenwert der Dokumente.
Bei den Dolmetscheraufzeichnungen dagegen hat stets eine Durchsicht des Verfassers stattgefunden, da diese auch gewöhnlich von ihm unterzeichnet wurden. Zwar gilt dies prinzipiell ebenso für die Berichte der Journalisten, doch sollte man auch berücksichtigen, daß die Tagesberichte *nach* den Teegesprächen aus dem Gedächtnis (vgl. den Nachtrag in Dok. Nr. 2) und meist unter Zeitdruck aufgezeichnet worden sind. Daß hierbei nicht von der genauen Wiedergabe der Äußerungen Adenauers auszugehen ist, versteht sich von selbst.

Zur Edition der Teegespräche

Dieser erste Band der »Teegespräche« enthält für den Zeitraum vom 20. April 1950 bis 25. Oktober 1954 insgesamt 53 amtlich stenografierte Wortprotokolle, Aufzeichnungen von Dolmetschern und Beamten sowie Aktennotizen und Berichte beteiligter Journalisten. In drei weiteren Bänden werden die Teegespräche der Jahre 1955 bis 1963 veröffentlicht. Ausschlaggebend für die Konzeption der vierbändigen Ausgabe ist der für die Jahre 1960 bis 1963 fast vollständige Bestand stenografischer Mitschriften der Teegespräche im Rhöndorfer Nachlaß Adenauers.
Recherchen im Archiv des Presse- und Informationsamtes der Bundesregierung und in dessen bereits dem Bundesarchiv übergebenen Aktenbeständen brachten zahlreiche Tee-Protokolle aus der Frühzeit zwischen 1951 und 1954 wieder zum Vorschein. Ferner stellte sich heraus, daß einige der damals beteiligten Journalisten noch persönliche Aufzeichnungen in Form von Berichten, Aktennotizen oder Zusammenfassungen der Tagesereignisse über die frühen Teegespräche Adenauers besitzen.

Entgegen der ursprünglichen Absicht, aus dem Nachlaß Adenauers nur die von Amts wegen stenografierten Protokolle zu veröffentlichen, war es schon allein aus zeitgeschichtlichen Gründen geboten, Materialien anderweitiger Provenienz und Qualität gleichfalls zu berücksichtigen. Es gelang, zu jedem nachweisbaren Teegesprächstermin mindestens ein Dokument über den Verlauf der Unterredung ausfindig zu machen. Somit können nunmehr im Rahmen der Reihe »Adenauer-Rhöndorfer-Ausgabe« die Teegespräche vollständig ediert werden.
Den Teegesprächen sind außerdem sieben Informationsgespräche mit einzelnen ausländischen Journalisten hinzugefügt worden (Dok. Nr. 29-32, 34, 35, 48), die bedeutsame Äußerungen Adenauers zu damals hochpolitischen Themen enthalten. Da es sich um Gespräche von gleicher Qualität wie die Teegespräche handelt, ist es angebracht, diese mit in die Edition aufzunehmen.
Die Unterteilung der Bände ergibt sich aus der Häufigkeit der Gespräche, dem Umfang der Dokumente und den politischen respektive außenpolitisch wichtigen Entscheidungen der Ära Adenauer. Da zu jedem nachweisbaren Teegesprächstermin ein Dokument veröffentlicht wird, mußte nur in einigen wenigen Fällen eine Auswahl stattfinden. Grundsätzlich wurde dem amtlichen Wortprotokoll der Vorzug gegeben, wenn zu dem Termin ein solches vorlag. Andernfalls fiel die Wahl auf diejenige Aktennotiz eines Beamten oder denjenigen Journalisten-Bericht, der aus zeitgeschichtlicher Sicht ausführlicher und/oder aussagekräftiger war. In einem Fall konnte nur ein Auszug aus dem Wortprotokoll aufgenommen werden (Dok. Nr. 16), weil das vollständige Protokoll nicht aufzufinden war.
Generell werden die Dokumente ungekürzt veröffentlich. Nur an einer entsprechend gekennzeichneten Stelle (Dok. Nr. 19 Anm. 67) mußte aus Gründen des Personenschutzes auf den Abdruck einer Passage verzichtet werden. In einem weiteren Dokument wurde der letzte Gesprächsteil weggelassen, an dem Adenauer nicht mehr teilnahm (Dok. Nr. 44 Anm. 33). Der Inhalt ist im Kommentar zusammengefaßt.
Nichtsdestoweniger haben die Journalisten Franz Hange, Dr. Robert Strobel und Marliese Wirth ihre Aufzeichnungen für diese Edition zur Verfügung gestellt, ohne vorher Änderungen an den Texten vorzunehmen.
Beim Blick auf die *Chronologie*, in der die Dokumente abgedruckt sind, läßt sich eine Übersicht über die Häufigkeit der Teerunden gewinnen. Aufgrund der in jenem Zeitraum aktuellen politischen Themen wird der an Beurteilungen zu bestimmten Ereignissen interessierte Leser im Umfeld des entsprechenden Datums oftmals das Gesuchte finden.

Die abgedruckten Texte sind so gestaltet worden, daß eine gewisse formale Einheitlichkeit hergestellt ist und sie zugleich charakteristische Merkmale der Vorlagen zu erkennen geben. Diese sind dem in der Briefedition konzipierten Rahmen angepaßt.
Die *Dokumentenköpfe* enthalten alle wesentlichen Informationen zum Charakter des Dokuments und zur Quelle. Außerdem sind hier die Teilnehmer aufgeführt, soweit sie aus dem Text selbst, durch die namentliche Erwähnung oder aus den Anwesenheits-, Einladungs- oder Besucherlisten zu ersehen waren. Als Quelle, die jeweils nachgewiesen ist, wurden dazu die Akten des Bundespresseamts und die Besucherlisten im Archiv der Stiftung Bundeskanzler-Adenauer-Haus herangezogen. Gerade bei den Einladungslisten ist allerdings davon auszugehen, daß die eingeladenen Personen mit den Teilnehmern nicht identisch sein müssen. Die wirklich Anwesenden ließen sich allerdings in einzelnen Fällen nicht mehr ermitteln. Von den zuerst aufgeführten Teilnehmern sind diejenigen durch Bindestrich separiert, die von seiten der Bundesregierung an diesem Gespräch beteiligt waren.
Die angegebene Uhrzeit des Beginns wurde, falls sie in der Vorlage überhaupt aufgeführt war, nur dann übernommen, wenn sie mit der Besucherliste im Nachlaß Konrad Adenauers übereinstimmte. Da diesen Tagesplänen eine größere Genauigkeit der Termine beizumessen ist, wurde die dort vermerkte Uhrzeit angegeben. Abweichende Zeiten sind im Kommentar angegeben. Die Dauer der Teegespräche war nur ungenau zu bestimmen. Zum einen nahm Adenauer nicht an allen Teerunden in voller Länge teil; zum anderen geben die Terminpläne in den Besucherlisten nur den Beginn des Treffens wieder, nicht jedoch das Ende, auch wenn oftmals anzunehmen ist, daß sich die Termine ohne Pausen aneinanderreihten. So wird das Ende des Teegesprächs nur dann aufgeführt, wenn es in der Vorlage enthalten ist. Ebenfalls wird auf die Ortsangabe mit einer Ausnahme (Dok. Nr. 29) verzichtet, weil die Gespräche stets im Palais Schaumburg stattfanden.
Generell werden die Diskutanten mit Namen genannt. Vereinheitlicht wurden die unterschiedlichen Bezeichnungen für die Äußerungen Konrad Adenauers, da sie unterschiedlich mit »Dr. Adenauer«, »Bundeskanzler«, »Bundeskanzler Adenauer«, »Bundeskanzler Dr. Adenauer«, »Kanzler« oder einfach »Buka«, »A.« für Adenauer (oder »Antwort«) abgekürzt bezeichnet sind. Seine Beiträge sind stets mit »Adenauer« gekennzeichnet.
Dort, wo die Journalisten namentlich erwähnt sind, wurden ihre Namen übernommen. Die Dokumente aus der Frühzeit der Teerunden bezeich-

nen jedoch fast ausschließlich die Äußerungen der Journalisten mit »Frage«, »Journalist« oder »F.«. Zur Vereinheitlichung wurden ihre Äußerungen stets mit »Journalist« gekennzeichnet. Bezeichnungen wie »Fragesteller« deuten in diesem Zusammenhang lediglich darauf hin, daß derjenige Journalist, der die letzte Frage stellte, eine weitere Äußerung anfügte. Ansonsten bleiben »Bemerkungen«, »Zwischenrufe« oder »Zwischenbemerkungen« etc. in ihrer Bezeichnung unverändert.

Der *Text* ist wörtlich und vollständig in der Schreibweise aus der Vorlage übernommen worden. Davon ausgenommen sind Vereinheitlichungen in der modernen Schreibweise von »ß« statt dem damals üblichen »ss«. Statt »%« wird »Prozent« grundsätzlich ausgeschrieben. Ebenfalls wurden unterschiedliche Schreibweisen wie »Saarfrage«, »Saar-Frage«, »Schumanplan«, »Schuman-Plan« der gängigen Schreibform angepaßt. Tageszeitungen sind generell in Anführungszeichen gesetzt.

Grammatikalische und Interpunktionsfehler – sofern sie zweifelsfrei als solche zu erkennen waren und keine anderweitigen Deutungen zuließen – hat der Bearbeiter, ohne zu vermerken, korrigiert.

Sprachliche Eigentümlichkeiten, die gerade beim gesprochenen Wort stärker ins Blickfeld rücken als in der Schriftform, sind dagegen unverändert geblieben. Belassen worden sind auch die in der Vorlage bezeichneten Abschnitte, wenn sie nicht dem Sinnzusammenhang widersprechen.

Zwischenrufe sind stets in (runden Klammern) in eine neue Zeile gesetzt worden. Wegen der oft ohne Absatz heruntergeschriebenen Äußerungen war es im Sinne der besseren Lesbarkeit erforderlich, zusätzliche Absätze nach inhaltlich zusammenhängenden Aussagen einzufügen.

Veränderungen des Textes durch Ersetzung einzelner Wörter sind durch ‹keilförmige Klammern und alphabetische Anmerkungen›[a] gekennzeichnet. Ergänzungen und Korrekturen des Bearbeiters oder im Falle des Fehlens einzelner Wortteile oder Wörter, die aufgrund des Sinnzusammenhangs zweifelsfrei vorgenommen werden konnten, sind durch [eckige Klammern] markiert. Das gleiche Zeichen mit Auslassungen [...] weist darauf hin, daß offensichtlich Satzteile fehlen. Alle Hinweise in (runden Klammern) und die Auslassungen... sind so in der Vorlage wiedergegeben. Runde Klammern mit Auslassungszeichen (...) bezeichnen in der Vorlage das Fehlen meist nur der letzten Zeile einer Seite, die aus der Vorlage des Bundespresseamtes beim Binden der Dokumente abgeschnitten wurde und auch nicht durch einen Vergleich mit einer anderen Kopie dieses Dokumentes ergänzt werden konnte.

Im *Kommentar* werden sachliche Erläuterungen zum Verständnis des Textes gegeben und die direkt oder indirekt erwähnten Personen biogra-

phisch vorgestellt, wenn sie nicht schon in den beiden ersten Bänden der Rhöndorfer Ausgabe »Briefe 1945-1947« und »Briefe 1947-1949« erfaßt worden sind.
Die Querverweise auf die Dokumente und Anmerkungen stellen die inhaltliche Verbindung zu den einzelnen Themen in den Gesprächen her.
Im beigefügten *Quellen- und Literaturverzeichnis* sind nur die häufig zitierten und wichtigen Titel in Auswahl aufgenommen worden. Die Liste der Personen und Institutionen verzeichnet all jene, die dem Bearbeiter wichtige Informationen und Hinweise für die Bearbeitung gaben.
Jeder Band der Teegespräche enthält ein *Personenregister*. Die inhaltliche Verschränkung erfolgt durch die beiden Sachregister, die dem zweiten Band »Teegespräche 1955-1959« und dem letzten, vierten Band der Teegespräche beigegeben werden.
Der *Bildteil* sowie andere *abgedruckte Dokumente*, die im unmittelbaren Zusammenhang mit den Teegesprächen und den dort behandelten Themen stehen, wurden, wenn nichts anderes im Quellenverzeichnis nachgewiesen ist, aus dem Nachlaß Konrad Adenauers zusammengestellt.

Danksagungen

Wichtige Erkenntnisse über die noch wenig erforschte Pressepolitik Konrad Adenauers in seiner Kanzlerzeit verdankt der Bearbeiter dem langjährigen stellvertretenden Leiter des Presse- und Informationsamtes der Bundesregierung, Ministerialdirektor a. D. Werner Krueger. Als unmittelbar Beteiligter gab er zahlreiche Informationen über die Entstehungs- und Entwicklungsgeschichte der Teegespräche und steuerte außerdem wichtige Hinweise auf Personen und Journalisten bei, die weitere Auskünfte geben konnten.
Ohne die dankenswerte Bereitschaft der Journalisten Franz Hange, Dr. Robert Strobel und Marliese Wirth, ihre Berichte für die Edition zur Verfügung zu stellen, hätten die Informationslücken über die Teegespräche der Anfangszeit nicht geschlossen werden können. Für vermittelnde Kontakte gebührt Rudolf Bernhard und Bundeskanzler a.D. Dr. Kurt Georg Kiesinger als Vorsitzendem des Kuratoriums der Stiftung Bundeskanzler-Adenauer-Haus Dank.
Für die enge Zusammenarbeit sei dem Bundesarchiv (Koblenz), dem Bundespresseamt und dem Bundeskanzleramt gedankt.
Bei den Recherchen im Bundespresseamt verdankt der Bearbeiter insbesondere Margit Rescher den Hinweis auf die stenografischen Mitschriften im Bestand der Pressekonferenz-Materialien. Die oftmals recht

schwierige Suche nach Daten, Adressen und Angaben über Journalisten, die vor 30 Jahren in Bonn, manchmal nur für kurze Zeit, tätig waren, hat Elisabeth Bachhausen vom Sekretariat der Bundes-Pressekonferenz e.V., Bonn, ganz wesentlich unterstützt. Durch ihre Informationen konnte der Bearbeiter noch mit vielen heute längst nicht mehr im Bonner Raum tätigen oder ansässigen Journalisten Kontakt aufnehmen. In den Fällen, wo nur die Recherche in den Zeitungen übrigblieb, half Günther Rüb von der Dokumentationsstelle des Presseamtes. In gleicher Weise sei hier den vielen Zeitungsarchiven im In- und Ausland gedankt, die sich der Mühe unterzogen haben, Angaben über ihre damaligen oder noch tätigen Mitarbeiter zusammenzustellen.
Die Karikaturen stellte Ernst Maria Lang mit freundlicher Genehmigung zur Verfügung.
Die ehemalige Sekretärin Konrad Adenauers und heutige Geschäftsführerin der Stiftung Bundeskanzler-Adenauer-Haus, Dr. Anneliese Poppinga, und der Archivar der Stiftung, Engelbert Hommel M.A., standen immer mit Rat und Tat zur Seite. Gedankt aber sei nicht zuletzt den ehemaligen und derzeitigen Mitarbeitern Dr. Hans Peter Mensing, Jens Bleiel, Andreas Kaernbach M.A., Julia Massenkeil-Kühn, Ursula Pinkus, Ursula Raths und Ruth Warken, die durch ihren vorbildlichen Einsatz zur Erstellung des Manuskripts beitrugen.

Rhöndorf im August 1984

Hanns Jürgen Küsters

Verzeichnis der Teegespräche

Teegespräche

Presse- und Informationsamt
der Bundesregierung

Bonn, den 2o.4.195o

158

Herrn Regierungsdirektor W i r m e r

Dem Wunsch des Herrn Bundeskanzler entsprechend, am heutigen Donnerstag, 17.3o Uhr, einen kleinen Kreis Bonner Journalisten bei sich zu sehen, benennt das Presse- und Informationsamt hierfür folgende Teilnehmer:

Herrn Lubbers	Deutschland-Union-Dienst
Dr. Strobel	DIE ZEIT, FRANKF.NEUE PRESSE
Dr. Rapp	FRANKFURTER ALLGEMEINE
Dr. Baumgarten	" "
Herrn Vollhardt	WAZ, HAMBURGER ABENDBLATT
Dr. Wegener / H. Jungels	Christl.Demokr.Pressedienst
Herr v.Wechmar	Süddeutsche Heimatzeitungen
Dr. Lohan	SÜDDEUTSCHE ZEITUNG
Herr Schober	NWDR
Herr v.Dannwitz	Zentrums-Presse
Herr v.Lojewski	DER ABEND
Dr. Buhla	KÖLNISCHE RUNDSCHAU
Dr. Kausch	DIE WELT
Herr Medefind	NEUE ZEITUNG
Herr Hange	dpa
Herr Grüssen	RUHRNACHRICHTEN
Dr. Fillies	CDU, Informationsdienst

Brand

(Dr.Brand)

Vorlage von Heinrich Brand (zu Dok. Nr. 1)

Nr. 1
20. April 1950: Tee-Empfang (Informationsbericht von Dr. Robert Strobel[1] an die Chefredaktion der »Stuttgarter Nachrichten« vom 21. April 1950)
NL Henry Bernhard[2], Strobel Berichte »Stuttgarter Nachrichten«, ms. Vermerk »Nicht zur Veröffentlichung bestimmt!«

Teilnehmer[3]: Dr. Hans Baumgarten[4], Dr. Ernst Buhla[5], Ludwig von Danwitz[6], Dr. Fritz Fillies[7], Hugo Grüssen[8], Franz Hange[9], Rudolf Junges[10], Dr. Hans Joachim Kausch[11], Dr. Ralf Lohan[12], Werner von Lojewski[13], Heinz Lubbers[14], Heinz Medefind[15], Dr. Alfred Rapp[16], Reinhold Schober[17], Dr. Robert Strobel, Adam Vollhardt[18], Irnfried Freiherr von Wechmar[19], Dr. August Wegener[20]

Beginn: 17.30 Uhr[21]

Adenauer beklagt sich über die Alliierten
Der Bundeskanzler empfing gestern [20. April 1950] einige Journalisten, unter denen auch ich [Dr. Robert Strobel] eingeladen war, zu einer kleinen, als vertraulich bezeichneten Pressekonferenz, in der er freier, als er es begreiflicherweise vor der gesamten Pressekonferenz tun kann, über seine Eindrücke und Ansichten sprach.
Die düstere, pessimistische Beurteilung der außenpolitischen Situation, die Adenauer bereits bei einer früheren Gelegenheit vor der ungefähr gleichen Gruppe von Journalisten in Godesberg skizziert hatte[22], war auch für seine gestrigen Ausführungen charakteristisch. Er betonte mehrmals die außerordentlichen Gefahren, unter denen wir in Deutschland zu leben gezwungen seien. Die internationale Situation verschärfe sich immer mehr, der Abschuß eines amerikanischen Flugzeugs durch die Russen[23] sei ein bedenkliches Symptom, und es sollte eigentlich den Alliierten, so meinte er, verständlich sein, daß Deutschland in dieser Situation eine Sicherheitsgarantie von denen verlange, die es entwaffnet haben. Er habe aber auf sein Schreiben an die Alliierten vom Dezember[24] [1949], in dem er um eine solche Sicherheitsgarantie bat, bisher keine

Antwort erhalten. Er habe die Alliierten auch darauf hingewiesen, daß Deutschland mit dem Eintritt in den Europarat[25] ein hohes Risiko auf sich nähme. Zweifellos würde dieser Beitritt die Spaltung Deutschlands vertiefen, und er könnte auch zu einer Verschärfung der internationalen Spannung beitragen, deren Folgen sich auch wieder zunächst auf Deutschland auswirken würden. Die Alliierten hätten auf solche Andeutungen des Bundeskanzlers erwidert, die Deutschen müßten ein solches Risiko im Hinblick auf die Chance, der großen europäischen Gemeinschaft eingegliedert zu werden, bedingungslos auf sich nehmen.

Immer wieder gab der Kanzler seiner Enttäuschung über das geringe Entgegenkommen der Alliierten und ihr geringes Verständnis für die Situation in Deutschland Ausdruck. Als Schuman[26] in Bonn war[27], habe ihn Adenauer darauf hingewiesen, daß er beispielsweise mit dem französischen Hohen Kommissar[28] deutsch-französische Angelegenheiten nur in sehr begrenztem Rahmen besprechen könne, denn nach den geltenden Grundsätzen werde die Hohe Kommission als eine Einheit aufgefaßt, und der französische Hohe Kommissar sei daher in seinen Gesprächen über deutsch-französische Angelegenheiten dem Bundeskanzler gegenüber zurückhaltend. So habe der Bundeskanzler keine ausreichende Gelegenheit, sich über die offizielle französische Politik verläßlich zu informieren. Schuman habe Adenauer damals versprochen, er werde François-Poncet eine Anweisung geben, durch die er ermächtigt werden solle, Informationsgespräche mit dem Bundeskanzler in dem gewünschten Sinne zu führen, und Schuman versprach Adenauer, ihn dann von dieser Weisung an den französischen Hohen Kommissar in Kenntnis zu setzen. Das sei aber bisher nicht geschehen.

Daß man der Bundesrepublik im Europarat keine Befugnisse geben wolle, sei wohl, meinte Adenauer, auf die Befürchtung zurückzuführen, daß wir uns dann dort Italien und anderen Ländern annähern und dieser Gruppe damit ein stärkeres Gewicht gegenüber der englisch-französischen Hegemonie im Europarat geben könnten. Das wolle man offensichtlich vermeiden. Zweifellos wolle man uns auch aus ähnlichen Gründen so lange als nur irgend möglich die Entsendung diplomatischer Vertreter ins Ausland verweigern, damit wir nicht mit den Regierungen anderer Staaten einen Kontakt aufnehmen könnten, der unser politisches Gewicht mit der Zeit verstärken könnte. Gerade im Hinblick auf diese Absicht wolle aber der Kanzler nicht nur in Washington, London und Paris, sondern möglichst gleichzeitig auch in anderen Hauptstädten, insbesondere Rom, Generalkonsuln bzw. Konsuln auftreten lassen, damit nicht der Eindruck einer allzu einseitigen Orientierung entstehe.

Wir kamen dann auf die Vorwürfe, die besonders von englischer Seite gegen die Berliner Rede Adenauers[29] erhoben wurden, zu sprechen, daß er nämlich vorzeitig eine Revision des Besatzungsstatuts verlange. Adenauer erwiderte, allerdings wenig überzeugend, man habe den betreffenden Passus seiner Berliner Rede nicht richtig ausgelegt[30]. Es sollte doch eigentlich selbstverständlich sein, daß man von deutscher Seite auf die Möglichkeit einer Revision des Besatzungsstatuts, die im September dieses Jahres eingeleitet werden könnte, hinweise. Er habe sich zu diesem Teil seiner Rede u. a. auch deshalb veranlaßt gefühlt, weil ihm mitgeteilt worden sei, daß das Deutschland-Thema auf der Londoner Konferenz[31] nicht die Rolle spielen würde, die man hier erwartet habe. Adenauer behauptete dann, er habe aus Rücksicht auf die Empfindlichkeit der Alliierten in außenpolitischen Fragen bisher keinen Staatssekretär für Äußeres ernannt, damit man nicht schon wieder an dem Titel im Ausland Anstoß nehme und uns vorhalte, daß wir einen Staatssekretär für Angelegenheiten ernennten, die uns zunächst noch vorbehalten seien. Er wolle aber in Kürze einen Staatssekretär ernennen, der die verschiedenen Aufgaben, die sich durch den Aufbau von Auslandsvertretungen ergeben, zu koordinieren hätte[32].

Adenauer beklagte sich dann über die schlechte Stimmung im Ausland gegen Deutschland, wobei man freilich unterscheiden müsse: In Italien, in den Benelux-Staaten, in der Türkei und anderen Ländern sei keineswegs eine Verschlechterung der Stimmung uns gegenüber festzustellen. Daß die Stimmung in England und Frankreich für uns ungünstiger geworden sei, hänge, so meinte er, wohl auch mit der wirtschaftlichen Konkurrenz zusammen, die man von uns befürchtet. Während man jede Äußerung von deutscher Seite über die Notwendigkeit des Ausbaues unseres Handels mit dem Osten in England außerordentlich kritisch unter die Lupe nehme, habe England seinen Osthandel gegenüber dem Vorkriegsstand stark erhöht. Es fürchte offensichtlich die deutsche Konkurrenz. Im Hinblick auf die Verschlechterung der Stimmung habe er es, sagte Adenauer, bisher unterlassen, die Saar-Note[33] abzusenden, weil sie zweifellos eine weitere Abkühlung zur Folge hätte, die er vermeiden wolle.

Sein Besuch in Berlin sei von den Westmächten offenbar falsch ausgelegt worden. Er habe die Absicht gehabt, eine bestimmte psychologische Wirkung unter der Berliner Bevölkerung und der der Ostzone auszulösen, und das sei ihm, meinte er, hundertprozentig gelungen. Er bemerkte lächelnd, die Bevölkerung habe ihn nach dem Absingen der 3. Strophe des Deutschlandliedes[34] auf den Straßen noch herzlicher begrüßt als vorher. Er habe in Berlin ein starkes Bekenntnis zu einem föderativen Europa abgelegt. Er habe sich allerdings nicht dazu hergegeben, gerade dort in seiner Rede Rußland anzugreifen, was ihm von einer bestimmten alliierten Seite nahegelegt worden sei. Offensichtlich habe das den Initiatoren und auch anderen alliierten Stellen nicht gefallen. Er pflege aber nicht immer das zu tun, was die Alliierten erwarteten, und nichts liege ihm ferner als die Rolle des »jungen Mannes der Alliierten«. In Berlin habe er das u. a. schon formell dadurch zum Ausdruck gebracht, daß er den Besuch der Stadtkommandanten im Schöneberger Rathaus gern entgegengenommen, nicht aber, wie fälschlich behauptet wurde, seinerseits den Kommandanten einen Besuch gemacht habe. Er habe lediglich nachher den Kommandanten seine Karte geschickt. Er müsse immer wieder feststellen, daß es in Deutschland zu viel Respekt vor alliierten Stellen gebe.

Dr. Robert Strobel
Journalist
Bonn/Rhein
Lennéstr. 6 Tel. 8576 u. 8577

Stuttgarter Nachrichten

D23/IV. NR. 28

Ber. 23.4.

Nicht zur Veröffentlichung bestimmt!

20.4.50

Informationsbericht vom 21. April 50

Adenauer beklagt sich über die Alliierten

Der Bundeskanzler empfing gestern einige Journalisten, unter denen auch ich eingeladen war, zu einer kleinen, als vertraulich bezeichneten Pressekonferenz, in der er freier, als er es begreiflicherweise vor der gesamten Pressekonferenz tun kann, über seine Eindrücke und Ansichten sprach. Die düstere, pessimistische Beurteilung der außenpolitischen Situation, die Adenauer bereits bei einer früheren Gelegenheit vor der ungefähr gleichen Gruppe von Journalisten in Godesberg skizziert hatte, war auch für seine gestrigen Ausführungen charakteristisch. Er betonte mehrmals die außerordentlichen Gefahren, unter denen wir in Deutschland zu leben gezwungen seien. Die internationale Situation verschaerfe sich immer mehr, der Abschuß eines amerikanischen Flugzeugs durch die Russen sei ein bedenkliches Symptom, und es sollte eigentlich den Alliierten, so meinte er, verständlich sein, daß Deutschland in dieser Situation eine Sicherheitsgarantie von denen verlange, die es entwaffnet haben. Er habe aber auf sein Schreiben an die Alliierten vom Dezember, in dem er um eine solche Sicherheitsgarantie bat, bisher keine Antwort erhalten. Er habe die Alliierten auch darauf hingewiesen, daß Deutschland mit dem Eintritt in den Europarat ein hohes Risiko auf sich nähme. Zweifellos würde dieser Beitritt die Spaltung Deutschlands vertiefen, und er könnte auch zu einer Verschärfung der internationalen Spannung beitragen, deren Folgen sich auch wieder zunächst auf Deutschland auswirken würden. Die Alliierten hätten auf solche Andeutungen des Bundeskanzlers erwidert, die Deutschen müßten ein solches Risiko im Hinblick auf die Chance, der großen europäischen Gemeinschaft eingegliedert zu werden, bedingungslos auf sich nehmen.

Immer wieder gab der Kanzler seiner Enttäuschung über das geringe Entgegenkommen der Alliierten und ihr geringes Verständnis für die Situation in Deutschland Ausdruck. Als Schuman in Bonn war, habe ihn Adenauer darauf hingewiesen, daß er beispielsweise mit dem französischen Hohen Kommissar deutsch-französische Angelegenheiten nur in sehr begrenztem Rahmen besprechen könne, denn nach den geltenden Grundsätzen werde die Hohe Kommission als eine Einheit aufgefaßt und der französische Hohe Kommissar sei daher in seinen Gesprächen über deutsch-französische Angelegenheiten dem Bundeskanzler gegenüber zurückhaltend. So habe der Bundeskanzler keine ausreichende Gelegenheit, sich über die offizielle französische Politik verläßlich zu informieren. Schuman habe Adenauer damals versprochen, er werde François-Poncet eine Anweisung geben, durch die er ermächtigt werden solle, Informationsgespräche mit dem Bundeskanzler in dem gewünschten Sinne zu führen, und Schuman versprach Adenauer, ihn dann von dieser Weisung an den französischen Hohen Kommissar in Kenntnis zu setzen. Das sei aber bisher nicht geschehen.

Bericht von Robert Strobel an die »Stuttgarter Nachrichten« (zu Dok. Nr. 1)

Daß man derBundesrepublik im Europarat keine Befugnisse geben wolle, sei wohl, meinte Adenauer, auf die Befürchtung zurückzuführen, daß wir uns dann dort Italien und anderen Ländern annähern und dieser Gruppe damit ein stärkeres Gewicht gegenüber der englisch-französischen Hegemonie im Europarat geben könnten. Das wolle man offensichtlich vermeiden. Zweifellos wolle man uns auch aus ähnlichen Gründen so lange als nur irgend möglich die Entsendung diplomatischer Vertreter ins Ausland verweigern, damit wir nicht mit den Regierungen anderer Staaten einen Kontakt aufnehmen könnten, der unser politisches Gewicht mit der Zeit verstärken könnte. Gerade im Hinblick auf diese Absicht wolle aber der Kanzler nicht nur in Washington, London und Paris, sondern möglichst gleichzeitig auch in anderen Hauptstädten, insbesondere Rom, Generalkonsuln bzw. Konsuln auftreten lassen, damit nicht der Eindruck einer allzu einseitigen Orientierung entstehe.

Wir kamen dann auf die Vorwürfe, die besonders von englischer Seite gegen die Berliner Rede Adenauers erhoben wurden, zu sprechen daß er nämlich vorzeitig eine Revision des Besatzungsstatuts verlange. Adenauer erwiderte, allerdings wenig überzeugend, man habe den betreffenden Passus seiner Berliner Rede nicht richtig ausgelegt. Es sollte doch eigentlich selbstverständlich sein, daß man von deutscher Seite auf die Möglichkeit einer Revision des Besatzungsstatuts, die im September dieses Jahres eingeleitet werden könnte, hinweise. Er habe sich zu diesem Teil seiner Rede u. a. auch deshalb veranlaßt gefühlt, weil ihm mitgeteilt worden sei, daß das Deutschland-Thema auf der Londoner Konferenz nicht die Rolle spielen würde, die man hier erwartet habe. Adenauer behauptete dann, er habe aus Rücksicht auf die Empfindlichkeit der Alliierten in außenpolitischen Fragen bisher keinen Staatssekretär für Äußeres ernannt, damit man nicht schon wieder an dem Titel im Ausland Anstoß nehme und uns vorhalte, daß wir einen Staatssekretär für Angelegenheiten ernannten, die uns zunächst noch vorbehalten seien. Er wolle aber in Kürze einen Staatssekretär ernennen, der die verschiedenen Aufgaben, die sich durch den Aufbau von Auslandsvertretungen ergeben, zu koordinieren hätte.

Adenauer beklagte sich dann über die schlechte Stimmung im Ausland gegen Deutschland, wobei man freilich unterscheiden müsse: In Italien, in den Benelux-Staaten, in der Türkei und anderen Ländern sei keineswegs eine Verschlechterung der Stimmung uns gegenüber festzustellen. Daß die Stimmung in England und Frankreich für uns ungünstiger geworden sei, hänge, so meinte er, wohl auch mit der wirtschaftlichen Konkurrenz zusammen, die man von uns befürchte. Während man jede Äußerung von deutscher Seite über die Notwendigkeit des Ausbaues unseres Handels mit dem Osten in England außerordentlich kritisch unter die Lupe nehme, habe England seinen Osthandel gegenüber dem Vorkriegsstand stark erhöht. Es fürchte offensichtlich die deutsche Konkurrenz. Im Hinblick auf die Verschlechterung der Stimmung habe er es, sagte Adenauer, bisher unterlassen, die Saar-Note abzusenden, weil sie zweifellos eine weitere Abkühlung zur Folge hätte, die er vermeiden wolle.

Sein Besuch in Berlin sei von den Westmächten offenbar falsch ausgelegt worden. Er habe die Absicht gehabt, eine bestimmte psychologische Wirkung unter der Berliner Bevölkerung und der der Ostzone auszulösen, und das sei ihm, meinte er, hundertprozentig gelungen. Er bemerkte lächelnd, die Bevölkerung habe ihn nach dem Absingen der 3. Strophe des Deutschlandliedes auf den Straßen noch herzlicher begrüßt als vorher. Er habe in Berlin ein starkes Bekenntnis zu einem föderativen Europa abgelegt. Er habe sich allerdings nicht dazu hergegeben, gerade dort in seiner Rede Rußland anzugreifen, was ihm von einer bestimmten alliierten Seite nahegelegt worden sei. Offensichtlich habe das den Initiatoren und auch anderen alliierten Stellen nicht gefallen. Er pflege aber nicht immer das zu tun, was die Alliierten erwarteten und nichts liege ihm ferner, als die Rolle des "jungen Mannes der Alliierten". In Berlin habe er das u. a. schon formell dadurch zum Ausdruck gebracht, daß er den Besuch der Stadtkommandanten im Schöneberger Rathaus gern entgegennahm, nicht aber, wie fälschlich behauptet wurde, seinerseits den Kommandanten einen Besuch gemacht habe. Er habe lediglich nachher den Kommandanten seine Karte geschickt. Er müsse immer wieder feststellen, daß es in Deutschland zu viel Respekt vor alliierten Stellen gebe.

Nr. 2
27. Oktober 1950: Tee-Empfang (Aktennotiz von Franz Hange, Bonn, für Chefredakteur Fritz Sänger[1], Hamburg)
PA Franz Hange, Akte Tee-Gespräche Adenauer 1950–1955

Teilnehmer[2]: Dr. Ernst Buhla, Ludwig von Danwitz, Dr. Fritz Fillies, Hugo Grüssen, Franz Hange, Guenter Karweina[3], Dr. Hans Joachim Kausch, Werner von Lojewski, Heinz Lubbers, Heinz Medefind, Dr. Alfred Rapp, Heinrich Spiecker[4], Dr. Robert Strobel, Adam Vollhardt, Irnfried Freiherr von Wechmar, Dr. August Wegener, Hans Wendt[5], Fried Wesemann[6]

Beginn: 16.00 Uhr[7]

Bundeskanzler Dr. Adenauer hat am Freitag [27. Oktober 1950] auf einem Journalisten-Tee, zu dem er nur wenige Pressevertreter geladen hatte, zu wichtigsten aktuellen Problemen Stellung genommen. Der Kanzler umriß in der Hauptsache den deutschen Standpunkt zu dem französischen Regierungsvorschlag über eine Einbeziehung deutscher Kontingente in eine europäische Armee[8]. Der Kanzler führte im einzelnen aus: Die Bundesregierung kann im gegenwärtigen Augenblick zu den französischen Vorschlägen nur schweigen. Alle Äußerungen, auch von Politikern und Parteien, die nicht der Regierung angehören, können die Verhandlungen der Atlantikpaktmächte, die am 28. November in Washington beginnen[9], nur stören. Die Entscheidung über den französischen Plan liegt in der Hauptsache bei den Vereinigten Staaten. Die Regierung der Vereinigten Staaten ist von ihrer öffentlichen Meinung stark abhängig. Wird diese öffentliche Meinung durch das Hin und Her europäischer Stellungnahmen verärgert, so könnte unter Umständen durch einen Druck auf die Regierung ein Desinteresse an den europäischen Dingen ausgelöst werden.
Die Amerikaner wünschen ein starkes, verteidigungsbereites Europa. Sie sind bereit, dieses Europa durch eigene Armeen und nicht zuletzt durch gewaltige Finanzmittel (es handelt sich um rund sechs Milliarden Dollar) zu unterstützen. Es ist sehr wichtig, daß in Amerika der Standpunkt Marshalls[10], daß die amerikanische Politik in Europa entschieden wird, gesiegt hat. Man muß sich hüten, daß die Gegenstimmen wieder die Oberhand gewinnen, die einen starken Einsatz Amerikas in Asien wünschen. Der französische Plan hat der positiven Einstellung der amerikanischen Regierung gegenüber Europa geschadet. Die Amerikaner sehen darin – so lauten auch die Informationen, die von höchsten amerikanischen Stellen gegenüber der Bundesregierung gegeben wurden – ein

Verzögern der amerikanischen Pläne hinsichtlich der Verteidigung Europas auf mindestens anderthalb Jahre.
Die von amerikanischer Seite gegebene Auflage gegenüber den Außenministern der Atlantikpaktstaaten, eine europäische Armee unter einem einheitlichen Oberkommando zu schaffen[11], wird durch den französischen Vorschlag nicht erfüllt. Die französische Idee des Nebeneinander von Europaarmee und nationalen Armeen deckt sich nicht mit den amerikanischen Auffassungen. Die Amerikaner wünschen ein europäisches Heer als Ganzheit. Es entspricht nicht der militärischen Zweckmäßigkeit, wenn – wie die Franzosen es wünschen – innerhalb einer Division verschiedene nationale Regimenter organisiert sind. Im Zweiten Weltkrieg haben die Anglo-Amerikaner solche Versuche gemacht. Sie sind an ganz einfachen Dingen wie z. B. den verschiedenen Verpflegungsansprüchen gescheitert. Wenn man davon absieht, daß schon die Befehlsübermittlung äußerst schwierig sein wird, so darf das Problem des moralischen Wertes der einzelnen nationalen Elemente nicht übersehen werden. Die Bundesregierung teilt voll und ganz diese amerikanischen Bedenken. Sie hält das Junktim zwischen Schuman-Plan[12] und deutschem Beitrag für sehr unglücklich. Der Schuman-Plan dürfte vom Bundestag nicht akzeptiert werden, wenn an diesen bestimmte Bedingungen geknüpft sind.
Bei der Kritik an den französischen Plänen muß von deutscher Seite alles vermieden werden, was in Frankreich den langsam abklingenden Groll gegen Deutschland wieder zum Aufleben bringen könnte. Wenn man z. B. an dem französischen Plan kritisiert, daß eine Gleichberechtigung nicht vorgesehen ist, so würde eine Herausstellung dieser Frage in der französischen Öffentlichkeit nicht ohne Rückwirkungen bleiben.
Die Situation der französischen Regierung ist schwierig. Im Mai [1951] finden Neuwahlen statt, und die Regierung Pleven[13] hatte bei der Frage der europäischen Armee zu berücksichtigen, daß sie im eigenen Lande eine starke kommunistische Partei besitzt.
Es steht fest, daß die Europaarmee nach den amerikanischen Vorstellungen zweifellos nicht nur defensiven, sondern auch offensiven Charakter trägt gegenüber der kommunistischen Gefahr. Die französische KP könnte auf Grund der bekannten auf die Defensive gerichteten französischen Mentalität leicht eine Propagandawaffe in die Hand bekommen, die ihr Wahlerfolge ermöglicht, wenn der französische Bereitschaftswille, aktiv an der Europaarmee mitzuwirken, zu stark betont wird.
Man muß berücksichtigen, daß es in Frankreich in den höchsten Stellen (vielleicht sogar in der Regierung selbst) Kräfte gibt – auch de Gaulle[14] hatte diese Politik 1945 verfolgt und später aufgegeben –, die auf der

alten französisch-russischen Militärallianz beruhen. Diese Kräfte haben durch russische Versuche, einen zweiten Beistandspakt à la 1935[15] zustande zu bringen, neuen Auftrieb erhalten. Amerika und England sind diese Kräfte bekannt. Die Amerikaner haben aber das finanzielle Druckmittel in der Hand, um solche Pläne zu unterbinden. Nach den von amerikanischer Seite gegebenen Zusicherungen dürfte es bei den kommenden Verhandlungen im Atlantikrat nicht daran fehlen, dies den Franzosen klarzumachen.
Frankreich wird vor die entscheidende Frage gestellt, ob es bereit ist, sich mit den europäischen Völkern gegenüber dem Bolschewismus zu vereinen. Die Frage der Waffenlieferungen – ob Frankreich zuerst Waffen erhält oder gleichzeitig alle am Atlantikpakt beteiligten Nationen einschließlich Deutschland – ist zweitrangig. Die Engländer haben aus ihren Erfahrungen im Zweiten Weltkrieg erklärt, daß die Frage der Priorität keine Rolle mehr spielt, wenn der amerikanische Waffen- und Materialschub auf vollen Touren fließt.
Die Bundesregierung wird zu dem ganzen Fragenkomplex eine abwartende Haltung einnehmen. Bisher ist ja auch noch kein Angebot gemacht worden, zur Verteidigung Europas beizutragen. Wenn ein solches Angebot auf der Basis des amerikanischen Plans der europäischen Armee mit einheitlichem Oberkommando unter gleichberechtigten Voraussetzungen und finanziellen Zuwendungen erfolgt, dann wird der Bundestag vor die Entscheidung gestellt werden. Für die Bundesregierung und die Koalitionsparteien wird es dann nur eine positive Einstellung geben.
Die Gefahr aus dem Osten ist bekannt. Es sind nicht weniger als 35 völlig intakte russische Divisionen auf dem osteuropäischen Glacis stationiert. Diese russischen Truppen werden noch unterstützt durch verfügbare Streitkräfte der Satellitenstaaten.
Der deutsche Beitrag erhöht die Chance der Erhaltung des allgemeinen Friedens. Eine starke europäische Streitmacht dürfte den Russen zu bedenken geben, ob ein Angriff im Verhältnis zum Gewinn steht. Die Bundesregierung glaubt dann nicht an einen Krieg. Sie glaubt auch nicht daran, daß von russischer Seite bei Bekanntwerden einer deutschen Remilitarisierung ein Präventivangriff erfolgt.
Die anglo-amerikanischen Streitkräfte in Deutschland werden im kommenden Frühjahr schon derart stark sein, daß diese Tatsache auf russischer Seite Bedenken auslösen wird. Die anglo-amerikanischen Streitkräfte reichen aber nicht aus, in der Hauptsache deshalb nicht, weil die amerikanische Öffentlichkeit auch einen materiellen Beitrag der europäischen Völker wünscht. Nach amerikanischem Willen soll nicht nur der

amerikanische Soldat, sondern auch der Europäer bereit sein, für die westliche Zivilisation einzutreten.
Die Bundesregierung wünscht eine breite Basis für den deutschen Beitrag an einer europäischen Verteidigung. Eine Reihe [von] Sozialdemokraten hat auch den Überlegungen der Regierung zugestimmt. Die in der Öffentlichkeit abgegebenen Erklärungen Schumachers[16] behalten den bisher geäußerten Standpunkt der Opposition zu dieser Frage unverändert bei. Das Problem der Neuwahl ist schwierig. Es ist die Frage, ob das Grundgesetz überhaupt eine Auflösung des Bundestages aus sich heraus zuläßt. Erfolgen Neuwahlen, so können eigentlich nur die Kommunisten die Gewinner sein; denn die übrigen deutschen Parteien werden nicht ohne weiteres einer These des absoluten Friedens um jeden Preis, der in einer Nicht-Beteiligung Deutschlands liegen würde, zustimmen können. Wenn Dr. Schumacher sagt, daß Voraussetzung eines deutschen Beitrags die schicksalhafte Verflechtung des angelsächsischen Schicksals mit dem deutschen Schicksal sein müsse[17], so kann man nur sagen, daß dies bereits geschehen ist.
Der britische Hohe Kommissar Kirkpatrick[18] und auch General Clay[19] haben nach der Rede Schumachers ausdrücklich erklärt, daß sich ihre Regierungen der gemeinsamen Verteidigung nicht entziehen können. Von amerikanischer Seite ist z. B. gesagt worden, daß der wahre Effektivbestand der amerikanischen Truppen bereits erheblich höher sei, als er offiziell angegeben würde. Im Frühjahr wird eine starke britisch-amerikanische Armee in Deutschland stehen. Nicht zuletzt sind auch die Luftstreitkräfte erheblich verstärkt worden.
Von deutscher Seite sind keine Vorbereitungen getroffen worden. Es besteht weder ein Entwurf zu einem Wehrgesetz noch ein festes Organisationsprogramm[20]. Wegen der Äußerungen von Graf Schwerin[21] sind eine Reihe [von] Kabinettsmitglieder[n] und Vertreter[n] der Regierungsparteien beim Bundeskanzler vorstellig geworden. Der Bundeskanzler stellte fest, daß Graf Schwerin eine untergeordnete Stelle sei. Schwerin habe seinerzeit im Zusammenhang mit der Koreakrise mit General Hays[22] Probleme erörtert, die sich aus der Not ergeben haben. Die Bundesregierung wird erst dann das Problem aufgreifen, wenn eine offizielle Aufforderung von alliierter Seite vorliegt. Über die Vorschläge der Bundesregierung soll dann der Bundestag entscheiden.
Die Bundesregierung hat keine Remilitarisierung angeboten. Es bestand die Absicht, das fragliche Sicherheitsmemorandum[23] zu veröffentlichen, um dies klar zu beweisen. Gegen eine Veröffentlichung sprach jedoch, daß in dem Sicherheitsmemorandum genaue Einzelheiten über die rus-

sischen Truppenstationierungen, ihre Stärke und Ausrüstung enthalten sind. Die Bundesregierung kann diese wichtigen Tatbestände nicht der Öffentlichkeit übergeben, ohne Gefahr zu laufen, einmal die Informanten zu verraten und zum anderen eine Umgruppierung der russischen Kräfte auszulösen.
Der Schuman-Plan-Vertrag ist soweit fertiggestellt, daß voraussichtlich Mitte November mit einer Beendigung der Pariser Verhandlungen gerechnet werden kann. Ein schwieriger Punkt ist noch zu klären, und dies ist die Frage der Auflösung der Ruhrbehörde[24]. Die Bundesregierung wird den Schuman-Plan-Vertrag dem Bundestag nicht eher vorlegen können, bis auch über diesen Punkt Klarheit erzielt ist. Nicht nur die SPD, auch die CDU wird sich gegen einen Fortbestand der Ruhrbehörde wenden. Die Schwierigkeit der Lösung dieser Frage ist, daß Frankreich nicht allein, sondern daß auch England und die USA der Ruhrbehörde angehören. Von den beiden letzteren Regierungen ist noch keine Entscheidung darüber gefallen, ob sie auf das Ruhrstatut zu verzichten gedenken.

Nachtrag: 30. Okt. 1950

Die Amerikaner hatten keine Kenntnis vom Inhalt des französischen Plans.
Wenn nur ein Teil des Sicherheitsmemorandums veröffentlicht würde, dann könnten die Zweifler sagen, daß der Passus des Angebotes ausgelassen worden wäre.
Im Rahmen des deutschen Kontingents muß auch eine taktische Luftwaffe aufgestellt werden.

Anmerkung:

Während des Informationsgesprächs beim Kanzler konnten keine schriftlichen Aufzeichnungen gemacht werden. Alle Angaben sind aus dem Gedächtnis gemacht.

Nr. 3
17. November 1950: Tee-Empfang (Aktennotiz von Franz Hange, Bonn, für Chefredakteur Fritz Sänger, Hamburg, vom 18. November 1950)

PA Franz Hange, Akte Tee-Gespräche Adenauer 1950–1955

Teilnehmer: Franz Hange und weitere nicht zu ermittelnde Journalisten

Beginn: 16.40 Uhr[1]

In einem Journalisten-Gespräch am Freitag [17. November 1950] führte der Bundeskanzler im einzelnen aus:
1) In der deutschen Öffentlichkeit besteht eine gewisse Furcht vor der Stärke der Sowjetunion[2]. Es gilt deshalb das Problem zu prüfen, ob ein Vergleich der Stärken und Schwächen des Ostblocks diese Furcht rechtfertigt.
Auf der Plus-Seite kann die UdSSR verbuchen: die zentrale Lenkung ihres geschlossenen Einflußraums, den kontinuierlichen Rüstungsprozeß, eine gewaltige Landmacht, die ständige Einsatzbereitschaft taktischer Angriffsverbände, die Weiträumigkeit ihres Gebietes, große wirtschaftliche Kraft, physische und psychische Belastbarkeit anspruchsloser Massen und die ideologische Kraft der Weltrevolutionsidee, die auch die fünften Kolonnen in Westeuropa erfüllt.
Auf der Minus-Seite stehen: die Schwäche der Kriegs- und Handelsflotte, die amphibische Operationen großen Stils ausschließt, die Verwundbarkeit einer gewaltig ausgedehnten Frontlinie, die bedeutend niedrigere Stahl-, Kohlen- und Ölproduktion gegenüber dem anglo-amerikanischen Block, die ernährungspolitische Empfindlichkeit weiter besetzter Räume im angenommenen Falle eines erfolgreichen sowjetischen Vorstoßes in Westeuropa, die sich ergebenden Schwierigkeiten der Beherrschung und Einspannung westeuropäischer Länder wegen der individualistischen Mentalität dieser Völker.
Eine Bilanz der sowjetischen Stärken und Schwächen ergibt im Vergleich zu denen des anglo-amerikanischen Blocks ein Überwiegen der Minus-Seite. Lediglich die gewaltige gegenwärtige Überlegenheit der Landstreitkräfte läßt diese Unterlegenheit im Hinblick auf einen langen dritten Weltkrieg nicht klar in Erscheinung treten. Sie wird dann offenbar und damit kriegsverhindernd werden, wenn der Westen den Gleichstand der militärischen Mittel erreicht.
Psychologische Voraussetzungen für eine amerikanische Machtentfal-

tung in Europa ist die Bereitschaft der westeuropäischen Völker, an einer westlichen Verteidigung mitzuwirken. Die Erwartung, daß unser eigenes Land zum verteidigten Bereich gehört, und die Realisierung dieses Wunsches verlangen die Mitarbeit am Ziel der gemeinsamen Abwehr. Man darf nicht die Frage stellen, wie man einen Krieg abwehrt oder etwa beginnt, sondern man muß sich fragen, wie kann Deutschland einen Krieg in Europa verhindern. Die Bundesrepublik kann durch einen Verteidigungsbeitrag die Landstreitmacht der Alliierten so verstärken, daß die Russen es sich überlegen müssen, ob sie unter den Voraussetzungen einen Krieg beginnen. Ein starkes Westeuropa kann sogar die Russen bereitwilliger machen, in Verhandlungen über die internationalen Probleme einzutreten. Das deutsche Ziel muß es sogar sein, in friedlichen Verhandlungen mit den Sowjets zu einem Ausgleich zu gelangen. Ein Krieg ist nicht notwendig, wenn man sich vorher stark macht.
Dr. Schumacher fordert von den Westalliierten eine Erklärung, in der sie ihre Schicksalsgemeinschaft mit den Deutschen zum Ausdruck bringen sollen[3]. Eine solche Frage kann von den Anglo-Amerikanern positiv beantwortet werden. Dann heißt dies politisch, daß wir auf Gedeih und Verderb nicht nur die amerikanische Politik in Europa, sondern auch in Asien unterstützen müssen. Eine deutsche Außenpolitik muß es aber gerade vermeiden, Menschen für andere Interessen, die uns nicht direkt berühren (wie Korea, China, Tibet und Indochina), zu opfern. Es ist zu erwarten, daß, wenn die Wahlkämpfe[4] vorüber sind, auch bei der Opposition eine kühlere Betrachtung der Dinge Platz greifen wird. Während der Gespräche des Bundeskanzlers mit dem Oppositionsführer[5] hat sich gezeigt, daß es über die grundsätzliche Frage eines Verteidigungsbeitrages keine Meinungsverschiedenheiten gibt. Auch der Bundeskanzler knüpft Bedingungen an einen solchen Beitrag[6].
2) Im gegenwärtigen Zeitpunkt ist es falsch, in der Frage der Besatzungskosten eine Polemik mit den Alliierten zu beginnen. Sobald ein alliiertes Verteidigungsangebot erfolgt, wird von deutscher Seite die Frage gestellt werden, wie die Alliierten sich die Kostenfrage vorstellen. Die Kosten für einen deutschen Verteidigungsbeitrag werden nämlich unter der Rubrik Besatzungskosten laufen. Die Bundesregierung wird auch nur die Mittel bereitstellen können, die sie für die Besatzungskosten aufbringt. Finanzielle Entnahmen aus den Sozialleistungen wird der Bundeskanzler ablehnen.
3) Die Bundesregierung wird in der kommenden Woche über die Frage der Anerkennung der deutschen Auslandsschulden[7] einen Beschluß herbeiführen. Für diesen Beschluß wird sich der Bundeskanzler parla-

mentarische Rückendeckung durch den Auswärtigen Ausschuß [des Deutschen Bundestages] sichern. Der Bundeskanzler schlägt eine Anerkennung der deutschen Auslands-, nicht aber der deutschen Privatschulden vor.
Es ist die Frage gestellt worden, warum die Bundesrepublik die Auslandsschulden des früheren Deutschen Reiches übernehmen soll. Der Bundeskanzler vertritt die Ansicht, daß dies eine hochpolitische Frage ist. Erkennt die Bundesrepublik die früheren Auslandsschulden des Deutschen Reiches nicht an, dann verliert sie damit den im Grundgesetz erhobenen Anspruch, für Gesamtdeutschland zu sprechen. Die Frage ist nicht nur von propagandistischer und moralischer Bedeutung, sondern sie hat auch eine schwerwiegende politische Seite. Will die Bundesregierung später einmal bei internationalen Konferenzen, wo vielleicht über Frieden und deutsche Grenzen entschieden wird, als eine Regierung auftreten, die nur einen Teil Deutschlands vertritt, gerät sie völkerrechtlich in eine schwierige Situation. Berechtigte Ansprüche – nicht zuletzt auf den deutschen Osten – können dann nicht erhoben werden. Die europäischen Regierungen werden dann jede Chance nutzen, um am Konferenztisch Vorteile für sich zu sichern. Der Bundeskanzler glaubt nicht, daß Deutschland jemals in der Lage sein wird, seine Vorkriegsschulden abzutragen. Keine europäische Regierung, mit Ausnahme Finnlands, habe auch bis jetzt ihre Schulden an Amerika zurückgezahlt.
4) Die Revision des Besatzungsstatuts[8] wird der Bundesrepublik manchen Vorteil bringen. Die alliierten Eingriffe gegenüber deutschen Gesetzen werden auf ein Vetorecht beschränkt. Die Bundesrepublik erhält ein Außenministerium und eigene diplomatische Vertretungen[9]. Auch dieses revidierte Besatzungsstatut wird nur kurze Dauer haben. Schon Mitte kommenden Jahres ist mit einer endgültigen Revision zu rechnen, die der deutschen Regierung die volle Souveränität zurückgibt.
5) Das Verhältnis zwischen Bund und Ländern hat sich verschlechtert. Die Verhandlungen über die Aufstellung der Bereitschaftspolizei haben gezeigt, daß verschiedene Länder nicht bereit sind, dem Bund das zu geben, was er braucht[10]. Die wirklichen Föderalisten – die Bayern – haben sich sehr bundestreu verhalten.

Nr. 4
24. November 1950: Tee-Empfang (Information von Marliese Grouven[1], Bonn, vom 24. und 28. November 1950)
PA Marliese Wirth, Akte Informationen ab 1.9.1950

Teilnehmer: Marliese Grouven und weitere nicht zu ermittelnde Journalisten

Beginn: 16.45 Uhr[2]

Information vom 24. November 1950
Antwort an die SPD
Vor einem kleinen Kreis von Journalisten nahm der Kanzler heute noch einmal zum Wahlergebnis in Hessen und Württemberg-Baden[3] Stellung. Nach seiner Auffassung wird diesen Resultaten zu große und zu grundsätzliche Bedeutung beigemessen. Wenn man Landtagswahlen überhaupt zum Maßstab politischer Vorgänge in der Bundesrepublik machen wolle, dann dürfe man sich nicht auf die Ergebnisse verhältnismäßig kleiner Bezirke beschränken, sondern müsse alle Wahlen, z. B. auch die von Schleswig-Holstein und Nordrhein-Westfalen, zum Vergleich heranziehen.
Die Niederlage der CDU in Hessen sei unschwer zu erklären. Die Bevölkerung Hessens sei überwiegend protestantisch, und naturgemäß besitze Pfarrer Niemöller[4] in seinem engeren Wirkungsbereich, insbesondere auf die evangelische Geistlichkeit, einen nicht zu übersehenden Einfluß. Infolge der Koalition SPD–CDU habe man in der Union seit langem mit einer Einbuße der Stimmen für die Union bei den nächsten Landtagswahlen gerechnet. Die Verluste seien jedoch unerwartet hoch[5], was nicht zuletzt auch damit zusammenhänge, daß die Bevölkerung Hessens infolge der Koalition nicht nur in innenpolitischen Angelegenheiten einen klaren Kurs vermißt habe, sondern durch die Agitation der SPD in der Frage der Remilitarisierung diese Unsicherheit auf die Gesamtunion und auch auf die höhere politische Ebene übertragen habe.
In ‹Württemberg-Baden›[a] habe sich besonders ungünstig die Uneinigkeit in der Union über die Frage des Südweststaates ausgewirkt[6]. Entscheidend über allen örtlichen Mißhelligkeiten habe jedoch die von der SPD in skrupellosem Parteiegoismus unter bewußter Fälschung und Verdrehung der Tatsachen geführte Diskussion über die Remilitarisierung gestanden. Dr. Schumacher sei von ihm – entgegen seiner sonstigen Gewohnheit – bis in alle Einzelheiten über das Problem eines eventuellen deutschen Verteidigungsbeitrages unterrichtet worden. Unter Außerachtlassung jegli-

cher Fairness habe dieser lediglich von denjenigen Mitteilungen Gebrauch gemacht, die ihm in sein Konzept paßten, und alles ihm Unangenehme verschwiegen. So sei es dazu gekommen, daß in fast allen kleineren Wahlversammlungen SPD-Redner die Parole ausgegeben hätten: »Wer Adenauer wählt, wählt den Krieg, wer die SPD wählt, wählt den Frieden!« Diese bewußt böswillige Verzerrung habe natürlich insbesondere bei den Frauen nicht ohne Auswirkung bleiben können.
Noch immer sei der Zeitpunkt für ein klares Wort seitens der Regierung durch das Zögern der westlichen Alliierten nicht gekommen. Wohl aber sei er in der Lage, die falschen Behauptungen Dr. Schumachers[7] richtigzustellen und habe sich deswegen entschlossen, den wesentlichen Teil des Sicherheitsmemorandums und seine Auskunft an die New Yorker Außenministerkonferenz der Öffentlichkeit mitzuteilen[8]. Diese Aufklärung sei um so dringender, da weitere Wahlen bevorstünden[9].
Weiter beschäftigte sich der Kanzler besonders mit dem Rückgang der KPD[10]. Nach seiner Auffassung dürfe daraus nicht gefolgert werden, daß es jetzt weniger Kommunisten in der Bundesrepublik gebe, sondern daß damit das Versagen der SED-Propaganda dokumentiert sei. Nach bereits länger zurückliegenden zuverlässigen Meldungen habe die SED die Parole ausgegeben, die SPD zu infiltrieren. Der ungeschminkte Kommunismus besitze z. Zt. in Westdeutschland keine Chancen; die einzige Möglichkeit, für ihn Boden zu gewinnen, bestehe nach Auffassung der SED z. Zt. darin, auf die radikalsten Kreise der SPD direkt und indirekt Einfluß zu nehmen. Dieser Parole habe Dr. Schumacher einen weiteren Teil seiner Stimmengewinne zu verdanken.
Fortsetzung folgt.

Information vom 28. November 1950
Fortsetzung zu: *Antwort an die SPD*
Sicherheitsvertrag anstelle des Besatzungsstatuts
Wie bereits durch die Tagespresse bekanntgeworden, hatte Bundeskanzler Dr. Adenauer in der internen Pressebesprechung am vergangenen Wochenende [24. November 1950] seinen Wunsch bekanntgegeben, die Alliierten möchten das Besatzungsstatut für die Bundesrepublik durch einen Sicherheitsvertrag mit der Bundesrepublik ersetzen.
Z. Zt. beschäftigen sich die deutschen und alliierten Juristen eingehend mit dem vorgelegten Revisionsentwurf des Besatzungsstatuts[11]. Auf beiden Seiten sind noch gewisse Bedenken vorhanden, die jedoch bereits in Kürze ausgeräumt sein dürften. Nach Ansicht des Kanzlers ist es entscheidend, daß von den Alliierten eine völlig veränderte Atmosphäre

geschaffen wird. Es wäre richtig, wenn die Alliierten einsähen, daß sie von der Bundesrepublik einen aktiven Beitrag wirtschaftlicher oder militärischer Art zur Verteidigung des Westens nur erwarten können, wenn die ungünstige Atmosphäre, die schon durch den Begriff »Besatzungs-*statut*« gekennzeichnet ist, endgültig verschwindet.

Der Kanzler hat sich nach seinen Darstellungen vor der Presse in zahlreichen Gesprächen mit den Alliierten bemüht, hierfür Verständnis zu finden. Er hat keine Bedingungen gestellt, jedoch konkret vorgeschlagen, das Besatzungsstatut durch einen Sicherheitsvertrag oder etwas Ähnliches zu ersetzen. Dr. Adenauer ist grundsätzlich mit seinem Wunsch auf Verständnis gestoßen; er ist der Meinung, daß diese Angelegenheit wegen der jüngsten Entwicklung mehr eilt denn je.

In diesem Zusammenhang sprach der Kanzler auch über die Kosten, welche die Bundesrepublik im Zusammenhang mit einem eventuellen Verteidigungsbeitrag zu übernehmen hätte. Dr. Adenauer hat dabei wiederholt darauf hingewiesen, daß wir Kosten nur im Rahmen unserer Möglichkeiten, d. h. unter Aufrechterhaltung unserer notwendigen sozialen Verpflichtungen auf uns nehmen können. Es könne keine Rede davon sein, daß die Bundesrepublik etwa 10 Prozent ihres Sozialprodukts, wie das gelegentlich gewünscht wurde, für Rüstungszwecke ausgeben könne. Dr. Adenauer hat bei der Begründung dieser seiner Ansicht darauf hingewiesen, daß der amerikanische Präsident Truman[12] unlängst erklärt hat, daß trotz aller Bemühungen eines Volkes, seine Wehrbereitschaft zu festigen, die notwendigen Sozialausgaben auch in bedrohlichen Zeiten gewährleistet sein müßten[13]. Dr. Adenauer erklärte sein Einverständnis zur Einsetzung einer neutralen Kommission, welche die Zahlungsfähigkeit der Bundesrepublik überprüfen sollte.

Zum Problem der Auslandsschulden sagte der Kanzler: Diese Frage hat ihre besonderen Tücken. Manch einem wird es unverständlich vorkommen, daß wir bereit sind, die gesamten Schulden des alten Deutschen Reiches anzuerkennen[14]. Würden wir das nicht tun, wäre für den kommenden Friedensvertrag ein unheilvolles Präjudiz geschaffen. Wenn wir sagen, die Bundesrepublik kann nur soviel Schulden anerkennen wie prozentual auf sie entfallen, nachdem die Sowjetzone abgetrennt ist und weite Gebiete an Polen verlorengegangen sind, dann hätten wir damit diesen Zustand als endgültig anerkannt und könnten uns bei einem Friedensvertrag nicht mehr auf die Forderung nach Wiedervereinigung des gesamten deutschen Staatsgebietes berufen.

Abschließend beschäftigte sich der Kanzler mit der Frage, wie sich auf die Dauer gesehen die Amerikaner entscheiden würden, d. h. für Europa oder Asien. Bei dieser Entscheidung spiele natürlich die europäische Haltung eine Rolle. Die letzte Sitzung des Europarats[15] gebe keinen Anlaß, ermutigt in die Zukunft zu blicken. Ein neues Vierertreffen sei nicht ausgeschlossen. Dabei wäre es durchaus denkbar, daß eine Regelung gefunden würde, die in der Praxis eine Anerkennung des gegenwärtigen Zustandes bedeute. Wenn jede der Großmächte aber behielte, was sie jetzt besitze, dann sei für unabsehbare Zeit nicht an eine Rückkehr der Sowjetzone zu denken.

Nr. 5
8. Dezember 1950: Tee-Empfang (Aktennotiz von Franz Hange, Bonn, für dpa Hamburg, Chefredaktion, Herrn Sänger)

PA Franz Hange, Akte Tee-Gespräche Adenauer 1950–1955

Teilnehmer: Franz Hange und weitere nicht zu ermittelnde Journalisten

Beginn: 16.40 Uhr[1]

Der Bundeskanzler führte während des Tee-Empfangs am 8. Dezember [im] einzeln[en] aus:
Aufgrund der internationalen Spannungen[2] besteht kein Grund zur Panikstimmung. Wenn man jedoch die Ereignisse prüft, die jetzt im Fernen Osten vor sich gehen und dann die Zeit um 1 Jahr zurücksetzt, so muß man sagen, daß wir [uns] damals – Weihnachten 1949 – in einem Zustand der Sicherheit befanden[3]. Von amerikanischer Seite ist dem Bundeskanzler gesagt worden, daß man von den USA die Macht Rotchinas und nicht zuletzt den vorhandenen russischen Einfluß auf die chinesischen Machthaber unterschätzt hat. Die Russen werden keinen Krieg wollen, da ihnen die Risiken zur Zeit noch zu groß sind. Wenn man das bisherige Verhalten der Sowjets kennt, dann weiß man, daß sie andere Möglichkeiten haben, um ihren Einfluß zu erweitern. Man weiß jedoch nicht, was in Korea geschieht. Was werden die Amerikaner unternehmen, wenn die Rotchinesen den 38. Breitengrad überschreiten und damit die UNO-Truppen aus Korea verdrängen? Kriege können durch eine plötzliche Komplikation entstehen. Die Geschichte lehrt, daß es oft Kleinigkeiten sind, welche Weltkriege zum Austrag bringen.
Die Frage des deutschen Verteidigungsbeitrags ist ein Schicksalsproblem des deutschen Volkes. Die Bundesregierung hat von September ab keine Kenntnis mehr von alliierter Seite über die Möglichkeiten eines deutschen Verteidigungsbeitrags. Man hört von vielen Vorschlägen und soll nicht alle Nachrichten so ernst nehmen. Die Bundesregierung hält an ihrem Grundsatz fest:
1. Die volle Gleichberechtigung des deutschen Kontingents.
2. Keine Diskriminierung des deutschen Partners.
3. Keine ungünstigeren Bedingungen gegenüber den anderen Partnern.
Die Bundesregierung hat von den bisherigen Verhandlungen der Alliierten den Eindruck, daß man zunächst ein *vorläufiges Stadium* schaffen will[4]. Es ist dies vielleicht ganz gut, aber auch auf die Dauer nicht tragbar. Auch für die Schaffung eines solchen Provisoriums gilt nach Ansicht

der Bundesregierung das Festhalten an den Grundsätzen der vollen Gleichberechtigung, der Ablehnung jeder Diskriminierung und der Beteiligung unter gleichen Bedingungen. Die Bundesregierung betrachtet die provisorische Lösung als eine Übergangsphase. Es besteht jedoch die Gefahr, daß ein solches Provisorium zu einem Definitivum wird. Ein Übergangsstadium bedeutet Zeitverlust.

Wenn eine starke europäische Armee geschaffen werden soll, dann kann dies nur unter vollem Einsatz aller Möglichkeiten geschehen. Halbe Lösungen wären nur schädlich, dies nicht zuletzt im Hinblick auf die Stärke und die Ausrüstung der vorgesehenen Verbände. Kampfgruppen in Stärke von Brigaden haben keinen militärischen Nutzeffekt[5]. Eine Verzettelung der Kräfte muß vermieden werden. Die Methode des Einsatzes muß bei aller europäischen Gemeinsamkeit nach nationalen Gesichtspunkten erfolgen. Ein Durcheinanderwerfen der Verbände ist schädlich.

Eine Entscheidung über all diese Probleme kann nur auf der politischen Ebene erfolgen. Wenn man bereit ist, uns als gleichberechtigte Partner aufzunehmen und wir ja dazu gesagt haben, dann nehmen auch wir an den Konferenzen über die technische Verfahrensweise teil. Ende Januar/Anfang Februar [1951] ist das Stadium zu erwarten, in dem diese Frage spruchreif wird.

Der Bundeskanzler ist überzeugt, daß sich die Westmächte zu einer Viererkonferenz[6] bereitfinden. Dies nicht zuletzt im Hinblick auf die Verhältnisse im Fernen Osten. Aufgrund der bisherigen Erfahrungen dürfte jedoch kein Anlaß bestehen, daß ein Übereinkommen gefunden wird. Bei dem Grotewohl-Brief[7] an den Bundeskanzler ist die Frage zu prüfen, ob es sich um einen Propagandatrick oder um eine wirkliche Bereitschaft der Ostzonenregierung zu einem ehrlichen Gespräch handelt. Der Bundeskanzler hat mit einer Beantwortung des Briefes keine Eile. Es erfolgt keine Antwort ohne eine vorherige Fühlungnahme mit den Hohen Kommissaren und nicht zuletzt mit den Parteichefs des Parlaments. Der Brief Grotewohls wurde durch einen Sonderkurier der Ostzonenregierung an Ministerialdirektor Globke[8] mit der Adresse »An den Bundeskanzler Dr. Adenauer, Bundesregierung, Bonn« überbracht.

Die Verkündung der ersten Revision des Besatzungsstatuts wird voraussichtlich in der übernächsten Woche in feierlicher Form erfolgen[9]. Vorher muß die Frage der Anerkennung der deutschen Auslandsschulden geklärt werden[10]. Das Parlament selbst soll dazu noch nicht gefragt werden. Die Bundesregierung gibt aber nur dann eine Anerkennungserklärung ab, wenn der Auswärtige Ausschuß [des Deutschen Bundestags] dieser Erklärung seine Zustimmung gegeben hat. Es ist sicher, daß eine solche Zustimmung erfolgt. Der Auswärtige Ausschuß will eine Reihe juristischer Fragen klären. Die erste Revision des Besatzungsstatuts ist als ein Übergangsstadium zu betrachten. Der Bundeskanzler besteht auf seiner Note vom 29. August [1950][11], wonach er anstelle des Besatzungsstatuts einen zweiseitigen Sicherheitsvertrag wünscht[12]. Eine deutsche Studienkommission soll eingesetzt werden, die die Frage nachprüfen soll, wie man die alliierte Gesetzgebung in eine deutsche umwandeln und einbauen kann[13].

»Klein, aber mein.« (E.M.Lang)

Nr. 6
15. Dezember 1950: Tee-Empfang (Aktennotiz von Franz Hange, Bonn, für Chefredakteur Fritz Sänger, Hamburg, vom 16. Dezember 1950)
PA Franz Hange, Akte Tee-Gespräche Adenauer 1950–1955

Teilnehmer: Franz Hange und weitere nicht zu ermittelnde Journalisten

Beginn: 16.30 Uhr[1]

Der Bundeskanzler eröffnete am Freitag [15. Dezember 1950] das Teegespräch mit einer Frage, ob die deutsche Öffentlichkeit sich eigentlich über den Ernst der Stunde klar sei und über die Größe der Gefahren, denen der Bund[2] und die westliche Welt ausgesetzt wären. Der Kanzler gab zu verstehen, daß die chinesische Offensive in Korea[3], der Vorschlag, eine Viererkonferenz abzuhalten[4] und der Grotewohl-Brief[5] nichts anderes seien als Steine in einem großen Mosaik, dessen endgültiges Bild die Züge eines bolschewistischen, zum mindesten aber eines politischen Angriffs trügen.
Die Brüsseler Konferenz[6] wünscht der Bundeskanzler nach seiner Donnerstag-Besprechung mit den Hohen Kommissaren[7] im Augenblick nicht behandelt zu sehen. Die Alliierten fürchten, daß durch ein fortgesetztes deutsches Hämmern von französischer Seite u. U. in Brüssel Schwierigkeiten gemacht werden können. Er habe alles getan, um den Hohen Kommissaren den deutschen Standpunkt zum Brüsseler Thema klarzumachen. Mehr als er könne man nicht drücken. Und nun bleibe abzuwarten, welches Ergebnis diese für Deutschland entscheidende Konferenz bringen werde. Entsprechend der Bedeutung der Konferenz wird der Kanzler nicht am kommenden Freitag [22. Dezember 1950], sondern schon am Mittwoch oder Donnerstag seinen Tee-Kreis versammeln, um seine Stellungnahme zu den Brüssel-Ergebnissen zu geben.
Die Bedeutung der Brüsseler Konferenz geht nach Ansicht des Bundeskanzlers schon daraus hervor, daß der amerikanische Außenminister[8] sich trotz der Notstandserklärung in den USA[9] für 24 Stunden nach Belgien begeben wird[10]. Brüssel sei gewählt worden, um die Konferenz im Zeichen einer defensiven und friedlichen Maßnahme erscheinen zu lassen. Aus diesem Grunde habe man weder Paris noch London als Tagungsort gewählt. Es sei zu hoffen, daß in der Haltung der drei Westmächte zum deutschen Gleichberechtigungsstreben eine Einigung erzielt werden kann. Adenauer gab zu verstehen, daß insbesondere die Franzosen hier noch Schwierigkeiten bereiten. Dagegen würden England und

die USA grundsätzlich auf der deutschen Linie liegen. Konkrete Beschlüsse hinsichtlich des deutschen Verteidigungsbeitrags erwartet der Kanzler erst nach einer erneuten Konsultation des Westens mit der Bonner Regierung. Er erwartet auch nicht, daß die Westmächte für den Fall, daß in Brüssel für Deutschland nur schwer annehmbare Ergebnisse erzielt würden, zu Alternativmaßnahmen greifen würden, wenn Deutschland zu diesem oder jenem Punkt Schwierigkeiten machen würde.
In diesem Zusammenhang beschäftigte sich Adenauer mit der Neutralitätstheorie Prof. Noacks[11], des Begründers des sogenannten Nauheimer Kreises. Adenauer gab seiner Befürchtung Ausdruck, daß in Brüssel von russischer Seite mittels Druck auf Frankreich der Versuch gemacht wird, die sogenannte Neutralisierung Deutschlands zu betreiben. Adenauer hält es für möglich, daß die Russen bereit sind, die Erreichung dieses Ziels mit einigen Konzessionen zu erkaufen. Dies würde den Untergang Westdeutschlands bedeuten. Adenauer lehnt diesen sogenannten Neutralisierungsgedanken ab, weil »die Russen auf der einen Seite jedes westdeutsche Schießgewehr ablehnen, auf der anderen Seite jedoch eine Neutralität ohne Verteidigungsmöglichkeit ein Ding der Unmöglichkeit ist«.
Um das Brüsseler Klima nicht zusätzlich zu belasten, ist die Antwort an Grotewohl[12] bisher noch nicht erfolgt. Der Kanzler betrachtet den Grotewohl-Brief im wesentlichen als innenpolitische Propaganda[13]. In der Unterredung, die vor ungefähr acht Tagen mit allen Fraktionsvorsitzenden einschließlich der SPD Adenauer geführt hatte[14], sei man sich in der Unannehmbarkeit der Grotewohl-Vorschläge einig gewesen. Nur über die Prozedur der Beantwortung habe jede Fraktion einen anderen Vorschlag gemacht. Der Kanzler wies darauf hin, daß die Prager Beschlüsse der Ost-Außenminister auf dem Potsdamer Abkommen beruhen[15]. Eine Verwirklichung dieser Beschlüsse also würde Deutschland praktisch um fünf Jahre zurückwerfen. Dieses Abkommen sehe den Alliierten Viererrat vor, in dem mit einem Veto eines der Mitglieder die gesamte deutsche Regierungs- und Verwaltungsmaschinerie lahmgelegt werden könne.
Adenauer gab auch zu bedenken, daß jedes Gespräch oder jede Fühlungnahme mit Grotewohl oder Ostdeutschland noch vor der Brüsseler Konferenz die deutsche Situation erheblich erschweren müsse. Vorherige innerdeutsche Abmachungen würden die zu erwartenden Zugeständnisse der Westmächte u. U. unmöglich machen. Eine Bundesregierung jedoch, die weitgehend ihre Souveränität zurückerhalten habe, darüber hinaus über eine Verteidigungsstreitmacht verfüge, wäre ein Verhand-

lungspartner, den man von russischer Seite auch nicht übergehen könne. Dies müsse auch das Hauptziel der deutschen Politik sein, durch eigene Stärke ein Verhandlungspartner zu werden. Nur dies würde letzten Endes auch vom Kreml respektiert.
Adenauer hat sich mit den Hohen Kommissaren über den Grotewohl-Brief eingehend unterhalten[16]. Sie haben ihm bei der Beantwortung freie Hand gelassen, wohl aber um eine laufende Unterrichtung gebeten.
Nach Ansicht Adenauers bildet auch die Frage des völligen Auseinanderlebens West- und Ostdeutschlands bei seinen Überlegungen eine Rolle. Die Russen würden auf jeden Fall darauf bestehen, daß ihre politischen Maßnahmen, wie die Bodenreform und die Sozialisierung[17], durchgeführt würden.
Der Kanzler betonte, daß der Grotewohl-Brief unter allen Umständen beantwortet wird. Es gäbe dabei drei Möglichkeiten: 1) Eine unmittelbare Beantwortung des Grotewohl-Briefes in der gleichen Form. Dies würde jedoch praktisch eine Anerkennung der Ostzonenregierung und der russischen Okkupationsmaßnahmen bedeuten. 2) Eine Stellungnahme der Bundesregierung, die vom Bundestag oder auf einer Pressekonferenz bekanntgegeben wird. Dieser Weg sei der geeignetste und würde auch dem Willen der Parteien entsprechen. 3) Die Überreichung eines Aide-Mémoires durch den Vertreter der Bundesregierung in Berlin, Dr. Vockel[18], der dabei gleichzeitig auch eine mündliche Erläuterung geben könnte. Dieser Weg würde zunächst die Entwicklung hinauszögern und auf das diplomatische Geleis verschieben. Eine Entscheidung hierüber kann jedoch erst nach der Brüsseler Konferenz getroffen werden.
Der Bundeskanzler wird noch vor der Brüsseler Konferenz, wahrscheinlich am Montag [18. Dezember 1950], die formelle Anerkennung der deutschen Auslandsschulden aussprechen[19]. Trotz der bestehenden Schwierigkeiten im Auswärtigen Ausschuß [des Deutschen Bundestags] glaubt Adenauer unter den augenblicklichen außenpolitischen Umständen alles tun zu müssen, um der Brüsseler Konferenz eine günstige Atmosphäre zu schaffen. In der amerikanischen Öffentlichkeit habe sich schon wegen der Hinauszögerung deutscherseits starker Unwille gezeigt. Die Hohen Kommissare haben dem Kanzler zu verstehen gegeben, daß mit dem Inkrafttreten des neuen Besatzungsstatuts[20] neue Verhandlungen über zusätzliche Erleichterungen beginnen. Der britische Hohe Kommissar, Sir Ivone Kirkpatrick, habe erklärt, eine Nichtanerkennung der deutschen Schulden könne für die alliierte Politik in Westdeutschland katastrophale Folgen haben. Adenauer hält es für möglich, daß die Amerikaner bei einer weiteren Weigerung der Bundesrepublik,

die Schulden zumindest formell anzuerkennen, einen gewissen Teil ihrer Rohstoffe und Geldmittel nicht mehr bereitstellen.
Adenauer meint, daß die starken amerikanischen Aufrüstungs- und Verteidigungsbemühungen, die sich nicht zuletzt auf die Ausrufung des nationalen Notstands beziehen, für Europa gegenstandslos werden, wenn Europa den Amerikanern mit aller Gewalt seine politische, militärische und wirtschaftliche Trägheit beweisen will. Adenauer hofft, daß unter dem Eindruck der Brüsseler Konferenz das Parlament eine richtige Entscheidung in der Auslandsschuldenfrage treffen wird. Zunächst will die Bundesregierung die Anerkennung aussprechen, das Bundeswirtschaftsministerium wird dann einen Vertrag entwerfen, der dem Bundesrat und Bundestag zur Ratifikation zugestellt wird. Vor Februar ist eine Entscheidung nicht zu erwarten.
Der Zentrumsantrag bezüglich eines deutschen Beitritts zur UNO[21] ist nach den Worten Adenauers eine gute Idee. Im Augenblick jedoch würden viel nähere und unmittelbarere Sorgen vorliegen.
Es bleibt abschließend zu bemerken, daß nach den Worten des Kanzlers deutsche militärische Sachverständige bereits an der Arbeit wären, um einen möglichen deutschen Verteidigungsbeitrag im Sinne einer Planungsarbeit vorzubereiten. Namen zu nennen, lehnte der Kanzler ab[22].

Nr. 7

22. Dezember 1950: Tee-Empfang (Aktennotiz von Franz Hange, dpa Bonn, für dpa Hamburg, Chefredakteur Fritz Sänger)

PA Franz Hange, Akte Tee-Gespräche 1950–1955

Teilnehmer: Franz Hange und weitere nicht zu ermittelnde Journalisten

Beginn: 17.15 Uhr[1]

Der Bundeskanzler leitete seinen Tee-Empfang, den letzten im Jahre 1950, mit dem Problem der Auslandsschulden ein. Seine ursprüngliche Bereitschaft, unmittelbar eine formelle Zustimmungserklärung zu geben[2], sei aus dem Grunde erfolgt, um für Brüssel[3] eine günstige Atmosphäre zu schaffen. Da jedoch den Alliierten eine allgemeine Erklärung nach Mitteilung des britischen Hohen Kommissars nicht genügt haben würde, habe er die Frage zurückstellen müssen. Das Problem würde nunmehr im Auswärtigen Ausschuß [des Deutschen Bundestags] erneut behandelt. Bedauerlich sei nur, daß dadurch die positiven Seiten der New Yorker Außenministerbeschlüsse[4], wie Schaffung eines Außenministeriums, Beschränkung der alliierten Eingriffe in die deutsche Lizenzgebung, noch nicht wirksam werden können. Die Hauptleidtragenden seien auch die deutschen Generalkonsuln im Ausland, die nunmehr noch nicht Gesandte und Botschafter werden können[5].

Zu den Donnerstagverhandlungen [21. Dezember 1950] auf dem Petersberg[6] übergehend, erklärte Dr. Adenauer, daß noch keine festen Beschlüsse gefaßt worden seien. Die Mitteilung der Ergebnisse der Brüsseler Konferenz stelle nach seiner Ansicht den Anfang einer neuen historischen Entwicklung dar. Die Deutschen würden nicht mehr vor vollendete Tatsachen gestellt, auf sie würde kein Druck ausgeübt, und sie wären bei den nunmehr beginnenden Gesprächen über den deutschen Verteidigungsbeitrag gleichberechtigte Partner. Adenauer erwartet jedoch langwierige militärtechnische Verhandlungen. Daneben würden wahrscheinlich mit Frankreich Besprechungen über den Pleven-Plan aufgenommen, der die Aufstellung einer europäischen Armee mit gleichberechtigter Stellung Deutschlands vorsehe. Ob Deutschland an den Pariser Verhandlungen im Januar teilnehme, sei noch nicht entschieden. Diese Frage müsse mit dem Kabinett und den Parteien besprochen werden.

Auf dem Petersberg hat der Bundeskanzler darauf hingewiesen, daß es unmöglich beim gegenwärtigen Status des Besatzungsstatuts bleiben könne, wenn Deutschland einen Verteidigungsbeitrag leisten soll. Es müßten dabei jedoch schwierige juristische Tatbestände aus dem Wege geschafft werden, die nur durch Verhandlungen geklärt werden können. Zu diesem Zweck würde eine besondere Abteilung in der auswärtigen Dienststelle eingerichtet, die Material, Gutachten und Denkschriften zu den verschiedenen Problemen ausarbeiten soll[7]. Staatssekretär Hallstein[8] und Ministerialdirektor Blankenhorn[9] würden auf der Basis dieser Unterlagen die Verhandlungen führen.

Der Kanzler sieht zwei Punkte als Voraussetzung für ein vernünftiges Zusammenleben zwischen Deutschen und Alliierten an. Erstens die Aufhebung des Kriegszustandes mit Deutschland, und zweitens den Abschluß eines Sicherheitsvertrages, der endgültig das Besatzungsstatut löst. Voraussetzung für die Erledigung dieser Probleme sei jedoch die Verwirklichung der New Yorker Außenministerbeschlüsse und der damit verbundenen ersten Revision des Besatzungsstatuts.

Nach Ansicht des Bundeskanzlers stellt die Bereitschaft der Bundesregierung, bereits jetzt mit der Alliierten Hohen Kommission über den militärischen Beitrag Deutschlands zu verhandeln, eine Notwendigkeit dar. Diese Verhandlungen müßten geführt werden, um die Einzelheiten der militärischen Vorschläge der Alliierten zu erkennen. Erst aufgrund dieser Kenntnis könne man dem Bundestag bestimmte Vorschläge unterbreiten, über die er dann entscheiden müsse.

Nach der Mitteilung der Alliierten Hohen Kommissare würde es beim neuen Oberbefehlshaber, also bei General Eisenhower[10] liegen, in welcher Form die Organisation seiner Verbände erfolgt. Für den deutschen Beitrag sei aufgrund der Brüsseler Beschlüsse bisher die Aufstellung von Kampfgruppen in Stärke von 5[000] bis 6000 Mann vorgesehen. Wenn man deutscherseits zu diesen Kampfgruppen ja sage, dann müßte sich durch die militärtechnischen Verhandlungen herausstellen, daß sie in ihrer Zusammenstellung den taktischen Bedürfnissen des modernen Krieges entsprechen. Es sei jedoch unvorstellbar, daß Eisenhower Truppen kommandieren würde, die keinen militärischen Wert besäßen.

Die russische Befürchtung sei falsch, daß es von alliierter oder von deutscher Seite beabsichtigt wäre, mehr als 10 oder 15 deutsche Divisionen oder dementsprechend 25 bis 30 Kampfgruppen aufzustellen. 15 deutsche Divisionen im Rahmen der 60 Divisionen, über die Eisenhower insgesamt verfügen soll, stellten eine Verteidigungsarmee und keine Angriffsarmee dar. Wenn Deutschland mehr als 15 Divisionen stellen würde, dann hätte damit die Eisenhower-Armee einen aggressiven Charakter. Dies würde seines Wissens weder im Sinne der alliierten Überlegungen liegen und von deutscher Seite, insbesondere vom Bundeskanzler, abgelehnt werden.

Über die ökonomische Heranziehung der deutschen Wirtschaft seien von alliierter Seite noch keine Pläne vorgebracht worden. Eine schwierige Frage bilde auch die Finanzierung, über die noch im einzelnen gleichfalls mit den Alliierten verhandelt werden müsse. ‹Für› [a] Deutschland dürfte es auch von Bedeutung sein, daß deutsche Offiziere im Stabe Eisenhowers vertreten sein werden. Auch würde die Bundesregierung sich nur dann für einen Verteidigungsbeitrag entscheiden, wenn der Einsatz dieser Truppe näher umrissen werde. Dies alles würde im Rahmen der militärtechnischen Gespräche geschehen[11].
Die Viererkonferenz[12] wird nach Ansicht des Kanzlers langwierig und schwierig sein, da man aufgrund der Note der Westmächte[13] nicht nur Deutschlandfragen, sondern auch die übrigen schwebenden Probleme behandelt wissen will. Die Amerikaner hätten in Brüssel insofern ein Ziel erreicht, als sie einmal ihre Bereitschaft für Viermächteverhandlungen und zum zweiten gleichzeitig Verhandlungen über einen deutschen Verteidigungsbeitrag durchgesetzt hätten. Außenminister Acheson habe gewußt, warum er diese Fragen nicht überstürzt mit seinen alliierten Partnern ausgetragen habe.
Nach Ansicht des Bundeskanzlers würde, falls es wirklich über die Vorverhandlungen hinaus zu Viermächteverhandlungen kommt, Deutschland kein Tauschobjekt darstellen. Voraussetzung hierfür sei jedoch die deutsche Bereitschaft, an der Verteidigung der westlichen Welt mitzuwirken. Es sei ein Unterschied, wenn die Alliierten erklärten, sie wollten Deutschland auch ohne deutschen Beitrag verteidigen. Wenn dies geschehe, dann sei Deutschland lediglich ein strategischer Raum. Sollte Deutschland aber bereit sein, sich an einer Verteidigung zu beteiligen, dann seien auch die Alliierten moralisch verpflichtet, für die Bundesrepublik auf der politischen Bühne einzustehen. Über diese Probleme will der Bundeskanzler unmittelbar zu Beginn des neuen Jahres mit dem Kabinett und den Parteiführern Fühlung aufnehmen. Adenauer sprach dabei die Hoffnung aus, auch mit der sozialdemokratischen Opposition zu einem Übereinkommen zu gelangen[14]. Dr. Schumacher sei in seinen Äußerungen zwar sehr temperamentvoll. Auf der anderen Seite besitze er jedoch die Überlegungskraft, die wirklichen Probleme zu erkennen.
Für das kommende Jahr erwartet der Bundeskanzler schwere Belastungen. Er rechnet jedoch nicht mit Krieg, meint aber, daß die internationalen Spannungen zunehmen. Deutschland würde dabei vor besondere Entscheidungen gestellt[15].

Nr. 8

8. Februar 1951: Tee-Empfang (Aktennotiz von Franz Hange, Bonn, für Chefredakteur Fritz Sänger, Hamburg, vom 9. Februar 1951)

PA Franz Hange, Akte Tee-Gespräche Adenauer 1950–1955

Teilnehmer: Marliese Grouven, Franz Hange und weitere nicht zu ermittelnde Journalisten – Werner Krueger[1]

Beginn: 18.00 Uhr[2]

Mitbestimmung

Die Bundesregierung lehnt den von den Gewerkschaften ausgeübten Druck auf den Gesetzgeber ab[3]. Dies ist auch Dr. Böckler[4] und den anderen Gewerkschaftsvertretern[5] gesagt worden. Ein Gesetzgeber muß sich frei fühlen und darf nicht unter den Druck der Interessenten gesetzt werden. Auf der anderen Seite darf man nicht sagen, wenn Druck ausgeübt wird, dann sind Verhandlungen abzulehnen. Die erzielte Einigung über die Mitbestimmung in der Eisenindustrie und im Kohlenbergbau ist nicht ohne weiteres schematisch auf andere Industriezweige zu übertragen. Darüber besteht zwischen Böckler und dem Bundeskanzler Übereinstimmung. Die Arbeitgeber haben die Mitbestimmungsfrage auf dem Gebiet Kohle und Eisen falsch behandelt. Die bereits durch das Alliierte Gesetz Nr. 27[6] gewährte Mitbestimmung von seiten der Gewerkschaften hat sich in diesen Industriezweigen bewährt. Es wäre daher falsch, den Arbeitnehmern diese Rechte wieder zu nehmen. Der Bundeskanzler hofft auf eine große Mehrheit im Bundestag für den Gesetzentwurf der Regierung[7]. Wenn die FDP sich der Zustimmung versagt[8], dann wird der Bundeskanzler sich die Mehrheit bei anderen Parteien suchen. Eine Ablehnung der FDP bedeutet aber nicht ein Ausscheiden aus der Koalition. Die Regierungskoalition ist fester denn je. Dies hat die Abstimmung in der FDP-Fraktion bewiesen, wo ein Antrag auf Ausscheiden aus der Koalition gegen die eine Stimme des Antragstellers (von Rechenberg[9]) abgelehnt wurde.

Schuman-Plan

Die Schuman-Plan-Verhandlungen sind in den letzten Tagen einen wichtigen Schritt weitergekommen. Zwischen den deutschen und französischen Verhandlungspartnern wurde über die Behandlung des Problems der Ruhrbehörde Übereinstimmung erzielt[10]. Nach der Paraphierung des Schuman-Plans[11] wird die französische Regierung in einem Schreiben[12] an die Bundesregierung und die übrigen Partner des Ruhrabkommens

mitteilen, daß der Fortbestand der Ruhrbehörde sich mit den Prinzipien des Schuman-Plans nicht vereinbaren lasse. Die französische Regierung schlage daher vor, das Ruhrabkommen entsprechend zu revidieren. Der Bundeskanzler rechnet damit, daß die britische und amerikanische Regierung den deutsch-französischen Vorschlägen zustimmen werden.
Die Frage des Kohlenverkaufs und der Verbundwirtschaft wird nicht hundertprozentig im deutschen Sinne gelöst werden[13]. Die Bundesregierung wird hier den französischen Wünschen entgegenkommen müssen. Es muß jedoch festgestellt werden, daß die deutsche Wirtschaft dabei keinen Schaden leidet. Die Verwirklichung des Schuman-Plans bedeutet einen großen Fortschritt auf dem Wege der Integration Europas. Wichtig ist, daß der Schuman-Plan auch für die Gebiete Frankreichs in Übersee – namentlich in Nordafrika – Gültigkeit hat. Für die deutsche Wirtschaft liegen hier große Möglichkeiten, ohne daß dabei machtpolitische Schwierigkeiten entstehen.

Verteidigung
Der Unterstaatssekretär im amerikanischen Außenministerium, Perkins[14], hat dem Bundeskanzler versichert, daß sich in der amerikanischen Haltung zur deutschen Verteidigungsfrage – auch nach dem Pleven-Besuch bei Präsident Truman – nichts geändert habe[15]. Wenn hier andere Informationen vorliegen (französische), dann könne es sich nur um eine Täuschung handeln. Eisenhower hat das in seinem Bericht[16] wiedergegeben, was die Bundesregierung über einen deutschen Verteidigungsbeitrag denkt. Dem Bundeskanzler hat Eisenhower in Bad Homburg[17] erklärt, daß eine Koalitionsarmee nur dann Bestand und Wirksamkeit besitze, wenn jeder ihrer Partner gleichberechtigt ist. Die Ansichten Eisenhowers und der Bundesregierung decken sich in diesem Punkt voll und ganz. Psychologisch wichtig ist, die Gleichberechtigung auch auf das politische Gebiet auszudehnen[18]. Es muß hier nur die richtige Methode gefunden werden.
Der Pleven-Plan ist unter dem Gesichtspunkt der europäischen Integration gut, sein Nachteil liegt jedoch darin, daß er erst in Jahren verwirklicht werden kann. Westeuropa braucht aber jetzt schon einen militärischen Schutz. Eisenhower hat gesagt, daß dieser Schutz zunächst durch eine Verstärkung der amerikanischen Streitkräfte gewährleistet werde. Dieser Überbrückungszeitraum muß von den europäischen Mächten genutzt werden, um die eigenen Verteidigungskräfte zu entwickeln.
Ein deutscher Verteidigungsbeitrag im Rahmen dieser europäischen Machtentfaltung ist unerläßlich. Es ist nicht gut, sich nur gegen eine akute

Aggressionsgefahr zu sichern, sondern es ist erforderlich, latente Aggressionskräfte nicht zur Auslösung kommen zu lassen. Ein wichtiges Mittel zur Herstellung einer ideologischen Gemeinsamkeit wäre die Schaffung gemeinsamer Kriegsschulen, die von Offizieren aller beteiligten Nationen besucht werden[19].

Die Bundesregierung beabsichtigt die Herausgabe eines Weißbuches[20], in dem alles das wiedergegeben wird, was bisher von deutscher Seite zum Verteidigungsproblem geäußert worden ist. Daraus wird man dann erkennen, daß bisher von der Bundesregierung keine Vorleistungen erfolgten. Aus dem Material wird ferner ersichtlich sein, daß von der Bundesregierung kein Kuhhandel in der Verteidigungsfrage getrieben wurde. Die deutsch-alliierten Besprechungen über die Möglichkeiten eines Verteidigungsbeitrags sind nicht unterbrochen[21]. Eine Verhandlungspause war notwendig, um das bisher gewonnene Material zu sichten und bei den Heimatregierungen zu prüfen.

Adenauer-Schumacher-Gespräch

Der Bundeskanzler hat Dr. Schumacher einen Besprechungstermin für Dienstag kommender Woche [13. Februar 1951] vorgeschlagen. Dr. Schumacher habe in seinem 14 Seiten langen Schreiben[22] viele Punkte aufgeworfen, mit denen der Bundeskanzler konform geht. Zweck des Briefwechsels war es überhaupt, die Punkte herauszufinden, in denen Übereinstimmung oder Abweichung besteht. Dies ist nicht zuletzt deshalb notwendig, weil bei den letzten Besprechungen in 90 von 100 der aufgeworfenen Probleme Übereinstimmung bestand, jedoch Dr. Schumacher in den November-Wahlen ein gegenteiliges Bild dieses Tatbestandes entwarf[23]. Eine Prognose für die künftigen Besprechungen zu stellen ist schwierig. Von seiten des Bundeskanzlers wird alles geschehen, um zu einer Einigung in den entscheidenden außenpolitischen Fragen zu kommen.

Petersberg-Besprechungen und Auslandsschulden

Die zweiten Revisionsverhandlungen über die endgültige Ablösung des Besatzungsstatuts werden in Kürze beginnen[24]. Von beiden Seiten werden bereits jetzt die Verhandlungen weitgehend vorbereitet. Es ist eine Art Vertragssystem zwischen der Bundesregierung und den Alliierten vorgesehen, das völkerrechtlich dem Notstand des geteilten Deutschlands entspricht. Die Alliierten gehen vom Kontrollratsabkommen vom 5. Juni 1945[25] aus. Damit bewahren sie juristisch die Möglichkeit, überhaupt noch mit den Russen zu verhandeln und nicht zuletzt den Viermächtestatus von Berlin aufrechtzuerhalten. Auf der Basis dieses Tatbestandes sollen die politischen Abmachungen zwischen der Bundesregierung und den alliierten Regierungen getroffen werden. Eine Art alliierte Botschafterkonferenz soll Funktionen erhalten, die auf ein lockeres Kontrollorgan hinauslaufen.

Ein zweiter Vertrag wird die Anwesenheit der alliierten Verteidigungstruppen im Bundesgebiet auf eine juristische Basis stellen. (Ein Beispiel für diesen rechtlichen Zustand liefert die Anwesenheit britischer Truppen in Ägypten[26].)

Der Auswärtige Ausschuß des Bundestages hat der Bundesregierung ein Memorandum zum Problem der Auslandsschulden zugeleitet, welches die Grundlage für Verhandlungen mit den alliierten Finanzexperten gewesen ist. Die Alliierten haben sich nach geringfügigen Änderungen mit dem Wortlaut dieses Dokuments einverstanden erklärt, und es wird nunmehr, nachdem der Bundeskanzler sich nochmals eine Bestätigung beim Auswärtigen Ausschuß geholt hat, den alliierten Regierungen zugeleitet[27]. Erkennen die Westmächte in dem Dokument die von ihnen gewünschte deutsche Anerkennung der deutschen Auslandsschulden an, dann tritt die erste Revision des Besatzungsstatuts spätestens in einem Monat in Kraft[28]. In der Frage der deutschen Guthaben im Ausland konnte bisher keine Übereinstimmung mit den Alliierten erzielt werden. Diese Frage wird noch Gegenstand von Rücksprachen sein.

Nr. 9
15. Februar 1951: Tee-Empfang (Aktennotiz von Franz Hange, Bonn, für Chefredakteur Fritz Sänger, Hamburg, vom 16. Februar 1951)
PA Franz Hange, Akte Tee-Gespräche Adenauer 1950–1955

Teilnehmer: Marliese Grouven, Franz Hange und weitere nicht zu ermittelnde Journalisten – Werner Krueger

Beginn: 17.15 Uhr[1]

Außenpolitische Lage
‹Auf dem weltpolitischen Parkett ist infolge der bevorstehenden Viererkonferenz[2] eine allgemeine Stagnation zu verzeichnen. Die Gefahr dieser Stille ist, daß sich Konzeptionen bilden, die wir nicht kennen und die dann als fertige Meinungen auf einer Viererkonferenz vertreten werden können. Trotz der Zusicherungen der amerikanischen, britischen und französischen Regierung ist bisher noch keine Unterrichtung über die Vorbereitungen zur Viererbesprechung erfolgt[3]. Die Stille der Vorbereitungen beunruhigt die deutsche Öffentlichkeit.
Es ist erfreulich, daß sowohl Dr. Schumacher als auch der Parteiausschuß der CDU/CSU sich mit klarer Entschiedenheit gegen den Neutralisierungsgedanken gewandt haben[4]. Die Alliierten kennen nunmehr die Meinung der beiden größten deutschen Parteien. Sie wissen auch, daß zwischen 1945 und 1951 ein Unterschied besteht. Sollten die Westmächte tatsächlich auf einer Viererkonferenz Entschlüssen zustimmen, die den Interessen des deutschen Volkes zuwiderlaufen, so wird sie der Bundeskanzler des Bruchs der New Yorker Beschlüsse[5] bezichtigen.
Auf der New Yorker Konferenz ist auf Wunsch des Bundeskanzlers ausdrücklich der Beschluß gefaßt worden, die Bundesrepublik gegen jeden Angriff zu schützen. Einen solchen Angriff würden die Westmächte als eine gegen sich selbst gerichtete Aggression betrachten. Es gibt daher keine Alternative, wenn die Westmächte an dieser Erklärung festhalten. Entweder sie verteidigen uns mit ihren eigenen Kräften oder sie beziehen die Deutschen ein.
Man muß damit rechnen, daß die Sowjetunion bereit ist, auf einer Viererkonferenz große Konzessionen an die Westmächte zu machen. Sie [die Sowjets] werden›[a] wahrscheinlich auf ihre alte Forderung verzichten, Reparationen aus der laufenden Produktion zu entnehmen. Sie werden [sich] ferner auch ‹von dem›[b] Regime in der Ostzone einschließlich der Volkspolizei ‹stark distanzieren›[c]. Sie werden einen stufenweisen Abzug

der Besatzungstruppen vorschlagen. Auch werden sie bereit sein, durch freie Wahlen ein demokratisches Staatswesen zu schaffen. Die Sowjets werden sogar bereit sein, ihre alte Forderung auf Teilnahme an der Ruhrkontrolle fallenzulassen. In einem Punkt aber werden die Sowjets unnachgiebig sein, nämlich in der Frage der Oder-Neiße-Linie als endgültige deutsche Ostgrenze. Sie können hier nicht nachgeben, wenn sie nicht Gefahr laufen wollen, daß ihr ganzes Ostblocksystem zusammenbricht. In diesem entscheidenden Punkt wird es von der Haltung der Westmächte abhängen, ob eine Einigung im Ost-West-Konflikt auf deutsche Gebietskosten erfolgt. Nach den vielen Erklärungen britischer und amerikanischer Staatsmänner ist es den Westmächten jedoch nicht möglich, hier einseitige Zugeständnisse an die Russen zu machen.
Was würde eine Neutralisierung Deutschlands bedeuten? Die Besatzungstruppen würden abziehen. Für eine gewisse Zeit würde der Schein eines demokratischen Staates gewahrt werden. Die Sowjets würden alle Möglichkeiten ausschöpfen, mit Hilfe der Fünften Kolonne Deutschland von innen her auszuhöhlen, um damit auf kaltem Wege ihr Ziel zu erreichen.

Verhältnis Bundesrepublik – Sowjetzone

Der Bundestag steht nunmehr vor der Frage, in welcher Form der Volkskammer geantwortet werden soll[6]. Es ist überhaupt die Frage, ob eine Antwort erfolgt, da schon die Bundesregierung in ihrer Erklärung vom 15. Januar zum Grotewohl-Brief Stellung genommen hat. Wenn der Bundestag eine solche Antwort gibt, besteht die Möglichkeit, daß sich eine endlose Kette von Erklärungen und Gegenerklärungen ergibt. Durch laufende Appelle und Vorschläge von der anderen Seite würde den Sowjetzonenmachthabern der Vorteil eines propagandistischen Übergewichtes eingeräumt.
Es ist jetzt zu überlegen, ob von unserer Seite die Initiative ergriffen wird, um der Sowjetzone solche handfesten Vorschläge zu machen, die die dortigen Machthaber zwingen, Farbe zu bekennen. Es müßte sich dabei um folgende Vorschläge handeln: Freilassung aller politischen Gefangenen einschließlich der Zwangsarbeiter im Uranbergbau, Zulassung der westdeutschen Presse, um eine freie politische Meinungsbildung zu ermöglichen, Zulassung aller politischen Parteien und Richtungen, nach deren vollzogenem Aufbau und Wirken freie Wahlen stattfinden können, unbeschränkter Reiseverkehr und Güteraustausch in ganz Deutschland, Auflösung der sowjetischen Aktiengesellschaften und der Staatsbetriebe, eine Verzichterklärung hinsichtlich des sogenannten Görlitzer Abkom-

mens[7], in dem die Anerkennung der Oder-Neiße-Grenze ausgesprochen wurde, die Überwachung der Durchführung dieser Maßnahmen durch internationale Kontrolle. Die Annahme dieser Vorschläge ist die Voraussetzung für ein gemeinsames Gespräch.

Verteidigung und Europa-Armee
Die Idee einer Europa-Armee[8] ist gut. Sie wäre ein Gegenstück zum Schuman-Plan. Um einer akuten Gefahr begegnen zu können, wäre sie nicht ausreichend. Die Pleven-Plan-Verhandlungen in Paris[9] werden sich lange hinziehen. Auf deutscher Seite besteht der feste Wille, konstruktiv mitzuarbeiten. Ursprünglich sollte General Speidel[10] als militärischer Berater nach Paris gehen. Er wurde jedoch von französischer Seite abgelehnt, da sein Bruder[11] eine maßgebliche Stelle in der deutschen Besatzungsarmee in Frankreich innegehabt hat. Gerade bei Speidel war von französischer Seite befürchtet worden, daß starke kommunistische Protestkundgebungen erfolgen würden. General Speidel war auch nicht entbehrlich, da er unbedingt bei den Petersberg-Verhandlungen benötigt wird[12].

‹ *Schuman-Plan*
Bei den Pariser Verhandlungen sind wieder Schwierigkeiten eingetreten, so daß sich die Paraphierung des Schuman-Plans noch verzögert. Über die Organisation der Verbundwirtschaft bestehen Meinungsverschiedenheiten zwischen Gewerkschaften und Wirtschaft einerseits und Bundeswirtschaftsministerium und deutscher Schuman-Plan-Delegation andererseits[13]. In der Frage des Kohlenverkaufs[14] dürfte ein Kompromiß gefunden werden, der darauf hinausläuft, daß zunächst der deutsche zentrale Kohlenverkauf zweimal um je sechs Monate verlängert wird, um in der Zwischenzeit den Verkauf zu dezentralisieren. Hierdurch soll vermieden werden, daß wirtschaftliche Spannungen und Produktionsbehinderungen entstehen. Die Forderung nach der Auflösung der Ruhrbehörde wird von deutscher Seite als eine unerläßliche Voraussetzung angesehen[15]. Von französischer Seite ist man bereit, nachzugeben, indem man in einer Erklärung den Partnern des Ruhrabkommens eine Auflösung der Behörde vorschlägt.›[d]

Adenauer-Reisen
Der Bundeskanzler wird keine Auslandsreise antreten, ehe er sich nicht außenpolitisch frei fühlt. Die ständigen Kombinationen über beabsichtigte Reisen sind daher unangebracht. Während des Goslarer Partei-

tages[16] hat der Bundeskanzler eine Einladung der italienischen Regierung angenommen, ohne dabei eine feste Terminzusage zu machen. Es wäre unhöflich gewesen gegenüber der italienischen Regierung, eine solche unverbindliche Zusage nicht zu geben. Von einer Rom- oder Paris-Reise in absehbarer Zeit kann also keine Rede sein.

Nr. 10
22. Februar 1951: Tee-Empfang (Aktennotiz von Franz Hange, Bonn, für Chefredakteur Fritz Sänger, Hamburg, vom 23. Februar 1951)
PA Franz Hange, Akte Tee-Gespräche Adenauer 1950–1955

Teilnehmer: Franz Hange und weitere nicht zu ermittelnde Journalisten – Hansfrieder Rost[1]

Beginn: 16.30 Uhr[2]

Wirtschaftslage
Die für eine gewisse Zeit erfolgte Außerkraftsetzung der Liberalisierungsliste[3] war notwendig geworden, um 1) vorsorgliche Maßnahmen zu treffen und um 2) den in der Bundesrepublik zu verzeichnenden starken Kaufanreiz einzudämmen. Allein an einem Tag werden in der Bundesrepublik Textilfertigwaren im Werte von einer Million Dollar eingeführt. Es werden eine Reihe von Änderungen in der Rohstoffzuteilung notwendig sein. Wirtschaftsexperten erklären, daß voraussichtlich im März die Rohstoffpreise auf dem Weltmarkt sinken werden, weil sich dann eine Reihe [von] Staaten so genügend eingedeckt haben, daß die Preise wieder sinken werden.
Für das nächste Landwirtschaftsjahr wird etwas geschehen, und zwar durch ein umfassendes Agrarprogramm der Regierung. Es hat sich gezeigt, daß Landwirtschaftsprodukte unter ihrem Wertpreis verkauft werden. Die Leidtragenden dieser Entwicklung sind in der Hauptsache die kleinbäuerlichen Betriebe. Die Preise für landwirtschaftliche Produkte werden erhöht werden müssen. Auch wird die Frage geprüft, inwieweit zusätzliche Produkte importiert werden, die neben den Subventionslasten Dollarbestände erfordern. Die Preiserhöhungen sollen aber in engen Grenzen gehalten werden, so daß der kleine Konsument nicht in dem Maße betroffen wird wie der Käufer von Luxuslebensmitteln. Bei diesen Überlegungen wird es wichtig sein, die hohen Gewinnspannen des Zwischenhandels auszuschalten.

Viererkonferenz[4]
Die Viererkonferenz wird für das deutsche Volk Entscheidungen bringen können, die für sein Schicksal auf lange Zeit entscheidend sein werden. Die Bundesregierung wird kein offizielles Mitspracherecht bei der Konferenz haben. Die drei Alliierten Hohen Kommissare haben im Auftrag ihrer Regierungen mitgeteilt, daß die Bundesregierung in weitestgehendem Umfang unterrichtet werden soll[5]. Der Bundeskanzler wünscht aber

eine Unterrichtung in vollem Umfange. Inwieweit nun eine Unterrichtung über den Fortgang der Viererkonferenz tatsächlich erfolgen wird, bleibt abzuwarten. Über den Vorschlag der drei Westmächte an die Sowjetunion, in dem diese ihrerseits die zu behandelnden Punkte auf der Viererkonferenz behandeln[6], wurde der Bundeskanzler 24 Stunden vor der Überreichung der Note unterrichtet. Die Bundesregierung fand den Inhalt der Note annehmbar, äußerte jedoch ihr Befremden darüber, daß man ihr durch die kurze Überreichungsfrist keine Gelegenheit gab, zu der Note Stellung zu nehmen.

Aller Voraussicht nach wird die Sowjetunion bei der Viererkonferenz den Antrag stellen, Deutschland zu neutralisieren und zu entmilitarisieren. Die drei Westalliierten sind sich in diesen Fragen nicht einig. Wenn man in Paris die Viererkonferenz begrüßt, dann nur deshalb, weil Frankreich für sich Vorteile erhofft. In England ist die Meinung zwiespältig. Die innenpolitische Situation der britischen Regierung ist äußerst schwierig[7], so daß man vor Überraschungen auf englischer Seite nicht sicher ist. Die USA werden wahrscheinlich die einzigen sein, die den Vorschlägen der Sowjetunion Widerstand entgegensetzen werden.

Es wäre sehr zu wünschen, daß Frankreich und England erkennen, daß es eigentlich – so schmerzlich dies auch für England ist – eine selbständige Politik für sie nicht gibt. Diese beiden Mächte müßten sich eigentlich darüber im klaren sein, wo sie in der politischen Auseinandersetzung zwischen Ost und West zu stehen haben und wer in diesem Ringen oben bleibt. Die Sowjetunion würde, falls England und Frankreich auf der Viererkonferenz nachgeben, diese nur als Mittel zum Zweck benutzen. Die Sowjets kennen aber auch unsere Schwächen. (Der Kanzler wies auf das Fiasko in der Frage der Bereitschaftspolizei hin, wo es zu einer unglückseligen Aufspaltung der von alliierter Seite genehmigten Kräfte gekommen ist[8]. Man dürfe nicht vergessen, daß 30 v. H. der Arbeiter an der Ruhr noch Kommunisten sind. Dies sei ihm eindeutig von seiten der Gewerkschaften gesagt worden.)

Eine Neutralisierung Deutschlands würde vielleicht Europa für die Amerikaner wertlos machen. Sie würde diejenige Richtung in den USA stärken, die eine Abkehr von Europa wünscht. Man darf nicht vergessen, daß in der amerikanischen Öffentlichkeit noch keine eigentliche Klarheit über die Verhältnisse in Deutschland und Europa besteht[9]. Dem russischen Einfluß würde bei einer amerikanischen Abkehr von Europa Tür und Tor geöffnet.

Man muß den Westalliierten klipp und klar sagen, daß sich das deutsche Volk nicht mehr in der Situation des Jahres 1945 befindet und daß man nicht mit ihm wie mit einem Hammelvolk verfahren kann. Wir werden Beschlüsse der Viererkonferenz nicht anerkennen, die im Gegensatz zu den Interessen des deutschen Volkes stehen. Werden unseren Interessen entgegengesetzte Beschlüsse gefaßt, so müssen nicht nur Bundesregierung und Bundestag, sondern alle diejenigen Organisationen wie Gewerkschaften, Kirchen, wissenschaftliche Verbände, die über internationale Beziehungen verfügen, an die Weltöffentlichkeit appellieren. An diesen Appellen wird man nicht vorübergehen können. Es bleibt zu hoffen, daß wir von den drei Westalliierten ausreichend über die Viererkonferenz unterrichtet werden. Es wäre nicht zweckmäßig, einen deutschen Beobachter nach Paris zu schicken, weil wir dann Gefahr laufen würden, daß die Sowjetunion auch einen Vertreter der Sowjetzonenrepublik wünscht.

Volkskammer-Brief[10]
Der Volkskammer-Brief stellt nichts anderes dar als eine Etappe im kalten Krieg der Russen. Unsere Bevölkerung hat vergessen, daß es die Bundesregierung und der Bundestag gewesen sind, die zweimal an die Sowjetunion und damit auch an die Sowjetzonenregierung appelliert haben, die Einheit Deutschlands wiederherzustellen und gesamtdeutsche Wahlen durchzuführen. Auf unsere Appelle ist keine Antwort erfolgt. Jetzt aber vor der Viererkonferenz starten die Sowjets einen großangelegten Propagandacoup. Unsere Forderungen bleiben nach wie vor: Freie und geheime Wahlen setzen eine Klärung voraus, die notwendig ist, um die Ostzonenbevölkerung in das Gefühl ihrer inneren und äußeren Freiheit zu versetzen. Hierzu sind notwendig: Auflösung aller Konzentrationslager und politischen Gefängnisse, die Freiheit der Parteibildung, der Presse und der Kirchen.
Über die wahren Verhältnisse in der Ostzone besteht im Westen gar keine Klarheit. Die Bevölkerung lebt in bitterster Not. In der westdeutschen Presse wird dies gar nicht zum Ausdruck gebracht, und unsere Leute jenseits des Eisernen Vorhangs beschweren sich bitterlich darüber, daß über die wirklichen Vorgänge im Sowjetzonenstaat in den Spalten der westdeutschen Presse nichts zu finden ist. (Der Bundeskanzler richtet den Appell an die Redaktionen der westdeutschen Zeitungen, stärker als bisher den Vorgängen in der Ostzone ihre Aufmerksamkeit zu schenken.[)] Herr Eisler[11] hat in seiner Erklärung selbst zugegeben, daß es politische Gefangene gibt, weil diese sich gegen das sogenannte Friedensgesetz vergangen haben. Sein Appell an den Bundeskanzler, er solle die Gefängnisse in der Sowjetzone besuchen, ist damit von ihm selbst beantwortet worden.

Der Vorschlag einiger CDU/CSU-Mitglieder, eine Bundestagssitzung in Berlin abzuhalten, um der Volkskammer zu antworten[12], ist nicht glücklich. Er kommt aus einer gewissen Gemütsempfindung, für die im Spiel der Kräfte des kalten Krieges kein Platz ist. Eine Bundestagssitzung in Berlin würde bedeuten: 1) der Volkskammer eine zu große Bedeutung beizumessen und 2) eine wichtige Propagandawaffe aus der Hand gegeben zu haben. Eine Bundestagssitzung in Berlin ist wirkungsvoll, wenn die Viererkonferenz gegen Deutschland entscheiden sollte. Wenn man schon vorher eine solche Tagung in Berlin abhält, ist eine zweite Sitzung des Bundestages nicht mehr so wirkungsvoll.

Schuman-Plan
Als im Mai 1950 der Schuman-Plan verkündet wurde, sollte eine enge Verbindung zwischen Deutschland und Frankreich dabei herauskommen. Nunmehr aber hat die Verwirklichung des Schuman-Plans eine viel größere politische Bedeutung gewonnen. Die Verwirklichung des Plans soll nämlich den Vereinigten Staaten zeigen, daß auch noch die europäischen Völker fähig sind, sich zu neuen Konzeptionen zu finden und zusammenzuschließen. Ein Fehlschlag der Pariser Verhandlungen würde schlecht wirken. Der Bundeskanzler wünscht daher eine schnelle Verwirklichung des Schuman-Plans. Gerade für die Viererkonferenz wäre es wichtig, wenn sich Deutschland und Frankreich wenigstens auf einem Gebiet, nämlich dem wirtschaftlichen, träfen. Die Ruhrwirtschaft – damit meint der Bundeskanzler sowohl die Unternehmer als auch die Gewerkschaften – muß sich beim Schuman-Plan darüber im klaren sein, daß es sich um mehr als nur um wirtschaftliche Belange handelt. Die Ruhr kann nur dann gut arbeiten, wenn sie für den Westen arbeitet. Es ist falsch zu sagen, Deutschland gäbe beim Schuman-Plan vieles auf. Unsere Unterhändler haben in langwierigen Verhandlungen manchen Erfolg für die deutsche Wirtschaft erzielt. Daß bei solchen Verhandlungen auch von unserer Seite etwas gegeben werden muß, dürfte eigentlich klar sein.

Adenauer-Schumacher-Gespräch[13]
Der Bundeskanzler ist mit dem bisherigen Verlauf der Verhandlungen zufrieden. Es ist abgesprochen worden, über den Inhalt der Gespräche zu schweigen. Voraussichtlich wird ein nächstes Gespräch in der kommenden Woche stattfinden.

Nr. 11
2. März 1951: Tee-Empfang (Aktennotiz von Franz Hange für Chefredakteur Fritz Sänger)

PA Franz Hange, Akte Tee-Gespräche Adenauer 1950–1955

Teilnehmer: Franz Hange und weitere nicht zu ermittelnde Journalisten – Werner Krueger

Beginn: 16.30 Uhr[1]

1. Wirtschaftliche Lage

Die gesetzlichen Landwirtschaftspreise sind überholt[2]. Aus diesem Grunde halten die Landwirte ihr Getreide zurück und verfüttern es zum großen Teil. Es werden Maßnahmen getroffen, um in der Hauptsache den Zwischenhandel in der Landwirtschaft zu treffen, der über verhältnismäßig hohe Gewinnspannen verfügt. Auf dem Gebiet der Wirtschaft ist eine Koordinierung unbedingt notwendig. Drei Faktoren wirken auf die gegenwärtige schwierige Versorgungslage in der Bundesrepublik ein. 1. Der Kohlenmangel, der die Exportwirtschaft erschwert, 2. die allgemeine Erhöhung der Rohstoffpreise auf dem Weltmarkt und 3. der Verbrauch von Gütern für überflüssige Zwecke. Das Kabinett hat auf Vorschlag des Kanzlers beschlossen, einen wirtschaftspolitischen Koordinierungsausschuß einzusetzen, dem die Minister für Wirtschaft, Finanzen, Ernährung, Wohnungsbau, Arbeit und ERP angehören[3]. Im Bundeskanzleramt wird ein besonderer Arbeitsstab geschaffen, dem sowohl Beamte der Fachministerien als auch Sachverständige der Industrie- und Landwirtschaft angehören.

2. Verhältnis Bund-Länder[4]

Der Bundesrat soll mit seinem Einspruchsrecht äußerst vorsichtig verfahren, da er damit ‹die Autorität sowohl›[a] des Parlaments als auch der Regierung untergräbt. Die Bundesregierung muß mit Aufmerksamkeit die parteipolitische Zusammensetzung der Länderregierungen verfolgen, da sich diese später bei der Zusammensetzung des Bundesrates widerspiegelt. Der Bundesrat darf keine große Politik treiben, daher sollen auch Ministerpräsidenten oder Minister bei der Wahl ihrer Worte sehr vorsichtig sein.

241

B e s u c h e r l i s t e

Samstag, den 3. März 1951

in Rhöndorf:

12 Uhr	Ministerpräsident Ehard

B e s u c h e r l i s t e

Freitag, den 2. März 1951

9 Uhr 25	Minister Lehr
9 Uhr 30	Kabinett
11 Uhr	Mr. Mc.Cloy, Mr. Reber und Mr. Bowie, Minister Erhard, Staatssekretär Hallstein u. Schalfejew, Dr. Dittmann, Dr. Noack u. Dr.Lenz
16 Uhr 30	Presse-Tee
18 Uhr	Herr Bundeskanzler zu Herrn Bundespräsidenten
19 Uhr 45	Dr. Lenz
20 Uhr	dazu Staatssekretär Hallstein und Dr.Dittmann
20 Uhr 45	Staatssekretär Hallstein und Dr. Dittmann allein

Auszug aus der Besucherliste (zu Dok. Nr. 11)

3. Vorkriegsschuldenanerkennung

Der Bundeskanzler hat am Freitag [2. März 1951] die Note unterschrieben, in der die Anerkennung der deutschen Vorkriegsschulden ausgesprochen wird[5]. Im Laufe der nächsten Woche tritt die kleine Revision des Besatzungsstatuts aufgrund der New Yorker Beschlüsse in Kraft[6]. Man soll die Möglichkeiten dieser kleinen Revision nicht über-, aber auch nicht unterschätzen.

4. Viererkonferenz[7]

Die Bundesregierung steht der Viererkonferenz mit Aufmerksamkeit und Gelassenheit gegenüber. Erst wenn die Vorkonferenz abgeschlossen ist, wird man eine Klarheit über die Situation erhalten. Dem Bundeskanzler ist nochmals ausdrücklich versichert worden, daß über den Verlauf der Vorkonferenz gut und rechtzeitig eine ausführliche Unterredung stattfindet. Dem Bundeskanzler ist schon eine Mitteilung gemacht worden, daß die Sowjetunion die Frage der Neutralisierung auf die Tagesordnung der großen Konferenz setzen will. Zweck dieses Antrags ist, Deutschland aus dem westeuropäischen Gefüge zu lösen, um damit das Interesse der USA an der Bundesrepublik zu löschen. Die russische Behauptung der Remilitarisierung ist nur ein Vorwand.

Nr. 12
9. März 1951: Tee-Empfang (Aktennotiz von Franz Hange, Bonn, für Chefredakteur Fritz Sänger, Hamburg)
PA Franz Hange, Akte Tee-Gespräche Adenauer 1950–1955

Teilnehmer: Franz Hange und weitere nicht zu ermittelnde Journalisten – Werner Krueger

Beginn: 17.45 Uhr[1]

1. Schuman-Plan
Die gegenwärtigen Verhandlungen zwischen der Bundesregierung, dem amerikanischen Hohen Kommissar McCloy[2] und der deutschen Wirtschaft werden nicht über den Schuman-Plan unmittelbar geführt, sondern über die Aufhebung des Alliierten Gesetzes Nr. 27 über die Dekartellisierung. Weil im Schuman-Plan das Problem der Kartellbildung angeschnitten wird, hat die Bundesregierung dieses Problem als Junktim benutzt, um alle mit dem Gesetz [Nr.] 27 zusammenhängenden Fragen aufzurollen[3]. Die Bundesregierung kann keine Paraphierung des Schuman-Plans vornehmen, wenn sie nicht weiß, in welcher Form die Verbundwirtschaft geregelt wird. Selbstverständlich hätte die Bundesregierung auch so Schritte unternehmen müssen, um über das Gesetz [Nr.] 27 mit den Alliierten ins Benehmen zu gelangen. Es ist falsch, von einer formellen Einigung McCloy und Industrie zu sprechen. Der amerikanische Hohe Kommissar hat bei seinem Eingreifen in die Verhandlungen gar nicht die Absicht, Entscheidungen herbeizuführen. McCloy hat die Verhandlungen mit der Industrie aufgenommen, um sich über deren Auffassung in der Frage der Verbundwirtschaft und auch des Kohlenverkaufs zu informieren oder darüber hinaus auch um sich überzeugen zu lassen.
Der amerikanische Hohe Kommissar hat mit diesen Verhandlungen ein erhebliches Maß an Verantwortung übernommen. Über das Gesetz [Nr.] 27 kann nur ein Dreierbeschluß entscheiden. Von französischer Seite sind keine Schwierigkeiten zu erwarten, während jedoch von englischer Seite erhebliche Bedenken erwartet werden. McCloy hat es übernommen, diese Bedenken zu beseitigen. In der Frage der Verbundwirtschaft ist eine Kompromißlösung vorgesehen, wobei geprüft wurde, welche Hüttenwerke für eine eigentumsmäßige Verbindung mit Zechen in Frage kommen. Die Lösung dürfte auf der Linie liegen, daß Kerngesellschaften, die über eine 75-prozentige Koksversorgung verfügen, von einer weiteren Dekartellisierung verschont bleiben. Es ist hierbei jedoch

eine individuelle Lösung vorgesehen, die bei den einzelnen Werken verschieden ist.

In der Frage des Kohlenverkaufs ist der amerikanische und französische Standpunkt festgelegt. Die Möglichkeiten eines Kompromisses liegen daher nur in der Form der Durchführung. Sowohl die Amerikaner als auch die Franzosen wenden sich gegen einen zentralen Kohlenverkauf, weil sie aufgrund der übermäßigen Stärke der Ruhrkohlenindustrie ein Übergewicht des deutschen Partners befürchten. Gegen eine plötzliche Auflösung des deutschen zentralen Kohlenverkaufs hat die deutsche Verhandlungsdelegation in Paris von vornherein Stellung genommen. Es ist auch das Zugeständnis gemacht worden, einen stufenweisen Abbau vorzunehmen. Als Endtermin ist dabei der 1. Oktober 1952 vorgesehen. Er kann jedoch noch aufgrund der Weisungsbefugnisse der Hohen Behörde [der EGKS] bis zum 1.10.53 verlängert werden. Darüber hinaus besteht sogar noch die Möglichkeit, daß die Hohe Behörde bis zum Ende der Übergangsperiode, die im Schuman-Plan auf 5 Jahre bemessen ist, von ihren Lenkungsbefugnissen Gebrauch machen kann.

Bei der ganzen Frage des Kohlenverkaufs darf man überhaupt die Stellung der Hohen Behörde nicht unberücksichtigt lassen. Ihre überragende Stellung in der Frage des Ansatzes der westeuropäischen Montanindustrien und ihrer Produktionslenkung gestattet wichtige Beschlüsse auch in der Frage der deutschen Kohlenverkaufsorganisation zu treffen. Die Hohe Behörde kann z. B. erklären, daß sie die Frage des Kohlenverkaufs zum Gegenstand ihrer eigenen Zuständigkeit macht. Die Hohe Behörde wäre damit ein Schutzinstrument. Sie würde hierdurch auch eine Funktion übernehmen, die einer Erhaltung des einheitlichen Kohlenverkaufs gleichkommt.

Die Schuman-Plan-Verhandlungen sind unterbrochen worden, um dem deutschen Partner Gelegenheit zu geben, mit der Alliierten Hohen Kommission über die Frage des Gesetzes Nr. 27 zu verhandeln. Die französische Konferenzleitung ist in eine gewisse Verlegenheit geraten, weil bereits jetzt schon mehrere Wochen verstrichen sind, ohne daß von deutscher Seite eine Entscheidung getroffen wurde. Monnet[4] aber hat von sich aus, und das ist zu begrüßen, jeden Zeitdruck auf den deutschen Partner abgelehnt.

Die Saarfrage hat bei den Schuman-Plan-Verhandlungen keine Rolle gespielt. Es ist unrichtig, wenn vom saarländischen Ministerpräsidenten Hoffmann[5] behauptet wird, die Saar würde als siebtes Land in der vorgesehenen Montanunion behandelt. Weil die Saarfrage eine politische

Frage ist, steht sie auch bei den Schuman-Plan-Verhandlungen nicht zur Erörterung. Aufgrund der französischen Wirtschaftshoheit an der Saar wird das Gebiet selbstverständlich ein Bestandteil des Schuman-Plans. Die deutsche Haltung in der Saarfrage ist hinlänglich bekannt: Nur ein Friedensvertrag kann über die endgültige Regelung entscheiden.

2. *Falkenhausen-Urteil*[6]
Generalkonsul Pfeiffer[7] wird am kommenden Dienstag [13. März 1951] dem Bundeskanzler über die Einzelheiten des Urteils Bericht erstatten. Vorher will der Bundeskanzler sich nicht äußern. Es ist auch wichtig, eine gewisse Zurückhaltung zu üben, um die persönlichen Revisionsanliegen Falkenhausens nicht zu stören.

3. *Wirtschaftsprogramm*
Die Bundesregierung hat ihre Beratungen über ein Wirtschaftsprogramm oder besser gesagt über gesetzgeberische Maßnahmen noch nicht abgeschlossen[8]. Die Hauptschwierigkeit bildet der Kohlenzwangsexport. Annähernd 28 Millionen t Kohle müssen jährlich zu niedrigen Preisen ausgeführt werden. Dieser Ausfall gefährdet die Existenz der deutschen Wirtschaft. Z. B. arbeiten die Walzwerke an der Ruhr nur noch zu 70 v. H. ihrer Normalproduktion.
Eine weitere Belastung für den deutschen Export bilden eine Reihe nicht günstiger Handelsverträge, die seinerzeit unter einem gewissen Druck zustande gekommen sind. Eine Reihe von ablaufenden Handelsverträgen werden eine erhebliche Revision erfahren.
Eine Erhöhung der Landwirtschaftspreise ist notwendig, um insbesondere die kleinen und mittleren Landwirte zu stützen und darüber hinaus eine Abwanderung von Landarbeitern zu vermeiden. Die Landwirtschaftsverbände haben ihre Organisationen angewiesen, die Löhne für Landarbeiter entsprechend den neuen Einnahmen zu erhöhen. Auch wurden die Mitglieder angewiesen, keine höheren Preise als die von der Bundesregierung festgesetzten zu fordern.

4. *Bundestagssondersitzung*
Die Sondersitzung des Deutschen Bundestages[9] war äußerlich sehr eindrucksvoll und wird für eine bevorstehende Viererkonferenz von Bedeutung sein. Es ist wichtig, daß von deutscher Seite von vornherein eine feste Haltung eingenommen wird. Dies ist insbesondere wichtig für die Psyche der angelsächsischen Völker, die durch eine feste Haltung immer beeindruckt werden. Die Bundestagssitzung hat einer möglichen Vierer-

konferenz gezeigt, daß man keine Entscheidung über das Schicksal Deutschlands treffen kann, ohne dabei das deutsche Volk zu fragen.

5. Auswärtiger Dienst

Der Aufbau des Auswärtigen Dienstes wird noch schwierig sein. Es fehlt in der Hauptsache an geeigneten Persönlichkeiten. Der Bundeskanzler wird sich noch mit dem Finanzausschuß des Bundestages unterhalten, um eine bessere Besoldung der Beamten oder Angestellten des Auswärtigen Dienstes zu erreichen. Es ist dies ein Grund dafür, daß zahlreiche Persönlichkeiten, insbesondere aus der Wirtschaft, es abgelehnt haben, in den Auswärtigen Dienst einzutreten[10]. Dr. Schlange-Schöningen[11] in London wird wahrscheinlich einer der ersten sein, der den Status eines Botschafters erhält[12].

»Ihr lieben Hasen-Kommissare, laßt mich doch endlich selber legen.« (E.M.Lang)

Nr. 13

15. März 1951: Tee-Empfang (Aktennotiz von Franz Hange, Bonn, für Chefredakteur Fritz Sänger, Hamburg)

PA Franz Hange, Akte Tee-Gespräche Adenauer 1950–1955

Teilnehmer: Franz Hange (insgesamt 11 Hauptschriftleiter der wichtigsten illustrierten Wochenzeitschriften)[1] – Werner Krueger

Beginn: 16.45 Uhr[2]

1. Auswärtiges Amt

Der Bundeskanzler hat das neue Auswärtige Amt übernommen[3], weil die Bundesrepublik ein noch nicht freies Land ist und er aufgrund seiner bisherigen Verhandlungsgespräche die Taktik und die Methoden auf der Gegenseite kennt. Die Verbindung mit den Westalliierten wird nach wie vor über die Alliierten Hohen Kommissare gehen. Das ist ein großer Nachteil. Die Haupttätigkeit des neuen Außenministers wird hauptsächlich in den Verhandlungen mit dem Petersberg liegen. Wenn auch eine Reihe [von] Meinungsverschiedenheiten zwischen den Alliierten Hohen Kommissaren und dem Bundeskanzler bestanden haben, so kennen beide Partner sich zur Genüge. Die Umwandlung des Besatzungsstatuts in einen Sicherheitsvertrag wird voraussichtlich der Bundesrepublik ihre volle außenpolitische Souveränität zurückgeben. Der Bundeskanzler will dann sein Amt als Außenminister einer anderen Persönlichkeit abtreten. Der neue Staatssekretär für Auswärtiges, Prof. Hallstein, hat sich bereits seit längerem mit dem Aufbau und der Organisation des neuen Auswärtigen Amtes beschäftigt. Er hat dabei auch die Arbeitsmethoden und die Organisation des Foreign Office, des Quai d'Orsay und des State Department geprüft. Er ist dabei zu dem Ergebnis gekommen, daß eigentlich die alte Organisation des Auswärtigen Amtes auch die Form abgibt für die neue Organisation. Selbstverständlich könne eine Reihe von Organisationsformen nicht beibehalten werden. Zum Beispiel würde die Besetzung der leitenden Stellen im Ausland nicht mehr nach den alten Formen erfolgen können. Die Auswahl der Persönlichkeiten muß nach politischen Gesichtspunkten erfolgen, denn deutsche Vertreter sollen außerhalb der Grenzen das Gesicht des deutschen politischen Lebens widerspiegeln. Es ist selbstverständlich, daß nicht nur Vertreter der Regierungsparteien, sondern auch Mitglieder der SPD bei der Besetzung der Auslandsposten in Frage kommen. Es wäre auch falsch, wenn deutsche diplomatische Vertreter im Ausland nur aus den Beständen der alten Schule entnommen würden. Vielfach ist draußen eine politische

Klugheit notwendig. Selbstverständlich werden den Politikern Fachberater zu Seite gestellt werden.
Der Bundeskanzler wird eine Prüfung aller bereits im Ausland tätigen Generalkonsuln vornehmen, um dann festzustellen, wer für eine diplomatische Aufgabe in Frage kommt. Wahrscheinlich werden die bisher tätigen Generalkonsuln in Paris[4], London[5] und New York[6] auch die Rolle der »politischen Agenten« übernehmen. Der Bundeskanzler hält es nicht für ratsam, das deutsche Generalkonsulat von New York nach Washington zu verlegen. Der deutsche Generalkonsul in Washington würde dann entsprechend den Einschränkungen seines diplomatischen Status an letzter Stelle rangieren. In London und Paris ist dies bedauerlicherweise der Fall.

2. *Falkenhausen-Prozeß*[7]
Das Urteil wird am kommenden Montag [19. März 1951] rechtskräftig, wenn nicht von seiten der Verurteilten Revision eingelegt wird. General Falkenhausen und Reeder[8] haben den Bundeskanzler gebeten, zu entscheiden, ob sie Berufung einlegen sollen. Der Bundeskanzler hat den beiden geraten, keine Berufung einzulegen, weil sie damit aufgrund der belgischen Gesetzgebung (ein Drittel der Strafe wird bei langer Untersuchungshaft erlassen) das Recht auf eine sofortige Entlassung verwirken würden. Der Brüsseler Generalkonsul Dr. Pfeiffer hat dem Kanzler sogar erklärt, daß alle Verurteilten schon am Montag entlassen werden. Falkenhausen und Reeder haben den Rat des Bundeskanzlers angenommen und werden keine Berufung einlegen. Schwierigkeiten bereitet General Bertram[9]. Er fühlt sich durch das Urteil in seiner Ehre gekränkt. Die ihm zur Last gelegte Geiselerschießung in Lüttich soll nach seinen Aussagen auf Initiative von Falkenhausen geschehen sein. Bertram will daher gegen das Urteil Berufung einlegen, was zur Folge haben wird, daß der ganze Prozeß unter Umständen noch mal aufgerollt wird. Der Bundeskanzler würde dies als tragisch ansehen, weil dann zwei deutsche Generale sich in einem Prozeß im Ausland gegenüberstehen würden. Er hat daher durch Generalkonsul Pfeiffer den General Bertram dringend bitten lassen, keine Revision einzulegen. Es bleibt abzuwarten, wie Bertram sich verhält[10].
Die deutsche Öffentlichkeit und die Presse dürfen nach Meinung des Bundeskanzlers die am Montag zu erwartende Entlassung der Brüsseler Verurteilten nicht dazu benutzen, um nunmehr nochmals gegen Belgien Vorwürfe zu erheben. Belgien nimmt von allen westeuropäischen Völkern gegenüber Deutschland die positivste Stellung ein. Die belgische

Regierung hat darüber hinaus wegen des Falkenhausen-Urteils große Schwierigkeiten[11]. Es wäre daher falsch, die belgische Regierung durch deutsche Presseübertreibungen gegenüber ihrer inneren Opposition zu schwächen.

3. Schuman-Plan

Der Schuman-Plan wird voraussichtlich am Sonntag [18. März 1951] oder Montag in Paris paraphiert. Der französische Ministerpräsident Queuille[12] und Außenminister Schuman fahren am Montag nach Washington, und es ist eindrucksvoll, wenn sie dann einen paraphierten Schuman-Plan vorweisen können. Die Amerikaner hätten dann einen Beweis, daß die europäischen Völker bereit sind, sich zusammenzuschließen.

Die deutsch-alliierten Verhandlungen über die Entflechtung und Gliederung der Grundindustrien werden fortgesetzt, auch wenn der Schuman-Plan paraphiert ist. Es ist damit zu rechnen, daß auch diese Verhandlungen trotz englischer Bedenken[13] zu einem Abschluß gebracht werden. Die Bundesregierung hat den Schuman-Plan benutzt, um das Alliierte Gesetz [Nr.] 27 aufzurollen. Durch diese Koppelung ist es gelungen, verschiedene Klauseln des Gesetzes [Nr.] 27 abzuändern oder in erträglichen Grenzen zu halten. Es ist falsch, wenn man sagt, der Schuman-Plan gefährde den deutschen Kohlenverkauf und die Verbundwirtschaft. All diese Fragen werden im Vertrag zwar durch einen Kompromiß, aber doch vernünftig geregelt[14]. Es wird sich im Laufe der Zeit die Stärke des deutschen Partners im Schuman-Plan herausstellen, so daß ein Übergewicht der deutschen Industrie nicht geleugnet werden kann.

Die Auflösung der Ruhrbehörde wird durch einen entsprechenden Brief der französischen Regierung an alle übrigen Partner des Ruhrabkommens vorgeschlagen. Der Brief ist bereits paraphiert[15], und mit einem stufenmäßigen Abbau der Ruhrbehörde ist zu rechnen.

Nach der Paraphierung des Schuman-Plans wird der Vertragstext den einzelnen Regierungen zugestellt. Es beginnen dann die Verhandlungen über die politischen Fragen des Schuman-Plans – wie Fragen des Stimmrechts, der parlamentarischen Kontrolle, des Sitzes der Hohen Behörde und des Gerichtshofes etc. Erst wenn diese Fragen geklärt werden, erfolgt die Unterzeichnung des Vertrages durch die Außenminister der beteiligten Länder. Dann geht der Vertrag zur Ratifizierung an die Parlamente.

Das Saargebiet wird bei den politischen Verhandlungen nicht berücksichtigt. Es ist weder als siebtes Land Partner noch durch Vertreter in der Hohen Behörde vertreten.

4. François-Poncet-Rede[16]
Die Rede des französischen Hohen Kommissars vor dem Auslandspresseclub ist außerordentlich bedeutsam. François-Poncet hat in sehr scharfen Worten gegen Sowjetrußland Stellung genommen. Es kann dies nur in Übereinstimmung mit der französischen Regierung geschehen sein. Die wachsende Stärke der Vereinigten Staaten muß die französische Haltung beeindrucken. Auch die Stimmen aus Paris mehren sich, daß man den Sowjets mit Festigkeit gegenübertreten soll. Für Deutschland wäre ein solcher französischer Kurswechsel bedeutsam und erfreulich.

5. Grotewohl-Rede[17]
Durch seine letzte Volkskammerrede hat Grotewohl die Maske fallen lassen. Ein Vergleich zwischen dem ersten Grotewohl-Brief[18] und der letzten Erklärung Grotewohls läßt einen deutlichen Unterschied erkennen. Während Grotewohl in seiner ersten Stellungnahme noch von Wahlen sprach, lehnt er jetzt freie Wahlen ab. Es zeigt, wie richtig die Haltung der Bundesregierung und der Opposition war, sich dem ganzen Einheitsgerede der Gegenseite zu widersetzen. Es war für die Viererkonferenz bestimmt und ist nunmehr nach Anlaufen der Verhandlungen nicht mehr aktuell.

6. Mitbestimmung
Der Verlauf der Mitbestimmungsverhandlungen im Parlament und im Arbeitskreis[19] ist tief bedauerlich. Die vom DGB-Vertreter vom Hoff[20] interpretierte Meinung im Arbeitskreis ist auch die Auffassung des Bundeskanzlers. Von seiten der CDU- und FDP-Vertreter wurden die Vereinbarungen, die die Sozialpartner vor der Streikdrohung getroffen hatten[21], im Arbeitskreis zerredet. Der Bundeskanzler hofft, durch Verhandlungen mit seiner Fraktion den Regierungsentwurf-Standpunkt[22] durchzusetzen. Eine Lösung dürfte erst nach Ostern [25. März 1951] gefunden werden.

Nr. 14
20. April 1951: Tee-Empfang für Chefredakteure (Wortprotokoll)
BPA Archiv F 30, mit ms. Vermerk »Thema: Schuman-Plan und aktuelle politische Fragen«

Teilnehmer: Journalisten waren nicht zu ermitteln – Professor Dr. Walter Hallstein, Dr. Fritz von Twardowski[1]

Beginn: 16.15 Uhr[2]

Hallstein: Es ist vielleicht am nützlichsten, bis der Herr Bundeskanzler kommt, daß ich ein paar Erläuterungen zu dem, was in Paris geschehen ist[3], nachtrage, die wir heute früh nicht die Zeit gehabt haben, in der großen Pressekonferenz[4] mitzuteilen.
Da soviel gesprochen wird darüber, daß die Publizistik dieser Ereignisse nicht ganz vollständig sei, so möchte ich gern jede Gelegenheit benutzen, um Informationslücken, die hier etwa bestehen sollten, noch auszufüllen.
Ich möchte von drei Dingen in diesem erläuternden Sinne sprechen. Das sind einmal die Änderungen, die an dem Vertragswerk selber vorgenommen worden sind bei Gelegenheit der Konferenz. – Wie hat die Konferenz ihre eigentliche Aufgabe gelöst, die sogenannten politischen Bestimmungen des Vertrages zu verbessern, die Lücken auszufüllen, die bewußt gelassen waren bei den vorherigen neunmonatigen Konferenzen in Paris, namentlich, wie sieht die Stimmrechtsregelung aus? – Und ferner hätte ich sehr gern Erläuterungen gegeben zu dem Ruhrbrief, zu dem Brief der französischen Regierung an die deutsche, der heute mit einer gewissen Verzögerung veröffentlicht worden ist[5]. Der Brief also betreffend die Auflösung der Ruhrbehörde und den Wegfall aller sonstigen besatzungsrechtlichen Beschränkungen, die die beiden Industrien, die Kohle- und Stahlproduktion, betreffen.
Zunächst zum ersten Kapitel: Es hat sich da nur um eine Reihe von Punkten gehandelt, die eine gewisse politische Nebenbedeutung hatten. Es sind keine technischen Punkte des Vertrages, materielle Bestimmungen etwa über [die] Wirtschaftspolitik, geändert worden. Das war nach der außerordentlich gründlichen Bearbeitung dieser Dinge durch die Konferenz, die vorangegangen war, auch gar nicht zu erwarten. Namentlich, was das Zusammenspiel der Organe betrifft, hat sich die Ministerkonferenz doch mit einigen Fragen zusätzlich beschäftigt. Ich will ein paar wichtige Punkte hervorheben, damit Sie sehen, in welcher Richtung diese ja aus der politischen Sphäre kommenden Änderungswünsche gelaufen sind.

Zunächst eine gewisse Verstärkung der Stellung des Beratungsausschusses, in dem, wie Sie wissen, die Produzenten, die Arbeitnehmer und die Konsumentenvertreter sind, in der Richtung, daß die allgemeinen Programme, die die Hohe Behörde entwickelt und die ihre Politik festlegen, dem Comité consultatif[6] zur Beratung vorgelegt werden[7].
Sodann eine gewisse Verstärkung der Stellung der Gemeinsamen Versammlung, dieser parlamentarischen Versammlung, deren Charakter eines parlamentarischen Kontrollorgans häufig und zum Teil mit großer Schärfe bestritten wird. Das Informationsrecht, das diesem Gremium gegeben ist, ist dadurch verstärkt, daß es auch seinen einzelnen Mitgliedern gegeben ist, und zwar nicht bloß in den Sitzungen, sondern auch außerhalb der Sitzungen[8].
Dann eine gewisse Verstärkung der Haftung der Gemeinschaft für die Hohe Behörde[9]. Während bisher eine sehr enge und beinahe ängstlich formulierte Verschuldungshaftung für Verschuldungen ausgesprochen war, ist jetzt eine sehr weitgehende Art von Organhaftung geschaffen. Dort, wo eine Entscheidung der Hohen Behörde annulliert wird, knüpft sich daran, in den Fällen, in denen die Verantwortlichkeit gegeben ist, eine Haftung der Europäischen Gemeinschaft für die Fehler, die dabei von der Hohen Behörde begangen worden sind; eine Bestimmung, deren Schutzbedeutung für die der Aufsicht der Hohen Behörde unterworfenen Unternehmungen nicht unterschätzt werden sollte.
Auch das Angewiesensein der Hohen Behörde auf die Produzentenvereinigungen, ein Punkt, an dem die Unternehmer sehr stark interessiert sind, weil sie in diesen Produzentenvereinigungen ein Mittel einer Selbstverwaltung der Wirtschaft sehen, die mit der supranationalen Behörde zusammenzuarbeiten hat, auch dieser Akzent ist wesentlich durch einige Bestimmungen verstärkt worden[10], und auch dies lag durchaus in der Linie der Politik, die immer von der deutschen Delegation verstärkt betrieben worden ist. Man denke etwa an die Befugnisse der Hohen Behörde für die Zeit der Krise, der Überproduktion oder der Unterproduktion. Hier ist die Zusammenarbeit mit den Produzentenvereinigungen und Unternehmungen sehr viel stärker betont worden, als das vorher der Fall gewesen ist[11].
Ein wichtiger Punkt ist die Revisionsklausel. Sie erinnern sich: Es ist immer wieder gefragt worden: »Soll das alles für 50 Jahre gelten? Kann man da nicht mehr heraus, wenn sich etwas als falsch herausstellt? Das hat eine außerordentliche Starrheit. Man kann nicht voraussehen die Entwicklung der Technik, der Wirtschaft, der sozialen Verhältnisse, auch nicht die Entwicklung des menschlichen Urteils über alle diese Zusam-

menhänge!« Wir haben schon in früheren Phasen versucht, hier das ganze Werk bei all seiner Klarheit und Unbedingtheit etwas geschmeidiger zu machen. Das war uns bisher nicht gelungen. Insoweit ist mit Unterstützung anderer, in der gleichen Richtung interessierter Delegationen jetzt eine wesentliche Verbesserung herbeigeführt worden in einer doppelten Richtung: Einmal gibt es einen ausdrücklich ausgesprochenen Anspruch darauf, über Vertragsänderungen zu verhandeln, wenn ein Staat das Bedürfnis danach anmeldet[12]. Das ist natürlich noch keine einseitige Möglichkeit, den Vertrag selber zu ändern durch einen einseitigen Willensentschluß. Aber jeder, der die Realität von Verhandlungen kennt, weiß, daß, wenn ein wirklich echter Grund für eine Änderung vorliegt und die Teilnehmer dazu verpflichtet sind, sich in einem solchen Falle zu einer Konferenz zu vereinigen, das Schwergewicht der Gründe zu wirken anfängt und man sich notwendigen Änderungen nicht entziehen kann. Rein politisch-soziologisch gesehen ist das ein wichtiger Punkt.
Dem ist hinzugefügt eine erleichterte Abänderungsmöglichkeit für den Vertrag nach Artikel ‹95›[a], der zwei neue Absätze bekommen hat, eine erleichterte, mit Mehrheit geschehende Möglichkeit der Änderung dann, wenn eine wesentliche Veränderung der wirtschaftlichen Verhältnisse oder der technischen Verhältnisse eintritt oder wenn die Erfahrung ergibt unvorhergesehene Schwierigkeiten in der Anwendung des Vertrages. Dann kann mit Mehrheit eine Anpassung der Regeln stattfinden, die sich auf die Ausübung der Befugnisse der Hohen Behörde beziehen, wobei die verfassungsmäßigen Bestimmungen – Bestimmungen des Vertragswerkes haben verschiedenes juristisches Gewicht – nicht angegriffen werden dürfen.
Hier ist es sehr interessant, daß bei dieser Änderung auch die Gemeinsame Versammlung als ein Gesetzgebungsfaktor eingeschaltet ist. Es ist das erste Mal, daß auf diese Weise einem übernationalen Parlament auch eine Befugnis zur Mitwirkung an einem Gesetzgebungsakt eingeräumt worden ist. Es muß mitwirken sowohl die Hohe Behörde wie der Ministerrat, dessen Mehrheit in diesem Falle besonders qualifiziert ist. Es muß auch der Gerichtshof mitwirken, indem er ein Gutachten darüber abgibt, daß diese schwierige Veränderung oder erhebliche Veränderung der Situation wirklich eingetreten ist. Und dann muß mitwirken die gemeinsame parlamentarische Versammlung, indem sie mit Dreiviertelmehrheit der Stimmen und einer Zweidrittelmehrheit der Sitze dieser Änderung zustimmt. Das waren die wichtigsten Änderungen, die an dem Vertragswerk, am Text selber, vorgenommen worden sind.
Nun ‹zu den›[b] Bestimmungen auf dem Gebiete der Stimmengewichte

der Hohen Behörde. Zunächst: Warum ist es zur Festsetzung dieser Mitgliederzahl von 9 gekommen in der Hohen Behörde[13], die übrigens erfahrene Assoziationstheoretiker und Politiker uns seit einem Jahr vorausgesagt haben? Es waren eine Reihe von Wetten abgeschlossen [worden,] und es gab eine Anzahl von erfahrenen Leuten, die hier gewonnen haben.

Wir hatten mit den Franzosen zusammen 5 vorgesehen aus einem sehr einfachen und sehr wichtigen Grund. Wir wollten unter keinen Umständen eine Zahl, die identisch oder praktisch identisch ist mit der Zahl der Staaten. Wenn man das macht, hat man den entscheidenden Schritt zu einer supranationalen, zu einer kooperationsmäßigen Verfassung dieser Europäischen Gemeinschaft nicht getan. Dann wird jedes der Mitglieder der Hohen Behörde sich empfinden als Repräsentant eines Staates. Ich verrate kein Geheimnis, wenn ich sage, daß nicht nur die, die diesen Fünferplan ausgesprochen haben, sondern auch die anderen, ihn immer selbstverständlich in der Richtung verstanden, daß die beiden Großen, Frankreich und Deutschland, einen Staatsangehörigen unter diesen Fünf haben. Ich kann nicht leugnen, daß auch mir das immer selbstverständlich erschien. Man setze sich in die Lage der kleinen Länder. Der holländische Delegierte[14] hatte sehr hübsch die Lage der Länder charakterisiert, ‹als›[c] er gesagt hat: »Es gibt ein Spiel, den sogenannten Stuhltanz, bei dem die Musik spielt und ein Stuhl zu wenig ist, und einer bleibt eben immer ohne Stuhl. Das ist sehr hübsch als Spiel, aber bei der Besetzung einer solchen Behörde wird es eine Nervosität unter den Teilnehmern herstellen, die vielleicht der Behörde abträglich ist.«

Einer der Herren fragte, ob eine der großen Mächte bereit sei, vielleicht auf die Entsendung eines Staatsangehörigen zu ver- (...) wie die umgekehrte Erwartung. Auch für ein kleines Land kann die Abgabe der Souveränität über seine Schwerindustrie nahezu die Abgabe seiner ganzen Souveränität bedeuten. Nehmen Sie das Land Luxemburg, wo die Schwerindustrie 90 Prozent des Wirtschaftspotentials ausmacht, und Sie sehen, daß es sehr schwer ist, einen Unterschied zwischen groß und klein, wichtig und unwichtig zu machen. Nachdem es klar war, daß dieser Widerstand der Kleinen nicht zu überwinden war, nicht deshalb, weil er aus einem egoistischen Interesse oder allein aus einem legitimen Souveränitätsinteresse vorgetragen war, sondern einfach, weil er auch aus Gründen der Logik des Plans schlecht zu überwinden war, blieb nur noch, wenn man nicht jene Identität zwischen den beiden Zahlen haben wollte, der Ausweg nach oben.

Um zu vermeiden, daß sich auch das, was ebenfalls in der Luft lag und worüber verhandelt wurde, nämlich Erbsitze sich für die einzelnen Länder kristallisieren, was natürlich das Gegenteil der supranationalen Lösung gewesen wäre, ist man auf den Gedanken gekommen, einen Teil der Mitglieder, die später in diese Hohe Behörde hineinkommen, nicht durch die Landesregierungen wählen zu lassen, sondern durch die Mitglieder der Hohen Behörde kooptieren zu lassen[15]. Der Gedanke ist, eine Erfahrung sich nutzbar zu machen, die sich schon in allen internationalen Gremien zeigt, daß durch diese bloße Existenz der Gremien diese Gremien einen starken Geist der Supranationalität, der Koop[era]tion entwickeln.
Zu diesen beiden Elementen, einem Abweichen von der Mitgliederzahl der Staaten und dem Kooptationsgedanken, hat man dann noch in einer Weise, die sehr viel politischen Takt verrät, auf Vorschlag der italienischen Delegation einen dritten Gedanken hinzugefügt, den, daß man diese ganze supranationale Lösung gewissermaßen stufenweise erreicht. Graf Sforza[16] hat eindrücklich vorgetragen für alle Teilnehmer, daß man vielleicht zu rasch vorgehe, wenn man jetzt schon den Souveränitätsverzicht erwartet – was ja das Ziel aller Beteiligten ist – mit einem Schlage, sondern daß man das abstufen müßte.
Es ist die gegenwärtige Lösung so, daß sie unterscheidet zwischen einer Einleitungsperiode von sechs Jahren. Für diese Periode werden die Mitglieder von den Regierungen einstimmig durch alle Regierungen bestimmt. Sie werden also gemeinschaftlich von allen Mitgliedern gewählt. Erst nach dem Ablauf dieser Periode – diese Periode ist um ein Jahr länger als die Übergangsperiode, denn man wollte vermeiden, daß die Schwierigkeiten oder diese Zäsur am Ende der Übergangsperiode zusammenfällt mit einem Personalwechsel, einem totalen Personalwechsel – tritt der normale Mechanismus der Neuerung ein. Alle zwei Jahre scheiden von den 9 Mitgliedern 3 aus, und von den 3 wird die Hälfte durch die Regierungen gewählt, und die andere Hälfte kooptiert in der soeben besprochenen Weise. Da es drei sind, muß man losen und die Leute numerieren.
Wie kommt in der endgültigen Periode die Bestellung dieser Mitglieder zustande? Soweit sie nicht durch Kooptierung zustande kommt, dann durch eine Wahl mit Fünfsechstelmehrheit, aber mit einem Vetorecht des 6. überstimmten Mitgliedes. Praktisch wird sich die Sache so vollziehen, daß man in erster Linie versucht, auch diese Wahl nach Ablauf der sechs Jahre einstimmig zu vollziehen. Man wollte vermeiden, daß dabei jedes Land ein absolutes Veto hat, und leider muß ich sagen, man wollte es auch deshalb vermeiden, weil es ja Äußerungen gibt, die einem mißtrauischen

Beobachter Anlaß zu der Deutung geben, daß auch Deutschland einmal in der Lage sein könnte, den Versuch zu machen, den Vertrag nicht zu halten. Ich brauche mich nicht deutlicher auszudrücken. Wir haben das anerkennen müssen. Ich habe selbst sehr stark von Anfang an bei den Verhandlungen mit Monnet auf die Wahrung des Vetorechts bestanden. Was sollte man auf den Einwurf machen, auf das Bedenken, ein Vetorecht bedeute praktisch, daß ein Staat den Vertrag brechen kann, indem er seine Mitwirkung bei der Hohen Behörde versagt, und diese stirbt aus?

Die Lösung ist also jetzt die, daß das überstimmte Land ein Vetorecht hat. Es kann zweimal frei dieses Veto ausüben. Jedes weitere Veto steht unter Kontrolle des Gerichtshofs, es kann also [ein] mißbräuchliches Veto durch den Gerichtshof für ungültig erklärt werden. Erkennt man beim dritten Veto: Dieses Land führt im Schilde, sich herauszuschlängeln, und es liegen Gründe vor, um die Apparatur zu stören, wird die Mißbräuchlichkeit des Vetorechts erklärt, und die Fünfsechstelmehrheit entscheidet über die Besetzung.

Nun die Gemeinsame Versammlung: Die Lösung ist bekannt[17]. Es haben 18 Stimmen Deutschland, Frankreich und Italien, also der Schlüssel des Europarats. Die Benelux-Länder sind stark aufgewertet worden, und zwar mit Rücksicht darauf, daß die belgische Beteiligung doch außerordentlich groß ist, die belgische Quote in der Gesamtkapazität sehr groß ist, und andererseits konnte man, wenn man Belgien aufwertet, Holland nicht anders behandeln; und Luxemburg hat auch noch einen Sitz abbekommen[18]. Also gegenüber dem Europarat haben die Benelux-Länder zusammen 24 Stimmen. Wichtig ist dabei, daß, wenn eine Vertretung der Saarbevölkerung dabei gewünscht wird, in dieser Gemeinsamen Versammlung diese Vertreter zu Lasten der französischen Quote gehen, so daß die reine französische Quote nur 15 Stimmen umfaßt. Wir betrachten auch das ‹als›[d] eine Lösung, die insofern eine für uns akzeptable Lösung war, als sie die Möglichkeit vollständig ausschließt, das Stimmengewicht Frankreichs etwa durch zusätzliche Saarstimmen zu verstärken.

Der Ministerrat: Sie wissen alle, daß der ursprüngliche Gedanke der war – und damit waren wir mit den Franzosen einig –, zu sagen, daß jedes Land eine Stimme im Ministerrat hat, Deutschland und Frankreich aber eine Zusatzstimme bekommen. Dieser Gedanke ist auf Widerspruch gestoßen. Die Präsentation macht sich schlecht für die Außenminister und Wirtschaftsminister der anderen Länder. Sie wollten in diesen Ministerrat nicht als Minister einer weniger hervorgehobenen Klasse als die zwei anderen Minister erscheinen. Gewisse Imponderabilien haben dabei eine Rolle gespielt. Man wollte nicht zwei Klassen schaffen in diesem Ministerrat, eine Klasse mit zwei und eine Klasse mit einer Stimme.

Es kam ein gut überlegter italienischer Vermittlungsvorschlag, um die Präsentation zu verbessern, sachlich aber dasselbe zu erreichen. Alle waren sich einig, daß die beiden Länder eine Verstärkung ihrer Stellung erfahren müßten, um in den kritischen Fragen zu erreichen, daß praktisch keine Mehrheit gegen diese beiden Länder zustande kommen kann, und dort, wo Gleichgewicht der Stimmen ist, die beiden Länder sich auf einer Seite befinden dadurch, daß diese beiden sich auf einer Seite befinden, ein Übergewicht hergestellt wird. In summa entfernt sich die Lösung kaum von der Lösung der Zusatzstimmen. Es steht so, daß jeder Minister eine Stimme hat, daß also zur Bildung einer Mehrheit vier Stimmen notwendig sind, aber wenn die zwei Stimmen in der Minderheit die französische und die deutsche Stimme sind, ist keine Mehrheit erreicht, diese beiden Stimmen gelten also dann als gleichgewichtig.

Schwierig war der Fall namentlich bei der qualifizierten Mehrheit, wenn das Stimmenverhältnis drei zu drei ist. Die Lösung, die nach vielen Debatten und einer in die Nähe einer Krise gehenden Diskussion schließlich herausgekommen ist, ist so, daß in diesem Fall der Stimmengleichheit im Ministerrat die Entscheidung ‹an die Hohe›[e] Behörde noch einmal zurückverwiesen wird, und zwar automatisch, an die Hohe Behörde zur zweiten Lesung. Wenn dann bei der zweiten Lesung die Hohe Behörde an ihrem Beschluß festhält und nunmehr im Ministerrat sich dasselbe Stimmenverhältnis herausstellt, dann entscheidet die Hälfte, oder dann ist die Entscheidung der Hohen Behörde gebilligt, wenn bei den zustimmenden Drei im Ministerrat sich die beiden Großen befinden. Man kann sich das alles vereinfachen, wenn man es wieder auf die alte Formel der Zusatzstimmen zurückbringt[19].

Schließlich die Sitzfrage: Da ist ein Irrtum entstanden, dessen Entstehung ich nicht aufklären kann. Es ist nicht so, daß die Entscheidung der Sitzfrage der Hohen Behörde überlassen wäre, sondern die Entscheidung der Sitzfrage geschieht ebenfalls durch Übereinkommen sämtlicher Regierungen[20]. Nur war diese Frage zur Entscheidung in Paris nicht reif. Diese Entscheidung setzt bestimmte konkrete Prüfungen und Studien am Orte der vorgeschlagenen Sitze[21] voraus. Man hat entschieden, daß die Zwischenkommission, die bis zum Inkrafttreten der Hohen Behörde als vorbereitendes Organ gilt, auch die Sitzfrage zu prüfen hat[22]. Diese Kommission setzt sich zusammen aus den Chefs der bisherigen Schuman-Plan-Delegationen. Sie wird als ein reisendes Kollegium arbeiten. Die erste Sitzung dieses Gremiums wird in Bonn stattfinden noch im Verlauf des nächsten Monats. Es wird auch der Vorschlag gewürdigt werden, ob es sich empfiehlt, was die französische Regierung und die deutsche Regierung gemeinsam vorgeschlagen haben. Es ist vorgeschlagen worden, nach dem bekannten Vorbild des amerikanischen Distrikts ‹von›[f] Columbia ein europäisches Territorium zu schaffen und die Hauptstadt des kommenden Europa zu lokalisieren[23], ein Territorium, das aus der Souveränität der einzelnen Staaten herausgenommen wird und dessen Angehörige die Staatsangehörigkeit sämtlicher beteiligten Länder erhalten.

Adenauer: Lassen Sie mich ein paar allgemeine Bemerkungen machen. Geraume Zeit schon kann man, glaube ich, bemerken, daß das deutsche Volk und namentlich, und das ist das wichtige, die jungen Jahrgänge, wobei man bis 35 Jahren und mehr gehen kann, gegenüber allem politischen Geschehen eine große Teilnahmslosigkeit und Interessenlosigkeit zeigen. Das ist eine Erscheinung, die jeden, der etwas weiter als über den morgigen Tag hinaus in die Zukunft blickt, mit sehr großer Sorge erfüllen muß. Wenn ein so großer Teil des Volkes politisch teilnahmslos ist und für alles andere Interesse zeigt, nur nicht für Politik, dann wird eines Tages höchstwahrscheinlich ein sehr trübes und böses Erwachen folgen. Bei Befragungen, die von den entsprechenden Instituten angestellt werden und auch, soweit man in der Lage ist, bei den Wahlen Beobachtungen zu machen, zeigt sich, daß die älteren Jahrgänge, die Männer und die Frauen, die noch die Vergangenheit erlebt haben, vielleicht noch die Zeit vor 1918 erlebt haben, daß diese doch das größte Interesse für die Politik zeigen, offenbar weil ihnen die Bedeutung doch viel klarer ist als den jüngeren Jahrgängen.
Ich sprach darüber in Paris mit einigen Herren, auch mit Minister Schuman habe ich darüber gesprochen, und er sagte, daß dort bei ihm in Frankreich genau dasselbe gilt. Ich sprach mit einem anderen maßgebenden französischen Politiker darüber, und er sagte mir, daß er sogar die Erfahrung gemacht habe, daß ein an sich nicht so unkluger Mann ihm gesagt habe, er könne an nichts mehr glauben, und er habe seine religiöse Überzeugung verloren; er glaube an nichts mehr, aber da er an etwas glauben müsse, bliebe ihm nichts anderes übrig, als an Stalin[24] zu glauben, an den Kommunismus. Daß dieser Mann, ein Franzose, einem Franzosen dies gesagt hat, ist das Extremste.
Aber diese Erscheinungen der politischen Teilnahmslosigkeit müssen mit großer Sorge erfüllen, weil ja die Männer und Frauen bis 35 und 40 Jahren in verhältnismäßig kurzer Zeit die Geschicke des deutschen Volkes

in die Hand nehmen werden. Dann besteht die große Gefahr, daß bei absoluter Passivität gegenüber allem und jedermann schließlich derjenige Radikale – mag er von links oder rechts kommen – die Macht in die Hand bekommt und zugreift.
Ich danke Ihnen sehr für Ihr Erscheinen heute. Ich kann daraus entnehmen, daß Sie die Bedeutung des Ereignisses der Unterzeichnung des Schuman-Plans[25] als eine politische Tat von besonderem Range würdigen. Ich wäre Ihnen besonders dankbar, wenn Sie, natürlich je nach Ihrer Überzeugung Stellung nehmend dazu, der großen Masse der Bevölkerung die Überzeugung vermittelten, daß jetzt Entscheidungen getroffen werden, die alle miteinander auf lange, lange Jahre bestimmen werden, die auch bestimmen werden ihren Erwerb in der Zukunft, ihren Lebenszuschnitt in der Zukunft und die höchstwahrscheinlich auch entscheidend sein werden über die Frage: Krieg oder Frieden in Europa?
Ich glaube, daß ich nicht übertreibe, wenn ich mit dieser Einleitung beginne, darüber zu sprechen. Ich nehme an, daß Herr Hallstein Sie über vieles schon unterrichtet hat und daß ich infolgedessen Ihnen etwas wiederholen muß, wenn auch vielleicht in einer anderen Beleuchtung.
Was zunächst das Wirtschaftliche des Schuman-Plans angeht, so kann man natürlich manches dagegen sagen. Aber ich meine, man sollte nicht so furchtbar schnell vergessen, was es eigentlich seit 1945 gegeben hat, und man sollte eingedenk sein, daß Kohle und Eisen zunächst von den Briten beschlagnahmt worden sind, daß darüber andere verfügten, nur nicht wir, daß auch die Kontrollgruppen Beauftragte von Militärregierungen oder einer Hohen Kommission waren, nur keine deutschen Organe, daß die deutsche Bundesregierung ihnen nichts zu sagen hatte und daß es schon ein Fortschritt war in meinen Augen, als das Ruhrstatut kam und uns erlaubte, in der Ruhrkommission auch Stellung zu nehmen zu den Fragen der Kohle; und man sollte auch daran denken, daß das Gesetz [Nr.] 27[26], das Entflechtungsgesetz, in der Welt war, ehe überhaupt von einem Schuman-Plan die Rede war, und daß dieses Gesetz [Nr.] 27 von den Alliierten ausdrücklich in der Absicht gemacht worden ist, das Ruhrgebiet und die anderen Rohstoffkonzerne in kleine Teile zu zerschneiden, ziemlich gleichgültig, ob das Wirtschaftliche berücksichtigt wäre oder nicht, sondern nach einem doktrinären Prinzip, so daß nach dem Gesetz [Nr.] 27 jede Verbundwirtschaft bei uns aufgehört hätte. Vielleicht war das sogar hier und da bei den Vätern dieses Gesetzes [Nr.] 27 die stille Hoffnung, weil sie in dem Bestehen der Verbundwirtschaft eine unangenehme Wettbewerbstatsache gegenüber ihrer eigenen Stahl-

und Eisenproduktion (...) Daß ich damit nicht die Vereinigten Staaten meine, sondern hauptsächlich doktrinäre Ansichten, brauche ich nicht besonders zu unterstreichen.

Ich möchte Sie auch daran erinnern, daß, als das Ruhrstatut kam und beschlossen wurde in London, gegen den Beitritt Deutschlands zum Ruhrstatut die schärfsten Kämpfe geführt worden sind, obgleich auch die Teilnahme Deutschlands am Ruhrstatut viel dazu beigetragen hat, daß von den Leuten, die die Macht in der Hand hatten, deutsche Interessen berücksichtigt worden sind, wenn auch nicht vollständig, so wie wir es uns gewünscht haben[27].

Wenn jetzt der Schuman-Plan kommt, wird das Ruhrstatut verschwinden, und die deutsche Kohle und das deutsche Eisen werden genauso denselben Regeln unterliegen wie das französische, wie das luxemburgische und wie das belgische und das holländische Eisen und die Kohlen. Wenn man deswegen jetzt schon Kritik glaubt üben zu müssen und sagt, daß unsere wirtschaftlichen Interessen nicht genügend berücksichtigt worden seien – man kann immer nur ausgehen von dem gegenwärtigen Stand der Dinge –, glaubt man [dann], daß bei dem gegenwärtigen Stand der Dinge, wo wir überhaupt nichts zu sagen haben letzten Endes bei Kohle und Eisen, glaubt man, daß da unsere Interessen besser gewahrt seien, als wenn unsere Kohle und unser Eisen in der obersten Spitze gelenkt werden von einem neunköpfigen Gremium oder einem 9 Stimmen enthaltenden Gremium, in dem wir zwei Stimmen haben, Frankreich zwei Stimmen und die kleineren Produktionsländer je eine Stimme? Ich glaube, die Frage aufwerfen heißt wirklich sie beantworten. Wer in dem gegenwärtigen Zustand glaubt, einen Vorzug zu erblicken gegenüber der zukünftigen Regelung, dem ist nicht zu helfen. Ich nehme weiter an, daß Herr Staatssekretär Hallstein Sie über manches unterrichtet hat, was den unmittelbaren Gegenstand des Schuman-Plans betrifft.

Über den Sinn des Schuman-Plans möchte ich einige Worte zu Ihnen sagen: Wer von Anfang an die Entwicklung dieses Plans und die Beratungen verfolgt hat, wird bestätigen können und müssen, daß dem ganzen Plan zugrunde liegt der Gedanke: Wie können wir die Einheit Europas erreichen? Aus dem nächsten Kreise von Monnet und seinen Mitarbeitern, wo der Plan geboren worden ist, ist mir erzählt worden, daß man sich zusammengesetzt hätte und die Frage erörtert hätte: Wie gibt es eine Möglichkeit, durch wirtschaftliche Zusammenarbeit die Einheit Europas herbeizuführen[28]?

Der eine habe diesen und der andere jenen Gedanken gehabt, bis schließlich einer erklärt habe: »Wird es nicht am besten gehen, wenn man die

Zusammenarbeit herbeiführt auf dem Gebiet von Kohle und Eisen?« – Schon diese Überlegungen dieser Entstehungsgeschichte des Schuman-Plans zeigen sehr klar und deutlich, daß seine Väter nicht von irgendwelchem kapitalistischen oder wirtschaftlichen Machtstreben getragen waren, als sie den Schuman-Plan vorschlugen, sondern daß sie sich von idealen Gesichtspunkten haben tragen lassen.

Wenn Sie sich die Worte ins Gedächtnis zurückrufen, die ich eingangs sagte über das Ruhrstatut, daß dort nur eine deutsche Stimme vorhanden ist und daß die Ruhrbehörde ziemlich schrankenlos und damit Frankreich über unsere ganze Kohle verfügen kann, dann ist die Behauptung, Frankreich habe sich mit dem Schuman-Plan ein Instrument schaffen wollen, um über unsere Wirtschaftskraft zu herrschen, so absurd, daß man nur den Kopf darüber schütteln kann. Wenn es Frankreich wirklich darum ginge, die Herrschaft über unsere wichtigsten Wirtschaftszweige zu bekommen, hätte es klug gehandelt, wenn es gar nichts getan hätte. Es hätte sich einfach darauf beschränken sollen, zu sagen, das Ruhrstatut sei da und ist beschlossen, und das Ruhrstatut bleibt! Denn aufgrund des Ruhrstatuts hatte tatsächlich hauptsächlich Frankreich die Herrschaft über unsere Kohle.

Wenn Frankreich nunmehr diesen Plan vorgeschlagen hat, der uns genausogut an der Herrschaft – wenn ich das Wort gebrauchen soll – über die französische Kohle berechtigt wie Frankreich an der Herrschaft über die deutsche Kohle, dann ist das der vollständig klare Beweis dafür, daß den Vätern des Schuman-Plans und daß der französischen Regierung, und insbesondere Monnet und Schuman, es völlig, aber auch völlig ferngelegen hat, etwa für Frankreich die Herrschaft über unsere Kohle und unser Eisen zu sichern.

Ich lege soviel Wert auf diese Ausführungen, weil nichts gefährlicher ist, als eine Behauptung aufzustellen, die an gewisse nationale Instinkte anklingt: »Die wollen die Herrschaft sichern über unsere Wirtschaft«; aber vor allem deswegen, weil ich es für ein großes Unrecht halte gegenüber der französischen Regierung und Männern wie Monnet und Schuman und auch für ein großes Unrecht halte gegenüber den anderen Teilnehmerstaaten an den Schuman-Plan-Verhandlungen (...) daß sie die Absicht gehabt hätten und mit dabei geholfen hätten, Frankreich die Herrschaft über die deutsche Kohle zu sichern.

Mit solchen absurden Behauptungen, die diametral den Tatsachen widersprechen, erwirbt man sich wahrhaftig keine Freunde in der Welt. Das ist es, was mir in Gesprächen – nicht jetzt in Paris, sondern schon früher – gesagt worden ist: »Seht Ihr Deutsche nicht ein, daß Ihr Freunde in der Welt braucht und die Freunde nicht erwerben könnt, wenn Ihr immer nur kommt und Behauptungen aufstellt, die geradezu beleidigend sind?« – Man gewinnt keine Freunde dadurch, daß man den Betreffenden vor den Kopf stößt.

Daher finde ich es wirklich so bedauerlich, daß man derartige Behauptungen jetzt aufstellt, und ich würde es für außerordentlich unglücklich halten, wenn bei der Ratifizierungsdebatte solche Behauptungen aufgestellt werden würden. Sie sind verletzend für die anderen, für die ganzen westeuropäischen Staaten, absolut verletzend, und sind geeignet, dem deutschen Volke alles andere als Freunde zu erwerben.

Was die Saarfrage angeht, so möchte ich mich um so mehr damit beschäftigen, weil die Saarfrage ja bei der Debatte über die Ratifizierung wahrscheinlich einen erheblichen Raum einnehmen wird. Man wollte zunächst vor meiner Abreise nach Paris eine Saardebatte im Bundestag, und ich bin sehr froh, daß durch die Mehrheit das verhindert worden ist[29]. Durch eine solche Saardebatte wäre von vornherein wieder die Stimmung dort bei den Verhandlungspartnern außerordentlich beeinträchtigt worden.

Mit der Saar ist es so: Zunächst wurde die Saar besetzt wie wir und wie ganz Deutschland. Es herrschte dort zunächst an der Saar die Kontrollkommission. Dann haben die Alliierten Frankreich die Saar allein anvertraut, und die Entwicklung, die eingetreten ist, ist vom deutschen Standpunkt sehr unerfreulich gewesen. Deswegen haben wir auch, weil die Entwicklung mit den Rechtsgrundlagen nicht in Einklang zu bringen ist, niemals das jetzt an der Saar bestehende Regime irgendwie anerkannt. Aber wir können die Augen nicht vor der Tatsache verschließen, daß zwischen dem Saargebiet und Frankreich eine Zollunion besteht[30], und wir können auch nicht unsere Augen vor der Tatsache verschließen, daß Frankreich, nach unserer Auffassung nur de facto, nach französischer Auffassung auch de jure, die Saar in außenpolitischer Hinsicht vertritt. Wir sind uns auch darüber einig, daß der definitive Status allein durch den Friedensvertrag bestimmt werden kann oder durch einen Vertrag, der an die Stelle des Friedensvertrages tritt.

Über ein Weiteres waren sich alle Teilnehmer an den Schuman-Plan-Verhandlungen einig, und das war, daß die Saarkohle und das Saareisen in den Schuman-Plan, in die Aufgaben, die der Schuman-Plan sich stellt, hineingehört. Nun galt es, einen Weg zu suchen und zu finden, der die beiderseitigen Auffassungen über das gegenwärtige und das endgültige Regime an der Saar respektierte, nicht berührte, der aber andererseits doch das Saareisen und die Saarkohle in die Verwaltung durch den Schuman-Plan einschloß. Sie wissen, daß zunächst einmal die Rede davon gewesen ist, nicht jetzt auf dieser Pariser Konferenz, daß Frankreich für die Saar unterschreiben sollte. Ich darf daran erinnern, daß das Hoffmann verlangt hat[31] und daß das, weil Frankreich unsere Stellungnahme und unsere Empfindlichkeit in dieser Frage kannte, niemals von der französischen Regierung in Anspruch genommen worden ist. Man hat eine Lösung gefunden, indem in Artikel ‹79›[g] ein Satz aufgenommen wurde.

(Folgt Verlesung) [»... bezüglich der Saar ist ein Briefwechsel zwischen der Regierung der Bundesrepublik Deutschland und der Regierung der Französischen Republik diesem Vertrag beigefügt.«][32]

Diesen Artikel ‹79›[h] haben alle vertragschließenden Teile, also auch Belgien, Holland, Luxemburg und Italien, unterschrieben. Es lag diesen Staaten völlig fern, sich irgendwie in das Saarproblem einzumischen, aber damit ganz klar wurde, daß wir in der Saarfrage unseren Standpunkt nicht aufgegeben haben, hat ein Briefwechsel stattgefunden zwischen Herrn Schuman und mir. (Briefwechsel ist bekannt.)[33] Durch diesen Briefwechsel steht eindeutig folgendes fest: Was den endgültigen Status der Saar angeht, stimmen Frankreich und Deutschland darin überein, daß er geregelt werden soll durch den Friedensvertrag, und was den gegenwärtigen Zustand an der Saar angeht, so haben wir gesagt, wir erkennen ihn nicht zu Recht bestehend an, und in unserer Unterschrift unter den Schuman-Plan darf Frankreich keine Anerkennung des gegenwärtigen Zustandes erblicken. Und Frankreich hat erklärt, es nehme Akt davon, daß wir den jetzigen Zustand als zu Recht bestehend nicht anerkennen und daß unsere Unterschrift nicht angesehen wird als eine Anerkennung des gegenwärtigen Zustandes.

Wir haben gemeinsam versucht, das Saarproblem in seiner ganzen Klarheit herauszustellen, nichts zu vertuschen, nicht irgendwie einen Satz zu wandeln, der die Dinge in der Schwebe gelassen hätte, sondern ganz klar den Standpunkt sowohl der französischen Regierung wie unseren Standpunkt klarzustellen und uns gegenseitig zu sagen, daß wir mit der Unterschrift unter den Schuman-Plan nichts anerkennen, und die französische Regierung bestätigt das. Ich glaube also, daß wirklich kein Mensch, der die Dinge prüft, darin eine Beeinträchtigung des deutschen Standpunktes erblicken kann.

Ich habe in einer Zeitung einen Satz gelesen, der etwa so hieß, daß doch darin eine gewisse Stärkung des französischen Standpunktes erblickt werden könne. Es war keine sozialdemokratische Zeitung, die das schrieb, es kann sein, daß es sogar die »Frankfurter Allgemeine« gewesen ist[34]. Ich möchte dem sehr nachdrücklich widersprechen und diese

Ansicht in keiner Weise aufkommen lassen. Das Gegenteil ist eher der Fall. Durch unsere Unterschrift unter den Schuman-Plan wird an den gegenwärtigen Dingen an der Saar nur das geändert, daß Frankreich nicht mehr über die Saarkohle verfügt und das Saareisen, sondern die Schuman-Behörde, und in einem wohl abgewogenen Briefwechsel haben wir der französischen Regierung doch erklärt: Wir sehen im gegenwärtigen Zustand ein Unrecht, und Frankreich bestätigt uns, daß wir das erklärt haben und sagt, dadurch, daß wir unterschreiben, sei unser Standpunkt in keiner Weise beeinträchtigt. Darin kann man nach meiner Meinung nicht eine Stärkung der gegenwärtigen – ich bitte das nicht wörtlich zu schreiben – Stellung Frankreichs an der Saar erblicken.

Ich bin der Auffassung – ich sage das informatorisch –, daß genau das Gegenteil der Fall ist, aber absolut das Gegenteil, daß dadurch, daß das Saargebiet dem Schuman-Plan unterstellt wird, die Stellung der französischen Regierung an der Saar ganz außerordentlich schwächer geworden ist. Man darf nicht übersehen, daß aufgrund des Pachtvertrages[35] – mag er zu Recht bestehen oder nicht, denn de facto wird er gehandhabt –, daß aufgrund des Pachtvertrages die französische Regierung über die Saarkohle jetzt verfügt und daß sie damit einen ungeheuren Einfluß hat, einen wirtschaftlichen Einfluß, während sie in Zukunft nicht mehr darüber verfügt, sondern von ihren Rechten – auch Pachtrechten meinetwegen – an der Saarkohle genauso viel preiszugeben hat wie alle anderen Teilnehmer des Schuman-Plans.

Ich glaube für die Zukunft, daß man mit dem Abschluß des Schuman-Plans (...) einen ganz großen Schritt nach vorwärts in der Richtung einer Lösung des Saarproblems erblicken muß, wie wir ihn uns wünschen. Frankreich hat damals erklärt, und etwas Richtiges war daran, es habe an der Saar starke wirtschaftliche Interessen, an der Saarkohle und dem Saareisen. Das kann Frankreich jetzt nicht mehr sagen, denn aus der Saarkohle und dem Saareisen ist europäische Kohle und europäisches Eisen geworden. Damit ist der Hauptgrund, warum sich auch nicht-chauvinistische Teile Frankreichs für das Saarproblem eingesetzt haben für eine Lösung im französischen Sinne oder der gegenwärtigen Saarregierung, weggefallen. Darum glaube ich, daß durch diese Einbeziehung des Saarraumes in den Schuman-Plan der Weg offen wird für eine Lösung des Saarproblems, wie sie allein sein kann, d. h. für eine freie und unbeeinflußte Entscheidung der Bevölkerung an der Saar. Diesen Standpunkt habe ich immer vertreten und werde ihn auch weiter vertreten, und ich glaube, daß wir diesem Ziele ein ganz gutes Stück nähergekommen sind. Gerade vom Standpunkt der Saarbevölkerung mußte man wünschen,

daß der Schuman-Plan zustande kommt und das Saargebiet einbezogen wird, und nicht umgekehrt.
Alle Entscheidungen auf dieser Konferenz sind einstimmig gefaßt worden, trotzdem die Produktionskapazität der Teilnehmer außerordentlich verschieden groß ist[36]. Aber alle Beschlüsse sind einstimmig gefaßt worden, und in keinem einzigen Falle hat [k]eine Übereinstimmung stattgefunden. Wenn zunächst verschiedene Auffassungen vertreten wurden, so ist es in einer sehr freimütigen und freundschaftlich geführten Unterhaltung niemals zu Zusammenstößen gekommen. Es wurde in einer freimütigen und freundschaftlichen Unterhaltung versucht, wohlüberlegten Gründen des Widersprechenden entgegenzukommen, oder, in anderen Fällen, zunächst widersprechende Gründe wurden anerkannt, wenn die Gründe, die der andere ins Feld führte, doch soviel für sich hatten, daß der Widerspruch fallengelassen wurde.
Diese Einstimmigkeit in den Beschlüssen, die ja auch bei den Arbeiten der Delegationen während all der Monate gewesen ist, ist ein so glücklicher Faktor, daß man ihn auch sehr hoch einschätzen muß. Er beweist vor allen Dingen eines, daß diese Länder, die sich vereinigen wollen auf dem Gebiete von Kohle und Eisen, wirklich getragen sind von dem inneren Willen, mit den anderen Ländern zusammenzuarbeiten, und Sie glauben gar nicht, wie durch diese gemeinsame Arbeit und durch die einstimmige Überwindung aller möglichen Schwierigkeiten doch der innere Kontakt auch zwischen den maßgebenden Männern dieser Länder gewachsen und stark geworden ist.
In der Außenpolitik wie überall spielt das persönliche Verhältnis derjenigen, die die Geschicke in der Hand haben, zueinander eine außerordentlich große Rolle. Das Vertrauen, das der eine zum anderen hat, die freundschaftliche Art, in der man sich ausspricht, die Würdigung und der Respekt, den einer vor dem anderen hat und den er damit auch ohne weiteres den von dem anderen vorgebrachten Interessen entgegenbringt, ist bei solchen Verhandlungen ein Moment von großer Tragweite.
Sowohl die Beschlüsse der Delegationen wie der Ministerkonferenz sind einstimmig gefaßt worden. Sicher, sie sind nicht sofort in allem einer Meinung gewesen, die Teilnehmer, aber ohne Zwang und ohne daß ein Druck ausgeübt wurde, hat man sich in allen zunächst strittig erscheinenden Fragen geeinigt. Damit hat auch dieser Teil Westeuropas mit insgesamt 160 Millionen Europäern einen Willen zur gemeinsamen Arbeit, zur Zusammenarbeit auf diesem Gebiet der Grundstoffindustrien gezeigt, der in der großen Außenpolitik sicher seine Wirkung nicht verfehlen wird.

Stellen Sie sich vor, die Schuman-Plan-Verhandlungen hätten nicht zu einem guten Ende geführt! Was dann in Sowjetrußland für ein Triumphgeschrei angestimmt werden würde, natürlich auch in den von Sowjetrußland abhängigen Gebieten, in der Sowjetzone und den Satellitenstaaten. Auf der anderen Seite wird die Tatsache, daß diese europäischen Länder sich so zusammengefunden haben, ihren Eindruck auf Sowjetrußland nicht verfehlen. Man wird mit Recht daraus den Schluß ziehen, daß diese Länder Vertrauen zueinander haben und sie gewillt sind, zusammenzustehen und zusammenzuarbeiten und daß das auch, wenn die Gegensätze sich weiter verschärfen sollten in der Welt, der Fall sein wird.
Aber wenn Sie weiter noch bedenken, welche Wirkungen es in den Vereinigten Staaten gehabt haben würde, wenn nach diesen neun Monate dauernden Verhandlungen diese westeuropäischen Länder nicht zueinandergefunden hätten – und da bin ich zuverlässig unterrichtet durch Mitteilungen, die ich von einer maßgebenden amerikanischen Stelle bekommen habe –, dann ist das Zustandekommen des Schuman-Plans schlechthin entscheidend für die amerikanische Politik gegenüber Westeuropa. Diejenigen, die es etwa versuchen würden, jetzt die Ratifizierung unmöglich zu machen, würden, wenn sie Erfolg hätten, eine ungeheure Verantwortung auf sich nehmen.
Bitte, stellen Sie sich das einmal vor, wie die Verantwortung sein würde! Stellen Sie sich einmal vor, im Deutschen Bundestag würde eine Mehrheit die Ratifizierung verweigern! Ich bin der felsenfesten Überzeugung, daß sich diese Mehrheit niemals finden wird, daß der Schuman-Plan also mit einer guten Mehrheit ratifiziert wird, und ganz unter uns gesagt, bin ich sogar des Glaubens, daß manchem Angehörigen der Opposition es kalt über den Rücken laufen würde, wenn er wirklich glauben würde, daß er es schließlich fertigbringe, daß der Schuman-Plan nicht ratifiziert wird.
Deswegen meine ich, die deutsche Öffentlichkeit sollte alles das, was jetzt kommt, nicht so sehr tragisch nehmen. Bei starkem Donner braucht nicht immer der Blitz entsprechend stark sein. Das ist noch lange nicht so. Sie haben schon einmal etwas vom Theaterdonner gehört, bei dem es überhaupt nicht blitzt. Aber es lohnt sich doch, das deutsche Volk darauf aufmerksam zu machen, damit es sieht, was vorgeht, welche Verantwortung diejenigen auf sich laden würden, die den Schuman-Plan jetzt zum Scheitern bringen würden.
Zunächst würde er das Ruhrstatut verewigen, der den Schuman-Plan zum Scheitern bringt, daß wir also über Kohle und Eisen nichts zu sagen hätten, er würde dafür sorgen, daß die ganze Verbundwirtschaft restlos

zerschlagen würde, er würde dafür sorgen, daß wir zum Wiederaufbau unserer Kohle- und Eisenindustrie überhaupt kein Geld bekämen, und er würde zur Folge es machen, daß unsere Wirtschaft den stärksten Stoß bekäme. Er würde weiter damit dafür sorgen, daß Rußland einen starken Auftrieb bekommt für die Fortführung seines kalten Krieges gegenüber diesem von den Ländern nicht mehr weiter unterstützten Deutschland, und er würde auf die amerikanische Politik nach europäischem Gesichtspunkte einen unheilvollen Einfluß ausüben; er würde geradezu die Geschäfte Sowjetrußlands betreiben.

Ich meine, das sollte man in aller Ruhe auch einmal dem deutschen Volke klarmachen und sagen. Man kann dem deutschen Volke auch etwas sehr Positives sagen. Denken Sie bitte zurück an den Vertrag von Locarno[37]. Der Vertrag von Locarno ist in der Geschichte, obgleich er gar nicht soviel Folgen gehabt hat, als ein ganz großes Ereignis gepriesen worden. Und was steht im Vertrag von Locarno? Einmal, daß wir den Vertrag von Versailles anerkennen und daß wir insbesondere auch auf Elsaß-Lothringen usw. verzichten. Dann kommen eine Reihe von ideologischen Aussprüchen, und damit Schluß.

(*Zwischenruf:* Gegenseitige Sicherheitsgarantie?)

Auf diese Sicherheitsgarantie möchte ich verzichten. Ich will auch gleich sagen warum. Die Frage der Neutralisierung Deutschlands ist natürlich hier auch besprochen worden. Da kommt auch das Wort der Sicherheitsgarantie vor. Was ist jetzt geschehen? Gehen Sie zunächst davon aus, daß damals Deutschland nur zu einem ganz kleinen Teil besetzt war und ein souveräner Staat war, während jetzt Deutschland geteilt ist und besetzt ist, auch in dem Teile, zu dem wir gehören. Beachten Sie bitte, daß dieser Vertrag, der jetzt geschlossen wird, die Völker, die ihn unterzeichnet haben, zu einer gemeinsamen Arbeit zwingt, und darin erblicke ich den ganz wesentlichen Unterschied gegenüber dem Locarno-Vertrag, auch wenn ich von der Sicherheitsgarantie dabei spreche. Der Vertrag zwingt zu gemeinsamer Arbeit, er schafft gemeinsame supranationale Organe, und er zwingt geradezu die Völker, gemeinsam zu arbeiten, und der gemeinsamen Arbeit wird ein gemeinsames Denken folgen, wird eine wirkliche Annäherung der beiden Völker Frankreichs und Deutschlands erzwingen.

Diese Folgen haben sich schon gezeigt in dem zweiten Pakt[38], den wir geschlossen haben. Und dieser zweite Pakt ist gegenüber dem Schuman-Plan bisher in der Öffentlichkeit nicht genügend gewürdigt worden. Das lag wohl in der Natur der Sache. Man hatte vom Schuman-Plan jetzt 9 Monate gesprochen, man war zusammengekommen in Paris, um den

Schuman-Plan zu Ende zu bringen. Er wurde unterschrieben in einer feierlichen Zeremonie. Demgegenüber ist dann in den Hintergrund getreten das zweite Abkommen, das auch von allen sechs Teilnehmerstaaten am Schuman-Plan feierlich unterschrieben worden ist und in dem ausgesprochen worden ist, daß man in dem Sinne des Schuman-Plans weiter gemeinsam arbeiten wolle auf anderen Gebieten, wobei nicht nur gedacht worden ist an Landwirtschaft etc., sondern ganz unbegrenzt.
Im ersten Entwurf des zweiten Abkommens war die Rede von einzelnen Gebieten, und dieser Passus ist gestrichen worden daraus. Man ist darin übereingekommen – und darauf möchte ich Ihre besondere Aufmerksamkeit richten –, daß man diese gemeinsame Politik sichern wolle durch häufige Konsultationen und durch nähere persönliche Berührungen. Häufige Konsultationen! Sie wissen, was das Wort »konsultieren« und »Konsultationen« bedeutet?
Nach den Presseberichten, die anscheinend in diesem Falle ganz richtig sind, hat jetzt die britische Regierung doch schon in Paris gestern ihr Bedauern oder Befremden darüber ausgesprochen, daß sie nicht konsultiert worden sei bezüglich des Briefes Schumans an mich hinsichtlich des Ruhrstatuts. Daraus ersehen Sie am allerbesten, was der Inhalt des Wortes »Konsultation« ist. Dieses zweite Abkommen ist außenpolitisch sehr wertvoll. Es wird an den Unterzeichnern liegen, auch dieses zweite Abkommen zu einem lebendigen Instrument zu gestalten[39].
Wenn der Schuman-Plan ratifiziert ist, wird eine sehr große Arbeit nötig sein, und es werden die richtigen Leute ausgesucht werden müssen. Es wird die richtige und zweckmäßige Organisation geschaffen werden müssen. Das ist naturgemäß bei diesen sehr großen Wirtschaftszweigen eine wichtige Arbeit. Wir sind weit entfernt davon zu sagen, daß wir jetzt die Hände in den Schoß legen. Wir haben jetzt den ersten Teil der Arbeit hinter uns, und auf diesem ersten Teil wird weitergearbeitet werden, damit möglichst bald diese Organisation steht und in Funktion treten kann.
Ich bedauere außerordentlich die Behauptung, Frankreich wolle die Herrschaft, die es aufgrund des Besatzungsstatuts ausübe, nun gewissermaßen verewigen. Diese Behauptung ist – ich habe das ausgeführt – hundertprozentig falsch. Dann hätte Frankreich keinen Schuman-Plan vorschlagen brauchen. Aber diese Behauptung ist auch so verletzend. Sie glauben gar nicht, wie ungünstig es im deutschen Interesse ist, wenn zu scharfe Äußerungen von Männern, die an führender Stelle der deutschen Politik stehen, im Ausland bekannt werden. Es ist immer so, daß diejenigen, die Mißtrauen gegen Deutschland haben, und die sind auch noch

vorhanden, natürlich so scharfe Äußerungen zitieren, während sie andere Äußerungen, gesunde und vernünftige Äußerungen, eben nicht zitieren. Ich bitte Sie, helfen Sie, mit dazu ‹beizutragen›[i], daß die Atmosphäre, die nun unter den sechs Ländern jetzt entstanden ist, nicht nur erhalten bleibt, daß sie womöglich noch freundschaftlicher wird. Ich habe in Paris ein Erlebnis gehabt, das mich so beeindruckt und gerührt hat, daß ich es nochmals erzählen möchte.

In meinem Hotel erschien eine junge Französin und überreichte für mich das Kriegskreuz ihres Vaters, der am Kriege 1914–1918 teilgenommen hat. Sie schrieb dabei, daß sie dieses Kriegskreuz mir zum Geschenk machen wolle als Zeichen dafür, daß man bestrebt sei, zu vergessen, und sie schrieb dabei »Friede denen, die guten Willens sind!« Das war ein spontaner Akt einer jungen Studentin[40]. Ich habe sie an einem der folgenden Tage zu mir gebeten. Diese Haltung entspricht, wie ich glaube, in Frankreich doch einer weitverbreiteten Überzeugung, daß man vergessen muß und daß man in Frieden zusammenarbeiten muß. Ich habe im Grunde genommen dieselbe Gesinnung doch überall dort gefühlt, namentlich, nachdem ich einige Tage dort war, wenn ich mit Franzosen zusammengekommen bin.

Sie werden gelesen haben, daß ich an einem Tag in Chartres war. Ich habe den Bischof[41] dort gesprochen, der den Wunsch hatte, mich zu sprechen. Ich habe das um so lieber getan, weil gerade der Bischof von Chartres gegenüber deutschen Kriegsgefangenen in den vergangenen Jahren sich besonders hochherzig und wohlwollend gezeigt hat. Ich habe das überall dort gefunden, daß wirklich dort der Wunsch besteht, zu vergessen und Frieden zu halten. Ich meine, so sollten wir auch denken und sollten mit demselben Wunsch an die ganze Arbeit herangehen, wie man ganz offenbar auf der anderen Seite an diese Arbeit herangegangen ist.

von Twardowski: Darf ich darauf aufmerksam machen, daß diese Konferenzen bei dem Herrn Bundeskanzler nicht dazu da sind, Nachrichten zu geben, sondern als eine Information zu werten sind, und das, was hier gesagt wird, nur in Artikeln verwendet werden soll.

Adenauer: Wir hatten einen Empfang der deutschen Kolonie, an dem etwa 300 Personen teilgenommen haben, darunter eine Reihe deutscher Ingenieure und deutscher Arbeiter, mit denen ich gesprochen habe. In Frankreich sind zur Zeit 60 000 deutsche Arbeiter beschäftigt, die ihre Familienangehörigen zum Teil da haben, also insgesamt sind das 100 000 Menschen mit Familienangehörigen. Ich habe sowohl von den Ingenieuren wie von den Arbeitern gehört, daß sie sehr zufrieden seien und sehr gut behandelt würden. Ferner habe ich 7 entlassene Kriegsgefangene aus

Bordeaux gesprochen, die entlassen waren und mich im Hotel aufsuchten. Ich habe drei Leute, einen Unteroffizier, einen Hauptmann und einen Obersten gesprochen, die provisorisch entlassen waren, aber noch in Frankreich, in Paris wohnen mußten und die zum Teil – es sind 20 – in einem Kloster, zum Teil bei der Heilsarmee wohnen.
Über das Gefangenenproblem habe ich mich mit verschiedenen französischen Stellen ausführlich unterhalten. Ein Teil dessen, was wir als Unrecht empfinden in der Behandlung der Kriegsgefangenen, geht unbedingt auf Kosten der sehr komplizierten französischen Gesetzgebung, und zwar hängt das damit zusammen, daß die Untersuchungen geführt werden nach der französischen Gesetzgebung durch Richter, nicht wie bei uns durch Polizei und Staatsanwaltschaft, und daß in diese Untersuchungen nicht eingegriffen werden kann. Ferner, daß man aus Sparsamkeitsgründen auch diese Militärgerichte außerordentlich zusammengelegt hat, so daß sie mit Arbeiten überlastet sind, daß ferner auch Gnadenakte in einem ganz komplizierten Verfahren vor sich gehen müssen, das sehr umständlich ist. Ich habe mir dann die genauen Ziffern auch erbeten der Verurteilten und Nichtverurteilten. Diese Ziffern sind erheblich geringer, als sie bisher auch von uns angenommen worden sind. Alles in allem glaube ich, daß auf dem Gebiet der Entlassung und Begnadigung von Gefangenen wir auch die Hoffnung und das Vertrauen haben können, daß unsere Wünsche in weitem Umfange genützt haben.

Journalist: Kann man die Montanunion als eine juristische Gesellschaft ansehen, die in der Lage ist, Kredite aufzunehmen? Gibt es Möglichkeiten, auf dem Wege eines gemeinschaftlichen Kredits hier vorzugehen, und glauben Sie, daß diese Montanunion den Amerikanern jetzt eine willkommenere Gelegenheit gibt, Kapital einigermaßen sicher anzulegen?

Hallstein: Ja, zur ersten Frage. Die Europäische Gemeinschaft hat den Charakter einer juristischen Person. Sie ist ein Verein von Staaten, aber ein Verein mit Rechtsfähigkeit[42]. Es ist auch vorgesehen, daß diese Europäische Gemeinschaft, deren Organe ja nur die Hohe Behörde und vielleicht das Exekutivorgan sind, daß sie tätig wird, indem sie Kredite verschafft[43]. Wir sind nicht der Meinung, daß das vorzugsweise so geschehen soll – darüber waren sich alle einig –, daß sie selber diese Kredite aufnimmt, also selber zum Schuldner wird, sondern in der Weise, daß diese Kredite gegeben werden, sei es an die Staaten oder sei es an Unternehmungen. Es soll aber die Europäische Gemeinschaft die Möglichkeit haben – und die ist ihr verliehen –, solche Kredite zu garantieren, und darum wird ein Fonds geschaffen, der auch durch die bekannte Umlage mitgespeist wird. Man erwartet in der Tat von der Zusammenfassung dieser Kreditbasis eine Erweiterung der Kreditchancen. Wir wissen, daß namentlich die Neigung Amerikas, auch öffentliche Mittel für den Wiederaufbau der Schwerindustrie der beteiligten Länder zur Verfügung zu stellen, außerordentlich begünstigt wird.

Journalist: Ist über den außenpolitischen Status der Saar hinaus in Paris auch gleichzeitig gesprochen worden von dem innenpolitischen Zustand des Saargebietes? Sind nicht aus der Veränderung der wirtschaftlichen Gesamtsituation des Saargebietes Rückwirkungen auf das innerpolitische Regime zu erwarten?

Adenauer: Ich habe erklärt, daß die Saarfrage der neuralgische Punkt für uns sei, daß die Saarfrage für Deutschland eine nationale Frage ersten Ranges sei, und ich habe auch hingewiesen auf gewisse Handlungen der jetzigen sogenannten Saarregierung. Aber es lag in der Natur der Sache, daß eine solche Konferenz sich dann nicht weiter auf dieses heikle Gebiet begab. Erstens hätte man sich mit der französischen Regierung auseinanderbegeben müssen. Schuman machte schon ein etwas unglückliches Gesicht, als ich das sagte, und ich habe dann gesagt, um sämtliche Mitgliedsstaaten darüber aufzuklären, daß die Saarfrage für uns wirklich eine Frage allerersten Ranges sei.

Was das Zweite angeht: Der Schuman-Plan hat natürlich im französischen Parlament auch Gegner[44]. Wenn man nun davon reden würde – ich bitte das zu beachten bei Ihren Zeitungen –, daß durch den Schuman-Plan das Saargebiet eine viel größere Aussicht hat, wieder vom französischen Einfluß loszukommen als bisher, würde man, glaube ich, den Gegnern des Schuman-Plans im französischen Parlament eine sehr angenehme, gute Waffe geben. Deswegen sind wir darauf nicht weiter eingegangen. Ich bin überhaupt der Auffassung, es ist nicht gut, wenn man Probleme, die in der Entwicklung begriffen sind, verschärft dadurch, daß man sie so oder so immer bespricht. Man muß soviel als Politiker Gefühl haben für ein Problem, daß man sieht und fühlt, wie sich die Sache entwickelt, und wenn sie sich dann von sich in einer Richtung entwickelt, wie man es wünscht, läßt man das Problem in Ruhe und läßt es sich selbst entwickeln, ohne darüber immer viel zu schreien oder zu sprechen.

Journalist: Das stellt aber eine große Zumutung an die Saarbevölkerung dar?

Adenauer: Die Saarbevölkerung muß für sich selbst in erster Linie sorgen. Das ist ganz klar. Die Saarbevölkerung hat seinerzeit unter dem Druck der ihr vorschwebenden Situation – das kann man sich eingestehen – doch abgestimmt und eine Abstimmung getätigt, die für uns nicht sehr angenehm war[45]. Und der Saarbevölkerung können wir nur dadurch helfen, daß wir die allgemeine Atmosphäre klar machen und entgiften. Dann muß die Saarbevölkerung selbst handeln. An der Saar werden spätestens im Jahre 1952 Landtagswahlen sein, und bis dahin ist die allgemeine Atmosphäre, wie man annehmen darf, so beruhigt, daß diese Landtagswahlen an der Saar freie Wahlen sein werden, und dann soll der neue Landtag an der Saar im Namen der Saarbevölkerung sagen, was er will[46].

Journalist: Es wurde bisher der Wortlaut des Vertrages noch nicht in Deutschland veröffentlicht. Wann soll das geschehen?

Hallstein: Die endgültigen Texte sind noch nicht in eine äußere Form gebracht, die es möglich macht, sie zu publizieren. Alles wird neu zusammengezogen. Wir haben stundenlang nur paraphiert, um das Unterzeichnungsgeschäft der Herren Minister vorzubereiten, und das wird zusammengestellt und wird – ich möchte keine zu optimistische Voraussage machen – sagen wir Anfang nächster Woche in lesbarer Reinschrift vorliegen, Dienstag [24. April 1951] oder spätestens Mittwoch.

Adenauer: Jedenfalls besteht nicht die Absicht, irgend etwas geheimzuhalten. Es wird alles der gesamten Öffentlichkeit unterbreitet.

Journalist: Sie sagten, wenn im Ministerrat Stimmengleichheit besteht, so geht, falls auf jeder der beiden Seiten eine der großen Mächte ist, die Entscheidung an die Hohe Behörde zurück!

(*Hallstein:* Nein. Die Entscheidung geht immer an die Hohe Behörde zurück, wenn Stimmengleichheit besteht!)

Wenn die Entscheidung an die Minister zurückkommt, sagten Sie nicht, daß dann unter den drei Zustimmenden die beiden Großen sein müßten?

Hallstein: Ja. Wenn dann auf der einen Seite – auf beiden Seiten sind es drei – sich die beiden Großen befinden, überwiegt die Meinung dieser Seite. Wenn aber auf jeder Seite sich ein Großer befindet, ist es eine Stimmengleichheit. Damit hat der gestellte Antrag keine Mehrheit gefunden.

Adenauer: Wir wollen uns den Terminus technicus »die beiden Großen« nicht angewöhnen. Das ist, insbesondere für Italien, eine Verletzung. Wir wollen den Ausdruck gebrauchen, den der Vorsitzende Schuman immer gebraucht hat. Er hat gesagt, »diejenigen Länder mit großer Produktionskapazität«. Dagegen könnte ja keiner etwas sagen.

Journalist: Wie ist der englische Schritt in diesen Fragen?

Adenauer: Ich weiß es nicht. Ich habe mich sehr freimütig in einer kleinen Pressekonferenz über Englands Haltung geäußert[47]. Ich glaube, meine Äußerung ist der Anlaß dazu gewesen, daß England einen Schritt unternommen hat. Mich hat neulich bestürzt gemacht die Erklärung

Morrisons[48] von der nachbarschaftlichen Verpflichtung Englands gegenüber Europa. Das war auf der einen Seite ein gewisses Versprechen, auf der anderen Seite ein gewisses Absetzen von Europa. Das habe ich in einem kleinen Kreise von sehr führenden englischen, amerikanischen und französischen Journalisten sehr offen und frei gesagt. Das ist sofort von Reuter nach London gegeben worden, und mit wendender Post kam eine Anfrage nach Paris[49]. Aber um so anerkennenswerter ist es, daß darauf England uns durch den britischen Hohen Kommissar hat mitteilen lassen, daß England keine Bedenken hätte, den Brief zu veröffentlichen, den Schuman an mich gerichtet hat wegen der Aufhebung des Ruhrstatuts und der Aufhebung der Produktionsbeschränkungen von Stahl.
Ich habe eben von den Hohen Kommissaren gesprochen, und ich möchte Ihnen auch sagen, daß François-Poncet sich in der ganzen Sache sehr gut verhalten hat, nicht nur was das Persönliche angeht. Er hat versucht, der deutschen Delegation und speziell mir den Aufenthalt in Paris möglichst angenehm zu machen[50]. Am Tage unserer Ankunft begannen die Besprechungen erst abends. Es war schönes Wetter. Wir sind spazierengegangen, Arm in Arm. François-Poncet hat meinen Arm genommen und ist vor der großen französischen Öffentlichkeit mit mir dort spazierengegangen. Wir waren natürlich, weil wir zahlreiche Schutzengel hatten, sofort allen Passanten bekannt. Ich hörte später, daß François-Poncet sehr selten etwas Derartiges tut.
Dann hat sich in dieser ganzen Frage der amerikanische Hohe Kommissar[51] auch vorbildlich benommen. Er hat geholfen, wo er helfen konnte. Er hat immerzu vermittelt, weil eben tatsächlich die amerikanische Öffentlichkeit und die maßgebenden amerikanischen politischen Kreise einen Testfall darin sahen für die innere Kraft Europas, ob überhaupt noch etwas zu machen sei, ob es sich zusammenfindet oder ob es auch hier kraftlos das Negative zu tun gewillt sei, d. h. nichts.

Journalist: Wie ist es mit der Ratifizierung, insbesondere auch in Frankreich?

Adenauer: Es ist im Vertrag selbst eine Frist von sechs Monaten gesetzt[52]. Sie wissen, daß im Juni die Wahlen in Frankreich sind.

(Zwischenruf *Hallstein:* Das ist noch nicht endgültig!)

Das französische Parlament würde, wenn die Wahl noch nicht kommt und die Legislaturperiode nicht auslaufen sollte, noch für diese Entscheidung angesprochen werden. Ich habe von einflußreichen französischen Deputierten gehört, daß kein Zweifel daran sei, daß der Schuman-Plan in der französischen Kammer ratifiziert werden würde. Jetzt werden Sie noch fragen, wann wir ratifizieren werden. Ich werde mit den Koalitions-

Fraktionsvorsitzenden am Montag [23. April 1951] mich unterhalten[53]. Ich stehe auf dem Standpunkt, daß wir möglichst bald mit der Sache voranmachen sollen. Jetzt hat auch die deutsche Öffentlichkeit das noch vor Augen. Es kommen immer neue Dinge. Ich stehe auf dem Standpunkt: Ran an die Geschichte und hinein in den Bundestag!

Journalist: Sie machten eine Andeutung über ein europäisches Exzeptionsgebiet, das geschaffen werden könnte als Sitz der Behörde. Das kann symbolisch sein, aber auch alarmierend sein. Ist das schon insofern alarmierend, als ja diese gemeinsame Hoheit entstehen könnte mit der gemeinsamen Staatsangehörigkeit?

Adenauer: Sie meinen doch »im guten Sinne alarmierend«? Darüber ist gesprochen worden. Schuman schnitt die Frage an. Ich habe Schuman unterstützt in dem Gedanken. Die anderen Vier verhielten sich etwas zurückhaltend, und es ist diese Frage der Studienkommission übergeben worden[54].

Es wird Sie vielleicht noch interessieren, daß Schuman mir gesagt hat, daß die französische Regierung auch der Frage der Paßerleichterungen für junge Leute unter 25 Jahren unter der Voraussetzung der Gegenseitigkeit sehr sympathisch gegenüberstehe und daß höchstwahrscheinlich der Beschluß erfolgen werde, daß Devisen kostenlos gegeben würden. Das soll also gelten für Leute unter 25 Jahren unter der Voraussetzung, daß wir dasselbe tun. Ich würde das sehr begrüßen.

Darf ich noch ein Wort sagen zu der Rolle der Gewerkschaften in der ganzen Angelegenheit. Die Gewerkschaften sind natürlich sehr interessiert daran, und zwar alle Gewerkschaften aller Völker, die am Schuman-Plan teilnehmen. Die Gewerkschaften der beiden verschiedenen Richtungen in den fünf anderen Staaten stehen alle sehr positiv zum Schuman-Plan. Es soll auch ein Gewerkschaftler als 9. Mitglied in diese Hohe Behörde hineinkommen. 8 werden vom Ministerrat gewählt, und diese kooptieren dann ein 9. Mitglied. Aus welchem Lande dieser Gewerkschaftler kommt, steht noch nicht fest[55]. Ich bin sehr erfreut darüber, daß auch der DGB – er wird in diesen Tagen nochmals Beschluß fassen – durch seine Mitarbeit bis zum letzten Augenblick – Herr vom Hoff mit mehreren Herren – gezeigt hat auch positiv ein Interesse an dem Zustandekommen des Schuman-Plans[56]. Gewisse kleinere Schwierigkeiten, die in letzter Minute aufgetaucht waren, sind ebenfalls noch durch einen Briefwechsel behoben worden, ein Briefwechsel, der sich auf den Kohlenverkauf bezieht[57], so daß man annehmen kann, die deutschen Gewerkschaften werden dem Schuman-Plan positiv gegenüberstehen.

Journalist: Nach der SPD-Presse heute früh müßte in bezug auf die Gewerkschaften das Gegenteil angenommen werden?

Adenauer: Wir wollen es einmal abwarten. Sie kennen ja das Sprichwort: ›Was man wünscht, das glaubt man ja!‹
Wir haben diesen Morgen noch kurz zusammengesessen, und wir wollen einmal die ganze außenpolitische Entwicklung, die die Bundesrepublik Deutschland und überhaupt Deutschland seit dem Zusammenbruch erlebt hat, einmal kurz zusammenstellen lassen, weil man aus einer Zusammenstellung der verschiedenen Ereignisse erst den richtigen Blick dafür bekommt, wie steil aufwärts der Weg für uns Deutsche gegangen ist. Mir sagte mein alter Freund Joos[58], der mich vor einigen Tagen in Paris besucht hat, er hätte es noch vor 18 Monaten nicht für möglich gehalten, daß ich als Bundeskanzler nach Paris hätte kommen können.
Ich habe übrigens in Frankreich nirgendwo etwas von kommunistischer Agitation bemerkt oder von irgendeiner Protestdemonstration. Gar nichts davon! Es war alles sehr ruhig und friedlich und sehr still.

Journalist: Sie haben eine erste Reise ins Ausland hinter sich. ‹Steht›[j] eine weitere Reise ins Ausland in Aussicht?

Adenauer: Ich habe mit Graf Sforza mich darüber unterhalten, und Sie wissen, daß die italienische Regierung schon lange mich gebeten hat, nach dort zu kommen[59]. Sobald ich kann, werde ich nach Rom gehen.
Ich möchte noch folgendes sagen: Das Verhältnis der deutschen Vertretung und des deutschen Bundeskanzlers und Außenministers zu den anderen war eigentlich denkbar freundschaftlich und denkbar herzlich, wie es gar nicht besser hätte sein können. Wir sind gestern alle zurückgekommen von Paris doch mit der Überzeugung, daß wir für Deutschland und für den Frieden in Europa und in der Welt etwas sehr Gutes getan haben.

Journalist: Was ist über die holländischen Vertreter und über deren persönliche Haltung zu sagen?

Adenauer: Einige Länder – es waren Holland und Belgien – waren durch zwei Minister vertreten[60]. Ich kann nur sagen, daß am letzten Tage die holländischen Minister und später auch der belgische Minister – einer war schon fort – zu mir gekommen sind und mir gegenüber zum Ausdruck gebracht haben, wie erfreut sie darüber seien, daß das persönliche Verhältnis im Laufe der Konferenz so außerordentlich warm geworden sei und so freundschaftlich geworden sei, und zwar taten die Herren das spontan.

Hallstein: Unsere Zusammenarbeit gerade mit den holländischen Kollegen und auch mit den Belgiern war besonders eng gewesen und bemerkenswert gut.

Journalist: Fanden die Privatgespräche in der Regel in französischer Sprache statt?

Adenauer: Ich habe z.B. mit dem holländischen Vertreter deutsch gesprochen, mit van Zeeland sprach ich deutsch und er französisch. Graf Sforza kann sehr wenig deutsch, und deshalb sprach ich mit ihm französisch. Mit M. Schuman habe ich nur deutsch gesprochen im privaten Gespräch. Es war vollkommen informell also.

Journalist: Es ist eine grundsätzliche Revision am eigentlichen Gebäude des Schuman-Plans also nicht möglich?

Hallstein: Das ist nicht ganz richtig. Vielleicht darf ich zunächst einmal die Frage charakterisieren, damit die Antwort richtig bewertet werden kann. Bei der Frage muß man zwei Extreme vermeiden, einmal das Extrem, daß das Ganze zu fließend wird. Der Schritt, der getan werden soll, ist so bedeutsam, daß man die Teilnehmer zwingen muß, ihn zu tun. Man darf es also mit der Lockerheit dieses Gebildes nicht so weit treiben, daß jeder sich insgeheim Vorbehalte machen kann und vorbehalten kann, ob er nach Ablauf der Übergangsperiode ausscheidet oder nicht. Das andere Extrem ist, daß man die Sache für 50 Jahre zu starr macht, und dieses Problem ist deshalb so schwierig, weil wir noch keine europäische Gesetzgebung haben. Wir haben noch keine gemeinsame Gesetzgebungsinstanz. Das Ganze beruht auf [einem] Vertrag. Es kann nur geändert werden durch einen neuen Vertrag.

Zwischen diesen beiden Extremen galt es, einen Weg zu finden. Diesen Weg hat man gefunden durch die mitgeteilte Lösung, indem man gesagt hat: Jede Änderung ist möglich durch einen neuen Vertrag. – Das ist an sich selbstverständlich.

Man ist darüber hinausgegangen und hat gesagt: Wenn ein Staat eine Änderung wünscht und diese Änderung noch unterstützt wird im Ministerrat, hat er einen Anspruch darauf, daß eine neue Konferenz stattfindet und die Sache verhandelt wird! Dann kommt das ganze Schwergewicht des Bedürfnisses zum Ausdruck.

Das Zweite ist die kleine Revision im Rahmen der wesentlichen Strukturprinzipien, der Verfahrensprinzipien dieser Organisation, die Anpassung des Ganzen in seinen Durchführungsmodalitäten an die Gegebenheiten, die sich ändern.

Es kommt ein Drittes hinzu, was ich nicht erwähnt habe, weil schon im alten Vertrag davon gesprochen wurde, nämlich ein noch einfacheres Verfahren. In Übereinstimmung zwischen der Hohen Behörde, die mit Mehrheit entscheidet, und dem Ministerrat, der einstimmig entscheidet, kann der Hohen Behörde über das hinaus, was im Vertrag steht, die

Befugnis gegeben werden, Entscheidungen oder Empfehlungen auszusprechen[61]. Das ist außerordentlich wichtig, da die ganze Funktion dieses Organismus sich in Entscheidungen und Empfehlungen der Hohen Behörde auswirkt. Auch hierin steckt also eine materielle Anpassungsfähigkeit unter Wahrung der essentiellen Grundlagen des Vertrages.
Die Verfassungselemente dieser Gemeinschaft können nur durch einen Vertrag geändert werden. Alles das, was ‹auf›[k] die Ebene einer normalen Gesetzgebung gerät, kann in einem vereinfachten Verfahren geregelt werden, in dem sich die ersten Ansätze einer gesamteuropäischen Gesetzgebung zeigen, wobei hier insbesondere auch das gemeinschaftliche europäische Parlament eingeschaltet ist mit legislatorischen Funktionen.

Journalist: Von einer Persönlichkeit, die deutsche Wirtschaftsinteressen in Frankreich zu vertreten hat, wird gesagt, daß M. Monnet von der französischen Schwerindustrie weitestgehend abgelehnt würde. Ich persönlich habe das dahingehend ausgedeutet, daß das eigentlich der Beweis sein würde, daß alle Parolen über den Verkauf der deutschen Industrie grundsätzlich falsch sind!

Adenauer: Das ist erstens richtig, daß Monnet bei der französischen Schwerindustrie keine besonderen Freunde hat, und zweitens ist die Folgerung, die Sie ziehen, absolut richtig.

Journalist: Sie sprachen vom Vertrag von Locarno und wollten darauf zurückkommen bezüglich der Sicherheitsgarantie?

Adenauer: Natürlich ist das auch nur zu Ihrer Information: Ich habe besprochen die Frage der Neutralisierung Deutschlands. Bei der Besprechung dieser Frage habe ich sehr nachdrücklich erklärt – ich habe diese Frage nicht nur mit Schuman besprochen, sondern auch mit sehr einflußreichen amerikanischen Journalisten –, daß ein Sicherheitsversprechen der vier Alliierten, eine Sicherheitsgarantie für ein neutralisiertes Deutschland nach unserer Meinung nicht das Papier wert sei, auf dem es geschrieben stehe. Und ich habe erklärt, daß die Neutralisierung Deutschlands, d. h. Entwaffnung Deutschlands und gleichzeitige Garantie, zur sicheren Folge haben werde, daß Deutschland in verhältnismäßig kurzer Zeit in irgendeiner Weise unter sowjetrussischen Einfluß kommt.
Ich habe auch erklärt und habe das auch auf der Konferenz erklärt, daß die Einheit Deutschlands für uns ein Ziel bleibt, daß wir dieses Ziel aber weder erreichen wollten durch einen Krieg noch um den Preis der Aufgabe unserer Freiheit, daß wir glaubten, durch Aufgabe der Freiheit würden wir auch den deutschen Brüdern, die in der Sowjetzone sind, keinen Dienst erweisen; daß nach unserer Auffassung wir die Wieder-

herstellung der Einheit nur dadurch erwarten könnten, daß wir hier in der Bundesrepublik stark sind und daß auch Westeuropa sich stärkt und kräftigt, und die Vereinigten Staaten ebenfalls stark sind, so daß eines Tages Rußland dann doch einsehen würde, daß es nichts erreichen könne, weder im kalten noch im heißen Kriege. Und dann würde wohl der Zeitpunkt gekommen sein, wo eben die Einheit Deutschlands in Freiheit wieder zu erreichen ist.

Journalist: Sie werden sicher auch auf Fragen des Pleven-Plans zu sprechen gekommen sein. Glauben Sie, daß diese Frage jetzt nach der Regelung des Schuman-Plans aktuellere oder weniger aktuelle Bedeutung hat?

Adenauer: Der Pleven-Plan steht zur Zeit unter der Einwirkung der Wahlen in Frankreich. Es ist für solche Besprechungen zur Zeit nicht gerade das günstigste Wetter. Aber ich habe auch eine Besprechung gehabt mit M. Alphand[62], dem Leiter der französischen Pleven-Plan-Delegation. Er hat mich auf Veranlassung von M. Schuman aufgesucht, und ich habe in Gegenwart unseres Delegationsführers[63] darüber gesprochen. Ich stehe auf dem Standpunkt, man soll, unter der Voraussetzung, daß die Atlantikpaktvorbereitungen nicht dadurch gestört werden, in den Beratungen ruhig fortfahren, natürlich auf dem Boden völliger Gleichberechtigung und Gleichheit. Ich habe auch den Eindruck, daß das so geschehen wird.

Zum Schluß möchte ich noch ein Wort sagen des Dankes an unsere Delegation, die während all der Monate hingebend gearbeitet hat. Es war eine sehr schwere und ermüdende Arbeit. Man konnte sie nur leisten, wenn man getragen war von demselben Idealismus, der auch von Schuman und Monnet dem Plan zugrunde gelegt war. Ich möchte auch besonders Herrn Staatssekretär Hallstein sehr herzlich für seine Arbeit, für seine sehr fruchtbare Arbeit danken. Ich habe in Paris ja gesehen, daß Herr Hallstein sich allgemeiner Wertschätzung dort erfreut. Ich habe es persönlich sehen können.

Nr. 15

1. Juni 1951: Tee-Empfang für die Presse (Wortprotokoll)

BPA Archiv F 30

Teilnehmer: Journalisten waren nicht zu ermitteln – Hansfrieder Rost

Beginn: 16.40 Uhr[1]

Adenauer: Ein Teil von Ihnen wird gestern im Bundestag gewesen sein[2]. Ehe ich darauf eingehe, darf ich auf die Klagen über die ständigen Dementis zu sprechen kommen. Es schreibt zum Beispiel die »Frankfurter Rundschau«, daß der Bundeskanzler in London vom König[3] empfangen würde[4].

(Folgt Verlesung) [Bundeskanzler Dr. Konrad Adenauer wird der britischen Hauptstadt in der zweiten Augusthälfte einen mehrtägigen offiziellen Besuch abstatten, gab ein Sprecher der Bundesregierung am Donnerstag (31. Mai 1951) in Bonn bekannt... Zuständige Stellen in Bonn erklären, daß die Englandreise Dr. Adenauers trotz der noch nicht bestehenden diplomatischen Beziehungen ein offizieller Besuch sei. Dr. Adenauer würde daher auch vom britischen König in Audienz empfangen.]

Ich wäre Ihnen dankbar, wenn mir jemand diesen Sprecher der Bundesregierung nennt, der es gesagt haben soll, ich würde ihn in aller Energie zur Rechenschaft ziehen. An diesem Artikel ist kein wahres Wort. Der Artikel ist deswegen so ungeheuer peinlich, weil es heißt, ich würde vom britischen König empfangen. Ich weiß nicht, von wem er kommt. Es ist ein Name genannt worden. Ich möchte aber keinen Namen nennen. Wie kann ein Journalist, der ein bißchen Verantwortungsgefühl hat, so eine Geschichte loslassen, ohne sich vorher wirklich erkundigt zu haben, ob das richtig ist? Es ist eine peinliche Lage, wenn da steht, ich würde vom britischen König empfangen. Der Erfolg ist natürlich der, daß ich das einfach absolut dementieren muß.

Gestern hat mich Herr Lescrinier[5] im Foyer gefragt, ob es richtig sei, daß ich im August nach London fahre. Ich habe darauf geantwortet, über den Termin sei überhaupt noch kein Wort gesprochen worden. Das ist das, was ich gesagt habe, und so etwas kommt dann dabei heraus. Ich appelliere auch an Ihr Ehrgefühl, daß Sie gegen Herren aus Ihren eigenen Reihen, die derartige Sachen machen, einschreiten. Das geht einfach nicht. Nehmen Sie es mir nicht übel, wenn ich das so nachdrücklich sage. Gerade das mit dem Empfang beim britischen König: Was bleibt den Engländern übrig, als zu sagen, ich würde nicht vom König empfangen. Wie wird das wieder ausgelegt werden?

Dann möchte ich ein Wort zum Schutze des Bundesfinanzministers[6] sagen. Wir sprechen offen darüber. Sie werden alles, was ich sage, mit der gebotenen Zurückhaltung zur Kenntnis nehmen. Sie haben die Klagen gehört über den Streit der Minister gegeneinander[7]. Die Klagen sind absolut berechtigt. Ich habe mich im Kabinett darüber beschwert. Herr Blücher[8] hat neulich erklärt, die Kohlenlage sei sehr ernst und die (...) Und Erhard[9] geht in Düsseldorf hin und erklärt: »Keiner wird frieren!« Er bestreitet, daß er das gesagt hat.

(*Zwischenruf:* Er hat es gesagt.)

Er bestreitet es aber. Er sagt, das sei nicht wahr, und er hätte gesagt, es solle keiner frieren.

Diese ewigen Indiskretionen aus mehreren Ministerien. Wir sind davon überzeugt, daß ganz bestimmte Nachrichten verkauft werden, einfach verkauft werden[10]. Wir können nur nicht den Beweis erbringen. Um gegen den Beamten, der solches gemacht hat, disziplinarisch oder strafrechtlich vorzugehen wegen Bestechung, dazu gehört ein hundertprozentiger Nachweis. Und das wird bestritten. Wir können den Nachweis nicht erbringen. Wir haben natürlich Verdacht auf bestimmte Persönlichkeiten, aber den hundertprozentigen Beweis zu erbringen, ist uns bisher nicht möglich gewesen.

Die Stellung des Bundeskanzlers ist im Grundgesetz gegenüber dem Parlament sehr fest, aber gegenüber dem Kabinett nicht sehr fest, es sei denn, daß man sagt, der Bundeskanzler habe jederzeit die Möglichkeit, einen Minister über den Herrn Bundespräsidenten zu entlassen, und der Bundespräsident muß das tun. Aber ich habe schon einmal gesagt und möchte das wiederholen: Wie oft kann man sich eine solche Sache leisten? Und wie wirkt das in der Öffentlichkeit und namentlich auf die betreffende Koalitionspartei, der der betreffende Minister angehört? Der Bundeskanzler kann nicht so herumexerzieren und bald diesen oder jenen Minister hinausschmeißen.

Es ist tatsächlich so, daß der Bundeskanzler die Richtlinien der Politik zu bestimmen hat. Er kann aber doch nicht jeden Tag hingehen und verkünden, jetzt sei das die Richtlinie der Politik und jetzt haben die Minister sich danach zu richten. Innerhalb dieser Richtlinien handelt jeder Minister unter eigener Verantwortung. Das geht sogar so weit, daß ich nicht die Möglichkeit habe, mitzuwirken bei der Anstellung von Ministerialbeamten in den einzelnen Ministerien oder bei Entlassungen. Ich habe nicht die Möglichkeit dazu. Wir haben uns im Kabinett darüber geeinigt, daß im Kabinett darüber gesprochen wird. Aber die Stellung des Bundeskanzlers, so stark sie Gott sei Dank gegenüber dem Parlament ist, gegen-

über den einzelnen Ministern ist sie relativ nicht stark, es sei denn, man spricht von Entlassung, und damit muß man sehr sparsam umgehen. Daraus ergibt sich denn auch, daß der Bundeskanzler oft in einem zwiespältigen oder merkwürdigen Lichte erscheint. Manchmal sieht es so aus, als wenn er sehr straff die Zügel in die Hand nähme, und manchmal sieht es so aus, als wenn er nun alles laufen ließe. Beides ist richtig. Aber beides liegt tatsächlich in der Konstruktion des Grundgesetzes begründet. Ich kann immer wieder den Ministern sagen: Ihr dürft Euch nicht öffentlich zanken, es ist ausgeschlossen. Wo bleibt da die ganze Autorität der Bundesregierung, wo bleibt überhaupt die Autorität, wenn zwei so hochgestellte Leute sich öffentlich herumzanken? Ich kann aber doch deswegen nicht, stellen Sie sich das vor, wenn Erhard und Schäffer sich zanken, zu beiden sagen, sie sollen nach Hause gehen. Ich kann weder auf Schäffer noch auf Erhard verzichten. Ich kann also hin und wieder nur dasselbe tun, gut zureden und sagen: Kinder, nun vertragt Euch doch und seid doch vernünftig! Das hält dann drei Tage.
(Heiterkeit!)
Nun möchte ich aber zugunsten des Herrn Schäffer ein Wort sagen im Anschluß an einen Artikel in der »Frankfurter Allgemeinen«[11]. Darin wird Schäffer vorgeworfen, daß er – ich finde das Wort gerade nicht – die Einnahmen zu gering und die Ausgaben zu hoch ansetze, und es ist irgendein Ausdruck gefallen, über den er sich wahnsinnig geärgert hat. Dreiviertelstunde hatte ich notwendig, um Schäffer wieder zur Ruhe zu bringen. Soviel Arbeit macht mir die Presse. Nun das Wort zugunsten Schäffers: Schäffer ist in einer schaudervollen Situation, in einer ganz unübersichtlichen Situation, wie wir alle. Wir leben alle wirklich so. Wenn irgendwo irgendwann in der Welt etwas passiert, sind unsere Überlegungen hinfällig. Daß nun ein Finanzminister vorsichtig vorgeht und versucht, zu retten, was er retten kann, das liegt in der Natur der Sache, und das muß er tun. Diese verschiedenen Steuervorschläge[12] sind zu früh herausgekommen und sind in die Öffentlichkeit gekommen. Es ist aber auch so, wenn sich drei Herren der Wirtschaft darüber unterhalten, steht es morgen in der Zeitung, unausgereift. Schäffer hat sich beruhigt, und Schäffer ist ein ausgezeichneter Mann, das möchte ich nachdrücklich betonen.

Es wird kommen zu einer Erhöhung der Umsatzsteuer auf vier Prozent und zur Einführung einer wirklichen Luxussteuer, deren Betrag nicht besonders hoch sein wird. Aber ich habe auch aus psychologischen Gründen Wert darauf gelegt, daß gleichzeitig ein solches Luxussteuergesetz eingebracht wird, weil doch die Gegensätze zwischen dem Leben mancher Leute und dem Leben z. B. der Rentner usw. so sind, so groß sind, daß ein schreiender Mißklang besteht. Und wenn wir zur Erhöhung der Umsatzsteuer generell auf vier Prozent kommen, erscheint es mir aus psychologischen Gründen sowohl gegenüber dem Inland wie [dem] Ausland dringend notwendig, daß wir zu einer Luxussteuer gleichzeitig kommen.

Ich finde es nicht richtig, daß Einzelheiten über einzelne Beamte zum Gegenstand einer parlamentarischen Aussprache gemacht werden. Es ist Gelegenheit gewesen, daß man im Ausschuß sich darüber unterhält. Was der Abgeordnete Reismann gestern gesagt hat[13], ist im Auswärtigen Ausschuß [des Deutschen Bundestages] lang und breit vorgetragen worden. Es ist ein Unterausschuß eingesetzt worden. Sie haben das von Reismann selbst gehört. Er wollte über die Zusammensetzung des Unterausschusses etwas sagen, und ein weiterer Zwischenruf hat ihn davon abgehalten. Aber dieser Unterausschuß hat alle diese Vorgänge bis in die Details besprochen, auch die Zusammensetzung des Auswärtigen Dienstes, und hat dem Auswärtigen Ausschuß einen Bericht erstattet[14], und dieser Bericht war hundertprozentig in Ordnung, und er ist hundertprozentig in Ordnung befunden worden. Als Reismann wieder anfangen wollte, ist man ihm von allen Seiten, auch von seiten der SPD, sehr über den Mund gefahren und hat ihn ersucht, mit dieser Geschichte endlich aufzuhören. Ich finde, daß die Tribüne des Parlaments nur dann zu Angriffen gegen einzelne Persönlichkeiten benützt werden darf, wenn es sich wirklich um Dinge handelt von solcher Bedeutung, daß sie das allgemeine Interesse erwecken und erwecken müssen, aber nicht wegen dieses oder jenen Klatsches.

Was das Auswärtige Amt angeht, will ich Ihnen offen einiges sagen: Das Auswärtige Amt, wie es bis 1933 bestand, hatte eine Zusammensetzung, die einseitig war und in gewisser Beziehung erinnerte an die einseitige Zusammensetzung, wie sie zum Beispiel das preußische Innenministerium von 1918 gehabt hat, wo auch der Kösener SC[15], die Zugehörigkeit zu gewissen Adelsfamilien und vielleicht auch noch die Eigenschaft des Reserveoffiziers dem Betreffenden, falls er in etwa die übrige Qualifikation hatte, eine Anwartschaft gab. Im Auswärtigen Amt hatte sich etwas Ähnliches herausgebildet. Dann sind, als die Nazis gekommen sind, eine Reihe von Herren herausgeflogen, zum Teil weil sie verdächtig waren oder weil sie irgendeinen Zusatz trugen oder weil ihre Frau einen Zusatz hatte. Und die anderen haben nun, dem Zwang sich fügend, weitergearbeitet.

Ich für meine Person muß Ihnen sagen, ehrlich, ohne daß ich ein Urteil über diejenigen fällen will, die geglaubt haben, mitarbeiten zu müssen, ich würde nicht weitergearbeitet haben unter dem Nationalsozialismus, einmal, weil ich das innerlich nicht gekonnt hätte und weil ich mir gesagt hätte, wenn so viele mitarbeiten, hat man ein Instrument in der Hand, um die Tendenzen zur Durchführung bringen zu können. Ich will aber kein Urteil fällen über diejenigen, die anderer Meinung gewesen sind, solange sie sich nicht vergangen haben, andere Leute geschädigt haben oder besondere Stützen des Regimes gewesen sind.

Die völlige Auflösung der alten Reichsverwaltung im Gegensatz zu den Vorgängen im Jahre 1918, wo sich die Regierung hindurchgerettet hatte, hatte zur Folge, daß wir ganz neu anfangen mußten. Wir hatten noch den Nachteil, daß die Länder drei Jahre vor uns gekommen sind und die Auswahl hatten, Leute an sich heranzuziehen. Es kam dann die Frage: Was machen wir mit dem Auswärtigen Amt? Ich bin dahin unterrichtet worden seinerzeit, daß man in Italien den Versuch gemacht hat, aus dem alten Auswärtigen Amt keinen Mussolini-Mann wieder hineinzunehmen, daß man ähnlich auch am Quai d'Orsay den Versuch gemacht hat, aus der Regierung Pétain[16] keinen hineinzunehmen. Aber in beiden Fällen hat man sich nach verhältnismäßig kurzer Frist aufgrund gemachter, sehr trüber Erfahrungen gesagt: Wir fügen dem Lande einen größeren Schaden zu, wenn wir ein Ministerium ausbauen mit lauter Herren, die guten Willens sind und vielleicht auch recht gute Eigenschaften haben, aber von dem ganzen Geschäft noch nichts verstehen! –

So blieb eigentlich nur folgendes übrig: 1. mußte man sichten, daß man die wirklich üblen Nazielemente entfernte und 2. daß man den Prozentsatz derjenigen, die man von früher übernahm, nicht zu hoch machte, sondern nur so hoch, daß man nicht sagen konnte, das sei lediglich eine Aufwärmung des früheren Auswärtigen Amtes. Auf der anderen Seite aber mußte die Maschine laufen.

Geeignete Leute für den Auswärtigen Dienst zu finden ist äußerst schwierig[17], wie überhaupt, wenn die Dinge nicht anders werden [...] – was nach meiner Meinung ein Vorzug der Deutschen ist –, das heißt also [, daß] der Beamtenstand einfach vor die Hunde gehen wird. Die Gehälter sind hundsmiserabelschlecht, so daß jeder junge Mann zunächst versucht, irgendwo unterzukommen, wo er mehr verdient, und schließlich für den Öffentlichen Dienst nur solche übrig bleiben, die sonst nicht unterkommen können. Früher, vor der ersten Inflation [1921], gab es einen gewissen Wohlstand, und es gab viele Beamte, die begütert oder deren Frauen begütert waren und die sich einen Zuschuß leisten konnten, so daß diese mit den damals auch nicht hohen Gehältern bestehen konnten. Der letzte deutsche Botschafter in Paris, Hoesch[18], – ich habe mir das sagen lassen – hat in Paris jährlich 60 000 Goldmark aus eigener Tasche zugesetzt. Früher war es überhaupt so, daß Botschafter nur die Leute werden konnten, die wirklich ein großes Einkommen hatten. Sie haben gestern die Ziffern gehört, die in dem Bericht über den Etat des Auswärtigen Amtes[19] vorgetragen worden sind, wieweit auf der einen Seite die Gehälter zurückgeblieben sind und wie hoch auf der anderen Seite im Ausland die Teuerung angewachsen ist. Daraus ergibt sich auch, daß es kaum möglich ist, die Stellen zu besetzen.

Was ich jetzt sage, werden Sie nicht bringen: Frau Hausenstein[20] hat mir erzählt, daß sie jeden Morgen die Dinge, die sie beim Frühstück nicht essen, einpackt und für die Angestellten des Generalkonsulats mitnimmt, weil diese sonst nichts zu essen haben. Man muß sich wundern, daß man Leute findet, die für so wenig Geld diese Arbeit auf sich nehmen. Es ist eben der Mangel an qualifizierten Leuten, die für die heutige Bezahlung einfach nicht zu haben sind. Ich habe seinerzeit Herrn Kaisen[21] aus Bremen gesagt, er kenne doch so viele Leute aus Bremen, die das Ausland kennen, und ob er nicht mir ein paar Namen nennen könne von Herren, die bereit sind, für einige Jahre wenigstens in den Bundesdienst zu treten. Er hat sich bereit erklärt, Leute ausfindig zu machen, hat mir aber keinen einzigen Namen nennen können.

Dann darf ich über die Saarfrage etwas sagen: Der Brief Schumans[22] ist natürlich ein Produkt der ganzen Wahlkampagne in Frankreich. Schuman, in Luxemburg geboren, in Metz groß geworden, [hat] in Deutschland studiert, gilt bei vielen Franzosen als Deutscher, und so hat man jetzt im Zusammenhang mit der ganzen Wahlkampagne gegen Herrn Schuman stark gehetzt. Dahinter stecken Grandval[23] und Hoffmann aus Saarbrücken. Hoffmann hat verlangt, mit unterzeichnen zu können und als Vollmitglied in den Ministerrat eintreten zu können[24]. Alles das hat Schuman abgelehnt, und nun wurde gegen Schuman der Vorwurf erhoben, daß er die französische Saarpolitik gegenüber Deutschland verraten hat. Daraufhin hat Schuman diesen Brief geschrieben.

Wenn Sie das schreiben, was ich jetzt sage, verdienen Sie aufgehängt zu werden: Gott helfe, daß Schuman wieder Außenminister wird[25]. Das ist für Deutschland und Europa wirklich eine absolute Notwendigkeit. Wenn er nicht wiedergewählt werden sollte, – und man fürchtet für seine Wiederwahl, weil gerade in seinem Wahlkreis die Gaullisten sehr stark sind, die natürlich in Nationalismus machen –, wenn er nicht wiedergewählt würde, wäre das eine für uns sehr bedauerliche Tatsache.

Jetzt werden Sie auch verstehen, wenn ich in meinen Ausführungen etwas behutsam bin und Schuman möglichst beiseite gelassen habe und mehr gezielt habe auf die eigentlichen Akteure, die natürlich für ihre Position fürchten und deswegen vor Toresschluß noch alles tun, was sie können, um sich zu sichern. Ich würde mich freuen, wenn die deutsche Presse – wie sie das bisher getan hat – dafür weiteres Verständnis zeigt, gerade im Hinblick auf die französischen Wahlen. Ich will nicht im Ministerrat des Europarats die Sache zur Sprache bringen. Wohl aber werde ich zur Sprache bringen, sobald ich greifbares Material habe, daß die Saarregierung die Konvention über die Menschenrechte in ihrem eigenen Gebiete nicht gehandhabt hat.

Was ich jetzt sage, bringen Sie bitte auch nicht. Bidault[26] hat als französischer Ministerpräsident und Außenminister 1947 in Moskau den Antrag gestellt auf Lostrennung der Saar von Deutschland. Amerika und England haben zugesagt, und lediglich der Russe hat nicht zugesagt. Weil aber Einstimmigkeit notwendig ist, ist das unterblieben, und es wurde dann die wirtschaftliche Eingliederung beschlossen[27]. Eines Tages wird der Friedensvertrag oder Ähnliches kommen, und dann wird auf der einen Seite Deutschland stehen und auf der anderen Seite werden die drei Westalliierten stehen. Dann wird, je nachdem wie die Dinge in Frankreich laufen, darüber gesprochen werden, und dann würden wir Deutsche eventuell in die Lage kommen, wählen zu müssen vor dem Abschluß eines Friedensvertrages, oder wir müssen sagen, die Saar sei das, worum sich alles dreht.

Ich will vermeiden, daß etwas Derartiges eintritt, und deswegen möchte ich auf der einen Seite, daß die Franzosen sich daran gewöhnen, daß sie jetzt die wirtschaftliche Lösung haben, da Kohle und Eisen der Saar europäisch geworden sind, und daß ihre Rechte an der Saar gesichert sind und daß damit die Sicherheitsängste wegfallen, daß es dann unklug gehandelt wäre, wenn man dieses Land zu einem zweiten Luxemburg machte. Ich muß aber vor allem die ganze Politik systematisch darauf hinlenken, daß die öffentliche Meinung in Amerika und England nicht zuläßt, daß im gegebenen Augenblick des Friedensvertrages die englische und amerikanische Regierung eine etwaige Forderung der französischen Regierung unterstützen. Auch aus diesem Grunde hat es keinen Zweck, auf den Tisch zu schlagen und das Lied zu singen: Deutsch ist die Saar! Das müssen die Leute an der Saar singen. Das würde ich gern hören. Aber es hat keinen Zweck, es im Bundestag zu singen.

Wir können die Saarfrage nur zu einer Lösung bringen, wie sie für die Saar selbst, für uns Deutsche und für Europa und das Verhältnis zwischen Frankreich und Deutschland gut ist, mit sehr überlegter und vorsichtiger

Gestaltung der ganzen Dinge, bis es zum Friedensvertrag kommt. Mir ist es am liebsten, wenn man von der Saar möglichst wenig sprechen würde, aber im stillen arbeiten könnte, auch so, daß die Saarbevölkerung selbst ihre Stimme in dem geeigneten Augenblick erhebt und sagt: Wir wollen kein zweites Luxemburg werden!
Zur Zeit ist, glaube ich, die Stimmung an der Saar keineswegs so, daß eine Mehrheit sagen würde, sie wolle wie die anderen Länder ein Teil der Bundesrepublik werden. Nach meiner Meinung ist die überwiegende Meinung die: Wir wollen kein zweites Luxemburg, wir wollen zur Bundesrepublik, aber innerhalb der Bundesrepublik eine eigene Stellung haben! Das ist die Meinung der Saarländer, und ich mache den Saarländern daraus gar keinen Vorwurf. Je mehr die wirtschaftliche Stärke der Bundesrepublik in Erscheinung tritt, desto mehr fühlen sich natürlich die Saarländer als Deutsche. Das ist nun einmal so, und davor die Augen zu verschließen hat gar keinen Zweck.
Es war gestern im Bundestag sehr spät, und es ist schade, daß diese Debatte[28] so spät stattgefunden hat. Sie war eine wichtige Auseinandersetzung. Die Debatte entzündet sich aber, glaube ich, um so lebhafter, wenn es nicht mehr früher Nachmittag ist, sondern die Zeit schon etwas vorgerückt ist. Wenigstens geht es mir so. Ich bin dann kampfeslustiger. Ich hatte noch sehr viel mehr Material da, habe es dann aber zurückgelassen. Sie glauben nicht, wie sehr das Verhalten – ich werde keine Namen nennen – der Sozialdemokratie in all diesen außenpolitischen Fragen die deutschen Interessen schädigt. Mir hat ein Staatsmann aus einem europäischen Land, der es gut mit Deutschland meint, gesagt: »Sehen Sie, in zwei Jahren sind Bundestagswahlen. Wir wissen nicht, wie diese Bundestagswahlen ausfallen werden. Wir hören nur diese nationalistischen Töne von seiten einer Partei und ihres Vorsitzenden, einer Partei, die doch eine sehr große Macht besitzt in Deutschland. Wir müssen also doch auch damit rechnen, daß unter Umständen diese Partei bei der nächsten Wahl zum Zuge kommt. Deswegen müssen wir vorsichtig sein im Abbau unserer Rechte gegenüber Deutschland, weil wir nicht wissen, was demnächst kommt.« Das habe ich natürlich gestern nicht gesagt, um die Sozialdemokratie nicht aufzuregen.
Ich habe noch immer die Hoffnung, daß ich doch noch einmal mit der SPD zu Rande komme. Ich habe den Eindruck, daß es manchen Herren der Sozialdemokratie nicht sehr wohl gewesen wäre bei der ganzen Debatte. Aber es ist tatsächlich so, dieses fortgesetzte Njet, Nein und immer wieder Nein und immer noch mehr haben wollen und sofort haben wollen. Ich kann nur nochmals sagen, was ich Herrn Schu-

macher gesagt habe: Wir haben den Krieg verloren. Wenn wir den Krieg gewonnen hätten, möchte man so sprechen. Ich würde es auch dann nicht tun.

Wir sind doch vollkommen in der Macht und Hand der Sieger gewesen. Wenn wir zurücksehen bis 1947 auf das Elend und die Machtlosigkeit, kann niemand leugnen, daß wir in verhältnismäßig kurzer Zeit sehr viel von unserer staatlichen Souveränität zurückbekommen haben. Und ich bin der Überzeugung, wir werden in diesem Jahre einen sehr großen Schritt weiterkommen, wenn wir einigermaßen klug sind und wenn wir auch die psychologische Einstellung der anderen Völker, der Franzosen, der Engländer und Amerikaner, dabei berücksichtigen. Diese außenpolitische Debatte mußte kommen und mußte einmal sein. Ich bin froh, daß sie gewesen ist, und ich verspreche mir auch einen guten Erfolg davon sowohl im Ausland wie auch im Inland. Ich habe mir erlaubt, das Stenogramm meiner Rede[29] Ihnen zu übermitteln. Vielleicht benützen Sie eine ruhige Stunde, um sie durchzulesen. Sie enthält wirklich eine ganze Anzahl von Tatbeständen, die namentlich, wenn man sie hintereinander Revue passieren läßt, die doch zeigen, daß wir auf dem Weg des Wiederaufstiegs einen sehr guten Schritt vorangekommen sind. Das sollte man anerkennen.

Sie werden in der kommenden Woche den Bericht über den »Spiegel«-Ausschuß bekommen[30]. Sehen Sie, der demokratische Gedanke und die parlamentarische Demokratie haben schweren Schaden ‹erlitten›[a] in Deutschland zunächst durch das Verhalten der Alliierten während der ersten drei Jahre. Und nun kommen diese Vorgänge wie zum Beispiel der »Spiegel«-Ausschuß. Nehmen Sie eine andere Sache, den Luxus dieses Hauses hier. Hundert Damen und Herren wurden durch diese Räume geführt unter Führung des dazu eingesetzten Unterausschusses[31]. Gehen Sie in irgendein Ministerpräsidentenhaus in irgendeinem Lande; da werden Sie mehr Luxus finden als hier in diesem Hause an Luxus zu finden ist. Dabei müssen wir doch eine gewisse Repräsentanz unbedingt [be]treiben. Wir dürfen nicht auffallen und müssen uns Zurückhaltung auferlegen, aber wir müssen eine gewisse Repräsentation [be]treiben auch gegenüber den anderen.

Wenn ich wieder eine Großmacht werden will – und das müssen wir Deutsche werden –, muß ich anfangen, aufzutreten wie eine Großmacht auftritt. Ich bitte Sie inständig, machen Sie keine Reklame mit dem »Spiegel«-Ausschuß. Hängen Sie die ganze Geschichte so niedrig, wie sie niedrig gehängt zu werden verdient. Nach meinem Geschmack war diese ganze Verschwendung an Zeit und Nervenkraft ein Skandal geradezu.

Man hätte wahrhaftig die Zeit besser benutzen können, als das zu tun, was getan worden ist. Ich weiß nicht, wie die Sache ablaufen wird im Plenum[32].

Die »Frankfurter Allgemeine« hat in letzter Zeit mir manchmal nicht gerade Freude gemacht. Ich habe den heutigen Artikel von Baumgarten[33] nicht ganz verstanden. Der Unterschied zwischen Staat und Dynamik ist mir nicht ganz verständlich geworden. Aber ich möchte eines im Zusammenhang damit sagen, und das werden wir in vorsichtiger Weise in der Öffentlichkeit in nächster Zeit vertreten müssen. Dieser Briefwechsel zwischen Schuman und mir ging um die Saarfrage und ist ein Anhängsel des Schuman-Plans und ist damit über einen Briefwechsel hinaus ein Vertrag. Aufgrund dieses Vertrages werden wir unsere Rechte an der Saar genausogut vertreten können wie die Franzosen, und wir müssen so handeln, daß auch die Franzosen und Frankreich nicht auch durch Propaganda dort Verhältnisse herbeiführen dürfen, die der endgültigen Entscheidung vorgreifen. Das ist das Wesentliche dieses Briefwechsels, daß damit Frankreich zum ersten Male gegenüber Deutschland die Verpflichtung eingegangen ist, daß die endgültige Regelung im Friedensvertrag erfolgt.

Nehmen Sie den unwahrscheinlichen Fall an, Frankreich würde den Versuch machen, im Laufe der Entwicklung von England und Amerika die Zustimmung zu bekommen, sich an der Saar endgültige Verhältnisse zu schaffen außerhalb des Friedensvertrages. Dann würde auch bei Zustimmung Englands und Amerikas Frankreich seine Vertragspflicht gegenüber Deutschland verletzen. Wir haben ein vertragliches Recht gegenüber Frankreich dahin bekommen, daß die endgültige Regelung durch den Friedensvertrag oder einen gleichartigen Vertrag erfolgt. Diesen Vorteil in kluger und gemäßigter Form von Zeit zu Zeit immer wieder der deutschen und auch der ausländischen Öffentlichkeit einzuprägen, das scheint mir sehr notwendig zu sein, und ich wäre Ihnen für Ihre Mithilfe dabei außerordentlich dankbar.

Journalist: Wieweit besteht die Möglichkeit, daß die Bundesrepublik von sich aus, unter der Voraussetzung, daß die heutige Linie der französischen Außenpolitik die gleiche bleibt, bestimmte konkrete Vorschläge nach Paris macht bezüglich Friedensvertrag? Läßt sich diese Formulierung »gleichartiger Vertrag« so auslegen, daß ein Friedensvertrag mit den drei Westmächten erfolgt, oder kann das sein ein besonderer Vertrag über die Saar, unabhängig von einem Friedensvertrag?

Adenauer: Nein. Der Ausdruck kommt auch sonst vor. Damit ist gemeint ein Vertrag analog einem Friedensvertrag. Aber wenn zwischen

Frankreich und uns ein Vertrag über die Saar abgeschlossen würde, wenn das geschähe, würden Amerika und England heilfroh sein, daß sie sich beim Friedensvertrag nicht mehr damit zu beschäftigen haben.

Journalist: Ließe sich an eine solche Möglichkeit denken?

Adenauer: Nicht aufgrund dieser Bestimmung. Wir müssen daran festhalten, »gleichartiger Vertrag« heißt, ein Vertrag, der an Stelle des Friedensvertrages tritt, damit nicht etwa nachher von einer französischen Seite gesagt werden kann, da ein Friedensvertrag niemals kommen wird, ist das Ganze eben so.

Journalist: Es könnte doch möglich sein, daß Frankreich aus freiem Entschluß sagt: »Wir sind bereit, schon vorher mit Euch einen Vertrag über die Saar zu machen!«

Adenauer: Das ist theoretisch möglich, und je nachdem, was dahintersteckt, wäre es sicher zu begrüßen, damit die Sache aus der Welt käme. Aber ich glaube, solchen Erwägungen kann man erst nähertreten, wenn der Schuman-Plan in Kraft getreten ist, wenn wirklich die Hohe Behörde und der ganze Apparat funktioniert, so daß also die Saarkohle und das Saareisen im Schuman-Plan stecken. Man würde vielleicht auch abwarten müssen die nächsten Landtagswahlen an der Saar, die hoffentlich zu einem Sturz der Regierung Hoffmann führen. Wenn die Landtagswahlen, die im Jahre 1952 ordnungsgemäß stattfinden sollen[34], ein solches Ergebnis haben, wie wir das erhoffen, wird vielleicht auch die französische Regierung eher geneigt sein, mit Deutschland sich zu verständigen außerhalb eines Friedensvertrages. Aber das muß der Entwicklung überlassen werden, und da muß man Geduld haben.

Journalist: Nach der Saar-Verfassung und dem Verbot der Demokratischen Partei[35] kann man nicht sagen, wie sich die Wahlen abspielen werden. Wo sehen Sie eine Möglichkeit, einen völligen innenpolitischen Umsturz herbeizuführen, wenn nie eine Oppositionspartei zugelassen wird?

Adenauer: Die Verhältnisse an der Saar sind so im Fluß, daß man nach meiner Meinung da die Entwicklung abwarten soll. Die Saarländer wissen, daß wir sie nicht im Stich lassen. Dann wird sich auch bei den Landtagswahlen allerhand zeigen. Es ging neulich das Gerücht um, daß Hoffmann den Landtag dieses Jahr noch auflösen will, weil er jetzt noch mit einer Mehrheit rechnet, im nächsten Jahr aber nicht mehr. Eine Möglichkeit wird sich sicher dann finden. Eines Tages wird das auch die Saarbevölkerung satt werden, und auch die Landtagsabgeordneten werden das satt werden. Es ist die schwere Frage: Soll man entsprechend als CDU-Vorsitzender in der Hauptsache mit den Leuten an der Saar, die damals diese Sache mitgemacht haben und die zu meiner Partei an sich zählen, die Verbindung aufnehmen oder nicht? Vielleicht haben wir den schweren Fehler gemacht, daß wir damals diese Verbindung so rigoros abgeschnitten haben[36]. Das ist eine Frage, die man einmal in Ruhe überlegen muß. Ich glaube, es gibt zahlreiche Leute – ich spreche von meiner Partei –, die gerne wieder mit uns zusammenarbeiten wollen.

Journalist: Wie ist Ihre Ansicht zu einer eventuellen Saar-Abstimmung?

Adenauer: Die Sache lag so: Es ist seinerzeit von einem gewissen Teil der Saarbevölkerung das Verlangen gestellt worden, die Abstimmung stattfinden zu lassen, wenn in Deutschland kein Nationalsozialismus vorherrsche, weil man damals befürchtete, daß die Volksabstimmung an der Saar schlecht ausfallen würde, weil die Leute Furcht hatten vor dem Nationalsozialismus. Es hat aber trotzdem die Volksabstimmung stattgefunden mit dem bekannten Ergebnis[37]. Wenn man jetzt dieses Verlangen sich zu eigen macht, und der Zentrumsantrag läuft darauf hinaus, eine Abstimmung vornehmen zu lassen, würde das bedeuten, daß man die Abstimmung von damals, die zu unseren Gunsten ausging, als nicht zu Recht bestehend anerkennt.

Journalist: Wenn Außenminister Schuman auf dem Standpunkt steht, der gegenwärtige Status an der Saar sei rechtsgültig, so können die Franzosen eigentlich niemals einer Volksabstimmung zustimmen?

Adenauer: Wieviel Stunden habe ich mit Schuman über die Saar gesprochen? An drei oder vier Tagen jedesmal mehrere Stunden. Am anderen Tag war diese Moch-Richtung[38] wieder angetreten bei ihm und hat wieder alles kaputtgemacht. Wir haben uns klar ausgesprochen. Schuman sagt, Frankreich betrachte die Verhältnisse an der Saar als zu Recht bestehend, und ich habe gesagt, wir betrachten sie als nicht zu Recht bestehend. Aus der Unterschrift soll nichts Gegenteiliges hergeleitet werden können. Ich kann die Hoffnung nur auf die Saarbevölkerung selbst setzen. Wir dürfen ja nicht jedes Wort glauben, was die armen Menschen zu sagen haben. Wir haben die Dinge auch etwas einseitig gesehen. Tatsächlich wußten im großen und ganzen die Menschen an der Saar, was war. Sie haben unter dem Druck gehandelt, und wenn dieser Druck nicht mehr da ist, und es kommen Landtagswahlen, und es zeigt sich, daß eine Mehrheit des Landes auf einem anderen Standpunkt steht, eine verfassungsmäßig ausreichende Mehrheit, dann kommt todsicher die Entwicklung dahin, daß die Sache geändert wird.

Journalist: Wir werden doch zunächst auf Freiheit an der Saar drängen?

Adenauer: Wir werden sehen müssen, inwieweit an der Saar die K[onvention] über die Menschenrechte gehalten wird oder nicht.

(Anmerkung: Das weitere Frage- und Antwortspiel bezog sich auf die Verlesung mehrerer Briefe über Herrn Min. Dir. Dr. Globke[39] sowie auf die auszugsweise Wiedergabe des Inhalts von Ehrenerklärungen, die der Herr Bundeskanzler aus den Akten Dr. Globkes entnahm.)

Adenauer: Irgendeine Behauptung in dem Brief des Abgeordneten Mellies[40], der eben eingelaufen ist, ist nicht enthalten. Was gestern feierlich angekündigt worden ist, das Material gegen Globke würde heute überreicht werden, ist nicht erfüllt worden[41].

Journalist: Kann man von diesen Dingen Gebrauch machen oder nicht?

Adenauer: Ich weiß es nicht, nachdem gestern gesagt worden ist von seiten der SPD, man würde das Material schriftlich übergeben.

(Anmerkung: Der Herr Bundeskanzler verlas eine Ehrenerklärung zugunsten Dr. Globkes, die der verstorbene Kardinal Preysing[42] abgegeben hat, und stellte anheim, diese Erklärung auszugsweise in der Presse zu veröffentlichen.)

Nr. 16
28. Juni 1951: Tee-Empfang (Auszug aus dem Protokoll)
BA, B 145/971 – 736 Bd. I

Teilnehmer: waren nicht zu ermitteln

Beginn: 16.30 Uhr

Der Bundeskanzler sprach über die Stellungnahme des Bundesrates[1] zum Schuman-Plan, über seine Italienreise[2] und über die allgemeine politische Lage. Bezüglich der Stellungnahme des Bundesrates zum Schuman-Plan erörterte der Bundeskanzler zunächst die Funktion des Bundesrates.
Es sei nicht richtig, etwa den Bundesrat irgendwie als dem Bundestag gleichgestellt zu betrachten. Der Bundesrat sei keine erste Kammer, sondern ein Organ besonderer Art, das beim Bund die Länderinteressen vertreten solle. Der Bundesrat solle sich, wie es auch der Wille des Gesetzgebers aufgrund der Beratungen im Parlamentarischen Rat war, nicht etwa parteipolitisch genau wie der Bundestag aufteilen. Man nahm damals an, daß die Länder von ihrem Standpunkt aus ein gewisses Interesse an bestimmten Vorgängen des Bundes hätten, und die Länder sollten in den Stand gesetzt werden, das zum Ausdruck zu bringen. Es sei für die Bundesregierung bei wirklich wichtigen Entschlüssen, z. B. des Ministerrats beim Schuman-Plan selbstverständlich, [daß sie,] ehe sie ihre Vertreter im Ministerrat instruiere, auch mit einem Ausschuß des Bundestages wie auch, wenn das nötig sei, des Bundesrates Fühlung nehmen und sich Rückendeckung verschaffen werde.
Bezüglich seiner Italienreise bezeichnete der Bundeskanzler das Benehmen der italienischen Bevölkerung ihm gegenüber als ausgezeichnet. Das gelte auch für die einfachen und einfachsten Leute. Der Empfang auf dem Kapitol sei nach Erklärungen von Italienern eine ganz besondere Veranstaltung gewesen. Die politischen Persönlichkeiten waren sehr offen, sehr freundschaftlich und sehr europäisch eingestellt. Sie hätten ein Bild von der politischen Lage in Europa und der Welt, das unserer Anschauung durchaus entspreche. Sie sähen die Gefahr, die nach wie vor von Sowjetrußland aus Europa und der Welt drohe, sehr klar und sehr deutlich. Italien habe für die innere Sicherheit beispielhaft gearbeitet und habe eine ausgezeichnete Polizei und sonstige Einrichtungen geschaffen, um gegen alles gewappnet zu sein. Dafür habe Italien natürlich auch viele kommunistische Stimmen[3], wenn auch die Kommunisten dort nicht alle hundertprozentige Moskowiter seien. Der Bürgermeister von Assisi[4] sei z. B. Kommunist, gehe aber brav und fleißig in die Kirche.

Was die allgemeine politische Lage anbetrifft, so hielt der Bundeskanzler Optimismus für die durch das Waffenstillstandsangebot für Korea[5] zu verspürende Erleichterung als nicht am Platze. Wenn es in Korea nicht weitergehe, komme ein kleine Pause, und das Schwergewicht verlagere sich auf Persien. Die Lage in Persien[6] sei nach seinem Empfinden sehr viel gefährlicher als die Lage in Korea jemals gewesen sei.
Wenn es Sowjetrußland wirklich darum zu tun wäre, die akute Spannung auf der Welt zu beseitigen, hätte es die Viererkonferenz nicht zum Scheitern gebracht[7]. An diese Pariser Vorkonferenz sollte man immer bei dem, was kommen kann, denken. Gehe man davon aus, daß diese monatelang gedauert hat, so sei noch lange keine Entspannung da, wenn auch ein Waffenstillstand vereinbart werden möge. Gromyko[8] habe in Berlin klar und deutlich erklärt, daß das Schwergewicht in nächster Zeit wieder nach Europa verlegt werden würde und daß man die Wiederaufrüstung Deutschlands verhindern wolle[9]. Solange der Verteidigungsbeitrag nicht geleistet sei, bestehe immer noch in den Hirnen der Russen die Möglichkeit, daß es doch noch gelingen könnte, Deutschland zu neutralisieren. Wenn Deutschland aber den Verteidigungsbeitrag wirklich geleistet habe, dann sei das Projekt der Demilitarisierung und Neutralisierung Deutschlands ein für allemal vorbei. Rußland aber wolle die Neutralisierung und Demilitarisierung Deutschlands, da ihm nur dann dieses Deutschland wie eine reife Frucht eines Tages in den Schoß falle. Der Bundeskanzler sah in irgendwelcher Neigung zu einer Neutralisierung und Demilitarisierung eine zentrale Gefahr. Deshalb werde auch das Gespräch mit McCloy[10] in die Richtung gehen, in allererster Linie die Westalliierten davon zu überzeugen, daß der Gedanke an eine Neutralisierung Deutschlands unter gleichzeitiger Demilitarisierung unmöglich sei.
Die Kräfteverschiebung in der Welt sei seit 1914 derart entscheidend zugunsten Sowjetrußlands und zum Nachteil Westeuropas vor sich gegangen, daß die Gefahr, daß dieser Koloß, der mitten in Deutschland stehe, einen Druck von dort ausübt, noch auf eine nicht zu berechnende Zeit bleiben werde und daß, wenn wir nicht noch eines Tages erdrückt, überrannt und überflutet werden wollen, eine Front geschaffen werden müsse, die den Druck aufzufangen in der Lage sei. Die Amerikaner würden wohl immer bereit sein, Europa wirtschaftlich und mit Waffen zu helfen, weil sie sich der russischen Gefahr für sich selbst bewußt seien. Aber sie würden das nur dann tun, wenn dieses Europa selbst die Kraft in sich habe, die nötigen Menschen dazu zu stellen. Dabei werde Deutschland ganz unentbehrlich sein. Das sei der zweite Grund, warum wir dar-

auf hinarbeiten müßten, daß wir einen aktiven Verteidigungsbeitrag stellen. »Sonst halte ich«, so sagte der Bundeskanzler wörtlich, »Deutschland für verloren.«
Daß augenblicklich noch nicht die politischen Voraussetzungen für einen Verteidigungsbeitrag gegeben seien, das sei absolut richtig. Wir müßten auf dem Fuße der politischen Gleichheit verhandeln können, und unser Land müsse auch in den Augen der Bewohner wieder ein freies Land werden.
Der Bundeskanzler wies zum Schluß auf die immer noch herumspukende Furcht hin, daß, wenn Deutschland wieder bewaffnet sei, es sich eines Tages an Rußland anschließen und den Westen bedrohen könnte. Deshalb würden die Westalliierten und die USA sich sagen, man müsse mit allen Eventualitäten rechnen und irgendwelche Vorkehrungen treffen, daß die Möglichkeit des Eintretens einer solchen Situation ausgeschlossen sei. Der Bundeskanzler brachte diese Gedanken zum Ausdruck, um die Situation klarzulegen.
Der Bundeskanzler hatte dann noch Gelegenheit, eine Reihe von Fragen zu beantworten. Die Gefahr einer russischen Intervention hielte er nicht für gegeben angesichts des großen Risikos, das Rußland eingehen würde. Da der Russe aber ganz genau wisse, daß eine Neutralisierung Deutschlands ausgeschlossen sei, wenn erst 12 deutsche Divisionen in der Atlantikarmee stehen und in Westdeutschland soviele amerikanische, englische und französische Divisionen stehen wie nötig seien, konzentriere er sich in seiner ganzen diplomatischen Strategie darauf, zu verhüten, daß ein Zustand eintrete, der seine Wünsche bezüglich einer Neutralisierung Deutschlands nicht mehr zur Durchführung kommen lasse.
Auf den Hinweis, die Deutschen glaubten, Deutschland sollte eine Zwischenzone der Verteidigung bilden, antwortete der Bundeskanzler wörtlich: »Ich kann Ihnen versichern, daß das nicht die amerikanische Auffassung ist. Das kann ich absolut versichern.« Zur Zeit würde man allerdings nicht in der Lage sein, die von uns verlangte strategische Konzeption durchzuführen. Die Hoffnung der Russen gehe dahin, daß sie ohne Opfer im Wege des kalten Krieges unter Neutralisierung Deutschlands ebenfalls ihr Ziel erreichen. Zum Schluß erklärte der Bundeskanzler: »Vor der Frage der Neutralisierung plus Demilitarisierung habe ich große Sorge. Ich glaube an keinen Krieg.«
Auch gegenüber der Möglichkeit, daß der amerikanische Kongreß die von Truman geforderten Beträge erheblich kürzen könnte[11], hielt der Bundeskanzler es für sehr begrüßenswert, wenn die Regierung der USA gegenüber einem solchen Drängen darauf hinweisen könnte, daß sie feste Verpflichtungen gegenüber Deutschland eingegangen sei.

Nr. 17
13. Juli 1951: Tee-Empfang für Chefredakteure (Wortprotokoll)
BPA Archiv F 30

Teilnehmer: Dr. Adalbert Worliczek[1] und weitere nicht zu ermittelnde Journalisten – Dr. Wolfgang Glaesser[2]

Beginn: 16.40 Uhr[3]

Journalist: Sind die französischen Hemmungen, den Schuman-Plan abzulehnen, von seiten der Schwerindustrie nicht schwieriger zu bewerten, als es der Fall ist?

Adenauer: Es ist Tatsache, daß einige französische Schwerindustrielle vor einigen Tagen versucht haben, auf Italiener, Holländer, Luxemburger und Deutsche einzuwirken in dem Sinne, den Schuman-Plan nicht zu ratifizieren[4]. Aber die politische Bedeutung des Schuman-Plans, insbesondere auch für Frankreich, ist so außerordentlich groß, daß ich doch die Nationalversammlung Frankreichs sehen möchte, die dafür keine Mehrheit aufbringen wird. Es ist das Prestige Frankreichs. Erstens einmal sind die Schuman-Plan-Verhandlungen in Paris geführt worden, und denken Sie daran, daß durch den Vorschlag Schumans und durch die Verhandlungen in Paris über den Schuman-Plan die französische Politik wieder in der Welt Ansehen bekommen hat, und denken Sie bitte daran, daß die Vereinigten Staaten dem Zustandekommen des Schuman-Plans einen solchen Wert beilegen, daß, wenn Frankreich den Schuman-Plan nicht ratifiziert, es einen derartigen politischen Prestigeverlust erleiden würde, daß das die Franzosen gar nicht ertragen könnten, so daß ich aus all den Gründen sagen möchte: Es liegt in der Natur der Sache, daß die Franzosen gar nicht anders können, als den Plan zu ratifizieren.

Journalist: Uns interessiert besonders die Frage des Verteidigungsbeitrags und der Wiedererlangung der deutschen Souveränität. Laufen die Verhandlungen so, daß uns die Souveränität unabhängig von irgendeiner Übereinstimmung im Verteidigungsbeitrag zugestanden werden soll? Wie sind die Aussichten auf ein Einvernehmen einerseits mit dem französischen Pleven-Plan und andererseits mit den Amerikanern – Eisenhower – über einen deutschen Verteidigungsbeitrag?

Adenauer: Das sind alles sehr diffizile Fragen, und ich muß mich jetzt nicht nur auf Ihre Diskretion verlassen können, sondern auch auf Ihr politisches Fingerspitzengefühl, daß das, was Sie bringen, der deutschen Sache nicht schadet.

Die eine Frage lautet: Werden wir unsere Souveränität wiederbekommen unabhängig von der Leistung eines Verteidigungsbeitrages? Ich habe mich gehütet, eine solche Frage überhaupt zu stellen oder stellen zu lassen. Das würde bedeuten, daß wir unter Umständen uns doch neutral halten wollen. Ich brauche diese Frage auch gar nicht zu stellen. Ich brauche mich nicht in die Lage einer der Westmächte zu versetzen, um zu sagen: Bei einer solchen Lage der Welt und europäischen Lage, bei diesem Druck vom Osten kann man unter keinen Umständen Deutschland seine Souveränität wiedergeben, ohne daß die Deutschen mit Haut und Haaren ihr Schicksal an unseres binden! Ganz selbstverständlich.

Die zweite Frage lautet: Wie ist gegenwärtig die Lage gegenüber dem Pleven-Plan und Frankreich beziehungsweise Eisenhower und westlicher Verteidigung? Lassen Sie mich bei Eisenhower anfangen. Sie wissen, daß Eisenhower nachgesagt wird, daß er eine große diplomatische Gewandtheit und großes diplomatisches Geschick hat. Sie wissen doch wohl auch, daß davon gesprochen wird – mit Recht oder Unrecht, kann ich nicht entscheiden –, daß er eventuell als Präsidentschaftskandidat eines Tages auftreten wird.

Was die Pleven-Plan-Verhandlungen angeht, so muß ich größere Ausführungen machen. Ich beurteile die ganze europäische Lage folgendermaßen: Das Ziel Sowjetrußlands bleibt in allererster Linie nach wie vor die Bundesrepublik, Deutschland in irgendeiner Form in die russische Sphäre hineinzubringen, und zwar unverwüstet und intakt. Wenn Rußland das gelingt, hat es damit folgendes erreicht: 1. das materielle Kriegspotential der Bundesrepublik und 2. das Menschenpotential – nicht so erschütternd der Zahl nach, aber sehr wertvoll der Qualität nach –; und es hat ferner erreicht damit, daß der kommunistische, der sowjetische Einfluß in Italien und Frankreich so stark wird, daß es damit ganz Europa bekommt. Wenn es das hat, dann ist es auch gegenüber den USA ein Gegner, der von den Vereinigten Staaten außerordentlich ernst genommen werden muß. Das ist also das Ziel der russischen Politik.

Ich bekam auszugsweise vor wenigen Tagen einen Artikel im »Figaro« zu sehen, geschrieben von einem französischen General, der französischer Botschafter in Moskau gewesen ist und von dem gesagt wird, er sei ein kluger Mann[5]. Er hatte dasselbe ausgeführt, daß dies das oberste Ziel der sowjetischen Politik sei. Korea und alles andere liegt alles am Rande. Sowjetrußland möchte dieses Ziel erreichen im Rahmen der Neutralisierung [und] Demilitarisierung Deutschlands. Diese Frage der Neutralisierung und Demilitarisierung Deutschlands hat schon eine sehr bedeutungsvolle Rolle gespielt Ausgang des vorigen Jahres. Es sind damals französische politische Kreise gewesen, die sehr geneigt waren, darauf zu hören. Sie können auch Neutralisierung und Demilitarisierung anders herum nehmen. Wenn man anfängt und sagt, Deutschland müsse demilitarisiert bleiben, kommt sehr bald die Gegenfrage, was aus Deutschland werden soll; und dann wird ohne weiteres gesagt werden, Deutschland müsse dann auch neutralisiert werden. Wenn Sowjetrußland das gelingt, dann ist dieses Deutschland in relativ sehr kurzer Zeit unter sowjetrussischem Einfluß.

Uns kann aber nur eines schützen und davor retten, nämlich vor dieser Möglichkeit, die nach meiner Überzeugung jeden Tag wieder auftauchen kann und die, wenn sie auch in Frankreich zur Zeit erledigt ist, jeden Augenblick in Frankreich wieder Anhänger finden kann. Diese Gefahr, die darin für uns liegt, ist erst dann erledigt, wenn wir durch die Leistung eines Verteidigungsbeitrags unlöslich in dieser westalliierten Verteidigungsfront eingebaut sind. Dann ist die Frage dahin entschieden, daß die Demilitarisierung Deutschlands erledigt ist, und damit ist auch die Neutralisierung erledigt, und damit ist der Versuch der sowjetrussischen Politik, uns zu bekommen, gescheitert. Ich glaube, Ihnen sagen zu können, daß auch amerikanische Kreise die ganze Situation so betrachten.

Von diesem Gesichtspunkt aus begrüße ich es, wenn die Frage des Verteidigungsbeitrags jetzt zur Entscheidung gebracht wird. Die Gefahr ist zu groß. Ich darf daran erinnern, daß, als jetzt die Frage des Waffenstillstands in Korea auftauchte[6], der britische Minister Stokes[7] und 100 Labour-Abgeordnete erklärten, England könnte jetzt mit der Aufrüstung etwas langsamer machen. Einflußreiche Kreise in England und Frankreich möchten zu gern von der Aufrüstung abkommen und möchten auch die Aufrüstung Deutschlands vermeiden. Die Russen haben bei ihrer geschickten Taktik immer die Möglichkeit, hier und da irgend etwas zu tun und etwas von sich zu geben, als wenn sie Frieden wollten. Und dann ist der Westen nur zu sehr geneigt, darauf zu hören. Dann würde die Frage der Demilitarisierung und logisch daran anschließend der Neutralisierung Deutschlands sofort wieder akut werden.

Nach meiner Auffassung müssen wir mit Bezug auf Sowjetrußland folgendes unterscheiden: Wir haben einmal die jetzigen Spannungen, wobei das Wort »jetzig« ziemlich weit ausgedehnt werden muß. Aber wenn auch die jetzigen Spannungen ohne Entladung sich beruhigen sollten und abklingen sollten, bleibt die Tatsache bestehen, daß Sowjetrußland hochgerüstet mit seinen Satellitenstaaten mitten in Europa und mitten in Deutschland steht und daß schon dadurch, daß eine solche hochgerüstete diktatorisch gelenkte Macht mitten in Europa steht, immer eine perma-

nente Gefahr besteht und ein starker Druck nach Westen hin, dem nur begegnet werden kann dadurch, daß eine europäische Armee aufgebaut wird auch für die Zeit und die spätere Periode, während der die Vereinigten Staaten nicht mehr gewillt sind, ihr Menschenmaterial hier in Europa zur Verfügung zu stellen.
Die Petersberg-Verhandlungen, die mehr zum Nordatlantikpakt hinzielen, und die Pleven-Plan-Verhandlungen, die für die Schaffung einer europäischen Armee den Anfang bilden sollten, vertragen sich in manchem nach meiner Meinung sehr gut miteinander, wobei Sie immer im Auge behalten müssen, daß die russische Gefahr eine permanente bleiben wird und daß die Vereinigten Staaten eines Tages ihre Truppen aus Europa wieder zurückziehen werden, wenn sie auch bereit sein werden, mit Kriegsmaterial und wirtschaftlich Europa weiterzuhelfen, so daß wir also dafür sorgen müssen, daß die Pleven-Plan-Verhandlungen und die Petersberg-Verhandlungen parallel gehen in gewissen militärtechnischen Dingen und nicht gegeneinander.
Aber die Petersberg-Verhandlungen – Nordatlantikpakt-Streitmacht – können – verstehen Sie das Wort richtig – in gewissem Sinne viel primitiver geführt werden als diese Europa-Armee-Verhandlungen, nicht das Militärische für sich gesehen, sondern eine Europa-Armee-Verhandlung, die ja eine Dauerlösung sein soll, ähnlich wie der Schuman-Plan. Und das würde auch zur Folge oder Voraussetzung haben, daß ein Teil der Souveränität der betreffenden Staaten auf eine supranationale Einrichtung übertragen würde. Es hängen damit zu viele völkerrechtliche Fragen zusammen, so daß, wenn man eine Dauereinrichtung schaffen will, die Verhandlungen sehr genau und dem Umfange nach – von Militärtechnik abgesehen – anders geführt werden müssen, als wenn man, wie beim Atlantikpakt, für einen nicht als dauernd betrachteten Zustand eine Streitmacht schafft, deren Oberbefehlshaber schon feststeht.
So müssen Sie es verstehen, wenn wir trotz Petersberg die Pleven-Plan-Verhandlungen ebenfalls betreiben – durch Herrn Blank[8] –, aber dafür sorgen, daß in militärtechnischer Hinsicht nicht entgegengesetzte Ansichten entwickelt werden, so daß beide Verhandlungen sich dadurch hemmen, statt gefördert zu werden.

Journalist: Ich habe [es] so verstanden, daß zwar die Verhandlungen über die Wiedererlangung der deutschen Souveränität laufen, aber nicht eher abgeschlossen werden, bis von unserer Seite der Wehrbeitrag positiv entschieden ist!

Adenauer: Das eine bedingt das andere. Das liegt in der Natur der Sache, und das kann man den anderen gar nicht übelnehmen.

Journalist: Es liegt nahe, daß die Franzosen Schwierigkeiten machen werden und diese These bekämpfen werden!

Adenauer: Es ist doch bisher so gewesen: Die Petersberg-Verhandlungen sind unter Beteiligung eines Vertreters Frankreichs geführt worden, und in Paris sind die Pleven-Plan-Verhandlungen unter französischem Vorsitz gestartet.

Journalist: Es könnte sein, daß die Franzosen nicht draußen bleiben wollten bei den Petersberg-Verhandlungen und die Hoffnung hatten, mit den Pleven-Plan-Verhandlungen in Paris die Sache in der Hand zu behalten, wie letzten Endes der deutsche Verteidigungsbeitrag behandelt wird. Meine Frage geht darauf, wenn sich die französische Haltung in Paris versteifen würde, ob Sie glauben, daß die Amerikaner genügend Willen und genügend Macht aufbringen können, um die Franzosen, auf die die Amerikaner im Rahmen des Atlantikpakts auch angewiesen sind, zu einer Lösung zu bringen, die Ihren Auffassungen entspricht!

Adenauer: Zunächst weiß ich, daß nach Ansicht der Vereinigten Staaten weder die Verteidigung im Atlantikpakt möglich ist noch der Aufbau einer Europa-Armee ohne deutschen Beitrag. Das ist die amerikanische Überzeugung. Wenn die Amerikaner dabei bleiben, und es war gar keine Veranlassung, etwas anderes anzunehmen, wird es auch für notwendig gehalten werden, einen deutschen Verteidigungsbeitrag zu haben.
Vor Jahresfrist hat Amerika schon auf dem Standpunkt gestanden, und wenn Jules Moch nicht gewesen wäre auf der New Yorker Konferenz[9], wären wir in all diesen Dingen unendlich viel weiter. Nun wurden alle diese Dinge sehr zurückgehalten durch die politische Entwicklung in Frankreich und durch den Vorschlag der Russen, die Vorkonferenz abzuhalten[10], und leider auch durch die politische Lage in England[11]. England ist ja augenblicklich doch innenpolitisch, parteipolitisch, so in Anspruch genommen, daß es außenpolitisch wenig Aktivität entfaltet. Wir werden also aufpassen müssen auch gegenüber Frankreich. Aber ich glaube, die inneren Gründe für das Ganze sind so stark und liegen so zutage, auch nach dem Scheitern der Vorkonferenz, daß die Sowjets tatsächlich keinen Frieden geben wollen, wirklichen Frieden, daß doch diese mehr gefühlsmäßigen Hindernisse bei den Franzosen dagegen zurücktreten werden, namentlich da keine Wahlen einstweilen zu erwarten sind.

Journalist: Sollte man das natürliche englische Interesse an einer deutschen Politik nicht mehr aktivieren können?

Adenauer: Als ich in Paris war, wurde ausdrücklich von amtlichen französischen Stellen gesagt, es sei nur ein Mann, der diese Schwierigkeiten so stark mache[12].

Journalist: Es hat immer ein natürliches Interesse der englischen Politik darin bestanden, in dieser Konstellation ein starkes Deutschland zu schaffen (Marinevertrag mit Hitler)[13]. Dieses natürliche englische Interesse wird sich in sehr kurzer Zeit aktiv wieder durchsetzen. Es gibt ja keinen stärkeren Vertreter eines deutschen Wehrbeitrags als Churchill[14] und seine Kreise.

(*Adenauer:* Das weiß ich!)

Hier liegt eine Tendenz vor, die politisch aufzugreifen wäre. Es ist meiner Meinung nach so, daß Frankreich das natürliche Mißtrauen vor einem starken Deutschland sehr schwer überwinden wird, während für England dies absolut in der Linie seiner normalen Politik liegt.

Adenauer: Ich weiß nicht, ob Sie dabei berücksichtigen, wie fundamental sich die Verhältnisse in Europa geändert haben. England hat damals das Interesse gehabt, ein starkes Deutschland in etwa zu haben, als ein starkes Frankreich da war. Aber ob England das gleiche Interesse hat, wenn ein schwaches Frankreich und ein schwaches Deutschland sich zusammentun, das weiß ich nicht.

(*Zwischenruf:* Ein starkes Rußland ist aber da.)

Sie irren. Es gibt in England Leute, die immer noch glauben, man könne mit Rußland in Ordnung kommen. Denken Sie bitte daran, in welchem Umfange England Kriegsmaterial an Rußland bis in die letzte Zeit hinein geliefert hat. Wenn ich in Rußland meinen vermutlichen Kriegsgegner erblicke, liefere ich ihm doch keine Kriegsmaterialien.

Die innenpolitische Lage Englands ist doch so, daß die öffentliche Meinung in England übereinstimmt darin, die jetzige Regierung müsse zurücktreten, und Neuwahlen müßten kommen. Die jetzige Regierung hat eine Revolution im eigenen Lager, und sie hat vor sich im September den Parteitag. Die Regierung hat die stärksten Angriffe der Opposition, sie hat die Sache mit Persien[15] und Ägypten[16], und die Leute denken nur an Neuwahlen. Man hat dort im Kopfe keinen Raum für andere Dinge. Augenblicklich ist England so sehr mit sich selbst beschäftigt und die englische Regierung, daß sie wirklich im außenpolitischen Rennen ziemlich impotent ist.

(*Journalist:* Es gibt in England einen beinahe unabhängigen Apparat, das Foreign Office, der immer der Wächter der natürlichen britischen Interessen gewesen ist.)

Ich habe gestern eine Aussprache gehabt mit einem Herrn[17], der in London wohnt, den ich als sehr klugen Beurteiler der Situation kenne und der sehr gute Verbindungen zum Foreign Office hat. Er hat erklärt, daß das Foreign Office durch Bevin[18] entmachtet worden sei und auch unter

Morrison das Foreign Office kaum noch eine eigene Meinung hat. England kann einem Europäer große Sorgen machen. Ich habe gefragt, ob es in England überhaupt keine Leute mehr gebe, die politisch, außenpolitisch denken, und da sagte er mir: »Diese gibt es noch, aber sie haben keine Verbindung mit einer der beiden politischen Parteien!« – Auf der anderen Seite habe ich auch von einem führenden Engländer gehört, der in der Beurteilung der Lage mit mir übereinstimmt und sagte, man solle bis Oktober abwarten, bis dahin wird sich manches gelegt haben, und es hat sich manches entschieden, auch ob es zu Neuwahlen kommt[19]. Kommt es nicht zu Neuwahlen, hat die jetzige Regierung die Aussicht, weil die Wahlen nicht verfrüht stattfinden und nicht vor dem normalen Ablauf, daß sie wieder nicht mehr als sterbend betrachtet wird und auch wieder in Funktion treten kann, auch in außenpolitischen Angelegenheiten.

Aber um Himmels willen Vorsicht und keine Indiskretion!

Journalist: Gibt es nicht einen Unsicherheitskoeffizienten auch im amerikanischen Lager (Präsidentschaftswahlen)[20]?

Adenauer: Das kommt zur Zeit noch nicht. Es ist der jetzigen Regierung der Vereinigten Staaten gelungen, die MacArthur-Sache[21] zu erledigen, ohne daß es dem Präsidenten geschadet hat, sondern im Gegenteil ihn gestärkt hat. Aber natürlich: Auch der Präsident der Vereinigten Staaten hat wohl am Ende seiner Wahlperiode nicht mehr die Macht, die er vorher hatte.

Journalist: Besteht nicht in der Zeitfrage das große Problem? Die europäische Lösung braucht ja soviel Zeit, daß man an sehr kritische Termine herankommt. Man kann wohl die europäische Lösung in den Atlantikpakt einbauen, aber nicht umgekehrt, besonders im Hinblick auf das französische Argument: Keine nationale deutsche Armee!

Adenauer: Sie können, wenn Deutschland in der Nordatlantikarmee gewisse Kontingente hat, ruhig weiter verhandeln über die europäische Armee. Die militärischen Voraussetzungen – Divisionen oder nicht Divisionen, die Beteiligung der Deutschen an der strategischen Leitung bis zur obersten Spitze – sind in dem einen Fall wie in dem anderen Fall dieselben. Wenn Deutschland – sagen wir – 12 Divisionen unter Eisenhower hätte und wäre vertreten bis in die obersten Spitzen, könnte man zu einer gegebenen Zeit, wenn die Atlantikpaktgeschichte nicht mehr nötig wäre, diese Truppen da herausnehmen und in die Europa-Armee einbauen ebenso wie das mit Frankreich geschehen wird.

(*Zwischenruf:* Das wäre theoretisch denkbar, aber die französische Regierung oder die Franzosen wollen ja gerade vermeiden, daß eine atlantische Lösung für Deutschland ohne europäische Lösung in Frage kommt.)

Es mag sein, daß das in den Köpfen einzelner Leute gespukt hat. Sie müssen sich das nicht so vorstellen, als wenn in der auswärtigen Politik ausgekochte kluge Leute nach weiten Überlegungen arbeiten. Ich könnte mir sehr gut denken: In New York im September vorigen Jahres ist von Amerika vorgeschlagen worden »deutsche Divisionen«[22]. Das weiß ich. Großes Hallo! Großes Stillschweigen! Einer ist eingetreten für den Gedanken: Italien! Die Amerikaner werden gesagt haben, es gehe nicht anders. Dann waren in Frankreich verschiedene Strömungen gegeneinander, und dann kommt einer heraus mit dem Gedanken einer Europa-Armee, und vielleicht hat man damals gedacht: Bis dahin ist die russische Gefahr verschwunden! Sie ist aber nicht verschwunden. So kann man von vorneherein nicht sagen, daß die Verhandlungen in Paris den Zweck haben, zu verhindern, daß eine deutsche Beteiligung an der Nordatlantikarmee stattfindet. Dann müssen die Amerikaner auch dazu Stellung nehmen.

Journalist: Wie sind diese Dinge in Italien aufgenommen worden[23]?

Adenauer: Die Italiener beurteilen die Dinge genau wie ich.

Journalist: Heute mittag hat Schumacher in einer Pressekonferenz einen Vergleich gezogen und eine Parallele zwischen der »Ohne-mich-Politik« und der »Um-jeden-Preis-Politik«[24]?

Adenauer: Es hat mich nicht besonders interessiert. Er hat ganz recht. Ich war Gegner der »Ohne-michs« und auch der »Um-jeden-Preis«.

Journalist: Schumacher hat seinen Standpunkt damit begründet, daß keine Zusage vorliege über [die] Verteidigungslinie Rhein oder Elbe?

Adenauer: Die Frage ist gelöst, wird aber eine andere Lösung finden, wenn wir noch weiter diese Geschichten machen, die Deutschland bisher gemacht hat. Dann laufen wir allerdings Gefahr, daß die strategische Lösung anders wird. Ich weiß die strategische Basis der Lösung, wie sie jetzt ist, wiederhole aber: Wenn die Geschichten so weiter gemacht werden ... nehmen Sie mir ein offenes Wort nicht übel (zum Chefredakteur der »Welt« [Worliczek] gewandt), Ihr Bild auf der vordersten Seite von heute mit den Worten darunter ist für Deutschland ein schwerer Schaden (gemeint ist [das] Bild vom evangelischen Kirchentag). Das Bild stellte die Ehrenbank des evangelischen Kirchentages dar, und es stand darunter, »Staatspräsident Pieck besuchte Marienkirche usw.«[25]. Sie können sich doch denken, und das ist ein Argument, das im Ausland noch oft vorhanden ist und mir sehr zu schaffen macht, nämlich die Sorge, daß die

Deutschen, wenn sie bewaffnet sind, eines Tages zu den Russen übergehen könnten.
Ich will in Offenheit weiter sagen: Die Ausführungen einer großen deutschen Partei auf dem ganzen Gebiet schaden uns deswegen so im Ausland, weil auch uns wohlgesinnte Ausländer sagen: »Wer steht uns dafür, daß diese Partei nicht bei den nächsten Bundestagswahlen eine Mehrheit bekommt, und dann haben wir den Nationalismus in Reinkultur, und was machen wir dann?« Das haben mir ernstzunehmende Ausländer gesagt. Auch Kirkpatrick hat mich gefragt wegen des Bildes in der »Welt«. Der evangelische Kirchentag ist eine Vertretung der gesamten Evangelischen Kirche in Deutschland, und der fraternisiert da in seiner Spitze mit Pieck[26] ...

(*Zwischenruf:* Nein.)

...auf dem Bild.

(*Zwischenruf:* Ja!)

Als Vorstellung. Das sehen Engländer und Amerikaner und Franzosen und sagen sich: Na, na! Und es wird der Name Niemöller genannt, und es kommt von selbst das Gefühl auf: Es sind doch starke Kräfte in Deutschland – ich will mich ganz zurückhaltend ausdrücken –, die keine Entscheidung für den Westen treffen wollen.

Journalist: So ein Bild geht aber doch in alle Welt, und keiner kann verhindern, daß es veröffentlicht wird.
(Wahrscheinlich Chefredakteur der »Welt«: Der evangelische Kirchentag vertritt den Standpunkt, er sei eine gesamtdeutsche Vertretung.)

Adenauer: Haben Sie gelesen, was die SED-Presse zum Kirchentag schreibt? Das müssen Sie einmal lesen! Was die »Neue Zeit« und andere Blätter schreiben, die den Kirchentag absolut in Anspruch nehmen für sich und sagen: »Berlin ist die Stadt des Friedens und Bonn der Remilitarisierung« und die den Kirchentag und den FDJ-Tag[27] auf eine Stufe stellen. Diese Zeitungen werden auch gedruckt und auch im Ausland gelesen.

Journalist: Sie sagen, die SED nähme den Kirchentag für sich in Anspruch. Sie kann es nicht.

(*Adenauer:* Sie tut es.)

Ist die Reaktion richtig bei uns, den Kirchentag totzuschweigen, statt daß wir unsererseits ihn für uns in Anspruch nehmen?

Adenauer: Ich habe Nachrichten bekommen, daß Niemöller in 14 Tagen eine Besprechung haben wird mit Dertinger[28]

(*Zwischenruf:* Mit Grotewohl!)

über die Frage des Friedens und der Remilitarisierung. Ich werde von einflußreichen evangelischen Kreisen gebeten, vorher mit Niemöller darüber zu sprechen[29]. Da sehen Sie, welche Gefahren in dieser ganzen Situation doch wirklich stecken. Aber vor allem kommt es nicht darauf an, vielfach, wie die Dinge in Wirklichkeit sind, sondern was Böswillige daraus machen können.

(*Zwischenbemerkung:* Wir müssen aber etwas aus diesen Dingen auch für uns zu machen suchen.)
Wir haben Minister hingeschickt zum Empfang des Senats in Berlin für den evangelischen Kirchentag. Wir schicken auch Minister hin zu der großen Schlußkundgebung, die im Westsektor stattfindet. Selbstverständlich muß darüber gesprochen werden, aber ich wiederhole: Es war für uns, das muß ich mit Offenheit und Ehrlichkeit sagen, geradezu ein Schlag, als wir von diesem Zeremoniell hörten bei der Eröffnung des Kirchentages. Zunächst war in Aussicht genommen, auch noch Pieck besonders zu begrüßen. Das ist Gott sei Dank verhindert worden. Wir haben infolge dieser Sache aber uns genötigt gesehen, es wäre untragbar gewesen für uns, daß Bundesminister in einer Reihe mit Pieck da gesessen hätten.

(*Zwischenruf:* Vielleicht hätte es großen Eindruck gemacht, wenn ein Bundesminister in der letzten Reihe gesessen hätte.)
Die Zeitungen schreiben aber doch dann, es sei anwesend gewesen der und der. Das kann ein Bundesminister auch nicht. Ein Minister kann sich nicht in die letzte Bank setzen, während Pieck in der ersten Reihe sitzt. Bischof Lilje[30] hat neben Pieck gesessen.

Journalist (Evangelischer Publizist aus Berlin): Unsere Kollegen wissen, daß die Ablehnung gegen den Osten nirgends so schroff ist wie bei uns. Als wir vor das Problem des Kirchentages gestellt wurden, sahen wir ein, wenn wir unsere Brüder aus der Ostzone zu dieser Sache haben wollten, daß dafür ein gewisser Preis gezahlt werden mußte, und dieser Preis hieß Pieck bei der Eröffnungsfeier. Er ist nicht besonders begrüßt worden, und wir haben getan, was wir konnten, um den leitenden Herren des Kirchentages die Grenzen dessen, was sie bezahlen könnten, klarzumachen.

Adenauer: Wissen Sie, daß Pieck und Grotewohl zur Bedingung gemacht haben, daß Gerstenmaier[31] nicht dort redet, und zwar zur Bedingung für ihr Erscheinen und dafür, daß Erleichterungen gegeben würden. Das hat man akzeptiert.

(*Zwischenruf:* Man muß aber das Positive der Sache sehen.)
Hoffentlich behalten Sie Recht. Es mag richtig sein, daß es nach dem Osten zu gut gewirkt hat, und ich hoffe es sehr. Aber in allen Berichten,

die bei uns erscheinen, muß man, glaube ich, immer daran denken auch an den Eindruck im Ausland und daß im Ausland kein Zweifel erweckt wird, als wenn die Bundesrepublik nicht ganz fest im Lager des Westens steht.

Journalist: Ich glaube im Gegenteil, daß das Einströmen der Massen aus der Ostzone zu dieser Veranstaltung, die als westliche Veranstaltung aufgefaßt wird, umgekehrt Eindruck macht!

Adenauer: Dann hätten Sie die Russen und die Ostzone übertölpelt.

Journalist: Ja! Wir haben uns bisher vollkommen zurückgehalten und werden uns sogar bemühen, nachträglich den Kirchentag, so sehr wir ihn politisch einschätzen, nicht politisch auszuschlachten.

Adenauer: ... jedenfalls zu verhüten, daß er von der anderen Seite politisch ausgeschlachtet wird bzw. zu verhüten, daß im Ausland ein falscher Eindruck entsteht. Wissen Sie übrigens, daß wir den Kirchentag mit einer sehr großen Summe unterstützt haben? Er wäre ohne uns nicht möglich gewesen. Wir sind von der Tatsache dieses Zeremoniells überrascht worden und sind davon ins Bild gesetzt worden auch nicht zu einem Zeitpunkt, wo es richtig gewesen wäre, uns darüber etwas zu sagen. War es nötig, daß alle größeren Veranstaltungen in Ost-Berlin stattfinden?

(*Zwischenruf:* Es war doch 50 zu 50!)
Das ist ein Irrtum.

(*Zwischenruf:* Der Anfang war in Ost-Berlin, das Ende in West-Berlin vorgesehen.)
Aber die Haupttagungen zwischendurch sind in Ost-Berlin gewesen.

(*Zwischenruf:* Wenn man aber Geld gibt, muß man doch die Möglichkeit haben, sich vorher darüber zu unterhalten.)
Das hätte man tun sollen, aber es ist doch eine etwas peinliche Angelegenheit. Aber man hätte es tatsächlich tun sollen. Wenn man rechtzeitig danach gefragt hätte, hätte man manches verhütet.

Journalist: Wir haben boshaft gegrinst, daß Pieck sich in die Kirche setzen mußte und ein Vaterunser beten mußte.

Adenauer: Das kann man auch anders auffassen und genausogut sagen etwas über den armen kirchlichen Würdenträger, der vor einem Christenverfolger so dasteht.

Journalist: Die Risikofrage wurde vor einigen Monaten in der internationalen Kommission mit Besorgnis bewertet[32]. Die Besorgnis scheint geringer geworden zu sein. Gibt es politische oder diplomatische Tatsachen, die zu dieser Minderung der Besorgnis beitragen werden?

Adenauer: Nein, das liegt alles in den Dingen selbst begründet, wenn man sich nicht durch russische Reden täuschen läßt. In der Sowjetzone steht die russische Armee seit 3 bis 4 Jahren. Amerika hat seit Korea sehr stark aufgerüstet. Das weiß Sowjetrußland, und deswegen liegt es in der Natur der Dinge, daß Sowjetrußland keinen Krieg mit den USA anfängt, weil vielleicht 150 000 Mann deutsche Truppen in zwei Jahren da sind. Dafür wird Rußland das Risiko nicht eingehen. Aber natürlich hat es Interesse daran, durch diese These die Strömungen in Frankreich, England und auch in gewissen Dingen Amerika zu verstärken, die sagen, Deutschland dürfe nicht bewaffnet werden.

Journalist: Sie sagten, daß die Amerikaner großen Wert darauf legten, daß Deutschland sich an der europäischen Verteidigung beteiligt.

Adenauer: Amerika ist davon überzeugt, daß ohne deutschen Beitrag eine Verteidigung nicht möglich ist.

(*Bemerkung:* Ich glaube, daß es in Amerika weite Kreise gibt, die großen Wert darauf legen, daß Deutschland und Frankreich sich verständigen. Da präzisiert sich das Problem von der Stärke der Einheiten, ob Deutschland Divisionen erhalten soll oder aber die sogenannten Combat[teams].)[33]

Die Frage, ob Divisionen oder kleinere Einheiten, ist keine Frage des Prestiges, sondern eine rein militärtechnische Frage, die nach militärischen Gesichtspunkten entschieden werden muß. Die deutsche Ansicht über Divisionen hat sich auch geändert seit 1945. Man ist auf deutscher Fachseite nicht mehr der Auffassung, daß die Division so stark sein müßte, wie sie früher gewesen ist. Man ist im Gegenteil der Auffassung, daß die Division zu schwerfällig ist, und man will deutscherseits als Divisionsstärke 12 000 Mann. Wenn Sie die Zusammensetzung einer solchen Division betrachten, dann glaube ich, wird man wohl den militärischen Sachverständigen glauben müssen, daß andere Einheiten, wenn sie wirklich verwendungsfähig sein sollen, nicht möglich sind. Bei den Franzosen ist ja doch die Combat[teams]-Frage verkoppelt mit der Frage der Vertretung der betreffenden Verbände in der obersten Führung. Wenn wir etwa sagen würden, in der Europa-Armee könne man militärtechnisch mit Truppen von 5[000] bis 6 000 Mann auskommen als Einheit, so kann für die Atlantikpaktarmee nicht etwas anderes gelten. Ich habe das neulich auch französischen Journalisten gesagt[34], es sei eine militärtechnische Frage und für mich keine Frage des Prestiges. Bei den heutigen Kampfmitteln und [angesichts] des Fortschritts in der Waffentechnik haben wir seit 1945 eine vollständige Umwandlung erlebt. Die Einheiten, wenn Sie daran denken, daß dazu gehört eine Panzertruppe, Artillerie, motorisierte Infanterie und eine gewisse Luftwaffe bei einer solchen Einheit, dann kommt man mit 5[000] bis 6000 Mann nicht aus.

Journalist: Bisher ist aber überall – im Gegensatz zur geplanten Europa-Armee – von Divisionen die Rede, und mindestens für die Öffentlichkeit wird die Reduktion der Division auf ein Combat[team] mit politischen und Prestigegründen kompensiert werden.

Adenauer: Ich glaube, alle militärischen Stellen, auch französischerseits, sind sich darin einig, daß nach den neuesten Erfahrungen eine Einheit von etwa 12000 Mann notwendig ist. Ich glaube nicht, daß etwa Eisenhower sich damit abfinden wird, daß man nun etwas anderes macht.

Journalist: Es ist die Frage aufgeworfen worden, ob es nicht auch in den USA Unsicherheitsfaktoren geben könnte nach einem Scheitern der Verhandlungen in Korea[35]?

Adenauer: Im Gegenteil, denn dann sehen diejenigen Teile, die noch hofften, mit den Sowjets zu einer Verständigung zu kommen, daß es unmöglich ist.

Journalist: Rechnen Sie mit bestimmten Terminen für die Durchführung und parlamentarische Erledigung der ganzen Verteidigungsfragen?

Adenauer: Ich rechne damit, daß die Frage im Herbst entschieden werden muß.

Journalist: In diesen Tagen hat das britische Foreign Office mitgeteilt, daß die Engländer bei den deutsch-französischen Verhandlungen bezüglich Pleven-Plan nur als Beobachter dabei sind!

Adenauer: Die Engländer betrachten sich ja als Nachbarn Europas und wollen daher von einer europäischen Armee, in der auch englische Truppen wären, nichts wissen. Aber sie haben einen Beobachter, und auch Holland hat nur einen Beobachter bei den Verhandlungen.

Journalist: Wie wird die künftige Gestaltung für die Besatzungskosten bzw. der Kosten, die wir aufzubringen haben, aussehen? Werden die Besatzungskosten fortfallen und werden evtl. Kredite aufgenommen werden müssen?

Adenauer: Ich habe von Anfang an immer gesagt, auch den Oberkommissaren, Deutschland habe größere soziale Verpflichtungen und Lasten als irgendein anderes der beteiligten Länder wegen der Zerstörungen und Vertreibungen. Wenn wir unsere sozialen Verpflichtungen nicht erfüllen können, wird die innere Front zusammenbrechen, und infolgedessen müßten die Aufwendungen für soziale Verpflichtungen, die Deutschland machen muß, in einem gewissen Prozentsatz als direkter Verteidigungsbeitrag gewertet werden. In gleicher Weise muß als direkter Verteidigungsbeitrag oder als Beitrag zu den Kosten der Verteidigung der Betrag gewertet werden, den wir für die Besatzungskosten aufbringen. Wenn wir nichts mehr haben, dann müssen die anderen eben leihen.

Es ist aber nicht gut, glaube ich, diese Frage an die Spitze der Verhandlungen zu setzen. Wenn man sich über die politischen Fragen und militärischen Fragen geeinigt hat, wird die finanzielle Frage schon gelöst werden. Als ich neulich in Rom einmal sagte, daß wir jetzt für die Besatzung 1,25 Milliarden Dollar aufwenden, war man in Italien mehr als erstaunt über die Höhe dieser Summe. Davon hat man draußen nirgendwo eine Ahnung.

Aber wenn über diese Frage geschrieben werden muß, betonen Sie bitte immer wieder, daß alles das nur einen Zweck hat, den Frieden zu garantieren und daß Angriffsabsichten völlig fernliegen. Das können Sie mit gutem Gewissen nicht nur von uns schreiben – das ist selbstverständlich, sondern auch von den anderen. Angriffsabsichten liegen völlig fern. Aber wir haben alle unter dem Nationalsozialismus gelebt, einem totalitären Regime, und wir wissen, daß mit einem totalitären Regime nur verhandelt werden kann, wenn man Macht hat und daß bei totalitär denkenden Staatsmännern alle anderen Begriffe nicht verstanden werden, sondern daß sie nur verhandeln mit Menschen oder Mächten, die eine Macht besitzen. Ich bin überzeugt davon, daß auch in Sowjetrußland gewisse Befürchtungen sind, daß ein Angriffskrieg ‹kommt›[a].

Journalist: Wenn im Herbst die Entscheidung kommt, so ist immer die Frage, wie die deutsche Öffentlichkeit reagieren wird. Ich befürchte, daß der Optimismus des Nachlassens von »Ohne-mich« nicht ganz berechtigt ist. Ein sehr wesentlicher Punkt wäre »Wehrpflicht oder keine Wehrpflicht«.

Adenauer: Darüber besteht noch keine Entscheidung.

Journalist: Wenn die Sache auf freiwilliger Basis möglich wäre, würde das die innere Front wesentlich stärken.

Adenauer: Man wird jedenfalls einmal auf freiwilliger Basis anfangen und wird sehen müssen, wie es geht. Im übrigen hatte ich in der vorigen Woche in Essen eine sehr große Versammlung, an der mit den Leuten, die draußen im Garten waren und durch Lautsprecher teilnahmen, mindestens 6000 Menschen teilgenommen haben, darunter sehr viele Jugendliche. Ich habe den Leuten innerhalb der Grenzen mit aller Offenheit die Dinge auseinandergesetzt und von keiner Seite irgendeinen Widerspruch gefunden, im Gegenteil sehr starken Beifall für die Notwendigkeit, daß wir einen Verteidigungsbeitrag zur Sicherung des Friedens leisten müssen[36].

(*Bemerkung:* Eine ähnliche Veranstaltung mit Schumacher würde auch 6000 Mann bringen, die Schumacher zujubelten.)
Wenn die Menschen nun nicht da gewesen [wären] oder widersprochen hätten? Es ist ganz klar, daß die Meinungen geteilt sind. Auch diese Befragung durch verschiedene Institute zeigt doch, daß die »Ohne-mich-Stimmung« sehr stark abnimmt. Aber was hilft das? Dann mag das deutsche Volk über sein Schicksal entscheiden. Aber wir sind verpflichtet, eines Tages das deutsche Volk vor diese Frage zu stellen. Glauben Sie, daß das amerikanische Volk sich dieses Hin und Her unendliche Zeit ansieht? Ich weiß, daß das nicht der Fall ist. Man will in Amerika eine Entscheidung sehen und hat ein Recht auf eine Entscheidung. Das kann ich absolut verstehen.

Journalist: Ist es nicht sehr wichtig, mit allen Mitteln zu verhindern, daß große Demonstrationen gleichzeitig mit der parlamentarischen Entscheidung stattfinden?

Adenauer: Wenn es mir möglich wäre, Schumacher zu überzeugen, wäre ich gerne dazu bereit.

(*Zwischenruf* bezüglich der psychologischen Vorbereitung des Mannes auf der Straße.)
Da haben Sie recht, die muß noch kommen und ist zur Zeit noch nicht gegeben. Aber erst müssen wir doch auch von der anderen Seite wissen, einmal, daß wir auf politischem Gebiet bekommen, was wir verlangen müssen und ferner, daß auch die militärtechnischen Gesichtspunkte mit berücksichtigt werden. Erst dann können wir der Bevölkerung Aufklärung geben.
Sie haben den Entwurf des Friedensvertrages mit Japan[37] gelesen. Japan bekommt seine volle Souveränität. Die Frage, ob wir den Standpunkt einnehmen sollen, das ganze Besatzungsrecht müsse jetzt verschwinden, ist sehr von zwei Seiten zu betrachten. In dem Augenblick würde die Frage Berlin außerordentlich kritisch werden, und auch die Frage des Saargebietes würde eine andere Wendung erhalten. Wir können jetzt noch immer sagen: Das Besatzungsrecht gilt sowohl für Berlin wie für das Saargebiet! – Wenn das Ganze verschwinden würde, kommen völkerrechtliche Komplikationen – die Frage wird bei uns studiert –, die sehr übel sind.
Und es kommt eine weitere Frage, die man verstehen muß: Wir kennen im Grundgesetz keinen Belagerungszustand. Nehmen Sie einmal an, es würden im Gebiet der Bundesrepublik Unruhen ausbrechen so großen Ausmaßes, daß die örtliche Polizei der Sache nicht Herr werden könnte, oder es würde ein Angriff auf die Bundesrepublik von Osten her erfol-

gen, was dann? Für solche Fälle müßte die Frage geprüft werden, es müßten vielleicht gewisse Möglichkeiten noch bestehen bleiben, daß auch die Ausübung etwaiger Rechte in diesen Fällen seitens der Besatzungsmächte an die Zustimmung der deutschen Bundesregierung geknüpft werden. Das ist auch ganz klar. Aber eine hundertprozentige Beseitigung eines jeden Besatzungsrechtes würde wahrscheinlich nicht für uns das Wünschenswerte sein. Darüber schreiben Sie aber bitte nichts.

Journalist: Schumacher spielte heute auf Ihre Äußerung an, in absehbarer Zeit eine Lösung der Saarfrage in unserem Sinne zu sehen und bezeichnete dies als vollkommen unsubstantiiert[38]. Was sagen Sie dazu?

Adenauer: Ich habe natürlich in keiner Weise, als ich das gesagt habe, den Anschein hervorrufen wollen, als wenn ich irgendwelche Zusicherung hätte. Aber aus der Natur der Dinge ergibt sich das alles. Betrachten Sie die Entwicklung.

(Inhaltlich: Frankreich sah 1945 in Deutschland immer noch den potentiellen Gegner – deshalb Schwächung des Kriegspotentials durch wirtschaftlichen Anschluß des Saargebietes – deshalb Demontage – inzwischen Änderung der politischen Situation seit 1945.)

Sehr maßgebliche französische Politiker haben mir gegenüber anerkannt, daß sich seit der Zeit die Grundlage, auf der die französische Saarpolitik beruht hat, völlig geändert hat und durch den Schuman-Plan noch mehr ändert. Es wird darauf ankommen, wie die Saarbevölkerung handelt. Wenn es jetzt an der Saar zu einer Abstimmung käme, würde keine Mehrheit sein für die Einverleibung in die Bundesrepublik, sondern es würden nach unseren Schätzungen – die auf Schätzungen an der Saar beruhen – 60 Prozent dafür stimmen, daß die Saar so bleibt, wie es jetzt ist. Ich bin auch der Auffassung, daß die Dinge sich ändern werden und daß wenn die Menschen sehen, daß die wirtschaftlichen Vorteile, die sie von Frankreich haben, auch bei Deutschland zu haben sind, sich auch die Stimmung ändern wird. Die Saarmenschen wollen nicht Franzosen werden, das wollen sie nicht, aber sie wollen die wirtschaftlichen Vorteile, und deswegen glauben wir, wenn es jetzt zu einer Abstimmung käme, [daß] diese Abstimmung für uns unerwünscht wäre.

Es geht unser Bestreben dahin, dahin zu wirken, daß nicht etwa Hoffmann im Herbst eine Landtagswahl stattfinden läßt. Wir befürchten, daß diese Landtagswahl, selbst wenn sie frei stattfindet, einen Landtag bringen würde, der der Hoffmannschen Politik im großen und ganzen zustimmt. Ich bin der Auffassung, nachdem die Grundlage der französischen Saarpolitik geschwunden ist und England und Frankreich einsehen, daß die ganze Situation sich verändert hat, daß England und Amerika auch Frankreich dies klarmachen werden, und ich glaube, wenn wir nur die Geduld nicht verlieren und zwei oder drei Jahre warten, daß sich die Dinge dann ändern und das Saargebiet nicht nach Rheinland-Pfalz geschlagen sein will, sondern gewisse Sonderrechte gewahrt haben will. Im übrigen haben wir diesen Mann, Grandval, zu einer Größe, einer europäischen Größe gemacht. Je weniger man davon jetzt zur Zeit spricht – man muß natürlich im Saargebiet auch arbeiten, das ist ganz klar –, aber je weniger man davon spricht und darauf drängt, die demokratischen Rechte für die Saarbevölkerung einzuräumen, ‹desto eher› [b] wird sich das weitere finden, und damit nutzt man der Saar.

(*Bemerkung:* Ihre Erklärung, daß in nicht ferner Zeit eine Lösung an der Saar kommt, hat im Saargebiet starken Eindruck gemacht, und man hat überlegt, ob vielleicht doch etwas Konkretes dahintersteckt.)
Das Konkrete, was dahinter ist, ist folgendes, daß einflußreiche französische Politiker erkennen, daß der Ursprung der französischen Saarpolitik nicht mehr da ist, und das muß sich auswirken und auch in der französischen Bevölkerung auswirken.

Journalist: Bei der Besetzung der deutschen Auslandsposten sind wir z. B. darauf aufmerksam gemacht worden, daß Argentinien böse ist, weil Brasilien vorher eine deutsche diplomatische Vertretung erhalten hat[39].

Adenauer: Wo wollen Sie plötzlich alle Botschafter und Gesandten herhaben? Es kommt hinzu, daß die Leute sehr schlecht bezahlt werden und daß tüchtige Leute, die das Ausland kennen, anderswo viel mehr Geld verdienen als bei uns.

Journalist: Können wir etwas über die Schuldenkonferenz[40] erfahren?

Adenauer: Das steht noch gar nicht fest, und ich kann noch gar nichts darüber sagen.
Nun haben wir sehr offen miteinander gesprochen. Ich möchte Sie zum Schluß bitten, mir zu sagen, daß ich mich darauf verlassen kann, daß wir keine Pressekonferenz gehabt haben, sondern eine sehr offene Aussprache und daß Sie dementsprechend das, was ich gesagt habe, beurteilen und verwerten, damit wir solche Aussprachen ruhig fortsetzen können.

(*Bemerkung:* Ist ein Zusammenkommen vor Abschluß der Verteidigungsdebatte möglich?)
O ja! Ich hoffe im übrigen, am Dienstag [17. Juli 1951] in Urlaub gehen zu können.

Journalist: Ich würde es für zweckmäßig halten, daß wir uns einigen auf einige präzise Gedanken für die nächste Zusammenkunft, etwa so, der Gedanke fiel vorhin: Keine Wehrpflicht.

Adenauer: Das habe ich nicht gesagt. Wir wollen jedenfalls freiwillig anfangen, habe ich gesagt.

(*Zwischenruf:* Ist es notwendig, so ehrlich zu sein?)

Ich bin doch der Auffassung, daß Ehrlichkeit und Vertrauen ein wichtiger Faktor ist. Wenn ich mich hinstelle und gegen die Wehrpflicht [spreche], und eines Tages müßte es doch gemacht werden, wie stände ich da?

Journalist: Würde es nicht so sein, daß die parlamentarische Entscheidung über den Verteidigungsbeitrag nicht mit dem Wehrpflichtgesetz verbunden sein soll?

Adenauer: Die bisherigen Gedanken sind etwa folgende: Man wird sicher mindestens 50 000 gute Freiwillige bekommen. Man kann eine Armee von 250 000 Mann nicht in 3 Monaten auf die Beine stellen. Die Leute müssen an neuen Waffen ausgebildet werden, und die Waffen sind noch nicht da, und man wird dann allmählich die Geschichte vergrößern. Keinesfalls werde ich die Entscheidung über den Verteidigungsbeitrag verbinden mit der Verabschiedung eines Gesetzes zur Wehrpflicht. Ich denke es mir so, daß das Ganze doch ein geschlossenes Ganzes wird, einmal die Frage Besatzungsstatut, dann diese Frage und ganz selbstverständlich auch die Ermächtigung, einen Vertrag mit den anderen zu schließen, daß die anderen auch einen Beitrag leisten und nicht daß wir einfach sagen, wir stellen soundso viel Mann und die anderen sollen damit machen, was sie wollen.

Die heutige Debatte ist eigentlich etwas zu früh gekommen, und es ist mir ein bißchen unheimlich zumute deswegen, weil wir noch nicht soweit sind. Daß wir wirklich eine aufklärende Propaganda betreiben können, dafür ist alles noch zu unbestimmt. Wir wissen noch nicht, was in Paris herauskommt. Wenn wir soweit sind, können wir gemeinsam überlegen, wie wir aufklärend wirken können. Wer von Ihnen ein gutes Wort findet anstelle von Remilitarisierung, dem wäre ich dankbar. Man sollte lieber nichts bringen von Remilitarisierung und auch nichts von Aufrüstung.

Journalist: Dieser Verteidigungsbeitrag Deutschlands spielt bei den Westmächten eine Rolle als Objekt gegen eine eventuelle russische Zustimmung für freie Wahlen usw.

Adenauer: Bei den Amerikanern glaube ich nicht. Was aber nicht ist, kann auf einmal plötzlich wieder kommen. Das ist ja die Gefahr, von der ich sprach. Die große Gefahr ist nicht, nach meiner Überzeugung, daß wir vor einem Krieg stehen, das glaube ich nicht, sondern die große Gefahr ist die Demilitarisierung und Neutralisierung.

... Ich finde, daß im allgemeinen die deutsche Presse ganz gut schreibt.

Sie läßt das Thema einmal gelegentlich anklingen, unterstreicht es aber noch nicht, wohl klärt sie auf das deutsche Volk über die Gefahren, in denen wir schweben, und auf diese Weise gewöhnt sich die öffentliche Meinung an die Sache. Ich glaube, dadurch ist auch die »Ohne-mich-Bewegung« doch abgeklungen.
... Wir vertrauen darauf, daß eines Tages doch auch mit Sowjetrußland verhandelt werden kann, habe ich neulich vor französischen Journalisten erklärt[41]. Ich habe weiter erklärt, daß Frankreich nicht zu befürchten habe irgend etwas, wenn die Einheit Deutschlands wiederhergestellt sein wird. Dann sind wir in der europäischen Integration, wir haben die europäische Armee – hoffentlich –, und Deutschland wird mit dem Wiederaufbau in der Sowjetzone so viel zu tun haben und seine ganze wirtschaftliche Kraft einsetzen müssen, daß kein Mensch daran denken wird, infolge des Zuwachses von 18 Millionen Menschen müsse Deutschland eine hegemonielle Stellung in Europa einnehmen. Das schien mir von den französischen Journalisten begriffen ‹worden zu sein›[c].

Journalist: Es ist bedauerlich, daß häufig in englischen und amerikanischen Zeitschriften der Standpunkt vertreten wird, man müsse den geteilten Zustand Deutschlands als gegeben hinnehmen und als unabänderlich.

Adenauer: Ich kann Ihnen sagen, daß man in Italien volles Verständnis für die Einheit Deutschlands hat.

(*Bemerkung* des Fragestellers: Man spricht in den Zeitschriften von einer Teilung Deutschlands für die Dauer.)
Natürlich liegt alles voll großer Schwierigkeiten, und wir müssen vorsichtig und Schritt für Schritt weitergehen.
Ich würde ja wirklich es außerordentlich begrüßen, wenn die Opposition von sozialdemokratischer Seite in der Frage nachlassen würde. Sie hat auch nachgelassen. Aber Schumacher ist eben unberechenbar.

(*Zwischenruf:* Er ist aufgeputscht!)
... weil gestern bei der Abstimmung über den Schuman-Plan die SPD mit der KPD und der SRP zusammen stimmte[42] und alle anderen für den Schuman-Plan und weil in seiner eigenen Fraktion eine ganze Anzahl von Leuten vorhanden ist, die völlig anderer Meinung waren. Überrascht hat mich die »Rheinische Zeitung« von heute, die sich sonst durch Schärfe in den Überschriften auszeichnet und die heute einen Bericht über die Verhandlungen im Bundestag brachte und als Überschrift wählte: ›Adenauer nur gleichberechtigt, übrige Fraktionen trotz Bedenken Ja, SPD 5 Bedingungen‹, während die Sprecher der SPD gestern ein absolutes Nein sagten.

Den Standpunkt der Gewerkschaften kennen Sie[43]. Sie wissen auch vom Sozialistischen Kongreß in Frankfurt[44]. Es tut mir manchmal leid, daß ich da oben auf der Bank im Bundestag sitze und nicht unten. Da könnte man besser und schöner sprechen.
Ich habe offen zu Ihnen heute gesprochen. Wir sind in einer tödlichen Gefahr, und deswegen müssen gerade die Männer, die an verantwortlicher Stelle stehen, wissen, und es muß ihnen gesagt werden, wie die Situation ist. Ich glaube nicht, daß wir Krieg bekommen in der nächsten Zeit. Weit kann man natürlich nicht sehen. Aber die Gefahr der Demilitarisierung und Neutralisierung, das ist nach meiner festen Überzeugung die Gefahr, die uns droht, und das würde das Ende Europas bedeuten.

Nr. 18
22. August 1951: Tee-Empfang (Aktennotiz von Franz Hange, Bonn, für Chefredakteur Fritz Sänger)

PA Franz Hange, Akte Tee-Gespräche Adenauer 1950–1955

Teilnehmer: Franz Hange und weitere nicht zu ermittelnde Journalisten

Beginn: 16.35 Uhr[1]

Verteidigungsbeitrag:
Die Bundesregierung wird einem deutschen Verteidigungsbeitrag nur zustimmen, wenn sich die Alliierten bereit erklären, gegenseitige Verteidigungspakte abzuschließen. Dadurch soll erreicht werden, daß auch die Westalliierten alle Verpflichtungen und Risiken einer gemeinsamen Verteidigung mit übernehmen. Über das System dieser Reihe von Verträgen wird noch längere Zeit verhandelt werden müssen. Die ersten Vorschläge werden den Beratungen der Außenminister in Washington[2] als Arbeitsunterlage zugrunde liegen. Es dürfte sich zunächst um drei Beistandspakte mit den USA, England und Frankreich handeln. Ob sich daraus auch ein unmittelbarer Vertrag mit dem Atlantikpaktsystem ergibt, hängt vom Ergebnis der Beratungen ab. Vor Frühjahr oder Mitte des nächsten Jahres kann mit diesen wichtigen Entscheidungen nicht gerechnet werden.
Um aber keine Zeit zu verlieren, werden in der Zwischenphase bereits erste technische Vorbereitungen zur Aufstellung einer deutschen Verteidigungstruppe erfolgen. Die militärische Lösung dieser Zwischenphase ist bei den Petersberg-Besprechungen der Militärexperten erörtert worden und wird nunmehr in Paris weiter besprochen.
Bei den Pariser Besprechungen hat sich herausgestellt, daß viele Probleme auf dem Petersberg noch nicht gelöst wurden, deren Behandlung nunmehr in Paris noch weitere Zeit erfordert. Neben diesen technischen Besprechungen werden die Außenminister auf ihrer Konferenz in Washington und später der Exekutivausschuß des Atlantikpaktes in Rom über den deutschen Verteidigungsbeitrag endgültig entscheiden. Es wird dann an die Bundesrepublik die Aufforderung gerichtet, einen Verteidigungsbeitrag zu leisten.
Damit tritt das deutsche Volk vor eine schicksalhafte Entscheidung, deren Tragweite sich noch nicht absehen läßt. Eng verbunden mit diesen Fragen ist nämlich auch die Zurückgewinnung der deutschen Souveränität. Die Bundesregierung hofft, daß noch in diesem Jahr die Besatzungszeit abgeschlossen wird. Wenn jetzt über Besatzungskosten diskutiert wird, dann gilt dies auch nur für eine Übergangszeitspanne.

Der Bundeskanzler wird bei den nunmehr beginnenden Verhandlungen über die Neufestsetzung der Besatzungskosten auf der Basis des Provisoriums operieren. Mit dem Beginn der Verteidigungszeit muß der finanzielle Beitrag auch für die alliierten Truppen auf eine neue Basis gestellt werden. Was die Besatzungsstatutsverhandlungen angeht, so gibt es auf der deutschen Seite auf keinen Fall ein Nachgeben in der Frage der Regierungshoheit. Generalklausel und andere Vorbehaltsbestimmungen können keinen Platz in den neuen Abmachungen finden.

Saar:
Die Bundesregierung wird auf die letzte alliierte Note[3] antworten und darüber hinaus im Straßburger Ministerausschuß den Antrag stellen, die Saarfrage auf die Tagesordnung der Sitzung zu setzen[4]. Der Bundeskanzler ist der Überzeugung, daß die Saarfrage eine Regelung findet, die den politischen und wirtschaftlichen Interessen Deutschlands entspricht. Für Frankreich wird das wirtschaftliche Interesse an der Saar mit dem Anlaufen des Schuman-Plans immer mehr schwinden, so daß eines Tages Frankreich von selbst das Saarproblem aufgeben wird. Zunächst ist es jedoch wichtig, an der Saar normale demokratische Verhältnisse wiederherzustellen. In der neuen Note wird die Bundesregierung auf diese kritische Lage hinweisen.
Gegenüber dem französischen Hohen Kommissar, François-Poncet, hat der Bundeskanzler nochmals die letzten kritischen Äußerungen des französischen Saar-Botschafters Grandval angeführt[5], die die deutsch-französischen Beziehungen entscheidend stören würden. François-Poncet will diese Ansicht des Bundeskanzlers dem französischen Außenminister Schuman vortragen.
Zwischen Bonn und Paris findet überhaupt eine ständige Fühlungnahme über aktuelle Fragen statt. Nicht zuletzt wird Außenminister Schuman über die deutschen Ansichten zu den auf der Washingtoner Konferenz zur Debatte stehenden Problemen unterrichtet.
Die kritischen Bemerkungen Dr. Schumachers über François-Poncet[6] seien bedauerlich. Der Bundeskanzler hat in der ersten Zeit seiner Tätigkeit auch manche Kontroverse mit dem französischen Hohen Kommissar gehabt. Neuerdings aber hat der Bundeskanzler das Gefühl, daß François-Poncet trotz mancher persönlicher Entgleisungen die deutsch-französische Verständigung sich als das Ziel [s]einer Lebensarbeit gestellt hat.

DGB, Mitbestimmung und Wirtschaftspolitik:
Die Besprechungen des Bundeskanzlers auf dem Bürgenstock[7] sind durchaus positiv verlaufen. Es gibt noch eine Reihe von Meinungsverschiedenheiten, die jedoch bei gutem Willen von beiden Seiten überbrückt werden können, nicht zuletzt deshalb, weil die Männer vom DGB die Realitäten anerkennen. Der DGB-Vorsitzende Fette[8], mit dem der Bundeskanzler in der kommenden Woche zu einer abschließenden Aussprache zusammentrifft, hat klar erkannt, daß er nicht nur die Verantwortung für sechs Millionen Arbeitnehmer, sondern bei seinem Entscheiden in wirtschaftspolitischen Fragen auch Verantwortung für das deutsche Volk generell vertritt. Der Bundeskanzler hat dem DGB einzelne Vorschläge unterbreitet, von denen einer bereits, nämlich die Wiederaufnahme von Verhandlungen mit den Arbeitgebern, verwirklicht worden ist. In der Frage der Bildung eines Bundeswirtschaftsrates hat der Bundeskanzler die Idee, ein Gremium von nur 60 Mitgliedern zu bilden. Damit soll eine wirkliche Arbeitsfähigkeit erreicht werden. Der DGB hat dazu noch nicht endgültig Stellung genommen.
Der Bundeskanzler hat in der Frage der Neuordnung der Eigentumsverhältnisse in den Grundstoffindustrien darauf hingewiesen, daß eine Durchführung des Ahlener Programms nach dem Erlaß des neuen Gesetzes über die Mitbestimmung in Kohle und Stahl unmöglich ist. Das Ahlener Programm sieht eine Übertragung der Eigentumsanteile in den Grundstoffindustrien zu 51 v.H. an die öffentliche Hand vor. Im Gesetz über die Mitbestimmung werden der öffentlichen Hand gleichfalls erhebliche Positionen eingeräumt, so daß eine Machtkonzentration auf einer Seite entsteht, die der Wirtschaft und nicht zuletzt auch der Arbeitnehmerschaft nur schaden kann. Bei Zustandekommen des Ahlener Programms der CDU, an dem der Bundeskanzler selbst größten Anteil hatte[9], war die spätere Form des Gesetzes über die Mitbestimmung nicht vorauszusehen. Das Grundprinzip des Ahlener Programms war es jedoch, Machtkonzentrationen auf der einen oder der anderen Seite zu vermeiden, um zu einem wirklichen sozialen Ausgleich zu kommen. Dieses Prinzip muß auch bei den kommenden Entscheidungen über die Eigentumsverhältnisse in den Grundstoffindustrien gewahrt bleiben. Eine Überprüfung des Ahlener Programms in diesem Sinne scheint unvermeidbar.
In der Durchführung der Wirtschaftspolitik wird die Bundesregierung jede Form der Inflation in der Bundesrepublik verhindern. Die deutsche Währung ist stabil. Auch durch einen Lohn- und Preisstop würden gewisse Preistendenzen nicht verhindert, da das ganze Gefüge abhängig

sei von der Entwicklung auf dem Weltmarkt. Eine Bekämpfung des Preiswuchers und der Übergewinne im Handel ist Sache der Wirtschaftsorganisationen. Die Bundesregierung kann bei Übergriffen nur mit den ihr zur Verfügung stehenden gesetzlichen Mitteln eingreifen.

Südweststaat:
Das Land Südbaden hat die Rechtmäßigkeit des Gesetzes über die Abstimmung in den südwestdeutschen Ländern angezweifelt[10]. Die Bundesregierung hat die Aufgabe, einem Bundesland zu helfen, wenn dieses meint, daß die im Grundgesetz verankerten Bestimmungen nicht beachtet worden ‹seien›[a]. Der Bundestag hat dieses Gesetz verabschiedet, so daß es der Regierung nicht zusteht, gegen das Gesetz vorzugehen. Das Organ, das eingreifen kann, ist das Bundesverfassungsgericht, das noch nicht besteht. Die Bundesregierung wird daher auf eine schnelle Bildung dieses Gerichtshofes drängen. Dies ist nicht zuletzt daran gescheitert, daß der Wahlmännerausschuß des Bundestages sich bis jetzt nicht auf die Person des Präsidenten einigen konnte. Ein aussichtsreicher Kandidat, Dr. Höpker-Aschoff[11], war von der Kandidatur zurückgetreten. Auf einen erneuten Wunsch des Bundeskanzlers hin hat nunmehr wieder Höpker-Aschoff die Kandidatur angenommen. Schwierigkeiten bestehen aber für eine Wahl mit Zweidrittelmehrheit, da die Vertreter der bayerischen CSU Höpker-Aschoff wegen gewisser zentralistischer Tendenzen ablehnen. Der Bundeskanzler hat den bayerischen Ministerpräsidenten Dr. Hans Ehard[12] gebeten, die CSU-Vertreter positiv zu beeinflussen, damit sich der Bundesverfassungsgerichtshof schnell konstituieren und vor dem 16. September, dem Abstimmungstag, noch mit der südbadischen Beschwerde beschäftigen kann[13].

N o t i z

Bei der Besprechung, die am 21. August 1951 mit Staatspräsident Wohleb unter Hinweis auf seinen Brief vom ..... stattgefunden hat, habe ich ihm erklärt, dass die Bundesregierung ein rite zustande gekommenes und verkündetes Gesetz als verbindlich respektieren müsse und dass deswegen keine rechtliche Möglichkeit bestehe, den Termin vom 16. September zu verschieben.

Ich habe ihm ferner gesagt, dass das Kabinett in seiner Sitzung am 21. August bei der Besprechung der Angelegenheit durchaus Verständnis dafür gezeigt habe, dass die badische Regierung es schmerzlich empfinde, dass noch kein Bundesverfassungsgericht bestehe. Das Kabinett habe daher beschlossen, alles zu tun, was in seiner Kraft stehe, damit das Bundesverfassungsgericht spätestens in der am 4. September stattfindenden Sitzung des Wahlausschusses zustande komme. Nötigenfalls sei die Einbringung eines Änderungsgesetzes zum Wahlgesetz in Aussicht genommen.

Bonn, am 24.8.51

Adenauer

(Adenauer)

Notiz Adenauers zu einer Besprechung mit Leo Wohleb (zu Dok. Nr. 18)

Nr. 19
6. September 1951: Tee-Empfang für in Bonn akkreditierte Journalisten (Wortprotokoll)
BPA Archiv F 30

Teilnehmer[1]: Friedrich Carl Badendieck[2], Dr. Hans Baumgarten, Dr. Hilde Bogner[3], Dr. Fritz Brühl[4], Dr. Fritz Fillies, Ernst Friedlaender[5], Marliese Grouven, Hugo Grüssen, Franz Hange, Josef Hofmann[6], Dr. Wilhelm Joost[7], Rudolf Junges, Dr. Hans Joachim Kausch, Dr. Karl Lohmann[8], Werner von Lojewski, Dr. Erika Neumann[9], Wilhelm Papenhoff[10], Dr. Sigurd Paulsen[11], Dr. Alfred Rapp, Dr. Max Schulze-Vorberg[12], Dr. Karl Silex[13], Heinrich Spiecker, Paul Steinfurth[14], Dr. Robert Strobel, Norbert Tönnies[15], Gerta Tzschaschel[16], Dr. Josef Ungeheuer[17], Rolf Vogel[18], Adam Vollhardt, Erich Wagner[19], Dr. August Wegener, Hans Wendt, Fried Wesemann – Günter Diehl[20], Dr. Wolfgang Glaesser, Dr. Hans Schirmer[21], Dr. Gustav Adolf Sonnenhol[22]

Beginn: 16.40 Uhr[23]

Adenauer: Ich habe eine sehr große und sehr ernste Bitte an Sie und möchte versuchen, Ihnen klarzumachen, warum ich diese Bitte an Sie richte, um Sie davon zu überzeugen, daß Sie wohl auch verpflichtet sind, dieser Bitte stattzugeben. Wenn ich sage »verpflichtet sind«, dann meine ich das unter dem Gesichtspunkt des deutschen Interesses.
Die letzten Tage haben ja über das, was für die nächsten Wochen geplant ist, ziemlich viel Licht gegeben – nicht vollständig und auch vielleicht nicht ganz genau –, aber doch immerhin so viel, daß man doch daraus ersehen kann, um was es sich handelt. Ich weiß nicht, ob Sie das, was McCloy vor seinem Abflug nach den USA gesagt hat, genau gelesen haben. Falls Sie es nicht genau gelesen haben sollten, empfehle ich Ihnen dringend, das genau zu lesen. Es war vorher schriftlich niedergelegt[24]. Das war also nicht, wie McCloy es manchmal doch tut, improvisiert gesprochen, sondern das war genau überlegt gesprochen, sogar sehr genau überlegt. Er hat darin ausgeführt, daß die Absicht bestünde, in Washington[25] den Hohen Kommissaren ein gewisses Gelände abzustecken, innerhalb dessen Verhandlungen mit der Bundesregierung gepflogen werden sollten über politische Angelegenheiten, d. h. Besatzungsstatut und Verteidigungsvertrag, und daß dann auf einer Konferenz in Rom, zu der voraussichtlich ich auch gleichberechtigt eingeladen würde, das endgültige Resultat verbrieft werden sollte.
Ich weiß nicht, ob Sie gesehen haben, wie darauf London und Paris reagiert haben, zunächst zuerst auf diese Nachricht. Paris hat ziemlich

wenig freundlich reagiert; London hat entsprechend der englischen Politik eigentlich nicht recht erkennen lassen, wie es dazu steht. Aber Sie sehen daraus, wie überhaupt zur Zeit die diplomatische Lage ist.
Vielleicht ist da heute schon wieder etwas geändert. Wie sie jedenfalls vor zwei Tagen war, kann man dahin so kennzeichnen. Bitte geben Sie daraus nichts heraus und schreiben Sie nichts auf[26]. Was ich Ihnen jetzt sage, ist nur zu Ihrer Information, damit Sie die Sachlage m. E. genau und richtig beurteilen können.
Die Vereinigten Staaten sind – das kann man ohne zu übertreiben sagen – fest entschlossen, die Geschichte mit Deutschland zu Ende zu bringen, jetzt in Washington und demnächst in Rom. Dieses Feld – das Bild hat McCloy gebraucht –, das abgesteckt wird, ist vorher zwischen uns und den drei Hohen Kommissaren genau besprochen worden. Über die Hohen Kommissare sind die westalliierten Regierungen im Besitz der von uns in diesen ganzen Fragen geäußerten Wünsche, ich gebrauche nicht den Ausdruck Forderungen, ich unterstreiche aber sehr dezidiert geäußerte Wünsche, und zwar haben die Hohen Kommissare für ihre Regierungen diese Wünsche schriftlich mitbekommen. Harriman[27] hat sie auch mitgenommen. Und nun – welche Gründe bei den Amerikanern vorhanden sind, um gerade jetzt diesen starken Druck auszuüben auf London und auf Paris, das kann man zum Teil bestimmt wissen, zum Teil muß man kombinieren.
Bestimmt ist folgendes: McCloy ist genauso wie ich der Auffassung, daß der psychologische Moment, eine Stellungnahme zu all diesen Fragen in Deutschland zu bekommen, jetzt da ist, daß, wenn man aber noch ein halbes Jahr zögert und zaudert und nichts Besonderes tut, dann der psychologische Moment bei den Deutschen verpaßt ist, weil dann bei vielen Deutschen wieder die Furcht, daß schließlich die Westalliierten doch nicht Ernst machten in dem Bündnis mit uns, wieder Platz greift.
Was ich jetzt sage, ist Kombination. Aber Sie wissen, daß Eisenhower republikanischer Präsidentschaftskandidat wird. Ich könnte mir denken, daß Eisenhower, ehe diese neue Aufgabe an ihn herantritt, den dringendsten Wunsch hat, die europäischen Aufgaben bis zu einem gewissen Punkt beendet zu haben, einmal, weil er sich der Sache verpflichtet fühlt, und zweitens, weil er sich natürlich nicht sagen lassen kann und will bei der Präsidentschaftskampagne, daß er in Europa nicht fertig wird. Umgekehrt hat aber auch die Regierung Truman, ehe sie in die Präsidentschaftskampagne geht, das dringende Bedürfnis, in Europa die Dinge zu einem gewissen Abschluß gebracht zu haben, damit die Republikaner Truman und seiner Regierung nicht den Vorwurf machen können, sie

hätte nichts fertiggebracht. Alle diese Momente wirken wohl zusammen, um Amerika zu veranlassen, auf das zögernde England und auf das noch immer von gewisser Furcht erfüllte Frankreich einen starken Druck auszuüben.

Die Sache liegt also so für uns, daß wir mit aller Vorsicht und ohne übertriebenen Optimismus Hoffnungen haben können, daß in Washington jetzt im September unsere Wünsche im wesentlichen bejaht werden und daß dann, wenn die Kommissare zurückkommen, mit uns über die Einzelheiten verhandelt wird und daß Ende Oktober, vielleicht Anfang November in Rom eine Schlußkonferenz stattfindet, bei der die abzuschließenden Verträge unterschrieben werden. Dann müssen sie den Parlamenten zwecks Ratifizierung vorgelegt werden.

Wenn unsere Wünsche erfüllt werden, dann bekommen wir damit die volle Souveränität, abgesehen von drei Punkten, in denen wir selbst es für im Interesse Deutschlands liegend erachten, wenn ein gewisses Recht der Westalliierten bleibt. Wir bekommen aber sonst die volle Souveränität. Die Hohe Kommission verschwindet. Sie wird auch nicht ersetzt durch einen Botschafterrat. Es kommen Botschafter hierhin, ebenso wie wir Botschafter in die drei Hauptstädte entsenden. Zweitens würde ein gegenseitiger Verteidigungsvertrag geschlossen zwischen den drei Westalliierten und der Bundesrepublik, und aufgrund dieses gegenseitigen Verteidigungsvertrages müßten die anderen Leistungen machen und müssen wir Leistungen machen. Das ist ein außerordentlich großer Fortschritt gegenüber der bisher allein vorliegenden Erklärung von der New Yorker Konferenz im vorigen Jahre, der einseitigen Erklärung, daß man einen Angriff auf die Bundesrepublik als einen Angriff auf das eigene Territorium betrachte[28]. Endlich würden bezüglich der gegenüber dem Ostblock zu verfolgenden Politik auch gewisse Regelungen – eine gegenseitige Konsultation – vorgesehen sein.

Wenn uns das gelingt, und ich wiederhole, es besteht die Aussicht, daß es gelingt – wenn es nach den Amerikanern geht, gelingt es so, wie ich es Ihnen gesagt habe –, also wenn das gelingt, dann haben wir Deutsche einen ganz außerordentlichen Erfolg errungen, und es beginnt dann eine neue Epoche in der Nachkriegsgeschichte Deutschlands, eine neue Epoche, die, wie man wohl annehmen kann, uns nicht nur die politische Sicherheit gegenüber Rußland bringt, sondern auch wirtschaftliche Vorteile. Es wird in dem Vertrag auch von wirtschaftlicher Unterstützung Deutschlands die Rede sein. Es wird darin die Rede sein von der Wiederherstellung der Einheit Deutschlands.

Nun ist die Atmosphäre im Ausland und im Inland hier in mancher

Beziehung recht schlecht. Ich glaube zunächst, daß wir Deutsche doch die Stimmung des Auslands gegen uns nicht richtig sehen. Im Ausland besteht gegen die Deutschen eine sehr große Animosität, und diese Animosität ist wieder stärker geworden und ist stärker in Erscheinung getreten mit unserer zunehmenden Stärke. Und der Gedanke, daß es wieder deutsche Truppen geben soll, ist in gewissen Teilen Frankreichs geradezu ein Alpdruck und Schreckgespenst. Aber auch im übrigen, das geht auch bis zu den neutralen Ländern hinein, müssen wir uns darüber klar sein, daß wir Deutsche alles andere als beliebt sind, und wir müssen uns nicht einbilden, daß alles vergeben und vergessen ist, sondern daß wir nach wie vor mit dem größten Mißtrauen beobachtet werden.

Wenn Sie die englischen Zeitungen verfolgen, ersehen Sie, wie die Zeitungen in England spektakeln und schimpfen über die wirtschaftliche Konkurrenz Deutschlands, und in Frankreich hat man zum Teil Furcht vor uns, und auch in weiten Teilen Amerikas, namentlich dort, wo der jüdische Einfluß stark ist, denkt man über die Deutschen sehr wenig freundlich, um mich einmal sehr vorsichtig auszudrücken. Aber wir Deutschen sind wirklich ein komisches Volk. Wir meinen, wir haben es vergessen und jetzt müßte das auch bei den anderen vergessen sein. Wenn z. B. in einer sehr angesehenen deutschen politischen Zeitung vor zwei Tagen zu lesen war, es sei jetzt an den Alliierten, dafür zu sorgen, daß das deutsche Vertrauen zu ihnen wieder stärker würde, ich wiederhole, eine sehr angesehene Zeitung schreibt diesen Satz wörtlich am Schluß einer Glosse[29], dann greife ich mir an den Kopf geradezu und sage mir immer wieder: Wer hat eigentlich den Krieg gewonnen? Wer hat ihn angefangen, und wer hat ihn gewonnen? Und es ist in der Kritik an Maßnahmen der Alliierten doch bei uns in einer Reihe von Zeitungen, aber auch in Reden sowohl von Bundesministern wie Abgeordneten ein Ton hineingekommen, der uns sehr teuer werden kann.

Natürlich kommt dann das Echo von dort. Es liegt mir fern, etwa zu behaupten, daß die Alliierten namentlich in den letzten Wochen keine Dummheiten gemacht hätten. Aber es kommt darauf an, wie ich es sage und ausdrücke. Ich halte McCloy im Gegensatz zu der Denkweise, die er hatte, als er hierherkam, ‹für›[a] einen wirklich überzeugten Freund Deutschlands. McCloy hat natürlich auch noch gewisse innerliche Reserven gegenüber Deutschland, er ist aber ein wirklicher Freund Deutschlands. Ich spreche mit McCloy sehr offen. Ich habe das auch mit den anderen Kommissaren immer getan. Ich habe McCloy selten so bitter sprechen hören über den Ton, den die Deutschen jetzt anschlagen, als in der letzten Zeit. McCloy erklärte, das sei erstens undankbar, und zweitens verdirbt es ihm seine Politik, die er in den Vereinigten Staaten betreibt. Wenn man die Vorgänge der letzten Zeit einmal betrachtet, dann weiß ich wirklich nicht, ob man einen derartigen Lärm in der deutschen Öffentlichkeit hätte machen müssen.

Nehmen wir den Fall Kemritz[30]. Ist es nicht verblüffend, daß, nachdem erst einige Wochen vorher ein furchtbarer Krach geschlagen worden ist, namentlich in Berlin, auf einmal die Sache einfach sang- und klanglos wieder von der Bildfläche verschwindet. Wenn die Sache wirklich nicht so viel wert ist, so daß sie sang- und klanglos verschwinden kann, dann mache ich nicht zuerst einen so furchtbaren Krach. Der Krach tönt nach, und mit Kemritz ist es so, daß McCloy mir gesagt hat: »Kemritz hat in unserem Auftrag gewisse Nachrichten uns gebracht genausogut wie andere Deutsche in hohen angesehenen Stellen das getan haben.« McCloy hat mir auch Namen genannt, und es handelt sich dabei um Deutsche mit Ansehen und Stellung. Er hat weiter gesagt: »Wenn Kemritz außerdem noch Dinge gemacht hat, die Sie ihm vorwerfen, dann wird der Kemritz Ihnen überantwortet.« Und jetzt hat er mir vorgeschlagen, eine gemeinsame Kommission zu bilden und zu untersuchen, ob Kemritz diese Dinge getan hat, und dann würde er uns ausgeliefert. Da kann man sich doch nicht wundern, wenn so verfahren wird.

Nehmen Sie die Fortsetzung des Falles Kemritz, unser Gesetz, das wir erlassen haben[31], die Änderung des Strafrechts. Was ich jetzt sage, ist sehr vertraulich, und ich verlasse mich auf Ihre Diskretion. McCloy sagte mir: »Wenn Sie jetzt mit uns den Verteidigungsvertrag geschlossen haben, werden Nachrichtendienste eingerichtet, und wir laufen nach Ihrer Novelle zum Strafgesetz auch Gefahr, daß dann diese Leute, die das besorgen, vor deutsche Gerichte gestellt werden. Wenn Sie Ihr Strafgesetz auch so ändern, daß das nicht mehr der Fall ist, sind wir bereit, unser Gesetz zurückzunehmen.«

Über diese Dinge ist mit dem Justizminister[32] bzw. dessen Staatssekretär[33] und der Hohen Kommission lange verhandelt worden, und von seiten des Justizministers ist der Vorschlag gemacht worden an die Alliierten, man wolle an den Generalstaatsanwalt[34] die Verfügung erlassen, daß er in solchen Fällen keine Anklage erhebt. Das war den Alliierten zu wenig. Nun hat man über diesen Tatbestand, über den man sich aussprechen kann und versuchen kann, eine Regelung zu finden, die im beiderseitigen Interesse liegt, auch wieder einen Krach angefangen, als wenn Gott weiß was passiert wäre.

Nehmen Sie den Fall der Besatzungskosten[35]. Auch in dieser Frage haben wir Deutsche vielleicht ein bißchen viel Krach gemacht. Was der

Öffentlichkeit noch nicht bekannt ist und was mir zugesagt worden ist: Die Alliierten sind bereit, eine gemeinsame Kommission zuzulassen mit ihren und unseren Vertretern, um die ganzen Besatzungskosten im einzelnen nachzuprüfen und auf die Mängel und Fehler hinzuweisen, unter der Voraussetzung, daß wir keine Propaganda gegen die Alliierten treiben aufgrund dessen, was dann da festgestellt wird. Wenn die Alliierten nun bereit sind, in einer gemeinsamen Kommission mit uns ihre eigenen Fehler und Sünden feststellen zu lassen, muß man doch erkennen, daß dies ein relativ weites Entgegenkommen ist.

Nehmen Sie den Fall der Kohlen. Daran ist die Hohe Kommission übrigens ganz unschuldig, und in dieser Frage behaupten die Leute von der Ruhrkommission andere Tatbestände. Allerhand Geschichten spielen da hinein, die wir zu entwirren versuchen, um zu einer Besserung zu kommen. Ich bin ohne weiteres der Auffassung, daß die Niederlegung des Sitzes des Herrn Blücher in der Ruhrbehörde natürlich auch auf der anderen Seite die Bedeutung, die die Frage für uns hat, stark unterstrichen hat[36]. Aber alle diese Fragen sollte man nach meiner Meinung im gegenwärtigen Augenblick namentlich ohne große Paukenschläge erledigen.

Nehmen Sie das Gesetz über die deutschen Vermögen[37]. Erstens ist das Buch noch nicht zugeklappt. Amerika ist schon jetzt bereit, uns die Erklärung wegen der Reparationen zu geben. Aber England und Frankreich sind noch nicht soweit. Amerika ist dazu bereit, und ich habe für meine Person gar keinen Zweifel, daß diese Erklärung eines Tages von allen Dreien abgegeben werden wird. Und man wird uns auch das Recht geben zu zweiseitigen Verhandlungen mit der Schweiz, mit Portugal, mit der Türkei. Südafrika hat sich schon dazu bereit erklärt. Das wird auch kommen. Im großen und ganzen ist dieses neue Gesetz eine Verbesserung gegenüber dem bisherigen Zustand, wie er durch das Kontrollratsgesetz Nr. 5 geschaffen war[38]. Der große psychologische Fehler der Alliierten besteht darin, daß sie dieses neue Gesetz nicht schon vor einem Jahr gemacht haben. Hätten sie es vor einem Jahr gemacht, würden weite Teile der Leute gesagt haben, das sei vernünftig und ein Entgegenkommen gegenüber dem Kontrollratsgesetz Nr. 5! Jetzt wird großer Krach geschlagen. Auf der anderen Seite: Buttenwieser[39] hat auch da Reden gehalten, die wirklich besser unterblieben wären, und es kommen von den amerikanischen Dienststellen in Frankfurt mehr als einmal Verlautbarungen und Erklärungen, die wir uns verbitten.

Aber jetzt komme ich zu der Bitte an Sie: Wenn so Großes für uns auf dem Spiele steht, wie ich das versucht habe, klarzulegen, muß doch jeder von uns sein Möglichstes tun, damit nicht Sand in die Maschinerie

gestreut wird, d. h., damit nicht französische Kreise oder englische Kreise sagen können wie: »Die Deutschen sind eine unverschämte Gesellschaft«; sie schlügen fortwährend Krach; sie könnten nie genug bekommen, wenn sie erst wieder Truppen hätten, würde man ja sehen, wie die Gesellschaft auftritt. – Das wird todsicher so gesagt, und selbst wenn wir uns nur im Ton vergreifen, wird uns das sehr übel angekreidet.
Was glauben Sie, was diese Äußerung Schumachers über François-Poncet[40] uns politisch geschadet hat, es hat uns immens geschadet. Nachher hat er die Sache mit anderen Worten wiederholt, und er hat gesagt: »Was das Loreley-Treffen[41] wert ist, kann man daraus ersehen, daß man Leute wie François-Poncet und Blücher dort reden läßt.« Überhaupt ist das Auftreten des Herrn Schumacher bei weitem keine Förderung meiner Politik, sondern im Gegenteil.

(Heiterkeit)

Mir sagten z.B. manche Schweizer: »Ihr macht das doch im Einvernehmen.« Ein großer Irrtum! Ich habe es schon einmal gesagt: Schumacher ist der Führer einer sehr großen Partei, und weil in zwei Jahren Bundestagswahlen sind, sagen sich natürlich auch die Ausländer: »Wer garantiert, daß Schumacher nicht die Regierung in die Hand bekommt, bzw. wie wird die Sache dann werden?«
Meine herzliche Bitte an Sie ist, während der nächsten Zeit vorsichtig die Beziehungen zwischen uns und den Westalliierten zu behandeln, damit nicht den Kreisen in den westlichen Ländern, die aus irgendeinem Grunde uns übelwollen, doch nun wieder das Wasser auf die Mühle geleitet wird. Zu demselben Kapitel gehört, daß jetzt der Bundeskanzler und Außenminister nicht in einer Weise angegriffen werden darf, die seine Stellung als erschüttert erscheinen läßt. In einem Augenblick, in dem es sich für Deutschland um die entscheidendsten Dinge handelt, ist es nach [meiner] Meinung nicht zu vertreten, wenn angesehene deutsche Blätter so tun, als wenn alle Deutschen mit der Politik des Außenministers unzufrieden seien.
Da hat zunächst begonnen die »Ketteler Wacht«[42]. Wer das gemacht hat, werde ich hoffentlich von dem Herrn Schriftleiter, Herrn Even[43], noch einmal hören. Aber der Artikel, den die »Ketteler Wacht« geschrieben hat, über das vollkommene Fiasko meiner Politik, weil ich nur auf Frankreich gebaut hätte, ist durch das, was in der Öffentlichkeit in den letzten Tagen bekannt geworden ist, derart ad absurdum geführt, daß man kaum etwas dazu zu sagen hat.
Nun wende ich mich an Sie, Herr Baumgarten, wegen des Artikels, den Sie vor einigen Tagen geschrieben haben[44]. Ich möchte zunächst fest-

Findet man einen Außenminister?

Von Hans Baumgarten

Als die Besatzungsmächte der Bundesrepublik das Recht zugestanden, wieder ein eigenes Außenministerium einzurichten, übernahm Adenauer das Amt. Bundespräsident Heuss bestätigte die Ernennung; er sprach gleichzeitig den Wunsch aus, die Personaleinheit von Bundeskanzler und Außenminister möge nur für eine Uebergangszeit dauern. Seitdem ist immer wieder angeregt worden, Adenauer solle einen Außenminister ernennen. Der Wunsch hat sich wie ein Regenbogen über den politischen Horizont gespannt und in allen Farbennuancen, von dem Rot der Opposition über das Kolorit der Koalitionsfreunde bis zur freundlichen Klarheit seiner eigenen Partei geschillert. Jetzt gesellt sich zu denen, die einen Außenministerwechsel fordern, die Katholische Arbeiterbewegung mit einem Artikel in der „Ketteler-Wacht".

*

Adenauer wird sich über die wachsende Beunruhigung in der Bundesrepublik nicht wundern. Er hat sie den Alliierten zu verdanken. Jede Außenpolitik will die Beziehungen der Völker von Reibungen freihalten und den Leuten Ruhe vermitteln. Zwischenfälle sollen deshalb von der Masse als Ausnahme empfunden werden und müssen nach ihrer Beilegung den psychologischen Zustand der Befriedigung zurücklassen. Augenblicklich bescheren uns aber die Alliierten Zwischenfälle am laufenden Band. Die Saarfrage, der Kohlenexport, die Besatzungskosten, die Enteignung unseres Auslandseigentums, die befohlene Ausnahmegesetzgebung für deutsche Landesverräter in alliierten Diensten werden von immer weiteren deutschen Kreisen nicht mehr als Ausnahmen einer Regel, sondern als grundsätzliche alliierte Gesinnung empfunden.

Solche Unruhe könnte auf die Dauer dahin führen, daß die Bevölkerung die Zielsetzung der deutschen Außenpolitik als solche bemängelt. Bisher ist das glücklicherweise nicht der Fall. Mit Ausnahme der extremen Totalitären treten selbst die Kritiker des deutschen Außenministeriums für den Gedanken der Schaffung Europas und des einheitlichen Zusammengehens mit dem Westen ein. Kritisiert wird also nicht das Ziel. Kritisiert werden Wege, Methoden. Die Freunde Adenauers bedauern, daß er sich mit einer Doppelarbeit belaste, der auch der Stärkste körperlich nicht gewachsen sein könne. Koalitionspartner beklagen, daß außenpolitische Aktionen aus Zeitmangel des Außenministers unvollkommen vorbereitet, durchgearbeitet und durchgestanden würden. Die Opposition möchte alles, was sie als Fehler anprangert, mit Unfähigkeit der Verantwortlichen begründen. Im Ergebnis jedoch münden alle Bemängelungen immer einheitlicher in der Schlußfolgerung (oder Unterstellung), daß Rückschläge, Verzögerungen, Mißerfolge auf dem Weg zum Ziel mit dem augenblicklichen Zustand der personellen Besetzung des Außenministerpostens zusammenhängen.

Sachlich schält sich außerdem eine andere Kernfrage heraus: Die deutsche Außenpolitik stellt darauf ab, daß die europäische und westliche Zukunft nur in gegenseitigem Vertrauen der Völker gewonnen werden kann. Darin hat sie recht. Inwieweit darf indessen das Vertrauen als ein permanenter Zustand auf allen Seiten in Rechnung gestellt werden? Bei Auseinandersetzungen über strittige Fragen findet man, daß sich der Außenminister häufig auf „den Sinn" internationaler Abmachungen, die Gegenseite allein auf den Wortlaut beruft. Und die „Gegenseite" ist in manchen Fällen ebenso im Ausland wie im Inland zu suchen. Das bedeutet, daß sich Warnungen der innerdeutschen Kritik vor vertraglichen Bindungen durch späteres Verhalten der ausländischen Vertragspartner gelegentlich als berechtigt erweisen. Es bedeutet also auch, daß es keinesfalls schaden kann, außer dem „Sinn" eines Vertrages auch seinen einwandfreien Wortlaut auf der eigenen Seite zu haben. Gerade in der Erarbeitung entsprechender Formeln erschöpft sich ein Hauptteil außenpolitischer Verantwortung. Das Gefühl, daß bei einer Personalunion von Kanzler und Außenminister für solche Arbeit die Zeit mangele, läßt mehr und mehr eine Front sämtlicher politischer Richtungen erwachsen und einen eigenständigen Außenminister fordern.

*

Der Kanzler hat das Außenministerium übernommen, weil die Außenpolitik damals in Auseinandersetzungen mit dem Petersberg bestand und er dafür die besten persönlichen und sachlichen Kenntnisse mitbrachte. Später wurde die Personalunion damit begründet, daß erst einmal das Besatzungsstatut fallen und Westdeutschland seine volle Souveränität zurückhaben müsse, bevor ein neuer Außenminister dem jetzigen folge. Neuerdings spricht man mit Bedauern davon, daß ein zureichender Nachfolger nicht sichtbar sei. Zuzugeben ist, daß hier Mangel herrscht. Auf einen diplomatischen Stab zur Auswahl kann man noch nicht zurückgreifen. Auch im Kabinett und im Parlament zeichnen sich bisher keine Profile ab, die zur Führung der Außenpolitik sozusagen prädestiniert scheinen. Aber man darf sich hierbei nicht beruhigen. Um zu finden, muß man suchen. Es gibt deutsche Staatsmänner, die außenpolitische Erfahrungen vor 1933 im Reichsdienst gesammelt haben und noch jetzt ihre Kenntnis des Auslandes an Ort und Stellen vertiefen und dort respektiert werden. Männer, die sich gleichzeitig im Kontakt und der Behandlung der Parteien eines deutschen Parlamentes auskennen. Es wäre wertvoll, wenn ernsthaft untersucht würde, ob sich nicht auf diesem Parkett eine Chance für die selbständige Besetzung des Außenministerpostens eröffnet.

*

Der Kanzler darf den Wunsch nach Aufhebung der Personalunion, soweit er sich außerhalb der Opposition äußert, keinesfalls als Geringwertung seiner außenpolitischen Leistung verstehen, die ein anderer schwerlich übertroffen hätte. Gerade dieser Wunsch wendet sich vielmehr an den überlegenen Staatsmann. Wo ein Bundesminister heute wegen seiner Methoden angegriffen wird, kann er oder der Angreifer an den Kanzler appellieren. Da dieser die allgemeine Zielsetzung vertritt, ist er in seiner Entscheidung über die einzelnen Methoden stets unbefangener Schiedsrichter. Man braucht nur an die Vorgänge um die Wirtschaftspolitik, Sozialpolitik oder Vertriebenenpolitik zu denken. Allein wenn es um die Außenpolitik geht, ist der Bundeskanzler alias Außenminister Sprecher in eigener Sache; hier gilt er als befangen. Er kann dem Außenminister nicht zu Hilfe kommen, selbst wenn es sich um die geringste Kleinigkeit handelt.

Wenn der Bundeskanzler selbst seinen Nachfolger für das Außenministerium fände, so würde das seine bisherigen außenpolitischen Verdienste, die wahrscheinlich erst eine spätere Zeit voll zu würdigen vermag, krönen. Denn damit würde dem Ausland — ohne Aenderung der außenpolitischen Zielsetzung und ohne innerpolitische Krisenerscheinungen — klar gemacht, daß die deutschen und die alliierten außenpolitischen Methoden künftig nur gleichmäßig, sei es in Formalismus oder in Vertrauen, angewandt werden sollen. Gleichzeitig würde dennoch die Adenauer am Herzen liegende Wegrichtung um so sicherer gestellt, weil er mehr Zeit hätte, als Geist über den Wassern, die Außenpolitik und die Innenpolitik zu koordinieren. Der Opposition würde, andererseits, die Möglichkeit genommen, mit jeder Attacke gegen eine außenpolitische Maßnahme auch das Zentrum der deutschen Politik, den Kanzler, zu verwunden.

Vor allem aber wird es ihm selbst darauf ankommen, dem deutschen Volk auch über ein Menschenleben hinaus eine kontinuierliche Außenpolitik zu sichern. Selbst Bismarcks Erfolge wurden sofort vergeudet, weil er keinen erfahrenen Nachfolger hinterließ. Dieses Mal soll solcher Gefahr vorgebeugt werden. Dafür muß der Kanzler freilich notfalls eigene Vorstellungen über außenpolitische Einzelmethoden opfern. Um so dauerhafter kann er die entscheidende politische Linie sichern.

Artikel aus der »Frankfurter Allgemeinen« vom 4. September 1951 (zu Dok. Nr. 19) stellen, daß die Annahme, die Sie vertreten haben, daß die drei Koalitionsparteien wünschen, daß ich das Außenministerium abgeben soll, völlig unrichtig ist. Das ist ganz allein die ‹Deutsche› [b] Partei, aber lange nicht geschlossen. Die beiden anderen Koalitionspartner haben mir schon lange vorher erklärt, als von demokratischer Seite dieser Wunsch ausgesprochen wurde, daß sie diesen Wunsch in keiner Weise teilten, daß sie im Gegenteil den dringenden Wunsch hätten, daß ich das Außenministerium beibehalte, so daß Sie da völlig falsch informiert worden sind.

Davon abgesehen ein Wort über die Stellung des Bundeskanzlers: Stellen Sie sich vor, ich hätte nicht das Außenministerium, dann ist es wohl selbstverständlich, daß der Außenminister, mag er heißen wie er will, in diesen entscheidenden Fragen die Politik zu tun hätte, die ich will und nicht die er will, und daß ich infolgedessen mich mit diesen ganzen Fragen der Außenpolitik genauso intensiv beschäftigen müßte, wie ich mich jetzt damit beschäftige. Was ist überhaupt der Nachteil, den ich ohne weiteres anerkenne, der Verbindung von Außenminister und Bundeskanzler in einer Person? Der Nachteil ist lediglich der, daß in Dingen zweiter und dritter Ordnung der Staatssekretär selbständiger arbeitet als er arbeiten würde, wenn ein eigenes Außenministerium da wäre. Aber daß in kritischen Situationen eines Staates die Verbindung von Außenminister und Bundeskanzler bzw. Ministerpräsident in einer Person das Gegebene ist, zeigt Ihnen wohl auch das Beispiel Italiens[45], aber auch andere Beispiele. Sie werden lächeln: Das ist in Rot-China genauso. Auch die rotchinesische Politik folgt gewissen Grundsätzen, denen jede Politik folgen muß, d. h., daß derjenige, der die Verantwortung trägt, die entscheidenden Fragen der Außenpolitik bestimmen muß. Daher bedauere ich, die zahlreichen Anwärter auf den Außenministerposten einstweilen enttäuschen zu müssen. Der Posten ist noch nicht feil, und man muß sich eben in Geduld üben. Er wird eines Tages mal frei werden.

Nun habe ich geprüft, Herr Baumgarten, ob ich persönlich verletzt bin. Soweit ich das sagen kann, glaube ich nicht. Aber einige Stellen in Ihrem Artikel sind doch dazu angetan, gerade in der gegenwärtigen Zeit mein Ansehen im Ausland zu schädigen, und deswegen habe ich bedauert, wenn Sie z. B. schreiben, daß infolge meiner Überlastung Dinge nicht genügend ausgereift wären. Ich meine, es schädigt zur Zeit meine Position gegenüber dem Ausland, und das darf ich doch, ohne unbescheiden zu sein, Ihnen sagen, daß zur Zeit meine Person im Ausland doch ein ziemliches Ansehen hat und daß, wenn ich plötzlich durch einen Autounfall oder sonstwie in Wegfall käme, das eine sehr schwere Angelegenheit für Deutschland bedeutet, eine Sache, die mich oft bedrückt und bedrängt. Und daher meine ich: Kritisieren Sie mich bitte nach 8 Wochen! Schonen Sie mich jetzt! Es ist auch das im Interesse der deutschen Sache. Es darf nicht der Eindruck entstehen, daß die ganze Koalition wünscht, ich sollte den Außenministerposten abgeben. Stellen Sie sich bitte vor, was das bedeutet für übelwollende Ausländer, wenn die nun sagen: »Die ganze Koalition, geschweige die Opposition, will den Außenminster nicht!« Und das in diesem Augenblick, wo es sich wirklich für uns um Leben und Sterben geradezu handelt. Warum?

Das Ziel Sowjetrußlands, das oberste Ziel seiner ganzen Politik, ist und bleibt, auch nach Überzeugung der amerikanischen Politik, die Bundesrepublik in irgendeiner Form in seine Einflußsphäre zu bekommen. Alles andere, China, Korea, sind Nebendinge. Die Bundesrepublik ist das Ziel. Das liegt auch in der Natur der Sache. Wenn es Sowjetrußland gelingt, die Bundesrepublik in die russische Einflußsphäre zu bringen, dann hat es folgendes erreicht: Erstens hat es erreicht dann einen außerordentlichen Zuwachs an materiellem Kriegspotential und auch, was die Qualität angeht, an Menschenmaterial. Es würde zweitens damit erreichen, daß die Integration Europas ein Traum gewesen ist, der sich nicht verwirklichen läßt.

Sie können kein Westeuropa schaffen mit Italien, Frankreich und den Benelux-Staaten. Ohne Deutschland geht es nicht. Damit würde dann erreicht werden, daß höchstwahrscheinlich das Interesse der USA an Europa hinschwinden würde, daß die kommunistischen Parteien in Frankreich und Italien einen sehr starken Auftrieb bekommen würden und daß damit Sowjetrußland der Herrscher Europas werden würde und damit auch gegenüber den USA ein sehr starker Gegner sein würde. Sowjetrußland möchte das Ziel nicht durch einen heißen Krieg erreichen, sondern dadurch, daß es dabei bleibt: Deutschland muß demilitarisiert bleiben! Der Demilitarisierung würde dann der Abschluß eines Vertrages unter den Westalliierten über die Neutralisierung Deutschlands folgen (Hinweis auf entsprechende Pläne in den westlichen Ländern im Winter 1950)[46]. Was das bedeuten würde, brauche ich nicht zu sagen. Das würde lediglich auf dem Papier stehen.

Sowjetrußland wird sich mit solcher Kraft und auf verschiedenerlei Weise gegen die Einbeziehung Deutschlands im Wege eines Verteidigungsvertrages in die westalliierte Front wehren, weil dadurch der Gedanke der Demilitarisierung und Neutralisierung Deutschlands erledigt ist; deswegen die Vorkonferenz von Paris vom Frühjahr[47]. Als damals nur der Wunsch ausgesprochen worden ist, eine solche Vorkonferenz abzuhal-

ten, hatten England und Frankreich nicht mehr das Interesse, weiterzuverhandeln bei den Verhandlungen, die ich damals eingeleitet hatte und die jetzt in Washington hoffentlich zum Ziele führen. Nach der Pariser Vorkonferenz kam jetzt Kaesong, nach Kaesong kommt San Franzisko[48]. Was weiter kommen wird, wissen wir nicht. Aber Sowjetrußland sucht auf alle mögliche Weise die Dinge hinzuziehen und will damit erreichen, daß die westalliierte Front auseinanderbricht, weil es genau weiß, dann erreicht es sein Ziel.
Es ist in Wahrheit ein Lebensinteresse für uns, daß diese Sache jetzt zustande kommt. Wenn sie jetzt nicht zustande kommt in den nächsten Monaten, ist die Position Deutschlands sehr sehr geschwächt, und dann weiß man nicht, ob überhaupt noch etwas zustande kommt. Sie kommen viel mit Menschen zusammen. Uns ist es passiert, daß mehrere große Industriebetriebe in Norddeutschland, als wir sie aufgefordert haben, einen Selbstschutz gegen Sabotage einzurichten, uns erklärt haben: »Wir denken nicht daran! Wir wissen nicht, ob wir morgen oder übermorgen die Russen hier haben, und dann wollen wir ...«
So stark beginnt der von Rußland ausgeübte Terror, der Druck, die Agitation. Wenn jetzt – das habe ich den Amerikanern, den Engländern und Franzosen gesagt – nicht das deutsche Volk die vertragliche Sicherheit bekommt, daß es gleichberechtigt zu dieser ganzen westlichen Welt gehört, fürchte ich, sinkt innerlich bei uns die Widerstandskraft rapide ab.
Man soll nicht damit kommen, wir hätten so wenig Kommunisten. Ich wünschte, wir hätten einige mehr, damit die Ausländer [sehen], daß es noch einige Kommunisten hier gibt. Aber die Kommunisten konzentrieren ihre Macht auf unsere empfindlichsten Punkte. Im Industriegebiet, in den Kohlenbergwerken sind mindestens 30 Prozent Kommunisten. Machen Sie sich bitte klar, was das bedeutet, 30 Prozent. Das ist die Schätzung der Gewerkschaft. Sie können sich vorstellen, wie die gerade im Bergbau doch einen Schaden anrichten können, der die Gesamtwirtschaft entscheidend treffen kann. Daher glaube ich sagen zu können, daß es die höchste Zeit ist, daß dieser Vertrag geschlossen wird und daß wir Deutsche, selbst wenn jetzt die Alliierten auf anderen Gebieten uns unangenehme Sachen, die sie besser unterlassen würden, tun, doch alles zurückstellen müssen hinter diesem einen Ziel, daß wir das in den nächsten Monaten erreichen, damit wir unsere Freiheit haben und damit die Dämme und Mauern gegen Rußland wirklich aufgerichtet sind.
Einstweilen schweben wir noch trotz dem, was damals die Herrschaften gesagt haben, zwischen diesen beiden gewaltigen Mächten schutzlos.

Eisenhower hat gesagt, selbst er sei hierhingekommen nicht mit dem Auftrag, Deutschland zu verteidigen, aber er habe sich davon überzeugt, daß eine Verteidigung Europas ohne gleichzeitige Verteidigung Deutschlands nicht möglich wäre. Denken Sie darüber nach, was alles darin steckt und wie groß der Fortschritt ist, wenn wir einen solchen Verteidigungsvertrag schließen, wonach Deutschland das Recht hat, verteidigt zu werden, und Sie werden dann ermessen, was in Wahrheit auf dem Spiele steht in den nächsten zwei, zweieinhalb bis drei Monaten.

von Twardowski: Der Herr Bundeskanzler hat sehr offen gesprochen. Es ist bei einem Teil von Ihnen Sitte, daß Sie Ihre Redaktionen unterrichten, schriftlich oder fernmündlich. Ich mache Sie darauf aufmerksam, daß Sie dafür verantwortlich sind, daß die Wiedergabe dieser Dinge in einem ganz engen Kreise bleibt. Am besten, Sie hielten es überhaupt für sich und gäben es nicht an die Chefredakteure weiter[49].

Adenauer: Geben Sie es nicht telefonisch weiter.

von Twardowski: Sie müssen dafür sorgen, daß wenn Sie einen Brief schreiben, diesen Brief nur der Chefredakteur sieht. Es sind immer wieder Pannen vorgekommen, und wenn wir das beanstandet haben, wurde gesagt, es sei von den Chefredaktionen ausgegangen. Das darf unter gar keinen Umständen vorkommen.

Journalist: Sie sprachen auch von der inneren Situation. Was meinten Sie damit?

Adenauer: Ich meine die gegenseitige Krakeelerei, verzeihen Sie den Ausdruck.

(*Fragesteller:* Die Krakeelerei liegt diesmal nicht an der Presse.)
Ich habe gesagt, was gesagt und geschrieben worden ist.

Journalist: Ich meine, soweit es die Presse betrifft, ist uns das nicht gesagt worden, was wir heute hier gehört haben. Es gibt Auslandsmeldungen, und wer kann uns sagen, was richtig ist. Nehmen Sie die Besatzungskosten. Wir sind aufgeputscht worden auch aus Ihrer Umgebung.

Adenauer: Das weiß ich. Ich habe im Kabinett die dringendste Bitte ausgesprochen, daß die Herren Minister wirklich buchstäblich jedes Wort, was in den nächsten Wochen ausgesprochen wird, auf die Goldwaage legen, auch hinsichtlich der Propaganda gegen die Besatzungskosten.

Journalist: Wie steht es mit Berlin im Hinblick auf einen Verteidigungsbeitrag?

Adenauer: Ich bleibe bezüglich Berlin aufrechter Haltung. Bezüglich Berlin ist ja ein besonderes Abkommen[50] geschlossen worden, das formell noch besteht, und es bestehen auch noch die vier Kommandanturen, formal. Deswegen kann Berlin nicht ausgenommen werden, weil sonst die Russen machen könnten, was sie wollen. Die Berliner – von ihrem Standpunkt aus gesehen verständlich – sind in mancher Beziehung etwas kurzsichtig, und [in] ihren Forderungen gehen sie zu weit[51]. Die Spannungslinie zwischen Sowjetrußland und den USA zieht sich um den ganzen Erdball. Berlin ist ein besonderer Punkt. Die Westalliierten wollen nicht, daß die Sache zum Platzen kommt. Das würde bedeuten, daß über Berlin eine Katastrophe hereinbricht. Daher wollen auch die Alliierten nicht, daß Berlin 12. Land der Bundesrepublik wird. Erst muß der Westen einschließlich den USA so stark sein, daß die Russen Angst haben. Dann erst kann [man] mit den Russen verhandeln. Darüber werden wohl aber noch wahrscheinlich zwei Jahre vergehen.

Journalist: Sie sagten, die Bundesrepublik würde die Souveränität erhalten bis auf drei Punkte. Sind diese drei Punkte so geartet, daß vom Standpunkt der Westmächte aus nicht die letzten Brücken zu Rußland abgebrochen werden?

Adenauer: Der eine Punkt ist Berlin. Der zweite Punkt ist die Verpflichtung der Alliierten, die Einheit Deutschlands wiederherzustellen. Der dritte Punkt betrifft die Möglichkeit, Ordnung zu schaffen, wenn solche Unruhen im Innern des Landes ausbrechen, daß die Bundesregierung hier nicht mehr Herr werden kann. Ich muß aber nochmals bitten: Lohnen Sie das Vertrauen, weil ich offen war im Interesse des Ganzen, was anfängt, sich zu entwickeln.

Journalist: Muß man nicht damit rechnen, daß die östliche Besatzungsmacht zu einem Gegenzug ausholt und die Ostzone in den Ostblock einbezieht, so daß das eintreten würde, was Sie schon einmal zum Gegenstand einer Aussprache im Auswärtigen Ausschuß [des Deutschen Bundestages] machten?

Adenauer: Die Ostzone ist bereits im Ostblock drin. Ich habe einen Brief vor einigen Tagen erhalten von einem Mann aus der Ostzone, es war gestern, wir sollten an unserer Politik festhalten, es sei die einzige Hoffnung auf Rettung, die man dort hätte[52]. Es ist das auch richtig. Wir müssen dafür sorgen, daß der Westen stärker ist als der Osten. Erst dann kann mit dem Osten verhandelt werden. Und erst dann wird der Osten auf die Vorstellungen des Westens hören, und darin besteht die Chance, Berlin und die Ostzone wieder freizumachen.

Journalist: Sie sagten, daß es nach Abschluß des Verteidigungsvertrages auch keine Botschafterkommission geben werde!

Adenauer: Früher war einmal die Rede davon, daß die Hohe Kommission durch einen Botschafterrat ersetzt werden sollte.

(*Fragesteller:* Wir werden also mit jeder der drei Mächte verhandeln können wie mit allen anderen Staaten?)
Es wird alles wegfallen.

(*Fragesteller:* Die Landeskommissare?)
Wird alles wegfallen.

Journalist: Sie haben selbst gesagt, daß McCloy sich des psychologischen Faktors auf deutscher Seite bewußt sei, und Sie haben erklärt, daß wenn nicht schnell gehandelt wird, von der deutschen öffentlichen Meinung her der Moment verpaßt sein könnte, daß die Deutschen wollten. Ist es nicht so, daß, wenn wir jetzt gleichsam stillschweigen zu allem, wir diesen psychologischen Faktor selber ausschalten würden? Und ist es nicht gut, wenn auch in der deutschen Presse zum Ausdruck kommt, wie unbeschreiblich besatzungsmüde dieses Volk ist? Ich glaube, daß das, wenn es in einer anständigen Form geschieht ...

(*Adenauer:* Das ist das Entscheidende!)
... eher McCloy eine Hilfsstellung bietet den anderen gegenüber als umgekehrt.

Adenauer: Sie haben vollkommen recht. Eben habe ich die Form gemeint. In der Form sind sie sehr empfindlich und sind auch hier die Hohen Kommissare persönlich etwas empfindlich. Zwei von den Dreien waren geneigt, in der Frage dieses Gesetzes uns entgegenzukommen, aber ihre Regierungen haben das nicht gewollt. Aber ich wiederhole: Die Tür ist noch nicht vollständig da abgeschlossen, und wir werden in all diesen Dingen besser mit den anderen verhandeln können, wenn wir wieder frei sind, als jetzt, wo wir eine einseitige Entscheidung letzten Endes hinnehmen müssen. Auch deswegen ist es richtig, daß wir in diesen Einzelfragen mehr Aussicht auf Erfolg haben, wenn wir die Hauptsache gelöst haben.

Journalist: Besteht nicht amerikanischerseits die Absicht, bestimmte Gesetze der Besatzungszeit in der deutschen Gesetzgebung zu verewigen, z.B. auf dem Gebiet der Dekartellisierung, der Restitutionen und dergleichen?

Adenauer: Davon ist in einem früheren Stadium geredet worden, daß für eine gewisse, nicht lange Zeit diese Gesetze noch nicht geändert werden sollen. Aber es ist nicht etwa so, daß wir da für ewige Zeiten festgelegt werden.

Journalist: Es ist eigentlich sehr interessant, daß diese Darlegungen über Ihre Außenpolitik vor einem solchen Kreise wie diesem etwas den Charakter eines Plädoyers annehmen. Es ist nichts schwieriger, als der öffentlichen Meinung gegenüber ein solches Plädoyer zu vertreten. Sie sprachen davon, daß die Animosität gegen Deutschland draußen groß ist, mindestens ebenso gefährlich, wenn vielleicht noch gefährlicher, erscheint mir diese Animosität zu sein gegen die Westalliierten.

Adenauer: Vergessen Sie nicht, daß die an einem viel längeren Hebel sitzen als wir.

Journalist: Ich bin derselben Meinung. Aber es ist außerordentlich schwierig, was Sie uns schildern als großen bevorstehenden Erfolg, wenn wir das publizieren.

Adenauer: Sprechen Sie bitte einmal mit einem Vertreter des Staates Israel über Deutschland und das, was Deutschland in den vergangenen Jahren gemacht hat. Dann werden Sie verstehen, daß das Größen sind.

(*Fragesteller:* Das ist mir außenpolitisch klar!)

Auch innenpolitisch? Ich bin ganz offen. Ich würde mich nicht scheuen, dem deutschen Volke einmal zu sagen, daß es vernünftig sein soll, und nicht wie in Niedersachsen es gesagt worden ist: »Wir haben 1945 nicht gewollt. Wir haben den Krieg nicht verloren!«[53]

Journalist: Es ist eine ernste Sache. Ich möchte sagen, wenn heute eine Zeitung anti-amerikanisch schreibt oder zur Opposition geht, ist es das sicherste Mittel, die Auflage zu verdoppeln. Es ist bei uns tatsächlich nicht so wie bei Churchill »mit Blut und Tränen«[54]. Man müßte es dem Volke einmal sagen. Jeder von uns hat Beispiele an der Hand. Wenn man versucht, dem japanischen Friedensvertrag[55] einigermaßen gerecht zu werden als Parallele zum deutschen, fordert man heute schon das Urteil des Lesers heraus: »Das ist ein großer Betrug!«

Adenauer: Ich bin gern bereit, dem deutschen Volke das zu sagen. Wenn ich es jetzt sage, würde ich Widerspruch bekommen, und wir würden den Eindruck erwecken, als wenn ich ‹selbstverständlich wieder›[c] sehr viel Widerspruch hätte mit meiner Politik und als wenn das ganze deutsche Volk innerlich so unreif wäre und so unausgeglichen, daß man diesem Volke dieses Recht doch nicht wiedergeben kann. Es ist nach meiner Meinung klug, wenn man eine Reihe von Wochen wenigstens so tut, als wenn wir ein innerlich gefestigtes demokratisches Volk wären.

Im übrigen: Ich habe mit Max Halbe[56] zusammen gefrühstückt, und er hat auf der Speisekarte einen Vers geschrieben. Ich will Sie nicht kränken. Ich habe Bruchstücke davon behalten: »Machen Dir die Zeitungen Kummer, gräm' Dich nicht, morgen erscheint eine andere Nummer!« Drucken Sie einen guten Kriminalroman als Feuilleton ab, und Ihre Leser werden befriedigt sein.

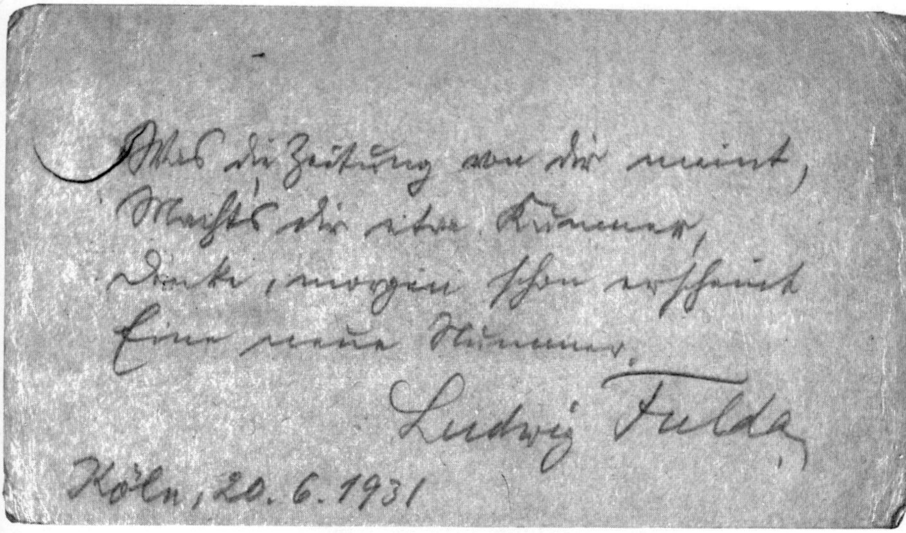

Was die Zeitung von dir meint,
Macht's dir etwa Kummer,
Denke, morgen schon erscheint
Eine neue Nummer.

Ludwig Fulda

Köln, 20. 6. 1931

Vers von Ludwig Fulda, aufgeschrieben auf einer Speisekarte.

Journalist: Ich glaube, es liegt doch etwas tiefer. Ich sprach aus sehr tiefer Erfahrung heraus und halte das für einen schwierigen Punkt.

Adenauer: Sie werden mir doch recht geben. Ich darf nicht jetzt dadurch, daß ich so etwas anschneide, eine Diskussion entfachen.

Journalist: Eine Diskussion ist sowieso, ob im Fall Kemritz, Landesverräter oder sonstwas, die Diskussion ist sowieso da, und die Opposition macht die Diskussion allein.

Adenauer: Die Opposition hat das Ausland abgeschrieben. Das nehmen sie nicht mehr tragisch.

Journalist: Sie sagten aber eben, das Ausland meine, wer weiß, was in zwei Jahren geschehe nach neuen Wahlen!

Adenauer: Das wird aber im vorliegenden Fall nicht zum Hindernis ‹werden›[d]. Ich habe den maßgebenden Leuten gesagt nach fester Überzeugung: Wenn Ihr uns das so konzediert, möchte ich sehen, ob die SPD-Fraktion im Bundestag das ablehnen wird. Das möchte ich einmal abwarten. Ich bin überzeugt, da wird sie sich in starken Gegensatz zur überwiegenden Mehrheit des deutschen Volkes setzen.

Journalist: Sie sprachen davon, daß in Amerika in jüdischen Teilen eine gewisse Animosität gegen uns vorhanden ist. Gegen Sie, die Regierung und den Bundestag wurde der Vorwurf erhoben, warum nicht eine klare Stellungnahme zum Beispiel in der Judenfrage erfolgt!

Adenauer: Damit sind wir beschäftigt. Wir wollen bei der ersten sich ergebenden Gelegenheit darauf kommen. Das muß aber eine Gelegenheit sein.

Journalist: Ich empfehle den 8. November[57]!

Adenauer: Ich möchte es, wenn möglich, noch früher.

(*Zwischenruf:* Haben Sie schon einen außenpolitischen Kontakt mit Israel?)

Nein. Es gibt ja auch weite Schichten der Juden, die Israel nicht anerkennen. Aber ich bin der Auffassung, das deutsche Volk muß zur Judenfrage einmal etwas im Bundestag sagen[58]. Dieses große Unrecht, was geschehen ist, muß irgendwie dadurch, daß man es ausspricht, soweit gesühnt werden, wie das überhaupt möglich ist.

(*Zwischenruf:* Vergütungen an Juden?)

Sicher, soweit wir das können, werden wir das tun müssen.

(*Zwischenruf:* Verteidigungsbeitrag – Amerika …?)

Ich habe eben gesagt, daß Amerika auch weiterhin uns wirtschaftliche Hilfe gewähren wird. Diese Zusage wird gegeben. Amerika wird nicht zulassen, daß wir wirtschaftlich vor die Hunde gehen, schon aus dem erklärlichen Gesichtspunkt heraus: Sie haben soviel Milliarden hier hineingesteckt, daß es dumm wäre, wenn sie jetzt nicht durchhalten würden. Über eines müssen wir uns klar sein: Wenn wir soweit kommen, ist das auch bei den entscheidenden ausländischen Staatsmännern nicht eitel Liebe zum deutschen Volk, sondern Stalin spielt da auch eine gewisse Rolle.

Journalist: Das ist die entscheidende Frage, wieweit man glaubt, daß auch die Westmächte unter einem Zwang stehen. Wir sind in Washington nicht vertreten[59]. Es handelt sich darum, daß die Gegenseite unter sich eine Front herstellt. Die Verhandlungspartner, die uns gegenübertreten werden in Rom, haben sich vorher abgesprochen bzw. ihre Fronten abgesteckt.

(*Adenauer:* Unter sich eine Front herstellen, so ist die Sache nicht ganz richtig.)

Sie werden sich einigen.

Adenauer: Wenn Sie es so ausdrücken. Man muß abwarten, zu welchem Druck Amerika sich entschließt. Es drückt sehr stark.

Journalist: Ich bin überzeugt, daß Amerika sehr stark drückt und daß Frankreich soweit wie möglich gegenzuhalten sucht und daß die englische Haltung unklar ist. In dieser Situation scheint es mir absolut notwendig, die Argumente, die Frankreich aus seinem Sicherheitsbedürfnis oder auch vielleicht vorgeschobenem, teilweise vorgeschobenem Sicherheitsbedürfnis vorbringen wird, daß auch um diesen Zeitpunkt von deutscher Seite eingegriffen wird. Wir können nur eingreifen über die Presse. Ich bin persönlich der Meinung, daß das eine ganz große Unterstützung unserer Position ist in Rom und Ihrer Position in London, wenn die Amerikaner in Washington sagen können: »Seht Euch an, wieweit das deutsche Volk ist!«

Nun ist die Frage, wieweit man gehen kann von unserem Standpunkt aus. Das ist die Kardinalfrage, wieweit man gehen kann, diese Situation – ich möchte den geschärften Ausdruck gebrauchen – zu benutzen. Wenn Sie sagten, ich irre mich über die Auffassung der Fraktionen, so haben Sie sicher recht, wenn Sie die Fraktionen im technischen Sinn meinen. Aber über Auffassungen in den Fraktionen irre ich mich nicht, und ich würde das nicht sagen, wenn ich nicht Anhaltspunkte hätte. Es ist in den Koalitionsfraktionen Unruhe.

Adenauer: Ich kann nur versichern, daß Sie sich irren. Ich spreche von der Deutschen Partei und CDU/CSU. Da kann ich nur sagen, Sie irren. Ob unter 142 vielleicht 1 oder 2 oder 3 anderer Meinung sind, da mögen Sie recht haben. Aber ich versichere Ihnen, daß mir von den maßgebenden Stellen der CDU/CSU-Fraktion und auch vom Vorstand der FDP-

Fraktion es so erklärt worden ist. Sie können jetzt in der Presse nicht besonders helfen. Die Dinge sind vollkommen klargestellt. Die Alliierten wissen, was wir verlangen. In Frankreich ist die Sache so, daß M. Schuman sehr klar erklärt hat: »Keine Aufstellung einer nationalen deutschen Armee!«[60] – Wenn es gelingt, und wir sind da auf gutem Wege, auch bei den Pariser Verhandlungen doch den Vertrag über die europäische Armee insoweit fertigzustellen, rechtzeitig, daß er klar ist, wird dieser Einwand der französischen Regierung wegfallen.

Journalist: Wie aber nun, wenn in Washington sich ergibt, daß von 10 Forderungen z. B. deutscherseits wegen englisch-französischen Widerstandes nur 6 Forderungen gemeinsam vertreten werden und man sich einigt. Damit kommt man nach Rom.

(*Adenauer:* Ich weiß das schon vorher.)

Sind die 10 Forderungen – nur als Beispiel – für uns eine Conditio sine qua non?

Adenauer: Wir haben nicht Forderungen in Ziffern gestellt, aber wir haben Entwürfe. Es ist immerhin denkbar, daß eine Formulierung in diesem oder jenem nicht so entscheidenden Punkt so oder so lautet. Aber in dem entscheidenden Punkt steht meine Meinung hundertprozentig fest.

(*Fragesteller:* Bei Ablehnung dieses entscheidenden Punktes müßten wir also nein sagen?)

Wenn in Washington irgendwelche erheblichen Dinge sein sollten, werden wir benachrichtigt werden, und dann kommt die Gesellschaft nach Europa zurück, und es wird mit uns verhandelt. Deutschland wird in Rom nur dann teilnehmen, wenn die Sache klar ist.

Journalist: Es wird also so sein: 1.) Übergabe Ihrer Wünsche; 2.) Washington; 3.) die Verhandlungen zwischen Ihnen und den Hohen Kommissaren; 4.) Rom, so daß wir in Rom gar nicht vor vollendete Tatsachen gestellt werden?

(*Adenauer:* Höchstwahrscheinlich ja.)

Journalist: Wieweit könnte man Bestimmungen des japanischen Friedensvertrages als Parallele zu den kommenden Verträgen auffassen, besonders in der Anerkennung der Nürnberger Urteile[61]?

Adenauer: In der Frage der verurteilten Kriegsgefangenen tue ich unabhängig davon, was ich kann. Da ist mir auch in Aussicht gestellt worden, daß da etwas geschehen wird.

Journalist: Wer entscheidet, ob eine Situation des Eingreifens durch Alliierte bei Unruhen im Bundesgebiet gegeben ist?

Adenauer: Wie kann man so etwas formulieren? Ich habe aber gar nichts dagegen, daß solche Erklärungen abgegeben werden[62]. Das wird ganz bestimmt in Frankreich und England beruhigend wirken. Dort hat man eine Heidenangst vor Leuten wie Remer[63] und ähnlichen.

Journalist: Die Bundesregierung hat angekündigt, daß eine der ersten Handlungen nach der Konstitution des Bundesverfassungsgerichtes ein Antrag sei, die SRP als verfassungswidrig zu erklären[64]!

Adenauer: Lassen Sie erst einmal das Bundesverfassungsgericht sich mit Südbaden beschäftigen[65]. Da habe ich wirklich Sorge gehabt, und deshalb bin ich sehr froh, daß nun das Bundesverfassungsgericht steht.

Journalist: Können Sie etwas über den Fall Platow[66] sagen und seine Auswirkungen auf die Presse?

Adenauer: [...][67] Ich bitte Sie nochmals herzlich: Sie sehen, was auf dem Spiele steht. Seien Sie diskret und betrachten Sie alles das, was ich gesagt habe, als Mittel, um Sie in den Stand zu setzen, diese ganzen Vorgänge richtig zu würdigen. Es kommt jetzt jeden Tag etwas Neues.

Nr. 20
20. September 1951: Tee-Empfang (Aktennotiz von Franz Hange, Bonn, für Chefredakteur Fritz Sänger, Hamburg)

PA Franz Hange, Akte Tee-Gespräche Adenauer 1950–1955

Teilnehmer[1]: Egon Bahr[2], Dr. Hilde Bogner, Dr. Fritz Brühl, Ludwig von Danwitz, Wolfdietrich Gerdes[3], Marliese Grouven, Hugo Grüssen, Franz Hange, Rudolf Junges, Dr. Hans Joachim Kausch, Dr. Karl Lohmann, Werner von Lojewski, Dr. Erika Neumann, Wilhelm Papenhoff, Dr. Sigurd Paulsen, Dr. Alfred Rapp, Dr. Max Schulze-Vorberg, Dr. Robert Strobel, Gerta Tzschaschel, Rolf Vogel, Adam Vollhardt, Erich Wagner, Dr. August Wegener, Hans Wendt, Paul Wilhelm Wenger[4], Fried Wesemann – Günter Diehl, Dr. Hans Schirmer

Beginn: 16.30 Uhr[5]

Washington-Beschlüsse[6]*:*
In der deutschen Öffentlichkeit hat man den Sinn und den Inhalt der Außenministerbeschlüsse aus Washington nicht in vollem Umfang erkannt. Es handelt sich diesmal nicht um ein Diktat oder um eine einseitige Erklärung, wie dies noch bei der New Yorker Erklärung vom September vergangenen Jahres[7] der Fall war, sondern um einen Akt der gegenseitigen Unterrichtung. Es ist bedauerlich, daß die deutsche Presse das Washingtoner Ergebnis nicht richtig zur Kenntnis genommen hat. Es wird dies im Ausland aufmerksam verfolgt. Der Bundeskanzler will den Versuch machen, die SPD von der Richtigkeit des in Washington eingeschlagenen Kurses zu überzeugen. Es muß ausdrücklich festgestellt werden, daß es sich bei den Aussprachen vor der Washingtoner Konferenz mit den Alliierten Hohen Kommissaren nicht um Vereinbarungen gehandelt hat. Der Bundeskanzler hat persönlich seine Wünsche schriftlich den Alliierten Hohen Kommissaren mitgegeben, die diesen zwar für ihre Person zugestimmt haben, jedoch für ihre Regierung keine verbindliche Erklärung abgeben konnten. Es ist nicht richtig, daß der Bundeskanzler hinter dem Rücken des Parlaments Vereinbarungen geschlossen habe. Es ist das Wesen der Außenpolitik, daß ihr maßgeblicher Repräsentant zunächst Fühler vorstreckt, um das diplomatische Feld abzutasten und um zu späteren Vereinbarungen zu gelangen. In dieser Phase befindet sich gegenwärtig die Bundesregierung und auch das Parlament.
Der Bundeskanzler hat im Auswärtigen Ausschuß [des Deutschen Bundestages] angeregt, einen Unterausschuß einzusetzen, der gemeinsam mit den Vertretern der Bundesregierung die Verhandlungen mit den

Alliierten führen soll. Die Mitglieder des Auswärtigen Ausschusses wollen diese Frage mit ihren Fraktionen besprechen, und es ist als sicher anzunehmen, daß dieser Unterausschuß zustande kommt[8]. Die Gespräche mit Dr. Schumacher[9] haben einen anderen Zweck. Sie sollen dazu dienen, zwischen der Regierung und der Opposition in dieser wichtigen Frage zu einem Gespräch zu gelangen.

Der Bundeskanzler strebt auf drei große Vertragswerke hin:

1. einen gegenseitigen Verteidigungs- und Sicherheitsvertrag. Hierzu gehört auch der deutsche Verteidigungsbeitrag und der Truppenvertrag über die Anwesenheit der alliierten Streitkräfte in Deutschland,
2. einen Vertrag, in dem die gegenseitigen Interessen festgelegt, die Verpflichtung zu gemeinsamer Konsultation ausgesprochen und, wenn möglich, auch die Richtlinien für eine gemeinsame Außenpolitik festgelegt werden,
3. einen Vertrag, in dem sich Deutsche und die Alliierten verpflichten, die Politik der deutschen Einheit bis zum Ende zu verfolgen.

Oberster Sinn dieser Verträge ist es, die Alliierten so festzulegen, daß sie auf keinen Fall mehr zu einer Viermächte-Entscheidung mit der Sowjetunion über Deutschland kommen können, ohne daß die Bundesrepublik gehört wird oder als Partner auftritt.

Es werden sicherlich schwierige Verhandlungen mit den Alliierten folgen, bei denen man gewisse französische und britische Besorgnisse, insbesondere in den militärischen Fragen, erwarten muß. Wenn eine europäische Armee geschaffen wird, die der Bundeskanzler auch begrüßt, so müssen alle Teilhaber gleiche Rechte und gleiche Pflichten haben. Die deutsche Gleichberechtigung dabei ist eine Conditio sine qua non des Bundeskanzlers. Wenn man von der Europaarmee spricht, so muß man sagen »Europäische Verteidigungsgemeinschaft«, d. h. auf keinen Fall mehr Pleven-Plan[10]. Deutsche Offiziere werden in den obersten Stäben vertreten sein, und es ist auch kein Geheimnis, daß gerade General Eisenhower dies wünscht. Wenn deutsche Generale in diesen Stäben sitzen, dann werden sie auch den strategischen Plan kennenlernen.

Die These, daß die Alliierten Deutschland aufgeben könnten, ist nicht richtig. Eisenhower selbst hat im persönlichen Gespräch gesagt, daß man von dieser ursprünglichen Absicht abgekommen sei, weil man erkannt habe, daß das deutsche Volk eine unerläßliche materielle Hilfe in einer Auseinandersetzung zwischen Ost und West darstellen könnte. Die vertraglichen Sicherheiten dazu müssen gewährleistet sein. Einheitliche militärische Entscheidungen treffen nicht die Außenminister des Atlantikrats, sondern der Stab des obersten Befehlshabers, in dem auch Deut-

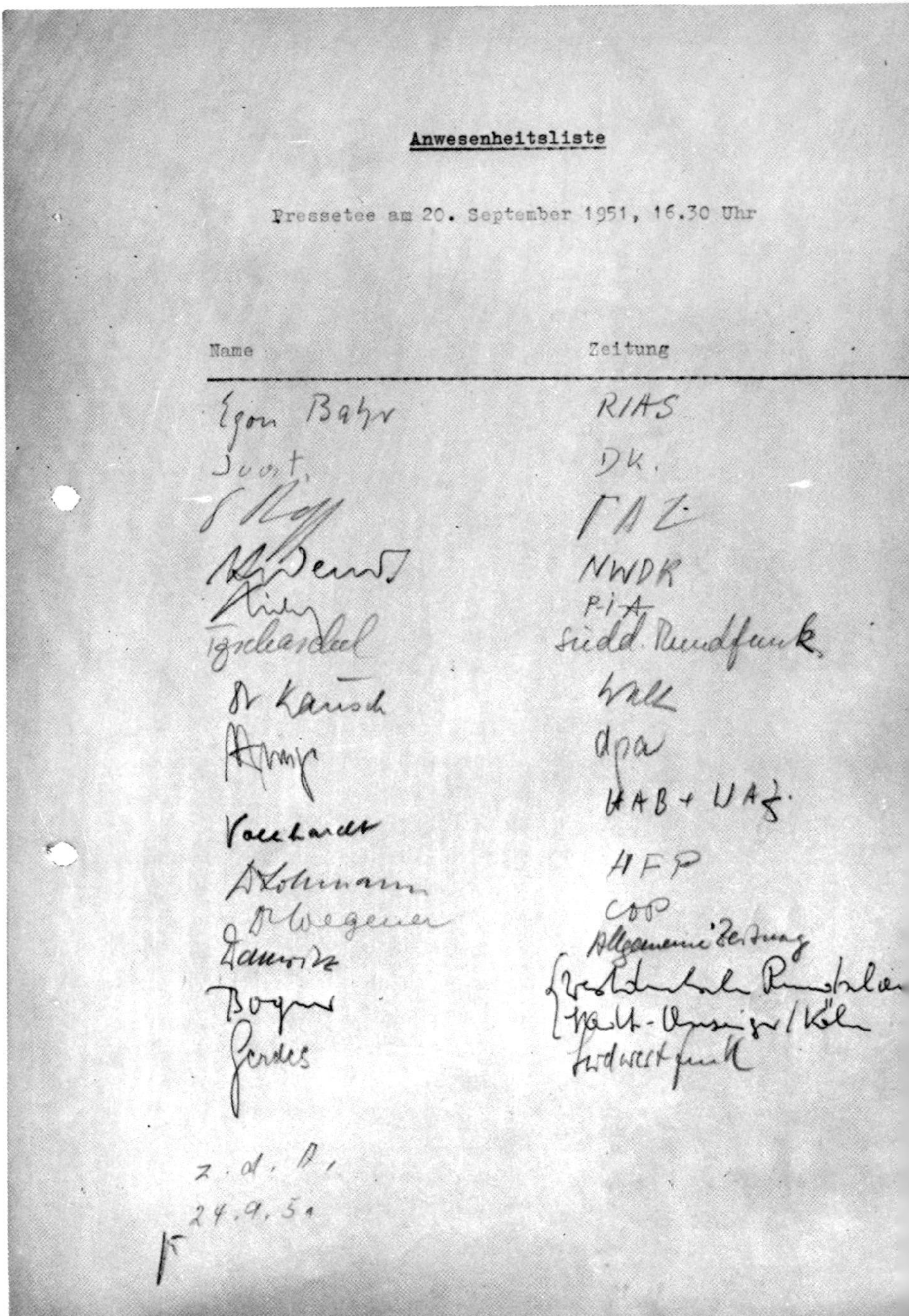

Anwesenheitsliste

Pressetee am 20. September 1951, 16.30 Uhr

Name	Zeitung
Egon Bahr	RIAS
Joost.	DK.
[illegible]	FAZ
[illegible]	NWDR
[illegible]	P.i.A.
[illegible]	Südd. Rundfunk
Dr Kausch	Welt
[illegible]	dpa
	WAB + WAZ
Volkhardt	
[illegible]	AFP
Dr Wegener	COP
Danwitz	Allgemeine Zeitung
Bogner	Westdeutscher Rundfunk
	Stadt-Anzeiger/Köln
Gerdes	Südwestfunk

z. d. A.
24.9.51
K

Anwesenheitsliste der Teilnehmer (zu Dok. Nr. 20)

Anwesenheitsliste

Pressetee am 20. September 1951, 16.30 Uhr

Name	Zeitung
[illegible]	DVD
Wagner	Der Tag
[illegible]	Westfalenpost
[illegible]	Die Neue Zeitung
[illegible]	Presseamt
[illegible]	Dipl. Korrespondenz
H. Grüssner	Ruhr-Nachrichten
FRIED WESEMANN	Frankf. Rundschau
[illegible]	Hannov. Allg.
Wenger	Rhein. Merkur
Dr. Schütze-Vorberg	Bayr. Rundfunk
Fritz Brühl	Süddeutsche Zeitung
Robert Strobl	Zeit, Badische Ztg.
Rolf Vogel	Schwäbische Zeitung
Erika Hermann	Lübecker Nachrichten

z. d. A.
24. 9. 51

sche sitzen werden. Bei der Bildung der Europaarmee darf man nicht vergessen, daß dies für Frankreich einen Verlust bedeutet. Für uns ist der Verzicht auf eine nationale Armee nicht so schwer. Nach dem im Washingtoner Abkommen festgelegten Plan[11], wonach eine Europaarmee sofort gebildet werden soll, hat die Idee des Bundeskanzlers, zunächst eine militärische Zwischenlösung zu schaffen, an Bedeutung verloren.

Grotewohl-Angebot:[12]
Das Grotewohl-Angebot ist in der deutschen Öffentlichkeit wieder viel zu groß herausgestellt worden. Es wird ganz vergessen, daß Grotewohl ein Werkzeug der Russen ist und daß Sowjetrußland Herr der Ostzone ist. Die bisherige Entwicklung aller Angebote seitens Pankows zeigt, daß alle bisherigen Angebote zu Zeitpunkten erfolgt sind, wo auf der anderen Seite Maßnahmen zu einer Festigung Europas getroffen werden sollten. Anfang des Jahres ist es den Russen gelungen, durch die Vierervorkonferenz[13] die europäische Integration eine Zeitlang hinauszuzögern. Nunmehr sollen dieselben Anstrengungen gemacht werden. Wenn Herr Grotewohl sagt, man soll verhandeln, so darf man nicht vergessen, daß dies bedeutet – verzögern. Im übrigen ist diese Störungsaktion nicht zuletzt darauf abgestellt, das Mißtrauen unserer westlichen Partner in eine mögliche Wiederholung der deutschen Rapallo-Politik zu stärken. Wir müssen uns stark machen, dann können wir auf dem Wege von Verhandlungen die Freiheit für ganz Deutschland erzwingen. In der Grotewohl-Beantwortung ist es notwendig, schnell und prompt zu handeln. Der Bundestag muß sich in der nächsten Woche damit beschäftigen[14].

London-Besuch:
Zwischen dem Bundeskanzler und der britischen Regierung haben noch keine Verhandlungen über eine mögliche Verschiebung des Englandbesuchs stattgefunden[15]. Der Bundeskanzler hält dies auch nicht für möglich, da eine Änderung der britischen Außenpolitik – ob Labour- oder konservative Regierung – nicht eintreten wird. Der Bundeskanzler bedauert es nur, bei seiner Anwesenheit in London in Anbetracht des Wahlkampfes nicht die Gespräche mit Parlamentariern führen zu können, die er beabsichtigt hatte.

Nr. 21
15. November 1951: Presse-Tee (Wortprotokoll)
StBKAH 16.08

Teilnehmer: Marliese Grouven und weitere nicht zu ermittelnde Journalisten – Werner Krueger

Beginn: 16.40 Uhr[1]

Adenauer: Es wird mir eben übergeben ein Bericht von UP, aus dem ich allerhand Neues sehe über die Verhandlungen in Paris. Ich glaube, der Bericht ist von Herrn von Wechmar[2]. »Kanzler und Hohe Kommissare arbeiteten Tagesordnungsentwurf aus«. Dann kommt eine sehr lange Sache, die zum Teil natürlich selbstverständlich ist, zum Teil aber auch auf ziemlicher Phantasie beruht. Ich glaube, es hat keinen Zweck, daß ich dazu etwas sage. Es ist ganz klar, daß bei der Beratung in Paris zwischen den drei Außenministern und mir[3] verschiedene Punkte erörtert werden, die den Generalvertrag betreffen, wie auch Punkte, die die Verteidigungsarmee betreffen, wie auch Punkte, die die Frage gesamtdeutscher Wahlen betreffen. Das sind doch Dinge, die auf der Hand liegen, ohne daß deswegen ein Tagesordnungsentwurf aufgestellt wird. Wenn es weiter heißt, es wären 8 Punkte des Generalvertrages, über die verhandelt werden würde, so ist diese Ziffer nicht richtig. Es sind sehr viel weniger Punkte, es sei denn, daß von seiten der Außenminister, was ich auch nicht weiß, irgendwelche Punkte noch angeschnitten würden.
Aber ich darf im Anschluß vielleicht folgendes doch bemerken: Es besteht eine falsche Ansicht darüber, wie z. B. auf Konferenzen, die ich mit den Hohen Kommissaren habe[4], gearbeitet wird. »Die Welt« schreibt seit einiger Zeit regelmäßig: Fünfte Besprechung verlief ergebnislos – sechste Besprechung verlief ergebnislos – siebente Besprechung verlief ergebnislos – achte Besprechung verlief ergebnislos! – Darf ich einmal fragen, wie man sich den Verlauf einer solchen Besprechung denkt?
Es handelt sich um eine so umfangreiche Sache, um so viele Dinge, die dabei zu berücksichtigen sind, daß man wirklich nur sagen kann, bisher ist noch jede Besprechung wirklich ein gutes Stück weitergekommen. Man kann gar nicht sagen, daß sie erfolglos verlaufen ist. Ich sprach darüber mit Kirkpatrick, und er sagte, er sei einmal auf einer Konferenz gewesen, die weit weniger schwierige Angelegenheiten behandelt hätte als diese Fragen, und sie hätten 63 Sitzungen gehabt. Man darf auch nie vergessen, daß bei solchen Verhandlungen in drei Sprachen gesprochen wird. Ich spreche deutsch, die Engländer und Amerikaner sprechen

Presse- u. Informationsamt der Bundesregierung

Presse-Tee

am Donnerstag, den 15. 11. 1951, 16,30 Uhr, Palais Schaumburg

-----

Bundeskanzler Dr. Adenauer:

Es wird mir eben übergeben ein Bericht von UP, aus dem ich allerhand Neues sehe über die Verhandlungen in Paris. Ich glaube, der Bericht ist von Herrn von Wechmar. "Kanzler und Hohe Kommissare arbeiteten Tagesordnungsentwurf aus". Dann kommt eine sehr lange Sache, die zum Teil natürlich selbstverständlich ist, zum Teil aber auch auf ziemlicher Phantasie beruht. Ich glaube, es hat keinen Zweck, dass ich dazu etwas sage. Es ist ganz klar, dass bei der Beratung in Paris zwischen den drei Aussenministern und mir verschiedene Punkte erörtert werden, die den Generalvertrag betreffen, wie auch Punkte, die die Verteidigungsarmee betreffen, wie auch Punkte, die die Frage gesamtdeutscher Wahlen betreffen. Das sind doch Dinge, die auf der Hand liegen, ohne dass deswegen ein Tagesordnungsentwurf aufgestellt wird. Wenn es weiter heisst, es wären 8 Punkte des Generalvertrages, über die verhandelt werden würden, so ist diese Ziffer nicht richtig. Es sind sehr viel weniger Punkte, es sei denn, dass von Seiten der Aussenminister, was ich auch nicht weiss, irgend welche Punkte noch angeschnitten würden. Aber ich darf im Anschluss vielleicht folgendes doch bemerken: Es besteht eine falsche Ansicht darüber, wie z.B. auf Konferenzen, die ich mit den Hohen Kommissaren habe, gearbeitet wird. "Die Welt" schreibt seit einiger Zeit regelmässig: Fünfte Besprechung verlief ergebnislos – sechste Besprechung verlief ergebnislos – 7. Besprechung verlief ergebnislos – achte Besprechung verlief ergebnislos ! – Darf ich einmal fragen, wie man sich den Verlauf einer solchen Besprechung denkt ? Es handelt sich um eine so umfangreiche Sache, um so viele Dinge, die dabei zu berücksichtigen sind, dass man wirklich nur sagen kann, bisher ist noch jede Besprechung wirklich ein gutes Stück weiter gekommen. Man kann gar nicht sagen, dass sie erfolglos verlaufen ist. Ich sprach darüber mit Kirkpatrick und er sagte, er sei einmal auf einer Konferenz gewesen, die weit weniger schwierige Angelegenheiten behandelt hätte als diese Fragen, und sie hätten 63 Sitzungen gehabt. Man darf auch nie vergessen, dass bei solchen Verhandlungen in drei Sprachen gesprochen wird. Ich spreche deutsch, der Engländer und Amerikaner sprechen englisch, der Franzose französisch. Dann wird jedesmal, was der eine sagt, in die beiden anderen Sprachen übersetzt, sodass dadurch allein jede Bemerkung oder Ausführung, die jemand macht von den Vieren, dreifache Zeit erfordert. Und es kommt

Auszug aus dem Wortprotokoll (zu Dok. Nr. 21)

englisch, der Franzose französisch. Dann wird jedesmal, was der eine sagt, in die beiden anderen Sprachen übersetzt, so daß dadurch allein jede Bemerkung oder Ausführung, die jemand macht von den Vieren, dreifache Zeit erfordert. Und es kommt noch hinzu, daß es sich wirklich um sehr schwierige Angelegenheiten handelt.
Stellen Sie sich vor, in welchem Zustande nun Deutschland ist. Es war völlig zusammengebrochen. Es wurden die Länder errichtet, es wurde die Hohe Kommission errichtet. Jetzt müssen doch Übergangsbestimmungen auch getroffen werden. Wenn man sich das Bild ausmalt, was sich ergeben würde, wenn es hieße z. B., am 20. November Mitternacht hören alle Bestimmungen und Befugnisse der Hohen Kommission auf; dann würde ein Durcheinander entstehen bei uns auf dem Boden der gesetzlichen Regelung und der Administrative, was sich keiner vorstellen kann. Ich bitte Sie, nicht etwa daraus, daß wir neunmal zusammen waren, den Schluß zu ziehen, daß das etwa ergebnislose Verhandlungen gewesen wären. Die Verhandlungen sind aber selbstverständlich schwierig, und Sie werden auch verstehen, daß der eine oder andere Punkt schließlich der Entscheidung – bei den anderen – der Außenminister vorbehalten bleiben muß. Die Hohen Kommissare haben mir gesagt: »Sie haben es natürlich sehr leicht. Sie sind Außenminister und Bundeskanzler und können sagen, das und das ist die Meinung bei Ihnen.« Das können die Hochkommissare in vielen Punkten nicht, sondern sie sagen: »Wir müssen erst rückfragen bei den Regierungen und Außenministern.« Dadurch kommen natürlich auch gewisse Verzögerungen.
Nun hat heute die »Frankfurter Allgemeine« einen längeren Artikel gebracht über so eine Art Pariser Vormusik für meinen Besuch[5]. Natürlich, die französische Regierung ist in einer sehr schwierigen Situation. Sie hat keine große Mehrheit, und es handelt sich um außerordentlich große Probleme. Die Finanzfrage, die Lösung der Finanzfrage, die bei uns erst in den allerersten Anfängen ist, ist in Frankreich schon in einem größeren Stadium, und sie wird auch noch manches Kopfzerbrechen machen, wie sie in Frankreich jetzt Kopfzerbrechen macht. Aber nach meinen Informationen, die aus einer recht guten Quelle kommen – keiner offiziellen Quelle, möchte ich bemerken –, ist die französische Regierung viel stärker, als es aussieht, schon aus dem einfachen Grunde, weil niemand auch von den Parteien – ich möchte sie einmal Mittelparteien nennen – eine Regierung unter Einschluß der Gaullisten oder Kommunisten will. Daraus ergibt sich zwangsläufig eine größere Stabilität der gegenwärtigen französischen Regierung, als sie aufgrund ihrer Stimmenmehrheit in ihrem Parlament erscheint. Nach der gleichen Informations-

quelle wird auch von seiten der französischen Regierung mit aller Energie jetzt an die Verwirklichung der verschiedenen großen Aufgaben herangetreten werden[6].

Nun werden Sie wahrscheinlich allerhand dazu zu fragen haben, und damit ich antworten kann, wenn es möglich ist, möchte ich eigentlich zu dieser Frage zunächst nichts weiter sagen.

Ich möchte einige Worte sagen über den Erfolg unseres Antrages bei der UN auf Einsetzung einer solchen Kommission[7]. Ich weiß nicht, ob in der deutschen Presse dieser Erfolg stark genug unterstrichen worden ist. Es ist zum ersten Male, daß sich die UN offiziell mit der deutschen Frage beschäftigen will, und das würde schon an sich ein ganz großer Erfolg sein. Dadurch, daß diese Frage vor die UN gebracht ist, ist, wie ich von Blankenhorn höre, das Interesse an den deutschen Fragen ganz allgemein bei den Vertretern der verschiedensten Länder auf der UN[-Vollversammlung] ganz ungewöhnlich groß, so daß man in der Behandlung dieser Frage einen sehr großen Erfolg unserer Politik mit Bezug auf die Ostzone verzeichnen kann.

Es wird sich auch herausstellen, was Sowjetrußland bei der Behandlung dieser Dinge sagen wird. Sie wissen, daß für uns die drei Besatzungsmächte dort auftreten. Für die Sowjetzone wird also Sowjetrußland auftreten müssen. Dann wird man ja hören, ob tatsächlich Sowjetrußland bereit ist, durch eine neutrale Kommission unter Aufsicht der UN die Verhältnisse in der Sowjetzone untersuchen zu lassen. Wenn es eine solche Untersuchung ablehnt, kann jeder Mensch in der Welt die nötigen Rückschlüsse daraus ziehen. Wenn es ja sagt, wird man ja hören, ob alles das, was wir an Nachrichten aus der Ostzone bekommen, der Wahrheit entspricht oder nicht. Ich bin überzeugt, daß es der Wahrheit entspricht, und jeder, der auch nur in etwa mit den armen Menschen jenseits des Eisernen Vorhangs zu tun gehabt hat, wird wahrscheinlich derselben Ansicht sein wie ich.

Zu dem Thema »gesamtdeutsche Wahlen« möchte ich folgendes sagen: Der Briefwechsel zwischen Dr. Schumacher und mir[8] ist ja eigentlich nur die Vorbereitung für die Behandlung unserer Vorlage im Parlament. Es handelt sich ja um keine Gesetzesvorlage, sondern darum, daß wir dem Bundestag eine Vorlage machen, zu der der Bundestag sich äußern muß, damit wir die Sache weitergeben können an die Besatzungsmächte. In verschiedenen Zeitungen ist mit Recht darauf hingewiesen worden, daß ja auch der Artikel des Grundgesetzes gilt, wonach das Grundgesetz gilt, bis es durch eine andere Verfassung ersetzt ist[9]. Das spielt natürlich auch bei dem Ganzen eine Rolle.

Nun würde ich es außerordentlich begrüßen, wenn bei den Beratungen gerade dieser Vorlage im Bundestag nicht die Gemüter zu sehr aufeinanderplatzten und wenn es gelingen würde, den Vorschlag – ich spreche absichtlich nicht von einer Vorlage – in der ruhigen Atmosphäre eines Ausschusses einmal nach den verschiedensten Seiten hin zu diskutieren. Wenn wir bei der bisherigen Beschlußfassung auf diese Grundsätze [hin] ein bißchen schnell vorangehen konnten und nicht jedes Wort und jeden Satz vorher zu überlegen brauchten, so ist das jetzt anders. Wenn wir einen Vorschlag, den Erlaß eines Wahlgesetzes, den Besatzungsmächten übergeben, damit diese zusammen mit Sowjetrußland darüber verhandeln, dann muß dieser Gesetzentwurf nach allen Richtungen hin sehr genau überlegt und sehr genau durchdacht werden, und es ist nicht möglich, wie bei den bisherigen Beschlußfassungen, in großen Zügen die Grundsätze lediglich zu verzeichnen. Wir müssen abwarten, was dabei herauskommt bei uns. Ich fürchte, in der Ostzone wird gar nichts dabei herauskommen, denn wir müssen abwarten, was sich in Paris zeigen wird.

Journalist: Erwarten Sie von den bevorstehenden Verhandlungen in Paris eine, verglichen mit dem jetzigen Stand der Dinge, auffallende Wendung?

Adenauer: Nein. Ich erwarte von den Verhandlungen in Paris nur die Fortsetzung in der bisherigen Art und voraussichtlich oder evtl. den Abschluß. Evtl., daß noch einmal eine kleine Untersuchung irgendeines Punktes stattfindet. Aber ich erwarte keine Wendung. Die haben wir auch gar nicht nötig.

Journalist: Es handelt sich um einige Schwierigkeiten doch aus der vielleicht nicht genügenden Kompetenz der Oberkommissare[10] heraus, und in Paris können Sie die Außenminister selbst sprechen. Ist das nicht einer der wichtigsten Zwecke?

Adenauer: Das ist sicher einer der wichtigsten Zwecke. Es werden auch die Fragen der europäischen Armee wenigstens etwas besprochen werden, und ich nehme an, weil schon zwei Tage darauf die Atlantikpaktkonferenz in Rom[11] ist; und selbstverständlich wird man auch einmal über die Verhältnisse in der Ostzone sprechen, über diese gesamtdeutschen Wahlen und über die allgemeine politische Lage. Das ergibt sich ganz von selbst.

Journalist: In bezug auf den Generalvertrag wird es vielleicht möglich sein, daß die Außenminister etwas weniger starr sind? *(Notstandsfrage)*

Adenauer: Wir sind materiell einig, auch bezüglich des Notstandsfalles. Man muß auch verstehen, daß wenn die anderen Mächte auf unserem Boden so viele hunderttausend Mann Truppen unterhalten, sie gewisse Möglichkeiten ins Auge fassen und dafür Vorkehrungen treffen wollen. Aber wir sind, bis auf einen ganz kleinen Rest, einig; im Materiellen sind wir einig, auch bezüglich der Notstandsfrage.

(*Zwischenfrage eines Journalisten: [...]*)

Ich kann Ihnen z.B. sagen: Es ist eine sehr schwierige Frage, wenn der Notstand erklärt ist, wann hört er wieder auf, und wer entscheidet, ob er aufhören muß. Das ist eine Frage, da muß man eine Lösung suchen, und man wird sie wohl auch finden.

(*Zwischenruf:* Aber das geht doch nur nach Konsultation mit uns oder auch ohne unsere Zustimmung?)

Auch da müssen Sie unterscheiden: Nehmen Sie an, es würde irgendwo ein Regiment von Soldaten – Kanadier, Engländer, Franzosen oder europäische Truppen – von Kommunisten angefallen. Dann muß selbstverständlich der Befehlshaber dieser Truppe etwas dagegen tun können. Das ist ganz selbstverständlich.

(*Zwischenruf:* Das ist noch kein Notstand!)

Das wäre noch kein Notstand. Der Notstand kann überhaupt nur verkündet werden von den drei Regierungen[12] nach unserer Konsultation. Wir kennen diesen Begriff des Notstands ja nicht nach dem Grundgesetz. Wir kennen nicht den Begriff »Belagerungszustand«[13]. Da haben wir keine Bestimmung im Grundgesetz. Wenn wir damals gesagt hätten, wir wollten – im Parlamentarischen Rat damals – so etwas mit aufnehmen, würde man uns mit großen Augen und sehr verwundert angesehen haben.

Journalist: Der Begriff der Konsultation wird ja verschieden ausgelegt. Die einen verstehen darunter lediglich ein Anhören, andere verstehen darunter, daß das, was man gehört hat, auch berücksichtigt werden muß. Hat man sich über diese Begriffsbestimmung geeinigt?

Adenauer: Der Begriff »Konsultation« ist in der diplomatischen Sprache völlig klar. Das ist mehr als ein Anhören. Es ist ein Hören und Überlegen, ob das nicht richtig ist. Konsultieren ist noch etwas anderes. Man konsultiert einen Arzt. Das ist eine ernste Sache. So würden die drei westalliierten Regierungen die deutsche Bundesregierung fragen, wie sie den Tatbestand sieht. Die Zustimmung ist nicht nötig. Konsultieren heißt nicht zustimmen.

Journalist: Wird nicht in bezug auf die in Aussicht genommene Europäische Verteidigungsgemeinschaft die Frage des Notstandes eine Rolle spielen?

Adenauer: Das sind so komplizierte Dinge. Lassen wir einmal einen [Schritt] nach dem anderen tun und abwarten, bis die Europäische Verteidigungsgemeinschaft da ist. Da wird ja auch eine Notstandserklärungsmöglichkeit geschaffen werden müssen.

(*Zwischenruf:* Für alle Länder?)

Sicher, für alle Länder.

Eines möchte ich noch sagen: Die Meldungen, namentlich in der ausländischen Presse, über eine verschiedene Behandlung des deutschen Kontingents zu einer europäischen Armee gegenüber anderen Kontingenten, sind alle unrichtig.

Journalist: Die Franzosen kommen in letzter Zeit mit sehr starken Einwendungen; der Pleven-Plan würde möglicherweise keine Mehrheit finden usw. Der neueste Einwand ist, die Finanzierung wird unerhört schwierig sein. Glauben Sie, daß die Amerikaner jetzt auf einem Punkt sind, wo sie sagen: »Alle diese französischen Einwände können wir nicht mehr gelten lassen. Wir müssen in der Tat so schnell wie möglich zum Zuge kommen!« und daß die Amerikaner unter Umständen den Franzosen auch brutal sagen: »Schließlich seid ihr von unserem Gelde abhängig!«?

Adenauer: Ich kann Ihnen nur folgendes darauf sagen: Die Amerikaner halten die Sache für sehr eilig! – Mehr habe ich aber nicht gesagt.

Journalist: Ist schon etwas gesagt, wer im Falle des verkündeten Notstandes die oberste Gewalt ausübt?

Adenauer: Nein, das muß von Fall zu Fall überlegt werden.

(*Zwischenruf:* Das kommt nicht in den Vertrag?)

Nein. Auch der Umfang der Maßnahmen, die zu ergreifen sind, kommt auch nicht da hinein. So kann es beispielsweise so sein, daß die westalliierten Regierungen die deutsche Bundesregierung beauftragen, diese und jene Maßnahmen zu ergreifen.

Journalist: Es könnte der Fall eintreten, daß im Falle eines Notstandes nicht die Besatzungsmächte, das heißt die Westmächte, in Funktion treten, sondern die Bundesregierung?

(*Adenauer:* Auf Ersuchen der drei westalliierten Regierungen!)

Bundesgrenzschutz?

Adenauer: Sie meinen Bundesgrenzschützchen?

Journalist: Ist in Verbindung mit dem Notstand an das Prinzip des preußischen Belagerungszustandes gedacht worden mit dem automatischen Übergang der vollziehenden Gewalt ‹auf›[a] die Militärbefehlshaber?

Adenauer: Daran ist nicht gedacht worden. Es müssen die Maßnahmen ergriffen werden, die nötig sind, damit die Ordnung wiederhergestellt [wird,] oder die nötig sind, damit eine kriegerische Handlung von außen abgewehrt wird. Das kann in einem Falle das oder sonst kann es dieses sein.

Journalist: Das Vorbild ist also nicht das alte preußische Gesetz von 1847[14], sondern Artikel 48 der Weimarer Verfassung?

Adenauer: Ich würde nicht sagen »ein Vorbild«. Der Notstandsfall ist ein sehr allgemeiner Begriff. Sie dürfen eines nicht übersehen, das tun wir Deutsche wirklich leicht: Wir sind doch namentlich in den Augen des Auslandes ein Staat, der einen sehr wackligen Boden hat. Wie betrachtet der Ausländer Deutschland? Zuerst sagt er sich, es liegt am Eisernen Vorhang hart an Rußland, der Russe sucht von dort aus dieses Land auf jede Weise zu gewinnen; man hat eine Remer-Partei, jetzt Neo-Nationalsozialisten; man hat Kommunisten. Sie haben eine sehr entschiedene Opposition gegen alles und jedes, so daß tatsächlich ich verstehen kann, wenn Grumbach im »Populaire«[15] schreibt – nein, das muß ich zurücknehmen –, daß ich nicht sehr erstaunt darüber bin, wenn Grumbach schreibt: Einem Lande in einem solchen verwirrten Zustande kann man, so lange es in diesem Zustande ist, keine größeren Freiheiten geben! – Nun sagen sich die anderen: »Jetzt sollen wir in diesem Lande – natürlich zu ihrem Schutz, aber auch zu unserem Schutze – Hunderttausende von Angehörigen unseres Landes stationieren!« Und daher sind die andern sehr besorgt um die Sicherheit ihrer Truppen. Das ist menschlich durchaus verständlich.

Journalist: Steht im Prinzip fest, daß in Frankreich oder in Italien, in Livorno z. B., die gleiche Notstandsklausel eingeführt wird?

Adenauer: Mit einem Unterschied. In Livorno oder in Italien sind Kommunisten. Aber erstens haben die Italiener eine Armee, die wir noch nicht haben. Wir bekommen später diese Armee im Rahmen einer europäischen. Zur Zeit ist nichts da bei uns. Und zweitens haben die Italiener doch eine innere Truppe von einer außerordentlich großen Schlagfertigkeit und vorzüglicher Bewaffnung, die für die innere Ordnung in ganz anderer Weise sorgen kann, als wir das irgendwie können. Und endlich, Livorno liegt nicht am Eisernen Vorhang. Und zum Schluß noch: In Livorno – wir haben über diese Dinge natürlich gesprochen – sind vielleicht ein paar tausend Mann von fremden Truppen, während hier soundso viele Hunderttausende sind und sein werden.

Journalist: Gehört zu den geklärten materiellen Fragen auch die Frage, aus welchem Recht heraus die alliierten Truppen hier stationiert sein werden?

Adenauer: Sie sind so gut unterrichtet. Wir haben die Frage einmal angeschnitten, und ich will sie beantworten. Es ist besser, ich sage, wie

es ist, als daß Sie zur Hälfte etwas hören. Die drei Westalliierten wollen natürlich – geben Sie das als eigene Weisheit wieder, nicht als meine Weisheit – bei diesem Vertrag unter allen Umständen vermeiden, daß Sowjetrußland sagen kann: »Ihr habt überhaupt den zwischen uns bestehenden Vertragsboden so restlos verlassen, daß wir uns auch an nichts mehr zu stören brauchen!« Das würde für Berlin sehr üble Folgen haben und zweitens den Russen die Möglichkeit geben, zu sagen: »Wir haben uns verpflichtet, die Einheit Deutschlands wiederherzustellen, aber alle diese Abmachungen sind durch euer Verschulden obsolet geworden.« Dann wäre es immerhin denkbar, daß dieser Komplex der deutschen Frage einmal vor die UN gebracht würde oder vor irgendein Schiedsgericht kommen würde; und für diesen Fall wollen die drei Westalliierten den Russen jedenfalls die Möglichkeit, einen solchen Einwand zu erheben, nehmen. Man sagt weiter: »Wir kennen die Entwicklung in Deutschland nicht. Wir wissen nicht, was eines Tages in Deutschland sein wird und ob dann nicht – da hat z. B. Ägypten eine gewisse Rolle gespielt, da Ägypten auf einmal erklärt hat: ›Wir erklären die Verträge für aufgehoben[16] – ...‹ wir wünschen unsere Rechte, die wir haben bezüglich dieses Punktes, in einem gewissen Umfange zu behalten, um gegenüber allen solchen Eventualitäten gerüstet zu sein.«
Da wir in der Sache selbst ja auch entscheidenden Wert auf die Anwesenheit der Truppen hier legen, ist die Frage nach der Rechtsquelle schließlich nicht so entscheidend, wenn das Ganze einmal fertig ist. Ich denke [mir] die Entwicklung so, daß wir eines Tages und in nicht ferner Zeit in der Lage sind, der Öffentlichkeit und dem Bundestag vorzulegen den Generalvertrag, einen Truppenvertrag, den Vertrag über die Verteidigungsgemeinschaft, eine Reihe von Anlageverträgen dazu und den Schuman-Plan, der gehört auch in das Ganze hinein, also alles zusammen, so daß man aus dem allen zusammen ein Bild bekommt, weil eines mit dem anderen aufs engste zusammenhängt, was an Neuem gemacht worden ist. Und da möchte ich Ihnen sagen: Wenn das alles fertig wird, was ich hoffe, ist tatsächlich in der europäischen Geschichte ein Wendepunkt eingetreten, und zwar kann man dann wirklich zurückgehen bis zur Zeit Karls des Großen. Dann ist Westeuropa wenigstens wieder auf den wesentlichsten Gebieten eine Einheit geworden. Man wird dann ein Urteil nur fällen können, wenn man alle diese Dinge, von denen keines losgelöst für sich die entscheidende Bedeutung hat, aber alle insgesamt eine wirklich entscheidende Bedeutung haben, betrachtet. Man muß sie insgesamt betrachten.

Journalist: Wenn als Rechtsquelle für die Anwesenheit fremder Truppen das Potsdamer Abkommen[17] genommen würde ...

Adenauer: Nein. Das Potsdamer Abkommen wird nicht genommen. Es steht auch nicht darin.

Journalist: Die Bundesregierung wird also von sich aus das Potsdamer Abkommen nicht anerkennen?

(*Adenauer:* Wir erkennen nichts an!)

Die Alliierten werden es auch nicht aufgeben ...

(*Adenauer:* Nein, wenigstens nicht in allen seinen Punkten.)

Journalist: Die anderen Staaten der in Aussicht genommenen Europäischen Verteidigungsgemeinschaft sind durchweg Mitglieder der NATO; wir sollen nur auf dem Umweg über die Verteidigungsgemeinschaft ...

(*Adenauer:* Zunächst!)

Ist für diese Übergangszeit vorgesehen, daß wir einen direkten Kontakt haben? Es könnte ja über Krieg und Frieden entschieden werden!

Adenauer: So schnell geht es nicht. Natürlich erstreben wir die Mitgliedschaft bei NATO. Aber da bin ich auch gebeten worden, doch eines nach dem anderen [zu tun], um nicht zu sehr die anderen zu erschrecken. Bedenken Sie bitte bei allem, daß wir erst das Jahr 1951 schreiben und noch Anfang des Jahres 1945 in dem furchtbarsten Krieg mit all den anderen Staaten steckten, den die Welt je gesehen hat, und das ist eine kurze Zeit, die wenigen Jahre.

Journalist: Sie sprachen vom Schuman-Plan. Sollte das bedeuten, daß der Schuman-Plan erst ratifiziert werden soll im Zusammenhang mit den anderen Verträgen, oder meinen Sie, daß die zweite und dritte Lesung vorweggenommen würde?

Adenauer: Ich möchte, wenn möglich, alles zusammen haben, denn dann bekommen wir wirklich erst ein richtiges Bild, wenn man das alles zusammen betrachtet.

Journalist: Werden die gleichen vertraglichen Kompetenzen, die in dem Vertrag festgelegt werden, auch später für Gesamtdeutschland gelten?

(*Adenauer:* Ja!)

Besteht darüber Einverständnis?

(*Adenauer:* Ja!)

Journalist: Wie wird in diesem Rahmen die Frage der sogenannten gegenseitigen Sicherheitsgarantie gelöst werden?

Adenauer: Gegenseitige? Wir können den Vereinigten Staaten keine Sicherheitsgarantie bieten! Da wird eine Erklärung kommen der drei Westalliierten, die, glaube ich, in jeder Weise genügt, obgleich die Hauptsache dabei ist die Anwesenheit der Truppen mit den nötigen Waffen.

(*Journalist:* Wird die Außenministerkonferenz ...)

Sie wird ausführlicher sein. Auch da meine ich, müßten wir etwas von den Angelsachsen, von den Amerikanern und auch von den Engländern lernen. Ich greife jetzt einmal eine Zahl heraus. Wenn 500 000 Mann fremde Truppen im Lande sind in Deutschland, ist das eine größere Sicherheitsgarantie als jeder Vertrag und als jedes gesprochene oder geschriebene Wort, weil man diese 500 000 Mann nicht im Stich lassen kann, und man kann nicht 500 000 Mann binnen 24 Stunden evakuieren und wegschaffen.

Journalist: Wenn diese Gruppe von Verträgen abgeschlossen sein sollte, zeigt sich dann auch die Möglichkeit, die Kriegsgefangenen im Westen, die Kriegsverbrecherfrage, in einem internationalen Vertrag zu regeln?

Adenauer: Die *Frage der Kriegsgefangenen* ist eine Frage, die in den ersten Anfängen schon besprochen worden ist[18] und die uns sehr vieles Kopfzerbrechen noch macht. Ich möchte über die Frage mit Ihnen sprechen, aber nicht etwa, weil sie schon hier verhandelt worden ist, – sie ist noch nicht verhandelt worden, sie ist nur zwischen einem der Herren und mir einmal angeschnitten worden –, sondern ich möchte da bitten, Ihre Meinung sich selbst zu bilden.

Nehmen Sie Japan. Im japanischen Friedensvertrag hat die japanische Regierung die Verurteilungen als zu Recht bestehend anerkannt, und daraufhin haben die Amerikaner diese Gefangenen der japanischen Regierung zur Strafverbüßung übergeben. Das ist die japanische Regelung im Friedensvertrag.

Nun liegen die Dinge bei uns so, daß unter den Verurteilten sicher ein gewisser Prozentsatz ist, auf die das Wort »Kriegsverbrecher« absolut paßt und die ihre Strafe zu Recht erhalten haben. Andere sind da, die sicher zu hart und zu Unrecht bestraft worden sind.

Ich möchte Ihnen ungezwungen meine Meinung sagen, daß die Bundesregierung diese Verurteilungen als zu Recht bestehend anerkennt; auf der anderen Seite werden, wenn der Generalvertrag abgeschlossen worden ist, hier keine Gefängnisse mehr unterhalten werden können, sei es der Amerikaner, der Engländer oder der Franzosen, in denen Deutsche Strafen verbüßen unter Aufsicht von ausländischem Personal. Wenn also nichts geschieht, würde wohl nichts anderes übrigbleiben, als daß diese Verurteilten abtransportiert würden in die Länder, die sie verurteilt haben. Das wäre natürlich für die Verurteilten schon wegen der Trennung von ihren Familien eine große Härte; und zweitens würde die Möglichkeit des ganz oder teilweisen Erlasses von Strafen, wenn die Leute in anderen Ländern sitzen, sehr viel geringer sein, als wenn sie hier in

Obhut der deutschen Bundesregierung sind. Also, nach meiner Meinung müßte man sehen, einen Weg zu finden, der zwar nicht die Anerkennung der Urteile für die Bundesregierung mit sich bringt, der aber wohl uns die Leute zur Strafverbüßung übergibt.
Es ist eine sehr schwierige Frage, und ich bitte Sie dringend, zunächst gar nichts darüber zu bringen. Vergessen Sie nicht, daß jedes Wort, das jetzt gebracht wird, in der Öffentlichkeit vielleicht Frankreichs eine sehr böse Reaktion hervorruft und dadurch die Frage komplizierter und schwieriger wird, als sie ohnehin schon ist.
Sie haben in diesen Tagen unsere Vertreter im Ausland gesprochen. Ich weiß nicht, ob sie gesprochen haben über die Stimmung gegenüber Deutschland, und Sie werden gehört haben, wie durch diese innerdeutsche Entwicklung die Stimmung im Ausland gegenüber Deutschland sich außerordentlich verschlechtert hat. Dadurch ist es sehr notwendig, auch diese Frage einmal zunächst ...

(*Zwischenruf:* Sie ist angeschnitten.)

Es ist noch nicht darüber verhandelt worden. Ich habe Ihnen meine Meinung gesagt. Aber bitte, bringen Sie zunächst nichts darüber gerade im Interesse der Kriegsgefangenen.

Journalist: Muß die Neuordnung der Montanindustrie verbindlich anerkannt werden in den Verträgen?

(*Adenauer:* Was heißt verbindlich anerkannt?)

Zum Beispiel die Dekartellisierung so, daß keine Änderung von uns vorgenommen werden kann?

Adenauer: Daß da irgendwann Änderungen einmal vorgenommen werden, ist so klar wie etwas. Auf der anderen Seite ist klar, daß, nachdem eine Ordnung in dem Sinne erfolgt ist, es nicht im deutschen Interesse liegt, morgen wieder hinzugehen und alles wieder auf den Kopf zu stellen. Dadurch, daß so wenig Ordnung im ganzen Industriegebiet ist, ist ganz zweifellos auch die Kohlenproduktion nicht etwa gestiegen.

Journalist: Zur Frage der Wahlordnung sind nicht nur von der Opposition, sondern auch aus Kreisen der Koalition Bedenken gegen diesen Länderausschuß vorgebracht worden[19]. Wie würde die Bundesregierung die Situation beurteilen, wenn sich eine Mehrheit gegen diesen Länderausschuß wenden würde?

Adenauer: Dann würden wir nicht daran sterben. Man muß das einmal abwarten. Das sind wirklich keine sehr erschütternden Ereignisse.

Journalist: Schumacher hat neulich auf einer Pressekonferenz angedeutet, daß man notfalls, um der Gefahr einer Übersouveränität – der Ausdruck ist nicht von ihm geprägt –, also wenn die zu selbstherrlich würde, daß man irgendwie die Möglichkeit schaffen müßte, ggflls. die Nationalversammlung aufzulösen[20]. Schumacher hat allerdings nicht gesagt, wie man sie auflösen könnte, also wenn sie nicht mehr der Bevölkerung entspräche. Dieser Länderausschuß ist von der Bundesregierung sehr offensichtlich auch als Organ gedacht worden, das eben eine solche Entwicklung [hin] zur Diktatur einer Nationalversammlung unter Umständen kontrollieren soll?

(*Adenauer:* Ganz richtig!)

Welche Möglichkeiten würden sich denn ergeben, wenn der Länderausschuß wegfällt?

Adenauer: Ich muß mein armes Gehirn schonen. Wenn ich alles überlegen sollte, was für diesen oder jenen Fall da und dort geschehen könnte, käme ich nicht weiter. Es sind Herren aus Berlin bei uns gewesen und haben gesagt: »Wie stellt ihr euch eine solche Wahl vor? Für jede Partei eine Liste für ganz Deutschland? Wie stellt ihr euch das vor? Dann werden die Wahlkreise selbst kaum etwas zu sagen haben. Das ist eine absonderliche Situation.[«] Auf der anderen Seite wissen wir nicht, wie wir es anders machen sollen, und es könnte nun sein, daß tatsächlich eine Nationalversammlung – ich drücke mich viel vorsichtiger aus – eine zu große Meinung von ihrer Aufgabe hätte, und für den Fall wäre ein Länderausschuß ganz praktisch.

Journalist: Ist nicht die Gefahr deswegen besonders groß, weil die Nationalversammlung notfalls sich für ewig konstituieren könnte?

(*Adenauer:* Abwarten und Tee trinken.)

Journalist: Ist es nicht so, wenn Beschlüsse des Bundestages ausgeführt werden, es auf dem Boden des Grundgesetzes geschieht?

(*Adenauer:* Sicher.)

Ist in Erscheinung getreten, daß der Bundestagsbeschluß[21] gegen das GG verstößt und deswegen Bedenken gekommen sind?

Adenauer: Ja. Aber weder der Bundestag noch die Bundesregierung sind sich immer über die Tragweite all dieser Beschlüsse völlig klar gewesen. Ich schließe die Bundesregierung ein. Erst wenn man einmal eine Sache genauer durcharbeitet, sieht man, was drin ist. Ich würde diesen ganzen Briefwechsel[22] auch gar nicht so tragisch nehmen. Es ist doch alles nicht so schlimm. Wir werden einmal hören, was später im Bundestag darüber gesagt wird, ob etwas Kluges gesagt wird oder nicht.

Journalist: Sie sprachen von dem schlechten Eindruck über den Rechtsradikalismus im Ausland. Wäre es nicht möglich, daß die Bundesregierung in Kürze etwas gegen diese Vorgänge – z. B. in Berlin[23] – tut?

Adenauer: Die Dinge in Berlin werden vom Senat in Berlin bestritten.

(*Zwischenruf:* Also ist nichts daran?)
Es wird gesagt, es sei nicht wahr. Aber jedenfalls muß man – das ist mein Standpunkt, und da bin ich fest entschlossen – und das werden wir tun, jedenfalls diesen Dingen sehr intensiv nachgehen, und wenn es nötig ist, ein besonderes Gesetz verlangen vom Bundestag, das uns die nötige Vollmacht dazu gibt.

Journalist: Trifft es zu, daß Sie eine Unterredung mit Ministerpräsident Ehard hatten?

Adenauer: Die habe ich noch. Er kommt heute abend. Ich weiß aber nicht, worum es sich handelt. Wissen Sie es?

Journalist: In München wird behauptet, es würde gesprochen werden über die gesamtdeutsche Wahlordnung im Zusammenhang mit dem kürzlichen Schreiben Ehards[24] an Sie und wegen der Stellung des Bundesfinanzministers![25]

Adenauer: In den Briefen des Herrn Ministerpräsidenten Ehard an mich, in denen er um eine Unterredung nachsucht, steht weder das eine noch das andere drin.

Journalist: Kann man etwas erfahren zum Thema Mitbestimmung? Durch die Abgeordneten Sabel[26] und Schröder[27] ist indirekt der Regierung der Vorwurf gemacht worden, daß sie mit den Gewerkschaften darüber verhandelt, während die Frage der Kompetenz dem Bundestag unterstehe – Chemie –[28].

Adenauer: Soviel ich weiß, haben die Herren nur auf ihre Kompetenzen aufmerksam gemacht. Ich habe den dringendsten Wunsch, und es scheint Gott sei Dank, daß der Wunsch in Erfüllung geht, daß der Bundestag diese ganze Materie so schnell wie möglich ordnet. Wenn die Sache lange schon geordnet wäre, hätten wir viel weniger Differenzen.

Journalist: Haben Sie aufgrund Ihrer letzten Besprechungen mit Fette den Eindruck, daß für den DGB die *Mitbestimmung bei Großchemie* nach dem Muster von Kohle und Eisen eine Conditio sine qua non ist?

Adenauer: Wenn Sie sagen würden ein Petitum; aber Conditio sine qua non ist mehr ein innerer Vorgang. Ich kann die Herzen schwer erreichen.

Journalist: Glauben Sie, daß der DGB damit Erfolg haben wird?

Adenauer: Die Sache ist völlig klar. Der Bundestag beschäftigt sich anscheinend wirklich im letzten Stadium mit der gesetzlichen Regelung. Eine Regelung, wie sie der DGB wünscht, kann auf zweierlei Weise erfolgen, entweder durch eine Vereinbarung, die getroffen wird – nicht von uns getroffen wird – mit den Leuten, die bei den entflochtenen Gesellschaften zu sagen haben, also gewissermaßen eine private Abmachung.

Die geht uns nichts an. Der zweite Weg wäre der im Wege eines Sondergesetzes. Ich glaube nicht, daß ein Sondergesetz eingebracht werden wird von der Bundesregierung. Es würde auch sicher, wenn es eingebracht würde – aber ich sage, es wird nicht eingebracht werden –, wie ich annehme, auch keine Mehrheit finden.

Journalist: Wäre dieses Petitum ein auswechselbares?

Adenauer: Ich bin wirklich nicht im Vorstand des DGB.

Journalist: Die Besprechung mit Ministerpräsident Ehard hat noch nicht stattgefunden, aber Sie haben heute morgen mit den Herren Minister Erhard und Schäffer gesprochen?

(*Adenauer:* Sogar einzeln und zusammen.)

Vor einiger Zeit haben wir gelesen, daß Schäffer evtl. an einen Rücktritt denkt je nach der Haltung der Koalition zu seinen Finanzplänen[29].

Adenauer: Davon ist mir nichts bekannt. Man muß den »Ruhrnachrichten« die Verantwortung überlassen. Nur war der Vorgang im Bundestag sehr wenig erwünscht. Ich nehme aber an, daß doch ein Weg gefunden wird, der die Erörterung und Regelung dieser ganzen Angelegenheiten in die Bahnen wieder bringt, wie sie vor der ersten Lesung in gemeinsamen Besprechungen waren.

(*Zwischenruf:* Also Luxussteuer?)

Ich sage gar nichts mehr darüber.

Journalist: Glauben Sie, daß die Forderung der CSU an die Regierungskoalition, die Zentralisierungstendenzen anzuhalten, erfüllt werden wird?

(*Adenauer:* Ich weiß von diesen Forderungen nichts.)

Die CSU soll das gestern beschlossen haben!

(*Adenauer:* Das weiß ich nicht.)

Minister Schäffer soll beauftragt sein, Ihnen das heute zu sagen!

(*Adenauer:* Er hat mir heute nichts gesagt.)

Journalist: Ist schon etwas in der Kompetenzfrage Geld und Kredit entschieden worden[30]?

Adenauer: Ich hoffe, daß wir da zu einer Verständigung kommen. Die Besprechung, die ich heute morgen mit den Herren hatte, galt auch diesem Thema, und wir sind ein gutes Stück weitergekommen. Es läßt sich nicht verkennen, daß beide Ministerien – in dem einen Fall mehr das eine, in dem anderen Fall mehr das andere – daran interessiert sind, und wir suchen eine Kombination, die jedem das Seine gibt, aber eine Zusammenarbeit mit der BdL auf diesem Gebiet gewährleistet.

Journalist: Dürfen wir die uralte Frage anschneiden, die sich aus der Anwesenheit von Herrn Krueger ergibt[31]?

Adenauer: Darf ich die uralte Bitte wiederholen, mir geeignete Vorschläge zu machen.

(*Zwischenruf:* Es war ein Herr hier, der allseitiges Vertrauen hatte[32].)
Das haben alle Herren.

(*Zwischenruf:* Er kam von weit her!)

Adenauer: Er ist dort unentbehrlich. Das haben Sie doch gelesen.

Journalist: Von amerikanischen Kongreßabgeordneten wurde gestern in Bonn gesagt, Sie genießen in Amerika ein so großes Ansehen, und es wäre wünschenswert, wenn Sie Amerika einen Besuch abstatten würden. Wenn Herr Acheson eine Einladung an Sie richten würde, würden Sie dann ja sagen?

Adenauer: Wie kann ich der Presse mitteilen, wenn Acheson mich einlädt ... Das kann ich doch nicht. Darüber ist aber schon gesprochen worden, über meine Reise nach den Vereinigten Staaten. Aber so eilt das nun wirklich nicht. Hier ist ja so viel jetzt zu tun, daß ich froh bin, wenn wir die nächsten Monate glücklich hinter uns gebracht haben. Aber daß ich in absehbarer Zeit eingeladen werde und hinfahre, ist sicher.

Journalist: Gestern haben Mitglieder des amerikanischen Kongresses zu verstehen gegeben, daß die USA sehr großen Wert darauf legen, daß der deutsche Verteidigungsbeitrag so bald wie möglich realisiert wird, und nach heutigen Pressemeldungen aus Paris ist zu entnehmen, daß die Möglichkeit besteht, deutsche Kontingente schon dann aufzustellen, bevor die Europa-Armee sich konstituiert hat. Können Sie darüber etwas sagen?

Adenauer: Ich will einmal so sagen: Nicht deutsche Kontingente aufstellen, aber die Vorbereitungen schon zu treffen, auch ehe das Ganze nun von allen Parlamenten ratifiziert ist, um Zeit zu gewinnen.

(*Zwischenruf:* Das wäre also nur die Aufstellung von Listen?)
Ich hätte mir nicht vorgestellt, welche Arbeit es bedeutet, wenn nichts mehr da ist, eine neue Armee aufzustellen. Das ist eine unglaubliche Arbeit, auch Arbeit zunächst auf dem Papier.

Journalist: Man würde praktisch also noch keine Leute vorher einberufen?

(*Adenauer:* Nein.)
Bzw. eine Aufforderung zur freiwilligen Meldung?

(*Adenauer:* Nein.)

Journalist: Interzonenhandel[33]?

Adenauer: Das ist eine ernste Sache. Es ist natürlich auch eine Note in dem Ganzen bewußt hineingebracht worden. Man fängt jetzt wieder an, in Berlin unangenehm zu werden. Wir sind sehr nachsichtig gewesen und haben möglichst versucht, was wir konnten. Aber offenbar sind politische Gründe vorhanden, und das hat einmal ein Ende.

Journalist: Ist es nicht so, daß die Russen durch ihre Machenschaften uns in eine Situation bringen, aus der wir rechtlich sehr wenig Auswege kennen, und andererseits die Alliierten nicht gewillt sind, den einzig wirklich wirkungsvollen Gegenzug zu tun und eine große Luftbrücke zu bauen?

Adenauer: Eine große Luftbrücke ist nicht nötig. Berlin ist in anderer Weise, als es damals der Fall war, vorversorgt für eine ganze Reihe von Monaten, und eine Luftbrücke kleineren Ausmaßes werden die Alliierten sicher herstellen.

(*Zwischenruf:* Etwa 600 t am Tag!)
Sie sind genau im Bilde. Warum fragen Sie Sachen, die Sie schon wissen?

Journalist: Wir haben aber den Eindruck, daß Berlin nicht gut versorgt ist!

Adenauer: Berlin ist für 6 Monate mit Kohlen versorgt, mit Getreide versorgt, Berlin ist glänzend versorgt. Nach der Richtung sind gar keine Befürchtungen. Aber es handelt sich um den Hintransport und Abtransport von – sagen wir einmal, da verstehen Sie den Ausdruck – besseren Fabrikaten. Da steckt sehr viel Geld drin. Es sind große Summen festgelegt in den Vorräten.

Nr. 22
29. November 1951: Tee-Empfang (Aktennotiz von Franz Hange, Bonn, für Chefredakteur Fritz Sänger, Hamburg)

PA Franz Hange, Akte Tee-Gespräche Adenauer 1950–1955

Teilnehmer[1]: Friedrich Carl Badendieck, Dr. Hilde Bogner, Dr. Fritz Brühl, Ludwig von Danwitz, Wolfdietrich Gerdes, Franz Goeddert[2], Marliese Grouven, Hugo Grüssen, Franz Hange, Dr. Hans Joachim Kausch, Dieter von König[3], Dr. Adolf Kussl[4], Dr. Karl Lohmann, Werner von Lojewski, Dr. Erika Neumann, Wilhelm Papenhoff, Dr. Sigurd Paulsen, Dr. Alfred Rapp, Dr. Franz Rodens[5], Guenther Scholz[6], Dr. Max Schulze-Vorberg, Heinrich Spiecker, Dr. Robert Strobel, Dr. Richard Thilenius[7], Gerta Tzschaschel, Dr. Josef Ungeheuer, Adam Vollhardt, Erich Wagner, Dr. August Wegener, Hans Wendt, Paul Wilhelm Wenger, Fried Wesemann – Dr. Carl Otto Lenz[8]

Beginn: 16.40 Uhr[9]

Pariser Konferenz[10] und deutsch-alliierte Vertragsverhandlungen
Die deutsch-alliierten Verhandlungen über den Generalvertrag und die Zusatzvereinbarungen werden noch im Laufe des Monats Januar [1952] abgeschlossen[11]. In Anbetracht der Weihnachtspause muß diese Verzögerung eintreten. Die Sachverständigen erörtern in der Hauptsache in Bonn die vorgesehenen Zusatzverträge, während in Paris der Vertrag über die Europäische Verteidigungsgemeinschaft behandelt wird. Die Erörterungen über die finanziellen Probleme können erst dann aufgenommen werden, wenn der sogenannte »Rat der drei Weisen«[12] unter Vorsitz von Averell Harriman seine Pariser Beratungen über den finanziellen und wirtschaftlichen Umfang der europäischen Verteidigung abgeschlossen hat.
Über die Höhe des deutschen finanziellen Beitrags ist bisher noch nicht entschieden worden. Die Äußerung Buttenwiesers, daß 13 Milliarden DM gebraucht würden, trifft nicht zu. Ein so hoher Betrag wird von der Bundesregierung niemals anerkannt, da der besonderen wirtschaftlichen und sozialen Lage der Bundesrepublik Rechnung getragen werden muß. Der amerikanische Hohe Kommissar McCloy hat dem Bundeskanzler in einem Schreiben mitgeteilt, daß Buttenwiesers Äußerungen nicht offiziell sind und auf keinen Fall eine amerikanische Forderung darstellen[13].
Im Rahmen der Vereinbarungen des künftigen Generalvertrages werden die Westmächte ein Konsultationsrecht für die Bundesregierung sowohl in der Frage des Notstandes als auch dann anerkennen, wenn die Westmächte Verhandlungen über Deutschland mit anderen Mächten (der

Sowjetunion) führen. Es ist dies das wichtigste Ergebnis der Pariser Konferenz, daß künftig keine Beschlüsse mehr über Deutschland gefaßt werden können, ohne daß vorher die Bundesregierung gefragt wird. Die Verkündung eines Notstandes kann nur erfolgen 1. bei Krieg, 2. bei drohender Kriegsgefahr, 3. bei möglicher Umsturzgefahr. Dies aber nur dann, wenn die Kräfte von Bund und Ländern nicht ausreichen, um solche Gefahren zu verhindern. Die USA verlangen solche Sicherheiten für ihre Truppen in jedem Land. Die Bundesregierung hat über das Konsultationsrecht hinaus die Möglichkeit, den Rat der Atlantikpaktstaaten anzurufen, um einseitige alliierte Beschlüsse zu verhindern.
Die Bundesregierung wird künftig einen selbständigen Staat mit eigenen Hoheitsrechten repräsentieren. Die Eisenhower-Erklärung in Rom[14], Europa so weit östlich wie möglich zu verteidigen, hat in der Welt einen guten Anklang gefunden. Dies ist auch vom deutschen Standpunkt zu begrüßen. Die Haltung der SPD in dieser Frage ist zu bedauern[15]. Wenn der Wortlaut des Generalvertrags veröffentlicht wird, wird zu erkennen sein, ob wirkliche Erfolge erzielt sind. Der Wortlaut des Vertrages geht aber weit über das hinaus, was bisher gesagt wurde. Aus seinen Verhandlungserfahrungen in Paris mit den drei Außenministern muß der Bundeskanzler sagen, daß die Kritik der SPD nicht genützt, sondern nur geschadet hat.

Europäische Verhandlungen
Nach Abschluß der Vertragsverhandlungen, die die Bundesrepublik in die Europäische Gemeinschaft eingliedern, werden die Erörterungen über die Form und den Inhalt dieser Europäischen Gemeinschaft beginnen. Erstmalig wird der Bundeskanzler Gelegenheit haben, Mitte Dezember in Straßburg mit einer Anzahl europäischer Außenminister zusammenzutreffen und Fragen der politischen, wirtschaftlichen und militärischen Integration zu besprechen[16]. Die europäische Integration wird im kommenden Jahr von entscheidender Bedeutung für die amerikanische Haltung gegenüber Europa sein. Das Jahr 1953 ist das Jahr der Präsidentschaftskampagne in den Vereinigten Staaten. Deutschland muß dabei zu erkennen geben, daß es sich zur europäischen Lösung bekennt. Wichtig ist, daß die zahlreichen Vorurteile über Deutschland ausgeräumt werden. Dazu sind sowohl Regierung als auch Opposition verpflichtet. Schuman-Plan und Europaarmee werden selbständige Verträge sein. Schuman-Plan und Europaarmee sind nicht Voraussetzung für das Zustandekommen des Generalvertrages. Die Europäische Verteidigungsgemeinschaft, zu deren Beitritt die Bundesrepublik nach dem Generalvertrag

verpflichtet wird, kann auch andere Organisationsformen haben. Bisher haben die Verhandlungen in Paris über die Europaarmee gute Fortschritte gemacht, so daß Gespräche über andere Lösungsformen – wie eine europäische Kerntruppe – noch nicht stattfinden brauchen.

London-Besuch[17]
Aus dem von britischer Seite vorgeschlagenen Besuchsprogramm ist zu erkennen, welche Bedeutung die britische Regierung der Reise des Bundeskanzlers beimißt. Der Bundeskanzler will die britische Regierung zu überzeugen versuchen, daß erstens Europa eine Einheit bildet und daß ein starkes Europa nur unter Einschluß Englands möglich ist. In welcher Form der Einschluß Englands erfolgt, ob in alliierter oder assoziierter Form, ist dabei gleichgültig. Zweitens, daß das deutsche Volk in seiner Mehrheit nicht nationalistisch denkt und daß in Deutschland wirklich der Wille zu einer demokratischen Staatsform besteht. Drittens, daß die Bundesrepublik nicht eine nationale Aufrüstung, sondern eine Einbeziehung ihrer militärischen Kräfte in die westliche Welt will. Viertens, daß auf britischer Seite alle Befürchtungen zu Unrecht bestehen, Deutschland wolle wieder eine Politik der Doppelzüngigkeit betreiben, die zu einem Zusammengehen mit [der] Sowjetunion führen könne[18].

Schulze-Verhaftung[19]
Die Bundesregierung hat von vornherein alles ‹getan›[a], um eine Beeinflussung in gerichtlichen Angelegenheiten zu vermeiden. Die Regierung hat sich nirgendwo eingemischt in Strafverfahren. Ziel seiner [Adenauers] Politik sei, einen Rechtsstaat herzustellen und das Gefühl für Recht im deutschen Volk zu schaffen, das durch den Nationalsozialismus abhanden gekommen sei. Die Justizbehörden und der Staatsanwalt seien die Vollstrecker der Gesetze. Der § 353c ist im Strafrecht enthalten. Ob er richtig ist, steht dahin. Die Justiz hat nach den bestehenden Gesetzen zu handeln. Es ist Sache des Bundestages, diesen Paragraphen zu ändern. Der Bundeskanzler begrüßt das Gespräch zwischen den Journalisten und dem Bundesjustizminister, um den Paragraphen 353c zu klären. Der Fall Schulze müsse von der Behandlung des § 353c getrennt erörtert werden. Bei Schulze würden die gerichtlichen Untersuchungen weitergehen. Bei Schulze seien die Adressaten interessant, denen er die Geheimdokumente zugeschickt habe. (Staatssekretär Lenz ergänzte die Ausführungen des Bundeskanzlers dahingehend, daß man scharf zwischen Staat und Justiz trennen müsse.) Der Fall Schulze und alle anderen würden von der Staatsanwaltschaft geprüft, und die Regierung hätte darauf keinerlei Einfluß.

Nr. 23
13. Dezember 1951: Presse-Tee (Wortprotokoll)
BPA Archiv F 30

Teilnehmer[1]: Friedrich Carl Badendieck, Dr. Hilde Bogner, Dr. Fritz Brühl, Ludwig von Danwitz, Wolfdietrich Gerdes, Franz Goeddert, Marliese Grouven, Hugo Grüssen, Franz Hange, Dr. Hans Joachim Kausch, Dieter von König, Dr. Adolf Kussl, Dr. Karl Lohmann, Werner von Lojewski, Heinz Lubbers, Erich Peter Neumann[2], Dr. Erika Neumann, Wilhelm Papenhoff, Dr. Sigurd Paulsen, Dr. Albert Pfeiffer[3], Dr. Alfred Rapp, Dr. Franz Rodens, Guenther Scholz, Dr. Max Schulze-Vorberg, Heinrich Spiecker, Paul Steinfurth, Dr. Robert Strobel, Dr. Richard Thilenius, Gerta Tzschaschel, Dr. Josef Ungeheuer, Rolf Vogel, Adam Vollhardt, Dr. August Wegener, Hans Wendt, Paul Wilhelm Wenger, Fried Wesemann – Herbert Blankenhorn

Beginn: 17.15 Uhr[4]

Adenauer: Darf ich mich zunächst einigen außenpolitischen Fragen zuwenden und Sie bitten, einmal alle die Vorgänge der letzten Wochen vor Ihren Augen Revue passieren zu lassen. Ich meine damit die Pariser Konferenz, die Konferenz, auf der die Vereinigten Staaten, Großbritannien, Frankreich und Deutschland vertreten waren und auf der ein Abkommen beschlossen worden ist über den Generalvertrag[5]. Daran hat sich dann angeschlossen mein Besuch in London[6]. Daran schlossen sich an die Verhandlungen mit den Außenministern der Länder der Europäischen Verteidigungsgemeinschaft in Straßburg[7]. Und eine neue Konferenz steht für Ende des Jahres in Paris bevor, ebenfalls über die Europäische Verteidigungsgemeinschaft, auf der man, wie man wohl mit großer Zuversicht annehmen kann, zu einer Einigung unter diesen Ländern der Europäischen Verteidigungsgemeinschaft kommen wird. Wenn das der Fall ist – diese Konferenz soll stattfinden zwischen dem 27.12. und 30.12. in Paris –, werden die dort gefaßten Beschlüsse[8] in die richtige Form gebracht werden, und es wird ein Abkommen geschlossen werden – noch nicht ratifiziert natürlich, das geht in der kurzen Zeit nicht –, und das wird dann vorgelegt werden der Nordatlantikpakt-Konferenz, die am 2. Februar [1952] in Lissabon stattfindet[9].
Wenn das alles so planmäßig verläuft, und ich hoffe, daß das der Fall ist, und ich hoffe das mit gutem Grund, [dann] kann man in Wahrheit sagen, daß tatsächlich das neue Europa schon fest dasteht. In der Zwischenzeit wird auch bei uns der Schuman-Plan ratifiziert worden sein[10], und der Schuman-Plan ist dann auch fertig. Luxemburg wird es im Januar

machen[11]. Dann wird dieses neue Europa auf den beiden festen Pfeilern stehen, Schuman-Plan, also gemeinsame Bewirtschaftung von Kohle und Eisen, und Europäische Verteidigungsgemeinschaft; und gerade aus dem Vertrag über die Europäische Verteidigungsgemeinschaft werden sich eine ganze Menge Konsequenzen politischer und wirtschaftlicher Art ergeben, die geradezu zwangsläufig dazu führen werden, daß Europa endlich geschaffen ist ‹und›[a] dasteht.

Ich möchte Ihnen einige Worte sagen über die Stellung Großbritanniens zu Europa. In der vorigen Woche, als ich in London war, habe ich sehr zahlreiche Besprechungen gehabt, nicht nur mit den Mitgliedern des britischen Kabinetts[12], insbesondere mit Churchill und Eden[13], sondern auch mit einer Reihe von Politikern, auch mit Politikern aus der Opposition und mit führenden Leuten des politischen und kulturellen und kirchlichen Lebens in Großbritannien. Die Auffassung, die vor kurzem in Straßburg zutage getreten ist und auch bei uns vertreten wird über die Haltung Großbritanniens zu Europa, halte ich nicht für richtig. Ich bin aufgrund dieser Gespräche, die ich gehabt habe, nicht der Auffassung, daß Großbritannien diesem vereinten Europa irgendwie feindlich, ja nicht einmal gleichgültig gegenübersteht. Im Gegenteil! Ich kann Ihnen sagen: Großbritannien wünscht, daß dieses Europa zustande kommt. Es ist mir von den maßgebendsten Leuten in Großbritannien auch gesagt worden, sobald der Schuman-Plan ratifiziert sei und sobald die Europäische Verteidigungsgemeinschaft abgeschlossen sei, werde von seiten Großbritanniens sofort der Weg gefunden werden, um zu diesen beiden Organisationen in ein näheres Verhältnis zu kommen.

In den Tagen, die ich in Großbritannien war, habe ich vielleicht mehr als sonst jemand, der einige Tage dort zubringt, einen Einblick tun können in die Eigenart, politische Struktur und Auffassung und Art der Briten. Sie sind eben nun einmal anders als wir. Ich bin immer wieder darauf hingewiesen worden, daß Großbritannien bis jetzt noch keine geschriebene Verfassung hat und daß die Briten trotzdem ein verfassungsmäßiges Arbeiten kennen, ein verfassungsmäßiges Leben haben, wie wohl kein anderer Staat auf der Erde, daß sie Wert darauf legen, nach ihrer Art und nach ihrem Herkommen die Dinge zu betrachten und zu behandeln, daß aber dieses Betrachten und Behandeln der Dinge nach ihrer Art in keiner Weise bedeutet, daß sie gegenüber diesen Dingen eine feindliche oder ablehnende Haltung einnehmen. Das möchte ich ganz allgemein zu der politischen Lage sagen, und ich darf vielleicht noch einige Bemerkungen über meine Reise und meinen Aufenthalt in London anknüpfen. Sie wissen, daß ich seinerzeit von der Labour-Regierung als Außenminister eingeladen worden war[14]. Die konservative Regierung hat dann diese Einladung wiederholt und ausgedehnt auch auf den Teil von mir, der nicht Außenminister, sondern der Bundeskanzler ist, so daß ich also ausdrücklich eingeladen war als Bundeskanzler und als Bundesaußenminister. Ich möchte allgemein sagen – auch nachträglich bestätigt sich dieser mein Eindruck, den ich schon in England hatte, ja er hat sich noch vertieft –, daß die Aufnahme, die ich dort in Großbritannien gehabt habe, und zwar von jedermann, abgesehen von einigen Kommunisten, eine wirklich herzliche gewesen ist, mehr als eine freundliche, eine direkt herzliche.

Einige Ausführungen, die Außenminister Eden gemacht hat, sagen Ihnen das wohl am allerbesten. Herr Eden hat bei dem Essen, das ich zum Abschluß des ganzen Besuches gegeben habe, ein[en] Toast auf mich ausgebracht, und er hat in dieser Rede folgendes gesagt: »Hier ist zum Ausdruck gekommen, was unser aller Absicht ist und auch das Volk empfunden hat: Wir wollen eine Welt bauen, die frei ist von den Schrekken der Vergangenheit, und ich darf Sie bitten, Herr Bundeskanzler, dies als Botschaft an Ihr Volk mitnehmen zu wollen und ihm zu sagen, daß wir, Großbritannien und Deutschland, Freunde sein wollen und mit den Vertretern der Länder, die an diesem Tisch sitzen, unsere historische Aufgabe erfüllen wollen, für diesen Kontinent und die Länder des Atlantikraumes eine gesicherte Zukunft zu schaffen.« Die Vertreter der Länder, die mit am Tische saßen, waren der Botschafter Großbritanniens[15], der Botschafter der USA[16] und der Vertreter von Kanada[17].

Ich kann weiter sagen, daß alle wir Deutschen, die wir an diesem Tisch saßen, als Eden davon sprach, daß wir Freunde sein wollten – ein Wort, das gerade aus britischem Mund gesprochen sehr bedeutsam ist –, daß wir alle von der Bedeutung dieser Minuten sehr angetan waren.

In diesem Raume (Anmerkung: Palais Schaumburg) waren vor 3 bis 4 Wochen Vertreter des Unter- und des Oberhauses aus Großbritannien, und einer der Herren aus dem Unterhaus hielt hier eine Rede, und er sagte ungefähr, daß die Deutschen und die Briten in Zukunft einander (...) Er fügte hinzu: »Ich bitte, verstehen Sie in diesem Fall, wenn ich nicht sage, daß wir Freunde sind. Wir müssen erst noch Freunde werden. Für uns Briten bedeutet das Wort ›Freund‹ sehr viel.« –

Wenn nun von dem berufenen Vertreter Großbritanniens, von Eden, ausdrücklich an mich die Aufforderung gerichtet wird, dem deutschen Volk die Botschaft zu überbringen, daß wir in Zukunft Freunde sein wollen, dann – jetzt gebrauche ich die Worte, die dieses Unterhausmitglied hier gebraucht hat – ist das außerordentlich viel. Ich möchte weiter

noch hinzufügen, daß auch Eden von einem historischen Besuch in England gesprochen hat. Davon haben auch andere maßgebende Persönlichkeiten gesprochen, auch Robertson[18] in einem Telegramm – er konnte nicht anwesend sein – sprach von diesem historischen Besuch, so daß wir alle miteinander empfanden, die verantwortlichen Männer in Großbritannien, die britische Regierung, auch die Opposition, und, wie ich eben schon sagte, die maßgebenden Vertreter des britischen Geisteslebens und auch der Kirchen wollten dokumentieren, daß die Vergangenheit ausgelöscht sei und daß eine neue Ära in den Beziehungen zwischen Großbritannien und Deutschland von nun an beginnen soll.
Demselben Gedanken gab Ausdruck der britische König, der bei dem Empfang[19] – er dauerte eine halbe Stunde, während im allgemeinen die Empfänge nur 10 Minuten dauern; es war übrigens sein erster Empfang nach der Operation, die er durchgemacht hat, und er sah sehr gut aus zu unserer Freude – der bei dem Empfang auch davon sprach, daß nunmehr zwischen unseren beiden Völkern ein anderer Zustand eintreten müßte, daß wir Freundschaft zueinander hegen müßten, daß wir genug Kriege miteinander gehabt hätten.
Wenn ich das alles rückwärts betrachte, kann ich nur nochmals wiederholen, daß dieser Besuch in Großbritannien ein Ereignis gewesen ist – wie ich hoffe – [von] geschichtlicher Bedeutung und daß dadurch auch wirklich eine neue Ära der Zusammenarbeit zwischen Großbritannien und uns eingeleitet worden ist.
Eden hat, als er sich verabschiedete, noch ein weiteres Wort gesprochen, das sich in diesem Kreise zu wiederholen lohnt. Er hat gesagt: »Ihre Erfolge sind unsere Erfolge, und unsere Erfolge sind Ihre Erfolge!« Ein Wort, das ja in außerordentlicher Stärke wiedergab dieses Gefühl, das, wie ich glaube, uns alle beherrscht hat und mit Recht beherrscht hat, und endlich möchte ich noch hier verlesen die Botschaft, die mir der Premierminister Churchill ‹gesandt›[b] hat, und auch die Botschaft, die Eden gesandt hat, als ich ihnen beiden nach meiner Rückkehr nach Bonn telegrafisch gedankt habe[20]. Ich weiß, daß diese Botschaft jedenfalls in einem Teil der Presse schon veröffentlicht ist, aber ich habe nur wenige Zeitungen sehen können und habe nicht den Eindruck, als wenn diese Botschaft auch ihrem politischen Inhalt nach so gewürdigt worden ist, wie sie gewürdigt werden muß. Sie können sich denken, daß sie Wort für Wort überlegt worden ist. Churchill hat mir folgende Botschaft zugehen lassen[21]:
[»Ich danke Ihnen für Ihre freundliche Botschaft. Die Britische Regierung und ich haben uns aufrichtig darüber gefreut, Sie in Ihrer Eigenschaft als

deutschen Bundeskanzler in England willkommen heißen zu können. Ihr Besuch fand in einem wichtigen Abschnitt der Entwicklung neuer und glücklicherer Beziehungen zwischen unseren beiden Ländern statt. Ich teile Ihre Ansicht, daß unser Zusammentreffen dem gemeinsamen Werke der Konsolidierung Europas und der Stärkung des Weltfriedens einen großen Dienst geleistet hat. Bei diesem großen Werke können Sie auf die Mitarbeit und den guten Willen der britischen Regierung und des britischen Volkes zählen.«]

Das ist mit das Wesentlichste, was ich Ihnen zu sagen habe, und ich [will] nun einige kurze Bemerkungen daran anknüpfen über Straßburg. In Straßburg waren zunächst vier Außenminister gebeten worden, vor dem Europäischen Rat zu sprechen über ihre Gedanken hinsichtlich der Schaffung eines vereinigten Europas. Das war am Montag [10. Dezember 1951]. Morgens haben gesprochen De Gasperi[22] und van Zeeland und Montagnachmittag haben gesprochen Schuman und ich[23]. Der folgende Tag, der Dienstag, war der Beratung einer Reihe von Punkten des vorbereitenden Vertrages über die Europäische Verteidigungsgemeinschaft gewidmet. Dieser Vertrag enthält militärische und militärtechnische Punkte; über die haben wir nicht gesprochen, weil es nicht nötig war. Darüber besteht Einigkeit. Er enthält politische Punkte und gemischte Punkte, politisch-militärisch gemischte Punkte. Über diese Punkte haben wir gesprochen und verhandelt, und zwar hat die Sitzung gedauert von morgens 10.00 Uhr bis nachts 2.00 Uhr mit zwei kurzen Unterbrechungen. Wir waren einig, aber wir hatten noch nicht alle Punkte erledigt, und deswegen findet eine Fortsetzung dieser Besprechungen statt – wie ich bereits sagte – Ende Dezember.

Über diese Besprechungen hat in der gesamten Presse allerhand gestanden, was nicht richtig ist, was dementiert worden ist, nämlich darüber (...) Davon ist überhaupt kein Wort gesprochen worden. Das ist eine reine Selbstverständlichkeit. Wenn wir der Verteidigungsgemeinschaft beitreten, werden wir ein entsprechendes Ministerium einrichten müssen und einen Verteidigungsminister haben müssen. Das ist eine absolute Selbstverständlichkeit. Wenn ich aber auch nicht mehr Einzelheiten über diese Besprechungen mitteilen kann, als bekannt geworden sind, so möchte ich eines nachdrücklich hervorheben: Im Artikel 1 oder 2 des Vertragsentwurfes steht, daß kein einziges Land irgendwie diskriminiert werden darf durch diesen Vertrag[24]. D. h. auf gut deutsch, daß auch wir im vollen Status der Gleichberechtigung mit den anderen diesen Vertrag schließen werden.

Ich möchte Ihnen noch einige weitere Bemerkungen machen, und zwar zunächst über den Besuch in London. Ich wurde empfangen in London von der Luftwaffe, ich weiß nicht, wieviel Mann es waren, aber es war eine ganze Menge, und einer Kapelle. Da zeigte sich dasselbe wieder wie in Rom[25], daß wir noch keine Nationalhymne haben[26] und daß, während ich die Front abschritt, dann die Kapelle irgendeinen Marsch spielte, das ist natürlich nicht besonders angenehm.

Ich habe einen Vortrag im Chatham House gehalten[27], also in dem Königlichen Institut für Auswärtige Angelegenheiten, eine sehr exklusive Gesellschaft. Das Haus war voll besetzt, und es waren schätzungsweise etwa 700 Leute anwesend, allererste Persönlichkeiten. Auch da wurden sowohl mein Vortrag sehr gut aufgenommen wie auch die Antworten, die ich nachher auf Fragen erteilte. Es wurde eine Reihe von Fragen gestellt, die ich nach besten Kräften beantwortet habe, und wie ich glaube, stimmte man meinen Antworten sehr stark zu.

Das gleiche gilt von der Konferenz mit der internationalen Presse[28], wo einige hundert Herren versammelt waren und bei der auch eine Reihe von Fragen gestellt wurden. Die erste Frage handelte ‹wie›[c] immer, ich will weiter nichts davon erwähnen, natürlich ‹von›[d] Ministerreden. Auch da glaube ich, haben wir für Deutschland sehr viel herausgeholt.

Dann war auch mein Besuch in Oxford[29] sehr erwähnenswert, deswegen, weil dort einige hundert Studenten aus sich heraus und spontan mir eine lebhafte Ovation darbrachten und, als einige Kommunisten zu stören versuchten und Flugblätter warfen, diese Flugblätter mit Füßen traten und um so lauter in ihrer Ovation wurden. Die Kommunisten haben überhaupt versucht, zu stören, bei mehreren Gelegenheiten, einmal zur Überraschung der britischen Polizei, als ich zur Downing Street ging. Sie haben auch folgendes gemacht: Sie haben zwei Leute in die Uniform gesteckt von deutschen Offizieren mit nationalsozialistischen Abzeichen und haben diese beiden dazu veranlaßt, in dem Hotel, in dem ich untergebracht war, Platz zu nehmen, um bei dem Publikum den Eindruck hervorzurufen, daß ich schon sofort begleitet wäre von Offizieren mit dem Hakenkreuz. Die beiden Herrschaften sind dann von den Detektiven entfernt worden.

Ich darf vielleicht auch erwähnen, daß bei dem Besuch der Westminster Abtei mich im Ornat an der Tür empfangen hat der [Dean Reverend Alan Don][30] mit seiner Begleitung und sich mir eine ganze Stunde gewidmet hat, daß außerdem nicht nur der römisch-katholische Kardinal[31], sondern auch der Erzbischof von Canterbury[32], der der Primas von England ist, sich außerordentlich aufgeschlossen und sehr freundschaftlich gezeigt haben. Überhaupt war die Atmosphäre eine ganz ausgezeich-

nete, und ich glaube, wir Deutsche können sehr damit zufrieden sein und uns sehr darüber freuen.
Bevor Herr Blankenhorn noch einiges zu dem London-Besuch Ihnen mitteilen wird, möchte ich nur folgendes sagen: Herr Etzel[33] (Wirtschaftsausschuß des Bundestages) steht Ihnen gleich zu einer Pressekonferenz über den Schuman-Plan zur Verfügung. Sie wissen, daß heute morgen im Wirtschaftspolitischen Ausschuß die sozialdemokratischen Vertreter den Saal verlassen haben[34] und daß dann dem Gesetz über die Ratifizierung des Schuman-Plans einstimmig zugestimmt worden ist. Es findet zur Zeit eine Verhandlung statt über den Termin; wann die endgültige Ratifizierung stattfinden soll, ob schon in der nächsten Woche oder ob es hinausgeschoben werden soll bis nach den Weihnachtsferien, das steht noch nicht fest[35]. Es wird (...)
Die Ratifizierung in Paris ist mit außerordentlich großer Mehrheit erfolgt, mit einer überraschend großen Mehrheit[36], und der Versuch, der gemeinsam dort unternommen worden ist, von den Kommunisten und der Schwerindustrie, die Ratifizierung in der franz[ösischen] Nationalversammlung unmöglich zu machen, ist wirklich kläglich gescheitert und in sich zusammengebrochen. Dieser Versuch hat im Gegenteil nur eine stärkere Reaktion der anderen hervorgerufen. Ich bin darüber sehr froh und habe auch gegenüber Pleven, Schuman und Monnet meine Freude über diesen Entschluß zum Ausdruck gebracht, und wir sind durch diesen Beschluß der franz[ösischen] Nationalversammlung unserem Wunsche, ein vereinigtes Europa so bald wie möglich zu sehen, ein gut Teil nähergekommen.

Blankenhorn: Ich glaube, der entscheidendste Eindruck von London waren die drei großen Ansprachen, die der Herr Bundeskanzler vor der ausländischen Presse, im Chatham House und vor der Interparlamentarischen Union[37] gehalten hat. Der Inhalt dieser Reden ist ja bekannt. Das Hauptproblem in diesen Reden war immer, den Nachweis zu erbringen, daß unsere Demokratie in Deutschland auf sehr festen Füßen steht und [daß] die Bundesregierung entschlossen ist, diese Demokratie zu verteidigen. Diese Frage war einer der wesentlichsten Teile der zahlreichen Gespräche, die stattgefunden haben, und ich glaube, daß es dem Herrn Bundeskanzler gelungen ist, sowohl die öffentliche Meinung als auch die verantwortlichen Männer davon zu überzeugen, daß in Deutschland eine Regierung am Werk ist, die die Ereignisse, die in der Zeit von 1930 bis 1933 erfolgt sind, nicht wiederkommen läßt.
Die Empfänge waren überall von einer ganz besonderen Herzlichkeit gehalten. Die Engländer sind in diesen Dingen außerordentlich geschickt.

Sie haben diese Essen und auch die eigentlichen Empfänge ausgestaltet, so daß der Herr Bundeskanzler mit allen Teilen, mit allen wichtigen Persönlichkeiten aus den verschiedensten Gebieten zusammentraf. Überall wurde lebendiges Interesse an den deutschen Dingen geäußert. Das Interessante und für uns recht Bemerkenswerte war, daß auch die Opposition hier nicht zurückhielt, sondern bei allen Veranstaltungen vertreten war und sich in gleicher Weise für unsere Dinge interessierte wie die Regierungsanhänger.

Adenauer: Auch Churchill war für alle Fragen sehr aufgeschlossen, sehr lebendig und auch für die deutschen Fragen. Ich habe das Gefangenenproblem angeschnitten, habe offene Ohren dafür gefunden, und es bleibt also abzuwarten, was nun jetzt vor Weihnachten noch herauskommen wird[38]. Und noch eines, aus dem wir Deutsche lernen können: Eden gab mir ein Dinner, und er brachte einen Toast auf mich aus und sagte mir vorher: »Wenn Sie damit einverstanden sind, werde ich in der Mitte abbrechen und das Wort dem Herrn Morrison geben, der Sie damals eingeladen hat.« So geschah es auch. Eden begann zu sprechen, sprach eine ganze Weile und sagte: »Nun übergebe ich das Wort meinem Vorgänger, Mr. Morrison, der damals den Herrn Bundeskanzler eingeladen hat.« Morrison nahm den Faden der Rede auf und hielt die Rede zu Ende und schloß mit dem Wohl auf mich. Man stelle sich derartiges einmal in Deutschland vor; selbst die größte Phantasie reicht nicht dazu aus, auch bei mir nicht. Ich konnte, als ich antwortete, nur sagen: »Glückliches England, wo etwas Derartiges möglich ist.«

Journalist: Sie sprachen davon, daß der Schuman-Plan ratifiziert werden würde, d.h. doch, daß das nächste Woche der Fall sein wird?

Adenauer: Entweder in der nächsten Woche oder nach dem Wiederzusammentritt[39], nachdem heute im Wirtschaftsausschuß vollkommene Klarheit war. Eine so große Mehrheit wie das französische Parlament werden wir ja leider nicht aufbringen.

(*Zwischenruf:* Werden noch Besprechungen vielleicht in letzter Minute noch stattfinden mit der Opposition über den Schuman-Plan?)
Was würden Sie an meiner Stelle tun?

(*Zwischenruf:* Ich würde die Besprechungen halten, wenn es geht.)
Was würden Sie denn sagen?

(*Journalist:* Das ist schwer zu sagen. Ich finde, eine Unterhaltung kann nichts schaden.)

Journalist: Soll die Europäische Verteidigungsgemeinschaft sowohl militärisch, politisch, wirtschaftlich und finanziell so fertig werden, daß sie am 2. Februar [1952] in Lissabon das letzte Plazet bekommen kann?

Adenauer: Bei der Beratung in Paris Ende dieses Jahres werden auch die Finanzminister anwesend sein, weil man über das finanzielle Problem schon dabei sprechen muß. Natürlich wird ein erheblicher Zuschuß von seiten der USA nötig sein, und das wird dann als letzter Akt auch noch kommen.

Journalist: In Lissabon tritt der Atlantikpaktrat zusammen, dem die Bundesrepublik nicht angehört. Wer wird die Vereinbarung über die Verteidigungsgemeinschaft der NATO präsentieren? Ohne oder mit uns?

Adenauer: Darüber ist noch gar nicht gesprochen worden. Wir werden vorher diese Sache schriftlich festlegen, und ob sie dieser oder jener präsentiert, ist gleichgültig. Die Gemeinschaft ist ja Mitglied der NATO. Ich lege keinen Wert auf eine Reise nach Lissabon.

Journalist: Trifft es zu, daß eine Regierungspartei den Wunsch geäußert hat, zuerst eine Klärung herbeizuführen, daß das Sicherheitsamt außer Kraft tritt mit dem Inkrafttreten des Schuman-Plans?

Adenauer: Nein. Das ist wieder ein Irrtum. Das Alliierte Sicherheitsamt tritt nicht außer Kraft mit Ratifizierung des Schuman-Plans. Das Sicherheitsamt scheidet nur aus bei der Ratifizierung des Schuman-Plans mit seiner Einwirkung auf die Gebiete, die dem Schuman-Plan unterliegen. Das Sicherheitsamt wird erst wegfallen mit dem Generalvertrag und mit dem Abschluß der Verteidigungsgemeinschaft.

Journalist: Es sollen aber Bedenken bestehen, daß es in irgendeiner Form wieder auf Kohle und Eisen ausgedehnt wird.

Adenauer: Die drei Koalitionsparteien haben den Wunsch, über einen anderen Punkt noch eine ganz genaue Erklärung zu bekommen seitens der Hohen Kommissare vor der Ratifizierung[40]. Das Verlangen haben sie mir gestern (...) den ich den drei Hohen Kommissaren übermittelt habe. Aber das, was darin verlangt ist, ist mir schon vorher zugesichert gewesen vor Monaten. Sie wollten es aber noch genau schriftlich bekommen. Das ist der Gegenstand des Briefwechsels.
Ich möchte noch einmal folgendes betonen, was Ihnen wahrscheinlich schon gesagt worden ist, nämlich diese Indiskretion, die vorige Woche begangen worden ist über die Annexverträge[41]: Es war keine Indiskretion, von der die Hohen Kommissare etwas gewußt haben. Es war eine Mitteilung, die insofern auch völlig falsch war, als z. B. ich oder meine nächsten Vertreter als auch nicht die Hohen Kommissare von diesen Vorschlägen ihrer unteren Organe, die die machen wollen, irgend etwas gewußt haben.

(*Zwischenruf:* Gedenken die Hohen Kommissare hieraus Konsequenzen zu ziehen?)

McCloy hat gesagt, daß er den Fall überprüfen würde und, sobald sein Gebiet betroffen sein wird, er die Konsequenzen ziehen wird.

Journalist: Sie sprachen vorhin davon, daß zwischen dem 27. und 30. Dezember ein Abkommen abgeschlossen würde, aber noch nicht ratifiziert. Soll es heißen paraphiert, oder wird es unterzeichnet?

Adenauer: Ich habe folgendes gesagt: Über mehrere Punkte – ich glaube, sechs Punkte – konnte noch nicht verhandelt werden. Darüber wird verhandelt werden in Paris in diesen Tagen. Wenn dann darüber Übereinstimmung erfolgt ist, wird der Inhalt der Übereinstimmung kurz skizziert, wie jetzt auch in Straßburg. Dann bekommen dieses Protokoll die Sachverständigen, die dieses Protokoll in eine entsprechend schöne Form bringen. Das Protokoll ist formlos. Sobald das Gesetz ist, wird auch keine Paraphierung [stattfinden] – dazu braucht man viel mehr Zeit –, es wird vielleicht eine Unterschrift erfolgen. Das müssen wir einmal sehen.

Journalist: Können Sie etwas sagen über die höchsten Organe der Verteidigungsgemeinschaft?

(*Adenauer:* Darüber wird in Paris verhandelt. Darüber ist noch nicht verhandelt worden.)

Verteidigungskommissar wie Ministerrat?

(*Adenauer:* Darüber ist noch nicht verhandelt worden.)

Journalist: Aber ein Oberkommandierender wird nicht kommen.

(*Adenauer:* Das steht fest!)

Journalist: Können Sie etwas sagen über die nicht sehr freundlichen Ausführungen McCloys in seinem letzten Bericht, als er z. B. sagte, die Deutschen wären besatzungsmüde[42]?

Adenauer: Stellen Sie sich vor, er hätte gesagt, die Deutschen wären froh ... Das wäre unfreundlich gewesen.

(*Journalist:* ... daß sie übertriebene Forderungen anmelden!)

Das ist eine in der ganzen Welt bekannte Tatsache.

Journalist: Es ist davon gesprochen worden, daß die Mitglieder des Ministerrats weisungsgebunden sein werden?

Adenauer: Ich habe schon gesagt: Über diesen Teil der Organisation wird erst in Paris verhandelt werden. Aber sie werden Weisungen bekommen von ihren Regierungen, nehme ich an.

Journalist: Wann wird über diesen Zuschuß der USA zur Verteidigungsgemeinschaft verhandelt werden? Wird darüber etwas in Lissabon präsentiert, oder wird man schon vorher mit Harrimans Weisen[43] verhandelt haben, wie groß der Zuschuß sein wird, und werden darin auch die Bedürfnisse der Bundesrepublik mit enthalten sein, oder verhandeln wir allein?

Adenauer: Es hat zunächst eine Verhandlung stattgefunden zwischen Schäffer und seinen Pariser Kollegen[44], aber noch nicht über Ziffern, sondern über Methoden, bei der volle Übereinstimmung bestanden hat. Ich werde morgen nachmittag eine Verhandlung mit den Hohen Kommissaren über dasselbe Thema haben. Aber über die endgültigen Ziffern, was die ganze Sache kostet, haben wir überhaupt noch nicht gesprochen. Die werden von den sogenannten Drei Weisen festgestellt. Eine sehr wichtige Frage ist die Frage einer gemeinsamen Kasse. Über diese Frage ist in Straßburg sehr lange debattiert worden. Die Debatte ist nicht zu Ende geführt worden. Man will dazu die Finanzminister haben. Deswegen sollen (...) Standpunkt, daß eine besondere Kasse gegründet werden muß.

Journalist: Kann man annehmen, daß außer den politischen Organen, wie beim Schuman-Plan, bei der Verteidigungsgemeinschaft noch Organe geschaffen werden entweder in Beziehung zum Europarat in Straßburg oder ganz allgemein als das, was man die politischen Funktionen nennt?

Adenauer: Es ist bisher nicht davon die Rede gewesen, daß noch solche Organe geschaffen werden. Aber bei all diesen Dingen entwickelt sich eines zwangsläufig aus dem anderen. Deswegen soll man auch hier – insofern halte ich die englische Methode zur Behandlung solcher Dinge für die einzig richtige – nicht zu sehr vorher unendlich darüber debattieren. Es kommt ganz zwangsläufig, wie z.B. eine gemeinsame Außenpolitik.

Journalist: Die Benelux-Staaten bleiben bei ihrer Forderung, daß im gemeinsamen Verteidigungsfond jedes Land über das Einbezahlte besonders verfügungsberechtigt sein soll?

Adenauer: Diese Forderung haben die Benelux-Staaten bisher gar nicht gestellt, geschweige daß sie dabei geblieben sind.

(*Journalist:* Sie wollen über einen Teil verfügen!)

Nein. Es handelt sich lediglich darum, ob angefordert werden soll von Fall zu Fall das Geld von den Teilnehmerstaaten oder ob der ganze Betrag in die gemeinsame Kasse geht. Das ist ein sehr umfangreiches Werk, was da herauskommen wird. Die Ausschüsse haben eine ganz große Arbeit schon bisher geleistet, eine Arbeit, die man sich nicht vorstellen kann, so ungeheuer viel steckt darin, um eine gemeinsame Armee zu schaffen.

Journalist: Wird es bei diesem Vertragswerk so sein wie beim Schuman-Plan, daß entweder en bloc das Vertragswerk bejaht wird oder verneint werden kann, oder wird man in der Lage sein, zu einzelnen Punkten Änderungen vorzuschlagen?

Adenauer: Wenn in den 6 Ländern die 6 Parlamente das Recht bekommen sollen, in einzelnen Punkten diese oder jene Änderung zu wünschen, dann würden wir alle lange begraben sein, ehe man fertig wird. Das geht bei so [vielen beteiligten Ländern] gar nicht anders als: Vogel friß oder stirb!

Journalist: Ist in Straßburg schon eine Einigung über die Art der Rekrutierung und der Auswahl der Offiziere getroffen worden?

Adenauer: Die Ausbildung wird gleichmäßig sein. Es ist ganz klar: Die Ausbildung einer solchen Armee muß gleichmäßig sein.

Journalist: Ist beabsichtigt, bei der Vorbereitung dieses Vertragswerkes das Parlament in ähnlicher Weise einzuschalten wie bei der Vorbereitung des Schuman-Plans?

Adenauer: Ja. Ich denke, wenn man einig ist in Paris, was, wie ich bestimmt annehme, der Fall sein wird, wird man einen kleinen Kreis von Parlamentariern unterrichten und sie fragen, ob es ihrer Ansicht entspricht. Wenigstens würde ich so verfahren.

Journalist: Läßt sich schon etwas darüber sagen, in welchem Sinne die Bundesregierung wegen der Seebohm-Rede[45] Stellung nehmen wird?

Adenauer: Ich meine beinahe, ich wäre in London. Da hieß es auch immer »Seebohm«. Wollen Sie mir die Frage nicht erlassen? Herr Seebohm hat die Rede, wie Sie wissen, ohne Text gehalten. Aber sie ist vom NWDR auf Band aufgenommen worden. Ob Sie meine Reden auch immer auf Band aufnehmen oder nur bei Seebohmschen Reden das tun, will ich nicht näher untersuchen. Jedenfalls liegt die Bandaufnahme vor. Ich habe von dieser Bandaufnahme durch Herrn Seebohm den Wortlaut bekommen. Der Wortlaut, das ist ohne weiteres zuzugeben, ist mehrdeutig. Herr Hellwege[46] hat für Herrn Seebohm erklärt, und Herr Seebohm hat es auch schriftlich gegeben, daß er nicht das Hakenkreuz gemeint hat damit[47].

Journalist: Beabsichtigen Sie, dem Parlament noch vor Ratifizierung des Schuman-Plans nähere Angaben über die Zusatzverträge zu machen?

Adenauer: Es gibt ja keine Zusatzverträge zum Schuman-Plan, sondern nur Zusatzverträge zum Generalvertrag. Da ich dem Parlament bisher keine näheren Angaben über den Generalvertrag selbst gegeben habe, werde ich auch keine näheren Angaben machen über die Einzelverträge. Man darf doch wirklich nicht bei einem Dinner Suppe, Gemüse, Fleisch usw. zusammennehmen. Erst nimmt man die Suppe, dann kommt das Fleisch, Gemüse und Kartoffeln und dann der Nachtisch.

Journalist: Bis wann soll der Bundestag ungefähr ratifizieren nach Lissabon, und zwar den Generalvertrag usw.?

Adenauer: Da bin ich überfragt. Ich kann es Ihnen nicht sagen. Es ist der dringende Wunsch aller Beteiligten, diese ganzen Sachen möglichst schnell zu erledigen. Der Schuman-Plan ist viel zu sehr zerredet worden. Man soll solche großen Dinge, wenn man entschlossen ist, ein Europa zu schaffen und wenn man die Notwendigkeit einsieht, eine Armee aufzustellen, – man soll dabei voranmachen; und hundertprozentig gut macht es doch kein Mensch, jedenfalls nicht so, daß jeder andere sagt: Es ist hundertprozentig gut.

Journalist: Zeigt sich in den wenigen Stunden nach Ihrer Rückkehr in bezug auf das Verhältnis zum DGB etwas Neues?

Adenauer: Wieso Verhältnis? Ich habe kein Verhältnis! Ich weiß nicht, was Sie meinen!

(*Journalist:* Ich meinte den Beschluß des Bundesausschusses des DGB[48]!)

Davon habe ich gehört, aber es war [mir] nicht recht, daß ich in London davon gehört habe. Ich hätte lieber davon in Deutschland gehört. Scheinbar wissen Sie von diesen Dingen mehr als ich.

Schumanplan-Debatte (E.M.Lang)

»Nicht übel, Freund Hallstein...« KP spricht... Die DP – na ja...

»Loritz, Loritz, meine Nerven...« »Vorsicht, Herr Ollenhauer...« Ergebnis: »Na also...«

Nr. 24
24. Januar 1952: Pressetee (Wortprotokoll)
StBKAH 16.09

Teilnehmer[1]: Friedrich Carl Badendieck, Karl August Berdolt[2], Dr. Hilde Bogner, Dr. Fritz Brühl, Ludwig von Danwitz, Wolfdietrich Gerdes, Franz Goeddert, Marliese Grouven, Hugo Grüssen, Franz Hange, Dr. Hans Joachim Kausch, Dieter von König, Dr. Adolf Kussl, Werner Lohe[3], Dr. Karl Lohmann, Werner von Lojewski, Heinz Lubbers, Erich Peter Neumann, Dr. Erika Neumann, Wilhelm Papenhoff, Dr. Sigurd Paulsen, Dr. Albert Pfeiffer, Dr. Alfred Rapp, Dr. Franz Rodens, Guenther Scholz, Dr. Max Schulze-Vorberg, Heinrich Spiecker, Paul Steinfurth, Dr. Robert Strobel, Dr. Richard Thilenius, Gerta Tzschaschel, Dr. Josef Ungeheuer, Rolf Vogel, Adam Vollhardt, Dr. August Wegener, Hans Wendt, Paul Wilhelm Wenger, Fried Wesemann

Beginn: 18.00 Uhr[4]

Adenauer: Ich möchte Ihnen zunächst einen kurzen Vortrag über das Grundgesetz halten, weil ich finde, daß auch sogar die deutschen Journalisten und auch die deutschen Parteien das Grundgesetz nicht gut kennen.
Sie wissen, daß von der SPD das Verlangen gestellt worden ist, es müsse über die Frage Verteidigungsbeitrag oder nicht, Wehrgesetz oder nicht, ein neuer Bundestag entscheiden[5]. Sie wissen, daß auch häufig das Verlangen gestellt worden ist, das Volk müsse darüber befragt werden[6]. Ein Teil von Ihnen war ja schon bei der Beratung des GG im Parlamentarischen Rat hier tätig; ein großer Teil von Ihnen aber nicht. Ich möchte deswegen Ihnen doch einen kleinen Vortrag darüber halten, aus welchen Gründen man im Parlamentarischen Rat die Regierung so stark gemacht hat, eine Auflösung des Bundestages nur für einen ganz bestimmten Fall vorgesehen hat, und warum man eine Volksbefragung nicht wollte. Man war sich im Parlamentarischen Rat in allen Parteien, mit Ausnahme natürlich der Kommunisten, darüber einig, daß durch die unsichere Basis aller Regierungen zwischen 1918 und 1933 man dem Nationalsozialismus Tür und Tor geöffnet hatte. Deswegen ging das Bestreben darauf, zu verhüten, daß, wie in der Weimarer Republik, eine Mehrheit vollkommen heterogenen Charakters sich zusammenfinden könnte, also die äußerste Rechte und die äußerste Linke, um einen Reichskanzler zu stürzen und daß dann ein Vakuum entsteht und weitergewurstelt werden müßte. Daher kommt die Bestimmung des sogenannten konstruktiven Miß-

trauensvotums gegen den Bundeskanzler, daß nur dann ein Mißtrauensvotum wirklich Erfolg haben kann, wenn gleichzeitig sich diejenige Mehrheit, die das Mißtrauensvotum beschließt, auf einen neuen Bundeskanzler geeinigt hat[7]. Man hat dann auch ganz bewußt keine Volksbefragung gewollt, und zwar weil man sich darüber klar war aufgrund der nationalsozialistischen Propaganda, wie leicht es möglich ist, und namentlich bei einem Volk wie dem deutschen, das in diese Katastrophe geraten war, durch eine gewissenlose Propaganda eine Volksmeinung herbeizuführen, die bei ruhiger Überlegung und bei sachgemäßer Beurteilung niemals die Meinung des Volkes sein würde. Deswegen bewußt und gewollt also keine Volksbefragung.
Nun zur Frage des Bundestages. Da hat man bewußt und gewollt dem Bundestag nicht das Recht gegeben, sich selbst aufzulösen. Der Bundestag sollte sich seiner Verantwortung nicht entziehen können. Er sollte in den vier Jahren seines Lebens die Aufgaben erfüllen, die ihm die Zeit bringen würde. Man hat aus demselben Gesichtspunkt heraus dann auch nur eine Möglichkeit gegeben – abgesehen von den Möglichkeiten bei der Wahl eines Bundeskanzlers –, den Bundestag aufzulösen, das ist die, wenn der Bundeskanzler die Vertrauensfrage stellt und er erhält nicht das Vertrauen des Bundestages[8], dann ist es in sein Ermessen gestellt, ob er beim Bundespräsidenten die Auflösung des Bundestages beantragt.
Alle diese Bestimmungen müssen Sie verstehen als im Zusammenhang stehend und darauf beruhend, daß man stabile Verhältnisse schaffen wollte in diesem Deutschland, das so zerschmettert war, aufgrund der Erfahrungen, die man in Deutschland in der Weimarer Republik gemacht hat, so daß also das Verlangen nach Neuwahlen – Neuwahlen würden voraussetzen Auflösung des Bundestages – ein Verlangen ist, das folgendes zur Voraussetzung hätte: Ich müßte vom Bundestag ein Vertrauensvotum verlangen und müßte dann vorher mit der Regierungskoalition sprechen, daß ein Teil von ihnen mir das Vertrauen verweigert, damit eine Mehrheit mir das Vertrauen verweigert. Dann könnte ich die Auflösung des Bundestages verlangen vom Bundespräsidenten, also damit Neuwahlen. Das ist eine reine Farce. Man würde also den Bundeskanzler dadurch nötigen, den Mehrheitswillen des Bundestages zu verfälschen und dafür zu sorgen, daß er ein Mißtrauensvotum bekommt. Daraus ersehen Sie am besten, wie wirklich unmöglich überhaupt schon ein solches Verlangen ist.
Ich möchte noch einige Worte dann sagen über die Frage, ob zur Einführung eines Wehrgesetzes eine Zweidrittelmehrheit nötig ist[9]. Nach

dem GG ist eine Zweidrittelmehrheit nötig zur Abänderung des GG[10]. Die Frage ist also so zu stellen: Bedarf [es] zur Einführung der Wehrpflicht einer Abänderung des GG? Nun darf ich diejenigen von Ihnen, die an den Beratungen des Parlamentarischen Rates teilgenommen haben, daran erinnern, daß eine große Debatte gewesen ist – der jetzige Bundespräsident[11] hat auch dazu gesprochen –, ob man demjenigen, der aus Gewissensgründen glaubt, den Dienst mit der Waffe verweigern zu müssen, das Recht dazu geben soll oder nicht. Diese Frage ist sehr diskutiert [worden,] und es ist darüber abgestimmt worden im Parlamentarischen Rat. Die Anhänger der Verweigerung haben die Mehrheit gehabt, und so ist dann die Bestimmung im Art. 4 hineingekommen. Ich will Ihnen den Artikel vorlesen: »Niemand kann gegen sein Gewissen zum Kriegsdienst mit der Waffe gezwungen werden. Das Nähere regelt ein Bundesgesetz.«

Daraus ergibt sich ohne weiteres, daß sich alle Mitglieder des Parlamentarischen Rates – ausgenommen vielleicht die Kommunisten – darüber klar waren, daß die Erstellung einer Wehrmacht und die Wehrpflicht ein völkerrechtliches und natürliches Recht eines jeden Staates ist, und so auch in der Bundesrepublik. Man hätte sonst gar nicht darüber abzustimmen und zu diskutieren brauchen, ob jemand den Dienst mit der Waffe aus Gewissensgründen verweigern kann. Es wäre das Einfachste gewesen, zu sagen von der Mehrheit, die das konzedieren wollte: »Das GG will überhaupt keine Wehrpflicht, also versteht sich das ganz von selbst.«

Aber auch noch andere Bestimmungen des GG lassen unzweideutig erkennen, daß man sich bei der Verabschiedung des GG selbstverständlich darüber klar war, daß der allgemeine Satz, daß jeder Staat die notwendigen Verteidigungsmaßnahmen treffen kann, auch für die Bundesrepublik Deutschland gilt. Im Artikel 26 ist erklärt, daß die Vorbereitung eines Angriffskrieges verfassungswidrig ist. Es heißt im Artikel 26 nicht etwa »die Vorbereitung eines Krieges ist verfassungswidrig«, sondern es heißt »Handlungen, die geeignet sind und in der Absicht vorgenommen werden, das friedliche Zusammenleben der Völker zu stören, insbesondere die Führung eines Angriffskrieges [vorzubereiten], sind verfassungswidrig«. Endlich ist im Artikel 24 festgestellt, daß die Bundesrepublik aufgrund eines einfachen Gesetzes sich zur Wahrung des Friedens einem System gegenseitiger kollektiver Sicherheit einordnen kann. Ein System gegenseitiger kollektiver Sicherheit ist natürlich nur denkbar, wenn dieses System in der Lage ist, wirklich den Frieden zu schützen. Und auch aus dieser Bestimmung ist ganz klar, daß das GG die Wehrpflicht als gegeben

überhaupt voraussetzt und annimmt. Diese Frage, glaube ich, mußte doch einmal besprochen werden, und es werden wohl auch von uns noch weitere Veröffentlichungen erfolgen. Ich wollte aber in diesem Kreise schon diese Fragen besprechen.
Ich habe noch einige andere Fragen. Ich nehme die »Frankfurter Allgemeine« und finde darin den lockeren Satz: »Wird der Bundestag doch überfahren?«[12] Es steht also in der »Frankfurter Allgemeinen«, nicht im »Neuen Vorwärts« diese Überschrift. Wie einer auf die Idee kommt, der Bundestag sollte überfahren werden, verstehe ich gar nicht. Die Bundesregierung hat den Wunsch, noch ehe Verträge paraphiert werden, also noch ehe die Bundesregierung gesetzlich dazu verpflichtet ist, dieses ganze Vertragswerk in seinen Grundzügen dem Bundestag vorzulegen. Sie wissen, daß das am 7. Februar der Fall sein wird[13], nicht am 8., wie ursprünglich in Aussicht genommen worden ist, damit dort einmal das Für und Wider der ganzen Situation vor dem gesamten deutschen Volk und vor der ganzen Öffentlichkeit erörtert werden kann, damit wir herauskommen aus dieser Beeinflussung der öffentlichen Meinung durch alle möglichen Geschichten und durch alle möglichen Redereien. Ich werde selbstverständlich an diesem Tage sprechen und werde dem deutschen Volk die Situation ganz unverblümt und ganz klar darlegen und auch die Gefahren der ganzen weltpolitischen Lage sehr nackt und sehr klar vor Augen führen, damit jeder sich eine Meinung darüber bilden kann[14]. Und ich wäre dankbar, wenn Sie das nachdrücklich unterstreichen würden, ob man bereit ist, den Frieden zu retten; das ist doch die einzige Aufgabe, die uns vor Augen steht, den Frieden zu retten und uns so stark zu machen, daß wir durch unsere Stärke den Gegner im Osten von einem Angriff zurückhalten können.
Dann darf ich einmal zur Hand nehmen die Presseübersicht, die unser Presse- und Informationsamt regelmäßig herausgibt. Ich gehe in der Reihenfolge vor, etwas ungeordnet, und komme zunächst zu der Frage der Beteiligung Großbritanniens an einer Europa-Armee. Ich verstehe durchaus, daß Großbritannien nicht bereit ist, in diesen Vertrag einzutreten[15]. Man muß sich darüber klar sein, daß die Stärke Großbritanniens aufs engste zusammenhängt mit der Stärke der Staaten, die dem Commonwealth angehören und daß weder Großbritannien diese veranlassen kann – nehmen Sie z. B. Australien – in eine europäische Verteidigungsgemeinschaft einzutreten noch daß Großbritannien in eine solche eintreten kann, ohne die Glieder des Commonwealth gleichzeitig darin zu sehen. Aber ich möchte hier sehr nachdrücklich sagen, auch aufgrund von Gesprächen, die ich in London gehabt habe[16], daß Großbritannien der

Schaffung einer europäischen Armee außerordentlich sympathisch gegenübersteht und daß für mich, ebenfalls aufgrund dieser Gespräche, gar kein Zweifel besteht, daß Großbritannien, sobald eine europäische Armee besteht, sehr enge und nahe Beziehungen dazu herstellt.
Die Europa-Konferenz, die am Samstag [26.Januar 1952] beginnt[17], wird nach meiner Meinung nicht schon zur Fertigstellung eines Vertragsentwurfes führen, der paraphiert werden könnte, schon aus dem Grunde nicht, weil die finanzielle Frage noch nicht gelöst ist. Über diese finanzielle Frage möchte ich mir einige Ausführungen Ihnen gegenüber erlauben: Es ist eine Ziffer bisher genannt worden, und zwar von amerikanischer Seite, nicht von der maßgebenden amerikanischen Seite, in der der Verteidigungsbeitrag Deutschlands auf 13 Milliarden [DM] beziffert wurde. Wir werden nicht in der Lage sein, einen Verteidigungsbeitrag in dieser Höhe zu leisten. Man wird ja dem Verteidigungsbeitrag, den wir leisten müssen, noch hinzurechnen müssen die besonderen Aufwendungen, die wir in Deutschland haben einmal für die Vertriebenen und zweitens auch für Berlin, das ja in seinem wirtschaftlichen Frieden gehalten werden muß im deutschen und allgemeineuropäischen Interesse. Es handelt sich dabei um sehr hohe Summen, und ich glaube, bestimmt annehmen zu dürfen, daß man bei der Festsetzung des von Deutschland zu leistenden Verteidigungsbeitrages auf diese Ausgaben Rücksicht nehmen wird.
Nun muß man unterscheiden zwischen zwei Phasen der finanziellen Regelung. Zunächst muß ja der globale Betrag festgestellt werden auf dem Wege der Vereinbarung, der globale Betrag, der von Deutschland geleistet werden muß. Es ist zunächst von seiten der drei Westalliierten die Absicht ausgesprochen worden, daß dieser Betrag ausgehandelt werden soll zwischen den Finanzsachverständigen der drei Westmächte und uns. Ich habe das ablehnen müssen, denn wir können dem deutschen Volk nicht zumuten, die Zahlung einer doch sicher großen Summe zu übernehmen, ohne daß nach denselben Grundsätzen von denselben Leuten die Frage unseres wirtschaftlichen Aufbringens und unserer finanziellen Kraft geprüft worden ist, wie sie auch bei den anderen Teilnehmern an der Europäischen Verteidigungsgemeinschaft geprüft worden ist. Die wirtschaftliche Kraft der anderen Länder und ihre finanzielle Kraft ist, wie Sie wissen, geprüft worden von den Drei Weisen[18], die ein Organ der Atlantikpaktstaaten sind. Wir gehören nicht zum Atlantikpakt. Deswegen kann dieses Organ nicht etwa diesen Betrag autoritativ feststellen, sondern es kann nur ein Gutachten geben, und über das Gutachten wird dann zwischen den Westalliierten und uns verhandelt werden müssen[19].

Ich zweifele nicht – das liegt in der Natur der Sache –, daß dieses Gutachten der Drei Weisen aber große Beachtung bei allen, die damit zu tun haben, für sich beanspruchen kann. Das ist der erste Akt.
Dann folgt der zweite Akt, nämlich die Verteilung dieses globalen Betrags. Wir sind sicher im ersten Jahr ja noch nicht in der Lage, Divisionen aufzustellen, die wir aufstellen sollen. Und deshalb sind unsere Auslagen in der Anfangszeit geringer als die der anderen Länder, die schon diese Armee aufgestellt haben und einen Haushaltsplan dafür haben. Wir haben dafür ja noch keinen Haushaltsplan. Nun melden sich – das ist verständlich – Großbritannien und die USA und sagen: »Wir unterhalten ja jetzt Verteidigungstruppen hier, und wir beanspruchen für diese Übergangszeit aus dem Betrage Deutschlands einen bestimmten Prozentsatz!« – Es wird also, wenn erst einmal der Verteidigungsbeitrag global festgestellt ist, zwischen den Vereinigten Staaten, Großbritannien, uns und der Europäischen Verteidigungsgemeinschaft verhandelt werden müssen, wie dieser Betrag verteilt werden soll. Das ändert sich, wenn die Übergangszeit verstrichen ist, d.h. wenn wir, für den Fall, daß wir der Verteidigungsgemeinschaft beitreten, dann die übernommenen Pflichten erfüllt haben und die großen Ausgaben haben, die auch die anderen haben. Sie werden also daraus ersehen haben, daß es eine ziemlich komplizierte Geschichte ist und daß komplizierte Verhandlungen darüber nötig sind. Die vorbereitenden Verhandlungen sind im Gange. Aber eine definitive Lösung der Frage läßt sich zur Zeit noch nicht übersehen, und schon aus dem Grunde kann von einer Paraphierung des Vertrages Ende dieser Woche oder Sonntag [27. Januar 1952] noch nicht die Rede sein.
Nun möchte ich noch einige Worte sagen zu den fünf Zusatzabkommen zum Generalvertrag[20], von denen ein Sprecher des französischen Außenministeriums gesprochen hat. Er hat gesagt, eines dieser Zusatzabkommen beziehe sich auf die Ersetzung der Besatzungskosten durch einen deutschen finanziellen Beitrag zum Unterhalt alliierter Truppen auf deutschem Boden. Darüber habe ich eben schon gesprochen. Die Franzosen gehören nach Eintritt Deutschlands oder nach Abschluß der Verteidigungsgemeinschaft zur europäischen Armee, und soweit die Franzosen in Frage kommen, ist es Sache der Europäischen Verteidigungsgemeinschaft.
Über die Forderungen der beiden anderen, der Briten und Amerikaner, habe ich eben schon gesprochen. Milderung der Beschränkung für die deutsche Produktion! Das Wort »Milderung« scheint eine Regelung zu sein für Frankreich. Wir sind der Auffassung, daß alle Beschränkungen für die deutsche Produktion wegfallen müssen.

Übernahme gewisser, von den Alliierten erlassenen Gesetze durch die Bundesrepublik. Es ist ganz klar, daß nicht alle die Gesetze, die in den fünf Jahren erlassen worden sind, ohne weiteres wegfallen können. Wenn ich die Zahl richtig im Kopf habe, sind das über tausend Gesetze und Rechtsverordnungen. Das ist eine sehr mühsame Arbeit, nun nachzuprüfen, was wird davon ganz aufgehoben werden können, weil die Zeiten sich geändert haben, was wird zum Teil aufgehoben werden können, was wird geändert werden müssen.
Definierung der Rechtsstellung der alliierten Truppen auf deutschem Boden.– Der sogenannte Truppenvertrag ist schon sehr weit fortgeschritten.
Die Errichtung eines Schiedsgerichtes, das evtl. auftretende Meinungsverschiedenheiten klären soll bei dem Abkommen, das ist keine Sache von großer Bedeutung.
Sie sehen aus dem Ganzen, daß es sich um höchst umfangreiche und komplizierte Arbeiten handelt, und ich meine, man müßte sich darüber klar werden, daß es sich um eine Entscheidung von historischer Bedeutung handelt, ob wir in die Europäische Verteidigungsgemeinschaft eintreten oder nicht. Daß bei einer solchen Entscheidung, die für uns und Europa auf viele Jahre hinaus bestimmend sein wird, man nun nicht an einzelnen Bestimmungen, sagen wir des Truppenvertrags, sich klammern sollte, ob man diese oder jene Ansicht hat, wie irgendein Paragraph am besten gestaltet sein würde, ist klar. Man muß doch – ich hoffe, daß dies bei den Verhandlungen im Bundestag klar zutage treten wird, ich wiederhole – man muß sich doch klar werden über das Große, das Entscheidende, das dem Ganzen zugrunde liegt, und dann dazu Stellung nehmen.
Übrigens, was in der SED-Zone von Ulbricht[21] über den Generalvertrag gesagt worden ist, ist natürlich nicht richtig[22]. Sie sind dort augenscheinlich nicht im Besitz einer Abschrift des Generalvertrages. Was da veröffentlicht worden ist, ist Phantasie. Der Generalvertrag sieht ganz anders aus. Ich bin leider nicht in der Lage, den Generalvertrag der Öffentlichkeit zu übergeben. Aber ich kann Ihnen eines versichern: Was dort gesagt worden ist, ist alles nicht richtig.

Journalist: Darf man Ihre Ausführungen über die rechtliche Situation bezüglich der Zweidrittelmehrheit unter ausdrücklicher Zitierung als von Ihnen gesagt bringen?

Adenauer: Ja! Ich will Ihnen noch sagen, daß das Wesentliche enthalten ist in einem Gutachten von Prof. Kaufmann[23], der ein anerkannter Mann ist. Aber es entspricht durchaus meiner eigenen Überzeugung.

Journalist: Könnte es sich vielleicht aus politischen Gründen als zweckmäßig erweisen, die Frage des Wehrbeitrages durch ein verfassungsänderndes Gesetz, durch eine zwangsläufige Zweidrittelmehrheit klären zu lassen?

Adenauer: Ich muß Ihre Frage wohl etwas anders verstehen. Man kann nicht aus politischen Gründen ein verfassungsänderndes Gesetz machen, wenn an der Verfassung nichts zu ändern ist. Sie meinen folgendes, ob es nicht aus politischen Gründen erwünscht wäre, wenn einem solchen Gesetz eine möglichst große Mehrheit zustimmt! Ganz selbstverständlich! Das wäre politisch sehr erwünscht, und natürlich kann keine Partei oder Fraktion, wenn sie glaubt, die Mehrheit dafür ist gesichert, durch ihr Nein sich der Verantwortung entziehen für das, was sie tut. Es handelt sich wirklich nach meiner Meinung um eine Gewissensfrage für jeden einzelnen Abgeordneten und um keine parteipolitische Frage, auch nicht um eine Frage, die ich entscheiden darf so oder so im Hinblick auf die kommenden Bundestagswahlen im Sommer 1953. Hier handelt es sich wirklich um eine Lebensfrage für Deutschland und Europa.

Journalist: Wird der Text des Generalvertrages am 7. Februar vorgelegt werden?

Adenauer: Nein!

Journalist: Zum finanziellen Beitrag ist die Tendenz doch so, daß nach dieser Übergangszeit die Kosten für die Engländer und Amerikaner, für die englischen und amerikanischen Truppen in Deutschland, nur noch aus dem gemeinsamen Topf bestritten werden!

Adenauer: Ich nehme an, daß das die Auffassung der Europäischen Verteidigungsgemeinschaft auch ist und daß wir uns darüber mit Amerika und Großbritannien einigen werden.

Journalist: Die SPD ist nun als große Partei anderer Meinung und glaubt, ein verfassungsänderndes Gesetz sei notwendig. Wäre es also nicht wünschenswert, wenn eine möglichst breite Klärung darüber herbeigeführt wird?

Adenauer: Nach meiner Auffassung ist die Sache klar. Wenn es für die SPD nicht klar ist, müssen die Herren der SPD den Weg gehen, den das GG vorsieht, und müssen eine Klage einreichen an das Bundesverfassungsgericht.

Journalist: Verstehe ich richtig, wenn Sie glauben, daß der Verteidigungsbeitrag als eine naturrechtliche Bestimmung aufgefaßt wird [...]

(*Adenauer:* Nicht allein!)

... die also durch das Grundgesetz nicht außer Kraft gesetzt werden kann?

Adenauer: Da haben Sie mich völlig falsch verstanden. Meine Definition ist die folgende: Abänderungen des GG bedürfen nach dem GG einer Zweidrittelmehrheit, sowohl vom Bundestag wie dem Bundesrat. Die Frage muß also so gestellt werden: Bedeutet der Erlaß eines Wehrgesetzes eine Abänderung des GG? Die Untersuchung muß dahin gehen: Will das Grundgesetz keine Wehrpflicht, und müssen wir diese Bestimmung oder eine dahingehende Bestimmung des GG außer Kraft setzen? Dann würde ein verfassungsänderndes Gesetz vorliegen. Nun beweist aber die Aufnahme der Bestimmung über die Möglichkeit, den Kriegsdienst mit der Waffe, nicht den Kriegsdienst – also den Kriegsdienst mit der Waffe aus Gewissensgründen zu verweigern und der weitere Zusatz, daß das Nähere ein Bundesgesetz bestimmt –, nun beweist also das an sich ganz klar und eindeutig, daß man jeden für verpflichtet hält, Kriegsdienst mit der Waffe zu leisten und daß nur derjenige, der aus Gewissenszwang glaubt, keinen Kriegsdienst mit der Waffe leisten zu können, entsprechend einem zu erlassenden Gesetz davon befreit werden kann. Aber Kriegsdienst müßte er auch leisten, nur nicht mit der Waffe.

Journalist: Die Opposition argumentiert, daß auf jeden Fall das Gesetz noch einer Ergänzung bedarf, und auch die Ergänzung des GG eine Änderung des GG sei.

Adenauer: Wir werden darüber Ausführungen machen über die Frage: Sieht das GG vor ohne verfassungsänderndes Gesetz die Übertragung von Rechten auf eine internationale Stelle, also Europa? Diese Frage ist nach der Verfassung sogar unzweideutig.

Journalist: Es ist z. B. der Einwand, der Oberbefehl sei nicht geklärt, und es stehe nichts im GG darüber, wie die Kompetenzen zwischen Bund und Ländern geteilt werden. So sagt die SPD und schließt daraus auf die Notwendigkeit einer Ergänzung, und die Ergänzung käme einer Verfassungsänderung gleich.

Adenauer: Dieses Argument wird kommen, und ich meine schon, den Mund zu hören, der es Ihnen gesagt hat. Aber das ist keine Änderung des GG. Das GG bedarf in vieler Beziehung einer Ergänzung durch ein Gesetz, aber es sind keine Änderungen vorgesehen. Was da geschaffen wird, ist ja auch keine Verfassung und sind keine Verfassungsvorschriften, die evtl. kommen. Es sind einfache Gesetze.

(*Zwischenruf:* Juristischer Streitpunkt!)

Es kommt immer darauf an, was ein Jurist sagt. Das braucht ja nicht immer mit seiner Meinung übereinzustimmen.

Journalist: Mir ist nicht ganz klar, warum wir eigentlich mit den Westmächten, also den Besatzungsmächten, über eine Angelegenheit verhandeln, die doch nur die Verteidigungsgemeinschaft angeht?

Adenauer: Die haben doch Truppen zu unserem Schutz hier.

(*Zwischenruf:* Das kann doch die Europäische Verteidigungsgemeinschaft aushandeln!)
Die ist noch nicht da.

(*Zwischenruf:* Aber wir verhandeln doch über einen Globalbetrag, der zumindest von Anfang an zu einem Teil in die Verteidigungsgemeinschaft fließen soll. Was geht die das an, der Globalbetrag?)
Ich will versuchen, das zu erklären. Bitte bedenken Sie folgendes: Wir haben einmal noch keine Armee und keinen Militärhaushalt, und zweitens sind wir nicht, wie die anderen, Mitglied der NATO. Dort ist das für alle festgesetzt worden, während bei uns auf diesem Ersatzwege, weil wir noch nicht NATO-Mitglied sind, das aufgrund eines Gutachtens festgesetzt werden soll. Solange wir noch nicht diese 12 Divisionen haben, die wohl ausschöpfen werden, was wir kosten werden, solange wir das noch nicht haben, sagen die anderen: »Das sollt ihr nicht für euch sparen, sondern ihr müßt auch für unsere Truppen bezahlen!« – Das wird sich ändern mit dem vollen Inkrafttreten der Europäischen Verteidigungsgemeinschaft.

Journalist: Würde das Vorhandensein von 12 deutschen Divisionen für die Amerikaner ausreichen, um ihre eigenen Truppen zurückzuziehen?

Adenauer: Nein!

Journalist: Sie sagten, daß die Aufwendungen für die Vertriebenen und für Berlin mit angerechnet werden sollen nach deutscher Ansicht!

Adenauer: Bei der Berechnung der Höhe unseres Verteidigungsbeitrags.

Journalist: Es fällt auf, daß Sie von Vertriebenen sprechen. Es hieß doch immer allgemein, wegen der sozialen Belastungen, beispielsweise Kriegsopfer?

Adenauer: Die haben andere ja auch. Wir können froh sein, wenn wir erreichen, daß bei der Bemessung unserer wirtschaftlichen und finanziellen Kraft die Verpflichtungen, die uns die Vertriebenen und Berlin auferlegen, berücksichtigt werden. Damit aber kein Mißverständnis entsteht: Diese Beträge sollen nicht etwa abgezogen werden von dem Verteidigungsbeitrag, sondern sollen bei der Bemessung unserer wirtschaftlichen Kraft berücksichtigt werden, bei der Berechnung des Verteidigungsbeitrags.

Journalist: Würden Sie anstelle von 13 Milliarden [DM] 10 Milliarden [DM] für tragbar halten?

Adenauer: Man kann wohl sagen, was man für nicht tragbar hält.

(*Zwischenruf:* Was halten Sie für nicht tragbar?)

Ich halte auch – die 13 Milliarden [DM] absolut nicht – ich halte auch 10 Milliarden [DM] für nicht tragbar.

(*Zwischenruf: ...*)

Gleich werde ich von Ihnen gefragt, halten Sie 9 Milliarden [DM] für tragbar? Da müssen Sie sich mir gegenüber schon fair benehmen. Ich kann wirklich nicht sagen, was dabei herauskommt. Da sind die Ansichten sehr verschieden, auch innerhalb der Regierung: Was ist tragbar, und was ist nicht tragbar? Dabei muß noch folgendes berücksichtigt werden: Dieser Verteidigungsbeitrag ist nicht lediglich ein Etatposten, der etwa ausgegeben wird außerhalb Deutschlands und verschwindet, sondern mindestens 85 Prozent sollen davon im eigenen Lande konsumiert werden, und daraus wird zweifellos eine erhebliche Stärkung des wirtschaftlichen Lebens auch erfolgen. Wie groß diese Stärkung des wirtschaftlichen Lebens ist und damit eine Steigerung der Steuerkraft, das ist sehr schwer zu schätzen. Da kann man dieser oder jener Ansicht sein. Man kann es nicht beweisen, ob man Recht hat. Das ist sehr viel Gefühlssache. Das ist auch die Frage, was schließlich für uns tragbar ist, eine Frage nämlich, die sehr subtil ist und einer sehr reiflichen Prüfung bedarf, nicht nur vom Finanzminister, sondern auch vom Wirtschaftsminister.

Journalist: Würde die Zahl von 3 Milliarden [DM] Sonderbelastung für Berlin und die Vertriebenen ungefähr dem entsprechen, was die Bundesregierung aushandeln will?

(*Adenauer:* Wir geben viel mehr dafür aus.)

Die Zahl von 13 Milliarden [DM] ist nun allgemein bekannt, und würden Sie eine Presseunterstützung wollen, daß diese 13 Milliarden [DM] untragbar sind?

(*Adenauer:* Ja!)

Kirkpatrick sprach vor der Auslandspresse davon, daß der deutsche finanzielle Beitrag für die Europäische Verteidigungsgemeinschaft wahrscheinlich in Devisen geleistet werden müsse[24]!

Adenauer: Nein, das ist wohl ein Irrtum. Mindestens 85 Prozent müssen in jedem Lande verkonsumiert werden, sonst kommt eine wirtschaftliche Unordnung in Europa. Soviel Transferierung ist ja gar nicht möglich.

Journalist: Die Ablehnung der 13 Milliarden [DM] als zu hoch bezieht sich nur auf das nächste Haushaltsjahr oder überhaupt?

(*Adenauer:* Überhaupt.)

Auch für spätere Zeit? Wird nicht ein Schlüssel festgesetzt?

Adenauer: Es kann kein Schlüssel festgesetzt werden. Es ist von den Drei Weisen die Wirtschaftskraft eines jeden Landes geprüft worden[25], und man hat diese Summen festgesetzt. Das kann auch einmal wieder durch Übereinkunft geändert werden. Eines möchte ich sagen: Großbritannien leistet auf dem Gebiet nächst den Vereinigten Staaten das allermeiste von allen europäischen Ländern. Großbritannien hat jährlich Ausgaben für die Verteidigung in Höhe von 16 Milliarden DM.

Journalist: Im Bundestag wurde von Ihnen wie von der Opposition von der Wünschbarkeit einer gemeinsamen Außenpolitik gesprochen. Darf ich fragen, ob Sie bestimmte Vorstellungen haben, wie man möglicherweise dazu kommen könnte?

Adenauer: Das ergibt sich ganz von selbst. Wenn wir eine europäische Armee haben, wird ja jedes Land, das Menschen in dieser Armee hat, darauf bedacht sein, nicht in irgendwelche kriegerischen Verwicklungen zu kommen, ohne daß ihm eine Einwirkung auf die ganzen Verhandlungen, die solchen Verwicklungen vorangehen, ermöglicht wird.

Journalist: Ich meinte die Möglichkeit einer gemeinsamen Außenpolitik zwischen Regierung und Opposition gerade im Hinblick auf den Verteidigungsbeitrag. Sehen Sie da irgendwelche Möglichkeiten?

Adenauer: Ich habe eine Besprechung mit den Herren Ollenhauer[26] und Schmid[27] gehabt und werde eine weitere Besprechung haben am nächsten Mittwoch [30. Januar 1952] mit den Vertretern der Sozialdemokratie[28]. Wie ich höre, sind eben im Bundestag so massive Erklärungen abgegeben worden[29], daß ich das außerordentlich bedauere, und zwar deshalb, weil während solcher schwebenden Verhandlungen Erklärungen abgegeben werden. Ich war selbst nicht im Bundestag und weiß es nur indirekt. Z. B. wurde Herr Schoettle[30] genannt.

Journalist: Herr Schoettle hat erklärt, es bestehe ein Junktim zwischen Generalvertrag und Verteidigungsbeitrag, und das wäre untragbar.

Adenauer: Das kapiere ich nun nicht. Stellen Sie sich bitte die Situation der drei Westalliierten vor. Die drei Westalliierten haben Deutschland besetzt aufgrund der bedingungslosen Kapitulation. Es besteht zwischen den Westalliierten und Sowjetrußland eine außerordentlich große Spannung. Die Westalliierten stehen in diesem Lande qua Besatzungsmacht aufgrund Besatzungsrecht in einem Lande, dessen Besitz für jeden Kriegführenden von außerordentlich großer Bedeutung ist. Da kann ich durchaus verstehen, wenn die Westmächte sagen: »Wir sind bereit, auf unsere Besatzungsrechte zu verzichten, sobald Ihr durch den Beitritt in die Verteidigungsgemeinschaft gezeigt habt, daß Ihr Euer Schicksal mit dem unsrigen verbindet.« Wenn ich Engländer, Amerikaner oder Franzose wäre, würde ich genauso handeln, und jeder von uns würde so handeln und nicht einfach sagen: »Ich verzichte auf meine Besatzungsrechte. Sagt doch bitte, ob Ihr so freundlich seid, mit uns oder Sowjetrußland zusammenzuarbeiten.«

Journalist: Es ist klar, daß die Einführung der Wehrpflicht keine populäre Angelegenheit ist. Wenn die SPD sagt, ihre Anhänger seien dagegen, so ist es zweifellos bei vielen CDU-Leuten und überhaupt den Regierungsparteien genauso. Ist überhaupt die Hälfte des deutschen Volkes dafür? Wenn die Verhältnisse psychologisch so liegen, geht es dann mit einer einfachen Mehrheit?

Adenauer: Ich möchte zunächst einmal sagen, wir haben ja ein GG. An diesem GG müssen wir festhalten. Würden Sie der Auffassung sein, man könne eine Steuererhöhung nur machen, wenn alle zustimmen?

Journalist: Eine solche Frage wie die Wehrpflicht ist aber nicht von der Geldbeutelseite aus zu sehen, sondern auch von psychologischer Seite. Es ist ja nicht so, als wenn eine neue Armee mit Einberufungsbefehlen zu machen ist. Dazu gehört mehr!

Adenauer: Sicher gehört dazu mehr. Wir müssen versuchen, dem deutschen Volk klarzumachen, daß diese Europäische Verteidigungsgemeinschaft ein Instrument ist, um den Frieden zu erhalten und zu retten. Ich hoffe, daß in der Diskussion im Bundestag darüber eine sehr klare Aussprache kommen wird, wobei man natürlich auch an diejenigen, die nein sagen aus psychologischen Gründen, die Frage stellen wird, was sie denn nun eigentlich wollen. Der Bayerische Rundfunk, glaube ich, hat vor längerer Zeit sehr klar gesagt: »Willst Du einen deutschen Wehrpaß oder einen russischen Wehrpaß?« Wenn wir irgendwo auf der Welt lägen außer[halb] aller internationalen Spannungen, wäre es natürlich vollständig dumm, eine Wehrmacht aufzustellen. Aber ich glaube, die wenigsten Europäer sind sich darüber klar, und sicher die wenigsten Deutschen, in welch ständiger und tödlicher Gefahr Deutschland und jeder einzelne schwebt.

Ich möchte noch ein Wort sagen über diese Wehrmacht, wie sie uns vorschwebt: Die jungen Leute, die dazu eingezogen werden, werden eine technische Ausbildung bekommen, da ja eine neue Armee unendlich viel technisierter ist als die Armeen im letzten Krieg es gewesen sind, eine technische Ausbildung auf allen möglichen Gebieten, so gut, daß diese 1 1/2 Jahre nicht für sie verloren sind. Sie werden dabei so viel lernen für die Zukunft, für ihren Beruf, daß das wirklich keine verlorene Zeit für sie ist; und daß wir ebenfalls mit ganzer Kraft dafür sorgen werden, daß nun nicht gewisse überkommene Dinge vom Kommiß wieder jetzt fröhliche Auferstehung feiern, das ist eine Selbstverständlichkeit. Vor allem muß man sich darüber klar werden – das wird eine Aufgabe sein, die sehr schwer ist, was ich ohne weiteres zugebe, die aber gar nicht unlösbar ist –, daß wir dem deutschen Volke klarlegen, in welcher Gefahr es schwebt und was man tun kann, um den Frieden zu retten.

Journalist: Diese Abzweigung eines Teiles des Verteidigungsbeitrages für ein bestimmtes Gebiet – Wiederaufrüstung – in Höhe von 85 Prozent hat natürlich auch innerwirtschaftliche Konsequenzen.

Adenauer: Wir brauchen nur das Wort Verteidigungsbeitrag und nicht Wiederaufrüstung. ‹Werden›[a] Sie sich darüber klar, daß wir die Sache sehr ernst nehmen, nicht als Remilitarisierung und Wiederaufrüstung, sondern für die Sicherung des Friedens.

Journalist: Ist das Wirtschaftsministerium schon dabei, die zwangsläufig für den Konsum entstehenden Schwierigkeiten abzuwandeln?

Adenauer: Erst müssen wir wirklich einmal die Genehmigung des Bundestages haben, sonst würde man uns ... Daß man sich das überlegt, ist klar. Aber eine andere Frage ist viel wichtiger. Natürlich, diese paar hunderttausend Leute werden zum großen Teil einen größeren Verschleiß haben an Kleidung usw., und dadurch werden gewisse Industrien natürlich befruchtet werden und werden sich ausdehnen müssen. Aber eine sehr wichtige Frage ist die, es werden Arbeitnehmer, also Arbeitskräfte entzogen vom Arbeitsmarkt. Das ist eine Frage, mit der wir uns beschäftigen: Wie kann man dafür sorgen, daß durch die Einziehung der Leute nicht der Arbeitsmarkt zu sehr entblößt wird?

Journalist: Bezüglich der Industriekontrolle hat der französische Sprecher im Außenministerium zu dem Vertrag über Industriekontrolle[31] gesagt, auch da bestünden noch schwerwiegende Einwendungen und Meinungsverschiedenheiten. Haben wir die Hoffnung, daß wir diese Meinungsverschiedenheiten noch beseitigen können?

Adenauer: In zwei Ausschüssen der technischen Delegationen in Paris, im Wirtschaftsausschuß und im Rechtsausschuß glaube ich, ist schon Übereinstimmung erzielt worden über diese Frage. Das muß jetzt nur noch an den Lenkungsausschuß und dann an die ganze Delegation, so daß nach meiner Meinung wirklich gute Aussicht besteht, daß die Fragen gelöst werden im Sinne der Gleichberechtigung.

(*Zwischenruf:* Sie halten das lediglich für eine taktische Äußerung, mit der etwas auf die Atmosphäre gedrückt werden sollte?)
Es werden manchmal Dinge für den innenpolitischen Gebrauch gesagt.

Journalist: Sie haben in der Schuman-Plan-Debatte die Ansicht vertreten, daß das Gesetz [Nr.] 27 nach Inkrafttreten des Schuman-Plans für uns nicht mehr unbedingt bindend sein werde[32].

Adenauer: Ich habe gesagt, »für uns auf dem Gebiet von Kohle und Eisen nicht mehr bindend sein werde«.

Journalist: Mr. Reber[33] hat vor 10 Tagen in Bonn etwa erklärt, daß die amerikanische Seite diese Ansicht noch nicht ganz teilen könnte und zweifellos noch Gegenstand von Gesprächen sein wird, um festzustellen, wieweit der Schuman-Plan auf diesem Gebiet Spielraum gäbe.

Adenauer: Es tut mir leid, daß ich sagen muß, daß Mr. Reber unrecht hat. Die Sache ist völlig klar. Ich habe sie schließlich von den Alliierten. Diese Sache ist also klar und einwandfrei und auch von den Alliierten uns ausdrücklich schriftlich bestätigt worden.

Journalist: Ist damit zu rechnen, daß der Vertrag über die Europäische Verteidigungsgemeinschaft noch vor der NATO-Konferenz verabschiedet werden kann?

Adenauer: Ich nehme an, daß das die Absicht ist. Die NATO-Konferenz ist ja am 16. Februar als vorläufig endgültiger Termin[34].

Journalist: Ist zu erwarten, daß Sie noch einmal zu einer Außenministerkonferenz vorher nach Paris fahren?

Adenauer: Höchstwahrscheinlich. Wenn paraphiert werden soll, werde ich sicher hinfahren[35]. Vielleicht bleibt noch die eine oder andere Frage übrig bei den Beratungen, die meine Anwesenheit bei einer neuen Konferenz nötig macht. Ich möchte aber auch einmal die Bundestagsdebatte abwarten[36].

Journalist: Können Sie schon übersehen, wann der Generalvertrag und die Zusatzverträge unterzeichnungsbereit sein werden?

Adenauer: Truman hat erklärt, bis März wäre alles fertig. Ich glaube, das ist etwas kurzfristig. Sagen wir einmal März–April. Aber die Ratifizierung ist auch noch nötig in allen Parlamenten.
Darf ich noch ein Wort daran anknüpfen: Es wird so oft übersehen, daß ein Parlament einen völkerrechtlichen Vertrag wirklich nur als Ganzes vorgesetzt bekommen kann. Nehmen Sie an, der Vertrag über die Europäische Verteidigungsgemeinschaft wird von sechs Staaten geschlossen. Wenn nun jedes Parlament in der Lage sein könnte, sobald ihm das Ganze vorgelegt wird, an diesem oder jenem Paragraphen diese oder jene Änderungswünsche anzubringen, würden wahrscheinlich alle sechs Parlamente an X Paragraphen Änderungswünsche anknüpfen. Da kann nur in einem Parlament gesagt werden: Ja oder Nein! Das liegt so in der Natur der Sache, wie es von jeher so gewesen ist, auch bei Handelsverträgen. Wenn wir jetzt dazu übergehen würden, in jedem Parlament Zusatz- oder Abänderungsanträge zu einzelnen Artikeln zu stellen, würden wir ja nie fertig werden.

Journalist: Darf man Sie so verstehen, daß die Paraphierung in keinem Fall vor der Bundestagsdebatte stattfindet?

Adenauer: Ja, sicher.

Nr. 25
6. März 1952: Pressetee (Wortprotokoll)
BPA Archiv F 30

Teilnehmer[1]: Dr. Hilde Bogner, Ludwig von Danwitz, Wolfdietrich Gerdes, Franz Goeddert, Hugo Grüssen, Franz Hange, Dr. Hans Joachim Kausch, Werner Lohe, Werner von Lojewski, Erich Peter Neumann, Wilhelm Papenhoff, Dr. Alfred Rapp, Dr. Max Schulze-Vorberg, Heinrich Spiecker, Paul Steinfurth, Dr. Robert Strobel, Gerta Tzschaschel, Dr. Josef Ungeheuer, Adam Vollhardt, Dr. August Wegener, Hans Wendt, Paul Wilhelm Wenger, Fried Wesemann – Felix von Eckardt[2], Hubertus von Guradze[3], Werner Krueger, Dr. Carl Otto Lenz, Dr. Heinrich Vockel

Beginn: 16.35 Uhr[4]

[*Adenauer:*] Ich möchte Ihnen vorschlagen, daß ich Ihnen einiges über die Saarfrage sage, die ja wahrscheinlich sehr interessiert, und daß dann unser Bevollmächtigter in Berlin [Dr. Heinrich Vockel] über Berlin einiges Ihnen sagt, und dann möchte in der Hauptsache ich vorschlagen, daß Sie mich etwas fragen, d. h., daß Sie selbst aktiv werden sollen.
Die Saarfrage – was ich jetzt zunächst sage, ist nur als Hintergrund für Sie bestimmt –, die Aufregung scheint mir künstlich gewesen zu sein[5], und ich habe in einem Blatt gelesen – das war allerdings ein deutscher Kommentar –, daß anscheinend Kräfte, die Herrn Schuman nicht günstig wären, tätig seien, um Schumans Rückkehr zu verhindern[6]. Dann wird weiter versucht, einen Gegensatz zu konstruieren zwischen der Auffassung von Staatssekretär Hallstein und mir. Dazu möchte ich zunächst sagen: Gar kein Gedanke! Ich habe diese Note[7] an den Generalsekretär des Europarats[8] vor dem Abgang gelesen. Ich habe sie sogar wesentlich gekürzt. Sie ist gar nicht sehr lang. Die Note hat Staatssekretär Hallstein unterschrieben, weil sie an den Generalsekretär des Europarats ging. Von einem Gegensatz in der politischen Auffassung zwischen Herrn Hallstein und mir kann gar keine Rede sein.
Zur Sache selbst ist folgendes zu bemerken: Vielleicht erinnern Sie sich noch, daß ich schon auf einer Sitzung des Europarats Anfang August vergangenen Jahres angekündigt habe, daß ich die Frage der demokratischen Freiheiten an der Saar auf der nächsten Sitzung des Ministerrats des Europarats zur Sprache bringen würde[9]. Nun hat es der Zufall gewollt, daß immer wieder verschoben worden ist der Termin zur Abhaltung einer Sitzung des Ministerrats des Europarats und daß jetzt am

19. März [der] Termin ist. Als der Termin festgesetzt wurde, wußte natürlich noch kein Mensch, daß eine französische Regierungskrise kommen würde. Und diese Note widerspricht in keiner Weise, aber auch in gar keiner Weise – das bitte ich Sie, sehr nachdrücklich zu bringen – in keiner Weise den Bestrebungen, in der Saarfrage mit Frankreich zu einer Verständigung zu kommen. Ich glaube, jeder, ob Franzose, ob Deutscher, ist sich doch darüber klar, daß eine Verständigung über die Zukunft der Saar nicht erfolgen kann ohne die Mitwirkung der Saarbevölkerung in irgendeiner Form, und die Mitwirkung der Saarbevölkerung in irgendeiner Form setzt aber voraus, daß nun die Saarbevölkerung frei und offen ihre Meinung in dieser Frage sich bilden und äußern kann. Als ich seinerzeit im August des vergangenen Jahres in der Ministerratssitzung angekündigt habe, daß ich bäte, die Saarfrage auf die nächste Sitzung zu setzen, war natürlich noch kein Gedanke daran, daß ein deutsch-französisches Gespräch über die Zukunft der Saar zustande kommen würde. Aber ich kann nur nochmals betonen: Ich kann als sicher annehmen, daß es auch im Sinne des Herrn Schuman liegt, daß die Saarbevölkerung mit bei der Beratung über ihr Land, bei der Entscheidung, herangezogen wird, und das setzt ganz selbstverständlich voraus, daß das nur eine freie, ihre Meinung äußernde Saarbevölkerung sein kann.

Die Verhältnisse an der Saar sind jetzt folgendermaßen: Die Saar ist ja nicht mehr besetztes Gebiet, wie die Ernennung des Herrn Grandval zum diplomatischen Vertreter Frankreichs an der Saar beweist, der früher ja dort Hoher Kommissar war[10]. Soviel uns bekannt [ist] und soviel wir feststellen können, nimmt sich die jetzige Saarregierung das Recht, Parteien zuzulassen oder nicht zuzulassen, aus früherem Besatzungsrecht, wie es ja auch bei uns gewesen ist. Denken Sie zurück, wir haben ja in dem besetzten Gebiet der britischen, amerikanischen und französischen Zone auch den Lizenzierungszwang für die Parteien früher gehabt. Das ist dann abgeschafft worden von der Hohen Kommission. An der Saar ist es aber so, daß die Saarregierung auf alle Fälle das Recht für sich in Anspruch nimmt, daß ohne Lizenzierung keine Partei sich dort bilden kann, und es scheint, daß sie dieses Recht herleitet aus dem früheren Besatzungsrecht, und gleichzeitig ist dem Landtag des Saargebiets ein Gesetzentwurf zur Beratung schon vor einiger Zeit übermittelt worden, wonach eine neue Partei nur zugelassen werden kann mit Zustimmung des Landtags und auf einstimmigen Beschluß der Saarregierung[11].

Nun bitte ich Sie, stellen Sie sich vor, es würde sich hier eine neue Partei im Bundesgebiet bilden und der Bundestag hätte darüber zu bestimmen, ob diese Partei zugelassen werden soll oder nicht. In irgendeinem Parlament der Welt, in irgendeinem Lande der Welt existiert so etwas nicht. Und das bedeutet ja doch nichts anderes, als daß die jetzige Mehrheit des Landtags und die jetzige Regierung es in der Hand haben, das Entstehen einer Partei absolut zu verhindern. Das ist mit den demokratischen Grundsätzen eben schlechterdings nicht vereinbar. Jedes Mitglied des Europarats hat sich verpflichtet, diese Rechte zu achten, und die Note beschäftigt sich mit der Frage, ob diese Rechte an der Saar gewahrt sind oder nicht.

Ich betone aber nochmals: Es war schon vor längerer Zeit von mir im Ministerrat und auch in der Öffentlichkeit angekündigt [worden], daß das Thema von Deutschland angeschnitten werden würde, es mußte angeschnitten werden, ganz unabhängig von dem deutsch-französischen Saargespräch, weil im August oder September an der Saar ein neuer Landtag gewählt wird[12], und die Frage muß doch bis dahin entschieden werden, ob sich dort neue Parteien bilden können oder nicht. Und für eine deutsch-französische Verständigung in der Saarfrage ist die Note kein Hindernis, sondern im Gegenteil förderlich – lassen Sie mich nochmals wiederholen –, weil das zukünftige Schicksal der Saar nicht eine Frage ist, die nur zwischen Frankreich und Deutschland erledigt werden kann, sondern bei der in allererster Linie auch die davon Betroffenen ihre Stimme erheben können müssen, und das sind eben die Einwohner an der Saar. Ich würde es sehr bedauern, wenn diese ganze Sache wirklich mit Erfolg benützt würde, um Schuman zu schädigen. Und dieser Sprecher des Quai d'Orsay, na, Regierungssprecher hauen manchmal daneben, manchmal auch nicht, manchmal sagen sie, was sie sagen sollen, manchmal sagen sie mehr. Ich möchte hoffen, daß in diesem Falle der Sprecher des Quai d'Orsay sich ein bißchen vergriffen hat. Wir wollen die Angelegenheit in aller Ruhe behandeln. Das scheint mir das Beste zu sein.

Journalist: Was sagen die Engländer und Amerikaner dazu, daß wir auf die Wiederherstellung der demokratischen Grundrechte an der Saar drängen?

Adenauer: Darüber spreche ich nicht mit den Engländern und Amerikanern. Aber ich könnte mir denken, daß natürlich die Engländer und Amerikaner genau wie wir den Wunsch haben, daß das Verhältnis zwischen Frankreich und Deutschland nicht gestört wird.

Journalist: In der gestrigen »Frankfurter Allgemeinen« war ein Bericht, ein Bonner Regierungssprecher hätte erklärt, daß in der Denkschrift absichtlich die Saarregierung genannt sei im Sinne einer legitimen Regierung[13]. Ich könnte mir denken, obwohl ich es mir nicht vorstellen könnte, daß dann ja die Aufregung in Paris sehr verständlich wäre, und wir hätten eine Situation …

(*Adenauer:* Was soll das für ein Regierungssprecher gewesen sein?) ... und dann wäre die Bundesregierung auch nicht legitim, denn sie ist auch aus lizenzierten Parteien heraus entstanden!

Adenauer: Jetzt wollen wir die Sache einmal trennen. Sie wissen ganz genau, wie das bei den Saarwahlen zugegangen war. Ich habe absichtlich aus der Note alles herausgestrichen, was an die Vergangenheit rühren konnte. Aber daß es bei den Saarwahlen und der Abstimmung zur Verfassung zugegangen ist, wie es ganz unmöglich ist, das steht auch fest. Sie wissen genausogut wie ich, daß bei der Abstimmung über diese Saarverfassung in den meisten Orten ein Exemplar der Verfassung in der Schule zur Einsicht aufgelegen hat, und zwar nur die letzten Tage vor der Abstimmung. Das steht gar nicht in der Note drin.

Journalist: Der Streit wird jetzt ja da zugespitzt!

Adenauer: Gar nicht. Ich sage nochmals: Ich habe dafür gesorgt, daß aus der Note alles weggeblieben ist, was auf die Vergangenheit Bezug nahm, weil ich eben nicht wollte, daß der Blick abgelenkt würde von der Hauptsache, nämlich davon, wie jetzt die Verhältnisse an der Saar sind.

Journalist [fragt] nach der völkerrechtlichen Stellung der Saar.

Adenauer: Ich bin Dr. jur., und ich brauche infolgedessen keine Doktorarbeit mehr zu schreiben. Über die völkerrechtliche Stellung der Saar können Sie ein halbes Dutzend Doktorarbeiten schreiben.

Journalist: Wir haben eine Information bekommen, da steht etwas Konkretes,

(*Adenauer:* Welche Information? Was steht darin?)

daß die Jurisdiktion der französischen Regierung nicht in die Entscheidungsbefugnisse der Saarregierung hineinreicht.

Adenauer: Das ist ganz etwas anderes. Die Besatzung hat aufgehört, und nach der Konvention, die zwischen Frankreich und der Saar abgeschlossen ist, hat die französische Regierung der Saarregierung weiter nichts zu sagen.

Journalist: Mir kamen Bedenken auf den ersten Blick, ob es nicht zu bedenklich ist, wenn wir die Autonomie des Saargebietes so unterstreichen.

(*Adenauer:* Warum?)

Bisher war unser Standpunkt, daß wir sagten, das Saargebiet sei Bestandteil der französischen Besatzungszone.

Adenauer (inzwischen im Besitz der Information des Presseamtes): Ich hätte das übrigens gar nicht herausgegeben.

(*von Eckardt:* Nur zur Information.)

Ja, wenn auch. Ich hätte es nicht herausgegeben. Warum das alles?

Lassen wir in der Sache möglichst einfach die Dinge sehen, auch gar keine Polemik. Ich habe absichtlich diese Note so kühl gehalten, d.h. kühl ohne jede Angriffstendenz, ohne jede Ausführung der Jurisdiktion und über die völkerrechtliche Lage an der Saar, sondern lediglich mich darauf beschränkt, festzustellen, daß die Saarregierung diese Konventionen über die Menschenrechte unterschrieben habe und daß die und die Verhältnisse dort herrschen. Unter uns gesagt, daß sich Frankreich als Schutzmacht da aufführt, das ist ja ...

Journalist: Als die Information uns eben übergeben wurde, wurde bemerkt, es sei gesperrt.

von Eckardt: Es ist überhaupt nur zur Information. Es steht auch darüber.

Adenauer: Lassen Sie es bitte weg. Je weniger darüber gesprochen wird, desto besser. Jetzt wird diese Geschichte offenbar benutzt von französischen Kreisen, um die Regierungsbildung dort zu beeinflussen.

Journalist: Wie kann sich einmal ein direktes deutsch-französisches Gespräch abspielen, ich meine, was kann man dabei erreichen? Auf der anderen Seite stehen die Franzosen, die sich seinerzeit in Moskau 1947 von den Engländern und Amerikanern ziemlich weite Zusicherungen haben geben lassen wegen des Status der Saar[14]. Was für Möglichkeiten gibt es denn überhaupt noch, wenn man nicht über diese Dinge hinweggehen will, vor dem Friedensvertrag?

Adenauer: Die Bereiterklärung, vor dem Friedensvertrag im Gespräch mit uns eine Lösung zu finden, bedeutet bereits ein Abgehen von dem Standpunkt der Franzosen seit 1947. Das wird ja Schuman zum Vorwurf gemacht.

(*Zwischenruf:* Damit wären die Engländer und Amerikaner einverstanden?)

Gern, wenn wir uns verständigen.

Journalist: Sie werden also vom Moskauer Standpunkt abgehen?

Adenauer: Sie haben sich bereit erklärt. Auch nur zur Information: In London[15] war es so, daß Acheson und Eden sich bereit erklärt haben, wenn nötig zwischen Frankreich und uns zu vermitteln. Aber dann haben Schuman und ich ein einstündiges Gespräch geführt, und wir beabsichtigen, das fortzusetzen – ich nehme an, demnächst in Paris, und hoffentlich ist dann Schuman wieder aktiver Außenminister –, aber London und Washington sind bereits informiert. Es ist also, lassen Sie das auch nicht heraustrompeten, es ist tatsächlich ein Abgehen von diesem Standpunkt des Jahres 1947 bei allen Dreien zu konstatieren.

Journalist: Zu diesen Beratungen sollen Vertreter der Saar hinzugezogen werden?

Adenauer: Nein, nicht bei den Beratungen. Ich stelle mir die Sache so vor. Wenn zwischen dem französischen Außenminister und mir eine Verständigung in Aussicht steht und wenn wir glauben, daß auch die beiderseitigen Parlamente wenigstens in ihrer Mehrheit dem zustimmen würden, dann würde natürlich auch mit der Saar verhandelt werden müssen, und ich hoffe, daß bis dahin die Wahlen stattgefunden haben an der Saar, und zwar freie Wahlen, so daß man sagen kann und auch gegenüber der Saarbevölkerung verantworten kann, mit den dann als Abgeordneten tätigen Leuten zu sprechen.

Journalist: Ist es nicht möglich, daß die Zulassung von Parteien an der Saar erst zu einem von Hoffmann gewählten Zeitpunkt kommen könnte, so daß diese Parteien sich vor den Wahlen im Wahlkampf nicht mehr entfalten könnten?

Adenauer: Das wollen wir gerade zu verhindern suchen. Die einfachste Lösung wäre – vielleicht weisen Sie darauf hin –, daß die Saarregierung erklärt: »Wir sehen das ein, wir wollen den Lizenzzwang der Parteien aufheben, wie er auch in dem übrigen Deutschland nicht besteht.« Lassen Sie mich noch etwas sagen: Wir haben bestritten – wie Sie wissen –, daß gesamtdeutsche freie Wahlen stattfinden können in der Sowjetzone, weil da ja auch alles dasselbe ist wie an der Saar. Und dem hat die ganze UNO zugestimmt und hat auch die Kommission eingesetzt[16]. Und wenn man hier nun mitten in Mitteleuropa derartige Verhältnisse ruhig läßt, was läge näher, als daß die Russen sagen: »Sorgt erst einmal bei Euch! Ihr habt dasselbe, was Ihr uns vorwerft. Das duldet Ihr da!«

Journalist: Wird man bei der UN-Kommission auch die Frage des Saargebietes anschneiden?

Adenauer: Dafür ist sie nicht eingesetzt.

(*Journalist:* Sie ist eingesetzt zur Überprüfung gesamtdeutscher freier Wahlen und die Möglichkeiten hierzu!)

Gesamtdeutsche Wahlen heißt »Bundesrepublik und Sowjetzone«.

(*Journalist:* Wenn das Saargebiet als Teil der französischen Zone gerechnet würde!)

Es ist ja nicht mehr Teil der französischen Zone. Es ist ja seit geraumer Zeit abgetrennt worden. Wir zählen nicht mehr nach Zonen, sondern Bundesrepublik und Sowjetzone.

Journalist: Ist von französischer Seite klargestellt worden, mit welchem Ziel deutsch-französische Saarbesprechungen geführt werden müssen, z. B. daß die Franzosen gesagt hätten ... »Ziel der Europäisierung der Saar«?

Adenauer: Nein. Es hat nur ein Gespräch stattgefunden zwischen

Schuman und mir; und Sie werden verstehen, daß es ganz falsch ist, ein Gespräch unter vier Augen der Öffentlichkeit mitzuteilen. Und bei solchen Gesprächen, bei einem so an sich gar nicht verwickelten, aber psychologisch verwickelten Problem, wie dieses Problem es nun einmal ist, kann man ja nicht erwarten, daß man in einer Stunde schon zu einem Ergebnis kommt. Ich möchte nur folgendes sagen: Es hat mir ein sehr maßgebender französischer Politiker gesagt: »Es gibt in Frankreich genausogut Saar-Spezialisten wie in Deutschland.«

Journalist: Ich bin der Meinung, daß wenn solche Äußerungen über den legitimen Status der jetzigen Saarregierung kommen, wenn heute schon von Bonn aus erklärt wird, sie sei nicht legitim, dann glaube ich mit Sicherheit, daß dann die von Ihnen angedeuteten Gegner Schumans recht behalten werden.

(*Zwischenruf:* Es wurde in der »Frankfurter Allgemeinen« gestern gebracht als Äußerungen eines Bonner Regierungssprechers.)

Adenauer: Das wollen wir einmal feststellen. Ich kann nur sagen, die Note nimmt nicht darauf Bezug. Nach meiner Meinung werden sich die Verhandlungen so lange hinziehen, [bis] daß ein neuer Landtag gewählt ist, und mein Bestreben ist, daß wenn die Verhandlungen zwischen Frankreich und uns soweit gediehen sind, daß dann eine Vertretung der Saarbevölkerung – lassen Sie mich das nochmals sagen – vorhanden ist, die von der gesamten Saarbevölkerung als die frei gewählte Vertreterin der Saarbevölkerung anerkannt wird.

Journalist: Diesen Weg halte ich für richtig. Die Konsequenz juristisch ist aber, daß wir eines Tages erklären könnten, keine Revision der Saarkonventionen, sondern die Feststellung der Nichtigkeit!

Adenauer: Man soll sich nicht über ungelegte Eier unterhalten.

Journalist: Das sind aber Fakten, wenn es deutsche Zeitungen bringen als Regierungsäußerungen.

(*Adenauer:* Es wird ja festgestellt, wer der Regierungssprecher gewesen ist.)

Journalist: Welche praktische Möglichkeit sehen Sie denn, daß dieser Ministerrat aufgrund der Denkschrift etwas unternimmt?

Adenauer: Wenn ich das wüßte, würde ich es Ihnen nicht verraten.

(*Zwischenruf:* Wie könnte der technische Weg sein?)

Ich weiß es nicht. Der Ministerrat wird ja etwas dazu sagen müssen. Es sind die Vertreter der Saarregierung ja dabei. Die können ja den Mund einmal auftun. Sie sind doch als nicht stimmberechtigte Mitglieder im Europarat und können ja einmal etwas dazu sagen. Warten wir das doch einmal ab.

Journalist: Könnte es dementiert werden, wenn man meldete, daß die Bundesregierung zumindest nicht grundsätzlich ein Gespräch über die Europäisierung der Saar ablehnt?

Adenauer: Wollen wir einmal so sagen: »... über eine Ordnung der Saarfrage im europäischen Geiste«.

von Eckardt: Es heißt in der »Frankfurter Allgemeinen« (das Exemplar ist inzwischen herbeigeschafft worden), »man hebt in Bonn dazu hervor«. Auf jeden Fall hat man bei uns nichts hervorgehoben.

(*Adenauer:* Das ist ja etwas ganz anderes.)

Vockel: Augenblicklich ist Hochspannung in Berlin, weil im Parlament über die Frage »Regierungskrise oder nicht« entschieden wird. Ich kann nicht sagen, wie es ausgehen wird. Nach dem jetzigen Standpunkt scheint es nach wie vor sehr kritisch zu sein[17].

Ich habe zu sprechen über einige Äußerungen, die heute früh über den Interzonenhandel in der Presse erschienen sind. Die »Bonner Rundschau« schreibt: »Interzonenhandel völlig gelähmt!« – Und »Die Welt« schreibt: »Handelsgespräche gescheitert!« – Die Situation, die in der »Welt« dargestellt ist, ist vor allem nach der Richtung falsch, daß die Hohe Kommission ein Veto für Kompensationsgeschäfte eingelegt habe. Ich bin ausdrücklich bevollmächtigt worden, das hier zu erklären, und die Oberkommission wird auch selbst dazu eine Erklärung abgeben, daß ein solches Veto nicht eingelegt worden ist.

Ernster aber als diese etwas irreführenden Meldungen in der westdeutschen Presse sind die Meldungen, die von der Ostseite gekommen sind. Es ist eine Meldung von ADN[18] von heute oder gestern abend, und es wird dort festgestellt, daß die Vertreter der ostdeutschen Republik unablässig bemüht gewesen seien, das Handelsabkommen in Gang zu setzen, daß aber die Vertreter Westdeutschlands sich geweigert hätten, das Abkommen durchzuführen. Schuld daran wird vor allem der westdeutschen Regierung und den Westalliierten gegeben, die durch Aufstellung von Embargolisten die Lieferung auch solcher Waren, die im Interzonenhandelsvertrag festgelegt worden seien, unmöglich machten. Hervorgehoben wird auch, daß vor allem Waren, die noch aus dem alten Frankfurter Abkommen[19], vor allem Maschinenlieferungen, rückständig sind und teilweise von der Ostseite bezahlt oder angezahlt seien, daß die Lieferung dieser Maschinen von der Westseite abgelehnt würde. –

Ich darf dazu folgendes feststellen: Wir haben am 20.9.1951 den Interzonenhandelsvertrag[20] unterschrieben mit einem Globalinhalt von 482 Millionen [D-]Mark. Dazu kommen noch Nebenabkommen über Kohlenlieferungen[21] usw., so daß in der ADN-Meldung der ganze Komplex mit 550 Millionen angegeben ist. Das ist ungefähr richtig. Wir haben damals unterzeichnet in der Annahme und der festen Zusage, daß mit dem Ingangsetzen des Interzonenhandelsabkommens, des neuen Berliner Vertrages, auch der Berlin-Verkehr ohne Störungen vor sich gehen würde. Wir haben erst, nachdem wir die feste Zusage der ostdeutschen Vertreter hatten, das Abkommen im Einvernehmen mit den Westalliierten unterzeichnet.

Wir haben kurz nach der Unterzeichnung des Vertrages feststellen müssen, daß die Ostseite sich an diese Zusicherung nicht gehalten hat. Wir hatten bestimmte technische Möglichkeiten festgelegt für die Abstempelung der Warenbegleitscheine, und diese Abmachungen sind in keiner Weise eingehalten worden. Im Gegenteil, nachdem Ende Oktober der Vertreter der ostdeutschen Regierung, Orlopp[22], erklärte, daß von ihm aus keine Möglichkeit bestände, irgendwelche Zusagen und Konzessionen zu machen, weil das im internationalen Viermächteabkommen festgelegt sei; infolgedessen hat in diesen Monaten Oktober, November und Dezember bis auf kleine Reste, die ausgeliefert wurden, der Interzonenhandel geruht.

Anfang Januar sind dann von der Ostseite ausgehend – ich darf das ausdrücklich feststellen, ohne daß ich wünschen möchte, daß das allzu dick in der Presse erscheint – neue Angebote an uns herangekommen, und zwar unter folgenden drei Gesichtspunkten:

1) Ingangsetzung des Abkommens vor allem über Kohlenlieferungen und Eisen- und Stahllieferungen, also a) Kohlenabkommen, b) Eisen- und Stahlabkommen. Diese beiden Verhandlungen haben zu einem vollen Ergebnis beiderseitig geführt. Die Versorgung Berlins mit 90 000 t Braunkohle, mit 69 000 Tonnen Steinkohlen und Ruhrkoks ist fest vereinbart worden und paraphiert worden in den Wochen der Verhandlungen.

2) Haben wir von westlicher Seite ein sehr umfangreiches Angebot über Lieferungen von Roheisen, Walzwerkerzeugnissen, Gießereierzeugnissen usw. gemacht und voll ausgeschöpft im Rahmen des Berliner Vertrages, und zwar mit festen monatlichen Lieferungen: volle Zufriedenheit auf der Ostseite.

Aber wir hatten, ausgehend von den Forderungen der Westalliierten, immer wieder auch als 3) Punkt die Frage der Sicherung des Warenverkehrs Berlin-Westdeutschland und vor allem der Sicherung über die Behandlung der Warenbegleitscheine, der Warenbegleitscheine für solche Waren, die im Jahre 1946 in einem Viermächteabkommen besonders bezeichnet waren[23], 17 Gruppen, diese Begleitscheine werden praktisch von den Russen seit 1948 abgestempelt, und die Russen haben es also in der Hand, ob sie abstempeln oder nicht, und daran hängt praktisch die Hälfte bis 60 Prozent des gesamten Warenverkehrs West-Berlins nach Westdeutschland und in das Ausland. – Wir mußten von uns aus also großes Interesse daran haben, mit dem Interzonenhandelsvertrag diese Dinge als ungestörten und geordneten Warenverkehr West-Berlin–Westdeutschland zu sichern.

Diese Verhandlungen haben sich hingezogen über diese drei Punkte, nämlich Kohlenabkommen und Eisen- und Stahllieferungen und Warenbegleitscheine bis Ende Februar. Am 29. Februar hat die Ostseite erklärt, sie würde zu neuen Verhandlungen bereit sein auf der Grundlage des bisher Besprochenen. Aber am 29. Februar hat Orlopp plötzlich neue Gesichtspunkte in die Verhandlungen hineingebracht. Er hat vor allen Dingen wieder abgelehnt irgendeine Vereinbarung über die Warenbegleitscheinfrage und ihre Regelung. Er hat sich einverstanden erklärt mit dem Kohlenabkommen und dem Eisen- und Stahlabkommen, aber hat hinzugefügt neue Forderungen über die Auslieferung der noch restlichen Maschinenlieferungen und hat gefordert sofortige Lieferung von Phosphaten noch für die Frühjahrsbestellung.

In diesen Verhandlungen haben unsere Unterhändler erklärt, zu der Frage der Lieferung der Maschinen bestehen wahrscheinlich kaum Schwierigkeiten, weil diese Lieferungen schon von der Westseite aus genehmigt worden sind und weil es nur eine Frage der Technik ist, wann und ob diese Auslieferung erfolgen kann. In der Frage der Phosphate und Zuckerphosphate haben unsere Unterhändler erklären müssen, daß diese Phosphatlieferungen erst für die Sommer- und Herbstbestellung in Aussicht genommen werden, d. h. im Juni-Juli dieses Jahres, und daß es fraglich sei oder jedenfalls nicht übersehen werden könne, ob Phosphat noch im März zur Frühjahrsbestellung geliefert werden könne. Unsere Unterhändler haben nur erklärt, daß sie es sehr bedauerten, daß die Frage der Warenbegleitscheine wiederum, wie in den früheren Verhandlungen, im entscheidenden Moment doch zu keinem Ergebnis führten.

Aber irgendwelcher Abbruch der Verhandlungen ist von unserer Seite nicht erfolgt. Wir haben uns im Gegenteil bereit erklärt, zu dieser Frage Maschinenlieferungen und Phosphatlieferungen die Dinge in Bonn zu klären und eine Mitteilung herauszugeben. Nach der gestrigen ADN-Meldung nehme ich rein persönlich an, daß die Ostseite jedenfalls zur Zeit – das ist ja immer eingerahmt in den politischen Gesamtgang der Dinge – scheinbar keine weiteren Verhandlungen wünscht, daß sie nur das Bestreben hat, das Scheitern der Verhandlungen uns zuzuschieben, um so aus der Affäre herauszukommen. Das bedeutet aber nicht, daß

wir nicht übermorgen oder gelegentlich wieder in neue Verhandlungen kommen können.
Wir hatten in den letzten Wochen den Eindruck, daß die Ostseite lieber im Kompensationswege Geschäfte machen würde, und wir haben auch das nicht abgelehnt. Wir haben uns durchaus bereit erklärt, diese Frage zu prüfen, wobei wir allerdings dann feststellen mußten, daß die Ostseite diese Frage der Kompensationsgeschäfte schon weitgehend vorgearbeitet hatte. Wir haben Nachrichten, daß über 300 Millionen DM schon Verträge mehr oder weniger fix und fertig mit westdeutschen Firmen verhandelt worden sind, daß aber diese Verhandlungen immer einen kleinen politischen Haken am Ende hatten und daß wir infolgedessen, und das haben wir nicht offiziell, aber doch in der Öffentlichkeit erklärt, Vorsorge auf unserer Seite treffen müßten, daß derartige Kompensationsgeschäfte von einer zentralen Stelle zumindest überprüft werden und genehmigt werden können, um diesen politischen Schlenker jedenfalls zu beseitigen. Es ist möglich, daß die Ostseite deshalb ‹auf die›[a] Kompensationsgeschäfte jetzt verzichtet, wenn die Bundesregierung diese Dinge überwacht, und auch kein Interesse an solchen Kompensationsgeschäften mehr hat.
Diese Erklärungen werden noch in einer formulierten Erklärung des Bundeswirtschaftsministeriums[24] im Laufe der nächsten Stunden herausgehen. Ich bitte, diese Erklärungen nicht als offizielle Erklärungen – ich habe auch kein Recht dazu –, sondern nur als Information zur Sprachregelung zu benutzen. Ich bitte immer noch so zu schreiben, daß wir von unserer Seite durchaus bereit sind und Interesse daran haben, einen geordneten und legalen Interzonenhandel in Gang zu halten, und zwar auch aus wirtschaftlichen Gründen – natürlich auch aus politischen Gründen, aus Gründen, um Berlin zu sichern –, aber auch aus wirtschaftlichen Gründen. Auch wir haben ein Interesse daran, Braunkohle, die vor den Toren Berlins liegt, zu beziehen und nicht auf dem Lastwege. 300 000 Tonnen haben wir in den letzten Monaten bekommen, davon ungefähr 10 000 Tonnen mit Lastwagen durch die Zone, ein unmöglicher, unsinniger Zustand. Wir haben ein Interesse daran, Getreide, Zucker, Schwefel usw. aus der Ostzone zu beziehen, Mangelwaren, die durchaus für die westdeutsche Wirtschaft von Interesse sind. Wir haben von Westdeutschland ein Interesse, Fische usw., die hier nicht abgesetzt werden können, dadrüben abzusetzen. Auf der anderen Seite hat auch die Ostzone rein wirtschaftlich ein großes Interesse daran, Roheisen zu beziehen, Walzwerkerzeugnisse, bestimmte Maschinenteile und so weiter, so daß also auch aus wirtschaftlichen Gründen durchaus ein beiderseitiges Inter-

esse besteht, die Dinge in Gang zu halten. Ich bitte, so zu schreiben, daß wir von uns aus die Türe nicht zuklappen, sondern durchaus offenhalten.
Über die Frage der Embargoliste noch zwei Sätze: Es ist natürlich richtig, daß die Westwelt für derartige Lieferungen Listen festgelegt hat von strategischen Gütern, die nicht geliefert werden. Auf derselben Linie liegen natürlich auch mittlerweile vom Osten her Verbote vor, nicht nur von der Sowjetzone, sondern auch von den Satellitenstaaten, bezüglich Uran und anderen strategisch wichtigen Gütern. Man hat drüben genausogut Vorbehaltsgüter wie wir auch. Aber im Rahmen des Abkommens, auch bei diesen Maschinenerzeugnissen, Stahl- und Eisenerzeugnissen bestanden keinerlei Schwierigkeiten von unserer Seite, diese Waren auszuliefern. Es ist unwahr und unrichtig, obschon die Ostseite diese Dinge genau kennt, diese Meldung, sie ist bewußt unwahr, daß das Abkommen daran scheitert, daß Westdeutschland die Genehmigung für die Lieferung bestimmter Waren verweigere. Wenn man die Verhandlungen, die von sowjetzonaler oder sowjetischer Seite geführt werden, kennt, und wir kennen sie, kommt man immer an einen Punkt, wo man hofft, morgen käme ein Abschluß, und im letzten Moment kommt immer ein politischer Querschuß. Wir haben das leider seit mehreren Jahren in dieser Frage besonders stark immer empfunden. Das braucht nicht das Ende zu bedeuten, und ich möchte das auch nicht wünschen. Aber ob und wann wir wieder zu geordneten und neuen Verhandlungen mit der Ostseite kommen, weiß ich nicht.

Journalist: Wie ist es mit dem illegalen Handel? Man spricht von einem Ausmaß von 350 Millionen [DM]!

Vockel: Irgendeine Zeitung hat einen Riesenumfang verkündet. Das ist völlig ausgeschlossen, daß bei den sehr sorgfältigen Maßnahmen zur Verhinderung eines illegalen Handels irgendwelche größeren Massen an Gütern heute über die Grenze kommen können weder durch Berlin noch durch die Sowjetzone.

(*Adenauer:* Ich würde in der heutigen Zeit niemals sagen: Es ist völlig unmöglich.)
Nicht in dieser Höhe. Es wird keiner verhindern können, daß etwas herübergeschmuggelt wird. Aber das sind keine 350 Millionen [DM]. Dazu gehört schon etwas Besonderes.

Journalist: Die Rechnung hat der »Volksbund für Frieden und Freiheit«[25] aufgemacht!

Vockel: Das Bundeswirtschaftsministerium hat aber mit Recht dementiert.

Journalist: Sind die Stromsperrungsmaßnahmen[26] nach Ihrer Meinung weitere Störungsmaßnahmen der Ostseite bzw. der Beginn zu weiteren Maßnahmen?

Vockel: Ich wage darüber nichts zu sagen. Die Stromsperrungsmaßnahmen stören uns nicht mehr, weil wir den Strom Gott sei Dank aus eigener Kraft haben und ersetzen können, und die Kohlenvorräte sind auch so, daß uns das nicht erschüttert, wenn wir etwas mehr Kohlen brauchen.

Journalist: Sind die Vorbehalte von alliierter Seite in letzter Zeit vermehrt worden gegenüber dem Kompensationshandel?

Vockel: Es sind überhaupt keine Vorbehalte vorhanden auf der Westseite. Nur in der Frage des Kompensationsverkehrs haben wir mit den Alliierten über interne Vorgänge zwischen Bundesregierung und Hochkommission geschrieben. Wir haben überhaupt erst noch zu verhandeln über ein Ingangsetzen des Abkommens. Erst wenn das unmöglich ist, wollen wir mit den Westalliierten auch über die Frage der Kompensationsgeschäfte verhandeln. Derartige Verhandlungen haben bisher überhaupt noch nicht stattgefunden, so daß sie auch nicht abgelehnt werden konnten.

Journalist: Ist es möglich, daß die Ministerratstagung in Paris[27] mit einer Tagung der Außenminister für die Europa-Armee verbunden wird?

Adenauer: Das ist sehr unwahrscheinlich. Wahrscheinlich wird eine Tagung der Minister der Länder, die an der Europäischen Verteidigungsgemeinschaft beteiligt sind, gar nicht mehr nötig sein. Es könnte natürlich doch, wenn alle da sind, der Fall sein, daß man zusammentrifft.

Journalist: Die nächste Konferenz würde also die Unterzeichnungskonferenz[28] sein?

Adenauer: Wahrscheinlich. Aber erst müssen alle Länder wieder aktionsfähig sein. Die Krise in Frankreich macht mir große Sorge. Es ist natürlich sehr schwer, wenn ein Partner, und zwar ein so wichtiger Partner wie Frankreich es ist, durch diese Krise nicht mehr aktionsfähig ist. Es ist ja klar, daß ein Minister eines nicht amtierenden Kabinetts nicht in der Lage ist, irgend etwas auf dem Gebiete zu tun. Das verlangsamt natürlich alles und ist außerordentlich störend. Wenn man sich vorstellt, das wäre passiert kurz vor London oder Lissabon[29] – das ist auch nicht für die Öffentlichkeit, sondern mehr für Sie, damit Sie die Hintergründe sehen, die im Hinblick auf Amerika sehr böse gewesen wären. Sie werden ja gelesen haben, daß jetzt Truman dem Kongreß vorgeschlagen hat, die Bewilligung der Mittel für die europäische Politik vorzunehmen[30]. Lissabon, London und Lissabon, sind absichtlich so gelegt worden, daß sie vor März stattgefunden haben, weil im März diese Vorlage im Kongreß erfolgen mußte. Wenn man sich vorstellt, die Krise in Frankreich wäre damals ausgebrochen, hätte das für uns alle geradezu katastrophale Folgen haben können. Nichts ist falscher und nichts ist mehr eine Illusion als der Gedanke, Amerika müsse unter allen Umständen seine bisherige Politik in bezug auf Europa fortsetzen. Es besteht absolut keine Notwendigkeit, keine innere Notwendigkeit dafür.

Journalist: Nach Lissabon hat man zuerst in der ausländischen Presse und heute in einer deutschen Zeitung lesen können, daß die Aufstellung der deutschen Kontingente zumindest um ein Jahr zurückgestellt sei.

Adenauer: Ob das irgendein Regierungssprecher gesagt hat, weiß ich nicht. Aber das ist jedenfalls nicht richtig, daß sie zurückgestellt worden sei. Natürlich wird ja durch die Regierungskrise in Frankreich wieder die Ratifizierung des ganzen Vertragswerkes verzögert, und meine Sorge ist nur die, ‹wenn›[b] die Parlamente im August in Ferien gehen, wie es geschafft werden kann, daß die Parlamente der verschiedenen Länder, bevor sie in die Ferien gehen, ratifizieren.

Journalist: Sind die Zusatzverträge, Fortdauer alliierter Gesetze, Schiedsgericht usw. soweit fertig?

Adenauer: Diesmal hat ein echter Regierungssprecher gesagt, daß diese Verhandlungen so schnell weitergehen, daß eine Sitzung zwischen den drei Herren – den Vertretern von Frankreich, Großbritannien und den USA mit mir – die für Dienstagnachmittag [11. März 1952] vorgesehene Sitzung nicht stattzufinden bräuchte, weil die Verhandlungen auf der unteren Ebene so schnell Fortschritte gemacht haben. Es sind da noch einige Punkte, die nicht mehr so entscheidend sind, und die Verhandlungen gehen außerordentlich schnell voran.

Journalist: Nähern sich die Verhandlungen einem Punkt, wo die Bedingungen der französischen Kammer[31] und des Deutschen Bundestages[32] erfüllt werden?

Adenauer: Die Bedingungen des Bundestages sind erfüllt.

(*Zwischenruf:* Und die Bedingungen der französischen Kammer?) Dafür bin ich nicht verantwortlich. Ich bin verantwortlich dafür, daß die Bedingungen des Bundestages erfüllt werden. Ich habe mir nach London und Lissabon nochmals sehr sorgfältig die Bedingungen des Bundestages durchgelesen und kann nur sagen: Sie sind er[füllt]. Was die Bedingungen der französischen Kammer angeht, so glaube ich, ist das auch der Fall. Das mit der Aufstellung ist eine der wesentlichsten Bedingungen, nämlich die etwa, daß keine deutschen Einheiten aufgestellt werden sollten vor der Ratifizierung. Das haben wir nie beabsichtigt. Ich sehe da eigentlich keine großen Hindernisse. Sie sind fast alle psychologischer Art und innerpolitischer Art. In den meisten Parlamenten der Welt werden außenpolitische Fragen nach innenpolitischen Rücksichten behandelt. Bonn ist allein die Stadt, die eine Ausnahme macht.

Journalist: Von sozialdemokratischer Seite ist neuerdings die Frage einer evtl. Auflösung des Bundestages unter Bezugnahme auf Artikel 63 GG herangezogen worden, über die Modalitäten der Wahl des Bundeskanzlers nämlich.

(*Adenauer:* Wir wollen gleich einmal darüber sprechen.)

Journalist: Bestehen die Amerikaner wirklich so stur darauf, daß die Gewerbefreiheit gesichert sein soll in den Verträgen?

Adenauer: Es wird nichts so heiß gegessen wie gekocht. Ich könnte mir nicht vorstellen, daß die USA das Zustandekommen dieses Werkes an der Gewerbefreiheit scheitern lassen würden. Ich kann aber die ganz wichtigen Sachen bis zum Schluß der Verhandlungen zurückstellen.

Journalist: Es besteht ein zeitlicher Zusammenhang zwischen Generalvertrag und Zusatzabkommen einerseits und dem Verteidigungsvertrag andererseits, ein sogenanntes Junktim. Ist es nicht so, daß beim Verteidigungsbeitrag Mächte mitsprechen, die beim Generalvertrag nicht mitsprechen – z. B. Belgien und Holland –, und könnte nicht der Fall eintreten, daß sich der Verteidigungsvertrag verzögert gegenüber dem Generalvertrag?

Adenauer: Stellen Sie sich vor, Sie seien amerikanischer oder britischer oder französischer Außenminister und Sie nähmen für sich in Anspruch, aufgrund der bedingungslosen Kapitulation Deutschlands die ... und denken Sie eben weiter daran, daß von der Sowjetzone aus, d. h. von Sowjetrußland aus, zumindest gewisse Bedrohungen vorliegen, denn wenn in der Nähe der Grenze 28 Divisionen völlig marschbereit aufgestellt sind, so ist das doch eine Bedrohung. Nun kommt meine Frage an Sie: Würden Sie, wenn Sie Außenminister wären der drei westalliierten Länder, die Rechte, die Sie aufgrund der bedingungslosen Kapitulation [haben,] preisgeben und darauf verzichten, wenn Sie nicht wüßten, ob dieses deutsche Territorium nicht zwischen dem Osten und Westen hin- und herschwankt, sondern daß es tatsächlich beim Westen steht?
Es ist ganz verständlich, daß die Westalliierten sagen: »Wir wollen nur dann auf unsere Rechte verzichten, wenn wir den Beweis dafür haben, daß die Bundesrepublik Deutschland bei uns steht.« Und der Beweis dafür, daß die Bundesrepublik beim Westen steht, wird erbracht durch den Beitritt der Bundesrepublik zur Europäischen Verteidigungsgemeinschaft. Und daß nun etwa durch die Benelux-Länder oder durch Italien

eine Verzögerung einträte, ist ein ganz konstruierter Fall. Das wird nicht der Fall sein. Es bestehen gar keine Schwierigkeiten mehr. Sie sind lange im Anfangsstadium schon überwunden worden.
Ich habe absichtlich so ausführlich über dieses sogenannte Junktim gesprochen, weil das ja von der Opposition immer wieder betont wird, und ich kann nur sagen: Wenn man verhandelt mit einem anderen, kommt man doch nur dann zu vernünftigen Verhandlungen, wenn man sich auch in die Lage des anderen versetzt. Und der einzige Grund, den wir haben könnten, vernünftigerweise evtl. haben könnten, wäre zu sagen: »Bitte, verbindet diese Dinge nicht miteinander!« Das wäre der Grund, der eben angeführt wurde, indem man sagen könnte, es sind Teilnehmer oder Verhandlungspartner bei dem Vertrag über die Verteidigungsgemeinschaft, die die Dinge unsinnig in die Länge ziehen, so daß wir dadurch sehr spät in den Genuß unserer Freiheit kommen! Das wäre noch etwas vernünftig. Aber der Fall liegt nicht vor. Ich möchte Ihnen das in aller Form erklären. Und es ist doch wohl vernünftig von Deutschland, wenn es für diese berechtigte Stellungnahme der Gegenseite [Verständnis hat], zu sagen, der eine Vertrag tritt in Kraft, wenn der andere in Kraft tritt, ‹...› [c] und nachzuprüfen, ob der Inhalt der beiden Verträge für uns Deutsche einen Vorteil bietet oder nicht. Aber lediglich zu sagen ..., weil die ein Junktim hergestellt haben – das Wort Junktim klingt schon so großartig, daß sich von hundert Leuten mindestens 70 darunter nichts denken können und sich denken: »Was mag das sein, ist das eine neue ferngesteuerte Waffe?« – deswegen zu sagen: »Wir können das nicht annehmen« –, das verstehe ich nicht.

Journalist: Die Behandlung der verschiedenen Ratifizierungsgesetze zum Schuman-Plan in den Teilnehmerparlamenten hat gezeigt, daß aus parlamentarisch-technischen Gründen schon eine Zeitspanne entsteht. Dasselbe könnte aus parlamentarisch-technischen Gründen auch beim Vertrag über die Europa-Armee entstehen. Wäre es nicht der Beweis unseres guten Willens, den die anderen fordern, wenn wir, also der Bundestag, zumindest der Ratifizierung zugestimmt hat, und könnte nicht der Generalvertrag dann in Kraft treten?

Adenauer: Es handelt sich doch nicht um den Beweis eines guten Willens. Das ist ein völlig falscher Standpunkt. Es handelt sich bei den Westalliierten um sehr ernste Angelegenheiten. Stellen Sie sich doch vor: Es stehen einige hundert Kilometer von Frankreich entfernt 28 Divisionen, und die Stimmung ist in der Welt doch so, daß es wirklich verfehlt wäre, von Frieden in der Welt zu sprechen. Es handelt sich darum, daß die anderen wissen: Wir sind gebunden! So lange die anderen nicht ratifiziert haben, sind wir ja auch nicht gebunden. Wir sind erst dann gebunden an den Vertrag über die Europäische Verteidigungsgemeinschaft, wenn alle Vertragschließenden unterschrieben haben. Es wird immer behauptet und im Sprachgebrauch erklärt, die Genehmigung durch ein Parlament sei die Ratifizierung. Die Ratifizierung findet erst dann statt, wenn unterschrieben wird. Unterschreiben kann ein Land erst aufgrund des Beschlusses seines Parlaments. Erst dann sind wir gebunden, wenn alle ratifiziert und alle unterschrieben haben, die an dem Vertragswerk beteiligt sind. Sie sehen es völlig unrichtig, wenn Sie meinen, man verlange von uns den Beweis eines guten Willens. Man verlangt etwas ganz anderes. Man verlangt, daß ein Vertrag zustande gekommen ist, ein befriedigender Vertrag, das verlangt man, und zwar nach meiner Meinung durchaus mit Recht.

Journalist: Man hört auch bei der Koalition hier im Parlament öfter, daß von alliierter Seite versucht würde, in die Zusatzverträge so viel hineinzupacken, daß die Sache zu schwer wird und daß die Koalition zu einem Teil in die Verlegenheit kommen könnte, gegen den Generalvertrag zu stimmen, besonders wegen des Schuldenproblems.

(*Adenauer:* Welches Schuldenproblem?)

Im Zusammenhang mit der Reparationsfrage!

Adenauer: Das Schuldenproblem wird in London verhandelt[33] und hat mit den Zusatzverträgen gar nichts zu tun. Im übrigen können sich auch die Mitglieder der Koalitionsparteien erst ein Bild machen, wenn das Vertragswerk im Entwurf fertig vorliegt. Daß die Annex-Verträge das eine oder andere – es ist nicht entscheidend – enthalten, was, wenn wir eben ein freier Staat wären und einen Bündnisvertrag abschließen würden, nicht darin stehen würde, ist klar; aber wenn das Vertragswerk vorliegt, wird man doch das Ganze betrachten müssen und nicht einen einzelnen Teil. Man wird das Ganze als Werk sehen müssen und wird sich klar werden müssen: Sollen wir es tun oder nicht? Wobei natürlich auch man immer sich sagen muß, was es heißt, es nicht zu tun. Was habe ich, wenn ich es nicht tue?

Nehmen Sie ein Beispiel, es ist etwas hypothetisch, kommt aber der Wahrheit nahe: Wir werden im Bundestag ein deutsches Kartellgesetz schaffen[34]. Nehmen Sie einmal an, es würde jetzt von westalliierter Seite verlangt in einem Annex-Vertrag, wir müßten zusagen, daß das Gesetz, das wir schaffen, fünf Jahre unverändert bliebe, und dann könnten wir damit machen, was wir wollten; und wir würden sagen, keine fünf Jahre, sondern drei Jahre genügten auch; würden Sie das für eine tragische Angelegenheit halten? Ich nicht! Es liegt in der Natur der Sache, daß,

wenn einmal ein Kartellgesetz vom Bundestag verabschiedet ist, man erst Erfahrungen damit sammeln wird, ehe man überhaupt an die Frage herangeht, ob man es ändert. Man kann nicht jedes Jahr ein neues Kartellgesetz machen.
Aber davon abgesehen: Wenn wir nun in zwei oder drei ähnlichen Dingen die Sache scheitern lassen wollten, was wäre dann? Dann blieben wir unter der Regierung der drei Alliierten und würden nicht für drei Jahre bei den Gesetzen verbleiben, sondern wir würden, solange die Besatzung dauert, es beim Kartellrecht der Besatzung bleibenlassen müssen. Man muß sich bei all den Dingen die Frage stellen: Wenn wir nein sagen, was haben wir dann?

Journalist: (Es handelt sich um die bereits gestellte Frage Neuwahlen Art. 63 GG.)

Adenauer: Ich darf folgendes darüber sagen: Die Auflösung des Bundestages nach Artikel 68 ist die eine Möglichkeit, und sie ist gedacht für die Dauer der Wahlperiode eines Bundestages, d. h., wenn der Bundeskanzler beantragt, ihm das Vertrauen auszusprechen und er findet nicht die Zustimmung der Mehrheit des Bundestages. Dann kann der Bundeskanzler dem Bundespräsidenten vorschlagen, den Bundestag aufzulösen. Dann kann der Bundestag dieser Auflösung entgehen, wenn er schnell mit der Mehrheit seiner Mitglieder einen anderen Bundeskanzler wählt. Auf den vorliegenden Fall angewendet, müßte also – ich habe es neulich in Heidelberg gesagt[35] – ich den Bundestag bitten, mir sein Vertrauen auszusprechen, und dann müßte ich weiter bitten, insgeheim bitten, daß ein Teil der Mitglieder der Regierungskoalition zu Hause bleibt, damit die Opposition die Mehrheit hätte und mir das Vertrauen nicht ausspricht. Dann könnte ich zum Bundespräsidenten gehen und sagen, ich hätte kein Vertrauensvotum und er möge den Bundestag auflösen. Das wäre doch mit dem Grundgesetz geradezu Schindluder getrieben. Ich verstehe nicht, wie jemand, der demokratisch denkt, d. h., der es ernst nimmt mit den Bestimmungen der Verfassung, einen solchen Vorschlag überhaupt machen kann.
Nun kommt die SPD neuerdings mit dem Artikel 63. Der Artikel 63 sieht den Fall vor, daß es nicht zur Wahl eines Bundeskanzlers kommt. Ich darf den Artikel 63 vorlesen.

(Folgt Verlesung.)

Die Hauptsache in diesem Artikel lautet: »Kommt eine Wahl innerhalb dieser Frist nicht zustande usw., so findet unverzüglich ein dritter Wahlgang statt, in dem gewählt ist, wer die meisten Stimmen erhält. Vereinigt der Gewählte die Stimmen der Mehrheit der Mitglieder des Bundestages auf sich, so muß der Bundespräsident ihn binnen sieben Tagen nach der Wahl ernennen. Erreicht der Gewählte diese Mehrheit nicht, so hat der Bundespräsident innerhalb sieben Tagen entweder ihn zu benennen oder den Bundestag aufzulösen.« Dieser Artikel regelt die Frage: Was wird, wenn der Bundestag den vom Bundespräsidenten Vorgeschlagenen nicht will? Dann allerdings kann [der Bundespräsident] unter Umständen, d. h., wenn alle diese Wahlgänge vorbei sind und wenn keiner die Mehrheit der Stimmen bekommt, binnen sieben Tagen entweder ihn benennen oder den Bundestag auflösen. Das betrifft also einen Fall, der mit dem vorliegenden Fall gar nichts zu tun hat.

Journalist: Die SPD argumentiert wie folgt: Der Kanzler erklärt und stellt fest, er hat für den Wehrbeitrag nicht die nötige Resonanz im Volke, also erklärt er von sich aus, er trete freiwillig zurück, denn bei der gegenwärtigen Situation wird sich keine Mehrheit für einen anderen Kanzler finden, und also ist der Fall der Auflösung gegeben.

Adenauer: Ich möchte allen Ernstes folgendes sagen: Ich betrachte die Frage des Beitritts zur Europäischen Verteidigungsgemeinschaft als eine Gewissensfrage und als nichts anderes. Ich betrachte sie nicht in erster Linie als eine parteipolitische Frage oder überhaupt als eine politische Frage; und ich würde dem Bundeskanzler, auch wenn ich es nicht wäre, der kneifen würde, in einem solchen Falle sagen: Du hast Deine Pflicht nicht getan! Der Bundeskanzler mag Schmitz oder Müller heißen, er muß, in der gegenwärtigen Situation wie die Dinge liegen, den Bundestag vor die Frage stellen, ob er es tun will oder nicht! Und nun etwa zu sagen, er habe nicht die Mehrheit hinter sich [...]. Ich habe gerade heute von Herrn Lenz eine sehr lehrreiche Zusammenstellung bekommen über Befragungen, die das bekannte Institut angestellt hat. Nach der letzten Befragung waren mehr als die Hälfte der Befragten für einen Verteidigungsbeitrag.

(*Lenz:* 52 Prozent!)

Es ist ja gar nicht wahr, wenn das immer wieder behauptet wird. Sie können in irgendeine Versammlung gehen, wohin sie wollen. Ich mache mich anheischig, die Leute davon zu überzeugen, daß es notwendig ist, diesen Friedensbeitrag zu leisten. Ich habe in Heidelberg gesprochen, und ich habe Zuschriften bekommen und meine Zustimmung gegeben, daß eine Zuschrift auszugsweise veröffentlicht wird, und zwar von einem Studenten aus der Ostzone[36]. Sie müssen einmal hören, wie die Leute darüber denken. Lassen Sie sich doch nicht irre machen durch die Behauptung der Opposition, daß die Mehrheit des deutschen Volkes das nicht wolle. Das ist gar nicht wahr. Aber davon ganz abgesehen: Der Bundeskanzler ist nicht gewählt vom Volk, der Bundeskanzler ist ernannt vom Bundespräsidenten, nachdem er vom Bundestag gewählt ist; und er hat nach meiner Meinung nicht das Recht, zu kneifen, und wenn er der Überzeugung ist, bei einer Frage, wo es sich wirklich um Leben und Tod des deutschen Volkes handelt, dann muß er seinen Mann stehen und muß dem Bundestag die Frage zur Entscheidung vorlegen, und das wird auch geschehen.

Lenz: Ich darf ergänzend sagen: Was die Stimmung der Bevölkerung anbetrifft, ist es natürlich außerordentlich schwer, ein richtiges Bild zu bekommen. Wir haben es versucht, und ich kann nur sagen, daß nach den Tests die Stimmung von 1950 mit etwa 30 Prozent für den Verteidigungsbeitrag gestiegen ist auf 52 Prozent im Dezember 1951. Es kommt hinzu, daß ich mit all den Herren, mit denen ich gesprochen habe, – die Wirtschaftspolitische Gesellschaft[37] hat eine Reihe von Vorträgen gehalten über den Verteidigungsbeitrag und ebenso die Europa-Union –, daß alle diese Herren übereinstimmend gesagt haben, daß die Stimmung nach einer längeren Diskussion und wirklichen Aufklärung immer sehr positiv gewesen sei. Der Generalsekretär der Europa-Union[38] hat vor einigen Tagen in Castrop-Rauxel vor 500 Arbeitern gesprochen und erklärt, die Versammlung hätte absolut positiv in ihrer Mehrheit geendet. Ich kann nach dem allen nicht sagen, daß unbedingt die Mehrheit des Volkes dagegen sei. Wir haben die Auffassung, daß diese Mehrheit immer größer wird.

Adenauer: Herr Dr. Schumacher hat einen Brief an mich gerichtet, datiert vom 4.3.1952 aus Badenweiler. Er nimmt Bezug auf die beiden Vorgänge wegen gesamtdeutscher Wahlen und auf die letzte Anregung und den letzten Vorschlag der Sowjetzonenregierung wegen der vier Mächte, die zusammentreten sollen zwecks Abschluß eines Friedensvertrages[39]. Schumacher schreibt: »Deshalb schlage ich Ihnen vor, an die Alliierte Hohe Kommission in diesem Sinne heranzutreten, damit von deutscher Seite nichts versäumt wird, was zur Klarstellung der Absichten dienlich sein kann, von denen die jüngsten sowjetzonalen und Sowjeterklärungen getragen sind.«[40] Ich kann Ihnen darauf erklären, daß wir schon in Fühlung mit den Hohen Kommissaren in dieser Angelegenheit stehen.

Journalist: Von seiten der FDP war kürzlich angeregt worden, ob nicht die Regelung des Kriegsverbrecherproblems vorweggenommen werden könne vor Abschluß des Generalvertrages?

Adenauer: Das hat Herr Euler[41] gesagt. Aber ich halte das für aussichtslos. Das gehört doch alles in den Komplex des Besatzungsstatuts hinein.

Journalist: Werden in absehbarer Zeit die Verhandlungen zwischen der Regierung und dem DGB fortgesetzt werden?

(*Adenauer:* Auf welchem Gebiet?)

Auf dem Gebiet des Mitbestimmungsrechts, die ja nicht definitiv abgeschlossen worden sind.

Adenauer: Jetzt, glaube ich, müssen wir unterscheiden, die Verhandlungen mit dem DGB haben ja stattgefunden vor Jahresfrist, nämlich Mitbestimmung Kohle und Eisen[42]. Die anderen Verhandlungen über das Mitbestimmungsrecht in der übrigen Wirtschaft werden ja im Ausschuß des Parlaments[43] weitergehen, und dort finden, wie ich weiß, auch ständige Fühlungnahmen statt zwischen den Mitgliedern des Ausschusses und dem DGB, und ich hoffe nur, daß das bald zu Ende kommt. Wir sind bei diesem Stadium der Verhandlungen, d. h., weil die Dinge jetzt im Parlament sind, ja gar nicht mehr in der Lage, irgendwelche Verhandlungen zu führen.

Journalist: Wird nur eine einzige deutsch-alliierte Kommission die Frage der Kriegsverbrecher prüfen[44]?

Adenauer: Eine einzige. Aber wenn sich zeigen sollte, daß es zu lange dauern würde, und ich greife den Gedanken auf, würde ich dafür sein, daß man mehrere Kommissionen schafft, damit die ganze Sache schnell geht, obgleich es ja nicht mehr so viel Fälle mehr sind.

(*Zwischenruf:* 5[00] bis 600 Fälle.)

Das sind aber in einer ganzen Reihe von Fällen – ich weiß nicht den Prozentsatz – ganz schwere, richtiggehende Verbrecher, meist Leute, die deutsche Vorstrafen haben, und diese würden natürlich ohne weiteres – sehr schnell kann man das feststellen – ausgesondert werden, so daß dann verhältnismäßig wenig übrigbleibt. Und ich möchte jetzt – das spricht wieder gegen Ihre Anregung – auch eine allzu große Gründlichkeit vermeiden. Wenn da mehrere solcher Behörden sind – nicht Kommissionen –, und diese Behörden bekommen nur je 50, 60 oder 80 Fälle, dann knien sie sich auch zu sehr da hinein, und sie sollen es ja ganz summarisch abschließen. Eines darf ich noch sagen: Diese Behörde soll auch das Recht haben, die Art und Weise der Verbüßung der Strafen dort, wo keine sofortige Freilassung eintritt, laufend zu kontrollieren.

Journalist: In der Diskussion spielen eigentlich Namen wie Kesselring[45] und v. Manstein[46] eine große Rolle. Ist es nicht möglich, daß dieses Problem vorweg behandelt wird?

Adenauer: Da tut mir immer der Unteroffizier leid, um den sich niemand bekümmert und der infolgedessen eben da sitzt. Ich habe verschiedentlich schon den Vertretern der Alliierten ausdrücklich gesagt, ich bäte nicht um Generale, sondern um die anderen Leute, denn die haben genausogut Familie, und es sind genausogut Menschen wie die anderen.

Journalist: Sie haben eben befürchtet, daß sich die Kommissionen zu tief hineinknien könnten. Das hat eine Kommission in bezug auf die Personalien beim Auswärtigen Amt getan[47].

Adenauer: Das ist ausdrücklich widerrufen worden von dem stellvertr[etenden] Vorsitzenden des Ausschusses[48], was in der Presse gestanden hat.

Journalist: Nach dem Nürnberger Prozeß scheinen einige Herren aber doch erheblich belastet zu sein, hohe Beamte im Auswärtigen Amt, die eine eigenartige Vergangenheit zu haben scheinen!

Adenauer: Warten wir ab. Sie werden das verstehen; solange eine Untersuchung schwebt, möchte ich nichts darüber sagen. Ich kann nur sagen: Wenn tatsächlich Leute uns gegenüber die Unwahrheit gesagt haben, müssen sie natürlich die Konsequenzen tragen, aber man sollte sich abgewöhnen, über Leute den Stab zu brechen, namentlich in der Öffentlichkeit, ehe wirklich etwas feststeht.
Es ging eine Pressemeldung neulich durch die Zeitungen, daß vier Botschafter schwer belastet seien[49]. Der Bundespräsident hat sich mit Recht über solche Mitteilungen in der Presse bei mir beschwert und erklärt, es seien seine Vertreter im Ausland, und wie stünden die jetzt im Ausland da, wenn etwas Derartiges behauptet wird. Ich habe dann festgestellt durch eine Rückfrage beim Abgeordneten Köhler, dem [stellvertretenden] Vorsitzenden des Ausschusses, daß die Frage dieser Herren überhaupt noch nicht geprüft worden ist. Durch die ganze Presse geht also, daß diese Herren Gott weiß wie belastet seien und heraus müßten, und dabei hat man den Fall überhaupt noch nicht in Angriff genommen.

Journalist: Sie sprachen von der ganzen Presse. Das ist nicht ganz richtig, und außerdem ist die Frage aktuell geworden heute durch den sehr massiven Leitartikel in der »Neuen Zeitung«[50]. Da stehen doch andere Leute hinter.

(*Adenauer:* Ich habe die »Neue Zeitung« noch nicht gelesen.)

Journalist: Wie beurteilen Sie die Situation in der Wehrfrage, nachdem der DGB seine Tagung[51] abgehalten hat?

Adenauer: Sie meinen die Frage einer Beteiligung an der Europäischen Verteidigungsgemeinschaft? Der DGB ist kein Parlament.

(*Zwischenruf:* Aber eine große Organisation!)
Wollen Sie denn dem DGB die Entscheidung übertragen über wichtigste Fragen des Parlaments?

Journalist: Der DGB hat ausdrücklich erklärt, daß die politischen

Instanzen zuständig seien. Aber die Angelegenheit [hat] schon eine gewisse Atmosphäre.

(*Adenauer:* Na also.)

Journalist: Das Informationsblatt der Industriegewerkschaft Bergbau bringt eine Darstellung über Lebensstandard und soziale Dinge in bezug auf den Verteidigungsbeitrag, und zwar sehr skeptisch und ablehnend[52]. Das liest man in den Gewerkschaftszeitungen ständig. Dr. Schumacher hat auch heute über den Rundfunk darüber gesprochen in bezug auf das Verhältnis des Sozialen zum Wehrbeitrag[53].

Adenauer: Ich habe auch darüber gesprochen in Heidelberg[54]. Vielleicht zitieren Sie mich auch einmal. Den Oppositionsführer in allen Ehren, aber wir Deutschen sollten uns doch abgewöhnen – das gilt nicht jetzt für die Person Dr. Schumacher –, nur im Oppositionsführer den Mann zu sehen, der der Prophet ist. Ich kann niemandem den Mund verbieten. Was Sie über die IG-Bergbau sagen, verstehe ich nicht. Ich weiß genau, auf welchem Standpunkt die Leitung dieser Gewerkschaft steht. Ist das wirklich Bergbau gewesen?

(Zustimmung!)

Ich habe die »Neue Zeitung« jetzt hier. Es wird davon gesprochen, daß ich einen hohen richterlichen Beamten beauftragt habe mit der Untersuchung, der zu dem Ergebnis gekommen ist, daß nichts vorliegt. Außerdem wird der Name Grundherr[55] genannt. Der Fall Grundherr ist doch gar nicht in Angriff genommen. (Dr. Adenauer liest weiter.) Das finde ich jetzt empörend, jetzt geradezu, und werde auch die entsprechenden Schritte tun, daß jetzt hier in der »Neuen Zeitung« gegen Herrn Blankenhorn geschossen wird. Blankenhorn war von Anfang bekannt. Blankenhorn ist einer der Männer, der gerade bei der Hohen Kommission das allergrößte Vertrauen hat. Sonst ist niemand genannt.

Ich darf vielleicht eine allgemeine Bemerkung machen: Sie glauben ja gar nicht, wie schwer es ist, die Stellen des Auswärtigen Dienstes zu besetzen. Es gehört doch eine gewisse Erfahrung dazu, es gehören Lebenserfahrungen dazu und auch in der Regel Sprachkenntnisse. Die Gehälter sind verhältnismäßig gering. Früher hatten die Leute des Auswärtigen Dienstes alle Privatvermögen. Sie wissen, daß früher deutsche Botschafter mehr aus Privatvermögen an Einkommen hatten und verausgabten als an Gehältern und Aufwandsentschädigungen sie erhielten. Das gibt es heute nicht mehr. Ich habe mich vergeblich bemüht, Männer der Wirtschaft dazu zu bekommen, als Botschafter hinauszugehen. Ich habe mich vergeblich darum bemüht, und zwar aus [folgenden] Gründen habe ich keinen Erfolg gehabt: Einmal sagen die Leute: »Warum sollen wir uns derart beschimpfen lassen wie heutzutage jeder doch beschimpft wird, der im öffentlichen Dienst tätig ist!« Zweitens sagen sie: »Warum soll ich bei so relativ kärglicher Besoldung meine beste Zeit opfern!« – Sie tun es einfach nicht.

Journalist: Trotzdem glaube ich, gibt es eine Reihe von Fällen, wo Leute sich beworben haben mit Qualifikationen, die man wenigstens annehmen mußte und die dann vom Auswärtigen Amt ablehnende oder verzögernde Bescheide bekommen haben, so daß man den Eindruck nicht los wurde, daß die Leute des alten Auswärtigen Amtes ...

Adenauer: Das habe ich sicher schon zwanzigmal gehört. Geben Sie mir einen Fall. Ich bin sehr gern bereit, nachzuprüfen. Ich kann aber nichts anfangen, wenn keine Namen genannt werden. Nennen Sie mir Namen und geben Sie Unterlagen; verlassen Sie sich darauf, es wird nachgeprüft.

Journalist: Das finanzielle Problem in dieser Frage ist sehr gravierend. Läge es nicht in der Macht der Bundesregierung, vom fachlichen Standpunkt aus angesichts der veränderten Verhältnisse dem Parlament gegenüber die Dinge darzulegen und mit Nachdruck darauf hinzuwirken, daß unsere Diplomaten so gestellt werden, daß sie nicht üppig, aber angemessen leben können?

Adenauer: Es ist etwas besser geworden. Das haben wir getan. Es war in der ersten Zeit z. B. so, daß Herr Hausenstein usw. keine Leute einladen konnte, weil kein Geld dazu da war. Herr Hausenstein wurde eingeladen, und Diplomaten müssen eingeladen werden und müssen widereinladen. Das ist ihr Hauptgeschäft, nicht das Essen und Trinken, sondern was sie hören zu verwerten. Das ist jetzt besser. Aber immerhin steht es in keinem Verhältnis zu dem, was doch anderswo verdient wird.

Journalist: Ist im Falle Madrid eine Persönlichkeit in Aussicht genommen?

Adenauer: Da habe ich schon so viele in Aussicht genommen. Ich möchte bei der Gelegenheit sagen: Jeder Staat nimmt es schwer übel, wenn ein Name in der Zeitung steht, ehe ein Agrément für den Betreffenden nachgesucht und erteilt ist. Wir haben da schon sehr große Schwierigkeiten bekommen, weil durch irgendwelche Unvorsichtigkeiten die Namen früher in die Presse gekommen sind.

Journalist: Ist im Fall von Madrid ein Entwicklungsstadium schon erreicht?

Adenauer: Darüber möchte ich Ihnen nichts sagen.

Vockel: Die Situation in Berlin ist vertagt worden. Wahrscheinlich geht die Angelegenheit weiter. (Gemeint ist die Berliner Senatskrise.)

Journalist: Das Bundesverfassungsgericht hat ein interessantes Urteil gefällt in der Frage der neuen Geschäftsordnung[56], daß bei einem Vorschlag für neue Ausgaben gleichzeitig die Deckung da sein muß. In dem Urteil heißt es, die Geschäftsordnung sei mit der Verfassung nicht vereinbar.

Adenauer: Das ist mir nicht bekannt. Ich weiß es nicht. Das war eine der wohltätigsten Bestimmungen, die man sich denken kann, nur ist sie nicht gehandhabt worden.

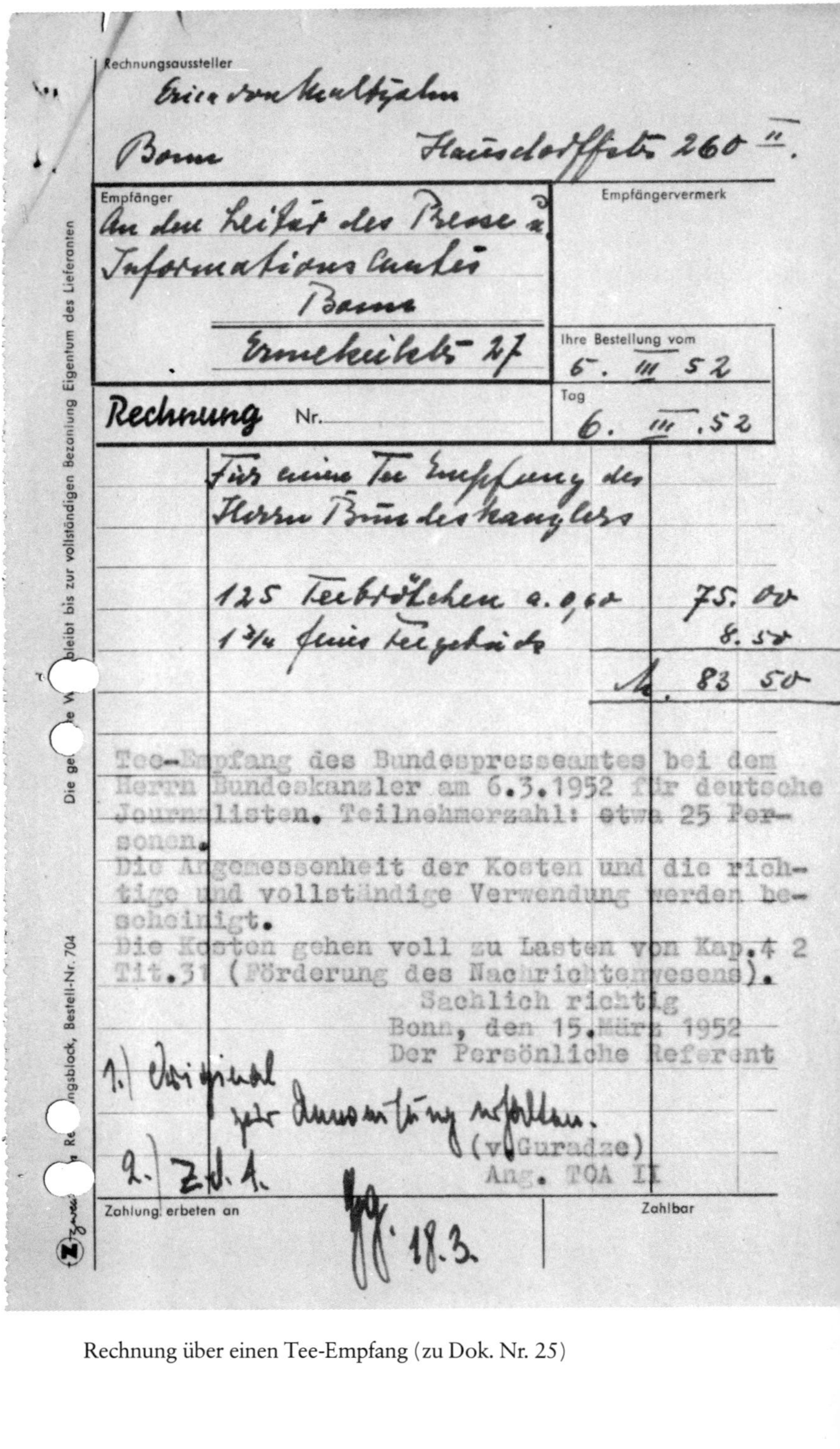

Rechnungsaussteller

Erich von Meltzahn [illegible]

Bonn Hausdorffstr. 260 II.

Empfänger

An den Leiter des Presse u. Informationsamtes

Bonn

Ermekeilstr. 27

Empfängervermerk

Ihre Bestellung vom 6. III. 52

Rechnung Nr.

Tag 6. III. 52

Für einen Tee Empfang des Herrn Bundeskanzlers

125 Teebrötchen a 0,60	75.00
1 3/4 feines Teegebäck	8.50
	DM 83.50

Tee-Empfang des Bundespresseamtes bei dem Herrn Bundeskanzler am 6.3.1952 für deutsche Journalisten. Teilnehmerzahl: etwa 25 Personen.
Die Angemessenheit der Kosten und die richtige und vollständige Verwendung werden bescheinigt.
Die Kosten gehen voll zu Lasten von Kap.4 2 Tit.31 (Förderung des Nachrichtenwesens).

Sachlich richtig
Bonn, den 15. März 1952
Der Persönliche Referent

1.) Original zur Anweisung [illegible]

(v. Guradze)
Ang. TOA II

2.) Z.d.A.

Zahlung erbeten an

Zahlbar

18.3.

Die gelieferte Ware bleibt bis zur vollständigen Bezahlung Eigentum des Lieferanten

Zweckform Rechnungsblock, Bestell-Nr. 704

Rechnung über einen Tee-Empfang (zu Dok. Nr. 25)

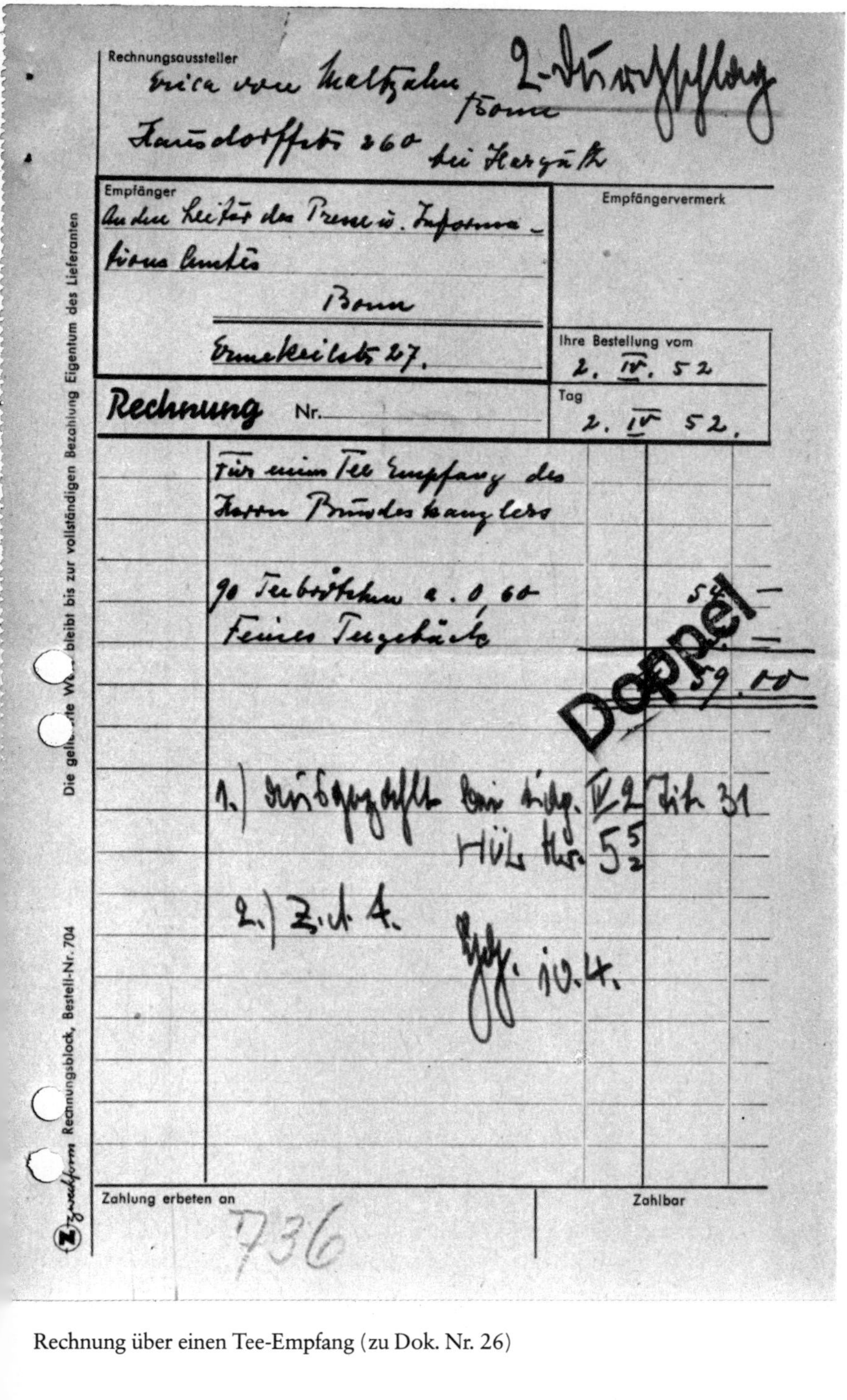
Rechnungsaussteller
Erica von Maltzahn
Bonn
Hausdorffstr. 260 bei Hergüth

Empfänger
An den Leiter des Presse u. Informationsamtes
Bonn
Ermekeilstr. 27.

Empfängervermerk

Ihre Bestellung vom 2. IV. 52
Tag 2. IV 52.

Rechnung Nr.

Für einen Tee Empfang des Herrn Bundeskanzlers

90 Teebrötchen a 0,60 54.–
Feines Teegebäck 5.–
59.00

Doppel

1.) Ausgezahlt bei Kap. IV 2 Tit. 31
HÜL Nr. 5 5/2

2.) Z.d.A.

gez. 10.4.

Zahlung erbeten an
736

Zahlbar

Zweckform Rechnungsblock, Bestell-Nr. 704

Die gelieferte Ware bleibt bis zur vollständigen Bezahlung Eigentum des Lieferanten

Rechnung über einen Tee-Empfang (zu Dok. Nr. 26)

Nr. 26
2. April 1952: Presse-Tee (Wortprotokoll)
BA, B 145/971-736 Bd. I

Teilnehmer: Dr. Reinhold Heinen[1] (insgesamt 13 Chefredakteure des Bundesgebietes)[2] – Felix von Eckardt, Professor Dr. Walter Hallstein, Dr. Carl Otto Lenz

Beginn: 17.45 Uhr[3]

Adenauer: Ich danke Ihnen sehr, daß Sie gekommen sind. Ich hatte den Wunsch, mit Ihnen zusammenzutreffen wegen der außenpolitischen Debatte, die wir morgen im Bundestag haben werden[4], d. h., diese außenpolitische Debatte ist ja nur ein Anlaß eigentlich. Ich würde sehr gern Ihnen meine Gedanken darlegen über die gegenwärtige außenpolitische Lage, will mich dabei nicht zu lange aufhalten und möchte Sie bitten, daß Sie im Anschluß daran Fragen an mich stellen.
Die außenpolitische Lage ist nach meiner Meinung durch zwei Tatsachen sehr stark gekennzeichnet. Ich spreche sehr offen und bitte mir zu erlauben, daß ich sehr offen zu Ihnen spreche. Ich lege wirklich nicht die Worte auf die Goldwaage, und blamieren Sie mich nicht, indem Sie irgend etwas schreiben. Das eine Moment, das für unsere außenpolitische Lage so wichtig ist, ist das Näherrücken der Präsidentenwahlen in den USA[5]. Diesen Präsidentenwahlen habe ich – und wahrscheinlich Sie auch – schon seit Monaten, seit längerer Zeit mit großer Besorgnis manchmal entgegengesehen, denn als vor einer Anzahl von Wochen – es ist noch gar nicht so lange her – Taft[6] bei einer probeweisen Abstimmung im Kongreß unter den republikanischen Abgeordneten und Senatoren eine so große Stimmenzahl bekommen hat, während Eisenhower eine viel geringere bekommen hatte, muß man sagen, bin ich ehrlich erschrocken gewesen, denn darüber müssen wir uns völlig klar sein, daß die Zukunft Europas durchaus abhängig ist von der Stellung der USA zu Europa und daß wenn die USA einen starken Wechsel in ihrer Europapolitik eingehen würden, daß dann für Europa eine äußerst gefährliche Zeit anbricht.
Das zweite Moment, was mir für die gegenwärtige Lage heute, um ein richtiges Urteil zu bekommen, sehr wichtig zu sein scheint, das ist die Tatsache, daß Sowjetrußland jetzt aus sich heraus diese Note an die drei Westmächte gerichtet hat[7]. Wenn Sie daran denken, daß noch vor Jahresfrist im Palais Rose in Paris monatelang sich Vertreter der drei Westmächte und ein Vertreter Sowjetrußlands oder mehrere Vertreter Sowjet-

rußlands gegenübergesessen haben[8] und wenn Sie – ich war damals zufällig in Paris wegen der Verhandlungen über den Schuman-Plan – und wenn Sie dann von den westalliierten Vertretern die Schilderungen bekommen über die Art der Verhandlungen, wie man sich da gegenübergesessen hat, und keiner sprach ein Wort, und dann saßen sie da eine geraume Zeit und standen wieder auf und gingen weg, dann ist doch die Tatsache, daß Sowjetrußland eine solche Note an die drei Westalliierten richtet, sehr bemerkenswert.
Der Inhalt der Note hat mich wenigstens in keiner Weise überrascht. Ich bin seit Jahr und Tag bei meiner ganzen Politik davon ausgegangen, daß das das Ziel Sowjetrußlands ist, im Wege der Neutralisierung Deutschlands die Integration Europas zunichte zu machen, [im Wege] der Neutralisierung Deutschlands also die Integration Europas zunichte zu machen, [um] damit die USA aus Europa wegzubekommen und im Wege des kalten Krieges Deutschland, die Bundesrepublik, und damit auch Europa in seine Machtsphäre zu bringen. Das hat Sowjetrußland noch Ende 1950, Anfang 1951, auf verschiedenen Wegen mehr diplomatischer Natur – nicht offiziellem diplomatischen Wege – versucht, aber Gott sei Dank mit Mißerfolg, und jetzt zum ersten Male geht Sowjetrußland dazu über, in einer Note diese Neutralisierung Deutschlands direkt den drei anderen vorzuschlagen und die drei anderen vor diesen Vorschlag zu stellen, damit sie eine Entscheidung fällen.
Nun möchte ich Sie bitten, mir ein ganz offenes Wort zu gestatten. Soweit ich die deutsche, aber auch die nichtdeutsche Presse verfolgt habe, scheint es mir, daß vielfach die beiden Noten, sowohl die russische Note wie auch die Antwortnote der Westalliierten[9], die ja übereinstimmen, die britische, die französische und die amerikanische Note, nicht mit der nötigen Aufmerksamkeit studiert und gelesen und dem deutschen Volk klar gemacht worden sind. Ich bitte mir daher zu gestatten, daß ich versuche, das Wesentlichste dieser beiden Noten Ihnen in kurzen Worten klarzulegen.
Das Wesentlichste der Sowjetnote, der wichtigste Punkt, ist, wie ich schon eben berührt habe, der Vorschlag einer Neutralisierung Deutschlands. Ich glaube, es ist Ziffer 7[10]. Beachten Sie bitte dabei, daß damit Deutschland, wenn das kommen würde, ein Staat minderen Rechts bleiben würde auf eine von uns gar nicht zu schätzende Zeit. Selbst wenn eine deutsche Bundesregierung, eine gesamtdeutsche Regierung, einem solchen Vorschlag zustimmen würde, der Neutralisierung, würde sie ja nach diesem Vorschlag niemals, auch nicht auf dem Papier, in der Lage sein, ihre Neutralisierung wirklich zu wahren, denn der russische Vorschlag auf

Gewährung einer nationalen Wehrmacht[11] ist ja nur Bluff, und zwar nach doppelter Hinsicht. Es kann sein, daß ich übersehen habe in der Presse, überlesen habe, aber in der Sowjetnote ist doch sehr klar zum Ausdruck gebracht, daß dieses Deutschland nicht das Recht haben sollte, nun eine Wehrmacht sich zuzulegen, so groß, wie es will, sondern so groß, wie es ihm gestattet wird, und daß auch die Bewaffnung einer solchen Wehrmacht nicht so sein soll, wie Deutschland es will, sondern so, wie es ihm gestattet wird. Es versteht sich ganz von selbst, obgleich das nicht darin steht, daß, wenn ein solcher Friedensvertrag wirklich zustande käme, es an den nötigen Kontrollen dafür, daß in Deutschland auch dementsprechend gehandelt würde, nicht ausbliebe.
Ich möchte aber auch versuchen zu erklären, warum dieser Vorschlag auf nationale Streitkräfte in doppelter Hinsicht ein Bluff ist. Wir sind, ob Bundesrepublik oder Gesamtdeutschland ist gleichgültig, aus wirtschaftlichen Gründen und weil wir auf dem Gebiete der wissenschaftlichen Forschung sehr weit zurück sind, gar nicht in der Lage, auch nur annähernd eine Rüstung herzustellen und aufzustellen, die im modernen Kriege gebraucht wird.
Wenn ich beim Einfachsten anfange: Die Ausrüstung einer Panzerdivision kostet heutzutage zwei Milliarden DM. Sie müssen sich vorstellen, was das bedeutet, was ein Flugzeug z. B. kostet. Das sind alles Summen von einem Ausmaß, daß ein Land wie Deutschland gar nicht daran denken könnte, auch in dem Umfang nur sich eine Wehrmacht zuzulegen. Das gilt aber vor allem auch von den Atomwaffen und von den V-Waffen[12]. Und wieweit man ist auf dem Gebiet der Atomwaffen, weiß ja keiner genau, aber man kann doch wohl, glaube ich, annehmen, daß man entweder schon Atomgranaten hat oder daß diese Atomgranaten in kurzer Zeit kommen werden und daß damit jede Streitmacht, die keine Atomgranaten hat, überhaupt schon ohne weiteres nicht mehr mitreden kann. Und auf dem Gebiet der Atomforschung sind wir aus dem Grunde, den Sie alle wissen, weit zurück, geschweige denn auf dem Gebiet der Herstellung von Atomwaffen, so daß also eine deutsche nationale Wehrmacht wirklich nichts sein würde anderes als – ich will jetzt Herrn Lehr[13] nicht beleidigen – eine Art besonderen Grenzschutzes, mehr nicht. Ich weiß nicht, ob die deutschen Leser über diese Frage wirklich so aufgeklärt worden sind, wie das an sich nötig wäre, um dies richtig beurteilen zu können.
Es kommt hinzu, daß in der russischen Note versucht wird, die Oder-Neiße-Linie festzulegen und über die freien Wahlen im Handumdrehen hinwegzugehen unter dem Wort gesamtdeutscher Regierung, ohne daß

sich die Note darüber ausspeit, wie eine solche gesamtdeutsche Regierung zustande kommt.
Ich erblicke demgegenüber in der Antwortnote einen sehr großen Fortschritt für Deutschland und für die europäischen Beziehungen. Ich darf zunächst voranschicken, daß die Verhandlungen – das ist rein persönlich und nicht für die Öffentlichkeit bestimmt –, daß die Verhandlungen, die ich mit Eden, Schuman und mit dem neuen amerikanischen Botschafter[14] hatte[15], in einer Atmosphäre der Übereinstimmung und der Harmonie sich abspielten und daß auch Eden mir später im Gespräch sagte, er habe eines noch nie erlebt, daß eine internationale Konferenz in solcher ‹Einstimmigkeit›[a] und in so kurzer Zeit zu Erfolgen geführt hätte.
Nun darf ich diese Erfolge für Deutschland speziell hervorheben. Zunächst finde ich es als eine sehr wichtige Tatsache, daß in dem Eingangswort der Note ausdrücklich gesagt worden ist, daß die drei Regierungen die Bundesregierung und Berlin konsultiert haben, nicht nur, daß sie die Bundesregierung und Berlin konsultiert haben, ist wichtig. Wichtig scheint mir auch zu sein, daß sie in der Eingangsnote das ausdrücklich erklären. Sie hatten ja bisher keine rechtliche Verbindlichkeit, uns zu konsultieren in diesen Verhandlungen über Deutschlands Zukunft. Sie werden die Verpflichtung wohl haben, wenn die beiden großen Vertragswerke, besonders der Generalvertrag, der das Nötige enthält, unterschrieben sind[16]. Aber mir ist erklärt worden von englischer und auch von amerikanischer Seite, daß sie sich jetzt schon moralisch verpflichtet fühlten, uns zu konsultieren bei Verhandlungen mit Sowjetrußland über die Zukunft Deutschlands. Das ist das eine Bemerkenswerte – lassen Sie mich das deutlich hervorheben –, um dadurch auch gegenüber Sowjetrußland klar und eindeutig zu erkennen zu geben: »Wir sprechen mit Dir über die Zukunft Deutschlands nur nach Konsultierung der Bundesregierung und Berlins.«
Das zweite sehr Wichtige ist, daß dort die Frage der Wahlen, nicht nur der Wiederherstellung der Einheit Deutschlands, sehr stark unterstrichen ist, als das Ziel der drei westalliierten Mächte dargestellt ist, und daß auch nochmals sehr stark betont ist die Frage der Wahlen, denn das ist wohl das Allerwesentlichste. Ich glaube, meiner Erinnerung nach haben zum ersten Male hier die drei Westalliierten in einem offiziellen Dokument und mit solchem Nachdruck erklärt, daß sie einer Neutralisierung Deutschlands nicht zustimmen werden. Das ist ein Faktum, das man gar nicht hoch genug werten kann. Ich habe eben schon gesagt, mir hat die Absicht, Deutschland zu neutralisieren, in der Vergangenheit manche

große Sorge gemacht, denn sie hat doch in manchen politischen Kreisen, nicht schwachen politischen Kreisen, eine große Rolle gespielt, nämlich auch bei den Westalliierten.
Noch etwas anderes ist sehr bemerkenswert: Es ist die These aufgestellt worden bei internationalen Gesprächen, daß eine gesamtdeutsche Regierung vor dem Friedensvertrag dem Viermächte-Kontrollrat unterstellt sein müßte. Die These ist von der sowjetrussischen Note nicht ausdrücklich erklärt worden, aber ich weiß, daß sie auch in gewissen nichtrussischen politischen Kreisen gestellt worden ist, nämlich diese Frage, und vielleicht sogar bejaht worden ist. Um so wichtiger ist es, daß in dieser Note von den drei Westalliierten betont wird, daß eine gesamtdeutsche Regierung sowohl vor wie nach dem Friedensschluß das Recht habe, sich frei einer Koalition, die den UNO-Grundsätzen entspricht, anzuschließen. Wenn die drei Westmächte so nachdrücklich sagen, auch vor der Zeit des Friedensvertrages kann eine gesamtdeutsche Regierung sich frei entscheiden, dann bedeutet das eine Negierung der Ansicht, daß diese gesamtdeutsche Regierung vor dem Friedensvertrag dem Viermächte-Kontrollrat untersteht. Ich glaube, es wäre wohl gut, wenn in der deutschen Presse gelegentlich doch darauf hingewiesen würde, daß damit die drei Westmächte diese Frage eindeutig in dem Sinne entschieden haben, daß eine gesamtdeutsche Regierung bereit ist, auch vor dem Friedensvertrag so zu entscheiden.
Ich möchte weiter betonen, daß die drei Westmächte ja dadurch, daß sie die These der Russen, im Potsdamer Vertrag seien die Grenzen Deutschlands festgestellt, zurückgewiesen haben, sich volle freie Hand gelassen haben und auf diese russische These und auf die von Rußland gesetzte Oder-Neiße-Linie sich nicht irgendwie eingelassen haben. Ich darf die Note vielleicht einmal zur Hand nehmen, möchte aber zunächst noch etwas sagen über den Schlußpassus der Note, der sich mit der nationalen Wehrmacht beschäftigt[17]. Dieser Schlußpassus ist manchmal von den Lesern nicht direkt verstanden worden und auch schlecht übersetzt in deutsch.
Es sollte damit zum Ausdruck gebracht werden, daß, was ja auch unserer Überzeugung entspricht, für Europa die Zeit der Schaffung oder des Unterhaltens nationaler Armeen vorbei sein sollte, und zwar, weil das Bestehen nationaler Armeen ja doch das wesentlichste Hindernis ist für eine Vereinigung Europas, während das Verschwinden nationaler Armeen und die Schaffung einer europäischen Armee ja ganz zwangsweise Konsequenzen nach sich ziehen wird, die letzten Endes auf eine Vereinigung Europas hindrängen; gemeinsame Außenpolitik in gewis-

sem Umfang, auch gemeinsame Finanzpolitik, weil eine solche europäische Armee ja doch von allen unterhalten werden muß, und wenn Sie dazu noch die gemeinsame Wirtschaftspolitik nehmen, wie sie durch den Schuman-Plan sich auf diesem großen Gebiet anbahnt und vielleicht im Agrarplan sich fortsetzt, würden wir auf dem Gebiet der Wirtschaft, auf dem Gebiet der Armeen, auf dem Gebiet der Finanzen und auf dem Gebiet der Außenpolitik so viel gemeinsam geschaffen haben, daß damit tatsächlich der Traum – vor Jahren erschien es jedem noch ein Traum – eines geeinigten Europas wirklich in greifbare Nähe gerückt ist. Dieser Schlußpassus der Note wollte gerade deswegen auch die Rekonstruktion einer nationalen Armee zurückweisen im Hinblick auf die zukünftige Politik der europäischen Völker.

Ich möchte noch eines über diese Note der drei Westalliierten sagen. Wenn Sie sie aufmerksam durchlesen, werden Sie finden, daß sie in einer sehr korrekten und höflichen, in keiner Weise schroffen Form abgefaßt worden ist. Denken Sie bitte daran, daß diese Note verfaßt worden ist jüngst in den Tagen, in denen der UN-Kommission die Einreise in die Sowjetzone verweigert worden ist[18], und die drei Westalliierten hätten also absolut die Möglichkeit gehabt, gerade darauf schließend doch in sehr schroffer Weise zu antworten. Ich darf Ihnen den Passus vorlesen, wörtlich, damit Sie daraus sehen, daß die Note absichtlich so gefaßt ist, daß die Tür nicht zugeschlagen wird, sondern daß immer noch Verhandlungen und Rückfragen von Sowjetrußland möglich sind.

Da heißt es: »Der Untersuchungskommission der UNO wurden in der Bundesrepublik und in West-Berlin die erforderlichen Erleichterungen zugesichert. Die amerikanische Regierung« – ich habe den amerikanischen Text zufällig hier – »würde mit Genugtuung zur Kenntnis nehmen, daß derartige Erleichterungen auch in der Sowjetzone und in Ost-Berlin gewährt werden, damit die Kommission ihre Aufgabe erfüllen kann!« – Vorsichtiger konnte man die sehr schroffe Behandlung der UN-Kommission durch Sowjetrußland hier überhaupt nicht erwähnen, wie sie hier erwähnt worden ist, und die Mutmaßungen deutscher und ausländischer Zeitungen, daß man dadurch Sowjetrußland vor den Kopf gestoßen habe, hat sich ja gar nicht als richtig herausgestellt, denn Stalin würde sicher nicht sich zu diesen Äußerungen auf Anfrage von amerikanischen Redakteuren bequemt haben[19]. Sie kennen seine Zurückhaltung, wenn die sowjetrussische Regierung oder er in dieser Note einen Affront erblickt hätte. Alles in allem genommen, meine ich, kann man feststellen: Die Tatsache, daß Sowjetrußland eine Note wegen der Wiedervereinigung Deutschlands an die Westmächte gerichtet hat, ist gegenüber dem,

was sich vor einem Jahr im Palais Rose in Paris abgespielt hat, durchaus ein Fortschritt. Daß dieser Fortschritt selbstverständlich zurückzuführen ist auf den Fortschritt in der Integration Europas, darüber, glaube ich, gibt es wohl kaum einen Zweifel.
Daß die Note veranlaßt worden ist durch die Sorge, nach Abschluß des Vertrages über die Europäische Verteidigungsgemeinschaft und des Generalvertrages würde es Sowjetrußland nicht mehr möglich sein, eine Neutralisierung Deutschlands – das ist sein Ziel – herbeizuführen, liegt wohl auch klar zutage. Darum mußte Sowjetrußland diesen Versuch in diesem Augenblick machen, denn die Verhandlungen sowohl über den Generalvertrag wie über den Vertrag über die Europäische Verteidigungsgemeinschaft und die Annex-Verträge stehen unmittelbar vor dem Abschluß[20]. Und ich durfte neulich mitteilen, daß beabsichtigt ist, Mitte Mai oder in der zweiten Hälfte des Monats Mai diese Verträge hier in Bonn zu unterzeichnen. Rußland mußte also jetzt mit dieser Note kommen, um den letzten Versuch zu machen, eine Neutralisierung Deutschlands doch noch herbeizuführen. Wenn der Generalvertrag unterzeichnet ist und wenn auch nicht letzte juristische Bindungen, aber moralische Bindungen für diejenigen, die den Vertrag unterzeichnen, vorliegen und wenn der Eintritt in die Europäische Verteidigungsgemeinschaft in derselben Weise sichergestellt ist, dann ist eine Neutralisierung Deutschlands nicht mehr möglich.
Nun erhebt sich die Frage – ich könnte annehmen, daß in der Debatte morgen auch diese Frage eine Rolle spielen wird –, nämlich: Ist es richtig, die beiden Verträge jetzt zu unterzeichnen oder im Mai zu unterzeichnen, und wird man durch diese Unterzeichnung nicht die Frage freier Wahlen und Wiederherstellung der Einheit ungünstig beeinflussen? Oder aber umgekehrt: Würde nicht, wenn man jetzt die Unterzeichnung der beiden Verträge verzögerte, man nicht gerade das Gegenteil erreichen damit, d. h., würde man Sowjetrußland nicht in seiner Politik bestärken und die drei Westalliierten, insbesondere die USA, dazu bringen, doch mehr auf die russische Note zu hören? Ich nehme an, daß es morgen eine Rolle spielen wird, aber ich weiß es nicht[21].
Ich möchte Ihnen darüber auch noch einige Worte sagen, und zwar meine Auffassung dazu. Nach meiner Auffassung ist es eine völlig falsche Spekulation, etwa zu glauben, wenn die Bundesrepublik diese Verträge über den Eintritt in die Verteidigungsgemeinschaft und den Generalvertrag – Verträge, die ungefähr fertig sind – nicht unterzeichnet, zu glauben, dadurch würde man Sowjetrußland willfähriger finden zu Verhandlungen. Sowjetrußland würde nach meiner Auffassung darin einen Erfolg

sehen seiner Politik, die Neutralisierung Deutschlands zu ‹erreichen›[b], und Sowjetrußland würde gar nicht daran denken, etwa wenn es diese Verzögerung erreicht hat, nun schleunigst mit freien Wahlen und einer gesamtdeutschen Regierung aufzuwarten. Gerade umgekehrt wird es richtig sein. Wenn Rußland sieht, daß es die Neutralisierung Deutschlands nicht mehr erreichen kann, wird nach meiner Überzeugung Rußland bereit sein, über die ganzen Dinge heute oder morgen oder übermorgen zu verhandeln. Die Wirkung aber auf die drei Westalliierten, wenn jetzt plötzlich in Verfolg dieser Note, die ja doch die Neutralisierung Deutschlands vorschlägt, Deutschland eine Verzögerung eintreten ließe bezüglich der beiden anderen Vertragswerke, diese Wirkung in den drei westalliierten Ländern würde sehr böse sein.

Zunächst in Frankreich, wo, wie Sie wissen, ja noch immer politische Kreise auf dem Standpunkt stehen, man solle Deutschland zwangsweise neutralisieren. Ich habe gerade heute noch gelesen, daß der ehemalige Luftfahrtminister[22] das wieder erklärt hat. Diese Kreise würden sich ermutigt fühlen. England glaube ich nicht, würde sich beeinflussen lassen, aber was die USA angeht, so würde höchstwahrscheinlich eine solche Haltung Deutschlands doch die Präsidentschaftskampagne beeinflussen. Wir dürfen nicht etwa annehmen, daß die Kandidatur Eisenhowers oder vielmehr die Aufstellung Eisenhowers als Kandidat der Republikanischen Partei, die ja im Juli erst erfolgt[23] – und heute haben wir erst Anfang April – schon hundertprozentig sicher sei. Senator Taft ist ein sehr beachtenswerter Gegner von Eisenhower. Und wenn auch, Gott sei Dank, durch diese Erfolge, die ja überraschend kamen, neulich bei diesen Vorabstimmungen Eisenhower voranliegt und wenn auch solche Ereignisse namentlich in einem Lande wie den USA, wo emotionale Regungen doch noch ziemlich stark sind, ansteckend wirken, so ist das noch lange nicht alles sicher[24].

Und ich glaube, daß wenn plötzlich die Bundesrepublik in dieser ganzen Europapolitik Amerikas Zeichen von Ablehnung zeigen würde oder Zurückhaltung auch nur, würde das die Kandidatur Eisenhowers außerordentlich beeinträchtigen, denn ein großes Plus für Eisenhower ist ja nicht etwa seine Kenntnis der Innenpolitik in Amerika, sondern das große Plus Eisenhowers bei dem Rennen um die Präsidentschaftskandidatur ist, daß Eisenhower wie wohl wenige Amerikaner einmal die Gabe hat, sich in der Denkweise anderer Völker zurechtzufinden, und zweitens, daß er aufgrund seiner Tätigkeit als Oberbefehlshaber der Atlantikpaktstreitkräfte tatsächlich wie wenige Amerikaner eine Kenntnis der europäischen und der sonstigen Verhältnisse außerhalb Amerikas gewonnen

hat. Das ist sein großes Plus. Innenpolitisch – aber das nimmt er auch nicht für sich in Anspruch – hat er nichts aufzuweisen, sondern er hat nur aufzuweisen diese Kenntnisse, für einen Amerikaner sehr bemerkenswerte große Kenntnisse der Vorgänge außerhalb Amerikas.
Wenn nun etwa dadurch, daß die Bundesrepublik jetzt plötzlich anfing[e,] zu zögern – wir haben noch Zeit bis Juli, bis der Kandidat nominiert wird –, was läge da näher, als daß nun die Gegner Eisenhowers in der Republikanischen Partei sagen würden: »Eisenhower ist doch nicht der Kenner der Verhältnisse außerhalb Europas, als den man ihn angesehen hat, denn in Europa hat er doch nichts fertiggebracht!« Man würde Gefahr laufen – man kann nie mit absoluter Gewißheit etwas sagen –, daß dadurch die Freunde Tafts ein sehr gewichtiges Argument in die Hand bekämen, zu sagen: »Nehmen wir Taft, denn er kennt die Innenpolitik in den Vereinigten Staaten; und nicht nur das, er kennt doch auch offenbar bzw. er ist der, der doch auch offenbar die außenpolitische Lage besser beurteilt hat als Eisenhower, denn insbesondere dieses Deutschland ist ja offenbar sicher nicht hundertprozentig bereit, unsere Politik mitzumachen.« – Gerade nachdem Eisenhower in dem Ihnen bekannten Bericht[25], den er jetzt erstattet hat, so nachdrücklich erklärt hat, daß es ohne Deutschland nicht gehen würde, die ganze amerikanische Politik in Europa nicht durchführbar sein würde, würde ein Zurückzug Deutschlands jetzt für Eisenhower, für seine Kandidatur, eine sehr große Gefahr werden. Das bitte ich auch einmal zu überlegen.
Es wurden mir eben in die Hand gegeben zwei Artikel, einmal ein Artikel, geschrieben von Dr. Heinemann[26] und erschienen im »Westdeutschen Tageblatt«, und ein Artikel in der »Zeit«, letzterer mit der Überschrift: »Die Ostpolitik des Kanzlers!«,[27] Ich möchte dazu ein Wort sagen. Ich habe in Siegen vor 14 Tagen einen Satz gesagt – ich habe frei gesprochen, hatte kein Manuskript, sondern nur einige Notizen und weiß nicht, ob stenographiert worden ist, denn dann kann man den Satz genau rekonstruieren –, aber ich habe dort gar keine große Politik proklamiert, sondern habe folgendes gesagt[28] – was aber zur Zeit und worüber zu schreiben oder zu reden ausführlich nicht opportun ist –, ich habe in Siegen lange nicht so viel gesagt, wie ich jetzt darüber sage:
Wenn man sich in die Rolle Sowjetrußlands versetzt, dann ist Sowjetrußland sich ja ganz klar darüber, daß die Tatsache, daß wirklich frei kontrollierte Wahlen in der Sowjetzone stattfinden würden, von den Menschen in Polen, in der Tschechoslowakei und den anderen Satellitenstaaten, die nun auch Freiheit haben wollen, natürlich ausgelegt würde – und mit Recht – als eine Abweichung von der bisherigen sowjetrus-

sischen Politik in Osteuropa, und daß wenn es zu diesen Verhandlungen Sowjetrußlands, zu denen es nach meiner Überzeugung bestimmt eines Tages kommen wird, zu ehrlichen Verhandlungen, wenn es zu den Verhandlungen kommt, daß dann auch die Frage Osteuropa überhaupt auch von den Westalliierten angeschnitten wird.
Daß wir, Deutschland, ja keine große Ostpolitik treiben können, ist ja ganz selbstverständlich. Aber daß wenn der Tag kommt, wo ‹dann›[c] die Westalliierten und wir und Sowjetrußland und eine gesamtdeutsche Regierung sich an einen Tisch setzen werden, daß dann auch von Sowjetrußland aus die Frage der weiteren Konsequenzen in Osteuropa angeschnitten werden wird, das liegt absolut in der Natur der Sache.
Ich möchte nochmals – was ich eingangs gesagt habe – betonen, daß gerade im gegenwärtigen Augenblick, wo Eisenhower seine Kandidatur forciert und wo er sich so festgelegt hat auf eine Teilnahme der Bundesrepublik an der amerikanischen Europapolitik, wir sehr sorgfältig überlegen müssen in unserem Reden und Schreiben und Handeln, daß wir alles vermeiden, was einer günstigen ‹Entwicklung›[d] der deutschen Politik abträglich sein könnte.

Journalist: Wird morgen auch die Saarfrage behandelt werden?

Adenauer: Nein, das glaube ich nicht. Aber ich darf zur Saarfrage Ihnen ein Wort sagen. Es ist völlig falsch dargestellt worden, als wenn in der Saarfrage zwischen Schuman und mir irgend etwas irgendwie besprochen worden sei, was auch nur einem Abkommen gleichkommt. Die Entstehungsgeschichte ist folgende: In London hat Acheson, unterstützt von Eden, Schuman und mir, gesagt[29], es sei doch sehr erwünscht, wenn es möglich wäre, eine Lösung zu finden für die Saarfrage vor dem Friedensvertrag, damit nicht alle paar Monate die Saarfrage plötzlich wieder akut würde und dadurch die übrigen großen Verhandlungen zwischen den europäischen Mächten und Amerika gestört würden. Sie selbst hätten den Wunsch, daß Frankreich und Deutschland sich unmittelbar verständigten, und sie würden ihre guten Dienste bereithalten. Sie wissen, daß Amerika und England seinerzeit Frankreich zugesagt haben, bei dem Friedensvertrag die Wünsche Frankreichs zu unterstützen[30]. Natürlich, wenn sie sich sofort in die Sache hineinbegeben hätten, nämlich diese beiden Staaten, und sie hätten pro deutsch etwas gesagt, dann würde Frankreich gesagt haben: »Ihr habt zugesagt, unsere Wünsche zu unterstützen!« Und wenn sie die französische Ansicht unterstützt hätten, würden wir sagen: »Wie kann man vermitteln, wenn Ihr doch gebunden seid!« Deshalb halten sich die beiden Länder zunächst zurück.
Die Unterredungen zwischen Schuman und mir, die in London nach

einem Abendessen bei Eden begannen unter vier Augen und die dann fortgesetzt wurden in Paris[31], enthalten zwei Momente. Das eine Moment, und das ist das profiliertere, das schon weiter fortgeschrittene Element, ist die Absprache, festzustellen, ob an der Saar Verhältnisse herrschen, die eine freie Wahl überhaupt ermöglichen. Ich habe ja, wie Sie wissen, eine Erklärung darüber abgegeben vor dem Ministerkomitee des Europarats[32], und diese Erklärung ist genau formuliert worden mit Schuman, und auch Hoffmann hat sie gekannt, ehe sie abgegeben wurde. Wir haben absichtlich das Wort »Ausschuß« dabei vermieden, weil [ein] Ausschuß entweder [als] ein deutsch-französischer Ausschuß gegen die Saar gerichtet gewesen wäre und ein Ausschuß, an dem die Saar teilgenommen hätte als Ausschußmitglied, natürlich hätte ausgelegt werden können als eine Anerkennung der Saarregierung durch Deutschland. Deswegen haben wir absichtlich den Ausdruck »Ausschuß« vermieden. Er hat sogar im ersten Entwurf gestanden, und wir haben ihn gestrichen und haben uns darauf beschränkt zu sagen, daß französische Vertreter und deutsche Vertreter zusammentreten sollen, das wäre der erste Akt, und daß sie dann mit Vertretern der Saarregierung zusammen feststellen sollten, welche Verhältnisse dort herrschen.

Es ist auch bei dieser Besprechung weder über die Zahl der Vertreter noch über Termine des Zusammentritts noch über den Modus vivendi irgend etwas besprochen worden. Noch weniger präzise ist gesprochen worden über die Frage, wie man denn wohl zu einer Verständigung zwischen Deutschland und Frankreich in der Saarfrage kommen könnte. Es ist wohl die Rede gewesen – das ist von Schuman zuerst gesagt worden – von einer Europäisierung der Saar, aber als Vorstufe eines entstehenden Europas. Aber da waren die Besprechungen noch viel weniger präzise. Es war gar nicht die Zeit dazu da, und es sind Fragen, die man nur erörtern kann, wenn man wirtschaftliche und völkerrechtliche Sachverständige bei sich hat, die nicht da waren, so daß also die Aufregung sowohl in Frankreich wie [in] Deutschland, es sei zu irgendwelchen Abmachungen gekommen, jeder Grundlage entbehrt. Die Gespräche mit Schuman sind seinerzeit überhaupt gar nicht wieder aufgenommen worden, ‹auch nicht›[e] mit einem Vertreter Schumans. Die Sache steht noch so, wie sie gestanden hat, als wir in Paris miteinander gesprochen haben.

Nun habe ich heute gelesen, daß man sich im französischen Senat mit der Sache beschäftigt hat und eine sehr entschiedene Erklärung, einen Beschluß angenommen hat[33]. Ich bin überzeugt, wenn es im Bundestag besprochen wird, wird da auch ein sehr entschiedener Beschluß gefaßt werden, ganz konform. Es gewinnt keiner dadurch etwas, aber ich sage ebenso offen: Über die Art und Weise, wie es überhaupt möglich sein wird, dieses Saarproblem zwischen Frankreich und Deutschland aus der Welt zu schaffen, habe ich mir noch keine Meinung gemacht, bin ich mir noch nicht klar. Daß es wünschenswert ist, wenn die Geschichte aus der Welt kommt, das ist völlig klar. Aber wie man das machen soll und machen kann, das weiß ich nicht.

Journalist: Ist etwas bekannt, daß maßgebende politische Kreise in den Benelux-Ländern vorgeschlagen haben bzw. vorhanden sind, die sehr stark sich für die Europäisierung der Saar[34], aber nicht in dem Sinne allein des ersten europäischen Territoriums einsetzen, sondern sogar mit dem Nachsatz, daß zur Bildung eines echten europäischen Territoriums nicht nur das Saargebiet, sondern auch französische und belgische Gebietsteile zumindest symbolisch dazukämen. Ich weiß, daß das im Auswärtigen Ausschuß in einer Geheimsitzung des belgischen Senats in der vorigen Woche behandelt worden ist.

Adenauer: Davon ist mir nichts bekannt. Es hat wohl ein maßgebender deutscher Politiker, dessen Partei ich nicht angeben möchte, mir gegenüber einmal geäußert – aber das war vor dem Gespräch, das ich mit Schuman gehabt habe – : »Wenn Frankreich etwas dazu beisteuern würde mit seinem Territorium, wäre das ein Gedanke, den man verfolgen könnte!« Da war von Belgien und Luxemburg noch nicht die Rede.

(*Zwischenruf:* Die Bereitschaft bei Luxemburg ist ausgesprochen worden[35].)

Das weiß ich nicht. Es ist interessant, das von Ihnen zu hören. Ich kann Ihnen nur sagen, daß alle Länder im Europarat es mit herzlichster Freude begrüßen würden, wenn diese Saargeschichte auf irgendeine Weise, ohne bei dem einen oder anderen eine peinliche Erinnerung zurückzulassen, aus der Welt geschafft würde.

Journalist: Ich werde darüber noch schreiben.

Hallstein: Ich habe keine Berichte darüber. Wir haben ja, als wir die Frage des Sitzes der Schuman-Plan-Behörde erörterten, unter den drei Lösungen, die denkbar waren, eine ins Auge gefaßt, die wir immer genannt haben, die Lösung von Washington, also Distrikt [von] Columbia, d. h. Bundesgebiet[36]. In diesem Zusammenhang ist sehr vorsichtig von dem einen oder anderen nicht offiziell die Frage erörtert worden, man möchte doch ein solches gemeinsames Bundesgebiet dort bilden, wo möglichst viele Länder dazu beitragen können. Aus dieser Ecke stammt wahrscheinlich der Gedanke. Das liegt lange zurück und ist mit einer gewissen Spätzündung vielleicht im Senat zur Sprache gekommen.

Fragesteller: Im Verteidigungsausschuß des belgischen Senats ist es besprochen worden. Schärfste Ablehnung Belgiens und der Benelux-Länder überhaupt herrscht gegenüber dem Plan, verwaltungsmäßig den Sitz der Europa-Armee nach Paris zu legen. Eben aus diesen Gründen spricht man von einem vergrößerten Saargebiet unter Zunahme von belgischen und französischen und anderen Gebietsteilen mit der Überlegung, die Lokalisierung der Europa-Armee auf einem Gebiet zu konzentrieren, was in der Nähe liegt, nämlich auf belgischem und deutschem Gebiet im Anschluß an eine Erweiterung des Lagers Vogelsang; und am Sonntag ist der Vorsitzende des Verteidigungsausschusses des belgischen Senats[37] dieses Gebiet wieder einmal abgefahren.

Hallstein: Das bestätigt meine Vermutung. Die eine Lösung war Paris in bezug auf den Sitz der Behörde, die andere Lösung war eine Aufteilung der Sitze unter verschiedene Hauptstädte, und die dritte Lösung war das europäische Territorium.

(*Zwischenruf:* Unter schroffster Ablehnung aber von Straßburg und Kehl.)

Adenauer: Ich darf Ihnen streng vertraulich sagen, daß zu unserer Überraschung z.B. Italien dafür war, Paris zum Sitz der Zentrale der europäischen Armee zu machen.

(*Heinen:* Ich kann nur referieren, was mir gesagt worden ist.)

Ich möchte sagen, das war unsere große Überraschung. Das deutsche Interesse geht natürlich auch dahin, daß diese europäischen Zentralen nicht nach Paris kommen! Mehr will ich nicht sagen, damit ich mir die Zunge nicht verbrenne an der Saar.

Journalist: Können Sie einiges noch sagen über den Stand der Verhandlungen mit den Alliierten über die Zusatzverträge?

Adenauer: Da ist im wesentlichen alles soweit klar. Es sind verhältnismäßig wenige Punkte, und zwar von sehr untergeordneter Bedeutung, die zu meinem Bedauern und Entsetzen noch offen sind, z.B. über die Frage – bitte, lachen Sie nicht –, ob die Hunde der Besatzung steuerfrei sein sollen oder nicht, eine Frage, die für mich – ich sage es in aller Offenheit – nicht entscheidend ist. Selbst wenn es 1 000 Hunde gäbe bei der gesamten Besatzung und im Durchschnitt jeder Hund 40 DM Steuern kosten würde, wären das 40 000 DM im Jahr, und das wäre für mich kein erschütterndes Hindernis. Ebenso wird gerungen um die Frage, ob Lustbarkeiten der fremden Truppen, auch wenn sie also nicht rein geschlossen sind, ob die Lustbarkeitssteuern bezahlen sollen oder nicht, – auch für mich keine Frage, die von historischer Bedeutung ist.

Aber es gibt noch die eine oder andere Frage, die wichtiger und wesentlicher ist, und das ist z.B. – ich bitte, bringen Sie es nicht –, das ist die Frage des Lastenausgleichs bezüglich der restituierten Güter von Verfolgten des Nazi-Regimes, also Fragen, über die noch verhandelt wird und die finanziell von größerem Gewicht sind als die eben von mir berührten beiden Fragen. Aber sonst ... ich sollte heute oder morgen einen Katalog bekommen der Punkte, die noch behandelt werden. Ich möchte die Sache zu Ende bringen, und die Engländer und Amerikaner und Franzosen möchten auch die Sache zu Ende bringen, damit wir uns möglichst schnell schlüssig werden. Bei weitem und in der Hauptsache sind die Fragen gelöst.

Journalist: Darf ich zu Ihren Ausführungen noch etwas sagen? Wenn Sie Ihre Konzeption verfolgen, so werden Sie doch sehr in Rechnung stellen, daß in Gesamtdeutschland einschließlich der Sowjetzone zwei große Sorgen bestehen, wenn nicht Ängste, absolute Ängste im Volk. Die eine Angst ist, daß durch diese Politik vielleicht die Wiedervereinigung sehr verzögert, wenn nicht [gar] verhindert werden könnte. Und die zweite Angst ist die Kriegsangst, daß also der Krieg dadurch herbeigeführt werden könnte. Nun steht da, wie ich glaube, Vermutung gegen Vermutung. Ist es nicht Ihre Meinung, wenn Sie Ihre Konzeption durchführen wollen, daß es um so nötiger ist, daß das Volk das Gefühl hat, die Gefahren, die es von anderer Seite bedrohen, nach Möglichkeit ausgeschaltet zu sehen durch Ihre Regierung? Mit anderen Worten: Glauben Sie nicht, daß es notwendig oder zweckmäßig wäre, soweit wie nur irgend möglich, ohne Ihre Konzeption zu schädigen oder ernsthaft zu schädigen, also ohne sie zu bedrohen, soweit wie möglich also diesen Vorstellungen der anderen Seite entgegenzukommen? Und ist das nicht für Ihre Politik sogar eigentlich sehr erleichternd, nachdem die SPD kürzlich wieder erklärt hat durch den Mund von Schmid und Ollenhauer[38], daß sie erstens gegen eine Kontrollratsregierung sind in Deutschland und zweitens gegen eine Neutralisierung Deutschlands im gegenwärtigen Moment?

Um das zu verdeutlichen, möchte ich hinzufügen: Wenn alles das Bisherige nicht geschehen wäre und unsere Regierung hätte gesagt: »An uns ist die Sowjetnote nicht gerichtet, und wir verlangen auf alle Fälle freie Wahlen und zweitens eine freie Regierung ohne Kontrollratsüberwachung, eine freie Regierung, die sich entscheiden kann über ihre Haltung in der Welt, also über die Frage Neutralisierung oder Anlehnung an eine Gruppe; dazu muß sich Rußland äußern in einer bestimmten Zeit, wenn es den guten Willen zeigen will!« Ich glaube doch, daß Rußland die zweite Frage nicht hätte in Ihrem Sinne und im Sinne der Opposition hätte beantworten können, so daß es also für Sie ungeheuer erleichternd wäre und auch für das Volk, dieser Politik zuzustimmen, während jetzt eine zweifellos gefährliche psychologische Belastung in der Stimmung der Öffentlichkeit eingetreten ist. Schließlich haben wir ja genau wie die Amerikaner auch auf eine innenpolitische Stimmung Rücksicht zu nehmen, zumal diese innenpolitische Stimmung sehr bald eine getrennte Stimmung sein könnte nach einer vielleicht noch vor den Wahlen eintretenden endgültigen Spaltung Westdeutschlands und Sowjetdeutschlands, die dann vielleicht auch der Politik der Regierung verübelt werden könnte.

Adenauer: Ich habe den Eindruck, als wenn in Deutschland gewisse Dinge künstlich konstruiert werden, als wenn man den Fehler begeht, die Dinge nicht einfach genug zu sehen. Wenn Sie die Dinge ganz einfach und real betrachten, dann haben Sie, und damit möchte ich zur ersten Frage kommen, folgende Möglichkeit: Wir wollen die Wiedervereinigung Deutschlands in Freiheit. Die erste Frage ist: Können wir diese Wiedervereinigung durch uns allein erreichen? Eine Frage, die jeder mit Nein beantworten wird. Die zweite Frage ist die: Können wir die Wiedervereinigung erreichen, oder werden wir dadurch, daß wir irgendwie mit Rußland klar werden, indem wir auf die Frage der Neutralisierung eingehen[...] – ich glaube, jeder wird mit mir darin übereinstimmen: Die Wiedervereinigung Deutschlands in Freiheit ist mit Hilfe Sowjetrußlands nicht zu erreichen.

Wenn Sie diese beiden Fragen, diese beiden Möglichkeiten verneint haben, nämlich nicht durch eigene Kraft und nicht durch die Hilfe oder durch Sowjetrußland, dann bleibt ja nur noch übrig, daß wir sie nur erreichen können durch die Westalliierten, die uns das auch zugesichert haben.

Nun entsteht eine weitere Frage. Jetzt bitte ich Sie einmal, nicht nur zu denken in der Mentalität gewisser Kreise in Deutschland, sondern auch sich zu versetzen in die Mentalität der Westalliierten. Dann entsteht die Frage: Können wir es uns in diesem Augenblick leisten, sagen wir einmal, an Sowjetrußland Fragen zu stellen? Bitte bedenken Sie, was das heißt am 2. April 1952, in dem [Jahr, in dem] der neue Präsident in den USA gewählt wird, gleichzeitig dann dadurch, daß man diese Fragen stellt in der Erwartung, Sowjetrußland würde darauf ehrlich antworten – eine Erwartung, die ich in keiner Weise habe –, und wir dadurch eine Hinauszögerung veranlassen, und nun in bezug auf den für uns besten Präsidentschaftskandidaten, wie soll dieser Kandidat dieses Minus mit in seine Kampagne hineinnehmen? Wie sollen wir überhaupt diese Fragen an Sowjetrußland richten? Wie sollen wir das machen? Durch die Zeitung oder dadurch, daß wir uns an die SED wenden, dadurch, daß wir die Westalliierten bitten, diese Note an General Tschuikow[39] zu übergeben? Wie sollen wir das machen? Ich halte das für völlig unmöglich. Wenn wir kein Präsidentschaftswahljahr hätten, wäre [das] vielleicht zu überlegen, obgleich es nach meiner Auffassung, und ich glaube nach Ihrer aller Auffassung auch, so ist, daß wir niemals von Sowjetrußland eine ehrliche und zufriedenstellende Antwort bekommen können.

Die zweite Frage war die, ob es Krieg gibt. Ich will es mir nicht so billig machen dadurch, daß ich Stalin zitiere. Ich hätte mir ja dafür Stalin aussuchen können, nämlich für die Beantwortung dieser Frage eine solche Erklärung abzugeben, wie er sie abgegeben hat[40]. Ich bin aber unschuldig daran. Aber da liegt die Sache so, daß der Westen jetzt schon so stark ist, daß für Sowjetrußland die Möglichkeit, dieses Land zu bekommen, unversehrt, nicht mehr gegeben ist. Sowjetrußland hat von einem zerstörten Deutschland nichts, sondern für Sowjetrußland ist Deutschland dann wertvoll, wenn es dieses Land mit seinem industriellen Potential und mit seinen Menschen unzerstört bekommt im Wege des kalten Krieges.

Deswegen müssen Sie noch eines hinzuziehen, etwas, was ich von den Generalen Heusinger[41] und Speidel habe. Es gibt ja keinen amerikanischen oder britischen oder französischen General, der gegen die Russen irgendwie einmal gekämpft hat. Das waren früher die deutschen Generale allein, und wenn ich von denen höre, daß Sowjetrußland schon im letzten Kriege sehr vorsichtig immer gewesen ist bei kriegerischen Handlungen und daß es z.B. größere Wehrmachtseinheiten nur angegriffen hat, wenn es die fünffache Übermacht sowohl an Material wie an Menschen hatte und wenn ich mir die ganze russische Politik besehe, die ja doch offenbar nicht auf heißen Krieg ausgegangen ist seit 1945, sondern auf kalten Krieg, und dabei doch mit in Rechnung stelle, daß eben die amerikanische Rüstung und zum Teil auch die britische Rüstung doch schon so erheblich ist, daß Sowjetrußland nicht glauben kann, daß es irgendwie einen leichten Erfolg hat, dann bin ich der Auffassung: Wir bekommen keinen heißen Krieg!

Sie müssen auch nicht glauben – das ist eben, ich weiß es nicht, eine Überschätzung unserer selbst –, oder glauben Sie wirklich, daß Rußland wegen zwölf deutschen Divisionen einen Krieg anfangen würde? Was sind zwölf deutsche Divisionen gegenüber Rußland? Warum aber Sowjetrußland so entscheidenden Wert darauf legt, das ist das folgende: weil mit der Bildung der Europäischen Verteidigungsgemeinschaft die Neutralisierung Deutschlands unmöglich ist. Das ist der wirkliche Grund Rußlands und nicht die zwölf deutschen Divisionen, die vielleicht in zwei oder wieviel Jahren einmal dastehen werden. Deswegen halte ich es für völlig ausgeschlossen, daß Sowjetrußland deswegen jetzt einen heißen Krieg beginnt.

Lenz: Sie unterstellen als These, daß eine tiefgehende Beunruhigung in der Bevölkerung sei und wegen der wichtigen Punkte des Wehrbeitrags und der Sowjetnote die Bevölkerung der Politik der Regierung gegenüber sehr negativ eingestellt sei. Ich habe heute die neuesten Tests[42] bekommen, und sie sind zu meiner Überraschung völlig anders. Wir haben seit November [1951] einen absoluten Trend nach oben, und zum ersten Mal haben wir die Linie derjenigen, die nein zur Politik der Regierung sagen, überstiegen und auch die Linie derjenigen, die bisher kein Urteil hatten. Es ist also so, daß nunmehr bezüglich Wehrbeitrag, Schuman-Plan und Sowjetnote der Trend in der öffentlichen Meinung für die Politik der Regierung absolut nach oben gegangen ist.

Adenauer: Ich habe absichtlich eine solche Ausführung nicht machen wollen, um nicht zu sagen: Eigenlob usw. Aber nehmen Sie doch einmal die Wahlen im Südweststaat[43] und nehmen Sie die Wahl[44] jetzt im ‹März›[f], und Sie werden es weiter sehen, es ist gar nicht so, wie Sie glauben. Dieser Zeitpunkt ist nach meiner festen Überzeugung und auch nach dem, was ich von den Menschen höre, so, daß die Mehrheit der deutschen Bevölkerung sich davon überzeugt hat, daß wir auf dem richtigen Wege auch in der Politik gegenüber Rußland sind.
Ich war am vergangenen Sonntag [30. März 1952] in Recklinghausen und habe dort vor Delegierten der Katholischen Arbeiterbewegung gesprochen[45] aus ganz Deutschland, auch aus der Sowjetzone. Es waren ein paar tausend Menschen da. Ich habe sehr offen gesprochen. Vor mir hat Herr Blank gesprochen über diese Dinge, und ich kann Ihnen nur sagen, eine Einmütigkeit der Auffassung, die geradezu hervorragend gewesen ist. Vor allem möchte ich Ihnen noch eines sagen, wenigstens nach meinen Erfahrungen in der – verzeihen Sie das Wort – Führung der Menschen: Man muß einen klaren Willen zeigen und eine klare Politik machen. Das verstehen die Menschen. Aber eine Politik des Zagens oder des Ausweichens verstehen die Menschen nicht. Wenn ich z. B. jetzt in der Öffentlichkeit sagen würde, wir wollten den Generalvertrag noch nicht unterzeichnen, und wir wollen auch noch nicht den Vertrag über die Europäische Verteidigungsgemeinschaft im Mai unterzeichnen, wir wollen erst einmal ein paar Fragen an Sowjetrußland stellen, glauben Sie, daß die Mehrheit des deutschen Volkes nicht entmutigt werden würde,

nach meiner Überzeugung würde sie geradezu entmutigt. Die Bevölkerung verlangt wirklich, das kann ich nur nochmals betonen, eine klare Linie. Wir wollen in keiner Weise die Tür gegenüber Sowjetrußland zuschlagen.
Darf ich Ihnen noch eines sagen: Ich habe bei den Beratungen in Paris als erstes genannt, die Note so höflich abzufassen wie irgend denkbar, damit nicht irgendwie die Tür zu weiteren Verhandlungen zugeschlagen wird. Das ist auch geschehen, und die Form der Note ist absolut einwandfrei, absolut höflich. Wenn wir jetzt noch Rückfragen an Rußland stellen würden, wissen Sie, wer das am allerwenigsten verstehen würde? Die Bevölkerung der Sowjetzone. Die würde es gar nicht verstehen. Das möchte ich in diesem Kreise sagen. Ich bekomme manche Nachrichten von dort, und zwar ganz spontane Nachrichten, nicht etwa von Leuten, die für uns dort tätig sind, sondern aus der Bevölkerung heraus. Die Bevölkerung der Sowjetzone versteht unsere Politik vielleicht noch besser als die Bevölkerung hier im Westen. Ich weiß nicht, ob Sie wissen, wie z. B. Herr Heinemann in internen Verhandlungen in der Sowjetzone behandelt worden ist. Ich weiß es. Heinemann dürfte in der Sowjetzone nicht riskieren, das überhaupt zu sagen, was er hier bei uns sagt[46]. Die Leute würden sehr übel mit ihm umspringen. Die Menschen in der Sowjetzone wissen Bescheid und setzen ihre ganze Hoffnung, wieder zur Freiheit zu kommen, nicht auf Sowjetrußland, sondern nur auf die Westalliierten und auf unsere Verhältnisse zu den Westalliierten. Wir beobachten das sehr oft.

Journalist: Halten Sie es für möglich und wünschenswert, daß die Bundesregierung – das könnte wahrscheinlich nur in Übereinstimmung mit den Alliierten geschehen – eine Erklärung abgibt etwa in dem Sinne, daß die UNO-Kommission zur Kontrolle von Wahlen nicht die ausschließliche Möglichkeit der Kontrolle ist, sondern daß auch andere Wege denkbar sind?

Adenauer: Das geht ganz klar aber hervor aus der Note. Wenn Sie eine diplomatische Note lesen, beachten Sie jedes Wort und jeden Ausdruck, deswegen habe ich Ihnen eben absichtlich den Satz vorgelesen, in dem es heißt: »Die amerikanische, britische, französische Regierung würden mit Genugtuung zur Kenntnis nehmen usw.« Es wurde nicht gesagt, Rußland müsse das tun, oder daraus, daß Rußland die Kommission nicht zuläßt, geht hervor, daß es von Rußland aus nicht ernst gemeint ist. Es wurde nur gesagt, man würde mit Genugtuung zur Kenntnis nehmen, daß derartige Erleichterungen auch in der Sowjetzone und in Ost-Berlin gewährt werden.

Ich möchte aber folgendes noch sagen: Bitte denken Sie einige Wochen oder Monate zurück, mit welcher Genugtuung man in der ganzen Bundesrepublik, in allen Parteien, auch bei der Opposition, es begrüßt hat, daß die UNO-Vollversammlung sich mit der Frage des Zerreißens Deutschlands beschäftigt hat, und mit welcher Genugtuung es begrüßt worden ist von allen deutschen Parteien, daß eine Kommission eingesetzt worden ist, und wie wir uns alle damals vorgenommen haben – was wir auch jetzt tun wollen –, daß wenn die UNO-Kommission nicht in die Ostzone hinein kann, die Sache nicht zu Ende gehen zu lassen, sondern gerade diese Arbeit der UNO am Leben und in Gang zu halten. Wenn nun die Westalliierten von freien Wahlen sprechen und wenn sie über die UNO-Kommission überhaupt geschwiegen hätten, hätten sie damit den Beschluß der UNO in einer Weise verneint und preisgegeben, daß sie sich das auch nicht leisten konnten. So hat man diese Form hier gewählt. Ich glaube nicht, daß es taktisch richtig wäre, wenn man jetzt diese UNO-Kommission gewissermaßen preisgäbe und den Schritt der UNO, von dem man sagt, es gibt vielleicht noch andere Möglichkeiten! Es mag andere Möglichkeiten geben, das wird sich ja zeigen. Aber ich glaube, maßvoller als es hier steht, hätte man es überhaupt nicht sagen können, wenn man nicht überhaupt die UNO hätte vor den Kopf stoßen wollen. Man mußte die UNO erwähnen.

Journalist: In der Antwort wird aber gesagt, daß die Mitteilung zu schätzen ist, daß eine Unterstützung der Sowjetzone gegeben sein wird, damit die Kommission ihre Aufgabe durchführen kann. Die Andeutung, daß die Aufgabe der Kommission auf einem anderen Wege durchgeführt werden könnte, ist in diesem Satz nicht enthalten.

Adenauer: Nein, das habe ich auch ausgeführt. Denken Sie bitte zwei bis drei Monate zurück, wie es in Paris bei der UNO-Vollversammlung doch mit großer Mühe nur durchzusetzen war und nach wirklich intensiver Arbeit, eine solche UNO-Kommission ins Leben zu rufen. Und wenn jetzt die drei Westmächte sagen würden, es geht auch auf andere Weise, so ist das gar nicht zu machen.

Journalist: Können wir noch etwas hören über das Auswärtige Amt, das möglicherweise morgen auch eine Rolle spielen wird?

Adenauer: Warum soll ich nicht über das Auswärtige Amt Ihnen etwas sagen, aber bitte, ebenso vertraulich. Die Klagen über das Auswärtige Amt sind ja nicht jungen Datums, und sie sind zweifellos auch nach meiner Überzeugung zum Teil berechtigt[47]. Deswegen haben wir von uns aus den früheren Oberlandesgerichtspräsidenten von Köln[48] gebeten, eine Untersuchung zu veranstalten und ein Gutachten abzugeben.

Es ist außerordentlich bedauerlich, daß über dieses Gutachten überhaupt [nicht] geschrieben wird, und man tut, als wenn das Gutachten nicht da wäre. Beim Untersuchungsausschuß des Bundestages[49] tut man so, als wenn es überhaupt nicht in der Welt wäre, so daß sogar in der bayerischen Rundfunksendung der Herr Schetter, ein sehr unbeugsamer Mann, etwas lächerlich gemacht wurde[50]. Das ist zunächst einmal sehr bedauerlich. Zweitens: Ein Untersuchungsausschuß des Bundestages ist kein Gerichtshof. Er hat keine Entscheidung zu fällen, sondern eine Untersuchung vorzunehmen, und von dieser Untersuchung muß natürlich die Exekutive Notiz nehmen. Ich habe mich absichtlich zurückgehalten und kein Wort in der Öffentlichkeit irgendwo gesagt, weil ich den Anschein nicht erwecken wollte, als ob ich in eine schwebende Untersuchung irgendwie eingriffe. Ich möchte auch deswegen der Öffentlichkeit gegenüber nichts sagen, sondern möchte erst Stellung nehmen dann, wenn das Ergebnis der Untersuchung vorliegt[51]. Ob es sehr gut war, daß man einen Zwischenbericht[52] der Presse gegeben hat, möchte ich dem Urteil überlassen aller derjenigen, die sich mit der Angelegenheit beschäftigen. Ich möchte aber darauf hinweisen, daß von den 20 Namen, die genannt worden sind in dem bekannten Artikel der »Frankfurter Rundschau«[53], erst drei oder vier behandelt worden sind im Untersuchungsausschuß und daß man daher sein endgültiges Urteil zurückstellen sollte, bis das ganze Ergebnis vorliegt.

Ich bin nicht gerade glücklich über die Zusammensetzung des Auswärtigen Amtes, keineswegs, aber – verstehen Sie das bitte jetzt nicht falsch – es gibt ein rheinisches Wort, das besagt: ›Man schüttet kein dreckiges Wasser aus, wenn man kein reines hat!‹ Deswegen will ich nicht sagen, daß es dreckiges Wasser ist, aber ich möchte damit sagen, daß ich natürlich ein Instrument brauche, um die Arbeit zu tun und daß ich, solange ich kein besseres Instrument habe, mich eben eines Instrumentes bedienen muß, so wie es da ist.

Ich möchte noch etwas anderes sagen: Ich habe den Herren Brauer[54] und Kaisen vor Jahr und Tag gesagt, sie hätten ja die Verbindung zu den Exportfirmen und möchten sich einmal umhören, ob sie nicht dort jemanden fänden, der die anderen Länder kennt und bereit ist, für zwei oder drei Jahre in den Dienst des Bundes zu treten, um eine diplomatische Vertretung zu übernehmen. Die beiden Herren haben mir zugesagt, sie wollten sich bemühen. Mir ist kein einziger Name genannt worden. Ich will gar nichts entschuldigen, das betone ich ausdrücklich. Ich weiß auch, daß manche Kreise des Auswärtigen Amtes mit mir gar nicht zufrieden sind und mich gar nicht besonders schätzen. Das ist mir völlig

klar, aber wie es jetzt gemacht wird, halte ich es für ganz falsch und halte es nicht für gut für die deutschen Interessen im Ausland.
Wenn es jetzt im Ausland so aussieht, als wäre das Auswärtige Amt eine Nazizentrale, so schadet das den deutschen Interessen. Nach meiner Meinung ist es das gar nicht, sondern nach meiner Meinung haben da Beziehungen bei der Heranziehung von Kräften mitgespielt, die gar nicht nationalsozialistischer Tendenz waren, sondern die einmal sich ergeben haben daraus, daß die Leute früher zusammengearbeitet haben und daß sie ferner von 1945 bis 1949/50 bittere Not gelitten haben. Diese Menschen haben sich damals gegenseitig unterstützt. Der eine hatte noch etwas und hat geholfen dem anderen. Daß man nun versucht hat, nämlich der eine dem anderen, sich gegenseitig zu helfen, und es waren dabei auch vielleicht gewisse gesellschaftliche Beziehungen, das mag bei allem eine Rolle spielen, aber keinesfalls ist es richtig, daß nationalsozialistischer Geist das Moment gewesen ist, das nun entscheidend war für den Aufbau des Auswärtigen Amtes, wie es jetzt ist.
Gestatten Sie mir noch eine Bemerkung. Ich sehe ja, wenn Diplomaten, also Mitglieder von diplomatischen Vertretungen der verschiedenen Länder sich sehen und sich treffen; es ist [so], als wenn sie alle miteinander Freimaurer wären. Sie haben ein Gemeinsamkeitsgefühl, mögen es Engländer sein oder Amerikaner. Sie sind einmal in Moskau ein paar Jahre zusammen, dann in Griechenland, dann waren sie in Paris, und sie hängen alle wie Kletten zusammen. Gestern war der argentinische Botschafter[55] bei mir, der vor Jahren in Berlin war und mir erzählte, was er für alte Bekannte getroffen hätte im Auswärtigen Amt. So ist es einmal.

(*Zwischenruf:* Woher wissen Sie, daß es unter Freimaurern üblich ist, so zu sein, wie sie sagten?)

Ich bin selbst kein Freimaurer, aber ich habe mir früher sagen lassen, daß dort doch eine gewisse Zusammenarbeit persönlicher Natur sogar eine Hauptrolle spielt.

Journalist: Sie haben sich da ein Urteil zu eigen gemacht, das etwas gefährlich klingt!

Adenauer: Dann haben Sie mich völlig mißverstanden. Ich bin sogar der Auffassung, daß die deutschen Freimaurer hauptsächlich gesellschaftliche und wirtschaftliche Beziehungen untereinander haben und gar keine politischen oder anti-religiösen Beziehungen, sondern daß es gesellschaftliche Beziehungen sind. So ähnlich wollte ich es sagen. Wenn ich die Diplomaten sehe, Briten und Deutsche oder Amerikaner oder Argentinier, sie kennen sich alle.

von Eckardt: Ich habe einen Freund im diplomatischen Dienst gehabt bis zum Kriegsende, der während des Krieges als Gesandtschaftsrat in einem der nordischen Staaten war. Dort war ein Empfang beim König, man wartete im Vorzimmer, und plötzlich erschien der britische Gesandtschaftsrat dort – es war Krieg –, und er sah zum ersten Mal den deutschen Gesandtschaftsrat wieder und lief mit dem Ausdruck »Ulrich« auf ihn zu, und erst drei Schritte vor ihm fiel ihm ein, daß sie sich im Kriege befinden.

Adenauer: Im übrigen möchte ich noch sagen, Sie finden z.B. in Washington bei unserer dortigen Vertretung eine Bescheidenheit, wie sie der Sache nicht entspricht, und wir werden gar nicht daran vorbeikommen, wenn wir durch den Generalvertrag wieder völlige Freiheit bekommen, größere Aufwendungen für absolut notwendig zu halten. Auch das lassen Sie mich hier sagen, daß es sich nicht leugnen läßt, auch bei diplomatischen Vertretungen: ›Wie Du kommst gegangen, so wirst Du empfangen!‹

Hallstein: Ich darf darauf hinweisen, wie es zum Beispiel in anderen Ländern ist. Die amerikanische Botschaft in Paris hat mit allem Drum und Dran mehr als tausend Köpfe.

(*Zwischenruf:* Es sind 1800.)

Die Zahl der englischen Botschaft in Washington ist auch ungefähr so. Das sind große Apparate verglichen mit den unsrigen, und unsere sind dagegen nur winzig. Es ist auf die Dauer gar nicht zu machen. Es ist völlig unmöglich.

Journalist: Glauben Sie, daß ein Teil der Beunruhigung über das Auswärtige Amt vielleicht dadurch beseitigt worden wäre, daß man auf administrativem Wege statt über einen Untersuchungsausschuß einiges geregelt hätte?

Adenauer: Da darf ich folgendes sagen: Der Beamte verdient auch Schutz, und wenn wir unsere Beamten – das gilt ganz allgemein und nicht nur vom Auswärtigen Amt – des Schutzes, den sie im Disziplinarrecht haben, berauben, dann haben sie überhaupt kein Stehvermögen mehr.

(*Zwischenruf:* Es stehen politische Beamte zur Disposition.)

Die Vorwürfe sind in der Hauptsache gerichtet gegen Leute in Bonn. ... Nehmen Sie an, es käme eine andere Regierung. Das ist doch der Zweck des politischen Beamten, daß dann ein Wechsel möglich ist. Aber aus disziplinären Gründen den politischen Beamten kaltzustellen, dann hat dieser Mann nach meiner Meinung das Recht zu verlangen, daß im Wege der Untersuchung festgestellt wird, ob er es wirklich verdient.

Hallstein: Die Frage war also die, ob man nicht durch administrative

Maßnahmen das andere vermieden hätte. Das war die Absicht. Wir haben den parlamentarischen Untersuchungsausschuß nicht eingesetzt, sondern er kam uns ja in die administrative Untersuchung hinein. Diese Untersuchung lief ja. Wir haben den Oberlandesgerichtspräsidenten Schetter eingesetzt. Wenn der Bundestag beschließt oder sogar eine Minderheit, einen Ausschuß zu bilden, dann ist der Ausschuß da. Das ist unvermeidlich.

Adenauer: Ich denke schon mit Schrecken daran, wenn wir einmal eine europäische Wehrmacht haben, und wir müssen dann frühere Offiziere, auf die wir ja gar nicht Verzicht leisten können, einberufen. Wir können uns da die größte Mühe geben, und dann kommt ein Untersuchungsausschuß.

Hallstein: Dazu möchte ich sagen, soweit es sich um aktive Offiziere handelt, waren diese ja nicht in der Partei.

Adenauer: Zum Schluß möchte ich noch sagen, daß ich wirklich froh bin, daß Sie gekommen sind und einmal in dieser Art sich mit mir haben austauschen können. Sie haben dafür mehr Stunden geopfert als ich.

(*Zwischenruf:* Es ist doch so, daß immerhin einige Millionen unsere Zeitung lesen, und deshalb ist es doch wichtig, ein offenes Gespräch zu haben.)

Ich bin dankbar für jeden Hinweis von Ihnen. Herr v. Eckardt ist ja derjenige, der auch nicht nur von uns, sondern auch von der Presse geschätzt wird. Behalten Sie das im Auge. Ich bin gern bereit, von Zeit zu Zeit Sie zu bitten, einmal hierherzukommen, damit wir uns aussprechen, und wenn mehrere von Ihnen den Wunsch haben – ich kann das ja nicht so überschauen wie Sie –, daß es notwendig ist, einmal eine Aussprache über gewisse Punkte zu haben, dann bitte, teilen Sie es Herrn von Eckardt mit, damit wir das dann veranlassen können.

o
allgemeine ffm
bundpressinf bn

860 1845
041161 19/5 1917

bundpressinf bn   nr. 860   19.5.52   1845=

herrn hans baumgarten
frankfurter allgemeine zeitung
frankfurt=

bitte sie zum tee beim herrn bundeskanzler, freitag, den
23.5. am fruehen nachmittag. lade sie vorher zum fruehstueck
mittags 13.30 uhr ins hotel bergischer hof, bonn, muensterplatz,
ein=

gruss von eckardt+

bitte best

allgemeine ffm   klar erhalten dks aws
dks   1917+

1002

bundpressinf bn
allgemeine ffm
inoz

20/5 1715

bundespressechef herrn von eckardt

dr.baumgarten wird am tee des herrn bundeskanzler teilnehmen
und der einladung zum fruehstuck gerne folgen.

frankfurter allgemeine zeitung.

faz/ende/sch/242/20.5.52/1600, +

erh 1710/ kl
bundpressinf bn

Fernschreiben Felix von Eckardt an Dr. Hans Baumgarten (zu Dok. Nr. 27)

Fernschreiben der »Frankfurter Allgemeinen« an Felix von Eckardt
(zu Dok. Nr. 27)

874 1845

07628 19/5 2010

o
suedkurier kstz
bundpressinf bn

bundpressinf bn   nr. 874   19.5.52   1845=

herrn alfred gerigk
suedkurier
konstanz=

bitte sie zum tee beim herrn bundeskanzler, freitag, den
23.5. am fruehen nachmittag. lade sie vorher zum fruehstueck
mittags 13.30 uhr ins hotel bergischer hof, bonn, muensterplatz,
ein=

gruss von eckardt+

bitte best

suedkurier kstz ehalten 19.5. 2010 uhr dks aws

dks

1044

20/5 18⁰⁰

t
bundpressinf bn
suedkurier kstz

herrn von eckardt, bundespresseamt- bonn.-
ich nehexx nehme mit bestem dank die einladung zum tee beim
herrn bundeskanzler und die vorangehende fruehstuecks-einladung
im hotel '' bergischer hof'' am freitag an. wird der tee beim
bundeskanzler aber nun trotz der einberufung einer bundestags-
sondersitzung stattfinden koennen?? fuer eine rueckantwort
waere ich dankbar.
gruesse
alfred gerigk suedkurier++
ende.

bundpressinf bn
suedkurier kstz,20.5.52. 1755 uhr kg
klar?

ja okey 1800kl
bundpre

Alfred Gerigk
Südkurier

Fernschreiben Alfred Gerigks an Felix von Eckardt (zu Dok. Nr. 27)

t
suedkurier kstz
bundpressinf bn

bundpressinf bn nr. 884 21.5.52 0850/leb

alfred g e r i g k
suedkurier
k o n s t a n z
----

kanzlerteee findet auf alle faelle am freitagnachmittag
statt. stunde noch nicht bekannt.

von eckardt+

bitte best

suedkurier kstz,21.5.52. kg.
dks
dks
aws+0903+

Fernschreiben Felix von Eckardts an Alfred Gerigk (zu Dok. Nr. 27)

871 1845

TA 19/5 20°°

o
tel aufn bonn
bundpressinf bn

bundpressinf bn nr. 871 19.5.52 =

herrn g oetz
kieler nachrichten
kiel=

itte sie zum tee beim herrn bundeskanzler, freitag, den
23.5. am fruehen nachmittag. lade sie vorher zum fruehstueck
mittags 13.30 uhr ins hotel bergischer hof, bonn, muensterplatz,
ein=

gruss von eckardt+

----
vergl. anschrift:
herrn goetz
kieler nachrichten
kiel=
----
verrechnung an tel. 31921+

b b
ja jau
200
2000 1 r vbz 871 erh v
bundpressinf bn
tel aufn bonn
dks
b bt

Fernschreiben Felix von Eckardts an Heinz Theodor Götz (zu Dok. Nr. 27)

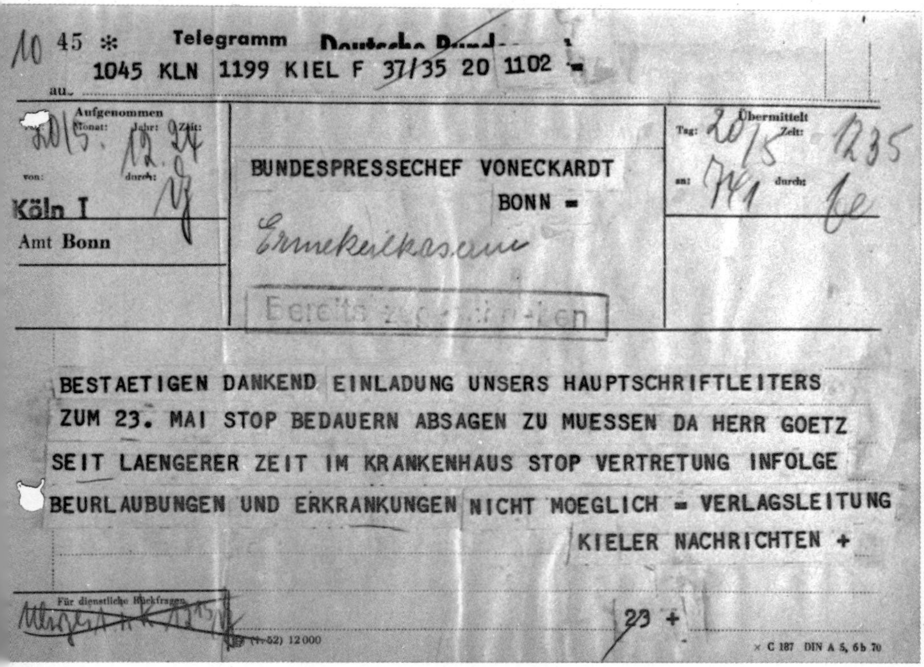

10 45 * Telegramm Deutsche Bund...

1045 KLN 1199 KIEL F 37/35 20 1102 =

aus

Aufgenommen
Tag: Monat: Jahr: Zeit:
20/5. 12.24
von: durch:
Köln I
Amt Bonn

BUNDESPRESSECHEF VONECKARDT
BONN =

Bereits zugestellt

Übermittelt
Tag: 20/5 Zeit: 1235
an: durch:

BESTAETIGEN DANKEND EINLADUNG UNSERS HAUPTSCHRIFTLEITERS
ZUM 23. MAI STOP BEDAUERN ABSAGEN ZU MUESSEN DA HERR GOETZ
SEIT LAENGERER ZEIT IM KRANKENHAUS STOP VERTRETUNG INFOLGE
BEURLAUBUNGEN UND ERKRANKUNGEN NICHT MOEGLICH = VERLAGSLEITUNG
KIELER NACHRICHTEN +

Für dienstliche Rückfragen

23 +

(1-52) 12 000

C 187 DIN A 5, 6b 70

Telegramm der »Kieler Nachrichten« an Felix von Eckardt (zu Dok. Nr. 27)

Presse- und Informationsamt
der Bundesregierung

Bonn, den 21. Mai 1952

Dem Herrn Bundeskanzler

Ihrem Wunsche entsprechend habe ich für Freitag, den 23. Mai 20 Chefredakteure der bedeutendsten deutschen Zeitungen (darunter auch einige gemässigte Sozialdemokraten) zu einem Informatio[n]sgespräch mit Ihnen, Herr Bundeskanzler, nach Bonn eingeladen.

Es ist beabsichtigt, den Herren um 13 Uhr im Bergischen Hof ein Frühstück zu geben. Falls Ihre Dispositionen für Freitagnachmittag den vorgesehenen Tee um 16,30 Uhr nicht zulassen, erlaube ich mir vorzuschlagen, dass Sie im Anschluss an das Frühstück im Bergischen Hof, etwa gegen 14 Uhr, die Herren Chefredakteure dort kurz informieren.

In Anbetracht der weiten Reise der Herren, die zum Teil nur aus diesem Anlass aus Nord- und Süddeutschland nach Bonn kommen, bitte ich jedoch, möglichst den vorgesehenen Tee-Empfang stattfinden zu lassen.

v. Eckardt.
(von Eckardt)

Ich muß um 14 Uhr im Bundestag sein. Wie lange die Sitzung dort dauert, weiß ich nicht, wahrscheinlich bis 1–2 Stunden. Die anderen [illegible] muß ich abhalten, wahrscheinlich den ganzen Nachmittag. Vielleicht [illegible] gegen 16 Uhr die [illegible]

Ad 21/5

Vorlage von Felix von Eckardt (zu Dok. Nr. 27)

Nr. 27
23. Mai 1952: Tee-Empfang (Wortprotokoll)
BPA Archiv F 30

Teilnehmer[1]: Wolfgang Bartels[2], Dr. Hans Baumgarten, Otto Bothe[3], Erich Brost[4], Dr. Ernst Friedlaender, Theodor Fritzen[5], Alfred Gerigk[6], Karl Gerold[7], Dr. Hans Joachim Kausch, Albert Komma[8], Heinz Lubbers, Kurt Mauch[9], Dr. Hans Reinhard[10], Dr. Otto Roegele[11], Robert Schmelzer[12], Marcel Schulte[13], Dr. Karl Silex, Paul Steinfurth, Jürgen Tern[14], Dr. Frank Vogl[15] – Herbert Blankenhorn, Günter Diehl, Felix von Eckardt, Dr. Wolfgang Glaesser, Werner Krueger, Dr. Carl Otto Lenz, Dr. Franz Mai[16], Hansfrieder Rost, Dr. Hans Schirmer, Heribert Schnippenkötter[17]

Beginn: 16.25 Uhr[18]

Adenauer: Ich denke, ich brauche nicht jedes Wort hier auf die Goldwaage zu legen. Wenn man das tun müßte in dieser gespannten Situation, könnte man ja nur mit großer Vorsicht sprechen.
Ich weiß nicht, ob der eine oder andere von Ihnen im Bundestag gewesen ist eben. (Niemand?) Das war eigentlich ein trauriges Schauspiel nach meiner Meinung, das Ganze[19]. Daß bei einer so wichtigen und entscheidenden Frage für das deutsche Volk sich nun die großen Parteien überhaupt nicht zusammenfinden, ist schon schlimm genug; aber daß dann nun auch noch, trotzdem ich auf seine Krankheit Rücksicht nehme, Dr. Schumacher gestern die Ihnen bekannten Äußerungen gemacht hat, wonach derjenige, der dem Generalvertrag zustimmt, kein Deutscher mehr sei[20], das hat natürlich die ganze Atmosphäre ungeheuer erschwert. Ich muß gestehen, wenn ich so etwas höre, daß man nach all dem, was wir in Deutschland erlebt haben, der eine dem anderen schon wieder vorwirft, er sei kein Deutscher mehr, statt die gegensätzlichen Meinungen in aller Ruhe und Ordnung und meinetwegen auch ein bißchen mit Temperament – ich habe nichts dagegen – auszutragen; das wird ganz sicher im Ausland, aber auch im Inland den Eindruck hervorrufen, daß das deutsche Volk nicht reif für die Demokratie sei. Das finde ich am bedauerlichsten an der ganzen Entwicklung, das empfinde ich direkt beschämend und schmerzlich.
Es ist eigentlich überflüssig, daß ich in diesem Kreise nochmals das erkläre, was immer wieder gesagt wird, daß mit der Unterschrift der Außenminister noch gar keine verbindliche Erklärung und Entscheidung überhaupt gefallen ist, sondern daß das Parlament in all den acht betei-

ligten Ländern – es sind ja acht, wenn man die beiden Verträge[21] zusammennimmt –, daß also überall die Parlamente das letzte Wort zu sprechen haben. Daß die Außenminister unterschreiben, bedeutet nichts anderes, als daß die Regierungen der betreffenden Länder gewillt sind, diese Sache in der so festgestellten Form ihren Parlamenten zur Ratifizierung vorzulegen. Daß es namentlich bei großen Vertragswerken, aber überhaupt bei internationalen Verträgen gar nicht anders geht, ist eigentlich eine Selbstverständlichkeit. Wenn man sich vor Augen hält, daß wir hier bei unserem Vertragswerk schätzungsweise 4[00]-500 Paragraphen haben und wenn man sich vorstellt, daß acht Parlamente daran beteiligt sind und wenn man mit ein bißchen Phantasie sich klarmacht, daß diese acht Parlamente zu 500 Paragraphen Anträge stellen und die unglückseligen Außenminister verurteilt werden, wieder zusammenzukommen und die Beschlüsse ihrer Parlamente in den Händen wieder zu verhandeln gezwungen werden, dann glaube ich, werden Sie doch mit mir darin übereinstimmen, daß dann überhaupt niemals ein Ende von Verhandlungen sein wird. Dann geht man nach Hause damit und wieder vor die Parlamente, und so hält sich die Sache [dran].

Wir haben an dem, was jetzt herausgekommen ist, an den beiden Sachen, über ein Jahr gearbeitet und intensiv gearbeitet, sehr intensiv in Tag- und Nachtsitzungen. Hier waren auf der einen Seite schon drei Regierungen, um mit der vierten Regierung zusammenzukommen, und bei dem EVG-Vertrag sind es sechs Regierungen. Darum verstehe ich die ganze Aufregung der SPD nicht, ich kann mir nicht helfen, es ist eigentlich sehr traurig. Wir – ich meine hier die Bundesregierung und die Koalitionsparteien – haben hier in der Sitzung offenbar sehr gut abgeschnitten; als ich auf die Straße kam, sah ich, wie das Publikum mich begrüßt und empfangen hat. Es handelt sich darum, daß rein mit Gewalt ein Riß gemacht wird im deutschen Volk. Von seiten der Kommunisten verstehe ich es, von seiten der anderen Parteien verstehe ich es nicht.

Nun zu den Vertragswerken selbst: In der Öffentlichkeit wird dem Deutschlandvertrag – ich hoffe, daß er den Namen bekommt, es ist den Außenministern vorbehalten, in der morgigen Zusammenkunft das Kind zu taufen –, in der Öffentlichkeit wird dem Deutschlandvertrag ein viel breiterer Raum eingeräumt in der Diskussion usw. als dem Vertrag über die Europäische Verteidigungsgemeinschaft, während nach meiner Überzeugung der Vertrag über die Europäische Verteidigungsgemeinschaft der für die Geschicke Deutschlands und für die Geschicke Europas unendlich viel wichtigere Vertrag ist. Der Deutschlandvertrag soll uns aus der gegenwärtigen Lage herausführen und uns erst die Möglichkeit geben, diesen Europavertrag zu schließen. Ich erblicke in dem Vertrag über die Europäische Verteidigungsgemeinschaft, namentlich nachdem auch darin die Bestimmung aufgenommen worden ist, daß binnen einer bestimmten Frist vorgelegt werden soll ein Entwurf einer europäischen Föderation oder Konföderation[22], ich erblicke in diesem Europa-Vertrag bei weitem das wichtigste historische Ereignis für Europa seit hunderten von Jahren; denn wenn dieser Vertrag über die Europäische Verteidigungsgemeinschaft ratifiziert ist, sind tatsächlich Kriege in Westeuropa unter europäischen Völkern ausgeschlossen, ein für allemal.

Sehen Sie, man macht sich die Bedeutung solcher Dinge immer am besten klar an relativ kleinen Sachverhalten, wenn man sich vorstellt: Wir haben das Jahr 1952, und daß sieben Jahre nach dem Zusammenbruch die Absicht besteht, junge französische und junge deutsche Offiziere auf gemeinsamen Schulen zusammenzubringen, damit sie nicht wie früher lernen, wie kann Deutschland gegen Frankreich oder wie kann Frankreich gegen Deutschland bestehen, sondern daß man diese jungen Offiziere zusammenbringt, damit sie gemeinsam studieren, wie kann man dafür sorgen, daß man zusammenwächst und [wie] kann man dafür sorgen, daß einer Aggression aus dem Osten entgegengetreten wird, und wenn man sich weiter vor Augen hält, daß sieben Jahre nach dem Zusammenbruch beschlossen wird, daß deutsche Offiziere in den obersten Stab der Atlantikpakt-Streitkräfte eintreten und daß ja, in verhältnismäßig kurzer Zeit, wenn wir erst ein deutsches Kontingent haben, in der Europäischen Armee auch ein Teil wieder geschaffen werden soll eines Generalstabs für unser deutsches Kontingent, so ist das doch eine so phantastische Entwicklung, daß es einem schwindelig wird.

Denken wir zurück an den Mai des Jahres 1945 und an den Haß gegen Deutschland, der damals bestand, und an die tödliche Feindschaft, an die Furcht vor Deutschland, an all das, und dann an diese Entwicklung, dann wird einem erst klar, welch ungeheurer Fortschritt dieser Vertrag bringen wird.

Sicher, ich bin der Letzte, der leugnen würde, daß unter den 500 Artikeln und Paragraphen nicht eine ganze Reihe von Artikeln und Paragraphen sind, die ich gern anders gehabt hätte. Genauso geht es bei den Engländern, Franzosen und Amerikanern. Sie versprechen mir, was ich jetzt sage, nicht in die Presse zu bringen. Bei den Verhandlungen ging es manchmal doch so, wenn die anderen was von uns verlangten, ich ihnen gesagt habe: nicht »Ja, einverstanden!«, sondern: »Ein Pluspunkt für Deutschland«. Und es war so, daß dann bei einer anderen Gelegenheit am selben Tage auch die anderen sagten: »Hier bekommen Sie einen

Pluspunkt honoriert!« Oder sie sagten: »Jetzt Pluspunkt für uns!« Es geht ja nur so, daß man bei einem solchen Vertrage zu einer Übereinkunft kommt, wenn bei nicht lebenswichtigen Fragen entweder der eine oder andere sich dem Standpunkt des einen oder anderen ‹annähert› [a]. Daraus ergibt sich naturgemäß – das ist eben bei jedem Kompromiß so –, daß hundertprozentig keiner sagen kann: »Ich bin mit dem letzten Wort restlos zufrieden!« Aber das eine darf ich Ihnen sagen: In allen wichtigen Fragen können wir Deutsche absolut zufrieden sein.

Es besteht noch eine Schwierigkeit[23], die, wie ich annehme, morgen, spätestens am Sonntag [25. Mai 1952] gelöst werden wird. Für die Europäische Verteidigungsgemeinschaft sind vereinbart bestimmte Regeln über den Status, den die Truppen in einem anderen Lande haben; die sind etwas anders als die Bedingungen, unter denen jetzt die drei Besatzungsarmeen stehen und auch die amerikanische und die britische Armee, demnächst, wenn sie keine Besatzungsarmee mehr sind, stehen werden. Das ergibt sich daraus, daß die Truppen der Europäischen Verteidigungsgemeinschaft ja schließlich auf eigenem Grund und Boden stehen in Europa, die anderen nicht.

Und nun wünschen die Franzosen für eine gewisse Übergangsfrist eine mildere Handhabung oder eine Beibehaltung der für die amerikanischen und britischen Armeen geltenden Bestimmungen für eine gewisse Zeit. Das bezieht sich manchmal auf ganz komische Dinge, z. B. auf Fischen und Jagen. Natürlich werden die Generale der französischen Armee sich wahnsinnig ärgern, wenn sie nicht unter denselben Bedingungen jagen und fischen können wie die amerikanischen und britischen. Da nun in der französischen Nationalversammlung doch die heutige Regierung und insbesondere Schuman eine starke Gegnerschaft haben[24], hat es keinen Zweck, für eine Übergangszeit nun auch noch die französische Armee dazu zu bringen, daß sie sich den Widersachern ... Dafür muß man Verständnis haben. Sie müssen sich vorstellen, wir hätten eine deutsche Armee, und wir sollten nun eine ganze Reihe von Rechten übertragen auf eine europäische Armee, dann glaube ich, würde das bei einer deutschen Armee auf sehr große Widerstände gestoßen sein – das bejahten mir frühere deutsche Generale –, auf sehr großen Widerstand gestoßen sein, und das sind auch die Widerstände bei den Franzosen. Auch über diese Frage soll zwischen Schuman und mir verhandelt werden. Wenn Herr Schuman heute abend spät kommt, wird das morgen oder übermorgen der Fall sein.

Es wird zur Zeit an den Texten sehr eifrig gearbeitet. Die Beschlüsse auf der oberen Etage – ich meine auf der obersten Ebene – wurden ja nicht immer etwa sofort protokolliert und formuliert in drei Sprachen – das würde zu lange aufgehalten haben –, sondern von dem jeweiligen Vorsitzenden wurde Übereinstimmung festgestellt und die Formulierung in den verschiedenen Sprachen den Berichterstattern und Redaktionskomitees übertragen. Die sind jetzt an der Arbeit, arbeiten Tag und Nacht, damit alles rechtzeitig fertig ist.

Ich habe eben gehört, daß wir in der Lage sein werden, am Montag [26. Mai 1952] nach Leistung der Unterschrift auch der Presse gedruckte Exemplare der ganzen Vertragswerke hier übergeben zu können – nicht von Paris, denn in Paris muß ja dann noch unterschrieben werden. Sie wissen, daß die Unterzeichnung voraussichtlich am Montag um 10 Uhr erfolgt, und dann fliegt die ganze Gesellschaft nach Paris, und dort wird die Unterzeichnung des Vertrages über die Europäische Verteidigungsgemeinschaft am Dienstag vormittag, evtl. am Nachmittag[25], erfolgen. Ich hoffe, daß dann auch danach der Presse hier der Wortlaut übergeben wird.

Ich wüßte eigentlich nicht, welchen Punkt ich jetzt noch anschneiden soll, um Ihnen darüber etwas vorzutragen, sondern möchte bitten, daß Sie mich fragen, oder gibt es noch einen besonderen Punkt?

(*von Eckardt:* Punkt 7,3.[26])

Auf 7,3 war ich zunächst sehr stolz. Sie wissen, was 7,3 ist? Denn natürlich war es die Konzeption der Russen und auch der Sowjetzone, daß zusammentreten sollten zu einer gesamtdeutschen Regierung wir mit der jetzt bestehenden Sowjetzonenregierung[27]. Ich darf Sie daran erinnern, daß in der ersten Sowjetnote[28] von Wahlen überhaupt keine Rede gewesen war, und ich hoffte, die Ostzone davor schützen zu können, daß sie und wir evtl. mit ihr im Falle einer Wiedervereinigung [ein Staat] minderen Rechts werden, als wir jetzt durch diese Verträge bekommen. Nun sind Bedenken laut geworden, daß dadurch Verhandlungen mit Sowjetrußland unmöglich gemacht würden. Wer so denkt, beurteilt, glaube ich, die gesamte Sachlage nicht so, wie es richtig ist. Der beurteilt nämlich die gesamte Sachlage nur aus dem Gesichtspunkt Verhältnis Deutschlands zu den drei Westalliierten, Deutschlands zu Sowjetrußland heraus. Die Frage der Wiederherstellung der Einheit ist eine Frage, *eine* Frage eines ganz großen Bündels von Fragen. Wenn man sich in die Rolle der Russen versetzt, so können sie ja gar nicht von ihrem Standpunkt aus etwa in freie Wahlen einwilligen für ganz Deutschland und konzedieren, daß die so zustande kommende Regierung von Gesamtdeutschland in ihren Entschlüssen völlig frei sein sollte, d. h. frei, das oder dieses außenpolitisch zu tun. Deswegen haben sie ja doch auch sowohl in ihrer ersten wie auch in der zweiten Note verlangt, daß dieses Gesamtdeutschland keiner Koalition beitreten dürfe. Wer glaubt, die Russen würden einwilligen in freie Wahlen, in die Bildung einer gesamtdeutschen Regierung mit dem Recht der Koalitionsfreiheit, der läßt eben – wie ich eben schon sagte – außer Betracht, daß die Frage »Was wird mit Gesamtdeutschland, was wird mit der Sowjetzone?« ein Teil einer fast den Erdball umspannenden Reihe von Fragen ist.

Sowjetrußland muß sich natürlich bei allen seinen Entschließungen überlegen, welche Wirkungen das hat auf die Satellitenstaaten, insbesondere auf Polen. Schätzungsweise – und die Schätzungen sind überall übereinstimmend – sind etwa 70 Prozent der Polen antibolschewistisch, und wenn nun etwa Sowjetrußland bedingungslos die Sowjetzone entließe und freigäbe, würde selbstverständlich in den Satellitenstaaten, in Polen beginnend, eine Bewegung zur Freiheit hin, zur Gewährung von Freiheit auch für die Satellitenstaaten entstehen, an denen Sowjetrußland, nicht ohne ihr Beachtung zu schenken, vorübergehen könnte. Man muß – ich befinde mich da in völliger Übereinstimmung mit dem neuen amerikanischen Botschafter in Moskau, Kennan[29], – die Frage der Sowjetzone nicht betrachten lediglich als eine Frage – wie ich schon sagte – Verhältnis Deutschlands zu den Westalliierten und Verhältnis Deutschlands zu Sowjetrußland, sondern als eine Frage in einer ganzen Reihe von Fragen. Daher wird, wenn Sowjetrußland überhaupt eines Tages – und der Tag wird kommen nach meiner Überzeugung – bereit ist, zu verhandeln, nicht nur über die Sowjetzone verhandelt werden, sondern über eine ganze Reihe von Fragen verhandelt werden. Dann wird diese Frage gar keine Rolle mehr spielen, sondern dann werden ganz andere Fragen zur Entscheidung stehen. Mit anderen Worten: Es wird eines Tages – ich weiß keine andere Lösung – zwischen den Westalliierten und Sowjetrußland verhandelt werden müssen über die Beruhigung des ganzen osteuropäischen Gebietes und höchstwahrscheinlich auch des ostasiatischen Gebietes, und erst wenn diese Verhandlungen in Gang kommen, können wir damit rechnen, daß auch die Sowjetzone entlassen wird aus der Hand der Russen.

Ich glaube daher, daß man dem Artikel 7,3 eine übertriebene Bedeutung beimißt, eine völlig übertriebene Bedeutung. Er wird effektiv keine Rolle spielen. Aber bei der Diskussion über Artikel 7,3 ist eine andere Frage aufgetaucht. Ich möchte Sie bitten aber, darüber, bevor Sie den Text haben, nichts zu schreiben oder schreiben zu lassen. Die Frage nämlich ist aufgetaucht, ob das Vorbehaltsrecht bezüglich Gesamtdeutschland ein Recht ist, das alles umfaßt, so daß die Westalliierten bei Verhandlungen

Artikel 7

(1) Die Bundesrepublik und die Drei Mächte sind darüber einig, daß ein wesentliches Ziel ihrer gemeinsamen Politik eine zwischen Deutschland und seinen ehemaligen Gegnern frei vereinbarte friedensvertragliche Regelung für ganz Deutschland ist, welche die Grundlage für einen dauerhaften Frieden bilden soll. Sie sind weiterhin darüber einig, daß die endgültige Festlegung der Grenzen Deutschlands bis zu dieser Regelung aufgeschoben werden muß.

(2) Bis zum Abschluß der friedensvertraglichen Regelung werden die Bundesrepublik und die Drei Mächte zusammenwirken, um mit friedlichen Mitteln ihr gemeinsames Ziel zu verwirklichen: ein wiedervereinigtes Deutschland, das eine freiheitlich-demokratische Verfassung ähnlich wie die Bundesrepublik besitzt und das in die europäische Gemeinschaft integriert ist.

(3) Im Falle der Wiedervereinigung Deutschlands — vorbehaltlich einer zu vereinbarenden Anpassung — werden die Drei Mächte die Rechte, welche der Bundesrepublik auf Grund dieses Vertrages und der Zusatzverträge zustehen, auf ein wiedervereinigtes Deutschland erstrecken und werden ihrerseits darin einwilligen, daß die Rechte auf Grund der Verträge über die Bildung einer integrierten europäischen Gemeinschaft in gleicher Weise erstreckt werden, wenn ein wiedervereinigtes Deutschland die Verpflichtungen der Bundesrepublik gegenüber den Drei Mächten oder einer von ihnen auf Grund der genannten Verträge übernimmt. Soweit nicht alle Unterzeichnerstaaten ihre gemeinsame Zustimmung erteilen, wird die Bundesrepublik kein Abkommen abschließen noch einer Abmachung beitreten, welche die Rechte der Drei Mächte auf Grund der genannten Verträge beeinträchtigen oder die Verpflichtungen der Bundesrepublik auf Grund dieser Verträge mindern würde.

(4) Die Drei Mächte werden die Bundesrepublik in allen anderen Angelegenheiten konsultieren, welche die Ausübung ihrer Rechte in Bezug auf Deutschland als Ganzes berühren.

Auszug aus dem Deutschland-Vertrag (zu Dok. Nr. 27 Anm. 21)

mit Sowjetrußland über die Regelung der gesamtdeutschen Frage in der Lage wären, auch über die Bestimmung des Deutschlandvertrages hinweggehen zu können. Die Frage ist verhandelt worden, sehr ausführlich verhandelt worden, und wir bekommen eine authentische Interpretation von den drei westalliierten Regierungen, wonach das nicht der Fall ist, wonach also der Vorbehalt bezüglich Gesamtdeutschlands eingeschränkt ist durch das, was in dem Deutschlandvertrag und in dem ganzen Vertragswerk beschlossen ist. Das ist außerordentlich wichtig, viel wichtiger als diese andere Frage.

Journalist: Das würde in direktem Widerspruch stehen zu der Mitteilung im britischen Unterhaus: »Nichts, was wir verabreden, präjudiziert spätere Abmachungen mit Sowjetrußland[30]!« Habe ich recht verstanden, daß der Artikel 7,3 überhaupt erst entstanden ist nach der ersten russischen Note?

Adenauer: Wann er entstanden ist[31], kann ich jetzt gar nicht sagen. Er ist jedenfalls als ein Schutz gegenüber der Sowjetzone zu verstehen.

Journalist: Wenn Sie diese Interpretation bekommen, würde das praktisch ‹über› [b] eine Unterstreichung der Bindung an die westliche Integration hinausgehen, also Artikel 7,3 bestärken.

Adenauer: Ich glaube, daß ich es nochmals wiederhole: Wir haben die Vorbehaltsrechte, und da steht bezüglich Gesamtdeutschland ein ganz allgemeines Wort, und nun tauchte in der Diskussion die Frage auf: Ist dieses Vorbehaltsrecht so umfassend, der Vorbehalt so umfassend, daß alles, was in diesem Vertrage jetzt und in den Zusatzverträgen beschlossen wird, dahinter zurücktreten muß; mit anderen Worten, ob darin liegt, daß die drei Westalliierten völlige Freiheit haben bzw. hätten bezüglich der Verhandlungen über Gesamtdeutschland. Und das wird durch einen Briefwechsel[32] authentisch dahin interpretiert, daß sie das nicht haben.

(*Zwischenruf:* Hinsichtlich welcher Punkte?)

Hinsichtlich aller Punkte. Dieses Vorbehaltsrecht wird dahin interpretiert, daß dadurch nicht etwa die Westalliierten das Recht bekommen, abzugehen von dem, was in dem Vertragswerk vereinbart ist.

Journalist: Dann kann es niemals zu einer Fortsetzung gegenüber heute kommen, die Westalliierten würden also keine Möglichkeit haben, Viermächteverträge über Deutschland abzuschließen?

Lenz: Dieser Artikel bezieht sich auf die Stellung der Bundesrepublik. Es könnte im Zuge des Notenwechsels sein, daß die Alliierten sagen: »Wir machen eine Viererkonferenz, und für diesen Zeitpunkt bekommt auch die Bundesrepublik wieder den alten Status, weil wir den Vorbehalt der Viermächtekonferenz haben!« Und sie könnten in der gesamtdeutschen Frage so entscheiden.

Journalist: Wenn Sie diese Interpretation bekommen, haben die Alliierten das Recht, zugunsten eines neugeborenen Gesamtdeutschlands den Generalvertrag zu ersetzen durch ein Viermächteabkommen mit Rußland?

Adenauer: Das steht im Artikel 10, daß im Falle einer Wiedervereinigung Deutschlands der Deutschlandvertrag den veränderten Verhältnissen angepaßt wird.

Journalist: Dann würde diese Interpretation nur bedeuten, daß dann die Bundesrepublik nicht zurückrutschen kann in den jetzigen Status von heute?

Lenz: Genau das bedeutet das.

(*Zwischenruf:* Vielleicht ist das, was wir meinen bezüglich der Frage der Bedeutung der Bindung in bezug auf den Vorbehalt folgendes: Wir meinten nicht so sehr, was für die Bundesrepublik sein soll, sondern welcher Status von den Alliierten aus gegenüber einem neu zu bildenden Staatswesen, das neu entstehen würde, durch Viermächtevertrag gemacht werden könnte.)

Adenauer: Die Fragen gehen durcheinander.

(*Journalist:* Die Fragen gehen eben sehr durcheinander.)

Wir wollten uns dagegen schützen, daß nicht irgendeine amerikanische oder französische oder britische Regierung – die jetzigen bleiben auch nicht immer – das Vorbehaltsrecht gegenüber bzw. bezüglich Gesamtdeutschland so auslegen würde: »Wir sind jetzt auch nicht mehr gebunden an den Status, den die Bundesrepublik durch diese neuen Verträge bekommt! Wir sind völlig frei und können mit Sowjetrußland völlig frei verhandeln!« Haben Sie es jetzt verstanden?

Journalist: Aber meine Bedenken sind noch nicht ganz damit geklärt, ich meine, rein interpretationsmäßig: Es dreht sich doch darum, daß die Alliierten sagen: »Wir lassen den neuen Staat nicht herunterrutschen unter den Status der Bundesrepublik nach dem Vertrag!« Aber eine ganz andere Frage ist die: Wenn die Bundesrepublik den Status eines Verbündeten der westlichen Integration hat, würden sich die Alliierten dann Ihrer Meinung nach durch diese Interpretation verpflichten, z. B. dem gesamtdeutschen neuen Staat nicht den Status eines unabhängigen bewaffneten Deutschlands zwischen den Mächtegruppen zu geben? Darauf kommt es in dieser Bedeutung an?

Adenauer: Sie unterliegen meiner Meinung nach einer Verkennung der ganzen Lage!

(*Fragesteller:* Ich stelle meine Frage lediglich zur Klärung des Sachverhaltes, zunächst ohne eine Wertung abzugeben!)
Davon spreche ich jetzt nicht. Ich meine: Stellen Sie sich bitte einmal die Situation in der Welt vor. Wir haben den Osten, und wir haben den Westen, und wir liegen dazwischen. Nehmen Sie einmal an, es kommt zu ernsthaften Verhandlungen zwischen dem Osten und dem Westen auch über Gesamtdeutschland. Da scheint Ihnen vorzuschweben der Gedanke, daß dabei auch vielleicht wünschenswert sein würde, wenn herauskäme ein Deutschland zwischen den beiden Mächten!

(*Journalist:* Was wünschenswert ist, möchte ich nicht in die Debatte werfen, sondern nur, welche Möglichkeiten vorhanden sind.)
Zunächst haben wir nach den Verträgen das Recht, erstens, als freier Partner einem Friedensvertrag zuzustimmen oder nicht; das ist schon einmal von der denkbar größten Bedeutung; und zweitens, wenn es zu einer solchen Verständigung im großen kommt, wird der Generalvertrag nach den verschiedensten Richtungen hin geändert werden müssen. Er wird geändert werden müssen bezüglich Berlins, er wird geändert werden müssen bezüglich der Anwesenheit von fremden Truppen auf unserem Boden und bezüglich des dritten Vorbehaltsrechts, des Rechts, das sie für sich in Anspruch nehmen in bezug auf Gesamtdeutschland.
Nun, das alles vorausgesetzt, stellen Sie folgende Fragen: Bleibt dann Deutschland, zunächst die Bundesrepublik und in Verfolg dessen Gesamtdeutschland, in der Integration mit dem Westen? So verstehe ich das.

Journalist: Darf ich meine Frage mehr auf die Alliierten zuspitzen. Reservieren sich die Alliierten das Recht oder verhindern die Alliierten, daß sie in Zukunft ‹in›[c] Verhandlungen mit Rußland dem gesamtdeutschen neuen Staat den Status einer unabhängigen bewaffneten Macht zwischen den Mächtegruppen verleihen?

Adenauer: Eine unabhängige bewaffnete Macht? Halten Sie Frankreich oder Italien nach Zustandekommen der Europäischen Verteidigungsgemeinschaft für einen unabhängigen Staat?

(*Zwischenruf:* Nein! Meine Frage würde bedeuten, daß Deutschland ...)
Dann würden Sie verlangen, daß Deutschland völlig für sich aus der europäischen Integration heraustreten kann?

(*Journalist:* Ich verlange das überhaupt nicht. Ich möchte wissen, ob die Alliierten das tun können?)
In Übereinstimmung mit uns, natürlich.

(*Journalist:* Ich meine, ob die Alliierten das nach dem Generalvertrag tun können?)

Nicht ohne uns.

(*Journalist:* ... ob überhaupt?)

Lenz: Es kommt ein neuer Vertrag, der Friedensvertrag, dem wir zustimmen müssen.

Journalist: Vielleicht etwas anders die Frage gestellt: Wir sind gebunden durch die Bindungsklausel[33], oder Gesamtdeutschland vielmehr ist gebunden durch die Bindungsklausel. Wir könnten nicht aus freiem Willen aus der Integration heraus. Wenn ich den Fragesteller von vorhin richtig verstehe, so geht die Frage dahin: Könnten die Alliierten aus irgendeinem Grunde gegen den Willen Gesamtdeutschlands Gesamtdeutschland aus der Integration herausbugsieren?

Adenauer: Nein, das können sie nicht, ohne unseren Willen nicht.

Journalist: Der neue Staat wird geschaffen durch Viermächteabkommen. In diesem Abkommen bekommen wir einen Status. Das könnte der sein der westlichen Integration oder ein anderer oder aber auch der Status zwischen den Mächten. Ist dazu unsere Zustimmung notwendig oder nicht?

Adenauer: Aber sicher, das wollten wir ja gerade. Wir wollten verhüten, daß nicht schließlich dabei herauskäme, daß wir dazwischen stünden oder sitzen.

von Eckardt: Der Vertragstext ist eindeutig.

Journalist: Würden Sie sagen, die Alliierten haben nicht die Möglichkeit, mit Rußland sich über den Status eines zukünftigen gesamtdeutschen Staates zu einigen?

Adenauer: Ohne uns nicht ...

(*Journalist:* ... weil die Bundesregierung gebunden ist und die anderen auch an die Bundesregierung?)

Lenz: Eben, weil alle gebunden sind, weil das neue Deutschland sowohl die Rechte wie auch die Pflichten hat, aber eben auch Rechte, weil der Status des neuen Deutschland nicht verschlechtert werden kann gegenüber jetzt.

Journalist: Wenn aber gegen unseren Willen eine Veränderung erfolgt, die nach unseren Vorstellungen eine Verschlechterung ist, von der anderen Seite aus vielleicht nicht, also eine Frage von negativ oder positiv?

Adenauer: Als ich in London war, hatte ich ein Gespräch mit Churchill, und ich hatte meine Bedenken geäußert, ob wir nicht eines Tages verkauft werden. Da hat mir gegenüber Churchill sehr unterstrichen: »Sie können sich fest darauf verlassen, daß wir hinter Ihrem Rücken nichts tun werden mit Rußland[34].« Das wurde mir entgegengehalten bei den Verhandlungen in Mehlem[35], als ich eine authentische Interpretation verlangte, und ich habe gesagt: »Sicher, ich habe es Churchill geglaubt; aber gesetzt den Fall, es kommt ein anderer Ministerpräsident?« An den Fall muß man auch denken. Davor sind wir jetzt gesichert.

Journalist: Ich verstehe vollkommen, aus welchem Grunde Sie 7,3 für wünschenswert halten!

Adenauer: Auch für wünschenswert für den Osten. Ich will zurückkehren auf das, was ich zunächst gesagt habe. Sowjetrußland wird den Osten freigeben, d. h. völlig freigeben die Ostzone nur im großen Zusammenhang. Was jetzt im Vertrag steht, daß Rußland sagen könnte, es könne nicht verhandeln, weil die anderen das gemacht haben –, das spielt gar keine Rolle. Aber es könnte doch dann einmal in irgendeiner Weise der Gedanke auftauchen. Dann bekommt die Ostzone oder der östliche Teil Deutschlands zunächst weniger Freiheit, und Sowjetrußland behält sich da noch gewisse Rechte vor; dann könnte der Fall eintreten, daß irgendwelche westlichen Regierungen sagen: »Dann erreichen wir eben das Ziel der Wiedervereinigung Deutschlands in Freiheit in Etappen und fangen zunächst damit an, daß Sowjetrußland in der Ostzone noch gewisse Rechte behält, und wir sehen, wie die Entwicklung weiterläuft!« – Das wollte ich meinen.

Journalist: Das ist die Frage des Grades von Souveränität. Die andere Frage ist eine Frage des Status zwischen den Mächten.

weiterer Journalist: Glauben Sie, daß völkerrechtlich gesehen es absolut einwandfrei ist, daß künftig nicht einmal in irgendeiner Konstellation die Klausel in einem für uns ungünstigen Sinne entwertet werden kann, indem man sagt: »Es ist unmöglich, eine kommende gesamtdeutsche Regierung zu binden«, genauso wenig wie ich mich meinetwegen an Staatssekretär Lenz binden kann durch einen Vertrag mit Dritten.

Adenauer: Damit berühren Sie natürlich eine völkerrechtliche Konstruktion, an der Herr Lenz noch keinen Anteil nehmen kann. Wir sagen doch: »Deutschland oder das Deutsche Reich ist nicht untergegangen. Es kommt nicht etwas ganz Neues!«, sondern wir sagen: »Wir sind die Fortsetzung!« Infolgedessen sind wir auch berechtigt, für diese anderen Teile unsere Stimme zu erheben. Bitte, denken Sie daran, wie sehr das von der gesamtdeutschen Öffentlichkeit begrüßt worden ist, als die drei Westalliierten schon vor einer geraumen Zeit erklärt haben: »Die Bundesregierung ist berechtigt, die Interessen des Ostens zu vertreten[36].« Das ist ja auch der Grund, warum wir sagen, wir können auch die Interessen des Saargebietes vertreten, und dann können wir auch hier die Interessen vertreten der Ostzone für den Fall, daß die Wiedervereinigung kommt.

Journalist: Wir sind alle der Meinung, daß das in unserem Interesse liegt und wir das vertreten müssen. Ich meine nur: Es wäre vorstellbar, daß diese Klausel vielleicht deswegen nicht so wichtig ist, weil sie in einem zukünftigen Fall von der Seite, der sie nicht paßt, das können wir sein oder die anderen, mit einer völkerrechtlichen Begründung, die vielleicht nicht zu widerlegen ist, nicht ernst genommen wird.

Adenauer: Das glaube ich nicht. Das wäre schon rein machtpolitisch eine Mißachtung des Völkerrechts. Der Standpunkt, daß wir die Fortsetzung des Deutschen Reiches sind, spielt ja in London auf der Schuldenkonferenz eine große Rolle[37]. Es wird keiner sagen, wir seien etwas ganz anderes. Stellen Sie sich vor: Ein großer Teil der deutschen Gesetze gilt noch weiter, wie BGB, Strafrecht usw., so daß wir, glaube ich, doch völkerrechtlich berechtigt sind, etwas Derartiges festzulegen.

Lenz: Man kann auf die Frage noch weiter eingehen. Gerade das, was gesagt wird, kann mindestens für die Alliierten und die Bundesrepublik nicht eintreten, weil in dem Vertrag eine gegenseitige Bindung ist. Es könnte nur eintreten, wenn dadurch eine neue Situation geschaffen würde, daß eine gesamtdeutsche Regierung von sich aus etwas sagen würde; dann würden die anderen auch nicht gebunden sein. Zunächst sind die anderen gebunden, wenn diese deutsche Regierung bereit ist, das anzuerkennen.

Journalist: Das ist ja das Interessante, daß eines Tages eine gesamtdeutsche Regierung kommt. Deswegen wundere ich mich, daß die Westmächte einen solchen entscheidenden Wert darauf legen.

Adenauer: Sie tun den Westmächten da Unrecht. Ich bin überzeugt, die Westmächte wären vor drei Monaten sicher gern bereit gewesen, zu streichen. Jetzt fangen sie an, mißtrauisch zu werden, wenn in Deutschland ein solcher Wert darauf gelegt wird.

Journalist: Darf man erfahren, warum die Interpretation nicht in den Vertrag hineinkommt, also die zusätzliche Erklärung?

Adenauer: Eine authentische Interpretation, die die drei Regierungen schriftlich geben über das, was mit diesem Passus gemeint ist, verpflichtet sie.

(*Zwischenruf:* Warum hat man das nicht hineingenommen?)

Weil wir gar nicht so klug waren, zunächst daran zu denken. Auch die besten Völkerrechtler haben nicht daran gedacht, nämlich welches ist das oberste Vorbehaltsrecht, und umschließt das all[es] oder nicht. Wir sind erst – warum soll man nicht seine Schwäche eingestehen – auf diese Frage gekommen im Laufe der Diskussion, die wir vorige Woche gehabt haben. Ich habe diese Frage zuerst angeschnitten bei den drei westalliierten Vertretern in dieser Woche.

(*Zwischenruf:* Das ist deshalb sehr wichtig, weil in der Vorbehaltsfrage nicht mal das Schiedsgericht[38] angerufen werden kann!)
Nein.

(*Zwischenruf:* Es könnte nur auf diesem von Ihnen bezeichneten Wege geklärt werden?)
Wenn das Vorbehaltsrecht so ausgelegt worden wäre, daß die anderen nicht gebunden sind im Falle einer gesamtdeutschen Regelung, würde ich niemals den Vertrag unterschreiben.

Journalist: Ist diese Interpretation schon formuliert?

Adenauer: Ja. – Sprechen wir doch auch einmal von dem Vertrag über die Europäische Verteidigungsgemeinschaft. Nach meiner Meinung kommt er immer zu kurz.

(*Zwischenruf:* Weil er ein sehr guter Vertrag ist, an dem nichts auszusetzen ist.)

(*Zwischenruf:* Den kennen wir auch noch nicht.)

von Eckardt: Es darf vor der Unterzeichnung nichts heraus. Eine Kurzfassung ist schon übertrieben, aber immerhin eine zusammenfassende Darstellung des EVG-Vertrages wird so vorbereitet, daß sie zum Unterzeichnungstag allen Zeitungen zur Verfügung steht. Es sind auch 300 Seiten, auf etwa 50 Maschinenseiten ist der Gehalt des Vertrages zusammengefaßt. Wir dürfen nur leider durch unsere Bindung an die anderen Regierungen heute noch nichts herausgeben.

Adenauer: Es wäre sehr wünschenswert, wenn unsere Zeitungen beide Sachen zusammen bekommen. Tatsächlich läßt sich nur etwas Gutes darüber sagen, wenn beide Dinge zusammen sind.

(*Zwischenruf:* Es ist nicht verdaulich beides auf einmal.)
Ich meine so ...

(*Zwischenruf:* Zur Information?)
Nein, ich meine so. Denken Sie an folgendes: Auch das, was die Presse schreiben wird über diese Dinge, wird von einem künftigen Geschichtsschreiber nach 20 bis 30 Jahren sehr sorgfältig analysiert werden und daraufhin, wie die deutsche Öffentlichkeit damals beschaffen war. Wenn ich Chefredakteur einer Zeitung wäre, würde ich versuchen – nicht sofort, das kann man nicht aus dem Ärmel schütteln –, jedenfalls versuchen, einmal einen Artikel zu schreiben, der die beiden Sachen – denn sie hängen aufs engste zusammen – bewertet in ihren Zusammenhängen und in ihrer Wirkung auf eben die europäische Geschichte. Bitte, übersehen Sie nicht, daß der Deutschlandvertrag die notwendige Voraussetzung erst schaffen sollte, um zu der Europäischen Verteidigungsgemeinschaft zu kommen.

von Eckardt: Es ist so, daß am Montag früh bzw. Sonntagabend dieser Auszugstext des Deutschlandvertrages den Zeitungen übergeben wird und am nächsten Tage. Ich werde derart bestürmt von alliierter Seite, daß wir weit vorausliegen in unseren Mitteilungen. Irgendwie müssen wir die internationalen Vereinbarungen einhalten.

(*Adenauer:* Dann geben Sie es hier heraus.)

Es wird per Post verschickt, so daß es jede Zeitung bekommen wird.

Blankenhorn: Man kann die Verträge nach der Unterzeichnung erst freigeben, also Generalvertrag Montag [26. Mai 1952] 11 Uhr.

von Eckardt: Sie haben alle Sperrfrist, aber die Redaktionen können mit der Durcharbeitung beginnen. Gesperrt ist natürlich bis zum Unterzeichnungstermin. Vorher darf nichts publiziert werden. Das ist international nicht anders möglich.

Journalist: Wenn ohnehin gesperrt ist und das Vertrauen besteht, daß die Sperre eingehalten wird, wäre es gut, wenn [wir] so rechtzeitig den Inhalt bekämen, daß wir die Texte noch studieren können. Es könnte ja namentlich geschehen.

(*Adenauer:* Damit Sie beides zusammen haben.)

Blankenhorn: Die große Frage ist immer noch die Dauer des Europavertrages.

Adenauer: Da stehe ich absolut auf dem Standpunkt: 50 Jahre.

(*Zwischenruf:* Die Schwierigkeiten kommen nur von Holland?)

Nur von Holland. Die Frage wurde schon einmal vor einem halben Jahr in Paris besprochen, und damals hat Schuman nach meiner Meinung sehr mit Recht ausgeführt: Gerade in 20 Jahren oder in 17 Jahren ist in Europa wieder deswegen eine kritische Zeit, weil die Generation, die diese Kriege erlebt hat, mehr oder weniger zurückgetreten ist und eine neue Generation heraufgewachsen ist, die das nicht mehr erlebt hat. Dann könnten diese Europäer wieder anfangen.

Journalist: Hat der Verteidigungsvertrag dieselbe Revisionsklausel wie der Generalvertrag?

Blankenhorn: Nein[39].

Journalist: Die mögliche Revision des Generalvertrages ist beschränkt auf bestimmte Fälle und praktisch wohl nicht zu trennen von einer Revision des Verteidigungsvertrages?

(*Adenauer:* Das weiß ich nicht.)

Ein neuer Status im Rahmen des EVG-Vertrages ist nicht zu machen für Gesamtdeutschland.

Adenauer: Dann würde der EVG-Vertrag – wie beim Schuman-Plan beabsichtigt – sich auf den Osten Deutschlands mit erstrecken.

(*Zwischenruf:* [...])
Ich bin davon ausgegangen, daß Rußland die deutsche Frage nicht allein beantwortet ohne eine Klärung der Frage der Satellitenstaaten.

Journalist: Was nützt die Revisionsklausel im Generalvertrag, wenn der andere Vertrag ohne Revision festbleibt?

Adenauer: Es heißt bei der Revisionsklausel im Generalvertrag nicht einfach allgemein »er soll nach soundso viel Jahren ...«, sondern beschränkt [»] auf den Fall der Wiedervereinigung Deutschlands oder einen ähnlichen Fall der europäischen Konföderation von gleich großer Bedeutung.[«]

von Eckardt: Dr. Schumacher hat in seinem Interview, das er gegeben hat, u. a. dem Sinne [nach] etwa erklärt, daß die Verträge beinhalten, es könnten junge deutsche Soldaten zur Verteidigung der französischen Interessen in Tunis oder Indonesien eingesetzt werden[40]. Es wäre gut, in diesem Zusammenhang darauf hinzuweisen, daß das absolut dem Vertrag widerspricht. Das ist völlig unmöglich.

Adenauer: Er beschränkt sich nur auf Europa. Wenn wir das gewollt hätten, würden die anderen damit wahrscheinlich sehr gern einverstanden sein.

Journalist: Wie lange soll der Sonderstatus der französischen Truppen auf deutschem Boden andauern[41], und welche finanziellen Folgen hat das unter Umständen?

Adenauer: Die finanzielle Seite wird nur insofern berührt, als es sich darum handelt, auch für die gesamten französischen Truppen, daß die Steuern und Zölle so geregelt werden wie bei den Briten und Amerikanern. D. h. nach dem Vertrag der Europäischen Verteidigungsgemeinschaft bezahlen die fremden Kontingente, also die Kontingente, die einer anderen Macht angehören, Steuern und Zölle in dem Gastland in dem Sinne wie jeder andere. Die amerikanische Regierung legt entscheidenden Wert darauf, daß genauso in Deutschland wie in allen anderen Ländern, wo amerikanische Truppen stehen, die Truppenverbände keine Steuern bezahlen, und es könnte insofern eine finanzielle Berührung stattfinden. Die Übergangszeit ist von den Franzosen gewünscht, von uns noch nicht konzediert, auf die Zeit bis 30.6.1953, und wenn wir annehmen, daß die Ratifizierung frühestens am 1.11.1952 sein wird, also auf acht Monate.

Journalist: Die allgemeinen Unkosten der französischen Kontingente fallen also in den Topf der EVG und nicht als Extraausgaben in den Bundesetat?

Adenauer: Die finanzielle Teilung des deutschen Verteidigungsbeitrags ist gestern geregelt worden in einen Teil, der über EVG uns zukommt, der Aufstellung des deutschen Kontingents, und einen Teil, der in einem Schlüssel, den die Drei unter sich ausmachen, festgelegt wird, für die britischen und amerikanischen Truppen[42]. Ob die den Franzosen etwas da abgeben, kann ich Ihnen nicht sagen[43]. Diese Abmachung gilt auch für die Zeit bis zum 30.6.1953, weil dann eine ganz neue Veranlagung sein wird[44]. Wir konnten darin einwilligen, weil die Kosten für die Aufstellung des deutschen Kontingents in der Zeit bis zum 30.6.53 nicht dem ganzen deutschen Verteidigungsbeitrag entspricht, weil wir die Kosten nicht in Anspruch nehmen können überhaupt[45]. Das geht erst langsam mit der Kader-Aufstellung usw. Dagegen werden die Kosten vom 1.7.1953 für das deutsche Kontingent erheblich ansteigen. Dann wird also der Anteil, der uns für die Aufstellung zugute kommt, erheblich höher. Aber die schweren Waffen können wir überhaupt nicht bezahlen, die müssen gestellt werden, das sind so ungeheure Kosten – ich habe die Zahl der Milliarden wieder vergessen, etwa an [die] 40 Milliarden [DM] –, daß wir gar nicht daran denken können.

Journalist: Aber die Kosten der Verteidigung halten sich im Rahmen des von Herrn Schäffer vorgesehenen Rahmens?

Adenauer: Im großen und ganzen ja, jedenfalls so, daß nach der Erklärung der Dienststelle Blank und ihrer militärischen Berater das gestellte Ziel erreicht werden kann. Ich betone nochmals: Die Zeit bis 30.6.53 ist den wesentlich vorbereitenden Arbeiten gewidmet.

Journalist: Sie sprachen vom Termin 1.7.53. Ist daraus zu entnehmen, daß mit einer deutschen Wehrpflicht vor diesem Termin kaum zu rechnen wäre?

Adenauer: Keinesfalls. Eine Wehrmachtaufstellung, bestehend aus einer Landmacht, Seemacht und Luftwaffe, ist, wenn alles kaputt ist, eine so ungeheure Arbeit; das ist mir als Laie nur einigermaßen klar geworden. Das bedarf also längerer Zeit.

Journalist: Sie rechnen also auch mit einem längeren Zeitraum für die Ratifizierung?

Adenauer: Jetzt müssen wir wieder auseinanderhalten den Deutschlandvertrag und den Vertrag über die EVG. Den Deutschlandvertrag dürfte als erstes Parlament wohl der amerikanische Senat ratifizieren, dann werden wir wohl an die Reihe kommen. Wie es mit England ist, kann ich nicht sagen. Die französische Regierung hat ja ständig Schwierigkeiten. Ich hoffe, daß es schnell geht; aber bei den Parlamenten kann niemand eine zeitliche Garantie übernehmen. Beim EVG-Vertrag sind ja sechs oder noch mehr Staaten beteiligt.

Wir werden auf der in Bonn stattfindenden Außenministerkonferenz auch die Fragen besprechen, die entscheiden sollen, welche Teile des Deutschlandvertrages schon in Kraft treten, ehe eine Ratifizierung des Vertrages über die EVG durch alle sechs beteiligten Länder stattgefunden hat. Es ist ja unmöglich, wenn z. B. Luxemburg oder Belgien noch nicht ratifiziert haben, daß wir in dem Zustand des Besatzungsstatuts bleiben.
Ich möchte dazu noch einiges sagen. Das deutsche Volk hat total vergessen, daß wir ein Besatzungsstatut haben und daß also die Besatzungsbehörden nach diesem Statut in der Lage sind, auch die Zügel wieder sehr streng anzuziehen. Wir hatten ja einmal in Aussicht genommen eine Gegenüberstellung des gegenwärtigen Rechtszustandes und des Rechtszustandes, wie er eintritt, wenn der Deutschlandvertrag in Kraft getreten ist; ich meine jetzt auf dem Gebiet der Wissenschaft, der Atomforschung, der Stahlerzeugung, des Schiffsbaus und all diesen Fragen. Daran denkt man schon gar nicht mehr.
Ich möchte noch eine weitere Frage mit Ihnen besprechen: Herr Ollenhauer hat neulich in einer Rede gesagt und jetzt wieder anklingen lassen, daß wenn jetzt nicht ratifiziert würde, man etwas anderes machen könnte. Er hat damit geschlossen, indem er gesagt hat: »Die Weltgeschichte wird weitergehen[46]!« – Natürlich geht die Weltgeschichte weiter, es fragt sich nur, nach welcher Richtung. Wenn der Deutsche Bundestag dieses Werk, das auf der anderen Seite große Sorgen macht – lesen Sie die englische Presse über die Wiederbewaffnung Deutschlands –, verhindert, wenn es nicht zum Zuge kommt, ist eine völlig neue politische Situation geschaffen, nicht nur in unserem Verhältnis zu den anderen Völkern, sondern überhaupt in Europa, in diesem ganzen Spannungsfeld. Was dabei herauskommen wird, kann keiner sagen.
Ich habe, als Ollenhauer diese Rede gehalten hat und zu gleicher Zeit in der Presse stand, daß ein amerikanischer Sprecher erklärt habe, es komme dann zu keinen neuen Verhandlungen[47], die Frage gestellt, ob das eine offizielle Erklärung sei, – denn hinter amerikanischen, britischen und französischen Sprechern verbirgt sich manchmal etwas –, und man sagte mir von seiten der Westalliierten, nachdem ich eine solche Frage stellte, ob noch die Möglichkeit gegeben wäre zu neuen Verhandlungen, übereinstimmend: »Nein! Wenn diese Sache fruchtlos ausgeht, ist eine völlig neue Situation geschaffen und eine Fortsetzung dieser Verhandlungen im Sinne einer Modifikation nicht möglich.«
Es sind ernste Tage, bedeutungsvolle Tage. Wir gehen sehr ernsten und wichtigen Entscheidungen entgegen. Um so mehr bedauere ich, daß dazu

kommt die Beunruhigung, die durch die Aktion des DGB ausgelöst worden ist[48]. Das ist nicht gut, und eben im Bundestag hat natürlich der kommunistische Sprecher[49] das außerordentlich begrüßt und gesagt, es wäre der Wille des Volkes. Ich hoffe nur, daß die Kommunisten sich nicht dieser ganzen Bewegung bemächtigen. Es sind auch nach der Richtung hin ernste Wochen, denen wir entgegengehen.

Journalist: Ist die Proklamation von Berlin[50] fertig formuliert?

Adenauer: Sie ist fertig und hat auch die Zustimmung von Berlin gefunden.

Adenauer: Können wir darüber rechtzeitig vorher Einzelheiten erfahren, weil die Berliner für Montag [26. Mai 1952] und Dienstag eine solche Proklamation für sich von Bedeutung halten?

Blankenhorn: Ich glaube, daß es bereits morgen veröffentlicht werden wird. Es liegt eben zur Unterschrift vor.

(*Zwischenruf:* Morgen ist schlecht wegen der Zeitungen, die meist erst Montag kommen.)

Adenauer: Dann unterschreibe ich es Sonntag, daß es Montag erscheinen kann.

Journalist: Die Amerikaner bauen die Landes- und Kreiskommissariate[51] ab. Daraufhin haben die Engländer erklärt, sie würden das auch tun, sobald ratifiziert sei. Wird darüber noch eine Entscheidung in der Außenministerkonferenz fallen, oder ist diese Entscheidung endgültig?

Adenauer: Das wäre eine Frage, die z. B. auch zu dem Kapitel gehört: Was tritt vom Deutschlandvertrag in Kraft, ehe das letzte der sechs Länder ratifiziert hat?

(*Zwischenruf:* Wird das wohl von den Außenministern akzeptiert?)
Über diese Frage wird unter den Außenministern gesprochen. Die Amerikaner sind in all diesen Dingen sehr viel schneller. Aber die britischen Residenzoffiziere werden sicher auch abgeschafft; darüber haben wir auch gesprochen.

Journalist: Sie sagten vorhin, daß für dieses laufende Etatjahr unsere Ausgaben gespalten werden, und zwar die eine Hälfte …

(*Adenauer:* Nicht »die eine Hälfte«.)
daß also unter den Besatzungsmächten ausgehandelt wird, und Sie sagten, ob die Franzosen etwas bekämen, hänge von den anderen ab. Wenn die Franzosen nichts bekommen, müßten wir dann dafür eintreten?

Adenauer: Nein, das Ganze geht über die EVG-Kasse, und zwar deswegen, damit das Stimmrecht, das sich bei EVG nach einer Kombination von gezahltem Verteidigungsbeitrag und dem gestellten Kontingent errechnet, nicht beeinträchtigt wird. Es wird bei uns so gerechnet, als wenn das Kontingent schon da wäre. Das geht also über [die] EVG-Kasse zunächst, damit unser Stimmrecht dadurch nicht beeinträchtigt wird.

Journalist: Haben Sie den Eindruck, daß im Falle eines neuen Abschnürungsversuchs gegen Berlin die Alliierten in der Lage sein werden, wieder eine Luftbrücke oder ähnliches herzustellen?

Adenauer: Sie werden zweifellos dazu in der Lage sein, notabene: Man soll nicht zu viele Teufel an die Wand malen. Unsere Berliner Freunde sind sehr viel ruhiger, und Herr Vockel hat mir ausdrücklich geschrieben[52], die westdeutsche Presse möchte eine beruhigende Einwirkung herausstellen. Es wären gar keine Anzeichen für Unruhen da, im Gegenteil: Die Verhandlungen z. B. über den Ost-West-Handel, der notabene nach der Ratifizierung der Verträge für uns frei sein wird, seien nie so glatt gelaufen wie gerade jetzt. Vorsorglich wollen wir aber noch mehr Lebensmittel nach Berlin bringen. Das ist schon in die Wege geleitet.

Journalist: Ich hatte in den letzten Tagen viel Besuch von Leuten, die nicht zu unseren politischen Kreisen gehören. Über eines ist kein Zweifel: Es ist viel Beunruhigung [da]. Man bekommt oft die Frage vorgelegt: Werden die Russen ernsthaft etwas unternehmen?

Journalist: Vor allem auch die Zonenbevölkerung ist beunruhigt und befürchtet Abschnürung und Erschwerung.

Adenauer: Die Russen haben jetzt drei Grenzübergänge geschlossen[53]. Daß da irgendwelche Dinge kommen werden, ist sicher[54]. Das macht der Russe immer, aber das wird auch wieder einmal lockerer.
Ebenfalls nur zu Ihrer Instruktion bestimmt ist folgendes: Unsere sachverständigen Generäle sind der Auffassung – das kann man nachprüfen –, daß nichts Besonderes passieren wird, und zwar aus dem einfachen Grunde, weil der Russe ganz genau weiß, daß er einen dritten Weltkrieg nicht heraufbeschwören darf. Ein solcher Krieg würde natürlich für uns furchtbar sein, aber für Rußland mindestens so schlimm, und diese Gefahr will der Russe nicht heraufbeschwören. Darin stimmen unsere militärischen Berater wie die Generale Heusinger und Speidel absolut überein. Nadelstiche werden natürlich kommen; das ist ganz klar. Aber bei all diesen Dingen, genauso wie bei der Frage, was in diesem oder jenem Artikel steht, glaube ich, daß man doch niemals außer Betracht lassen darf die große historische Bedeutung des ganzen Vertragswerks und daß dadurch der Labilität in Mitteleuropa ein Ende gemacht wird. Darin erblicke ich immer den Hauptvorteil des Ganzen, daß damit das Ziel Sowjetrußlands, im Wege des kalten Krieges die Bundesrepublik zu

bekommen, damit die Integration Europas zu verhindern und damit das Interesse der USA an Europa zu beseitigen, daß dieses Ziel damit ein Ende gefunden hat. Es entsteht dann auch für Sowjetrußland eine neue politische Lage in Europa, zu der es dann auch eines Tages schon Stellung nehmen wird. Sowjetrußland wird alles tun, um die Ratifizierung in irgendeinem Land zu verhindern, und solange, bis alles ratifiziert ist, werden wir mit einer Politik der Nadelstiche oder der Schikanen rechnen müssen. Die Periode müssen wir eben durchhalten.

Journalist: Die zweite Antwortnote der Westmächte an Sowjetrußland[55] geht dahin, daß freie Wahlen und die freie Entscheidung einer gesamtdeutschen Regierung sichergestellt werden müssen. Wenn die Russen jetzt den zweiten Punkt anerkennen, was ist dann darauf zu antworten?

Adenauer: Die Frage ist schon wiederholt an mich gestellt worden, und zwar so: »Steht nicht diese Erklärung in der Antwortnote im Widerspruch zu Artikel 7,3?« – Darauf kann ich folgendes antworten: Wir sind völlig frei, zu entscheiden. Wir werden nicht gezwungen von den Westalliierten. Der Bundestag ist in der Lage, nein zu sagen. Es kann nicht der geringste Druck ausgeübt werden. Wenn wir aber so frei entschieden haben, dann haben wir damit die Koalitionsfreiheit für uns in Anspruch genommen und haben uns an den Westen gebunden, während Sowjetrußland ja verlangt, daß wir diesen Schritt nicht tun dürfen.

Journalist: Wenn die Russen nun tatsächlich in ihrer dritten Note mit der Entscheidungsfreiheit einer gesamtdeutschen Regierung sich einverstanden erklären[56], stehen wir tatsächlich vor der Frage, d. h., das Parlament steht vor der Frage, ob es zunächst die Verhandlungen mit Rußland annehmen soll oder ratifizieren soll.

(*Adenauer:* Warum nicht miteinander?)

Dann wäre die Entscheidungsfreiheit der gesamtdeutschen Regierung vorweggenommen.

Adenauer: Noch jeder, der mit mir darüber gesprochen und mit der Ostzone sehr nahe Verbindung hat, hat gesagt: »Eine gesamtdeutsche Regierung wird für die Integration mit dem Westen sein!« Also ist das etwas Theorie.

Journalist: Für uns wäre es kein Risiko, wenn die Wahlen durchgeführt würden. Die Sorge liegt darin, daß die Westmächte sagen könnten: »Halt! Die Deutschen wollen jetzt Schaukelpolitik machen.«

(*Adenauer:* Deswegen ist es gekoppelt.)

Journalist: Es würde von unserem Standpunkt die Propaganda sehr stark wirken, wenn wir sagten, wir könnten Gesamtdeutschland dem

Westen eingliedern, und wenn es dann heißt, das würde durch die vorherige Unterschrift verhindert. Darin liegt die Gefahr des Artikels 7, [3], daß dieser Artikel propagandistisch den Russen ein Argument geben könnte, wenn sie klug genug sind, ihn zu handhaben.

Adenauer: Ich will einmal konzedieren, daß es so gemacht werden könnte. Wir können aber, um den Russen irgendeine Propagandamöglichkeit zu geben, nicht stillstehen. Alles, was wir jetzt tun, nach jeder Richtung hin, hat nach irgendeiner Seite Bedenken. Das erkenne ich ohne weiteres an. Für uns ist immer die Frage: Wo ist der Weg, der uns die Wiedervereinigung Deutschlands ‹in›[d] Frieden und Sicherheit bringt, der Weg, der dieses Ziel am wahrscheinlichsten und schnellsten erreichen läßt? Das ist wenigstens für mich immer die Frage gewesen, die ich mir bei diesen Dingen gestellt habe.

Lenz: Angenommen, wir gingen von der These aus, daß wirklich im Moment ein ernsthaftes russisches Angebot vorliegen würde, die man, glaube ich, sehr bezweifeln kann. Wenn dem nicht so ist, brauchen wir die Spekulation nicht anzustellen.

Adenauer: Am schlimmsten ist für uns der Gedanke, der in manchen Köpfen spukt, Deutschland solle versuchen, zwischen den beiden großen Mächtegruppen ein eigenes Spiel zu spielen. Das ist eine Unmöglichkeit.

Journalist: Herr Lenz meint, daß nicht damit zu rechnen sei, daß die Russen ein ernsthaftes Angebot machen.

(*Lenz:* Gemacht haben.)

Wie aber, wenn die Russen in der Zwischenzeit zwischen Unterzeichnung und Ratifizierung ein ernsthaftes Angebot machen mit der Absicht, die Ratifizierung zu verhindern?

Adenauer: Ich habe mir abgewöhnt, alle Eventualitäten, die vielleicht in drei Monaten sein werden, jetzt schon einzukalkulieren. Damit kommt man wirklich nicht weit. Die Welt ist sehr unsicher. Wir sitzen mitten drin, wir sind nicht z. B. Schweden, sondern liegen dazwischen.

Journalist: Ich habe das Gefühl, als wenn die Russen in einer relativ schwachen Position sich fühlen. Es wäre aber möglich, daß sie sich vielleicht in einem Jahre in einer stärkeren Position fühlen. Mithin könnten sie vielleicht jetzt Zugeständnisse machen mit der Absicht, in einigen Jahren diese Zugeständnisse auf irgendeine Art rückgängig zu machen.

Adenauer: Das ist natürlich alles Spekulation. Nach meinem Empfinden werden die Russen sich in der unsichersten Lage befinden 1954. Dann wird vielleicht aber auch der Zeitpunkt gekommen sein, wo man mit den Russen ernsthaft sprechen kann. Daraus, daß die USA Kennan als Botschafter nach Moskau geschickt haben, kann man, glaube ich, mit

Recht schließen, daß die Amerikaner diesen Moment auch wahrnehmen wollen. Ich habe mit Kennan eine Aussprache darüber gehabt[57], und ich kann zu meiner Genugtuung sagen, daß wir in der Beurteilung der gesamten Situation absolut übereinstimmen. Daß man aber jetzt schon Kennan nach Moskau geschickt hat, ist nach meiner Meinung ein Zeichen einer sehr weitschauenden amerikanischen Politik. Kennan gilt in den Vereinigten Staaten als der beste Rußlandkenner. Er macht einen sehr klugen, überlegenen und gereiften Eindruck. Er wurde in meiner Gegenwart gefragt, ob er in Moskau Bewegungsfreiheit habe. Er hat die Achseln gezuckt und erklärt, da müsse man abwarten.
Wenn ich noch eine Bitte aussprechen darf: Bitte, vertrauen Sie dieser Sache Ihre beste Feder an, die Sie haben. Man kann so oder so zu dem stehen, was gemacht wird; aber schlimm wäre es nach meiner Meinung auch in dem Urteil der Nachwelt über uns, wenn wir das Ganze in Einzelheiten zerpflückten. Das wäre wirklich ein schlechtes Zeichen für unsere Zeit.

Nr. 28
28. Mai 1952: Tee-Empfang (Wortprotokoll)
BPA Archiv F 30

Teilnehmer: Dr. Karl Lohmann und weitere nicht zu ermittelnde Journalisten – Herbert Blankenhorn, Felix von Eckardt

Beginn: 18.10 Uhr[1]

Adenauer: Ich will zunächst noch etwas über den gestrigen Tag in Paris sagen[2]. Ich nehme an, daß einige von Ihnen dort waren und schon zurück sind. Der Uhrensaal im Quai d'Orsay ist verhältnismäßig klein, es waren sehr viele Leute da, und unter dieser Überfüllung litt natürlich in etwa der äußere Ablauf. Aber mir sagte nachher M. François-Poncet, man würde in Frankreich es nicht verstehen oder verstanden haben, wenn ein Vertrag nicht im Uhrensaal unterschrieben worden wäre, sondern in einem Nebensaal, der größer ist, der sogenannte Speisesaal. Das würde man eben in Frankreich nicht verstanden haben; die Tradition sei so stark, daß man deswegen in den Uhrensaal hätte gehen müssen.
Für denjenigen, der Verständnis für die ganze Situation hat, war folgendes von Bedeutung: Es war ein Hufeisen mit einem relativ kleinen Kopfstück und sehr langem Seitenstück. An den Kopfstücken saßen die Vertreter, die Außenminister der EVG-Staaten nach dem Alphabet. Infolgedessen kam Deutschland [Allemagne] als erster, dann kam Belgien, dann kam Frankreich, M. Schuman, glücklich in der Mitte, und dann kam Luxemburg, dann die Niederlande[3]. Dann saß an den Längsbalken des Hufeisens zunächst neben mir Mr. Eden und ihm gegenüber auf der anderen Seite Mr. Acheson, und zwar nahmen beide deswegen auch daran teil, weil bei der Gelegenheit auch unterschrieben wurde der gegenseitige Beistandsvertrag zwischen Großbritannien und den EVG-Ländern[4], und Mr. Acheson mußte mit unterschreiben, weil ja diese Sicherheitserklärung[5] abgegeben wurde, die bis gestern abend 19 Uhr gesperrt war. Für Deutschland ist ja alles zur Zeit gesperrt. An den Längstischen kamen die sämtlichen Vertreter der NATO-Staaten, so daß an der ganzen Hufeisentafel vertreten waren sämtliche NATO-Staaten einschließlich der Vereinigten Staaten und einschließlich Großbritanniens und die EVG-Länder; und ich sagte schon, wenn man ein bißchen darüber nachdenkt, daß nun die gesamte westliche Welt da vertreten war, wenn man bedenkt, daß wir heute erst das Jahr 1952 schreiben, Mai 1952, und daß die bedingungslose Kapitulation im Mai 1945 erfolgt ist, daß wir im Mai 1949 hier

im Bundesratssaal das Grundgesetz unterschrieben haben, dann muß man doch wirklich sagen: Diese ganze Entwicklung ist mit einer außerordentlich großen Schnelligkeit vor sich gegangen, und wir Deutsche können doch sehr zufrieden sein, daß das alles so gekommen ist.
Natürlich kommt jetzt noch eine sehr große Arbeit, die Arbeit der Ratifizierung hier. Die Sache wird erst dem Bundesrat zugehen. Es handelt sich dabei einmal um den Deutschlandvertrag und die Annex-Verträge und dann um den Europavertrag. Man will ihn abgekürzt so nennen statt Vertrag über die Europäische Verteidigungsgemeinschaft. Und in beiden Fällen kommen auch noch zwei kleinere Verträge[6], die als Zustimmungsverträge zu gelten haben, weil da die Länder zustimmen müssen über die Einrichtung von Behörden usw., nicht Gegenstände von großer Bedeutung. Das wird jetzt dem Bundesrat zugehen, dann dem Bundestag, und es wird wohl versucht werden müssen, daß wir bis zum Beginn der Ferien des Parlamentes damit fertig werden. Über die Verträge selbst sind Sie alle genügend unterrichtet.
Die Verhandlungen vom Sonntag [25. Mai 1952] hier in der Mehlemer Aue über Artikel 7,3 und einige andere Punkte verliefen in einer wirklich sehr zufriedenstellenden und sehr guten Atmosphäre[7]. Auch in Frankreich ist die Atmosphäre erheblich besser geworden. Es ist wohl auch bekannt, daß der Sozialistische Kongreß, glaube ich, mit 2 400 gegen 800 Stimmen sich dafür ausgesprochen hat[8]. Die beiden Vertragswerke hängen eng miteinander zusammen, und nun darf es natürlich nicht vorkommen, daß wir Deutsche in den Genuß von für uns guten Bestimmungen des Deutschlandvertrages erst dann kommen, wenn der letzte der sechs EVG-Staaten ratifiziert hat. Es hat da ein Briefaustausch[9] stattgefunden. Dieser Brief ist noch nicht freigegeben und wird in diesen Tagen veröffentlicht. Aber man kann ruhig etwas darüber sagen. Es ist darin verabredet worden in Form eines Briefwechsels, daß, wenn sich die ganze Angelegenheit ungebührlich verzögert, man zusammentritt, um zu überlegen, welche Maßnahmen schon in Kraft gesetzt werden sollen, auch ehe noch die Ratifizierung durch alle Länder des EVG-Vertrages erfolgt ist.

Journalist: Ist mit anderen EVG-Staaten auch ein gewisser Fahrplan für die Ratifizierung verabredet worden?

Adenauer: Darüber ist gesprochen worden. Da machen uns etwas Sorge die Niederlande, und zwar deswegen, weil dort Wahlen stattfinden im Juli[10] und weil dann eine neue Regierung wieder gebildet wird. Daher tritt dort eine Verzögerung ein. Ich habe den Eindruck, als wenn alle darauf warten werden, was Frankreich und Deutschland machen, denn beim Vertrag über die EVG sind Frankreich und Deutschland die bisherigen Antagonisten.

Journalist: Wird es nicht so sein, daß die Amerikaner am ‹ehesten›[a] ratifizieren?

Adenauer: Natürlich nur den Deutschlandvertrag. Er wird dem Kongreß, glaube ich, schon in diesen Tagen zugeleitet; ich glaube, schon heute[11].

Journalist: Wann wird der Bundesrat wohl die Verträge bekommen?

(*Adenauer:* Ich denke, übermorgen[12].)

Journalist: Sie sagten, daß der Bundesrat zwei Verträge und zwei Zustimmungsverträge, in denen besondere Angelegenheiten enthalten sind, die der Zustimmung des Bundesrats bedürfen, zugeleitet bekommt. Man hat aber gesagt, daß der Deutschlandvertrag und die Zusatzverträge juristisch gesehen ein Ganzes bilden.

Adenauer: Das sind nicht die Zusatzverträge, sondern gewisse Bestimmungen, die mehr organisationsmäßiger Art sind über Truppenangelegenheit[en] usw. Es steht in den Zustimmungsverträgen nicht viel drin. Das sind für sich besonders behandelte, andere Dinge.

Journalist: Bedeutet das, wenn der Bundesrat Schwierigkeiten machen sollte, zuzustimmen, daß das gesamte Vertragswerk davon gar nicht berührt würde?

Adenauer: Dann haben wir natürlich eine Lücke. Ich kann mir aber nicht vorstellen, daß wenn die Entscheidung in den wirklich großen Dingen erfolgt ist durch Zustimmung des Bundestages, daß eine Mehrheit des Bundesrates sich findet, die versuchen wird, Schwierigkeiten zu machen bei ganz nebengeordneten Fragen.

Journalist: Das Ratifikationsgesetz über den Generalvertrag einschließlich Zusatzverträge ist also selbst kein Zustimmungsgesetz?

Adenauer: Nein, es ist kein Zustimmungsgesetz; auch das Ratifizierungsgesetz über die EVG ist kein Zustimmungsgesetz[13].

Journalist: Haben die Franzosen die Garantie bekommen gegen ein Ausbrechen Deutschlands aus der EVG?

(*Adenauer:* Die haben wir alle bekommen[14].)

Jetzt in Paris?

Blankenhorn: Es ist nicht einseitig gegen Deutschland gerichtet, sondern gegen alle ...

(*Adenauer:* ... daß also ein Auseinanderfallen des EVG-Vertrages verhindert wird.)

Das ist schon veröffentlicht.

Adenauer: Entschuldigen Sie, aber man weiß nicht mehr, was veröffentlicht ist und was nicht.

Journalist: Wenn ich etwas korrigieren darf, so ist es doch so, daß heute eine Reihe von Zeitungen doch erschienen ist[15], nämlich vierseitige Notausgaben, wobei der politische Teil berücksichtigt ist.

Journalist: Haben Sie mit den Außenministern der drei anderen Länder über die russische Note[16] gesprochen?

Adenauer: Nein, wir haben noch nicht darüber gesprochen als ganz flüchtig im Wege der Unterhaltung. Da Sie aber die Rede darauf bringen: Man muß diese Note genau lesen; darin stehen sehr wenig erfreuliche Angelegenheiten. Wir müssen den russischen Text einmal haben, denn da findet sich folgender Passus – ich habe die »Neue Zürcher Zeitung«[17] zur Hand –: »Ohne den Abschluß eines Friedensvertrages ist jedoch die Bildung eines völkerrechtlich unabhängigen deutschen Staates, die den Wünschen der gesamten deutschen Nation entspricht, nicht denkbar!«[18] Das kann so ausgelegt werden, als wenn der Abschluß des Friedensvertrages vorhergehen muß der Bildung einer gesamtdeutschen Regierung. Das würde also bedeuten, daß der Friedensvertrag schon vereinbart würde unter den Vieren und dann uns diktiert wird. Dann darf ich weiter darauf hinweisen, daß am Potsdamer Vertrag[19] festgehalten wird, d. h. Viermächtekontrolle.

(*Zwischenruf:* So offen ist man noch nie auf den Potsdamer Vertrag zurückgegangen.)

So klar noch nie. Aber, wie gesagt, es ist noch nicht darüber gesprochen worden, sondern nur in Gesprächen hingewiesen worden auf diesen Passus, und die deutsche nationale Armee wird natürlich Schuman auch in seiner Kammer beschäftigen. Darüber ist aber weiter noch nicht gesprochen worden.

Journalist: Die Chancen für eine Viermächtekonferenz sind also nach dieser Note zumindest nicht verbessert worden?

Adenauer: Im Gegenteil: Sie sind weiter heruntergesetzt worden. Danach ist es ganz klar, daß die Russen gar nicht wollen.

Journalist: Wenn wir damit rechnen, daß bis Juli ratifiziert wird ...,

(*Adenauer:* Ende Juli.)

würde also der Apparat der EVG zu laufen anfangen bereits ab August.

Adenauer: In allen Ländern wird noch nicht ratifiziert sein. Nun ist ja ein Interimsausschuß[20] vorgesehen für die EVG, denn es sind ja so unendlich viele Vorbereitungen zu treffen, so daß ich hoffe, die Arbeiten werden nicht ins Stocken kommen, auch wenn noch nicht in allen Ländern ratifiziert ist.

Journalist: Haben Sie den Eindruck, daß Frankreich mit derselben Schnelligkeit ratifizieren wird wie wir?

Adenauer: Das weiß ich nicht, ich stehe aber auf folgendem Standpunkt – nur zu Ihrer Orientierung –: Es würde politisch und psychologisch falsch sein, wenn wir etwa, Frankreich und Deutschland, einer auf den anderen aufpaßte, wer zuerst ratifiziert, sondern da wir letzten Endes doch mit in erster Linie Nutznießer sind, sollten wir unseren Interessen entsprechen. Bedenken Sie bitte weiter die Wahlen in Amerika[21].

Journalist: Werden unmittelbar nach der Ratifizierung die nötigen Gesetze eingebracht werden oder gleichzeitig, z. B. über die Wehrpflicht?

Adenauer: Nein, das hat noch Zeit, aber eine ganze Reihe von Gesetzen werden nachkommen. Wenn also der amerikanische Senat noch im Juni ratifiziert und kein europäisches Land würde vor Herbst ratifizieren, das wäre natürlich sehr schlecht. Deswegen meine ich, wir sollten gut voranmachen. Das deutsche Volk und der Bundestag kennen die Sache.

Journalist: Nach Äußerungen von Herrn v. Brentano[22] will der Bundestag einen Ausschuß bilden, den EVG-Ausschuß[23]?

Adenauer: Wie der Bundestag es in seiner Weisheit beschließt, ist mir recht. Es ist was Vernünftiges daran, sonst ist der halbe Bundestag in Ausschüssen mit der Sache beschäftigt.

Journalist: Halten Sie es für ausgeschlossen, daß von seiten des Bundesrates Einspruch erhoben werden kann, daß es sich um ein Zustimmungsgesetz handelt? Neulich wurde gesagt, Juristen wären mit der Prüfung dieser Frage beschäftigt.

Adenauer: Wir haben, nachdem die Südweststaat-Regierung gebildet worden ist[24], noch einmal sehr sorgfältig das ganze Vertragswerk, das damals zum größten Teil fertig war, daraufhin geprüft, ob es ein Zustimmungsgesetz sei oder nicht. In dem damaligen Zustand hätte man vielleicht ja sagen können, obgleich, sagen wir einmal, wenn bei 400 Artikeln ein lebenswichtiger Artikel der Zustimmung bedarf, der Bundesrat deswegen nein zur ganzen Sache sagt, so hat das auch mit Demokratie wenig zu tun und auch wenig mit der Vertretung der Länder beim Bund. Ich wiederhole: Wir haben die Sache sehr sorgfältig nachgeprüft. Mehrere Bestimmungen sind ganz fallengelassen worden, andere sind so geändert worden dem Inhalt nach, daß keine Zustimmung mehr nötig ist.

Journalist: Wenn sich das Gericht damit befassen würde und eine Zustimmung nötig sein sollte, sind Sie dann der Meinung, daß im Bundesrat eine Mehrheit nicht zu erreichen ist, nachdem ja auch schon Herr Maier[25] sehr deutlich willkommen war am Freitag [23. Mai 1952] und erklärte, er sei einer der konservativsten Politiker Deutschlands[26]?

Adenauer: Sehr erfreut, dies zu hören. Schließlich wird in den Kabinetten nach Stimmenmehrheit abgestimmt. Wir haben nicht geglaubt, uns auf irgendwelche Zufälligkeiten zu verlassen in einer so nicht nur für Deutschland, sondern für Europa und die westliche Halbkugel entscheidenden Frage.

Journalist: Es bleibt die Frage des Bundesverfassungsgerichts.

(*Adenauer:* Was wollen Sie damit, sind Sie nicht zufrieden?)

Es hat noch nicht gesprochen.

Adenauer: Der eine Senat hat, glaube ich, bisher 480 Sachen gehabt, davon hat er 200 erledigt und 200 sind noch übrig. Der andere hat acht Sachen. Das Gesetz über die Einrichtung des Bundesverfassungsgerichts ist ein bißchen [...] im Bundestag vielleicht nicht sehr glücklich gestaltetes Gesetz[27].

Journalist: Wird das Wehrgesetz kommen, wenn die Ratifizierung bis Oktober überall erfolgt?

Adenauer: Nein, das hat noch Zeit. Wir fangen natürlich zuerst mit Freiwilligen an. Die Kader werden ja freiwillig gebildet.

Journalist: Sie haben die Berlin-Erklärung[28] abgegeben. Hat vorher eine Absprache mit den Alliierten stattgefunden, ob diese bereit sind, eine Luftbrücke durchzuführen und durchzuhalten, wenn stärkere Spannungen auftreten sollten?

Adenauer: Ich habe eben noch mit Herrn Krone[29] gesprochen. Ich halte es für wenig klug. Muß man die Leute mit aller Gewalt ängstigen, und muß man sie unsicher machen? Warten wir doch einmal ab. Alle die Alarmnachrichten, die am Montag [26. Mai 1952] von der Grenze kamen nach der Sowjetzonengrenze hin[30], haben sich als falsch erwiesen. Natürlich werden da noch Sachen kommen; darauf muß man gefaßt sein. Im übrigen: Wie nimmt die Bevölkerung dieses zeitungslose Dasein auf?

Journalist: Sie ist sehr scharf dagegen. Wir haben heute morgen unsere Zeitung verteilen lassen. Sie ist in einer höheren Auflage gedruckt worden als sonst und war kurzfristig vergriffen. Wir haben an den Kiosken feststellen können, daß sich die Menschen allgemein gegen den Streik ausgesprochen haben. Die Gewerkschaften sagen jetzt: »Die Zeitungen, die den Streik brechen, werden jetzt von uns systematisch weiter ...«

Adenauer: Das muß man auch in Ruhe abwarten. Schließlich haben die Leute, die in den Betrieben tätig sind, auch noch etwas Empfinden für den Betrieb.

Journalist: Leider hat dieses Ereignis bewiesen, daß der DGB in diesem Falle doch stärker ist, und gegen besseres Wissen und Einsicht haben wohl die Leute gestreikt.

(*Adenauer:* Davon bin ich auch überzeugt.)

Journalist: Möglicherweise hat auch ein Teil des Vorstandes des DGB gegen eigene Absicht und Erkenntnis den Streik geplant.

Adenauer: Vielleicht waren auch nicht alle bei der Sitzung anwesend.

Journalist: Wann werden Sie mit Herrn Fette zusammentreffen? Wahrscheinlich nach Pfingsten [1. Juni 1952]?

Adenauer: Ja[31]. Auch hier müssen wir in Ruhe abwarten. Im übrigen etwas anderes: Ich habe heute noch eine Aussprache mit Herrn Goldmann[32] in Paris gehabt wegen der israelitischen Forderungen und wegen der Forderungen der jüdischen Verbände. Goldmann war in Paris, und wir hatten heute früh eine Aussprache gehabt. Darüber ist ein Kommuniqué veröffentlicht worden in Paris[33].

(*Zwischenruf:* Auch schon hier veröffentlicht.)

Ich wäre dankbar, sobald Sie wieder schreiben dürfen, wenn Sie darauf auch hinweisen könnten. Das ist eine hochpolitische Angelegenheit. Wir müssen unter allen Umständen m. E. alles tun, was wir können, damit wir nicht nur wegen Israel, sondern in den Augen der ganzen Welt irgendeinen Fakt getan haben, der zeigt, daß wir bedauern, daß von deutscher Seite diese Dinge an den Juden begangen worden sind. Das verlangt nach meiner Meinung mit Recht die ganze Welt.

Journalist: Es geht entscheidend darum, daß die Juden die Priorität haben wollen im Zusammenhang mit den anderen noch vorhandenen Schulden.

Adenauer: Ich glaube – Herr Böhm[34] war ja auf meine Bitte in Paris am vergangenen Freitag [23. Mai 1952] – ich glaube, die Verhandlung, die er mit Goldmann geführt hat und über die er mich unterrichtet hatte, man ist sich schon wesentlich nähergekommen[35].

(*Zwischenruf:* Herr Böhm wird weiter die Delegation führen?)

Ja, Herr Böhm wird die Delegation führen, aber man wird sie verstärken müssen. Ich bedauere, daß ich Herrn Küster[36] nicht bitten konnte, seine Erklärung zurückzuhalten[37]. Ich fand es sehr ungewöhnlich. Wenn er auch der Auffassung war, daß die Bundesregierung im Unrecht sei, mußte er kommen und sagen, was er denkt, daß er das nicht weiter vertreten darf, aber sofort an Presse und Rundfunk?

Journalist: Ist die deutsche Bereitschaft zur Wiedergutmachung an Israel auch schon in dem neuen Schuldenvorschlag berücksichtigt worden, den Herr Abs[38] in London unterbreitet hat[39]?

Adenauer: Das ist nicht darin enthalten, muß aber natürlich bei der Abschätzung der finanziellen Leistungsfähigkeit der Bundesrepublik berücksichtigt werden.

Journalist: Der alliierte Ausschuß in London[40] soll sich mehrfach dagegen ausgesprochen haben, daß Israels Forderungen irgendwie bevorrechtigt werden?

Adenauer: Sowohl Acheson wie Eden legen größten Wert darauf aus allgemeinpolitischen Gründen, daß diese Sache in Ordnung kommt, wenigstens für die ersten Jahre.

(*Zwischenruf:* Haben wir wenigstens erreicht, daß Israel nichts weiter verkauft?)

Nehmen wir das alles nicht so tragisch. Nehmen Sie an, Israel würde 10 Prozent der Waren weiterverkaufen, dann ginge die Welt auch nicht zugrunde.

von Eckardt: Minister Erhard hat sich dahingehend geäußert, daß die Liste der in Frage kommenden Waren nur zu einem kleinen Teil harte Lieferungen enthält, daß aber auch die anderen Lieferungen so eingerichtet sind, daß wir sie auf alle Fälle leisten können, ohne irgendwelche Kapazitätsschwierigkeiten zu bekommen,und daß es Waren sind, die Israel, dessen Lebensstandard bedauerlich ist, dringend benötigt. Er konnte sich nicht vorstellen, daß ein wesentlicher Teil dieser Waren weiterverkauft wird. Man wartet darauf, die Waren zu bekommen. Es können nur Prozentsätze sein, Erhard ist aber nicht der Ansicht, daß dies das Gefüge unseres Außenhandels beeinträchtigen könnte[41].

Adenauer: Auf der anderen Seite müssen Sie bedenken: Wenn es uns gelingt, die Judenfrage aus der Welt zu schaffen, wird das auch unserem wirtschaftlichen Leben insgesamt zum großen Vorteil reichen, selbst wenn dabei einige Prozente einen falschen Weg nehmen, so ist bei diesen Waren der Nutzen, abgesehen von der moralischen Seite, größer als der Schaden.

(*Zwischenruf:* Ich habe gehört, es sei ein großer Prozentsatz!)

von Eckardt: Minister Erhard hält es für ausgeschlossen.

Journalist: Hat man bei diesen Verhandlungen auch darüber gesprochen, daß sich infolge der begreiflichen Stimmung Israels gegen uns Schwierigkeiten ergeben könnten, wenn deutsche Monteure Maschinen aufstellen und bei Reparaturen mitwirken usw.?

Adenauer: Darüber ist gar nicht gesprochen worden. Herr ‹Barou›[42] war doch im Wirtschaftministerium und [hat] zusammen mit den dortigen Herren die Liste der Waren durchgearbeitet, was wir liefern können und was dort gebraucht wird.

von Eckardt: Die Liste ist fertig, soweit ich weiß, und beiderseitig zufriedenstellend abgestimmt. Einstweilen kommen nur Warenlieferungen in Frage.

Journalist: Der Termin der Unterzeichnung des Vertragswerks war mehrfach auch als wichtig für Ihr Kabinett und für die innere Struktur des Kabinetts angesehen worden, und man sprach davon, daß evtl. einige Änderungen innerhalb des Kabinetts vorgenommen werden würden.

Adenauer: Wir haben überhaupt einen Posten noch zu besetzen. Ich werde ja auch hoffentlich nicht mehr zu lange das Außenministerium weiter behalten, aber unmittelbar in direktem Zusammenhang mit der Unterzeichnung steht das nicht.

Journalist: Ist die Personalpolitik des Auswärtigen Amtes[43] jetzt einigermaßen ...?

Adenauer: Das Auswärtige Amt, Sie werden staunen, wie es sich aus der ganzen Sache gezogen hat, [...] nämlich gerechtfertigt ist. Es hat sich gezeigt in der ganzen Sache: viel Geschrei und wenig Worte! Ich möchte nicht vorgreifen. Es wird dem Bundestag Bericht erstattet werden und dem Ausschuß[44].

Journalist: Kann jetzt die Besetzung verschiedener Posten schneller vor sich gehen, oder muß man die Ausschußarbeit abwarten?

Adenauer: Nein, es kann jetzt vorangehen.

(*Zwischenruf:* Wie steht es mit dem Botschafter für Spanien?)
Der Botschafter für Spanien? Da müssen wir erst mit Spanien selbst Fühlung aufnehmen. Das ist die Sache, die sehr eilig ist, und dann kommt es darauf an, den richtigen Mann zu suchen. Einmal laut gedacht: Natürlich muß er gut katholisch sein, zweitens darf er nicht zu weit links stehen, ferner darf er nicht zu weit rechts stehen, sonst schreien die Deutschen; also muß er mit großer Sorgfalt ausgesucht werden.

(*Zwischenruf:* Und wie steht es mit [dem] Botschafter für den Vatikan?)
Sie kennen diese leidige Konfliktfrage[45], die da entstanden ist. Wir müssen das auch in diesem Sommer lösen. Ich habe leider seit Wochen mich mit sozusagen nichts anderem beschäftigen können als mit diesem Vertragswerk. Dahinter mußte alles andere zurückstehen. Das wird auch jetzt nachgeholt.

Journalist: Sehen Sie eine Möglichkeit für eine Ausweitung der Regierungskoalition?

Adenauer: Sie meinen die Bayernpartei?

(*Zwischenruf:* Föderalistische Union[46].)
Man unterscheidet Alliierte und Assoziierte, aber um Gottes willen verscheuchen Sie gute Geister nicht; das habe ich ganz allgemein gesagt.

Journalist: Wie steht es mit Ihrer Reise nach Washington[47]?

Adenauer: Das wird wohl in diesem Jahr nicht mehr der Fall sein. Wir haben den 28. Mai schon. Ich kann jetzt nicht weg, denn die Ratifizierung drängt, und ich muß hier sein. Drüben kommt man dann vielleicht in den Wahlkampf hinein. Man hat vor einiger Zeit gesagt, ich solle es so machen, wie ich es für richtig hielte. Aber ich glaube, man würde jetzt nur stören.

Journalist: Kürzlich war General Clay hier und erklärte, er habe im Gespräch mit Ihnen[48] den Eindruck gewonnen, daß Sie völlig neutral den beiden Kandidaten in Amerika[49] gegenüberstünden?

Adenauer: Da hat er eine falsche Meinung. Er sagte zu mir, ich hätte in ihm wohl den ersten Anhänger Tafts hier, und ich erklärte, ich hätte vor kurzem jemanden gesprochen, der auch ein Taft-Anhänger war. Wie die Aussichten dadrüben und die Entwicklung sind, muß man abwarten.

Journalist: Gestern war der Abgeordnete Armstrong[50] hier und erklärte, er sei überzeugt davon, daß die Republikaner den Sieg erringen würden und [daß] damit mit dieser weichen Politik gegenüber Sowjetrußland Schluß gemacht würde.

(*Adenauer:* Wer wird nach seiner Meinung siegen?)
Darüber hat er nicht gesprochen.

Adenauer: Ich habe ihn auch gesprochen[51], und er hat mir nichts Derartiges gesagt, aber die Regierung Truman hat doch jetzt nach Moskau geschickt den Botschafter Kennan, der ein sehr ruhiger Mann ist und ein ausgezeichneter Rußlandkenner, der früher schon in Moskau war, ein überlegener Mann. Ich habe eine einstündige Aussprache mit ihm gehabt[52], und seine Politik geht unbedingt dahin, einen friedlichen Ausgleich mit Rußland herbeizuführen.

(*Zwischenruf:* 1954 etwa nach amerikanischer Berechnung.)
Was hat Kennan gesagt?

(*Journalist:* 1954 sei der Zeitpunkt gekommen, um dieses Gespräch in Gang zu bringen.)
Das ist richtig, das hat er auch hier gesagt. Ich konnte ihm völlig beipflichten. Mit Sowjetrußland kann man erst verhandeln, wenn man eben beachtenswert stark ist. Ich habe einen Engländer gesprochen[53], der bei den Verhandlungen in München mit Hitler zugegen gewesen ist, und habe ihn gefragt, wie derartiges gemacht werden konnte. Die Antwort lautete: »Es war sehr einfach. Wir waren nicht gerüstet. Gegenüber einem totalitären Regime muß man erst gerüstet sein, und wir mußten Zeit gewinnen.« Sie können hier die Parallele ziehen.

Journalist: Es besteht in der Sowjetunion zum Teil sicherlich auch noch, wenn auch nicht direkt effektiv vorhanden, eine Furcht vor dem

Westen. Besteht nicht irgendeine Gefahr, wenn solche Äußerungen, wie die von Kennan in bezug auf das Jahr 1954, bekanntgegeben werden?

Adenauer: Was soll man sonst machen? Sowjetrußland ist [sich] völlig klar darüber, wenn es jetzt etwas tun würde, es vielleicht einen Anfangserfolg haben würde, aber keinen Dauererfolg. Das ist jetzt schon klar. Im übrigen ist es doch kein Geheimnis.

Journalist: Wie werden wir nach Ihrer Ansicht innenpolitisch mit der Ratifizierung dieser Vertragswerke fertig werden?

(*Adenauer:* Wen meinen Sie? Die Koalition wird doch sehr zufrieden sein.)

Journalist: Glauben Sie, daß zwischen dieser Streikaktion jetzt und dem Protest der Opposition gegen die Verträge[54] ein Zusammenhang besteht?

Adenauer: Warum legen Sie Wert auf meine Meinung?

(*Fragesteller:* Wenn man auf eines Mannes Meinung Wert legt ...)
Sehen Sie, man soll auch nicht Öl ins Feuer gießen. Wenn die Gewerkschaften sagen: »Unser Streik hat mit politischen Fragen nichts zu tun und mit einer politischen Stellungnahme«, warum soll ich dann sagen, es sei doch so? Sie haben sich nur zufällig gerade einen Termin ausgewählt dafür, der politisch sehr wichtig ist. Aber das kann ja Zufall sein.

Journalist: Sind die beiden Zustimmungsgesetze, von denen Sie sprachen, irgendwie herausgenommen aus dem Vertrag und zu Zustimmungsgesetzen zusammengestellt worden?

Adenauer: Nein. Lassen Sie mich es ganz genau sagen: Wir haben das Vertragswerk noch einmal durchgearbeitet – es war noch nicht fertig –, damit es unter keinen Umständen ein Zustimmungsgesetz würde. Es ist auf mehrere Bestimmungen überhaupt verzichtet worden, auch von seiten der Alliierten. Die Alliierten hatten da Wünsche geäußert, denen wir uns widersetzt haben. Als sie diesen Grund hörten, haben sie darauf verzichtet. Außerdem, und zwar zunächst in Paris ist es gemacht worden, hat man einen besonderen Vertrag gemacht, der gewisse, ganz unpolitische Dinge regelt, und das sind Fragen, die auch die Länder betreffen, bei denen die Länderbehörden z.B. bei Truppenangelegenheiten mitfungieren müssen. Das kommt in zwei besondere Gesetzentwürfe[55], und das sind Zustimmungsgesetze, alle organisatorischer Art.

(*Zwischenruf:* Diese Gesetze beziehen sich nur im Zusammenhang auf die EVG?)
Nein. Wir haben doch einen Truppenvertrag als Annex-Vertrag zum Deutschlandvertrag, und bei der Stationierung der Briten, Amerikaner, Kanadier usw. müssen auch Länderbehörden mitwirken. Das liegt im

Interesse der Länder selbst. Die Bestimmungen darüber sind nun besonders gefaßt und in einem besonderen Gesetz zusammen niedergelegt. Das gilt auch für den Europavertrag.

Journalist: Das wäre also der zweite Gesetzentwurf technischer Art, der der Zustimmung bedürfte?

Adenauer: Technische Dinge zu sagen ist nicht ganz richtig, ist zu weit gegriffen. Es handelt sich um Fragen, wo einfach die Länderbehörden mitwirken müssen, sonst müssen wir dafür Bundesbehörden einrichten.

Journalist: Beim Finanzvertrag müßte der Bundesrat auch zustimmen wegen der Auswirkungen?

(*Adenauer:* Wieso Auswirkungen?)

Weil die Länder zahlen müssen. Es handelt sich doch bei Minister Schäffer um die sogenannten 27 oder 40 Prozent, und dieser Finanzvertrag spielt dabei eine Rolle.

Adenauer: Diese Sache mit 27 oder 40 Prozent läuft ja schon.

(*Zwischenruf:* Können nicht die Länder sagen, sie müßten ihren Beitrag leisten und verlangen deshalb ein Zustimmungsgesetz?)

Wenn die Länder nicht zustimmen der Erhöhung von 27 auf 40 Prozent, dann wäre das höchst bedauerlich. Letzten Endes sind wir alle doch Glieder eines Ganzen, und die Länder würden schließlich doch den Schaden davon haben.

Journalist: Sie sagen, die Länder seien Glieder eines Ganzen, dann können sie ja die Auffassung vertreten, daß sie mitbeteiligt sind und deshalb diesem Gesetz zustimmen müssen.

Adenauer: Die Länder müssen zustimmen, wenn der Prozentsatz erhöht wird, aber daß sie deswegen auch zustimmen müssen den Ausgaben, die daraus geleistet werden, davon steht nichts im Grundgesetz. Es könnte unter Umständen auch einmal eine Erhöhung dieser Quote nötig sein, ohne daß überhaupt von einem Verteidigungsbeitrag die Rede wäre.

Journalist: Nimmt die innerpolitische Entwicklung nicht überhaupt einen ernsten Charakter an, z. B. durch die Schumacher-Äußerung von schlechten Deutschen[56] und in bezug auf die erregenden Diskussionen im Bundestag[57], und zwar pro und kontra?

Adenauer: Was soll ich dagegen machen? Ich kann Herrn Schumacher nicht das Wort verbieten. Jeder muß so sprechen, wie er es glaubt, für richtig zu halten. Ich glaube, daß die Mehrheit des deutschen Volkes es sehr scharf ablehnen wird, auch innerhalb der SPD, wenn wir schon wieder dahin kommen, daß der eine dem anderen gegenüber erklärt:

»Du bist ein guter Deutscher, und Du bist kein guter Deutscher oder überhaupt kein Deutscher!« Sie wissen, was ich darauf gesagt habe: Ich bedauere sehr, daß Schumacher die Sprache Grotewohls und Piecks übernommen hat.

Journalist: In der Diskussion wird die Notstandsklausel[58] eine große Rolle spielen.

(*Adenauer:* Warum denn?)

Die SPD wird das groß herausstellen.

Adenauer: Wir haben [es] im Grundgesetz nicht vorsehen können, weil es damals die Alliierten gar nicht geduldet hätten: Wir haben keinen Belagerungszustand! Wir hatten früher einen Vormobilmachungszustand[59]. Das ist in anderen Ländern jetzt noch geregelt. Das haben wir alles nicht. Das ist gewissermaßen ein Ersatz dafür. Aber es ist ganz klar und liegt in der Natur der Sache, daß solche Notstände eintreten können.

Lohmann: Nach der Formulierung ist es so, daß die Bundesrepublik zunächst allein versuchen muß, fertig zu werden, und dann erst evtl. die EVG um Hilfe ersucht, bevor die Westmächte überhaupt in Aktion treten können.

(*Adenauer:* Ja.)

Journalist: Es sollte textlich geklärt werden, daß die Rückübernahme der Regierungsgewalt durch die Alliierten unter gewissen Voraussetzungen oder überhaupt nicht erfolgt?

Adenauer: Von Rückübernahme der Regierungsgewalt durch die Alliierten ist nirgendwo die Rede, auch nicht andeutungsweise, sondern es sind ganz bestimmte Tatbestände und bestimmte Maßnahmen.

Journalist: Wenn es im Text heißt, daß alle erforderlichen Maßnahmen dann ergriffen werden können, so wollte ich damit fragen, ob nicht die Rückübernahme der Regierungsgewalt dazu gehört?

Adenauer: Alle erforderlichen Maßnahmen, um die Ordnung wiederherzustellen. Man denkt nicht daran, eine Rückübernahme der Regierungsgewalt vorzunehmen.

Lohmann: Bezüglich Artikel 48 von früher in der Weimarer Verfassung wurde eingehend auseinandergesetzt, was unter den Begriff der Maßnahmen fällt und was nicht. Was z. B. Professor Schmid befürchtet, die Alliierten könnten in einem solchen Notstand auch für uns Verträge abschließen[60], fällt unter keinen Umständen unter Maßnahmen, auch kein Gesetz fällt darunter, sondern es umreißt verordnungsmäßig Dinge zur Wiederherstellung der normalen Ordnung.

Adenauer: So ist es auch gemeint. Bei einem solchen ungeheueren Vertragswerk habe ich gebeten, daß unsere Sachverständigen möglichst bald Kommentare schreiben, denn die richtige Deutung der ganzen Dinge ergibt sich erst aus der Art und Weise des Zustandekommens. Jeder Artikel entstammt einem Kompromiß. Es wird sehr wichtig sein im Hinblick auf das Schiedsgericht, daß Experten das nötige Material erstellen[61].

Journalist: Die Alliierten müssen bei der Erklärung des Notstands laufend die Bundesregierung konsultieren[62], und das setzt voraus, daß die Regierung noch da ist.

(*Adenauer:* Sicherlich.)

Journalist: Man befürchtet als Reaktion von seiten des Ostens auf diese Verträge einen verstärkten Druck auf die Menschen der Ostzone. Kann man von hier aus nicht etwas mehr tun, um zum Bewußtsein zu bringen diesen Menschen, daß sie nicht vergessen sind?

Adenauer: Ich darf daran erinnern, daß ich bei der Unterzeichnung am Montag Berlins und des Ostens in sehr starken Worten gedacht habe[63]. In Paris ist auch der Wiedervereinigung Deutschlands ebenfalls gedacht worden bei der Unterzeichnungszeremonie[64]. Nach dem, was ich aus dem Osten höre, sind sehr maßgebende Leute im Osten der Auffassung, daß der einzige Weg der ist, den wir gehen, nämlich der Freiheit auch für sie.

(*Zwischenruf:* Ich meinte häufigere Aktion[en] in der Öffentlichkeit.)
Ich habe heute ein Rundfunkgespräch mit Herrn Friedlaender gehabt und diese Frage auch dort noch einmal behandelt[65].

Journalist: Ist schon gesprochen worden über den Sitz der ganzen Organe, Montanunion usw.?

Adenauer: Nein.

Journalist: Zeichnet sich noch nichts ab?

Adenauer: Nein.

(*Zwischenruf:* Sind personelle Vorbereitungen getroffen oder wird ein Ausschuß eingesetzt?)
Zunächst ein Interimsausschuß. Es ist bei uns eine sehr schwierige Angelegenheit. Ich gestehe offen, daß ich vor der Aufgabe etwas Sorge habe. Wir müssen natürlich die richtigen Leute in diese europäische Wehrmacht deutscher Nationalität hinbringen. Das ist natürlich nicht leicht, sondern eine schwere Aufgabe. Ich glaube, wir haben in Heusinger und Speidel Leute gefunden, die die Bedeutung dieser Aufgabe durchaus erkennen und uns sicher dabei helfen werden.

Journalist: Bleibt die Saarfrage weiterhin tabu?

Adenauer: Ich kann nur das eine sagen: Je mehr wir von der Saar sprechen, desto weniger gut ist es.

(*Zwischenruf:* Das Gespräch, das man zu starten versucht, ist zunächst versandet?)
Nicht versandet, sondern ich hoffe, das Gespräch wird fortgesetzt. Bei der EVG-Angelegenheit ist das Saarproblem überhaupt als nicht vorhanden betrachtet [worden] im Gegensatz zum Schuman-Plan.
(*Zwischenruf:* Was wird mit saarländischen Truppen?)
Wenn wir diese absolut zur Verteidigung nötig haben, wird sich noch ein Ausweg einmal finden.

Journalist: Zur Frage des Personals in der EVG ist in der Koalition häufig der Gedanke vertreten worden, einen parlamentarischen Personalausschuß einzusetzen oder einen außerparlamentarischen Ausschuß zur Prüfung der Leute, so daß die Bundesrepublik, wenn die Entscheidung konkret fällt, für die Leute der höheren Dienstgrade geradestehen kann.

Adenauer: Da sind allerlei Ideen laut geworden. Daß man natürlich mit solchen Mitgliedern des Bundestages, die große Personalkenntnis haben, Fühlung nehmen und halten muß, ist ganz klar. Aber einem parlamentarischen Ausschuß so etwas zu übertragen, dann wird geteilt: So viel die SPD, so viel die FDP, die DP, die CDU, CSU usw., und wir wollen doch gerade alles tun, was wir können, um in diesem neuen Kontingent die Parteipolitik herauszuhalten. Das wird eine unserer vornehmsten Aufgaben sein.

Journalist: Ich denke hier an den Richterwahlausschuß[66]. Meinen Sie nicht, daß es an der Zeit wäre, dieses Problem aufzugreifen, denn die Zweidrittelmajorität im Richterwahlausschuß hat doch dazu geführt, daß man zu einer Aufteilung irgendwie gekommen ist?

Adenauer: Ich sage offen: Ich finde die Entwicklung im hohen Maße bedauerlich, gerade als Demokrat und vom demokratischen Standpunkt aus. Wenn das Bundesverfassungsgericht in den Geruch kommt, parteipolitisch gespalten zu sein, dann tun wir damit unserem Staate einen sehr schlechten Dienst.

(*Zwischenruf:* Man spricht von Fraktionssitzungen.)

Journalist: Sie sprachen von einem Interimsausschuß. Sind schon konkrete Vorstellungen dafür vorhanden?

Adenauer: Nein. Darf ich Ihnen einen guten Rat geben: Zerbrechen Sie sich nicht zu sehr in den nächsten Wochen den Kopf, sondern – in allem Ernst gesprochen – betrachten Sie doch die großen, leitenden Gedanken des Ganzen. Sehen Sie einmal, die deutsche Politik hat nun seit Jahrzehnten immer in der Isolation gestanden. Wir waren immer isoliert, abgesehen davon, daß im Ersten Weltkrieg und im Zweiten Weltkrieg einige Staaten auf unserer Seite standen. Aber wir standen immer allein gegen das geeinte Angelsachsentum und Frankreich, das damals auch eine große Rolle spielte. Jetzt zum ersten Mal fällt das fort, seit vielen, vielen Jahrzehnten. Als ich gestern in Paris war und den Vertrag mit Großbritannien unterschrieb, Eden saß neben mir, habe ich Eden gesagt, und [ich] glaube, das war richtig: Das ist zum ersten Mal, soweit ich mich erinnern kann, überhaupt in der Geschichte, daß zwischen Großbritannien und uns ein gegenseitiger Beistandsvertrag abgeschlossen wird. – Unter solchen Gesichtspunkten muß man diese ganze Frage wirklich einmal betrachten.

Ich darf Sie daran erinnern, daß vor 1914 Großbritannien wiederholt den Versuch gemacht hat, mit Deutschland sich zu verständigen. Der Versuch ist mißglückt. Was war die Folge davon? Der Krieg von 1914, der mit dieser Katastrophe für uns geendet hat. Zum ersten Mal sind wir nicht mehr isoliert, und ich versichere Ihnen, wenn Sie mit mir gestern im Uhrensaal gesessen hätten und gesehen hätten, daß jetzt die Bundesrepublik in dem Kreise dieser ganzen Nationen am gleichen Tisch sitzt, so ist das unendlich viel wichtiger als 400 Artikel und Paragraphen, die irgendeinen Dreck – verzeihen Sie den Ausdruck – notwendigerweise regeln müssen. Ich glaube, das muß man auch dem deutschen Volk einmal vor Augen halten und dafür einmal die Augen öffnen, nämlich für diesen wahrhaft historischen Vorgang.

Diese Vorlagen an den Bundestag lassen sich mit keiner einzigen Gesetzesvorlage vergleichen, die wir bisher gehabt haben und wie wir sie auch in absehbarer Zeit bekommen. Das sind wirklich historische Dinge, um die es sich handelt. Wir wollen auch versuchen, für spätere Zeit einmal dieses Ganze festzuhalten und die Bedeutung dieser historischen Entwicklung zu erklären, auch daß jetzt die europäischen Völker gemeinschaftlich miteinander arbeiten.

Ich erinnere mich: Ich habe vor etwa zwei Jahren in der Bonner Universität vor Studenten eine Rede gehalten und gesagt: Ich sehe den Zeitpunkt kommen, wo junge deutsche und junge französische Offiziere dieselbe Kriegsschule besuchen, aber nicht mehr, um zu lernen, wie Deutschland gegen Frankreich oder Frankreich gegen Deutschland Krieg führt, sondern zusammen zu lernen, wie es möglich ist, Westeuropa zu schützen[67]. Die Studenten haben mich damals zum großen Teil kopfschüttelnd angehört, und ein Teil hat gerufen, das würde niemals der Fall sein. Jetzt sind wir soweit. Was sind das für historische Dinge, wenn Sie sich das einmal vorstellen, zwischen Frankreich und Deutschland. Von diesen größeren Gesichtspunkten, glaube ich, muß man diese ganze

Sache betrachten. Ich würde mich sehr freuen, wenn auch der Bundestag unter diesen größeren Gesichtspunkten die ganze Angelegenheit betrachten wird und nicht unter irgendwelchen mehr oder weniger nicht entscheidenden Dingen.

Gerade die Bedeutung des EVG-Vertrages kommt jetzt viel zu kurz gegenüber all den Erörterungen über den Deutschlandvertrag. Dieser EVG-Vertrag, der ja 50 Jahre dauern soll, wird Europa – das ist doch die feste Absicht wirklich aller Beteiligten – zu einem Europa zusammenschmelzen und zusammenschmieden. Dadurch allein wird es auch möglich sein, daß mit der Zeit die Länder in Europa, die jetzt noch nicht können, dazukommen, und dadurch allein wird es auch möglich sein, daß Europa wieder seine Stellung oder einigermaßen eine Stellung in der Welt bekommt, die es jetzt ja in keiner Weise hat. Zwar gilt das nicht nur für das politische, sondern auch für das wirtschaftliche Gebiet. Da wird noch manches zu tun sein. Ich meine jetzt nicht nur die Leitfäden durch das Vertragswerk, sondern gerade diese größeren Gesichtspunkte müssen nach meiner Meinung wirklich einmal dem deutschen Volke klargemacht werden.

Nr. 29

3. Juni 1952: Unterredung (Aufzeichnung vom 4. Juni 1952)

StBKAH III/82, hs. unterzeichnet »Noack«[1]

Teilnehmer: William Francis Casey[2], George Herbert Morison[3] – Felix von Eckardt, Dr. Heinz Noack

Ort: Wohnhaus des Bundeskanzlers, Rhöndorf

Beginn: 11.30 Uhr Ende: 13.00 Uhr

Nach einleitenden Worten, in denen die Gäste ihrer Überraschung darüber Ausdruck gaben, daß sich anscheinend in Deutschland wieder so etwas wie eine tiefe Innerlichkeit, eine echte Frömmigkeit entwickle, die ihnen besonders bei der Jugend aufgefallen sei, ergriff Mr. Casey das Wort und erklärte, die Öffentlichkeit in England sei hocherfreut gewesen über die Unterzeichnung der Verträge[4], und es erhebe sich nun die Frage, wann wohl mit ihrer Ratifizierung zu rechnen sei.

Der Herr Bundeskanzler erwiderte hierauf, die Ratifizierung des EVG-Vertrages würde insbesondere in den Niederlanden und Frankreich längere Zeit erfordern. Die Niederlande würden im Juli zu Neuwahlen[5] schreiten; im Anschluß daran würde die Bildung einer neuen Regierung erfolgen, und es sei vor Dezember nicht mit der Ratifizierung zu rechnen. Frankreich habe erklärt, es würde den Vertrag nicht vor Oktober im Parlament einbringen können[6]. In Deutschland lägen die Dinge anders. Er hoffe, daß das Parlament sogar bereit sein werde, den Ferienbeginn um 14 Tage zu verschieben, so daß mit einer Ratifizierung der Verträge bis Ende Juli gerechnet werden könne[7]. Überraschungen seien kaum zu erwarten, da bei uns die Fronten festlägen. Durch die frühere Ratifizierung würde auch der SPD-Agitation der Wind aus den Segeln genommen[8].

Auf Mr. Caseys Einwurf, wie es mit dem Schuman-Plan stehe, erklärte der Kanzler: Der Schuman-Plan sei bereits im April 1951 unterzeichnet, bis jetzt jedoch immer noch nicht vom italienischen Senat und von der belgischen Kammer ratifiziert worden[9]. Die belgische Kammer habe allerdings die Ratifizierung noch vor dem 15. Juni in Aussicht gestellt. Das Schicksal des Schuman-Plans mache ihn jedoch besorgt um die Ratifizierung des EVG-Vertrages, denn das Werk der Integration Europas müsse beschleunigt vorangetrieben werden. Außerdem: kalte Suppe schmecke nicht.

Mr. Caseys weitere Frage, ob in Deutschland wenigstens Vorarbeit am

Aufz. XXI

Bonn, den 4. Juni 1952

Aufzeichnung

über die Unterredung des Chefredakteurs der "Times", Mr. Casey, und des Historikers der "Times", Mr. Morison, mit dem Herrn Bundeskanzler in seinem Heim in Rhöndorf am 3. Juni 1952 von 11.30 – 13 Uhr.

Am 3.6.1952 empfing der Herr Bundeskanzler den Chefredakteur der "Times", Mr. Casey, und den Historiker der "Times", Mr. Morison, zu einem informatorischen Gespräch. Anwesend waren ausserdem der Leiter des Presse- und Informationsamtes der Bundesregierung, Dr. von Eckardt, und Dr. Noack als Dolmetscher.

Nach einleitenden Worten, in denen die Gäste ihrer Überraschung darüber Ausdruck gaben, dass sich anscheinend in Deutschland wieder so etwas wie eine tiefe Innerlichkeit, eine echte Frömmigkeit entwickle, die ihnen besonders bei der Jugend aufgefallen sei, ergriff Mr. Casey das Wort und erklärte, die Öffentlichkeit in England sei hocherfreut gewesen über die Unterzeichnung der Verträge, und es erhebe sich nun die Frage, wann wohl mit ihrer Ratifizierung zu rechnen sei.

Der Herr Bundeskanzler erwiderte hierauf, die Ratifizierung des EVG-Vertrages würde insbesondere in den Niederlanden und Frankreich längere Zeit erfordern. Die Niederlande würden im Juli zu Neuwahlen schreiten; im Anschluss daran würde die Bildung einer neuen Regierung erfolgen, und es sei vor Dezember nicht mit der Ratifizierung zu rechnen. Frankreich habe erklärt, es würde den Vertrag nicht vor Oktober im Parlament einbringen können. In Deutschland lägen die Dinge anders. Er hoffe,

Auszug aus der Aufzeichnung (zu Dok. Nr. 29)

Schuman-Plan geleistet werden könnte, bejahte der Herr Bundeskanzler und fügte hinzu, die verschiedenen Regierungen hätten bereits einen Interimsausschuß[10] gebildet, der sich mit verschiedenen technischen Fragen befasse, wie z.B. der des Sitzes der Hohen Behörde. Ein entsprechender Interimsausschuß würde für die EVG geschaffen[11]. Aber wenn die Ratifizierungen durch die einzelnen Länder nicht beschleunigt würden, dann würde der kalte Krieg fortgesetzt werden, dessen Nutznießer die Sowjetunion sei.

In diesem Zusammenhang, so fuhr der Herr Bundeskanzler fort, wolle er die Aufmerksamkeit der Herren auf einen vor einiger Zeit in der »Times« erschienenen Artikel lenken, dessen Kerngedanke gewesen sei, daß man zwischen der Unterzeichnung und der Ratifizierung der Verträge noch Zeit zu Verhandlungen mit der Sowjetunion habe[12]. Dieser Artikel habe bei uns in der Bundesrepublik große Besorgnis ausgelöst. Er würde es vorgezogen haben, wenn die »Times« diesem Artikel eine andere Wendung gegeben hätte, und zwar in dem Sinne, daß Rußland Zeit habe, zwischen der Unterzeichnung und der Ratifizierung der Verträge durch ernst gemeinte Bemühungen zu zeigen, wieweit es der Sache des Friedens wirklich dienen wolle. Er dürfe doch wohl offen zu den Herren sprechen. Aus dem genannten Artikel gewinne man leider die Überzeugung, daß ein Blatt wie die »Times« den Gedanken vertrete, die jetzt abgeschlossenen Verträge enthielten noch keine endgültige Bindung Westdeutschlands an den Westen. Er könne aber den Herren versichern, daß ihn kein Angebot der Sowjetunion bewegen könnte, aus der Verbindung mit dem Westen auszubrechen, denn die Beobachtung der Weltgeschehnisse seit 1914 habe ihn gelehrt, daß ein solcher Ausbruch die Bundesrepublik schließlich dem asiatischen Osten ausliefern müsse. Er dürfe vielleicht seine Gedanken in diesem Zusammenhang etwas ausführlicher vortragen.

Viele Deutsche verträten leider die kindliche Auffassung, daß die Sowjetunion ein Interesse daran haben könnte, die Sowjetzone freizugeben und aufgrund freier Wahlen die Einheit Deutschlands wiederherzustellen. Deutschland, so vermeinten die Anhänger dieser Idee, würde dann ein wichtiger Gleichgewichtsfaktor zwischen Ost und West werden. Die Anhänger dieser Theorie übersähen dabei jedoch, daß Sowjetrußland die Sowjetzone nicht freigeben könnte, ohne daß dieser Schritt tiefe Auswirkungen auf andere östliche Staaten, insbesondere Polen und die Tschechoslowakei, nach sich zöge. Er habe seine Landsleute immer wieder gebeten, in der Wiedervereinigung Deutschlands kein Ziel für sich, sondern nur ein Glied in einer großen Kette von Auseinandersetzungen zwischen Ost und West zu sehen. In seinen Gedankengängen habe ihn der neu ernannte Botschafter der Vereinigten Staaten in Moskau, Mr. Kennan, bestärkt. Auf seiner Reise in die UdSSR habe dieser sich kurz in Bonn aufgehalten, und er, der Bundeskanzler, habe in einer etwa einstündigen Unterredung[13] feststellen können, daß zwischen ihm und dem Botschafter in allen die russische Politik betreffenden Fragen eine restlose Übereinstimmung der Auffassung bestehe. Auch Mr. Kennan glaube, wie er selber, an die Möglichkeit einer friedlichen Verständigung mit der Sowjetunion.

Dazu müßten allerdings erst die Voraussetzungen geschaffen werden. Wesentlich in diesem Zusammenhang sei eine baldige Ratifizierung des EVG-Vertrages durch alle beteiligten Länder, die er herbeiwünsche. Diese Ratifizierung würde Rußland von seiner politischen Grundkonzeption abbringen, wonach Deutschland isoliert und neutralisiert werden müsse, so daß die Integration Europas unmöglich gemacht würde. Wenn aber diese Integration Europas nun doch erfolgte, müßte Rußland den bisher vertretenen Standpunkt aufgeben.

Der Kanzler fügte hinzu, er habe bei Mr. Edens Besuch[14] die Freude gehabt, festzustellen, daß der britische Außenminister ebenfalls die gleiche Konzeption vertrete wie er. Überhaupt müsse er es aussprechen, daß gegenwärtig das Verhältnis zwischen Großbritannien und der Bundesrepublik sehr gut sei.

Mr. Casey dankte dem Herrn Bundeskanzler für seine Ausführungen und stellte nun eine Frage, die, wie er sagte, viele Engländer beschäftige: Wenn Rußland den Deutschen die Wiedervereinigung und freie Wahlen anböte, so müsse das, glaube man, den Westen in Verlegenheit bringen; außerdem sei dies als ein Zeichen der Stärke des Ostens zu werten. Was halte der Herr Bundeskanzler von dieser Auffassung?

Hierauf ergriff der Herr Bundeskanzler nochmals zu längeren Ausführungen das Wort. Wenn man sich von der Stärke der Sowjetunion ein richtiges Bild machen wolle, so müsse man auch folgendes berücksichtigen: zunächst einmal die Lage in den Satellitenländern. Nach Schätzungen unseres Vertriebenenministeriums, die auf ernstzunehmenden Angaben einflußreicher Vertriebener beruhten, die noch immer in [der] einen oder der anderen Form Verbindung zu Polen hätten, seien etwa 70 Prozent der polnischen Bevölkerung erbitterte Gegner des Bolschewismus. Diese Gegnerschaft habe in der Hauptsache zwei Gründe: 1) den alteingewurzelten Haß gegen alles Russische; 2) die Stärke der katholischen Kirche. Die innere Auflehnung gegen das bolschewistische Regime gehe bis in die Ministerien und finde ihre Exponenten sogar in Ministe-

rialdirektoren. – In der Tschechoslowakei sei die Lage für die Sowjetunion günstiger als in Polen, weil hier die katholische Kirche weniger stark sei. – Über Ungarn seien wir leider nicht so genau informiert. Den uns zur Verfügung stehenden Unterlagen dürften wir jedoch entnehmen, daß auch dort ein erheblicher Wille zum Widerstand vorhanden sei.
»Meine Herren«, so fuhr der Herr Bundeskanzler fort, »ich bin kein Historiker, und doch halte ich Ihnen jetzt Vortrag«. Wenn die Herren nichts einzuwenden hätten, wolle er kurz über Ziele und Methoden der Sowjetpolitik sprechen. Diese Politik sei die Fortsetzung der alten, wohlbekannten panslawistischen Expansionspolitik, die durch den Bolschewismus selbst einen starken Auftrieb erfahren habe, was auf die Proselytenmacherei dieser Ideologie und auf ihre Überzeugung zurückgehe, daß alle kapitalistischen Staaten zum baldigen Untergang verurteilt seien. Das jetzige Ziel der Sowjetunion sei die Eroberung der Bundesrepublik im Wege des kalten Krieges. Dadurch hoffe sie, das Menschen- und Industriepotential der Bundesrepublik intakt in ihre Hände zu bekommen. Damit würde sich das Übergewicht der Macht endgültig auf die Seite der Sowjetunion neigen. Wenn es der UdSSR gelänge, diesen ihren Wunsch über die Neutralisierung Deutschlands zu verwirklichen, sei der Gedanke der Integration Europas erledigt, denn Frankreich und Italien seien allein nicht stark genug, diesen Gedanken zu verwirklichen, Großbritannien habe seine eigenen Interessen, und die USA würden sich in einem solchen Falle enttäuscht von Europa zurückziehen. Dies alles wäre die Fortsetzung eines Dramas, dessen erster Akt die 1945 begonnene Unterjochung der Satellitenländer sei. Es sei nicht richtig, wie die Sowjetunion – zum Teil mit Erfolg – habe glauben machen wollen, daß die Satellitenländer nur als Sicherheitsgürtel gedacht seien, denn in Wirklichkeit würde von dort aus, insbesondere von der Sowjetzone Deutschlands und der Tschechoslowakei, die Unterminierung der Bundesrepublik eifrig betrieben.
Er wolle sich nicht in Einzelheiten verlieren, nicht davon sprechen, wieviele Anhänger der SPD, die früher ausgesprochen nach Osten tendiert hätten, durch die derzeitige Politik ihres manischen Parteiführers Schumacher, der einst ein ausgesprochener Gegner des Kommunismus gewesen sei, in ihren Grundsätzen wankend würden, weil sie doch die aus dem Osten drohende Gefahr verspürten. Er wolle nur die Zusammenhänge zwischen der Entwicklung in der Sowjetzone Deutschlands und den Satellitenstaaten deutlich herausstellen.
Wenn wir einmal annähmen, daß die Sowjetunion die Sowjetzone freigäbe, auf dem Wege freier, geheimer Wahlen die Einheit Deutschlands

wiederherstelle und darauf verzichte, sich in diesem neu entstehenden Deutschland eine Einflußsphäre zu schaffen, dann müsse sie auch ihre bisherige Politik in den Satellitenstaaten aufgeben. Ein derartiges Vorgehen würde nämlich bei den vielen Gegnern des Bolschewismus in Polen, der Tschechoslowakei und Ungarn den Geist des Widerstandes und der Hoffnung auf Befreiung entfachen und eine völlige Wende in der sowjetrussischen Politik herbeiführen müssen, die der ganzen Entwicklung seit 1945 zuwiderlaufen und der Sowjetunion nichts Greifbares einbringen würde. Die Deutschen betrachteten gern die Frage der Einheit Deutschlands für sich, losgelöst von dem ganzen Fragenkomplex, in den sie eingebettet sei. Dies sei jedoch falsch, denn wenn Rußland die Sowjetzone freigäbe, so sei das nicht nur eine deutsche Frage, nicht nur eine Teilfrage des Osteuropaproblems, sondern das Kernstück der ganzen Beziehungen zwischen der UdSSR [und Europa] einerseits und Europa und den USA andererseits.
Mr. Casey bedankte sich in beredten Worten für die Ausführungen des Herrn Bundeskanzlers, die er als überaus interessant bezeichnete. Er fügte hinzu, wenn man in seinem Lande von einem russischen Vorschlag zur Wiedervereinigung Deutschlands auf dem Wege über freie Wahlen spreche, so glaube man, daß dies ein Zeichen der Stärke des Kommunismus sei. Er müsse aber sagen, daß weder er noch sein Kollege noch seines Wissens überhaupt jemand in England die Frage der Freigabe der Sowjetzone im Zusammenhang mit der Entwicklung in den Satellitenländern gesehen habe. Dies sei ein Gesichtspunkt, der ganz neue Perspektiven eröffne.
Noch einmal auf die sowjetische Politik zurückkommend, betonte der Bundeskanzler, daß der Russe überhaupt nicht so intelligent sei, wie man vielfach glaube. So habe er das deutsche Nationalgefühl mißbraucht, von der Aufstellung einer deutschen Nationalarmee, der Bildung eines Nationalstaates gesprochen und habe damit nur erreicht, daß M. Schuman in Paris die Mehrheit erhalten habe[15].
Auf Mr. Morisons Einwurf, er glaube den Ausführungen des Herrn Bundeskanzlers entnehmen zu können, daß dieser das Wort »Verhandlungen« im Zusammenhang mit den Sowjets nicht liebe, zog der Herr Bundeskanzler eine historische Parallele: Sir Ivone Kirkpatrick habe seinerzeit an den Verhandlungen der Westmächte mit Hitler in München teilgenommen, und als er, der Bundeskanzler, Sir Ivone kürzlich gesagt habe, damals habe man Hitler nachgegeben, habe Sir Ivone ihm erwidert, eine andere Möglichkeit habe es nicht gegeben; der Westen sei zu schwach gewesen, um Hitler wirklichen Widerstand leisten zu können.

Es müsse verhindert werden, so fuhr der Herr Bundeskanzler fort, daß sich der Westen gegenüber der Sowjetunion in einer ähnlichen Lage befinde. Erst müsse er sich daher stark machen, und dann erst dürfe er in Verhandlungen mit der Sowjetunion eintreten.
Im übrigen glaube er, so fuhr Dr. Adenauer fort, daß Rußland sich angesichts der Stärke des Westens auf seine eigenen innerpolitischen Probleme besinnen würde. Vielleicht sei den Herren nicht bekannt, daß die durchschnittliche Lebenserwartung eines Sowjetbürgers 38 Jahre, die eines Europäers 60 Jahre betrage. Das allein zeige, welch gewaltige Aufgaben Rußland noch zu bewältigen habe. Hinzu komme das Problem der Ernährung der Sowjetbevölkerung, die sich jährlich um 3 Millionen Menschen vermehre. Rußland verfüge zwar bekanntlich über gewaltige Urwälder und riesige Steppengebiete, habe aber demgegenüber nur wenig Ackerland. Die Projekte der Umlenkung von Flüssen zur Fruchtbarmachung neuen Bodens seien daher keine Chimäre, sondern eine für die Sowjetunion lebenswichtige Frage[16]. Selbst eine Diktatur mit asiatischem Einschlag müsse ihre Bevölkerung ernähren. Im Augenblick habe die Sowjetunion Material und Menschen in die Aufrüstung hineingesteckt und auch große Erfolge damit erzielt. Bald aber werde sie an ihren eigenen gewaltigen innenpolitischen Problemen nicht mehr vorbeigehen können und sich ihnen um so bereitwilliger zuwenden, wenn sie sähe, daß aufgrund der Konsolidierung des Westens eine Eroberung Europas nicht mehr möglich sei. Dann sei auch der Zeitpunkt gekommen, wo man Verhandlungen mit der Sowjetunion aufnehmen könne.
Auf Mr. Caseys Frage, ob dieser Zeitpunkt in 25 oder 100 Jahren eintreten würde, entgegnete der Kanzler, seiner Auffassung nach in etwa 5-10 Jahren. Bis 1955 sei Amerika stark und Europa beschränkt stark. Es käme sehr auf den richtigen Zeitpunkt an, der nicht zu früh und auch nicht zu spät gewählt werden müsse, denn es sei auch wichtig, der Sowjetunion die Furcht vor dem Westen zu nehmen.
Eine andere Politik würde seiner Meinung nach todsicher zum 3. Weltkrieg führen. Denn eine Isolierung und Neutralisierung Deutschlands würde bedeuten, daß Deutschland zwischen den beiden gewaltigen Machtblöcken schließlich in den russischen Sog geraten würde. Aber vielleicht rede er zu viel, er habe jedoch den Herren den Gesamtaspekt der Politik, so wie sie sich ihm darstelle, anschaulich machen wollen.
Beide Herren versicherten dem Kanzler, daß sie seinen Ausführungen mit größtem Interesse gefolgt seien und dabei viele neue Einsichten gewonnen hätten. Mr. Morison betonte, daß er die Interpretation der russischen Außenpolitik, wie sie der Kanzler vorgetragen habe, voll und

ganz akzeptiere. Er betrachte es als eine große Tragödie, daß England sich nie ein richtiges Bild von der russischen Gefahr gemacht habe und daher auch die russische Expansionskraft, die, wie der Kanzler sehr richtig bemerkt habe, geschichtlich sehr weit zurückgehe, nie richtig eingeschätzt hätte.

In diesem Zusammenhang erwähnte der Kanzler einen Besuch, den ihm Benesch[17] und Frau im Jahre 1927 oder 1928, als er Oberbürgermeister in Köln gewesen sei, abgestattet hätten. Die Herren würden vielleicht staunen, aber den besten Unterricht über die Gefährlichkeit des Panslawismus habe er durch Benesch erhalten. Im Anschluß an seine Ausführungen zu diesem Thema habe ihm Benesch seinerzeit gesagt, es sei das absolute Interesse Deutschlands, gutnachbarliche Beziehungen zur Tschechoslowakei zu unterhalten, da diese einen Vorposten gegen den Panslawismus bilde. Leider habe Deutschland schon vor Hitler, in den Jahren 1918 bis 1933, den großen Fehler begangen, die Freundschaft zu Polen und der Tschechoslowakei nicht zu pflegen. Deswegen betrachte er es als eines der dringlichsten Probleme nach der Wiedervereinigung Deutschlands und nach Lösung aller anderen Fragen, ein echtes freundschaftliches Verhältnis zwischen Deutschland und Polen wiederherzustellen. Der Schwierigkeit einer solchen Aufgabe sei er sich wohl bewußt. Sie müsse jedoch gelöst werden, wenn die Gefahr einer erneuten Auseinandersetzung vermieden werden solle.

Auf einen Einwurf Mr. Caseys, daß man in Frankreich auf kein allzu gutes Verständnis der Sowjetpolitik stoße, erwiderte der Herr Bundeskanzler, wir seien ja Nachbarn Rußlands, und es sei wohl so, daß mit je 100 km Entfernung das Verständnis für diese Probleme abnähme.

Dies sei vielleicht eine Entschuldigung dafür, so fügte Mr. Casey hinzu, daß in England das Verständnis für diese Fragen so gering sei. Auch im letzten Kriege habe der Kanal noch einen guten Schutz geboten, und wenn er auch jetzt nur noch einen Graben bedeute, so habe sich leider die britische Einstellung zu allen diesen Fragen doch noch nicht geändert. Dies sei eine Stärke, aber auch eine Schwäche seines Landes.

In diesem Zusammenhang erwähnte der Kanzler auch seine beiden kürzlich erfolgten Englandreisen[18], die ihm besonders tiefe Eindrücke von der Stärke, dem Insichberuhen und der Abgeschlossenheit des englischen Volkes vermittelt hätten. Unter Insichberuhen verstehe er eine geschlossene Weltanschauung, die dem englischen Volk seine Kraft und seine Besonderheit verleihe.

Auf Mr. Morisons etwas unvermittelte Frage, wie der Herr Bundeskanzler die 40-Stunden-Woche beurteile, die in Wirklichkeit nur eine 36-Stunden-Woche sei, erwiderte Dr. Adenauer, er halte sie besonders im Hinblick auf die Stärkung des Westens für eine große Schwäche und sehe darin eine verfehlte Politik der Gewerkschaften. Auch in Deutschland machten die Gewerkschaften jetzt Schwierigkeiten. Früher habe es unter den freien Gewerkschaften sozialistische und christliche Gewerkschaften gegeben. Die britischen und amerikanischen Besatzungsbehörden hätten jedoch die Neugründung der christlichen Gewerkschaften verhindert. So sei alle Macht den sozialistischen Gewerkschaften zugeflossen, die sich nun zu viele Rechte anmaßten, was kein demokratischer Staat sich gefallen lassen könne. Er habe Herrn Fette gesagt, er würde nicht mit ihm sprechen, solange die Streiks nicht eingestellt seien[19]. Die Einführung der 40-Stunden-Woche käme für Deutschland nicht in Frage, denn sie würde für ein besiegtes Land geradezu lächerlich sein.

Mr. Casey stimmte diesen Ausführungen zu. Er sah einerseits in der Einführung der 40-Stunden-Woche, andererseits in dem Überhandnehmen von Büropersonal, wie es der britische Wohlfahrtsstaat mit sich bringe, die Hauptursachen für den Rückgang der englischen Leistungsfähigkeit. Jetzt säßen Leute in Büros, die früher als Elektriker, als Tischler oder Landarbeiter produktive Arbeit geleistet hätten.

Im Gegensatz hierzu lobte der Herr Bundeskanzler die Leistungen der ‹entsprechenden deutschen›[a] Berufsgruppen. Es sei sogar vorgekommen, und er bitte die Herren zu glauben, daß dies kein Witz sei, daß man einen Beamten tot an seinem Schreibtisch gefunden habe. Todesursache: Überarbeitung.

Nach einem kurzen Gespräch über Dinge mehr persönlicher Art – Mr. Morison lobte die Arbeiten des Klosters Beuron auf dem Gebiete der Palimpseste und die deutschen Forschungen auf dem Gebiet der Paläographie – fand die Unterredung ihren Abschluß.

Nr. 30
9. Juni 1952: Unterredung (Aufzeichnung vom 11. Juni 1952)
StBKAH III/82, hs. unterzeichnet »Noack«

Teilnehmer: Cyrus Leo Sulzberger[1] – Felix von Eckardt, Dr. Heinz Noack

Beginn: 11.20 Uhr[2] Ende: 12.05 Uhr

Mr. Sulzberger stellte zunächst die Frage nach der Ratifizierung der Verträge[3] und meinte, daß es wahrscheinlich darum noch einen zähen Kampf geben würde. Der Herr Bundeskanzler gab zu, daß der Kampf hierüber hart sein würde, denn die Sozialdemokratie lehne aus innenpolitischen Gründen zur Zeit alles ab, weil sie glaube, eine derartige Ablehnung käme ihrer Politik zugute[4]. Wenn er einmal laut denken dürfe – es drehe sich hier wohl um einen zwanglosen Gedankenaustausch – so liege wohl der sozialdemokratischen Einstellung der Gedanke zugrunde, man riskiere nichts mit einer Opposition gegen die Ratifizierung, da die Verträge auf jeden Fall ratifiziert würden; innenpolitisch und im Hinblick auf die Wahlen des Jahres 1953[5] glaube sie jedoch, mit dieser Haltung Erfolge erzielen zu können. Dies verrate einen großen Mangel an Verantwortungsgefühl.
Mr. Sulzberger erkundigte sich dann, ob Einheiten für die Europa-Armee aufgestellt werden könnten, bevor alle anderen Länder den Vertrag ratifiziert hätten.
Der Herr Bundeskanzler verneinte diese Frage. Truppen könnten erst ausgehoben werden, wenn alle Teilnehmerstaaten den Vertrag ratifiziert hätten. Am längsten würde dies vermutlich in Holland dauern, wo im Juli Neuwahlen stattfinden würden[6]; die sich daran anschließende Regierungsbildung würde ein langwieriges Verfahren sein, so daß mit einer Ratifizierung, wie Außenminister Stikker ihm gesagt habe, nicht vor Dezember zu rechnen sei. Er glaube jedoch, daß vor der eigentlichen Aushebung wertvolle Arbeit am Schreibtisch geleistet werden könne, die sich erstrecke auf Überlegungen, Erkundigungen, Dispositionen und das Aufstellen schematischer Pläne.
Mr. Sulzberger fragte alsdann den Herrn Bundeskanzler, ob er sich schon darüber Gedanken gemacht habe, wie das Aushebungsgesetz aussehen würde, auf dessen Grundlage man die deutsche Jugend einzuziehen gedenke.
Hierauf erwiderte der Herr Bundeskanzler, es sei selbst nach der Ratifizierung nicht an eine sofortige Aushebung gedacht, sondern zunächst nur

an die Aufstellung von Cadres, zu denen gediente Freiwillige herangezogen würden; später würden dann diese Cadres aufgefüllt werden müssen.

Auf Mr. Sulzbergers weitere Frage, ob sich genug Freiwillige für diese Cadres einfinden würden, entgegnete der Herr Bundeskanzler, mehr als genug; es sei zur Zeit sogar so, daß junge Leute aus der Sowjetzone herbeieilten, um hier Militärdienst zu tun, da sie in dem in der Sowjetzone herrschenden Zustand der Unfreiheit nicht länger leben wollten.

Mr. Sulzberger interessierte in diesem Zusammenhang ferner, ob die Bundesrepublik auch über höhere Offiziere und Generale verfüge, die imstande seien, Pläne aufzustellen und die Verwaltungsarbeit durchzuführen.

Hierzu meinte der Herr Bundeskanzler, damit würde ein schwieriges Problem angeschnitten. Wir hätten zwar tüchtige Generale, die auch in Ordnung seien. Diese befänden sich aber zur Zeit zum Teil in guten Zivilstellungen, die sie nur ungern aufgeben würden. Auf jeden Fall verfüge die Bundesrepublik auf diesem Gebiet über eine große Anzahl guter Leute.

Mr. Sulzberger kam sodann, wie er sagte, auf eine Nebenfrage zu sprechen. Er habe in Paris bei der Unterzeichnung des EVG-Vertrages nicht ganz verstanden, ob das Zugeständnis des Baues von Kriegsschiffen bis zu 1500 t an Deutschland sich auch auf U-Boote beziehe.

Der Herr Bundeskanzler verneinte diese Frage und fügte hinzu, es sei hierbei nur an den Bau von Kriegsschiffen zum Küstenschutz gedacht[7].

Zu einer anderen Gedankenreihe übergehend, fragte Mr. Sulzberger, welche Maßnahmen russischerseits man in der Bundesrepublik im Zusammenhang mit der bevorstehenden Ratifizierung der Verträge voraussehe.

Bundeskanzler Adenauer entgegnete, er glaube, daß die Sowjets in Paris soeben eine schwere Schlappe erlitten hätten. Die kommunistischen Unruhen in der französischen Hauptstadt[8] seien bestimmt auf eine Anstiftung durch Moskau zurückzuführen. Wenn sie gelungen wären, wäre die Ratifikation der Verträge durch Frankreich ungemein erschwert worden, während er jetzt keine Schwierigkeiten mehr voraussehe. Allerdings würden die Sowjets versuchen, weiterhin überall Nadelstiche zu versetzen.

Mr. Sulzberger warf nun die Frage auf, was wohl geschehen würde, wenn sich die Sowjets zu einem dramatischen Schachzug entschlössen, etwa in der Form eines Angebots der Revision der Oder-Neiße-Grenze, und wie wohl die Reaktion in Deutschland auf ein solches sensationelles Angebot sein würde.

Hierauf entgegnete der Herr Bundeskanzler lächelnd, auch Mr. Sulzberger habe nicht beachtet, was viele Deutsche übersähen: Die Frage der Wiedervereinigung Deutschlands und die Freigabe der Sowjetzone durch die Russen sowie das, was Mr. Sulzberger gesagt habe, könne für die Sowjetunion niemals eine isolierte Aktion darstellen, sondern müsse von ihr im Zusammenhang mit ihrer gesamten Osteuropapolitik und der Weltpolitik überhaupt gesehen werden. Wenn sich die Sowjetunion entschlösse, die Sowjetzone freizugeben, so würde dies bestimmt in Polen großen Widerstand gegen die sowjetrussische Herrschaft entfachen. Die Sowjetunion würde dadurch schwerstens betroffen werden. Damit nicht genug: Dieser Widerstand würde auf die Tschechoslowakei und Ungarn übergreifen. Sobald nämlich die Satellitenländer sehen würden, daß die Sowjetunion ein Gebiet freigebe, würde dies in jenen Ländern Unruhen auslösen, was für die Sowjetunion eine schwere Gefahr darstelle. Auch in Deutschland selbst würde vielfach der Fehler gemacht, die Frage der Wiedervereinigung Deutschlands isoliert für sich, losgelöst von allen anderen Problemen zu sehen, mit denen die Sowjetunion zu ringen habe. Für die Sowjetunion stelle diese Frage aber, wie gesagt, nur einen Teil der Osteuropa-Probleme und damit einen Teil der Spannung in der Welt dar. Ein solches Risiko könne daher die Sowjetunion nicht eingehen. Würde sie sich aber entschließen, die Gebiete jenseits der Oder-Neiße-Linie zurückzugeben, so müsse sie mit einem Ausbruch des Mißtrauens in Polen sowohl wie in der Tschechoslowakei rechnen, weil diese beiden Länder und damit alle Satellitenstaaten befürchten müßten, geopfert zu werden. Jedoch wolle er nicht ausschließen, daß bei einer friedlichen Reaktion der Sowjetunion, wenn diese einen vernünftigen Vorschlag mache, man mit ihr ruhig diskutieren solle. An einen solchen Vorschlag glaube er jedoch nicht.

Auf einen Einwurf Mr. Sulzbergers, was er von einer kriegerischen Reaktion halte, entgegnete der Herr Bundeskanzler, daran glaube er nicht, weil Rußland nichts davon haben würde. Es würde sich nicht für einen heißen Krieg entscheiden, weil es überzeugt sei, letzten Endes eine Niederlage zu erleiden. Es liege ihm alles daran, die Bundesrepublik und Westeuropa unversehrt in seine Gewalt zu bekommen, nicht aber verbrannte Erde.

Diesen Ausführungen des Herrn Bundeskanzlers hielt nun Mr. Sulzberger die Möglichkeit entgegen, daß – trotz des Optimismus des Herrn Bundeskanzlers, wie er sagte – der EVG-Vertrag vielleicht nicht ratifiziert werden würde, und schloß daran die Frage, wie sich in einem solchen Falle wohl die Lage der Bundesrepublik gestalten würde.

Der Herr Bundeskanzler gab zu, daß die Bundesrepublik durch eine Nicht-Ratifikation in eine sehr ernste und gefährliche Lage geraten würde. Damit würde aber auch die russische diplomatische Position erheblich gestärkt und im gleichen Maße das Mißtrauen gegen den Westen gefördert werden. Es würde dies auch bedeuten, daß die Westalliierten in ihrer Europapolitik einen eklatanten Fehlschlag erleiden würden. Neue diplomatische Aspekte mit unabsehbaren Folgen würden sich daraus ergeben. Eines sei aber jetzt schon sicher: die gewaltige Stärkung der Position der Sowjetunion in einem solchen Falle.
An diese Ausführungen knüpfte Mr. Sulzberger die Frage, ob der Herr Bundeskanzler plane, irgend etwas zu versuchen, was die Wiedervereinigung Deutschlands erleichtern könne.
In seiner Entgegnung wies der Herr Bundeskanzler zunächst hin auf 1) Berlin, dem man wirtschaftliche und politische Hilfe angedeihen lasse. Davon werde sich die Welt in der morgigen Bundestagssitzung erneut überzeugen können[9]; 2) die Deutschen in der Ostzone. Er glaube, daß ein großer Teil von ihnen eine Kräftigung der Bundesrepublik gutheiße, weil sie daraus neue Hoffnungen schöpfen könnten, während sie eine Schwächung der Bundesrepublik in Verzweiflung stürzen würde. Dieselbe Reaktion würde eine Stärkung der westlichen Welt hervorrufen. Unter Stärkung verstehe er nicht die Fähigkeit zur Kriegführung, sondern zur Durchführung diplomatischer Aktionen.
Mr. Sulzberger fragte weiter, ob der Herr Bundeskanzler beabsichtige, die Wiederherstellung der Einheit Deutschlands durch Gespräche oder besondere Programme zu fördern.
Was die Gespräche betreffe, entgegnete der Herr Bundeskanzler, so warteten wir jetzt auf den Ausgang der Präsidentenwahl in den Vereinigten Staaten[10], denn danach seien die USA wieder in der Lage, sich verstärkt der Außenpolitik zuzuwenden; inzwischen würde auch der Zusammenschluß Europas weiter gefördert sein; dann bestünden größere Aussichten auf eine erfolgreiche Durchführung einer Viererkonferenz als jetzt. Im Augenblick sei es doch so, daß die bevorstehende Wahl zwar nicht eine Lähmung, aber doch eine Stockung im amerikanischen Kräftespiel hervorgerufen hätte, so daß es erst nach Abschluß der Wahl möglich sei, wieder mit ganzer Kraft voranzukommen.
Mr. Sulzberger bat noch um weitere Aufklärung bezüglich des deutschen Problems. Er sehe nicht klar, welche territorialen Ansprüche die Bundesrepublik eigentlich stelle. Da sei zunächst die Frage der Wiedervereinigung Deutschlands, alsdann die Frage der Eingliederung der Gebiete jenseits der Oder und Neiße. Könne ihm der Herr Bundeskanzler wohl

eine möglichst genaue Formulierung geben, welche rechtmäßigen Ansprüche die Bundesrepublik sonst noch zu vertreten gedenke.
In seiner Entgegnung bat der Herr Bundeskanzler, alle nun folgenden Erklärungen vertraulich behandeln zu wollen. Zunächst wolle er sagen: Unser Standpunkt sei klar. Als er im Oktober vorigen Jahres in Berlin gewesen sei, habe er zu den Berlinern von den Gebieten jenseits der Oder und Neiße gesprochen[11], was ihm die SPD sehr verargt habe[12]; die USA hätten ferner wiederholt den Wunsch geäußert, jetzt von dem zukünftigen Schicksal der Gebiete jenseits der Oder und Neiße nicht sprechen zu wollen, weil dies einen ungünstigen Eindruck in Polen hervorrufen würde, das man doch für den Westen gewinnen wolle; ferner wolle er sagen, wenn wir einmal so weit seien, dann müsse unbedingt eine Lösung gefunden werden, um die zwischen Polen und Deutschland bestehende Spannung zu beseitigen. Polen und Deutschland müßten in gutem Einvernehmen miteinander leben. Vielleicht sei alles dies zunächst noch etwas verschwommen, er meine aber, zunächst müsse man die Entwicklung abwarten, um dann einzugreifen. Nach Wiederherstellung der Einheit Deutschlands müsse aber unbedingt ein gutes Verhältnis zu Polen geschaffen werden, denn die russische Gefahr würde auch nach Beseitigung der jetzigen Spannungen und nach einer Veränderung der Lage in den Satellitenländern latent weiter bestehen. Polen sei aber in seinem Kern antirussisch und für den Westen eingestellt. Es würde dann der äußerste westliche Pfeiler gegen den von Osten ausgeübten Druck sein. Daher müsse unbedingt ein gutes Verhältnis zwischen Polen und Deutschland und zwischen Polen und dem Westen hergestellt werden.
Diese Ausführungen bewunderte Mr. Sulzberger, wie er sagte, ungemein, könne allerdings noch nicht sehen, wie eine Lösung der zwischen Deutschland und Polen schwebenden territorialen Fragen gefunden werden könne.
Der Herr Bundeskanzler erwiderte hierauf – wiederum vertraulich –, er habe vor einigen Jahren öffentlich etwas geäußert, was er jetzt als Bundeskanzler nicht wiederholen dürfe, ohne sich schwerster Kritik auszusetzen. Er habe damals davon gesprochen, die fraglichen Gebiete entweder einem Kondominium Deutschlands und Polens oder der Verwaltung durch die UNO zu unterstellen, und zwar unter absoluter Gleichstellung der in diesen Gebieten lebenden Bevölkerungsteile[13]. Heute dürfe er diesen Gedanken nicht mehr äußern, weil man ihm dann den Wunsch einer Eroberung Polens unterstellen würde.
Immer noch im Zusammenhang mit den Gebietsansprüchen Deutschlands kam Mr. Sulzberger auf die Saarfrage zu sprechen.

Der Herr Bundeskanzler gab zu, daß ihm dieses Problem sehr großen Kummer bereite. Es seien von allen Seiten Fehler begangen worden, und auch die deutschen Politiker seien nicht immer sehr klug vorgegangen. Er hoffe jedoch, daß die Föderation Europas diese ganze Frage auf die Ausmaße ihrer wirklichen Bedeutung zurückführen und einer echten Lösung entgegenbringen würde.

Mr. Sulzberger deutete dies so, als ob die Saarfrage »auf Eis gelegt« werden solle.

Der Herr Bundeskanzler äußerte weiter, er hoffe, daß die Saarregierung und ebenso die französische Regierung die neuen Parteien und die demokratischen Freiheiten nunmehr anerkennen würden[14]. Man müsse sich vergegenwärtigen, daß die ganze Saarpolitik Frankreichs aus einer völlig anderen Atmosphäre entstanden sei. Zunächst habe man geglaubt, gegen die Gefahr eines künftigen Krieges von deutscher Seite Vorsorge treffen zu müssen. Aus diesem Geiste sei noch der Brüsseler Pakt von 1950[15] geboren [worden]. Inzwischen habe sich die Lage grundlegend gewandelt, die europäische Föderation sei fortgeschritten, was eine innere Wandlung verrate, und wenn sie erst vollendete Tatsache sei, werde sich auch in der Saarfrage eine ganz andere Mentalität angebahnt haben.

Mr. Sulzberger kam zum Schluß auch noch auf die Einstellung des Herrn Bundeskanzlers in bezug auf das Sudetenland zu sprechen.

Der Herr Bundeskanzler gab zu verstehen, daß er hierzu keine Meinung äußern wolle, sondern daß es besser sei, die Dinge sich entwickeln zu lassen.

Weiter stellte Mr. Sulzberger die Frage nach einer etwaigen Eingliederung der westdeutschen Bundesrepublik in die UNO.

Der Herr Bundeskanzler entgegnete, diese Frage sei kürzlich angeschnitten worden, und zwar in der letzten Antwort der Westmächte auf die letzte Sowjetnote[16] und, wie Herr von Eckardt bestätigte, auch im Deutschlandvertrag, in dem die Westmächte Deutschland ihre Unterstützung bei der Bewerbung um Aufnahme in die Vereinten Nationen zusichern[17].

Mr. Sulzberger fragte weiter, welche Initiativen der Herr Bundeskanzler zu ergreifen gedenke, um diesen Eintritt in die UNO durchzuführen.

»Mein lieber Mr. Sulzberger«, bemerkte hierzu der Herr Bundeskanzler, »eins nach dem andern«. Erst wolle die Bundesrepublik ratifizieren, dann sollten die anderen ratifizieren, dann würde ein Umbau erfolgen, und dann würden wir weitersehen. Übergroße Hast sei fehl am Platze.

Mr. Sulzberger dankte dem Herrn Bundeskanzler für seine Ausführungen. Er befürchte, er habe seine Zeit über Gebühr in Anspruch genommen, dankte ihm für seine Geduld und für die Offenheit, mit der er auf seine Fragen eingegangen sei. Zum Schluß bat er um ein Bild mit Widmung.

Der Herr Bundeskanzler versprach, Mr. Sulzberger diesen Wunsch zu erfüllen und ihm ein Bild in Schwarzweißdruck mit Unterschrift zu übersenden. Wenn er seinerseits auch einmal indiskret sein dürfe, so fügte er hinzu, so wolle er fragen, ob Mr. Sulzberger schon überblicken könne, welchen Verlauf wohl die amerikanische Präsidentenwahl nehmen werde.

Mr. Sulzberger meinte, wenn Taft nominiert würde, würde dies eine Niederlage der Republikaner und einen erneuten Wahlsieg der Demokraten nach sich ziehen, während Eisenhowers Ernennung zu einem Sieg der Republikaner führen würde[18]. Eisenhower sei zwar ungemein geschickt, aber Taft verfüge über den mächtigeren politischen Apparat. Im Grunde sei aber für Europa nichts zu befürchten, denn wenn Taft nominiert würde und damit die Republikanische Partei verlöre, würden die Demokraten ihre alte Politik fortsetzen. Daß aber auch Eisenhower eine europafreundliche Politik betreiben würde, das sei wohl allen Europäern klar.

Mr. Sulzberger stimmte der Auffassung des Herrn Bundeskanzlers zu, daß aufgrund der weltpolitischen Konstellation der Präsidentenwahl diesmal eine Bedeutung zukomme wie nie zuvor in der Geschichte Amerikas.

Nr. 31

9. Juni 1952: Unterredung (Aufzeichnung vom 11. Juni 1952)

StBKAH III/82, hs. unterzeichnet »Noack«

Teilnehmer: Robert Haeger[1], Harry Kern[2] – Felix von Eckardt, Dr. Heinz Noack

Beginn: 12.05 Uhr[3] Ende: 12.45 Uhr

Auf eine einleitende Bemerkung Mr. Kerns über das schlechte Wetter fragte der Herr Bundeskanzler, ob Mr. Kern das Wetter in der Natur oder das politische Wetter meine. Der Natur tue Regen sehr not, und der politischen Atmosphäre könne eine gewisse Auffrischung auch nicht schaden. Wir würden in der Bundesrepublik in bezug auf die Ratifikation einem kleinen Gewitter mit Donner und Blitz entgegengehen, aber hinterher würde die Atmosphäre um so erfreulicher sein.

Auf Mr. Kerns Frage, ob ein Zeitpunkt für die Ratifikation bereits feststehe, erwiderte der Herr Bundeskanzler, die erste Lesung des EVG-Vertrages im Bundestag würde Anfang Juli[4] stattfinden. Er hoffe, daß Ende Juli/Anfang August die Ratifikation erfolgen könne.

Mr. Kern stellte sodann überraschend die Frage, wie wohl in Deutschland die Reaktion ausfallen würde, wenn bei der bevorstehenden General Convention in Chikago[5] General MacArthur als Präsidentschaftskandidat nominiert werden würde. Ihm sei von verschiedenen Seiten gesagt worden, daß die Convention plane, MacArthur zum Präsidentschaftskandidaten zu ernennen.

Hierzu bemerkte der Herr Bundeskanzler, in diesem Falle bleibe nichts weiter übrig, als ruhig abzuwarten. Es würde sich dann herausstellen, daß jemand, auf dessen Schultern die letzte Verantwortung gelegt werde, ganz anders handele, als man aus seinen bisherigen Äußerungen erwarten könne, und die Probleme von allen Seiten her durchdenken würde[6].

Abgesehen von dem Rätsel der Ratifikation des EVG-Vertrages, so erklärte Mr. Kern anschließend, beunruhige ihn noch ein zweites Rätsel, das der Herr Bundeskanzler vielleicht lösen könne: welche Ziele die Sowjetunion zur Zeit in bezug auf Deutschland verfolge?

Der Herr Bundeskanzler erwiderte, die Russen würden alles tun, um eine Ratifikation des EVG-Vertrages durch Deutschland zu verhindern. Denn eine solche Ratifikation wäre ein diplomatischer Sieg des Westens und gleichzeitig eine eklatante Niederlage der Sowjetunion. Umgekehrt

würde durch eine Verhinderung der Ratifikation Rußlands Macht und Prestige in der ganzen Welt steigen und sich, wie er betonen möchte, auf die Gesamtpolitik auswirken.
Mr. Kern fragte weiter, ob es nach Ansicht des Herrn Bundeskanzlers zu einem heißen Krieg kommen könnte. Von ihm nahestehenden Kreisen in den skandinavischen Ländern, in England und Frankreich habe er gehört, daß die Sowjetunion einen solchen heißen Krieg nicht starten würde. Feldmarschall Slim[7] habe ihm außerdem kürzlich gesagt, daß sie dazu gar nicht einmal in der Lage sei, denn sie verfüge weder über leichte Kampfflugzeuge noch über viermotorige Bomber. Es sei vielleicht so, daß wir die Stärke der Sowjetunion überschätzten und uns von dieser vermeintlichen Stärke schrecken ließen.
Zum Teil sei dies richtig, gab der Herr Bundeskanzler zu; Stärke sei immer relativ. Wenn zum Beispiel der Westen sich bei Ausbruch des Korea-Krieges schwach gezeigt hätte, hätten die Russen ihm ihren Willen aufzwingen können. Von da an datiere die wachsende Stärke des Westens, die ihren sichtbaren Ausdruck in seinem immer engeren Zusammenschluß finde. Diese Stärke habe der Westen leider nicht immer besessen, wie er an einem Parallelbeispiel zeigen könne: Ein englischer Politiker habe ihm kürzlich erzählt, daß er an den Verhandlungen Großbritanniens mit Hitler in München teilgenommen habe. Auf seine Frage, wie England damals nur hätte nachgeben können, habe der Politiker ihm erklärt, es habe keine andere Möglichkeit bestanden, England sei zu schwach gewesen und habe Zeit gewinnen wollen[8].
Mr. Kern folgerte hieraus, daß alles auf die Stärkung des Westens ankäme und daß Erfolg oder Mißlingen der Politik des Westens hier in Deutschland entschieden würde.
Der Herr Bundeskanzler gab zu, daß mit der Ratifikation der Erfolg des Westens stehe oder falle. Eine Nicht-Ratifikation würde der Sowjetunion schließlich eine erdrückende Macht in die Hände spielen. Auch vom amerikanischen Standpunkt gesehen, könne es nicht gleichgültig sein, wenn die Weltmeinung eine nicht zustandegekommene Ratifizierung als Erfolg Sowjetrußlands werten würde.
Mr. Kern erwähnte dann ein Gespräch mit Herrn Schumacher, das er mit dem Oppositionsführer vor etwa drei Wochen gehabt habe. Damals habe er den Eindruck gewonnen, Schumacher nehme selber nicht ganz ernst, was er sage. Bürgermeister Brauer in Hamburg habe ihm überdies so ziemlich genau das Gegenteil gesagt. Er halte Schumacher für »rein zersetzend« (»purely disruptive«).
Der Herr Bundeskanzler stimmte dem zu und bedauerte, daß sich Schu-

macher in gewisse Ideen verrannt habe, deren Gefangener er nun sozusagen geworden sei.
Mr. Kern erzählte weiter, Schumacher habe ihm auf seine Frage, wie stark schließlich die Europa-Armee sein würde, geantwortet, sie würde aus der luxemburgischen Feuerwehr bestehen.
Hierzu, meinte der Herr Bundeskanzler, habe er nichts zu erwidern.
Mr. Kern kam dann auf die Stimmung in Europa zu sprechen und behauptete, von seinen Gewährspersonen in den skandinavischen Ländern, [in] England und Holland höre er immer wieder, daß man kein Vertrauen zu Frankreich habe und befürchte, Frankreich könne die europäischen Einigungspläne sabotieren.
Der Herr Bundeskanzler erklärte, dies sei im gewissen Grade richtig, seit jedoch M. Pinay[9] im Amte sei, brauche man diese Befürchtung nicht mehr zu hegen. Pinay habe durch die Festigung der Währung[10] Frankreich vor dem Schlimmsten bewahrt. Er sei jetzt dabei, gegen die kommunistische Partei mit starker Hand vorzugehen[11], weil er wohl erkannt habe, daß sie als Werkzeug der Sowjetunion zur Störung der Ratifikation und damit Verhinderung des europäischen Zusammenschlusses eingesetzt werde. Er schätze M. Pinay sehr und halte ihn auch für sehr intelligent. Unter seiner Führung käme es jetzt in Frankreich zu einer Konsolidierung der politischen Kräfte, die sich zum Beispiel auch daran zeige, daß ein großer Teil der Gaullisten bereits von seiner Partei abgesplittert sei[12].
In seinem Gedankengang fortfahrend, meinte Mr. Kern, vor kurzem habe er im Haag von Minister Stikker Ausdrücke der Sorge und der Enttäuschung über Frankreich gehört, insbesondere darüber, daß Pleven versuche, Schumans Arbeit zu sabotieren.
Der Herr Bundeskanzler schien überrascht. Er habe nie gedacht, so sagte er, daß dies der Fall sein könne. Zwar sei ihm bekannt, daß Pinay seinerzeit Pleven an Schumans Stelle habe setzen wollen[13]. Aber bei seinem letzten Aufenthalt in Paris[14] habe Pinay bei einem Bankett einen Toast auf Schuman und seine Leistung ausgebracht, woraus er geschlossen habe, daß der Ministerpräsident mit seinem Außenminister zufrieden sei. Pleven sei überdies ein guter Freund von Monnet und keiner bezweifle, daß Monnet die europäische Politik aus vollem Herzen bejahe. Er glaube daher nicht an Sabotageversuche Plevens, zumal er wisse, daß Monnet auf Pleven auch großen Einfluß habe. Wenn auch dieser Einfluß zurückgegangen zu sein scheine, seit Pinay im Amte sei, so dürfe man nicht vergessen, daß auch schon vorher Monnets Einfluß abwechselnd bald stärker, bald schwächer in Erscheinung getreten sei. Er glaube jedoch, die Möglichkeit zu haben, nachzufragen, wie hier die Dinge lägen.

Er würde es jedenfalls sehr bedauern, wenn sich herausstellen sollte, daß Pleven tatsächlich gegen Schuman eingestellt sei.
Mr. Kern äußerte weiter, Minister Stikkers Enttäuschung und Mißtrauen gelte außerdem insbesondere der französischen Innenpolitik und SHAPE, wo der französische Einfluß besonders stark sei. Stikker habe ihm gesagt, was die Generale Speidel und Heusinger an Plänen für die Verteidigung Europas vorgebracht hätten[15], sei »korrekt«, SHAPE's Pläne[16], die Holland nicht in den Verteidigungsgürtel einbezögen, seien »inkorrekt«.
Der Herr Bundeskanzler bezweifelte die Richtigkeit dieses Urteils, das für ein früheres Stadium der SHAPE-Politik zutreffe. Es freue ihn aber, die Generale Speidel und Heusinger so geachtet zu wissen. Sie seien dort in Paris übrigens die einzigen Generale, die die Russen aus eigener Anschauung kennten.
Zu einer anderen Frage übergehend, erkundigte sich Mr. Kern, ob der Osten in bezug auf die Einstellung der Deutschen, insbesondere der Jugend, zu seinen Plänen Fortschritte erzielt habe. Er habe diese Anschauung häufig gerade von den Deutschen selbst vertreten hören.
Hierzu bemerkte der Herr Bundeskanzler, er halte diese Auffassung für übertrieben. Sie wäre richtig, wenn sich das russische System zehn, zwanzig Jahre in der Sowjetzone auswirken könne. Er hoffe jedoch, daß es schon vorher möglich sein werde, zu einer Verständigung mit den Sowjets zu kommen. Inzwischen sei die Lage so, daß viele junge Menschen aus der Sowjetzone entflöhen, um der dortigen Unfreiheit zu entrinnen.
Mr. Kern bezweifelte, daß es möglich sein würde, den bisherigen Kontakt aufrechtzuerhalten und dadurch Einflüsse auf die Jugend auszuüben, wenn die jetzige Grenzlinie von der Ostzonenregierung weiter verstärkt würde.
Der Herr Bundeskanzler gab der Zuversicht Ausdruck, daß es immer wieder möglich sein werde, in Fühlung zur Ostzonenbevölkerung zu treten, und versicherte, daß die Bundesregierung in ihrem Bemühen um die Ostzone nie erlahmen werde. Gleichzeitig stellte er sich Mr. Kern, der erklärt hatte, noch mehrere Orte in Deutschland aufsuchen zu wollen, für eine weitere Unterredung bei Abschluß seiner Deutschlandreise bereitwillig zur Verfügung.

Nr. 32
9. Juni 1952: Unterredung (Aufzeichnung vom 11. Juni 1952)
StBKAH III/82, hs. unterzeichnet »Noack«

Teilnehmer: Basil Henry Liddell Hart[1] – Dr. Heinz Noack, Dr. Hans Schirmer

Beginn: 17.45 Uhr[2] Ende: 18.40 Uhr

Der Herr Bundeskanzler entschuldigte sich zunächst, daß Mr. Liddell Hart so lange habe warten müssen. (Die Unterredung war auf 17 Uhr festgesetzt.) Mr. Liddell Hart entgegnete ihm jedoch, daß er keine Eile habe und sich inzwischen im Vorzimmer an Hand von Zeitungslektüre dahingehend unterrichtet habe, daß von verschiedenen Soldatenbünden die Amnestiefrage erneut aufgeworfen worden sei[3]. Es würde ihn interessieren zu erfahren, wieweit derartige Äußerungen im deutschen Volk Widerhall fänden.
Der Herr Bundeskanzler äußerte zu Beginn seiner Ausführungen, er nehme an, es handele sich zur Zeit um kein Interview, sondern um eine vertrauliche, informatorische Besprechung. Bei den Kriegsverbrechern müsse man seiner Überzeugung nach scharf zwischen zwei Gruppen unterscheiden: den wirklichen Verbrechern, die ihre Strafe verdient hätten, und den vielen anderen, die, ohne eine besondere Straftat begangen zu haben, immer noch in Gefängnissen säßen.
Neulich habe ihm beispielsweise Minister Bech[4] von Luxemburg erklärt, daß ein zum Tode Verurteilter begnadigt worden sei. Er habe ihn gebeten, den Mann doch um Himmels willen möglichst lange in Luxemburg zu behalten, da er genau wisse, daß es sich in diesem Falle um einen echten Verbrecher handele. Andererseits müsse man bezüglich der zweiten Gruppe der sogenannten Kriegsverbrecher bedenken, daß sich die deutsche öffentliche Meinung durch die Behandlung dieser Frage verletzt fühle.
Die öffentliche Meinung Englands, Frankreichs und der Vereinigten Staaten müsse ihrerseits diese Frage im Zusammenhang mit der psychologischen Bedeutung sehen, die sie für die Entwicklung der deutschen Politik habe. Er habe in dieser Hinsicht über die Behandlung zu klagen, die dieser Frage von britischer sowohl wie von amerikanischer Seite zuteil werde. Er habe dieses Problem bereits im Dezember [1951] auf seiner Englandreise mit Mr. Eden angeschnitten und darum gebeten, es einer befriedigenden Lösung entgegenzuführen[5]. In den Verträgen sei ja nun zwar ein Gnadenausschuß vorgesehen[6]; dieser trete jedoch erst nach

ihrer Ratifizierung in Kraft. Inzwischen hätte aber die Hohe Kommission ihre Tätigkeit auf diesem Gebiet bereits eingestellt[7]. Wenn der Gnadenausschuß sofort in Tätigkeit treten und eine Revision der Urteile vornehmen könnte, so würde das einen ungeheueren Beitrag zur Beruhigung der öffentlichen Meinung Deutschlands bedeuten. Er habe auch [gegenüber] den drei Außenministern anläßlich ihres Besuches in Bonn von diesem Problem gesprochen und sie darum gebeten, schon jetzt sichtbare Gnadenbeweise zu geben, mit denen er vor das deutsche Volk hintreten könne, jedoch den Eindruck gehabt – der ihm von einem amerikanischen Journalisten bestätigt worden sei –, daß diese seine Bitte großes Erstaunen ausgelöst habe[8].

Mr. Liddell Hart gab zu, daß die ganze Behandlung dieser Frage sehr enttäuschend sei. Er habe sie im Februar in allen Einzelheiten im kleinen Kreise, insgesamt sechs Personen, zu denen Lord Hankey[9], der Bischof von Chichester[10], Lord Pakenham[11] und er selber gehörten, durchgesprochen, nachdem der Bischof von Chichester eine Vorbesprechung mit Lord Salisbury[12] geführt habe. Sie hätten sich einstimmig für eine Generalamnestie ausgesprochen und die Auffassung vertreten, die öffentliche Meinung in England müsse auf Dr. Adenauers Position in Deutschland Rücksicht nehmen, der auch das House of Lords Rechnung tragen müsse. Anschließend habe Lord Hankey noch einmal mit Lord Salisbury diese Frage besprochen und dabei von letzterem erfahren, daß Dr. Adenauer einer Generalamnestie ablehnend gegenüberstehe; er sei wohl für eine Freilassung von Generalen, nicht aber für eine Freilassung des sogenannten Hard core der Kriegsverbrecher.

Diese Interpretation seiner Einstellung bestritt der Herr Bundeskanzler auf das entschiedenste. Er treffe seine Unterscheidung nicht danach, ob jemand einfacher Soldat oder General sei, sondern danach, ob er vor seiner Verurteilung als Kriegsverbrecher schon Vorstrafen gehabt und wirkliche Verbrechen begangen habe. Er wolle aber Mr. Liddell Hart eine Episode erzählen, die ihn vielleicht interessiere und außerdem einen Ausweg aus der jetzigen Lage zeigen könne. Der Führer eines Zeppelins, der im Ersten Weltkrieg mit seiner Mannschaft über London abgeschossen und in Gefangenschaft geraten sei, sei mit allen seinen Leuten verhaftet und nach einem Prozeß zum Tode verurteilt worden. Am nächsten Tage seien jedoch alle diese Männer für krank erklärt und in die Schweiz abtransportiert worden.

Mr. Liddell Hart äußerte seine Bereitwilligkeit, sich nochmals bei seinen englischen Freunden in dieser Frage in dem vom Kanzler befürworteten Sinne verwenden zu wollen, da er einsehe, daß eine befriedigende Lösung

die Position des Kanzlers in Deutschland stärken müsse, und diese Position sei überhaupt die Schlüsselstellung in Europa. Er wolle veranlassen, daß diese Frage nach einer erneuten Besprechung zwischen ihm, Lord Hankey, Lord Pakenham und dem Bischof von Chichester noch einmal im Oberhaus im Hinblick auf eine rasche Lösung debattiert würde.
Gegen diesen Plan äußerte der Herr Bundeskanzler Bedenken: Er halte es für ungünstig, das Kriegsverbrecherproblem jetzt im Oberhaus von allen Seiten aufzurollen. Zweckmäßig wäre es dagegen, wenn die genannten Herren sich mit Mr. Roberts[13] und Mr. Eden in Verbindung setzen und es zunächst nicht zu einer Debatte kommen lassen wollten. Ein sichtbarer Gnadenbeweis sei die beste Hilfe, die man ihm in seiner Stellung angedeihen lassen könne. Die Situation sei doch so, daß die Sozialdemokratie mit allen Mitteln daran arbeite, die Ratifikation zu verhindern. Wenn er aber wirkliche Gnadenbeweise in der Hand habe, könne er damit vor das deutsche Volk hintreten und die Stimmung in einem für die Ratifikation günstigen Sinne beeinflussen. Dabei sei jedoch keine Zeit zu verlieren, denn die erste Lesung des Vertragswerkes finde bereits in den ersten Julitagen statt[14].
Mr. Liddell Hart stellte anschließend die Frage, ob der Herr Bundeskanzler in letzter Zeit bei den alliierten Vertretern in seinem Sinne vorstellig geworden sei und ob er dabei den Eindruck erhalten habe, daß noch Schwierigkeiten bestünden. Seiner Meinung nach seien beispielsweise englischerseits keine Hindernisse zu erwarten.
Der Herr Bundeskanzler äußerte seine Überraschung über diese Auffassung, denn als er im Dezember mit Mr. Eden über die Frage der Amnestie verhandelt habe und um einen sichtbaren Gnadenbeweis im Zusammenhang mit dem bevorstehenden Weihnachtsfeste gebeten habe[15], sei dieser nicht erfolgt, weil man wahrscheinlich einen solchen Schritt im Zusammenhang mit dem deutschen Besuch und als eine Auswirkung des deutschen Eintretens nicht habe unternehmen wollen.
Mr. Liddell Hart führte dies auf Mr. Edens Haltung zurück, der immer dazu neige, starke Rücksichten auf die Franzosen zu nehmen. Churchill habe in dieser Frage einen durchaus positiven Standpunkt. Für Mr. Eden sei es aber trotzdem leicht, in allen Fragen, die die Außenpolitik berührten, auf Mr. Churchill hinhaltend einzuwirken.
Die ganze Art der Handhabung dieser Frage schaffe große Schwierigkeiten, erklärte der Herr Bundeskanzler, denn jede der drei Mächte habe bisher eine eigene Gnadenpraxis verfolgt, und es wäre am besten, wenn auch jetzt keine auf die andere Rücksicht nehme. Nun hätten jedoch die Franzosen ihr besonderes Gnadensystem Staatspräsident Auriol[16] unter-

stellt, der sich wiederum eine besondere Apparatur geschaffen habe, so daß man sich nun nach dem Partner mit den kürzesten Beinen richte und entsprechend langsam vorankomme. Er sei hingegen der Auffassung, daß Frankreich nachfolgen würde, wenn England wirklich tüchtig ausschreite.

Mr. Liddell Hart gab noch einmal Mr. Edens übergroße Rücksichtnahme (»over-considerate«) auf die Franzosen an. Außerdem sei die Lage in Frankreich dadurch schwieriger, daß ein großer Teil der Verhafteten überhaupt noch nicht vor ein Gericht gestellt und verurteilt worden sei. Da er noch ein oder zwei andere Fragen habe, die nicht zu diesem Thema gehörten, wolle er sich abschließend hierzu kurzfassen und den Herrn Bundeskanzler nur noch fragen, wie dringend sein Eingreifen in dieser Angelegenheit sei. Er plane, am 21. Juni wieder in England zu sein und wolle dann Lord Hankey und die anderen Herren mit dieser Angelegenheit befassen. Falls der Herr Bundeskanzler jedoch diesen Zeitpunkt für zu spät erachte, könne er Lord Hankey auch privat schreiben, wenn er Deutschland verlasse.

Da die erste Lesung des Vertragswerkes bereits in den ersten Julitagen erfolge, so erwiderte der Herr Bundeskanzler, wäre er dankbar, wenn vorher etwas unternommen werden könne. Er halte es daher für das beste, wenn Mr. Liddell Hart an seine Freunde schreiben, später aber außerdem den ganzen Fragenkomplex mit ihnen diskutieren wolle. Er müsse unbedingt beides tun.

Auf Mr. Liddell Harts Frage, ob die Aufstellung einer neuen deutschen Armee im Rahmen der Europa-Armee nicht durch die Verzögerung in der Arbeit des Gnadenausschusses gefährdet sei und sich überhaupt ungünstig auf die allgemeine Situation auswirke, entgegnete der Herr Bundeskanzler, Deutschland liege natürlich daran, nur sehr gute und in jeder Hinsicht einwandfreie Generale für die Kommandostellen zu gewinnen. Er könne sich aber nicht denken, daß charakterlich einwandfreie Generale den Entschluß fassen könnten, dem deutschen Teil der Europa-Armee beizutreten, wenn sie wüßten, daß ehemalige Waffengefährten noch in den Gefängnissen der Alliierten festgehalten würden.

Mr. Liddell Hart pflichtete dem bei und sah eine weitere Schwierigkeit darin, Leute, die sich inzwischen eine gute Stellung im Zivilsektor erobert hätten, für ein Militärdasein zurückzugewinnen. Wie gedenke der Herr Bundeskanzler dieser Schwierigkeit bei der Besetzung der Kommandostellen Herr zu werden?

Der Herr Bundeskanzler erklärte, daß man versuche, an entsprechende Persönlichkeiten mit der Bitte heranzutreten, keine endgültigen Verpflichtungen auf irgendeinem Zivilsektor einzugehen, falls sie Lust hätten, gegebenenfalls wieder auf militärischem Gebiet mitzuwirken. Er glaube, daß echte Soldaten einer solchen Aufforderung gern Folge leisten würden. Eine andere Schwierigkeit sei die, eine echte militärische Tradition aufzubauen. Die alte Tradition sei unter Hitler verlorengegangen. Wir hätten wohl tüchtige Leute und tapfere Kämpfer gehabt. Aber die heute 35- bis 45-jährigen Offiziere hätten doch nicht mehr die alte Offiziersschulung mitbekommen.

Mr. Liddell Hart sah weiter darin eine Schwierigkeit, wieder einen echten militärischen Geist heranzüchten zu wollen, ohne dabei in ausgesprochenen Militarismus zu verfallen. Die Anschauungen des Herrn Bundeskanzlers zu dieser Frage würden ihn sehr interessieren. Dies sei sicherlich ein Problem, dem er sein Hauptaugenmerk zuwende.

Der Herr Bundeskanzler gab zu, daß er über diese Frage oft nachgedacht habe, da sie ihm große Sorge mache. Die Lösung sei seiner Ansicht nach darin zu sehen, daß man den Offizieren klarmachen müsse, daß künftighin der militärische Sektor dem zivilen Sektor untergeordnet und nicht wie früher übergeordnet sein müsse.

Mr. Liddell Hart warf ein, dies habe Hitler auch gesagt, habe es dann aber falsch gemacht. Es komme alles auf die praktische Durchführung an. Es sei kein Zweifel, daß man den starken Mann respektieren werde, solange Dr. Adenauer am Ruder sei, aber die Zukunft bereite doch Sorgen.

Der Herr Bundeskanzler sprach seine Zuversicht dahingehend aus, daß es gelingen werde, einen Verteidigungsminister zu finden, der die Sache in feste Hände nähme.

Auf Mr. Liddell Harts Frage, wann die deutschen Divisionen wohl einsatzbereit sein würden, erwiderte der Herr Bundeskanzler, frühestens 1954. Auf die weitere Frage, ob man nicht eine Zwischenlösung mit Hilfe des Ausbaus der deutschen Polizei finden könne, entgegnete der Herr Bundeskanzler, dies sei praktisch nicht durchführbar, da die Polizei der Befehlsgewalt der einzelnen Bundesländer unterstehe.

Ganz im Vertrauen gesagt, halte er eine Zwischenlösung auch für geboten und habe daher am letzten Freitag [6. Juni 1952] Herrn Blank gefragt, ob es nicht möglich sei, einstweilen vier Divisionen Freiwilliger aufzustellen, die dann später aufgefüllt werden könnten. Ganz gleich, welche Lösung hier gefunden würde, so könnte doch inzwischen auf dem Papier bezüglich der Personalauswahl usw. wertvolle Vorarbeit geleistet werden. Er glaube nicht, daß die Russen versuchen würden, der Entwicklung des Westens durch eine Aktion ihrerseits zuvorzukommen. Die amerikanischen und englischen Truppen, insbesondere die Luftstreitkräfte, seien

doch schon so stark geworden, daß die Sowjetunion an einem endgültigen Erfolg zweifeln müsse.
Ein schweres Problem der Sowjets bei einem künftigen Kriege sei außerdem die Frage ihrer Nachschublinien, die mit einer einzigen Ausnahme alle über die Oder und Weichsel führten und daher ständig von der amerikanischen und englischen Luftwaffe behämmert werden könnten. Die Schwierigkeit der Ölbeschaffung für die Sowjets sei wohl Mr. Liddell Hart bekannt. Dies, zusammen mit der Länge der Nachschublinien und der Weite des Raumes, die sich bisher bei einer Verteidigung für die Russen stets als Gewinn erwiesen hätten, würde im Falle eines Angriffskrieges ein schwerer Nachteil sein. Die Generale Speidel und Heusinger, die die russische Kriegsführung aus eigener Anschauung gründlich kennten, hätten ihm außerdem gesagt, daß die Russen erfahrungsgemäß überaus vorsichtig seien. Man dürfe daher schließen, daß sie so leicht keinen Angriffskrieg vom Zaun brechen würden. Ob sein Gesprächspartner die Generale persönlich kenne?
Auf Mr. Liddell Harts Erklärung, daß er neulich mit Speidel gesprochen habe, während er Heusinger noch nicht kenne, bat der Herr Bundeskanzler, sich auch mit General Heusinger in Verbindung setzen zu wollen.
Mr. Liddell Hart äußerte noch Bedenken in bezug auf die Moral eines künftigen deutschen Kontingents im Rahmen der Europa-Armee, Bedenken, die ihm von Deutschen selbst geäußert worden seien. Diese hätten erklärt, die künftigen deutschen Soldaten würden, teils wegen der zwei Niederlagen, die Deutschland in den letzten Kriegen erlitten habe, teils aber wegen der von den Alliierten in Deutschland verfolgten Politik nie wieder die guten Kämpfer werden, die sie früher gewesen seien. Vielleicht bahne sich, so meinte er, dieselbe Entwicklung wie in England an. Unter Elisabeth[17], ja sogar noch im 18. und 19. Jahrhundert, seien die Engländer sehr angriffslustig (»aggressive«) gewesen, während sie heute nur noch in der Verteidigung gut seien. Vielleicht sei diese Wendung nun auch in Deutschland eingetreten.
Dies bestritt der Herr Bundeskanzler entschieden. Die Deutschen würden bestimmt wieder so gute Soldaten abgeben wie früher. Das ersehe er daran, daß zur Zeit viele junge Deutsche über die Zonengrenze kämen mit dem ausgesprochenen Wunsche, hier Soldaten zu werden, um mitzuhelfen, ihre Heimat wiederzugewinnen. Hinzu komme, daß in der neuen Armee die Technik eine ausschlaggebende Rolle spielen werde. Die jungen Deutschen interessierten sich aber sehr für alles Technische und würden auch aus diesem Grunde gern Soldaten der neuen Armee werden. Daher glaube er, für ihre Moral eine gute Prognose abgeben zu können.

Nr. 33
11. Juli 1952: Presse-Tee (Wortprotokoll)
BPA Archiv F 30

Teilnehmer[1]: Wolfgang Bartels, Otto Bothe, Erich Brost, Frank Drexler[2], Dr. Ludwig Eberlein[3], Dr. Rudolf Fechter[4], Curt Frenzel[5], Dr. Ernst Friedlaender, Theodor Fritzen, Alfred Gerigk, Karl Gerold, Hans Guhr[6], Dr. Reinhold Heinen, Heinz Lubbers, Hermann Proebst[7], Hans Johann Reinowski[8], Fritz Sänger, Robert Schmelzer, Marcel Schulte, Otto Siemer[9], Dr. Karl Silex, Paul Steinfurth, Erich Wagner, Dr. Adalbert Worliczek – Günter Diehl, Felix von Eckardt, Dr. Wolfgang Glaesser, Werner Krueger, Dr. Carl Otto Lenz

Beginn: 16.30 Uhr

Journalist: Ich habe vor mir den verbotenen »Spiegel«[10]. Ich will nicht auf die Sache eingehen, aber ich möchte im Kreis der Kollegen fragen: Halten Sie es unbedingt für opportun, daß ein solches Organ verboten und beschlagnahmt wird?

Adenauer: Das ist wohl nicht der Zweck unserer Zusammenkunft, sondern ich glaube, wir sind zu einem politischen Gespräch zusammengekommen. Aber wir können auch einmal ein pressepolitisches Gespräch daraus machen. In dem Entwurf zum Pressegesetz waren strafrechtliche Bestimmungen enthalten[11]; diese werden da rausgenommen werden und werden nach der Intention des Kabinetts in einem besonderen Gesetz zusammengefaßt werden. Es geht wirklich nicht mehr weiter, das sage ich in vollem Ernst, daß mit der Druckerpresse ein derartiger Mißbrauch getrieben wird, wie das zur Zeit geschieht. Das lassen wir uns einfach nicht mehr gefallen, nicht aus menschlichen Gründen, sondern weil das die Autorität des Staates in einer Weise untergräbt, daß keiner, der Verantwortungsgefühl hat, das ertragen kann. Diese Beschlagnahme kostet den »Spiegel« 80.000 DM. Das ist ein gutes Mittel. Das geht einfach nicht, daß wir uns das gefallen lassen.
Sehen Sie, welche Schriften jetzt hier verbreitet werden, wie ich annehme mit Druckerfirmen, die es gar nicht gibt oder die nichts davon wissen; das ist eine kommunistische Geschichte. Ich habe da eine Schrift gegen mich gerichtet, und da steht als letzter Satz: »Adenauer muß fallen, damit Deutschland leben kann!« – Ich weiß, daß FDJler hier Totenlieder auf mich singen. Soweit sind wir schon gekommen; solche Dinge wie das, was im »Spiegel« steht – dieses Schmierblatt wird ja leider Gottes

gelesen –, das trägt zur Untergrabung der Autorität in ganz starkem Maße bei. Ich bin sehr geduldig darin, und im allgemeinen ist, was mich persönlich angeht, es mir sehr gleichgültig; aber hier handelt es sich nicht um meine Person, sondern um die Autorität des Staates.
Es ist auch nicht möglich gegenüber dem Ausland so etwas. Es ist auch im Ausland nicht möglich, daß die Leute vom Auswärtigen Amt zum großen Teil wirklich unbegründeterweise in dieser schamlosen Weise in der Presse heruntergemacht werden[12]. Wir können ja gar nicht mehr arbeiten. Die Leute haben gar kein Ansehen mehr im Ausland. Der Bundespräsident hat sich mit Recht darüber bei mir beschwert[13] und gesagt: »Das sind meine Vertreter im Ausland, und die werden in der deutschen Presse in dieser [Weise] heruntergeschmiert ...«

(*Zwischenruf:* Und im Rundfunk!)

Das geht auch nicht, daß z.B. im Bayerischen Rundfunk Angriffe auf Persönlichkeiten erfolgen[14], die völlig unbegründet sind, ohne daß ich überhaupt eine Ahnung davon habe. Stellen Sie sich das bitte vor. Wenn Sie wüßten, wie dieser Artikel im »Spiegel« zustande gekommen ist. Ich bin leider nicht in der Lage, Ihnen sehr viel zu sagen, aber ich will Ihnen einiges mitteilen von dem Schmeißer[15] oder wie er heißt:
(Folgt Verlesung eines Lebenslaufes von Schmeißer).
... Wenn meine Nachrichten stimmen und richtig sind: weitere Beschäftigung Schmeißers seit 16.1.1952 im Verfassungsschutzamt eines deutschen Landes.

(*Zwischenruf:* Hessen!)

Das sind völlig unmögliche Zustände.

Journalist: Würde es nicht gut sein, das einmal zu veröffentlichen, was Sie über Schmeißer mitgeteilt haben, damit die Hintermänner und ihre Vergangenheit in der Öffentlichkeit bekannt werden?

Adenauer: Das kommt beim Beleidigungsprozeß.

(*Heinen:* Der erst in drei Jahren sein wird!)

Der Prozeß ist nicht in drei Jahren. Im übrigen will ich sagen, wenn das herauskommt, kauft man gerade den »Spiegel«. Mir ist viel lieber, daß es einen Ausfall von 80.000 DM für den »Spiegel« darstellt. Das ist mir eine angenehme Nachricht.

(80.000 DM werden angezweifelt als Ausfall.)

Die Gesamtauflage ist nicht beschlagnahmt worden, es ging nicht. Und wenn es auch 40.000 DM sind, bin ich auch noch vergnügt.

(*Zwischenruf:* Und vielleicht kommt gerade dadurch eine Auflagensteigerung des »Spiegels«!)

Das ist eine Begleiterscheinung. Aber glauben Sie es mir, für jeden, der wirklich vom Staat eine Vorstellung hat, daß man sich das auf die Dauer weiter so gefallen läßt, das geht nicht. Kritik ja, aber solche Schmutzigkeiten, solche schmutzigen Sachen, das ist unmöglich. Dafür sind die Zeitungen nicht da.

Fragesteller: Ich wollte mich nicht zum Fürsprecher des »Spiegels« machen, sondern die grundsätzliche Frage aufwerfen, ob es zweckmäßig ist, in solchen Fällen Presseorgane zu verbieten!

(*Adenauer:* Beschlagnahmen!)

Über eines müssen wir uns klar sein: Die Pamphlete, die aus der Ostzone herüberkommen, können Sie nicht verbieten!

Adenauer: Wenn ich das nicht unterdrücken kann, soll ich das hier laufenlassen? Ich kann doch nicht sagen: Die Sündflut über uns!

Fragesteller: Wäre es nicht vielleicht wirkungsvoller gewesen, Sie hätten eine kurze Erklärung im Bundestag darüber abgegeben?

Adenauer: Dafür ist der Bundestag doch wirklich nicht da, daß ich vor den Bundestag hintreten soll und sage: Ich bekenne mich schuldig! Dafür ist der Bundestag nun wirklich nicht da. Ich bitte Sie, ich habe so ein leises Gefühl, Sie wollen natürlich nicht für den »Spiegel« eine Lanze einlegen, aber Sie haben wohl das Gefühl: heute der »Spiegel«, und morgen geht es weiter! Das hat niemand zu fürchten. Wer so sich benimmt, wie das der »Spiegel« tut – ich wünschte, es könnten noch 3 bis 4 Nummern hintereinander beschlagnahmt werden.

Journalist: Kommt nicht die Empfindlichkeit der Presse nicht aus der Überempfindlichkeit, die da ist, nachdem in der Nazizeit ja die Presse dauernd kommandiert und gesteuert worden ist?

Adenauer: Ich kann in keiner Weise die Frage anerkennen, daß ein gemeinsames Gefühl der Presse besteht, wenn es sich um solche Schundblätter handelt. Dann muß nach meiner Meinung jeder anständige Journalist und Chefredakteur sagen: »Mit einer solchen Bande habe ich nichts zu tun, man mache mit denen, was man will!« – Wenn Hintermänner einen Schmierverlag kaufen und wer weiß was drucken, ist das doch nicht einfach ein Kollege von Ihnen. Ebenso – das ist ein krasses Beispiel – sagen wir einmal: Wenn irgendein Pornograph hingeht und ein solches Buch, ein pornographisches Buch, erscheinen läßt, dann ist dieser Mann deswegen doch nicht auch ein Schriftsteller!

Journalist: Vielleicht wäre der Grundsatz anzuwenden auf die Leute, die bei anderen Gelegenheiten dem »Spiegel« Informationen geben, wobei es sich gelegentlich um sehr seriöse und stark im öffentlichen Leben zum Teil stehende Leute handelt. Wenn man draußen in der Öffentlichkeit die Auffassung wecken könnte: Wer den »Spiegel« informiert, begibt sich in die Gesellschaft eines solchen Drecksacks! Das ist wirkungsvoller. So aber gibt man dem »Spiegel« eine gewisse Hoffähigkeit dadurch, daß immer wieder prominente Leute ihm etwas zukommen lassen.

Adenauer: Wir haben andere Sachen doch zu besprechen als diesen Dreck-»Spiegel«. Ich stehe gern zu echten Fragen zur Verfügung, zu politischen Fragen.

Journalist: Sie haben im Bundestag gesagt, Sie hegten eine positive Erwartung dahingehend, daß es in nächster Zeit tatsächlich zu einer Reihe von Viererkonferenzen kommen könnte[16]. Können Sie das näher begründen?

Adenauer: »Sehr positiv« habe ich nicht gesagt, und das wäre ein Ausdruck, der mir nicht läge.

(*Fragesteller:* Ich habe es für sehr positiv gehalten, wie Sie es sagten!)
Wenn die Russen auch nur einen Funken Vernunft haben, nehmen sie diese Note[17] an und sagen: »Wir sind bereit, auf eine Konferenz zu gehen!« Dann können aus dieser einen Konferenz allerdings eine ganze Reihe von anderen Konferenzen kommen.

(*Zwischenruf:* Ein sehr langwieriger Prozeß!)
Wenn die Russen wollen, ja, und sie werden, wenn sie überhaupt anfangen, einen langwierigen Prozeß machen.

Journalist: Wie deuten Sie die Entsendung Gromykos nach London[18]?

Adenauer: Bitte, bringen Sie das jetzt nicht – wahrscheinlich wissen Sie es schon, wie man die Entsendung Gromykos nach London deutet. Man hält London für die schwächste und brüchigste Stelle und will sie aus dem Atlantikpakt heraus haben, und zwar deswegen schwächste Stelle, weil doch die konservative Mehrheit nicht groß ist; Churchill kann die Sache nicht immer so in der Hand halten; innerhalb der Konservativen Partei sind auch alle möglichen Gegensätze; die wirtschaftliche Lage ist sehr kritisch, und innerhalb der Labour-Partei gewinnt der Bevan-Flügel[19] an Einfluß. Deswegen hat man Gromyko herübergeschickt. So denkt man sich das auch in englischen und auch in amerikanischen Kreisen. Aber das ist nicht der geringste Beweis dafür, daß Rußland seine Politik ändert. Es kann genausogut umgekehrt sein. Die russischen Botschafter, die bis jetzt draußen waren, waren doch nur Referenten, die den Kreml informierten und nur informieren durften, wie es der Kreml wünscht. Nach allem, was man hört, hatten sie eine erstaunliche Unkenntnis der wirklichen Lage. Gromyko wird vielleicht sich als Persönlichkeit herausstellen, die eine aktive Politik in sowjetrussischem Sinne macht.

(*Zwischenruf:* Mit Ermächtigung des Kremls!)
Soweit er ermächtigt wird natürlich. Was sagen denn Sie zu der Note an Moskau?

Fragesteller: Neben dem Gewähren der freien Wahlen ist das andere Thema dieser Status der gesamtdeutschen Regierung vor dem Friedensvertrag. Ist das mehr innenpolitisch gedacht?
(*Adenauer:* Nein!)
Oder schließt das ein diese sogenannten Freiheitsbündnisse[20] zwischen diesen Ländern?

Adenauer: Es soll jedenfalls ausschließen, daß diese gesamtdeutsche Regierung zunächst unter dem Viermächte-Kontrollrat steht, eine Theorie, die vertreten worden ist[21].

Fragesteller: Es ist doch ein gewisser Unterschied zwischen der gesamtdeutschen Regierung vor und nach dem Friedensvertrag. Erst nach einem Friedensvertrag könnte ein so internationaler Status entstehen. Mit direkter Zuspitzung bedeutet das, daß die gesamtdeutsche Regierung vor dem Friedensvertrag z. B. die westlichen Verträge akzeptieren könnte oder nicht? Ich habe das bisher so verstanden, als ob diese Frage mehr innenpolitsch aufzufassen ist, statusmäßig?

Adenauer: Sie können diese Note nicht verstehen und würdigen, wenn Sie nicht das ganze Paket der alten Noten[22] dabei haben und ständig dabei studieren. Bitte erinnern Sie sich daran, daß die Sowjets gesagt haben, die gesamtdeutsche Regierung müsse auf dem Boden des Potsdamer Abkommens stehen[23]. Das würde also bedeuten, auch vor dem Friedensvertrag also bedeuten, daß sie unter dem Viermächte-Kontrollrat steht.

Journalist: In einer gewissen Konzeption gestern haben Sie auch begrüßt, daß die Mächte nicht alles zerrissen haben, was als Rahmenmöglichkeit unter den vier Mächten vorhanden ist. Die Russen haben ja in weiteren Noten gesagt, daß eine gesamtdeutsche Regierung alle Souveränitätsrechte haben soll wie jedes andere Volk auch!

Adenauer: Die Russen haben das gesagt? Kein Gedanke! Im Gegenteil, in der dritten Note steht »... auf dem Boden der Potsdamer Verträge«[24].
(*Fragesteller:* An einer anderen Stelle steht, Sowjetrußland sei einverstanden, daß die deutsche Regierung alle Rechte haben soll wie alle anderen souveränen Länder.)
Es steht darin das Souveränitätsrecht, eine nationale Armee zu haben. Das steht darin.
(*Zwischenruf:* Wie jede andere Regierung ...)
Nur in bezug auf die nationale Armee.

Wenn das akzeptiert würde von den Russen, daß die gesamtdeutsche Regierung aufgrund des Friedensvertrags völlig frei wäre, würde natürlich die gesamtdeutsche Regierung auch das Recht haben, zu sagen: »Wir treten in diese Bündnisse ein!« Ob sie es tun würde, ob es klug wäre, es zu tun, käme darauf an, wie die Situation dann liegt. Wenn Sowjetrußland konzediert freie Wahlen und freie gesamtdeutsche Regierung, und das wäre das Zeichen einer solchen Entspannung in der Welt, so daß dann manche Sache so zu sehen ist, wobei zu berücksichtigen ist, daß die ganze Entwicklung ja weitergeht.
Ich muß übernächste Woche nach Paris. Dort ist die Außenministerkonferenz[25]. Dann werden wir uns beschäftigen mit der Frage der Errichtung einer politischen Instanz, die über den beiden Systemen steht, über dem Schuman-Plan und über der Europäischen Verteidigungsgemeinschaft. Das wird evtl. alles sehr schnell gehen, während die Verhandlungen[26] auch im günstigen Falle sich sehr lange hinziehen werden. Ich glaube, da sollte man nicht von vornherein zu sehr sich überlegen, ob das so oder so wird. Das ist unübersehbar. Man sollte sehen, daß jedes in seiner Richtung weitergeht, die Entspannung weitergeht, auf der anderen Seite aber auch die Integration Europas weitergeht, die wir nötig haben, gleichgültig ob eine Entspannung eintritt oder nicht. Von allem Militärischen abgesehen, haben wir sie nötig, und aus wirtschaftlichen Gründen haben wir die Integration nötig, unbedingt nötig, und nachher sollte man sehen, wie man zusammenkommt. Wir schwimmen etwas. Das muß man wirklich der Entwicklung zugute halten und etwas abwarten.

Fragesteller: Die Entscheidungsfreiheit nach außen ist keine Bedingung, die wir bezw. die Westmächte von vornherein stellen.

Adenauer: Die Entscheidungsfreiheit nach außen ergibt sich von selbst, ergibt sich ja aus dem Artikel VII des Deutschlandvertrages. Da steht, daß die drei Westmächte bereit sind, einer gesamtdeutschen Regierung dieselben Rechte einzuräumen, vorausgesetzt, daß sie die Pflichten übernimmt[27].

Fragesteller: Das ist nur das Verhältnis der Bundesrepublik zu den drei Mächten. Würden wir gesamtdeutsche Wahlen dann scheitern lassen daran, daß die Sowjets diese Entscheidungsfreiheit nach außen vor dem Friedensvertrag nicht zugestehen? Ist es von uns aus eine Bedingung, die wir hier stellen?

Adenauer: Lassen Sie doch bitte solche Fragen. Wie kann ich jetzt darauf antworten. Die Frage ist noch gar nicht erörtert worden. Warten wir ruhig einmal ab, was jetzt auf uns zukommt. Wenn die Sowjets eingehen darauf, und zwar ernsthaft eingehen, wird eine so allgemeine Entspannung eintreten, daß auch bezüglich der deutschen Frage und vielleicht anderer Fragen sich ein anderer Aspekt ergibt als im gegenwärtigen Augenblick.

Journalist: Sie sprachen von Artikel VII. Bisher war ich auch dieser Ansicht. Ich habe aber von Prof. Grewe[28] eine beunruhigende Interpretation gelesen in seinem Artikel in der »Außenpolitik«[29]. Er sagt: Zwar sei durch diese neue Formulierung der Bindungsklausel nichts präjudiziert, was nicht im Vertrag selbst präjudiziert ist, und er kommt zum Urteil, der Vertrag selbst präjudiziere aber diese Entscheidungsfreiheit einer deutschen Regierung.

Adenauer: Ich würde das für falsch halten. Ich habe es nicht gelesen. Ich würde es auch völkerrechtlich für falsch halten. Wenn ein Gesamtdeutschland geschaffen ist, bestehen die Verpflichtungen, das geht ganz klar daraus hervor, nicht weiter. Es kann nicht die eine Hälfte so und die andere Hälfte so verpflichtet sein.

Journalist: Man kann die Antwortnote der Westmächte als Fortschritt ansehen, (...). Könnten Sie aus dem Zwischenspiel verraten, welches Ihre letzten Abänderungsvorschläge waren?

Adenauer: Eine ganze Reihe. Ich kann jedenfalls, was ich auch im Bundestag gesagt habe, hier ebenfalls wiederholen: Ich habe u.a. auch dafür gesorgt, daß der Begriff »freie Wahlen« in unserem Sinne hineingekommen ist. Die Russen sprechen auch von freien Wahlen. Es ist inbegriffen in unserem Begriff die Freiheit vor und nach den Wahlen.
Im übrigen: Die Dinge in Berlin scheinen sich unerfreulich zuzuspitzen.

Fragesteller: Herr Vockel ist hier in Bonn. Sind irgendwelche Zusicherungen oder Abwehrmaßnahmen gegen neue Fälle von Menschenraub[30] usw. in Berlin hier besprochen worden, und kann man etwas davon erfahren?

Adenauer: Wir können nichts daran machen. Die Berliner Bevölkerung scheint sehr aufgebracht zu sein gegen die Berliner Polizei, daß die für diesen armen Mann (Dr. Linse), dessen Frau übrigens in Nonnenwerth[31] ist, nicht gesorgt hat, obgleich vorher Warnungen da waren.

Fragesteller: Hier haben auch Besprechungen stattgefunden, um dem Berliner Senat Empfehlungen zu geben, auch für Anregungen an alliierte Stellen.

(*Adenauer:* Wo?)
Hier in Bonn zwischen Vockel und einigen Behörden!

(*Adenauer:* Über das Verhalten gegenüber alliierten Stellen?)
Empfehlungen an den Berliner Senat bezüglich Abwehrmaßnahmen.

Adenauer: Mir ist nichts davon bekannt.

Fragesteller: Nicht nur die Stellung der Bevölkerung Berlins ist eine äußerst erregte, auch bei der Zonengrenzbevölkerung. Es hat gestern abend eine sehr starke Protestkundgebung in Eschwege stattgefunden, auf der ein ehemaliger Mitarbeiter des Außenministers Dertinger gesprochen hat[32]. Jedenfalls ist auf dieser Kundgebung der Beschluß gefaßt worden, daß man hier KPD-Funktionäre dafür als Geiseln festhalten solle.

Adenauer: Frau Linse hat an mich dasselbe Verlangen gestellt[33]. Aber das können wir ja doch nicht machen.

(*Zwischenruf:* Schon wegen der Verfassung!)

Die Sowjetspione genießen wohl kaum den Schutz der Verfassung; aber ich sehe von der Verfassung einmal ab; das kann man aus menschlichen Erwägungen heraus nicht machen. Wenn ein anderer Mörder wird, kann man selbst nicht zum Mörder werden.

Journalist: Interessant ist die Forderung Professor Reuters auf einer Protestkundgebung in Berlin von gestern, daß man sich nicht eher mit den Russen an einen Tisch setzen solle, bevor der Menschenraub nicht bereinigt ist[34].

Adenauer: Der Senat hat auch, wahrscheinlich, beschlossen, daß er einer Einladung McCloys nicht Folge leisten wird, wenn der Russe dort erscheint.

Journalist: Ich glaube, daß die Proteste, auch wenn es sich um schärfste Proteste handelt[35], auf die Dauer bei der Bevölkerung schädlich wirken. Dieser Ausdruck »... der amerikanische Kommandant hat schärfsten Protest eingelegt ...« klingt so papieren, daß es auf den Leser einer Zeitung keinen Eindruck mehr macht. Ich habe mich jetzt auf Dulles[36] bezogen, der möglicherweise amerikanischer Außenminister werden könnte und der sich auf den Standpunkt gestellt hat, daß die jetzige Politik nicht ausreichend sei, und man solle sich nicht nur verteidigen, sondern solle zurückschlagen. Ich habe etwas ähnliches vorgeschlagen; nicht, in der Bundesrepublik Kommunisten festhalten; ich sage aber, warum wird nicht von West-Berlin das gleiche gemacht, was auf der anderen Seite gemacht worden ist. Man sollte nicht einen, sondern man sollte zehn aus Ost-Berlin oder der Zone herausholen. Ich glaube, daß das tieferen Eindruck bei den Russen machen wird.

(*Adenauer:* Das glaube ich nicht!)

Wenn man die richtigen Leute herausholt?

Adenauer: Dann müssen sich die richtigen Leute zur Verfügung halten. Sie können doch nicht dem West-Berliner Magistrat sagen: »Geht mit einem Auto mit einer falschen Nummer in die Ostzone usw. ...«

(*Fragesteller:* Die Regierung Grotewohl hat es wohl auch nicht persönlich gemacht?)

(*Zwischenruf:* Es sind rauhe Sitten, und wenn sie auf der anderen Seite betrieben werden ...)

Bitte stellen Sie sich doch vor, was daraus alles kommt! Wir müssen ruhig Blut bewahren, und wenn die Kommunisten sich noch so übel jetzt benehmen. Da ist jetzt nichts gegen zu wollen.

(*Fragesteller:* Und die menschlichen Erwägungen?)

Gerade aus menschlichen Erwägungen. Was soll denn nun geschehen? Nehmen Sie an, es würde von seiten des Magistrats in Berlin eine derartige Aktion gemacht, was würde daraus erfolgen?

(*Fragesteller:* Es würden zehn Kommunisten aus der Sowjetzone oder Ost-Berlin in Gefängnissen sitzen; und sie werden es etwas besser haben als Dr. Linse!)

Und was dann?

(*Fragesteller:* Wenn das nicht genügt, die Sache gelegentlich wiederholen!)

Bitte, seien Sie doch vernünftig. Dieses Berlin kann doch, wenn nicht da andere Truppenmassen hingelegt werden, zerdrückt werden wie eine Fliege; dann werden tausend und abertausend von guten deutschen Menschen ihr Leben verlieren.

Fragesteller: Es ist in der Debatte[37] die Frage des Preises aufgeworfen, den zu zahlen an Rußland man bereit sein könnte oder nicht. Es handelt sich aber darum, daß die Russen eines Tages Interesse daran haben, auf diese Noten einzugehen, und wie will man das Interesse der Russen daran verstärken?

Adenauer: Ich darf zunächst die Worte erklären, die mich gestern veranlaßt haben, dagegen zu protestieren[38], wie man in diesem Augenblick sagen könnte: »das heiße, die Russen auf die Knie zu drücken«, oder »man könne von den Russen keine Kapitulation jetzt verlangen«, oder »welchen Preis wollen wir bezahlen?« Das hat mich wirklich geärgert. Es ist ein Standpunkt, den im Bundestag zu vertreten ganz unmöglich ist. Ich würde auch niemals in der Öffentlichkeit sagen, welchen Preis ist man bereit, zu bezahlen. Einer Räuberbande noch einen Preis zu bezahlen! Es kommt vielleicht einmal ein Lösegeld zu bezahlen in Betracht, aber »einen Preis zu bezahlen« ist ein Sprachgebrauch, den ich ganz unmöglich finde, namentlich im Bundestag unmöglich finde.

Ich will Ihnen sagen, wie ich es mir denke: Wir sprechen ja vertraulich miteinander, und ich möchte das nicht in einer Zeitung lesen, damit ich nachher nicht als großer Träumer dastehe. Wenn es einmal zu Verhandlungen kommt, wird ja nicht nur die deutsche Frage verhandelt, sondern – das kann man ja gar nicht so in der Öffentlichkeit sagen –, für die Russen ist aber doch die deutsche Frage keine Frage für sich, wie für uns die Frage der Ostzone eine Frage für sich ist, sondern vom russischen Standpunkt betrachtet ist die Frage der Sowjetzone, die Wiedervereinigung Deutschlands ein Stück einer ganzen Linie, Polen, Tschechoslowakei, Ungarn usw. In demselben Augenblick, in dem die Russen die Sowjetzone wirklich freigeben, wird in Polen die Widerstandsbewegung, die jetzt schon da ist, eine ganz außerordentliche Stärkung bekommen und vielleicht auch in der Tschechoslowakei und vielleicht auch in Ungarn. Das sagen sich die Russen auch. Deshalb wird auch die deutsche Frage nur gelöst werden in Verhandlungen zwischen – einfach gesagt – Amerikanern und den Russen, die sich über eine ganze Reihe von Fragen erstrekken, und bei der Gelegenheit wird man natürlich auch in der Lage vielleicht sein, den Russen zu sagen, wenn sie hier diese Geschichte so oder so machen, seien die anderen bereit, da und da den Russen entgegenzukommen. Es wird vielleicht auch einmal dabei die Gewährung einer Anleihe eine Rolle spielen für die inneren Aufgaben, die Rußland hat. Das ist Sache der Verhandlungen, wenn, wie ich noch immer hoffe, die ganze Sache, der ganze Streit wenigstens vorläufig einmal für zehn bis zwanzig Jahre aus der Welt geschaffen wird. Da werden natürlich von den Russen Wünsche kommen. Man wird den Russen auch irgendwie entgegenkommen müssen.

Fragesteller: Da fehlt eigentlich eine deutsche Willensmeinung, in welcher Richtung dieses Entgegenkommen sein soll!

Adenauer: Da müssen die Russen erst sagen, ob sie dazu bereit sind und welche Wünsche sie denn haben. Man kann nicht solche Verhandlungen damit anfangen, daß wir sagen: »Wenn Du anständig bist, schenken wir Dir China!«

Fragesteller: Man muß den ganzen Komplex verfolgen. Das russische Angebot war ja die Wiedervereinigung und freie Wahlen!

Adenauer: Die Russen haben freie Wahlen in ihrer ersten Note[39] überhaupt nicht erwähnt.

Fragesteller: Ich meine alle sechs Noten[40], mit Wiedervereinigung, Rückzug und Räumung usw. und die Bedingung dafür, daß dieser andere Status eintritt, Deutschland ohne Separatbündnis mit einer von beiden Seiten.

Adenauer: Nein, sehen Sie die Dinge völlig einfach und klar. Die Forderung der Russen war die Neutralisierung Deutschlands, und dann seien sie auch für eine Wiedervereinigung Deutschlands.

(*Fragesteller:* Das habe ich mit dem Ausdruck »Separatbündnis« sagen wollen!)
Neutralisierung Deutschlands.

(*Journalist:* Das Wort steht nicht darin.)
Aber es war doch darin enthalten. Das lag darin. Das war die Forderung der Russen, Neutralisierung. Das würde bedeuten Aufgabe von Europa; dann wäre die Integration Europas erledigt. Sie sehen mich zweifelnd an?

(*Fragesteller:* Ich nehme an, daß das die Engländer und Amerikaner nicht so sagen würden!)
Da sind die Engländer und die Franzosen genau derselben Meinung, weil das selbstverständlich ist. Woraus wollen Sie Europa noch machen? Die Engländer scheiden sowieso aus und wollen sich nicht binden. Wenn Deutschland ausscheidet, bleiben übrig Frankreich und Italien und Benelux.

Fragesteller: »Ausscheiden« ist vielleicht ein zu weitgehender Ausdruck. Deutschland würde gewissermaßen eine andere Mission in diesem Rahmen haben.

Adenauer: Nein, davon kann keine Rede sein. Integration Europas würde bedeuten noch mehr als ein Bündnisvertrag, noch darüber hinaus, und das soll es nach russischer Ansicht eben nicht. Deswegen ist dieser Zeitpunkt von den Russen gewählt, weil sie sehen, daß es ernst wurde damit. Deswegen ist dieser Zeitpunkt genommen worden.

Journalist: Das ist mir wohl klar. Auf der anderen Seite sagten Sie zehn bis zwanzig Jahre. In diesen zehn bis zwanzig Jahren könnten untragbare Änderungen für Deutschland in der Sowjetzone geschaffen werden?

Adenauer: Was kann ich dagegen tun? Würden Sie mir vorschlagen, daß wir wirklich in die Neutralisierung Deutschlands einwilligen, damit also auf die Integration Europas verzichten?

Fragesteller: Ich würde das vielleicht nicht so kraß formulieren.

Adenauer: Ich muß es doch so sehen.

Fragesteller: Ich könnte mir an sich durchaus vorstellen, wenn sich die Westmächte und Rußland, also alle Vier, darüber einigen, daß Deutschland eine ganz andere Mission bekommt, sagen wir, es würde sich nicht viel ändern, die deutschen Europasoldaten würden, während sie bisher im Auftrag von drei Mächten eine Position haben, auch in unserem Auftrag dieselbe Position oder Aufgabe als Schutztruppe der Mächte, der vier Mächte, haben.

(*Adenauer:* Wir sind doch keine Schutzmacht.)
Unter Garantie der vier Mächte.

(*Adenauer:* Das würde ich immer ablehnen.)

Darum dreht sich der Notenwechsel.

Adenauer: Verzeihen Sie, darauf geht es nicht hinaus. Ich glaube, Sie müssen sich wirklich etwas mehr mit der Europa-Bewegung beschäftigen. Sie verkennen sie vollkommen. Sie sehen, wie so viele, in dieser EVG, in dem Deutschlandvertrag, in den Truppen alles und jenes, das ist ja gar nicht unser Wille. Denken Sie daran, daß der Europavertrag auf 50 Jahre geschlossen ist, daß allen Ernstes davon gesprochen wird, daß wir schon im Jahre 1953 europäische Wahlen für ein europäisches Parlament haben werden. Wir wollen doch etwas ganz anderes. Das würde doch alles kaputtgemacht werden, wenn Frankreich und England und die USA auf diesen Vorschlag der Russen eingehen. Dann würde Europa, das ist nicht zu schwach formuliert, [das] muß real gesehen werden, russisch werden.

Journalist: Können Sie uns Näheres sagen über das neue Projekt, die politische Integration Europas[41], damit wir unterrichtet sind, wenn Sie in der übernächsten Woche in die Verhandlungen einsteigen?

Adenauer: Da liegt noch kein festes Programm vor, sondern es liegt vor ein Gedanke, der dort zunächst einmal erwogen werden wird, und der Gedanke ist der folgende: In diesem Monat, nach Hinterlegung der Ratifizierungsurkunden, tritt der Schuman-Plan in Kraft[42]. Dann haben wir eine europäische Organisation auf dem Gebiet von Kohle und Eisen mit einer Hohen Behörde, einer Versammlung und einem Ministerrat. Und dann entsteht hier die EVG mit denselben Organen. Ich darf Sie [daran] erinnern, daß die französische Nationalversammlung schon vor Monaten verlangt hat, daß eine politische Behörde darübergestellt wird zur Kontrolle[43]. Um diese Frage handelt es sich, daß eine solche politische Behörde geschaffen wird, die über diesen beiden Dingen steht, und das ist dann schon mehr als ein Embryo für eine europäische Föderation.

Fragesteller: Also die Verbindung zweier Gedanken, der gemeinsamen Außenpolitik und dieser politischen Behörde über die EVG?

Adenauer: Nein. Mit der Außenpolitik, das käme auch nach und nach da hinein. Wenn Sie jetzt den Franzosen sagen, »gemeinsame Außenpolitik« mit Deutschland, geht das nicht. Es kommt von selbst, sobald eine gemeinsame politische oberste Stelle da ist. Die wird sich dann auswachsen, sehr schnell, wenn Gott will – ich hoffe, daß er es will – zu einer europäischen Einrichtung. Nun komme ich noch einmal zurück auf das, was eben gesagt worden ist. Ich bin eigentlich wirklich etwas erschrocken, was eben gesagt worden ist, zu hören diese gefährliche Unterschätzung.

Fragesteller (angesprochen): Da bin ich wohl mißverstanden worden.

Ohne Gefahr kommen wir überhaupt nicht aus. Ich sage mir folgendes: Ich möchte nicht abwarten, wie sich in zehn bis zwanzig Jahren die Situation ändert.

Adenauer: Ich habe nicht daran gedacht, daß der jetzige Zustand zehn bis zwanzig Jahre dauern sollte, sondern habe ausdrücken wollen: Wenn wir eine Beruhigung für zehn bis zwanzig Jahre schaffen, haben wir schon einen großen Vorteil, damit wir aus der jetzigen Spannung herauskommen.

(*von Eckardt:* Gemeint ist: Nach der Wiedervereinigung eine Entspannung für zehn bis zwanzig Jahre.)
Wenn wir für zehn bis zwanzig Jahre in Europa Ruhe bekommen, haben wir schon etwas gewonnen.

Fragesteller: Es wird sowieso so kommen, sonst ist ja diese große Entspannung mit Rußland gar nicht zu machen. Es dreht sich jetzt darum: Wie kann man das Interesse der Russen darin bestärken, auf diesen Vorschlag einzugehen, zu verhandeln? Das ist eigentlich das Problem.

Adenauer: Das ist nicht das Problem, wirklich nicht. Ich meine: Wenn ich in eine so schwierige Verhandlung hineingehe schon mit der Frage, wie ich das Interesse der Russen verstärken kann; stellen Sie sich vor, wie man mit Hitler verhandelt hatte. Vergessen Sie nicht die totalitäre Einstellung, die bei einer asiatischen Macht noch größer ist.
Man muß auf zweierlei nach meiner Meinung seine Hoffnung setzen, einmal auf die wachsende Stärke des Westens. Sie werden gestern das eine oder andere vielleicht von mir gehört haben. Stalin würde niemals gewagt haben, in den Jahren 1945 bis 1950 gegen den Bruch aller Friedensverträge, an denen die Westalliierten als Vertragspartner beteiligt waren, sich diesen Satellitenstaaten anzugliedern, wenn die anderen nicht so blödsinnig abgerüstet hätten. Deswegen ist [es] nach meiner Meinung absolut notwendig, daß zuerst der Westen sich stärkt.

Fragesteller: Da unterscheiden wir uns gar nicht. Ich bin unentwegt eingetreten für die Ratifizierung des Vertragswerks.

Adenauer: Wir müssen etwas darauf vertrauen, daß die innere Lage Rußlands auch Rußland zu einer Umkehr von der Politik der Unterjochung Europas bringt. Rußland will doch im Wege des kalten Krieges Europa unterjochen, und wenn nun durch die Schaffung dieses Europas einschließlich Deutschland eine genügende Abwehrkraft geschaffen ist gegen das Fortschreiten des kalten Krieges, kommt auch für Rußland einmal der Augenblick, wo es sich sagt, ob es überhaupt Wert hat, derart weiter aufzurüsten und das Geld da hineinzustecken. Dann wird nach meiner Meinung der Augenblick gekommen sein, wo Rußland weiter einsieht, daß es etwas für die innere Kolonisation tun muß. Das Durchschnittsalter in Rußland ist 38 Jahre und im übrigen Europa 60 Jahre, und zwar deswegen: Rußland hat viel zu wenig Ackerland und hat ganz riesige kolonisatorische Aufgaben im Innern des Landes vor sich, und dafür braucht es Riesenkapitalien. Wenn Rußland nun sieht, es kommt mit seiner bisherigen Politik gegenüber dem Westen nicht weiter, und auf der anderen Seite sieht es die Probleme im Innern, warum sollte dann nicht der Augenblick gekommen sein, wo Rußland sich dieser Aufgabe zuwendet. Da sehe ich durchaus die Möglichkeit, daß Rußland dabei geholfen wird durch Lieferung von Maschinen usw. oder Darlehen.

Lenz: Ich darf bemerken, und das ist höchst interessant: Wir haben die Berichte über den russischen Rundfunk, und es ist interessanterweise in Rußland so, daß seit Monaten die ganze landwirtschaftliche Kampagne im Vordergrund des Interesses steht. Alles andere ist völlig sekundär. Die russischen Sender sprechen nur von der Produktionseinbringung. Es werden riesige Vorwürfe über Mißwirtschaft erhoben. Das ist der Punkt Nr. 1 in der gesamten russischen Propaganda.

Adenauer: Warum? Rußland leidet tatsächlich. Nur: Rußland kann seine Menschen nicht ausreichend ernähren.

Fragesteller: Das Regime kann es sich aber gestatten, das Volk hungern zu lassen.

Adenauer: Das kann es nicht für 10 oder 20 oder 30 Jahre. Das ist eben ein Irrtum. Denken Sie bitte daran, wenn einmal dieser Nimbus Stalins dahin ist. Der Mann ist schwer leidend. Ich habe gerade von dem Herrn, der ihn vor einigen Jahren zuletzt gesehen hat und jetzt wieder, die Mitteilung bekommen, es sei erschütternd, wie Stalin körperlich und geistig doch abgenommen hätte. Wenn der Nimbus Stalins einmal weg ist und wenn die Nachfolgerkämpfe kommen, gibt das eine Erschütterung des ganzen Gefüges, und auf die Dauer kann auch ein so diktatorisch regiertes Land es sich nicht gestatten, daß die Leute hungern. Die Einwohnerzahl nimmt bis jetzt jedes Jahr um Millionen zu.

(*Zwischenruf:* Trotz des Hungerns?)

Das ist die größere Fruchtbarkeit. In der Zeit, in der hier eine Frau Kinder bekommt, wird die russische Frau Großmutter.

Fragesteller: Besteht nicht die Gefahr, daß das nach außen statt nach innen ausschlägt?

Adenauer: Wenn man sich alle Gefahren vor Augen hält; das Gefährlichste ist das Bett, da sterben die meisten Menschen. Trotzdem legen wir uns jeden Abend wieder hin.

Fragesteller: Das ist eine sehr langfristige Frage, und die Verwirrung hier besteht eigentlich in der Kurzfristigkeit, was nämlich unmittelbar geschehen kann, und da ist mir auch in dieser zweitägigen Bundestagsdebatte die Frage aufgefallen, wie auf allen Seiten gezögert wird, um das Problem wirklich zu konkretisieren. Es wird doch in sehr allgemeinen Ausdrücken gesprochen, Neutralisierung, ohne es zu spezifizieren, Integration, Deutschlands Einheit und auch die ewige Frage nach der Alternative der Opposition, die ja berechtigt ist. Ich glaube, sie ist am stärksten angedeutet worden von Herrn Erler[44]. Was sich eigentlich immer mehr abzeichnet, obwohl noch nicht klar ausgesprochen in der Opposition, sondern noch unbestimmter Wunsch ist großer Bevölkerungskreise in Deutschland, ob sich nicht die Integration durchführen läßt mit der alleinigen Ausklammerung der deutschen Divisionen. Ich glaube, das war das Nützlichste in der ganzen Debatte, und dazu kommt nun die Widerlegung dieser aufgetauchten Idee. Integration bis zum letzten mit dieser einzigen Ausklammerung als Preis, das ist ja das, was die Opposition wirklich meint, als Preis für die Befreiung der 18 Millionen in der Sowjetzone und für die Herstellung der deutschen Einheit. Wenn das nicht einschneidend widerlegt wird, geht die ganze Debatte ins Leere. Das ist die wesentliche Aufgabe, dieses Wunschbild zu widerlegen, daß es nicht geht. Das wäre wirklich eine konkrete Debatte anstelle dieser sehr allgemeinen Dinge.

Adenauer: Wissen Sie, warum die Debatte nach meiner Meinung ziemlich unbefriedigend war? Sie hat ja mit einem Erfolg für die Regierungskoalition und die Bundesregierung absolut geendet. Aber unbefriedigend war sie, weil wir überhaupt keinen Gegner hatten. Es wurde auch nichts gesagt. Herr Erler hat ein paar Redensarten gesagt, die ich für sehr unklug halte. Aber was wurde denn von Herrn Schmid gesagt[45]?

Fragesteller: Es zeichnet sich bei der Opposition nach meiner Meinung folgendes ab: Eine Richtung, die Herr Wehner[46] ausdrückte, indem er sagte: »Wir streiten nicht um die Verträge, sondern um die Art, in der sie geschlossen werden[47].« Das schien mir eine Art mittelbaren Angebots zu sein. Die andere Richtung scheint die zu sein, einen Pfleiderer-Plan[48] durchzuführen. Es scheint, als wenn in der Opposition sich ein großer Bruch bemerkbar macht. Die einen wollen irgendwie zu erkennen geben, daß sie im Grunde nicht grundsätzlich gegen das Vertragswerk sind, sondern tatsächlich aus parteitaktischen Gründen das nicht sagen können, und die anderen innerhalb der SPD steuern ganz eindeutig auf irgendeine Art Pfleiderer-Plan hinaus[49].

Adenauer: Ist Ihnen aufgefallen, daß Ollenhauer nicht gesprochen hat und Schmid sich gestern kaum gezeigt hat?

Fragesteller: Ob eine gewisse Chance psychologisch zugunsten der Sowjetzonenbevölkerung nicht vielleicht darin liegt, nun zu sagen, man habe 1945 mit der Kapitulation den Preis bezahlt, und wenn eine Entspannung kommt, muß der Preis sinken? Ich möchte nur eine These setzen: Die Russen und die Amerikaner ziehen sich zunächst einmal aus Berlin zurück.

Adenauer: Sagen Sie das bitte den Berlinern. Sie kommen nicht mehr lebendig da heraus.

Fragesteller: Ich habe das Gefühl, daß ein ziemlicher Abstand entstanden ist zwischen Ihrer naturnotwendig auf lange Sicht gestalteten Politik und den Auffassungen im Lande. Das Land ist wild gemacht durch den Wunschtraum, man soll unter allen Umständen zusammenkommen, so daß die Bonner Politik eigentlich jetzt ein bißchen im luftleeren Raum zu hängen scheint.

Adenauer: Genau das Gegenteil ist richtig von dem, was Sie sagen. Nehmen Sie die Befragungen durch die Demoskopie. Hören Sie einmal die Leute aus der Ostzone.

(*Fragesteller:* In diesen letzten vier Wochen!)

Lassen Sie sich doch nicht bei Fragen von solch weittragender Bedeutung durch künstlich erzeugte Stimmungen in der Bevölkerung so hin und her schwanken. Ich nehme es der Bevölkerung gar nicht übel, denn sie studiert ja nicht die Politik. Aber in einer so schwierigen Lage, in der sich die Welt und Europa befinden, ist es das Unklügste, was man machen kann, wenn man irgendwie die gerade Linie verläßt.

Man muß seine Politik klarmachen, und die Klarheit besteht darin: Die Russen wollen Europa mittels des kalten Krieges unterjochen; darüber kann kein Zweifel sein. Deswegen haben die Russen die 25 bis 30 Divisionen aufgestellt in der Ostzone, und deswegen suchen sie uns zu unterminieren; deswegen geben sie ungeheuere Summen an die Kommunisten in Frankreich und Italien aus. Deswegen haben sie auch jetzt den Versuch gemacht mit dieser Note[50]. Das ist ihre Absicht, und die Angliederung der Satelliten hatte nicht etwa den Zweck, sich eine Barriere zu schaffen gegen europäische Angriffe, denn Europa war doch gegenüber Sowjetrußland damals gar nichts, [Sowjetrußland] brauchte damals keine Angst zu haben und braucht es auch jetzt nicht.

Wenn Sie das als feststehend annehmen, daß Sowjetrußland Europa sich in irgendeiner Form zu eigen machen will, wenn Sie dann weiter berücksichtigen, daß, wenn wir zielbewußt die Integrierung Europas einschließlich Deutschlands weiterverfolgen, sich dann für Rußland sichtbar erweist, daß es mit dieser Politik nicht zu seinem gewünschten Ziele

kommt, dann ist der Augenblick gekommen, wo Rußland sich klarwerden muß über seine weitere Politik. Wenn es sich gegenübersieht starken Mächten, die sich das nicht mehr gefallen lassen wollen, was seit 1945 geschehen ist von seiten Sowjetrußlands, und wenn man gleichzeitig Rußland seine Furcht nimmt und wenn man evtl. ihm auch bei Verhandlungen ein gewisses Entgegenkommen in dieser oder jener Form zeigt, dann kann man hoffen, zu einer Verständigung zu kommen. Jede andere Möglichkeit kann einfach nicht zum Ziele führen.
Man muß zunächst Sowjetrußland die Überzeugung beibringen, daß es ihm nicht gelingen wird, Westeuropa unter seine Macht zu bringen. Solange man Rußland in seinem jetzigen Glauben läßt, es könne so weitermachen, wird Rußland nicht zu einer Verständigung bereit sein. Das ist nach meiner Meinung der Angelpunkt der ganzen Situation und die einzige Möglichkeit, Sowjetrußland zu einer Nachprüfung seiner bisherigen Politik zu bringen. Alles andere, ihm nämlich anzubieten, wir verzichten auf deutsche Soldaten und integrieren im übrigen Europa, das wäre ein diplomatischer Erfolg Sowjetrußlands, der seinen Machthabern derartig in den Kopf steigen würde, daß die Gefahr nur vergrößert würde.
Sie werden wissen, was die sowjetzonalen Sender über die Sozialdemokratie gebracht haben und daß sie deren Politik begrüßt haben. Nicht die Russen reizen, aber ihnen durch eine Entwicklung klarmachen, daß die bisher von Rußland in Europa verfolgte Politik am Ende ist, damit Rußland sich besinnt und Entschlüsse faßt, was es nun machen will. Der Augenblick darf nicht verpaßt werden, denn dann ist der Augenblick erst gekommen. Solange Rußland noch eine gewisse Hoffnung hat, Deutschland zu bekommen, die Bundesrepublik und die anderen europäischen Länder, ‹um›[a] dadurch ein Rüstungspotential zu bekommen, das Rußland wirklich den Vereinigen Staaten ebenbürtig macht, bestärkt man Rußland in seiner bisherigen Politik.

Fragesteller: Ich möchte das Wort aufgreifen, was Sie sagten, daß man Rußland die Furcht nimmt. Das wollte ich schon eben andeuten, denn in dieser Kombination sehe ich keinen grundsätzlichen Unterschied mehr zwischen unseren Auffassungen.

Adenauer: Das ist meine Auffassung von dem, was wir tun müssen, den Russen die Furcht nehmen und gleichzeitig Rußland erkennen lassen, daß es auf dem bisherigen Wege keine Früchte mehr erben kann.

Friedlaender: Das heißt praktisch, daß eine Viermächtekonferenz über die Einheit Deutschlands 1952 ausgeschlossen ist. Schlimm ist bloß, daß stets Hoffnungen erweckt werden von allen Beteiligten, auch von der Koalition, als sei hier eine reale Möglichkeit, hier und heute die Einheit

Deutschlands herzustellen. Ich halte das für verderblich; die Opposition mag es tun, denn es gehörte [zu] ihrer Linie; aber wir spielen eigentlich auf der anderen Seite das gleiche Spiel irgendwie mit.

Adenauer: Das ist auch meine Meinung, wie auch in anderen Fragen man viel zu sehr den Gefühlen der Opposition folgt. Hätte die Koalition nicht oft auch dasselbe gemacht, wären wir sehr viel weiter.

Fragesteller: Es ist die Meinung stark verbreitet, daß das französische Parlament die Ratifizierung des Verteidigungsvertrages von weitgehenden Zugeständnissen in der Saarfrage abhängig machen wird?

Adenauer: Das halte ich für ganz ausgeschlossen. Das ist bisher nicht irgendwie an mich herangetreten.

Lenz: Ich wollte noch einmal darauf aufmerksam machen, wie eigentlich die öffentliche Meinung ist. Es wird immer davon geredet, daß die öffentliche Meinung in ihrer Mehrzahl völlig unentschieden sei. Ich lasse die Sache seit über einem Jahr testen und behaupte, genau das Gegenteil ist der Fall. Wir haben noch niemals in den Tests eine solche Zustimmungszahl zur Regierungspolitik gehabt als in den letzten Monaten. Wenn ich die Frage gestellt habe: »Sind Sie der Auffassung, daß die Regierung in der jetzigen Lage Westdeutschlands tut, was sie kann?«, so hatten wir im Mai 1951 = 49 Prozent und haben jetzt im Mai 1952, als alle diese Punkte in der Öffentlichkeit strittig waren, 58 Prozent Zustimmung. Ich habe mich darum bekümmert, wie die Generation zwischen 17 und 25 Jahren auf das Thema des Wehrbeitrages (...) usw. reagiert, so ist das Ergebnis hochinteressant. Wir haben gefragt: »Wenn ein Gesetz kommt zur Wehrpflicht, würden Sie es hinnehmen?« 52 Prozent antworteten: »Wir freuen uns nicht, würden es aber hinnehmen!« 11 Prozent haben gesagt, sie würden es absolut begrüßen! Dagegen stehen nur 34 Prozent, die gesagt haben, sie wollen es nicht. Eine weitere Frage: »Die Westmächte haben Westdeutschland aufgefordert, sich an einer europäischen Verteidigungsarmee zu beteiligen. Würden Sie mitmachen oder ablehnen?« 52 Prozent würden mitmachen, 34 Prozent ablehnen, 14 Prozent sind unentschieden gewesen. Ich kann überall denselben Trend in der öffentlichen Meinung beobachten, der wesentlich besser ist als vor einem Jahr. Deshalb ist die Behauptung, daß die Mehrheit der Bevölkerung in diesen Dingen völlig unsicher ist, falsch. Die Mehrheit hat eine durchaus entschiedene Auffassung.

Die Befragung geht nach einem rein wissenschaftlichen System vor sich. Getestet wird immer der Bevölkerungsdurchschnitt, 33 Prozent Arbeiter usw., katholisch, evangelisch, Süddeutsche, Norddeutsche usw.

Fragesteller: Sie führten vorhin aus, daß die Sowjetsender sich auf die

SPD berief[en] und deren Ablehnung der Verträge; andererseits haben wir aber in der Bundestagsdebatte gerade von SPD-Rednern die politische Abgrenzung gegenüber den Kommunisten gehört. Ich glaube also, diese Berufung auf die SPD ist mehr oder weniger demagogisch gemacht worden.

Adenauer: Nein. Sie sind sich doch wohl darüber klar, wenn die SPD diesem Vertrag zugestimmt hätte, daß wir also eine breite außenpolitische Front gebildet hätten, die Stärke doch sehr viel größer wäre.

Fragesteller: Das ist außer Zweifel. Hat nicht Prof. Schmid gesagt, zunächst Viererverhandlungen, und wenn die Sache scheitert, neue Verhandlungen und auch einen Verteidigungsvertrag?
(*Adenauer:* Davon hat er nichts gesagt!)
Er hat gesagt »neue Lage«[51].

Adenauer: Dafür kaufe ich mir nichts, für »neue Lage« und solche Worte. Ich spreche das einmal ungeschminkt aus, ob gewollt oder nicht gewollt. Durch diese Haltung der SPD fühlen sich die Russen in ihrer Hoffnung ermutigt, daß es schließlich doch noch gelingt, eine Mehrheit zur Ablehnung zu bekommen. Erst in dem Augenblick, wo eine Tatsache geschaffen ist, d. h., wo der Bundestag genehmigt hat, erst von dem Augenblick an tritt auch für die Russen eine andere Lage ein, und wenn nun hinausgezögert wird, ist diese Lage noch nicht da, und es besteht für die Russen jedenfalls die Versuchung, auf allen möglichen Wegen weiter zu wühlen, um den Eintritt dieser neuen Lage zu verhindern.

Fragesteller: Man hört oft Klagen über die Erstarrung der Fronten im Bundestag, die auf zu wenig Kontakt zwischen den einzelnen Fraktionen zurückzuführen sei, und man beklagt sich, daß die Opposition nicht genügend informiert und in das Vertrauen gezogen würde, wie etwa jetzt bei dem Auszug der Fraktionen, als Reimann sprach[52]. Ich hätte es für richtiger gehalten, vorher eine Verständigung herbeizuführen und gemeinsam auszuziehen. Ich kann mir sehr gut denken, daß Sie berechtigte Gründe gehabt haben, über Vertrauensbrüche sich zu beklagen. Auf der anderen Seite sehe ich in den Reihen der Opposition eine Menge jüngerer Abgeordneter, die mit diesem starren Fraktionszwang gar nicht zufrieden sind. Das geht aus vielen Gesprächen hervor. Es gehören nur eine große Selbstüberwindung und Mut dazu, solche Dinge zu sprengen. Ob da psychologisch immer alles getan worden ist von den Koalitionsparteien, wäre eine Frage, die mich interessiert.

Adenauer: Ich möchte zunächst folgendes sagen: Ich habe von der Exzedur auch nichts gewußt, geschweige daß ich dafür gesorgt habe, daß die SPD nicht benachrichtigt wurde. Sie haben auch recht damit, wenn Sie sagen, es sei eine gewisse Erstarrung eingetreten. Aber ich darf Sie daran erinnern, was vor einigen Wochen Herr Krone erklärt hat im Bundestag von der Rednertribüne aus. Er hat gesagt: »Solange die Sozialdemokratie nicht von dem Ausspruch ihres Vorsitzenden, diejenige[n], die diese Verträge unterschreiben, seien keine Deutschen mehr, solange sie nicht davon abrückt, müßten wir die nötigen Konsequenzen daraus ziehen.«[53] Wer hat diese Sache angefangen? Stellen Sie sich umgekehrt vor, ich hätte als Vorsitzender der CDU oder von Brentano als Fraktionsführer öffentlich erklärt: »Diejenigen, die diese Verträge nicht unterschreiben, sind keine Deutschen mehr!« – Was glauben Sie, was geschehen wäre?

(*Zwischenruf:* Trotzdem ist es gestern schlecht gemacht worden!)

von Eckardt: Ich kann es nicht ganz verbindlich sagen, werde es aber bekommen. Ich glaube, es ist eine reine Panne passiert. Soweit ich feststellen konnte, hat ein führender Abgeordneter der CDU mit einem führenden Abgeordneten der SPD gesprochen. Der Irrtum ist daraus entstanden, daß der Empfänger der Mitteilung, der SPD-Abgeordnete, nicht empfunden hat, daß er mit seiner Fraktion darüber sprechen soll, sondern es als Mitteilung für ihn auffaßte. Es scheint also eine reine Panne passiert zu sein, die nicht beabsichtigt war. Ich bin so informiert worden.

(*Zwischenruf:* Die zweite Panne war doch die, daß der Rundfunk nach wie vor weiter übertragen hat, also die Reimann-Rede[54]!)

Adenauer: Da haben Sie vollkommen recht. Alles geht hinaus, und der Rundfunk macht weiter. Das war auch eine falsche Regie.

Heinen: Ich bin zwar nicht dafür, daß der Rundfunk wie von einem Propagandaministerium aus gesteuert wird, aber die Notwendigkeit, daß man an dieses Problem herangeht, scheint mir durch diesen gestrigen Vorfall wesentlich verstärkt worden zu sein. Eine Änderung ist da wirklich notwendig.

Adenauer: Ich höre es gern.

Fragesteller: Die Frage der Distanzierung der SPD auf diese Äußerung Dr. Schumachers ist irgendwie von Carlo Schmid angezogen worden, als er erklärte, die Ja-Sager seien ebenso gute Patrioten wie die Nein-Sager[55].

Adenauer: Er hat gesagt, daß jeder nach bestem Gewissen handele. Das konnte geradesogut ein Schutz sein für seine Absichten.

Fragesteller: Im Ausland wächst die Verstimmung darüber, daß wir in der Besetzung von Auslandsposten so zögernd vorangehen. Das ist vor allem auch nachteilig für den Außenhandel. Es gibt Länder, die darauf warten, Kontakte mit uns zu bekommen. Besteht Aussicht, die Errichtung deutscher Missionen in einem etwas schnelleren Tempo anlaufen zu lassen?

Adenauer: Wo soll man sie herbekommen, die Leute? Sie berühren indirekt damit eine Frage, die staatspolitisch von denkbar größter Bedeutung ist. Wir bekommen keine jüngeren Leute für diese Bezahlung. Die Leute gehen alle in die private Wirtschaft. Wir können nicht einmal mehr gut qualifizierte Assessoren bekommen.
Ich darf erinnern, daß ich neulich in Frankfurt ziemlich klar gesagt habe, daß es ein unmöglicher Zustand sei, daß wir tatsächlich einer geistigen Dekadenz entgegengehen, die sehr besorgniserregend ist[56]. Heute hat Blücher gesagt[57], er habe einmal die Bezüge eines Reichsministers und eines Bundesministers, 1926 und 1952, unter Berücksichtigung der Steuern vergleichen lassen. Der Bundesminister bekommt oder behält übrig 26 Prozent von dem, was der Reichsminister im Jahre 1926 hatte in Mark. Der Bundesminister, der 4 Jahre in diese Geschichte einsteigt, muß entweder Berufsparlamentarier sein – wobei er auch nicht gerade sehr viel anzieht – oder muß seinen Beruf oder sein Geschäft vollständig vernachlässigen. Dann ist er da auch fertig. Der Beamtennachwuchs ist so kläglich, daß ich nicht weiß, wie das auf die Dauer so gehen soll. Da wäre es sehr zu begrüßen aus staatspolitischem Interesse, wenn das doch immer wieder auch in der Presse gesagt wird. Nehmen Sie die Ärzte. Was wird, wenn die Ärzte verproletarisiert werden? Gerade wurde »Polizeibeamter« gesagt, mit Recht.
Ich möchte noch etwas Politisches sagen. Ist nach Ihrer Auffassung die politische Lage wirklich so, wie ich sie eben geschildert habe?

Fragesteller: Ich glaube, daß viele, wenn nicht die meisten, diesen Weg als den einzig denkbaren ansehen. Wir erschrecken nur darüber ein wenig, daß der Weg bis zur Wiedervereinigung Deutschlands voraussichtlich sehr lang ist und daß möglicherweise der Weg so lang ist, daß die 18 Millionen Menschen in der Ostzone uns entfremdet werden bzw. soziologisch in eine andere Verfassung gebracht werden.

Adenauer: Das glaube ich nicht. Man kann natürlich nicht in die Zukunft sehen. Wenn wir aber diese Integrierung Europas wirklich fördern und vorwärtsbringen und damit im Laufe des Jahres 1953 nicht in allen Einzelheiten, aber in der Konstruktion fertig sind, ist doch der Augenblick schon gegeben, wo die Russen erkennen müssen, daß sie nicht weiterkommen.

Fragesteller (SPD): Ich möchte Ihnen einmal sagen, daß ich als Sozialdemokrat Ihre Linie vertrete in meiner Zeitung vorbehaltlos, weil ich mir sage, daß ein Bundeskanzler der SPD hätte den gleichen Weg gehen müssen.

Journalist: Ich teile nicht Ihre Auffassung, daß jemals die Russen sich zu irgendeiner Erkenntnis durchringen.

Adenauer: Sie müssen wirklich davon ausgehen, daß die Russen auch Menschen sind, die, wenn sie auch einseitig sind, doch nachdenken und die Gewinner des Weltkriegs sind und denen die anderen nach dem Krieg 1945 durch ihre Abrüstung und Passivität ungeheuere Gewinne geradezu haben fast in den Schoß fallen lassen. Man muß mit den zur Zeit vorhandenen Faktoren rechnen.

Journalist: Sie fliegen in der nächsten Woche nach Berlin. Wird Berlin der Platz sein, von dem aus Sie den Menschen in der Ostzone einiges zu ihrer Beruhigung sagen?

Adenauer: Ich werde in der Siemens-Halle sprechen vor ein paar tausend Arbeitern[58]. Das wird natürlich vom RIAS verbreitet werden, und ich hoffe, daß das gut wirken wird. Wir bekommen ununterbrochen durch unsere Vertrauensleute auch aus der Arbeiterschaft die flehende Bitte, wir sollten voranmachen, wir seien ihre einzige Hoffnung und sollten nicht weich werden. Natürlich werde ich auch in dem Sinne sprechen, der auch meiner Überzeugung entspricht. Voraussichtlich werde ich sagen, daß es nicht zehn bis zwanzig Jahre dauert, sondern daß man annehmen muß und kann, daß Sowjetrußland auch eines Tages und wahrscheinlich in gar nicht so ferner Zeit einsehen wird, daß der Weg einer vernünftigen Verhandlung auch für Rußland der vernünftige Weg ist, um zu einer Lösung der Schwierigkeiten zu kommen[59]. Ich habe gestern nicht umsonst zweimal gesagt, daß wir auch Frieden mit Sowjetrußland haben wollen[60].

Fragesteller: Sie sagten, daß man bald ein europäisches Parlament schaffen wolle[61]. Ein starkes Argument der Opposition geht dahin, daß durch diese Verträge ein Teil der Souveränität und des Kontrollrechts der Parlamente an unkontrollierbare Stellen kommt.

Adenauer: Frankreich und auch andere Länder waren bisher noch ein bißchen zögernd in der ‹Publikation›[b] des Gedankens des europäischen Parlaments, aber wenn es so geht, wie wir es hoffen, werden wir im Laufe des Jahres 1953 europäische Wahlen haben, und dann schaffen wir diese politische Instanz. Man muß die jetzige Zeit mit ruhigen Nerven zu bestehen versuchen und muß, ohne die Russen zu reizen, in aller Konsequenz ihnen beibringen, was wir vorhaben. Die sowjetrussische Gefahr der Gewaltanwendung wächst ja, je größer die Schwäche der Gegner ist. Wenn Taft an die Spitze Amerikas kommen würde[62], würde eine Lage für Europa entstehen, die sehr kritisch wird …

Was würden Sie von Saarbrücken als Stadt für die Aufnahme der Schuman-Plan-Behörden halten? Der Interimsausschuß[63] untersucht einige Städte, darunter Saarbrücken[64]. Man steht allgemein auf dem Standpunkt, daß ein Auseinanderreißen der Schuman-Plan-Stellen an verschiedenen Orten nicht zweckmäßig ist. Die Behörden werden also wohl an einen einzigen Ort kommen. Wenn diese Behörden aber einmal dort sind, würden auch die EVG-Stellen dort hinkommen und die politischen Stellen nach einer Föderation Europas höchstwahrscheinlich auch.

Heinen: Mir sind Überlegungen aus dem Ausschuß des belgischen Senats bekannt, wonach man dort die Frage ventiliert hat, Internationalisierung des Saargebiets unter Hinzufügung einer symbolischen territorial[en] Abrundung der anliegenden Länder Luxemburg und Frankreich.

Adenauer: Ich stehe auf dem Standpunkt, daß das Land, das Sitz all dieser Stellen wird, einen Prestigegewinn bekommt in der gesamten Welt, der gar nicht hoch [genug] eingeschätzt werden kann. Wenn alles das nach Straßburg kommt, bekommt damit Frankreich einen Prestigegewinn international gesehen, der sehr groß ist. Wenn Straßburg, ist es Frankreich, wenn Saarbrücken, ist es nicht Frankreich. Es kommt hinzu: Die Umgebung einer solchen Behörde ist immerhin doch sehr einflußreich, und Saarbrücken ist ja doch deutsch; die deutsche Sprache herrscht dort, die Umgebung ist deutsch. Außerdem glaube ich, wenn diese Stellen dahin kämen, würde auch die jetzige Saarregierung eine ganz andere Politik machen müssen.

Fragesteller: Wenn ich richtig verstanden habe, haben Sie sagen wollen: Wie denkt man über Saarbrücken? Und Sie haben die Frage offengelassen, wie die staatliche Gestaltung sein soll, womit die Möglichkeit der politischen Rückkehr zu Deutschland offenbleibt.

(*Adenauer:* Ja, das habe ich gar nicht erwähnt.)

Fragesteller: Ich meine, die deutsche Bevölkerung müßte das verstehen. Die Saarbevölkerung bekäme eine demokratische Sicherung und eine bevorzugte Stellung, und wir sollten es ihnen gönnen.

Journalist: Minister Kaiser[65] hat bestimmte Forderungen bezüglich der Saar erhoben[66].

Adenauer: Aber nur für seine Person. Wenn diese Schuman-Plan-Behörden nach Saarbrücken kämen, würde doch tatsächlich dieses undemokratische Verhalten der Saarregierung in kürzester Zeit aufhören.

Fragesteller: Saarbrücken könnte ja Sitz dieser Behörden werden, und der Rest des Saargebiets fiele an Deutschland?

Adenauer: Davon ist einmal die Rede gewesen. Ich sage Ihnen vertraulich, daß ich von Frankreich aus gefragt worden bin, ob ich etwas dagegen hätte, daß eine Kommission Saarbrücken besichtigt. Ich habe gesagt: Besichtigt, soviel Ihr wollt!

Nr. 34
24. Oktober 1952: Unterredung (Aufzeichnung vom 23. Oktober 1952)
StBKAH III/97, hs. unterzeichnet »Noack«

Teilnehmer: Hanson Baldwin[1], Drew Middleton[2] – Dr. Heinz Noack, Dr. Hans Schirmer

Beginn: 11.55 Uhr Ende: 12.30 Uhr

Mr. Baldwin fragte den Herrn Bundeskanzler zunächst, wann seiner Auffassung nach der EVG-Vertrag ratifiziert vorliege und ob die Ratifizierung zuerst in Frankreich oder in Deutschland erfolgen werde.
Antwort: Zuerst in Deutschland. Die französische Regierung habe aber noch für Mitte November eine Aussprache über den EVG-Vertrag angesetzt[3].
Mr. Baldwin erklärte dann, eine Frage, die die USA mit Beunruhigung erfülle, sei die, ob der Westen schnell genug stärker werde oder ob die Stärke des Ostens bald der des Westens gleich sein werde. Daher habe die Frage der Ratifizierung des EVG-Vertrages für die USA das größte Interesse. Glaube der Herr Bundeskanzler, daß, falls die Ratifizierung beispielsweise bis zum Juni kommenden Jahres in Frankreich nicht erfolgt sei, Alternativmaßnahmen ergriffen werden müßten?
Der Herr Bundeskanzler erwiderte, derartige Maßnahmen brauche man nicht ins Auge zu fassen. Die amerikanische Diplomatie, oder besser das State Department, zeige zur Zeit aus begreiflichen Gründen eine gewisse Reserve[4]. Es seien auch schon in diesen Tagen Vorstellungen beim State Department erhoben worden, um es aus dieser Reserve herauszuholen. Er glaube aber, daß Anfang nächsten Jahres alle Befürchtungen in dieser Hinsicht zerstreut werden würden. Schuman habe ihm vor ein, zwei Monaten gesagt, Frankreich werde im Januar oder Februar ratifizieren, De Gasperi habe gesagt, im November, denn in Italien fänden im April Neuwahlen statt[5]. Es wäre daher gut, wenn man Italien helfen könne, noch vor Weihnachten zu ratifizieren.
Zur Frage der Alternativmaßnahmen wolle er sagen, daß sie ja sehr klar sei und daß er die Antwort darauf nicht aussprechen wolle.
Mr. Baldwin brachte dann das Gespräch auf die Wiedervereinigung Deutschlands, um das Thema etwas zu ändern, wie er sagte.
Der Herr Bundeskanzler sagte hierzu, er habe auf dem CDU-Parteitag in Berlin ausführlich über dieses Thema gesprochen[6] und die absolute Zustimmung aller Teilnehmer, darunter vieler Leute aus der Ostzone,

erhalten. Die dabei von ihm vertretene Auffassung sei, kurz gesagt, folgende: Moskau verhandle, wie jeder totalitäre Staat, nicht mit einem Staat oder einer Mächtegruppe, die nicht stark sei. Ein totalitärer Staat sei erst dann zu Verhandlungen bereit, wenn der andere Verhandlungspartner genauso stark sei. Wenn es bis zu dem Zeitpunkt, zu dem der Westen stark und zusammengefügt sei, Moskau nicht gelinge, ihn zu spalten, auseinanderbröckeln zu lassen oder durch die Mittel des kalten Krieges zu schwächen, dann sei der Zeitpunkt zu einer Verständigung zwischen Osten und Westen auf dem Verhandlungswege gekommen, und dann werde auch die deutsche Frage aufgerollt werden.

Hierzu bemerkte *Mr. Baldwin,* viele Leute in Amerika beschäftige die Frage, ob dieser Zeitpunkt überhaupt komme, ob die Stärke des Westens überhaupt zunehme. Unbestreitbar sei sie in den letzten zwei Jahren gewachsen und werde wohl auch in den nächsten zwei Jahren weiter wachsen, aber wie würde es darum in zehn oder fünfzehn Jahren bestellt sein?

Der Herr Bundeskanzler äußerte hierzu, daß man sich seiner Meinung nach auf eine so lange Zeit nicht gefaßt zu machen brauche, denn die Spekulationen Sowjetrußlands seien etwa folgende: Uneinigkeit des Westens, Verhinderung der Integration Europas und Herbeiführung einer Spaltung zwischen den USA, England und Frankreich. Wenn aber die Sowjetunion sähe, daß es hiermit vorbei wäre, weil der EVG-Vertrag ratifiziert sei, dann werde sie sich die Frage vorlegen, ob eine Fortsetzung der bisherigen Politik zweckmäßig sei.

Zur Beurteilung müsse man aber auch die wirtschaftliche Lage der Sowjetunion berücksichtigen. Die Sowjetunion habe alles auf Kriegswirtschaft ausgerichtet und deshalb ihre Konsumgüterindustrie zurückgestellt. Ein russischer Ingenieur, der aus dem Osten geflohen sei, habe ihm kürzlich gesagt, die Menschen in der Sowjetunion verzehrten zur Zeit nur ein Drittel von dem, was die Deutschen in der Sowjetzone verzehrten, und die hungerten doch jetzt schon. Die Sowjetunion gehe ungeheuren inneren wirtschaftlichen Schwierigkeiten entgegen, eben weil sie alles auf Kriegswirtschaft abgestellt habe. Dann aber auch, weil sie nicht über ausreichendes Ackerland verfüge.

Wenn es daher Sowjetrußland im Zuge der Zusammenfassung und Stärkung des Westens klar werde, daß es mit den Methoden des kalten Krieges, den es seit 1945 so erfolgreich geführt habe, keinen Erfolg mehr erzielen könne, dann werde es sich die Frage vorlegen, ob es sich nicht lohne, den Versuch zu einer Verständigung zu unternehmen. Dann sei es Aufgabe des Westens, Rußland die Furcht zu benehmen, die einer der

beiden Faktoren seiner Politik sei; denn diese werde einmal beherrscht von einem panslawistisch-marxistisch fundierten Expansionsdrang und zweitens von der Furcht vor den kapitalistischen Staaten.
Dieser Zeitpunkt, zu dem sich Rußland zu Verhandlungen bereit finden würde, sei aber, so sagte der Herr Bundeskanzler, wahrscheinlich schon in fünf bis sechs Jahren, keineswegs aber erst in zehn oder fünfzehn Jahren gekommen.
Zur Bestätigung der Richtigkeit dieser Ansicht fügte Herr Dr. Adenauer noch hinzu, daß der Rektor der Technischen Universität Berlin, ein Bulgare[7], der noch über gute Beziehungen zum Osten verfüge, ihm folgende Verpflegungsskala genannt habe: Zuerst komme der Ostsektor Berlins, wo die Lage am besten sei; dann die Sowjetzone, die Satellitenstaaten und schließlich die Sowjetunion selber. Damit würden die Angaben des russischen Ingenieurs bestätigt.
Hierauf entgegnete *Mr. Baldwin,* er hoffe, der Herr Bundeskanzler habe mit dieser Beurteilung der Lage recht und die Stärkung des Westens mache weitere Fortschritte. Er müsse jedoch hinzufügen, daß viele Menschen in den USA eine etwaige spätere Verhandlungsbereitschaft der Sowjetunion für unwahrscheinlich hielten und im besten Falle an den Fortbestand eines bewaffneten Friedens glaubten. Daher mache drüben vielen Menschen die weltpolitische Lage sehr viel Sorgen. Eine zweite Sorge sei die, ob die Wiederaufrüstung Deutschlands zu einer Wiedergeburt des deutschen Militarismus führen werde.
Der Herr Bundeskanzler bemerkte – zunächst auf die erste Bemerkung eingehend –, er habe nicht nur von der zunehmenden Stärke, sondern auch von dem Erfordernis der Einheit des Westens gesprochen. Er sei nicht der Auffassung, daß die Sowjetunion nur aus Angst zu Verhandlungen bereit wäre; sie sei es viel mehr, wenn sie sähe, daß der Westen geeint sei und sie mit den bisherigen Methoden des kalten Krieges nichts mehr erreichen könne.
Zum zweiten Punkt übergehend, erklärte der *Herr Bundeskanzler,* daß der Deutsche eine militärische Veranlagung besitze. Nun sei er entwaffnet, dabei aber überaus empfindlich gegen die Gefahren seiner gegenwärtigen Lage. Das führe ihn zu Spekulationen aller Art. Aber durch die Europäische Armee würde diese militärische Veranlagung in bestimmte Kanäle geleitet und durch feste Dämme zum Besten Europas gelenkt.
Mr. Baldwin stellte dann, auf schon geäußerte Gedankengänge eingehend, die Frage, ob die genannten Alternativmaßnahmen ergriffen werden müßten, falls Frankreich nicht ratifiziere. Mit anderen Worten, ob nach Auffassung des Herrn Bundeskanzlers die Vereinigten Staaten und

Deutschland gemeinsam Vorbereitungen zu einer Aufrüstung treffen müßten. Er sei der Meinung, daß eine solche Handlungsweise politische Ereignisse in Europa und den USA nach sich ziehen und die öffentliche Meinung der interessierten Länder spalten würde.

Der Herr Bundeskanzler schloß sich dieser Auffassung an und erklärte, er würde eine solche Entwicklung zutiefst bedauern. Er sehe in der Europa-Armee mehr als nur einen Damm gegen die Gefahren aus dem Osten. Für ihn sei die Europa-Armee die Grundlage für die Einheit Europas und die Grundlage für die Schaffung eines dauerhaften Friedens zwischen Frankreich und Deutschland.

Im Anschluß daran stellte *Mr. Middleton* noch eine Frage. Er erklärte, er habe mit M. Grandval und einigen Freunden in Paris gesprochen und erfahren, daß eine für Frankreich günstige Lösung der Saarfrage[8] die Vorbedingung für die Ratifizierung des EVG-Vertrages sei. Seine Frage laute nun, ob der Herr Bundeskanzler von dieser Seite her eine Gefahr sehe.

Zwischenfrage des *Herrn Bundeskanzlers:* Das ist ein Wunsch Grandvals?

Mr. Middleton: Nicht nur Grandvals, sondern wie ihm, Middleton, versichert worden sei, auch vieler Männer der Nationalversammlung und des Quai d'Orsay.

Der Herr Bundeskanzler erwiderte, er hoffe, daß die Saar-Verhandlungen weitergehen würden, und er glaube nicht, daß Frankreich diese Bedingung an die Ratifizierung des Vertrages knüpfen werde. Wenn jemand, dann hätten die Deutschen eher die Berechtigung dazu, vor der Ratifizierung eine Bereinigung der Saarfrage zu verlangen. Er glaube aber, daß es sich hier um Fragen sehr verschiedener Größe handele. Die Lösung der kleineren Frage dürfe nicht gekoppelt werden mit der der größeren Frage. Mit anderen Worten, die Lösung des Saarproblems dürfe nicht zur Bedingung der Ratifizierung des EVG-Vertrags erhoben werden.

Nr. 35
6. November 1952: Unterredung (Aufzeichnung)
StBKAH III/97, hs. unterzeichnet »Noack«

Teilnehmer: Freda Utley[1] – Dr. Heinz Noack, Dr. Hans Schirmer

Beginn: 10.35 Uhr[2] Ende: 11.25 Uhr

Mrs. Utley fragte zunächst den Herrn Bundeskanzler nach seiner Meinung über den republikanischen Wahlsieg[3].
Der Herr Bundeskanzler erwiderte, hierauf zu antworten sei nicht ganz einfach. Deutschland verdanke der Regierung Truman und Außenminister Acheson
(Erstaunter Zwischenruf von Mrs. Utley: Acheson?)
jawohl, Acheson, sehr viel. Er möchte daher nicht den Eindruck erwecken, als ob wir uns nun von den einen ab- und den anderen zuwendeten, um uns beliebt zu machen. Er habe General, nun bald Präsident[4] Eisenhower verschiedentlich gesprochen, unter anderem auch hier in Bonn[5], und glaube, er sei ein kluger Mann. Die Zeitungen täten ihm sicherlich unrecht, die in ihm nur den General, nicht aber auch den Politiker sähen. Er halte ihn auch für einen klugen Politiker. Er sei froh, daß mit General Eisenhower ein guter Kenner der europäischen Verhältnisse und der europäischen Länder mit allen ihren schwachen und guten Eigenschaften Präsident werde. In den letzten Monaten wegen des amerikanischen Wahlfeldzuges habe es im außenpolitischen Leben eine Flaute gegeben. Nun warteten alle auf den frischen Wind aus USA, der die Außenpolitik wieder neu beleben oder, anders gesagt, die Müdigkeit in der Behandlung der außenpolitischen Probleme vertreiben solle.
Mrs. Utley fragte den Herrn Bundeskanzler, ob er glaube, daß die neue amerikanische Regierung bei der Lösung der Saarfrage behilflich sein könne.
Der Herr Bundeskanzler erwiderte, er habe darüber noch kein Urteil; er kenne Eisenhower als General, nicht aber als Präsidenten, nehme jedoch an, daß er dazu beitragen werde, zwischen Deutschland und Frankreich ein gutes Verhältnis zu schaffen.
Mrs. Utley bemerkte, sie wolle noch ein Wort zu Mr. Acheson sagen und fragen, ob es wohl in Deutschland bekannt sei, daß Acheson als Anhänger des Morgenthau-Plans[6] sich aktiv für die Teilung Deutschlands eingesetzt und bis in die jüngste Zeit eine überaus freundliche Einstellung zu den Kommunisten gehabt habe.

Der Herr Bundeskanzler erwiderte hierauf, er wisse das wohl, erinnere aber daran, daß bis 1947 sämtliche drei Westmächte in Rußland die große Friedensmacht gesehen hätten. Ja, Churchill habe noch in den Jahren 1946/47 im Unterhaus Stalin als echten Demokraten und die Russen als gute Demokraten bezeichnet[7]. Andererseits habe er bei Verhandlungen mit Mr. Acheson feststellen können, daß dieser bei allen Problemen über Kenntnisse verfüge, wie sie die europäischen Außenminister nicht besäßen. Er wolle aber keine Noten austeilen und bitte Mrs. Utley, diese Bemerkung als vertraulich zu behandeln. Aufgrund von Mr. Achesons Kennerschaft aller Fragen und der Überlegenheit, mit der er an die Lösung der Probleme herangehe, habe er immer großen Respekt vor ihm gehabt und werde ihn auch unter einer republikanischen Regierung weiter haben.
Mrs. Utley sagte dann dem Herrn Bundeskanzler, sie würde sich freuen, wenn er ihr Buch »Drama China«[8] als Geschenk annehmen wolle, obwohl sie wisse, daß er zum Bücherlesen wenig Zeit habe, aber in diesem Buch habe sie die offizielle Politik des State Department und damit auch Mr. Achesons gegenüber China behandelt.
Der Herr Bundeskanzler dankte und bemerkte, er habe kein Urteil darüber, ob die Politik Achesons und der Demokraten in China und Korea richtig gewesen sei. Eines habe er allerdings nicht verstehen können, warum sich nämlich die Amerikaner in Korea nicht gesichert hätten; der Vatikan sei schon 6 Monate vor Ausbruch der Feindseligkeiten durch Missionare über die dortige Lage eingehend unterrichtet gewesen. Er könne aber nicht sagen, ob die Schuld an der Wendung in Korea bei Acheson oder den militärischen Stellen liege.
Die Ereignisse in China, fuhr Mrs. Utley fort, enthielten jedenfalls eine Lektion für Deutschland. Die Leute nämlich, die den Morgenthau-Plan gegen Deutschland verfaßt und sich für eine Politik der Rache an Deutschland eingesetzt hätten, seien die gleiche Gruppe, die China letzten Endes den Kommunisten überantwortet habe.
Das sei jedoch zu einer Zeit gewesen, warf der Herr Bundeskanzler ein, als nicht nur die Amerikaner, sondern auch die Engländer in den Kommunisten Helfer der Demokratien gesehen und als solche begrüßt hätten. Das habe, was Amerika betreffe, nicht nur das State Department, sondern auch die Armee getan.
(Einwurf von Mrs. Utley: Auf Befehl Achesons.)
In den Jahren 1950/52 habe sich dann allerdings Mr. Acheson gegenüber den Vorjahren sehr gewandelt.
(Einwurf von Mrs. Utley: Auf Druck des Kongresses, der die öffentliche Meinung vertrete.)

Da man seiner Überzeugung nach auch im politischen Leben die Tugenden anwenden solle, die man im privaten Leben übe, und jeder doch für sich in Anspruch nehme, durch Erfahrung klüger zu werden, wolle er dies auch für Mr. Acheson gelten lassen. Er glaube, daß Acheson sich wirklich gewandelt habe und in seiner Einstellung seiner innersten Überzeugung Ausdruck gebe. Heute habe auch der Blindeste gesehen, was die Sowjets für eine böse Gesellschaft seien.
Im weiteren Verlauf des Gesprächs erklärte Mrs. Utley, die USA und Deutschland hätten eines gemeinsam: Die Geschäftsleute und die führenden Persönlichkeiten der Industrie, die die Geschicke der Länder leiteten, seien in beiden politisch naiv. In England sehe dies ganz anders aus. Einwurf des Herrn Bundeskanzlers: Dafür habe aber die Labour Party mit ihrer Wirtschaftspolitik versagt. Noch einmal auf Eisenhower zurückkommend, meinte der Herr Bundeskanzler, er schätze ihn sehr; an ihm habe ihn die Klugheit, die Kunst der Menschenführung und die Aufgeschlossenheit gegenüber den europäischen Verhältnissen, insbesondere Deutschland, beeindruckt.
Zu einer anderen Frage übergehend, nämlich der Wiedervereinigung Deutschlands, fragte Mrs. Utley, ob es stimme, daß sowohl der Herr Bundeskanzler wie Mr. McCloy geäußert hätten, der Osten würde zum Westen finden, sobald der Westen durch weitere Stärkung eine genügende Anziehungskraft ausübe. McCloy habe sie bereits hiernach gefragt, er habe ihre Frage bejaht. Für sie sei aber schwer zu verstehen, wie denn auf einen totalitären Staat wie die Sowjetunion mit moralischen Argumenten eingewirkt werden solle. Es handele sich doch bei den Völkern des Ostens nicht um eine Frage der Bereitwilligkeit, sich an den Westen anzuschließen, sondern darum, wie sie es wirklich tun könnten.
Hierzu bemerkte der Herr Bundeskanzler, er sei nicht Mr. McCloys Meinung. Er bitte, folgendes zu berücksichtigen: Wie Stalin erst jetzt im »Bolschewik« geäußert habe[9], rechne er mit wachsenden Schwierigkeiten des Westens und hoffe, dann der lachende Dritte zu sein. Daher sei es die vornehmste Pflicht des Westens, so stark zu werden, daß Stalin diese falsche Hoffnung aufgebe. Dies sei das erste Stadium der weiteren Entwicklung. Dazu gehörten auch die Schaffung Europas und das Zustandekommen einer Europäischen Verteidigungsgemeinschaft. Das Hinschleppen dieser Aufgaben, insbesondere durch die Haltung Frankreichs, könne nur dazu führen, daß Stalin sich jeden Morgen die Hände reibe. Der Zusammenschluß des Westens einschließlich Europas müsse daher so rasch wie möglich vor sich gehen.
Wenn das erreicht sei und Stalin einsehe, wie trügerisch es sei, sich von

einer Fortsetzung des kalten Krieges mit den alten Mitteln noch etwas zu versprechen, dann müsse man Sowjetrußland die Furcht nehmen, daß die kapitalistischen Länder es vernichten wollten. Sei dies geschehen und die Sowjetunion überzeugt, sie könne weder mit den Mitteln des kalten noch heißen Krieges etwas erreichen, und würde sie einsehen, daß der Westen sie nicht vernichten wolle, so würde sie zu vernünftigen Verhandlungen bereit sein. Denn hinzu kämen doch die schweren inneren – nicht innenpolitischen – Probleme der Sowjetunion, besonders auf dem Versorgungssektor. Die Sowjetunion würde sich schließlich die Frage vorlegen müssen, ob es sich lohne, ohne Aussicht auf Erfolg alles auf Kriegswirtschaft zum Schaden der Konsumwirtschaft einzustellen oder ob es nicht klüger sei, zu einer Verständigung mit dem Westen zu gelangen.

Mrs. Utley gab dem Herrn Bundeskanzler absolut recht. Sie sähe allerdings eine besondere Gefahr darin, daß die Sowjets überall im Westen ihre Handlanger hätten, die insbesondere zwischen Deutschland und Frankreich immer wieder Haß säen und die Gegensätze aufreißen würden, und dies nicht offen, sondern versteckt.

Der Herr Bundeskanzler bemerkte weiter, was Mr. McCloy für den Osten gesagt habe, wolle er nun für den Westen voraussagen: Zunehmende Stärke und eine konsequente Politik des Westens würde auf die Menschen des Westens selbst eine große Anziehungskraft ausüben und die Zweifler schließlich von einer Politik der Rückversicherung für den Fall eines kommunistischen Sieges fernhalten.

Mrs. Utleys Zwischenfrage, ob für die Stärkung des Westens zur Zeit schon genügend gesorgt werde, verneinte der Herr Bundeskanzler. Leider mache Frankreich Schwierigkeiten. Bisher sei es so gewesen, daß die USA Frankreich als ihren Liebling verhätschelt hätten. Es habe tun und lassen können, was es wolle. Aber auch wenn man jemanden liebhabe, müsse man ihn gelegentlich fest anpacken. Eisenhower scheine dies zu beabsichtigen, wie aus einer Wahlrede hervorgehe[10].

Hierzu Mrs. Utley: Dies sei auf Einwirkung des Kongresses zurückzuführen, der wiederum die öffentliche Meinung widerspiegele, die über Frankreichs Unversöhnlichkeit verdrossen sei. In diesem Zusammenhang erlaube sie sich, einen Vorschlag zu machen. Deutschland habe jetzt eine viel bessere Chance, seinen Standpunkt in den Vereinigten Staaten klarzumachen, als je zuvor. Es müsse dazu nur entsprechend auf den Kongreß einwirken. Bisher sei dies leider nicht geschehen.

Der Herr Bundeskanzler gab zu bedenken, daß Deutschland zur Zeit ja immer noch keine Botschaften in Washington, London und Paris habe,

wo nur Geschäftsträger seien, die als solche nicht angesehen und nicht vollwertig seien. Aber gerade in jenen Staaten fielen die Entscheidungen, bei denen wir bisher nur am Rande beteiligt seien. Er habe gerade heute mit dem Leiter des Bundespresse- und Informationsamtes, Herrn von Eckardt, eine Besprechung darüber geführt, wie man diese Lage ändern könne.
Mrs. Utley: Durch Pressekonferenzen. Deutschland habe drüben im großen und ganzen eine schlechte Presse. Das liege an den Sonderberichterstattern der großen in Deutschland akkreditierten Zeitungen, wie »New York Times« und »New York Herald Tribune«, die gegen Deutschland eingestellt seien. Für Deutschland sei es doch so einfach, drüben Pressekonferenzen abzuhalten und nachher Verlautbarungen herauszugeben, die alles Wissenswerte enthielten.
Der Herr Bundeskanzler entgegnete, dies eben habe er gerade mit Herrn von Eckardt besprochen. Sie wollten keine amtliche, sondern eine halbamtliche Stelle einrichten, die nicht an den deutschen Geschäftsträger angeschlossen, aber doch mit ihm in Verbindung sein und mehr Fühlung zu der amerikanischen öffentlichen Meinung herstellen solle. Es sei ein bedrückendes Gefühl, wenn drüben über Deutschland keine richtigen Informationen vorlägen. Er habe nun Herrn von Eckardt gebeten, ihm in 8-10 Tagen entsprechende Vorschläge einzureichen.
Mrs. Utley begrüßte diese Initiative und bemerkte, der Mangel an Information habe sich sogar bis in den Auswärtigen Ausschuß des Senats bemerkbar gemacht, als dieser die Deutschlandverträge behandelt habe. Sie habe, um hier helfend einzugreifen, im Sommer vergeblich versucht, bei dem Herrn Bundeskanzler ein Interview zu erhalten. Die Vertreter der großen Zeitungen wie »New York Times« und »New York Herald Tribune« würden, obwohl keineswegs deutschfreundlich eingestellt, von den Deutschen vorzugsweise mit Nachrichten versehen. Andere, wie die Korrespondenten der ebenfalls großen Zeitungen »New York Daily News« und »Chicago Tribune«, die freundlich eingestellt seien, erhielten keine Nachrichten. Die große Masse der kleinen Zeitungen unterhalte keine Korrespondenten in Deutschland und sei daher auf die Berichte der »New York Times« oder »New York Herald Tribune« oder auf die der Nachrichtenagenturen angewiesen, die von schlecht bezahlten, nicht erstklassigen Leuten mit Nachrichten versorgt würden. Dem Übel könnte am besten durch regelmäßige Pressekonferenzen in Washington abgeholfen werden, aufgrund deren Presseverlautbarungen mit den nackten Tatsachen herausgebracht werden sollten, die die amerikanischen Zeitungen nach alter Tradition selbst dann nehmen würden, wenn ihr Inhalt

gegen die Redaktionsprinzipien verstoße. Man habe den deutsch-amerikanischen Beziehungen nicht dadurch gedient, daß man die ganze Berichterstattung über die »New York Times« und »New York Herald Tribune« vornehme[11]. Die chinesische Nationalregierung habe selbst jetzt, wo sie nur noch über Formosa verfüge, immer noch einen Informationsdienst in Washington, der sehr gut arbeite.
Der Herr Bundeskanzler bemerkte hierzu, wenn bisher seitens Deutschlands noch nichts geschehen sei, so habe Deutschland die Entschuldigung, daß es bescheiden auftreten müsse, denn es habe ja seit 1933 einiges auf dem Kerbholz. Jetzt aber wolle er gern Mrs. Utleys Rat befolgen und einen entsprechenden Informationsdienst einrichten. Es sei vielleicht möglich, Herrn Staatssekretär Professor Hallstein unter irgendeinem Vorwand – er sei ja in Washington Professor gewesen – nach den USA zu schicken, um das Terrain zu sondieren.
Herr Dr. Schirmer wies darauf hin, daß zu diesem Zweck auch bereits Herr von Lilienfeld[12] in den Vereinigten Staaten weile.
Mrs. Utley äußerte ihre Freude darüber, daß der Herr Bundeskanzler entschlossen sei, hier aktiver einzugreifen. In Amerika sei es eigenartig. Die Bedeutung der Presse sei ungeheuer groß. Wenn z.B. eine öffentliche Stelle Sachverständige mit der Berichterstattung über irgendeine Frage beauftrage, stehe ein solcher Sachverständigenbericht nie in dem gleichen Ansehen wie ein Zeitungsbericht über das gleiche Thema. Dies habe sie erst kürzlich wieder von Freunden aus dem Pentagon erfahren. Es sei hier auch sozusagen eine Trennung der Gewalten, die für Europäer schwer verständlich sei. Für Deutschland sei es jedenfalls wichtig, Kongreß und Presse stets gut zu informieren. Nach dem republikanischen Sieg komme es auch noch auf ein weiteres an: Die Republikaner setzten sich bekanntlich für ein freies Unternehmertum ein und seien, mit einem Worte gesagt, Antisozialisten. Deutschland müsse nun – am besten durch seinen Wirtschaftsminister Erhard, der drüben sehr bekannt und populär sei – dafür Propaganda machen, daß es das einzige andere Land sei, das ebenfalls an diese wirtschaftlichen Grundsätze glaube. Leider sei Herr Professor Erhard bei seinem letzten Besuch[13] noch durchaus mit den falschen Leuten in Berührung gekommen, die am liebsten Deutschland eine Planwirtschaft aufgenötigt hätten.
Mrs. Utley fragte dann, wann der Herr Bundeskanzler seinen Besuch in den USA machen wolle.
Der Herr Bundeskanzler erwiderte, im neuen Jahr, wenn der neue Präsident sein Amt angetreten habe[14].
Die Frage, ob er nicht schon im letzten Jahr eingeladen worden sei,

bejahte der Herr Bundeskanzler, fügte aber hinzu, daß man ihm den Termin überlassen habe. Er habe es aber nicht für opportun gehalten, im Wahljahr seinen Besuch zu machen.
Auf Mrs. Utleys Frage, ob sie schreiben dürfe, daß der Herr Bundeskanzler gern nach den USA reise und zu dieser Reise bereit sei, bat der Herr Bundeskanzler, dies nicht zu tun, da es peinlich aussehe; denn er sei der bisherigen Regierung zu großem Dank verpflichtet und wolle nicht sagen: »Le roi est mort! Vive le roi!« Er halte dies nicht für anständig.
Mrs. Utley schnitt dann noch die Frage der Freilassung der sogenannten Kriegsverbrecher an. Auch hier hätten die Alliierten mangels ausreichender Informationen keine richtige Vorstellung.
Der Herr Bundeskanzler meinte, sie hätten sie nun bekommen, jedoch mit einer widerstrebenden öffentlichen Meinung zu kämpfen. Er wolle aber betonen, daß es keinen Deutschen, ja nicht einmal einen nationalistischen Deutschen gebe, der sich für eine Freilassung der wirklichen Kriegsverbrecher einsetze.
Mrs. Utley glaubte, den Amerikanern müsse klargemacht werden, daß es sich doch um die gleichen Verbrechen handele, wie die Amerikaner sie in Korea begingen. Der Fall Manstein[15] sei in diesem Zusammenhang ein glänzendes Beispiel. Auch hier könnten Pressekonferenzen usw. Wunder wirken.
Die Unterhaltung ging dann noch einmal auf Eisenhower und Acheson zurück.
Mrs. Utley sagte, beide Männer seien befreundet. Taft habe aber jetzt auf Eisenhower größeren Einfluß, worüber Deutschland sich freuen könne; denn er sei Deutschland besser gesonnen und bekanntlich von Anfang an gegen die Nürnberger Urteile und die Demontage-Politik aufgetreten.
Herr Dr. Schirmer erinnerte daran, daß Taft auch gegen das Versailler Diktat aufgetreten sei.
Mrs. Utley: Senator Cabot Lodge[16] habe dann zwar Taft aus seiner führenden Parteistellung verdrängt und Eisenhower an seine Stelle gesetzt, sei nun aber nicht wiedergewählt worden, sondern an seine Stelle sei Mr. Kennedy[17], der Sohn des früheren US-Botschafters in London[18], getreten. Wenn dieser nun wiederum mit Lodge befreundet sei, so sei dies eine der Kompliziertheiten der amerikanischen Politik, in der sich Ausländer nur schwer zurechtfänden.
Auf die Frage des Herrn Bundeskanzlers, welchen Posten wohl künftig Mr. McCloy bekleiden werde[19], der, wie hier verlaute, zum Nachfolger Lovetts[20] ausersehen sei, erwiderte Mrs. Utley, an eine solche Ernennung

glaube sie nicht. Sie halte Mr. McCloy nicht für einen guten Diplomaten, sondern nur für einen »Emissär«.
Der Herr Bundeskanzler betonte demgegenüber, daß er doch glaube, Mr. McCloy habe auch eigene Gedanken und genieße im State Department großes Ansehen.
Dies bestritt Mrs. Utley; Mr. McCloy habe in Deutschland als eine Art Prokonsul gegolten, sei aber in den Vereinigten Staaten fast unbekannt. Sie könne ihn nicht als klugen Mann gelten lassen, seitdem sie seine Theorie von der Anziehungskraft des Westens kennengelernt habe.
Bei der Verabschiedung betonte Mrs. Utley, sie habe bei ihrem Besuch vor allem die Schaffung zuverlässiger Nachrichtenverbindungen zwischen Deutschland und den USA im Auge gehabt.

Nr. 36
20. November 1952: Kanzler-Tee (Wortprotokoll)
BPA Archiv F 30

Teilnehmer: waren nicht zu ermitteln

Beginn: 17.00 Uhr

(Infolge außerordentlich schlechter Plazierung waren für die Stenografen[1] die meisten Ausführungen des Bundeskanzlers kaum verständlich, so daß das Tee-Gespräch zum allergrößten Teil nur inhaltlich wiedergegeben werden kann.)

Adenauer: Wir haben uns solange nicht mehr in diesem Raum gesehen[2], so daß ich ohnehin das Bedürfnis habe, Sie hier zu sprechen. Ich habe nachträglich gesehen, was in der Presse stand über die Bundestagssitzung am Dienstag[3] [18. November 1952] und auch in der Auslandspresse, um so mehr begrüße ich es, daß wir uns jetzt hier zusammenfinden. Nun wollen Sie wohl Fragen an mich stellen?

Journalist: Wie stellen Sie sich die Terminierung der Ratifizierung vor?

Adenauer: Zunächst müssen wir da erst einmal rückwärts schauen. Ich finde nämlich, daß diese Geschichte in der Presse doch nicht richtig gesehen wird. Ich will Ihnen sagen, warum ich solchen Wert darauf lege, daß die Sache am 26., 27. und 28. November verabschiedet wird[4].
Dafür habe ich zwei Gründe: Sie wissen selbst, wie das französische Parlament und die französische Regierung sich in der Sache stellen. Da wird unter der Hand verhandelt und verhandelt[5], aber ich glaube, daß die Sache erst einmal bei uns verhandelt werden muß und dann in Frankreich. In einer ausländischen Presse ist geschrieben worden von einem »Wettlauf der Zauderer«. Ein zweiter Einwand ist diskreter Natur. Sie werden sicherlich etwas darüber schreiben, aber ich bitte Sie, dabei recht vorsichtig zu sein und ohne mich zu nennen. Die Republikanische Partei der Vereinigten Staaten ist zur Zeit damit beschäftigt … Und nun stellen Sie sich bitte vor, die Republikaner setzen sich jetzt zusammen und überlegen, was sie für Europa tun können. Während die Vereinigten Staaten schon damals das Ihrige getan haben, komme ich in den Ruf irgendwie der Amerikahörigkeit. Ich habe damit gar nichts zu tun, meine Damen und Herren, sondern ich will Deutschland helfen. Aber wenn man sich so in die Situation hineinversetzt, dann ist es die höchste Zeit, daß ehe die Republikaner in Amerika, die ja in der (…), daß das Land, auf dessen Teilnahme sie entscheidenden Wert legen, eine feste Stellung bezieht. Das

kann man natürlich nicht im Bundestag sagen, aber für jeden, der etwas Vernunft und Gefühl hat, ist das eine absolut klare Tatsache, daß man verlangen kann, daß das Vertragswerk endlich abgeschlossen wird. Insoweit bedauere ich einmal wegen Frankreich und einmal auch wegen der Situation in den Vereinigten Staaten, wo der Regierungswechsel vorbereitet wird[6], daß sich im Bundestag keine Mehrheit dafür finden ließ[7]. Woran es gelegen hat, das wissen Sie selbst. Es hat lediglich daran gelegen, daß die Sache von den Fraktionen nicht genügend vorbereitet [worden] ist. Man hat die Herren nicht rechtzeitig aus Paris zurückgeholt[8], und man hat [ihnen] gar nicht klargemacht, wie wichtig das ist. Wenn schließlich das Parlament warten soll, bis sämtliche Mitglieder zurück sind, ich weiß nicht wieviel, ich glaube etwa 14 Minderheitsberichterstatter, dann kann es evtl. noch Jahre dauern, so daß nach meiner Meinung – bitte bringen Sie das nicht – ein modernes Parlament mit seinen vielen Ausschüssen den Situationen nicht mehr gewachsen ist. Aber, meine Damen und Herren, natürlich wird etwas dahinter vermutet. Es ist eine rein technische Zeitfrage, ich nehme an, daß die Sache Anfang Dezember erledigt wird[9].

Zu Ihrer persönlichen Information möchte ich etwas sagen. Die Menschen in Deutschland und schließlich auch die öffentliche Meinung in Deutschland, das können Sie in der Presse verfolgen, haben sich an den Zustand der Gefahr, in dem wir alle miteinander stehen, langsam gewöhnt und tun so, als ob gar nichts Besonderes los wäre. Ich weiß nicht, ob Sie die Geschichte kennen, ich habe es in der Volksschule gelernt:

»Es war ein Mann im Syrerland,
führt ein Kamel am Halfterband ...«[10]

In einer solchen Situation sind wir auch allmählich. Wer das Kamel ist und wer der Mann ..., aber tatsächlich tun wir, als ob gar nichts los wäre. Wir müssen uns darüber klar sein, daß eine solche Gefahr, wie sie Jahr und Tag schwebt, nicht nachläßt und deswegen um Gottes willen nicht bagatellisiert werden darf. Das Fortbestehen einer solchen Gefahr ist ein Zeichen für sehr tiefgehende Gegensätze in der Welt, nicht [um] eine vorübergehende Spannung handelt es sich, sondern um sehr tiefgehende Meinungsverschiedenheiten. Wir in der Bundesrepublik sitzen mitten dazwischen, aber auch mitten dazwischen. Wenn ich mir vorstelle, (...) und man würde uns mit einigen Atombomben beglücken, was würde da von Deutschland übrigbleiben? Deshalb haben wir das allergrößte Interesse, herauszukommen aus diesem Zustand, und zwar so schnell wie möglich, um damit auch Einfluß zu bekommen. Es ist ja auch so eminent wichtig, daß Deutschland Einfluß bekommt auf die Strategie der Verteidigung und daß es die Möglichkeit bekommt, dafür zu sorgen, daß unser Land nicht mehr der Schauplatz einer solchen furchtbaren Auseinandersetzung wird. Aber wir Deutschen machen [es] uns einfach, und daher war ich erschüttert über das Siegesgeschrei der Kommunisten und Sozialisten[11]. Aber im Grunde genommen, ich nehme es an, war es eine »persönliche Ovation« für mich! Aber es hat mich sehr geschmerzt, daß einige Mitglieder unserer Partei mit den Kommunisten zusammengingen. Aber ich nehme an, daß sie jetzt alle da sein werden und alle richtig stimmen werden. Es handelt sich im Grunde genommen um eine mit dem parlamentarischen Regime verbundene Panne.

Journalist: Der Quai d'Orsay hat eine Erklärung abgegeben, die zum Teil im starken Gegensatz zu dem steht, was Sie gesagt haben, danach sollen Sie keine konkreten Vorschläge gemacht haben[12].

Adenauer: Ich habe in diesem Brief vom 16. Oktober dem Herrn Schuman eine Analyse gegeben des damaligen Standes und habe bezüglich der politischen Fragen Übereinstimmung festgestellt, auch Übereinstimmung darüber, daß die jetzt versuchte Lösung bis zum Friedensvertrag gelten solle. Bezüglich der Wirtschaftskonventionen[13] habe ich folgendes gesagt: Die französische Regierung steht auf dem Standpunkt, die Wirtschaftskonventionen bleiben bestehen und sollen ‹integriert›[a] werden der fortschreitenden europäischen Integration. Die deutsche Regierung steht auf dem Standpunkt, unter Anerkennung der besonderen Interessen Frankreichs, aber auch Deutschlands an der Saar, daß die Wirtschaftskonventionen aufhören sollen und ersetzt werden sollen durch besondere Regelungen, die den besonderen Interessen sowohl Frankreichs wie Deutschlands wie der Saar gerecht werden. Lassen wir doch, ehe wir die Frage, ob dieser Weg oder jener Weg gegangen werden soll, entscheiden, durch Sachverständige feststellen, was in wirtschaftlicher Beziehung geschehen soll, und / oder inwieweit unsere These richtig ist. Und wenn man festgestellt hat, welche Regelung getroffen werden soll, dann wollen wir uns unterhalten über den Modus, der ein – (...) Ich glaube, Herr Schuman hat gerade vor seiner Abreise nach Amerika mir geschrieben[14], nach seiner Rückkehr werde er mir antworten.

Aber bezüglich der französischen These läßt sich folgendes sagen: Danach müßte von Fall zu Fall die Saarregierung an Frankreich herantreten und sagen: »Bitte, Frankreich, sei so freundlich und stimme dem und dem zu!«, und dann genügt es, wenn Frankreich sagt nein. Wenn unsere These Anwendung findet, dann muß Frankreich sich mit der Saar und uns einigen über eine Neuregelung. Das ist der Unterschied zwischen den beiden Thesen. Sie verstehen mich: Die Stellung, die Position, namentlich auch der Saar, ist viel, viel besser, wenn unsere Meinung durchgeht, denn damit ist sie gleichberechtigter Partner, und sie müssen zusammen über etwas Neues beschließen, während jetzt nur Frankreich zu sagen braucht, nein. Ich lege das Schicksal Europas nicht in die Hand des Herrn Hoffmann und des Herrn Grandval.

Journalist: Ein Sprecher des Quai d'Orsay erklärte, die Aussichten für beide Verhandlungen sind sehr schlecht, da über die Wirtschaftskonventionen überhaupt nicht diskutiert werden könnte.

Adenauer: Die Sprecher des Auswärtigen Amtes sind auch keine Halbgötter.

Journalist: Besteht bei unserer These nicht die Gefahr, daß man damit eine Anerkennung der Saarregierung verbindet?

Adenauer: Dieser neue Status könnte erst in Kraft treten, wenn eine Regierung, die aus freien Wahlen hervorgegangen ist, zustimmt. Ich warte jetzt auf Antwort von Herrn Schuman, aber in der ganzen auswärtigen Politik ist seit Monaten eine völlige Flaute eingetreten, weil Amerika ausfiel. Eisenhower tritt am 20.Januar 53 sein Amt an, und dann wird nach meiner Überzeugung doch wieder etwas mehr Tempo sein. Und nun ein Wort zu der Erklärung Ollenhauers[15]. Ich habe ihm nicht geantwortet, weil ich bewußt diese Demonstration des Bundestags nicht ausarten lassen wollte in einen Streit der Opposition gegen den Bundestag. Ich habe die Ausführungen Ollenhauers nicht mehr gelesen, aber ich glaube, wenn man nachsieht, dann hat er sich mehr mit der Bundesregierung beschäftigt als mit Herrn Hoffmann, wäh- (...) Stoßkraft gegen Herrn Hoffmann zu richten. »Die Schuld«, hat Ollenhauer gesagt, »die Schuld trägt die Bundesregierung und nicht Hoffmann.«

Journalist: Werden weitere Verhandlungen nicht mehr sein?

Adenauer: Das muß man vorerst beiseite legen. Man muß erst den 30.11. abwarten. Die Lösung der ganzen Saarfrage muß in erster Linie von der Saarbevölkerung kommen. Ich sehe nicht ein, wie man es überhaupt verantworten kann, wegen der Saarfrage jetzt ganz Europa und die Welt zu opfern. Stellen Sie sich einmal vor, wir würden sagen, wegen der Saarfrage ratifizieren wir nicht die Verträge. Was würden die Folgen sein?

Mit der größten Wahrscheinlichkeit würden die Vereinigten Staaten einen vollkommenen Wechsel in ihrer Europapolitik einschlagen. Das würde zur Folge haben, daß im Laufe weniger Jahre wir und die Saar und Frankreich unter sowjetrussischem Regime stünden. Man muß die Dinge im größeren Zusammenhang sehen und nicht wie hypnotisiert auf einen Punkt starren. Wenn Sie mal den ganzen Horizont überschauen,

handelt es sich jetzt darum, sichert man sich die Hilfe der Vereinigten Staaten für die Verteidigung Westeuropas gegenüber Sowjetrußland oder nicht? Ohne die Hilfe der Vereinigten Staaten, ich meine nicht nur die Waffenhilfe, ohne die Hilfe der Vereinigten Staaten wird einfach Sowjetrußland im Wege des kalten Krieges Europa erobern. Das ist nach meiner Meinung so sicher wie daß morgen die Sonne wieder aufgeht. Und wir tun so, nicht wahr, als wenn wir uns ...
Dieselbe Sozialdemokratie hat doch vor 1 1/2 oder 2 Jahren – ich habe damals in Berlin am Funkhaus gesprochen und habe dabei gesprochen von den Gebieten östlich der Oder-Neiße –, ich habe damals das von der Sozialdemokratie schwer zum Vorwurf bekommen, weil ich dadurch die ganze Sache störte[16].

Journalist: Würden Sie es für richtig halten, daß im Juni die angekündigten Wahlen[17] stattfinden oder früher?

Adenauer: Ich nehme an, daß die Wahlen später stattfinden.

Journalist: Nach der Ernte? Das wäre der erste Sonntag im September.

Adenauer: (...)

Journalist: Besteht für den Fall, daß das Karlsruher Gutachten[18] sehr negativ sein wird, schon eine feste Konzeption?

Adenauer: Nein! Warum soll ich mir den Kopf zu sehr zerbrechen; alles zu seiner Zeit. Der Bundestag trägt die Verantwortung, und er kann sich dieser Verantwortung nicht entziehen. Er wird vor die Frage gestellt, jedes einzelne Mitglied wird vor die Frage gestellt. Irgendwelche rechtlichen Gesichtspunkte können an der politischen Entscheidung nicht vorbeihelfen. Keiner von den Herren denkt daran, welche Reaktionen eintreten werden, wenn die Verträge nicht ratifiziert werden. Sie haben die Geschichte gelesen mit den Fremdenlegionären[19], wenn die Verträge genehmigt sind, können wir etwas machen.

Journalist: Welche Chancen geben Sie der neuen Partei Heinemann-Wessel[20]?

Adenauer: Welcher? Kennen Sie das Gustav-Wessel-Lied[21]?

Journalist: Könnte man bei der arabischen Frage[22] nicht die UNO einschalten?

Adenauer: Wir waren ja bereit, mit den Arabern zu verhandeln. Sie glauben gar nicht, was eingetreten wäre, wenn wir dem Drängen der Araber nachgegeben hätten. Dann würden wir jeden außenpolitischen Kredit rundweg verloren haben. Wenn jetzt einige Leute von der deutschen Wirtschaft schreiben, welche Folgen eintreten würden, nun, das Verhalten von Leuten aus der deutschen Industrie ist zum Teil unglaublich: immer Zeit lassen. Wenn die Araber glauben, daß es für sie gut wäre, mit uns Handel zu treiben, werden sie mit uns Handel treiben. Sie treiben doch nicht den Handel mit uns uns zuliebe. Wenn sie mit ihrem wirtschaftlichen Boykott nichts erreichen, werden sie sich das überlegen.

Journalist: Wie ist denn überhaupt das arabische Vorgehen zu erklären?

Adenauer: Das ist eine andere Sache. Die arabischen Staaten haben doch unlängst einen ähnlichen Beschluß gefaßt[23].

Journalist: Ist die Herstellung normaler Beziehungen diskutiert worden?

Adenauer: Welche Hypothek die Behandlung der Juden durch den Nationalsozialismus hinterlassen hat, können Sie sich gar nicht vorstellen; und ehe ich nun Israel vorschlagen konnte, normale Beziehungen mit uns wiederherzustellen, mußte ich sicher sein, daß sie ja sagen. Der israelische parlamentarische Ausschuß hat mit 7 oder 6 Stimmen seine Genehmigung gegeben. Also 6 von 13 waren bereit, auf diese Weise auf 3 Milliarden [DM] zu verzichten[24]. Da muß auch erst eine Beruhigung eintreten.

Journalist: Eine Reihe von Abgeordneten der Regierungskoalition wünscht eine Regelung der Kriegsverbrecherfrage noch vor der Ratifizierung der Verträge. Besteht noch Aussicht?

Adenauer: Von wem ist diese Nachricht?

Journalist: Der Abgeordnete Dr. Mende[25] hat dies in Bad Ems erklärt.

Adenauer: Es sind etwa 1000 Deutsche noch in fremdem Gewahrsam. Und von den 1000 sind nicht alle in den Ländern der Westregierungen, in der Schweiz sind welche und Gott weiß wo. Von den 1000 gehören noch rund 25 Prozent zur früheren deutschen Wehrmacht. Eine Ziffer, die gar nicht bekannt ist. Ich denke mit Schrecken an die Verhandlungen, die jetzt kommen. Ich wollte, sie wären schon vorüber, denn was da herauskommt, ist ganz grauenhaft und geht zu Lasten für Deutschland. Ich zweifle nicht daran, daß da kein entscheidendes Hindernis entsteht.

Journalist: Ist die Zustimmung gegeben worden für den Abtransport des Herrn Kemritz[26]?

Adenauer: Davon ist mir nichts bekannt. Es ist mir eines Tages mitgeteilt worden von amerikanischer Seite, daß Herr Kemritz außer Landes sei.

Journalist: Haben die Arbeiten der Koalitionsparteien am Wahlgesetz[27] Fortschritte gemacht? Stichwahlen usw.?

Adenauer: Ich kann nicht sagen, daß das Fortschritte sind, wir wollen etwas Gutes herausfinden. Im Prinzip muß nach meiner Meinung obenan stehen, zu verhüten, daß wieder eine Unmenge von Splitterpar- (...)

machen. Das Schicksal der Weimarer Republik sollte immer ein warnendes Beispiel sein.

Journalist: Ist bezüglich des Zwischenfalls bei Schweigen überhaupt festgestellt worden, daß es Fremdenlegionäre waren?

Adenauer: Wie soll man das feststellen? Das Ganze war doch vorbereitet. Wir sind bei der Nachforschung. Wenn die Verträge ratifiziert sind, braucht kein deutscher Wachmann mehr vor einem französischen Gendarm zurückzuweichen.

Journalist: Würden Sie es begrüßen, wenn die Dokumente veröffentlicht würden, die man dort gefunden hat?

Adenauer: Ich habe nichts dagegen, wenn man alles veröffentlicht. Entweder es ist Schwindel, dann ist es gut, oder es ist nicht Schwindel, dann ist es auch gut.

Journalist: Sind in bezug auf die Vertragswerke etwa zweiseitige Abmachungen möglich?

Adenauer: Wir haben die Verträge dem Bundesrat zugeleitet und gleichzeitig dem Bundestag im Juni[28], während die französische Regierung der Nationalversammlung die Verträge zugeleitet hat im Oktober[29]. Unser Parlament arbeitet schon also seit vier Monaten daran. Wenn [Sie] so operieren wollten und den Franzosen sagten: »Ihr müßt voranmachen!«, dann kann das französische Parlament sagen: »Ihr habt ja schon vier Monate gebraucht, und wir fangen erst an.« Sicherlich ergeben sich im Laufe der Zeit Möglichkeiten, technische Änderungen an einem solchen Vertragswerk vorzunehmen, das ist klar.

Journalist: Ergeben sich aus der Anrufung des Bundesverfassungsgerichts hinsichtlich der Vertragswerke nicht möglicherweise politische Schwierigkeiten?

Adenauer: Zweifellos. Ich habe eine gewisse Sorge, daß man durch die ganze Geschichte das Bundesverfassungsgericht in die Rolle eines obersten politischen Organs drängt. Das würde ich aufs äußerste bedauern; das Bundesverfassungsgericht soll kein politisches Organ werden. Die Verantwortung für die Politik hat der Bundes- (...)

Journalist: Wäre es nicht richtiger, die Termine auseinanderzuhalten?

Adenauer: Sicher. Ich darf Sie daran erinnern, daß schon im Oktober die Koalition den Wunsch geäußert hat, abzustimmen. Damals wollte das Bundesverfassungsgericht Mitte September entscheiden. Wir müssen jedenfalls sehr vorsichtig sein. Das Bundesverfassungsgericht darf nicht zu seinem eigenen Schaden und zum Schaden der Verfassung in eine politische Rolle gedrängt werden.

Journalist: Welche Möglichkeiten gibt es?

Adenauer: Machen Sie mal einen Vorschlag in der Presse.

Journalist: Wann kann das Gutachten des Bundesverfassungsgerichts vorliegen?

Adenauer: Keinesfalls vor Mitte Dezember. Ich will keine Kritik am Bundesverfassungsgericht ausüben, aber daß eine solche Frage, bei der die politischen Dinge zuerst erörtert werden, vor einem großen Auditorium verhandelt wird, ehe es vor dem Bundestag verhandelt werden kann, das ist etwas Besonderes.
Welche Chance geben Sie [den Verträgen] denn, wird ratifiziert oder nicht?
[...] Die Saardebatte war bestimmt für das Saargebiet.

Journalist: Es hat sehr viele Zeitungen gegeben, die Ihre »Niederlage« an die Spitze gestellt haben.

Adenauer: Das ist eben sensationeller.

Journalist: In der Freien Demokratischen Partei soll eine Gruppe sein, die allem Anschein nach gegen die Verträge stimmen wird?

Adenauer: Nach dem, was ich gehört habe, nicht, ich weiß allerdings nicht, ob das richtig ist. Soviel ich weiß, wird doch der Parteitag der Demokraten sich mit der Frage beschäftigen[30]. Ich habe aber eigentlich gar keine Bedenken. Unsere Fraktion ist auch geschlossen, abgesehen von zwei vielleicht, und die DP auch. Nein, ich habe keine Bedenken.

Journalist: Wie denken Sie über die Wahlbeteiligung im Saargebiet?

Adenauer: Wenn die Zahl der ungültigen Stimmen unter 50 Prozent liegt, wäre das für Hoffmann eine vernichtende Niederlage[31]. Aber m. E. muß der Moment des Druckes gegen das Saarvolk viel stärker in den Vordergrund gestellt werden.

Journalist: Hoffmann erzählte Journalisten – mir hat er es auch erzählt –, daß er sich mit Ihnen am 18. März [1952] in Paris eine Stunde lang unterhalten habe und daß Sie am Ende des Gesprächs Ihrem Bedauern darüber Ausdruck gegeben hätten, daß das eigentlich so selten passiere, und Hoffmann habe dann erklärt: »Herr Bundeskanzler, aber das hätten Sie viel früher haben können.«

Adenauer: Es war eine Einladung zum Lunch beim schwedischen Gesandten[32], und ich hatte vorher ein Gespräch mit Schuman gehabt über Wirtschaftsfragen an der Saar. Schuman hatte dann gesagt – Hoffmann war auch eingeladen –: »Haben Sie nichts dagegen, wenn ich Hoffmann bitte, dazuzukommen?« Das war ein Gespräch zu Dritt. Ich habe niemals das gesagt, was Hoffmann gesagt hat, da hat Hoffmann ein bißchen zu viel phantasiert.

Journalist: Hoffmann hat weiter gesagt, daß der Reisestrom nach Saarbrücken kaum unterbrochen sei und daß alle gern mit ihm verhandeln wollten und daß nur Dr. Adenauer der Bremsklotz sei.

Adenauer: Wer war denn schon alles dort? Herr Strauß[33] war auch verschiedentlich dort.

Journalist: Welche praktischen Konsequenzen gedenken Sie aus der Nichtanerkennung des neu gewählten Landtags und der neuen Regierung zu ziehen?

Adenauer: Daraus Konsequenzen ziehen ...

Journalist: Wann tritt der Ministerrat des Europarats wieder zusammen?

Adenauer: Ich glaube im Januar[34].

Journalist: Es wird viel gesprochen über das deutsche Eigentum in Österreich.

Adenauer: Ich kann zur Zeit noch nicht mehr als das sagen, was Sie schon wissen. Es ist eine Note übergeben worden[35]. Es ist dabei immer im Auge zu behalten, daß die Zustimmung der vier Besatzungsmächte erforderlich ist.

Nr. 37
10. Dezember 1952: Kanzler-Tee (Wortprotokoll)
BA, B 145/971-736 Bd. II

Teilnehmer[1]: Karl-August Berdolt, Dr. Hilde Bogner, Dr. Fritz Brühl, Ludwig von Danwitz, Dr. Ernst Friedlaender, Franz Goeddert, Marliese Grouven, Hugo Grüssen, Franz Hange, Walter Henkels[2], Dr. Hans Joachim Kausch, Dr. Adolf Kussl, Werner Lohe, Dr. Karl Lohmann, Werner von Lojewski, Heinz Lubbers, Wilhelm Papenhoff, Dr. Albert Pfeiffer, Dr. Alfred Rapp, Dr. Ernst Samhaber[3], Dr. Max Schulze-Vorberg, Heinrich Spiecker, Paul Steinfurth, Dr. Robert Strobel, Dr. Richard Thilenius, Norbert Tönnies, Gerta Tzschaschel, Rolf Vogel, Adam Vollhardt, Dr. August Wegener, Hans Wendt, Fried Wesemann – Dr. Thomas Dehler, Felix von Eckardt, Dr. Wolfgang Glaesser, Professor Dr. Walter Hallstein, Dr. Karl Klein[4], Dr. Carl Otto Lenz, Dr. Franz Mai, Hansfrieder Rost, Dr. Roland Schacht[5], Dr. Hans Schirmer, Peter Schulze[6], Dr. Walter Strauß

Beginn: 19.00 Uhr

Adenauer: Meine Damen und Herren! Um 19 Uhr 10 spricht der Bundespräsident[7]. Ich kenne die Rundfunkansprache noch nicht, Herr v. Eckardt hat sie mir eben vor der Türe übergeben. Ich will Ihnen eine kurze Schilderung geben zu der Entwicklung des Ganzen.

Ich möchte da an die Spitze stellen, und zwar sehr unterstrichen an die Spitze, daß sowohl das Kabinett wie der Bundespräsident sich ihre Ansicht gebildet haben, völlig losgelöst von den schwebenden Vertragswerken, den schwebenden Vorlagen. Wir haben so peinlich darauf geachtet, und ich habe von vorneherein dafür gesorgt, daß wir über Schritte, die in der Zukunft begangen werden sollen, überhaupt nicht gesprochen haben. Ich habe den Herrn Bundespräsidenten noch gestern morgen gebeten[8], keinen Politiker, keinen Vertreter irgendeiner Fraktion zu empfangen, ehe er seine Entschlüsse fasse. Es war das deswegen nötig, weil es sich in Wahrheit hier um einen Beschluß des Bundesverfassungsgerichts handelt, der von einer ungeheuren Tragweite ist, deswegen, da er nach unserer Überzeugung weder im Grundgesetz noch in dem Gesetz über den Bundesgerichtshof irgendeine Stütze hat.

Ich möchte dann weiter betonen, daß der Entschluß des Bundespräsidenten ein höchst persönlicher Entschluß ist und daß sein Entschluß nicht irgendwie vom Bundeskanzler und einigen Ministern gegengezeichnet ist und daß wir lediglich als Kabinett, nachdem wir uns unsere Meinung gebildet hatten, dem Herrn Bundespräsidenten mitgeteilt haben, was unsere Auffassung von der ganzen Sachlage sei, weiter nichts.

17

Dienstag, den 9. Dezember 1952

9 Uhr 30	MD Klaiber
10 Uhr 25	MR Gumbel
10 Uhr 35	Kabinett
12 Uhr	Herr Bundeskanzler zu Herrn Bundespräsident
12 Uhr 45	MD Blankenhorn und MR Rumbel
13 Uhr 15	MD Globke
13 Uhr 25	dazu StS. Lenz
15 Uhr 45	MD Globke
15 Uhr 55	dazu ORR Kilb
16 Uhr	MD Globke allein
16 Uhr 30	Empfang des Pressechefs der Länder
17 Uhr 05	Herr Lachmann, Herrv. Lilienfeld
18 Uhr	Präsident v. Thadden-Trieglaff, Herr v. Waldhausen, Oberkirchenrat Rank und Generalsekretär Ehlers
18 Uhr 05	dazu StS. Lenz
18 Uhr 10	Kabinettsondersitzung
19 Uhr 45	Herr Bundeskanzler zu Herrn Bundespräsident
21 Uhr 30	MD Globke und StS. Lenz

Auszüge aus der Besucherliste (zu Dok. Nr. 37)

Mittwoch, den 10. Dezember 1952

9 Uhr 40	Dr. Baumfarten - Frankfurter Allgemeine Zeitung
9 Uhr 50	dazu Herr v. Eckardt
10 Uhr 20	die Herren Kiesinger, Tillmanns, Würmeling, Heck, Minister Kaiser, StS. Lenz, MD Globke, MB Blankenhorn, v. Eckardt
11 Uhr 10	Besprechung mit je 2 Koalitionsfraktionsvorsitzenden, Minister Dehler, StS. Strauß, MD Globke, StS. Lenz, StS. Hallstein, Abg. Kiesinger, Abg. Strauß und Dr. Pferdmenges sowie ORR Kilb
12 Uhr 25	die Herren Hermes, Handschumacher, Uhlemeyer, Schäfer, Dr. Fuhrmann, Schneider, Wellmanns, Reinhard, v. Manteuffel, Schmidt
13 Uhr 05	Minister a. D. Hermes allein
13 Uhr 15	Türkischer Botschafter Ürgüplü, Botschaftsrat Müren und StS. Hallstein
13 Uhr 30	StS. Hallstein allein
16 Uhr	Besprechung mit den Hohen Kommissaren bei der französischen Hohen Kommission, Godesberg, Begleiter: StS. Hallstein, MD Blankenhorn
18 Uhr 40	Kanadischer Verteidigungsminister und stellv. Außenminister Brooke Claxton, kanadischer Unterstaatssekretär im Außenministerium Wilgress und Botschafter Davis, StS. Hallstein, Herr v. Herwarth und Dr. Noack als Dolm.
18 Uhr 55	StS. Hallstein allein
19 Uhr	Pressekonferenz
20 Uhr 45	StS. Hallstein
20 Uhr 55	dazu StS. Lenz

Den Ablauf im einzelnen will ich Ihnen kurz noch einmal schildern. Wir waren im Kabinett versammelt, als etwa um 11 Uhr gestern Herr Staatssekretär Hallstein telefonisch anrief und mitteilte, diesen Beschluß hat der Präsident des Bundesverfassungsgerichts eben verkündet[9]. Er kam [für] uns völlig unerwartet, das möchte ich nachdrücklichst betonen, und ich habe Herrn Hallstein sofort am Telefon gesagt, er möge sofort zurückkommen und dem Kabinett und mir Bericht erstatten, und er möge weiter um eine Aussetzung der Verhandlungen bitten bis heute 15 Uhr, da ich noch nicht übersah, was sich ereignen würde. Wir haben dann im Kabinett die Sache besprochen, unsere Meinung einstimmig gebildet, das möchte ich ausdrücklich betonen, und sind zum Bundespräsidenten hingegangen[10]. Er wußte noch gar nichts von der Sache, [wir] haben ihm den Beschluß mitgeteilt, ihm die Meinung des Kabinetts gesagt und ihm weiter gesagt, daß die beiden Staatssekretäre Strauß und Hallstein sofort zurückkommen, um uns zu unterrichten. Dann würde noch eine Kabinettsitzung stattfinden, darauf würde ich wieder zu ihm kommen.
Die beiden Herren sind dann gegen 18 Uhr gekommen[11]. Aus ihrem Bericht war zu entnehmen, daß irgendeine Erhebung einer Vorstellung beim Bundesverfassungsgericht, daß dieser Beschluß doch irgendeinen rechtlichen Grund nicht habe, ergebnislos sei und gar keinen Zweck hätte, und dann sind wir nach nochmaliger sehr gewissenhafter Prüfung zu dem Ergebnis gekommen, das Ihnen bekannt ist.
In der »Welt« steht heute eine Nachricht, die nicht zutreffend ist. Es steht darin, daß an der Kabinettsbesprechung teilgenommen hätten die Herren Abgeordneten soundso und soundso[12]. Daran ist folgendes richtig: Es nehmen dann und wann an Kabinettsitzungen Mitglieder der Koalitionsfraktionen teil, wenn es sich um sehr entscheidende Sachen handelt. Bei dieser Kabinettsbesprechung habe ich den Herren bei Beginn der Kabinettsitzung in diesem Raum gesagt in Übereinstimmung mit den übrigen Kabinettsmitgliedern, wir hätten den Wunsch, uns unsere Meinung in dieser Angelegenheit zu bilden ohne jede politische Beeinflussung durch die schwebenden Vertragswerke, und ich bäte sie deswegen, uns allein zu lassen bei dieser Beratung. Die Herren erkannten das auch ohne weiteres als richtig an und haben sich entfernt, und wir sind dann in die Beratungen eingetreten, als die Herren den Raum schon verlassen hatten. Ich lege Wert darauf, das festzustellen.
Der Abgeordnete Ollenhauer[13] hat das Bundespräsidialamt gestern nachmittag angerufen und gesagt, er wünsche den Bundespräsidenten zu sprechen, weil er gehört habe, daß ich dem Präsidenten geraten habe, seinen Antrag zurückzuziehen. Der Bundespräsident hat dann den

Abgeordneten Ollenhauer gestern abend, nachdem wir mit dem Bundespräsidenten gesprochen hatten, empfangen. Wenn ich sage wir, so deswegen, weil das Kabinett in seiner zweiten Sitzung eine Abordnung gebildet hatte, um zum Bundespräsidenten zu gehen, bestehend außer mir aus dem Vizekanzler Blücher, dem Herrn Justizminister Dehler, dem Herrn Storch[14] und dem Innenminister.

Wir waren zusammen gestern abend da. Über die juristische Seite, die verfassungsrechtliche Seite der Angelegenheit, wird wohl am besten Herr Kollege Dehler etwas sagen. Ich möchte aber betonen, daß das Kabinett sich noch nicht unterhalten hat über das, was jetzt kommen wird.

Dehler: Zu dem Beschluß, der für Sie wie ein Blitz aus heiterem Himmel gekommen ist, kann ich nur sagen, das ist der Beschluß eines Gerichts, das da sagt, ein Gutachten ist eine Entscheidung. Jeder Laie fühlt da sofort, daß das nicht in Ordnung ist, daß ein Gutachten grundsätzlich etwas anderes ist als ein Urteilsspruch. Ein Gutachten ist mehr eine wissenschaftliche Ausarbeitung, ein Rechtsakt, den entweder der Bundespräsident oder die Bundesregierung, der Bundesrat und der Bundestag zusammen vom Bundesverfassungsgericht erbitten können.

Es gibt eine Analogie beim früheren Reichsfinanzhof, beim jetzigen Bundesfinanzhof, der kann Gutachten erstatten. Aber niemals bestand ein Streit darüber, daß ein Gutachten keine verbindliche Kraft hat, [k]ein Gericht, auch keine Behörde, hat das bisher gesagt. Hier erklärt mit einem Mal das Plenum des Bundesverfassungsgerichts, sein Gutachten in der Angelegenheit der beiden Auslandsverträge, aber auch die folgenden Gutachten, sollen für die beiden Senate bindende Kraft haben. Das ist ein Wegschieben aller Rechtsgarantien, die für unsere Vorstellung eines Rechtsstreites unentbehrlich sind. Es tritt eine Verbindlichkeit ein für Parteien, ohne daß sie rechtlich gehört worden sind, in unserem konkreten Falle die Mehrheit des Bundestages. Die Minderheit ist nicht beteiligt, sie steht an sich in einem Streitverfahren vor dem Zweiten Senat. Sie wird nicht gehört, trotzdem soll für sie bindendes Recht gesetzt werden. Sie hat das, was Voraussetzung jeder Justiz ist, nicht, das rechtliche Gehör, es ist ein Unikum für sich, für mich nicht so sehr, da ich die Entwicklung natürlich seit langem beobachte und weiß, welche merkwürdige Geisteshaltung im Bundesverfassungsgericht vorhanden ist. Damit Sie mich auch etwas verstehen in meinem Kampf, den ich gegen Herrn Arndt[15] geführt habe, muß ich Ihnen etwas sagen von dem großen Spiel, das dieser Mann nach meiner Überzeugung genial groß gespielt hat.

Das Bundesverfassungsgericht entspricht nicht meinen Vorstellungen.

Mein Entwurf eines Bundesverfassungsgerichts[16] hatte nicht zwei Senate vorgesehen, sondern einen Senat nach einem vorher bestimmten Ablauf verschiedener Besetzung. Dieser Entwurf ist von der Sozialdemokratie ‹nicht›[a] angenommen worden. Die Koalitionsparteien haben Gewicht darauf gelegt, daß dieses wichtige Gesetz von der Sozialdemokratie mit verabschiedet wird. Da kam dieser Kompromiß zustande, der nach meiner Überzeugung ein Zwitter ist mit der merkwürdigen Aufteilung der Zuständigkeiten zwischen zwei Senaten, bei denen aber jeder Senat das Bundesverfassungsgericht repräsentiert. Das ist das Werk Arndts. Arndt und Zinn[17] haben bei der Besetzung der Senate in ganz entscheidender Weise nach meiner Meinung von ihrem Standpunkt aus sehr geschickt Einfluß genommen. Deswegen konnte nach außen hin dieser schlimme Eindruck entstehen, daß die Senate politisch bestimmt seien, eine denkbar unglückliche Entwicklung.
In diesem Beschluß vom 8.12. kommt es ja zum Ausdruck, daß der Bundespräsident als oberstes Organ unseres Staates von dem nicht minder unabhängigen Bundesverfassungsgericht dieses Gutachten gefordert hat. Sie sehen darin eine Verkennung der Aufgaben des Bundesverfassungsgerichts. Das Bundesverfassungsgericht hat nicht das Gefühl, ein Gericht zu sein, das Recht sprechen muß, sondern, das drückt sich insbesondere in dem jetzigen Beschluß aus, als ein souveränes Bundesorgan, das anstelle des Gesetzgebers treten kann. Das hat es getan. Es hat in seinem Beschluß Recht zu setzen gesucht, nicht im Sinne eines richterlichen Spruchs, sondern neues Gesetzesrecht zu schaffen. Es sagt, mein Gutachten wird die Senate binden, eine merkwürdige Zwittersituation, die dadurch eintritt, daß derjenige, der das Gutachten angefordert hat, der Bundespräsident in einem Falle, im anderen Falle zusammen der Bundestag, der Bundesrat und die Bundesregierung[18], durch das Gutachten nicht gebunden wird, für sie bleibt es Gutachten, aber gegenüber den Senaten tritt eine Bindung ein. Die Senate sind dann nicht mehr in der Lage, frei Recht zu schöpfen, sondern können nur den in dem Gutachten gesetzten Rechtssatz ihrerseits anwenden.
Es fehlen alle Voraussetzungen für das, was hier geschehen ist. Wir können Ihnen ja jetzt freimütig sagen, daß an sich das Plenum des Bundesverfassungsgerichts beschlossen hatte, zwei Gutachten zu erstellen, das war bekanntgeworden, ein Mehrheits- und ein Minderheitsgutachten. Das hat man mit einem Male wieder weggewischt, obwohl bekannt ist, daß eine starke Minderheit auf jeden Fall die Verträge für vereinbar mit dem Grundgesetz hält. Es sollte eben diese Meinung nicht zum Ausdruck kommen, sondern das Gutachten sollte wie ein Urteil gelten. Es sollte

gar nicht zum Ausdruck kommen, mit welcher Mehrheit diese Entscheidung, diese gutachtliche Entscheidung, getroffen würde. Das Bundesverfassungsgerichtsgesetz setzt in bestimmten Fällen besonders qualifizierte Mehrheiten voraus. Das wird einfach weggeschickt. In den Senaten und auch im Plenum wird nicht beraten, sondern mit einer einfachen Stimmenmehrheit werden diese Entscheidungen getroffen, welches Verfahren dafür gelten sollte.

Das GG sagt ausdrücklich im § 94 Abs. 2, daß das materielle Verfahren durch das Gesetz bestimmt werden muß. Das ist das Bundesverfassungsgerichtsgesetz. Für diesen Weg, den das Plenum des Bundesverfassungsgerichts für zulässig hält, gibt es keine Verfahrensvorschrift. Man kann nur schwer sich vorstellen, was eigentlich gedacht war. Sie sagen, sie wollen den Streit zwischen den beiden Senaten von vorneherein beseitigen. Sie wären jedoch, wenn der eine Senat und der andere anders entschieden hätte, nach § 16 in Form des Plenums zur Entscheidung berufen gewesen. Sie setzen also schon voraus, daß die voneinander abweichenden Ansichten der beiden Senate vorlagen, daß abweichende Entscheidungen getroffen werden konnten. Woraus sie das vorausschauen und vorhersehen konnten, weiß ich nicht, die Senate hatten ja noch nicht entschieden. Warum also es zu einer abweichenden Entscheidung kommt, ist alles nicht erfindlich, und es gibt eine Fülle von Momenten, die dieses Verfahren als völlig rechtlos, als gegen das Grundgesetz und gegen das Bundesverfassungsgerichtsgesetz verstoßen lassen.

Die Zuständigkeiten sind begründet im § 93 des GG. Der Abs. 1 sagt, das Bundesverfassungsgericht entscheidet in den und den Fällen. Der zweite Absatz sagt, durch Gesetz kann das Bundesverfassungsgericht ermächtigt werden, auch in anderen Fällen tätig zu werden. Eine Bestimmung, die ich mitgeschaffen habe und die gewählt wurde, um die Möglichkeit der Gutachtenerstattung durch das Bundesverfassungsgericht zu geben. Es ist deutlich unterschieden worden zwischen richterlicher Entscheidung und sonstigem Tätigwerden in Form der Gutachtenerstattung. Eine Verwischung beider Begriffe kann es nicht geben. Das Bundesverfassungsgericht führt es trotzdem durch.

Nach außen hin ist der peinliche Eindruck entstanden, an dessen Korrektur mir liegt, die Bundesregierung und die Mehrheit des Bundestages hätten bei der Klage gewissermaßen gespielt, einen Advokatenkniff angewandt. Das ist ein Vorwurf, der uns nicht trifft. Da komme ich zurück auf meine These, daß Arndt ein großes Spiel spielt, ein Vorwurf, der Arndt betrifft. Die vorbeugende Feststellungsklage, die er erhoben [hat] im Frühsommer dieses Jahres[19], war bereits ein echter Verfassungsstreit, der zum Zweiten Senat hätte kommen müssen und der nach meiner Meinung durch eine falsche Entscheidung des Plenums dem Ersten Senat zugewiesen worden ist. Wir wußten, diese Klage wird sofort wiederholt. Die Bundesregierung hätte ihre Pflichten verletzt, wenn sie nicht die Mehrheit des Bundesrats ... der Antrag geht nicht von mir aus, das ist kein einsamer Entschluß des Bundeskanzlers, und daß ich als Bundesjustizminister prüfe, welche Möglichkeiten uns das Gesetz gibt, ist selbstverständlich, und das Gesetz gibt die Möglichkeit, einen echten Verfassungsstreit beim Zweiten Senat anhängig zu machen gegen die Minderheit über die Frage: Ist für das Ratifikationsgesetz eine verfassungsändernde Mehrheit erforderlich oder nicht? Das ist der richtige Weg, der von vorneherein auch von der Gegenseite hätte beschritten werden müssen. Daß jetzt das Bundesverfassungsgericht in seinem Beschluß von »sachfremden Erwägungen« spricht, mit denen die Zuständigkeit von Senaten begründet wird, und dann sagt, um diese Möglichkeit auch zu kopieren, geben wir unserem Gutachten diese Entscheidungskraft, ist doch zumindest sehr verwunderlich, daß das höchste Gericht in einem Beschluß zumindest wertet. Für uns Juristen sind die Dinge beinahe zu klar, als daß man darüber debattieren könnte.

Adenauer: In der Zwischenzeit ist von Karlsruhe folgende Mitteilung gekommen von heute 6 Uhr 45. Das Bundesverfassungsgericht gibt bekannt:

»1. Die Kritik an dem Beschluß des Bundesverfassungsgerichts vom 8.12.52 über die Bindung der Senate an ein Plenargutachten übersieht folgendes: Der Beschluß wurde in der Sitzung vom 9.12. ohne nähere Begründung bekanntgegeben. Die vollständige Begründung dieses Beschlusses, die ursprünglich dem Gutachten vorbehalten war, wird, nachdem der Antrag auf Erstattung des Gutachtens zurückgenommen worden ist, nunmehr gesondert erfolgen[20].

2. Um erneuten politischen Mutmaßungen und Mißdeutungen über das Stimmenverhältnis, mit dem diese Verfahrensregel beschlossen worden ist, zu begegnen, sieht sich das Gericht veranlaßt, der Öffentlichkeit mitzuteilen: Von 22 im Plenum anwesenden Richtern haben 20 für den Beschluß, zwei Richter gegen diesen gestimmt.«[21]

Darf ich folgendes dazu sagen: Der Beschluß, der bekanntgegeben worden ist, enthält eine Begründung. Er führt als Begründung an, daß vermieden werden muß, daß die Senate und das Gutachten in Widerspruch miteinander kommen. Was das Stimmenverhältnis angeht, mit dem hier der Beschluß gefaßt worden ist, so ist das für meine Beurteilung des Beschlusses völlig gleichgültig, auch wenn alle dafür gewesen wären, würde

ich dabei bleiben: Dieser Beschluß widerspricht dem Grundgesetz. Ob das 20, 22 oder 12 Mann sind, ist mir völlig gleichgültig.
Ich möchte ein weiteres hinzufügen. In diesem Beschluß, so sagt das Bundesverfassungsgericht, stellt es sich in eine Parallele mit dem Bundespräsidenten. Es ist ein großer Unterschied. Der Bundespräsident hat den Eid abgelegt, hat ihn dahin geleistet, daß er die Verfassung und die Gesetze wahren und verteidigen werde. Das Bundesverfassungsgericht hat keine allgemeine Pflicht zum Schutz der Verfassung. Das Bundesverfassungsgericht tritt in Funktion dann, wenn es von einem dazu Berechtigten in Funktion gesetzt wird, und nur insoweit, als der Berechtigte eine Forderung an das Bundesverfassungsgericht hat. Es ist eine völlig abwegige Auffassung – damit möchte ich das unterstreichen, was Herr Kollege Dehler gesagt hat –, daß das Bundesverfassungsgericht die allgemeine Pflicht habe, wie sie etwa der Bundespräsident hat. Das hat es nicht. Darin besteht die falsche Auffassung, von der Sie sprechen, Herr Kollege Dehler, die das Bundesverfassungsgericht von seinen Aufgaben hat.
Das Gericht ist offenbar der Auffassung, ich bin ein Organ wie der Bundespräsident. Berufen, die Gesetze und die Verfassung zu schützen. Das ist aber nicht wahr, das ist ein völlig falscher Standpunkt. Das Bundesverfassungsgericht hat nur dann und kann nur dann in Funktion treten, wenn es von einem dazu Berufenen angegangen wird, und daher hat das Bundesverfassungsgericht auch nicht das Recht, Gesetze zu machen oder gesetzesmäßige Vorschriften zu erlassen. Die Entscheidungen, die es trifft in dem Falle, in dem es von einem Berechtigten angegangen worden ist, sind rechtens. Aber darüber hinaus hat es kein Recht.
Nun bezieht sich das Bundesverfassungsgericht anscheinend darauf, daß es sein Verfahren selbst regeln kann. Was heißt Verfahrensregelung bei einem Gericht? Das sind formelle Angelegenheiten, es werden Fristen gesetzt usw. Aber hier handelt es sich nicht um eine Verfahrensvorschrift, sondern um eine materielle Rechtssetzung.
Nun hat das Bundesverfassungsgericht gefühlt, und das war wohl auch das bewegende Moment, daß es natürlich schlecht aussieht, wenn das Bundesverfassungsgericht ein Gutachten erstattet und wenn ein Senat hinterher von dem Gutachten abgeht. Dazu möchte ich zunächst sagen: Es würde genauso einen Eindruck machen, wenn das Bundesverfassungsgericht, wie das zuerst uns mitgeteilt worden ist[22], ein Mehrheits- und ein Minderheitsgutachten abgegeben hätte, bei dem die Unterschiede in der Mehrheit und in der Minderheit in sich sehr gering gewesen wären. Da würde jeder erkannt haben, das ist eine Rechtsmeinung, die

natürlich Beachtung verdient, aber deren Wertung und Würdigung jedem einzelnen, der sich damit beschäftigt, überlassen bleibt. Herr Dehler hat auf den merkwürdigen Zustand hingewiesen, daß der Bundespräsident, wenn dieses Gutachten erstattet worden wäre, in keiner Weise gehalten gewesen wäre, dieses Gutachten seiner Entschließung zugrunde zu legen. Aber wenn dann ein Senat zur Entscheidung angerufen worden wäre, dann hätte dieser Senat entscheiden müssen entsprechend dem Gutachten. Daraus ersehen Sie ja schon, wie unüberlegt man [gehandelt und] sich die Konsequenzen eines solchen Beschlusses ‹ ... › [b] nicht genügend klargemacht hat.
Nun war aber das Bundesverfassungsgericht schon in einer ähnlichen Lage im Sommer dieses Jahres. Da hat der Bundespräsident dieses Gutachten eingefordert, und im Sommer hat die SPD eine Präventivklage erhoben beim Ersten Senat auf Feststellung, daß wenn die Organe der Gesetzgebung ein solches Gesetz beschließen würden, es dann [eine] Zweidrittelmehrheit erfordere[23]. Damals hat das Bundesverfassungsgericht folgendes getan: Weil es schon damals Vorsorge traf, daß nicht zwischen seinen Entscheidungen ein Widerspruch zutage trat, [hat es] damals bei der Bundesregierung und bei der sozialdemokratischen Fraktion angefragt, ob sie bereit wären, sich dem Gutachten zu unterwerfen[24]. Das würde also bedeutet haben, daß die Bundesregierung und die SPD-Fraktion gewissermaßen das Bundesverfassungsgericht als Schiedsrichter angesehen haben würden, dessen Gutachten sie sich beide unterwerfen werden, d. h., daß sie auf eine Klage dann verzichten würden, wenn das Gutachten nicht mit ihrer Auffassung übereinstimme. Die Bundesregierung hat damals dem Bundesverfassungsgericht mitgeteilt: Ja, wir sind bereit, uns diesem Gutachten zu unterwerfen[25]. Die SPD-Fraktion hat mitgeteilt: Wir sind nicht bereit, uns diesem Gutachten zu unterwerfen[26], und noch mehr, meine Damen und Herren, der Herr Arndt ist damals zum Bundespräsidenten gegangen und hat vom Bundespräsidenten verlangt, daß er im Hinblick auf die Klage der SPD-Fraktion seinen Antrag auf Erstattung eines Gutachtens zurückziehe. Bitte, beachten sie wohl, das hat Herr Arndt namens der SPD-Fraktion verlangt, und der Bundespräsident hat das Verlangen abgelehnt[27].
Dann hat sich das Bundesverfassungsgericht mit der ganzen Situation wieder befaßt und hat, weil es damals der Auffassung war, das Wichtige in der Funktion des Bundesverfassungsgerichts ist das Urteil, die Entscheidung, nicht die Tätigkeit als Gutachter, hat es den Beschluß gefaßt, daß wenn in derselben Frage eine Klage anhängig gemacht und ein Gutachten angefordert würde, die Behandlung des Gutachtens zurückgestellt wer-

den solle, bis auf die Klage eine Entscheidung gekommen ist[28]. Infolgedessen hat dasselbe Bundesverfassungsgericht vor jetzt vier oder fünf Monaten das Ersuchen des Bundespräsidenten auf Erstattung eines Gutachtens beiseite gelegt und hat sich mit der Klage der SPD-Fraktion beschäftigt und ist dann allerdings aus Gründen, die mit der Materie selbst nichts zu tun haben, zu der Auffassung gekommen, daß eine solche Klage, eine Normenkontrollklage, erst dann angestellt werden kann, wenn die Norm da sei und daß man nicht im voraus klagen könne auf Feststellung, wenn erst einmal eine solche Norm geschaffen werden muß, da diese Norm mit der Gesetzgebung nicht vereinbar sei[29]. Und nun nach 5 Monaten dieser radikale Wechsel. Es wird nicht das Gutachten zurückgewiesen, bis die Klage entschieden ist, sondern man macht das Gutachten zu dem Obersten des Ganzen, eine ganz nebensächliche Arbeit eines Bundesverfassungsgerichts, Gutachten zu erstatten.

Das Wesen eines Gerichts besteht nicht darin, Gutachten zu erstatten, das Wesen besteht darin, Recht zu sprechen, Urteile zu sprechen und mit Gründen zu versehen, aber es macht hier diese an sich mit der Natur eines Gerichts gar nicht [zu] integrierende Aufgabe, ein Gutachten zu erstatten, zu dem Wesentlichen und drückt die Entscheidung herunter. Das Gutachten soll entscheidend sein. Herr Kollege Dehler hat schon darauf hingewiesen, das Ganze rühre her von einer vollkommenen Verkennung der rechtlichen Situation eines Verfassungsgerichts, eines Bundesverfassungsgerichts.

Ich möchte das nochmals nachdrücklichst betonen, weil ich diese Frage herausheben möchte aus dem Tagesstreit. Es handelt sich hier um etwas viel Wichtigeres. Es handelt sich darum, ob Gesetzgeber in einem demokratischen Staat das Parlament ist oder ein Bundesverfassungsgericht. Darum handelt es sich, und ich betone nochmals, das Bundesverfassungsgericht hat tätig zu werden, wenn es im speziellen Falle angerufen wird von einem dazu Berechtigten, in einer Frage zu entscheiden, deren Entscheidung der Gesetzgeber dem Bundesverfassungsgericht übertragen hat. Das ist seine ganz konkrete Aufgabe, und es hat kein Recht, darüber hinauszugehen.

So standen wir, als wir dem Bundespräsidenten unsere Meinung mitteilten, und der Bundespräsident stand vor der sehr schweren und entscheidenden Frage: Sollen wir es zulassen, daß sich nun eine Instanz noch bildet in fortschreitender Übung – es liegen noch andere Fälle vor, auf die ich jetzt nicht zurückkommen will, wo ebenfalls das Bundes[verfassungs]gericht sich über Gesetze hinweg gesetzt hat –, sollen wir es zulassen, daß sich eine Instanz gebildet hat, die nicht gewählt wird, nicht von der Öffentlichkeit kontrolliert wird und der keine politischen Funktionen übertragen sind, die das Recht bekommen soll, Gesetzesrecht zu schaffen, nicht Gesetze auszulegen?

Das war für uns völlig unmöglich. Das war ein Zustand, den wir mit unseren Verpflichtungen, die wir übernommen haben, nicht glauben vereinbaren zu können. Und daher unsere Empfehlung an den Bundespräsidenten, so zu handeln, wie er gehandelt hat, und es ist bei uns darüber gesprochen worden, daß der Bundespräsident durch seinen Eid gebunden ist, die Verfassung und die Gesetze zu verteidigen, und daß er infolgedessen durch seinen Eid gezwungen war, so zu handeln, wie er gehandelt hat, indem er seinen Antrag auf Erstattung dieses Gutachtens zurückzog. Nun habe ich Ihnen gesagt, wie sich die Sache entwickelte, wir müssen jetzt abwarten.

Vielleicht werden Sie sich die Frage gestellt haben, was gemeint war mit den anderen Fällen. Wir alle miteinander halten es für nicht mit dem Gesetz vereinbar, daß in dem SRP-Urteil einfach vom Bundesverfassungsgericht erklärt worden ist, daß diese Sitze unbesetzt bleiben[30]. Nach der Verfassung von Niedersachsen zählt der niedersächsische Landtag soundso viel[e] Sitze, und wenn [das] Bundesverfassungsgericht eine Partei verbietet und wenn infolgedessen – eine Frage, über die man diskutieren kann – die Leute ihrer Mandate für verlustig erklärt werden, dann hat kein Bundesverfassungsgericht das Recht zu sagen, die Mandate bleiben unbesetzt. Das widerspricht der Verfassung von Niedersachsen. Das war auch ein Moment, Herr Kollege Dehler, das uns bei der ganzen schweren Entscheidung, die wir zu treffen hatten, mit bewegt hat. Wir können es nicht zulassen, soweit das in unseren Kräften steht, müssen wir das verhindern, daß sich über dem Parlament ein neues Organ bildet, das einfach an der Stelle des Parlaments den Auftrag, den das Volk dem Parlament gegeben hat, für sich in Anspruch nimmt, ‹um›[c] Gesetze oder gesetzesmäßige Bestimmungen zu schaffen. Das ist der Tatbestand.

Das hat mit EVG und den ganzen Sachen nichts zu tun, aber auch gar nichts zu tun. Mich haben diese ganzen Vorgänge außerordentlich erinnert an gewisse Vorgänge des Jahres 1932, als damals der Staatsgerichtshof unter Herrn Bumke[31] [das Urteil] gegen die Preußische Staatsregierung erlassen hat[32], das doch zu verhängnisvollen Folgen geführt hat und mit den damaligen Gesetzen nicht vereinbar gewesen ist. Ich bin der Auffassung, in verfassungsrechtlichen Dingen gibt's keine Kompromisse, keine Duldung, da muß jeder korrekt seine Pflicht tun, koste es, was es wolle.

Journalist: Sind irgendwelche Maßnahmen beabsichtigt, um diesen Beschluß des Bundesverfassungsgerichts außer Wirkung zu setzen?

Dehler: Wir müssen uns da schon beim lieben Gott beschweren. Das Bundesverfassungsgericht hat nicht über den ...

Journalist: Aber der Gesetzgeber?

Adenauer: Der Gesetzgeber natürlich. Die Frage, was zu geschehen hat, wollen wir in aller Ruhe überlegen und erörtern, losgelöst von den augenblicklichen Eindrücken und auch möglichst losgelöst von den Aspekten der Bevölkerung, von den schwebenden Gesetzesvorlagen, die den Anlaß dazu geboten haben. Daß das Bundesverfassungsgericht nicht dabei bleiben kann, ist ganz klar.

Dehler: Dieser Beschluß ist ein Novum, ohne Antrag, ohne irgend jemand über die Probleme zu fragen, kein anderes Bundesorgan ist konsultiert worden, nicht der Bundespräsident, nicht die Bundesregierung, nicht Bundesrat und nicht Bundestag. Es ist kein Antrag gestellt worden, und das Plenum verkündet einen Beschluß. Wie sie überhaupt dazu kommen, einen Beschluß zu verkünden, wer hat sie dazu berufen? Das kann eine interne Meinungsäußerung sein. Sie können überhaupt keinen Beschluß fassen. Entscheidungen und Urteile erfolgen im normalen Fall, und es können Gutachten erstattet werden, aber Beschlüsse aus heiterem Himmel können nicht gefaßt werden. Wir werden diesen Beschluß niemals anerkennen.

Journalist: Wie ist die Rechtslage bezüglich der Opposition?

Adenauer: Es ist noch keine Klage da, wir müssen der Opposition es überlassen, eine Klage einzureichen. Die Klage ist damals abgewiesen worden als zur Zeit unzulässig[33]. Der Zustand, der dann eintritt, ist vorgesehen in dem Bundesverfassungsgerichtsgesetz, dann tritt das Plenum zu einer Entscheidung zusammen.

Journalist: Aber zunächst kann der Erste Senat wieder gegen den Zweiten Senat stimmen?

Dehler: Nach dieser Entscheidung ist das Rechtsinteresse erst gegeben, wenn die Darlegungen und die Beschlußfassung vorliegen.

Adenauer: Es liegt mir außerordentlich daran, durch Sie die Öffentlichkeit auf die allgemeinen Fragen hinzuweisen. Lassen Sie mich den Artikel ‹93›[d] [des Grundgesetzes] verlesen:
(Folgt Verlesung.)
Ich lese die Ausführungen vor, damit Sie daraus sehen, wie richtig das ist, was wir sagen, daß das Bundesverfassungsgericht zuständig ist in ganz bestimmten, vom Gesetzgeber umschriebenen Fällen auf Anrufen eines der durch die Gesetzgebung Berechtigten. Das ist nicht etwa ein allge-

meines Schöpfungsrecht, wie es der Bundestag hat. Sie sehen daraus, daß die ganze Macht des Bundesverfassungsgerichts auf einem Bundesgesetz beruht, so daß ganz konkret die Aufgaben des Bundesverfassungsgerichts festgelegt, umschrieben und begrenzt sind. Gegen die Überschreitung dieser Grenze in einer Weise, die ganz untragbar ist, dagegen muß man sich zur Wehr setzen.

Journalist: Es wird behauptet, daß das frühere Reichsgericht manchmal das Recht für sich in Anspruch genommen und auch ausgeübt habe, Gesetzeslücken auszufüllen.

Strauß: Hier kommt es entscheidend darauf an, daß es sich um keine Lücke handelt. Es ist selbstverständlich zu prüfen, ob im Wege der Analogie eine unvollständig geregelte Materie durch richterlichen Spruch ergänzt werden kann.

Dehler: Zwischen Gutachten und Entscheidung ist keine Lücke. Ein Gutachten ist etwas anderes. Ein Gutachten hätte dann ein größeres Gewicht als die Entscheidung eines Senats und könnte deshalb einen Vorrang haben. Ein Gutachten steht nicht unter dem Zwang des Urteils, ein Richter steht unter der Drohung der Rechtsbeugung, wenn er ein Urteil spricht, bei der Gutachtenerstattung nicht. Ein Richter kann sein Urteil nicht mehr abändern, sein Urteil ist in der Welt, mag es gut oder schlecht sein, es besteht. Ein Gutachten kann ich am nächsten Tage abändern.

Adenauer: Der Bundespräsident kann z. B. schreiben, aber ihr habt doch nicht auf das und das geachtet, dann können die sagen, wir können unseren bisherigen Standpunkt nicht aufrechterhalten usw. Das ist bei einem Urteil nicht der Fall.

Journalist: Die Lücke wird wohl darin erblickt, daß nach dem Gutachten die beiden Senate nicht abweichend urteilen können. Wenn ein Senat des Berufungsgerichts gesprochen hat, dann ist das die Entscheidung des Berufungsgerichts.

Strauß: Ich will das Wesen des Gutachtens an einem klassischen Beispiel erklären, das sind die Gutachten, die früher der Reichsfinanzhof und jetzt der Bundesfinanzhof damals dem Reichsfinanzminister, jetzt dem Bundesfinanzminister, mitunter erstatteten. Ich erwähne dieses Beispiel deswegen, weil wir uns im Parlamentarischen Rat bereits Gedanken über die Zuständigkeit des Bundesverfassungsgerichts machten und beschlossen, die Frage der Gutachtenerstattung dem Ausführungsgesetz zu überlassen.

Die Gutachterfunktion ist darauf zurückzuführen, daß bei der immer unübersichtlicher werdenden Masse von Steuergesetzen die Sachbear-

beiter des Finanzministers mitunter im Zweifel sind, ob sie die Ausführungsbestimmungen so wenig oder so weit ausdehnen können, und um sich zu sichern und nicht über den Rahmen der Ermächtigung hinauszugehen, die der Finanzminister hat, hat in solchen Fällen der Finanzminister das Recht, den Bundesfinanzhof zu bitten, zur Auslegung einer steuergesetzlichen Vorschrift ein Gutachten zu erstatten. Daran wird sich im allgemeinen der Bundesfinanzhof halten. Wenn nun aber ein Steuerpflichtiger, nachdem ein solches Gutachten ergangen ist, trotzdem mit den Beamten von Herrn Schäffer unzufrieden ist und im Steuerberufungs- oder Rechtsbeschwerdeverfahren bis zu den jeweiligen Senaten des Bundesfinanzhofes geht, dann ist dieser Senat in keiner Weise an das Gutachten des Bundesfinanzhofes gebunden, ist auch nicht gezwungen, wenn er von dem Gutachten abweichen will, etwa den Großen Senat anzurufen, wie es ein Senat tun muß, wenn er von einem Urteil eines anderen Senats des Bundesfinanzhofes abweichen will. Das ist das, was allen bei der Ausarbeitung des Grundgesetzes wie auch bei der Ausarbeitung des Gesetzes über das Bundesverfassungsgericht Beteiligten vorgeschwebt hat.
Warum ein solches Gesetz eingeführt wurde? Ich habe es selbst befürwortet, weil das Bundesverfassungsgericht als Spruchentscheidungsgericht nur tätig werden kann, wenn ein Tatbestand bereits erfüllt ist. Es kann ein Gesetz nur auf seine Verfassungsmäßigkeit prüfen, wenn es vorhanden ist. Eine Rechtsverletzungsprüfung, wenn sie eingetreten ist. Alle waren sich darin einig, daß Zweifelsfragen im Vorstadium auftreten könnten, bevor ein Gesetz geschaffen wird, daß vielleicht sogar die Bundesregierung in Übereinstimmung mit Bundestag und Bundesrat sich nicht im klaren darüber ist, ob der Bund oder ein Land zum Erlaß eines Gesetzes über einen bestimmten Gegenstand befugt ist.
Deshalb haben die drei Organe das ‹Bundesverfassungsgericht› [e] um ein Gutachten gebeten. Wieweit nach dem GG zwischen Bund und Ländern der Bundesgesetzgeber befugt ist, z. B. das Baurecht zu regeln. Wenn das Bundesverfassungsgericht ein solches Gutachten über diese Baurechtsfragen erstattet, ist das eine Richtlinie, zum mindesten für das Wohnungsbauministerium, das einen solchen Entwurf ausgearbeitet hat. Der Bundestag wird es beachten, wird vielleicht darüber diskutieren.
Aber wenn, nachdem das Gesetz verkündet ist, ein Land die Meinung vertritt, hier habe der Bundesgesetzgeber seine Zuständigkeit überschritten und ein Gebiet geregelt, das ausschließlich dem Ländergesetzgeber zustehe, und dann das Bundesverfassungsgericht anruft, so ist der Senat völlig frei in seiner Entscheidung und nicht an das Gutachten gebunden.

Will er von dem Gutachten abweichen, dann gibt es keine rechtliche Möglichkeit, das Plenum der 24 Richter des Bundesverfassungsgerichts anzurufen. Es ist auch begrifflich undenkbar, denn ein Gutachten soll eine Beratung ausüben. Es kann seinem Wesen nach niemals bindend für eine Spruchentscheidung eines Senats wirken. Der Beschluß des Bundesverfassungsgerichts begeht jetzt gerade den begrifflichen Fehler, daß es die Grenzen zwischen einem Gutachten und einem streitigen Entscheidungsurteil verwischt und dem Gutachten die Wirkung beifügt, eine künftige Entscheidung eines Senats in einem streitigen Verfahren zu präjudizieren.

Adenauer: Ich möchte auch noch einmal darauf aufmerksam machen, daß das Bundesverfassungsgericht im Sommer dieses Jahres auf einem anderen Standpunkt gestanden hat und damals beschlossen hat, auch in einem Plenarbeschluß, daß wenn das Ersuchen um Erstattung eines Gutachtens und eine Klage vorliegen, die Klage den Vorzug hat[34].

Dehler: Dieser Beschluß steht im Widerspruch zum Grundgesetz, im Widerspruch zum Gesetz über das Bundesverfassungsgericht und im Widerspruch zur eigenen Praxis des Plenums des Bundesverfassungsgerichts. Mehr Widersprüche kann man sich nicht vorstellen. Ich habe den Verdacht, daß das Plenum des Bundesverfassungsgerichtes nicht wußte, daß wir die Gründe seiner Stellungnahme vom Sommer haben. Es hat bisher die Beschlüsse des Plenums über solche Fragen nicht veröffentlicht. Aber es hat auf eine Anfrage des Bundespräsidenten am 26.7. an den Chef des Bundespräsidialamtes[35] ganz eindeutig und klar geschrieben, weil das Verfahren beim Ersten Senat anhängig ist, sind die Voraussetzungen für die Behandlung des Antrags des Herrn Bundespräsidenten auf Erstattung eines Gutachtens nicht gegeben.

Fragesteller: Damals war die Frage schon anhängig.

Adenauer: Jetzt ist auch eine Klage anhängig.

(*Zwischenruf:* Das Gutachten ist vor der Klage anhängig?)

Dehler: Das Entscheidende ist ja, daß das Gutachten hinter einer Entscheidung zurücksteht, ob es vorläufig oder nachläufig ist, ist gleichgültig. Eine Gutachtenerstattung ist nicht möglich, solange ein Verfahren anhängig ist.

Adenauer: Es kommt noch etwas hinzu. Das Gutachten entscheidet über das Verfahren. Das kommt noch dazu, das ist das Entscheidende.

Dehler: Wie das Bundesverfassungsgericht nachträglich das motivieren will, na ja!

Adenauer: Es steht auch darin, »alle Gutachten«, also ganz allgemein.

Lenz: Es kann mit diesem Beschluß des Plenums ein Urteil oder ein

Verfahren vorweggenommen werden dadurch, daß ein Gutachten erstattet wird durch das Bundesverfassungsgericht. Es ist eine Vorwegnahme.

Adenauer: Wenn eine Klage schwebt, braucht nur der Bundespräsident ein Gutachten einfordern, und das Verfahren ist erledigt. Aber ich bitte, lassen Sie sich durch all diese sehr üblen weiteren Folgen nicht davon abbringen, daß das Bundesverfassungsgericht nur in Funktion treten kann in bestimmten, im Grundgesetz vorgesehenen Fällen und auf Antrag von dazu ebenfalls genau beschriebenen Organen und daß es nicht aus sich heraus einfach Recht schaffen kann. Das kann es nicht.

Friedlaender: Ich möchte von der öffentlichen Meinung her eine Frage stellen: Wenn sich die öffentliche Meinung auf den Standpunkt stellen würde, der jetzt von der Bundesregierung vertreten wird, das Bundesverfassungsgericht handele falsch und überschreite seine Kompetenzen, das Bundesverfassungsgericht handele praktisch verfassungswidrig, so muß doch aus dieser sehr schweren Kritik irgendeine Konsequenz gezogen werden. Herr Dehler hat dazu gesagt, darüber stehe eigentlich nur noch der liebe Gott. Es ist verfassungsmäßig keine Stelle vorgesehen, die das Bundesverfassungsgericht einer Verfassungswidrigkeit auch nur zeihen kann mit irgendwie rechtswirksamer Kraft. Ich sehe nicht recht, wohin eine solche Kritik, wenn die öffentliche Meinung sie sich zu eigen machen sollte, führen soll. Man muß doch eine Konsequenz daraus ziehen. Die vorhandene Konsequenz ist doch nur eine Änderung des Gesetzes.

(*Adenauer:* Eine Ergänzung.)

Die Bundesregierung vertritt gerade den Standpunkt, daß nach dem bestehenden Gesetz sich das Bundesverfassungsgericht verfassungswidrig verhalten habe. Dann kann doch bei dem Manne auf der Straße eigentlich nur der Eindruck zurückbleiben, hier ist totaler Unsinn passiert, man hat Leute eingesetzt, ohne sich eine Möglichkeit zu sichern, nachher auf diese Leute aufpassen zu können.

Dehler: Das ist die klassische Frage: Wer wird die Richter der Verfassung bewachen? Das tritt bei jedem Verfassungsgericht auf, aber ich habe noch niemals in der Geschichte so drastisch wie bei uns eine solche Entwicklung ausbrechen sehen. Es mußte zwangsläufig zu dieser Dramatik führen beinahe.

Adenauer: Sie haben mit Ihrer Frage durchaus recht. Man muß tatsächlich etwas tun, und das, was man tun kann, ist nach meiner Meinung nur folgendes, daß wir in einer Novelle zum Bundesverfassungsgerichtsgesetz die Frage der Gutachten klären, daß man an sich selbstverständliche Bestimmungen eben im Gesetz klarlegt.

Dehler: Zunächst muß man den Schritt des Bundespräsidenten unter diesen Gesichtspunkten werten. Der Herr Bundeskanzler hat eben gesagt, der Bundespräsident habe geschworen, das Grundgesetz zu wahren und zu verteidigen. Er hat keine Kraft der Änderung, er kann nicht gestalten, aber er kann mahnen, und wir haben ihn bewußt an seinen Eid erinnert, weil hier ein Fall echter Verfassungsnot eingetreten ist.

Fragesteller: Der Bundespräsident hat ein Gutachten verlangt. Was ihm angeboten worden ist, ist kein Gutachten, sondern eine richterliche Entscheidung. Folglich verzichtet der Bundespräsident, weil ihm etwas anderes angeboten wird als das, was er verlangt hat. Das leuchtet jedem Mann auf der Straße ein, während die massive Kritik an dem Bundesverfassungsgericht eigentlich nur zu einer Verwirrung der öffentlichen Meinung führt, weil man keine wirklichen Konsequenzen daraus ziehen kann. Selbst wenn man eine Novelle machte, schaffte man die Frage der SRP nicht aus der Welt. Das Bundesverfassungsgericht hat auch in anderen Fällen seine Kompetenzen überschritten.

Dehler: Immer wieder sollen wir das weiter mit anschauen?

Adenauer: Aber auch, wenn wir keine Instanz schaffen können, die das Bundesverfassungsgericht absetzt oder korrigiert, müssen wir doch darauf aufmerksam machen und im Wege des Gesetzes alles tun, was möglich ist, um derartige Mißgriffe zu verhindern. Aber es kommt hinzu, daß man über den Wächter, der über das Verfassungsgericht gesetzt ist, wieder einen Wächter setzt, der auf diesen Wächter aufpaßt und auf diesen Wächter einen dritten Wächter. Das ist kein Argument dagegen. Vor Mißbrauch ist man niemals geschützt, aber wir müssen jetzt, nachdem das so gemacht worden ist, nach meiner Meinung das Gesetz über den Verfassungsgerichtshof – an sich wäre es überflüssig gewesen – so ergänzen, daß auch derartige Dinge im Gesetz selbst geregelt sind.

Fragesteller: Es ist aber doch so, daß für den Mann auf der Straße das Bundesverfassungsgericht bisher angepriesen worden ist als letzte, oberste, unantastbare Instanz, und gegen diese Instanz geht irgend jemand, der sich zufällig Bundesregierung nennt, vor und kritisiert es. Das ist ein Gesichtspunkt, den man nie außer acht lassen sollte.

Adenauer: Ich fürchte etwas anderes. Ich fürchte, daß wir dadurch der Kritik an unseren Gerichtshöfen Wasser auf die Mühle leiten.

(*Zwischenruf:* Genau das!)

Das fürchte ich, und das ist in höchstem Maße bedauerlich. Aber wir können es nicht ändern. Wir haben das doch nicht getan. Wir würden uns aber wirklich versündigen, wenn wir das geschehen ließen, und wir müssen sorgen, daß im Wege der Gesetzgebung, so gut das überhaupt möglich ist, da ein Riegel vorgeschoben wird, und durch das Echo, das es bei der Bundesregierung findet und im Parlament finden wird, hat das Ansehen des ganzen Staates, sowohl der Regierung wie auch des Gerichtswesens jetzt in toto genommen, einen starken Stoß erlitten.

(*Zwischenruf:* Und im Ausland, ... und in der Ostzone!)

Deswegen habe ich das Wort Staatskrise überhaupt noch nicht in den Mund genommen.

Dehler: Unsere deutsche Rechtsprechung ist viel besser. Ich habe einen Brief des früheren Reichskanzlers Brüning[36] bekommen, der Gelegenheit hatte, die Gerichtsbarkeit anderer Länder gründlich kennenzulernen, und [er] erklärt darin, im Auslande würde ein Hohelied auf die deutsche Justiz gesungen. Darin muß man ehrlich sein.

Adenauer: Daran ist etwas dran. Es ist für unser ganzes Staatswesen ein schwerer Schlag.

Dehler: Ist das die Schuld der Bundesregierung?

Adenauer: Aber ich sage: Deswegen halte ich es nicht für richtig, daß man dazu beiträgt, die Schwere des ganzen Schlages noch stärker sichtbar zu machen oder zu vergrößern, indem man von Staatskrise schreibt. Ich wäre Ihnen dankbar, wenn Sie diese ganze Frage wissenschaftlich behandeln und nicht politisch behandeln und mit aller Ruhe behandeln würden. Damit würden Sie, glaube ich, dem deutschen Volke und unserem ganzen Staat einen wesentlichen Dienst tun, und ich für meine Person muß Ihnen das sagen, wie wir über die Sache denken, um Ihnen klarzumachen die Bedeutung der ganzen Angelegenheit. Aber, darauf können Sie sich verlassen, wenn ich in der Öffentlichkeit spreche, werde ich über die ganze Angelegenheit fachtheoretisch, wissenschaftlich sprechen[37]. Deswegen habe ich versucht, es herauszuheben aus jeder Verbindung mit den anstehenden Gesetzesvorlagen.

Fragesteller: Ist das Gefühl der Rechtsunsicherheit nicht eigentlich dadurch entstanden, daß überhaupt diese ganze Frage der parteipolitischen Zusammensetzung der beiden Senate aufgeworfen wurde[38]?

Adenauer: Sie haben vollkommen recht.

Fragesteller: Wenn eine Novelle zum Gesetz gemacht würde, wäre nicht die wichtigste Frage, eine Sicherheit dafür zu schaffen, daß parteipolitische Gesichtspunkte bei der Ernennung der Richter keine Rolle mehr spielen können?

Dehler: Das würde fast eine Änderung des Grundgesetzes bedingen, weil die Wahl durch Bundesrat und Bundestag festgelegt wird[39]. Man könnte durchaus im Gesetz noch irgendwelche Filter einschalten, Zwischenstufen oder Beschränkungen der Auswahl der Richter. Wir haben schon hohe Anforderungen gestellt, große Erfahrungen im öffentlichen Leben, die bei der Richterwahl nach meiner Meinung nicht immer beobachtet worden sind.

Adenauer: Sie haben vollkommen recht, der Fehler war, daß man von Anfang an in einem etwas übertriebenen Optimismus die Sache in Wirklichkeit politisiert hat.

Fragesteller: Ich habe die Befürchtung, daß eine Ergänzung dieses Gesetzes notwendig ist, weil man dem Argument vielleicht Auftrieb gibt, daß das Gericht vor der Notwendigkeit stand, eine Gesetzeslücke auszufüllen; und könnte nicht die Kritik am Gericht zurückschlagen auf den Gesetzgeber, der ein Gericht ermöglicht hat, das offenbar juristisch so schlecht qualifiziert ist?
Wir waren von Rechtsüberlegungen ausgegangen, während die Rede des Bundespräsidenten heute abend im letzten Satze von Staatsnotwendigkeiten spricht, also das Politische in den Mittelpunkt stellt[40].

Adenauer: Der Bundespräsident hat im Gegenteil zum Schluß einen außerordentlich versöhnlichen Satz gebraucht, und wenn er mich um Rat gefragt hätte, würde ich gesagt haben, er solle das lassen.

(*Zwischenruf:* [...])
Ich hätte das dem Bundespräsidenten geraten, es ist nicht richtig, daß das Bundesverfassungsgericht der eine Hüter der Verfassung ist und der andere in bestimmten Fällen der Bundespräsident. Der Bundespräsident hat ja auch keine Möglichkeit. Sie sehen daraus, daß der Bundespräsident sehr versöhnlich gesprochen hat.

(*Zwischenruf:* Er hat »Staatsnotwendigkeit« gesagt!)
Staats- und Rechtsnotwendigkeit heißt es. Aber an sich ist da dasselbe gesagt, denn Rechtsnotwendigkeit ist immer auch eine Staatsnotwendigkeit.

Hallstein: Vielleicht ist es schon gesagt worden: Die Beilegung verbindlicher Wirkung, die das Bundesverfassungsgericht ausgesprochen hat, ist ja vor allem ein Eingriff in die Rechte der Parteien in dem zu erwartenden oder schon anhängenden Verfahren, daß also in Casus gestern die Nicht-Partei des Verfahrens, das anhängig ist, gar nicht vertreten war. Man muß sich vorstellen, das bedeutet, die können schlauer sein als die Partei, die im Gutachten beteiligt ist. Nun hat das Gericht zwar gesagt, es würde so angewendet wie in einem streitigen Verfahren, aber in diesem Falle und in Anwendung auf das einzige streitige Verfahren, das gleichzeitig parallel mit dem Gutachterverfahren läuft, ist das nicht der Fall gewesen. Die Mehrheit, die klagt, war nicht vertreten und hat nicht Gelegenheit, sich Gehör zu verschaffen.

(*Zwischenruf:* Die Entscheidung würde in dem Gutachten getroffen sein, heißt es ...)
... ohne Anhören derer, deren Sache mit diesem sogenannten Gutachten in Wahrheit entschieden worden ist.

Lenz: Wenn der Bundeskanzler gesagt hat, man möchte die Frage wissenschaftlich behandeln, ich glaube, das ist so zu verstehen: Es handelt sich hier um die ganz abstrakte Frage: Ist das Bundesverfassungsgericht genauso wie alle anderen Organe an die Verfassung und an das Gesetz gebunden, oder kann es in der Verfassung und in den Gesetzen Recht schöpfen? Das ist die grundsätzliche Frage, über die kann man schreiben.

Fragesteller: Würde es sich nicht doch im Interesse des Ganzen empfehlen, jetzt nicht alle Schuld gewissermaßen auf das Bundesverfassungsgericht zu häufen, sondern wenn schon diese Sache behandelt werden muß, dann wenigstens zu versuchen, darzustellen, daß das Bundesverfassungsgericht aus einer Art Notwehr glaubte handeln zu müssen, wie es gehandelt hat? Es hat mit falschen Mitteln auf diese Weise versucht, diesem doch sehr bösen Gerede von dem schwarzen und roten Senat einen Riegel vorzuschieben. Das ist offenbar das, was der Präsident Höpker Aschoff andeutete[41]?

Adenauer: Das weiß ich nicht. Wenn Sie diese Erklärung des Präsidenten Höpker Aschoff deuten, so enthält sie zwei völlig verschiedene Teile. In dem ersten Teil verwahrt er sich gegen das Gerede vom roten und schwarzen Senat und sagt, daß überhaupt niemand im Bundesverfassungsgericht wisse, wie das Gutachten ausfallen würde. Wir wußten es, das war peinlich. Wenigstens ist es uns mitgeteilt worden. Das ist aber ganz gleichgültig. Aber ich meine, wir warten jetzt einmal qua Bundesregierung ab, was nun als Begründung für diesen Beschluß bekannt wird.

Dehler: Ich glaube schon, daß das Gericht in einer gewissen Verzweiflungssituation war und das Gefühl hatte, sein Ansehen schwinde, [es] wird auseinandergezerrt in diesen beiden politisch ja getönten Senaten, und es könnte diesen Zwiespalt überbrücken dadurch, daß es diesem Gutachten des Plenums ein Übermaß verleiht und dadurch diese Spannung beseitigt. So kann man es sich nur psychologisch erklären, nicht rechtlich.

(*Zwischenruf:* Bona fide gehandelt?

Zwischenruf: Es wurde erwähnt, daß hier eine Entwicklung vorliege, irgendwie sind die Ansätze schon in dem SRP-Urteil erkennbar gewesen?)
Sie beginnen schon früher, z. B. bei dem Streit um das Wahlrecht in Schleswig-Holstein[42]. Nicht die materielle Entscheidung, sondern die Frage, ob

eine Partei antragsberechtigt ist, ist klar im Gesetz zum Bundesverfassungsgericht geklärt. Das ist da nicht möglich, das Bundesverfassungsgericht erklärt, das sei möglich. Es setzt sich an die Stelle des Gesetzgebers. Ich könnte viele, nicht viele, aber einige Dinge anführen, nur um die Tendenz, die schon vorhanden ist, aufzuzeigen, die jetzt kumuliert zu sehen ist.

Fragesteller: Wenn davon gesprochen worden ist, wie diese Argumentation der Bundesregierung in der Öffentlichkeit wirkt, kann man nicht übersehen, daß die Argumentation, mit der jetzt von der Bundesregierung zu der Frage des Gutachtens Stellung genommen wird, genau mit der Argumentation identisch ist, mit der die 144[43] Abgeordneten des Bundestages das Gutachterverfahren vor Gericht bekämpft haben und daß andererseits die Bundesregierung zu jenem Zeitpunkt doch vor Gericht erklärt hat, sie sei bereit, das Gutachten als rechtsverbindlich anzuerkennen ...

Adenauer: Das haben wir getan. Das ist etwas völlig anderes. Ich kann aus freien Stücken mich einem Schiedsgericht unterwerfen, damit nicht ein Gegensatz im Wege des Streites ausgetragen wird. Wir hätten genausogut sagen können: »SPD-Fraktion, können wir uns nicht auf ein Kollegium einigen von drei Staatsrechtlern, die ein Gutachten erstatten, und wir erklären, wir unterwerfen uns?« Da liegt die Unterwerfung unter dieses Gutachten im Ermessen der Beteiligten. Und nachdem die SPD-Fraktion gesagt hatte, sie unterwerfe sich nicht dem Gutachten, war die Sache aus. Aber hier sagt das Bundesverfassungsgericht: Das Gutachten verpflichtet die Richter der Senate, so zu entscheiden, wie das Gutachten lautet.

Strauß: Das muß einmal ergänzt werden: Als die Bundesregierung diese Erklärung abgab, am 16.6.[44], hatte sie sozusagen noch die Verfügung über den Streitgegenstand. Wäre das Gutachten erstattet worden, nachdem im Bundestag die erste Lesung stattgefunden hatte, wäre m. E. es so gewesen, das ist meine Auffassung, daß die Bundesregierung heute überhaupt nicht mehr in der Lage wäre, eine solche Erklärung abzugeben, weil die Bundesregierung jetzt überhaupt keine Disposition mehr über den Streit hat.

Hallstein: Es wäre für die Bundesregierung ganz unmöglich gewesen, diese Erklärung abzugeben, weil es nicht der Prozeß der Bundesregierung ist. Die Bundesregierung kann doch nicht verfügen über ein Verfahren, das von den Fraktionen angestrengt ist.

Wesemann: Mir ist in Erinnerung, daß vor einigen Wochen oder vor zwei Monaten der Präsident des Bundesverfassungsgerichts einen Brief an die Parteien geschrieben hat, daß damals nur dieses Gutachtenverfahren anhängig [ist], auch an die Bundesregierung, worin er mitteilte, daß man sich in Karlsruhe entschlossen habe, das Gutachtenverfahren dem Urteilsverfahren anzugleichen[45]?

(*Hallstein:* Was soll daraus folgern?)
Ich wollte die Frage daran knüpfen, ob man damals nicht gesehen hat schon, wohin die Dinge gehen?

Dehler: Das war schon so merkwürdig.

Adenauer: In unserem Kreis ist sogar der Ausdruck gefallen, »ein Schau-Gutachten«, was nach meiner Meinung mit einer gutachterlichen Tätigkeit dem Wesen nach gar nicht vereinbar ist, daß man das groß aufzieht, läßt die Auftretenden miteinander und gegeneinander sprechen und hat damit tatsächlich das Bild eines Rechtsstreits.

Dehler: Es hat eine Rolle gespielt, daß man sagte, man könnte jetzt nicht mehr aufhören, da die Bühne aufgeschlagen sei.

Strauß: Das Bundesverfassungsgericht hat in seiner ersten Verfügung hinsichtlich des Gutachtenverfahrens vom 30.7.[46] den Beteiligten mitgeteilt, es sollte eine nicht-öffentliche Verhandlung stattfinden, in der die Beteiligten ihre Rechtsansichten äußern sollten. Daraufhin hat der andere Beteiligte in einem ausführlichen Schriftsatz[47] 1) die Zulässigkeit des Gutachtenverfahrens überhaupt bestritten und 2) gefordert, daß eine mündliche Verhandlung stattfinden sollte. Und dann hat das Bundesverfassungsgericht unter Aufhebung seiner ursprünglichen prozeßleitenden Verfügung den Beteiligten mitgeteilt, es werde eine öffentliche mündliche Verhandlung durchführen[48].

(*Zwischenruf:* Sie sagten, die andere Seite, also die Opposition, hätte die Möglichkeit des Gutachtens bestritten!)
Zuletzt in einem Schriftsatz vom 6.11. dieses Jahres[49].

(*Zwischenruf:* Die Zulässigkeit?)
Ja, und zwar mit der Begründung, daß sie fest entschlossen sei, zu dem in dem Urteil des Bundesverfassungsgerichtes zulässig erklärten Zeitpunkt eine sogenannte Normenkontrollklage beim Bundesverfassungsgericht zu erheben.

Lenz: Es ist ein Gutachten und keine Entscheidung. Das ist eben immer wieder der grundsätzliche und grundlegende Unterschied.

Friedlaender: In der öffentlichen Meinung, der uninformierten jedenfalls, gilt die Bundesregierung in diesem Streit als Partei, die etwas Bestimmtes will. Wenn eine Partei auf den Richter schimpft, so kann das eigentlich nur einen ganz bestimmten Eindruck machen, d.h., bei dem Mann auf der Straße kommt das nicht negativ gegen das Bundesverfassungsgericht an, sondern negativ gegen denjenigen an, der das Gericht attackiert. Es ist schon vorigen Freitag [5. Dezember 1952] eine erhebliche Verwirrung in der öffentlichen Meinung entstanden dadurch, daß nach dem Eindruck in der Öffentlichkeit die Bundesregierung sich plötzlich um 180 Grad gedreht hat bzw. die Regierungskoalition, weil immer der Standpunkt vertreten wurde, die Anrufung des Verfassungsgerichts passe in den ganzen Rahmen eigentlich nicht hinein, und nun hat plötzlich die Koalition, gestützt auf die Bundesregierung, ihrerseits das Bundesverfassungsgericht mit einer Klage angerufen[50]?

(*Adenauer:* Sie wissen, warum?)

Wahrscheinlich, um Zeit zu sparen. Aber das Zeitsparen kommt wieder [mehr] an als das Taktische, und der Eindruck entsteht also, man habe das Grundsätzliche einem taktischen Gesichtspunkt geopfert.

Adenauer: Wir können es nicht ändern, in Gottes Namen.

Dehler: Das Grundsätzliche ist unsere Politik, die wir für richtig halten im Interesse Deutschlands; und es soll uns das durch ein Gericht, von dem wir der Überzeugung sind, daß es sich nicht im Rahmen des Gesetzes bewegt, angehängt werden? Und wir sollten nicht unsere Stimme erheben? Ich habe geschrien in den letzten Wochen aus einer Qual, weil ich wußte, was kommt, mit Absicht[51]. Es handelt sich hier um eine Sache, die völlig losgelöst ist von der Frage, ob man das Gutachten zurückzieht oder nicht. Es handelt sich um die Frage, ob das Bundesverfassungsgericht die Befugnis hat, neben der Verfassung und neben den Gesetzen neues Recht zu setzen …

(*Adenauer:* Und neben dem Parlament Gesetze zu machen!)

Wenn das Verfassungsgericht gesagt hätte, das Rechtsgutachten gehe vor, hätte man nichts sagen können, aber es kommt jetzt plötzlich so, daß gesagt wird, die Gutachtenentscheidung kommt an die Stelle einer Plenarentscheidung …

Fragesteller: Das Gutachten ist erledigt, der Bundespräsident hat es zurückgezogen. Das läßt sich auch begründen einfach mit der Tatsache, daß das Bundesverfassungsgericht den Charakter der Sache geändert hat, und weil es nicht mehr das ist, was der Bundespräsident gewollt hat, will er es nicht mehr haben. Das würde ich für gescheiter halten, als wenn man dem Mann auf der Straße jetzt klarzumachen versucht: Hier hat sich die Bundesregierung plötzlich in einen Rechtsausschuß verwandelt, hat gar nicht mehr auf die Politik geschaut.

Adenauer: Wie geht die Sache jetzt weiter? Jetzt werden Sie in einigen Tagen einen Beschluß des Bundesverfassungsgerichts bekommen, in dem es begründet den Beschluß, daß ein solches Rechtsgutachten und andere Gutachten das Plenum, die Senate, binde[52]. Das kommt doch jetzt. Dazu müssen wir doch Stellung nehmen, und wenn es der Mann auf der Straße nicht versteht, in Gottes Namen, aber daß wir dazu schweigen sollen und es hinnehmen sollen, ist doch völlig unmöglich [53].

Friedlaender: Man kann nur Stellung nehmen durch einen Gesetzesantrag im Bundestag, der diese Frage klar regelt.

(*Hallstein:* Das wird auch nach meiner Meinung kommen!)

Dehler: Ich habe das Gefühl, daß Dinge angeschnitten werden, Kritik an der höchsten Instanz, die unglaublich bitter ist, aber dürfen wir Tatsachen negieren?

Adenauer: Bei der SRP-Entscheidung haben wir geschwiegen, wir haben bei Schleswig-Holstein geschwiegen, aber wir können aus Schonung vor dem Bundesverfassungsgericht, wir können doch nicht ...

Dehler: ... Artikel 48 der Geschäftsordnung im Bundestag ist unglaublich als Entscheidung, daß keine Gesetzesvorlage, die nicht ohne gleichzeitigen Deckungsvorschlag eingebracht werden kann, ist für verfassungswidrig erklärt worden mit schiefen und unzureichenden Gründen[54]. Wir haben kein Wort gesagt, aber wir können die Grundfesten des Staates doch nicht erschüttern lassen, weil die Herren in Karlsruhe nicht ihr Maß kennen.

Adenauer: Es war nach meiner Meinung unmöglich, daß Vertreter der Bundesregierung an weiteren Verhandlungen in Karlsruhe teilnahmen, ... auch wenn der Bundespräsident nicht zurückgezogen hätte, hätte kein Vertreter der Bundesregierung an einem Verfahren, das nach unserer Auffassung gesetzeswidrig ist, teilgenommen, um ihm damit den Schein einer Legalität zu geben. Ich meine und kann nur wiederholen: Es gibt Notwendigkeiten, da muß man handeln, ob es verstanden wird oder nicht verstanden wird. Das muß man in Kauf nehmen.

Journalist: Hat die Koalition noch das Vertrauen in ein solches Gericht, um überhaupt eine Klage einzubringen?

Dehler: Die Koalitionsmehrheit hatte ja das Vertrauen und hat ihre Klage angebracht und wird ihre Klage auch weiterführen, sie negiert ja nicht das Gericht.

Adenauer: Ein Fehler liegt im Grundgesetz, daß nämlich bestimmt wird: »Die Richter werden vom Parlament und Bundesrat gewählt!«[55] – Was ich woanders festgestellt habe, ist das, daß die Richter von den betreffenden Regierungen ernannt werden. Zu diesem Fehler im GG ist man gekommen im Überschwang des Jahres 1948–1949, wo man erklärte: »Wir wollen ja die Demokratie als das Oberste hinstellen und haben nun diesen Beschluß gefaßt.« Wer von uns hätte 1949, als wir das Grund-

gesetz verabschiedet haben, jemals gedacht – ich hätte nicht daran gedacht –, daß wir im Bundestag zu solch schroffem Gegensatz gekommen wären, in den wir nun leider gekommen sind.
Ich war der Auffassung, daß in einer solchen Frage, die wirklich an die Wurzeln des Staates geht, man offen zu Ihnen sprechen muß, damit Sie verstehen, worum es sich nach unserer Auffassung handelt.
Bitte, zitieren Sie daraus, was Sie für absolut notwendig halten, aber nehmen Sie bitte Rücksicht darauf, daß es gut ist, wenn wir die Sache nicht zu stark nach einer gewissen Richtung hin zuspitzen. Wir wollen das Vertrauen des Volkes in die Rechtspflege möglichst sichern und nicht erschüttern. Wir wollen also nur soweit gehen, wie es absolut notwendig ist. Und noch eines: Ich glaube, es stand in der »Frankfurter Allgemeinen«: »Es war eine Schlappe für den Bundeskanzler«, es war eine Glosse[56].

Dehler: Es bewegt sich auf einem Niveau, das schmerzlich ist. Der Beschluß, der verkündet worden ist, sollte nicht begründet werden, heißt es, sollte überhaupt nicht begründet werden, da grundsätzlich Plenarentschlüsse nicht begründet werden. Jetzt wird erklärt, man wollte es im Gutachten begründen. Daß ein Gericht ein Stimmenverhältnis gibt ..., was der größte Mangel ist, wenn ich freimütig sagen darf, das ist nicht die parteipolitische Zusammensetzung, sondern die fehlende richterliche Qualität. Man wird nicht Richter dadurch, daß man zum Bundesverfassungsgericht kommt, sondern wird Richter nur dadurch, daß man Jahrzehnte unter der Verantwortung des Richtens steht. Es sind zu wenig Richter im Bundesverfassungsgericht.

Adenauer: Herr Dehler hat offen und freimütig zu Ihnen gesprochen, damit Sie die Gründe erkennen, aus denen wir heraus zu unserem Handeln gekommen sind, auch der Bundespräsident. Ich habe weiter die Bitte an Sie, verwenden Sie das alles und bitte, schreiben Sie so, daß nicht diese sehr bedauerliche Erschütterung des Gefühls der Rechtssicherheit nun unnötig verstärkt wird.

Nr. 38
14. Januar 1953: Unterredung (Aufzeichnung)
BA, B 145/716, hs. unterzeichnet »Weber«[1]

Teilnehmer[2]: Omer Anderson[3], Robert Haeger, Richard C. Hottelet[4], Drew Middleton, David M. Nichol[5], Frank White[6] – Felix von Eckardt, Georg von Lilienfeld, Dr. Hans Schirmer, Heinz Weber

Beginn: 10.15 Uhr[7]

Der Herr Bundeskanzler erklärte eingangs, daß er zunächst in aller Offenheit über den Vorschlag einer Zusammenkunft zwischen M. Pinay und ihm sprechen wolle. Die Anregung sei von einem Herrn von Eckardt bekannten Franzosen übermittelt worden, der angedeutet habe, daß M. Pinay gewisse Änderungen im EVG-Vertrag wünsche und ein Treffen auf einem Schloß in der Nähe von Paris vorgeschlagen habe. Allerdings sollte diese Besprechung ohne M. Schuman stattfinden, und der Herr Bundeskanzler habe es daher nicht für richtig gehalten, mit M. Pinay allein über Fragen des EVG-Vertrags zu verhandeln. Der Vorschlag sei zunächst unter dem Vorwand abgelehnt worden, daß er an dem vorgeschlagenen Wochenende anderweitige Verpflichtungen habe. Als das Angebot jedoch wiederholt wurde, habe er durch Herrn von Eckardt erklären lassen, daß er eine Besprechung mit M. Pinay ohne M. Schuman nicht für korrekt halte. Daraufhin sei von französischer Seite vorgeschlagen worden, daß zunächst die Besprechungen zwischen ihm und M. Pinay stattfinden sollten, zu denen später M. Schuman hinzugezogen werden könne.
Der Herr Bundeskanzler erklärte, daß er sich den französischen Angeboten gegenüber zurückhaltend verhalten habe, da er befürchtet habe, daß auf diese Weise lediglich französische innenpolitische Schwierigkeiten beseitigt und die Unterstützung der Gaullisten auf Kosten Schumans erzielt werden sollten[8]. Der Herr Bundeskanzler betonte, daß er selbst den Franzosen, der die Verhandlungen mit Herrn von Eckardt geführt habe, nicht gesehen habe.
Auf die Gründe für die französischen Schwierigkeiten eingehend, erklärte der Herr Bundeskanzler, er sei darauf hingewiesen worden, daß in Dringlichkeitsfällen französische, der europäischen Armee eingegliederte Truppen nur mit der Zustimmung des Ministerrats [der EVG] in überseeischen Gebieten eingesetzt werden könnten. Eine aus diesem Verfahren sich ergebende Verzögerung könnte für Frankreich große Gefahren mit sich bringen.

Er sehe die französischen Schwierigkeiten durchaus ein, möchte aber feststellen, daß nach Artikel 13 des EVG-Vertrags die letzte Entscheidung über einen derartigen Einsatz von Streitkräften in überseeischen Gebieten dem Oberbefehlshaber der NATO vorbehalten sei. Er habe außerdem durch Herrn von Eckardt dem französischen Herrn mitteilen lassen, daß durch eine sinngemäße Auslegung des bestehenden Vertragstextes derartige Fälle hinreichend gedeckt werden könnten. Inzwischen sei der Sturz Pinays erfolgt.
Der Herr Bundeskanzler führte weiter aus, daß er auf die Vorgeschichte dieses Falles näher eingegangen sei, weil die »New York Times« in einem Bericht behauptet habe, daß zwischen Frankreich und Deutschland vorbereitende Besprechungen über Änderungen des EVG-Vertrages stattgefunden hätten[9]. Dies entspreche jedoch nicht den Tatsachen. Er habe die ganze Angelegenheit mit einer gewissen Reserve behandelt, weil er unter allen Umständen vermeiden wollte, in französische innerpolitische Angelegenheiten hineingezogen zu werden.
Was die neue Regierung Mayer[10] an[be]lange, so stehe sie auf schwachen Füßen. Es sei immerhin auffällig gewesen, daß de Gaulle selbst während der Regierungskrise sogar telefonisch unerreichbar gewesen sei, und er befürchtete, daß sich der General den ihm Treugebliebenen gegenüber totgestellt habe, um sich immer die Möglichkeit offenzuhalten, sie später aus der jetzigen Mehrheit zurückzuholen. Der Herr Bundeskanzler wollte daher unter allen Umständen vermeiden, die Schwierigkeiten der Regierung Mayer zu vermehren.
Auf den Charakter des EVG-Vertrages eingehend, wies der Herr Bundeskanzler auf die Dynamik des Vertrages hin, der zu gegebener Zeit vielleicht gewisse Änderungen erfordern werde. Denn während der Verhandlungen sei allen Beteiligten klar gewesen, daß sich später gewisse Lücken herausstellen und gewisse Tatsachen ergeben könnten, die während der Verhandlungen nicht in Erwägung gezogen worden seien. Von diesem dynamischen Charakter der Verträge habe er auch in der Öffentlichkeit gesprochen, gleichzeitig aber darauf aufmerksam gemacht, daß mögliche Änderungen nur im Verlauf der weiteren Entwicklung, d. h. nach Ratifizierung des Vertrags, vorgenommen werden könnten[11]. Der grundsätzliche Unterschied zwischen der Auffassung von M. Mayer und seiner eigenen bestehe darin, daß Mayer Änderungen vor der Ratifizierung der Verträge vorschlage, während er an etwa erforderlich werdende Abänderungen, Erläuterungen oder Auslegungen erst nach der Ratifizierung denke.
Den Wortlaut der Erklärung M. Mayers[12] habe ihm Herr von Eckardt

erst auf dem Weg zum Studio des Bayerischen Rundfunks überreicht, wo er seine Ansprache gehalten habe[13]. Für ihn habe sich daher die Frage ergeben, wie er zu dieser Erklärung in seiner Rede Stellung nehmen solle. Entweder hätte er erklären können, daß Erläuterungen und Änderungen vor der Ratifizierung ausgeschlossen seien, oder aber er hätte die Frage des Zeitpunkts solcher Änderungen überhaupt nicht erwähnen können. Er habe es für besser gehalten, diesen besonderen Punkt nicht anzuschneiden und die weitere Entwicklung abzuwarten. Es werde den Herren vielleicht auch aufgefallen sein, daß er in den nachträglich eingefügten Sätzen, die er sich auf dem Weg zum Studio überlegt habe, nicht über den Zeitpunkt etwa erforderlicher Erläuterungen oder Auslegungen gesprochen habe[14].

Er sei von jeher der Auffassung gewesen, daß die Verträge sobald wie möglich ratifiziert werden müßten und daher eine Wiederaufnahme der Verhandlungen ausgeschlossen sein sollte. Diese Haltung habe er vor der Öffentlichkeit und auch gegenüber der SPD vertreten. Er sei immer noch der gleichen Auffassung, damit endlich in die politische Welt die so dringend erforderliche Ordnung gebracht werde.

Es dürfe außerdem nicht vergessen werden, daß die Vereinigten Staaten und Großbritannien die Bonner Verträge ratifiziert und damit auch implizite den EVG-Vertrag gebilligt hätten[15] und der EVG-Vertrag von den sechs Mitgliedsstaaten unterzeichnet worden sei[16]. Die Aufnahme von neuen Verhandlungen erscheine ihm daher nicht möglich, da dies eine Verzögerung der endgültigen Ratifizierung auf unbestimmte Zeit bedeuten würde. Denn wenn ein Mitgliedsstaat besondere Wünsche anmelde, würden dies auch alle anderen tun, da für keinen der Beteiligten die erzielte Lösung voll und ganz befriedigend sei, es sich vielmehr um einen Kompromiß zwischen sechs beziehungsweise acht Staaten handele. Daher sei es der dringende Wunsch der Bundesregierung und der sie stützenden Koalition, daß die sechs Mitgliedsstaaten den Vertrag so rasch wie möglich ratifizieren, um auf diese Weise auf außenpolitischem Gebiet Ruhe und Ordnung herzustellen.

Er glaube nach wie vor, daß die russische Drohung äußerst ernst sei, wobei er jedoch nicht von einem heißen Krieg spreche. Er unterstütze in jeder Hinsicht die Botschaft Präsident Trumans, in der darauf hingewiesen worden sei, daß sich der Westen auf einen langen und zähen Verteidigungskampf gefaßt machen müsse[17]. Der Westen müsse daher unverzüglich seine Stellungen beziehen, und die Föderation Europas, die Bindungen mit Großbritannien und den Vereinigten Staaten seien das hierzu erforderliche Bollwerk.

Der Herr Bundeskanzler kam sodann auf die russische Politik zu sprechen und vertrat die Ansicht, daß sich im Verlauf der letzten Wochen keine Tendenzen abgezeichnet hätten, aus denen zu schließen wäre, daß Rußland seine Welteroberungspläne aufgegeben habe. In diesem Zusammenhang wies der Herr Bundeskanzler auf den Prozeß der Satellitisierung der Ostzone hin, der sich sehr stark bemerkbar mache. In letzter Zeit befänden sich unter den Flüchtlingen aus dem Osten hauptsächlich Bauern, die einen Besitz von ungefähr 40 bis 70 Morgen Land hätten, denen jedoch nicht das erforderliche Saatgut, die Düngemittel, die landwirtschaftlichen Geräte zur Verfügung gestellt wurden. Gleichwohl sei von ihnen beim Abschluß der Ernte die Ablieferung eines Ertrags verlangt worden, den sie nur hätten erzielen können, wenn die obengenannten technischen Voraussetzungen erfüllt gewesen wären. Falls die Bauern ihr Soll nicht erfüllten, würden sie inhaftiert oder es würde ihnen ihr Land entzogen. Auf diese Weise würden viele Dörfer, in denen die Bauernfamilien schon seit 100 oder 200 Jahren lebten, ihrer festen Stützen beraubt. Ein ähnlicher Prozeß vollziehe sich bei den kleinen Gewerbetreibenden. Wie sich alles weiterentwickle und was danach komme, sei heute noch nicht abzusehen.

Im Zusammenhang mit der Satellitisierung verwies der Herr Bundeskanzler auf den sogenannten »Säuberungsprozeß« im Osten und erinnerte an den Kabinettschef Piecks, der geflohen sei, weil er Jude sei[18], sowie an die Verfolgung jüdischer Ärzte in Moskau, über die heute morgen die Zeitungen berichteten[19].

Angesichts dieser Tatsachen sei es sehr bedauerlich, daß der EVG-Vertrag nicht schon lange ratifiziert sei. Während der Verhandlungen sei man so optimistisch gewesen, mit dem Inkrafttreten des EVG-Vertrages am 1. August 1952 zu rechnen.

Auf die Bitte eines Journalisten um Präzisierung der deutschen Haltung gegenüber eventuellen französischen Änderungswünschen vor Ratifizierung der Verträge und der Bedeutung des Artikels 13 des EVG-Vertrages erwiderte der Herr Bundeskanzler, daß aufgrund des Artikels 13 die letzte Entscheidung über den Einsatz von EVG-Streitkräften in überseeischen Gebieten ausdrücklich dem Oberbefehlshaber der NATO vorbehalten sei. Was den anderen Teil der Frage betreffe, so sehe er die einzige Möglichkeit in einer baldigen Ratifizierung. Er sei davon überzeugt, daß die bestehenden Probleme im Anschluß hieran gelöst werden könnten. Er selbst halte eine Revision nicht für vordringlich und wolle in diesem Zusammenhang sich eines Vergleichs bedienen. Der EVG-Vertrag sei wie ein Gewebe, das, wenn man erst einmal anfange, einzelne Fäden herauszuziehen, sich allmählich ganz auflöse. Aus diesem Grund sei der entscheidende Faktor, unter keinen Umständen die Ratifizierung zu verzögern.

Falls Änderungswünsche vorgebracht werden, die von untergeordneter Bedeutung sind und nicht zu einer Benachteiligung des einen oder anderen Mitgliedstaates führen würden, so könnte man unter Umständen solchen Vorschlägen nähertreten. Er ziehe es aber weitaus vor, wenn im Augenblick nichts in dieser Richtung unternommen werde, sondern die beteiligten Parlamente sich das im Bundestag geübte Verfahren zu eigen machen würden. Dort seien anläßlich der zweiten Lesung einige Resolutionen verabschiedet worden, in denen die Bundesregierung ersucht wurde, einzelne Wünsche hinsichtlich des Vertrages berücksichtigen zu wollen[20].

In Beantwortung einer ähnlichen Frage, ob die Bundesregierung vor Ratifizierung des EVG-Vertrages auf Änderungswünsche, die von Frankreich geltend gemacht würden, eingehen würde, verwies der Herr Bundeskanzler auf die deutsch-französischen Beziehungen, bei denen sich noch gewisse Schwierigkeiten geltend machten. Außerdem seien in Frankreich noch Ressentiments gegen Deutschland zu finden, und jetzt habe der Oradour-Prozeß[21] begonnen, der auch nicht zu einer Beruhigung der Lage beitrage. Der Herr Bundeskanzler bat daher, ihm die Beantwortung gerade dieser Frage zu erlassen und teilte vertraulich mit, daß die Bundesregierung in einem solchen Fall die anderen Mitgliedsstaaten der EVG, die Vereinigten Staaten und Großbritannien von solchen Wünschen unterrichten würde. Es sei nicht richtig, die EVG-Frage nur als eine deutsch-französische Angelegenheit zu betrachten. Der EVG-Vertrag betreffe alle sechs Mitgliedsstaaten ebenso wie die Vereinigten Staaten und Großbritannien.

Der Herr Bundeskanzler betonte nochmals, daß er aufgrund des Berichtes von Mr. Middleton in der »New York Times« so ausführlich auf die Frage von Änderungen der Verträge und ihre Vorgeschichte eingegangen sei und betonte in diesem Zusammenhang, daß die Initiative hierzu ausschließlich von Frankreich ausgegangen sei und Deutschland sich eine große Reserve auferlegt habe.

Auf eine Frage nach der Ratifizierung der Verträge in Deutschland eingehend, erwähnte der Herr Bundeskanzler zunächst das Bundesverfassungsgericht[22] und erinnerte an die Alternative, vor der die Bundesregierung gestanden habe. Man hätte entweder die Klage zwischen der zweiten und dritten Lesung erheben können oder die dritte Lesung und die Weiterleitung der Verträge an den Bundesrat abwarten können, wobei

aber damit zu rechnen gewesen wäre, daß die SPD nach der dritten Lesung ihre Klage erhoben hätte. Diese beiden Möglichkeiten seien sehr sorgfältig überlegt worden, und man habe sich für den ersten Weg entschieden, weil sich auf diese Weise nach Auffassung der Bundesregierung anderthalb bis zwei Monate Zeit sparen ließen.
Bei dem Zweiten Senat hätten sich bisher keine Verzögerungstendenzen bemerkbar gemacht. Die Klageschrift sei der SPD zugestellt worden, und die Frist für die Einreichung der Stellungnahme der SPD laufe am 24. Januar ab. Er hoffe, daß das Verfahren im Februar abgeschlossen sein werde und daß dann die dritte Lesung, die nur wenig Zeit in Anspruch nehme, sehr schnell erfolgen könne. Nachdem dann alle Rechtsfragen geklärt seien, könne der Vertrag an den Bundesrat weitergeleitet werden, wo die Verträge dann ebenfalls rasch behandelt werden könnten.
Der Herr Bundeskanzler sprach sodann über den neuen amerikanischen Hohen Kommissar in Deutschland, Mr. Conant[23], den er persönlich zwar nicht kenne. Er habe jedoch sehr viel Gutes über Mr. Conant gehört, und den Herren sei auch sicher bekannt, was Mr. McCloy über Mr. Conant gesagt habe[24]. Die Bundesregierung begrüße die Ernennung Mr. Conants und sei General Eisenhower und Mr. Dulles dafür dankbar, daß sie eine so tüchtige Persönlichkeit für den Bonner Posten bestimmt hätten.
Abschließend ging der Herr Bundeskanzler auf die Verfolgung jüdischer Ärzte in Moskau ein[25]. Es handele sich dabei um eine sehr ernstzunehmende Angelegenheit, da sie sich in Moskau selbst, d. h. auf der höchsten Ebene, abspiele. Er erkläre sich die Judenverfolgung in der Weise, daß man bei gewissen russischen Schichten den Eindruck erwecken wolle, daß der Westen nicht mit Rußland zusammen in Frieden leben, sondern Rußland vernichten möchte. Hierzu bediene sich der Kreml der jüdischen Ärzte, indem er sie zu angeblichen Werkzeugen des westlichen Geheimdienstes mache. Es gehe darum, den Haß gegen die freie Welt zu schüren, denn er glaube, daß es vielleicht eine Gruppe russischer Funktionäre gebe, die sich die Frage vorgelegt hätten, ob man mit der freien Welt nicht zu einer Einigung gelangen könne. Diese Menschen seien sich sicher der Not in der Sowjetzone, den Satellitenstaaten und der Sowjetunion, wo sie am stärksten sei, bewußt. Was nämlich die Versorgung betreffe, so stehe an der Spitze der Rangfolge Ost-Berlin, danach folge die Sowjetzone, dann die Satellitenstaaten und schließlich die Sowjetunion selbst. Ehemalige Kommunisten hätten ihm erklärt, sie hätten einstmals gehofft, in der Sowjetunion bessere sich das Schicksal der Arbeiter, daß dies aber keineswegs wahr sei, da aufgrund des aufgeblähten Rüstungsapparates in der Sowjetunion die Versorgung mit Erzeugnissen der Konsumgüter-

industrie sehr schlecht sei. Um nun solche Überlegungen von Sowjetfunktionären, die von der vorgezeichneten Linie abwichen, zu widerlegen, sei seiner Ansicht nach vielleicht die Verfolgung jüdischer Ärzte und ihre Abstempelung als westliche Agenten erfolgt.

Nr. 39
19. Januar 1953: Unterredung (Aufzeichnung)
BPA Archiv F 30

Teilnehmer: Karl S. Robson[1] und weitere nicht zu ermittelnde englische Journalisten – Günter Diehl, Professor Dr. Walter Hallstein, Dr. Hans Schirmer, Heinz Weber

Beginn: 12.00 Uhr

Adenauer: Einleitend begrüßte der Bundeskanzler die wachsende Bereitschaft von Großbritannien, mit der Europäischen Verteidigungsgemeinschaft zusammenzuarbeiten und fuhr dann fort:
Ich bin durchaus der Auffassung, daß das Commonwealth seine eigenen Wege in vielen Beziehungen gehen muß, aber wie nun mal die Politik liegt, gehört Großbritannien doch beiden, sowohl dem Commonwealth wie auch Europa, an. Daher, glaube ich, wird es gut sein, wenn irgendeine Form gefunden wird, die es Großbritannien ermöglicht, in diesen europäischen Bestrebungen die Rolle zu spielen, die im Interesse Großbritanniens und der anderen Völker liegt. Ich bin der Überzeugung, daß gerade die Erfahrung Großbritanniens, abgesehen von der Macht, die es repräsentiert, seine Erfahrungen bei anderen Völkern und Menschen und auch seine ganze Methode der Politik ein sehr günstiges Moment sind und der europäischen Integration förderlich sein werden, und Sie wissen alle, daß Frankreich durch eine Annäherung Großbritanniens an diese Bestrebungen beruhigt sein würde. Aber ich darf von unserer Seite aus sagen – ich möchte den Ausdruck »beruhigt« vermeiden –, daß ich es als sehr glücklich schätze, daß auch Großbritannien näher heranrückt, einmal, um die Unruhe Frankreichs zu beschwichtigen, zweitens aus den positiven Gründen, die ich eben erwähnte.
Dann darf ich Ihnen ein Wort sagen zu den Vorgängen heute vor acht Tagen. Die ausländische Presse hat sich beschwert [...] gefühlt, daß sie zu diesem Lunch, bei dem ich gesprochen habe[2], nicht zugelassen war und nicht anwesend gewesen sei. Mein Freund Reber (?) hat mich deswegen sogar sehr feste angepackt. Also, ich wasche meine Hände in Unschuld. Ich kann aber eines für mich anführen, daß ich Herrn von Eckardt gesagt habe, er möge dafür sorgen, daß den Vertretern der englischen Presse sofort ein Auszug nachher aus dem Ganzen hergestellt würde und ihnen zugänglich gemacht würde, damit die Herren, die nicht anwesend seien, nicht auf die besondere Verbindung zu dem einen oder anderen deutschen Journalisten angewiesen waren.

Ich möchte dann noch einige Worte sagen zu den Verhaftungen, die vorgenommen worden sind in der vorigen Woche. Dieser sogenannte Naumann-Kreis[3] wird von unserem Verfassungsschutzamt und vom Secret-Service[4] seit sechs Monaten beobachtet. Die Beauftragten des Amtes für Verfassungsschutz und des Secret-Service sind regelmäßig zusammengekommen und haben die Ergebnisse ihrer Feststellungen ausgetauscht. Sie waren noch vor ganz kurzer Zeit der Auffassung, daß keine Möglichkeit bestünde, dagegen vorzugehen. Sir Ivone [Kirkpatrick] hat mir [gegenüber] zwei- oder dreimal von dem Naumann-Kreis gesprochen und wohl erklärt, daß er der Angelegenheit eine sehr große Bedeutung beimesse. Aber er hat nicht irgendwelche Tatsachen mir angegeben, die die Möglichkeit gegeben hätte, daß die deutschen Stellen vorgehen könnten.
Am Donnerstagabend [14.Januar 1953] war Sir Ivone bei mir wegen verschiedener Dinge und kam dann auch noch auf diese Angelegenheit zu sprechen. Ich entsinne mich seiner Worte, die sehr vorsichtig waren, daß er beabsichtige, in derselben Nacht die Leute verhaften zu lassen. Ich habe ihn besonders gefragt: Wollen Sie die Leute verhaften lassen? Er sagte: »Ja, wenn sie zurückkommen.« Daraus entnahm ich wieder, ob mit Recht oder Unrecht, daß er annahm, daß irgendwie die Leute aus dem Kreise zu flüchten oder sich zu verbergen suchten. Er sagte mir weiter, er werde mich von dem Ergebnis der Ermittlungen, das sich nach dem bei den Verhafteten aufgefundenen Material ergebe, unterrichten. Ich habe bisher keine Mitteilung bekommen über das Ergebnis der Ermittlungen und bin deshalb auch nicht in der Lage, ein Urteil darüber abzugeben, ob die Vorwürfe oder Vermutungen begründet oder nicht begründet sind. Die Gruppe um Naumann ist nicht zahlreich, aber daß sie wohl der sorgfältigsten Beobachtung aller Stellen wert ist, liegt ja auf der Hand.
Meine Herren, auch ich beobachte seit einiger Zeit – der Ausdruck »mit Besorgnis« würde zu weit gehen – immerhin nicht gerne, daß doch frühere führende Nationalsozialisten versuchen, [sich] in politische Parteien irgendwie zu integrieren. Aber, meine Herren, diejenige Partei, die am wenigsten anfällig ist, das ist die Partei, der ich angehöre. Ich wiederhole, das ist meine Partei, und dabei wird es auch bleiben. Wenn ich auf dem Standpunkt stehe, daß die Schnüffelei nach früherer Zugehörigkeit zur Nationalsozialistischen Partei einmal aufhören muß, so stehe ich genauso und noch mit größerer Entschiedenheit auf dem Standpunkt, daß die früher führenden Nationalsozialisten in Deutschland keine Rolle mehr spielen sollten, im öffentlichen politischen Leben keine Rolle mehr spielen sollten. Ich bekomme soeben von Herrn Staatssekretär Hallstein

eine Mitteilung, die Sie aber auch haben werden, vom 17.1., vom Samstag: »Hinter den Verhafteten stehe keine große Bewegung im Bundesgebiet oder eine radikale Partei, erklärte der britische Sprecher in Bonn[5]. Hier handelt es sich offenbar um Leute, die zwar nicht über viel organisierte Anhänger, wohl aber über beträchtliche Geldmittel zu verfügen schienen. Weiter wurde von britischer Seite betont, daß die Verhafteten möglicherweise sogar die Absicht gehabt hätten, in Regierungsstellen einzudringen, das würden die weiteren Ermittlungen ergeben.«
Ich habe also kein Urteil über den Naumann-Kreis. Ich kenne keinen der Leute. Aber mich beunruhigt seit einiger Zeit, daß da immer von Geldmitteln die Rede ist, [und] etwas anderes, daß nämlich alle, die gegen die EVG arbeiten, im Besitz ganz kolossaler Geldmittel zu sein scheinen, denn sie können sich eine Propaganda unter Aufwendung von Mitteln leisten, die sich die Bundesregierung nicht leisten kann. Jeder, der etwas gegen die EVG sagt, kriegt, glaube ich, Geldmittel so viel er haben will. Es wäre interessant, das einmal feststellen zu können. Und, meine Herren, die Verhaftung dieser Naumann-Leute hat eigentlich – dabei ist nur der Name Naumann bekannt und außer Kaufmann[6] die anderen nicht – nur Aufsehen erregt in Deutschland in politischen Kreisen; die große Bevölkerung nimmt gar kein Interesse daran. Nach meinen Informationen ist das Gros der Bevölkerung durchaus entschlossen gegen Naumann und diese Leute. Ich habe sehr starke Ausdrücke darüber über Sonntag gehört.
Nun komme ich zu einer damit in innerem Zusammenhang stehenden Angelegenheit, die ich hier zur Sprache bringen möchte. Das ist die Nachricht über die Rundfrage, die die US-Hochkommission veranstaltet hat über die Haltung zum Nationalsozialismus[7]. AP berichtet zunächst über diese Erhebung[8], ehe wir uns mit dem amerikanischen Kommissar auseinandersetzten. Ich finde es sehr merkwürdig, daß ich über die Tatsache und das Ergebnis einer solchen Rundfrage durch AP eine Mitteilung bekomme und nicht von dem amerikanischen Hohen Kommissar selbst. Was diese Rundfrage selbst angeht, so kenne ich nicht die Einzelheiten, so die Art der Fragestellung, den Inhalt der Fragestellung, auf den es ja sehr ankommt. In dieser Anfrage steht lediglich drin, daß 1200 Leute befragt worden seien. 1200 Leute ist eine sehr geringe Anzahl; ich weiß, das britische Institut in Bielefeld[9] befragt wenigstens immer die doppelte Zahl, mindestens 2400. Sie kennen offenbar auch diese Mitteilung.
Ich will ganz kurz zusammengefaßt sagen, daß während im Jahre 1951 34 Prozent der Befragten sich gegen den Nationalsozialismus erklärt hätten, jetzt 44 Prozent geäußert hätten, es sei doch mehr Gutes als

Schlechtes vorhanden gewesen am Nationalsozialismus. Wie diese Rundfrage gewesen sein muß, ergibt sich aus folgendem, das sehr merkwürdig ist. Danach habe der ehemalige General Ramcke[10] mit seiner Beschuldigung Recht gehabt, daß auch die Alliierten durch die Bombardierung deutscher Städte Kriegsverbrecher seien. 25 Prozent hätten erklärt, daß er damit teilweise Recht hatte, und weitere 25 Prozent hätten gesagt, Ramcke habe etwas falsch gesehen. Meine Herren, wir wollen mal untereinander ehrlich sein, wer von Ihnen weiß heute noch genau, was Ramcke gesagt hat[11]. Ich muß Ihnen sagen, ich weiß das genau nicht mehr, ich habe das lange vergessen. Ich weiß, daß er großen Blödsinn gesagt hat, und das ist ihm auch entsprechend zu Gemüte geführt worden. Aber jemand nun zu fragen, ob der Ramcke recht oder nicht recht gehabt habe mit seiner Rede, das, finde ich, geht über die Kapazität und das Aufnahmevermögen der Befragten in der Regel weit hinaus.
Ich möchte ausführlich darauf zurückkommen, da ebenfalls nach AP der »Daily Express« am 19.1. siebenspaltig die Sache herausbringen wollte und »Daily Worker« fünfspaltig, und deswegen möchte ich Ihnen mit allem Nachdruck und aller Entschiedenheit sagen: Es besteht keine Gefahr in der Bundesrepublik, daß der Nationalsozialismus, das Hitlertum in irgendeiner abgewandelten Form in dieser Bundesrepublik zur Macht kommt. Und ich gehe noch weiter, ich bin der Überzeugung, daß auch bei der nächsten Bundestagswahl, wenn dann irgendeine Partei sich bilden würde – ich weiß nicht, ob sie sich bildet –, mit einer ähnlichen Tendenz ein glänzendes Fiasko erleiden wird. Ich bitte Sie, meine Herren, lassen Sie sich nicht durch die Lautstärke einzelner Leute darüber hinwegtäuschen, daß diese Leute sehr wenig hinter sich und keine Geltung haben. Es ist den Herren sicher bekannt, daß, glaube ich, am Samstag die Kundgebungen in Paris waren gegen die Einbeziehung Deutschlands in die europäische Arbeit, die von allen möglichen Gruppen veranstaltet worden sind[12] (...) mit einem Marsch über die Champs-Élysées.
Mich beunruhigt etwas das Zusammentreffen dieser Naumann-Sache, dieser Kundgebungen in Frankreich und dann jetzt die merkwürdige Rundfragenveröffentlichung. Und ich glaube, derjenige, der nun wirklich ernsthaft versucht, [Ruhe] und Ordnung in Europa [zu] halten ‹...›[a] und Sicherheit insbesondere gegenüber dem Osten, der sollte das beherzigen, was im »News Chronicle« gesagt wird. Es heißt da, es sei äußerst oberflächlich zu glauben, das deutsche Volk sei noch zu stark mit dem Nationalsozialismus vertraut, und es wären einige Deutsche, die nichts aus dem Zweiten Weltkrieg gelernt hätten. Man müsse noch deutlicher die Lehre ziehen, daß die Deutschen an einem Gemeinschaftswerk mitarbeiten

müssen. Je rascher die Dr.-Adenauer-Regierung in die Lage versetzt werde, mit dem EVG-Vertrag die Entscheidung herbeizuführen, desto besser sei es für alle und für die Sicherheit aller[13]. Das ist absolut richtig und zutreffend. Das deutsche Volk muß so schnell wie möglich in eine Gemeinschaft hineingebracht werden, damit aber auch die kleinste Schwankung von vorneherein gar nicht mehr aufkommen kann.
Wir haben jetzt das Jahr 1953. Der Zusammenbruch erfolgte im Mai 1945, die Unterzeichnung der Verträge erfolgte im Mai 1952, Amerika und Großbritannien – wofür wir diesen beiden Ländern nicht dankbar genug sein können – haben ratifiziert schon im Sommer vergangenen Jahres[14]. Sie kennen hier die Schwierigkeiten, auf die ich nicht eingehen möchte, die aber jede außenpolitische Realität vermissen zu lassen scheinen, in Frankreich sind sie noch größer. Wenn nun jetzt noch Schwierigkeiten herangebracht werden von anderswo, da schädigt man, glaube ich, die gemeinschaftliche Sache ganz Europas.
Dann darf ich vielleicht einen Schlußsatz sprechen, dann stehe ich den Herren zu Fragen zur Verfügung. Die Presse hat sicherlich die Aufgabe, argwöhnisch zu sein, nach meiner Meinung muß sich aber die Presse vor Leuten hüten, die keine Bedeutung haben und davor, daß sie ihnen zu große Aufmerksamkeit schenkt und damit eine Bedeutung gibt, die sie nicht haben. Ich habe einen klassischen Fall im Auge, es ist der frühere General Remer. Dieser Remer ist durch einen Artikel in der »Welt« zuerst bekanntgeworden mit seiner ganzen Geschichte[15]. Ich bin fest überzeugt – ich kenne Remer natürlich nicht –, er ist durch einen solchen Artikel auch selbst zu der Überzeugung gekommen, daß er ein sehr großer Mann sei. Daraus ergibt sich dann alles andere. Jetzt stehe ich Ihnen für Fragen zur Verfügung.

Journalist: Sie sprachen, Herr Bundeskanzler, von dem Naumann-Kreis und der Beobachtung durch das Bundesverfassungsschutzamt. Können Sie uns etwas Näheres sagen?

Adenauer: Ich möchte bitten, das, was ich jetzt sage, nicht zu bringen. Alle Leute, die irgendwie einmal mit Naumann zusammengekommen sind, sind auf eine Liste gesetzt worden, und das waren ca. 170 Personen. Dann ist man diese Liste durchgegangen und hat von dieser Liste eine ganz erhebliche Zahl von Namen gestrichen. Denn Naumann wird ja auch mit anderen Leuten zusammengekommen sein, ohne daß politische Dinge erörtert worden sind. So daß man jetzt, soweit man von einem Kreis sprechen kann, diesen auf etwa 30 schätzen kann.

Journalist: Haben die britischen Behörden den Eindruck gegeben, daß Sie eine längere Liste haben würden?

Adenauer: Das ist zwischen den beiden Institutionen, dem Bundesverfassungsschutzamt und dem Secret-Service, ausgehandelt worden, die immer zusammengearbeitet haben. Was so plötzlich zum Schluß die Veranlassung gegeben hat, zuzugreifen, das weiß ich nicht. Ich vermute, daß es die Besorgnis ist, daß Naumann irgendwie Verdacht geschöpft hatte und ausrücken wollte, aber ich weiß es nicht; ich habe auch absichtlich nicht danach gefragt; ich wollte Sir Ivone nicht in diese Verlegenheit setzen, mir wider Willen diese Frage beantworten zu müssen. Wenn er etwas fragen wollte, stand ich ihm ja zur Verfügung.

Journalist: Glauben Sie, daß es zu einem Prozeß kommen wird?

Adenauer: Das wußte Sir Ivone selbst nicht – das ist aber nicht für die Öffentlichkeit bestimmt –, sondern das hängt davon ab, welches schriftliche Material man in den Wohnungen der Verhafteten finden wird[16].

Journalist: Eines ist nicht ganz klar: In sämtlichen deutschen Zeitungen, die sich über diesen Prozeß informiert haben an dem Tage, als diese Verhandlungen zustande gekommen sind, ist etwas anderes gesagt worden, als Sie heute gesagt haben, daß diese Verbindung seit langem existiert und ...

Adenauer: Dann habe ich mich nicht ganz korrekt ausgedrückt. Von der Absicht der Verhaftungen habe ich an dem Abend gehört von Sir Ivone. Er hat mir schon früher und auch gegenüber dem Staatssekretär Lenz nur sehr vage etwas gesagt, und die beiden Organisationen, das deutsche Bundesverfassungsschutzamt und der Secret-Service, arbeiteten schon während der ganzen Zeit Hand in Hand und tauschten ihre Beobachtungen aus. Sir Ivone hat Mittwoch [13. Januar 1953] von den Verhaftungen zuerst gesprochen.

Journalist: Hat Sir Ivone das begründet damit, daß die deutsche Regierung nicht in der Lage wäre, gegen diese Leute vorzugehen?

Adenauer: Wenn die deutschen Stellen jemand festnehmen, müssen sie den Festgenommenen binnen 24 Stunden dem Richter vorführen mit dem Material, das klarlegt, ob die Festnahme begründet war oder nicht. Wir hatten kein solches Material, während der britische Hohe Kommissar nach dem Besatzungsrecht den Festgenommenen nicht innerhalb 24 Stunden dem Richter vorzuführen brauchte, sondern er kann sich Zeit lassen mit der Nachprüfung des Materials, das er hoffentlich bei den Inhaftierten vorfindet[17]. Bitte bringen Sie das aber nicht.

Journalist: Glauben Sie, Herr Bundeskanzler, daß dieser Naumann-Kreis so wäre, daß er die rechtsstehenden Parteien infiltrieren konnte, ohne eines Verbrechens sich schuldig gemacht zu haben?

Adenauer: Die Parteien, die in Frage kommen, die FDP, die DP und der

BHE, daß sie die wirklich hätten infiltrieren können mit Nationalsozialisten, das glaube ich nicht, obgleich ich ehrlich Ihnen sage, daß die Aufstellung dieses Schepmann[18] in Niedersachsen als Stadtverordneter in meinen Augen ein grober Unfug ist und ungehörig. Ich habe ja auch eingangs darauf hingewiesen, daß ich es für ganz falsch halte, wenn man frühere führende Nationalsozialisten in irgendwelche führenden politischen Stellen oder überhaupt in politische Stellen hineinbringt. Das halte ich für falsch, auch wenn sie dort keinen besonderen Einfluß ausüben können, auch gegenüber der öffentlichen Meinung der Deutschen, nicht nur gegenüber dem Ausland.
Ich glaube also nicht, daß der Naumann-Kreis das fertiggebracht hätte, ich glaube es nicht. Unsere öffentliche Meinung erträgt das noch.

Journalist: Glauben Sie, Herr Bundeskanzler, daß dieser Kreis ein Gefahrenherd für die Bundesrepublik werden könnte?

Adenauer: Meine Herren, ich wiederhole jetzt zunächst, daß ich noch gar nicht weiß, was vorliegt, ich kann mir noch kein Urteil bilden, aber ich möchte Ihnen folgendes sagen, – aber auch das nur zu Ihrer Information, nicht zur Veröffentlichung –: Als Sir Ivone Kirkpatrick dem Staatssekretär Lenz von dieser ganzen Naumann-Geschichte [etwas] gesagt hatte, sagte er, in eineinhalb Jahren würde es zu spät sein, er ist scheinbar etwas weitblickend.

Journalist: Wenn keine Gefahr vorhanden wäre, dann wäre diese Verhaftung der 7 Leute eine politische Aktion?

Adenauer: Das kann ich mir nicht denken. Also ich weiß, davon ist gesprochen worden, daß das eine politische Maßnahme gewesen sei gegen die Bundesregierung und gegen die EVG. Das halte ich bei meiner Kenntnis der Persönlichkeit von Sir Ivone, seines ganzen Charakters und auch seiner Ansichten und auch von meiner Kenntnis von Mr. Eden und von Herrn Roberts, dem Unterstaatssekretär, und auch vom Staatssekretär[19] (?) für völlig ausgeschlossen. Sie müssen nun nicht auch noch versuchen, in meinem Herzen zu lesen.

Journalist: Sehen Sie irgendeinen Zusammenhang zwischen der englischen Aktion und der gestrigen Veröffentlichung des amerikanischen Berichtes?

Adenauer: Nein, das ist ja sehr merkwürdig, aber es ist ebenso sehr merkwürdig, daß die amerikanische Hohe Kommission so etwas macht, ohne uns die Ergebnisse zu geben. Da stehe ich vor einem Rätsel. Ich habe heute morgen Herrn Staatssekretär Hallstein den Auftrag gegeben, nachzufragen und zu bitten, was das bedeuten solle. Man kann doch miteinander sprechen, wenn man Vertrauen hat.

Darf ich noch ein Wort sagen über den Briefwechsel mit Herrn Ollenhauer[20]. Herr Ollenhauer hat eine Pressekonferenz abgehalten am ‹16.› [b] Januar[21]. Wie ich hörte, war da die ausländische Presse dort. Er hat dort seinen Brief an mich den Pressevertretern im Abdruck überreicht.
Ich hatte genau an demselben Tage meine Antwort an ihn unterschrieben, als ich davon hörte, und möchte in Ihrem Kreise sagen, die Beschwerde des Herrn Ollenhauer, daß ich, sagen wir mal, indiskret gewesen sei und über seinen Brief von [vor] acht Tagen gesprochen hätte, ist unzutreffend. Ich kann nur annehmen, daß Herr Ollenhauer den Text dessen, was ich gesagt habe, nicht gekannt hat. Ich habe in Godesberg ausdrücklich gesagt, ich kann nicht darüber sprechen, weil dieser Briefwechsel noch schwebt, ich kann nur sprechen über offizielle Verlautbarungen aus der Sitzung des sozialdemokratischen Parteivorstandes, die in dem »Neuen Vorwärts« vom 9. Januar enthalten waren[22], und darauf gefußt, habe ich gesprochen[23]. Ich habe über den Briefwechsel nicht gesprochen.
Ich werde meinen Brief an Herrn Ollenhauer nun auch der Öffentlichkeit übergeben[24], obwohl ich das nicht für schön halte, daß in dieser Weise verfahren wird. Herr Ollenhauer hat in diesem Brief im ersten Teil ausgeführt, das und das würden wir für richtig halten, Neuwahlen müßten durchgeführt werden, aber gegen die Verträge, hieß es, stimmen wir trotzdem, und dann hat er, und das ist für mich das Wesentliche gewesen, das, was seiner Partei vorschwebt oder was sie will, bezeichnet, die Herbeiführung des Zusammenschlusses der freien Völker auf dem Boden der Gleichberechtigung zum Zwecke der gemeinsamen Verteidigung. Darauf habe ich Herrn Ollenhauer geantwortet und das letzte vorweggenommen und ihm geantwortet, ich wüßte nicht ein Volk, das uns zunächst zuliebe ein solches Riesenwerk unternähme, um einen neuen Zusammenschluß der freien Völker herbeizuführen, und ferner würde das natürlich [be]deuten die Sprengung der UNO. Denn wenn in der UNO, die Sowjetrußland und was dahintersteht, umfaßt, eine weltweite Organisation der freien Völker geschaffen würde, würde das bedeuten, daß die UNO nicht die freien Völker zusammenfaßt, und dann würde die UNO zerbrechen. Daß man das uns gegenüber tun würde, glaube ich nicht. Ich werde also meinen Brief veröffentlichen. Ich habe nichts dagegen, wenn Sie Gebrauch machen von dem, was ich gesagt habe.

Journalist: Können Sie etwas über Ihre Meinung sagen über die Verbindung der Rechtsparteien, besonders der FDP mit ehemaligen Nationalsozialisten?

Adenauer: Sie wissen ja, daß innerhalb der FDP große Meinungsverschiedenheiten darüber bestehen[25], und ich – aber bitte, das ist nicht für die Öffentlichkeit bestimmt – habe vor einiger Zeit Herrn Middelhauve[26], den ich von Nordrhein-Westfalen her kenne, gesagt: Sie müssen sich klar sein über die Gefährlichkeit eines solchen Unterfangens, da Sie dabei mehr Leute abstoßen werden, als zu Ihnen kommen. Als mir Herr Middelhauve selbst erklärte [...], ich kenne ihn seit 1946 vom ersten Landtag von Nordrhein-Westfalen[27], und so halte ich Herrn Middelhauve für alles andere als einen Nationalsozialisten. Es sind da Spannungen und Gegensätze innerhalb der FDP, die ihn wohl auch veranlaßt haben, diese Verbindung zu suchen, was ich nicht für ‹glücklich›[c] halte. Aber ich glaube nicht, er hat das ja auch bestritten, daß er mit dem Naumann-Kreis irgendwelche Verbindung hat. Aber wissen Sie – das ist jetzt aber eine ganz interne Bemerkung –, es ist vielleicht gar nicht so schlecht, daß die Verhaftung der Naumann-Leute jetzt vorgenommen worden ist, es ist für die Politiker, die sich vergrößern wollen, eine Warnung. Ich hoffe, daß Sie mich verstanden haben.

Journalist: Sehen Sie in dem Zusammentreffen des Oradour- und des Schirmeck-Prozesses[28], der englischen Verhaftungsaktion und des amerikanischen Berichtes ein schlechtes Anzeichen für die Verhandlungen, die in Kürze begonnen werden[29]?

Adenauer: Ganz zweifellos. Ich sehe das – mag das Zusammentreffen zufällig sein oder nicht, das spielt gar keine Rolle dabei –, ich sehe das als keine gute Atmosphäre an für diese Verhandlungen, und deshalb bedauere ich das außerordentlich.

Meine Herren, ich darf mir noch ein Wort erlauben. Wir müssen der Gefahr im Osten sehr ernstlich ins Auge sehen. Mir hat neulich ein sehr in russischen Dingen erfahrener amerikanischer Diplomat gesagt, solange Stalin lebt, braucht man nicht an einen heißen Krieg zu denken. Was nun jetzt in Moskau vor sich geht, namentlich wenn sich die englische Nachricht bewahrheitet, daß der Leiter des Sicherheitsdienstes in Moskau[30] ..., dann sieht das doch sehr aus nach einem Kampf um die Nachfolgeschaft[31]. Dann würde vielleicht eine kritische Situation kommen. Ich glaube, wenn diese kritische Periode, die zweifellos einmal einsetzen wird, die europäischen Verhältnisse derart verwirrt, weil sie nicht ein geschlossenes Europa antrifft, dann ist die Sorge, etwas zu tun, doch sehr viel größer. Ich bin etwas vorsichtig.

Nr. 40

22. Februar 1953: Tee-Empfang (Wortprotokoll)

BPA Archiv F 30

Teilnehmer[1]: Dr. Fritz Brühl, Ludwig von Danwitz, Franz Goeddert, Franz Hange, Dr. Hans Joachim Kausch, Dr. Adolf Kussl, Dr. Karl Lohmann, Werner von Lojewski, Wilhelm Papenhoff, Dr. Alfred Rapp, Dr. Ernst Samhaber, Heinrich Spiecker, Paul Steinfurth, Dr. Robert Strobel, Hans-Georg von Studnitz[2], Adam Vollhardt, Erich Wagner, Dr. August Wegener, Fried Wesemann – Felix von Eckardt, Peter Schulze

Beginn: 17.00 Uhr

Adenauer: Ich wollte nicht nach Rom abreisen[3], ohne Ihnen Rede und Antwort zu stehen.

Ehe ich zum Hauptthema komme, darf ich vorausschicken, daß ich Sie bitte, mit gewisser Auswahl das zu bringen, was ich Ihnen sage. Es soll also mehr ein Hintergrund für Sie sein, damit Sie sehen, wie die Dinge liegen und vielleicht auch, was in Rom geredet oder nicht geredet wird, gut verstehen. Es werden nach meiner Meinung in Rom keine Beschlüsse gefaßt werden, zu keinem Punkt der Tagesordnung. Und trotzdem halte ich diese Besprechung in Rom, diese Konferenz, für außerordentlich wichtig, denn, was ich jetzt sage, bitte ich, nicht in die Presse zu bringen, ich halte die gegenwärtige politische Situation für ungewöhnlich ernst im Hinblick auf die Ratifizierungsfrage[4].

Ich weiß nicht, ob den Herren bekannt ist ein Artikel in den »Basler Nachrichten« von gestern, 21.2. Der Artikel ist überschrieben, aus Paris datiert: »Das parlamentarische Schicksal des EVG-Vertrags liegt im völligen Dunkel«, und ein weiterer Artikel auf derselben Seite ist überschrieben »Eisenhower hält militärische Lage für ernst«. Wenn Sie diese beiden Überschriften nur nehmen, dann haben Sie, glaube ich, ein treffendes Bild, eine treffende Charakterisierung der ganzen Situation. Was nun diesen Artikel aus Paris angeht, so halte ich diesen Artikel für außerordentlich bemerkenswert und kann Ihnen nur empfehlen, doch diesen Artikel einmal in Ruhe durchzulesen. Der Artikel hat ja auch den Vorzug, daß er völlig unbeeinflußt ist von Bonn, sondern einen Bericht gibt über die Lage des Berichterstatters der »Basler Nachrichten« in Paris. Ich möchte zu einigen Punkten da etwas sagen.

Sie wissen, daß diese Art Gruppe, die sich da gebildet hat gegen den EVG-Vertrag, auf 115 Parlamentarier angewachsen ist unter der Führung

Zu einem Informationsgespräch mit dem Herrn Bundeskanzler am Sonntag, den 22. Febr. 1953, 17.oo Uhr wurden folgende Korrespondenten eingeladen :

Dr. Brühl	3 28 44	Süddeutsche Zeitung
von Danwitz	3 86 35	Allgemeine Zeitung, Mainz
Hange	3 88 46	Deutsche Presseagentur
Dr. Lohmann	3 35 37	Aachener Nachrichten
von Lojewski	3 28 27	Hannoversche Allgemeine
Dr. Kussl	3 85 27	Deutschland Union Dienst
Papenhoff	3 86 07	Die Neue Zeitung
Dr. Rapp	3 86 20	Frankfurter Allgemeine Zeitung
Spiecker	3 86 37	Rheinische Post
Goeddert	3 86 37	Kölnische Rundschau
Dr. Strobel	3 85 76	Frankfurter Neue Presse
Vollhardt	3 85 81	Hamburger Abendblatt
Dr. Wegener	3 20 54	C D P
Wesemann	3 85 23	Frankfurter Rundschau
Dr. Kausch	3 86 70	Die Welt
Steinfurth	3 30 58	Deutscher Zeitungsdienst
Wagner	3 26 58	DIMITAB
Dr. Samhaber	3 85 15	Der Tagesspiegel
von Studnitz	3 33 83	Hamburger Anzeiger

- - - - -

Teilnehmer seitens des Bundespresseamtes:
Der Bundespressechef
P. Schulze, Cv.D.
ein Stenograph

Durchdruck dieser Liste an:
1. Min. Dir. Dr. Globke
2. Leg.Rat. Günther Diehl } ab 19.2.53 b

Einladungsliste (zu Dok. Nr. 40)

des Abgeordneten André[5], der, wie es ja heißt, aus seiner Deutschlandfeindlichkeit ebensowenig ein Hehl macht wie gegenüber seiner Ablehnung des Schuman-Plans. Er hat eine Versammlung abgehalten, und in dieser Versammlung ist er gefragt worden, wie er denn über die Reaktion im Weißen Haus dächte. Darauf hat er geantwortet, ich will am besten wörtlich vorlesen aus den »Basler Nachrichten«: »... sie seien davon überzeugt, Amerika werde Frankreich der deutschen Wiederaufrüstung zuliebe niemals fallenlassen.«
An diesen Satz möchte ich einige Bemerkungen anknüpfen. Es ist ganz selbstverständlich, daß Amerika der deutschen Aufrüstung zuliebe, wie es heißt, Frankreich nicht fallenlassen wird. Nur ist der Standpunkt völlig [...], nun liegt der Standpunkt völlig neben der Sache. Man muß sich doch darüber klar sein und auch in Frankreich darüber klar sein, daß die Vereinigten Staaten ihre Politik machen nicht Frankreich zuliebe und auch nicht Deutschland zuliebe, sondern Amerika zuliebe. Ich darf daran erinnern, daß Dulles, als er hier war[6], gesagt hat, es sei die Absicht der USA, Westeuropa zu einem festen Pfeiler der atlantischen Politik Amerikas zu machen. Man darf also nicht etwa so kindlich oder so weltfremd oder so illusionistisch sein, wie hier die Herren gewesen sind, und so tun, als wenn die amerikanische Politik geleitet sei von irgendeinem Gefühl für Frankreich oder für Deutschland, sondern sie ist diktiert von amerikanischen Interessen.
Ich glaube, man sollte sich auch drüben in Paris darüber völlig klar sein, daß Amerika eine amerikanische Politik treibt und weder eine französische noch eine deutsche Politik treibt. Man sollte sich darüber klar sein, daß es im Zuge der jetzigen amerikanischen Weltpolitik liegt, wie ich eben schon sagte mit den Worten von Dulles, Europa zu einem festen Pfeiler in der atlantischen Politik zu machen. Und wenn dieser Pfeiler, so muß man ja die Frage stellen auch in Frankreich, wenn dieser Pfeiler nicht wirkt, so daß also die atlantische Politik sich nicht darauf stützen kann, dann entsteht ganz zwangsweise für die USA die Frage: »Wie gestaltest Du denn jetzt Deine Politik, Deine Politik im Interesse Amerikas und im Interesse auch der Freiheit?«
Wenn man sich die Frage so stellt, dann allerdings würde ein Nichtzustandekommen eines solchen atlantischen Pfeilers sehr trübe Aussichten für die Europäer eröffnen, sowohl für Frankreich wie für Deutschland wie für Italien usw., denn dann würde ja die Frage der peripheren Verteidigung Amerikas – Sie wissen, was das bedeutet – die akute Frage werden, die periphere Verteidigung, die sich stützt auf Spanien, Griechenland, die Türkei und auf England. Ich brauche weiter gar nichts zu

sagen. Sie haben ja Phantasie genug, zu wissen, was das für uns bedeutet. Ich glaube, es würde ganz gut sein, wenn man einmal hieran anknüpfen würde und nun der französischen öffentlichen Meinung in maßvoller Weise klarmachen würde, daß es sich nicht darum handelt, daß niemals Frankreich zugunsten einer deutschen Wiederaufrüstung fallengelassen würde, sondern wie ich das ausgeführt habe.
Vielleicht kann man im Zusammenhang damit auch noch folgendes sagen: Es ist ja merkwürdig, wie die räumliche Entfernung den politischen Blick verengt. Wenn Sie an die Berliner denken, wie die gegenüber dem Druck aus dem Osten sehr viel feinfühliger sind als wir hier, und wenn Sie die Linie von Berlin nach dem Westen verlängern bis nach Paris oder noch weiter nach Frankreich hinein und damit die räumliche Entfernung der Menschen dort von den allergischen Punkten sich vergrößern, werden Sie genau das finden, was wir in gewissem Maßstabe auch in Deutschland empfinden: je größer die Entfernung, desto größere Selbstsicherheit, obgleich bei einer Kriegstechnik wie der heutigen diese Entfernung überhaupt keine Rolle mehr spielt.
So kommt es vielleicht, daß sich die französische öffentliche Meinung, auch was die politischen Kreise angeht, mit der ganzen Frage der russischen Gefahr bisher nicht genügend beschäftigt hat und daß anscheinend dort in politischen Kreisen in Frankreich diese russische Gefahr gar nicht so groß erscheint, als daß sie darüber ihre innenpolitischen Auseinandersetzungen zurückstellen. Das soll ja auch schon in der Bundesrepublik der Fall sein, obgleich wir mit der Nase ja viel näher dran sind. Es soll auch bei uns Kreise und Politiker geben, die sich wenig um diesen Druck und das Feuer, was da schwelt, bekümmern. Noch mehr ist das drüben der Fall. Aber der Ernst der Situation wird nicht dadurch, daß man sich blind stellt, blind ist, irgendwie beeinträchtigt, im Gegenteil, man kann einer Gefahr nur dann wirksam entgegentreten, wenn man sie kennt und wenn man die Entschlußkraft aufbringt, zur richtigen Zeit die nötigen Maßnahmen dagegen zu treffen. Das sind Gedanken, die mich auf meiner Reise nach Rom jetzt begleiten, und Sie werden daraus schon ersehen, daß es sehr ernste Gedanken sind, und wie ich eingangs sagte: Ich halte allerdings die politische Situation auch für außerordentlich schwierig und außerordentlich ernst, und jeden, der an irgendeiner Stelle politisch tätig ist, halte ich für verpflichtet, dieser ganzen Entwicklung eine erhöhte Aufmerksamkeit zu widmen.

Journalist: Die Zusatzprotokolle[7] werden sicherlich in Rom zur Sprache kommen?

Adenauer: Darauf können Sie sich verlassen; ich habe doch die ganze Zeit darüber gesprochen.

Journalist: Halten Sie die Zusatzprotokolle in dieser Fassung für unannehmbar?

Adenauer: Wenn man zu einer Konferenz fährt, worüber über diese Dinge gesprochen wird, dann kann man ja niemals vorher bestimmte Erklärungen abgeben. Aber ich möchte Ihnen hier vorlesen aus den »Basler Nachrichten«, ein neutrales Blatt, ich bin vollkommen [be]deckt und sage nicht meine Meinung: »Am Mittwoch [18. Februar 1953] hat Außenminister Bidault, wie bereits gemeldet, der Auswärtigen Kommission der Kammer den Inhalt der bisher geheimgehaltenen Zusatzprotokolle in seinen Grundzügen bekanntgegeben. Ohne daß man sich im einzelnen über diesen Inhalt schon ein endgültiges Urteil zu bilden vermöchte, geht man kaum fehl in der Annahme, daß die französischen Zusatzanträge dem EVG-Plan ganz abgesehen von den für die französische Armee geforderten Sonderrechten bis zu einem gewissen Grade seine politische, militärische und rüstungswirtschaftliche Grundsubstanz rauben wollen.«

Journalist: Vorgestern haben die Verhandlungen im Interimsausschuß begonnen[8]. Es wurde gemeldet, daß dazu von den anderen EVG-Ländern keine Bemerkungen gemacht worden wären. Man hätte nur die französische Meinung entgegengenommen.

Adenauer: Wenn der Vertrag unterschrieben ist und wenn etwa 10 Monate nach der Unterschrift solche Protokolle vorgelegt werden, und die 5 anderen Teilnehmerstaaten hören sich das an und sagen nichts, dann glaube ich, kann man doch da wirklich alle Schlüsse daraus ziehen, die auf der Hand liegen. Aber was hat es denn [für einen] Zweck. Es handelt sich hier um politische Fragen, und der Interimsausschuß, der gestern tagte und vorgestern, während am Dienstag [24. Februar 1953] und Mittwoch und evtl. Donnerstag die Außenministerkonferenz in Rom tagt[9] [...], es war also ganz klar, daß der Interimsausschuß nicht dazu Stellung genommen hat.

Journalist: Minister Seebohm hat vor einer Woche in Bremen erklärt[10], es sei selbstverständlich und nicht gefährlich, wenn die Franzosen das Recht erhielten, aus ihren EVG-Einheiten Truppenkontingente für Übersee abzuziehen. Ist das mehr als eine Sonntagsrede?

Adenauer: Eine Wochenendrede. Wochenendreden sind eine fatale Angelegenheit.

Journalist: Hat der französische Hochkommissar Ihnen gestern Andeutungen gemacht über den evtl. Verlauf Ihres Gesprächs mit Bidault[11]?

Adenauer: Nein, es wäre ja auch ganz ungewöhnlich. Ich werde Bidault zum ersten Mal sehen, seitdem er Minister ist, und man kann vorher nichts verabreden.

Journalist: Ist anzunehmen, daß Sie die Saarfrage anschneiden werden?

Adenauer (Schulterzucken): Da möchte ich Ihnen einstweilen auch noch nichts darauf sagen. Sie müssen sich eine solche Konferenz nicht vorstellen wie den Bundestag mit verschiedenen Fraktionen und einem Präsidenten, der nach der Tagesordnung vorgeht. Da muß [man] einmal sehen, wie die ganze Entwicklung ist, wie die ganze Atmosphäre ist. Das muß man eben alles abwarten. Das sind doch sehr gefühlsmäßige Dinge, die da mitspielen. Aber ich wiederhole: Ich glaube nicht, daß es irgendwie zu Beschlüssen kommt.

Journalist: Die französische Hochkommission hat vorgestern im Gespräch mit einigen Journalisten sich darüber beklagt, daß der deutsche Standpunkt in der Saarfrage nicht präzisiert worden wäre.

Adenauer: Mein Standpunkt ist schon lange präzisiert[12].

Journalist: Haben Sie den Eindruck, daß sich in den Zusatzprotokollen und deren Inhalt die parlamentarische Situation der gegenwärtigen französischen Regierung widerspiegelt?

Adenauer: Ganz offenbar. Interessant ist folgendes noch, das Sie vielleicht einmal gelegentlich verwenden können: Während die Franzosen (...) soll Großbritannien sich verpflichten, ich glaube, auf 50 Jahre, Truppen hier zu unterhalten. Also, man verlangt von Großbritannien mehr, als man selbst für seine eigene Truppe bereit ist, zu gewähren, und Großbritannien hat ja schließlich auch noch andere und überseeische Interessen.

Journalist: Können Sie etwas zu dem holländischen Vorschlag der Zollunion sagen[13]?

Adenauer: Nein. Ich begrüße es, daß die Holländer eine so starke Initiative ergreifen. Aber natürlich bedarf das Vorgehen auf dem Gebiete sehr sorgfältiger Überlegungen im Interesse aller Wirtschaften der beteiligten Länder. Aber das Ziel ist ja klar und sehr gut. Im ganzen ist interessant, wenn Sie betrachten: Die Montanunion steht, die Holländer wollen diese Wirtschaftsunion herbeiführen. Die politische Integration ist einstweilen auch auf dem Marsch, die Ad-hoc-Kommission[14] wird auch im Laufe dieser Woche ihre Arbeit abschließen, und die EVG bekommt auf einmal einen Schlaganfall.

Journalist: Man hört manchmal auch in Bonn die Meinung, der EVG-Vertrag könne zweigeteilt werden zwischen der politischen Integration und der militärischen Integration. Die französischen Forderungen gehen ja darauf hinaus, die militärische Integration zu lockern, und das könne unter gewissen Umständen hingenommen werden, da ja die politischen Behörden bestehenblieben. Würden Sie das als richtige Interpretation ansehen?

Adenauer: Zunächst möchte ich sagen, daß eine militärische Integration eben absolut ist, einmal gegenüber dem Osten. Bedenken Sie doch, was Stalin prophezeit hatte in seinem großen Aufsatz[15] und was proklamiert worden ist auf dem KP-Kongreß in Moskau[16], nämlich daß der Westen sich nicht einigen werde. Einmal halte ich die militärische Integration für absolut notwendig gegenüber dem Osten. Ich halte sie weiter für notwendig, damit in Europa selbst diese Spannung und dieses Mißtrauen und diese psychologischen Schwierigkeiten endlich einmal aus der Welt kommen. Aber es gibt keine militärische Integration ohne eine politische Integration in gewissem Umfange. Keime sind im EVG-Vertrag drin. Diese (...) Integration. Ich darf in dem Zusammenhang darauf hinweisen, daß die Sozialistische Partei Frankreichs seinerzeit verlangt hat, daß diese politische Integration erfolgen müsse, wenn die Partei zustimmen soll der militärischen Integration[17].

Journalist: Herr Dehler hat gestern in Coburg erklärt[18], das Abkommen mit Israel[19] sei auf Wunsch der USA abgeschlossen worden, und es würde uns gut honoriert werden. Wir müßten an Israel liefern, weil die Amerikaner sich ‹um›[a] Arabien bekümmern müßten?

Adenauer: Das ist, wie mir scheint, keine richtige Beurteilung der politischen Lage, aber es scheint [...], diese verfluchten Wochenendreden; da muß man doch etwas tun. Eine Zeitlang war das Übel vorbei, aber jetzt ...

Journalist: Haben Sie Anhaltspunkte dafür, ob die Engländer in der Naumann-Affaire Ihnen Material vorlegen werden[20]?

Adenauer: Ja, ich nehme an nach meiner Rückkehr aus Rom. Kirkpatrick war heute bei mir, und wir haben auch darüber gesprochen.

Journalist: War er überzeugt davon, daß seine Aktion gerechtfertigt wird durch das Ergebnis?

Adenauer: Das Material wird vorliegen. Ich glaube, daß er nach wie vor überzeugt ist. Aber über diese Sache sollte man nach meiner Meinung erst sprechen, wenn das Material vorgelegt wird, und das wird ja kommen.

Nr. 41

10. März 1953: Presse-Empfang (Wortprotokoll)

BPA Archiv F 30, mit Vermerk »Thema: Ministerkonferenz in Straßburg«

Teilnehmer[1]: Wilhelm Backhaus[2], Karl August Berdolt, Dr. Hilde Bogner, Dr. Karl Bringmann[3], Dr. Fritz Brühl, Ludwig von Danwitz, Franz Goeddert, Marliese Grouven, Hugo Grüssen, Franz Hange, Dr. Carl Helfrich[4], Walter Henkels, Erhard Herzig[5], Rudolf Junges, Dr. Hans Joachim Kausch, Dieter von König, Dr. Adolf Kussl, Werner Lohe, Dr. Karl Lohmann, Werner von Lojewski, Dr. Erika Neumann, Heinz Ockhardt[6], Wilhelm Papenhoff, Dr. Albert Pfeiffer, Dr. Alfred Rapp, Dr. Ernst Samhaber, Walter Schlösser[7], Guenther Scholz, Dr. Max Schulze-Vorberg, Heinrich Spiecker, Paul Steinfurth, Dr. Robert Strobel, Hans-Georg von Studnitz, Dr. Richard Thilenius, Norbert Tönnies, Gerta Tzschaschel, Rolf Vogel, Adam Vollhardt, Dr. August Wegener, Hans Wendt, Fried Wesemann, Dr. Ulrich Wirth[8] – Dr. Wolfgang Glaesser, Friedrich Kleibömer[9], Dr. Karl Klein, Dr. Franz Mai, Adolf Michaelis[10], Hansfrieder Rost, Dr. Roland Schacht, Dr. Hans Schirmer, Peter Schulze

Beginn: 12.30 Uhr

Adenauer: In den Meldungen der Zeitungen über die Vorgänge in Straßburg[11] ist sehr viel enthalten, was reine Phantasterei ist, aber die Schuld daran trifft nicht die Journalisten, sondern die Schuld trifft den Ministerrat. Der Ministerrat hat nicht die Zeit gehabt, ein wirklich gutes Pressekommuniqué[12] nachher zu verabschieden, und der Erfolg ist dann natürlich der, daß der eine dieses und der andere jenes sagt, was nicht zutreffend ist.

Ich glaube, man muß zwei Dinge sehr auseinanderhalten, was den gestrigen Tag in Straßburg angeht. Einmal glaube ich, daß die Übergabe eines Vertrags über die Satzung der Europäischen Gemeinschaft an die sechs Außenminister gestern, die ja mit einer Rede des Präsidenten Spaak[13] vorgenommen wurde, der, wie immer, ausgezeichnet geredet hat, eine wirklich sehr bedeutungsvolle Tatsache ist, die hoffentlich auch ebenso bedeutungsvolle Folgen haben wird. Aber ich meine, lassen wir einmal unsere Augen von der Zukunft auf die Gegenwart hin richten, und denken Sie bitte daran, daß doch noch vor wenigen Jahren niemand und auch nicht der größte Optimist, nicht der größte Europaschwärmer, die wir ja auch haben, geglaubt hätte, daß am 9. März dieses Jahres den sechs Ministern ein solches Dokument würde überreicht werden können. Wir können allen Europäern, glaube ich, der Ad-hoc-Versammlung und ihrem Verfassungsausschuß nur von ganzem Herzen danken, daß sie mit solcher Energie und solcher Tatkraft und solcher Entschlußfähigkeit wirklich zu einem Abschluß gekommen sind, der selbstverständlich in dieser oder jener Richtung noch genauer betrachtet werden muß. Aber es ist eine Vorlage da, und das ist für jeden Regierungsapparat eine sehr bedeutungsvolle Tatsache.

Ich betone das so nachdrücklich, und ich glaube, man sollte all den Männern, die daran beteiligt waren – eine Frau, eine Holländerin[14] war dabei –, auch einmal in der Öffentlichkeit Dank zollen für die Arbeit, die sie geleistet haben. Sie wissen, daß es der Beruf des Journalisten ist, in der Regel negativ zu schreiben. Aber ich glaube, dann und wann kann er auch einmal positiv schreiben, und wenn er hier einmal positiv schreibt und den Dank ausspricht, dann verhilft er gleichzeitig diesem Werk, diesem Entwurf in der Öffentlichkeit [zu] Ansehen, und damit nützt er dem ganzen Fortgang der Europafrage.

Nun das zweite Kapitel: Was macht nun der Ministerrat daraus, nämlich aus diesem Werk? Da stehe ich zunächst auf dem Standpunkt, es muß verhütet werden, daß dieses Werk in die Hände oder in die Mühle – gleichgültig, wie Sie es nennen – der Ministerialbürokratie der verschiedenen Auswärtigen Ämter der beteiligten Staaten kommt. Wenn das Werk da hinkommt, dann wird es derartig unter die Lupe genommen und zerrissen, daß vielleicht nachher sehr wenig übrigbleibt. Wer Europa will, der muß nun einmal das Herz in die Hand nehmen und springen, der muß dann über manche Schwierigkeiten einfach hinwegkommen.

Im wesentlichen werden ja politische Entscheidungen zu treffen sein bei der ganzen Aufgabe, und wenn erst eine Verständigung unter den sechs Regierungen über die wesentlichsten politischen Fragen vollzogen ist, dann wird der Augenblick gekommen sein, wo man die Juristen und die juristischen Techniker an die Geschichte heranlassen kann. Dann haben diese aber eine gebundene Marschroute und können nichts mehr verderben, oder man kann ihnen auf die Finger dabei klopfen, wenn sie etwas verderben.

Da habe ich auf einen wunden Punkt den Finger gelegt. Es sind – warum soll ich nicht einmal indiskret sein –, es sind im Ministerrat verschiedene Strömungen vorhanden über die weitere Bearbeitung der Angelegenheit. Es gibt Außenminister, die wünschen, die Sache in eine Art Ministerialvorkonferenz hineinzunehmen, und es gibt Außenminister, die den Wunsch haben, daß das Sekretariat der Montanunion, das ja bisher auch dieser Ad-hoc-Versammlung zur Seite gestanden hat, diese Arbeit analysiert, politisch analysiert, eine Übersicht gibt über die verschiedenen

politischen Probleme, die darin angefaßt sind, und so gewissermaßen eine Grundlage schafft für die Beratung der Minister, für die der 12. Mai in Aussicht genommen ist[15]. Die letztere Ansicht, daß das Sekretariat der Montanunion diese Analyse, diese unbedingt notwendige Analyse, vornehmen soll, hat obgesiegt. Hoffentlich bleibt es bei diesem Siege, und hoffentlich kommen wir nicht später doch in die Mühle der Bürokratie irgendwie hinein.
Es erhebt sich dann weiter die Frage nach dem Verhältnis dieser Arbeit zum EVG-Vertrag. Das ist zunächst sehr kompliziert dadurch, daß ja nach dem EVG-Vertrag die endgültige Genehmigung dieses Statuts vorbehalten ist der Versammlung des EVG-Vertrags, und solange der EVG-Vertrag noch nicht von allen ratifiziert ist, würde also noch kein Organ da sein, das endgültig zu genehmigen hat. Aber darüber, glaube ich, sollten wir uns im Augenblick doch nicht den Kopf zerbrechen, sondern wir sollten erst einmal eine Übereinstimmung der sechs beteiligten Regierungen – nicht nur der sechs Außenminister, sondern der sechs beteiligten Regierungen – über die wesentlichsten Punkte dieses Entwurfs herbeiführen. Wenn diese Übereinstimmung herbeigeführt ist, dann liegt in dieser Tatsache eine solche motorische Kraft, daß sich dann schon ein Ausweg findet, um weiterzukommen, denn wenn Sie sich die Situation vorstellen, [der] EVG-Vertrag hinkt nach und hier wäre man einig, und dann sollte das liegen bleiben, bis das Hinken dort aufhört. Das glaube ich nicht, das ergibt sich dann von selbst durch die Kraft, die in den Dingen selbst liegt, daß wir auch da weiterkommen.
Nun tagt heute ja noch die Ad-hoc-Versammlung. Sie muß heute noch tagen, weil sehr viele, zum großen Teil unbedeutendere Abänderungsanträge gestellt worden sind und weil ja diese feierliche Übergabe, wie sie gestern abend vorgenommen worden ist, vorverlegt worden ist auf gestern. Sie sollte ursprünglich heute stattfinden. Weil Herr Bidault, der zur Zeit der Vorsitzende des Ministerrats ist, heute nicht verfügbar war und es wünschenswert war, daß der Vorsitzende des Ministerrats gestern aus den Händen des Präsidenten Spaak dieses Dokument in Empfang nahm, wurde es gestern gemacht.
Nun weiß ich nicht, ob die Phantasien, die mir hier aufgezeichnet worden sind über alles, was in Straßburg sich ereignet hat oder nicht ereignet hat, noch besonders angeführt werden sollen. Ich meine, nicht. Ich bin ja nicht da, um zu widerlegen, was falsch in der Presse steht, sondern bin dazu da, um Ihnen das zu sagen, was sich wirklich ereignet hat. Und so, wie ich es Ihnen jetzt dargestellt habe, haben sich die Dinge abgespielt.

Ich wiederhole nochmals: Jetzt wird das Sekretariat der Montanunion eine Analyse vornehmen; die wird den einzelnen Regierungen zugesandt werden. Die einzelnen Regierungen werden sich mit den politischen Fragen beschäftigen, und am 12. Mai werden wir dann wieder in Straßburg oder sonstwo zusammenkommen, um unsere Ansichten über diese Punkte auszutauschen. Es ist nicht anzunehmen, daß es bei einer Konferenz der Außenminister bleibt, sondern es werden jedenfalls mehrere Konferenzen der Außenminister im Laufe des Sommers nötig werden.

Wesemann: Sie charakterisieren die andere Strömung im Ministerrat dahin, daß eine Ministerialvorkonferenz geplant sei. War daran gedacht, höhere Regierungsbeamte der sechs Länder damit zu befassen oder an die Minister selbst?

Adenauer: Die Minister selbst eben noch nicht, sondern erst einmal sollte ein Vorlauf eingeschaltet werden, während die andere Richtung im Ministerrat diese Vorarbeit in der Hauptsache machen lassen will durch das Sekretariat der Montanunion, das evtl. verstärkt werden kann.

Spiecker: Wie werden Sie dem Wunsch, daß es nicht in die Mühle der Bürokratie kommt, hier in Deutschland selbst Rechnung tragen? (Dr. Adenauer macht die Gebärde des Festhaltens.)

Journalist: Wird die Saarfrage ein verzögerndes Element darstellen?

Adenauer: Die Saarfrage wird heute in Straßburg eine Rolle spielen. Es ist ja bekannt, daß in der Ad-hoc-Kommission eine Verständigung stattgefunden hatte über die Regelung der Saarangelegenheit in diesem Vertragsentwurf, eine Verständigung zwischen Frankreich, Deutschland und unter Zustimmung des Justizministers Braun[16] für die Saar[17]. Die Geschichte ist plötzlich umgestoßen worden, und zwar durch Vertreter der Saarregierung[18]. Wie sich das heute abspielen wird, konnte man gestern noch nicht voraussagen. Man wird versuchen, in erster Linie versuchen, die Verständigung, die gefunden war, wiederherzustellen. Ich würde das auch deswegen begrüßen, weil uns das in der ganzen Regelung der Saarfrage ein gutes Stück weiterbringen würde. Wenn sich das als unmöglich heute in Straßburg herausstellen sollte, dann wird nichts anderes übrigbleiben, als das schöne Wort »Ausklammern« auch hier anzuwenden und es der Zukunft zu überlassen[19].

Ich habe übrigens vergessen, zu sagen: Selbstverständlich wird der Ministerrat sich die Erfahrungen und die Erwägungen, die die Ad-hoc-Kommission gepflogen hatte, als sie dieses Werk gestaltet hat, und auch in gleicher Weise wahrscheinlich die Erfahrungen, die ja die Versammlung selbst gemacht hat, bei der Beratung zunutze machen, in welcher Form, steht noch nicht fest. Die Entscheidung liegt nachher bei den

Kabinetten zunächst, die den Parlamenten ihre Vorlagen machen müssen. Aber jedenfalls wird eine Verbindung hergestellt. Ich halte das auch für sehr notwendig.

von Lojewski: Gehört zu den Phantasien auch die Lesart, daß zwischen Ihnen und Bidault vereinbart worden sei, die Gespräche über die Saar fortzusetzen?

Adenauer: Da ist eine Vereinbarung gar nicht nötig. Es ist ganz klar, daß die Gespräche fortgesetzt werden über die Saarfrage. Ich habe mit Herrn Bidault gestern unter vier Augen eine einstündige Besprechung gehabt, und diese Besprechung hat nicht etwa ausschließlich, nicht einmal zum größten Teil, sondern nur zu einem kleinen Teil der Saarfrage gegolten, sondern diese Aussprache erwies sich als notwendig zwischen Bidault und mir, nachdem Herr Schuman nun nicht mehr Außenminister der Französischen Republik ist, um einmal über die ganzen politischen Fragen, die Frankreich und Deutschland in gleicher Weise und Europa beschäftigen, sich auszutauschen.

Strobel: Hat die Frage der Zusatzprotokolle bei dieser Unterredung gestern eine Rolle gespielt, weil diese Protokolle inzwischen ja wieder anders gedeutet wurden[20]?

Adenauer: Nein. Das ist im Interimsausschuß und im Rechtsausschuß des Interimsausschusses [angesprochen worden], und da wird die Sache jetzt nach allen Regeln der Kunst behandelt, und darum sollen sie einmal weitermachen. Wenn nun übertragen worden ist etwas einem Ausschuß, bei dem alle EVG-Länder vertreten sind, auch die Amerikaner und die Briten ihre Beobachter haben, wäre es ganz falsch, wenn sich zwei Minister hinsetzen und über diese Dinge sprächen. Das soll da jetzt zu Ende verhandelt ...

Journalist: Was haben Sie mit Mr. Bruce[21] besprochen?

Adenauer: Eine sehr neugierige Frage. Mr. Bruce hat mir allerhand erzählt. Er kommt Donnerstag [12. März 1953] ja nach hier. Ich würde empfehlen, ihn einmal aufzusuchen. Er hat mich auch orientiert, das ist ganz klar.

(*Zwischenruf:* Worüber?)

Das ist doch wohl klar. Bruce ist der Botschafter der USA bei EVG und Montanunion, und er hat mit mir gesprochen über seine Eindrücke.

Lohmann: Ist ein Fortschritt bei der Behandlung der Frage erzielt worden, ob und wieweit die Lösung der Saarfrage für Frankreich eine Conditio sine qua non für die Ratifizierung ist?

Adenauer: Darüber bestehen verschiedene Lesarten. Ministerpräsident Mayer hat erklärt in seiner Rede in Nordafrika[22], daß eine Klärung der

Saarfrage vorangegangen sein müsse. Klärung ist etwas anderes als eine Lösung, und Bidault hat erklärt, daß er auf dem Boden der Worte von Mayer stehe[23], wie ich überhaupt den Eindruck habe, als wenn die Äußerungen Herrn Bidaults dadurch, daß die betreffenden Berichterstatter nur das Interessante herausnahmen, eine etwas andere Klangfarbe bekommen haben, als wenn diese Äußerungen Bidaults völlig vollständig wiedergegeben worden wären.

Lohmann: Ich glaube, im französischen Text lautete das Wort »Definition« in bezug auf Saarstatut[24].

(*Hallstein:* Bei Bidault!)

Adenauer: Aber Mayer hat gesagt, »eine Klärung«, und Bidault hat später gesagt, daß er auf dem Boden der Erklärung von Mayer stehe.

...

Ich habe heute morgen vorgelegt bekommen, allerdings nicht ganz neu, eine Übersetzung, den Inhalt eines Buches eines amerikanischen Schriftstellers, Tetens[25], der früher, glaube ich, Deutscher war. Er scheint Emigrant zu sein. Es ist ein Telegramm von Reuter[26], und wenn Reuter etwas verbreitet, hat es eine gewisse Bedeutung. Ich habe selten einen derartigen Blödsinn gelesen. Das geht nicht gegen Reuter, sondern gegen den Mann, der das Buch geschrieben hat. Das ist derartig verdreht. Wenn ich z. B. vorlesen darf: »Deutschland ist aus dem kalten Krieg als Hauptnutznießer hervorgegangen. Durch (...) der politischen Waffe des stummen Widerstands hat das deutsche Volk die Rachepläne der Sieger zunichte gemacht. Die Politik der Orientierung nach Westen hat jeglichen Sinn verloren. Die deutsche Wehrpolitik hat gemerkt, daß Hitler einen Fehler gemacht hatte, als er Rußland angriff, und der neue Plan basiert solide auf der klassischen deutschen Orientierung nach Osten gegen die Demokratien des Westens.« – Tetens erklärt weiter, daß das Bonner Auswärtige Amt zu 85 Prozent aus Exnazis und wehrpolitischen Verschwörern zusammengesetzt sei. Dr. Adenauer, so sagt er weiter, sei stark konservativ. Während er beim Hitler-Regime keinen Anklang fand, trete er eifrig ein für das Wiederaufleben eines starken Reiches. »Adenauer entringt den USA mehr und mehr Dollars und politische Konzessionen unter dem Vorwand, daß sie unbedingt erforderlich seien, um das deutsche Volk in die europäische Verteidigungsaufstellung hineinzubringen. Tatsächlich sind die Deutschen entschlossen, ihr Land nicht zum Schlachtfeld werden zu lassen.« Da hat der Mann absolut recht. Tetens fügt hinzu – jetzt kommt, fast hätte ich am liebsten gesagt, die Gemeinheit –: »daß Deutschland russischen Armeen den Durchmarsch nach Frankreich gestatten werde.« – Das ist so unglaublich, was da in einem

Buche zusammengeschrieben wird. Aber ich weiß nicht, ob ein Vertreter von Reuter anwesend ist, ich bedauere außerordentlich, daß eine Agentur wie Reuter sich dazu hergibt, ein solches Zeug in der Welt zu verbreiten. Dann hat Herr Schuman eine Rede gehalten[27], die mir teils gefällt, teils nicht gefällt, aber in der Hauptsache gefällt sie mir. Der ehemalige französische Außenminister Schuman erklärte am Sonntagabend [8. März 1953] vor einer Gruppe von Parlamentariern, daß die Europa-Armee unbedingt Wirklichkeit werden müsse. Die Europapolitik Frankreichs sei nicht die Angelegenheit einer einzigen Partei und eines einzelnen Mannes, sondern des gesamten französischen Volkes. Schuman betonte, daß Frankreich, indem es eine deutsche Beteiligung an der Europaarmee wolle, keineswegs zum Befürworter einer deutschen Wiederaufrüstung werde. Deutschland könne und dürfe niemals das Recht zum Wiederaufbau der Wehrmacht gegeben werden, da es sonst erneut gefährlich werden könnte. – Das ist wahrscheinlich eine schlechte Übermittlung. Schuman hat hinzugefügt: »Indem wir die Europa-Armee schaffen, wollen wir den Wiederaufbau der deutschen Wehrmacht verhindern ...«
Dazu möchte ich folgendes sehr nachdrücklich erklären für die deutsche Bundesregierung, und ich glaube, ich kann sagen für die weit überwiegende Mehrheit des Bundestags, daß der Sinn der Europa-Armee der ist, mit den Streitigkeiten in Westeuropa, mit den kriegerischen Auseinandersetzungen ein für allemal ein Ende zu machen und ferner, daß dieses Westeuropa dadurch, daß es zu einer Einheit zusammenkommt – und ohne eine europäische Verteidigungsgemeinschaft ist eine Einheit nicht möglich –, daß es dadurch wieder erstarkt, denn zur Zeit spielt doch kein westeuropäisches Land in der großen Politik überhaupt eine nennenswerte Rolle. Was sind wir in Westeuropa zur Zeit gegenüber dem Osten? Doch ungefähr gar nichts. Und das ist für uns der Sinn der ganzen Europa-Armee. Wir wollen jetzt, von nun an, dafür sorgen, daß zwischen Frankreich und Deutschland Kriege in Zukunft unmöglich sind. Und wenn das geschafft ist, dann werden wir auf diesem Fundament auch ein neues Europa aufbauen können. Also, das sind mißverständliche Worte über Schuman. Ich nehme an – ich habe mit Schuman über dieses Thema sehr oft gesprochen –, daß hier vielleicht eine Übermittlung vorliegt, die nicht ganz zutreffend ist. Ich möchte nur darüber sprechen, damit in den deutschen Zeitungen nicht darauf ein Echo kommt, was unerwünscht ist.

Spiecker: Schuman hat in der gleichen Rede ferner gesagt: »Außerdem könnte man die Deutschen ja nicht sich einfach auf die Friedensproduktion werfen lassen ...«

Adenauer: Er hat derartiges zum inneren Hausgebrauch gesagt. Ich weiß, daß in gewissen politischen Kreisen Frankreichs noch immer der Gedanke eine Rolle spielt, Deutschland würde, wenn es wiederbewaffnet ist, zum Kriege gegen Sowjetrußland treiben, um den Osten Deutschlands wiederzubekommen.

Bitte, denken Sie einmal einen Augenblick mit aller Nüchternheit darüber nach, wie sich ein solches Spiel abspielen würde. Das Gebiet der Bundesrepublik würde unweigerlich Kriegsschauplatz werden, und wir würden, wie bei jedem modernen Kriege das einem Kriegsschauplatz passiert, völlig platt gewalzt werden; und wenn wir auch 12 EVG-Divisionen haben und hinterher noch 12 Reservedivisionen, ohne die Produktion von schweren Waffen, ohne Atombomben oder Atomgranaten, ohne V-Geschosse[28] zum Krieg gegen Sowjetrußland zu treiben, wäre doch eine komplette Narrheit, und man sollte das wirklich niemals dem deutschen Volk zutrauen, daß es eine solche komplette Torheit begeht, in dieser Lage gegenüber Sowjetrußland einmal zum Kriege zu treiben.

Nr. 42
20. März 1953: Informationsgespräch (Wortprotokoll)
BPA Archiv F 30, mit Vermerk »Thema: Israel-Vertrag und EVG«

Teilnehmer[1]: Wilhelm Backhaus, Friedrich Carl Badendieck, Dr. Hilde Bogner, Dr. Fritz Brühl, Ludwig von Danwitz, Wolfdietrich Gerdes, Franz Goeddert, Marliese Grouven, Hugo Grüssen, Hans Guhr, Franz Hange, Dr. Carl Helfrich, Rudolf Junges[2], Dr. Hans Joachim Kausch, Dieter von König, Dr. Adolf Kussl, Dr. Karl Lohmann, Werner von Lojewski, Dr. Erika Neumann, Wilhelm Papenhoff, Dr. Albert Pfeiffer, Dr. Alfred Rapp, Dr. Franz Rodens, Guenther Scholz, Dr. Max Schulze-Vorberg, Heinrich Spiecker, Paul Steinfurth, Dr. Robert Strobel, Dr. Richard Thilenius, Norbert Tönnies, Gerta Tzschaschel, Rolf Vogel, Adam Vollhardt, Erich Wagner, Dr. August Wegener[3], Hans Wendt, Paul Wilhelm Wenger, Fried Wesemann – Günter Diehl, Professor Dr. Walter Hallstein, Dr. Karl Klein, Dr. Carl Otto Lenz, Hansfrieder Rost, Dr. Hans Schirmer

Beginn: 16.00 Uhr[4]

Hallstein: Der Herr Bundeskanzler hat mich gebeten, mich mit Ihnen noch einmal zu treffen zu einer kleinen Aussprache über gestern und vorgestern, zwei Tage, die innenpolitische Entscheidungen über außenpolitische Themen gebracht haben[5], von denen es, glaube ich, keine Übertreibung ist zu sagen, daß sie vielleicht die wichtigsten innerpolitischen Bestätigungen außenpolitischer Entscheidungen gewesen sind, die wir überhaupt, seit wir eine Außenpolitik der Bundesrepublik gehabt haben, erlebt haben. Das wird Sie nicht überraschen wegen gestern, vielleicht ein wenig überraschen wegen vorgestern, und vielleicht haben Sie das Gefühl, die Bestätigung des Israel-Vertrags ist damit etwas überbetont. Ich glaube nicht, daß das der Fall ist. Vielleicht darf ich es einmal kurz begründen, warum ich eine so waghalsige Akzentuierung vornehme.
Wir haben manchmal die Formel gebracht »dynamische Außenpolitik«, ich selber habe sie gebraucht, d. h. heraus aus Bindungen der Vergangenheit – die Vergangenheit ist bei uns mächtiger, als das im normalen Leben eines normalen Staates der Fall ist. Das liegt einfach daran, daß eben der Zusammenbruch so ungeheuer war und die Folgen des Zusammenbruchs so einschneidend, so intensiv waren, daß es nicht so leicht möglich ist, der Vergangenheit Herr zu werden, wie das in bezug auf die übliche sogenannte normale Vergangenheit eines Volkes ist; – andererseits herauskommen in einer Weise, daß eine Perspektive sichtbar

wird, d. h. nicht einfach bloß wursteln, nicht bloß etwas abschütteln und eine Situation schaffen, die besser ist als das Gestern, sondern Lösungen finden, die in sich den Keim eines noch besseren Morgen tragen. Das ist es doch, was wir meinen, wenn wir sagen, wir glauben zu der Aussage berechtigt zu sein, daß unsere Außenpolitik dynamisch ist.

Nun, sage ich, gilt das für den Israel-Vertrag vor allem natürlich unter dem ersten Aspekt, den ich genannt habe. Sie haben alle das starke Pathos der Rede des MdB Gerstenmaier[6] noch im Ohr von gestern, und ich selber habe vorgestern abend über den Rundfunk auch ein paar Worte gesagt[7] und durchaus im selben Sinne. Wir haben es beide sehr ernst gemeint, und ich glaube, man kann ein Ereignis wie diese Bestätigung des Israel-Vertrags nicht anders als mit einer gewissen Bewegung würdigen und auch glossieren. Wenn etwas – verzeihen Sie die etwas professionelle Seitenbemerkung – ein guter Anlaß für einen Sonntagsartikel wäre – wäre ich Journalist, so würde ich schon so etwas wie den Israel-Vertrag dazu nehmen.

Ich will jetzt die moralischen Töne ganz weglassen – obwohl es wirklich notwendig ist, sie anklingen zu lassen –, ich will einmal mehr praktisch sprechen, sagen wir einmal, außenpolitisch in dem mehr substantiellen Sinn dieses Wortes, womit ich nicht sagen will, daß Politik etwas ist, was unmoralisch [ist] oder neben der Moral liegt.

Sie wissen, es gibt keine wichtige ‹Beratung›[a] und kein wichtiges Gespräch in diesen letzten zwei Jahren außenpolitischer Art, an denen ich nicht teilgenommen habe. Glauben Sie mir, es ist wirklich schwer, jemandem, der nicht dabei ist, das Gefühl mitzuteilen, das jeder deutsche Unterhändler hat, daß er aus einer Isolierung zunächst einmal heraus muß, um überhaupt den Boden des Gesprächs zu finden, der anderen Unterhändlern eigentlich selbstverständlich zufällt.

Wenn Sie mir einen etwas sehr dramatischen Vergleich gestatten – nehmen Sie das bitte nicht wörtlich, was ich sage, es ist wirklich nur ein Vergleich, eine Analogie, eine übertreibend karikierende –: Wenn ein Verbrecher in die menschliche Gesellschaft wieder zurückkehrt, hat er zunächst einmal eine gewisse Zeit nötig, um akzeptiert zu werden als normales Lebewesen, als Mensch, mit dem man spricht, mit dem man im Hause wohnt, Geschäfte macht, mit dem man im Betrieb zusammenarbeitet. Nun sind wir keine Verbrecher. Aber in der Geschichte ist es nun einmal so, daß die Tatsache, daß wir diesem ganzen Unheil und diesen Verbrechen der nationalsozialistischen Gewaltherrschaft nicht haben Herr werden können, uns eben doch angerechnet wird.

Niemand wird sagen, der Bundeskanzler oder ein Minister oder das

Kabinett oder Mitglieder des Bundestages sind persönlich für das verantwortlich. Das wissen die Leute auch, aber sie stehen doch für ein Volk, das diese Taten nicht begangen hat. Wir haben diese Taten auch nicht getan, aber wir sind doch Zuschauer gewesen, wir haben sie nicht verhindert, und in der Geschichte und in der Politik haften die Völker nicht bloß für Stunden, sie haften auch für später. Das ist einfach das Faktum.

Gerstenmaier hat es so ausgeführt[8]: »... das hat uns selbst in ein Ghetto getrieben, jahrelang, und die Aufgabe war es, zunächst einmal einfach psychologisch eine Bresche zu schlagen in diese Ghettomauer.« Das ist gelungen in einer zähen Arbeit. Man mußte zunächst einmal versuchen, wieder in das deutsche Wort Vertrauen überhaupt herzustellen, daß wenn wir etwas zusagen, das auch so gemeint ist, daß wir da keine Tricks gebrauchen, die Leute nicht täuschen, daß wenn wir sagen, wir wollen europäische Lösungen, wir wirklich wollen, und z. B. diese Europapolitik nicht benutzen wie eine Leiter, mit der man sich aus diesem Gefängnis befreit und die man umwirft, wenn es einem gelungen ist, wieder hochzuklettern. – Das war die Aufgabe.

Bei diesem Werk der Herstellung des Vertrauens ist der Israel-Vertrag ein ganz fundamentales Faktum, und er hat so die Funktion, wir erhoffen sie von ihm nun auch für den Letzten, der ganz drastische augenfällige Beweise unserer Menschlichkeit braucht, auch für den sichtbar zu machen, daß wir tatsächlich ein Volk sind, mit dem es sich lohnt, mit dem es erwünscht ist, erlaubt ist, in guten politischen Kontakten zu sein. Das geht natürlich zunächst an die Adresse des Vertragspartners selbst. Ich darf Ihnen sagen, ich bin neulich im Außenpolitischen Ausschuß [des Deutschen Bundestages] gefragt worden: »Glauben Sie, daß im Verhältnis zu Israel dieser Vertrag wirklich etwas hilft?« Ich habe geantwortet mit einem wirklich überzeugten runden klaren Ja und habe angeführt als Beispiel vor allem das mir unvergeßliche Erlebnis der Unterhaltung des Bundeskanzlers mit Sharett[9] an jenem denkwürdigen Morgen [10. September 1952] in Luxemburg im Anschluß an die Unterzeichnung[10]. Ich habe ‹selten›[b] so eine eindrucksvolle Begegnung erlebt wie diese. Das war eine große Szene; ich würde beinahe sagen eine Shakespearische Szene, eine historische Szene. Es war nichts darin von überlegener Sprachregelung im diplomatischen Sinne, von Taktik, zwei Männer, die sich vollkommen klar waren, wie ungeheuer die psychologische und politische Aufgabe war, die sie beide angefaßt hatten, eine Versöhnung zwischen diesen Völkern herbeizuführen, und die sich auf keiner anderen Basis als auf der menschlichen begegnet sind, rückhaltlos, ohne Umschweife, ohne Theatralik, ohne falsches Pathos; und das ist eine eindrucksvolle Sache gewesen, der sich niemand, der dabei war, entziehen konnte.

Und im übrigen – aber das ist mehr so eine Fußnote zu diesem Punkt – haben wir die große Wirkung der Unterzeichnung schon erlebt; wir hätten niemals in der Flaggenfrage, die so Schwierig- (...) den Erfolg erzielt, diese Einigung erzielt[11], die wir erzielt haben, wenn nicht diese Unterzeichnung schon das Gefühl geschaffen hätte, daß es uns eben wirklich ernst ist.

Warum hat denn die israelische Regierung selber so außerordentliche Schwierigkeiten gehabt bei sich selbst im Lande? – Weil die Leute gar nicht geglaubt haben, daß so etwas als eine echte Geste aus dem deutschen Volk heraus kommt, und die bloße Tatsache, daß es nun wirklich zur Unterzeichnung gekommen ist, die hat die Zweifelnden überzeugt und die Opponenten doch der propagandistischen Waffen beraubt, mit denen sie die Regierung, die israelische Regierung, bekämpft haben. Daß im übrigen in der zivilisierten Welt des Westens der Vertrag einen sehr starken Eindruck machen wird und gemacht hat, darüber haben wir ja jetzt schon die Zeugnisse; er tut das natürlich um so mehr, als ein richtiges Verhalten in dieser Frage des Verhältnisses zu Israel so etwas wie ein Test ist, möchte ich beinahe sagen, für die Zugehörigkeit zu diesem zivilisierten Westen. Ich brauche nur an die jüngste Politik der Sowjets zu erinnern, um das deutlich zu machen. Da treten natürlich politische Wirkungen noch nicht ein. Die gemeinsame Abwehr dieses immer noch lebendigen, wie wir mit Erschrecken feststellen, immer noch lebendigen unmenschlichen Antisemitismus ist ein neuer Einigungsfaktor für den Westen geworden, und wir sind es, die hier etwas tun, was uns unzweideutig auf die Seite des Westens stellt.

Vielleicht darf ich mit einer persönlichen Bemerkung über gestern beginnen. Ich hatte das Gefühl, daß gestern eine Entscheidung nur formell vollzogen wurde, die eigentlich gefallen war. Wer an dieser Sitzung teilgenommen hat, hat das Gefühl gehabt, es ist eigentlich nicht mehr die Entscheidung vollzogen und erkämpft worden, es ist eigentlich nur noch zu einer bereits gefaßten Entscheidung Stellung genommen worden. Das hat sich doch wohl im ganzen Ablauf gestern ausgeprägt und ist charakteristisch für die vorhandene oder nicht vorhandene Intensität, mit der die Argumentation nun noch einmal hingebreitet wurde.

Auch die Zustimmung zu den Verträgen hat diese beiden Seiten, von denen ich sprach. Da ist einmal der Deutschlandvertrag: Liquidation des Vergangenen. Wir müssen das hineinstellen in diese historische Perspektive, in diese unablässigen Bemühungen, zunächst einmal die Besatzung aus einer rechtlich überhaupt nicht begrenzten Herrschaft des Siegers in eine rechtlich geordnete Herrschaft zu überführen. Das war ja die erste Phase, also Besatzungsstatut, aber immer noch eine rechtliche Ordnung, die allein stand auf dem Willen des Siegers, allein auf der vom Sieger in Anspruch genommenen Supreme power. Bis zu dem Punkt sind wir nun, für den gestern die politisch entscheidende Phase erreicht worden ist mit der Zustimmung des Bundestages, daß die Ordnung zwischen diesen Mächten und uns auf eine vertragliche Basis gestellt worden ist, und die vertragliche Basis ist ja nur symbolisch. Aber für die hergestellte Souveränität, die herzustellende Souveränität und die Gleichstellung der Partner, der zweite Aspekt, der vor allem natürlich in dem EVG-Vertrag sich ausdrückt, die Einfügung in ein System gemeinsamer Sicherheit, gemeinsamer Friedenswahrung und damit auch gemeinsamer Verfolgung des Zieles der allgemeinen Wohlfahrt auf eine Weise, wie sie für die Kultur des Westens selbstverständlich ist, das ist in ganz groben Worten, in grober Skizze der wirklich historische Aspekt dieses Ereignisses. Und ich glaube deshalb oder hoffe, daß Sie zugeben, daß es keine Übertreibung ist, wenn ich sage, daß das zum Wichtigsten gehört, was sich ereignet hat, seit die Bundesrepublik besteht.

Ich möchte nach einer Seite diesen Gedankengang noch etwas ausführen, das ist der spezifisch europäische Aspekt, den die gestrige Lösung bekommen hat. Man braucht sich nur einmal vorzustellen, was wäre, wenn es anders gegangen wäre, was es bedeuten würde! Es würde selbstverständlich bedeuten Fortbestand des Besatzungsstatuts, das würde selbstverständlich bedeuten keine Beteiligung, überhaupt kein Aufbau, denn ohne Beteiligung von uns geht es nicht, also überhaupt kein Aufbau einer ernstzunehmenden europäischen Sicherheit, denn es gibt keine ernstzunehmende europäische Sicherheit ohne europäische Verteidigungsleistung; es gibt keine im letzten Grunde ernstzunehmende europäische Verteidigung, die nur steht und entscheidend steht, wesentlich steht auf den Entschlüssen nichteuropäischer Staaten. Ich sage, nicht nur das wäre die Folge, sondern die Folge wäre doch vor allem ein unerhörter Rückschlag der europäischen Bemühungen überhaupt, denn diese Europäische Verteidigungsgemeinschaft ist überhaupt nur denkbar als ein Element; sie ist auch historisch und motivmäßig nur zu erklären als ein Element einer viel breiter und viel tiefer fundierten europäischen Bewegung.

Wie ist es historisch gelaufen? Eines Tages sind die Fachleute, die Strategen und die Außenpolitiker sich darüber klar geworden, um Europa wirksam zu verteidigen, braucht man die Deutschen. Der Gedanke war kaum gedacht, als er sich mit dem Gedanken verband, das muß geschehen und soll geschehen und kann nur geschehen auf eine europäische Weise. Daß dabei die Versuche, diese europäische Lösung in Details zu formulieren, manchmal und in manchen Phasen nicht ganz ungetrübt gewesen sind, nicht europäisch, ich möchte sagen voreuropäischen Charakter [hatten], das ist eine Episode, eine wichtige Episode. Das heißt also, wenn es nicht zu dieser Entscheidung gekommen wäre und nicht zur Realisierung kommt, ist das ein Rückschlag nicht nur für das Verteidigungsbündnis, beschwört nicht nur die Gefahr herauf, die mit den Worten »periphere Verteidigung« umschrieben ist, sondern bedeutet zugleich eine Enttäuschung in bezug auf die europäische Entwicklung überhaupt, von der ich nicht weiß, wie sie zu unseren Lebzeiten noch wettgemacht werden soll.

Wir haben immer gedacht Schuman-Plan, Verteidigungsgemeinschaft und alle anderen Gemeinschaften nur als Elemente einer gesamteuropäischen Lösung überhaupt, d. h. letztlich einer auch politisch-europäischen Lösung, und nun sind wir mit der politischen europäischen Lösung soweit, wir sind soweit mit der politischen europäischen Lösung, daß die sich schon getrennt hat von diesen Antriebskräften Montanunion und EVG.

Vielleicht darf ich Ihre Aufmerksamkeit darauf lenken; das Ereignis ist vielleicht doch nicht mit der Schärfe überall erfaßt worden, mit der es es verdient hätte. An sich war ja diese Politische Gemeinschaft gedacht als eine Krönung der Montanunion und der EVG; sie war gedacht als etwas Zusätzliches, ein Rahmen für einen Inhalt, der in diesen anderen Plänen enthalten ist. Aber, siehe da, die Vertreter der europäischen öffentlichen Meinung, das europäische Volk, wenn der Ausdruck nicht zu kühn ist, haben eine andere Konsequenz gezogen, haben, wie Sie alle wissen, am letzten Tage in Straßburg erklärt: »Wir erklären uns in Permanenz; unabhängig davon, was mit den anderen Plänen geschieht«. Sie wissen, die Assemblée-ad hoc hat erklärt: »Unser Verfassungsausschuß bleibt weiter existent, er steht den Regierungen für die nun beginnenden Arbeiten über das europäische Statut zur Verfügung, und wir selbst, die wir aus uns heraus den Verfassungsausschuß geschaffen haben, bleiben ebenfalls bestehen!«[12] – Das ist der Ausdruck dessen, was ich meine, daß hier auch auf einem ganz selbständigen Gleise die Europäische Politische Gemeinschaft fährt als ein Vehikel für sich, nicht bloß als ein angehängter Wagen an die Züge der Montanunion oder der EVG. Darum müssen wir – das ist der Grund, weshalb ich diesen kleinen Exkurs mir erlaubt habe – die gestrige Entscheidung unter dem Gesichtspunkt sehen: Was bedeutet sie für diese gesamte europäische Entwicklung?

Hier möchte ich zwei Dinge sagen: Sie bedeutet einmal zweifellos eine Ermutigung für Europa, das im Begriff ist, sich so zu konsolidieren. Sie wissen, es hat sich in der französischen Presse in den letzten Tagen eine gewisse Empfindlichkeit gezeigt gegenüber diesem deutschen Tempo ..., na, ich würde sagen, so stürmisch war ja nun das Tempo bei Gott nicht, daß man darüber erschreckt sein könnte; das Tempo hält sich in Grenzen, mit dem auch wir in Deutschland diese Dinge nun bis gestern realisiert haben. Aber selbst wenn es nun zufällig schneller ist als das Tempo in anderen Ländern, so sollte man doch, und ich glaube, es wäre gut, wenn das auch zum Ausdruck käme, in anderen Ländern darüber nicht empfindlich sein; und vor allen Dingen sollte man doch den Gedanken beiseite lassen, als ob wir das nun etwa tun, um anderen Ländern den Rang abzulaufen. Erstens ist das eine Vorstellung, die keines europäischen Landes würdig ist, daß wir nun um eine Zensur in einen Wettbewerb eintreten werden, »wer der beste Europäer ist«.

Wenn wir auf dieses Problem wirklich zulaufen sollten, wenn wir mit diesem Tempo laufen, dann laufen wir bei Gott, weil wir unter einer Gefahr stehen, die ein bißchen Tempo dringend notwendig macht, wenn wir überhaupt nur unsere Existenz retten wollen. Das ist das, was uns antreibt, und nicht das Schielen nach irgendeinem anderen Land, das wir bei diesem Tempo etwa überrunden wollen. Ich glaube, es besteht kein Grund für irgend jemand, insoweit empfindlich zu sein. Im übrigen ist es sicher richtig, daß die Tatsache, daß wir in Deutschland mit der dritten Lesung durch sind, die Arbeiten überall beflügeln wird. Ich denke, es ist nicht anmaßend, wenn ich diese Feststellung treffe.

Es ist uns oft gesagt worden, nicht »Hannemann, geh Du voran«, aber so ungefähr, daß wenn wir uns gewundert haben, daß in anderen Ländern man noch nicht fertig ist, [dann] hat man gesagt: »Euch geht's ja schließlich ganz besonders an, und Ihr seid ganz besonders beteiligt!« Ich gebrauche absichtlich nicht den Ausdruck »großes Land«, »kleines Land«; diese Ausdrücke sind lächerlich geworden angesichts der großen Massen, mit denen man in der Politik heute rechnen muß. Es gibt kein europäisches Land mehr, das in dem Sinne als großes Land hier auftreten könnte, als ob von seiner Entscheidung allein das Schicksal der Welt abhinge. Diese Zeiten sind vorüber, und man sollte da etwas realistischer sein. Tatsache ist, daß auf uns ebenso wie von Frankreich und von Italien und natürlich Benelux geblickt wird. Sie wissen, daß in allen Ländern die Verträge jetzt in den Parlamenten sind. Sie sind in den Ausschüssen, in Italien durch den Auswärtigen Ausschuß durch, und wir [er]hoffen also eine gewisse Belebung dieses Vorgangs von dem Ereignis.

Lohmann: Sie haben die Bedeutung des Israel-Vertrags hervorgehoben. Haben Sie nicht den Eindruck, daß die Gespaltenheit der Koalition bei der Abstimmung geeignet wäre, den Eindruck abzuschwächen?

Hallstein: Ich glaube, so wichtig es ist, daß ein ungetrübter Eindruck entsteht von dieser deutschen Bemühung, so wenig sollte man es doch unterlassen, darauf hinzuweisen, daß das in der Tat auch eine wirkliche Bürde ist, die wir auf uns nehmen. Es ist ja nicht so, daß wir irgendeinen Anlaß haben, zu sagen, das sei etwa klein und solle oder könne so gewissermaßen nebenher geleistet werden. Das ist schon eine fühlbare Leistung, die wir erbringen, und zweitens ist ja [er]sichtlich geworden, daß abseits von dieser mehr quantitativen Frage, daß es eine schwere Last ist, die natürlich verkraftet werden muß, auch bei einem Haushalt von 27 Milliarden [DM], da ist eine Jahresleistung von 200 oder 250 Millionen [DM] nicht zu unterschätzen; das ist eine ganze Menge, was aufgebracht wird[13], aber auch abseits davon ist die Sache mit gewissen Risiken behaftet gewesen, Risiken, die eingeschlossen sind in der ganzen Problematik des Verhältnisses zu den arabischen Staaten, und das sind doch die Dinge, die ihren Ausdruck finden in der Zahl der Enthaltungen, die wir bei der Abstimmung erlebt haben, auch die Tatsache, daß in dieser Belastung noch beschlossen ist die Frage: Das ist ja nicht das einzige, was wir zur Wiedergutmachung des Unrechts an den Juden leisten, es kommt ja die individuelle Wiedergutmachung noch dazu! –
Ich kann also, [um] Ihre Frage zu beantworten, wenn man die Wirkung dieser Enthaltungen abschätzen will, doch die Begründung, die für diese Enthaltungen gegeben worden sind, dazunehmen. Da wird man doch sagen müssen: Da war doch kein falscher Ton. Es ist nicht so, daß aus diesem Verhalten irgend jemand, selbst ein Böswilliger, etwas entnehmen könnte, was mißdeutet werden könnte in der Richtung: Die Deutschen sind unverbesserlich, und es ist eben doch der alte Antisemitismus, der ihnen Hemmungen verursacht.

Lenz: Man kann doch sagen, daß die starke Opposition, die sonst die Außenpolitik der Bundesregierung bekämpft hat, in diesem Punkt mitgestimmt hat, und das beweist, daß, gleichgültig wie innenpolitisch die Dinge gelaufen sind, doch eine Geschlossenheit des Parlaments sich ergeben hat.

Journalist: Liegen neuerdings Informationen aus Kairo vor? Wie werden die Araber reagieren?

Hallstein: Ich habe gerade das letzte Telegramm vorliegen aus Kairo über die Kommission. Wir haben ja eine technische Kommission hinuntergeschickt[14] unter der Führung eines erstklassigen Fachmanns, der in diesem Kreise nicht so bekannt ist. Es ist Dr. Prüss[15], Spezialist für den Ruhrverband für die wasserwirtschaftlichen Dinge. Ich habe ihn vor seiner Abreise empfangen und einen ganz ausgezeichneten Eindruck von diesem Manne bekommen, der ein technischer Experte von hohem Können ist und außerdem ein Mann, der auch die wirtschaftliche Seite dieser wasserwirtschaftlichen Dinge kennt. Er hat mir z.B. lächelnd gesagt, er verwalte jährlich so an die 45 Millionen [DM], und er müsse auch sehen, daß sie zusammenkommen und richtig verwertet werden; und er hat mir in einer ganz präzisen Form knapp und zusammenfassend eine Darstellung gegeben, wie das Ganze gemacht werden kann.

Es ist ein wirklich interessantes Objekt für unsere Technik und für unsere Industrie, und es hält sich auch finanziell gesehen, entgegen den ersten Zahlen, die umgelaufen sind, in gigantischen Maßen. Man erwartet davon eine Steigerung der landwirtschaftlichen Produktion in Ägypten um ein Drittel, wenn nicht um die Hälfte, und trotzdem hält es sich in Grenzen.

Wir glauben, namentlich wenn wir gewisse ausländische Kapitalhilfe mobil machen können, daß wir die Sache anpacken können. Die Herren haben jetzt einen Tag verhandelt in einer durchaus freundschaftlichen Atmosphäre. Ich bitte, das aber nicht so genau zu übernehmen. Die Ägypter sind sicherlich auch von den technischen Vorbereitungen, die auf unserer Seite gemacht waren, beeindruckt gewesen. Die Passion, in der diese deutschen Techniker an die Sache gegangen sind, hat ihre Wirkung auf sie nicht verfehlt. Wir haben darüber ein amtlich abgestimmtes Kommuniqué ausgegeben[16], auf das ich verweisen darf, und uns im übrigen bereit erklärt, auch entsprechende Kommissionen zur Detailerforschung der Wünsche der anderen Länder, also in die arabischen Staaten zu schicken.

Libanon hat schon darauf reagiert mit einer Einladung; die anderen Einladungen, wie wir wissen, sind zu erwarten, und Sie haben vielleicht heute früh die dpa-Meldung beachtet, die aus Beirut gekommen ist, die also Libanon betrifft[17]. Da ist durchaus Interesse für eine auf eine normale Weise im Sinne des Austausches herbeizuführende Steigerung der wirtschaftlichen Kooperation zwischen der deutschen Wirtschaft und der arabischen Wirtschaft.

Vielleicht darf ich noch einmal ein Wort über die Zahlen, den Umfang der finanziellen Beanspruchung, ein Wort noch fallenlassen, das allerdings noch mehr einen publizistischen Vorgang betrifft, der in der Vergangenheit liegt. Es ist in den Kritiken des Israel-Vertrages nämlich in Auswirkung auf die arabischen Länder mit phantastischen Zahlen gearbeitet worden, ich meine mit phantastischen Zahlen, in der Realität nicht irgendwie fundierbaren Zahlen. Es wurde gesprochen von einem Exportvolumen von 3 Mill[iarden] DM, das ist reine Phantasie. Sie kennen die deutsche Außenhandelsstatistik, sie ist veröffentlicht[18]. Sie können dort nachlesen, welche realen Exportchancen bestehen, sie sind wesentlich geringer, wenn auch immer noch sehr bedeutend. Ich will die Frage nicht bagatellisieren, aber man hat da gelegentlich ein wenig des Guten zuviel getan.

Journalist: Diese Zahlen stammen aber aus dem Bundeswirtschaftsministerium?

Hallstein: Nein. Wir haben alle Experten zusammengehabt und haben diese Zahlen nachgeprüft. Es wurde behauptet, ein Vertreter des Industrie- und Handelstages habe diese Zahlen genannt. Wir haben uns an den Industrie- und Handelstag gewandt, und es wurde uns mitgeteilt, wir sind genauso überrascht gewesen, niemals ist jemand ermächtigt gewesen, solche Zahlen zu nennen. Wir haben die potentiellen Möglichkeiten abgeschätzt, und unsere Experten haben uns gesagt, auch bei üppigster und optimistischster Abschätzung könne man mit einer gewissen Ziffer rechnen, aber es könne keine Rede davon sein, solche Zahlen zu erreichen.

Die Grenze liegt an der Möglichkeit der arabischen Länder, das, was ihnen geleistet wird, auch zu bezahlen. Obwohl wir alle Manipulationen der Mathematik anwandten, um zu erkunden, wie der Erfinder dieser Zahlen dazu gekommen ist, ist uns das nicht gelungen. Wir glauben, daß wir auf gutem Wege sind, Verständnis für das ganze Werk zu finden.

Journalist: Hat die Treuhänderschaft hierbei irgendeine Chance?

Hallstein: Das ist durchaus ernst gemeint, das ist besprochen und mit den arabischen Ländern erörtert worden. Das ist genau so gemeint, wie es gesagt ist. Es ist also ins Auge gefaßt die Einsetzung eines Treuhänders, der noch einmal eine zusätzliche institutionelle Garantie dafür gibt, daß tatsächlich die Leistungen für Israel Friedensleistungen sind und sich im Rahmen des Vertrages halten, der ja ausdrücklich sagt, daß es nur Lieferungen sein dürfen, die dem friedlichen Aufbau des Landes gewidmet sind.

Adenauer: Ich möchte einiges sagen, was mir besonders am Herzen liegt, und zwar möchte ich zunächst über den Artikel in der »Zeit«[19] mit Ihnen sprechen[20]. Sehen Sie, dieser Artikel hätte die ganze Sache zu Fall bringen können, er hätte jedenfalls erreichen können, daß eine Mehrheit

für Vertagung gewesen wäre und daß damit meine Reise nach Washington[21] entsprechend erschwert würde. Nun fragen Sie, wie kommt das? Das war ein besonderer Glücksfall. Vielleicht schreiben Sie mal eine kleine Geschichte darüber, was der Zufall manchmal für eine Rolle spielt. Ich bekomme vorgelegt »Die Zeit« immer an dem Tag, den sie am Kopf trägt. Das war am 19. Zufällig kam Herr von Brentano während der Beratung des Israel-Vertrages zu mir und fragte: »Haben Sie die Nummer von der ›Zeit‹ gelesen mit einem Artikel von Herrn Bourdin?« Ich antwortete: Nein. Nun hat ORR Kilb[22] die Zeitung geholt, und ich las diesen entsetzlichen Artikel, ich weiß nicht, ob Sie ihn gelesen haben, dann werden Sie wissen, wie raffiniert der abgefaßt ist. Dann haben wir ganz besonderes Glück gehabt. Wir haben uns sofort – Ivone Kirkpatrick war nicht zu erreichen, der war beim Herzog von Edinburg[23] – mit seinem Vertreter in Verbindung gesetzt, der hat sofort mit London gesprochen, mit dem Unterstaatssekretär Roberts, der hat gesagt: »Es ist sicher nicht wahr, aber ich werde sehen, daß ich Eden erreiche. Eden ist mit Tito[24] unterwegs.« Glücklicherweise hat das dann doch geklappt. Eden konnte erreicht werden trotz Tito, und Eden hat dann in der schärfsten Weise über diese Geschichte sich geäußert, und was nachher veröffentlicht worden ist, diese offizielle Erklärung[25], war noch milde gegen das, was er gesagt hat. Nun schickten wir an Mayer ein etwas langes Telegramm. Dessen Antwort wurde mir durch François-Poncet in den Bundestag geschickt, gerade in dem Augenblick, als die Sache dort eben anfing[26].
Nun frage ich mich, wer steckt hinter einer solchen Sache? Ein verantwortungsvoller Journalist darf doch etwas Derartiges nicht machen. Keiner von uns ist angefragt worden von Bourdin. Der Artikel war doch keine kleine Meldung, der war sehr überlegt, da hat der Verfasser doch richtig dran gearbeitet, aber Sie sehen, welche ‹Drohung›[c] das ist, und zweitens wie der Zufall einem manchmal doch hilft, und ich muß Ihnen gestehen, ich bin mit der Sache noch nicht fertig; daß die »Zeit« so etwas bringen würde, die »Zeit« ist doch ein ernsthaftes Blatt.
Dann einen zweiten Wunsch habe ich an Sie. Sie werden das Echo gelesen haben, das dieser Beschluß von gestern in Washington gefunden hat, und Sie werden auch gelesen haben, daß der Senator Wiley[27], der Vorsitzende des Senatsausschusses für Auswärtige Angelegenheiten, von der »deutschen Führerschaft« gesprochen hat[28]. Ich flehe Sie an, bringen Sie das nicht. Also wirklich, ich bitte Sie herzlich dringend darum, und wenn noch einmal so etwas kommt, drucken Sie das nicht ab, sonst gehen die Franzosen ganz an die Decke. Aber es wirkt auch so unangenehm, weil

sonst auch der Gedanke in den anderen Ländern immer wieder auftaucht an all die Dinge, die [wir] wirklich hinter uns bringen müssen. Bringen Sie das dosiert und so, daß ein guter Europäer es verträgt, ohne daß er Magenschmerzen bekommt.

Journalist: Herr Staatssekretär Hallstein hat vorhin darauf hingewiesen, daß in der französischen Presse eine gewisse Nervosität und ein (...) schnelle Tempo bezügl[ich] der Verträge. Wenn nun der Bundesrat den Verträgen zustimmt[29], halten Sie [es] im Hinblick auf diese Reaktion, daß wir uns in den Vordergrund zu spielen suchen, von unserem Standpunkt aus für empfehlenswert, wenn dann nicht sofort ratifiziert wird?

Adenauer: Ich möchte ein Wort zum Bundesrat sagen. Der Bundesrat befindet sich in einer schwierigen Situation, das erkenne ich an. Er hat seinerzeit beim ersten Durchgang, wie es so schön heißt, gesagt, das sind alles Zustimmungsgesetze, und infolgedessen wollen wir uns mit den Rechtsfragen erst beschäftigen beim Rücklauf[30]. Nun haben wir gar keine Veranlassung von seiten der Bundesregierung, dem Bundesrat nicht die nötige Zeit zur ruhigen Prüfung der ganzen Materie zu lassen. Es ist übrigens auch schon seit Jahr und Tag ein Abkommen geschlossen zwischen der Verwaltung des Bundestages und dem Bundesrat[31], daß vor und nach den Festtagen, Weihnachten und Ostern, die Sachen nicht unverzüglich zugeleitet werden. Nicht unverzüglich heißt zögernd, aber zu Ostern und Weihnachten ist das kein schuldhaftes Zögern, so daß die ganze Sache sich nach Ostern abspielen wird ohne Druck und ohne Drang. Sie sollen alle Zeit haben, sich mit der Frage zu beschäftigen.

Journalist: Ist mit dem Bundesratspräsidenten Maier abgesprochen worden, daß mit der Überschreitung der 14-Tage-Frist nicht irgendwie eine Präjudizierung erfolgt?

Adenauer: Ich habe gleich eine Kabinettssitzung, in der ich diese Frage vorlegen werde. Ich stehe auf dem Standpunkt, der Bundesrat sagt zwar, alle vier Gesetze sind der Zustimmung bedürftig, und deshalb haben wir keine Frist, die Bundesregierung steht auf dem Standpunkt, nur zwei sind der Zustimmung bedürftig, die beiden anderen nicht. Ich werde dem Kabinett vorschlagen, keine Streitsache daraus zu machen. Es kommt nicht so darauf an, weil die anderen Staaten ja noch nicht ratifiziert haben. Warum soll man nicht ruhig mal von seinem Recht einen Gebrauch machen und sich Zeit lassen? Ich nehme an, daß die beiden Herren Hallstein und Lenz Sie genügend aufgeklärt haben über die politische Tragweite, wobei man tatsächlich darüber streiten kann, welcher der beiden Beschlüsse des Bundestages der außenpolitisch bedeutungsvollste ist, der Israel-Vertrag oder der andere.

An dem Israel-Vertrag nimmt, glaube ich, die ganze Welt Anteil, nicht dem Judentum zuliebe, sondern weil sie ‹darin›[d] wirklich einen Akt Deutschlands sehen, das entschlossen ist, diese Menschenverfolgung ein für allemal als etwas Abscheuliches zu betrachten und dafür zu sorgen, daß so etwas nicht wieder aufkommt. Das andere ist eine rein politische Sache, und das ist eine politisch-menschliche Sache, jedenfalls aber von sehr großer Bedeutung.
Und zum Schluß noch eine andere Bemerkung. Ich knüpfe an die Merkwürdigkeit an, daß wir Deutsche so furchtbar gern vergessen, was uns nicht paßt, und die anderen, die haben nicht den gleichen Wunsch, und daher, glauben Sie mir, ist die Stellung Deutschlands und der Deutschen im Ausland noch außerordentlich schwierig. Es ist nicht so, auch wenn wir es uns einbilden, daß wir etwa als gleichberechtigt mit allen anderen Völkern angesehen werden. Der Makel des Nationalsozialismus und der Dinge, die unter dem Nationalsozialismus begangen worden sind, hängt uns noch an und wird uns noch lange anhängen. Ich für meine Person werde auf solchen außenpolitischen Konferenzen sehr gut behandelt, das gilt zum Teil meinem Alter und auch meiner Vergangenheit. Aber Deutschland wird noch schwer zu kämpfen darum haben, um von den anderen wirklich innerlich als gleichberechtigt, nicht etwa juristisch, anerkannt zu werden. Und ohne eine solche Anerkennung, die innerliche Anerkennung und die moralische Gleichberechtigung, kann man auf die Dauer auch keine gute Außenpolitik machen. Die gute Außenpolitik setzt die innerlich anerkannte moralische Gleichberechtigung voraus, und gerade deswegen ist der Israel-Vertrag so bedeutungsvoll für uns. Man kann das schwer begreifen und in Worte fassen für die Atmosphäre, die [den] deutschen Namen umgibt, aber das wollte ich Ihnen noch sagen. Wir Deutsche sollten uns nicht soviel einbilden und nicht glauben, daß wir schon über den Berg wären, wir haben noch viel hinter uns zu bringen.

Nr. 43
24. April 1953: Informationsgespräch (Wortprotokoll)
BPA Archiv F 30, mit Vermerk »Thema: Innenpolitische Situation«

Teilnehmer[1]: Dr. Enrico Altavilla[2], Karl August Berdolt, George Boultwood[3], Alain Clément[4], Jacques Clergier[5], Gaston Coblentz[6], Ludwig von Danwitz, Dr. Mario Franchini[7], Ian Fraser[8], John Freeman[9], Aritsune Fujimoto[10], Eduard Geilinger[11], Slobodan Glumac[12], Franz Goeddert, Marliese Grouven, Hugo Grüssen, Franz Hange, Bjørn Heimar[13], Walter Henkels, Richard Kasischke[14], Dr. Hans Joachim Kausch, Gottfried Knepflé[15], Yoshitada Kumamoto[16], Arnold Künzli[17], Dr. Adolf Kussl, Werner Lohe, Dr. Karl Lohmann, Werner von Lojewski, Wellington Long[18], Paul Maugain[19], Ladislav Melcicki[20], Drew Middleton, Dr. Luigi Morandi[21], Eugenio Morreale[22], Miguel Moya-Huertas[23], Wilhelm Papenhoff, Sandro Paternostro[24], Dr. Albert Pfeiffer, Terence Prittie[25], Jens Ranten[26], Dr. Alfred Rapp, Adolf Rastén[27], Karl Robson, Stéphane Roussel[28], Dr. Ernst Samhaber, Max Schnetzer[29], Dr. Tom Selander[30], Heinrich Spiecker, Reginald Steed[31], Paul Steinfurth, Dr. Robert Strobel, Douglas Stuart[32], Hans-Georg von Studnitz, Dr. Richard Thilenius, Norbert Tönnies, Gerta Tzschaschel, Rolf Vogel, Adam Vollhardt, Dr. August Wegener, Hans Wendt, Emlyn Williams[33], Arthur Williamsen[34], Bernhard Winter[35], Jan Wintraeken[36] – Günter Diehl, Dr. Ernst Kayser[37], Dr. Karl Klein, Dr. Franz Mai, Adolf Michaelis, Hansfrieder Rost, Dr. Hans Schirmer, Peter Schulze

Beginn: 15.05 Uhr[38]

Adenauer: Meine Damen und Herren! Ich habe Sie hierhin gebeten, weil mir daran lag, heute noch – obschon ich weiß, daß die deutschen Zeitungen am Freitag sehr früh Redaktionsschluß haben – die Auffassung der Bundesregierung und meine persönliche Auffassung zu den bekannten Vorgängen im Bundesrat[39] rechtzeitig zur Kenntnis der Öffentlichkeit sowie des In- wie des Auslandes zu bringen.
Ehe ich auf die Vorkommnisse im Bundesrat eingehe, lassen Sie mich zu einer Reuter-Meldung Stellung nehmen, die heute gekommen ist. Ein Sprecher des amerikanischen Außenministeriums dementiert darin kategorisch, daß dieses dem Bundeskanzler versprochen hätte, es würde im [gegebenen] Falle ‹den Beitritt›[a] der Bundesrepublik in den Atlantikpakt nach Inkrafttreten des EVG-Vertrages unterstützen. Der Sprecher erklärte, ein solches Versprechen sei niemals abgegeben worden, es sei darüber überhaupt nicht gesprochen worden[40]. Richtig ist, daß bei Gelegenheit der Beratungen der Verträge, also vor Jahresfrist, einmal die Rede davon

gewesen ist, weil, wie Sie wissen, die EVG als Gesamtheit in den Atlantikpakt gehört und fünf von den sechs EVG-Staaten, aber als Einzelmitglieder, da ist damals die Rede davon gewesen, daß das eine Zurückstellung Deutschlands sei.
Zur Aufnahme in die NATO gehört Einstimmigkeit; – so sehr das die Vereinigten Staaten auch begrüßen würden, hat damals McCloy gesagt, so würde das doch am Widerstand Frankreichs bis auf weiteres ebenfalls scheitern. Aber das liegt dreiviertel Jahr zurück, ich weiß nicht, woran die Geschichte liegt. Ich kann sie nur darauf zurückführen, daß heute morgen Herr Ministerpräsident Zinn in der Sitzung des Auswärtigen Ausschusses des Bundesrats auf meine Ausführungen[41] hin, daß sowohl Eisenhower wie Dulles – Eisenhower in seinem Brief an Ridgway[42] wie auch Dulles in einem Interview[43] – [und] jetzt nochmals ‹Lord›[b] Ismay[44] erklärt haben, es gebe keine Alternativlösung, darauf hingewiesen hat, und Ministerpräsident Zinn hat dann gesagt[45]: »Ich habe ein Telegramm[46], danach hat Herr Dulles gesagt, evtl. käme als Alternativlösung die Aufnahme Deutschlands in die NATO in Frage, wenn die EVG scheitere.« Ich habe mir dann das Telegramm holen lassen, und es hat sich herausgestellt, daß offenbar – ich bin immer sehr höflich – Ministerpräsident Zinn nur die Hälfte eines Telegramms vorgelegt bekommen hat, denn Herr Dulles hat hinzugefügt, »aber gegen eine Aufnahme Deutschlands in den NATO-Vertrag werde sich Frankreich noch mehr sträuben, es besitzt innerhalb der NATO das Vetorecht«, und ich sagte ja schon eben, dort ist Einstimmigkeit nötig.
Doch zur Hauptsache, zu der Frage Bundesrat und allem, was darum und daran hängt. Die Situation ist nicht so kompliziert, aber ich suche nach einem Ausdruck, den die Herren im Ausland übersetzen können, ich möchte also sagen, nicht so verkorkst, wie es zunächst aussieht. Aber ich muß Sie leider, vielleicht überflüssigerweise, etwas einführen in die Geheimnisse der deutschen Gesetzgebung. Die Gesetzgebung unterscheidet bei den Aufgaben des Bundesrats Zustimmung zu Beschlüssen des ‹Bundestags›[c] in bestimmten Fällen und in den anderen Fällen keine Zustimmung des Bundesrats. Aber der Bundesrat hat dann das Recht, innerhalb einer Frist von 14 Tagen diese gemeinsame Kommission[47] anzurufen.
Nun haben wir sowohl im Bundestag und nachher auch im Bundesrat vier Ratifikationsgesetze[48] vorgelegt mit Anlagen, und zwar ist die Entstehungsgeschichte die folgende:
Wir haben zuerst bei den Verhandlungen mit den drei Westalliierten die zwei Vertragsentwürfe, den Deutschlandvertrag und den EVG-Vertrag[49],

und bei der Beratung dieser Gesetzentwürfe wurde es uns doch klar, daß die sozialdemokratische Opposition evtl. über den Bundesrat Schwierigkeiten machen könnte, und wir haben infolgedessen im Vorjahr noch während der Beratungen mit den drei Westalliierten sehr sorgfältig die beiden Verträge nachgeprüft auf die Bestimmungen, daß sie der Zustimmung des Bundesrats bedürfen und auf die Bestimmung, ob sie nicht der Zustimmung des Bundesrats bedürfen, und danach haben wir das auseinandergezogen und haben sowohl beim Generalvertrag wie auch beim EVG-Vertrag diejenigen Bestimmungen, die der Zustimmung des Bundesrats bedürfen, in einem besonderen Vertrag zusammengefaßt und diejenigen, die der Zustimmung nicht bedürfen, ebenfalls. Zu den nun vorhandenen vier Verträgen kamen die vier Ratifikationsgesetze, die nur wenige Artikel enthalten.

Diesen Standpunkt, daß die beiden Ratifikationsgesetze, die beschlossen werden sollten, zu den entscheidenden Fragen der beiden Verträge keine Zustimmungsgesetze seien, haben wir im Bundestag vertreten und haben diesen Standpunkt auch von Anfang an im Bundesrat vertreten, so daß also nach unserer sehr überprüften Ansicht – nicht etwa jetzt überprüften Ansicht, sondern schon vor Jahr und Tag bei den Beratungen der Verträge – [es] schon unsere Ansicht war, daß der Zustimmung des Bundesrats nur diese zwei Gesetze bedürfen mit den anliegenden Verträgen, die gewisse Durchführungsbestimmungen enthalten, z.B. über die steuerliche Bevorzugung der Streitkräfte, wo also die Länderinteressen wirklich berührt werden, während die anderen Verträge, ... die den wirklichen Inhalt des Vertragswerkes ausmachen, nicht der Zustimmung bedürfen und ihre besonderen Ratifizierungsgesetze enthalten, so daß also die Rechtslage nach unserer Auffassung von damals im Sommer[50] und von jetzt die ist:

Der Bundesrat kann die Zustimmung verweigern zu den beiden Gesetzen, die seiner Zustimmung bedürfen, bei den anderen hat er das Recht, den Vermittlungsausschuß anzurufen. Bei den Gesetzen, die der Zustimmung bedürfen, ist er an keine Frist gebunden, bei den Gesetzen, die nicht seiner Zustimmung bedürfen, ist er an eine 14-tägige Frist gebunden. Innerhalb dieser 14 Tage muß er den Vermittlungsausschuß anrufen. Heute ist Freitag, die 14 Tage laufen also am Montag [27. April 1953] ab, und dann muß man sehen, was sich weiter tut.

Das ist also die unmittelbare Frage, aber ganz allgemein gesprochen, interessiert Sie folgendes: Es waren 18 Stimmen für diese Vertragsentwürfe. Diese 18 Stimmen haben hinter sich nach der Volkszählung vom 13.9.1950[51] 29 991 000 Einwohner. Die 20 Stimmen, die dagegen stimmten und für Vertagung gestimmt haben, haben hinter sich 19 734 000 Einwohner, so daß man also mit Fug und Recht sagen kann, daß die weit überwiegende Mehrheit des deutschen Volkes, 30 Mill. gegen 19 Mill., nicht hinter dem Votum des Bundesrats stehen.

Nun eröffnen sich natürlich, ganz losgelöst von dem vorliegenden Falle, staatsrechtlich einige Fragen, über die man einmal nachdenken muß. Ich weiß nicht, wieviele von Ihnen anwesend gewesen sind bei den Verhandlungen des Bundesrats während der Rede des Ministerpräsidenten Ehard[52] und ob die Rede des Ministerpräsidenten Ehard überall verstanden worden ist. Die Rede war sehr gut und ganz ausgezeichnet, aber ich sehe schon an den Gesichtern einiger Herren, daß sie nicht anwesend gewesen sind, und des- (...) der Rede des Ministerpräsidenten Ehard wiederholen:

Ministerpräsident Ehard hat den Unterschied auseinandergesetzt zwischen einem Gutachten des Verfassungsgerichtshofes und einer Entscheidung einer der beiden Senate des Bundesverfassungsgerichts und hat dargelegt, daß in dem Gesetz über das Bundesverfassungsgericht irgendwelche Normen, die zu beachten seien, enthalten sind, wenn ein Gutachten eingefordert wird, aber auch gewisse Normen nicht enthalten sind; z. B. ist nicht einmal vorgeschrieben, daß irgendwelche Personen, wenn ein Gutachten eingefordert wird, gehört werden. Bei der Anrufung der Senate dagegen ist bis ins Detail gehend eine bestimmte Norm des Verfahrens vorgeschrieben, natürlich an der Spitze die Anhörung der Beteiligten, und die Verhandlung ist öffentlich, während ein Gutachten schon wiederholt in häufigen Fällen abgegeben worden ist vom Bundesverfassungsgericht hinter verschlossenen Türen, ohne daß die Öffentlichkeit überhaupt irgend etwas davon gehört hat. In dem Fall im Dezember[53] [1952], in dem der Bundespräsident das Gutachten angefordert hatte, hat das Bundesverfassungsgericht vorbereitet eine öffentliche Prozedur, wie sie bei einer Klage vor einem der Senate vorgeschrieben ist, aber eine solche Prozedur ist hier nicht vorgeschrieben bei der Einholung eines Gutachtens und ist auch bisher nicht vom Bundesverfassungsgericht beachtet worden.

Dann hat Ministerpräsident Ehard sehr mit Recht ausgeführt, daß eine Entscheidung eines Senats Recht für jedermann schafft im Bundesgebiet, dagegen ein Gutachten schafft überhaupt kein Recht. Es kann derjenige, der das Gutachten bekommt, sagen, das ist richtig, er kann aber ebensogut sagen, es ist nicht richtig. Mir hat z. B., das darf ich, ohne eine Indiskretion zu begehen, sagen, Herr Professor Höpker Aschoff gesagt, wenn ein solches Gutachten verlangt wird (...), dann würde es höchstwahrscheinlich sein, daß 12 von den 23 Richtern dafür sind und 11 dagegen, so daß natürlich, wenn Gutachten erstattet werden, mit 12 gegen 11 Stimmen der innere Wert eines solchen Gutachtens bei der Beurteilung bleiben muß.

Diese gutachtliche Tätigkeit ist aber gar nicht die Hauptaufgabe des Bundesverfassungsgerichts, und die Erstattung eines solchen Gutachtens durch das Bundesverfassungsgericht sollte auf ein Minimum beschränkt sein; Hauptaufgabe ist, Recht zu sprechen durch die Senate. Und wenn in einem solchen Verfahren ein Senat von einem Rechtssatz, den der andere vorher aufgestellt hat, abgehen wollte, dann muß eine Plenarentscheidung erfolgen, wie das in allen Gerichtshöfen immer üblich war und in Deutschland bei den höchsten Gerichtshöfen üblich ist. Dagegen sollte die gutachtliche Tätigkeit des Bundesverfassungsgerichts beschränkt sein, und deswegen hat der Gesetzgeber bei dem Gesetz über das Bundesverfassungsgericht gesagt: Gutachten können einfordern entweder der Bundespräsident oder aber Bundestag, Bundesrat und Bundesregierung zusammen. Nicht jeder einzeln, sondern nur alle drei zusammen, weil man eben die gutachtliche Tätigkeit des Bundesverfassungsgerichts beschränken wollte auf die Fälle, in denen die drei Organe der Gesetzgebung zusammengenommen den Wunsch haben, eine gutachtliche Äußerung des Bundesverfassungsgerichts zu bekommen.

Nun hat damals im Dezember das Bundesverfassungsgericht gegen alle Erwartungen, kein Mensch wußte etwas davon vorher, beschlossen, daß ein Gutachten, das es in irgendeinem Falle erstatte, im Falle eines späteren Verfahrens vor einem der Senate den Senat binden solle, so daß er davon überhaupt nicht mehr abgehen kann, und damit wurde das Bundesverfassungsgericht in der Gutachterfunktion an die Stelle der Plenarversammlung gesetzt bei einer Entscheidung, und gerade dieser Umstand hat damals den Bundespräsidenten dazu veranlaßt, seinen Antrag auf Erstattung des Gutachtens zurückzuziehen.

Ich habe später nochmals mit ihm über diese Dinge gesprochen, und er hat mir gesagt, er würde nur dann in der Lage sein, nochmals einen Antrag auf Erstattung des Gutachtens zu stellen, wenn vorher das Bundesverfassungsgericht diesen seinen Beschluß aufgehoben habe, weil seiner Überzeugung nach dieser Beschluß des Bundesverfassungsgerichts contra legem sei, also allgemein ein etwas schwieriges Gebiet. Beim amerikanischen Obersten Gericht ist die Sache sehr viel einfacher. Das hat auch Höpker Aschoff gesagt bei einem Vortrag in Stuttgart[54], wenn wir die englisch-amerikanische Verfassung hätten und das amerikanische

Verfassungsgericht, würde das Bundesverfassungsgericht niemals mit solchen politischen Entscheidungen überhaupt belastet.

Nun der Beschluß des Bundesrats oder vielmehr der Mehrheit des Bundesrats, der geht also dahin: Der Passus, auf den es hier ankommt, ist der Passus zwei. Passus eins wurde von den Mitgliedern des Bundesrats selbst bestritten, das ist eine historische Darstellung über den Verlauf seiner 87. Sitzung: »Er beschließt deshalb, seine Entscheidung bis zur Erstattung eines Gutachtens durch das Bundesverfassungsgericht über die Verfassungsmäßigkeit und Zustimmungsbedürftigkeit der Ratifikationsgesetze zu vertagen[55].« Dieser Beschluß ist gefaßt worden, nachdem ich dem Bundesrat einen gestern gefaßten Beschluß der Bundesregierung mitgeteilt hatte, daß die Bundesregierung nicht in der Lage sei, einem solchen etwaigen Beschluß des Bundesrats beizutreten[56], und zwar haben wir [im] Kabinett als Begründung angenommen: Einmal dürfen wir nicht die politischen Funktionen der politischen Organe mit den Funktionen der richterlichen Organe vermischen; zweitens, der Bundestag hat jetzt schon in dritter Lesung beschlossen, und drittens hätten wir Rücksicht zu nehmen auf den Bundespräsidenten. Ich muß hier ergänzen, die Stellung des Bundespräsidenten darf nicht irgendwie in der Öffentlichkeit durch irgendeine Handlung berührt werden.

Und nun stand damit fest, daß ein Gutachten durch das Bundesverfassungsgericht nicht eingefordert werden kann. Trotzdem hat der Bundesrat mit 20 gegen 18 Stimmen diesen Beschluß gefaßt, und das ist nun eine staatsrechtliche Situation, in der wir alle einstweilen noch etwas kopfschüttelnd stehen und uns bemühen, sie möglichst zu studieren und zu sehen, was sich daraus entwickelt. Ich nehme an, daß der Bundestag sich auch damit beschäftigen wird, und ich glaube nicht, daß der Bundestag, nachdem er die Frage der Verfassungsmäßigkeit, wie es hier heißt, von der übrigens keine Rede ist, sondern immer nur die Rede davon ist, das GG müßte ergänzt werden, aber ich gebrauche der Einfachheit halber den Ausdruck Verfassungsmäßigkeit, ich glaube nicht, daß der Bundestag [in] dieser Frage, die er nun doch bis zum letzten durchgeackert hat, jetzt nochmals, nachdem er die Gesetze in dritter Lesung verabschiedet hat[57], das Bundesverfassungsgericht anrufen wird, um ein Gutachten darüber zu bekommen, ob seine Ansicht, die er gar nicht mehr rückgängig machen kann, richtig war oder nicht. Das glaube ich also nicht. Die Bundesregierung wird es wohl auch nicht tun, und so stehen wir, wie gesagt, vor einer einstweilen staatsrechtlich sehr interessanten und schwierigen Situation.

Glücklicherweise bezieht sie sich ja nur auf die beiden Nebenverträge,

nicht auf die Hauptverträge. Aber immerhin, ich würde es ja begrüßt haben, wenn wir in einer so schwierigen Lage, in der sich augenblicklich die ganze Welt befindet, und namentlich [wir] im Ausland, [die] etwas schwer verständliche Geschichte anders erledigt hätten. Ich habe mir auch deshalb erlaubt, an den Wortführer der SPD-Partei im Bundesrat[58] die Frage zu richten, ob, wenn nun das Bundesverfassungsgericht in einem Gutachten die Verfassungsmäßigkeit usw. bejahen würde, ob sie dann für die Gesetze stimmen würde, und darauf hat er mir prompt erklärt: »Nein, dann würde sie auch nicht dafür stimmen.«
Nun noch ein Letztes. Selbstverständlich kann das Bundesverfassungsgericht auf dem Wege einer Normenkontrollklage nun ganz unabhängig davon nachprüfen, sobald der Gesetzgebungsakt vollendet ist, ob das Gesetz in Übereinstimmung sich befindet mit dem Grundgesetz. Also daran ändert sich gar nichts, und die Entscheidung, die dann das Bundesverfassungsgericht bzw. der zuständige Senat des Bundesverfassungsgerichts fällt, ist bindend und entscheidend im Gegensatz zu dieser Gutachtergeschichte. Ich habe versucht, soweit das möglich ist, diese etwas verwickelte Geschichte klarzulegen.

Journalist: Die sozialdemokratische Opposition würde also nach Ihrer Auffassung, Herr Bundeskanzler, am Dienstag [28. April 1953] die Normenkontrollklage einbringen können?

Adenauer: Ich nehme an, am Dienstag, ich bin davon überzeugt[59].

Journalist: Bleibt der Beschluß des Bundeskabinetts bestehen, daß solange nicht die anderen Partner die Ratifikationsurkunden hinterlegt haben, [diese] auch von uns nicht hinterlegt werden[60]?

Adenauer: So ist es nicht ganz richtig gesagt. Beschlossen ist, daß wir als letztes Land hinterlegen, und dieser Beschluß bleibt bestehen. Wir haben uns damit auch jetzt im Kabinett damit befaßt und ausgesprochen, daß es so bleibt, so daß also das Bundesverfassungsgericht ausgiebig Zeit hat, wenn eine neue Normenkontrollklage angestrengt wird, zu entscheiden.

Journalist: Wann kann ein Gutachten nicht angefordert werden?

Adenauer: Ein Gutachten kann beim Bundesverfassungsgericht nur angefordert werden entweder vom Bundespräsidenten für sich allein, von den drei anderen Organen nur, wenn sie gemeinsam handeln, also Bundestag, Bundesrat und Bundesregierung zusammen.

Journalist: Sie schienen auszuschließen, daß der Bundespräsident ein Gutachten anfordern wird?

Adenauer: Ich habe mit dem Bundespräsidenten gesprochen. Ich kann Ihnen nur sagen, daß er gesagt hat, daß er kein Gutachten einfordern werde, solange nicht das Bundesverfassungsgericht diesen Beschluß aufgehoben hat, daß das von ihm zu erstattende Gutachten bindend für die Entscheidung in den Senaten sei.

Journalist: Werden Sie die Hauptverträge jetzt dem Bundespräsidenten zur Unterschrift vorlegen?

Adenauer: Wir müssen erst einmal abwarten, bis die Frage soweit ist. Was würden Sie an meiner Stelle tun? Würden Sie sie in der Schublade liegenlassen? Das kann man doch nicht machen. Im übrigen ist sehr ernst darüber zu sprechen, wie die ganze Situation ist. Die ganze Situation in der Welt steht tatsächlich jetzt auf des Messers Schneide. Eisenhower hat diese Friedensbotschaft[61] herausgegeben, die ein ganz großes Programm enthält, und namentlich auch noch in ihrem letzten Teil, wo sie den Russen sehr weit entgegenkommt und auch den Satellitenstaaten und allen zurückgebliebenen Völkern dadurch, daß die Vereinigten Staaten diese Hilfe in Aussicht stellen, daß er eine kontrollierte Abrüstung zugesteht, er will eine Einrichtung der UNO, daß sie wirklich nach dem Rechten sehen kann, und bisher hat die Sowjetunion noch nicht darauf geantwortet.
Sie werden auch das Telegramm gelesen haben über die Pressekonferenz, die Dulles gehalten hat in Paris, auf der er erklärt hat, daß der Kongreß der Vereinigten Staaten vor dem 30.Juni [1953] – dann beginnt dort das Etatjahr für die Bewilligung der Unterstützungen für diese ganzen Maßnahmen – wissen müsse, woran er mit Europa sei[62]. Eisenhower hat sowohl in dem Kommuniqué, das wir in Washington zusammen herausgegeben haben[63], wie in dieser Friedensbotschaft und wie ferner Dulles in Paris gesagt hat, [erklärt,] daß die Europäische Verteidigungsgemeinschaft das einzige sei, was sie hätten, sie hätten keine Alternativlösung. Lord Ismay hat wörtlich erklärt: »Das ist das einzige Pferd, das wir im Stall haben, und darauf setzen wir[64].« Nun glaube ich, daß wir Deutsche alles Interesse daran haben, zu vermeiden, daß vor dem 30. 6. der Eindruck entsteht in der ganzen Welt, Deutschland falle bei der EVG aus. Dann ist die ganze EVG tot, Europa ist tot, und der europäische Gedanke ist erledigt. Das sind also ganz weittragende Dinge, um die es sich jetzt hier handelt.

Journalist: Die rechtliche Verpflichtung der Bundesrepublik gegenüber dem Ausland tritt doch erst ein mit der Hinterlegung der Ratifikationsurkunden?

Adenauer: Die Verbindlichkeit, ja. Darf ich nochmals wiederholen, ich habe gesagt, das Kabinett habe beschlossen, es würde diese Urkunden als letztes der Länder hinterlegen, es sei denn, daß Karlsruhe vorher gesprochen hätte. Sicher ist, es wird Herbst werden, Dulles hat aber gesagt, daß man bis zum 30.6. drüben Gewißheit haben müsse. Er hat nicht gesagt, daß bis zum 30.6. die Urkunden hinterlegt sein müssen, sondern bis zum 30.6. müsse man drüben Gewißheit haben, was aus dem EVG-Vertrag wird.

Journalist: Auch die der Bundesregierung politisch nahestehenden Länderregierungen sind wohl der Auffassung, daß sämtliche vier Vertragsgesetze zustimmungsbedürftig sind. Wenn nun am Dienstag [28. April 1953] die Hauptverträge dem Bundespräsidenten zugeleitet werden, erwarten Sie dadurch nicht gewisse Differenzen mit den Ihnen befreundeten Regierungen?

Adenauer: Nein, die erwarte ich nicht. Damals ist die Frage im Bundesrat gar nicht genauer untersucht worden, sondern es ist lediglich gesagt worden, alles hänge miteinander zusammen. So kann man natürlich nicht verfahren. Nehmen Sie z.B. folgendes an: Wenn [in] ein[em] Gesetz, das 100 Paragraphen enthält, ‹ein›[d] Paragraph, der nicht grundsätzlicher Natur ist, nun irgendwie der Zustimmung bedürftig wäre, und dann wäre die Zustimmung nicht erteilt [worden], würden dann alle anderen 99 Paragraphen hinfällig sein? Aber die Frage ist noch nicht entschieden worden. Ich sehe nur, daß wir da noch sehr viel lernen müssen.

Journalist: Bestand eine Zusage der Regierung, daß die Verträge nicht eher dem Bundespräsidenten zur Unterschrift zugeleitet werden sollten, ehe in Karlsruhe die Normenkontrollklage ausgetragen war?

Adenauer: Die Zusage der Bundesregierung, die ich dem Bundesrat mitgeteilt hatte, heißt so: Die Verträge werden von Deutschland als letztem der Länder hinterlegt, es sei denn, daß vorher das Bundesverfassungsgericht schon gesprochen hat. Diese Verträge treten völkerrechtlich erst in Kraft mit der Hinterlegung.

Journalist: Wenn nun die Opposition die Normenkontrollklage anstrengt und wenn Karlsruhe die Normenkontrollklage annimmt, zumindest bezüglich der beiden Hauptverträge, wird damit doch bereits anerkannt, daß das Gesetzgebungswerk abgeschlossen ist?

Adenauer: Sicher, wenn die Opposition jetzt eine Normenkontrollklage dagegen einlegt, dann scheint es, daß sie damit anerkennt, es sind keine Zustimmungsgesetze. Es wird auf den Wortlaut ankommen.

Journalist: Ist anzunehmen, daß der Bundespräsident, der früher ein Gutachten verlangte, um sich dadurch eine Rechtsbelehrung zu verschaffen, daß er dieser Rechtsbelehrung nicht mehr bedarf?

Adenauer: Rechtsbelehrungen bedarf ja schließlich jeder andauernd, namentlich bei einer so verwickelt liegenden Sache. Das bin ich aber schon gefragte worden, ob ich glaube, daß der Bundespräsident ein Gutachten nochmals anfordern wird. Diese Frage hat mir der Bundespräsident ganz allgemein beantwortet. Auf diese Wendung aber war keiner gefaßt, sondern alle glaubten, auch die näheren Freunde von Herrn Maier, daß er zustimmen würde[65]. Das ist eine Sache für sich. Der Bundespräsident hat mir gesagt, er könne kein Gutachten anfordern, solange das Bundesverfassungsgericht seinen Beschluß aufrechterhalte. Er hat mir damals auch gesagt, er nehme an, daß die Bundesregierung denselben Standpunkt habe.

Journalist: Der Bundesrat hat sich heute morgen mit diesem Beschluß in gewisser Weise politisch selbst ausgeschaltet, indem er ausgewichen ist. Halten Sie es für möglich, daß aus dieser staatsrechtlich interessanten Situation eine generelle Überprüfung der verfassungsrechtlichen Stellung des Bundesrates erfolgen könne?

Adenauer: Das glaube ich nicht. Aber soweit wir wissen, ist bisher noch nie der Fall ‹erörtert›[e] worden, daß ein Organ der Gesetzgebung die Aufgabe, die ihm durch die Verfassung auferlegt worden ist, nicht erfüllt. Es ist ja doch hier so, der Bundesrat hat bei den zustimmungsbedürftigen Gesetzesvorlagen keine Frist, innerhalb deren er zu Ende kommen muß, aber eine Sache ad calendas graecas zu legen, wie das hier beschlossen worden ist, das widerspricht natürlich vollkommen der Aufgabe, die dem betreffenden Organ durch die Verfassung auferlegt worden ist.

Journalist: Kann das Bundesverfassungsgericht sich auf den Standpunkt stellen, daß die nicht zustimmungsbedürftigen beiden Verträge ein integrierender Bestandteil der Hauptverträge sind?

Adenauer: Das sind ja die Hauptverträge. Das müssen Sie sich einmal ansehen.

Hallstein: Es sind in der Hauptsache Steuer- und Zollkomplexe.

Journalist: Wäre der gutachtliche Weg nicht doch die einzige Möglichkeit, wenn das Bundesverfassungsgericht zu dem Ergebnis kommen sollte, daß der Gesetzgebungsweg noch nicht abgeschlossen ist?

Adenauer: Wenn ich die Antwort bekommen hätte im Bundesrat, wenn das Bundesverfassungsgericht positiv im Sinne der Regierung über die Verfassungsmäßigkeit entscheidet, dann stimmen wir zu, dann wäre über diese Frage zu sprechen. Aber wenn man die Antwort bekommt, auch dann stimmen wir nicht zu, dann hat das Ganze doch keinen Zweck, dann muß die Normenkontrollklage die Entscheidung bringen. Die Klage würde auch durch ein Gutachten nicht überflüssig werden, denn das Gutachten bindet nicht. Also wenn jetzt ein Gutachten erstattet würde und wir würden sagen, Gutachten in allen Ehren, wir haben aber andere Gutachten, dann müßte doch eine Normenkontrollklage angestrengt werden. Also wenn mir die Erklärung abgegeben worden wäre, jawohl, wir stimmen dafür, dann würde ich das für einen positiven Gewinn im Interesse der politischen Beruhigung betrachten wollen. Das wäre dann allerdings ein selt- (...)

Journalist: Können diese Verträge völkerrechtlich in Kraft treten, ohne daß der Bundesrat seine Zustimmung gibt?

Adenauer: Die anderen, ja; die natürlich nicht, die Zollabkommen, darüber müssen wir dann verhandeln mit den Amerikanern und den Briten und mit den EVG-Ländern.

Journalist: Könnte man das ausklammern als technisches Übereinkommen?

Adenauer: Das müssen wir mal sehen, ob das möglich ist. Ich halte es für sehr leicht möglich, daß man z. B. im Wege einer Rückvergütung oder dergleichen den finanziellen Effekt erzielt.

Journalist: Wie lange wird das Verfahren bei einer Normenkontrollklage dauern?

Adenauer: Wenn wir nicht im September Wahlen[66] hätten, hielte ich alles für möglich, aber da wir Wahlen haben, halte ich sehr wenig für möglich.

Journalist: Kann der Bundesrat selbständig an das Bundesverfassungsgericht herantreten?

Adenauer: Wegen eines Gutachtens nicht.

(*Zwischenruf:* Aber feststellen, ob das Gesetz zustimmungsbedürftig ist?)

Dann muß er die Klage einreichen.

(*Zwischenruf:* Das kann also der Bundesrat machen?)

Das kann er machen.

Journalist: Das ist aber wiederum nur dann möglich, wenn das Bundesverfassungsgericht sagt, daß das Gesetzgebungswerk abgeschlossen ist.

Journalist: Ist es nicht so, daß auf der politischen Ebene sich eine Entspannung ergeben hat, denn Baden-Württemberg ist zunächst einmal aus der Sache heraus. Die Bundesregierung legt Wert darauf, daß die Verträge in Kraft treten, sie geht also ihren Weg weiter. Aber auch der Bundesrat wünscht das gleiche, und die Opposition bekommt die Normenkontrollklage, die sie will?

Adenauer: Ich weiß nicht, ob Sie die Rede von Herrn Kaisen[67] mit angehört haben. Haben Sie auch gehört, was er zum Schluß sagte mit dem Gesicht zu mir gewandt? Er hat lachend gesagt: »Jetzt hat die

Bundesregierung die Freiheit der Initiative, die sie wünscht und braucht.« Das hat er im Ausschuß auch gesagt und im Plenum wiederholt.

Journalist: Können Sie uns Ihre Auffassung zu der Rede Bidaults[68] sagen?

Adenauer: Jetzt muß ich mich schuldig bekennen, daß ich sie nur teilweise gelesen habe. Sie enthält aber nichts besonders Neues. Das Neue ist darin, daß Herr Bidault es gesagt hat.

Journalist: Halten Sie im Hinblick auf die Ereignisse des heutigen Vormittags eine Vorverlegung des Wahltermins für nötig?

Adenauer: Ich würde lieber heute als morgen wählen, aber da sind große technische Schwierigkeiten, allerhand technische Vorbereitungen sind nötig, die lassen sich nicht übers Knie brechen. Im übrigen würde auch eine Wahl die Verhältnisse im Bundesrat zunächst nicht ändern, aber [da] hat Herr Kaisen recht, indem er so sagte: »Sie haben ja alles.«

Journalist: Ist mit einer Initiative der Bundesregierung zu rechnen im Sinne einer Neugliederung des Bundesgebietes[69], um die Verhältnisse bei der Bevölkerung etwas in eine vernünftige Relation zu bringen?

Adenauer: Vor den Wahlen? Sie haben damit eine sehr wichtige Frage angeschnitten. Sehen Sie mal, Bremen herausgegriffen hat 568 000 Einwohner und hat damit drei Stimmen im Bundesrat. Nordrhein-Westfalen hat über 13 Mill. Einwohner und fünf Stimmen. Das sind ja groteske Verhältnisse. Man kann aber daraus vielleicht auch Konsequenzen ziehen für die Europäische Gemeinschaft.

(*Zwischenruf:* Das ist aber in Amerika auch so!)

In der Schweiz ist es auch so, da haben wir aber nicht mit Kongressen oder Repräsentantenhäusern zu rechnen, in der Schweiz haben wir die Kantone. Ich muß nochmal wieder sagen, wir müssen uns arg anstrengen, um die nötige politische Reife zu erlangen. Regieren will gelernt sein, und Opposition leiten will auch gelernt sein.

Nr. 44
8. Mai 1953: Kanzler-Tee (Wortprotokoll)
BA, B 145/926

Teilnehmer: Berliner Journalisten und Redakteure[1] – Felix von Eckardt, Werner Krueger

Beginn: 16.30 Uhr

Adenauer: Meine Damen und Herren! Es wird wohl am besten sein, wenn Sie mich fragen, ich stehe dann zur Beantwortung gerne zur Verfügung.

Journalist: Herr Bundeskanzler, halten Sie es für wahrscheinlich, daß die Politik der vertraglichen Bindung Deutschlands an den Westen die Sowjets zum Angebot echter Kompromisse in den Deutschlandfragen bringen wird, um diese vertragliche Bindung zu verhindern, oder halten [Sie] das Interesse der Sowjets an der Verhinderung der Verträge für nicht so stark?

Adenauer: Ehe ich diese Frage beantworte, möchte ich einige Ausführungen darüber machen, warum m. E. Sowjetrußland diese Bindung der Bundesrepublik an den Westen so ungern sieht. Das ist nicht etwa Furcht vor den 12 deutschen Divisionen. Sie wissen genauso wie ich, daß Sowjetrußland drüben 140 Divisionen hat, die mit dem Gesicht nach dem Westen stehen, und Sie werden wissen, daß eine Reihe weiterer Weichsel- und Oderbrücken geschaffen worden sind und Sie werden auch wissen, daß in den Satellitenstaaten 60 bis 70 voll ausgerüstete Divisionen stehen. Aber der Grund ist ein anderer, meiner Meinung nach: Sowjetrußland hofft noch immer im Wege des kalten Krieges, im Wege der Unterminierung, im Wege von Drohungen usw. je nachdem die Bundesrepublik zu bekommen, und wenn es die Bundesrepublik [› ohne Kampf und unzerstört bekommt ‹ [a]] mit zerstörtem Gebiet erhält, ist ihr nicht geholfen und nicht gedient. Wenn sie [die Sowjets] die Bundesrepublik unversehrt im Wege des kalten Krieges bekommen, dann bekommen sie in gemessener Zeit auch Frankreich und Belgien, und wenn Sowjetrußland beherrschen würde das Industriepotential der Bundesrepublik, das Industriepotential in Nordfrankreich und Lothringen und das Industriepotential in Belgien, dann würde das Industriepotential, was Kohle und Eisen bzw. Stahl angeht, Sowjetrußland größer sein als gegenwärtig das Potential der Vereinigten Staaten. Nach meiner Auffassung der Dinge sind diese Maßnahmen jetzt nichts anderes, als daß sie dem Zwecke dienen, den ich eben kurz geschildert habe, für eine Auseinander-

setzung mit den Vereinigten Staaten sich mit den Waffen möglichst stark zu machen.
Jetzt komme ich zur Beantwortung Ihrer Frage: Sowjetrußland wird sich die Erreichung dieses Zieles natürlich etwas kosten lassen, aber nicht so viel, daß dadurch die Erreichung dieses Zieles unmöglich wird.

Journalist: Wie erklären Sie sich, Herr Bundeskanzler, daß gerade im gegenwärtigen Zeitpunkt in der Sowjetzone eine Politik der Kirchenverfolgung[2] durchgeführt wird? Halten Sie die Geschehnisse in der Ostzone für den Gesamtrahmen der sowjetischen Weltpolitik, und sehen Sie sie als symptomatisch an?

Adenauer: Ich habe dieser Tage einen Herrn gesprochen, einen Nichtdeutschen[3], der, wie ich glaube, über Sowjetrußland sichere Kenntnisse hat, der hat mir gesagt, die Entwicklung der Verhältnisse in Sowjetrußland sei noch in keiner Weise jetzt zu durchschauen. Ich könnte mir, was Ihre spezielle Frage angeht, vorstellen, daß wenn Sowjetrußland auf der einen Seite Erklärungen abgibt, die vielleicht ‹...›[b] seine Anhänger in den Satellitenstaaten und auch in der Sowjetzone nachdenklich machen, daß es denen dann auch wieder eine gewisse Möglichkeit gibt, ihr Regime dort zu befestigen.
Es ist ja zweifellos, daß der Hauptkampf in der Sowjetzone gegen die Kirchen, und namentlich gegen die jungen Leute gerichtet ist, um dadurch die Herrschaft der SED [in] der Sowjetzone zu stärken. Aber das sind ‹Spekulationen›[c], man sucht natürlich nach einem Grund dafür, für diese merkwürdigen Widersprüche, und ich kann keine andere Erklärung finden als die, daß man den SED-Leuten in der Sowjetzone mehr Freiheit gibt, in diesem Sinne tätig zu sein, um sich zu beruhigen, denn sie fürchten, sie würden doch einmal im Stich gelassen werden.

Journalist: Halten Sie es für möglich, daß man diesen SED-Leuten diese Freiheit läßt, um sie durch diese Exponierung um so sinnfälliger abservieren zu können zu gegebener Zeit?

Adenauer: Ich glaube nicht, daß sich Sowjetrußland um das Abservieren viel Kopfschmerzen macht, da sind die ziemlich rücksichtslos. Aber wissen Sie eine andere Erklärung?

Journalist: Ich persönlich finde eine Erklärung nur in einem Passus der gesamten sowjetrussischen Friedensoffensive[4] ...

Adenauer: Ja, daß bei dieser ganzen Friedensoffensive bisher nicht viel herausgekommen ist, ist klar. Wenn man sich all die Dinge hintereinander aufzählt, die da gesagt worden sind, bleibt nicht viel übrig. Ich möchte nochmals betonen, daß dieser Herr, der Sowjetrußland besser kennt als wir alle, mir gesagt hat, er traue dieser Friedensoffensive überhaupt nicht. Er beurteilt sie ebenso pessimistisch wie ich.

Journalist: Wir versuchen manchmal zu einer Analyse zu kommen und kommen dabei manchmal zu dem Schluß, daß die Russen ihren Friedenswillen mal mit einem Augenzwinkern an die westeuropäischen Mächte machen und gleichzeitig versuchen, die Teilung Deutschlands und die Beibehaltung der Machtverhältnisse im ostdeutschen Gebiet zunächst einmal zu verwirklichen und daß sich tatsächlich dieser Graben erweitert bzw. der Eiserne Vorhang noch mehr verdichtet. Auf der anderen Seite nötigen sie die westeuropäischen Mächte, diese Konstellation …

Adenauer: Das wäre sehr unklug, das halte ich nicht für wahrscheinlich. Die drei Westmächte werden sich niemals auf diesen Standpunkt stellen, es sei denn, sie würden den Glauben an Deutschland verlieren, d. h. an eine deutsche Bereitschaft zur Wiedervereinigung. Ich glaube eher, es ist richtiger, was ich Ihnen eben gesagt habe: Sie wollen ihren Satellitenleuten Vertrauen und Mut geben, sie wollen die Sowjetzone in ihre Hand bringen. Ob es richtig ist, weiß ich nicht, es ist jedenfalls schwer zu beweisen. Gestern sagte mir ein Auslandsjournalist[5], der im allgemeinen gut unterrichtet ist, daß nach gewissen Artikeln in französischen Zeitungen, die ja doch nichts anderes vorschlagen als eine Verständigung mit Sowjetrußland auf Kosten Deutschlands, daß die nicht unbeeinflußt seien von russischem Geld. Sie versuchen [es] auf diese Weise, und das ist für uns das Wichtigste, und halten an ihrem Ziel, Europa zu beherrschen im Wege des kalten Krieges fest. Und dazu bedürfen sie doch der Treue ihrer Anhänger. Sehen Sie mal, die französischen Kommunisten, das ist die stärkste Partei bei den französischen Kommunalwahlen[6]. Die müssen auch Vertrauen haben zu ihrem Auftraggeber, und zu den Beauftragten gehören auch die SED-Leute, die müssen auch Vertrauen haben.

Journalist: Eigentlich müßte niemand besser in der Lage sein, die Dinge beurteilen zu können, wie die Berliner Journalisten, die noch Kontakt haben mit den Russen, und ich muß sagen, die waren völlig konsterniert, als plötzlich die Auflage kam zu einer Verständigungsaktion mit dem Westen. Das würde Ihre heutige Auffassung von den Dingen bestärken. Damals war ein Durcheinander in der SED, es gingen die tollsten Gerüchte um. Aber Sie sagten, Herr Bundeskanzler, daß die drei Westmächte das nicht gestatten würden. Ich habe bewußt von den west*europäischen* Staaten gesprochen. Es werden da irgendwelche Brücken gebaut, nicht nur auf der sowjetischen Seite, sondern auch von der französischen Seite.

Adenauer: Sie meinen von französischer Seite? Daß da immerhin eine gewisse Gefahr besteht, ist nicht zu bestreiten, aber ich glaube nicht bei

René Mayer. Das halte ich für ausgeschlossen. Das ist eine Frage, über die ich mit Herrn Schuman früher mehrfach gesprochen habe. Ich habe früher große Sorge gehabt, bis eines Tages Herr Schuman mir sagte, ich brauchte keine Sorgen mehr zu haben. Das kann natürlich jeden Tag wiederkommen, daher auch mein Drängen, möglichst schnell vorwärtszukommen mit den Vertragswerken, damit derartige Spekulationen ein für allemal erledigt sind. Denn wenn die Vertragswerke abgeschlossen sind, dann ist das vorbei, dann sind England und Amerika und auch Frankreich so fest gebunden ...

Journalist: Wie haben Sie die Erklärung damals von Bidault auf dem Eiffelturm[7] aufgefaßt, daß das gesamte Deutschland die Möglichkeit haben sollte, sich zu entscheiden, ob es ...

Adenauer: Das entspricht den Bestimmungen im Deutschlandvertrag.

Journalist: Bedeutet das, daß ein wiedervereinigtes Deutschland die Möglichkeit haben soll, von diesen Verträgen auch abrücken zu können?

Adenauer: Ich bin dasselbe in den Vereinigten Staaten gefragt worden, ich habe da folgendes gesagt: Wenn das wiedervereinigte Deutschland kommt, muß die Regierung dieses wiedervereinigten Deutschlands Stellung nehmen zu den Verträgen. Wir werden uns innerhalb dieses zukünftigen Parlaments und der zukünftigen Regierung für den Anschluß an den Westen einsetzen[8].

Journalist: Der Wortlaut dieser Ihrer Erklärung ist über die Agenturen so verbreitet worden, als hätten Sie gesagt ...

Adenauer: Ich habe wörtlich ungefähr gesagt: Die Regierung eines wiedervereinigten Deutschlands und natürlich auch das Parlament müssen darüber entscheiden. Wir würden uns, das ist ganz klar, innerhalb dieses Parlaments und innerhalb dieser Regierung des wiedervereinigten Deutschlands für den Anschluß an den Westen einsetzen.

Journalist: Damit wäre ein Leitartikel gegenstandslos geworden, wenn dieser Wortlaut vorliegen sollte.

Adenauer: Das tut mir furchtbar leid.

von Eckardt (zum Bundeskanzler): Das ist beinahe wörtlich, was Sie soeben gesagt haben. Es war eine völlig klare Formulierung, daß sich die Bundesregierung bzw. die Bundesrepublik [innerhalb] des wiedervereinigten Deutschlands für die Verträge und für den Anschluß an den Westen einsetzen würden. Es war völlig unmißverständlich.

Journalist: In diesem Zusammenhang komme ich zu der Frage des Verhältnisses der Bundesrepublik zu Frankreich. In den letzten Wochen ist wieder einmal von offizieller französischer Seite geäußert worden, daß die Voraussetzungen für die Ratifizierung der Verträge durch Frankreich die Lösung des Saarproblems sei[9]. Gibt es irgendwelche neuen Entwicklungen, die eine Lösung dieser Frage leichter machen würden?

Adenauer: Die Lösung dieser Frage ist nicht leicht und braucht sicher auch ihre Zeit nach menschlichem Ermessen. Aber ich habe auch Erklärungen gehört und gelesen, die nicht sagen, daß das die Voraussetzung ist. Aber nach meiner Kenntnis der Dinge ist diese Erklärung von Regierungssprechern – das kommt auch bei uns häufiger vor – nicht sehr zutreffend.

Journalist: Gibt es im Saarproblem also keine neue Entwicklung gegenüber dem schwierigen Stand, den wir kennen?

Adenauer: Meine Damen und Herren, was ich Ihnen jetzt sage, bitte ich nicht zu bringen. Es sind mir doch seit längerer Zeit, auch dem weitaus größten Teil des Kabinetts, Zweifel darüber gekommen, ob wir mit unserer bisherigen Taktik in der Saarfrage gut gehandelt haben. Wir haben bisher ja immer die These verfochten, daß wer überhaupt da mitgetan hat, der ist für uns erledigt, so daß also tatsächlich im Saargebiet die Idee schon aufgekommen ist, wenn es eines Tages wieder zu Deutschland kommen sollte, dann würden sie in ein neues Entnazifizierungsverfahren gebracht werden. Ich glaube, das war sehr unklug von uns. Wir haben damit doch die Leute geradezu den Franzosen in die Arme getrieben.
Man muß sich nur die Lage vorstellen, wie sie gewesen ist, als das Saarland diese Geschichte angefangen hat. Es gab damals noch keine Bundesrepublik Deutschland, es gab einzelne Länder. Sie waren besetzt, es wurde ihnen gesagt, wenn ihr nicht mittut, wird alles bei euch demontiert und nach Frankreich geschafft. Und wenn man sich in die damalige Zeit mit ihrer ganzen geistigen Verwirrung hineinversetzt, dann muß man sagen: Abgesehen von gewissen Leuten an der Saar, die ich nicht mit Namen nennen möchte, die Sie aber alle erraten werden, gibt es auch Leute in den verschiedenen Parteien, die anständige Deutsche sind und auch deutsch fühlen, und ich weiß nicht, ob unsere Taktik bisher immer richtig war. Darüber müssen wir uns völlig klar sein. Wir brauchen die Hilfe der Saar bei diesem ganzen politischen Kampf. Die Saar selbst muß letzten Endes entscheiden, was mit ihr geschehen soll.
Sie wissen, daß seinerzeit im Jahre 1947 Amerika und England Frankreich versprochen haben, bei einem zukünftigen Friedensvertrag die Wünsche Frankreichs in bezug auf die Saar zu unterstützen[10]. Das steht ja fest, das wissen Sie, und Sie wissen, daß bei derselben Gelegenheit Frankreich erklärt worden ist: Du darfst die Saar wirtschaftlich ausnutzen als Ersatz für Deine Schäden.
Und noch ein weiteres kommt hinzu, man muß die Dinge sehr objektiv

betrachten: Frankreich hat dadurch, daß die Saarkohle und das Saareisen in Franken bezahlt werden müssen, schätzungsweise eine Hilfe von etwa – so schätzen wir es – von 120 Mill. Dollar pro Jahr. Wenn es die nicht hat, ist seine Währung gefährdet, und so müssen wir sehen, wie wir aus diesem ganzen Dilemma herauskommen. Wir haben kein Interesse daran, daß die französische Währung ins Wanken kommt, ganz Europa hat daran kein Interesse. Aber ich glaube, wie die Dinge nun einmal sind und da Frankreich beati possidentis ist, brauchen wir unbedingt die eigene Hilfe und Initiative des Saarlandes. Deshalb müssen wir deren Selbstgefühl stärken und dürfen aber nicht sagen: »Ihr seid schlechte Deutsche gewesen, Ihr hättet das nicht tun dürfen, wir wollen von Euch nichts wissen, weil Ihr damals die Leute an die Seite der Franzosen gedrängt habt.« Wir haben das vielleicht in den vergangenen Jahren zu stark betont, wir haben auch jede Berührung, auch mit wirtschaftlichen Stellen an der Saar, vermieden, abgesehen von der Sozialversicherung, die arbeiten einträchtig zusammen mit unserer Sozialversicherung, ohne daß davon einer Schaden gehabt hätte bisher. Wir müssen sehen, wie wir da eine etwas andere Taktik einschlagen, ohne viel Aufhebens. Wir sind jedenfalls bisher nicht auf einem sehr klugen Wege gewesen.

Journalist: Ihre Überlegungen, Herr Bundeskanzler, sollen doch zumindest so ausgelegt werden, daß Sie auf die Möglichkeit eines Plebiszits verzichten?

Adenauer: Das habe ich auch in Amerika gesagt, man kann nicht über das Schicksal von 850000 Menschen entscheiden durch ein Abkommen zwischen zwei Kabinetten oder zwei Regierungen, der französischen und der deutschen, auch nicht einschließlich der englischen und der amerikanischen, sondern da müssen die Leute an der Saar selbst ein Wort mitsprechen, und zwar in einem frei gewählten Landtag[11]. Plebiszit, namentlich wo die Saar so stark in den Händen der Franzosen ist, ist nicht gut, aber ein wirklich frei gewählter Landtag – der jetzige ist nicht frei gewählt – muß ein entscheidendes Wort mitsprechen.

Journalist: Wäre diese Richtschnur zu einer Einstellung zum Saarvolk etwa auch so zu verstehen, daß nicht nur an die Bevölkerung, sondern auch die bisherigen Politiker ...

Adenauer: Hoffmann nicht. Aber z. B. im Europarat und in der Ad-hoc-Kommission wird auch schon verhandelt mit den Leuten der Saar[12], deren Beauftragten, das sind z. Teil sehr vernünftige Leute, die genausogut deutsch denken wie irgendeiner.

Journalist: Irgendeine bestimmte Taktik ist noch nicht erwogen worden?

Adenauer: Das muß man mal sehen. Wenn z. B. Vertreter von der Handelskammer in Saarbrücken hierhinkommen und mit uns sprechen würden über den Zweck und Sinn und Inhalt der neuen wirtschaftlichen Verhandlungen, würde ich das begrüßen. Bringen Sie das aber nicht, es wird höchstwahrscheinlich dazu kommen, aber wir müssen von den Leuten unterrichtet werden.

Journalist: Gibt es nicht eine Möglichkeit, zu einer Verständigung mit Frankreich zu kommen?

Adenauer: Da sind sie sich nicht ganz klar drüber.

Journalist: Gibt es keine Möglichkeit, sie dazu zu bringen, daß sie sich im Laufe der Zeit davon lösen?

Adenauer: Nicht nur die Saar selbst, nicht wahr. Sie dürfen nicht vergessen, England und Amerika haben ihr Wort gegeben, und dahinter steht auch die amerikanische und englische öffentliche Meinung und damit auch die politischen Machtfaktoren. Ihnen muß klargemacht werden, daß freiwillige Vertreter der Saar selbst ‹entscheiden und›[d] sprechen. Das müssen wir der öffentlichen Meinung in der Welt viel mehr klarmachen als bisher, weil der jetzt gewählte Landtag nicht frei gewählt ist.

Journalist: Der erste Schritt ist demnach die Revision der Verhandlungen nach den Saarwahlen, und wie ist der praktische Weg dazu?

Adenauer: Das muß Frankreich schließlich auch einsehen, denn das ist unmöglich. Entweder Frankreich ist des Glaubens, der größte Teil der Saarländer ist zufrieden, nun, dann wird sich das in einem frei gewählten Landtag zeigen; oder aber, wenn Frankreich des Glaubens ist, der größte Teil ist unzufrieden, dann muß Frankreich die Konsequenz daraus ziehen und seine ganze Haltung ändern. Deshalb geht meine Taktik darauf hinaus, dieses Moment nach vorne zu stellen. Das habe ich auch in Gesprächen mit Eisenhower betont und gesagt, ich bin durchaus bereit, mich zu verständigen in der Saarfrage, damit diese ewige Geschichte, die ganz Europa schädigt, aufhört[13]. Aber da wohnen 850 000 Menschen, und über deren Köpfe hinweg kann man nicht einfach hinwegsehen, namentlich nicht als Demokrat. Und darum muß ein frei gewählter Landtag darüber entscheiden. Das ist nach meiner Meinung die einzige Möglichkeit. Wenn man sich einfach auf den Standpunkt stellt, das Saarland gehört zu Deutschland, ihr (die Franzosen) müßt heraus, das geht nicht. Wir haben kein Pistölchen und keine Kanonen, und auf Worte geht doch kein Mensch.

Journalist: Aber juristisch bleiben wir doch bei der Feststellung, daß die Saar als selbständiges Land nicht anerkannt wird?

Adenauer: Jawohl, jawohl.

Journalist: Von der Saar nach Baden-Württemberg ist ungefähr so weit wie nach Niedersachsen. Können Sie uns darüber etwas sagen?

Adenauer: Ja, es wird eifrig verhandelt[14]. Mehr kann ich nicht sagen, kann ich wirklich nicht sagen. Ich könnte mir allerdings z. B. vorstellen, daß ein Vorschlag gemacht würde ...

(Bundeskanzler wird unterbrochen.)

Journalist: Es interessiert uns die Frage des Kräfteverhältnisses zwischen dem Bund und den Ländern. Wie sehen Sie, Herr Bundeskanzler, die Entwicklung an? Entspricht sie den Vorstellungen, die die Unterfertigten des Grundgesetzes einmal gehabt haben?

Adenauer: Sie wissen doch, wie es beim GG gewesen ist. Die Franzosen wollten die Zentralgewalt möglichst schwächen und die Länder möglichst stark machen. Daher ist das GG so zustande gekommen wie es ist. Aber ich glaube, es wird auch Seiten geben, die damals darüber zu befinden hatten auf der nichtdeutschen Seite, die einsehen, daß das so nicht gut war. Aber ein GG ändern ist immer eine heikle Sache, man weiß, wo man anfängt, aber man weiß nicht, wo man aufhört, und deshalb sollte man nicht so leicht an so etwas herangehen, wenn das auch wirklich kein Idealzustand ist und man vielleicht doch mehr Erfahrungen sammeln muß und hoffen kann, daß die Geschichte doch noch irgendwie in Ordnung kommt. Also, eine sehr gewundene Antwort ...

Journalist: Jetzt eine Berlin direkt angehende Frage. Es ist bekannt geworden, daß Sie, Herr Bundeskanzler, sich vor längerer Zeit aussprachen gegen eine direkte Beteiligung Berlins an den Bundestagswahlen[15]. Inzwischen hat der Wahlrechtsausschuß beschlossen, daß Berlin 22 Vertreter in den Bundestag entsenden soll und daß ein Landesgesetz bestimmen soll, wie Berlin die Vertreter[16] ... Halten Sie an Ihrem damals geäußerten Standpunkt noch fest, daß es nicht zweckmäßig ist, daß Berlin sich beteiligt?

Adenauer: Ich möchte nach zwei Richtungen antworten. Es lag eine direkte Erklärung vor seitens der Hohen Kommission, daß sie eine solche direkte Wahl nicht zulassen würden, jetzt vor etwa acht Tagen[17]. Davon abgesehen muß ich Ihnen allerdings sagen, daß ich Berlin als einen so belagerten Posten des Westens ansehe, daß ich Berlin möglichst eine Entzweiung der Parteien ersparen möchte. Ich bin der Auffassung, die Berliner Bevölkerung ist so exponiert und hat eine so wichtige Aufgabe, daß man von der Berliner Bevölkerung Erschwerungen möglichst fernhalten sollte. Ich bin nicht der Auffassung, das will ich hier ausdrücklich sagen, daß ein Wahlkampf in Berlin für die Regierungskoalition schlecht ausfallen würde, im Gegenteil, ich bin der Auffassung, daß wir, was die

Wahl angeht, mit aller Seelenruhe einen Wahlkampf in Berlin führen könnten, weil ich eben glaube, daß die Berliner die Politik in bezug auf den Abschluß der Verträge richtig verstehen. Aber ich möchte, wenn möglich, Berlin jede Entzweiung ersparen. Das war ein Gesichtspunkt, der andere war dieser politische Gesichtspunkt. Sobald der Beschluß im Wahlrechtsausschuß durch war, schrieb ich dann, daß ein Veto eingelegt würde, und man darf doch nicht vergessen, daß nach dem Besatzungsstatut, das noch immer gilt, die Hohe Kommission das Vetorecht hat.

Journalist: Ist das die alte Erklärung der Hohen Kommission gewesen[18], oder hat das Schreiben den Eindruck gemacht, als ob die drei Hohen Kommissare noch neuerdings darüber beraten und ausdrücklich Stellung genommen haben?

Adenauer: Es wurde ausdrücklich Bezug genommen auf den kurz vorher gefaßten Beschluß im Wahlrechtsausschuß.

Journalist: Dann bin ich von Senator Klein[19] völlig falsch unterrichtet worden. Er sagte mir, die Kommissare wollten den Passus gestrichen haben, der auf § 55 Abs. 2[20] Bezug nimmt, und seien im übrigen damit einverstanden, daß durch Landesgesetz die Frage der Berliner Wahl geregelt wird.

Adenauer: Es handelt sich für die Hohen Kommissare lediglich darum, ob die Berliner auf irgendeine Weise gewählt [werden und] ob sie Stimmrecht im Bundestag haben oder nicht. Ich glaube, es ist der Hohen Kommission ganz gleichgültig, ob die Berliner Vertreter durch das dortige Parlament gewählt [werden] oder durch direkte Wahlen, das ist gleichgültig. Entscheidend ist, ob die Vertreter Berlins Bundestagsabgeordnete mit vollem Recht sind oder nicht.

Journalist: Das ist eine Revision des früheren Standpunkts. Früher wurde immer der Standpunkt vertreten, daß keine direkte Wahl für den Bund in Berlin stattfinden dürfe. Wenn es jetzt nur um die Frage des Stimmrechts geht, kann man sich ja einigen.

Adenauer: Nun müssen Sie da wieder auseinanderhalten, und da hat der betreffende Vertreter der Hohen Kommission mich darauf aufmerksam gemacht, wie der Beschluß des Wahlrechtsausschusses lautete, daß die Berliner Vertreter Bundestagsabgeordnete mit vollem Recht sein sollten, daß dann ein Veto gegen das Gesetz zu erwarten sei. Die andere Frage, ob direkt oder indirekt gewählt werden solle, sei eine Frage, die von den Kommandanten entschieden würde.

Journalist: Ich wurde zu dem französischen Kommandanten[21] gebeten und hatte gerade das Ergebnis des Wahlrechtsausschusses vorliegen, worauf mir der Franzose erklärte, Berlin wird nicht wählen.

Adenauer: Das ist [eine] Kommandanturfrage und geht mich nichts an, aber wohl geht uns an ein Wahlrechtsgesetz, das den Berliner Vertretern das volle Recht gäbe.

Journalist: Und Ihre persönliche Ansicht? Es würde also im Rahmen des Bundestages nichts dem im Wege stehen, daß man beschließt, die Berliner sollen ihre Abgeordneten herschicken, die direkt gewählt worden sind, daß aber ihr Stimmrecht zur Zeit ruht wie bisher.

Adenauer: Wobei wir die Frage, ob direkt oder indirekt gewählt [wird], nach meiner Meinung als Berliner Sache betrachten sollten, die den Bundestag nichts angeht. Das ist Sache der Kommandanten.

Journalist: Sie würden als Parteivorsitzender der CDU in Berlin den wohlgemeinten Rat geben, nichts zu machen?

Adenauer: Das habe ich früher schon mal getan, um den Zank zu vermeiden. Sie wissen, daß Berlin noch lange nicht eine freie Stadt ist, es liegt mitten im »Roten Meer«. Sie wissen auch, daß wir bestrebt sind, Berlin auf ein Jahr zu verproviantieren. Da halte ich eine geschlossene Stellungnahme der Bevölkerung untereinander für ein dringendes Gebot. Aber wenn ich mir vorstelle, es käme zu einem Wahlkampf – wir werden *hier* einen sehr heißen Wahlkampf bekommen –, dann hätten die Russen am meisten Freude.

Journalist: Sie würden einer Entscheidung des Bundestages entsprechend etwa einer Empfehlung des Wahlrechtsausschusses als Regierungschef nicht widersprechen?

Adenauer: Der Wahlrechtsausschuß wird darüber nichts sagen können, das ist Sache der Berliner. Dieser Beschluß des Wahlrechtsausschusses ist sehr überhastet zustande gekommen und ohne viel Überlegung. Das haben mir die Herren selbst gesagt.

Journalist: Würden Sie als Regierungschef widersprechen, wenn Ihnen die Entscheidung übertragen würde, ob direkt oder indirekt gewählt werden solle?

Adenauer: Berlin hat nach meiner Meinung die Entscheidung und ist dabei abhängig von den Kommandanten. Aber das ist Sache Berlins.

Journalist: Eine rein formale Frage. Soll nach Ihrer Ansicht bei neuen Gesetzen schon bei der Formulierung auf alliierte Wünsche Rücksicht genommen und in einem deutschen Gesetz alliierte Gesichtspunkte einbezogen werden? Oder soll man auf die Gefahr hin, daß gegen ein so formuliertes Gesetz ein Veto erfolgen würde, nicht trotzdem das Gesetz ohne die alliierten Gesichtspunkte formulieren?

Adenauer: Was würde dabei herauskommen? Nehmen Sie an, der Bundestag hätte beschlossen, der Bundesrat würde passieren lassen, und nun kommt ein Veto der Besatzungsbehörde, wozu sie ein Recht hat. Dann würden wir doch in diesem Fall kein Gesetz haben. Das alte Wahlgesetz existiert nicht mehr. Wir müssen aber doch spätestens am 6. September [1953] gewählt haben[22]. Wenn es sich um ein Gesetz irgendeiner anderen Art handelte, würde ich Ihnen Recht geben und sagen: Lassen wir es doch einmal darauf ankommen. Hier aber können wir es nicht drauf ankommen lassen.

Journalist: Ich möchte zurückgreifen auf unsere Frage bezüglich der gegenwärtigen Verhandlungen. Sie sagten, es könne sein, daß ein Vorschlag gemacht würde ... Vielleicht ist uns da ein Bonbon entgangen?

Adenauer: Ja, das Bonbon hat sich unter meinen Augen verändert. Es ist kein Bonbon mehr, es ist jetzt ein saurer Drops.

(*Zwischenruf:* Drops ist auch ein Bonbon!)

Journalist: Ist wirklich etwas zu sagen über das Ergebnis der Verhandlungen mit Kraft[23] und Maier[24]?

Adenauer: Soviel ich weiß, tagt der Parteivorstand von Kraft.

Journalist: Ist etwas zu berichten über das Ergebnis der Unterredung mit Ihnen[25]?

Adenauer: Eher zu berichten über das Ergebnis einer Unterredung, die Kraft mit Ollenhauer gehabt hat[26].

Journalist: Ist über etwaige Maßnahmen über die Bevölkerung in der Sowjetzone etwas Konkretes zu sagen?

Adenauer: Herr Krueger, haben Sie den Beschluß des Kabinetts von heute da? Dann lesen Sie ihn bitte vor.

Krueger: »Die Bundesregierung hat sich in ihrer heutigen Kabinettssitzung erneut mit der Versorgungskrise in der sowjetischen Besatzungszone beschäftigt. In dem Bewußtsein der Verantwortung für alle Deutschen bekennt sich die Bundesregierung zu der Verpflichtung, die Bevölkerung in der sowjetischen Besatzungszone vor einer Hungerkatastrophe zu bewahren. Die Bundesminister für Ernährung, Landwirtschaft und Forsten[27], für Wirtschaft und für gesamtdeutsche Fragen wurden beauftragt, geeignete Maßnahmen zu prüfen.

Die Bundesregierung erwartet von der Bevölkerung der Bundesrepublik, daß sie über die Möglichkeiten behördlicher Maßnahmen hinaus den notleidenden Deutschen durch verstärkte Weiterführung unmittelbarer Einzelsendungen hilft. Erschwernisse des Paketversandes dürfen nicht davon abhalten, mehr als bisher Lebensmittel an Verwandte und Freunde in der sowjetischen Besatzungszone zu senden.

Gerade in der Notzeit, die unsere Landsleute in der sowjetischen Besatzungszone durchzustehen haben, muß sich die Einheit und die Zusammengehörigkeit unseres Volkes vor aller Welt erweisen.«

Adenauer: Wir müssen überlegen, was wir tun können, damit nicht alles kassiert wird von der SED.

Journalist: Herr Bundeskanzler, Sie sprachen davon, Berlin für ein Jahr zu verproviantieren?

Adenauer: Bringen Sie das nicht, damit die Bevölkerung nicht beunruhigt wird.

(*Zwischenruf:* Das ist schon geschehen durch Veröffentlichung der Erklärungen Eisenhowers[28].)

Da hätte er uns vorher fragen lassen sollen. Ich hätte es lieber geräuschlos gesehen.

Journalist: Welcher politische Hintergrund hinter diesem Beschluß steht, können Sie uns nicht sagen?

Adenauer: Nein, das glaube ich nicht. Sondern ich glaube, es ist eher bei Eisenhower das Bestreben gewesen ..., Sie meinen überhaupt? Das will ich Ihnen sagen, es hat sich herausgestellt, daß durch Güter, die Staub machen, also Mehl, sogar Zucker, Kohle, die Flugzeugmotoren sehr leiden und daß daher die Verproviantierung durch die Luft mit solchen Gütern schwierig werden kann, und daher ist Vorsorge am Platz, so daß z. B. Kohle, Mehl, Zucker jetzt schon per Bahn oder Autobusse hingeschafft werden, damit sie später notfalls nicht durch Flugzeuge hingeschafft werden müssen. Es ist also nicht irgendein akuter Anlaß.

Journalist: Die Bundesrepublik war jetzt durch Vertreter oder Beobachter bei der UNO-Kommission in Genf vertreten[29]. Es gibt aus ausländischen Quellen eine Reihe von Informationen, wonach die Russen auf dieser Konferenz an die Bundesrepublikvertreter herangetreten seien zwecks Verhandlungen über größere Wirtschaftsprojekte?

Adenauer: Ist mir nichts von bekannt. Ich habe mir eben im Moment eine Übersicht geben lassen über den Ost-West-Handel, danach ist er sehr aufsteigend.

Journalist: Wir begannen unseren Start in die Bundesrepublik mit einer Fahrt in die Zonengrenzgebiete Lauenburg – Ratzeburg. Da hörten wir sehr nachdrückliche Klagen, daß diese Zonengrenzgebiete von der Bundesregierung vernachlässigt werden und man mehr Wert lege auf die Abwehr der dänischen Kulturoffensive[30] usw. Kann man den Zonengrenzgebieten mehr Aufmerksamkeit schenken?

Adenauer: Die Zonengrenzgebiete sind für uns Gegenstand einer sehr schweren Sorge, auch wirtschaftlich[31]. In gewissen Teilen gehen die Industrie und die Wirtschaft einfach aus diesen gefährlichen Gebieten heraus. Und wie wollen Sie das machen, sie wieder hinzubringen? Das ist eine sehr ernste Sorge, und wir sind uns innerhalb der Bundesregierung vollkommen darüber klar, daß die Leute schwer leiden dort. Aber, meine Damen und Herren, Sie können natürlich keinen Betrieb zwingen, sich niederzulassen an der Zonengrenze.

(*Zwischenruf:* Aber vielleicht räumt man irgendwelche Steuererleichterungen oder dergleichen ein?)

von Eckardt: Es ist ja so, daß die Hilfe seitens des Bundes nicht an bestimmte Gebiete geht, sondern an die Landesregierungen, und die Landesregierungen der einzelnen Länder, die also Zonengrenzen haben, sind wiederum der entscheidende Faktor dafür, Industrien anzusiedeln in diesen Gegenden. Es ist ja nicht die Bundesregierung und nicht der Bund, der über die Verwendung der Mittel entscheidet, die an die Länder gehen.

Adenauer: Ich möchte kein Mißverständnis entstehen lassen. Wir haben keinen Grund dafür, zu sagen etwa, die Länder hätten nicht ihre Pflicht getan. Es ist tatsächlich so, Sie haben es selbst gesehen. Drüben geht das Russenkommando, und dann so nahe der Zonengrenze Industrien zu entwickeln, ist schwierig.

Journalist: Könnte man nicht wie für Berlin da steuerliche Vergünstigungen auch für diese Zonenkreise einrichten?

Adenauer: Wir können nicht für alle sorgen, das geht über unsere Kraft. Sehen Sie mal, wie lang diese Grenze ist. Sie sind wahrscheinlich noch nicht im Bayerischen Wald gewesen, das ist die schlimmste Ecke, sie ist jetzt völlig von der Tschechei abgeschnitten. Es war dort früher ein reger Verkehr, das ist vorbei. Also, ich bin der Auffassung, daß für unsere Hilfsmaßnahmen Berlin jetzt an der Spitze steht. Die Betriebe in Berlin liegen da seit alters her, haben ihre Stammarbeiterschaft und sind eingewurzelt in Berlin. Die am Leben zu erhalten, das kann man, aber nun dort in einer solchen Zonengrenzgegend, wo früher keine Industrie gewesen ist, Industrien zu entwickeln und zu schaffen, Wohnungen dafür zu bauen, das halte ich für unlösbar. Sie müssen den Unterschied zwischen Berlin und dieser Zone sich klarmachen. Nehmen Sie irgendwelche großen Industrien in Berlin, die haben ihre Stammarbeiterschaft, z. B. die AEG, Siemens usw., die wieder aufgebaut haben[32].

(Bundeskanzler verläßt die Zusammenkunft.) [...][33]

Nr. 45
18. Mai 1953: Kanzler-Tee (Wortprotokoll)

BA, B 145/971-736 Bd. II, mit ms. Vermerk: »Thema: Die Londoner Kanzler-Reise[1] und die Pariser Verhandlungen[2]«

Teilnehmer: Dr. Hans Joachim Kausch, Dr. Karl Lohmann, Dr. Franz Rodens, Dr. Robert Strobel, Fried Wesemann und weitere nicht zu ermittelnde Journalisten – Felix von Eckardt

Beginn: 11.15 Uhr

Adenauer: Ich habe am Sonnabend [16. Mai 1953] nach meiner Rückkehr [aus London] einige Worte gesprochen zu dort anwesenden Journalisten. Ich könnte nicht sagen, daß das genau so in die Presse gekommen ist, wie ich es gesagt habe. Nach der »Welt am Sonntag« soll ich z. B. gesagt haben, daß bis Herbst alle beteiligten Länder ratifiziert hätten und dann könne mit der Aufstellung der Europa-Armee begonnen werden[3]. Der letzte Satz ist, glaube ich, Phantasie des betreffenden Herrn, der das aufgeschrieben hat. Ich habe nur gesagt, ich nähme an, daß bis Herbst von den anderen ratifiziert sei. In der »Kölnischen Rundschau« von gestern war auch [ein] bißchen extensiv wiedergegeben, was ich gesagt habe[4]. Das ist immer sehr peinlich, wenn es sich um Fragen handelt, die das Ausland betreffen. Ich wäre Ihnen sehr dankbar, wenn Sie gerade bei Fragen, die das Ausland betreffen, möglichst präzise das wiedergeben würden – nicht mit denselben Worten, aber doch nicht extensiv von vornherein.

Paris: In Paris muß man unterscheiden einmal die Verhandlungen in der Konferenz der sechs Außenminister und dann die Verhandlungen, die abseitig davon geführt worden sind zwischen den französischen Herren und mir über die Saarfrage[5].

Was die Verhandlungen in der Konferenz der Außenminister angeht, so sind wir nach meiner Meinung einen wirklich erheblichen Schritt da weitergekommen. Als wir zuletzt in Straßburg zusammen waren[6], war ein großer Gegensatz entstanden unter den sechs Ministern über die Art und Weise des Verfahrens, wie man weiter prozedieren sollte. Ein Teil war dafür, daß man nun diese Vorschläge, die die Ad-hoc-Kommission und die [Gemeinsame] Versammlung ausgearbeitet hatten[7], innerhalb der sechs Regierungen in den Instanzenweg geben sollte; d. h. mit anderen Worten, dann wäre in den verschiedenen Auswärtigen Ämtern und den anderen Ministerien endlos darüber verhandelt worden, und viel-

K a n z l e r - T e e

am Montag, den 18. Mai 1953, 11^{15} Uhr, Palais Schaumburg .

- - - - -

Thema: Die Londoner Kanzler-Reise und
die Pariser Verhandlungen

- - - - -

<u>Bundeskanzler Dr. Adenauer:</u>

Ich habe am Sonnabend nach meiner Rückkehr einige Worte gesprochen zu dort anwesenden Journalisten. Ich könnte nicht sagen, dass das genau so in die Presse gekommen ist, wie ich es gesagt habe.
Nach der "Welt am Sonntag" soll ich z.B. gesagt haben, dass bis Herbst alle beteiligten Länder ratifiziert hätten und dann könne mit der Aufstellung der Europaarmee begonnen werden. Der letzte Satz ist, glaube ich, Phantasie des betreffenden Herrn, der das aufgeschrieben hat. Ich habe nur gesagt, ich nähme an, dass bis Herbst von den anderen ratifiziert sei. In der "Kölnische Rundschau" von gestern war auch bisschen extensiv wiedergegeben, was ich gesagt habe. Das ist immer sehr peinlich, wenn es sich um Fragen handelt, die das Ausland betreffen. Ich wäre Ihnen sehr dankbar, wenn Sie gerade bei Fragen, die das Ausland betreffen, möglichst präzise das wiedergeben würden - nicht mit denselben Worten, aber doch nicht extensiv von vornherein.

<u>Paris:</u> In Paris muss man unterscheiden einmal die Verhandlungen in der Konferenz der sechs Aussenminister, und dann die Verhandlungen, die abseitig davon geführt worden sind zwischen den französischen Herren und mir über die Saarfrage.
Was die Verhandlungen in der Konferenz der Aussenminister angeht, so sind wir nach meiner Meinung einen wirklich erheblichen Schritt da weiter gekommen. Als wir zuletzt in Strassburg zusammen waren, war ein grosser Gegensatz entstanden unter den sechs Ministern

Auszug aus dem Wortprotokoll (zu Dok. Nr. 45)

leicht hätte man die Europaidee bereits damit begraben; während die andere Richtung in Straßburg verlangte, daß die Sache weiter behandelt würde von den Außenministern.
Nun ist, ich glaube, auf Vorschlag von Herrn Bidault, folgendes beschlossen worden: Es tritt im Juni eine Konferenz zusammen unter dem Vorsitz von Ministerpräsident De Gasperi, an der entweder die Minister selbst teilnehmen oder sich vertreten lassen und auch Sachverständige mitbringen, und in dieser Konferenz, für die ein Zeitraum von über 14 Tagen in Aussicht genommen ist[8], sollen dann die einzelnen Bestimmungen des Vorschlags, soweit sie nicht schon konkret diskutiert sind, diskutiert werden, und es soll eine Verständigung gesucht werden. Und am 10. Juli sollen im Haag wieder die sechs Außenminister zusammentreten, um dasjenige, was in Rom verarbeitet worden ist, ihrerseits zu verarbeiten und entweder gutzuheißen oder zu ändern usw., so daß also jedenfalls die zuerst in Straßburg von maßgebenden Stellen mit großer Energie verfochtene Forderung, die ganze Geschichte solle in die Hände der Regierungsmaschinen gegeben werden, zum größten Teil wenigstens beseitigt ist; und wir haben dadurch, aufgrund der Art und Weise der Prozedur, wie sie gewählt worden ist, die Möglichkeit, daß wir schnell weiterkommen.
Ein sehr wichtiger, entscheidender Punkt des Ganzen betrifft die Art und Weise, wie die Europäische Versammlung, das europäische Parlament, zustande kommen soll. Darüber steht im Kommuniqué, die Mehrheit war sehr stark für direkte Wahlen[9]. Diese Mehrheit war sehr stark, die Minderheit war sehr viel geringer. Man hat sich für die direkte Wahl ausgesprochen, und ich für meine Person hege keinen Zweifel, daß letzten Endes auch diese direkte Wahl bleibt.
Ich gestehe selbst, daß ich mich zunächst nicht für [die] direkte Wahl ausgesprochen habe und in Bonn Zweifel hatte, ob man bei der Anlaufzeit nicht indirekte Wahlen nehmen sollte, d. h. durch die beteiligten Länder die Vertreter benannt würden. Es könnte ja sein, daß auf diese Weise eine bessere Auswahl getroffen worden wäre, obgleich die Herren, die sich mit der Sache sehr eingehend beschäftigt haben, der Auffassung sind, in allen beteiligten Ländern seien jetzt so viel versierte Europäer vorhanden, die für dieses Parlament fähig seien, daß man keine Sorge da zu haben brauche wegen der Zusammensetzung. Ich habe mich vor allem einem Argument schon in Bonn nicht verschlossen: Wenn man durch direkte Wahlen die Bevölkerung interessiert für ein europäisches Parlament, hat ein solches Parlament in der Bevölkerung der sechs Länder einen ganz anderen Widerhall, als wenn dieses Parlament indirekt geschaffen würde. Daran würde die Bevölkerung nicht den notwendigen Anteil nehmen.

Wir können also damit rechnen, daß wir in einer gar nicht so langen Zeit in den sechs Ländern europäische Wahlen haben.
Ich glaube, es verlohnt sich schon, auch historisch betrachtet, diese Tatsache einmal zu beleuchten. Wenn wir das fertig bekommen, sei es in diesem Jahr, sei es Anfang nächsten Jahres, daß in diesen sechs Ländern mit zusammen 150 oder 160 Mill. Einwohnern europäische Wahlen stattfinden zu einem Parlament, am gleichen Tage überall, dann ist das eine Dokumentation europäischen Willens in der Bevölkerung, wie man ihn sich stärker und besser gar nicht denken kann. Das ist ein so richtiges Argument, daß man die Frage, ob man bei indirekten Wahlen nicht vielleicht einen besseren Durchschnitt erreicht hätte, unbedingt zurücktreten lassen muß; und das habe ich auch getan, so daß ich auch mit voller Überzeugung für die direkte Wahl bin.
Ich betone nochmals: Diese beiden Momente, die ich eben auseinandergesetzt habe, lohnen wohl eine optimistische Stellung ‹zu›[a] dem Ganzen; die Prozedur, der Modus procedendi, wie er ursprünglich in Straßburg verlangt worden war, ein sehr retardierendes Moment, das ist beseitigt. Wenn Sie wollen, ist das ein Erfolg dahin, daß nichts Negatives geschieht, aber es ist ein großer Erfolg, ein großer Fortschritt. Das Zweite ist diese direkte Wahl, die eben doch für eine wirkliche Verwurzelung der Völker der sechs Länder mit der europäischen Idee sorgt.
Es ist wohl bekannt, daß der Europarat in Straßburg auch das Projekt der Politischen Gemeinschaft außerordentlich begrüßt und seine möglichst baldige Verwirklichung gefordert hat in einem Beschluß, der vorige Woche Montag [11. Mai 1953] gefaßt worden ist[10]. Damit ist schon das Schlagwort vom »Kleinsteuropa« eigentlich aus der Welt geschafft, denn wenn alle diese im Europarat vertretenen Länder, die nicht zu diesen sechs Ländern gehören, die Schaffung des Europa sehr begrüßen, heißt das doch, daß sie dieses Kerneuropa nicht fürchten, sondern für richtig halten und auch wahrscheinlich die Hoffnung haben, möglichst bald hinzukommen zu können.
Saarverhandlungen: Die Saarverhandlungen haben einen nennenswerten Fortschritt nicht gebracht. Bei den Verhandlungen mit Frankreich wirkt es sich ja aus ... – bitte, sagen Sie das mit aller Zurückhaltung, ohne zu verletzen ... –, daß, nachdem wir über die Saar verhandeln, der Gegenverhandler ein anderer ist, und zwar infolge der Änderungen, die in Paris vorgekommen sind[11], und dadurch fehlt irgend etwas der Zusammenhang mit früheren Verhandlungen. Daß man, während ich zwei Tage fort war, paraphiert hat die Verhandlungen mit Hoffmann[12], halte ich gerade für nicht sehr höflich, oder wie Sie es nennen wollen, nämlich sehr ge-

schickt. Man muß studieren, was dort paraphiert worden ist; ob es so ist, wie Hoffmann gesagt hat oder wie Kirn[13] gesagt hat in ihren Reden[14]. Wir haben die Konventionen noch nicht da. Es findet sich in der Rede Hoffmanns, wenigstens nach den Mitteilungen des amtlichen Büros, des Telegrafen-Büros, auch der Satz, daß mit Deutschland zusammen über die wirtschaftlichen Fragen verhandelt werden müßte. Kurz und gut, das sind Fragen, zu denen man erst Stellung nehmen kann, wenn man den Wortlaut der Konventionen vor sich hat.

London: Ich komme nun zu meinem Londoner Besuch und darf zunächst vorausschicken – Sie haben das in der Presse wohl schon gelesen –, daß die Verhandlungen in London in einer außerordentlich freundschaftlichen Atmosphäre verlaufen sind und in einer sehr offenen Atmosphäre[15]. Ich habe ja am Tage meiner Ankunft [14. Mai 1953] zunächst gesprochen vor dem Internationalen Presseinstitut[16]. Dort waren viele Nationen vertreten, und ich glaube, wir können als Deutsche zufrieden sein mit der Resonanz, die meine Ausführungen gefunden haben.

Dann habe ich gesprochen vor der Interparlamentarischen Union[17] im Unterhaus. Dort waren, namentlich wenn man bedenkt, daß es der letzte Nachmittag der Sessionswoche war, sehr viele Unterhausabgeordnete anwesend, und auch dort konnte man, glaube ich, mit Recht den Eindruck haben, daß diese Ausführungen den Beifall der Anwesenden fanden.

Abends gab Sir Churchill ein Dinner. Bei diesem Dinner waren etwa 30 Personen anwesend, die dorthin gebeten worden waren, es war das Hervorstechendste auf dem politischen Gebiet, was man in England hat. Das Dinner verlief sehr gut. Zum Schluß, nachdem auf die Königin[18] und auf den Bundespräsidenten getrunken worden war, hat Sir Winston eine Rede gehalten, und ich habe geantwortet. Diese beiden Reden sind nicht in die Öffentlichkeit gekommen, sie waren nicht für die Öffentlichkeit bestimmt, aber auch diese beiden Reden waren wirklich getragen von einem Geist des Verständnisses und der Freundschaft und der Partnerschaft.

Es hat dann am anderen Tage [15. Mai 1953] im kleinen Kreis eine Besprechung stattgefunden, an der auf englischer Seite teilgenommen haben außer Sir Churchill, Kirkpatrick[19], Sir Strang[20] und Roberts, und auf unserer Seite waren wir zu sechs Personen[21]. Auch diese Aussprache verlief sehr offen und sehr freundschaftlich. Im Anschluß an diese Unterredung war ich Gast bei Sir Churchill und Lady Churchill, und es nahm als Dolmetscher teil Sir Kirkpatrick. Wir waren also zu vier Personen. Das hat nach meiner Schätzung zweieinhalb Stunden gedauert, und auch

da war eine sehr freundschaftliche Atmosphäre und eine sehr offene Aussprache.
Aber merkwürdigerweise durch einen Satz in der »Times« hat das Wort »Locarno« einen viel größeren Raum in den Zeitungen eingenommen als in den Gesprächen[22]. Alles spricht von einem Ost-Locarno, und die Menschen meinen, als wenn das nun ein kolossal wichtiger politischer Vorschlag wäre. Das ist gar nicht der Fall. Ich habe am Samstag [16. Mai 1953] früh eine Pressekonferenz in London abgehalten, und auch dort wurde von Vertretern der Presse von einem Locarno mit der Tschechoslowakei gesprochen, das früher auch einmal geschlossen worden war[23]. Wenn Sie sich den Locarno-Vertrag einmal zur Hand nehmen und den Vertrag durchlesen, sehen Sie ohne weiteres, daß es völlig abwegig wäre, etwa zu sagen, daß Churchill im Auge gehabt hätte, diesen Locarno-Vertrag moduliert zu übertragen auf die Verhältnisse im Osten, denn im Locarno-Vertrag steht im wesentlichen folgendes: Einmal hat Deutschland die Grenzen anerkannt, die im Vertrag von Versailles ihm aufoktroyiert worden sind, also freiwillig anerkannt, d.h. den Verzicht auf Elsaß-Lothringen und die Geschichte an der Saar mit der späteren Abstimmung[24].

(Zwischenruf: Nur die Westgrenzen?)

(Zwischenruf: Stresemann[25] hat lange Verhandlungen gehabt und erklärt, den Osten könnte Deutschland nicht so grenzmäßig anerkennen!)

Also, ausschließlich bezogen auf die Beziehungen zwischen Frankreich und Deutschland; und der zweite Teil des Locarno-Vertrags hatte zum Inhalt, daß wenn Frankreich Deutschland angreift, dann die anderen Deutschland zu Hilfe kommen, und wenn Deutschland Frankreich angreift, die anderen Frankreich zu Hilfe kommen.
Sehen Sie nun, daß Churchill niemals daran gedacht haben kann, von Deutschland zu verlangen, Deutschland solle sagen, daß es Rußland nicht angreift. Ich habe auch in London gesagt, ich wäre jederzeit bereit, eine solche Erklärung abzugeben, daß wir wirklich nicht daran denken, Rußland anzugreifen[26]. Ich möchte gern wissen, womit? Aber der Gedanke Churchills war der – ich habe mit ihm darüber gesprochen[27] –, daß man eben erstreben müsse eine Bereinigung durch eine verständnisvolle Gesinnung für die Bedürfnisse eines jeden und daß keiner, wenn eine solche Verständigung zustande kommt, diese Verständigung einfach mutwillig brechen könne. Er hat also mehr die ganze Atmosphäre gemeint, die damals zum Abschluß des Locarno-Vertrags geführt hat im Westen; mehr hat er nicht gemeint und nicht sagen wollen. Sie dürfen

nicht vergessen, daß die englische Sprache in ihrer Ausdrucksweise, ich will nicht sagen »allgemeiner«, aber nicht so präzise ist wie die deutsche Sprache und daß auch der Engländer es gar nicht liebt, so präzise zu sprechen, sondern das eine Spezialität des Deutschen und des Franzosen ist, präzise zu sprechen.

Im übrigen ist für uns Deutsche ja außerordentlich wertvoll, und daran ist gar kein Zweifel erlaubt, daß nichts hinter unserem Rücken geschieht, daß die britische Regierung nach wie vor auf dem Standpunkt der Wiedervereinigung Deutschlands in Frieden und Freiheit steht; also an allen diesen Dingen hat sich gar nichts geändert, sondern das bleibt, wie es ist, und das Verhältnis zwischen Großbritannien und uns ist durch diesen Besuch in London wirklich sehr freundschaftlich und sehr herzlich geworden.

Es ist auch die Rede von der Kriegsverbrecherfrage gewesen, die nun auch aus der Welt geschafft werden soll[28]. Churchill spricht sehr offen darüber, über Manstein, Kesselring usw., das sind für ihn gar keine Schwierigkeiten, so daß ich allgemein sagen kann, unsere Aufnahme im Parlament war sehr gut, unsere Aufnahme in der englischen Öffentlichkeit war sehr gut, und die Aufnahme bei der englischen Regierung war sehr gut, bei Churchill und auch bei den anderen hervortretendsten Mitgliedern des britischen Kabinetts, bei Butler[29], Lord Alexander[30] usw.

Es war dann abends ein Essen bei der Englisch-Deutschen Gesellschaft, das eine ganze Reihe sehr prominenter Leute sah, die dort anwesend waren. Etwa 240 bis 250 Personen haben sich beteiligt am Essen. Es war alles da, was in England Rang und Namen hat; und auch dieser Abend verlief in einer sehr guten Atmosphäre. Sie werden vielleicht in der Presse darüber gelesen haben, daß Sir Alexander die Rede auf mich hielt[31], und er hat das mit sehr warmen und sehr schönen Worten getan; Nicolsen[32] hat sehr nett gesprochen, er ist nicht nur ein brillanter Schriftsteller, sondern auch Tafelredner, so daß also auch das wirklich ein sehr großer Erfolg gewesen ist.

Wesemann: Es lagen über Ihre Äußerungen in London Meldungen vor, wonach Sie gesagt haben sollen, daß man nur versuchen könne, mit einem freien Polen später zu einem Modus vivendi zu kommen. Ist das so richtig und bedeutet das, daß unter gar keinen Umständen mit unseren östlichen Nachbaranrainern verhandelt werden könnte über eine Regelung, solange diese Länder nicht als freie Länder zu betrachten sind?

Adenauer: Dann müssen sie mit Moskau verhandeln. Die Frage ist mir von einem Vertreter Polens gestellt worden und war etwas schwer verständlich. Ich habe auf die Frage nicht ganz genau geantwortet, weil die

Frage eine ziemliche Unkenntnis der ganzen Verhältnisse verriet. Ich habe etwa zur Antwort gegeben, ich könne keine Antwort geben, aber das stehe auf alle Fälle fest, daß wenn eine allgemeine Bereinigung der Lage im Osten erfolgt, dann versucht werden müsse – und daß ich nicht daran zweifle –, mit Erfolg versucht werden müsse, daß zwischen dem freien Polen und dem wiedervereinigten Deutschland ein Modus vivendi geschaffen werden müsse[33].

(*von Eckardt:* Diese Frage bezog sich auch u. a. auf Locarno.)
Es war kaum verständlich, was mit der Frage gewollt war.

Journalist: Für welche Grenze hätten wir die Unterstützung der Westmächte? Churchill schreibt in seinen Memoiren, daß er an die östliche Neiße und nicht an die westliche gedacht hat[34]. Hat er sich dazu geäußert?

Adenauer: Darüber haben wir gar nicht gesprochen.

Lohmann: Ist aus den Gesprächen mit Churchill hervorgegangen, warum er ungefähr drei Wochen nach Eisenhower eine Rede gehalten hat, eine weltpolitische Rede, die in manchen wichtigen Punkten von der Eisenhower-Rede abweicht[35]?

Adenauer: Man muß sich in die Situation hineinversetzen, dann kann man schon eine Erklärung finden. Churchill ist der Staatsmann, der mitten im Kriege schon im Geschehen gestanden hat und es maßgebend beeinflußt hat. Ich könnte mir denken, daß er den dringenden Wunsch hat, nun auch bei den Schritten, die zum Frieden führen sollen, eine entscheidende Rolle zu spielen. Vielleicht kommt ein anderes hinzu – »vielleicht«, sage ich, und bitte, bringen Sie das nicht als meine Meinung –: Die Briten, das britische Commonwealth, wollen nicht nur, könnte ich mir denken, das hören, was Amerika sagt, sondern auch selbst einmal etwas sagen. Sie werden ja gelesen haben, daß Churchill bei der Opposition noch größeren Beifall gefunden hat nach seiner Rede als bei seiner eigenen Partei im Unterhaus. Das war dieses Gefühl, könnte ich mir vorstellen, das Gefühl, daß nun England doch auch einmal etwas sagen müßte. Nun müssen Sie das Temperament Churchills in Rechnung stellen. Er hat ein außerordentlich starkes Temperament. Er wird die Rede sicher genau präpariert haben. Er soll alle seine Reden genau präparieren. Aber das Gespräch mit mir war nicht präpariert, auch nicht die Tafelrede. Aber das kommt noch hinzu, und dann könnte ich ja nun eine Erklärung dafür finden. Auch wenn jetzt augenblicklich gewisse Differenzen bestehen zwischen Washington und London, ich bin überzeugt, diese Differenzen werden in verhältnismäßig kurzer Zeit ausgeglichen werden.

Strobel: In Ihrer Abwesenheit wurde der einstimmige Beschluß des Auswärtigen Ausschusses der französischen Kammer auf Zurückstellung des EVG-Vertrags bekannt[36]. Können Sie dazu etwas sagen?

Adenauer: Ich habe es nur aus den Zeitungen gelesen, wie Sie auch. Mehr kann ich nicht dazu sagen. Es gibt wenig Leute, die in die Interna des Parlamentslebens in Frankreich so richtig hineinschauen können.

Strobel: Sie gaben eine optimistische Darstellung über die Prozedur in bezug auf die Beschlüsse der Ad-hoc-Versammlung. Sie glauben also nicht, daß sich da etwas ändern könnte?

Adenauer: Nein, das glaube ich nicht.

Rodens: »Le Monde« hat geschrieben, der bisher schlechte Fortgang der Saarverhandlungen wäre darauf zurückzuführen, daß der deutsche Bundeskanzler die wirtschaftlichen Forderungen Deutschlands in bezug auf die Saar nicht präzisiert hat und das nicht tun wolle[37]. Können Sie dazu etwas sagen?

Adenauer: Ich weiß nicht, ob »Le Monde« in allen Teilen so wirklich zuverlässig ist. Ich darf daran erinnern, daß im Bundestag vor einiger Zeit von den Rednern sowohl der Koalition wie der Opposition erklärt worden ist, wir erkennen an, daß Frankreich wirtschaftliche Interessen an der Saar hat, aber Deutschland hat auch wirtschaftliche Interessen an der Saar, und ich möchte hinzufügen, auch die Saarbevölkerung hat wirtschaftliche Interessen. Es ist im Bundestag dann gesagt worden, es solle diesen wirtschaftlichen Interessen Frankreichs Rechnung getragen werden[38]. Gut, ich muß dann auch die wirtschaftlichen Interessen Frankreichs einmal kennen; und die kenne ich bisher nicht.

(*Zwischenruf:* Es hieß weiter, Deutschland sei nicht bereit, mit Sachverständigen zu verhandeln?)

Die Ansicht Schumans bezüglich der Sachverständigen ‹wich›[b] von meiner Ansicht im folgenden ab: Ich war der Auffassung, man sollte französische und deutsche Sachverständige bestellen, die nun versuchen sollten, zusammen einen Überblick zu gewinnen über die wirtschaftlichen Interessen Frankreichs, der Saarbevölkerung und Deutschlands. Schuman hat dazu immer erklärt, man könne nicht Sachverständige einfach ohne Richtlinien loslassen, auf ein bestimmtes Thema einfach ansetzen. Ich bin da entgegengesetzter Ansicht; man müßte nach meiner Meinung zwei Prozeduren unterscheiden:

Man müßte erst einmal, so wie ich es vorgeschlagen habe schon im Herbst [1952] Schuman gegenüber[39], man müßte also ein Gremium von Sachverständigen bestellen, das nun prüft die wirtschaftlichen Interessen der betreffenden Länder. Wenn diese Sachverständigen bezüglich gewisser Interessengebiete zu einer übereinstimmenden Feststellung kommen, würden diese Feststellungen das Gebiet, das diese Feststellungen betrifft, schon aus den weiteren Verhandlungen ausscheiden, und dann bleibt ein Teil übrig, und dann allerdings, wenn die Ansichten der Sachverständigen einander entgegengesetzt sind, müssen die Regierungen sich darüber unterhalten, evtl. eine Entscheidung treffen, eine Ergänzung der Feststellungen treffen; aber auf diesem Wege würde man weiterkommen. Wenn man aber von vornherein Sachverständigen bestimmte Richtlinien gibt, können die gar nicht feststellen, welches die wirtschaftlichen Interessen der Beteiligten sind.

(*Zwischenruf:* Diese Auffassung Schumans wird sich »Le Monde« zu eigen gemacht haben!)
Das scheint so, aber ich könnte es nicht bestimmt sagen. Wir haben wohl davon gesprochen, daß wir diese wirtschaftlichen Fragen untersuchen wollen. Einstweilen macht es jeder für sich.

Journalist: Ist in den Betrachtungen über die innerfranzösischen Schwierigkeiten die Frage einer Lösung des Junktims zwischen EVG-Vertrag und Bonner Vertrag[40] erörtert worden?

Adenauer: Nein, die Frage dieses Junktims habe ich absichtlich beiseite gelassen. Das große Rätsel ist in der innerpolitischen französischen Lage: Was wird aus der bisherigen gaullistischen Fraktion[41]? Sie meinen doch das Junktim zwischen Saarfrage und EVG-Vertrag[42]?

(*Fragesteller:* Nein, ich meine EVG-Vertrag und Bonner Vertrag.)
Nein, darüber ist gar nicht gesprochen worden. Da spricht man immer von einem Junktim. Das Ganze ist doch so selbstverständlich. Man hätte es in einem Vertrag zusammenbringen können, wenn nicht beim Deutschlandvertrag nur beteiligt wären die drei Westalliierten und wir und beim EVG-Vertrag dazu noch die Benelux-Länder und Italien; infolgedessen konnte man das nicht zusammen machen, sonst wäre das in einem großen Vertrag gemacht worden.

Journalist: Läßt sich schon etwas sagen über die Art der vorgesehenen Regelung der Kriegsverbrecherfrage in bezug auf England?

Adenauer: Es wird jetzt eine Nachprüfung weiter erfolgen. Ich nehme an, daß dabei alle diese Erleichterungen, die das englische Recht vorsieht, den Verurteilten gewährt werden und daß wir in Bälde – Churchill sprach von vier Wochen – doch da Erfolg sehen werden. Ich würde bitten, das nicht so sehr zu betonen, das erschwert nur die Sache in England selbst und liegt nicht im Interesse der Verurteilten.

Lohmann: Hat Churchill ein völliges britisches Desinteressement an der Saarfrage zum Ausdruck gebracht oder zu erkennen gegeben, daß er bereit sei, die guten Dienste Großbritanniens in dieser Frage zur Lösung der Frage zur Verfügung zu stellen?

Adenauer: Da bietet keiner gern seine Dienste an. Ich habe auf die Frage, wie ich dazu stünde, geantwortet: Ziemlich unverändert! – Dabei haben wir es bewenden lassen. Bitte, bringen Sie das auch nicht. Die Besprechungen waren so vertraulich, daß man sich seinen politischen Kredit schädigen kann, wenn man darüber zuviel in der Öffentlichkeit mitteilt.

Strobel: Man ist sich in Paris auch der Tatsache bewußt, daß man in Washington mit einer gewissen Neugier auf Ergebnisse der Saarbesprechungen wartet, also an die französische Adresse gerichtet.

Adenauer: Was ich jetzt sage, klingt deutschen und vielleicht französischen Ohren nicht sehr angenehm. Wir müssen nicht glauben, als wenn sich die ganze Weltgeschichte um die Saarfrage dreht. In dem Kommissionszimmer des Senats für Auswärtige Angelegenheiten in Paris war eine große Karte. Sie haben alle Mühe, darauf die Saar zu finden. Bei uns ist, leider Gottes, wie die Dinge geworden sind, das zu einer sehr wichtigen Frage geworden, aber in den Augen der übrigen Welt spielt es nur insofern eine Frage, als man sagt, man hätte gern, daß Frankreich und Deutschland sich vertragen.

Journalist: Konnten Sie mit Bidault sprechen über den Beschluß des Auswärtigen Ausschusses und gründet sich darauf Ihr Optimismus, daß die Verträge von allen Ländern bis Herbst ratifiziert seien?

Adenauer: Nein, ich habe mit Bidault nicht darüber gesprochen. Beachten Sie folgendes: Die Zukunft der bisherigen gaullistischen Fraktion ist noch völlig in der Schwebe, und je nachdem, was daraus wird, werden sich die Mehrheitsverhältnisse im französischen Parlament verschieben, und dadurch ist natürlich eine gewisse Unsicherheit dort, und man darf auch nicht zuviel fragen. Ich war zusammen mit Bidault am Mittwoch abend [13. Mai 1953], aber ob ihm bzw. Ministerpräsident Mayer der Beschluß des Auswärtigen Ausschusses bekannt gewesen ist, weiß ich nicht. Wir kannten ihn noch nicht. Wenn er mir bekannt gewesen wäre, würde ich doch nicht gefragt haben. Ich fand, daß das in wohltuendem Gegensatz stand zu dem Beschluß des Bundesrats in Deutschland[43].

Wodurch haben wir bisher einen großen Satz nach vorn gemacht in der öffentlichen Meinung der anderen Völker? Doch dadurch, daß wir eine Politik treiben, die konstant ist und auf die man sich verlassen kann. Wenn wir diese Politik nicht getrieben hätten, wären wir nicht im entferntesten so weit, wie wir jetzt sind. Ich war zuletzt in London im Februar

1952[44] und im Dezember 1951[45] vorher, und ich war auch damals immer Gast von Churchill, und das Verhältnis, obgleich es damals nicht unfreundlich war, hat sich doch so sehr zu unseren Gunsten verbessert, daß ich es hätte kaum für möglich halten können. Daran ist zum großen Teil die Ursache unsere konstante Politik. Deswegen begrüße ich auch die Entscheidung des Bundesrats, damit man sieht, Deutschland geht seinen Weg weiter.

Journalist: Sind innenpolitische, innerdeutsche Fragen zur Sprache gekommen, soweit sie evtl. [die] Außenpolitik berühren könnten?

Adenauer: Nein, aber ich habe wohl vor der Interparlamentarischen Union gesprochen über Rechtsradikalismus bei uns[46] und über den Fall Naumann[47], aber ich habe bei Churchill nicht darüber gesprochen und auch beim Lunch nicht.

Kausch: Heute abend trifft Österreichs Außenminister[48] in Bonn ein. Können Sie etwas zu den morgen beginnenden Gesprächen zwischen Ihnen und ihm sagen?

Adenauer: Ich freue mich, daß der österreichische Außenminister kommt. Sie werden gelesen haben, was er in Salzburg gesagt hat, »eine Vereinigung und keine chinesische Mauer«[49]. Österreich ist in einer sehr schwierigen Lage, weil es doch unter Viermächtekontrolle steht und [weil] eigentlich zu gewissen Maßnahmen, z. B. zur Wiederaufnahme diplomatischer Beziehungen zwischen Österreich und uns, die ausdrückliche Zustimmung Rußlands gehört. Ich freue mich, daß Gruber kommt. Ich kenne Gruber. Er ist begleitet von seinem der Sozialistischen Partei angehörenden Staatssekretär[50]. Ich freue mich auch, daß dieser kommt, und ich hoffe, daß die Gespräche, die wir haben werden und die sich sehr stark auf wirtschaftlichen Gebieten bewegen werden, guten Erfolg haben werden.

Aber wir dürfen es natürlich nicht so machen, daß wir nun sofort darin den Anschluß sehen oder was anderes sehen, sondern lassen wir diesen Besuch des österreichischen Außenministers begrüßen als einen wesentlichen Schritt, um die Beziehungen zwischen Österreich und der Bundesrepublik, die bisher ja nicht in allen Punkten infolge der Kontrollbestimmungen so waren, wie wir es wünschten, wieder in Ordnung kommen zu lassen und daß wir dadurch zum wirtschaftlichen Austausch mit Österreich kommen. Österreich hat ein sehr großes Interesse daran. Vielleicht haben wir auch gegenüber Österreich eine gewisse Schuld von früher her, d. h., es hat uns ja Hitler geschickt, das dürfen wir auch nicht vergessen. Aber von diesen Dingen werden wir natürlich nichts sagen, Sie hoffentlich auch nicht!

Strobel: Rechnet man mit der Möglichkeit konkreter Ergebnisse bei dem Besuch Grubers?

Adenauer: Bei solchen Verhandlungen kommen nie sofort konkrete Ergebnisse heraus, schon deswegen nicht, weil das Handelsministerium in Österreich gar nicht dabei vertreten ist. Das kann erst solchen konkreten Bestrebungen den Weg ebnen[51].

Ganz London steht ja nun unter dem Zeichen der Krönung[52]. Alle Straßen, alle entscheidenden Punkte sind verkleidet hinter Galerien usw. Es ist imponierend, zu sehen, wie das englische Volk und das Commonwealth überhaupt an seiner Monarchie hängt. Das ist wirklich imponierend.

Ich habe mir übrigens eine besondere Freude gemacht, auf Vorschlag eines Mitglieds des Unterhauses den Zeremonien einmal beizuwohnen, wenn ein Gesetz verkündet wird. Früher war das Oberhaus dasjenige, das die Entscheidung gefällt hat, und das Unterhaus hatte eine nebensächlichere Bedeutung gehabt. Das hat sich im Laufe der Zeit völlig geändert, aber der äußere Schein wird dem Oberhaus gelassen.

Nun handelte es sich um die Verkündung des Gesetzes über die Entnationalisierung der Stahlindustrie[53]. Die Zeremonie verläuft wie folgt: Die Verkündung muß im Oberhaus erfolgen. Ein »Bote« wird vom Oberhaus mit einem dicken, eisenbeschlagenen Stab zum Unterhaus geschickt. Die Stunde wird vorher dem Unterhaus nicht mitgeteilt, aber die wissen das ungefähr, wann der Bote kommt, und machen schleunigst die Türe des Unterhauses zu, schließen also ab, und dann schlägt der Bote von draußen dreimal mit seinem Stab an die Tür. Dann wird die Tür geöffnet, und der Redner, der spricht, muß sofort aufhören mit seiner Rede, und der Bote ladet das Unterhaus ein, in das Oberhaus zu kommen, und dann gehen unter Anführung des Speakers[54] in seiner Tracht Mitglieder des Unterhauses mit, die dazu willens und bereit sind, sowohl Opposition wie Regierung, und man marschiert zum Oberhaus. Im Oberhaus ist eine Schranke gezogen, die einen Teil des Raumes trennt von dem anderen Teil. Im anderen Teil ist der Tisch des Hauses und sind die Bänke für die Lords. (Sehr viele waren nicht da.) Am Ende des Saals sitzt der Lordkanzler und sitzen zwei Lords in mittelalterlichen Gewändern. Dann kommt unter Führung des Speakers das Unterhaus bis zur Schranke heran, und dort müssen die Unterhausmitglieder stehenbleiben und haben keinen Sitzplatz, während die Lords sitzenbleiben. Die Drei bleiben auch sitzen, dann macht der Speaker drei sehr zeremonielle Verbeugungen vor dem Oberhaus, und der Lordkanzler dankt dadurch, daß er sein Hütchen kurz abnimmt. Dann wird das Gesetz verlesen, und es wird geschlossen mit ... [der Formel »La Reyne le veult«[55]] (einem normannischen Französisch). Dann verabschiedet sich das Unterhaus wieder mit einer tiefen Verbeugung, und damit ist das Gesetz verkündet. Meist handelt es sich bei einer solchen Zeremonie gleichzeitig um eine Reihe von Gesetzen, aber dieses Entnationalisierungsgesetz war ein besonders wichtiges Gesetz, und so wurde es für sich allein verkündet. Man hat also dem Oberhaus den Mantel vollkommen gelassen, als wenn das Oberhaus zu entscheiden hätte, während tatsächlich die Sache umgekehrt ist.

Teilnehmer am Kanzlertee am 17.8.1953 16.Uhr

Dr.Strobel, Frankfurter Neue Presse
Hange, dpa
Badendieck, Union in Deutschland
Grouven, Westfalenpost
Wendt, NWDR
Tzschaschel, Süddeutscher Rundfunk
Gerdes, Südwestfunk
Wenger, Rheinischer Merkur
Goeddert, Kölnische Rundschau
Frl.Dr.Bogner, Kölner Stadtanzeiger
Frau Dr.Neumann, Lübecker Nachrichten
Papenhoff, Die Neue Zeitung
Steinfurth, Deutscher Zeitungsdienst
Dr.Wirth, Süddeutsche Zeitung
Dr.Pfeiffer, Industriekurier
Dr.Rodens, Neues Tageblatt Osnabrück,
Dr.Thilenius, Deutsche Zeitung und Wirtschaftszeitung
Scholz, Weserkurier
Vogel, Christlicher Nachrichtendienst
Dr.Kussl, Deutschland Union Dienst
Honnigfort, dimitag
Tönnies, General-Anzeiger
v.Studnitz Hamburger Anzeiger
Dr.Wagner, Südkurier
Dr.Schulze-Vorberg, Bayerischer Rundfunk
von König, Der Kurier
Mörbitz, Frankf. Rundschau

Teilnehmerliste (zu Dok. Nr. 46)

Nr. 46
17. August 1953: Tee-Empfang (Wortprotokoll)

BPA Archiv F 30, mit ms. Vermerk »Thema: Die Sowjetnote vom 16.8.1953[1]«

Teilnehmer[2]: Friedrich Carl Badendieck, Dr. Hilde Bogner, Wolfdietrich Gerdes, Franz Goeddert, Marliese Grouven, Franz Hange, Clemens Honnigfort[3], Dieter von König, Dr. Adolf Kussl, Eghard Mörbitz[4], Dr. Erika Neumann, Wilhelm Papenhoff, Dr. Albert Pfeiffer, Dr. Franz Rodens, Guenther Scholz, Dr. Max Schulze-Vorberg, Paul Steinfurth, Dr. Robert Strobel, Hans-Georg von Studnitz, Dr. Richard Thilenius, Norbert Tönnies, Gerta Tzschaschel, Rolf Vogel, Dr. Wolfgang Wagner, Hans Wendt, Paul Wilhelm Wenger, Dr. Ulrich Wirth

Beginn: 16.15 Uhr[5]

Adenauer: Meine Damen und Herren! Es lag mir daran, Ihnen etwas über die neue Sowjetnote[6] zu sagen. Sie werden verstehen, daß ich mich nicht erschöpfend dazu äußere, weil sie ja adressiert ist an die USA, an Großbritannien und Frankreich, und weil ich wohl annehmen darf, daß die drei Adressaten der Note dazu ausführlicher Stellung nehmen[7]. Aber da die Note ja das deutsche Schicksal betrifft, hat die deutsche Öffentlichkeit wohl ein Recht darauf, von der Bundesregierung etwas über ihre Auffassung zu dieser Note zu hören.
Ich möchte zunächst hinweisen auf die merkwürdige Regie. Die Washingtoner Konferenz[8] hat, wie Sie wissen, Sowjetrußland am 15.7. eine Note[9] übermittelt, in der sie eingeladen hat zu einer Viererkonferenz mit den ganz bestimmten Fragen über Deutschland, die dem Bundestagsbeschluß vom Juli[10] entsprechen. Das war am 15.7. Die Sowjetunion hat am 4.8. geantwortet mit einer Note[11], in der sie auf die Note vom 15.7. nicht irgendwie im einzelnen eingeht, sondern von einer globalen Lösung der gesamten Spannungen spricht; diese globalen Spannungen müßten auf einer Konferenz erörtert werden einschließlich auch der deutschen Frage. Auf die genauen Angaben der Note der drei Westmächte vom 15.7. über die Konferenz geht sie nicht ein. Noch ehe diese Note vom 4.8. von den drei Westalliierten beantwortet worden ist, kommt nun plötzlich diese Note, die sich allein mit Deutschland befaßt und die jetzt ungewöhnlich lang und ausführlich ist und die offenbar auch die drei Westmächte völlig überrascht hat. Sie ist in der Nacht übergeben worden, und erst im Laufe der vergangenen Nacht waren die Übersetzungen soweit fertig bei den drei Westmächten, [so] daß auch wir Deutsche sie bekommen konnten.

Nun weiß ich nicht, inwieweit Sie schon Zeit gefunden haben, diese neue Note der Sowjets durchzustudieren. Ich möchte Ihnen heute etwas sagen über die Hauptpunkte und möchte an die Spitze stellen, daß diese Note im Grunde genommen, wenn man sie allen Beiwerks entkleidet, aller möglichen Sätze über Demokratie, Menschenrechte usw., denselben Inhalt hat wie die Note der Sowjets vom 10.3.1952[12]. In dieser Note vom 10.3.1952 – das schreiben die Sowjets selbst in ihrer neuen Note –: »Schon am 10.3.1952 hatte die Sowjetregierung den Regierungen Frankreichs, Großbritanniens und der USA die Grundlagen für einen Friedensvertrag mit Deutschland unterbreitet, zu denen die drei Westmächte bisher noch nicht Stellung genommen haben!« – Das ist nicht richtig, sie haben in der Antwort dazu Stellung genommen[13]. Dieser Entwurf eines Friedensvertrages mit Deutschland basiere auf dem Potsdamer Vertrag[14]. Auf dem Potsdamer Vertrag basiert auch die neue Note, wenngleich an einer Stelle sich der Satz findet, daß seit dem Abschluß des Potsdamer Vertrags nunmehr 8 Jahre vergangen seien und daß nicht geringe Veränderungen eingetreten sind, die bei der endgültigen Regelung der deutschen Frage berücksichtigt werden müßten. Aber dann heißt es in dieser neuen Note weiter: »Die grundlegenden Ziele des Potsdamer Abkommens, die Schaffung eines friedliebenden und demokratischen Deutschlands zu fördern, sind jedoch nach wie vor Ausdruck der Interessen aller europäischen Völker, darunter auch des deutschen Volkes, und müssen durch den Abschluß eines Friedensvertrages mit Deutschland gewährleistet werden.«

Bitte halten Sie das fest! Auch in der neuen Note, in der vorgeschlagen wird, einen Friedensvertrag mit Deutschland zu schließen, werden die Grundsätze des Potsdamer Vertrages aufrechterhalten, allerdings in einem Punkte nicht, und zwar insoweit nicht, als ja auch von den Sowjets zugestanden wird, daß eine deutsche Regierung – ich komme noch darauf zu sprechen – bei den Verhandlungen beteiligt sein müßte, während nach dem Potsdamer Vertrag der Friedensvertrag mit Deutschland unter den Siegermächten vereinbart und dann Deutschland auferlegt werden sollte. Also von diesem Standpunkt geht die Sowjetregierung jetzt ab, aber an dem Grundprinzip hält sie fest, d. h., Deutschland wird verboten, irgendeinen Vertrag, ein Bündnis mit irgendeinem anderen Staate, gegen den es früher im Kriege gestanden hat, einzugehen. Es bekommt eine beschränkte nationale Armee. Das sind die beiden entscheidenden Gesichtspunkte, und die sollen bestehen bleiben, mit anderen Worten, eine Neutralisierung Deutschlands, wie der Potsdamer Vertrag sie vorsah.

Neu ist in der Sowjetnote, daß sich nunmehr die Sowjets, die früher nur von dem aggressiven Nordatlantikpakt gesprochen hatten, sich jetzt auch gegen den EVG-Vertrag mit aller Kraft wenden und sagen, daß er ein Teil des Nordatlantikpakts sei und ebenso aggressiv wie jener und daß er von der Mehrzahl der Deutschen auch in der Bundesrepublik abgelehnt wird. Hier merkt man ja nun die von den Sowjets beabsichtigte Wahlhilfe[15] sehr deutlich. Es wurde bisher in den früheren Noten immer nur von der NATO gesprochen, nicht vom EVG-Vertrag; und die Sowjets betonen jetzt, daß eine Vereinigung West- und Ostdeutschlands unmöglich sei, wenn die Bundesrepublik in den Vertrag über die EVG einträte. Das ist neu daran und kennzeichnet augenscheinlich die ganze Note im Hinblick auf die kommenden Wahlen.

Ehe ich zu sprechen komme auf die von den Sowjets vorgeschlagenen zwei Methoden der Bildung einer gesamtdeutschen Regierung, möchte ich hierzu noch etwas sagen. Wenn der Friedensvertrag auf dieser Basis abgeschlossen würde, dann würde also Deutschland zwar vereinigt, aber ganz für sich allein stehen mit einer nationalen Armee. Daß eine nationale Armee, eine deutsche nationale Armee in der heutigen Zeit nicht die Sicherheit Deutschlands, die Neutralität, garantieren kann, ist klar. Deutschland würde also ohne jede Sicherheit bleiben. Es würde weiter – man kann das mit einer Sicherheit, mit einer Wahrscheinlichkeit sagen, die an Sicherheit grenzt – eine Änderung der Politik der USA eintreten, da ja die europäische Integration, da Deutschland neutralisiert würde, unmöglich würde; und es würde diese ganze bisherige europäische Integrationspolitik, die von Großbritannien und von den USA auf das Lebhafteste unterstützt wird und die nach den wiederholten Erklärungen Eisenhowers[16] eine Grundlage der amerikanischen Politik mit Bezug auf Europa bildet, ihr Ende finden.

Sie hätten dann folgendes Bild: Neutralisiertes Deutschland, kein zusammengefaßtes Europa, Frankreich, Italien und die Benelux-Länder blieben, wie sie jetzt sind, mit ihren großen kommunistischen Parteien in Frankreich und Italien, und für die USA wären die Grundlage ihrer Europapolitik fortgefallen. Daß wir unter keinen Umständen uns damit einverstanden erklären können, brauche ich Ihnen gegenüber nicht besonders zu begründen. Es wäre das, nach meiner Überzeugung, einem Selbstmord Deutschlands gleichzusetzen, denn Deutschland würde in einer verhältnismäßig sehr kurzen Zeit dem russischen Sog anheimfallen.

Nun zu den Methoden über die Bildung einer gesamtdeutschen Vertretung. Sie wissen, daß die Westmächte in Übereinstimmung mit uns vorgeschlagen hatten, freie Wahlen in Gesamtdeutschland, Bildung einer

gesamtdeutschen Regierung durch ein frei gewähltes Parlament[17]. Sowjetrußland schlägt zwei Möglichkeiten vor: entweder daß der Bundestag und daß das Gremium, das in der Sowjetzone als Parlament fungiert[18], zusammen eine Regierung bilden, etwas, meine Damen und Herren, was für uns völlig unmöglich ist. Der Bundestag hat wiederholt erklärt, und zwar alle Parteien haben das erklärt, daß dieses Gremium, das in der Sowjetzone als Parlament fungiert, tatsächlich keine demokratische Vertretung der Bevölkerung der Ostzone sei; und ich darf Sie daran erinnern, daß wir hier im Westen immer, und zwar alle Parteien übereinstimmend, jede Verbindung, auch jede Fühlungnahme mit den Vertretern dieses Gremiums abgelehnt haben[19]; ich darf Sie daran erinnern, daß sie vor einiger Zeit einmal angereist gekommen sind[20].
Die Sowjetunion schlägt aber, wenn die beiden Parlamente sich nicht einigen können, vor, daß dann die beiden Regierungen, d. h. die Regierung der Bundesrepublik und die Regierung der Sowjetzone, zusammen eine gesamtdeutsche Regierung mit begrenzten Funktionen bilden.
Was ich eben gesagt habe über die Nichtanerkennung des Gremiums, das sich Parlament nennt in der Sowjetzone, als eine demokratische Vertretung der Deutschen in der Sowjetzone, das gilt genausogut, wenn nicht noch mehr, von der jetzigen Regierung der Sowjetzone; und insbesondere, seitdem diese Regierung in der Sowjetzone nach dem Aufstand vom 16. und 17. 6. im Ostsektor von Berlin und in der Sowjetzone[21] dieses Terror- und Willkürregiment dort in der Sowjetzone ausübt. Das würde für uns völlig unmöglich sein, es würde von den Deutschen in der Ostzone geradezu als ein Verrat an ihnen empfunden werden, wenn wir uns mit den Leuten, die verantwortlich sind für die Not und das Elend und die Justizfrevel, die jetzt in der Sowjetzone passieren, zusammen berieten, um mit ihnen zusammen eine Regierung zu bilden.
Ich möchte mich zunächst hierauf beschränken und darf Sie bitten, Fragen zu stellen. Die Note ist ja sehr lang. Es sind aber im Grunde genommen mehr Worte als positiver Inhalt oder faßbarer Inhalt, ich habe Ihnen den faßbaren Inhalt ziemlich genau und korrekt wiedergegeben.

Journalist: Sie sprachen davon, daß die Note im Hinblick auf die Wahlen abgefaßt ist. Glauben Sie, daß der Inhalt darauf ausgeht, bestimmte deutsche Parteien zu stützen oder mehr darauf, gegen die derzeitige Regierung gerichtet zu sein?

Adenauer: Das ist gehüpft wie gesprungen.

Journalist: Glauben Sie, daß aus der Note ein ernsthafter Wunsch der Sowjetregierung nach Verhandlungen mit den Westmächten zu ersehen ist?

Adenauer: Wenn Sie die Note einmal ganz durchlesen, in Ruhe, werden Sie sehen, daß die Note wimmelt von Beschimpfungen der USA, von direkten Beschimpfungen, und wenn ich nun mit einer anderen Macht in ernsthafte Verhandlungen treten will, ist es jedenfalls eine merkwürdige Einleitung, wenn ich sie zunächst mit einer Keule vor den Kopf schlage. Aber das Auffallende ist, daß die beiden Noten ‹ . . ›[a] aufeinander folgen, noch ehe die erste Note beantwortet [worden] ist. Offenbar, oder man könnte sagen, es haben die Leser der ersten Note den Eindruck bekommen, daß diese nicht ganz für den Zweck paßt, und das ist vielleicht auch der Grund, warum eine zweite Note noch gemacht worden ist.

Journalist: Es ist ein merkwürdiger Gegensatz in der Note. An einer Stelle wird davon gesprochen, daß deutsche Vertreter an der Vorbereitung zum Friedensvertrag und am Friedensvertrag selbst beteiligt sein sollen, an der Friedenskonferenz; an anderer Stelle werden die Teilnehmerstaaten für die Friedenskonferenz aufgezählt, und dabei ist Deutschland nicht erwähnt[22]. Finden Sie darin eine besondere Bedeutung?

Adenauer: Ich glaube, man müßte da den russischen Text einmal genau nachlesen. Sie dürfen nicht vergessen, daß der deutsche Text ja nicht unmittelbar aus dem Russischen übersetzt ist, sondern daß die Note zunächst in[s] Englisch[e] übersetzt wurde und von [dem] Englisch[en] in[s] Deutsch[e], und da können irgendwelche Irrtümer doch vorkommen. Also, ich möchte da einstweilen keine Folgerungen ziehen, aber Sie haben recht, man wird das prüfen müssen.

Journalist: Der Zweck der Note ist ja auch die Drohung, keine Wiedervereinigung, wenn die Bundesrepublik der EVG beitritt. Sie sagen immer das Gegenteil, die Stärkung und der Anschluß an den Westen würden die Vereinigung erleichtern. Dieses Argument könnte ja im Wahlkampf eine Rolle spielen!

Adenauer: Ich möchte auf diese Ausführungen nach zwei Richtungen hin antworten. Meine These ist ja schon seit langer Zeit die folgende gewesen: Sowjetrußland sieht allein in den USA einen wirklichen Gegner, weil allein die Vereinigten Staaten die Stärke haben, die Sowjetrußland eventuell fürchtet. Die Vereinigten Staaten sind auf dem Gebiete der atomischen Waffen zweifellos Sowjetrußland zur Zeit voraus, aber man muß damit rechnen, daß Sowjetrußland die USA einmal einholen wird. Dann werden vielleicht auch beim Gebrauch der atomischen Waffen wieder entscheidend sein die Grundelemente des Kriegspotentials, Kohle, Eisen und Stahl. Und in der Produktion von Kohle, Eisen und Stahl ist Sowjetrußland nicht nur hinter den USA weit zurück, es kann auch niemals hoffen, die USA einzuholen, weil es in seinem Territorium nicht die nötigen Grundstoffe hat.

Aber vor der Tür Rußlands, vor dem Eisernen Vorhang, liegt das deutsche Industriegebiet, das nordfranzösische und das, wenn auch erheblich kleinere, belgische, und wenn nun Sowjetrußland es gelingen würde, dieses Industriepotential unversehrt in seine Hand zu bekommen, würde es am selben Tage eine größere Produktion haben an Kohle, Eisen und Stahl als die Vereinigten Staaten. Und daher, das wird jeder verstehen müssen, wenn Sowjetrußland die USA fürchtet oder wenn es die Weltherrschaft erstrebt, daß es dann sich bemühen muß, gleich stark zu werden an Kriegspotential oder stärker zu werden als die USA, das ist nach meiner Überzeugung das Ziel des kalten Krieges. Sowjetrußland hofft, im Wege des kalten Krieges die Herrschaft über das Industriepotential Westeuropas zu bekommen. Es muß diese Hoffnung dann aufgeben, wenn eine europäische Integration erfolgt, und daher wendet es sich mit allen möglichen Mitteln gegen diese Integration, insbesondere gegen die Europäische Verteidigungsgemeinschaft, weil die EVG eine Grundbedingung zu der ganzen europäischen Integration ist.

Wenn die EVG praktisch geworden ist, ist für Sowjetrußland eine völlig andere Lage gegeben, nicht etwa, weil die Europa-Armee dann eines Tages dastehen wird, die braucht an sich Sowjetrußland nicht zu fürchten; aber es muß dann seine Pläne, im Wege des kalten Krieges sein Kriegspotential dem der USA überlegen zu machen, aufgeben. Das ist dann nach meiner Meinung der Augenblick, in dem mit Sowjetrußland verhandelt werden kann über eine globale Regelung. Daß eine gewisse Furcht Sowjetrußlands vor Amerika dabei mitspielt, ist immer meine Überzeugung gewesen, und ich habe dem auch immer Ausdruck gegeben, und dem wird man Rechnung tragen müssen. Es müßte bei Beginn oder im Laufe solcher Verhandlungen Sowjetrußland auch diese Furcht genommen werden. Und da bietet nun gerade der Vertrag über die EVG alle Ansätze zum Ausbau eines Sicherheitssystems, das auch Sowjetrußland zugute kommen kann.

Der Vertrag über die EVG ist schon an sich ein Sicherheitsabkommen unter den europäischen Staaten selbst, weil er ja einen Krieg zwischen ihnen nicht mehr zuläßt. Aber wenn wirklich Sowjetrußland den deutschen Militarismus, wie namentlich die »Prawda« sagt und Malenkow[23] sagt, so sehr fürchtet, müßte es doch bedenken, daß durch den Vertrag über die EVG die deutsche militärische Kraft nicht nur der Zahl nach, sondern auch der Bewaffnung nach und ihrem ganzen Aufbau nach beschränkt wird; ihrem Aufbau nach insofern, als sie nur zu defensiven Zwecken gebraucht werden kann. Es wird also möglich sein, und ich glaube, wenn Sowjetrußland die Dinge unter diesen Gesichtspunkten

betrachtet, und es wird sie eines Tages unter den Gesichtspunkten betrachten, ‹wird man›[b] in der Entwicklung der EVG ein Sicherheitssystem erkennen, das auch zugunsten Sowjetrußlands wirkt.
Nun sind die inneren Verhältnisse, die wirtschaftlichen Verhältnisse, ich sehe jetzt einmal ab von diesen Wirren oder von dem Kampf um die Macht, es sind die wirtschaftlichen Verhältnisse in Sowjetrußland ja sehr schlecht, und es wird, wenn Sowjetrußland sieht, daß es nicht die westeuropäischen Länder beherrschen kann, wenn ihm die Furcht, von Amerika angegriffen zu werden, genommen ist, vor der Frage stehen: Soll ich nun wie bisher weiter rüsten? – denn die Rüstung ist ein Mittel des kalten Krieges. Ich glaube nicht an einen heißen Krieg, denn Sowjetrußland hat von verbrannter Erde nichts, es braucht diese Industrien unversehrt. ‹ Also, Sowjetrußland wird dann vor der Frage stehen, diesen kalten Krieg noch weiter aufrechtzuerhalten, indem es einen erheblichen Teil des ganzen Volksvermögens in die Kriegsrüstung steckt und die Konsumgüterindustrien weiter vernachlässigt, das wäre zwecklos, ohne Aussicht auf Erfolg; oder sich schließlich mit den anderen zu verständigen›[c], eine Verständigung, die ihm erlauben würde, auch zur inneren Konsolidierung Sowjetrußlands, zur Besserstellung der russischen Menschen selbst beizutragen.
Das muß nach meiner Meinung das Ziel der Politik aller freien und friedliebenden Völker sein, setzt aber voraus, daß natürlich der Westen nicht nachläßt in seinen Bestrebungen, stark zu werden, denn ein totalitärer Staat wie Sowjetrußland, der pflegt einen Gegner, der nicht stark ist, überhaupt nicht für beachtenswert für Verhandlungen zu halten.

Journalist: Sehen Sie nicht in dieser Note – vor allen Dingen, wenn man zwischen den Zeilen liest – zum ersten Male auch einen Ansatz für eine Wendung der russischen Politik in der Richtung, daß die Bundesrepublik mit ganz anderen Worten als bisher als Machtfaktor in Rechnung gezogen wird? Es wird doch zum ersten Male auch mit der Möglichkeit gerechnet, daß Sie die Wahl gewinnen. Es ist doch davon die Rede, daß dieser Vorschlag, den die Russen selber machen, der Vorschlag einer gesamtdeutschen provisorischen Regierung aus den beiden Parlamenten gewählt, nicht durchkommt. Deshalb wird ja die Möglichkeit angesprochen, daß [die] Bundesregierung als Partner in Erscheinung tritt!

Adenauer: Ja, aber als Partner, der durch Neutralisierung zu entmachten ist, – eine, evtl. eine potentielle Macht ja, das hat Sowjetrußland aber immer getan, vielleicht nicht zu der Zeit, als wir noch sehr schwach waren, aber Rußland sieht schon seit geraumer Zeit in Deutschland eine potentielle Macht. Und diese potentielle Macht will es eben neutralisieren. Sicher haben Sie insofern recht, diese Note Sowjetrußlands trägt der Tatsache Rechnung, daß wir wirtschaftlich eine Kraft geworden sind oder Bedeutung gewonnen haben und auch der Tatsache, daß wir politisch wieder anfangen, außenpolitisch irgend etwas zu bedeuten, und das will man uns nun nehmen, daß wir in der Außenpolitik eine Rolle spielen, das will man uns nehmen dadurch, daß wir neutralisiert werden sollen.

Journalist: Sehen Sie eine Bedeutung darin, daß trotz der Ereignisse der letzten Monate – Stalins Tod, Umbildung in Moskau[24] – Moskau jetzt den Vorschlag zu einem Friedensvertrag aufgreift?

Adenauer: Darin sehe ich eine Auswirkung der Wahlen, des Näherkommens der Bundestagswahlen. Sowjetrußland hat ja die Note der Westalliierten vom 23. September[25] überhaupt nicht beantwortet, hat die Note der Washingtoner Konferenz[26] mit Bezug auf Deutschland sehr ausweichend beantwortet, indem es die deutsche Frage einpackt in die ganze Geschichte der globalen Fragen, und jetzt plötzlich, am 15.8.[27], kommt es mit einer großen Note, die sich nur mit der deutschen Frage beschäftigt. Ich habe auf den Tag genau vorhergesagt, schon seit Juli, Mitte August kommt von Sowjetrußland das große Störungsmanöver für die Bundestagswahlen.

Journalist: Sie halten es nicht für bezeichnend, daß man diese alte Note von März 1952[28] wieder aufgewärmt hat?

Adenauer: Man muß natürlich dem deutschen Volk jetzt sagen, Sowjetrußland habe schon damals das gewollt, wollte uns nicht als Kolonie sehen, wir seien ein großes Volk, aber wir müßten demokratisch erzogen werden! – Aber jetzt, wenige Wochen nach dem 16. und 17.6. und nachdem die Menschen in den KZ-Lagern schmachten, zeigt es sich, daß man das Gedächtnis der Deutschen für äußerst dürftig hält.

Journalist: Sie haben der Washingtoner Konferenz empfohlen, die Sowjetunion zu einer Viermächtekonferenz einzuladen[29]. Sie sagten nun, daß Sie den Zeitpunkt für globale Entspannungsverhandlungen dann gekommen hielten, wenn die Stärke des Westens so fortgeschritten sei, daß die Sowjets ihre Lage einsehen würden. Halten Sie auch nach diesen beiden Sowjetnoten daran fest, daß eine baldige Viermächtekonferenz einen Fortschritt in der Entspannung bringen könnte oder daß das jetzt keinen Sinn mehr hat?

Adenauer: Ich bin der Auffassung, man sollte ruhig eine Viermächtekonferenz abhalten. Was dabei herauskommt, muß man dann abwarten. Aber ich bin der Auffassung, man sollte durch die Viermächtekonferenz nicht sich verleiten lassen, in der Integration Europas Halt zu machen.

Das würde ich für ganz falsch halten, und dieser russischen Absicht dürfen wir nicht verfallen.

Journalist: Wie stehen Sie zu den finanziellen Vorschlägen in der Note, Streichung aller Schulden, 5 Prozent-Haushalt für Besatzungskosten usw.[30]? Sehen Sie darin ein Wahlbeeinflussungsmanöver?

Adenauer: Natürlich, man hat die Sowjetzone in der schamlosesten Weise ausgenutzt und kommt jetzt mit derartigen Redereien. Wir bezahlen schon lange keine Reparationen mehr[31].

Journalist: Würden Sie einen weiteren Notenwechsel zur Präzisierung oder Aufklärung der sowjetischen Verhandlungsbereitschaft vor einer Viermächtekonferenz empfehlen oder es auf sich beruhen lassen, ob man zu einer Viermächtekonferenz kommt?

Adenauer: Es werden ja zweifellos die drei Westalliierten auf die beiden Sowjetnoten antworten müssen. Wie die Antwort ausfallen wird, weiß ich nicht. Es war ursprünglich, wenigstens nach Pressenachrichten, in Aussicht genommen, daß Vertreter der drei Westmächte sich schon in Bälde zur Bearbeitung der Antwort auf die erste Sowjetnote zusammensetzen würden. Jetzt ist eine zweite Note hinzugekommen, und ich halte es in der Natur der Sache liegend, daß dadurch sich die Arbeiten dieser Sachverständigen verlängern werden und etwas hinausziehen werden. Aber es scheint mir zwecklos zu sein, lange Hin- und Herfragereien zu machen, sondern man soll ruhig einmal sehen, wieweit man mit einer Viererkonferenz kommt[32].

Journalist: Sind diese letzten Sätze von Ihnen so zu verstehen, daß wenn die Bundesregierung konsultiert wird in bezug auf die westliche Antwort, sie empfehlen wird, den Vorschlag zu machen, man solle jetzt eine Viererkonferenz ohne einen genauen Tagesordnungsfahrplan abhalten?

Adenauer: Ich habe damals der Washingtoner Konferenz schon vorgeschlagen, zu einer Viererkonferenz zu kommen. Nun ist das Bild aber seit Washington noch verwirrter geworden. Die Washingtoner Konferenz schloß mit einem ganz präzisen Vorschlag; aber darauf kam die erste Sowjetnote[33] mit einer Globalgeschichte; jetzt kommt die zweite Sowjetnote[34] und ergeht sich in allen möglichen Einzelheiten über die deutsche Frage, so daß ich fürchte, wenn man nun anfängt, wieder hin und her Noten zu wechseln, das dann Jahr und Tag dauern wird; Diplomaten arbeiten nicht so schnell. Wenn jetzt, wie die Sowjets das tun, zwei Noten abgefeuert werden, ehe die erste Note beantwortet ist, weiß der liebe Himmel, wie lange das noch dauern wird. Deswegen bin ich der Auffassung, [ich] möchte wenigstens heute die Auffassung haben – es ist ja etwas für mich Gewagtes, vorzugreifen dem, was die Westalliierten sich dabei denken –, daß sie [sie] beantworten. Ich würde an ihrer Stelle nicht zuviel hineinschreiben in die Antwort, sondern sie sagen: Gut, eine Viererkonferenz!

Journalist: Wie erklären Sie sich den Widerspruch in den beiden Sowjetnoten zwischen der ersten, in der Deutschland kaum erwähnt wird, sondern in der Globallösungen bezeichnet werden, und zwischen der letzten mit dem Hauptthema Deutschland?

Adenauer: Ich glaube, ich habe es eben schon gesagt. Die erste Note hat offenbar ihren Zweck nicht erfüllt, sonst wäre die zweite Note nicht nötig gewesen. Nun müßten wir uns fragen, welchen Zweck die erste Note hatte und welchen Zweck die zweite Note erfüllen soll! Vergessen Sie nicht, wir haben den 17.8. und in drei Wochen haben wir schon gewählt! Vergessen Sie nicht, daß in der ganzen Frage der Wahlpropaganda die Frage der EVG eine große Rolle spielt.

Journalist: Malenkow hat in seiner Rede vor dem Obersten Sowjet eine Formulierung gebraucht, die ‹dem›[d] Sinne nach lautete, Rußland würde nicht dulden, daß Westdeutschland bewaffnet würde[35]. Davon ist in der Note jetzt gar keine Rede, es heißt nur, daß dann die Wiedervereinigung nicht möglich sei.

Adenauer: Nein, jetzt kommt wieder etwas anderes, jetzt will man wieder eine nationale Armee konzedieren, aber eine Eingruppierung in die Europa-Armee würde ein Wiedererwachen des deutschen Militarismus sein. Ich für meine Person bin der Auffassung, daß der deutsche Militarismus, wenn deutsche Wehrkräfte im Rahmen einer Europa-Armee sind, weniger Dynamik entfalten kann, als wenn er für sich allein ist.

Journalist: Wie stehen Sie zu der Stelle, wo es heißt, daß Ihrer Regierung nichts furchtbarer wäre als der Gedanke, daß die vier Mächte eine Meinung haben könnten über Deutschland?

Adenauer: Wie ich dazu stehe? – ist natürlich dummes Zeug. Wenn sich die Russen der Meinung der drei anderen anschließen, können wir so hoch springen; wenn umgekehrt die drei anderen sich der Meinung der Russen anschließen, hätten wir Ursache, in Sack und Asche zu gehen.

Journalist: In dem Annex heißt es, daß das Potsdamer Abkommen das deutsche Territorium eindeutig bezeichnet hat, und es wird also die Oder-Neiße-Linie als vereinbart und entschieden festgelegt[36]. Das Potsdamer Abkommen ist über diesen Punkt etwas ungenau!

Adenauer: Im Potsdamer Abkommen steht unter VI

(Folgt Verlesung ...) [»Die Konferenz prüfte einen Vorschlag der Sowjetregierung, daß, vorbehaltlich einer endgültigen Entscheidung der territorialen Fragen bei einer Friedensregelung, der Abschnitt der Westgrenze der Union der Sozialistischen Sowjetrepubliken, der an die Ostsee grenzt, von einem Punkt an der östlichen Küste der Danziger Bucht aus in östlicher Richtung nördlich von Braunsberg-Goldap und von da zu dem Schnittpunkt der Grenzen Litauens, der Polnischen Republik und Ostpreußens verlaufen soll.
Die Konferenz hat dem Vorschlag der Sowjetregierung hinsichtlich der Übergabe der Stadt Königsberg und des angrenzenden Gebietes an die Sowjetunion, wie oben dargelegt, grundsätzlich zugestimmt, wobei der genaue Grenzverlauf einer Prüfung durch Sachverständige vorbehalten bleibt.
Der Präsident der USA und der Premierminister Großbritanniens haben erklärt, daß sie den Vorschlag der Konferenz bei der bevorstehenden Friedensregelung unterstützen werden.«][37]
An einer anderen Stelle steht, daß gewisse Gebiete der polnischen Verwaltung übertragen werden sollen, und das ist das mit der Oder-Neiße-Linie[38]. Dann hat diese Frage später eine Rolle gespielt in dem Entwurf eines Friedensvertrags mit Deutschland, den die Russen ihrer Note vom 10.3.1952 beigefügt haben. Dort heißt es: »Das Territorium Deutschlands ist durch die Grenzen bestimmt, die durch die Beschlüsse der Potsdamer Konferenz der Großmächte festgelegt wurden.«[39] – Daraus kann man schließen, namentlich wenn man daran denkt, daß später Sowjetrußland und die Sowjetzonenrepublik ausdrücklich diese Gebiete Polen zugesprochen haben[40], daß man hier glaubt, im Potsdamer Vertrag seien diese Gebiete jedenfalls schon der Bundesrepublik[41] entzogen, die ja auch nicht mehr die Verwaltung hat, und zwar sollte Polen die Verwaltung haben, nicht als Besatzungsmacht, so daß man – es ist alles etwas durcheinander, und man muß der Sache schon sehr ernsthaft auf den Grund gehen – annehmen kann, Sowjetrußland will damit die Oder-Neiße-Linie als Grenze haben und auch in seinem neuen Vertragsvorschlag von vorgestern.

Journalist: Den Satz, daß sich einiges geändert hätte seit den Potsdamer Beschlüssen, würden Sie darauf nicht beziehen?

Adenauer: Nein; den Satz, daß sich einiges geändert hat, müssen Sie bitte genau lesen. Es steht zwar in der Note, es habe sich einiges geändert, »die Grundsatzziele des Potsdamer Abkommens sind jedoch nach wie vor Ausdruck des Interesses aller europäischen Völker und müssen durch den Abschluß eines Friedensvertrags mit Deutschland gewährleistet werden.« Also, das Abrücken vom Potsdamer Vertrag bezieht sich nicht auf die grundlegenden Ziele des Potsdamer Vertrags.

Journalist: Wenn die Voraussetzung für die Wiedervereinigung Deutschlands freie Wahlen in ganz Deutschland ist und Sie die Ostzonenregierung nicht anerkennen können, auf welcher juristischen Basis würden die drei Westmächte mit Rußland über freie Wahlen verhandeln können, etwa auf der Grundlage des Potsdamer Abkommens?

Adenauer: Nein, das würde nun wieder sich stützen auf die Übernahme der Souveränität, der höchsten Gewalt in dem völlig besiegten Deutschland.

Journalist: Und dieser Übergang stützt sich nicht auf den Potsdamer Vertrag?

Adenauer: Das ist eine separate Erklärung, wonach die Siegermächte die oberste Gewalt in Deutschland übernehmen[42], vom ‹5.6.1945›[e].

Journalist: Wenn freie Wahlen in ganz Deutschland als Grundbedingung festzustellen sind, halten Sie an der Forderung fest, daß diese freien Wahlen von den UN garantiert werden?

Adenauer: Es war damals vorgesehen, daß eine Kommission der UN vorher feststellen sollte, ob die Bedingungen jetzt schon vorhanden seien für freie Wahlen. Das ist nicht wiederholt [worden]. Dagegen hat sich Sowjetrußland auch so gewehrt[43]. Aber wenn man wirklich freie Wahlen will, müssen die natürlich irgendwie kontrolliert werden.

Journalist: Könnte man eine andere internationale Formel finden außerhalb der Vereinten Nationen?

Adenauer: Warum nicht? Das sind nach meiner Meinung keine entscheidenden Gesichtspunkte; da läßt sich irgend etwas finden.

Journalist: Glauben Sie, daß die Außenministerkonferenz in Baden-Baden[44] ein Beweis für die Sowjets gewesen sein kann, daß ihre erste Note[45] nicht dem Ziele dienen könnte, Europa irgendwie zu sprengen?

Adenauer: Das glaube ich nicht, das kann ich mir nicht gut vorstellen. Die Gegner der Integration, wie z.B. die Sozialdemokratische Partei in Deutschland, behaupten ja, Baden-Baden sei ein vollkommener Fehlschlag gewesen[46]. Tatsache ist, daß in Baden-Baden ein Modus procedendi von neuem festgelegt worden ist, nachdem durch die Regierungskrisen in Frankreich und Italien der ursprünglich vorgesehene Modus procedendi unterbrochen worden war[47]. Aber in Baden-Baden ist über die Schaffung der Europäischen Politischen Gemeinschaft sachlich nur das im allgemeinen bekräftigt worden, was schon vorher auf einer Konferenz in Paris beschlossen worden war[48], und dann hat, nur um das abzurunden, ein allgemeiner Austausch über die politische Lage stattgefunden. Ich bin also nicht der Auffassung, daß die Baden-Badener Konferenz die Sowjets veranlaßt haben könnte, jetzt ein zweite Note loszulassen.

Journalist: Wieweit dürfen wir Sie heute zitieren?

Adenauer: Recht weit, es hat doch keinen Zweck, immer Verstecken zu spielen. Man muß doch sagen, wie die Dinge sind.

(Zwischenruf *von Eckardts* nach dem Charakter eines Informationsgespräches!)

Das fühlen Sie ja, inwieweit irgendeine Zwischenbemerkung von mir eine informatorische Bemerkung gewesen ist. Aber in der Sache selbst habe ich zu Ihnen gesprochen, damit Sie die öffentliche Meinung über meine Auffassungen informieren.

Journalist: Werden Sie Ihren Standpunkt zur zweiten Note den drei Westalliierten Regierungen amtlich modifizieren?

Adenauer: Wir werden ja konsultiert werden von den drei Westmächten und dann wird die Gelegenheit dazu gegeben sein; aber vorher? Ich dränge mich nicht gern auf. Aber daß wir konsultiert werden, ist ganz zweifellos, und dann werde ich diesen Standpunkt auch zur Geltung bringen.

Kleines Interview mit Konrad Adenauer: Wer soll Außenminister werden? (E.M.Lang)

»Tja, also ... | Charakter muß er haben ... | Diplomat soll er sein ... | und repräsentativ ... | dreimal dürft ihr raten, wer ...«

Nr. 47
20. Oktober 1953: Kanzler-Tee (Wortprotokoll)
StBKAH 16.14

Teilnehmer[1]: Omer Anderson, Alfred Athen[2], Friedrich Carl Badendieck, Dr. Hilde Bogner, Dr. Fritz Brühl, Alain Clément, Jacques Clergier, Don Cook[3], Ludwig von Danwitz, John Freeman, Eduard Geilinger, Franz Goeddert, Marliese Grouven, Hugo Grüssen, Robert Haeger, Franz Hange, Bjørn Heimar, Dr. Hans Joachim Kausch, Yoshitada Kumamoto, Dr. Adolf Kussl, Werner Lohe, Dr. Karl Lohmann, Werner von Lojewski, Miguel Moya-Huertas, Dr. Erika Neumann, Wilhelm Papenhoff, Dr. Albert Pfeiffer, Terence Prittie, Guenther Scholz, Dr. Max Schulze-Vorberg, Dr. Pietro Solari[4], Heinrich Spiecker, Reginald Steed, Paul Steinfurth, Dr. Robert Strobel, Hans-Georg von Studnitz, Norbert Tönnies, Dr. Josef Ungeheuer, Adam Vollhardt, Rolf Vogel, Rade Vujovic[5], Dr. August Wegener, Hans Wendt, Fried Wesemann, Emlyn Williams, Dr. Wolfgang Wolfram von Wolmar[6] – Felix von Eckardt

Beginn: 17.00 Uhr

Strobel: Ich glaube im Sinne aller anwesenden Kolleginnen und Kollegen sprechen zu dürfen, wenn ich Ihnen, Herr Bundeskanzler, herzlichst gratuliere zu Ihrer Wiederwahl[7] in der Hoffnung, daß Sie das schwere Amt, das Sie zum zweiten Male auf sich nehmen, mit dem gleichen guten Ergebnis zu Ende führen, wie es Ihnen in der ersten Legislaturperiode des Bundestages beschieden war. Ich möchte Ihnen auch danken dafür, daß Sie uns des öfteren Gelegenheit gegeben haben, durch Sie informiert zu werden über die Meinungen und Ziele und manchmal auch die Sorgen der Bundesregierung und hoffe, daß das auch in Zukunft so bleiben wird.

Adenauer: Ich danke Ihnen sehr für die freundlichen Worte, die Sie an mich gerichtet haben und würde mich besonders freuen, wenn auch in den kommenden Jahren, die ja ihre Sorgen haben werden, ich wiederum auf Ihre Hilfe und Mitarbeit und Zusammenarbeit rechnen kann. Daß ich jederzeit Ihnen zur Verfügung stehe, das wissen Sie, meine Damen und Herren, und jetzt möchte ich bitten, Platz zu nehmen, und ich stelle mich Ihnen zur Verfügung.

Journalist: Wie beurteilen Sie, Herr Bundeskanzler, die außenpolitische Lage nach der Absendung der Note der Westmächte an Moskau[8]?

Adenauer: Ich nehme an, daß Sie alle Zeitungen lesen, ich meine nicht alle Zeitungen, die erscheinen, daß Sie vielmehr alle auch die Zeitung lesen, und wenn Sie einen Blick in die Presse getan hätten, dann hätten Sie, glaube ich, sofort den Eindruck bekommen: Es ist nicht allein diese Note, es sind die Sachen unter den Arabern und Israel[9], Tito und Rom[10], kurz und gut, es sieht etwas unbehaglich aus auf der ganzen Welt. Wie die *Sowjets* reagieren werden auf diese Note, kann ich nicht beurteilen. Die Westmächte sind jedenfalls nach meiner Meinung schon bis zur äußersten Grenze entgegengekommen. Wenn Sie den ganzen Notenwechsel der vergangenen Zeit[11] einmal nebeneinander halten und lesen würden, dann würden Sie feststellen, daß die Westmächte – ich war damit einverstanden, notabene – gegenüber den Ausführungen, die sie zunächst gemacht hatten, nun noch weicher und immer nachgiebiger geworden sind, nur um mal zu erreichen, wollen die Sowjets an den Tisch kommen oder wollen sie nicht an den Tisch kommen.

Journalist: Ist Ihre Äußerung in der Regierungserklärung zu der Frage des Deutschlandvertrages[12] auch dahin zu verstehen, daß Sie auch die Unabhängigkeit, wie sie im Deutschlandvertrag niedergelegt ist, befürworten für den Fall, daß dieser Vertrag nicht sofort in Kraft gesetzt wird?

Adenauer: Das habe ich mit einer gewissen Vorsicht ausgedrückt, aber wer Ohren hat zu hören, der höre! Es war an die Adresse der anderen Länder gerichtet. Ich stehe allerdings auf dem Standpunkt, daß, wenn die Sache unendlich lange hinausgezögert wird, wir nicht diejenigen sein können, die nicht zum Zuge kommen.

Journalist: Daß in der *Saarfrage* Besprechungen zwischen Ihnen und Herrn Bidault stattfinden werden, ist ein Wunsch von Ihnen[13]?

Adenauer: Es ist beiderseitiger Wunsch.

Journalist: Haben Sie in der Saarfrage eine klare Grundkonzeption?

Adenauer: Haben Sie bitte Mitleid mit mir. Ich kann unmöglich jetzt, wo ich in verhältnismäßig kurzer Zeit mit Herrn Bidault über diese Frage sprechen werde, hier schon irgendwie etwas sagen und dadurch die Position in diesem Gespräch von vornherein festlegen. Das würde mir ganz sicher nicht gut bekommen.

Journalist: Haben Sie in der Saarfrage eine gewisse Initiative gegenüber Frankreich?

Adenauer: Wir haben schon vor längerer Zeit verabredet, daß nach den Wahlen und nach der Bildung der neuen Regierung wir einen Termin vereinbaren würden zu einer Konferenz.

Journalist: Wie soll der Termin festgelegt werden, werden Sie persönlich einen Vorschlag machen?

Adenauer: Ich nehme an, daß ich persönlich mit Bidault zusammenkommen werde, um auch den Modus procedendi zu besprechen ...

Journalist: Darf man annehmen, daß diese Zusammenkunft mit Bidault noch vor dem November stattfindet?

Adenauer: Ich will mal so sagen, bei uns beiden war der Wunsch, mit diesen Verhandlungen zu beginnen vor Den Haag.

Journalist: Werden Sie schon bald eine Aussprache mit dem Führer der Opposition haben?

Adenauer: Ich habe die Absicht, nachdem die neue Regierung gebildet ist[14], mich mit Herrn Ollenhauer in Verbindung zu setzen zu einer Aussprache[15].

Journalist: Ich möchte auf die erste Frage zurückkommen. Sehen Sie in der Tatsache, daß in der Note der Westmächte an die Sowjetunion die Frage der gesamtdeutschen freien Wahlen nicht mehr erwähnt wird, ein bedenkliches Zeichen?

Adenauer: Der Artikel in der »Frankfurter Allgemeinen«[16] ist falsch. Dann ist die Note nicht genau gelesen worden. Der Ausgangspunkt ist freie Wahlen und Bildung einer gesamtdeutschen Regierung.

Journalist: Vor der Bildung der Regierung Wahlen?

Adenauer: Selbstverständlich. Das ist doch auch verständlich. Es hat doch keinen Sinn und Verstand, daß etwa jetzt einige Herren der *Ostzonenregierung* und wir uns zusammensetzen, wo doch die gesamte Ostzonenbevölkerung gar nicht hinter dieser Regierung steht. Wie das gerade in der Ostzone aufgenommen wird, das zeigt am besten der 17.Juni[17].

Journalist: Churchill hat davon gesprochen, daß wenn nicht der EVG-Vertrag zustande kommt, an die Alternative NATO gedacht werden müsse[18]?

Adenauer: Ist das eine Alternative? Dann tut mir leid, Ihnen folgendes sagen zu müssen: Nachdem Sie so freundlich eben zu mir gesprochen haben. Sie scheinen doch nicht alle Zeitungen zu lesen, sonst würden Sie auch gelesen haben, daß Eisenhower ausdrücklich erklärt hat, er sehe keine Alternative. Eisenhower oder Dulles, einer von beiden hat das erklärt[19]. Aber daß Churchill das mal gesagt hat ... Daß ein Freund Frankreichs, der in Frankreich auch als Freund betrachtet wird, das gesagt hat, ist natürlich in Frankreich nicht gerade sehr angenehm empfunden worden, aber es hat vielleicht die ganze Situation einmal beleuchtet. Ich sage nochmals, ich glaube, daß die *Ratifizierung* erfolgen wird. Sie werden heute oder gestern gelesen haben, daß die Partei Bidaults diesen Beschluß gefaßt hat[20].

Journalist: Eine Frage zur Innenpolitik. Welche besonderen Aufgaben wird das Ministerium Wuermeling[21] haben? Ist darüber schon gesprochen worden, welchen Geschäftsbereich es haben wird?

Adenauer: Wuermeling wird, das möchte ich zunächst sagen, eine sehr wenig beneidenswerte Aufgabe haben. Er wird ein kleines Ministerium erhalten und wird sich bei allen Ministerien durchsetzen müssen, daß doch bei ihnen die Interessen der *Familie* berücksichtigt werden. Ich kann hier vielleicht sagen, es ist ein sehr ernstes Thema. Die Bevölkerungsbilanz des deutschen Volkes ist erschreckend, die Überalterung, und es kommt, wenn nichts Durchgreifendes geschieht, dazu, daß einfach die Arbeitenden die Nichtarbeitenden nicht mehr unterhalten können. Das Verhältnis wird sich im Laufe der nächsten Jahrzehnte völlig umkehren. Es ist eine sehr ernste Frage, und ich wäre Ihnen dankbar, wirklich dankbar – das hat mit Parteipolitik gar nichts zu tun, möchte ich erwähnen –, wenn Sie gerade diese Frage oder die Aufmerksamkeit Ihrer Redaktionen auf diese Frage einmal hinlenken würden. Es hat vor kurzem in der »Frankfurter Allgemeinen« ein sehr guter Artikel gestanden, vor drei Wochen etwa, ein sehr aufschlußreicher Artikel[22].

Journalist: Wird es von Ihnen befürwortet, daß das Vertriebenenministerium gewisse Kompetenzen von anderen Ministerien an sich zieht?

Adenauer: Ich will mich mal so ausdrücken. Das Vertriebenenministerium ist tatsächlich etwas wenig mit Aufgaben versehen. Ich will mich einmal vorsichtig ausdrücken. Es liegt in der Sache selbst, wenn man einen gewissen Überblick bekommen hat, daß dieses Ministerium sachliche Aufgaben in größerem Umfange bekommt, als es jetzt hat[23].

Journalist: Würden Sie das auch sagen im Hinblick auf das Ministerium für gesamtdeutsche Fragen[24]?

Adenauer: Ich wüßte nicht, welche Aufgaben das noch bekommen sollte, die es noch nicht hat. Aber, meine Damen und Herren, ich darf Ihre Aufmerksamkeit lenken auf die Frage, die ich natürlich nur kurz gestreift habe, und ich möchte das in aller Vorsicht tun, um die ausländischen Herren, die hier im Saale sitzen, nicht irgendwie zu berühren. Sehen Sie mal, es ist doch wirklich sehr wichtig, daß die Bundesrepublik aufgrund dieser Wahlen eine so stabile Regierungsmehrheit hat. Nehmen Sie mal die Verhältnisse in anderen Ländern, anderen europäischen Ländern. In Belgien werden Neuwahlen kommen im Februar[25], Frankreichs innere Labilität kennen Sie, in Großbritannien ist die Stimmenmehrzahl der Konservativen Partei über die Labour Party gar nicht so groß[26], in den Vereinigten Staaten zwischen den Republikanern und Demokraten auch nicht[27], während wir hier doch in Deutschland jetzt es fertiggekriegt haben, daß meine Regierung eine Zweidrittelmehrheit der Abgeordneten hinter sich hat[28], und daher bilden wir wirklich, auch vom innerpolitischen Aspekt abgesehen, in der unruhigen und unstabilen Welt tatsächlich eine Oase fast kann man sagen der Stabilität, und wenn

Sie dazu noch nehmen – dick zu unterstreichen –, daß es doch seit dem Jahre 1948 gelungen ist, den Notenumlauf zu 60 Prozent mit Gold und Devisen zu decken. Das ist doch eine kolossale Leistung!

Journalist: Was sagen Sie zu dem Problem eines Verteidigungsministeriums?

Adenauer: Ich fürchtete, meine Damen und Herren, wenn Herr Blank jetzt zum Verteidigungsminister ernannt worden wäre, daß das in Frankreich in den Kreisen, die die Verständigung und diese Europäische Verteidigungsgemeinschaft nicht wünschen, benutzt würde als ein Argument: »Seht, die Deutschen, jetzt werfen sie sich doch schon wieder in die Brust!« Und da die Frage Frankreich und Deutschland doch zum großen Teil eine psychologische Frage ist, habe ich geglaubt, man könne dem Herrn Blank zumuten, daß er noch nicht zum Minister ernannt wurde.

Journalist: Würde die Dienststelle Blank eine Sonderstellung bekommen? Oder bleibt es wie bisher?

Adenauer: Irgendwie muß er doch unterstellt sein. Es ist am besten, es bleibt so, wie es ist. Ich lasse dem Herrn Blank eine außerordentlich große Freiheit. Ich weiß, daß die Dinge bei ihm in besten Händen sind, und warum jetzt eine Änderung? Ich hoffe, daß wir in wenigen Monaten soweit sind.

Journalist: Hatten Sie eine Aussprache mit Herrn Blank?

Adenauer: Ich hatte bisher beim besten Willen keine Zeit dazu. Wenn Sie wüßten, wie es mir ergangen ist in den letzten Wochen. Sie würden alle miteinander Mitleid mit mir haben.

Journalist: Wird sich durch die Vergrößerung der Ministerien an der Arbeitsweise des Kabinetts etwas ändern? Wird etwa nach englischem Vorbild eine Art inneres Kabinett gebildet?

Adenauer: Nein, nein. Darf ich dazu auch etwas sagen. Es hat sich, ich sage das in allem Freimut, bei uns so entwickelt, daß innerhalb des Kabinetts, des ersten Kabinetts, sich eine Anzahl von Herren nur noch als Fachminister fühlten und für politische Fragen – es sei denn, es seien große politische Fragen – viel weniger Interesse zeigten, und das halte ich nicht für richtig. Ich bin der Auffassung, daß ein Kabinett auch politische Führungsqualitäten haben muß, und es fehlt uns zweitens die nötige Vertretung nach außen. Es ist Ihnen bekannt, daß unendlich viele Kongresse und Geschichten stattfinden, und da soll dann ein Bundesminister hin und soll reden, das ist vielleicht auch ganz gut, aber dann fehlt er im Kabinett. Und so haben wir jetzt ein paar Herren zur Verfügung, die das vom Standpunkt der Bundesregierung aus tun können, nicht vom Parteistandpunkt aus, und so sind auch verschiedene Gründe, die nach

meiner Meinung – ich habe übrigens darum gebeten, nicht die Fraktionen – die Einrichtung dieser Vergrößerung des Kabinetts für absolut erforderlich erscheinen lassen.
Es gab zwei Möglichkeiten: Entweder man schneidet einige Ministerien auseinander, macht verkleinerte Ministerien, damit sich auch die Herren gründlich der Arbeit widmen können und hat infolgedessen mehr Kabinettsmitglieder, oder aber man ging diesen Weg, den wir gegangen sind. Der letztere scheint der zweckmäßigere und auch der billigere zu sein und derjenige, der weniger Friktionen bietet. Diese Herren bekommen also ein kleines Ministerium, sie werden aber von vornherein von den anderen Ministerien in Kenntnis gesetzt, damit sie schon in einem früheren Stadium politische Gründe für dieses oder jenes geltend machen können, so daß also die Herren tatsächlich eine ganze Menge zu tun haben.

Journalist: Ist das so zu verstehen, daß diese Herren von Ressortaufgaben frei sind?

Adenauer: Mit dem ganzen Kabinett? Es wird nicht jedem Minister angenehm sein, das zu hören. Es hatte sich aber so entwickelt, daß die Aufgaben des Fachministers die betreffenden Herren vollständig ausfüllten und daß er für politische Fragen weniger Interesse hatte, und ich vermißte in dem Kabinett, wie es bisher war, das politische Element, und ich halte es für nötig, daß eine Regierung auch ein politisches Element in sich hat, und es nicht etwa so ist, als wenn eine Regierung ein Ausschuß einer Fraktion sei. Das Kabinett hat eine eigene Verantwortung, und die Herren des Kabinetts müssen nun auch die Ansicht der Mehrheit des Kabinetts vertreten, auch wenn sie nicht der Ansicht der Fraktion oder ihrer eigenen Ansicht entspricht. Sie selbst sind doch Zeuge davon, daß doch furchtbar viel Fachkräfte unter den Ministern gewesen sind. Ich habe nicht ohne Grund so stark darauf hingewiesen, daß Wirtschaft und Finanzen eng aufeinander angewiesen sind, und ich hoffe auch darauf, daß das politische Element stärker zutage tritt, auch in den Beratungen des Kabinetts, und diese Fachstreitigkeiten, die manchmal wirklich auf einer unteren Stufe erledigt werden konnten, vermieden werden.

Journalist: Hat sich das kleine wirtschaftliche Kabinett[29] sehr bewährt?

Adenauer: Das bleibt auch. Das war, damit nicht die Gegensätze, die manchmal auf der unteren Ebene zwischen den Ministerien aufkommen, alle das Kabinett beschäftigen[30]. Das wird auch bleiben.

Journalist: Werden Sie die Abgabe des Außenministeriums von der Erfüllung bestimmter Forderungen abhängig machen?

Adenauer: Ich möchte das Außenminister[ium] so bald wie nur irgend möglich gerne abgeben, aber in der gegenwärtigen Situation, d.h., ehe die Verträge ratifiziert sind, das Außenministerium abzugeben, wäre ein schwerer Fehler gewesen. Denn bei all diesen Fragen spielt ja auch das Persönliche eine außerordentlich große Rolle. Nun habe ich in den letzten Jahren mit den Außenministern und zum Teil Ministerpräsidenten der anderen Länder auch persönliche Verbindungen gewonnen, gegenseitiges Vertrauen gewonnen, und das in diesen kritischen Monaten jetzt nicht mit ins Spiel zu setzen, wäre falsch.

Journalist: Ist daran gedacht, einen zweiten Staatssekretär für das Auswärtige Amt zu erkennen, der sich mit den inneren Aufgaben befaßt?

Adenauer: Die Klagen über den Zustand des Außenministeriums sind zu einem erheblichen Teil berechtigt, es sind mir auch selbst die Unzulänglichkeiten in gewisser Beziehung sehr bekannt. Sie liegen zum Teil daran, daß das Außenministerium jetzt auf 14 oder 16 Gebäude verteilt ist. Wir dachten im Jahre 1949 doch noch gar nicht daran, daß wir so bald ein Außenministerium bekommen würden. Also erstens ist es zersplittert, das bedeutet natürlich ein schlechtes Zusammenarbeiten, zweitens dürfen Sie nicht vergessen, daß wir auch gute Kräfte aus dem früheren Außenministerium der Wilhelmstraße nur mit einer gewissen Vorsicht übernehmen können und endlich, daß wir wirklich keinen erfahrenen Nachwuchs bekommen, abgesehen von ganz jungen Kräften. Ich habe mich seit Jahren darum bemüht, namentlich aus dem Außenhandel Leute zu bekommen, die die Welt draußen kennen, damit sie wenigstens einige Jahre in den Außendienst bei uns treten können. Es ist mir nicht gelungen, wir können ihnen zu wenig bieten.

Journalist: Wird man in absehbarer Zeit mit der Errichtung einer Botschaft beim Vatikan rechnen können?

Adenauer: Darauf können Sie mit Sicherheit rechnen[31], aber wenn Sie mich fragen, wie er [der Botschafter] heißt, das weiß ich nicht, und zwar sage ich das absolut wahrheitsgemäß.

Journalist: Kann man etwas erfahren über den Besuch von McCloy?

Adenauer: Er ist augenblicklich schon in Frankfurt, er kommt morgen nach hier, bleibt ‹Mittwoch [21. Oktober 1953] hier›[a], Donnerstag geht er dann nach Berlin. Aber, meine Damen und Herren, der Besuch ist rein privater Natur, und alle Kombinationen, die daran geknüpft worden sind, ich weiß nicht, in welcher Zeitung, die viel Aufregung hervorgerufen haben[32], sind völlig aus der Luft gegriffen. Sie wissen, was ich meine.

von Eckardt: In der Pariser Ausgabe der ... war ein Aufsatz erschienen, aus Bonn datiert, in dem behauptet wurde, daß ohne Wissen des

Herrn Bundeskanzlers von einem untergeordneten Büro eine Liste oder mehrere Listen aufgestellt wurden, wonach an verschiedenen Stellen nicht so genehme amerikanische Herren seien, und diese Liste wolle man McCloy in die Hand drücken, der dann vielleicht das Entsprechende in Washington veranlassen könnte. Auch eine Idee!

Journalist: Die andere Kombination ist doch nicht gerade so abwegig?

Adenauer: Sicherlich wird darüber auch gesprochen werden.

Journalist: Nach der anderen Frage nach der Botschaft beim Vatikan eine andere, eine Gretchenfrage: Wissen Sie schon offiziell, wann es sein wird?

Adenauer: Ich habe mich nie so unanständig unterhalten, also wir wollen nicht so intim werden!

Journalist: Wer wird die Aufgaben des bisherigen Staatssekretärs im Bundeskanzleramt[33] übernehmen? Sind irgendwelche Änderungen vorgesehen?

Adenauer: Ich meine, meine Damen und Herren, wer Augen hat, zu sehen, der sehe. Aber das ist Sache des Kabinetts[34], deswegen kann ich Ihnen auch nicht mehr sagen als diese Worte aus der Bibel.

Journalist: Können wir etwas über die spanisch-amerikanischen Verträge[35] erfahren im Hinblick auf die europäischen Gemeinschaftsfragen?

Adenauer: Ich finde, daß die deutsche Presse den Vertrag zwischen den Vereinigten Staaten und Spanien etwas zu provisorisch abgetan hat. Der Vertrag ist viel inhaltsreicher als im allgemeinen in den deutschen Zeitungen gestanden hat und ist natürlich auch von einer ganz großen politischen Bedeutung, auch außenpolitischen Bedeutung.

Journalist: Darf man daraus schließen, daß Sie auch nicht befürchten, daß [sich] das Palästinaproblem erschweren könnte?

Adenauer: Das hat mit dem Artikel von Herrn Sethe[36] nichts zu tun.

(*Zuruf:* Doch, doch!)

Dann habe ich ihn nicht zu Ende gelesen. Sie lesen doch auch nicht jeden Artikel zu Ende!

(*Zuruf:* Wir fangen hinten an!)

Natürlich, die Regierung Pella[37] gerät in Italien eventuell durch die Entwicklung in Triest in eine sehr schwierige Situation[38], und es wäre sehr zu wünschen, daß diese Situation vermieden wird. Ich glaube eigentlich nicht daran, daß da Verwicklungen kommen werden. Ich bin der Auffassung, daß Amerika und Großbritannien sich das doch vorher überlegt haben. Es wird aber natürlich sehr viel Wind aufkommen, aber vielleicht legt sich alles wieder.

Journalist: Denken Sie an die alliierten Entscheidungen über Triest?

Adenauer: Ich habe gerade gesagt, die Regierung Pella gerät, wenn irgendeine ungünstige Entwicklung für Italien eintreten sollte, in eine sehr schwierige Lage, und natürlich solche schwierigen Situationen beeinträchtigen alle außenpolitischen Fragen des betreffenden Landes. An sich hat die Sache nichts zu tun mit dem EVG-Vertrag, und ich hoffe, der Beitritt Italiens zur Europäischen Verteidigungsgemeinschaft wird dadurch keine Schädigungen erleiden. Es wäre auch ein sehr weit entfernter Zusammenhang, Frankreich und Deutschland sind doch ganz unbeteiligt daran.

Journalist: Wer ist für das Postministerium vorgesehen?

Adenauer: Wissen Sie jemanden? Es wird auch schon besetzt werden[39], aber dieses Ministerium ist auch sehr wichtig wegen des Fernmeldewesens. Sobald das Besatzungsstatut aufhört, gewinnt es eine sehr große Bedeutung, und ich hoffe, daß wir einen tüchtigen und geeigneten Mann dafür in absehbarer Zeit haben werden.

Journalist: Ob die CSU diesen tüchtigen Mann vorschlagen sollte?

Adenauer: Darf ich da eine allgemeine Bemerkung machen, damit Sie meine Haltung verstehen. Der Bundeskanzler ist an sich nicht gebunden an irgendwelche Vorschläge, und ich habe auch gestern Schluß damit gemacht, weil keine Verständigung in gewissen Punkten zu erreichen war, und habe dem Bundespräsidenten aus meiner Befugnis heraus Vorschläge gemacht, die der Bundespräsident dann auch durch die Ernennung akzeptiert hat[40]. Aber naturgemäß muß man, wenn man mit einer Koalition regieren will, dafür sorgen, daß die Ressentiments nicht so groß werden, und deshalb spricht man vorher darüber, und man will auch Leute haben im Kabinett, die auch in ihrer Partei und Fraktion einen Einfluß und Ansehen haben, und daher mußte ich versuchen, eine Übereinstimmung zusammenzubringen, die auch den Ansprüchen, die ich zu stellen verpflichtet bin, genügen. Das war der Grund zu diesen langen Gesprächen. Es ist also bis zu 90 Prozent in Ordnung, die 10 Prozent kommen noch hinzu.

Spiecker: Eine Frage an den ersten Vorsitzenden der CDU.

(*Adenauer:* Fragen Sie nur!)

Es sind aus dem Direktorium zwei Herren jetzt Mitglieder des Kabinetts.

(*Adenauer:* Die CDU hat kein Direktorium. Das verwechseln Sie wohl mit der Deutschen Partei!)

Ich meine Dr. Tillmanns[41] und Wuermeling[42]. Werden die im geschäftsführenden Vorstand bleiben oder …

Adenauer: Wenn das alle meine Sorgen wären …! Das wird sich schon finden, da werden wir auch schon in Ordnung kommen.

Nr. 48

6. November 1953: Unterredung (Aufzeichnung)

StBKAH III/82, mit ms. Vermerke »Abschrift« und »gez. Weber«

Teilnehmer: Walter Lippmann[1] – Felix von Eckardt, Professor Dr. Walter Hallstein, Georg von Lilienfeld, Heinz Weber

Beginn: 10.00 Uhr[2]

Der Herr Bundeskanzler erklärte einleitend, daß Admiral Radford[3], der ihn vor kurzem besucht habe[4], Presseberichte über eine angebliche Zurückziehung der amerikanischen Streitkräfte aus Europa[5] als gefährliches und unbegründetes Gerede bezeichnet habe.
Der Herr Bundeskanzler machte sodann einige Bemerkungen zu dem in der »New York Herald Tribune« vom 3. November erschienenen Artikel von Mr. Lippmann[6]. Seiner Ansicht nach bedeute Sowjetrußland vor allem eine Gefahr für die Vereinigten Staaten und nicht nur für Europa. Sowjetrußland glaube, daß die Gegensätze zwischen den Vereinigten Staaten und Sowjetrußland zu einem späteren Zeitpunkt geregelt werden müßten – auf gute oder schlechte Weise –, und die russische Politik sei nichts anderes als eine Vorbereitung für diese Auseinandersetzung. Diesem Ziel gelte auch die russische Atompolitik. Vor allem sei Rußland daran gelegen, in den unzerstörten Besitz der Kohle- und Eisenindustrie Westeuropas zu gelangen, um eine Produktionsgleichheit mit den Vereinigten Staaten zu erzielen. Nach seinen Informationen werde es Rußland nie gelingen, diese Gleichheit mit den Vereinigten Staaten zu erzielen, wenn es nur auf seine eigenen Industrien zurückgreifen könne. Deswegen sei der Sowjetunion auch daran gelegen, die westeuropäischen Kohle- und Stahlindustrien unzerstört unter ihre Herrschaft zu bringen und einen heißen Krieg zu vermeiden. Die russische Politik werde auf jede Weise versuchen, den Rückzug der amerikanischen Streitkräfte aus Europa herbeizuführen.
Im Zusammenhang hiermit verwies der Herr Bundeskanzler darauf, daß die Kommunisten in Frankreich die stärkste Partei seien[7], daß sie bei den letzten Wahlen in Italien 1,5 Millionen Stimmen mehr gewinnen konnten[8], wogegen die Bundesrepublik wie auch die Sowjetzone gegen den Kommunismus immun sei, da die Deutschen die Russen aus eigener Erfahrung kennengelernt und Grausamkeiten erduldet hätten, die noch schlimmer als unter Hitler gewesen seien. Außerdem hätten die zurückgekehrten deutschen Kriegsgefangenen über das wahre Gesicht des Kommunismus berichtet. Die Russen versuchten, den Westen zu unter-

minieren. Der Herr Bundeskanzler teilte mit, daß es in der Bundesrepublik ungezählte kommunistische Spione gebe, die als Deutsche aus der Ostzone im Dienst der SED stünden.

Der Herr Bundeskanzler kam sodann auf die psychologische Lage und die Psychologie des deutschen Volkes zu sprechen. Mr. Lippmann habe in seinem Artikel davon gesprochen, daß Deutschland voller großer Energie sei und das deutsche Volk der Spaltung Deutschlands auf die Dauer nicht zustimmen könne. Beide Feststellungen seien richtig. Mr. Lippmann habe alsdann vorgeschlagen, Deutschland so lange in seinem gegenwärtigen Zustand zu belassen, bis sich Frankreich erholt habe. Kein Mensch wisse jedoch, wann dies sein werde. Als Freund des französischen Volkes glaube er, es sei richtiger, dem französischen Volk gut zuzureden und es davon zu überzeugen, daß seine Angst vor einem zu starken Deutschland unberechtigt sei. Man müsse den Franzosen Mut machen, damit sie größeres Selbstvertrauen zeigten. Man müsse ihnen zu verstehen geben, daß sie genauso stark wie Deutschland sein könnten, wenn sie nur wollten. Die Versöhnung zwischen Frankreich und Deutschland sei ihm von jeher ein Herzensanliegen gewesen, und zwar nicht erst seit drei oder vier Jahren. Er habe schon im Jahre 1925 davon gesprochen[9].

Offensichtlich bestehe jedoch zwischen dem französischen Volk und zwischen den französischen Politikern ein Unterschied. So habe ihm Bidault erklärt, daß von den 17 Regierungen, die Frankreich seit 1945 gehabt habe, 13 freiwillig zurückgetreten seien, ohne daß dies nach der Verfassung erforderlich gewesen wäre. Die führenden Politiker seien seiner Ansicht nach nicht Manns genug, um den Kampf zur Durchsetzung ihrer Ideen mit den Strömungen im französischen Parlament aufzunehmen. Der weitere Verlauf der Dinge dürfe nicht allein von Frankreich abhängen, denn es handele sich hierbei nicht nur um Frankreich oder Deutschland, sondern um ganz Europa.

Was würde aus Deutschland werden? Die Wahlen vom 6. September[10] hätten den Links- und Rechtsradikalismus ausgeschaltet, die Hamburger Wahl hätte das Ergebnis der Bundestagswahlen bestätigt[11]. Nachdem das deutsche Volk durch den Zusammenbruch des Hitler-Systems und durch die Not der Nachkriegsjahre gegangen sei, habe es heute nur noch ein Bestreben: in Frieden seiner Arbeit nachzugehen und mit den anderen Ländern der Welt zusammenzuarbeiten. Diese Stimmung dürfe nicht auf Eis gelegt werden, man dürfe das deutsche Volk nicht zu lange warten lassen.

Der Hinweis auf Europa und die Schaffung Europas sei unbedingt erforderlich, ohne Rücksicht auf das, was die Sowjetunion tue, ja selbst dann, wenn sie der friedlichste Staat der Welt wäre. Weltwirtschaftlich und weltpolitisch könne nur ein geeintes Europa eine Rolle spielen, und die Entwicklung nach dem Zweiten Weltkrieg dränge nach einer Organisation Europas. Selbstverständlich könne Europa nicht so stark werden wie Amerika oder Rußland, es würde aber doch etwas bedeuten. Es wäre immerhin so stark, daß es bei einer Verschlechterung des Verhältnisses zwischen Amerika und Rußland seine Stimme erheben und Vorschläge für eine Regelung der Streitigkeiten machen könne. Ein vereintes Europa wäre das stärkste Element zur Stabilisierung des Weltfriedens. Gäbe es nur zwei Großmächte, so wäre die Gefahr eines Konfliktes sehr groß. Deshalb sei eine dritte Macht, d. h. ein vereinigtes Europa, erforderlich, das zwar mit den anderen beiden nicht konkurrieren, aber dennoch sein Gewicht geltend machen könne.

Hierzu gehöre auch Großbritannien, das sich Gott sei Dank Europa sehr genähert habe. Dadurch würden die psychologischen Schwierigkeiten Frankreichs weitgehend beseitigt. Er bitte die Briten immer wieder, so stark wie möglich an Europa heranzurücken.

Die Vereinigung Europas halte er nicht nur im Hinblick auf akute Gründe für erforderlich, sondern im Hinblick auf die ferne Zukunft. Es handele sich nicht nur um die psychologische Lage Frankreichs, sondern auch um die Deutschlands. Daher sei es gefährlich, wollte man diesen Gedanken auf Eis legen. Man dürfe nicht vergessen, daß Deutschland noch besetzt sei, von Rußland unterminiert werde und den heißen Wunsch habe, seiner Arbeit in Frieden und Freiheit nachzugehen. Nachdem es in unermüdlicher Arbeit gelungen sei, im deutschen Volk die Hoffnung auf ein vereintes Europa zu erwecken, dürfe es jetzt keine Enttäuschung erleben. Deutschland sei bereits von Hitler enttäuscht worden, und eine erneute Enttäuschung bedeute eine ernste Gefahr, vor allem, da der sowjetische Versucher im Hintergrund stehe. Falle Deutschland und gerate es unter russischer Kontrolle, so seien auch Frankreich und Italien nicht mehr zu halten, und den Vereinigten Staaten drohe sodann eine unmittelbare Gefahr.

Mr. Lippmann erklärte sich mit den Gedankengängen und der Philosophie des Herrn Bundeskanzlers einverstanden, betonte jedoch, daß seiner Auffassung nach in Washington das französische Problem nicht genügend verstanden werde und sich deshalb eine gewisse Ungeduld bemerkbar mache. In diesem Zusammenhang sei von einem direkten Bündnis mit Deutschland die Rede gewesen, was er für eine selbstmörderische Politik halte.

Hierauf erwiderte der Herr Bundeskanzler, daß er ein direktes Bündnis auf das äußerste bedauern würde. Er sei immer davon ausgegangen, daß die EVG und die Einigung Europas nicht nur den Zweck hätten, einer akuten Bedrohung zu begegnen, sondern daß sie auch dann erforderlich wäre, wenn Rußland friedliche Absichten zeigen würde. Er erinnerte an eine Rede vor Studenten, in der er auf die künftige gemeinsame Ausbildung deutscher und französischer Offiziere auf den gleichen Kriegsschulen hingewiesen habe[12]. Die Zuhörer, meist selbst ehemalige Soldaten, hätten zwar Zweifel hieran gehabt, die Idee als solche jedoch begrüßt. Man müsse sich den psychologischen Effekt vorstellen, den die Verwirklichung der EVG und die Schaffung Europas vor allem auf die junge Generation besonders in Deutschland und Frankreich haben würde. Wenn man diese Bestrebungen beurteilen wolle, dürfe man sich nicht von gewissen verständlichen Ressentiments älterer Leute leiten lassen, sondern von den Gedanken der jungen Generation, die Europa wolle und der die Zukunft gehöre.
Ob in Amerika die psychologische Lage Frankreichs richtig oder falsch beurteilt werde, könne er nicht entscheiden, doch habe er bei den Herren, die er selbst gesehen habe, den Eindruck, daß sie sie richtig werteten. Vielleicht habe das Auftreten amerikanischer Besucher in Frankreich zu gewissen Mißverständnissen geführt, da die Amerikaner eben doch eine andere Lebensweise hätten. Demgegenüber habe er den Eindruck, daß die Deutschen in Frankreich besser gelitten seien, was auch Staatssekretär Professor Hallstein aus eigener Erfahrung bestätigte. Er selbst sei anläßlich eines Besuchs am Bodensee von französischen Besatzungstruppen auf der Straße freundlich begrüßt worden, woran sich zeige, daß diese jüngeren Menschen den Parteien im französischen Parlament voraus seien.
Was den von den Vereinigten Staaten ausgeübten Druck anlange[13], so sei dies im Hinblick auf die Entschlüsse, die der Kongreß über Zuteilungen von Mitteln für das Ausland im Januar oder Februar nächsten Jahres zu treffen habe, verständlich[14]. Auch auf Deutschland würde Druck ausgeübt, so vor allem in der Saarfrage, zu deren Lösung die Bundesregierung ihr Bestes tun werde. Man dürfe nicht vergessen, daß die Vereinigten Staaten heute das Schicksal der Welt in der Hand hielten, und er habe den Eindruck, daß sich die leitenden Stellen ihrer Verantwortung bewußt seien.
Noch einmal auf Frankreich zurückkommend, führte der Herr Bundeskanzler aus, daß seiner Meinung nach eine Verfassungsreform[15] nicht erforderlich sei; es gäbe in Frankreich eine Reihe einflußreicher Persön-

lichkeiten, die genauso dächten wie er, z. B. Bidault, Pleven, Reynaud[16], Laniel[17], Schuman, Mollet[18]. Man dürfe sich nicht beeinflussen lassen durch die stets negative Haltung der Gaullisten. Wenn man in Frankreich den Dingen ihren Lauf lasse, so führe dies nur zu einem Erfolg der prorussischen Stimmung und somit zu einem Erfolg für Sowjetrußland selbst. Nach seinen Informationen aus zuverlässigen Quellen solle in Frankreich der russische Rubel in veredelter Form eine große Rolle spielen. Außerdem gebe es im Quai d'Orsay Kreise, die auch weiterhin in Deutschland den präsumtiven Gegner und in der Sowjetunion den Freund erblickten. Bidault, der im Jahre 1946 mit Sowjetrußland den gegen Deutschland gerichteten Freundschaftspakt unterzeichnet habe[19], habe jedoch die inzwischen eingetretene Wandlung erkannt. Man dürfe deshalb den fortschrittlichen Kräften in Frankreich nicht in den Arm fallen.

Auch Mr. Eden stimme mit ihm in der Beurteilung der Lage überein.

Staatssekretär Professor Hallstein wies im Zusammenhang mit der von Mr. Lippmann genannten Ungeduld darauf hin, daß es sich in Frankreich um eine objektive Entscheidung handele, der man nicht aus dem Wege gehen könne. Die Schwierigkeiten seien keineswegs von den Amerikanern geschaffen worden. Der Krise könne man nicht ausweichen. Deutschland verhalte sich jedoch ruhig, da jede deutsche Äußerung in Frankreich mit großer Kritik aufgenommen werden würde.

Der Herr Bundeskanzler erklärte, Frankreich habe sich noch nicht mit dem Gedanken vertraut gemacht, daß es in Europa keine Großmächte mehr gebe. Deutschland habe dies auf sehr praktische Weise gelernt. Die Bundesrepublik werde alles tun, um den Eindruck zu vermeiden, daß sie eine Hegemonie anstrebe. Eine solche Hegemonie sei überdies ausgeschlossen, solange noch amerikanische Streitkräfte in Europa stationiert seien. Ebenso verschließe sich Deutschland nicht der Tatsache, daß die Franzosen den Engländern und Amerikanern lieber als die Deutschen seien.

Professor Hallstein erinnerte daran, daß der Grundsatz der Parität in allen bisher abgeschlossenen und ausgearbeiteten Verträgen zwar nicht ausdrücklich erwähnt, jedoch sorgfältigst beachtet worden sei. Dem fügte der Herr Bundeskanzler hinzu, daß im Falle von Meinungsverschiedenheiten zwischen Frankreich und Deutschland, Italien und die Benelux-Länder auch auf seiten Frankreichs stehen würden und Deutschland somit allein stünde.

Hinsichtlich der letzten Russen-Note[20] vertrat der Herr Bundeskanzler die Auffassung, daß sich die Sowjetunion nicht vor Deutschland fürchte, sondern vor der Aufstellung der EVG, da auf diese Weise die Ziele des kalten Krieges nicht erreicht werden könnten. Die Diplomatie aller Länder würde manchmal Fehler begehen, dies scheine jedoch besonders für die russische Diplomatie zuzutreffen. Er selbst hätte anstelle der Russen die Einladung angenommen, jedoch um eine Verlegung des Konferenztermins gebeten. Dadurch hätten gewisse retardierende Momente in Europa erneuten Aufschwung erhalten. Aber die Russen seien vermutlich gar nicht so klug, wie sie vom Westen immer gehalten werden. Mr. Kennan habe ihm einmal über die russische Diplomatie berichtet, daß sie von der Welt abgeschnitten sei, daß die russischen Vertreter im Ausland in ihren Berichten nach Moskau nur meldeten, was den Machthabern im Kreml angenehm sei und daß schließlich die führenden Persönlichkeiten in Moskau untereinander nicht einig seien[21].

Der Herr Bundeskanzler bedauerte, daß in der Weltöffentlichkeit den russischen Schwierigkeiten auf landwirtschaftlichem Gebiet[22] keine größere Aufmerksamkeit gewidmet werde. Diese Schwierigkeiten seien beträchtlich und machten sich auch in den Satellitenstaaten bemerkbar. Rußland werde einmal einen Punkt erreichen, über den hinaus es nicht könne. Nach zuverlässigen Sachverständigenberichten werde Rußland die Grenze des Möglichen 1958 erreichen. Sollte jedoch aufgrund von Witterungseinflüssen die Ernte um 15 Prozent geringer ausfallen als im Vorjahr, so werde diese Grenze schon dann erreicht werden. Dann werde es wahrscheinlich unvermeidlich sein, daß die Freie Welt durch Anleihen Sowjetrußland hilft, ihr eigenes Land zu erschließen und zu kolonisieren. Nach dem Tode Stalins, der die sowjetrussische Macht mehr erweitert und gestärkt habe als jeder Zar, der dem Nationalstolz mächtigen Auftrieb verliehen habe, ja der geradezu ein Mythos geworden sei, träten die Schwierigkeiten, die er noch unterdrücken konnte, nunmehr zutage. Dies erkläre auch die Unsicherheit, die auf den verschiedensten Gebieten festzustellen sei. Der Herr Bundeskanzler verglich die Nachfolge Stalins mit der Übernahme des Betriebes eines gestorbenen bedeutenden Geschäftsmannes durch seine Söhne, die, falls sie dumm seien, nur Dummheiten machten, sonst aber unentschlossen und zögernd seien, da sie sich der ihnen gestellten Aufgabe nicht gewachsen fühlten.

Nr. 49

14. Dezember 1953: Pressekonferenz (Wortprotokoll)

BPA Archiv F 30, mit ms. Vermerk »*Thema:* Pariser Verhandlungen«

Teilnehmer: Journalisten waren nicht zu ermitteln – Professor Dr. Walter Hallstein

Beginn: 16.30 Uhr

Adenauer: Ich bin gar nicht darauf gefaßt, so viel[e] Köpfe hier zu sehen, sonst hätten wir einen größeren Raum nehmen können; so hat die Sache natürlich einen ganz anderen Charakter. Es hat mir sehr viel daran gelegen, in einem kleinen Kreise einmal mich auszusprechen, in einem so großen Kreise muß ich mich natürlich sehr vorsichtig ausdrücken. Wenn ich Sie dabei enttäusche, ich bin nicht schuld, sondern das Arrangement[1] ...

Nun, meine Damen und Herren, Sie wissen, daß ich vergangenen Freitag [11. Dezember 1953] nach Paris geflogen bin und daß dort eine Reihe von Verhandlungen stattgefunden hat, zunächst im *Ministerrat des Europarats*[2].

Ich habe die Berichte der deutschen Presse darüber noch nicht gesehen, ich weiß nicht, ob diese Berichte der Bedeutung dieser Konferenz, dieser Ministerratssitzung, gerecht geworden sind. Wenn ich gesagt habe ... Herr Hallstein hat die Freundlichkeit, über diese Konferenz nachher einige Worte zu Ihnen zu sprechen. Dann habe ich, wie Sie wissen, eine längere Aussprache mit Herrn Minister Bidault gehabt, ebenfalls eine Besprechung, unabhängig davon, mit Staatssekretär Dulles und mit Herrn Eden, unabhängig ebenfalls davon[3].

Ich darf zunächst mal einige Worte über den Termin der Konferenz sagen. Sie wissen, meine Damen und Herren, daß am 17. Dezember der neue Staatspräsident in Frankreich gewählt wird[4] – kein Mensch hat mir verraten können in Paris, wer gewählt würde – und daß er sein Amt am 17. Januar [1954] antritt und daß dann das gegenwärtige Kabinett zurücktritt und ein neues Kabinett berufen wird[5]. Es kann deshalb für die französische Regierung als Termin für die Viererkonferenz[6] auf keinen Fall in Frage kommen ein Termin in der Mitte des Monats Januar, das ist wohl selbstverständlich; es kann nur in Frage kommen der Anfang des Monats oder aber das Ende des Monats.

Man hatte sich in Bermuda[7] auf den 4. Januar geeinigt[8], wie Sie wissen; bisher, wenigstens bis gestern abend, war noch kein Anzeichen dafür vorhanden, ob Moskau die Einladung annimmt oder ob es die Einladung zum 4.Januar ‹ablehnt›[a]. Betrachtungen in den Zeitungen, auch heute morgen in Paris waren solche Betrachtungen: Moskau wird eine Verschiebung verlangen[9]; ich las eben in einer deutschen Zeitung »Verlangt eine Verschiebung zugunsten Frankreichs.«[10] Das scheint mir etwas wenig am Platze zu sein. Wenn Moskau eine Verschiebung verlangt, tut es das nicht zugunsten Frankreichs, sondern zugunsten Moskaus. Ich glaube, man sollte sich darüber klar sein. Immerhin, es ist ja möglich, daß Moskau eine Verschiebung vorschlägt.

Ich möchte Ihnen sagen, warum wir nicht verlangten oder nicht den Wunsch ausgesprochen haben, daß ein Beobachter von uns an der Viererkonferenz teilnimmt. Sie wissen, daß Österreich den Wunsch ausgesprochen hat an die vier Alliierten, daß bei den Verhandlungen über den österreichischen Staatsvertrag ein österreichischer Beobachter anwesend sein solle[11]. Der Fall liegt aber bezüglich Österreichs ganz anders als bezüglich Deutschlands!

Wenn wir als Beobachter von seiten der drei Westalliierten zugelassen würden, können wir nicht allein von ihnen zugelassen werden, sondern dann müßte auch Rußland dem zustimmen, und dann würde selbstverständlich Sowjetrußland seinerseits verlangen, daß auch ein Vertreter der Ostzonenregierung als Beobachter zugelassen würde, so daß an demselben Verhandlungstisch dann sitzen würden einmal ein Vertreter der Bundesregierung und einmal ein Vertreter der Sowjetzonenregierung. Und diese beiden Vertreter würden wahrscheinlich, oder man kann es sogar als sicher ansehen, in einem Gegeneinander sich aussprechen müssen. Das wäre schon an sich eine sehr ungute Erscheinung.

Es kommt aber hinzu, meine Damen und Herren, daß darin eine Anerkennung der Ostzonenregierung liegen würde, die wir nicht wünschen. Wir wünschen nicht, daß die Ostzonenregierung und wir auf dieselbe Ebene gestellt werden. Daß dadurch, meine Damen und Herren, daß kein Beobachter von der Bundesrepublik dorthin entsandt wird, die deutschen Interessen nicht geschädigt werden, daß wir in fortlaufender Verbindung mit den drei Westalliierten bleiben und konsultiert werden, ist eine solche Selbstverständlichkeit, daß ich es gar nicht ausdrücklich zu sagen brauche[12]. Ich komme nachher noch auf unsere Beziehungen zu den drei Westalliierten zurück.

Meine Damen und Herren! Wenn Sie demnächst, sobald die Viererkonferenz ins Leben getreten ist, oder wenn Sie vorher die Vorschau geben wollen, dann empfehle ich Ihnen dringend, auch wenn es eine etwas größere Arbeit ist, doch vorher die ganzen sowjetischen Noten, den ganzen Notenwechsel, der bisher stattgefunden hat zwischen Sowjetrußland und den drei Westalliierten[13], eingehend zu studieren. Ich glaube, es wäre gut (zu Staatssekretär Hallstein), wenn wir den Damen und Herren vielleicht dadurch, daß wir diese ganzen Noten in einem Weißbuch zusammenfassen, dieses Studium erleichtern würden.

(*Hallstein:* Das ist schon da[14]!)

Auch die allerletzten müßten noch hinzukommen, der Notenwechsel der vergangenen zwei oder drei Wochen und die, die noch kommen werden[15].

Man kann über die ganze politische Lage und über die Basis der Viererkonferenz nicht richtig und gut urteilen, wenn man nicht die ganzen Noten, den ganzen Notenwechsel kennt.

Meine Damen und Herren, ich darf Sie daran erinnern, daß die vorletzte Note Sowjetrußlands[16] ja auf die Frage, ob man die Einladung zu einer Konferenz nach Lugano annehmen oder ob man sie nicht annehmen sollte, gar nicht einging, sondern daß sie vielmehr sehr grob gehalten war, eine fast verletzend grobe Note war [das] gegenüber den Westalliierten. Es liegt auf der Hand, wenn dann zu aller Überraschung – Sie erinnern sich daran – diese neue Note[17] kommt, die nun zu der Einladung nach Berlin oder zu der Absicht, in Berlin zusammenzutreten, geführt hat, [daß] die Tendenz ganz augenscheinlich die war, in Frankreich die Ratifizierung des Vertrages über die Europäische Verteidigungsgemeinschaft durch das Parlament zu erschweren und möglichst lange hinauszuzögern. Soviel man sich ein Urteil bilden kann – das gilt ja nicht nur von mir und von uns in Bonn, sondern das gilt auch außerhalb Deutschlands –, soviel man sich ein Urteil bilden kann, hat sich in den politischen Auffassungen Sowjetrußlands nichts geändert, sondern lediglich die Form ist geschmeidiger und höflicher geworden.

Nun, meine Damen und Herren, lassen Sie mich etwas über die Bedenken französischer Kreise gegen die Ratifizierung des Vertrages über die Europäische Verteidigungsgemeinschaft sagen[18]. Ich möchte das ausführen, damit wir in Deutschland die Haltung Frankreichs, die Haltung dieser französischen Kreise verstehen und nicht etwa durch eine Kritik, die über das Maß hinausgeht, in Frankreich gewisse Verbitterungen oder irgendeine Animosität erzeugen. Die französischen Kreise, die gegen die Europäische Verteidigungsgemeinschaft sind, haben verschiedenartige Gründe. Ganz zweifellos ist es bei einem Teil dieser Kreise der Gedanke, es sei doch nicht zu tragen für Frankreich, wenn es keine französische Armee mehr gebe.

Meine Damen und Herren, man wird ein gewisses Verständnis für einen

solchen Standpunkt haben müssen, und es kann sich nur darum handeln, diesen französischen Kreisen – das müssen aber Franzosen tun und nicht wir – klarzumachen, daß eben, wenn zwingende Umstände vorhanden sind, man schließlich auch auf eine Tradition verzichten muß. In einer anderen Schicht der Franzosen besteht zweifellos eine gewisse Furcht vor Deutschland, nicht in dem Sinne etwa, meine Damen und Herren, als wenn etwa Deutschland Frankreich angreifen würde, sobald es in der Europaarmee ist, sondern die Furcht scheint mir einmal dadurch entstanden zu sein, daß man glaubt, es sei möglich, daß Deutschland, die Bundesrepublik, wenn sie Mitglied der Europäischen Verteidigungsgemeinschaft sei, Frankreich in einen Krieg mit Sowjetrußland wegen der Wiedervereinigung bringen könne. Zu dem Punkt kann jeder in Deutschland Stellung nehmen, ohne daß man in Frankreich deswegen irgendeinen Anstoß erregt, und mit aller Bestimmtheit sagen, daß in Deutschland keiner daran denkt, ein derart frivoles Abenteuer auch nur in Aussicht zu nehmen. Und ich glaube, ich kann mit derselben apodiktischen Gewißheit sagen, daß auch in der Sowjetzone niemand daran denkt, durch ein kriegerisches Abenteuer die Wiedervereinigung Deutschlands herbeizuführen.
Die Gründe sind schon so oft erwähnt worden, daß ich darüber gar nicht zu sprechen brauche. Das deutsche Volk will keinen Krieg mehr, es will seinen Frieden behalten, aber es will keinen Krieg, und es will in der Welt eine friedliche Entwicklung und Entspannung der gesamten Weltlage mit dem Ziel der Wiedervereinigung Deutschlands in Frieden und Freiheit. Ich glaube aber, bei einem anderen Teil der französischen Bevölkerung sind gewisse wirtschaftliche Erwägungen ein Hindernis für die europäische Integration insgesamt und deshalb auch für die Europäische Verteidigungsgemeinschaft. Diese Kreise in Frankreich befürchten, daß das deutsche Volk durch die Intensität seiner Arbeit nun kein angenehmer Kompagnon in der Sozietät sein wird. Ich weiß nicht, meine Damen und Herren, ob der Deutsche von Natur aus, d. h. also, wenn er alles hat, was er gerne hätte, noch arbeiten würde und übertrieben arbeiten würde, aber wenn natürlich durch den Krieg ihm alle Wohnungen zerschlagen und die Häuser zerschlagen worden sind, die ganzen Industrieunternehmungen vernichtet worden sind, er sein Hab und Gut verloren hat, dann sind solche Verluste naturgemäß ein sehr starker Antrieb, so schnell wie möglich wieder zu einem menschenwürdigen Dasein zu gelangen. Ich bin nicht der Auffassung, daß die französischen wirtschaftlichen Kreise eine solche Furcht vor Deutschland zu haben brauchen, daß innerhalb einer wirtschaftlichen Integration der Deutsche Frankreich benachteiligen würde.

Ein weiterer Punkt, meine Damen und Herren, für den man ein gewisses Verständnis aufbringen muß, ist die Befürchtung, die jetzt auch, wenn auch nur indirekt, in amtlichen Äußerungen angeklungen ist, das ist die Furcht, daß wenn Frankreich in der europäischen Integration aufgehe oder darin eintrete, es damit aufhören würde, eine Weltmacht zu sein, sondern eine europäische Macht werden würde.
Wenn diese europäische Integration kommt, behält natürlich Frankreich sein großes Kolonialreich, und es wird dort eben große Aufgaben haben, und dadurch behält es auch seine Bedeutung in den großen internationalen Beziehungen. Wir Deutsche haben etwas Ähnliches nicht und haben daher mit dieser Art von internationalen Beziehungen nichts zu schaffen. Aber, meine Damen und Herren, ich wiederhole, warum ich Ihnen das sage. Ich sage das, und da wende ich mich vornehmlich an die deutsche Presse, damit bei den Verhandlungen dieses Themas man den Versuch einfügt, auch in die Denkungsart des Anderen zu kommen und versucht, ihm gerecht zu werden. Dabei wird man aber immer sehr ernst und sehr nachdrücklich betonen können, was ich in einer Rede bei einem Lunch in Paris gesagt habe[19], daß schließlich die Situation in der Welt so geworden ist, daß unter Umständen, wenn Westeuropa sich nicht zusammenfindet, wir alle miteinander verloren sind, ob wir nun Kolonien haben oder keine Kolonien haben, ob wir fleißig sind, oder ob wir nicht fleißig sind, wir wären dann alle miteinander verloren, und das ist doch schließlich das Entscheidende.
Wenn man nun zu der Europäischen Verteidigungsgemeinschaft Stellung nehmen muß: Diese leitenden Gesichtspunkte, glaube ich, sollte die Presse, insbesondere, wie ich eben schon sagte, die deutsche Presse, doch nicht unter den Tisch fallenlassen und immer wieder der gesamten Weltöffentlichkeit auch klarmachen. Und ich glaube, diese Ansicht wird geteilt von einem erheblichen Teil der Franzosen, von einem sehr erheblichen Teil der Franzosen, von den Amerikanern und auch von den Engländern, daß eben wir alle miteinander in einer sehr großen Gefahr schweben, aus der wir uns nur befreien können dadurch, daß wir gewisse Dinge, an denen wir hängen, über Bord werfen, weil sonst das ganze Schiff untergeht.
Meine Damen und Herren, ich habe eben gesagt, daß ich Sie bäte, die Noten Sowjetrußlands jetzt vor der Viererkonferenz gründlich zu studieren. Wenn Sie das tun, werden Sie sehen, daß das Ziel der Russen bei allen Verhandlungen, die Sowjetrußland vorschlägt, immer das gleiche war: Neutralisierung Deutschlands. Ob nun dabei Deutschland eine gewisse Armee zugestanden wurde oder nicht, spielt keine Rolle: Neutralisierung Deutschlands.

Ich habe in Paris auf dem Treffen, von dem ich eben sprach, vor dem großen Kreis von nichtdeutschen Zuhörern doch einmal die Frage aufgeworfen, was denn Neutralisierung ist und wie eine Neutralisierung durchgeführt werden kann[20]. Ich habe das etwas ausführlicher behandelt, und ich glaube, das würde auch dem deutschen Volke guttun, wenn man dieses Thema einmal gründlich behandelte. Sie wissen alle, Neutralisierung und Neutralität ist etwas Grundverschiedenes. Neutral ist die Schweiz aus freiwilligem Beschluß und entschlossen, diese Neutralität gegenüber jedermann, unter Umständen mit Waffengewalt, zu verteidigen. Neutralisierung erwächst nicht durch freien Entschluß des zu neutralisierenden Landes, sondern die Neutralisierung ist die Folge eines Zwanges, der auf dieses Land ausgeübt wird.

Es ist also, meine Damen und Herren, ein völliger Unterschied zwischen Neutralität und Neutralisierung, und jede Neutralisierung, meine Damen und Herren, nämlich eines so großen Landes wie Deutschland nun einmal ist, ‹schließt›[b] in sich den Keim des Vergehens. Es ist einmal unmöglich, ein Volk von 50 Millionen Menschen gegen seinen Willen zwangsweise zu neutralisieren, d.h. ihm das Recht vorzuenthalten, was jeder andere Staat hat, sich seiner Haut zu wehren, wenn das nötig ist. Und zweitens, meine Damen und Herren, die anderen, die zwangsweise die Neutralisierung vorschreiben, müssen ja auch dann in der Lage sein und in der Lage bleiben, zu kontrollieren, ob diese Neutralisierung auch wirklich von einem neutralisierten Deutschland durchgeführt wird.

Und nun bitte, besehen Sie sich einmal die Situation. Ich für meine Person glaube nie und nimmer, daß die Vereinigten Staaten Truppen zur Verfügung stellen würden in Europa auf längere Zeit, um die Neutralisierung Deutschlands durchzuführen. Das wird Amerika nicht tun, und das werden auch die Mütter und Frauen amerikanischer Soldaten auf die Dauer einfach für unerträglich halten. Und dafür ist schließlich auch, meine ich, meine Damen und Herren, ein Soldat nicht da. Ich bin ebenfalls der Überzeugung, daß auch Großbritannien das nicht tut.

Es wird aber ein anderer da sein, der es mit Vergnügen tun wird, und das ist Sowjetrußland. Das würde bedeuten, daß wenn man nun die Dinge sich einmal in concreto vorstellt, daß die Aufsicht über Deutschland, die Durchführung der Neutralisierung, von Sowjetrußland vorgenommen würde, und was das bedeuten würde, brauche ich Ihnen nicht auseinanderzusetzen. Das würde eben bedeuten, daß Deutschland in sehr kurzer Zeit völlig abhängig von Sowjetrußland sein wird, ein Satellitenstaat sein wird, und das, meine Damen und Herren, würde zur Folge haben wieder, daß der Kommunismus in anderen westeuropäischen

Ländern – ich brauche sie gar nicht zu nennen –, wenn Deutschland erst Satellitenstaat würde, einen solchen Auftrieb bekommen würde, daß dann auch bald alles zu Ende sein würde. Darum, meine Damen und Herren, ist eine Neutralisierung Deutschlands, das für uns nicht eine Wiedervereinigung in Freiheit bringen würde, sondern daß das freie Deutschland zusammen mit der Ostzone in die Sklaverei bringen würde, völlig unannehmbar und ein Thema, über das auf einer Konferenz zu diskutieren überhaupt sich nicht lohnt. Ich weiß mich darin in voller Übereinstimmung auch mit den Deutschen in der Ostzone.

Bei der Kontrolle über die Durchführung einer Neutralisierung müßte ja auch kontrolliert werden die Wirtschaft des neutralisierten Landes, da ja in der Wirtschaft dieses Landes auch Güter hergestellt werden könnten, die für kriegerische Zwecke geeignet sind. Deutschland ist also ausgeliefert der Aufsicht und der Kontrolle der Russen auf allen Gebieten.

Ich möchte jetzt zu einem weiteren Punkt übergehen. Es wird manchmal auch von uns sehr wohlmeinend gegenüberstehenden Ausländern die Meinung geäußert, daß durch die europäische Integration die anderen Länder mit Ausnahme Deutschlands Rechte aufgeben würden, während wir eigentlich dadurch, daß der Bonner Vertrag[21] ins Leben tritt, Rechte gewännen.

Meine Damen und Herren, dazu möchte ich folgendes sagen: Es ist ganz klar, daß jede Integration verschiedener Staaten eine Aufgabe von Rechten, oder richtig gesehen, eine Übertragung von Rechten an eine neu zu schaffende Gemeinschaft, an der jeder der Staaten teilnimmt, zur Folge hat. Aber da einen solchen Unterschied zu machen zwischen Siegerstaaten und den besiegten Staaten, das, meine Damen und Herren, heißt denn nun doch, die augenblickliche Lage nur im Auge haben. Ich glaube nicht, meine Damen und Herren, daß auf die Dauer, die für die Integration Westeuropas in den Verträgen vorgesehen ist, man, wenn diese Integration nicht zustande kommt, Deutschland die Rechte vorenthalten kann, die jeder freie Staat hat. Das ist noch niemals in der Weltgeschichte möglich gewesen, es sei denn in Sowjetrußland, wo man die Tschechoslowakei und die anderen Länder zu Satellitenstaaten gemacht hat. Man kann einem besiegten Land einen schweren Friedensvertrag auferlegen, man kann auch seine staatlichen Rechte für eine bestimmte Zeit einschränken, wie man das uns gegenüber seit 1945 auch getan hat, aber daß das auf die Dauer durchgeführt werden kann, das ist völlig ausgeschlossen.

Die Rechte Deutschlands ruhen jetzt, aber sie würden eines Tages mit Bestimmtheit aus diesem Ruhen wieder erwachen, uns wiedergegeben werden, zum Leben erwachen, so daß auch der besiegte Staat bei einer Integration Rechte aufgibt, wenn auch ruhende Rechte. Aber auch der besiegte Staat kann bei einer Integration oder muß er davon ausgehen, daß er die Rechte, die ein jeder Staat an sich hat, die er zur Zeit noch nicht ausüben kann, nun der Gemeinschaft überträgt und daß er sie nicht wiedersieht. Ich habe in Paris gesagt, daß der Unterschied nur temporär, aber nicht fundamental sei, und ich halte das für richtig. Daher sollte man diesen Unterschied zwischen dem Siegerstaat und dem besiegten Staat eigentlich gar nicht machen. Es ist eben, wie ich vorhin schon sagte, temporär und nicht fundamental[22].

Nun, meine Damen und Herren, möchte ich noch folgende Bemerkung Ihnen machen. Zum ersten Mal vor einer Viererkonferenz – und ich wünsche, daß sie zustande kommt – besteht zwischen den drei Westalliierten und Deutschland, das ist die Bundesrepublik, volles Einvernehmen. Bei allen bisherigen Viererkonferenzen wurden wir nicht gehört, und man entschied ohne uns. Auf dieser Viererkonferenz, ich glaube, das kann man mit allem Nachdruck feststellen, werden die drei Westmächte nicht ohne oder gegen Deutschland entscheiden. Und das Einvernehmen, das zwischen den drei Westmächten und der Bundesrepublik bezüglich aller dieser Punkte ist, meine Damen und Herren, [ist] sehr gut, völlig ungetrübt und ganz klar.

Nun darf ich noch ein Wort sagen zu dem Gespräch, das ich mit Herrn Bidault gehabt habe. Herr Hallstein war auch dabei, und von der französischen Seite waren noch zwei Herren[23] dabei. Es ist zunächst nicht richtig, anzunehmen, weil das Kommuniqué[24], das über dieses Gespräch veröffentlicht worden ist, sich nur mit der Saar beschäftigt hat, daß man nur über die Saar gesprochen hat, sonst wäre natürlich ein so langes Gespräch gar nicht verständlich. Es ist ganz klar, daß, wenn man in einer politischen Situation wie der gegenwärtigen zusammenkommt, nachdem Bermuda gewesen ist und die Viererkonferenz vor der Türe steht, daß man sich auch über die allgemeinen weltpolitischen Fragen unterhalten hat mit den Aspekten, die sich ergeben, und mit diesem ganzen Knäuel von Fragen, die augenblicklich betrachtet werden müssen, wenn man einer Viererkonferenz entgegengeht.

Nun hat das Kommuniqué über die Saarfrage in einem Teil der deutschen Presse eine relativ ungünstige Belichtung erfahren[25]; ich halte diese Belichtung nicht für richtig. Die Saarfrage umfaßt eine ganze Fülle von Einzelfragen, und daher werden noch eine ganze Reihe von Verhandlungen nötig sein. Es mag zu einem Ergebnis kommen oder nicht während dieser Verhandlungen, ganz abgesehen davon, daß im gegebenen

Augenblick das Bundeskabinett gefragt werden muß und jedenfalls die maßgebenden Männer der verschiedenen Bundestagsfraktionen verständigt werden müssen, würde, wenn man vorher der Öffentlichkeit eine Mitteilung machen würde, [das] jeder Verhandlungstechnik widersprechen, so daß ich doch bitten möchte, daraus, daß das Kommuniqué keine Einzelheiten enthält, nun [keine] abwegigen Schlüsse zu ziehen.

Ich möchte dann noch einige Worte sagen, und zwar rechtliche Ausführungen machen über die Stellung der Bundesregierung und die Verhältnisse in der Ostzone für den Fall, daß es zu freien Wahlen kommt und daß eine gesamtdeutsche Regierung gebildet wird. Es ist wiederholt in Gesprächen mit uns, auch hier in Deutschland, die Frage gestellt worden, welche Befugnisse wir dann, die Regierung der Bundesrepublik, noch haben. Wird die gesamtdeutsche Regierung sofort alle ihre Befugnisse übernehmen usw.? Die Lösung ergibt der Artikel 146 des GG, in dem es heißt: »Dieses Grundgesetz verliert seine Gültigkeit an dem Tage, an dem eine Verfassung in Kraft tritt, die von dem deutschen Volke in freier Entscheidung beschlossen worden ist.« D. h. also, und das war auch der Wille der Schöpfer dieses Grundgesetzes, daß dieses Grundgesetz in Kraft tritt, bis eine gesamtdeutsche Regierung, ein gesamtdeutsches Parlament, eine Verfassung in freier Entscheidung beschlossen hat. Man braucht da nicht große Überlegungen anzustellen, sondern die Sache ist durch das GG schon entschieden.

Nun werden Sie mich natürlich fragen: »Und das Gebiet der Ostzone?« Nun, die Ostzone hat an sich eine demokratische Verfassung, leider Gottes wird sie nicht durchgeführt, sondern steht lediglich auf dem Papier. Und wenn freiwillige Wahlen stattfinden, auch in der Ostzone, dann ergibt sich zwangsweise dadurch, daß die Verfassung der Ostzone dann auch in Wirksamkeit gesetzt werden muß und daß dann entsprechend der Verfassung der Ostzone auch freie Wahlen für die entsprechenden Landtage dort stattfinden müssen und von diesen Landtagen – immer entsprechend den Bestimmungen der Verfassung der Ostzone – Regierungen gebildet werden müssen, die dann wieder auf demselben Fuße stehen wie wir hier und wie die Länderregierungen. Mir scheint also, als wenn auch diese Frage im Prinzip kein Kopfzerbrechen zu machen braucht, für uns ist das GG maßgebend, und entsprechend muß auch für die Ostzone deren Verfassung maßgebend sein, d. h. durchgeführt werden. Dann könnte eine Nationalversammlung und die von ihr zu bildende Regierung in aller Ruhe die neue Verfassung Deutschlands beraten und beschließen.

Ich habe gerade ein Telegramm bekommen, eine Meldung des Herrn

Kingsbury-Smith[26]. Sie kennen alle Herrn Kingsbury-Smith, er ist ein sehr tätiger Mann und auch ein Mann von Phantasie

(Heiterkeit),

und ich möchte namentlich das Wort Phantasie unterstreichen. Was hier mitgeteilt wird, gehört in den Bereich der Phantasie. Ich habe eine Ansprache gehalten am 11. Dezember in Paris[27], und diese Ansprache empfehle ich Ihnen, auch selbst, wenn Sie ja auch gewohnheitsmäßig nicht alles zu lesen pflegen, was Ihnen zugeschickt wird und was Sie auf Ihren Tischen finden, durchzulesen, und namentlich den Herren aus dem Ausland möchte ich das empfehlen, denn ich habe versucht, in dieser Ansprache in möglichst komprimierter Form alles zu sagen, was im gegenwärtigen Zeitpunkt überhaupt sich sagen läßt über Deutschland und die gesamte Lage in der Welt.

Es ist auch die Rede in dieser Ansprache von dem Atomkrieg und von der Rede des Präsidenten Eisenhower[28]. Mir gegenüber ist in Paris die Meinung vertreten worden, daß vielleicht Herr Präsident Eisenhower diese Atomkriegsrede, die, wenn man sie einmal in Ruhe liest, geradezu erschütternde Ausblicke eröffnet, doch wohl zum Teil auch aus innenpolitischen Gründen gehalten ‹hat›[c]. Ich habe mich über die Eisenhowersche Rede mit den Sachverständigen unterhalten, die uns in Deutschland zur Verfügung stehen, die natürlich nicht die Einzelheiten der Herstellung von Atombomben kennen, aber die doch die theoretische Grundlage kennen, zum Teil sie mit erforscht haben oder sogar an erster Stelle erforscht haben. Und nun, was in Amerika und insbesondere vom Präsidenten Eisenhower über die Furchtbarkeit in der weiteren Entwicklung der Atomwaffe gesagt wird, ist zunächst auch theoretische Annahme[29], Gott sei Dank.

Ich kann Ihnen aber nur sagen, daß nach der Meinung der deutschen Herren, die ich gesprochen habe, die Aspekte, die in der Rede Eisenhowers enthalten sind, nicht übertrieben sind, sondern daß sie durchaus nach der Auffassung dieser Herren dem entsprechen, was die Menschheit zu erwarten hat, wenn die Atomwaffe weiterentwickelt und dann einmal eingesetzt wird. Das ist eine Frage, die eigentlich jeden Menschen auf der Erde veranlassen müßte, etwas nachzudenken und sich sehr ernst und sehr intensiv damit [zu] beschäftigen ‹...›[d].

Und wenn alle Menschen, auch in Sowjetrußland, die Verantwortung haben, sich mit dieser Frage beschäftigen, dann wird vielleicht doch der Vorschlag des Präsidenten Eisenhower, eine Kontrolle einzuführen des Uraniums, Tatsache werden, weil die ganze Menschheit mit dem Untergang bedroht ist, wenn die Entwicklung so weiter fortschreitet, und die

Entwicklung schreitet in schnellstem Tempo weiter fort. Und in dem ganzen Grausen, von dem die Entwicklung der Atomwaffe und Atomtechnik umgeben ist, ist vielleicht ein gewisser Lichtblick, daß wir dann schließlich auf Erden dazu gebracht werden zu einer wirklichen Entspannung und zu einer wirklichen Abrüstung.

Hallstein: Der formelle Anlaß der Reise nach Paris waren zwei Veranstaltungen des Straßburger Europarats, die nach Paris gelegt worden waren, weil die Außenminister ohnehin an den Beratungen der NATO teilnehmen mußten. Es sind zwei Veranstaltungen des Europarats, einmal eine fällige Sitzung des Ministerkomitees des Europarats mit Vertretern der Regierungen[30] und [mit den] Delegationen aus der Beratenden Versammlung. Dabei ist zum ersten Mal die Regierung der Bundesrepublik an diesem gemischten Komitee[31] beteiligt gewesen, sie ist Mitglied darin. Die Gegenstände der Verhandlungen in den beiden Veranstaltungen haben sich teilweise gedeckt. Ich will Kleinigkeiten übergehen und nur die wichtigsten Ereignisse notieren.

Der Sitzung des Ministerkomitees ist vorhergegangen die Unterzeichnung gewisser Konventionen[32], die im Schoße des Europarats stattgefunden hat. Die Unterzeichnung dieser Konventionen war eine ganze Zeitlang aufgeschoben gewesen durch ein Problem, das mit der Zugehörigkeit des Saargebiets zum Europarat zusammenhängt. Es gibt im Europarat zwei Arten von Mitgliedern: Staaten und Länder. Das Saargebiet ist ein Land, und die Gelehrten waren sich lange nicht darin einig, in welcher Form ein solches Land eingefügt wird in den Geltungsbereich. Die Lösung war die, daß der Präsident des Ministerkomitees, und zwar des abtretenden Ministerkomitees, das war Außenminister van Zeeland, die Unterzeichnung mit Wirkung für die Saar vornahm.

Dann sind an wichtigeren Dingen erörtert worden, einmal – da ich gerade bei der Saar bin – eine Entschließung der Beratenden Versammlung[33], die zusammenhängt mit dem bekannten, auch in der deutschen Öffentlichkeit viel erörterten Bericht des holländischen Abgeordneten Goes van Naters[34].

Das Ministerkomitee hat sich einem englischen Vorschlag angeschlossen, der die ausdrückliche Billigung des Herrn Bundeskanzlers und des dabei präsidierenden Herrn Bidault gefunden hat. Die Entschließung lautet: »Der Ministerrat hat beschlossen, die Regierungen der Französischen Republik und der Bundesrepublik Deutschland zu unterrichten, daß sie mit Genugtuung Kenntnis nehmen von der Wiederaufnahme zweiseitiger Verhandlungen zwischen den Regierungen und daß das Ministerkomitee hofft, daß sie bald zu einer Lösung führen, die für alle Parteien annehmbar ist«[35].

Das Bemerkenswerte an dieser Entschließung ist die Zurückhaltung, die sie übt. Sie läßt den Vorrang der Verhandlungen für diese Fragen durchaus den beiden Regierungen, die sich im Gespräch darüber befinden, und es war die Meinung dieser beiden Regierungen und auch der Minister, daß es eine weise Politik sein würde, zunächst die Ergebnisse dieses Verfahrens abzuwarten.
Dann hat in einer packenden und eleganten Weise der abtretende Präsident des Ministerkomitees, der ja gleichzeitig auch [Präsident des Rates] der Außenminister ‹der›[e] sechs Montanstaaten ist, van Zeeland, Bericht erstattet in diesem größeren Gremium der 14 Staaten über die Fortschritte der Politischen Gemeinschaft[36].
Ich darf bemerken, daß noch ein äußeres Ereignis außer den bilateralen Gesprächen und diesen Europaratsdingen sich vollzogen hat, nämlich der Zusammentritt der Kommission, die im Haag auf der Außenministerkonferenz vor 14 Tagen eingesetzt worden ist[37], und deren Aufgabe es ist, die Arbeit der Römischen Konferenz[38] fortzusetzen und auch schon die ersten Formulierungen des Vertrages über die Gründung einer Europäischen Gemeinschaft zu erarbeiten.
Diese Kommission ist zusammengesetzt, das ist vielleicht auch bemerkenswert, in ähnlicher Weise wie die Römische Konferenz. Es sind darin einige Sondergemeinschaften der Mitgliedstaaten der Montanunion, die auch die Träger dieser Arbeiten an der Politischen Gemeinschaft sind, das sind aus Frankreich, Italien und der Bundesrepublik Deutschland die Staatssekretäre[39], d. h. daß Frankreich, das in Rom vertreten war durch den dortigen Botschafter[40], in dieser Kommission dauernd vertreten wird durch den Generalsekretär des Quai d'Orsay, Herrn Parodi[41]. Ich brauche auf die Einzelheiten nicht einzugehen. Wir haben für diese Kommission die Einsetzung von Unterkomitees beschlossen für politische und wirtschaftliche Fragen und ein drittes Komitee, das sich mit den Fragen des europäischen Wahlrechts beschäftigt, denn bekanntlich ist das Kernstück dieser Politischen Gemeinschaft ein unmittelbar gewähltes europäisches Parlament.
Ein weiterer, für uns Deutsche wichtiger Punkt ist die Ernennung eines europäischen »Flüchtlingskommissars«, das ist nicht der offizielle Titel[42]. Es ist eine hervorragende europäische Persönlichkeit. Wir haben auf der letzten Sitzung des Ministerkomitees des Europarats die Einsetzung einer solchen Persönlichkeit beschlossen[43], um dem Flüchtlingsproblem einen europäischen Rahmen zu geben; einmal [um] die europäische Verantwortung zu dokumentieren, und ‹dann›[f] auch [um] praktisch bei der Vertretung dieses sehr wichtigen Problems die ganze Autorität der Staaten in

die Waagschale zu werfen, die im Europarat vereinigt sind. Die Minister haben beschlossen, das französische Mitglied, Herrn Schneiter[44], zu diesem »Flüchtlingskommissar« zu ernennen, eine Tatsache, die von dem Herrn Bundeskanzler mit Dankbarkeit und Genugtuung begrüßt [wird.] Wir sind ein besonderes Fürsorgegebiet dieser neugeschaffenen europäischen Instanz.

Das Wichtigste aber vielleicht, und das ist der letzte Punkt, war die Beschäftigung des Ministerkomitees mit der Entschließung 44 der Beratenden Versammlung[45]. Es ist die Entschließung, die nach einer sehr eindrucksvollen Debatte in der Konsultativen Versammlung zustande kam[46], die gewisse gemeinsame Grundlagen europäischer Politik festlegt. Man ist sich im Ministerkomitee, das war einer der Höhepunkte der Sitzung, durchaus bewußt gewesen, daß der Zufall es so gefügt hatte, daß das Ministerkomitee sich mit dieser Entschließung in einem Augenblick befaßte, in dem sie eine sehr aktuelle Bedeutung hatte. Denn die Grundthese dieser Entschließung ist die westliche Außenpolitik, insbesondere die Außenpolitik, die darauf gerichtet ist, den Ost-West-Spannungen ein Ende zu bereiten, ‹auch die›[g] Außenpolitik, die zum Gegenstand hat die europäische Einigung, die eine besonders aktuelle Aufgabe ist, also diese Politik der drei westlichen Mächte und der Bundesrepublik. Vielleicht darf ich noch ein paar Sätze aus dieser Entschließung verlesen, damit Sie sehen, von welcher Qualität diese Entschließung ist.

Die Entschließung der Beratenden Versammlung hat einen Teil A, in dem die Grundsätze festgelegt sind, von denen die Außenpolitik geleitet sein soll: friedliche Einigung Europas, allgemeine Abrüstung, kollektive Sicherheit, Definierbarkeit der Bündnisse, die in Europa geschlossen worden sind, und Achtung der Menschenrechte, und zieht dann aus diesen Prinzipien in einem Teil B die akuten Folgerungen. Dieser [Teil] B lautet auszugsweise:

»1. Die Beratende Versammlung ist der Auffassung, daß unter den gegenwärtigen Umständen mit der Anwendung dieser Grundsätze ein Anfang gemacht werden kann [dadurch, daß binnen kürzester Frist][47] die in Aussicht genommene Viererkonferenz zusammentreten wird. Auf der Tagesordnung würden die deutsche und die österreichische Frage stehen, wobei diese beiden Fragen getrennt behandelt werden sollen und die Themen der Konferenz fortschreitend auf andere Gegenstände ausgedehnt werden können.«

Ich bitte die Fassung zu beachten!

Dann: »3. Die Beratende Versammlung ist der Auffassung, daß das

Endziel der Deutschlandkonferenz der Abschluß eines Friedensvertrages sein müsse. Voraussetzung, die Abhaltung freier Wahlen auf dem gesamten Gebiet und die Bildung einer aus diesen Wahlen hervorgegangenen Regierung, die in dieser Weise qualifiziert werde, im Namen des vereinigten Deutschlands zu handeln.«
Und »4. In der Überzeugung, daß die Integration des wiedervereinigten Deutschlands innerhalb der europäischen Union eine Friedensgarantie darstellen würde, ist die Beratende Versammlung der Auffassung, daß es Aufgabe der zukünftigen Regierung ist, die endgültige Stellung Deutschlands frei festzusetzen.«
Sie finden in dieser Entschließung alle wesentlichen Elemente der Außenpolitik der Bundesregierung und der Außenpolitik der westlichen Freunde der Bundesrepublik und der Bundesregierung ausgesprochen und bestätigt. Die Form, in der die Ministerkonferenz ihre Zustimmung dazu erteilt hat, war ausgearbeitet durch einen Entschließungsvorschlag wiederum der Engländer, der lautet[48]: »Es entschied die Ministerkonferenz, die allgemeine Politik zu billigen, die in dieser Resolution definiert ist, und ihre aufrichtige Hoffnung auszusprechen, daß die Versammlung« – das ist die Beratende Versammlung – »fortfahren wird, politische Fragen dieser Art zu debattieren, indem sie in dieser Weise der europäischen Öffentlichkeit die Richtung weist.«
In einem guten, wichtigen Augenblick eine eindrucksvolle Bestätigung der Geschlossenheit der Auffassungen in ganz Europa, nicht nur im sogenannten Klein-Europa, sondern in dem gesamten Europa.

Journalist: Herr Bundeskanzler, was sagen Sie zu der Forderung, daß Warschau und Prag in Berlin auch vertreten sein wollen[49]?

Adenauer: Von wem ist die Forderung erhoben worden? Es hat doch keinen Zweck, daß ich auf solche Notizen überhaupt etwas sage.

Journalist: Glauben Sie, daß die Viererkonferenz überhaupt zu einem Erfolge kommen kann?

Adenauer: Es würde falsch von mir sein, zu sagen, sie komme nicht zu einem Erfolg. Ich hoffe, daß sie zu einem guten Erfolg kommen wird.

Journalist: Herr Bundeskanzler, Sie sagten, daß die Ostzone den Buchstaben nach eine demokratische Verfassung habe?

Adenauer: Sie müssen sich darüber klar sein, daß im Falle [, daß] freie Wahlen kommen, doch die vier Besatzungsmächte wieder eine maßgebliche Rolle in ganz Deutschland zu spielen haben, und sie müssen nach meiner Meinung dafür sorgen, daß auch in dem Gebiet der Ostzone die Menschenrechte durchgeführt werden, d. h. daß diese Verfassung zur Anwendung kommt.

Journalist: Würde das bedeuten, daß nach Ihrer Ansicht die gesamtdeutschen Wahlen nicht nach einem Wahlsystem, sondern praktisch gesehen nach zweien durchgeführt werden?

Adenauer: Davon habe ich kein Wort gesagt, selbstverständlich nach einem Wahlvotum. Vergessen Sie nicht, daß die Entwicklung so kommt, wie ich es schon gesagt habe, nämlich daß die vier Besatzungsmächte insgesamt eine Verantwortung und eine Macht haben. Und wenn nun auf einer Viererkonferenz beschlossen würde, allgemeine, gleiche und geheime Wahlen durchzuführen, daß dann die vier Besatzungsmächte die Aufgabe haben, dafür zu sorgen, daß diese Wahlen allgemein, gleich und geheim sind.

Journalist: Herr Bundeskanzler, die französische Regierung hat vorgeschlagen, die Gültigkeitsdauer der NATO-Verträge auf 50 Jahre festzusetzen. In deutschen Zeitungen ist behauptet worden, das sei eine vierte Voraussetzung, die Frankreich erfüllt sehen möchte, wenn es dem EVG-Vertrag zustimmen soll[50].

Adenauer: Es ist in der Presse vielfach die Rede davon gewesen, daß Frankreich das vorschlagen würde. Ich weiß nichts davon, ob in der heutigen Sitzung der NATO[51] Frankreich diesen Vorschlag gemacht hat, ich weiß nicht, ob Sie darüber orientiert sind. Daher wollen wir mal in Ruhe abwarten, ob Frankreich überhaupt den Vorschlag machen wird.

Journalist: Eine Frage an den Herrn Staatssekretär. Sie haben gesagt, daß eine der Aufgaben des Ausschusses[52] sei, auch die ersten Formulierungen des Vertrages über die Europäische Gemeinschaft schon zu finden. Bedeutet das nicht, daß der Brentano-Entwurf[53] praktisch aus der Diskussion ist?

Hallstein: Das Gegenteil bedeutet das. Die Diskussion ist in ein Stadium getreten, wo man sich mit Punkt und Komma, mit jedem Wort beschäftigt, nicht auf der Ebene allgemeiner Prinzipien und Entscheidungen bleibt, sondern sich sehr genau mit den Formulierungen auseinandersetzt.

Journalist: Welche Befugnisse würde nach gesamtdeutschen Wahlen die gesamtdeutsche Regierung haben?

Adenauer: Ich darf jetzt nochmals zu unserem Grundgesetz greifen und Sie nochmals darauf aufmerksam machen, daß nach dem letzten Artikel dieses Grundgesetzes doch offenbar daran gedacht ist, daß eine Verfassung gemacht werden soll vom deutschen Volke in freier Entschließung[54]. Daraus geht also hervor, daß die Versammlung, die aus diesen allgemeinen Wahlen hervorgegangen ist, zunächst sich beschäftigen muß mit einer Verfassung für Gesamtdeutschland.

Darf ich vielleicht noch eine allgemeine Bemerkung machen: Wenn wir vielleicht noch in diesem, vielleicht aber auch erst im Laufe des nächsten Monats in ein politisch schnelleres Fahrwasser kommen, dann werden wir sehr enge Fühlung mit Ihnen halten, um Sie möglichst schnell zu unterrichten, auch über Dinge, die nicht in den Zeitungen stehen.

Journalist: Herr Bundeskanzler, Sie haben uns gesagt, für die Franzosen sei nur möglich ein Termin für die Konferenz[55] Ende oder Anfang des Monats. Soll das heißen, daß die Konferenz nicht länger als drei Wochen dauern wird?

Adenauer: Nein, die wird höchstwahrscheinlich länger als drei Wochen dauern[56]. Man kann auch Ruhepausen einlegen, aber es ist klar, daß gerade während der Neubildung einer Regierung, die an einem bestimmten Tage erfolgen wird, man nicht auf diesen Tag das Zusammentreten einer Konferenz setzen kann[57].

Nr. 50
2. Februar 1954: Informationsgespräch (Wortprotokoll)
StBKAH 16.15, mit ms. Vermerk »*Abschrift*«, »Thema: Erklärung Molotow[1].« und Paraphe »J[öckel][2]/H[3]«

Teilnehmer: Journalisten waren nicht zu ermitteln – Professor Dr. Walter Hallstein

Beginn: 11.45 Uhr[4] Ende: 12.26 Uhr

Adenauer: Meine Herren, wir sehen uns zu ungewohnter Stunde. Sie werden die Rede Molotows[5] ja haben! – Sie haben sie hier erst bekommen, dann kann man von Ihnen nicht verlangen, daß Sie sie schon kennen, und es wäre notwendig, wenn man Sie kurz orientierte.
Ich darf Ihnen vielleicht folgendes sagen: Herr Molotow geht speziell auf die Frage freier Wahlen gar nicht ein; er läßt das ganz am Rande und sagt nur, daß die endgültige Unterschrift unter dem Friedensvertrag durch eine frei gewählte Regierung geleistet werden müßte. Wie er sich die denkt, sagt er nicht. Er schlägt – und das ist also seine Hauptsache überhaupt – vor, daß die vier Mächte sofort zusammentreten, um die Grundzüge des Friedensvertrages festzulegen, und zwar aufgrund der früheren Beschlüsse der vier Mächte.
Auf Seite 2 der Ihnen vorliegenden Molotow-Erklärung[6] sagt er u. a., es sollten alle diejenigen Länder teilnehmen, die Deutschland seinerzeit den Krieg erklärt haben. Sie können sich also vorstellen, daß diese Verhandlungen eine ganz unbegrenzte Zeit dauern würden.
Grundlage des Friedensbeschlusses mit Deutschland: Es sollen alle diejenigen Länder teilnehmen, die am Kriege mit ihren Streitkräften gegen Deutschland teilnahmen: Großbritannien, die Sowjetunion, Frankreich, Polen usw.
Politische Leitsätze: Deutschland wird als einheitlicher Staat wiederhergestellt, und sämtliche Streitkräfte der Besatzungsmächte müssen spätestens ein Jahr nach Inkrafttreten des Friedensvertrages aus Deutschland abgezogen werden. Gleichzeitig werden sämtliche Militärstützpunkte auf dem Territorium Deutschland liquidiert. Dem deutschen Volke müssen die demokratischen Rechte gewährleistet werden; darüber brauchen wir hier weiter nichts zu sagen.
In Deutschland müssen den demokratischen Parteien und Organisationen freie Betätigung gewährleistet sein. Auf dem Territorium Deutschlands dürfen Organisationen, die der Demokratie und der Sache der

Erhaltung des Friedens feindlich sind, nicht bestehen. – Allen ehemaligen Angehörigen der deutschen Armee ... müssen die gleichen bürgerlichen und politischen Rechte wie allen anderen deutschen Bürgern gewährt werden, auch allen ehemaligen Nazis mit Ausnahme derer, die nach Gerichtsurteil eine Strafe verbüßen; warum sie die paar Nazis, die wir in unserer Regierung haben, nicht einbegriffen haben, weiß ich auch nicht recht. Aber das kommt ja nicht so darauf an. –
Die *Neutralisierung Deutschlands:* Deutschland verpflichtet sich, keinerlei Koalitionen oder Militärbündnisse einzugehen, die sich gegen irgendeine Macht richten, die mit ihren Streitkräften am Kriege gegen Deutschland teilgenommen hat. – Deutschland werden keine Verpflichtungen politischen oder militärischen Charakters auferlegt, die sich aus Verträgen oder Abkommen ergeben, die von den Regierungen der Bundesrepublik Deutschland und der Deutschen Demokratischen Republik vor dem Abschluß des Friedensvertrages mit Deutschland und vor der Wiedervereinigung Deutschlands zu einem Staat abgeschlossen sind.
Das Territorium: Das Territorium Deutschlands ist durch die Grenzen bestimmt, die durch die Beschlüsse der Potsdamer Konferenz der Großmächte festgelegt wurden.
Wirtschaftliche Leitsätze: Dazu ist hier ebenfalls nicht viel zu sagen.
Militärische Leitsätze: Es wird Deutschland gestattet sein, eigene nationale Streitkräfte (Land-, Luft- und Seestreitkräfte) zu besitzen, die für die Verteidigung des Landes notwendig sind. Die Größe dieser Streitkräfte wird entsprechend den Aufgaben des innenpolitischen Charakters der lokalen Grenzverteidigung und des Luftschutzes begrenzt sein. – Der lokalen Grenzverteidigung – das ist noch weiter zurück als früher schon in russischen Noten gesagt wurde.

(*Hallstein:* Flak ist drin!)

Deutschland wird die Erzeugung von Kriegsmaterial und Ausrüstung begrenzt gestattet sein. – Dann sollen wir unterstützt werden zum Eintritt in die Vereinten Nationen.
Über die Vorbereitung des Friedensvertrages mit Deutschland sagt Molotow, daß bis zur Bildung einer provisorischen gesamtdeutschen Regierung eine entsprechende Beteiligung von Vertretern Deutschlands an allen Stadien der Vorbereitung vorzusehen ist. Die Friedenskonferenz soll nicht später als im Oktober 1954 einberufen werden.
Aus der Rede ist noch besonders hervorzuheben, daß er Frankreich besonders anspricht und Frankreich immer wieder klarzumachen versucht, daß es gegen sein eigenes Interesse handele, daß das französische Interesse dringend verlangt, sich zu der alten sowjetisch-‹französischen›[a]

Freundschaft zu bekennen. In der Rede sind wieder sehr starke Angriffe gegen die Vereinigten Staaten enthalten, denen vorgeworfen wird, daß sie Gott weiß was machen. Sie hätten jetzt 98[7] Stützpunkte oder Basen, wie sie sie nennen usw. Über die Wahlen sagt er nur sehr wenig, aber nichts, wie sie aussehen sollen; er sagt nur, daß der endgültige Friedensvertrag von einer gesamtdeutschen Regierung unterschrieben werden müsse, die aus freien Wahlen hervorgegangen sei.
Die ganze Stellungnahme Molotows ist zwar keine Überraschung, aber doch außerordentlich bedeutungsvoll. Es ist vom deutschen Standpunkt aus auf das tiefste zu bedauern, daß die Russen an alledem festhalten: zurück zu Potsdam, Neutralisierung usw., was sie seit jeher gepredigt haben. Sie bringen das in einer so schroffen Weise gegenüber dem Eden-Plan[8], daß ihre Absichten völlig klar zu erkennen sind.
Nun weiß ich, daß das deutsche Volk von Anfang an wenig Vertrauen auf einen guten Ausgang der Berliner Konferenz gehabt hat; aber demgegenüber ist doch diese Erklärung Molotows, glaube ich, doch eine Überraschung. Man hat vielleicht nach dem bisherigen Gang der Dinge geglaubt, daß er irgendwie eine flexiblere Haltung einnehmen würde. Das tut er aber in keiner Weise. Da Sie die Unterlagen aber erst heute, erst jetzt, bekommen haben, wird es vielleicht notwendig sein, daß Sie sie in Ruhe einmal durchlesen, daß Herr Krueger – ich selbst kann nicht zur Verfügung stehen – mit Ihnen die Dinge erörtert, wenn die Herren einverstanden sind. Ich glaube aber, es wäre sehr wichtig, auch im Hinblick auf die drei Westalliierten, daß eine Reaktion der deutschen Öffentlichkeit sofort erfolgt.

Journalist: Herr Bundeskanzler, halten Sie es für möglich, daß Molotow von seinen zunächst weitgesteckten Vorschlägen noch heruntergeht?

Adenauer: Ich möchte das wirklich ganz unter uns sagen, nicht für die Öffentlichkeit bestimmt. Das, was Molotow vorschlägt, ist aber doch so diametral entgegengesetzt dem, was die Westalliierten sagen und was wir bisher immer gesagt haben, so daß ich nicht recht sehe, wie da noch eine Möglichkeit ist, eine Verständigung herbeizuführen. Wir haben doch immer auf dem Standpunkt gestanden, genau wie die Westalliierten: Wir wollen keine Neutralisierung. Darüber müssen Sie, bitte, die Öffentlichkeit immer wieder aufklären. Auch ein wiedervereinigtes Deutschland, das neutralisiert würde, wäre innerhalb verhältnismäßig kurzer Zeit ein Satellitenstaat, denn wir bekommen ja auch nicht die Streitkräfte, wir können sie auch gar nicht schaffen, um unsere Neutralität wirklich mit Aussicht auf Erfolg zu verteidigen. Wir sollen ja nur Streitkräfte bekom-

men, wie es so schön heißt, zur *lokalen* Grenzverteidigung. Bei den unbemannten Flugzeugen und V-Geschossen[9], die es heutzutage gibt, was soll da lokale Grenzverteidigung? Das ist doch so etwas, was wir jetzt haben mit den 10 000 Mann Grenzschutz! Deswegen, es ist zu diametral entgegengesetzt.
Die ganze Auslandspresse, auch die französische Presse zum erstenmal, ist jetzt in ihren Überschriften absolut pessimistisch. Ich nehme gerade zufällig den »Franc Tireur«[10] zur Hand, sicher kein Blatt, das besonders EVG- und deutschlandfreundlich ist. Da heißt es, drei oder vier Außenminister hätten vorbereitete Reden vorgelesen, so daß Molotow, der als letzter sprach, keine Rücksicht darauf nahm, was vorher gesagt wurde. Ohne Dialog sei aber kein Fortschritt möglich. »Combat«[11] (sozialistisch) spricht bereits von Sachverständigenausschüssen, die hinter den Kulissen an der Abfassung des Schlußkommuniqués arbeiten. Dann noch etwas ganz Schlechtes: Die Vier würden mit Bezug auf Deutschland dieselbe Politik verfolgen wie schon hinsichtlich Österreichs.
Wenn Sie zu der Rede Molotows dann noch hinzunehmen, was die DDR am Sonntag [31. Januar 1954] veröffentlicht hat[12], dann bekommen Sie erst ein vollständiges Bild. Denn was die DDR veröffentlicht hat, das hat sie doch nur mit Erlaubnis der Russen bringen können. Sie müssen also die Vorschläge Molotows und die DDR-Erklärung als ein Ganzes betrachten; und das ist erschütternd.

Journalist: Halten Sie einen Abbruch der Konferenz für möglich, falls Molotow seine Vorschläge nicht ändern sollte?

Adenauer: Es steht noch die österreichische Frage[13] offen; ich weiß es nicht, das kann kein Mensch jetzt sagen.

Journalist: Molotow mußte sich doch vor der Konferenz sagen, daß er angesichts der Erklärungen der Westmächte[14] mit diesen Vorschlägen nicht ankommt!

Adenauer: Deswegen oder gerade trotzdem hat er es ja gesagt.

Journalist: Wie sind in diesem Zusammenhang die von der »Times« im Januar angedeuteten Eventualmöglichkeiten[15] zu beurteilen? Liegen dazu Pläne vor?

Adenauer: Nein, gar nichts. Ich kann dazu sagen, daß bisher kein Amerikaner, geschweige denn ein amerikanischer höherer Offizier oder Beamter mit mir über diese Eventualität überhaupt nur ein Wort gesprochen hätte.

(*Hallstein:* Er meint die sog. kleine Lösung![16])

Ich weiß es nicht, was die hohen Herren in Berlin darüber denken. Den Berlinern wollen wir natürlich nach Möglichkeit helfen. Ich meine, man müßte die deutsche öffentliche Meinung aufklären, das ist ja auch insbesondere Ihre Aufgabe, insbesondere jetzt, nachdem zunächst die drei Westvertreter ihre Meinung gesagt haben und nun Molotow diametral entgegengesetzt verlangt, daß diese russische Auffassung für uns völlig unannehmbar ist.

Journalist: Man hat den Eindruck, daß die Konferenz bisher nur die bekannten Standpunkte noch einmal dargelegt hat. Auf der anderen Seite hat Wehner den Standpunkt vertreten, es sollte wirklich diskutiert werden[17].

Adenauer: Dann scheint Herr Wehner unter Diskussion etwas anderes zu verstehen als wir.

Journalist: Ollenhauer hat zur Debatte gestellt, man sollte Vorschläge machen, die EVG in Parallele zu stellen zur Wiedervereinigung usw.[18]

Adenauer: Ich habe hier, was Herr Ollenhauer gesagt hat. Ich möchte sagen, daß anscheinend Herr Ollenhauer die Rede und die Vorschläge Molotows noch gar nicht gekannt hat, denn er spricht über Dinge, die in der Rede Molotows gar nicht enthalten sind; er scheint seine persönliche Meinung dahin zusammenzufassen: Aus der Rede Molotows vom Montag [1. Februar 1954] sei klar geworden, daß eine Politik der westlichen Integration der Bundesrepublik die Wiedervereinigung Deutschlands außerordentlich erschwere, wenn nicht unmöglich mache. Die SPD habe auf diesen Sachverhalt stets mit großem Nachdruck hingewiesen. Ollenhauer erklärt, das von Molotow entwickelte Programm sei wesentlich ein Verfahrensvorschlag für den Abschluß eines Friedensvertrages. Daraus geht ganz klar hervor, daß er die mir jetzt vorliegende Rede gar nicht gekannt hat, denn der Verfahrensvorschlag geht voran, indem er sagt, die vier Mächte sollen sich jetzt zusammensetzen und sollen entsprechende Leute aus Ost- und Westdeutschland heranziehen. Die konkreten Forderungen Molotows scheint er nicht zu kennen.

(Bundeskanzler zitiert.)

[»]Wenn man in den jetzt beginnenden eigentlichen Diskussionen des Hauptproblems der Konferenz weiterkommen wolle, dann müßte doch die eine Seite anerkennen, daß für die Verhandlungen über einen Friedensvertrag ein aus freien Wahlen hervorgegangener deutscher Verhandlungspartner vorhanden sein müsse.[«] Molotow will aber keine Verhandlungen, sondern will, daß sich erst die vier Mächte entsprechend den bisherigen Prinzipien über den Friedensvertrag zusammensetzen und ihn formulieren, entsprechend Leute heranziehen, Sachverständige, und [daß] dann zur Unterzeichnung des Friedensvertrages eine gesamtdeutsche Regierung vorher geschaffen wird. [»]Auf der anderen Seite müßte

man einsehen, daß mit dem Beharren auf der EVG eine Lage geschaffen würde, die die Verhandlungen blockieren müßte.[«]
Meine Herren! Molotow verlangt die Neutralisierung Deutschlands, nicht Aufgabe der EVG oder Änderungen – nein, wir dürften nach Molotow auch keine politische Integration Europas mehr vorwegnehmen. Molotow geht viel weiter als Herr Ollenhauer annimmt, weil wir nach den Forderungen Molotows auch keine politischen Koalitionen mit den Ländern, die gegen uns im Kriege gestanden haben, eingehen dürfen. Darunter fällt also auch die ganze europäische Integration, damit würde der ganze Europagedanke erledigt sein und damit würde Sowjetrußland Westeuropa für seine Durchdringungspolitik offen vor sich liegen haben, so daß die Frage des Herrn Ollenhauer nach meiner Meinung der Sache nicht gerecht wird, sondern Rußland will etwas ganz anderes als wir.
Überdies hat der verstorbene Dr. Schumacher[19] nach dem Sozialistischen[20] Pressedienst vom 14. Februar 1951 zur Frage der deutschen Neutralisierung folgendes festgestellt:
»Die übliche Diskussion über eine deutsche Neutralisierung ist praktisch ein nicht unwichtiger Bestandteil der politischen und psychologischen Taktik der Sowjetrussen zur Schwächung und Lähmung der demokratischen Kräfte in Westdeutschland.
2. Die Neutralisierung der deutschen Bundesrepublik war und ist kein Problem für die Sozialdemokratische Partei, sondern wurde und wird von ihr stets eindeutig abgelehnt.
3. Für die Neutralisierung eines geeinten Deutschlands fehlen die tatsächlichen Voraussetzungen zu ihrer Schaffung und Erhaltung aus deutscher Kraft. Jeder dahin zielende Versuch wäre praktisch dem Mißbrauch durch den Kommunismus ausgesetzt.
4. Die politische Neutralisierung eines geeinten Deutschlands, die auf einer von den Angelsachsen und den Sowjetrussen in ihrem eigenen Interesse gewollten Übereinkunft beruht, ist ein Faktor, den zu schaffen oder zu verhüten nicht in der Macht der Deutschen steht. Eine solche Neutralisierung würde für das deutsche Volk den stärksten Zwang zu höchster Wachsamkeit bedeuten.«
Ich weiß nicht mehr, bei welcher Gelegenheit Herr Dr. Schumacher das am 14. Februar 1951 gesagt hat[21]. Damals ging meiner Erinnerung nach ein Gerede in der Welt, daß tatsächlich zwischen den drei Westalliierten und Sowjetrußland Verhandlungen über eine etwaige Neutralisierung schwebten, und da hat er diese Erklärung abgegeben, die sehr klar ist.

Journalist: Kann man nach den Vorschlägen Molotows annehmen, daß die vier Mächte sich auf einen Friedensvertrag einigen werden, ganz abgesehen von unseren Ansichten?

Adenauer: Auch diese Möglichkeit ist nicht vorhanden, denn sie (die Westmächte) haben in der feierlichsten Weise von Anfang an gesagt, daß über den Friedensvertrag frei verhandelt werden sollte.

Journalist: Molotow zielt mit seinen Vorschlägen weit über das hinaus, was uns angeht, in die Entwicklung ganz Europas hinein, denn er verlangt die Preisgabe der gesamten Verteidigungsvorbereitungen des Westens!

Adenauer: Ja, in ganz Europa hinein, das ist sehr richtig. Es ist ein sehr wesentlicher Gesichtspunkt, darauf hinzuweisen.

Journalist: Haben Sie Mitteilungen von Herrn Blankenhorn von heute nacht, wie man sich in Berlin vorstellt, wie es weitergeht?

Adenauer: Ich habe nur die Mitteilung, daß man auch in Berlin die Sache pessimistisch betrachtet[22]. Was die amerikan[isch]e, die französische und die englische Presse heute morgen schreibt, ist das Echo von dem, was ihre Korrespondenten in Berlin hören.

Journalist: Diese Probleme sind doch alle eng verknüpft auch mit der Frage der Sicherheit!

Adenauer: Darüber hat Bidault ausführlich gesprochen[23]. Sie müssen die Rede Molotows lesen, die gegen den »deutschen Militarismus« gerichtet ist[24]. Vielleicht weisen Sie auch darauf [hin], daß es eigentlich lächerlich ist, wenn der Elefant von der kleinen Schildkröte verlangt, sie solle ihm Sicherheit geben. Sicherheit haben wir verflucht nötig gegenüber dem Osten. Aber der Osten gegenüber Deutschland – das heißt die Dinge auf den Kopf stellen. Wenn z.B. in der Rede Molotows alle unsere Sünden aufgezählt werden, auch was wir in Polen alles getan haben, dann kann man doch einmal daran erinnern: Was in Polen geschehen ist – was sehr bedauerlich war –, ist mit Einverständnis der Sowjetrussen damals im Kriege geschehen.

(Auf eine *Zwischenfrage*) Sie haben die Rede Molotows noch nicht gelesen, die ist verflucht deutlich.

Journalist: Die Meinungen der Zeitungen teilen Sie nicht?

Adenauer: Es ist von seiten der Vertreter der Westmächte gestern oder wann angeregt worden, man solle in der Deutschlandfrage zu einer Konferenz unter Ausschluß der Öffentlichkeit zusammentreten. Ich weiß gar nicht, ob man dazu kommen wird. Wenn man aber dazu kommt, dann hätte die Rede Molotows nicht vorher gehalten werden dürfen.

Journalist: Die Position der Bundesrepublik und der Opposition scheint nicht ganz eindeutig zu sein, sondern in sich gespalten, insofern als Herr Ollenhauer erklärt hat, daß wenn die Dinge sich in Berlin zuspitzen auf die Frage: entweder Integration oder Wiedervereinigung, dann hätte die Wiedervereinigung den Vorrang[25]?

Adenauer: Meiner Erinnerung nach hat er gesagt, entweder EVG oder Wiedervereinigung, er hat nicht gesagt Integration.

(*Zuruf:* Doch!)

Journalist: Werden Sie versuchen, Fühlung mit der Opposition zu halten?

Adenauer: Wir haben heute mittag eine Sitzung des Außenpolitischen Ausschusses [des Deutschen Bundestages], da wird man ja hören. Jedenfalls darf ich eines sagen: Für die Haltung der drei Westmächte ist natürlich auch von Bedeutung die öffentliche Meinung in Deutschland. Der Ausdruck der öffentlichen Meinung in Deutschland wird ja auch die öffentliche Meinung der betreffenden Länder beeinflussen.
Ein Wort zu der Alternative, natürlich ganz theoretisch gesprochen: Ich glaube, unsere Leute im Osten, so hart es ihnen ist, haben mehr Hoffnung, wieder frei zu werden, wenn die Bundesrepublik frei bleibt, als wenn das ganze Deutschland neutralisiert wird und damit ein Spielball für die Russen wird. Stellen Sie sich einmal eine Landkarte vor von Asien mit dem anhängenden Europa und auf der anderen Seite nach dem Osten die ungeheure russische Landmasse mit den Satellitenstaaten, hier dagegen nur Italien, Frankreich und die Benelux-Länder und wir dazu, dann wissen Sie genug.

Journalist: Es wäre interessant zu wissen, was die Russen sich überhaupt vorstellen!

Adenauer: Ich will mal eine Gegenfrage stellen. Glauben Sie, wenn Sie Russe wären – es gehört natürlich Phantasie dazu –, würden Sie dann während schwebender Verhandlungen über Asien oder wenn Atomwaffenverhandlungen schweben, dieses Pfand freiwillig aus der Hand geben, ich meine das Pfand: die Sowjetzone? Ich möchte Ihnen keine Antwort darauf geben, Sie aber bitten, diese Frage zu behandeln.

Journalist: Es könnte ja die Konferenz über Asien[26] vorgeschoben werden.

Adenauer: Mein Gedanke war aber anders. Die Russen wollen doch den Vorsprung der Vereinigten Staaten auf dem Gebiet der atomischen Waffen aus der Welt schaffen. Nun haben die Verhandlungen angefangen, und die ganze Spannung in der Welt hängt mit der einen oder anderen Sache zusammen. Erst wenn die Verhandlungen über die atomischen Waffen wirklich Fortschritte machen[27], so daß die Russen glauben, daß sie zu dem Ziele führen, sie brauchten die Angst nicht mehr zu haben, dann ist der Zeitpunkt gekommen.

Journalist: Könnte es nicht sein, daß die Preisgabe des Pfandes die Voraussetzung dafür ist, daß überhaupt die Amerikaner sich darauf einlassen? Eisenhower hat doch von einem Beweis des guten Willens gesprochen. Die Rede Molotows ist vom amerikanischen Standpunkt allerdings ein klarer Beweis schlechten Willens.

Adenauer: Wo hat Eisenhower das gesagt?

(*Zuruf:* Am 16. März 1953![28])

Wenn ich auf die Rede von 1953 zurückkommen darf, dann kann man sagen, wenn Sowjetrußland sich in ernstliche Verhandlungen begibt über die Anschaffung der Atomwaffen, so ist das ein Beweis guten Willens.

Journalist: Wenn es aber so wäre, würde das bedeuten, daß der Weg nur über Peking und Atomverhandlungen zurückgelegt werden könnte. Es ist die Frage nach dem orientalischen Teppich: Wem gehört er?

Adenauer: Ich habe nie mit einem Orientalen über einen Teppich gehandelt, bin also darin nicht so im Bilde. Aber ich würde mir die Sache nicht so einfach vorstellen. Gehen Sie von folgenden Grundtatsachen aus: Einmal: Die Macht der Westalliierten gegenüber Sowjetrußland ist in den letzten zwei Jahren erheblich gewachsen. Zweite Tatsache: Sowjetrußland fürchtet zwar den Zeitpunkt einer kriegerischen Auseinandersetzung mit den Vereinigten Staaten, den aber niemand voraussagen kann. – 3. Rußland will – das sagte eben einer der Herren – dafür sorgen, daß Europa weder mit seinem Territorium noch mit seinen Kräften den Vereinigten Staaten zur Verfügung steht. – 4. Sowjetrußland hat natürlich vor solchen Auseinandersetzungen auch ernste Besorgnisse. Jetzt kommt Eisenhower und macht den Vorschlag: Abkommen über atomische Waffen[29]. Wenn ein solches Abkommen zustande kommt, dann zeigt das, daß die Konferenz in eine andere Atmosphäre hineingekommen ist. Das würde dann eine Atmosphäre sein, die es gestattet, auch den Russen, solche Dinge wie die deutsche Frage beruhigter zu sehen.

Journalist: Könnte es nicht so gerade umgekehrt sein, daß ein Arrangement über die Atomfrage die jetzige militärische Macht der Sowjets viel stärker ins Gewicht fallen läßt als jetzt, wo das Übergewicht der amerikanischen Atomwaffe noch vorhanden ist?

Adenauer: Ich glaube, diese Erwägungen würden die Amerikaner auch anstellen. Man würde im Laufe eines solchen Gesprächs über Fragen der Abrüstung überhaupt zu sprechen kommen. Übersehen Sie bitte auch nicht, daß Bidault auf der Konferenz bestimmte Vorschläge über allgemeine Abrüstung gemacht hat[30].

Journalist: Sie sagten eben, daß bei Verhandlungen über die Atomwaffe sich eine Atmosphäre ergeben könnte, die den Russen erlauben könnte oder sie geneigt mache, dieses Vorfeld aufzugeben. Könnte man daraus den Schluß ziehen, daß die Russen versuchen werden, erst die Atomfrage weiterzutreiben?

Adenauer: Augenblicklich haben die Russen daran noch gar kein Interesse. Ein zweites Moment dürfen Sie bitte nicht außer acht lassen: Das ist das offensichtliche Bestreben Rußlands und Frankreichs, die EVG zu torpedieren. Sie sind der Auffassung, daß das französische Parlament, die Nationalversammlung, nicht zu einer Entscheidung kommen wird, solange noch Verhandlungen über die Deutschlandfrage schweben. Übersehen Sie weiter nicht, daß dahinter der amerikanische Kongreß steht, der, ehe er den Haushaltsplan, der von der Administration Eisenhowers vorgelegt wurde, genehmigt, wissen will: Kommt die EVG oder nicht?[31] Vergessen Sie auch nicht, daß in diesem Jahr Kongreßwahlen sind, daß der Kongreß in Washington voraussichtlich schon im Juni seine Sitzungen beenden wird und nicht erst wie sonst im Juli mit der Wahlpropaganda beginnt und eine sehr unangenehme Situation für alle Freunde der EVG entsteht, wenn sich die Überlegungen in Frankreich noch weiter hinausziehen, so daß der amerikanische Kongreß sagt: »Wir müssen jetzt wissen, woran wir sind.«

Journalist: Hat Amerika aus innerpolitischen Gründen Interesse, in der Atomfrage zu einem Arrangement zu kommen?

Adenauer: Das glaube ich nicht. Es gibt aber Amerikaner, die dieselben Erwägungen anstellen.

Journalist: Was denken Sie über die amerikanische Forschung usw. auf längerem Zeitraum?

Adenauer: Verlangen Sie von mir nichts, was ich selbst nicht wissen kann. Sie werden denken, daß sie nicht allein etwas haben und die Russen auch nicht am Ende sind. So kommt nie eine politische Geschichte zusammen. Damit können wir jetzt schließen.

Nr. 51
19. Februar 1954: Informationsgespräch (Wortprotokoll)
BPA Archiv F 30

Teilnehmer: waren nicht zu ermitteln

Beginn: 16.30 Uhr

Adenauer: Meine Damen und Herren! Ich darf Ihnen zunächst mitteilen, daß sich das Bundeskabinett heute vormittag mit dem Ergebnis der Berliner Konferenz[1] beschäftigt und einen Beschluß gefaßt hat[2], den Sie ja kennen und den ich nicht zu wiederholen brauche. Ich darf dann zu einigen Äußerungen über die Konferenz selbst übergehen.

Für uns Deutsche war naturgemäß der wichtigste Punkt der Tagesordnung Punkt 2[3]. Man darf sich nicht verhehlen, daß bezüglich Punkt 2 der Ausgang negativ gewesen ist, trotz aller Mühe, die sich die drei Westalliierten gegeben haben, einen Schritt wenigstens die Frage der Wiedervereinigung Deutschlands in Frieden und in Freiheit weiterzubringen. Aber man kann auch die Verhandlungen über Punkt 1[4] nur richtig würdigen, wenn man sie in Zusammenhang bringt insbesondere mit dem Verlauf der Debatte über die österreichische Frage[5]. Da darf ich doch wohl auf folgendes hinweisen: Österreich war bereit, sich neutral zu erklären[6], also weder einen Anschluß nach Osten noch einen Anschluß nach Westen zu suchen; Österreich war bereit, sich einer Kontrolle zu unterwerfen; Österreich war bereit, bis Sommer 1955 die Besatzungstruppen beizubehalten. Das letztere ist, glaube ich, insofern von Bedeutung, als die Frage sowjetrussischer Besatzungstruppen in Österreich im Zusammenhang steht mit den Verträgen, die Sowjetrußland mit Balkanstaaten abgeschlossen hat[7]. Aber obwohl Österreich sich zu alledem bereit erklärt hat, ist die Österreichfrage keinen Schritt weitergekommen; Sowjetrußland hat abgelehnt[8].

Man kann, glaube ich, aus dem Verlauf der Konferenz mit vollem Recht die Folgerung ziehen, daß Sowjetrußland seine bisherige Europapolitik beibehalten will. Und ich glaube, man kann weiter die Folgerung ziehen, daß alle die Reflektionen, die seit dem Tod Stalins in den Zeitungen verschiedener Nationalitäten angestellt worden sind über ein Ende des Kurses in Sowjetrußland, Wunschträume waren, die nicht der Wirklichkeit entsprochen haben. Diese Viererkonferenz – die erste seit 1947 über europäische Fragen, denn Sie wissen, daß im Jahre 1949 bei den Verhandlungen im Palais Marbre Rose man über die Fragen der Tagesordnung nicht herausgekommen ist[9] –, diese erste Konferenz seit London

1949[10] hat völlig klar und völlig eindeutig erwiesen, daß Sowjetrußland die bisherige Politik beibehält, daß es seine Stellung festigen will in Europa und daß das letzte Ziel seiner ganzen Bemühungen in Europa ist, die Vereinigten Staaten aus Europa herauszubekommen.
Man hat den Vorschlag Molotows über ein organisiertes Europa Sicherheitsvorschlag genannt[11]. Ich glaube, das war eine völlig falsche Bezeichnung. Ich gebe aber auch zu, daß das Wort, das ich eben gebraucht habe, Organisierung Europas, ebenfalls den Dingen nicht vollständig entspricht, denn der russische Vorschlag würde nicht ein organisiertes Europa zum Ziele haben, sondern würde lediglich erreichen eine Hegemonie-Führung eines von Satellitenstaaten erster und zweiter Klasse aufgeteilten Europas durch Sowjetrußland.
Es ist also klar, daß Sowjetrußland diese seine Pläne beibehalten hat. Es ist auch dadurch klar geworden, daß der Kampf Sowjetrußlands gegen die Europäische Verteidigungsgemeinschaft bisher gar nicht ernst gemeint war; es ist ja auf den Vorschlag, den nicht offiziellen Vorschlag, aber immerhin einen Vorschlag, der von einer deutschen beachtenswerten Stelle gemacht worden ist, Sowjetrußland solle gegen Verzicht auf [die] EVG freie Wahlen geben[12], gar nicht eingegangen. Ich glaube, die darin liegende Kritik eines solchen Vorschlags durch Sowjetrußland bedarf keiner weiteren Erläuterung. Aber auch daraus geht hervor, wie ich Ihnen eben schon sagte, daß es sich nicht um die EVG handelt, sondern es handelt sich um EVG, NATO und all die Dinge zu dem einzigen Ziel und einzigen Zweck, die Vereinigten Staaten von Europa zu entfernen, weil dann ganz von selbst infolge des kolossalen Übergewichts Sowjetrußlands in dem Landblock Asien-Europa Europa beherrscht werden würde von Sowjetrußland.
Es ist auch durchaus nötig, ausdrücklich darauf hinzuweisen, was Sowjetrußland unter freien Wahlen versteht. Es sollen Wahlen sein, wie es sie in allen Satellitenstaaten abgehalten hat, das heißt es sollen alle diejenigen Parteien, die Kriegstreiber, Monopolkapitalisten oder wie die Epitaphs alle heißen, gar kein Wahlrecht haben, d.h., es sollen nur diejenigen Wahlrecht haben, die eben die Maxime Sowjetrußlands billigen und danach zu handeln bereit sind.
Auf der anderen Seite, meine Damen und Herren, hat diese Berliner Konferenz etwas sehr klar und sehr deutlich herausgestellt, und zwar etwas Gutes: Das ist die Solidarität des freien Westens. Ich glaube, niemals zuvor ist die Solidarität des freien Westens so klar in Erscheinung getreten, niemals zuvor hat sie den Versuchungen Sowjetrußlands so widerstanden, so ehern widerstanden, wie jetzt in Berlin. Sie wissen, daß

man versucht hat, Frankreich abzuspeisen, Sie wissen, daß man versucht hat, London mit Handelsgeschäften zu locken[13], aber, meine Damen und Herren, ich glaube, das ist ein Sieg des freien demokratischen Gedankens in der Welt gewesen, der freie Westen hat allen Verlockungen und allen Versuchungen widerstanden, ist zur Überraschung Sowjetrußlands fest zusammengeblieben. Ich komme gleich noch auf das Verhältnis zur Bundesrepublik zu sprechen.

Und damit ist eine der Maximen des kommunistischen Rußlands doch eigentlich auch in den Augen der Russen als eine Einbildung entlarvt. Eine wesentliche These der ganzen sowjetrussischen Politik seit Jahr und Tag ist ja die These, daß die sogenannten kapitalitischen Staaten sich gegenseitig selbst zerfleischen würden und daß deshalb Sowjetrußland nur abzuwarten habe, bis dieser Kampf der kapitalistischen Länder untereinander zu dem von Sowjetrußland gewünschten Ergebnis geführt habe. Diese These Sowjetrußlands hat sich wohl auch in den Augen der Sowjetdelegation zu ihrer Überraschung, denn sie ‹haben›[a] sich ja in ihren Ideologien verschworen, als völlig falsch erwiesen. Und ich bin überzeugt, daß die Tatsache, daß der Westen, die kapitalistischen Länder, so fest zusammengehalten haben, doch auf die sowjetrussischen Machthaber nicht ohne Eindruck bleiben wird.

Ich darf hier aussprechen, daß die drei westlichen Außenminister die Sache der Bundesrepublik, die Sache der Freiheit, die Sache unserer Wiedervereinigung in so ausgezeichneter Weise und mit so guten Argumenten vertreten haben, daß ein deutscher Außenminister es nicht besser hätte tun können und daß deswegen alle Deutschen, glaube ich, eine Pflicht großer Dankbarkeit gegenüber diesen drei westalliierten Regierungen haben müßten. Alle drei – das wird jetzt vielleicht etwas komisch klingen, wenn ich auch von den Amerikanern rede – haben sich als gute Europäer gezeigt, d.h., sie haben die Sache Europas, des freien Europas, vertreten. Das gilt von Herrn Bidault, das gilt von Herrn Eden, und das gilt von Herrn Dulles.

Es ist Ihnen bekannt, meine Damen und Herren, daß Herr Dulles gestern die Freundlichkeit gehabt hat, herüberzukommen, ehe er zurückkehrte nach Washington, um mich zu unterrichten. Die Unterredung war im kleinsten Kreise und hat 1 1/2 Stunden gedauert[14], sie verlief sehr freimütig und sehr offen, und ich bin Herrn Dulles für diese Unterrichtung außerordentlich dankbar, denn natürlich ist eine solche Unterrichtung aus dem Munde eines der Hauptakteure selbst sehr viel farbiger und sehr viel eindrucksvoller als die besten Berichte, die man von einem Vertreter in Berlin oder aus den Zeitungen bekommt.

Meine Damen und Herren, es hat sich aber nach meiner Auffassung auf der Konferenz auch sehr deutlich der Zusammenhang der europäischen Fragen mit den asiatischen Fragen gezeigt, und zwar sowohl mit der Indochinafrage als auch mit der Koreafrage. Sowjetrußland hat den größten Wert darauf gelegt, daß die Frage Rot-China angeschnitten würde[15]. Ich glaube, die Art, in der man diesem Wunsch und diesem Verlangen Sowjetrußlands Rechnung getragen hat, indem man dazu gekommen ist, eine Konferenz zu veranstalten über die Koreafrage, bei der man natürlich, wenn man in Korea Frieden will, an Rot-China nicht vorbeigehen kann, die Art dieser Lösung ist eine außerordentlich geschickte und diplomatisch sehr gute Lösung gewesen.

Nun darf ich vielleicht zu sprechen kommen auf eine Frage, die jetzt in Frankreich, insbesondere nachdem sie auf der Konferenz erörtert worden ist, ebenfalls in die Erörterung geraten ist. Das ist die Frage, ob ein wiedervereinigtes Deutschland völlig frei ist in der Wahl seiner Stellungnahme. Ich sage Ihnen in aller Offenheit, meine Damen und Herren, daß das eine Frage akademisch-völkerrechtlicher Natur ist. Das wiedervereinigte Deutschland ist ein neuer Staat, und es ist eigentlich völkerrechtlich völlig unbestreitbar, daß dieser noch nicht existente Staat nicht durch die Bundesrepublik jetzt schon verpflichtet werden kann. Insofern ist der Art. 7 Abs. 3[16] des Bonner Vertrages durchaus im Einklang mit allen völkerrechtlichen Ansichten und Meinungen.

Aber man darf doch bei der Würdigung dieses Artikels nicht an den Tatsachen vorbeigehen und muß sich vollkommen klarmachen, wenn der Vertrag über die Europäische Verteidigungsgemeinschaft, der Vertrag über die Europäische Politische Gemeinschaft, also die europäische Integration existent geworden ist, in die Tat umgesetzt ist, und es würde dann die Wiedervereinigung kommen, dann müßte also die Bundesrepublik auf dem Wege über dieses neue wiedervereinigte Deutschland aus diesen ganzen Verträgen herausgehen. Man darf nicht übersehen, daß wenn einmal diese Verträge Wirklichkeit geworden sind, wenn man also eine europäische Armee hat, es selbstverständlich sich nicht mehr dann um eine völkerrechtlich-akademische Entscheidung handeln wird, sondern um Entschlüsse, die das dann Bestehende einfach wieder aufheben.

Vor allem aber glaube ich, das eine mit aller Bestimmtheit sagen zu können, daß die Bundesrepublik, und sie wird auch im Falle einer Wiedervereinigung wenigstens in einer gewissen Übergangszeit noch Einfluß haben, ihren ganzen Einfluß dafür einsetzen wird, daß die Verbindung auch des wiedervereinigten Deutschlands mit dem Westen bleibt, so daß, wie ich glaube, die Befürchtungen mancher französischer Kreise, es liege eine Diskriminierung vor, die Bundesrepublik habe die Möglichkeit, im Falle der Wiedervereinigung die Verträge zu verlassen, während die anderen Vertragspartner für 50 Jahre gebunden seien[17], doch an den Tatsachen völlig vorbeigehen.

Noch ein weiterer Punkt kommt hinzu, in dem Artikel 7 Abs. 2, den man vergessen hat, zu zitieren, da heißt es nämlich: »Beim Abschluß der friedensvertraglichen Regelung werden die Bundesrepublik und die drei Mächte zusammenwirken, um mit friedlichen Mitteln ihr gemeinsames Ziel zu verwirklichen: ein wiedervereinigtes Deutschland, das eine freiheitlich-demokratische Verfassung ähnlich wie die Bundesrepublik besitzt und das in die Europäische Gemeinschaft integriert ist«. Also es ist hier vertraglich als gemeinsames Ziel der Politik der drei Westmächte und der Bundesrepublik vereinbart, daß auch das wiedervereinigte Deutschland in die Europäische Gemeinschaft integriert ist. Ich glaube also, die Aufregung darüber war ziemlich überflüssig. Die Sache ist geregelt sowohl durch diesen Artikel 7,2 wie auch durch die Macht der Tatsachen.

Nun, meine Damen und Herren, wenn Sie jetzt mal in einem ruhigen Augenblick – nachdem wir Tag für Tag gewartet haben auf Nachrichten über den Verlauf der Konferenz – die ganze Situation, die politische Situation in der Welt und in Europa und in Deutschland an Ihren Augen vorbeipassieren lassen, dann glaube ich, kommt man doch zu folgendem Ergebnis:

Diese Konferenz mußte sein, sie mußte Klarheit schaffen, da Zweifel laut geworden waren sowohl in Deutschland wie auch in Frankreich und wie auch in anderen Ländern, ob Sowjetrußland nicht doch zu einer anderen Lösung bereit sei. Es mußte diese Klarheit geschaffen werden, und diese Klarheit ist geschaffen. Es mußte auch klargestellt werden, daß ein Zusammenhang zwischen all den Spannungsfragen, all den Spannungsfeldern auf der ganzen Welt besteht, und es mußte klargestellt werden, daß das letzte Ziel Sowjetrußlands die Entfernung der Vereinigten Staaten aus dem ganzen europäischen politischen Kreis ist. Das ist sehr klar festgestellt worden, und daher glaube ich, daß diese Konferenz auch für diejenigen, die bisher anderer Meinung waren, eine Klarheit bringen mußte darüber, wie denn nun in Wirklichkeit die politische Situation in der Welt und in Europa ist.

Ich habe infolgedessen heute morgen an den Vorsitzenden der Sozialdemokratischen Fraktion, Herrn Ollenhauer, einen Brief gerichtet[18]. Ich darf Ihnen diesen Brief vorlesen:

»Zu unser aller schmerzlichen Bedauern hat uns die Berliner Konferenz, obwohl man sie nicht als einen völligen Fehlschlag bezeichnen kann,

ihrem eigentlichen Ziel, nämlich der Wiedervereinigung Deutschlands, nicht direkt nähergebracht. Nachdem die Erwartungen, die sich an diese Konferenz geknüpft hatten, nicht erfüllt worden sind, ist nach meiner Meinung eine neue Lage entstanden. Das Verhalten Sowjetrußlands in der Deutschlandfrage zeigt, daß die Sowjets zur Zeit nicht bereit sind, die Teilung Deutschlands zu beseitigen.Auch die Haltung der Sowjets in der Österreichfrage beweist, daß sie zur Zeit an dem bestehenden Zustand nichts ändern wollen.
Angesichts dieser Lage würde [ich es] jetzt im Interesse einer Außenpolitik, die den Lebensnotwendigkeiten des deutschen Volkes gerecht wird, begrüßen, wenn auch Ihre Fraktion ihre Stellung zu den außenpolitischen Fragen überprüfen und im Lichte der jetzt gewonnenen Erfahrungen zu Folgerungen kommen würde, die in der Richtung der von der Bundesregierung betriebenen Außenpolitik liegen.
Zu einer Rücksprache hierüber stehe ich Ihnen an einem zu vereinbarenden Zeitpunkt gerne zur Verfügung[19].«
Wenn Sie nun fragen, was nun, dann glaube ich, muß man sich vor allem über eines klar werden: Es gibt keinen Stillstand in der außenpolitischen Lage und in der Außenpolitik überhaupt. Es gibt nur eine Entwicklung, und so wie es jetzt ist, wird es nicht bleiben und kann es nicht bleiben. Man kann so große Probleme, wie die europäische Integration, wie die NATO, wie die Teilnahme der Vereinigten Staaten an diesen Einrichtungen, nicht einfach auf sich beruhen lassen und als etwas hinnehmen, das ewig in dem jetzigen Zustand bleiben würde.
Ich glaube, daß die Entwicklung weitergehen muß und weitergehen wird, und ich bin daher der Auffassung, daß die europäische Integration überall mit allen Kräften gefördert werden muß, damit eben Sowjetrußland weiter sieht, daß nicht nur die drei Westmächte der freien Welt zusammenhalten, sondern daß auch Europa entschlossen ist, seine wirtschaftlichen und seine politischen Kräfte zusammenzuschließen, um zu einer größeren Einheit und zu einer größeren Einigkeit zu kommen, als sie bisher in Europa gewesen ist.
Ich fürchte, wenn das nicht geschieht, dann würde Sowjetrußland auf die Dauer doch noch den kalten Krieg gewinnen. Es hat jetzt im kalten Krieg durch die Berliner Konferenz eine wichtige Position verloren. Es hat durch sein Verhalten auf der Berliner Konferenz, soweit das überhaupt möglich war, die Einigkeit des Westens noch stärker gemacht, als sie schon vorher gewesen ist, und aus dem, was ich soeben gesagt habe, ergibt sich von selbst, welche Politik in Europa und welche Politik insbesondere bei uns in Deutschland einzuschlagen ist. Wir haben gesehen,

daß unsere Annahmen über die sowjetrussische Politik, die wir seit Jahren erkannt haben, richtig gewesen sind und daß demgegenüber nur eines möglich ist: der Zusammenschluß Europas zu einer Abwehr, zur Defensive und zur inneren Kräftigung und zur inneren Stärkung. Damit möchte ich zunächst schließen und abwarten, ob Sie irgendwelche Fragen an mich stellen möchten.

Journalist: Eine Voraussetzung für diese Politik und ihren Erfolg wäre doch wahrscheinlich, daß nunmehr Bemühungen einsetzen, das deutsch-französische Gespräch wiederaufzunehmen?

Adenauer: Aber heute nachmittag bin ich nicht dazu bereit! Man sollte auch in der Politik, und zwar sollten das sowohl die Politiker wie auch die Journalisten und die Parlamentarier tun, nicht so viel nebeneinander erledigen wollen. Einmal muß zunächst einmal die deutsche, die französische und die europäische Öffentlichkeit sich klar werden über den Verlauf der Konferenz in Berlin, und dann werden allerdings neue Schritte erfolgen müssen.

Journalist: Was werden nach Ihrer Ansicht die Folgen des Verlaufs der Berliner Konferenz sein bezügl[ich] des Widerstandswillens in der Sowjetzone?

Adenauer: Ich bin nicht so pessimistisch, wie Sie nach Ihren Worten zu sein scheinen. Ich halte es für sehr wohl möglich, daß die politische Entwicklung ziemlich schnell weiterschreitet. Sehen Sie, einmal hat sich die Meinung Rußlands, die kapitalistischen Staaten würden sich selbst zerfleischen, als trügerisch erwiesen. Als zweites kommt hinzu, daß Europa sich doch auf sich selbst besinnt und sich zusammenschließt, und dann werden die Unruheherde in Osteuropa beseitigt. – Es besteht doch eine gewisse Aussicht darauf, daß wenigstens ein Anfang auf der Genfer Konferenz[20] gemacht wird, da könnte ich mir sehr wohl vorstellen, daß auch die Entwicklung in Europa ein schnelleres Tempo einschlagen wird, als das bisher der Fall gewesen ist. Dazu muß man natürlich alles tun, was in unserer Macht steht, um unseren Menschen in der Sowjetzone zu helfen, ihren Widerstandswillen zu kräftigen, etwa Entmutigendem entgegenzuwirken, und das werden ‹wir›[b] auch tun.

Man muß sich so sagen: Von 1947 bis 1954 ist eine Periode der absoluten Sterilität. Jetzt ist man wenigstens wieder in ein Gespräch gekommen, und jetzt kann man hoffen, daß eine neue Periode, die Periode der Verhandlungen, beginnt.

Journalist: Stehen die Daten für Ihre Berliner Reise fest?

Adenauer: Ja, ich werde am Dienstag [23. Februar 1954] nach Berlin fliegen[21].

Journalist: Geben Sie den Bemühungen, die die vier Hohen Kommissare anstellen sollen, um den Warenverkehr usw. zwischen der Sowjetzone und Westdeutschland etwas zu erleichtern und zu fördern[22], besondere Erfolgschancen?

Adenauer: Ich glaube, man darf nicht meinen, daß bisher nichts geschehen sei. Auf der unteren Ebene haben schon immer Verhandlungen stattgefunden über den Verkehr und auch über Grenzfragen. Aber es ist ja wünschenswert, wenn auch in einem gewissen Umfange der Ost-West-Handel weiter vermehrt wird, damit die Beziehungen nicht abreißen. Etwas absolut Neues ist das also nicht.

Journalist: Glauben Sie, Herr Bundeskanzler, daß die Sowjetrussen überhaupt an Verhandlungen und an einer irgendwie gearteten Regelung interessiert sind? Oder sind Sie der Meinung, daß man aus der Berliner Konferenz den Schluß ziehen muß, daß ihnen an einer Regelung überhaupt nichts liegt?

Adenauer: Ja, meine Damen und Herren, diese Frage zwingt mich vielleicht, einmal als falscher Prophet vor Ihnen zu stehen. Aber die ganze Lage ist ja so wichtig, daß man sich darüber aussprechen muß. Sehen Sie, Sowjetrußland ist doch durch den Tod Stalins einer inneren psychologischen These in sehr starkem Maße beraubt worden. Der Sturz Berijas[23] zeigt das ja in eklatanter Weise. Wie es nun mit den beiden anderen herrscherlichen Faktoren da ist, mit der Kommunistischen Partei und der Roten Armee, das wollen wir einmal abwarten, ob sich die beiden vertragen, ob sie sich nicht vertragen und was sich ergibt, wenn sie sich nicht vertragen, das wissen wir noch nicht. Aber jedenfalls ist dadurch ein Moment der Unsicherheit in dieses ganze Land hineingetragen worden, und die Persönlichkeit Stalins kann in der Psyche der Russen wohl kaum jemals wieder ersetzt werden. Dann sind doch die Nachrichten über die wirtschaftlichen Verhältnisse in Sowjetrußland, die von Chruschtschow selbst ausgegangen sind und die von all den Deutschen, die jetzt heimgekehrt sind, in vollstem Umfange bestätigt worden, sehr bezeichnend. Endlich darf ich Sie daran erinnern, daß Sowjetrußland doch versprochen hatte, Rot-China zu beliefern, daß aber Sowjetrußland jetzt vor zwei bis drei Wochen selbst erklärt hat, daß es dazu nicht in der Lage wäre[24]. Nun ist noch ein anderer Unsicherheitsfaktor vorhanden. Sie wissen ja, wie es im Leben ist. Nehmen wir einmal an, ein Geschäftsmann kommt in eine bedenkliche Nähe, ich will nicht sagen des Bankrotts, aber es fängt an, nicht mehr so gut zu gehen wie vorher. Dann wird der betreffende Inhaber, wenn er einigermaßen klug ist, seinen Konkurrenten nicht sagen: »Es geht mir ziemlich schlecht; ich weiß nicht, wie es bei mir hier

weitergehen soll.« Er wird tun, als wenn alles in Ordnung wäre. So darf man sich, glaube ich, nicht täuschen lassen dadurch, daß die Russen bei dieser Konferenz im großen [und ganzen] in der alten Weise aufgetreten sind, daß sie sich ihrer selbst sicher fühlen.
Man darf auch folgendes nicht übersehen bei der Beurteilung der ganzen Lage, daß sich Sowjetrußland doch mit einem Sicherheitsgürtel umgeben hat von Satellitenstaaten, und die Sowjetzone ist ein Teil dieses Sicherheitsgürtels, und daß dann vom russischen Standpunkt aus gesehen, wenn man sich bedroht fühlt, natürlich die Frage an Bedeutung über die Deutschlandfrage hinausgeht, ob es diesen Sicherheitsgürtel lockern kann oder nicht lockern kann. Man sollte doch aus der sehr negativen Haltung Sowjetrußlands in bezug auf die Deutschlandfrage nicht den Schluß ziehen, die Russen fühlen sich in sich so stark und so fundamentiert, daß sie eben für gar keine Verhandlung auf irgendeinem Gebiete zugänglich sind.

Journalist: Sie betonten, daß sich in Berlin der globale Zusammenhang der europäischen Probleme mit den in anderen Teilen der Welt liegenden Problemen gezeigt habe, und sagten andererseits, daß nun doch die Konsequenz daraus gezogen werden müsse, die Integrationspolitik, die Politik des europäischen Zusammenschlusses, fortzusetzen. Müßte diese Politik nach Ihrer Meinung gemacht werden, um den Eindruck der Stärke gegenüber der Sowjetunion zu zeigen und die Verhandlungsbereitschaft der Sowjets zu fördern, oder wäre das nur gedacht als Sicherheitsmaßnahme in einer Übergangszeit, bis man aufgrund von weltpolitischen Entwicklungen, die vielleicht sehr außerhalb Europas liegen, ohnehin zu einer Regelung auch in Europa kommt?

Adenauer: Meine Herren, vergessen Sie nie, daß wir nach wie vor im kalten Kriege liegen. Vergessen Sie bitte nicht die Stärke der Kommunistischen Parteien in Frankreich und in Italien[25], und übersehen Sie bitte nicht, daß wir in der Bundesrepublik dazu fortwährend Unterminierungsarbeiten ausgesetzt sind. Endlich – von dem allem abgesehen – übersehen Sie doch bitte nicht, daß dasjenige, was sich früher europäische Großmacht nannte, doch nun im heutigen Sinne keine Großmacht mehr ist und daß die wirtschaftliche Macht eines Landes im allgemeinen doch sehr konform geht mit seiner politischen Macht.
Dann ergibt sich nach allem, daß wir nach meiner Ansicht zu dieser Zusammenfassung überhaupt kommen müssen aus den verschiedensten Gründen, aus weltwirtschaftlichen und aus weltpolitischen Gründen und auch, damit wir nicht im kalten Krieg Sowjetrußland ständig Stellen bieten, wo es mit Erfolg ansetzen kann. Endlich würde [sich] – ich habe

mir das soeben erlaubt, anzudeuten – Rußlands These, daß die kapitalistischen Staaten sich selbst zerfleischen werden, [als] völlig vage und als völlig falsche Annahme erweisen. Auch das würde für die russische Politik zweifellos von Bedeutung sein. Endlich, meine Damen und Herren, ist ein entscheidender Punkt: Sie wissen das, wie die amerikanische Politik und die ganze amerikanische Öffentlichkeit über Europa denkt, daß sie, ganz abgesehen von der augenblicklichen Gefahr durch den Druck aus dem Osten, den Zusammenschluß Europas im Interesse der allgemeinen Sicherheit auf der Welt dringend wünscht und daß wenigstens ein Teil der öffentlichen Meinung in den Vereinigten Staaten die Mitarbeit der Vereinigten Staaten in Europa von einer Verständigung der Europäer abhängig macht. Das sind nach meiner Meinung alles so zwingende Gründe, daß man die Augen schließen müßte, wenn man nicht den Weg sieht, der vor uns liegt, den Europa gehen muß.

Journalist: Sie sagten, daß die Periode der Sterilität sozusagen vorüber ist und daß jetzt die der Verhandlungen beginnt. Glauben Sie, daß der Impuls zu diesen Verhandlungen auch andere Gebiete umfassen könnte, z. B. die Atombomben?

Adenauer: Ich bin überzeugt, wenn Sie das Kommuniqué der Berliner Konferenz[26] lesen, dann sind ja folgende Möglichkeiten gegeben: Allgemeine Abrüstung – darüber soll verhandelt werden; es soll über Korea und Indochina verhandelt werden. Unabhängig davon soll über die Frage der atomischen Waffen verhandelt werden. Wenn Sie wollen, können Sie in diese Aufzählung noch hineinbringen, daß die vier Hohen Kommissare dabei sind, auf dem Gebiete des Verkehrs – Molotow liegt namentlich der Sport außerordentlich am Herzen, wie gesagt wurde – und der ‹ ... ›[c] Kultur gewisse Verbindungen herzustellen[27]. Ich bitte Sie, daraus zu ersehen, daß im Gegensatz zu den vergangenen sieben Jahren – denken Sie bitte an die Konferenz in Paris im Palais Marbre Rose[28] – doch tatsächlich keine Anzeichen vorhanden sind, aus denen sich Verhandlungen, und zwar fruchtbare Verhandlungen, entwickeln können. Wenn sich dann einmal zwischen zwei so großen Blocks, wie sie sich auf der Welt gebildet haben, eine Atmosphäre der Verhandlungen, sei es über diesen Punkt, sei es über jenen Punkt, ergibt, dann ist man doch in der Verhandlungsperiode, und dann kann es sich sehr leicht ergeben, daß auch noch weitere Punkte zur Verhandlung kommen, die jetzt noch nicht genannt sind.

Journalist: Vielfach wird die Ansicht vertreten, daß die Fortsetzung dieser Gespräche, die Sie ja begrüßt haben, Rußland die Möglichkeit bieten könnte, die Politik der Verzögerung weiter zu treiben. Haben Sie auch diese Befürchtung?

Adenauer: Die Berliner Konferenz hat uns gezeigt, daß Dulles sein Wort wahrgemacht hat, daß er drei bis vier Wochen Zeit habe und mehr nicht; er hat gezeigt, daß in dreieinhalb Wochen die Sache erledigt war. Daraus kann man wohl auch die Hoffnung schöpfen, einmal, daß der Westen sich nicht in uferlose, unnütze und aussichtslose Debatten einlassen wird und andererseits, daß auch die Russen eingesehen haben werden, daß der Westen das nicht mehr mitmachen will.
Aber wenn Sie mir eine Bemerkung gestatten, meine Damen und Herren: Das sind ja alles Vermutungen über eine zukünftige Entwicklung, die kein Mensch von uns nun als hundertprozentig sicher erklären kann. Aber einige Fakten, die ich eben aufgezählt habe, sind als Ergebnisse dieser Konferenz absolut sicher. An der Spitze steht m. E. die feste Verbundenheit der drei Westalliierten mit der Bundesrepublik in der Sache der Freiheit und der Wiedervereinigung. Das sind zwei Fakten von geradezu außerordentlich großer Bedeutung, und die stehen fest.

Wundergärtner Konrad (E.M.Lang)

Nr. 52
5. Oktober 1954: Informationsgespräch (Wortprotokoll)

BPA Archiv F 30, mit ms. Vermerk »*Thema:* Londoner Konferenz[1]« und Paraphe »Hi[lgendorf][2]/–«

Teilnehmer: Dr. Robert Strobel, Norbert Tönnies, Hans Wendt und weitere nicht zu ermittelnde Journalisten – Felix von Eckardt, Professor Dr. Walter Hallstein

Beginn: 16.35 Uhr[3]

Adenauer: Ich nehme an, meine Damen und Herren, Sie haben den Wunsch, hier noch die eine oder andere Frage an mich zu richten. Ich bin gern bereit, soweit ich bei der ungeheuren Fülle des Stoffes, der in London verarbeitet worden ist, das im Kopfe habe, Ihnen die Fragen zu beantworten.
Ich möchte nur eines an die Spitze stellen: Ich finde es nicht für richtig, wenn, wie das z. B. in der englischen Presse in London der Fall war – ich weiß offengestanden nicht, wie es bei uns jetzt ist –, das Militärische zu stark betont wird: 500000 Mann deutsche Soldaten usw. Soldaten schießen ja nicht tagtäglich und nicht stündlich, und schließlich ist eine Truppe in den heutigen Zeiten des kalten Krieges genauso ein Mittel, um den kalten Krieg zu führen, wie es andere Mittel gibt. Aber das Wesentliche an dieser ganzen Arbeit in London war doch die Stärkung des Gemeinschaftsgefühls des Westens. Es ist doch so, daß die Brüsseler Paktorganisation[4] ein großer politischer Faktor werden wird. Ich weiß jetzt schon von drei europäischen Staaten, die ebenfalls gern Mitglied werden möchten[5]. Man sollte nach meiner Meinung die ganze Sache mehr unter politischen Gesichtspunkten sehen als unter rein machtmäßigen oder militärischen Gesichtspunkten.

Strobel: In der Londoner Akte[6] steht, daß die Bundesrepublik als die legitime Sprecherin für das deutsche Volk angesehen wird. Ist daraus zu schließen, daß eine eventuelle künftige gesamtdeutsche Regierung die Bindungen, die die Bundesrepublik jetzt eingeht, ebenfalls als für sich abgegeben betrachten wird?

Adenauer: Nein. Der Art. 7,3, der ja hier in Deutschland gewisse Schwierigkeiten gemacht hat[7], ist auf Antrag eines der drei westalliierten Mächte – ich weiß im Augenblick nicht, welche Macht es war[8] – nicht wieder aufgenommen worden.

Hallstein: Ich darf ein Wort hinzufügen, [um] das noch deutlicher zu machen. In der Akte ist ein Satz aus dem Deutschlandvertrag wiederholt: »Die Grenzregelung wird einer künftigen friedensvertraglichen Regelung mit Gesamtdeutschland vorbehalten bleiben[9].« Das antwortet wohl auf den Hauptinhalt Ihrer Frage.

Journalist: Das würde wohl bedeuten, Herr Staatssekretär, daß eine gesamtdeutsche Regierung diese Verträge, die jetzt abgeschlossen werden sollen, ablehnen oder annehmen kann?

Adenauer: Ja, das bedeutet aber noch mehr. Art. 7,3 lautete doch so, daß die anderen bereit waren, den Vertrag auf ein wiedervereinigtes Deutschland zu erstrecken, falls dieses bereit wäre, die Pflichten zu übernehmen. Nachdem der Artikel nicht Wiederaufnahme gefunden hat, sind die anderen auch frei, auch wenn ein wiedervereinigtes Deutschland erklärt, es wolle die Pflichten übernehmen. Ob die anderen das mitmachen? Aber diese Agitation, die in Deutschland gegen den Art. 7,3 in den vergangenen Jahren getrieben worden ist ...

Hallstein: Aber sie waren alle wie aus einem Munde ...

Adenauer: Mit Rücksicht auf die Schwierigkeiten hier in Deutschland wollten sie das nicht machen.

Strobel: Zur Rüstungskontrolle. Wenn ich Sie recht verstanden habe, ist es doch so, daß die Amerikaner die Waffen, die sie liefern, nach ihrem Ermessen den Paktmitgliedern zur Verfügung stellen[10]. Sie können lediglich etwas dazu sagen, aber Sie können nicht Einfluß nehmen auf die Verteilung, wie die Amerikaner sie vorgesehen haben?

Adenauer: Nein, das können wir nicht.

Journalist: Wie ist die Bestimmung, daß die Grenzziehung erst einem Friedensvertrag vorbehalten bleiben soll, in Einklang zu bringen mit dem französischen Wunsch, die Saarfrage, wenn auch nicht offiziell de jure oder de facto, zu koppeln mit der Realisierung der Londoner Akte[11]?

Adenauer: Bei den früheren Verhandlungen mit Schuman und Bidault ist nie die Rede davon gewesen, daß jetzt eine neue Grenze gezogen werden sollte, sondern es war immer die Rede von einer Ordnung der ganzen Dinge durch den Friedensvertrag. Ich kann mir nicht vorstellen, daß jetzt etwas anderes verlangt wird; Sie können es sich offenbar besser vorstellen.

Strobel: Eine Neutralisierung der Saar?

Adenauer: Das bedeutet doch eine Veränderung der Grenzen, und es steht jetzt fest, daß die Grenzen Deutschlands erst im Friedensvertrag festgestellt werden.

Journalist: Also ein Junktim zwischen Saarfrage und London-Verträgen, wie Mendès-France[12] das angedeutet hat?

Adenauer: Herr Mendès-France hat mit mir zum ersten Male über die Saarfrage gesprochen, nachdem die Londoner Akte fertig war, und er hat mir gesagt: »Wir müssen über diese Sache, ehe ich sie der Kammer vorlege, miteinander Fühlung nehmen.« Ich sagte, ich sei gerne dazu bereit. In irgendeine sachliche Erörterung sind wir nicht eingetreten. Sie würden mir aber einen Gefallen tun, wenn Sie nicht die Hauptaufmerksamkeit auf diese Sache legen. Seien Sie mir nicht böse, wenn ich Ihnen sage, die öffentliche Meinung in Deutschland liegt völlig daneben und völlig schief, wenn sie bei einem solchen Werk wie diesem wie verrückt auf die Saarfrage starrt. Damit will ich gar nicht sagen, daß ich dem, was Mendès-France sagt und was ich noch gar nicht kenne, nachzugeben gewillt sei. Aber ich halte es für gar nicht richtig, wenn die öffentliche Meinung in Deutschland sich wieder von einer Frage hypnotisieren läßt, die in zehn Jahren wahrscheinlich keinen Menschen mehr interessiert, während dann Rußland mit seinen Satellitenstaaten noch da sein wird.

Strobel: …

Adenauer: Wieweit rechnen die Satellitenstaaten? Es hat doch Rumänien, Bulgarien – den ganzen Balkan und Polen. Ich hoffe es ja auch. Das setzt eine völlige Änderung der Weltsituation voraus. Aber machen Sie sich doch bitte folgendes klar: Im günstigsten Verlauf der Dinge während der nächsten zehn Jahre wird Sowjetrußland auf die europäischen Dinge einen viel stärkeren Einfluß ausüben als je zuvor, weil Sowjetrußland ja eine viel größere Macht geworden ist, auch ohne Satellitenstaaten, als es je das zaristische Rußland gewesen ist. Das Vorhandensein einer solchen Machtzusammenballung übt ganz von selbst in allen außenpolitischen Dingen einen großen Einfluß aus.

Strobel: Man erwartet ja jetzt, daß die Russen im Hinblick auf den Erfolg der Londoner Konferenz sehr aktiv werden?

Adenauer: Das ist möglich[13].

Strobel: Ist man sich darüber einig gewesen, daß die Fristen, die man sich in London erhofft, weiterlaufen?

Adenauer: Die Fristen sind nicht vereinbart, nur die Sitzungen am 20., 21., 22. und 23. Oktober sind vereinbart. Herr Mendès-France hat weiter erklärt, daß er dafür sorgen werde, daß die Nationalversammlung noch bis Ende dieses Jahres positiv entscheidet. Dann bleibt aber die andere Kammer, und da sagt er, das könne erst in der ersten Hälfte Januar sein.

Strobel: Das ist doch eine ungefähre Frist. Kann man diesen Termin aber einhalten, wenn die Sowjetunion jetzt mit einem Angebot kommen würde?

Adenauer: Das ist ja geschehen. Die Antwort auf die Sowjetnote[14] ist erfolgt mit Zustimmung Frankreichs, auch ohne Rücksichtnahme auf die anderen laufenden Verhandlungen. Herr Mendès-France hat in der Schlußansprache in London[15] ganz unzweideutig mit Bezug auf Sowjetrußland (...)

Journalist: Darf man Ihre Erklärung vor dem Bundestag[16] in bezug auf die Stationierung der alliierten Truppen auf deutschem Boden so verstehen, daß wir dieselben Verträge bekommen wie z.B. England und Frankreich?

Adenauer: Nicht wie England; England hat seinen besonderen Vertrag; Sie meinen jetzt den NATO-Truppenvertrag[17]. Das ist in jedem Lande anders.

Hallstein: Es gibt keine schematische Regelung, aber die auf der Grundlage der NATO ist besser als die nach dem Bonner Vertrag[18].

Strobel: Es war doch vorgesehen, daß 85 Prozent der von jedem Mitglied aufzubringenden Mittel in dem betreffenden Lande ausgegeben werden sollen[19]?

Adenauer: Das haben wir ja nicht mehr. Wir können jetzt 100 Prozent im eigenen Lande ausgeben.

Strobel: Wenn nicht durch die ziemlich starke Begrenzung in der Rüstung ...

Adenauer: Wieso ziemlich starke Begrenzung? Eine Atombombe kostet zig-Millionen Dollar. Selbst wenn wir es wollten, könnten wir die gar nicht machen, weil wir weder das Geld noch die Anlagen haben.

Strobel: Wäre es nicht möglich, wenn wir aus technischen Gründen nicht diese Möglichkeit haben, statt 85 Prozent nur 65 Prozent auszugeben?

Adenauer: Weil wir keine Rüstungsfabriken haben. Man wird sich das auch bei der Wirtschaft sehr überlegen müssen, und wir werden das mit der Wirtschaft sehr genau besprechen müssen, ob die Wirtschaft Rüstungsbetriebe bauen oder ob sie die Rüstung, Aggregate und Kanonen irgendwo kaufen und dafür Friedensware hier fabrizieren soll. Diese Frage ist in London gestreift worden, aber da waren wir alle zu wenig sachverständig, um darüber etwas sagen zu können. Das muß mit der Wirtschaft sehr genau überlegt werden; aber juri- (...)

Strobel: Würden sich daraus Handelsvertragsverhandlungen ergeben?

Adenauer: Wieso? Einkaufen, z.B. in der Schweiz oder in Schweden. Vielleicht wird Schweden Flugzeuge liefern, ich weiß es nicht. Schweden hat eine ausgezeichnete Flugzeugfabrikation.

Hallstein: Herr Strobel denkt an das von Mendès-France ins Auge gefaßte Beschränkungsmonopol des Brüsseler Paktes. Das gibt es nicht.

Adenauer: Noch nicht. Es wird geprüft, was praktisch ist. Das ist eine so schwierige Frage, daß man sie unmöglich in London prüfen konnte. Deshalb soll diese Frage geprüft werden, sobald die Brüsseler Pakt-Organisation steht[20].
Sie sind aber alles Militaristen, meine Herren. Noch keiner hat mich gefragt: Wie stellen Sie sich die sozialen und kulturellen Dinge vor? Das steht doch auch im Brüsseler Pakt[21].

Journalist: Sie glauben, daß jetzt etwas mehr auf diesem Gebiete geschieht als bisher? Bisher standen diese Bestimmungen auch im Vertrag, ohne daß etwas geschah.

Adenauer: Bisher war dieser ganze Brüsseler Pakt, ich will nicht sagen tot, aber Sie müssen doch mal bedenken, daß er gegründet worden ist gegen Deutschland. Dann hat man das so etwas verbrämt mit Sozialem und Kulturellem. Das war im Jahre 1948. 1948 sahen offenbar diese Länder in Deutschland ihren ‹präsumtiven› [a] Feind. Das hat sich geändert durch die Entwicklung. Wir sind gute Nachbarn geworden, zum Teil gute Freunde, und [mit] Sowjetrußland ist aus einem Alliierten ein ‹präsumtiver› [b] Gegner geworden. Nach dem Brüsseler Pakt wurde der Atlantikpakt gegründet[22], und das Interesse der Mächte, die den Brüsseler Pakt geschlossen hatten, schwand, weil der Hauptzweck, sich gegen Deutschland bereitzuhalten, entfallen war durch die Macht der Tatsachen. Das ist jetzt anders geworden. Es ist eine sehr glückliche Idee von Großbritannien gewesen – verstehen Sie den Ausdruck richtig –, diese Attrappe, diese Bonbonniere herauszuholen und sie jetzt mit einem anderen Inhalt zu füllen[23]. Ich glaube, das ist namentlich für englische Gemüter etwas, was denen sehr zusagt, jetzt nichts Neues zu machen, sondern etwas Altes zu nehmen und das zu ändern. Aber das wird anders werden. Die Mitglieder der Brüsseler Paktorganisation waren alle entschlossen, diese Organisation – die ihren Sitz übrigens in London hat – zu einem Eckstein und Hauptstützpfeiler der europäischen Einheit und Integration zu machen. Da wird auch das kulturelle Gebiet und das soziale Gebiet stärker in Angriff genommen werden, als es bisher geschehen ist, weil man den ganzen Pakt doch als überholt ansah.

Journalist: Ist in London über kulturelle Einzelheiten gesprochen worden?

Adenauer: Nein.

Journalist: Das soziale Gebiet ist doch weitgehend durch den Schuman-Plan[24] erfaßt worden?

Adenauer: Der gilt nur für die Schwerindustrie.

Journalist: Denken Sie auch daran, die Montanindustrie in den Brüsseler Pakt zu bringen?

Adenauer: Daran haben wir noch gar nicht gedacht. Es ist gefragt worden, ob wir die Montanunion hierhernehmen oder in den Europarat nehmen sollen. Darüber ist noch gar nicht entschieden, darüber soll im Brüsseler Pakt gesprochen werden. Es kann sein, daß man die Montanversammlung[25] nimmt, und damit ergeben sich ganz von selbst auch Beziehungen.

Wendt: Werden auch Versuche mit der Wiederbelebung der EPG gemacht?

Adenauer: Herr Wendt, eins nach dem andern! Es ist so undankbar zu prophezeien. Wenn jemand gerade eine schwere Krankheit überstanden hat, soll man ihm nicht sofort [eine] neue Bürde aufladen; man kann [sich] auch mal Zeit lassen. Wenn Sie diese ganzen Vorgänge betrachten, dann sind das manchmal Vorgänge eines solchen Ausmaßes, die wirklich etwas Zeit haben müssen, um zu wachsen, um zu reifen und um in der allgemeinen europäischen öffentlichen Meinung Boden zu gewinnen. Wir haben ja doch die Erfahrungen gemacht. – Bitte, bringen Sie das nicht. – Offenbar ist in Frankreich, trotz all dieser Organisationen, die wir haben, die öffentliche Meinung gar nicht vorbereitet gewesen. Man muß da eben langsam die öffentliche Meinung für alle diese Gedanken zu gewinnen suchen. Aber jetzt schon eine ganze Geschichte zu erzählen: Jetzt kommt die Politische Gemeinschaft – vielleicht mit erhobenem Finger –, nein.

Wendt: Ich wollte nur vom Militärischen wegkommen.

Adenauer: Deswegen sprach ich schon fortwährend von Kultur. Lassen Sie uns einmal politisch sprechen. Ich habe eben in meiner Regierungserklärung[26] versucht, das etwas darzulegen. Denken Sie einmal nach, wie es nach dem 30. August [1954] außenpolitisch aussah. Wir standen doch absolut vor einem Nichts, auch mit den Beistandsverpflichtungen. Das ging sowohl Großbritannien als auch die Vereinigten Staaten an. Ihnen persönlich möchte ich sagen: Diese Wochen seit Brüssel waren für mich die sorgenvollsten Wochen in meiner Kanzlertätigkeit. Ich war wirklich in außerordentlich großer innerer Sorge, was soll aus Deutschland werden?

Journalist: Haben Sie schon Vorstellungen über die Ratifizierungsmodalitäten im Bundestag? Werden Sie jedes einzelne Vertragswerk vorlegen oder die Verträge insgesamt? Haben Sie ein Art Zeitplan ins Auge gefaßt? Soll das möglichst noch vor der Ratifizierung [in] der Pariser Kammer geschehen, oder wollen Sie diesmal etwas zuwarten?

Adenauer: Ich möchte mich an das Tempo der Pariser Nationalversammlung gar nicht anheften; das soll jeder für sich machen. Die Sachverständigen haben schon eine ungeheure Arbeit zu tun; das wird nicht alles zur Ratifizierung gebraucht, und das ist in jedem Lande auch verschieden, je nach der Verfassung des betreffenden Landes. Ich möchte auf alle Fälle das Meinige tun, daß die ganze Sache noch in diesem Jahre auch in Deutschland fertig wird.

Journalist: Was heißt ratifiziert?

Adenauer: Ratifiziert heißt, durch den Bundestag und durch den Bundesrat gegangen. Dann finden die Hinterlegungen statt. Natürlich ist die ganze Sache erst perfekt, wenn der Letzte hinterlegt hat.

Journalist: Das dürfte doch erst im Frühjahr nächsten Jahres sein[27]?

Adenauer: Warum? Nehmen Sie die Besatzungsrechte, das kann hoffentlich sehr schnell gehen. Dann kommt die Brüsseler Paktgeschichte. Da müssen jetzt die Sachverständigen einen Entwurf für das Statut machen, weil das ja geändert werden muß, und das muß dann von den jetzigen Teilnehmern beschlossen werden. Dann wird man Italien und uns auffordern – das haben sie schon getan –, beizutreten[28]. Dann werden wir das tun, und dann muß alles ratifiziert werden. Aber bis Frühjahr nächsten Jahres? Das sehe ich nicht ein.

Hallstein: Sie denken jetzt an NATO, Herr Strobel?

Adenauer: Bei NATO würde das etwas anderes sein, weil das 14 Teilnehmer sind.

Journalist: Es würde also sukzessiv ratifiziert werden?

Adenauer: Je nachdem [wann] das fertig wird. Wenn das jetzt alles in 14 Tagen fertig wird[29], legen wir es zusammen vor.

Hallstein: Es wird kein Junktim zwischen der Erlangung der Souveränität und der Vollendung des Verteidigungsbeitrags sein, so daß der letzte Punkt bei 15 Ratifikationen das Inkrafttreten der Souveränität nicht beeinflussen kann. Das kann viel, viel früher sein, weil da nur vier Staaten sind, vielleicht nur drei, weil die Amerikaner keine neue Ratifikation brauchen.

Journalist: Welche Rückwirkung hat das auf unsere Verfassung, in der die Wehrhoheit mit Sperrklausel eingefügt ist[30]?

Hallstein: Die Hohe Kommission wird jetzt nicht mehr auf die EVG warten, sondern die Ersatzlösung an ihre Stelle setzen, und wenn sie vorher verschwindet, ist keine Genehmigungsnotwendigkeit mehr vorhanden.

Journalist: Besteht nicht doch ein gewisses Junktim im Hinblick auf das militärische Gebiet? Die Sicherheitsbehörden dürften ja auch noch aktiv sein, so daß von Souveränität im wahrsten Sinne des Wortes solange nicht gesprochen werden kann.

Hallstein: Da ist eine Sonderlösung vorgesehen für den Fall, daß die Erlangung der Souveränität vor dem Wirksamwerden des Verteidigungsbeitrags liegt, eine Zwischenlösung, die uns schon eine Beteiligung an diesem Problem gibt[31].

Journalist: Seit Freitag vergangener Woche [1. Oktober 1954] ist mehrere Male von einer deutschen Rußlandpolitik und einer deutschen Initiative in dieser Richtung gesprochen worden. Sind Sie bereit, darüber etwas zu sagen?

Adenauer: Warten wir doch die russische Reaktion erst mal ab. Einstweilen können wir noch keinen Botschafter nach Rußland schicken; infolgedessen warten wir das ruhig ab. Erlassen Sie mir, zu sagen, wenn die Zeit sich erfüllt hat, daß wir auch diplomatische Beziehungen nach dem Osten zu aufnehmen werden; das ist klar. Aber das eine bitte ich Sie, doch immer zu beachten: Bei allen außenpolitischen Dingen ist der Zeitpunkt ein ganz besonders wichtiger Faktor. Wenn man sich irgendwo aufdrängt, muß man nicht erwarten, daß man deswegen nun besonders nett behandelt wird. Machen Sie sich vor allem eins klar – Sie deuteten es etwas an, Herr Strobel –: Die ganzen Spannungen in der Welt hängen ja absolut miteinander zusammen; Europa und Asien und alles das hängt miteinander zusammen. Wenn nun da eine Lockerung, eine Lösung kommt, dann wird sie an einem Punkt zuerst eintreten, aber sie wird sich nicht auf diesen begrenzen. Daraus folgt weiter, daß so große Fragen Zeit brauchen, z.B. die Fragen der Abrüstung, der Rüstungskontrolle. Die Lösung dieser Fragen wird sehr wichtig sein für die allgemeine Entspannung, und das ist eine schwierige Sache.

Strobel weist auf die Erklärung Wyschinskis[32] vor der UNO-Vollversammlung hin.

Adenauer: Da kann der eine diese Meinung haben und der andere jene. Ich kann wirklich nicht sagen, warum Wyschinski das gerade jetzt gesagt hat. Ich kann nur sagen, daß man auf amerikanischer Seite diesen Vorschlag Wyschinskis gar nicht als einen solchen Fortschritt betrachtet hat wie z.B. auf englischer Seite, sondern von amerikanischer Seite wurde gesagt ... Der Westen ist dem Osten infolge der Atomwaffen überlegen. Nun kommt der Vorschlag: Atomwaffen weg, und das andere wird halbiert[33]; dann ist der Osten immer stärker als der Westen.

Strobel: Der sogenannte Fortschritt lag wohl darin, daß die Massenvernichtungswaffen in einem späteren Stadium als früher angenommen verschwinden sollten?

Adenauer: Nein, der Fortschritt war, diese Massenvernichtungsmittel sollten überhaupt verschwinden. Nun hat Sowjetrußland viel mehr

Erdtruppen als alle anderen zusammengenommen, dazu die entsprechenden Waffen. Die andern haben mehr Massenvernichtungswaffen. Ich kann den Standpunkt verstehen, daß keiner Massenvernichtungswaffen ‹haben soll›[c]. Dann müßte es auch im übrigen so sein, daß die Erdtruppen nicht halbiert, sondern auch in der Relation belassen würden. Ich habe persönlich kein Urteil darüber, aber von amerikanischer Seite wurde der Vorschlag, den Sowjetrußland gemacht hat, nicht als eine besonders gute Sache bewertet.

Journalist: Ist auch an eine Verschmelzung der militärischen Stäbe in der Brüsseler Paktorganisation gedacht, so daß z. B. ein eigener deutscher Generalstab nicht erforderlich wäre?

Adenauer: Darüber ist gar nicht gesprochen worden. Ich möchte überhaupt sagen, die Konferenz hatte eine so unendliche Stoffülle, daß man sich in diese Einzelheiten gar nicht verlieren konnte. Unsere Dolmetscher, Übersetzer und Stenotypistinnen haben ohnehin bis zu 36 Stunden hintereinander gearbeitet, einige Sachverständige drei Tage und Nächte fast ununterbrochen. Da konnte man an diese unendliche Fülle von Einzelheiten wirklich nicht herangehen; sie sind auch nicht so eilig.

Journalist: Kommt die Londoner Lösung teurer für die Bundesrepublik als die EVG-Lösung?

Adenauer: Nein, nein. Unser Verteidigungsbeitrag ist zunächst der der EVG, aber NATO prüft jedes Jahr nach. NATO setzt für jedes NATO-Land ein Minimum fest, das geleistet werden muß[34]. Es bleibt jedem überlassen, mehr zu tun. Nun hatte Frankreich größte Sorge, wir möchten mehr tun.

Strobel: Das soll Brüssel verhindern[35]?

Adenauer: Ja.

Hallstein: Es fängt an mit dem EVG-Beitrag, der zugrunde gelegt ist. Eine Erhöhung dieses Beitrags ist für uns nur einstimmig möglich. Bei den anderen ist das entsprechend, da fängt es mit dem Beitrag an, den sie unter SACEUR haben. Auch da ist eine Erhöhung nur einstimmig möglich.

Adenauer: Auch bei NATO nur einstimmig!

Hallstein: Bei NATO besteht ja die Regelung gar nicht; NATO setzt ja nur Mindestgrenzen fest. Jeder kann darüber hinausgehen. Ich meine, die Begrenzung bezieht sich bei dem Brüsseler Pakt lediglich auf den jetzt festgesetzten Standard. Wenn darüber hinausgegangen werden soll, kann das nur mit einstimmiger Zustimmung der Brüsseler Paktmächte geschehen.

Adenauer: Nein, ich glaube, das ist ein Mißverständnis. Natürlich, mit

Einstimmigkeit kann alles geschehen, das ist ganz klar. Aber es heißt doch ausdrücklich da, daß NATO jährlich prüft.

Hallstein: Aber das hat nicht die beschränkende Bedeutung, wenn NATO sagen sollte: »Die Deutschen haben jetzt nicht 500 000, sondern 600 000 Mann zu stellen«, dann wird das nur durchgeführt, wenn alle Brüsseler Paktmächte einstimmig sagen: »Jawohl, wir sind einverstanden, daß über die EVG-Grenze hinaus Deutschland jetzt mehr hat.«

Adenauer: Herr Strobel hat ganz recht. Nehmen wir Frankreich. Frankreich wird in der NATO sagen: »Nein, das Minimum für Deutschland bleibt bei 500 000.« – Jetzt sind wir wieder bei den Soldaten. – Was mich eigentlich interessiert von den Soldaten, das sind die Märsche. Die Marschmusik ist eine sehr wichtige Frage. Ich habe die Sache vor mehreren Monaten schon einmal mit musikalischen Sachverständigen besprochen in allem Ernst. Wir wollen doch nicht die Märsche von früher. Den einen oder anderen – ich denke jetzt nicht daran, woran Sie denken.

(*Zuruf:* Deutschmeister-Marsch, Hohenfriedberger Marsch.)

Nein, den habe ich sehr gern, ich meine den von Hitler[36]. Ich habe mich belehren lassen müssen, die österreichischen Märsche sind Marschiermärsche, die deutschen sind Präsentiermärsche. Infolgedessen haben die österreichischen Märsche ein anderes Tempo; das muß man alles lernen.

(Heiterkeit!)

Soldaten werden populär durch eine gute Marschmusik, daran ist nichts zu ändern, das ist nun mal so.

Journalist: Das Problem wird für die neuen Blankschen Soldaten nicht ganz so groß sein, weil sie nicht soviel zu laufen brauchen wie wir.

Adenauer: Sie haben mich ganz falsch verstanden. Ich denke nicht daran, daß die Soldaten mit Musik in die Schlacht gehen, sondern durch den Ort marschieren und ein Konzert geben. Der Grenzschutz war in Honnef – nicht bei mir – und hat ungeheuren Zulauf bei einem Konzert gehabt. Die Leute hören das gern, dann sollen sie auch ein paar gute Märsche hören. Machen Sie mal Vorschläge. Schreiben Sie mal über Marschmusik und über Märsche. – Da sind wir auch schon wieder bei den Soldaten.

Tönnies: Vielleicht kann Herr Blank ein Preisausschreiben starten?

Adenauer: Ein bißchen komisch: Preisausschreiben für die besten Märsche; aber glauben Sie mir, das ist sehr wichtig. – Ein Problem ist noch gar nicht erwähnt worden, über das man auch nachdenken sollte. Wenn alle diese Arbeitskräfte dem Wirtschaftsleben entzogen werden sollten, wo kriegen wir dann die Menschen her zum Arbeiten? Das ist ein sehr wichtiges Problem. Nun will man die Lehrlinge schneller ausbilden. Wir kommen jetzt auch in die schwächeren Geburtsjahrgänge hinein. Das ist ein wirtschaftlich sehr ernstes Problem[37].

Journalist: Dieses Problem würde sich verschärfen, wenn man eine zweijährige Dienstpflicht einführen würde, statt einer einjährigen.

Adenauer: Aber ob man heutzutage mit einem Jahr auskommt? Ich kann es nicht sagen. Es kommt ganz darauf an, bei welcher Waffe einer dient. Eine gewisse Erleichterung ergibt sich, weil viele Leute da so gut technisch ausgebildet werden, daß die Dienstjahre keine Verlustjahre für sie sind.

von Eckardt: Die amerikanische Armee wirbt sehr stark mit diesem Argument, besonders mit großen Plakaten für die Luftwaffe: »Gehe zur Luftwaffe, und du bist in zwei Jahren ein großer Luftfahrttechniker!« Beinahe schneller als in der Lehre.

Journalist: Wieder zur Politik. Es ist immer wieder gesagt worden, daß Mächte, die mit ihrer Wehrmacht so stark verschwistert sind, auch eine gemeinsame Außenpolitik treiben müßten. Sind dazu schon Ansätze gemacht?

Adenauer: Nein, aber das wird ganz von selbst kommen. Es wird ein permanentes Organ geschaffen, da werden alle diese Fragen behandelt werden[38]. Das können Sie nicht wie ein Exerzierreglement so genau vorschreiben, das ergibt sich ganz von selbst aus der gestellten Aufgabe.

Journalist: Werden Sie Herrn Ollenhauer noch vor der außenpolitischen Debatte[39] sehen?

Adenauer: Nein, warum? Ich habe morgen den ganzen Tag Besprechungen mit den Türken[40]. Ich spreche auch wirklich ein bißchen zugedeckt mit Ollenhauer (?). Es hat auch keinen Zweck; Herr Ollenhauer weiß genau das, was alle anderen Herren wissen.

Journalist: Steht das russisch-französische Abkommen von 1944[41] nicht im Widerspruch zum Brüsseler Pakt, wenn die Bundesrepublik dort eintritt?

Adenauer: Offenbar nicht, sonst hätte doch der französische Ministerpräsident gesagt: »Ich kann das nicht unterschreiben.« Ich könnte mich auch fragen, ob der Vertrag von Rapallo[42] noch besteht. Er ist nie gekündigt worden. Die Frage ist also, ob der Vertrag von Rapallo – da wir doch die Persönlichkeit des Reiches fortsetzen – uns daran hindert, in den Brüsseler Pakt einzutreten?

Journalist: Nach französischer Auffassung setzen wir doch das Reich nicht fort?

Adenauer: Na, aber hören Sie mal, was das angeht …

Journalist: Werden gewisse Verträge, die dem Bundestag vorzulegen sind, einer Zweidrittelmehrheit bedürfen?

Adenauer: Mir ist augenblicklich keiner bekannt.

Journalist: Wer sind die drei Staaten, die dem Brüsseler Pakt beitreten wollen?

(Heiterkeit!)

Adenauer: Ich weiß nicht, ob Sie Ihre Zeitungen genau lesen. Sie haben schon etwas über die nordischen Staaten gebracht. Sie haben doch selbst in den Zeitungen geschrieben, daß Norwegen ...

(*Zuruf Hallstein:* Der dritte Mann wird gesucht[43]!)

Journalist: Sollte die Türkei, außer Norwegen und Dänemark, der dritte Mann sein?

Adenauer: Die Türkei? Würde mich sehr freuen. Die Türken sind annehmbare und nette Leute. Aber ich bin überzeugt, es werden noch mehr als drei kommen. Wenn eine Sache einmal soweit ist und wenn Sie sich vorstellen, daß hier England und Frankreich dabei sind und Italien und Deutschland, dann wird jeder dabei sein wollen.

Journalist: Können Sie über Ihre Besprechungen mit den Türken etwas sagen? In der »Kölnischen Rundschau« steht, daß die Türken ein Begehren nach einem größeren Kredit vorgelegt hätten[44].

Adenauer: Die Besprechungen beginnen morgen. Die »Kölnische Rundschau« war prophetisch. Vielleicht gehört nicht viel dazu, um das zu prophezeien. Ich danke Ihnen, meine Herren, daß Sie für unsere türkischen Freunde so gute Worte gefunden haben. Das Verhältnis zwischen Deutschland und der Türkei besteht jetzt seit Jahrzehnten. Denken Sie daran, daß Moltke[45] schon in türkischen Diensten gestanden hat. Denken Sie an von der Goltz-Pascha[46], der jetzt in der türkischen Armee und überhaupt in der Türkei hoch verehrt und geschätzt wird. Die Türkei ist doch ein sehr wichtiger außenpolitischer Faktor. Sie ist ein innenpolitisch ruhiges Land, [es] hat natürlich Schwierigkeiten materieller Art. Dadurch, daß die Türkei auf der einen Seite dem Balkanpakt[47] angehört und auf der anderen Seite den Vertrag mit Pakistan[48] hat, ist die Türkei außenpolitisch ein sehr wichtiger Posten.

Nr. 53
‹25.›[a] Oktober 1954[1]: Kanzler-Tee (Wortprotokoll)
BPA Archiv F 30, mit ms. Vermerk »*Thema:* Pariser Verträge« und Paraphe »Hi[lgendorf]/Ga[lla][2]«

Teilnehmer: Journalisten waren nicht zu ermitteln – Herbert Blankenhorn, Felix von Eckardt, Professor Dr. Wilhelm Grewe, Professor Dr. Walter Hallstein

Beginn: 18.30 Uhr[3]

von Eckardt: Der Herr Bundeskanzler hat, wenn er aus der Fraktionssitzung kommt, nur eine halbe Stunde Zeit. Herr Prof. Grewe hat sich aber für den Komplex Souveränität zur Beantwortung von Fragen zur Verfügung gestellt.

Hallstein: Meine Damen und Herren! Der Herr Bundeskanzler hat mich gebeten, schon zu beginnen, er kommt noch dazu, ist aber im Augenblick noch zurückgehalten. Vielleicht darf ich schon versuchen, Sie in die Gegenstände der Konferenz und den Konferenzverlauf[4] ein wenig einzuführen.

Sie wissen, daß es sich im Grunde nicht um eine Konferenz gehandelt hat, sondern um vier Konferenzen, um deutsch-französische Besprechungen[5], um eine Viererkonferenz[6], um eine Neunmächtekonferenz[7] und um eine Fünfzehnmächtekonferenz, also die Tagung des Atlantikrats, an die sich aus formalen Gründen eine Fünfzehnmächtekonferenz unter Teilnahme des Herrn Bundeskanzlers anschloß, weil bei den Atlantikratsitzungen Nichtmitglieder nicht zugelassen sind[8].

Ich darf beginnen mit der Konferenz zwischen Frankreich und Deutschland, die, wie Sie wissen, am Dienstag nachmittag [19. Oktober 1954] mit einem sehr ‹...›zenden sechsstündigen Gespräch in La-Celle-Saint-Cloud begonnen hat[9], das nicht allein die Saarfrage zum Gegenstand hatte, in dem die Saarfrage aber ein bedeutender Punkt war.

Im ganzen hat sich dieses Gespräch mit der Gesamtheit der deutsch-französischen Beziehungen beschäftigt, wobei die wirtschaftlichen Beziehungen einen gewissen Vorrang hatten. Dieser Teil der Gesamtgespräche ist noch nicht ganz abgeschlossen, es wird darüber morgen eine Verlautbarung in Paris herauskommen[10]. Botschafter von Maltzan[11] ist zur Fortsetzung dieser Gespräche in Paris geblieben.

Es war der Wunsch von Herrn Ministerpräsident Mendès-France, diese Gespräche, an denen von französischer Seite vor allem die handelspoliti-

D i e n s t a g , den 19. Oktober 1954 **62**

8 Uhr 20	Abflug von Flugplatz Wahn nach Paris
10 Uhr 25	Ankunft auf Flugplatz Orly
11 Uhr	Ankunft im Hotel Bristol
11 Uhr 15	Botschafter Hausenstein, St.S.Hallstein, Botschafter Blankenhorn, Herr v. Maltzan
12 Uhr 45	St.S. Hallstein, Botschafter Blankenhorn, Herr v. Maltzan
13 Uhr 30	Mittagessen mit den Herren Hausenstein, Hallstein, Blankenhorn, v. Maltzan
14 Uhr 15	Fahrt nach La Celle St. Cloud
15 Uhr	Besprechung mit Ministerpräsident Mendès France
20 Uhr 30	Abendessen in La Celle St. Cloud
22 Uhr 50	Rückkehr ins Hotel Bristol

Auszug aus dem Besuchsplan (zu Dok. Nr. 53)

61

M i t t w o c h , den 20. Oktober 1954

9 Uhr	St.S. Hallstein, Botschafter Blankenhorn
9 Uhr 15	dazu Professor Grewe und Herr v. Maltzan
10 Uhr 15	dazu Herr Blank und Professor Ophüls (weggegangen Professor Grewe und Herr v. Maltzan)
10 Uhr 45	dazu Herr v. Herwarth
11 Uhr 15	St.S. Hallstein, Herr Blank, Professor Ophüls
11 Uhr 50	dazu Botschafter Blankenhorn
12 Uhr	weggegangen Herr Blank
12 Uhr 20	Abfahrt nach Versailles
13 Uhr 15	Mittagessen im Hotrl Trianon Palace mit den Herren Hausenstein, Hallstein, Blankenhorn, v. Maltzan, v. Herwarth, Ophüls, Thierfelder Lahr
15 Uhr 15	Rückkehr ins Hotel Bristol
16 Uhr 40	St.S. Hallstein, Prof. Grewe
16 Uhr 50	Abfahrt zum Palais Chaillot
17 Uhr	Beginn der Konferenz der 4 Aussenminister
18 Uhr 30 - 19 Uhr 15	Unterredung mit Ministerpräsident Mendès-Fr
19 Uhr 40	Rückkehr ins Hotel
19 Uhr 45	St.S. Hallstein
20 Uhr 15	Abendessen im Restaurant Crémaillère

Auszüge aus dem Besuchsplan (zu Dok. Nr. 53)

D o n n e r s t a g , den 21. Oktober 1954

8 Uhr 40	Botschafter Blankenhorn
9 Uhr 05	Abfahrt zur Botschaft
9 Uhr 15	Besprechung mit den Koalitionsfraktionsvorsitzenden (v. Brentano, Strauss, Dehler, Haasler, v.Merkatz, Gerstenmaier)
11 Uhr	9-Mächte-Konferenz Palais Chaillot
13 Uhr 30	Mittagessen mit den Herren Blank, Speidel, Fett, v. Kielmannsegg, RD Kilb
14 Uhr 45	Abfahrt zum Palais Chaillot -4-Mächte-Konferenz-
16 Uhr	9-Mächte-Konferenz
20 Uhr 30	Abendessen bei Botschafter Hausenstein mit den Koalitionsvertretern
	anschliessend Besprechung mit den Herren der Koalition

59

F r e i t a g , den 22. Oktober 1954

9 Uhr	Botschafter Blankenhorn
9 Uhr 15	Botschafter Blankenhorn und St.S. Hallstein
10 Uhr	Besprechung mit den Hohen Kommissaren im Hotel Bristol, Mr. Rheinstein, Mr. Bothurst, St.S. Hallstein, Dolmetscher Weber, Prof. Grewe
10 Uhr 40	Sir Frederick Hoyer Millar
10 Uhr 50	St.S. Hallstein
11 Uhr	Herr Ollenhauer(in der Botschaft), Herr Wehner, Herr Mommer, Herr C.Schmid
12 Uhr	dazu die Koalitionsvertreter
13 Uhr	Mittagessen im Restaurent Laserre mit den Herren v. Brentano, Strauss, Dehler, Haasle v. Merkatz, Gerstenmaier, Ollenhauer, Wehne Mommer, Schmid, Hallstein, v. Herwarth, Blankenhorn
15 Uhr	4-Mächte-Konferenz im Palais Chaillot
15 Uhr 15	NATO-Konferenz
17 Uhr 30	Besprechung zwischen Herrn Bundeskanzler u Ministerpräsident Mendès France
18 Uhr 15	15-Mächte-Konferenz
19 Uhr 45	St.S. Hallstein, Botschafter Blankenhorn, Herr Thierfelder, Herr Lahr
20 Uhr 30	Abfahrt zu Aussenminister Eden
20 Uhr 45	Abendessen bei Aussenminister Eden

Auszüge aus dem Besuchsplan (zu Dok. Nr. 53)

S a m s t a g , den 23. Oktober 1954

9 Uhr 05	Botschafter Blankenhorn
9 Uhr 35	St.S. Hallstein, Botschafter Blankenhorn
9 Uhr 50	Abfahrt zur Botschaft
10 Uhr	Fraktionsvorsitzenden-Besprechung in der Botschaft
11 Uhr 30	Besprechung mit Ministerpräsident Mendès-France im Palais Matignon
13 Uhr 30	Frühstück bei Ministerpräsident Mendès-France im Palais Matignon
15 Uhr 30	Unterzeichnung der Verträge im Quai d'Orsay
16 Uhr 30	Unterzeichnung des Saarabkommens im Zimmer Ministerpräsident Mendès-France
X 17 Uhr	Pressekonferenz im Hotel Bristol
17 Uhr 20	Besuch bei Ministerpräsident Marshall Papagos
17 Uhr 45	St.S. Hallstein
17 Uhr 50	dazu Albert Müller -Neue Züricher Zeitung-
18 Uhr 10	Abfahrt vom Hotel Bristol
18 Uhr 50	Abflug vom Flugplatz Orly
20 Uhr	Ankunft auf Flugplatz Wahn

sche Abteilung des Quai d'Orsay teilgenommen hat, noch etwas auszudehnen. Es war die Absicht der beiden Regierungschefs, insbesondere die Saarfrage nicht als alleinigen Gegenstand dieser deutsch-französischen Gespräche aufzufassen, sondern sie einzubetten in die Gesamtheit der Beziehungen, wobei – ich darf das zur Illustration der Gespräche über den wirtschaftlichen Teil sagen – die konkreten Ziele, die dabei ins Auge gefaßt wurden, vornehmlich eine Stabilisierung der deutsch-französischen Wirtschaftsbeziehungen waren[12].
Die deutsch-französischen Wirtschaftsbeziehungen sind ja an sich, wie Sie wissen, volumenmäßig hervorragend. Wenn ich die Zahl richtig behalten habe, beträgt das Gesamtvolumen 3 Milliarden DM. Wir sind der größte Abnehmer Frankreichs, und wir sind der zweitgrößte Importeur nach Frankreich. Diese Beziehungen spielen also auch in unserer Außenhandelspolitik eine hervorragende Rolle. Die Ordnung dieser Beziehungen geschieht jetzt im Rahmen recht kurzfristiger Handelsvertragsabkommen[13]. Die Verhandlungen laufen fast permanent, sie erneuern sich unablässig, infolgedessen ist also von einer sehr stabilen Situation nicht die Rede. Es war ein Gedanke des Herrn Bundeskanzlers, den er in persönlichen Besprechungen mit Herrn Mendès-France in Brüssel erörtert hatte – Sie erinnern sich, am letzten Tag nach Abschluß der Brüsseler Konferenz[14] –, ob man hier nicht zu einer Verständigung durch einen langfristigen Vertrag gelangen könne. Dieser Gedanke hat sehr den Beifall von Herrn Mendès-France gefunden.
Sie wissen ja, daß er an wirtschaftspolitischen Dingen hervorragend interessiert ist; die Wirtschaftspolitik ist sein Hauptinteressengebiet, und man spricht jetzt darüber, ob es möglich ist, Verhandlungen über den Abschluß eines etwa dreijährigen Handelsvertrages zu beginnen. Das ist in der älteren Geschichte der Handelsverträge nichts Besonderes, [man] ist aber in der neueren Praxis etwas [davon] abgekommen. Ein solches Vertragswerk kann natürlich auch politisch sehr viel Gutes tun, weil es eine starke, feste und sichere Gewöhnung der wirtschaftlich tragenden Kreise am Wirtschaftsverkehr mit dem anderen Gebiet schafft und sich (...)
Dann hat man auch über kulturelle Fragen gesprochen, sogar recht eingehend, und hat überlegt, ob es nicht gut ist, diese kulturellen Fragen organisatorisch dadurch zu stützen, daß man – und jetzt wähle ich einmal willkürliche Bezeichnungen – eine Art von deutsch-französischer Kultursenat, eine deutsche-französische Akademie schafft, also eine Institution, die sich ständig um die Förderung kultureller Kooperation auf allen Gebieten kümmert, d.h. auf den Gebieten des Austausches von Studenten, von Schülern, von jungen Arbeitern, von Handwerkern, von

Dozenten und Professoren bei gemeinsamen kulturellen Unternehmungen. Herr Mendès-France hat einmal in einem Gespräch das Wort hingeworfen, das recht bezeichnend ist, das Wort von einer Art deutsch-französischer UNESCO, also keiner Akademie in dem Sinne, daß Kulturschaffende – erlauben Sie mir, dieses Wort zu benutzen – darin tätig sind, sondern daß sie qualitativ sehr vorzüglich zusammengesetzt ist, von der man laufend Anregungen über die kulturelle Zusammenarbeit erwarten kann.

Eine gewisse Krönung hat dieser kulturelle Teil dadurch gefunden, daß vorgestern auch das deutsch-französische Kulturabkommen am Quai d'Orsay unterschrieben worden ist[15]. Das ist ein Abkommen, das lange verhandelt wurde. Die Verhandlungen haben sich etwa zwei Jahre hingezogen. Man war fast fertig und hatte schon den Gedanken einer Institution, einer Art Kulturbeirat für die Selbstverwaltungsorganisation der Kultur, mitaufgenommen.

Ebenso sind zwei Verträge unterzeichnet worden, die für den Abschluß reif waren: ein Abkommen über die Kriegsgräberfürsorge[16] und ein Abkommen über die französischen Deportierten[17].

Das Kernstück der Gespräche waren natürlich die Verhandlungen über das Saarproblem. Ich möchte darüber eigentlich keine Ausführungen machen, weil ich annehme, daß der Herr Bundeskanzler den Wunsch hat, Ihnen seine Auffassung über das Saarabkommen[18] klarzumachen. Aber wenn der Herr Bundeskanzler noch länger zurückgehalten werden sollte, bin ich bereit, auch darüber zu sprechen.

Die Viermächtekonferenz hat die Einigung und den formalen Vollzug dieser Einigung über die Beendigung des Besatzungsstatuts gebracht. Charakteristischerweise hat das Mantelabkommen, das eine ganze Reihe von Dokumenten zusammenfaßt, den Titel »Abkommen[19] über die Beendigung des Besatzungsregimes in Deutschland«[20].

Hier war ein besonders wichtiger Punkt die künftige Stellung der Truppen in Deutschland. Diese Truppen sind künftig Verteidigungstruppen. Eine gewisse Mühe hat das Problem der Rechtsgrundlage für die Stationierung dieser Truppen gemacht[21]. Ich glaube und hoffe, Herr Prof. Grewe wird mich nicht korrigieren, wenn ich sage, man kann in einer vielleicht etwas vereinfachten Form die Lösung, die schließlich aus diesen Verhandlungen herausgesprungen ist, so zusammenfassen, daß man sagt: Im Verhältnis zwischen den drei stationierenden Mächten und der Bundesrepublik gilt die Vertragsgrundlage im Verhältnis zur Sowjetunion[22]. Das war sehr wichtig für eine Fülle von Fragen, die mit der Wiedervereinigung zusammenhängen. Im Verhältnis zur Sowjetunion

bleibt die Viermächtebasis, das Recht der Alliierten, Truppen zu halten, unberührt. Das ist der Gegenstand einer Verhandlung gewesen, die auf der nächsten Ebene in Paris stattgefunden hat.
Die lösende Formel ist dann schließlich dem Einfallsreichtum von John Foster Dulles zu verdanken gewesen, der hier eine beachtliche Fähigkeit auch an juristischer Erfindungsgabe an den Tag gelegt hat. Der Kernsatz dieses Teils des Abkommens ist der Satz, daß der Bundesrepublik »die volle Macht eines souveränen Staates über ihre inneren und äußeren Angelegenheiten« zusteht[23]. Ich bitte Sie, diese Formel zu beachten. Sie unterscheidet sich auch für den oberflächlichen Leser sichtbar von der Formel, die noch im Bonner Vertrag stand, wo es ja nur hieß »volle Macht[24]«, wo es aber nach einem langen Kampf nicht dazu gekommen ist, das Wort »Souveränität« in die rechtliche Regelung mit einzubauen. Hier gelten lediglich der Berliner Vorbehalt und der gesamtdeutsche Vorbehalt, aus genau denselben Gründen, aus denen diese Vorbehalte schon im Bonner Vertrag gemacht worden waren. Diese Gründe haben nichts an ihrer Bedeutung verloren im Hinblick auf die Wiedervereinigung Deutschlands[25].
Weggefallen ist der Notstandsartikel, Artikel 5[26], an den Sie sich erinnern, der ja in der kritischen Beleuchtung des Bonner Vertrags eine besondere Rolle gespielt hatte. Der sofortige und ersatzlose Wegfall würde freilich ein Vakuum zur Folge gehabt haben, da ja, wie Sie wissen, eine Notstandsklausel in unserem eigenen Gesetz nicht vorgesehen ist[27]. Man hat infolgedessen den Ausweg gefunden, daß man Notstandsrechte, aber sehr viel weniger formulierte und weniger gewichtige als im Bonner Vertrag, vorbehalten hat bis zu dem Zeitpunkt, zu dem der deutsche Verfassungsgesetzgeber selbst durch Ergänzung des Grundgesetzes das Problem des Notstandes geregelt hat[28]. Alle wesentlichen Gesetze oder Verfassungsordnungen enthalten für Krisenfälle solche Notstandsbefugnisse. Wir brauchen sie auch, und es ist eine ausgesprochene Lücke in unserem Grundgesetz, daß wir sie bisher nicht hatten, eine Lücke, die nur dadurch erträglich gemacht wurde, daß die oberste Gewalt im Notfall Notstandsbefugnisse von den Besatzungsmächten ableiten konnte. Der Fall ist Gott sei Dank nicht eingetreten, auch nicht für die Bundesregierung. Wenn diese oberste Besatzungsgewalt wegfällt, bedarf sie eines Ersatzes. So verzahnt sich das ineinander.
Als letztes möchte ich zu diesem Komplex noch sagen, daß der Truppenvertrag[29] ein Vertrag sein soll nach dem allgemeinen Schema für NATO-Truppen[30], wobei natürlich der besonderen Lage in Deutschland Rechnung getragen werden muß, aber dieser besonderen Lage wird nicht

mehr Rechnung getragen, als ihr auch in jedem anderen Falle gegenüber einem NATO-Mitgliedsstaat Rechnung getragen werden mußte. Diese Besonderheit besteht in zwei Dingen: in der besonderen Frontnähe der Truppen, die hier stationiert sind, und in der Tatsache, daß sehr große geschlossene Verbände auf deutschem Boden sind. Die tatsächliche Stellung von Verteidigungstruppen in NATO-Ländern, und zwar in anderen Ländern als in ihren Heimatländern, ist deshalb sehr verschieden, weil der Charakter dieser Einheiten, die sich in fremden Ländern befinden, sehr unterschiedlich ist.

Die Verhandlungen über eine Adaptierung, einen dem NATO-Modell entsprechenden Truppenvertrag, sollen sehr bald beginnen und in einem Stil geführt werden, der es möglich macht, diesen künftigen Truppenvertrag für die Stationierung der Truppen in Deutschland als Modell für alle Fälle innerhalb der NATO gelten zu lassen. Ich erwähne das deshalb, weil diese Frage bei den Bonner Gesprächen[31] eine große Rolle gespielt hat, indem man oft sagte, daß die Behandlung, die den Truppen der alliierten Mächte in Deutschland zuteil geworden ist, etwas für Deutschland Diskriminierendes habe. Das wird man von dem abzuschließenden Truppenvertrag nach den Verständigungen über seinen Inhalt keinesfalls mehr sagen können.

Der dritte Komplex sind die Fragen, die auf der Neunmächtekonferenz erörtert worden sind: Stichwort Brüsseler Pakt[32] oder, wie es jetzt heißt, Westeuropäische Union[33]. Die Formulierung Westeuropäische Union – das ist ausdrücklich zur Sprache gekommen – soll nicht etwa eine prinzipielle Beschränkung auf bestimmte Länder bedeuten. Sie wissen, daß gewisse Diskussionen auch in der Presse schon geführt worden sind über eine Vermehrung der Mitgliederzahl[34]; darüber ist natürlich nicht gesprochen worden; aber es ist gesagt worden, daß das keine geographische Engherzigkeit zum Ausdruck bringen soll. Die Westeuropäische Union wird ihren Sitz in London haben. Geregelt ist auch die Frage des kleinen Parlaments[35], mit dem sie ausgerüstet sein soll, das, wie Sie wissen, keine sehr großen Befugnisse hat. Es ist nur ein Organ, das Berichte entgegennimmt. Aber immerhin: es ist der Ansatz einer organisierten politischen öffentlichen Meinung in den Ländern der Westeuropäischen Union. Ein Interimsausschuß, der schon die künftigen Mitglieder Deutschland und Italien einschließt, wird sofort in London die Arbeit aufnehmen.

Zwei Sonderprobleme haben im Rahmen dieser Beratungen eine Rolle gespielt, wie schon im Rahmen der Beratungen der Londoner Konferenz. Das eine ist die Rüstungskontrolle, das andere ist der Rüstungspool. Die

Rüstungskontrolle[36] kennen Sie schon aus den Londoner Texten. Das Problem – ich brauche es nicht im einzelnen zu beschreiben – ist auf der Grundlage der Expertenarbeiten, die in den 14 Tagen dazwischen stattgefunden haben, jetzt auch organisatorisch verarbeitet in der Weise, daß eine Art Satzung für das Rüstungskontrollamt[37] geschaffen worden ist.

Bei der Erörterung der Einzelheiten dieser Satzung für das Rüstungskontrollamt, also des Organisationsstatuts, hat über die Expertenberatung hinaus – die haben ja für diesen Komplex in London stattgefunden – eine Frage noch Anlaß zu längerer Debatte auf Ministerebene gegeben. Das ist die Frage der Wahl des Vorsitzenden, des Präsidenten[38] dieses westeuropäischen Rüstungskontrollamtes. Man hat sich gefragt, wie man die politische Unabhängigkeit dieses Mannes am besten sicherstellen kann. Es ist dann im wesentlichen ein Vorschlag angenommen worden, den der Herr Bundeskanzler gemacht hat auf der Grundlage von Anregungen und Ausführungen, die Herr Spaak vorher gemacht hatte, nämlich: Wahl dieses Leiters des Rüstungskontrollamtes auf fünf Jahre und keine Wiederwählbarkeit[39]. Es liegt auf der Hand, worin der Vorzug dieser Lösung besteht. Der Leiter dieser Rüstungskontrolle, der vielleicht versucht sein könnte, sich durch eine einseitige Politik die Stimmen für eine Wiederwahl zu beschaffen, wenn er mit Mehrheit wiedergewählt werden könnte, kann dies nun nicht. Er weiß genau, daß seine Zeit in fünf Jahren vorbei ist, und er kann seine Politik niemandem zu Leide und niemandem zur Freude führen.

Was den Rüstungspool anlangt, so ist bekannt, daß der französische Regierungschef hier durch seine parlamentarische Situation sehr stark gedrängt war, wie auf den früheren Konferenzen, so auch hier wieder Ergebnise zu erzielen. Nach einer längeren Aussprache ist das Ergebnis das gewesen, daß man sich über die Prozedur der Beratungen dieses Rüstungspools geeinigt hat[40], und zwar in einem dem französischen Standpunkt günstigeren Sinne, als das in London der Fall gewesen war. Eine Beratung wird in einer Studiengruppe spätestens am 17.Januar [1955] in einer Weise beginnen, die noch nicht die Regierungen politisch engagiert.

Mit diesem 17.Januar hat es folgendes auf sich: Bei einigen Delegationen hat die Frage eine Rolle gespielt: Wird man dadurch, daß man zu früh mit diesen Beratungen beginnt, nicht vielleicht in den Schatten einer französischen Parlamentsdebatte geraten? Das wollte man nicht. Da aber nach den Berechnungen, die die französische Regierung selbst in der Konferenz über die parlamentarische Verabschiedung des Vertragswerks

vorgelegt hatte, damit zu rechnen ist, daß bis Mitte Januar die wesentlichen parlamentarischen Entscheidungen gefallen sein werden, hat man sich schließlich gesagt, gut, von dann an besteht keine Gefahr mehr, daß die sachlichen Überlegungen des Rüstungspools etwa verwischt werden mit den taktischen Überlegungen der Debatte im französischen Parlament. So ist der Termin auf den 17. Januar verlegt worden. – Sie kennen das Problem des Rüstungspools: Wie kann man die Rüstungswirtschaft im großen Stil organisieren, für eine Standardisierung Vorsorge treffen, für eine Serienherstellung, die auch billiger ist, und wie kann man es fördern, daß in der Rüstungswirtschaft gemeinsame Unternehmen geschaffen und betrieben werden[41]?
Die Sitzung des Atlantikrats[42] war eine Mammutsitzung in diesem sehr unschönen riesigen Saal im Palais Chaillot, das Gott sei Dank – das sage ich nur wegen der Architektur – in sechs Monaten abgerissen wird. Der Herr Bundeskanzler wurde sofort [hin]zugezogen, obwohl noch nicht einmal über unsere Einladung Beschluß gefaßt war[43]. Dort ist im wesentlichen von Sir Anthony Eden als dem Vorsitzenden der Viermächtekonferenz wie der Neunmächtekonferenz das Ergebnis dieser Konferenzen vorgetragen und begründet worden. Dann ist zu der Frage des Beitritts der Bundesrepublik gesprochen worden.
[Bei] diesem abschließenden Vorgang hat eine außerordentlich freundliche Atmosphäre uns gegenüber geherrscht. Das Ergebnis ist eine quantitative Illustrierung dessen, was in Paris geleistet worden ist. Im ganzen sind 12 Komplexe verabschiedet worden: das Protokoll über die Beendigung des Besatzungsregimes in der Bundesrepublik[44]; ein Vertrag über den Aufenthalt fremder Streitkräfte in der Bundesrepublik[45]; ein Briefwechsel zu diesen beiden Punkten[46], also zum Besatzungsstatutbeendigungsprotokoll und zum Vertrag über den Aufenthalt fremder Truppen in der Bundesrepublik. Ich glaube, es sind etwa 30 Briefe gewesen, die unterschrieben worden sind, und dazu kam noch ein Mantelbrief, der alle die Briefe wiederholt, die schon bei Abschluß der Bonner Verträge gewechselt worden waren; das waren, glaube ich, 80.

(*Grewe:* Es sind nicht alle bestätigt worden!)

Also jedenfalls eine ganze Anzahl von Unterschriften mußte noch geleistet werden. Als viertes wurde das Anwendungsprotokoll zum Brüsseler Pakt verabschiedet, mit dem diesem seine Spitze gegen Deutschland genommen wird und in dem die neuen Mitglieder dort aufgenommen werden[47]; weiter das Protokoll über die Streitkräfte der Westeuropäischen Union[48]; ferner das Protokoll über die Rüstungskontrolle[49] mit der Satzung für das Rüstungskontrollamt der Westeuropäischen Union[50];

dann das Protokoll über den Beitritt der Bundesrepublik zur NATO[51]; schließlich die bilateralen Dinge, also das deutsch-französische Grundsatzabkommen zur Lösung der Saarfrage[52]; das deutsch-französische Kulturabkommen[53] und die beiden Abkommen, die ich vorhin erwähnte, das Kriegsgräberabkommen[54] und das deutsch-französische Deportiertenabkommen[55].

(*Zuruf:* Die Saar bleibt übrig!)

Ich darf noch folgendes sagen, damit wir den richtigen Standpunkt bekommen zur Würdigung des Saarabkommens[56]. Man kann ihn nur bekommen, wenn man dieses Abkommen sieht in der Kette der Versuche, dieses dornige Problem, das das Verhältnis zwischen Frankreich und Deutschland seit dem Ende des Krieges belastet, aus dem Wege zu räumen. Wenn man die richtige Basis für die Bewertung dieses jetzigen Grundsatzakkords gewinnen will, ist es, glaube ich, nützlich, die Sache zu vergleichen mit dem Van-Naters-Plan[57], so wie er sich noch in der Straßburger Absprache dargestellt hat, die ja seit geraumer Zeit kein Geheimnis mehr ist.

Ich möchte folgende Dinge, die für die Bewertung wichtig sind, vorweg vorausstellen: Einmal, daß dieses Abkommen keinen Verzicht darstellt auf den Rechtsanspruch Deutschlands in bezug auf die Saar. Das war ein wichtiger und viele Mühe und viel Zeit erfordernder Gegenstand der Gespräche, ob diese Lösung definitiv sein sollte oder nicht. Sie wissen ja, daß eine gewisse Krisensituation eine geraume Zeit bestanden hat. Sie ist vornehmlich an diesem Punkt entstanden. Der Text des Saarabkommens liegt Ihnen inzwischen vor. Sie werden das an all den Stellen finden, an denen das Wort »Friedensvertrag« vorkommt. Es ist ausdrücklich gesagt, daß diese Lösung nur bis zum Friedensvertrag gilt. Alle Bindungen, die sie enthält, beziehen sich also nur auf den provisorischen Zeitraum zwischen jetzt und dem Friedensvertrag. Denn in diesem Zeitpunkt hat der Bundeskanzler nicht nachgegeben, trotz einer so starken Insinuierung der anderen Seite. Die Endlösung kann nur durch einen Friedensvertrag geschehen.

Das zweite ist, daß der Status quo nicht anerkannt [worden] ist. Wenn Sie die gegenwärtige Lage, die ja von uns gesehen eine faktische Lage an der Saar ist, vergleichen mit dem, was dieses Grundsatzabkommen enthält, werden Sie sehen, daß sich hier eine bemerkenswerte Entwicklung niedergeschlagen hat. Sie sehen das in den Wirtschaftsbestimmungen – ich möchte das jetzt nur andeuten, ich komme noch darauf zurück –, Sie sehen es auch in den politischen Bestimmungen, Sie sehen es vor allem darin, daß die so lange strittigen Freiheitsrechte an der Saar hergestellt sind; das ist der Inhalt der Ziffer 6 des Abkommens.

Dann kommt ein sehr wichtiger Punkt, wegen dem ich Sie vor allem gebeten habe, die jetzige Lösung mit den vorhergehenden Lösungen zu vergleichen. Sie erinnern sich, daß in der letzten Phase, als man noch mit der Herstellung einer Europäischen Politischen Gemeinschaft rechnete ...

(Mit dem Erscheinen des Bundeskanzlers unterbricht Prof. Hallstein seine Ausführungen.)

Adenauer: Ich bin etwas überlastet und weiß nicht, was hier vorhergegangen ist. Ich halte es für falsch, nun jetzt von der ganzen Pariser Konferenz nur die Saarfrage herauszunehmen. Bisher neigt unsere deutsche Presse doch dazu, das alles zu sehen unter dem Gesichtspunkt: Wie ist die Saar? Ich möchte Ihnen folgendes sagen: Wenn entweder wir nicht unterschrieben hätten und die Frage wäre gestellt worden, ob man es verantworten könnte, zu unterschreiben das Ganze, nicht nur die Saargeschichte, oder wenn Mendès-France nicht unterschrieben hätte, und die Frage stellt sich auch da, dann versichere ich Ihnen, meine Damen und Herren, war die große Wahrscheinlichkeit die, daß die Saar zu Frankreich im Laufe der Entwicklung gekommen wäre oder zu Rußland und wir damit auch. Ich meine, bei der Beurteilung der Regelung an der Saar sollten wir doch wirklich niemals vergessen, in welcher Situation wir denn dort gestanden haben bis zu dem Augenblick am Samstag nachmittag [23. Oktober 1954], wo die Unterschriften unter die Verträge gesetzt waren.

Es gibt immer noch Leute, die glauben, es wäre den Vereinigten Staaten mit ihrer Drohung, ihre Europapolitik zu ändern, nicht ernst gewesen[58]. Nun, ich versichere Ihnen, es war ihnen bitterer Ernst, und die Gefahr war ungeheuer groß nach dem 30. August [1954], nach der Abstimmung in der französischen Nationalversammlung[59], daß sich ihre Politik änderte.

Nun muß ich ein Wort zugunsten von Mendès-France sagen. Er ist ja nicht derjenige gewesen, der mit den europäischen Fragen und [der] Europäischen Verteidigungsgemeinschaft die Frage einer Verständigung an der Saar zusammengekoppelt hat. Das sind vorher Herr Schuman und Herr Bidault gewesen. Das muß man zugunsten von Herrn Mendès-France einmal sagen, so daß Herr Mendès-France gar nicht anders konnte, wenn er sich nicht in seinem Parlament den größten Vorwürfen ausgesetzt hätte sehen wollen, und darum ein gewisses Recht hatte, auch seinerseits die Saarfrage mit dieser ganzen Geschichte zu verbinden[60]. Innerpolitisch stellt es sich doch wirklich so [dar], daß juristische Spekulationen hier und da am Platze sind, aber die Realität ist das Entscheidende, und die Realität ist, daß wenn eine Lösung der Saarfrage nicht gekommen wäre, mit großer Wahrscheinlichkeit Sowjetrußland einen neuen Triumph davon getragen hätte. Dann hätte sich zum zweitenmal gezeigt, wie schon bei der EVG, daß die freien Völker eben nicht zusammenfinden können. Ich glaube, so sollte man die Saarfrage in erster Linie betrachten.

Dann zu der Frage: europäische Lösung oder nicht? Ach, es klingt wohl etwas frivol, wenn ich sage, das sind Worte. Nehmen Sie es doch wie Sie es wollen, ich bin sogar dafür, es europäische Lösung zu nennen. Unsere Absicht ist doch, zur Integration Europas zu kommen, und jedes Werk, das wir tun, das als Wort dabei das Wort »europäisch« hat, bringt uns bald ein kleines, bald ein großes Stück weiter. Und Herr Mendès-France hat in der Unterredung, die wir gehabt haben[61], mit großer Energie gesagt, es wäre falsch, wenn wir annehmen würden, daß durch das Scheitern der Europäischen Verteidigungsgemeinschaft sich gezeigt habe, daß der Gedanke einer europäischen Integration in Frankreich nicht lebendig und stark sei, er sei lebendig und stark, und daher glaube ich, daß das alles keine Rolle spielt.

Aber nun zu der Frage selbst, wie ich sie sehe und betrachte. Der wichtigste Artikel – jetzt muß ich Sie bitten, ist hier inländische Presse oder

(*Zuruf:* Deutsche Presse!)

ich möchte Herrn Mendès-France keine Ungelegenheiten bereiten, deshalb schreiben Sie nicht zu [un]günstig von ihm. Der wichtigste Artikel ist der Artikel 9, und der Artikel 9 sagt klar und deutlich folgendes: »Bestimmungen im Friedensvertrag über die Saar unterliegen im Wege der Volksbefragung der Billigung durch die Saarbevölkerung; sie muß sich hierbei ohne irgendwelche Beschränkungen aussprechen können.« D. h., meine Damen und Herren, »in einem Friedensvertrag«, ich nehme an, daß Herr Staatssekretär Hallstein ..., so heißt es genau und nicht, wie fälschlich behauptet worden ist »in einem Friedensvertrag des wiedervereinigten Deutschland mit den Vier«, sondern es heißt »in einem Friedensvertrag«, wenn darin Bestimmungen über die Saar getroffen werden, die der Saarbevölkerung nicht passen, daß dann der Wille der Saarbevölkerung entscheidend ist, und für die Friedensvertragsverhandlungen besteht ein Abkommen seit 1946 zwischen den Vereinigten Staaten, Großbritannien und Frankreich[62], in dem sich Großbritannien und die Vereinigten Staaten verpflichteten, die Wünsche Frankreichs bezüglich der Saar im Friedensvertrag zu unterstützen, so daß also in jedem Falle die Bundesrepublik bei solchen Friedensverhandlungen sich bezüglich der Bestimmungen über die Saar einer geschlossenen Front der drei anderen gegenüber sah.

Und nun ist da hinzugekommen, daß die Saarbevölkerung selbst dabei entscheidet. Das ist doch ein so ungeheurer Vorteil, das muß man doch sehen. Und weiter an der Spitze des Ganzen steht, daß die politischen Freiheiten wiederhergestellt werden; Parteien, Presse, Versammlungen usw. bedürfen keiner Genehmigung mehr, und drei Monate, nachdem das geschehen ist, und das ist, wonach die Saar sich selbst mit Recht gesehnt hat, nachdem die jetzigen Knebelungen verschwunden sind, stimmen die Leute an der Saar ab, ob sie dieses Statut haben wollen oder nicht. Nach weiteren drei Monaten, wenn sie sagen ja, kommen die freien Landtagswahlen, es kommt dann eine Regierung, die sich auf einen frei gewählten Landtag stützt, und dann ist die Saar in ihren Maßnahmen frei, so daß wir also zweierlei berücksichtigen müssen: Einmal, am Ende entscheidet die Saar selbst, und zwar unabhängig, d. h. im Friedensvertrag, und zweitens, am Anfang ist der Modus vivendi, den wir jetzt schaffen wollen bis zum Friedensvertrag, daß sie die Wiederherstellung ihrer politischen Freiheiten hat. Das sind doch wirklich gewichtige Gesichtspunkte im Sinne der Saarbevölkerung.

Es sind auch noch eine ganze Reihe anderer Punkte, die vielleicht gelegentlich einmal in Ruhe durchgelesen werden sollten. Wir haben das Recht bekommen, in dem Artikel XI steht das: »Die beiden Regierungen werden gemeinsam alle Anstrengungen machen, die notwendig sind, um der saarländischen Wirtschaft Entwicklungsmöglichkeiten in weitestem Umfange zu geben.« D. h., wir können gegen eine Vernachlässigung der Bergwerke usw. Einspruch erheben und verlangen, daß das geändert wird. Es ist also keine Verelendung der Saar mehr möglich durch Raubbau in den Bergwerken. Ich weiß nicht, ob Sie gesehen haben, daß die Sequestrationen aufgehoben werden[63], es werden also auch deutsche Bankleute das Recht haben, sich dort niederzulassen.

Ich möchte nicht zuviel von der Saar jetzt sprechen, weil ich dabei fürchte, Ihre Aufmerksamkeit abzulenken von der Größe der anderen Ereignisse, einmal von der Tatsache, daß die Bundesrepublik neun Jahre nach diesem Zusammenbruch nun in die NATO aufgenommen wurde, und zwar mit warmem Herzen seitens der anderen, mit wirklich warmem Herzen in die größte Allianz, die die Weltgeschichte je gesehen hat, daß wir unsere Freiheit wiederbekommen, und zwar in stärkerem Maße als das im Bonner Vertrag[64] vorgesehen war.

Ich höre soeben, daß [der] Abg[eordnete] Wehner im Rundfunk gesagt hat[65], einer der größten Mängel sei, daß die im Bonner Vertrag vorgesehenen Abreden, wonach es Ziel der gemeinsamen Politik sei der Drei, die Wiedervereinigung Deutschlands in Frieden und Freiheit herbeizu-

führen [...] Ich freue mich darüber, daß ein so führender sozialdemokratischer Abgeordneter diese Bestimmungen des Bonner Vertrages so hoch bewertet. Es ist immer so der Fall gewesen, und es ist auch in London[66] ausdrücklich aufrechterhalten worden, so daß eigentlich der Forderung des Herrn Wehner in vollem Umfange Rechnung getragen wird.
Sie können sich nicht vorstellen, welches Gefühl der Erleichterung alle Staatsmänner, die in Paris versammelt waren, hatten, daß nun endlich die Einheit des Westens, der freien Völker des Westens, wiederhergestellt worden war, nachdem im August diese Katastrophe über uns hereingebrochen war[67], und daß nun, meine Damen und Herren, wirklich der Anfang gemacht worden ist, daß Frankreich und Deutschland, ich will nicht übertreiben und nicht sagen, Hand in Hand, aber doch Schulter an Schulter Politik treiben und Wirtschaft und daß dadurch in beiden Ländern, aber auch in den anderen europäischen Ländern eine ganz andere Stärke, politische und wirtschaftliche Stärke, erwachsen wird, als in diesem Europa jetzt. So möchte ich bitten, die Sache anzusehen.
Ich bin nun verurteilt, noch im Rundfunk zu sprechen[68], ich weiß noch nicht was, und ich muß morgen früh um 7 Uhr nach Amerika abreisen[69].

Journalist: Was ist mit der Sowjetnote[70]?

Adenauer: Die Sowjetnote muß natürlich genau analysiert werden. Es scheint aber, daß wesentliche Änderungen nicht vorhanden sind. Nur eine Feststellung ist darin getroffen, die doch bemerkenswert ist. Ich weiß nicht, ob Sie sich beim Durchlesen ... es heißt darin: »Die in der Note der Westmächte vom 10. September enthaltenen Versuche, die Schaffung dieses Blocks (das ist der Atlantikpakt!) mit dem Hinweis auf das Bestehen einer stark bewaffneten sowjetischen Gruppierung in Osteuropa zu rechtfertigen, sind völlig haltlos, da es in Wirklichkeit eine Gruppierung dieser Art nicht gibt.«
Also daraus ersehen Sie, wie die Russen die Welt ansehen; der Westen ist offensiv, und sie sind harmlose Lämmer, sie haben überhaupt keine Gruppierung! Aber dieser Satz ist bezeichnend doch für den Standpunkt, von dem aus die Sowjetunion alles betrachtet. Ich finde die Note eigentlich noch etwas schwach, ich nehme an, es kommt noch mehr[71]. Sie kam auch zu spät in Paris, es war schon unterzeichnet, vielleicht war sie noch als Störfeuer für das Parlament gedacht ...

Journalist: Ist nicht doch das Neue an dieser Note das Angebot, nach Abzug aller Besatzungstruppen die Polizeikräfte genau zu vergleichen und zu kontrollieren? Ist das nicht ein neuer Gesichtspunkt?

Adenauer: Wir analysieren gerade zur Zeit die Note, aber ich mache Sie darauf aufmerksam, daß nicht neu ist der Gedanke, alle Besatzungstruppen sollen verschwinden, wobei sie (die Russen) natürlich in Polen stehenbleiben können, und ich darf Sie darauf aufmerksam machen, daß in den Satellitenstaaten 60 bis 70 Divisionen voll aufgerüstet stehenbleiben, während die Amerikaner nicht etwa in Frankreich sich aufstellen, sondern nach Hause gehen wollen. Das ist ja die sowjetische Politik: Amerika weg aus Europa.

Hallstein: Molotow hat ja nicht von Abzug, sondern von Verminderung der Truppen gesprochen[72].

Adenauer: Aber ich nehme an, daß das noch analysiert werden wird, Herr Blankenhorn? Da kann man vielleicht doch noch eine Besprechung mit der Presse abhalten. Herr Hallstein meint, ich könne jetzt gehen, das will ich auch tun.

Bildteil

oben: Bei einem Presseempfang, neben Adenauer Heinrich Brand (1950)
unten: Mit Jakob Kaiser und Irnfried Freiherr von Wechmar

Wilhelm und Margot Hausenstein

Mit Herbert Blankenhorn

Beim Spaziergang mit André François-Poncet
durch Paris (11. April 1951)

oben: Rückkehr von einer Paris-Reise, im Hintergrund Max Schulze-Vorberg
unten: Presse-Empfang

oben: Bei der Unterzeichnung des EGKS-Vertrags
in Paris (18. April 1951)
unten: Mit Herbert Morrison in Straßburg (6. August 1951)

oben: Mit André François-Poncet, John McCloy und Walter Hallstein (24. September 1951)
unten: Während eines Besuchs in Großbritannien

oben: Mit Vertretern des DGB auf dem Bürgenstock (8. August 1951)
unten: Mit Werner Krueger

oben: Mit Hilde Bogner und Erich Wagner
unten: mit Carl Otto Lenz und Walter Hallstein

Fritz
Brühl

Ludwig
von Danwitz

Ernst
Friedlaender

Hugo
Grüssen

Bjørn
Heimar

Wilhelm
Papenhoff

Alfred
Rapp

Franz
Rodens

Stéphane
Roussel

Max
Schnetzer

Robert
Strobel

Richard
Thilenius

Norbert
Tönnies

Frank
Vogl

Adam
Vollhardt

August
Wegener

Hans
Wendt

Ulrich
Wirth

Cyrus Leo
Sulzberger

Mit General Brian Hubert Robertson

Ivone
Kirkpatrick

Carlo
Schmid

Kurt
Schumacher

Mit Erich Ollenhauer

oben: Mit Anthony Eden, Dean Acheson und Robert Schuman
(24.–26. Mai 1952)

links: Abschiedsbesuch von General Dwight D. Eisenhower (2. Mai 1952)

oben: Bei der Übergabe des Satzungsentwurfs für eine Europäische Politische Gemeinschaft durch die Ad-hoc-Kommission an die Außenminister der EGKS-Staaten in Straßburg (9. März 1953)
unten: Mit Walter Hallstein und Felix von Eckardt während der Außenminister-Konferenz in Paris (12./13. Mai 1953)

oben: Bei einer Pressekonferenz während der Londoner Konferenz
(27. September – 3. Oktober 1954)
unten: Mit Anthony Eden, Pierre Mendès-France und Lester Pearson

Mit John Foster Dulles und Dolmetscher Heinz Weher

Mit Struve Hensel, Livingstone Merchant, Walter Hallstein,
John Foster Dulles und Robert Bowie.

Sitzung des Kabinetts (1954)

Adolf
Arndt

Theodor
Blank

Franz
Böhm

Paul
Bourdin

Thomas
Dehler

Fritz
Erler

August-Martin
Euler

Hans
Globke

Wilhelm
Grewe

Hermann
Höpker Aschoff

Heinz
Krekeler

Heinrich
Krone

Theodor
Oberländer

Karl-Georg
Pfleiderer

Hans Albert
von Rechenberg

Bernhard
Reismann

Erwin
Schoettle

Fritz
von Twardowski

In Rom

Kommentar

Nr. 1

1 Robert *Strobel* (geb. 1898), Dr. jur., Journalist; 1926–1940 Redakteur des »Tagesboten« (Brünn), 1940–1942 bei »Europa-press« in Frankfurt/Berlin, 1942–1944 Redakteur für Fremdsprachensendungen bei Interradio in Graz, 1947–1968 Korrespondent für »Die Zeit« (Hamburg) zunächst in Frankfurt/Main, ab 1949 in Bonn, bis 1969 zugleich für die »Frankfurter Neue Presse«, die »Stuttgarter Nachrichten« und die »Badischen neuesten Nachrichten« (Karlsruhe), 1970–1984 Kolumnist beim »Hamburger Abendblatt« (bis 1976), für den »General-Anzeiger« (Bonn), den »General-Anzeiger« (Reutlingen) und die »Rhein-Zeitung« (Koblenz), freier Mitarbeiter der Europa-Redaktion des Deutschlandfunks. Vgl. den von ihm kommentierten Bildband: Adenauer und der Weg Deutschlands, Luzern 1965.

2 Henry *Bernhard* (1896–1960), Konsul a. D., Verleger; 1923–1929 Privatsekretär des Reichsaußenministers Gustav Stresemann, anschließend freier Schriftsteller und Mitarbeiter parteiloser Zeitungen, 1933–1939 Inhaber eines Zeitungsausschnittbüros, 1939–1945 beschäftigt in der Autoindustrie, 1945–1946 Lizenzträger der »Stuttgarter Zeitung«, seit 1946 Herausgeber der »Stuttgarter Nachrichten«, 1946–1950 Mitglied des württembergisch-badischen Landtags (DVP/FDP).

3 Angaben nach Vorschlagsliste von Pressechef Heinrich Brand vom 20.4.1950 in StBKAH 04.01. Vgl. Abb. S. 4.

4 Hans *Baumgarten* (1900–1968), Dr. jur., Journalist; 1923–1933 Chefredakteur und Leiter des Wirtschaftsressorts des »Berliner Börsen-Couriers«, 1936–1944 stellvertretender, dann Hauptschriftleiter bei »Der deutsche Volkswirt«, 1946–1948 Mitbegründer und Redakteur der »Deutschen Zeitung und Wirtschaftszeitung« (Stuttgart), 1949–1965 Herausgeber der »Frankfurter Allgemeinen«, 1965–1968 dort Mitglied des Verwaltungsrats. Nachruf in »Frankfurter Allgemeine« v. 27.3.1968.

5 Ernst *Buhla* (1891–1951), Dr. phil., Journalist; Ausbildung bei »Centrums-Parlamentarische Correspondenz« (Berlin), 1925–1927 Leiter des Berliner Büros der »Kölnischen Volkszeitung«, 1927–1932 Chefredakteur der »Germania«, 1949–1951 Leiter des Bonner Büros der »Kölnischen Rundschau«.

6 Ludwig *von Danwitz* (1910–1981), Journalist; 1931–1939 Redakteur des »Westfalen-Kuriers«, 1947–1955 Parlamentskorrespondent u. a. für die Zentrums-Presse, 1956–1975 Leiter des Studio Bonn des WDR.

7 Fritz *Fillies*, Dr., Journalist; bis 1951 Redakteur beim Deutschland-Union-Dienst und für das »Neue Tageblatt« (Osnabrück).
8 Hugo *Grüssen* (1914–1965), Journalist; Ausbildung bei der »Ketteler Wacht« (Bergisch Gladbach) und der »Kölnischen Volkszeitung«, seit 1948 Korrespondent verschiedener Zeitungen, u. a. für den »Mannheimer Morgen«, das »Flensburger Tageblatt«, die »Ruhr-Nachrichten« (Dortmund), die »Nordwest-Zeitung« (Oldenburg), die »Trierische Landeszeitung«, die »Hessische Allgemeine« (Kassel) und die »Allgemeine Zeitung« (Mainz). Nachruf in »Mannheimer Morgen« v. 5.7.1965.
9 Biographische Daten zu Franz *Hange* (geb. 1921) in: Adenauer, Briefe 1947–1949, S. 511.
10 Rudolf *Junges* (geb. 1909), Journalist und Diplomat; 1936–1939 als Journalist und Schriftsteller tätig, 1945 Mitarbeiter des Roten Kreuzes, dann Chefredakteur verschiedener Zeitungen, 1949–1953 Leiter des Büros des Christlich Demokratischen Pressedienstes, 1953–1956 Pressereferent der deutschen Botschaft in Madrid, 1956–1960 im Parlamentsreferat des Auswärtigen Amtes tätig, 1960–1963 Legationsrat I. Klasse in Montevideo, 1963–1969 Botschafter in der Republik Elfenbeinküste, 1969–1976 im Senegal und in Gambia. Vgl. Bulletin, Nr. 95, 18.7.1969, S. 824.
11 Hans-Joachim *Kausch* (1907–1974), Dr., Journalist; nach Kriegsende bis 1950 Chefredakteur des dpd, anschließend im Berliner Büro bei »Die Welt«.
12 Ralf *Lohan*, Dr., Journalist; 1950 Bonner Korrespondent der »Süddeutschen Zeitung«.
13 Werner *von Lojewski*, als Pseudonym Werner *Erfurt* (1907–1980), Journalist; vor und während des Zweiten Weltkriegs Redakteur im Nachrichtenbüro Transocean (Berlin), 1945 beim NWDR (Hamburg), 1953–1955 Leiter der Presse- und Rundfunkabteilung der CDU-Bundesgeschäftsstelle (faktisch Pressesprecher der CDU), 1955–1958 Leiter des Verbindungsbüros der Hohen Behörde der EGKS in Bonn, 1958 Stellvertretender Direktor der Presse- und Informationsabteilung der Montanunion in Luxemburg, dann wieder in Bonn für die »Bonner/Kölnische Rundschau« tätig. Nachruf in »Die Welt« und »Frankfurter Allgemeine«, beide v. 3.7.1980. Vgl. seine Darstellungen: Bonn am Wendepunkt, Die Krise der deutschen Außenpolitik, Analyse und Bilanz, München 1965 sowie unter dem Namen Werner *Erfurt*, Die sowjetische Deutschlandpolitik, 6. Aufl., München–Eßlingen 1962.
14 Heinz *Lubbers* (1902–1970), Journalist; 1925 Redakteur des »Herner Anzeigers«, 1928 der »Westfälischen Volkszeitung«, 1945 Mitbegründer und Geschäftsführer der CDU Herne, 1948–1953 Chefredakteur des Deutschland-Union-Dienstes, 1951–1952 kommissarischer Bundesgeschäftsführer der CDU, anschließend Redakteur bei der Deutschen Welle. Schreiben von Lubbers an Adenauer v. 9.6.1953, in StBKAH 11.06.
15 Heinz *Medefind* (geb. 1903), Journalist; 1929–1933 Redakteur des »Berliner Börsen-Couriers«, 1934–1939 Korrespondent der Zeitungen des Deutschen Ver-

lages in London, 1949–1950 Redakteur bei »Die Neue Zeitung« (Frankfurt/Main), 1950–1982 Kommentator und Parlamentsberichterstatter des NWDR bzw. WDR in Bonn und Straßburg. Vgl. von seinen Veröffentlichungen u. a. Die Deutschen im Europarat, Zwei Jahrzehnte Nachkriegspolitik im Spiegel von Straßburg, Bonn 1972; Organisation Europa, Die Achtzehn und die Neun – und darunter die Deutschen, Bonn 1975.

16 Alfred *Rapp* (geb. 1903), Dr. phil., Journalist; 1929–1944 als Redakteur in Karlsruhe, Mannheim, Dresden und Paris tätig, 1945–1948 bei der Young Men's Christian Association, Schweiz, 1950–1975 Bonner Korrespondent der »Frankfurter Allgemeinen«, 1953–1965 Vorsitzender des Deutschen Presseclubs. Angaben in »Frankfurter Allgemeine« v. 3.1.1983 und 21.1.1983. Vgl. seine Studien: Bonn auf der Waage, Stuttgart 1959; Adenauer und die Journalisten, in: Konrad Adenauer und seine Zeit, Bd. 1, S. 283-290.

17 Reinhold *Schober* (1911–1977), Journalist; seit 1935 Korrespondent bei verschiedenen Zeitungen, 1948 Berichterstatter des NWDR über den Zweizonen-Wirtschaftsrat in Frankfurt/Main, seit 1949 in gleicher Funktion beim NWDR- bzw. WDR-Studio in Bonn, 1951–1976 dort Chefredakteur.

18 Adam *Vollhardt* (geb. 1910), Journalist und Verlagsdirektor; 1932–1936 Redakteur des Deutschen Nachrichtenbüros in Frankfurt/Main und Königsberg, 1936–1939 dessen Korrespondent in Jerusalem und Kairo, 1939–1947 in Tokio, 1947–1949 Leiter des Büros des »Hamburger Abendblatts« und der »Westdeutschen Zeitung« (Düsseldorf) in Frankfurt/Main, 1949–1959 in Bonn, seit 1959 Chefredakteur beim Hamburger Axel Springer-Verlag, Leiter des Verleger-Büros, dann Verlagsdirektor in der Geschäftsleitung. Angaben in »Hamburger Abendblatt« v. 25.2.1980.

19 Irnfried *Freiherr von Wechmar* (1899–1959), Berufsoffizier, Journalist; in den 30er Jahren Redakteur verschiedener Berliner Zeitungen, nach dem Zweiten Weltkrieg zunächst dpd-Korrespondent für Schleswig-Holstein (Westküste), 1947 Vertreter mehrerer Provinzzeitungen in Frankfurt/Main, ab 1948 in Bonn, Anfang der 50er Jahre Pressereferent des Verbandes Deutscher Soldaten, 1955–1959 Chefredakteur des »Soldat im Volk«.

20 August *Wegener* (geb. 1904), Dr. phil., Journalist; 1930–1945 Redakteur verschiedener Zentrumszeitungen, 1948–1970 Inhaber und Leiter der Redaktion des Christlich-Demokratischen Pressedienstes in Bonn im Auftrag des Vereins Union Presse.

21 Angabe in StBKAH 04.01.

22 Adenauer war am 8.2.1950 »mit 15 ausgewählten Vertretern der Presse« zum Abendessen im Hotel Adler in Bad-Godesberg zusammengetroffen. Angabe ebenda.

23 Am 8.4.1950 kam es nach sowjetischer Darstellung in der Nähe von Libau zu einem kurzen Feuergefecht zwischen einem amerikanischen Militärflugzeug und sowjetischen Jagdflugzeugen, wobei das amerikanische Flugzeug vermutlich abstürzte. Nach Angaben des US-Hauptquartiers in Wiesbaden wurde jedoch seit

etwa gleicher Zeit ein Privateer-Flugzeug vermißt, das sich auf dem Flug von Wiesbaden nach Kopenhagen befand. Vgl. AdG, 20.Jg. (1950), S. 2329f.

24 Schreiben in StBKAH nicht vorhanden.

25 Das Ministerkomitee des Europarats hatte am 30.3.1950 beschlossen, die Bundesrepublik Deutschland und das Saargebiet einzuladen, als assoziierte Mitglieder dem Europarat beizutreten. In der Beratenden Versammlung des Europarats sollten die Bundesrepublik mit 18 und das Saarland mit 3 Delegierten vertreten sein. Vgl. Dokumente zum Beitritt der Bundesrepublik Deutschland in den Europarat, in: EA, 5.Jg. (1950), S. 3127-3134 sowie Konrad *Adenauer,* Erinnerungen 1945–1953, S. 317-326.

26 Biographische Daten zu Robert *Schuman* (1886–1963) in: Adenauer, Briefe 1945–1947, S. 739f. Vgl. auch Rudolf *Mittendorfer,* Robert Schuman, S. 555.

27 Am 14./15.1.1950 erörterten Adenauer und Schuman in Bonn die Saarfrage. Während Schuman auf der Fortsetzung der französischen Saarpolitik beharrte, dabei aber einräumte, daß dieses Problem erst durch einen Friedensvertrag endgültig gelöst werden könne, warnte Adenauer vor voreiligen Entscheidungen und Abmachungen Frankreichs mit der Saarregierung, durch welche die deutsch-französischen Verhandlungen gestört werden könnten. Zum Verlauf des Gesprächs vgl. Konrad *Adenauer,* a.a.O., S. 295-302; Adenauers Aufzeichnung des Gesprächs in StBKAH 12.09; zu den Hintergründen Hans-Peter *Schwarz,* Die Ära Adenauer 1949–1957, S. 90-95.

28 Biographische Angaben zu André *François-Poncet* (1887–1978) in: Adenauer, Briefe 1947–1949, S. 652. Vgl. auch seine Memoiren: Auf dem Wege nach Europa, Politisches Tagebuch 1942–1962, Berlin–Mainz 1964.

29 Text der am 18.4.1950 im Titania-Palast in Berlin gehaltenen Rede, in der Adenauer sich für den Beitritt der Bundesrepublik zum Europarat aussprach, und handschriftliche Notizen für diese Rede in StBKAH 02.06.

30 Adenauer wies in seiner Rede auf die unterschiedlichen Stellungnahmen der Westmächte hin, ob sich ihre Außenminister auf der Konferenz vom 11.–13.5. 1950 in London intensiv mit der deutschen Frage auseinandersetzen werden. Im Zusammenhang mit dem Angebot vom 30.3.1950 an die Bundesrepublik, assoziiertes Mitglied des Europarats zu werden, sagte Adenauer: »Wenn man die Europafrage weiterbringen will – und es scheint mir höchste Zeit dafür zu sein, dann wird man nolens volens auch gleichzeitig an die Deutschlandfrage herantreten müssen, so prekär sie vielleicht in manchen Dingen erscheint. Aber sie muß doch einmal weitergebracht werden. ... Man hat zwar bei Erlaß des Besatzungsstatuts im vorigen Herbst gesagt, daß eine Revision des Besatzungsstatuts erst im Herbst 1950 erfolgen solle. Aber es scheint mir nicht richtig, an einem Termin, weil man ihn nun einmal ausgesprochen hat, unter allen Umständen festzuhalten«. Angabe ebenda.

31 Zu den Ergebnissen der Außenminister-Konferenz der drei Westmächte vom 11.–13.5.1950 in London, auf der sie u. a. über die Verteidigung Europas, das Verhältnis zu Deutschland einschließlich Berlin und die Behandlung der Kriegsgefangenen in der Sowjetunion berieten, vgl. EA, 5.Jg. (1950), S. 3051-3054.

32 In einem Schreiben vom 2.8.1950 bot Adenauer Professor Dr. Walter Hallstein an, Staatssekretär im Bundeskanzleramt zu werden. Dieser sagte in einem Antwortschreiben vom 6.8.1950 zu. Original in StBKAH III/46. Vgl. dazu auch Hallsteins Charakterisierung, Mein Chef Adenauer, in: Konrad Adenauer und seine Zeit, Bd. 1, S. 132.

33 Wahrscheinlich war damit die Note der Bundesregierung gemeint, in der sie am 6.5.1950 bei der Alliierten Hohen Kommission gegen die am 3.3.1950 von der französischen und saarländischen Regierung unterzeichneten Konventionen protestierte. Die Note enthielt im wesentlichen die gleichen Argumente wie das am 9.3.1950 von der Bundesregierung herausgegebene Weißbuch zur Saarfrage. Vgl. AdG, 20. Jg. (1950), S. 2369; Wortlaut der Konventionen in: Robert H. *Schmidt,* Saarpolitik, 2. Bd., S. 681-691, auch abgedruckt in: EA, 5. Jg. (1950), S. 2915-2922; zu den politischen Hintergründen vgl. Ludwig *Dischler,* Das Saarland, 1. Teil, S. 3-35; Jacques *Freymond,* Die Saar, S. 33-90; Robert *Schmidt,* a.a.O., S. 207-249.

34 Zur Kontroverse über die Entscheidung, eine neue Nationalhymne einzuführen, was Heuss beabsichtigte, oder das Deutschlandlied (3. Strophe) beizubehalten, was Adenauer befürwortete, vgl. Eberhard *Pikart,* Theodor Heuss und Konrad Adenauer, Die Rolle des Bundespräsidenten in der Kanzlerdemokratie, Stuttgart 1976, S. 95f.; Udo *Wengst,* Staatsaufbau, S. 280f. Weitere Materialien dazu in: StBKAH 12.21 und III/47.

Nr. 2

1 Angaben zur Biographie von Fritz *Sänger* (1901–1984) in: Adenauer, Briefe 1947–1949, S. 561.

2 Liste der von Bundespressechef Dr. Heinrich *Brand* (1887–1971, Angaben zu seiner Biographie vgl. Adenauer, Briefe 1945–1947, S. 705) am 23.10.1950 dem Bundeskanzler vorgeschlagenen Teilnehmer in StBKAH 04.01.

3 Guenter *Karweina* (geb. 1922), Journalist; 1945 Redakteur bei der »Ruhr-Zeitung«, dann »Neue Ruhr-Zeitung« (beide Essen), anschließend bei »Der Spiegel« (Hamburg), 1949–1953 Korrespondent des NWDR in Bonn, zur gleichen Zeit Vorstandsmitglied der Bundes-Pressekonferenz, seit 1954 als freier Schriftsteller tätig. Vgl. seine Studie: Der große Treck, Dokumentarberichte über die Flucht und Austreibung von 14 Millionen Deutschen, Wien–Stuttgart 1958.

4 Heinrich *Spiecker,* Journalist; bis 1954 Leiter des Bonner Büros der »Rheinischen Post« (Düsseldorf), anschließend freier Mitarbeiter der »Frankfurter Neuen Presse« in Brüssel und Luxemburg.

5 Hans *Wendt* (geb. 1903), Journalist; 1923 Redakteur bei der »Deutschen Allgemeinen Zeitung« (Berlin), dann Auslandskorrespondent, 1948–1949 stellvertretender Chefredakteur der »Kieler Nachrichten«, 1950 Leiter des Bonner NWDR-Büros, stand in dieser Zeit in enger Beziehung zu Adenauer, ab 1956 Diplomatischer Korrespondent der »Kölnischen Rundschau« sowie Bonner Korrespondent des Österreichischen Rundfunks, 1962 Europa-Korrespondent der Deutschen Welle und stellvertretender Leiter des Studio Bonn.

6 Fried (eigentlich Friedrich) *Wesemann* (geb. 1915), Journalist; 1945 Redakteur des von der britischen Militärregierung herausgegebenen »Nachrichtenblatts« (Düsseldorf), 1946–1948 Leiter des Ressorts Politik bei der »Hannoverschen Presse«, 1948 Korrespondent der »Frankfurter Rundschau« beim Wirtschaftsrat der Bizone, 1949–1956 Leiter des Bonner Büros der »Frankfurter Rundschau«, 1956–1958 Chefredakteur der »Hannoverschen Presse«, 1960–1967 Korrespondent der »Frankfurter Rundschau« in Frankreich, seitdem freier Mitarbeiter von »Christ und Welt«, Kommentator des Zweiten Deutschen Fernsehens und seit 1970 des Deutschlandfunks.

7 Angabe in StBKAH 04.01.

8 Der Europarat hatte am 11.8.1950 mehrheitlich den Vorschlag des britischen Oppositionsführers, Winston Churchill, angenommen, eine Europäische Armee unter Einbeziehung deutscher Kontingente zu schaffen. Die französische Nationalversammlung stimmte am 24.10.1950 dem Plan von Verteidigungsminister René Pleven zu, eine Europäische Armee mit einer vollständigen Fusion von Mannschaft und Material unter einer übernationalen politischen und militärischen Autorität zu bilden. Die französische Regierung machte die Verwirklichung dieses Plans für eine Europäische Verteidigungsgemeinschaft zur Vorbedingung ihrer Zustimmung zu einem deutschen Verteidigungsbeitrag. Vgl. Der französische Plan zur Verteidigung des Westens, in: EA, 5.Jg. (1950), S. 3518-3520 sowie Hans-Peter *Schwarz,* Die Ära Adenauer 1949–1957, S. 135-138.

9 Nachdem sich die Verteidigungsminister der NATO-Staaten am 1.11.1950 nicht über die deutsche Beteiligung an der gemeinsamen Verteidigung einigen konnten, sollten die Beratungen im Ständigen Stellvertretenden Rat und im Militärkomitee der Generalstabschefs fortgesetzt werden. Vgl. Gerhard *Wettig,* Entmilitarisierung, S. 376-384.

10 Georg Catlett *Marshall* (1880–1959), amerikanischer Offizier und Politiker; Militärlaufbahn im Ersten Weltkrieg, 1917–1918 Leiter eines Armeestabs in Frankreich, im Zweiten Weltkrieg als Generalstabschef maßgebend an den Planungen und strategischen Entscheidungen der USA beteiligt, 1945–1947 Sonderbotschafter in China, 1947–1949 Außenminister, setzte sich für den später nach ihm benannten Plan zum wirtschaftlichen Wiederaufbau Europas ein, 1950–1951 Verteidigungsminister und Reorganisator der Streitkräfte, 1953 Verleihung des Friedensnobelpreises. Vgl. Robert H. *Ferrell,* George C. Marshall, New York 1966; John *Gimbel,* The Origins of the Marshall Plan, Stanford 1976.

11 Vgl. Schlußkommuniqué der fünften Tagung des Nordatlantikrats vom 26.9. 1950, in: EA, 5.Jg. (1950), S. 3475f.

12 Der von Schuman im Namen seiner Regierung am 9.5.1950 unterbreitete Vorschlag, einen Pool der deutschen und französischen Kohle- und Stahlproduktion einzurichten, hatte am 20.6.1950 zur Aufnahme von Vertragsverhandlungen zwischen den Benelux-Ländern, der Bundesrepublik, Frankreich und Italien geführt. Vgl. EA, 5.Jg. (1950), S. 3091f. Zur Entwicklung und Diskussion des nach Schuman benannten Plans vgl. Hans-Peter *Schwarz,* a.a.O., S. 96-104; Rudolf *Mittendorfer,* Robert Schuman, S. 149-262.

13 René *Pleven* (geb. 1901), französischer Politiker; 1941 Mitarbeit im Comité Français de Libération Nationale, 1944 Kolonialminister der Provisorischen Regierung, dann Finanzminister, 1945 gleichzeitig Wirtschaftsminister, 1945–1973 Abgeordneter der Nationalversammlung (UDSR), 1948–1950 Verteidigungsminister, 1950–1951 Ministerpräsident, 1951–1952 erneut Ministerpräsident, 1952–1954 Verteidigungsminister, 1958 letzter Außenminister der IV. Republik, 1969–1973 Justizminister.

14 Charles *de Gaulle* (1890–1970); als Leutnant Teilnahme am Ersten Weltkrieg, 1922–1924 Generalstabsausbildung, 1932–1936 Generalsekretär des Nationalen Verteidigungsrates, 1940 Ernennung zum General, ab 1940 von London aus Organisation des französischen Widerstandes, 1943 Präsident des Comité Français de Libération Nationale, 1944–1945 Regierungschef der Provisorischen Regierung, 1945 Ministerpräsident und provisorisches Staatsoberhaupt, 1946 Rücktritt, 1947–1953 Vorsitzender der Sammlungsbewegung RPF, nach vorübergehendem Rückzug ins Privatleben 1958 Berufung zum Ministerpräsidenten während der Staatskrise (Militärrevolte in Algerien), setzte nach Erhalt von Sondervollmachten eine grundlegende Verfassungsänderung durch, seit Ende 1958 Staatspräsident, Wiederwahl 1965, Rücktritt 1969. Vgl. seine Memoiren: Der Ruf, 1940–1942, Frankfurt/Main-Berlin 1955; Memoiren 1942–1946, Die Einheit - Das Heil, Düsseldorf 1961; Memoiren der Hoffnung, Die Wiedergeburt 1958–1962, Wien–München–Zürich 1971 sowie Lettres, Notes et Carnets, 4 Bde., Paris 1980–1982.

15 Gemeint war der französisch-sowjetische Beistandspakt vom 2.5.1935. Zum Inhalt vgl. Konferenzen und Verträge, Vertrags-Ploetz, Bd. 4A, S. 130-132; Jean Baptiste *Duroselle,* Politique étrangère de la France, La Décadence 1932–1939, Paris 1983, S. 139-142.

16 Biographische Daten über Dr. Kurt *Schumacher* (1895–1952) in: Adenauer, Briefe 1945–1947, S. 653. Auszüge seiner Reden am 17.9.1950 in Stuttgart, in: AdG, 20. Jg. (1950), S. 2585 und am 8.10.1950 in Dortmund, in: »Die Welt« v. 9.10.1950. In diesem Zusammenhang vgl. auch Ulrich *Buczylowski,* Kurt Schumacher und die deutsche Frage, Sicherheitspolitik und strategische Offensivkonzeption von August 1950 bis September 1951, Stuttgart 1973.

Erstmals am 6.10.1950 forderte der stellvertretende SPD-Vorsitzende Erich Ollenhauer im Zusammenhang mit der deutschen Wiederaufrüstung Neuwahlen für den Bundestag, da dieses Problem im Wahlkampf nicht zur Debatte gestanden habe und somit die Volksvertreter kein Mandat besäßen, darüber zu entscheiden. Vgl. AdG, 20. Jg. (1950), S. 2614.

17 Zu den Äußerungen Schumachers auf einer Pressekonferenz am 24.10.1950, vgl. »Die Welt« v. 25.10.1950.

18 Sir Ivone Augustine *Kirkpatrick* (1897–1964), britischer Diplomat; 1933–1939 Chef der Botschaftskanzlei in Berlin, im Zweiten Weltkrieg Controller der europäischen Sendungen der BBC, 1948–1950 Leiter der Deutschland-Abteilung im Foreign Office, 1950–1953 Hochkommissar in Deutschland, 1953–1957 Stän-

diger Unterstaatssekretär im Außenministerium. Vgl. seine Memoiren: Im Inneren Kreis, Erinnerungen eines Diplomaten, West-Berlin 1964.

19 Biographische Daten zu General Lucius Dubignon *Clay* (1897–1978) in: Adenauer, Briefe 1947–1949, S. 544.

20 Zum Stand der internen Vorbereitungen über einen deutschen Verteidigungsbeitrag vgl. Roland G. *Foerster,* Innenpolitische Aspekte der Sicherheit Westdeutschlands, in: Anfänge westdeutscher Sicherheitspolitik, Bd. 1, S. 441-456; Norbert *Wiggershaus,* Zur Frage der Planung für die verdeckte Aufstellung westdeutscher Verteidigungskräfte in Konrad Adenauers sicherheitspolitischer Konzeption 1950, in: Heinz-Ludger *Borgert*/Walter *Sturm*/Norbert *Wiggershaus,* Dienstgruppen und westdeutscher Verteidigungsbeitrag, S. 11-88.

21 Gerhard *Graf von Schwerin* (1899–1980), Panzergeneral; bis 1939 im Generalstab des Heeres, Truppenführer in Frankreich, Nordafrika und Rußland, wegen Kontakten zu Kreisen des deutschen Widerstandes 1944 verhaftet, seit Mai 1950 sicherheitspolitischer Berater Adenauers, wurde im Oktober 1950 von ihm entlassen, weil er Journalisten gegenüber die Möglichkeit einer Wehrpflicht erörtert und dabei erklärt hatte, daß er einen entsprechenden Gesetzentwurf im Auftrag des Kanzlers schon in der Schublade habe. Vgl. zu seiner Rolle als Berater Adenauers in dieser Zeit Roland G. *Foerster,* a.a.O., S. 456-482.

22 George Price *Hays* (geb. 1892), amerikanischer General; 1917 Eintritt in die Armee, bekleidete verschiedene Posten im Generalstab und im Kriegsministerium, 1944 Kommandeur der 2. Infanterie-Division in der Normandie, dann Kommandeur der 10. Gebirgsdivision, zunächst Stellvertretender Militärgouverneur, ab 1949 Stellvertretender Hochkommissar in Deutschland. Vgl. zu dessen Beratungen mit der Bundesregierung während der Koreakrise Arnulf *Baring,* Außenpolitik in Adenauers Kanzlerdemokratie, S. 25f.

23 Am 29.8.1950 übergab der Bundeskanzler den drei Westmächten zwei Memoranden. Das eine betraf die Frage der Neuordnung der Beziehungen der Bundesrepublik zu den Besatzungsmächten, Wortlaut in: Konrad *Adenauer,* Erinnerungen 1945–1953, S. 358f.; das zweite bezog sich auf die Sicherung des Bundesgebietes nach innen und außen, Text dieses erst 1977 vollständig veröffentlichten Dokuments in: Klaus *von Schubert* (Hrsg.), Sicherheitspolitik, S. 79-83. Auszüge und zusammenfassende Darstellung des Inhalts in: Konrad *Adenauer,* a.a.O., S. 357f.; zu den Hintergründen vgl. Hans-Peter *Schwarz,* a.a.O., S. 114-118.

Der umstrittene Passus in dem Memorandum zur Sicherheitsfrage lautete: »Der Bundeskanzler hat ferner wiederholt seine Bereitschaft erklärt, im Falle der Bildung einer internationalen westeuropäischen Armee einen Beitrag in Form eines deutschen Kontingents zu leisten. Damit ist eindeutig zum Ausdruck gebracht, daß der Bundeskanzler eine Remilitarisierung Deutschlands durch Aufstellung einer eigenen nationalen militärischen Macht ablehnt.«

24 Einen Überblick über Entstehung und Bedeutung der Internationalen Ruhrbehörde gibt Wilhelm *Grewe,* Deutsche Außenpolitik der Nachkriegszeit, S. 17-

36; zur weiteren Entwicklung vgl. Günter *Henle,* Vom Ruhrstatut zur Montan-Union, in: Konrad Adenauer und seine Zeit, Bd. 1, S. 566-590.

Nr. 3

1 Angabe in StBKAH 04.01.

2 Zu Adenauers Einschätzung der inneren Haltung des deutschen Volkes zu dem Verteidigungsproblem vgl. seine Erinnerungen 1945–1953, S. 382-388, 390f.

3 Wortlaut der Rede Schumachers vor dem Bundestag am 8.11.1950 in: Verhandlungen des Deutschen Bundestages, 1. Wahlperiode 1949, Stenographische Berichte, Bd. 5, S. 3567-3576.

4 In Hessen und Württemberg-Baden fanden am 19.11.1950 (vgl. Nr. 4 Anm. 3), in Bayern am 26.11.1950 Landtagswahlen statt (zum Ergebnis vgl. Hans-Peter *Schwarz,* Die Ära Adenauer 1949–1957, S. 120, 477).

5 Nach StBKAH 04.01 führte der Kanzler mit dem Oppositionsführer am 3.10., 10.10. und 7.11.1950 Gespräche.

6 In der Regierungserklärung am 8.11.1950 nannte Adenauer in diesem Zusammenhang zwei Voraussetzungen: zum einen müsse die europäische Verteidigungsfront so stark sein, daß sie jede russische Aggression unmöglich mache, zum anderen müßten der Bundesrepublik im Falle ihrer Beteiligung die gleichen Pflichten, aber auch die gleichen Rechte wie allen anderen beteiligten Länder zuerkannt werden. Voraussetzung sei außerdem, daß im Inneren Deutschlands stabile soziale Verhältnisse hergestellt würden. Vgl. Verhandlungen des Deutschen Bundestages, a.a.O., S. 3563-3567, auch abgedruckt in: Konrad Adenauer, Reden, S. 193-200.

7 Zu den Hintergründen der Diskussion um die Anerkennung der deutschen Auslandsschulden vgl. Hans-Peter *Schwarz* (Hrsg.), Die Wiederherstellung des deutschen Kredits, insbes. S. 15-21; Konrad *Adenauer,* Erinnerungen 1945–1953, S. 371f. und den Wortlaut des Schreibens der Alliierten Hohen Kommission v. 23.10.1950 in: Deutsche Auslandsschulden, S. 7-9; zu Adenauers Antwortschreiben vgl. Nr. 4 Anm. 14.

8 Das auf der Washingtoner Außenminister-Konferenz (5.– 8. 4.1949) von den Westalliierten verabschiedete und am 21.9.1949 in Kraft getretene Besatzungsstatut sah nach frühestens 12, spätestens 18 Monaten eine Überprüfung seiner Bestimmungen vor, mit der Maßgabe, gegebenenfalls die legislativen, exekutiven und judikativen Zuständigkeiten der deutschen Behörden weiter auszudehnen. Im Petersberg-Abkommen (22.11.1949) wurde eine erste Modifizierung vorgenommen. Wegen der politischen Ereignisse in Korea (Juni 1950) und infolge der Beschlüsse der New Yorker Konferenz der drei westlichen Außenminister (12.–14.9. und 16.–18.9.1950) wurden erneut Verhandlungen über eine umfassende Revision des Besatzungsstatuts aufgenommen. Text der New Yorker Konferenz-Beschlüsse in: EA, 5. Jg. (1950), S. 3405-3407. Vgl. zu Adenauers Beurteilung der Ergebnisse seine Erinnerungen 1945–1953, S. 362-375; Hans-

Peter *Schwarz,* Die Ära Adenauer 1949–1957, S. 114, 117f., 135f.; zu den politisch-völkerrechtlichen Aspekten Wilhelm *Grewe,* Deutsche Außenpolitik der Nachkriegszeit, S. 37-45; zur sicherheitspolitischen Perspektive Norbert *Wiggershaus,* Die Entscheidung für einen westdeutschen Verteidigungsbeitrag 1950, in: Anfänge westdeutscher Sicherheitspolitik, S. 374-389.

9 Vgl. Nr. 13.

10 Zu den innenpolitischen Diskussionen über eine westdeutsche Bundespolizei vgl. Konrad *Adenauer,* Erinnerungen 1945–1953, S. 350; Roland *Foerster,* Innenpolitische Aspekte der Sicherheit Westdeutschlands 1947–1950, in: Anfänge westdeutscher Sicherheitspolitik, S. 482-496; Gerhard *Wettig,* Entmilitarisierung, S. 353-359.

Nr. 4

a ‹ › Vom Bearbeiter korrigiert aus »Baden-Württemberg«.

1 Marliese *Grouven,* seit ihrer Heirat 1959 *Wirth* (geb. 1926), Journalistin; 1948 angestellt beim Zonensekretariat der CDU der britischen Zone (Köln), 1950–1959 Bonner Korrespondentin der »Westfalenpost« (Hagen), ab 1954 für Emnid (Bielefeld) tätig, seit 1959 Mitarbeiterin u. a. bei »Frau & Politik« (Bonn) und »Das Parlament« (Bonn).

2 Angabe in StBKAH 04.01.

3 Bei den Landtagswahlen am 19.11.1950 hatten in Hessen die SPD 44,6 v. H., die FDP 31,8 v. H. und die CDU 18,8 v. H. der abgegebenen Stimmen erhalten. In Württemberg-Baden bekamen die SPD 33,0 v. H., die CDU 26,3 v. H., die DVP 21,1 v. H. und die Deutsche Gemeinschaft/BHE 14,7 v. H. der abgegebenen Stimmen. Vgl. dazu Hans-Peter *Schwarz,* Die Ära Adenauer 1949–1957, S. 120f., 476f.

4 Martin *Niemöller* (1892–1984), evangelischer Geistlicher; 1918 U-Boot-Kommandant, ab 1919 Studium der Theologie, 1930 Pfarrer in Berlin, seit 1934 führende Persönlichkeit der Bekennenden Kirche, nach Verhaftung 1937–1945 in verschiedenen Konzentrationslagern, 1945–1956 Leiter des kirchlichen Außenamtes, 1947–1964 Kirchenpräsident der Landeskirche von Hessen und Nassau, 1948–1955 Mitglied des Rates der EKD, 1961–1967 im Präsidium des Weltkirchenrates. Vgl. Dietmar *Schmidt,* Martin Niemöller, Eine Biographie, Stuttgart 1983.

5 Die CDU behielt von bisher 28 Mandaten nur noch 12 Mandate. Vgl. Anm. 3.

6 Vgl. Paul *Feuchte,* Verfassungsgeschichte von Baden-Württemberg, Stuttgart 1983, S. 127-145.

7 Vgl. Nr. 2 Anm. 16.

8 Vgl. a.a.O., Anm. 23.

9 Vgl. Nr. 3 Anm. 4.

10 Die KPD verlor in Hessen wie in Württemberg-Baden ihre jeweiligen 10 Mandate.

11 Vgl. Nr. 3 Anm. 8.

12 Harry Spencer *Truman* (1884–1972), amerikanischer Politiker; 1922–1924 und 1926–1928 Richter, 1934–1944 demokratischer Senator für Missouri, 1944 zum Vizepräsidenten gewählt und nach dem Tode von Franklin D. Roosevelt 1945 33. Präsident der Vereinigten Staaten von Amerika, wiedergewählt für die Amtsperiode 1949–1953. Vgl. seine Memoiren: Das Jahr der Entscheidungen, Stuttgart 1955; Jahre der Bewährung und des Hoffens 1946–1953, Stuttgart 1956 sowie Off the record, The private papers of Harry S. Truman, hrsg. von Robert H. *Ferrell,* New York 1980; neuere Biographie von Robert John *Donovan,* Conflict and Crisis: The Presidency of Harry S. Truman, 1945–1948, New York–London 1977; Tumultuous Years: The Presidency of Harry S. Truman, 1949–1953, New York–London 1982.

13 Adenauer spielte wohl darauf an, daß Truman der Bevölkerung wirtschaftliche Einschränkungen zumutete und vom Kongreß eine Steuererhöhung zur Finanzierung der vermehrten Verteidigungsausgaben erbat, jedoch am 28. 8. 1950 ein Sozialversicherungsgesetz unterzeichnete, womit die Zahl der versicherten Arbeiter um 10 Millionen auf 45 Millionen anstieg und die Höhe der monatlichen Bezüge angehoben wurde. Vgl. dazu AdG, 20. Jg. (1950), S. 2505 f., 2553 sowie Auszüge der Rundfunkrede Trumans am 9. 9. 1950, S. 2573.

14 Vgl. zur Vorgeschichte Nr. 3 Anm. 7. In einem Antwortschreiben teilte Adenauer der Alliierten Hohen Kommission laut AFP am 24. 11. 1950 mit, die Bundesregierung sei im Sinne der bei der New Yorker Außenministerkonferenz erhobenen Forderung der Westmächte (vgl. a.a.O., Anm. 8) bereit, diejenigen äußeren Schulden des Deutschen Reiches anzuerkennen, die seinerzeit auf dem damaligen Gebiet der Bundesrepublik Deutschland anerkannt worden waren. Vgl. AdG, 20. Jg. (1950), S. 2685; zu der formellen Anerkennung vgl. Nr. 11 Anm. 5.

15 Zu den Ergebnissen der Tagung des Ministerausschusses des Europarats am 5. 11. 1950 in Rom vgl. EA, 6. Jg. (1951), S. 3677 f.

Nr. 5

1 Angabe in StBKAH 04.01.

2 Verschärft hatte sich die internationale Lage Anfang Dezember 1950 durch die Intervention der Volksrepublik China in den Korea-Krieg. Am 26. 11. 1950 griffen chinesische »Freiwilligen«-Verbände die am chinesisch-koreanischen Grenzfluß Yalu stehenden UN-Truppen an und drängten sie in den folgenden Wochen bis zum 38. Breitengrad zurück.

3 Vgl. zu den Rückwirkungen auf die Politik des Kanzlers Norbert *Wiggershaus,* Bedrohungsvorstellungen Bundeskanzler Adenauers nach dem Ausbruch des Korea-Krieges, in: Militärgeschichtliche Mitteilungen 1 (1979), S. 79-122.

4 Am 7. 12. 1950 wurde vom Ständigen Stellvertretenden NATO-Rat (vgl. Nr. 2 Anm. 9) ein von dem Vorsitzenden Charles M. Spofford ausgearbeiteter Kompromiß zwischen den amerikanischen und den französischen Vorstellungen verabschiedet, jedoch von der französischen Regierung nur als Übergangslösung akzeptiert, bis die Verhandlungen über eine europäische Armee zu Ende geführt seien.

Vgl. Norbert *Wiggershaus,* Die Entscheidung für einen westdeutschen Verteidigungsbeitrag 1950, in: Anfänge westdeutscher Sicherheitspolitik 1945–1956, S. 390-400; Hans-Peter *Schwarz,* Die Ära Adenauer 1949–1957, S. 138.

5 Der Spofford-Kompromiß sah u. a. vor, statt der im Pleven-Plan geforderten deutschen Bataillone regimental Combat-teams in Stärke von etwa 5 000 Mann mit eigenen Panzern und Artillerie aufzustellen. Diese könnten zu größeren Einheiten nur zusammen mit anderen alliierten Einheiten vereinigt werden. Die Gesamtzahl der deutschen Kontingente dürfte 20 v. H. der alliierten Streitkräfte nicht übersteigen, was bei insgesamt 50 Divisionen etwa 150 000 deutschen Soldaten entsprochen hätte. Vgl. Konrad *Adenauer,* Erinnerungen 1945–1953, S. 394.

6 Nachdem die Sowjetunion auf Appelle der drei Westmächte vom 13.5.1950 über die Grundprinzipien einer Wiederherstellung der Einheit Deutschlands und am 25.5.1950 über die Wahlordnung für die Abhaltung gesamtdeutscher Wahlen zur Bildung einer Regierung für ganz Deutschland nicht reagiert hatte, versuchte der Kreml, als sich im Frühherbst 1950 die Möglichkeit eines deutschen Verteidigungsbeitrags abzeichnete, die Westmächte zu einer Viererkonferenz zu bewegen. Zur diplomatischen Vorgeschichte vgl. Heinrich *von Siegler,* Dokumentation zur Deutschlandfrage, Hauptbd., S. 97f. sowie die entsprechende Dokumentation in: EA, 6.Jg. (1951), S. 3711-3715; Hans-Peter *Schwarz,* a.a.O., S. 140f.

7 Biographische Angaben zu Otto *Grotewohl* (1894–1964) in: Adenauer, Briefe 1947–1949, S. 528.

Am 30.11.1950 unterbreitete Grotewohl in einem Schreiben an Adenauer den Vorschlag, einen »Gesamtdeutschen Konstituierenden Rat« mit paritätischer Zusammensetzung aus Vertretern Ost- und Westdeutschlands zu bilden, der die Einsetzung einer provisorischen gesamtdeutschen Regierung vorzubereiten, die vier Mächte bei der Ausarbeitung eines Friedensvertrages zu konsultieren und gesamtdeutsche Wahlen zu organisieren hätte. Wortlaut des Schreibens in: EA, 6.Jg. (1951), S. 3716 sowie Konrad *Adenauer,* Erinnerungen 1953–1955, S. 33f.

8 Biographische Angaben zu Dr. Hans *Globke* (1898–1973) in: Adenauer, Briefe 1947–1949, S. 566.

9 Vgl. Nr. 6 Anm. 6.

10 Vgl. Nr. 3 Anm. 7, Nr. 4 Anm. 14, zur formellen Anerkennung Nr. 11 Anm. 5.

11 Vgl. Nr. 2 Anm. 23.

12 Vgl. dazu auch die Besprechungen Adenauers mit den Hohen Kommissaren am 16.11.1950 und die späteren Reaktionen der Alliierten auf diese Forderungen in: Konrad *Adenauer,* Erinnerungen 1945–1953, S. 388-390.

13 Zur Bildung, Zusammensetzung und Aufgabenstellung des »Instruktionsausschusses beim Staatssekretär« (Hallstein) vgl. Wilhelm *Grewe,* Rückblenden, S. 130f.

Nr. 6

1 Angabe in StBKAH 04.01.

2 Gemeint war die Bundesrepublik Deutschland.

3 Vgl. Nr. 5 Anm. 2.

4 Vgl. a.a.O., Anm. 6.

5 Vgl. a.a.O., Anm. 7.

6 Die Außenminister der drei Westmächte konferierten am 18./19.12.1950 in Brüssel über den deutschen Verteidigungsbeitrag und die Revision des Besatzungsstatuts. Vgl. dazu die Darstellung bei Konrad *Adenauer,* Erinnerungen 1945–1953, S. 398-405 und Gerhard *Wettig,* Entmilitarisierung, S. 391-397.

7 Anspielung auf die Besprechung mit dem amerikanischen Hochkommissar, John McCloy, dem britischen Hochkommissar, Ivone Kirkpatrick, und dem französischen Hochkommissar, André François-Poncet, am 14.12.1950 auf dem Petersberg. Zum Verlauf der Beratungen vgl. Konrad *Adenauer,* a.a.O., S. 396f.

8 Dean *Acheson* (1893–1971), amerikanischer Politiker; vor 1941 als Anwalt tätig, 1941–1947 Unterstaatssekretär für Wirtschaftsfragen im Außenministerium, 1949–1953 Außenminister, ab 1953 wieder Anwalt, in den 60er Jahren politischer Berater der Präsidenten Kennedy und Johnson. Vgl. seine Memoiren: Present at the Creation, London 1969; Biographie von David S. *McLellan,* Dean Acheson, The State Department Years, New York 1976.

9 Die militärischen Rückschläge in Korea hatten in den USA heftige Angriffe gegen die Politik der Regierung in Ostasien und Europa ausgelöst. Am 16.12. 1950 proklamierte Präsident Truman wegen der »schweren Kriegsgefahr« den nationalen Notstand und begründete damit eine Vermehrung der ohnehin gewaltigen Rüstungsanstrengungen. Vgl. Harry S. *Truman,* Years of Trial and Hope 1946–1953, Bungay (Seffoth) 1956, S. 439-457, hier bes. S. 447ff; Dean *Acheson,* a.a.O., S. 485.

10 Vgl. zum Konferenzverlauf aus der Sicht Achesons, a.a.O., S. 485-488; Allan *Bullock,* The Life and Times of Ernest Bevin, Vol. 3 Foreign Secretary 1945–1951, London 1983, S. 828ff.

11 Angaben zur Biographie von Professor Dr. Ulrich *Noack* (1899–1974) und zu den theoretischen Überlegungen des »Nauheimer Kreises« in: Adenauer, Briefe 1945–1947, S. 634. Vgl. auch Rainer *Dohse,* Der Dritte Weg, Neutralitätsbestimmungen in Westdeutschland zwischen 1945 und 1955, Hamburg 1974.

12 Gemeint war die Beantwortung des Schreibens vom 30.11.1950 (vgl. Nr. 5 Anm. 7).

13 Während eines Gesprächs am 9.12.1950 mit dem amerikanischen Hochkommissar John McCloy teilte Adenauer dessen Auffassung, daß es sich bei diesem Brief um eine hochpolitische Angelegenheit handele, die sorgfältiger Prüfung bedürfe.

14 An dieser Besprechung am 11.12.1950 nahmen außer Vertretern der WAV, der KPD und der DRP die Fraktionsvorsitzenden Dr. Heinrich von Brentano (CDU), Dr. Hans Mühlenfeld (DP), Erich Ollenhauer (SPD), Dr. Hermann Schäfer

(FDP), Staatsrat Gerhard Seelos (BP) und Helene Wessel (Zentrum) sowie die Minister Franz Blücher, Thomas Dehler, Jakob Kaiser, Robert Lehr, Hans Lukaschek und Fritz Schäffer teil. Angabe in StBKAH 04.01. Zur Beurteilung des Grotewohl-Briefes durch Regierung und Opposition vgl. Konrad *Adenauer*, Erinnerungen 1953–1955, S. 38f.

15 Auf der Konferenz der Ostblockstaaten (Albanien, Bulgarien, DDR, Polen, Rumänien, Sowjetunion, Tschechoslowakei) am 20./21.10.1950 in Prag bezeichneten die Außenminister eine Beteiligung der Bundesrepublik an der westlichen Verteidigung als weiteren Bruch des Potsdamer Abkommens und ein Abrücken der Westalliierten von den Viermächte-Beschlüssen. Die Sowjetunion schlug in einer Note vom 3.11.1950 den Westmächten vor, auf einer Viererkonferenz die Einhaltung des Potsdamer Abkommens (vgl. Nr. 21 Anm. 17) über die Entmilitarisierung Deutschlands und die östlichen Vorschläge zur deutschen Wiedervereinigung zu erörtern. Text in: EA, 6. Jg. (1951), S. 3711.

16 Vgl. Konrad *Adenauer*, Erinnerungen 1953–1955, S. 36f.

17 Im September 1950 war in der DDR die Gründung einer einheitlichen Bauernorganisation bekanntgegeben worden, wodurch bereits bestehende Vereinigungen des sogenannten Bauernkomitees für gegenseitige Hilfe und der Agrargenossenschaften verstaatlicht wurden.

18 Biographische Angaben zu Dr. Heinrich *Vockel* (1892–1968) in: Adenauer, Briefe 1945–1947, S. 706.

19 Vgl. zur Vorgeschichte Nr. 3 Anm. 7, Nr. 4 Anm. 14, zur formellen Anerkennung Nr. 11 Anm. 5.

20 Vgl. Nr. 3 Anm. 8.

21 Vgl. Verhandlungen des Deutschen Bundestages, 1. Wahlperiode 1949, Anlagen 7. Teil, Drucksache Nr. 1583.

22 Auf Einladung des damaligen Sicherheitsberaters von Adenauer, Graf Schwerin, war am 5.10.1950 eine Kommission ehemaliger deutscher Offiziere im Kloster Himmerod zusammengetroffen, um Möglichkeiten eines deutschen Verteidigungsbeitrags innerhalb einer europäisch-atlantischen Allianz zu erörtern. Als Ergebnis wurde die »Himmeroder Denkschrift« verabschiedet. Vgl. zu Entstehung, Verlauf und den Teilnehmern dieser Konferenz Hans *Speidel*, Aus unserer Zeit, S. 267-292, hier bes. S. 272-284; Hans-Jürgen *Rautenberg*/Norbert *Wiggershaus*, Die »Himmeroder Denkschrift« vom Oktober 1950, Politische und militärische Überlegungen für einen Beitrag der Bundesrepublik Deutschland zur westeuropäischen Verteidigung, in: Militärgeschichtliche Mitteilungen 1 (1977), S. 135-206.

Nr. 7

a ‹ › Vom Bearbeiter korrigiert aus »von«.

1 Angabe in StBKAH 04.01.

2 Vgl. Nr. 4 Anm. 14, Nr. 6.

3 Gemeint war die Brüsseler Außenministerkonferenz der drei Westmächte am 18./19.12.1950 (vgl. Nr. 6 Anm. 6).

4 Vgl. Nr. 3 Anm. 8.
5 Zum damaligen Stand des Aufbaus der Auslandsvertretungen vgl. Wilhelm *Haas,* Beitrag zur Geschichte der Entstehung des Auswärtigen Dienstes, S. 52f.
6 Zu den Verhandlungen Adenauers mit den drei Hohen Kommissaren am 21.12.1950 vgl. Konrad *Adenauer,* Erinnerungen 1945–1953, S. 398-405.
7 Vgl. Nr. 5 Anm. 13.
8 Walter *Hallstein* (1901–1982), Dr. jur., Professor der Rechte; 1930–1941 Ordinarius für Privat- und Gesellschaftsrecht in Rostock, 1941–1944 in Frankfurt/Main, 1946–1948 dort Rektor der Universität, 1948 Gastprofessor an der Georgetown University in Washington, D. C., 1949–1950 Leiter der deutschen UNESCO-Kommission, 1950 Staatssekretär für auswärtige Angelegenheiten im Bundeskanzleramt, 1950–1951 Leiter der deutschen Delegation bei den Verhandlungen über den EGKS-Vertrag, 1951–1957 Staatssekretär im Auswärtigen Amt, 1958–1967 Präsident der EWG-Kommission, 1968–1974 Präsident der Europäischen Bewegung, 1969–1972 MdB (CDU). Vgl. seine Darstellung: Der unvollendete Bundesstaat, Düsseldorf–Wien 1969, neuere Fassung: Die Europäische Gemeinschaft, 5. überarbeitete und erneuerte Aufl., Düsseldorf–Wien 1979; Europäische Reden, hrsg. und mit einer biographischen Darstellung eingeleitet von Thomas *Oppermann,* Stuttgart 1979; Wolfgang *Ramonet,* Rationalist und Wegbereiter: Walter Hallstein, in: Thomas *Janssen*/Dieter *Mahncke* (Hrsg.), Persönlichkeiten der Europäischen Integration, S. 337-378; Theo M. *Loch,* Walter Hallstein, Eine biographische Skizze, in: Wege nach Europa, Walter Hallstein und die junge Generation, Andernach/Rhein 1967. Zur Charakterisierung des Kanzlers vgl. Walter *Hallstein,* Mein Chef Adenauer, in: Konrad Adenauer und seine Zeit, Bd. 1, S. 132-136.
9 Biographische Angaben zu Herbert *Blankenhorn* (geb. 1904) in: Adenauer, Briefe 1947–1949, S. 533.
10 Dwight David *Eisenhower* (1890–1969), amerikanischer General und Politiker; nach Eintritt in die Militärakademie Westpoint 1915 Ausbildung im Generalstabsdienst, 1930 als Fachmann für Panzerfragen im Stab von General MacArthur, 1943–1945 Oberkommandierender der Invasionsstreitkräfte in Europa, 1945 Oberbefehlshaber der amerikanischen Besatzungstruppen in Deutschland, zeitweilig Mitglied des Alliierten Kontrollrats, 1945–1947 Generalstabschef des Heeres, 1950–1952 Oberkommandierender der NATO-Streitkräfte, 1953–1961 34. Präsident der Vereinigten Staaten von Amerika. Vgl. seine Memoiren: Die Jahre im Weißen Haus 1953–1956, Düsseldorf–Wien 1964; Wagnis für den Frieden, Düsseldorf–Wien 1966; The Eisenhower Diaries, hrsg. von Robert H. *Ferrell,* New York 1981; neuere Biographie von Stephen E. *Ambrose,* Eisenhower the soldier, 1890–1952, London 1983.
11 Am 27.12.1950 setzte Adenauer eine von Theodor Blank geleitete Sachverständigengruppe ein, die im Sinne der Brüsseler Konferenzbeschlüsse militärisch-technische Besprechungen über einen Verteidigungsbeitrag führte. Vgl. Arnulf *Baring,* Außenpolitik in Adenauers Kanzlerdemokratie, S. 93.

12 Vgl. Nr. 5 Anm. 6
13 Als Antwort auf die Note der Sowjetregierung vom 3.11.1950 erklärten sich die drei Westmächte am 22.12.1950 bereit, die Frage einer Viererkonferenz zu erörtern. Vgl. EA, 5. Jg. (1950), S. 3711f.
14 Vgl. Nr. 8.
15 Zu Adenauers außen- und innenpolitischen Zielen in dieser Phase vgl. seine Ansprache vor dem Vorstand und den Vorsitzenden der Kreisparteien der CDU Rheinland und Westfalen am 13.1.1951 in Bonn in: Konrad Adenauer, Reden, S. 201-219.

Nr. 8
1 Weiterer von Werner Krueger verfaßter Aktenvermerk v. 9.2.1951 über den Presse-Tee am 8.2.1951, 3 S., in: BA, B 145/971-736 Bd. I.
Werner *Krueger* (geb. 1915); 1937 Redakteur der »Westfälischen Volkszeitung«, 1946 Redakteur der »Westfalenpost« (Hagen), Parlamentskorrespondent beim nordrhein-westfälischen Landtag und des Zweizonen-Wirtschaftsrats, 1947 beschäftigt in der Pressestelle des Zonensekretariats der CDU der britischen Zone, 1948 Berichterstatter für den Parlamentarischen Rat, ab 1950 im Presse- und Informationsamt der Bundesregierung tätig, 1952–1954 und 1956–1966 Stellvertretender Leiter des Presse- und Informationsamtes in der Funktion des stellvertretenden Regierungssprechers, 1954–1956 Chefredakteur Abteilung Fernsehen beim NWDR Hamburg/Köln, ab 1955 beim WDR Köln, seit 1961 Ministerialdirektor, 1967 Beauftragter für den Aufbau des Planungsstabes im Bundeskanzleramt. Zu seiner Tätigkeit im BPA vgl. Horst *Walker,* Das Presse- und Informationsamt der Bundesregierung, passim.
2 Angabe in StBKAH 04.02.
3 Nach langwierigen Auseinandersetzungen zwischen Arbeitgebern, Gewerkschaften und Bundesregierung über die betriebliche Mitbestimmung der Arbeitnehmer drohten die IG-Bergbau und die IG-Metall, ab 1.2.1951 zu streiken. Unter Mitwirkung Adenauers kam es am 25.1.1951 zwischen Vertretern des DGB und den Arbeitgebern zu einer Verständigung über das vor allem umstrittene Benennungsrecht für die Arbeitnehmervertreter im Aufsichtsrat und über die Wahl des »elften« Mannes. Die Streikandrohung war damit hinfällig geworden. Zur Vorgeschichte der gesetzlichen Regelung, verabschiedet vom Bundestag am 21.5.1951, vgl. Horst *Thum,* Mitbestimmung, S. 79-86; Rolf *Wenzel,* Konrad Adenauer und die Gestaltung der Wirtschafts- und Sozialordnung im Nachkriegsdeutschland, Flensburg 1983, S. 136-153; Gabriele *Müller-List,* Die Entstehung der Montanmitbestimmung, in: Walter *Först* (Hrsg.), Zwischen Ruhrkontrolle und Mitbestimmung, S. 137-142; neuere Edition von *ders.,* Montanmitbestimmung, Düsseldorf 1984.
4 Biographische Angaben über Dr. Hans *Böckler* (1875–1951) in: Adenauer, Briefe 1947–1949, S. 557. Zu dessen Beziehung zu Adenauer vgl. Ludwig *Rosenberg,* Adenauer und die Gewerkschaften, in: Konrad Adenauer und seine Zeit, Bd. 1, S. 255-259.

5 Auf seiten der Gewerkschaften nahmen neben Hans Böckler vom Bundesvorstand des DGB Hans vom Hoff, vom Vorstand der IG-Metall Walter Freitag, vom Vorstand der IG-Bergbau Heinrich Imig sowie SPD-Wirtschaftsexperte und Mitglied der Stahltreuhänder-Vereinigung Heinrich Deist teil. Angaben in StBKAH 04.02.

6 Die gesetzliche Grundlage der Entflechtungs- und Neuordnungsmaßnahmen im Bereich der westdeutschen Montanindustrie waren durch das Alliierte Gesetz Nr. 75 vom 10.11.1948 und durch das Gesetz Nr. 27 vom 16.5.1950, welches das Gesetz Nr. 75 ablöste, geschaffen worden. Vgl. Die Neuordnung der Eisen- und Stahlindustrie im Gebiet der Bundesrepublik Deutschland, Ein Bericht der Stahltreuhänder-Vereinigung, München–Berlin 1954, S. 329-363; zur Entstehung des Gesetzes Nr. 75 Rolf *Steiniger,* Großbritannien und die Ruhr, in: Walter *Först* (Hrsg.), Zwischen Ruhrkontrolle und Mitbestimmung, a.a.O., S. 45-48.

7 Das Kabinett hatte am 30.1.1951 den Regierungsentwurf verabschiedet. Die erste parlamentarische Behandlung des »Entwurfs eines Gesetzes über die Mitbestimmung der Arbeitnehmer in Unternehmen des Bergbaus sowie der eisen- und stahlerzeugenden Industrie« erfolgte am 14.2.1951. Vgl. Verhandlungen des Deutschen Bundestages, 1. Wahlperiode 1949, Stenographische Berichte, Bd. 6, S. 4431-4460 sowie Anlagen 9. Teil, Drucksache Nr. 1858; auch Adenauers Stellungnahme zur Mitbestimmung vor dem Bundestag in: Konrad Adenauer, Reden, S. 220-223.

8 Zur Position der FDP, die prinzipiell die Mitbestimmung zentraler Gewerkschaften ablehnte, vgl. Horst *Thum,* a.a.O., S. 94f.; Gabriele *Müller-List,* Die Entstehung der Montanmitbestimmung, a.a.O., S. 139-141.

9 Hans Albrecht Freiherr *von Rechenberg* (1892–1953), Dr. phil., Fabrikant; ab 1918 in der Chemie-, Eisen- und Maschinenindustrie tätig, seit 1945 Mitglied der Industrie- und Handelskammer Köln und des Vorstands des Arbeitgeberverbandes der Metallindustrie, seit 1947 Stellvertretender Vorsitzender des FDP-Landesverbandes Nordrhein-Westfalen, 1949–1953 MdB (FDP). Nachruf in »Die Neue Zeitung« v. 20.1.1953.

Zu den Diskussionen in der FDP über den Austritt aus der Koalition vgl. Horst *Thum,* a.a.O., S. 45.

10 Die Auflösung der Internationalen Ruhrbehörde wurde mit der Begründung gefordert, die Bundesrepublik könne ohne vollständige Verfügung über ihre Kohleproduktion nicht am europäischen Pool teilnehmen. Vgl. zur deutschen Position Rudolf *Mittendorfer,* Robert Schuman, S. 215.

11 Vgl. Nr. 14 Anm. 3.

12 Vgl. a.a.O., Anm. 5.

13 Die Bundesregierung hatte die Frage der Kartellbildung dazu benutzt, alle mit dem Alliierten Gesetz Nr. 27 (vgl. Anm. 6) über die Dekartellisierung zusammenhängenden Fragen zu erörtern. Hoffnungen, die von französischer Seite geforderte Aufhebung der deutschen Verbundwirtschaft (Eigentum der Stahlindustrie an Kohlengruben) und die Beseitigung der zentralen Verkaufsorganisation (Deut-

scher Kohlen-Verkauf) würden in den Verhandlungen zurückgenommen, zerschlugen sich. Vgl. William *Diebold,* The Schuman Plan, S. 72-74.

14 George Walbridge *Perkins* (1895–1960), amerikanischer Diplomat; 1949–1953 Assistant Secretary für europäische Angelegenheiten im State Department, 1955–1957 Botschafter bei der NATO und der OEEC.

15 Unmittelbar vor diesem Teegespräch hatte Adenauer eine Unterredung mit McCloy und Perkins. Angabe in StBKAH 04.02.

16 Am 1.2.1951 legte General Eisenhower dem amerikanischen Kongreß einen Bericht über die Ergebnisse seiner Europa-Reise vor, zu der er nach seiner Ernennung zum Oberbefehlshaber der Atlantischen Streitkräfte von Präsident Truman beauftragt worden war. Eisenhower sollte sich an Ort und Stelle über die Verteidigungsbereitschaft und die Verteidigungsmöglichkeit der einzelnen Atlantikpaktstaaten überzeugen und die Frage der Zusammensetzung eines internationalen Generalstabs sowie die Errichtung eines Hauptquartiers prüfen. Vgl. Dwight D. *Eisenhower,* Die Jahre im Weißen Haus, S. 155f.; zum Inhalt des Berichts vgl. EA, 6. Jg. (1951), S. 3973f.; AdG, 21. Jg. (1951), S. 2786f.

17 Adenauer und Eisenhower trafen am 22.1.1951 in Bad Homburg zusammen. Vgl. »Frankfurter Allgemeine« v. 24.1.1951.

18 Werner Krueger stellte dazu in dem Aktenvermerk v. 9.2.1951 (vgl. Anm. 1) fest: »Er [Adenauer, d. B.] könne jedoch mitteilen, daß der von Eisenhower vorgeschlagene Weg (politische Gleichberechtigung vor der militärischen) genau seinen Darstellungen entspreche, die er dem General in Homburg gemacht habe.«

19 Vgl. dazu Arnulf *Baring,* Außenpolitik in Adenauers Kanzlerdemokratie, S. 103, 388f.

20 Eine solche regierungsoffizielle Dokumentensammlung erschien erst im September 1954: Der deutsche Verteidigungsbeitrag, Dokumente und Reden, hrsg. vom *Auswärtigen Amt,* Bonn.

21 Zum damaligen Stand der am 21.12.1950 vereinbarten Sachverständigengespräche (vgl. Nr. 7 Anm. 11), die am 9.1.1951 auf dem Petersberg begannen, vgl. Gerhard *Wettig,* Entmilitarisierung, S. 402-412.

22 Auf ein Schreiben Adenauers vom 31.1.1951 (vgl. die Erinnerungen 1945–1953, S. 416-419), in denen er seine Beurteilung der Lage zusammenfaßte, antwortete Schumacher mit Schreiben vom 6.2.1951. Der Oppositionsführer bestätigte darin die sicherheitspolitisch gefährdete Lage der Bundesrepublik, doch glaubte er nicht, daß die sowjetische Bedrohung durch einen deutschen Verteidigungsbeitrag wirksam gemildert werden könne. Auszüge des Schreibens in: Konrad Adenauer, a.a.O., S. 420-422; Udo *Löwke,* Für den Fall, daß ..., S. 38f., 165-167.

23 Schumacher wertete den Wahlerfolg seiner Partei bei den Landtagswahlen in Bayern (vgl. Nr. 3 Anm. 4), Hessen und Württemberg-Baden (vgl. Nr. 4 Anm. 3) als Stimmungsausdruck des Volkes, das mit der SPD in der Remilitarisierungsfrage einig sei. Der Linksruck sei wesentlich auf die Haltung der Bundesregierung in dieser Frage zurückzuführen. Vgl. »Die Welt« v. 21. und 28.11.1950.

24 Entsprechende Verhandlungen zwischen den Alliierten und Vertretern der Bundesregierung wurden am 10.5.1951 aufgenommen. Vgl. dazu Wilhelm *Grewe,* Rückblenden, S. 130f.
25 Text der von den vier alliierten Regierungen abgegebenen Erklärung und Feststellungen vom 5.6.1945 in: EA, 1. Jg. (1946–1947), S. 213-215.
26 Anspielung auf den am 26.8.1936 zwischen Ägypten und Großbritannien geschlossenen Freundschafts- und Bündnisvertrag. Abdruck in: Völkerbund und Völkerrecht, 3. Jg. (1936/37), S. 429-435, auch EA, 1. Jg. (1946–1947), S. 422f.
27 Wortlaut des Briefwechsels zwischen Adenauer und der Alliierten Hohen Kommission am 6.3.1951 in: Deutsche Auslandsschulden, S. 10-12.
28 Vgl. Nr. 11 Anm. 6.

Nr. 9
a ‹ › Passage in der Vorlage hs. gestrichen.
b ‹ › Vom Bearbeiter korrigiert aus »auf ihr«.
c ‹ › Vom Bearbeiter korrigiert aus »verzichten«.
d ‹ › Passage in der Vorlage hs. gestrichen.
1 Angabe in StBKAH 04.02.
2 Vgl. zum Notenwechsel zwischen den vier Mächten über eine erneute Konferenz Nr. 5 Anm. 6.
3 Adenauer hatte am 7.2.1951 in einem Kommentar für den Bayerischen Rundfunk diese Forderung erhoben. Vgl. BPA, Mitteilung an die Presse Nr. 107/51, 7.2.1951, S. 5; Adenauers hs. korrigierter Entwurf des Kommentars in StBKAH 02.08. McCloy gab daraufhin Adenauer in einem Schreiben am 22.2.1951 die Zusage, ihn »weitestgehend« über die bevorstehende Viererkonferenz zu informieren. Vgl. AdG, 21. Jg. (1951), S. 2830; dazu auch Entwurf eines Schreiben Adenauers an François-Poncet v. 8.3.1951 in StBKAH 03.03.
4 Zur Position Schumachers vgl. Nr. 8 Anm. 22. Protokoll der 4. Sitzung des Parteiausschusses der CDU Deutschlands am 12.12.1951 in Bonn in StBKAH 05.02.
5 Vgl. Nr. 3 Anm. 8.
6 Am 30.1.1951 nahm die Volkskammer einstimmig eine Resolution an, einen Appell an den Bundestag zu richten, in dem unverzüglich die Bildung eines gesamtdeutschen paritätisch besetzten Rates vorgeschlagen werden sollte. Vgl. AdG, 21. Jg. (1951), S. 2794. Grundlage dieser Initiative war der gleichlautende Vorschlag von DDR-Ministerpräsident Otto Grotewohl in einem Schreiben vom 30.11.1950 an Adenauer (vgl. Nr. 5 Anm. 7), den der Kanzler am 15.1.1951 mit dem Hinweis auf die bisherigen Schritte der Bundesregierung, insbesondere ihrem Appell vom 22.3.1950 und die Entschließung des Bundestages vom 19.9.1950, freie Wahlen abhalten zu lassen, ablehnte. Vgl. zu diesen Vorgängen Heinrich *von Siegler,* Dokumentation zur Deutschlandfrage, Hauptbd., S. 97, 104-107.
7 In dem zwischen der DDR und Polen am 6.7.1951 abgeschlossenen Grenzabkommen erkannte die DDR-Regierung die Oder-Neiße-Grenze als deutsche Ostgrenze an. Wortlaut in: EA, 5. Jg. (1950), S. 3330f.

8 Vgl. Nr. 2 Anm. 8.
9 Die Verhandlungen, an denen Belgien, die Bundesrepublik Deutschland, Frankreich, Italien, Luxemburg und etwas später die Niederlande teilnahmen, begannen am 15.2.1951 in Paris. Zur Anfangsphase der Beratungen vgl. Gerhard *Wettig,* Entmilitarisierung, S. 402-412.
10 Hans *Speidel* (geb. 1897), Dr. phil., General; militärischer Dienst in der Reichswehr und Wehrmacht, seit 1930 im Generalstab, 1933–1935 Gehilfe des Militärattachés an der Botschaft in Paris, 1936–1937 Leiter der Abteilung Fremde Heere West im Generalstab des Heeres in Berlin, 1940–1944 Leiter des Stabs beim Militärstabsleiter in Frankreich, 1944–1945 Verhaftung durch die Gestapo, 1947–1955 Lehrtätigkeit an der Universität Tübingen, seit 1950 militärischer Berater Adenauers, 1951–1954 militärischer Chefdelegierter bei den EVG-Verhandlungen, 1955–1957 Leiter der Abteilung Gesamtstreitkräfte im Bundesministerium der Verteidigung, 1957–1963 Oberbefehlshaber der NATO-Landstreitkräfte Europa-Mitte, 1963–1964 Sonderbeauftragter der Bundesregierung für Fragen der atlantischen Verteidigung. Vgl. seine Erinnerungen: Aus unserer Zeit, 3. Aufl., Berlin–Frankfurt/Main–Wien 1977.
11 Wilhelm *Speidel* (1895–1970), General der Flieger; 1913 Eintritt in den Militärdienst, 1943 Militärbefehlshaber in Griechenland, 1945–1951 in amerikanischer Haft.
12 Zu seiner Rolle bei den alliierten Verhandlungen vgl. Hans *Speidel,* a.a.O., S. 267-297.
13 Vgl. Rudolf *Mittendorfer,* Robert Schuman, S. 212-218; William *Diebold,* The Schuman Plan, S. 72f.
14 Vgl. Nr. 8 Anm. 13.
15 Vgl. a.a.O., Anm. 10.
16 In Goslar fand vom 20.–22.10.1950 der 1. Bundesparteitag der CDU statt. Vgl. Jean *Julg,* Le chemin de l'unité de la C.D.U., Préparation du congrès de Goslar (1950), in: Revue d'Allemagne 6 (1974), S. 87-110.

Nr. 10
1 Hansfrieder *Rost* (geb. 1909), Beamter; 1946–1947 Redakteur des German News Service, 1947–1951 Abteilungsleiter beim Hilfswerk der EKD, 1951–1974 Ministerialrat im Presse- und Informationsamt der Bundesregierung, Leiter der Abteilung Nachrichten, ab 1965 Ministerialdirigent.
2 Angabe in StBKAH 04.02.
3 Die Bundesregierung hatte am 21.2.1951 beschlossen, die Liberalisierungsliste frei importierbarer Güter für einige Tage außer Kraft zu setzen, um eine Überprüfung der Liberalisierungspolitik vornehmen zu können. Vgl. »Frankfurter Allgemeine« v. 22.2.1951; zu den wirtschaftspolitischen Zusammenhängen Werner *Abelshauser,* Ansätze »kooperativer Marktwirtschaft« in der Korea-Krise der frühen fünfziger Jahre, in: VfZ, 30. Jg. (1982), S. 715-756.
4 Vgl. Nr. 5 Anm. 6.

5 Vgl. Nr. 9 Anm. 3.

6 Text der französischen Note, die identisch ist mit den Antwortnoten der britischen und amerikanischen Regierung, in: AdG, 21. Jg. (1951), S. 2825.

7 Wie umstritten der außenpolitische Kurs Großbritanniens war, zeigte sich in vier Anträgen von Mitgliedern der regierenden Labour-Partei in der Unterhaus-Debatte am 14./15.2.1951 über das neue Rüstungsprogramm. In einem Antrag wurde die Wiederaufrüstung Deutschlands befürwortet, in einem zweiten dafür plädiert, in dieser Frage nichts Endgültiges zu entscheiden. In den beiden anderen Anträgen hingegen sprachen sich Labour-Abgeordnete für eine neue Ost-West-Friedensinitiative und die Beendigung des Rüstungswettlaufs aus bzw. forderten sie den Widerstand gegen einen neuen Totalitarismus in Westdeutschland. Ein Mißtrauensantrag der konservativen Opposition, in dem der Regierung Unfähigkeit vorgeworfen wurde, eine wirksame Verteidigungspolitik im Einvernehmen mit den anderen Alliierten durchzuführen, fand keine Mehrheit. Vgl. AdG, 21. Jg. (1951), S. 2812, 2820.

8 Vgl. Nr. 3 Anm. 10.

9 Zu Adenauers Einschätzung der isolationistischen Tendenzen in den USA vgl. seine Erinnerungen 1945–1953, S. 405-413.

10 Vgl. Nr. 9 Anm. 6.

11 Gerhart *Eisler* (1897–1968); 1923–1928 als Kommunist in verschiedenen Ämtern in Sachsen tätig, 1936 Aufenthalt in Spanien, 1939 inhaftiert in Frankreich, 1940 Flucht in die USA, dort 1947 wegen Spionage für die Sowjetunion verurteilt, 1949 Flucht in die DDR, 1949–1953 Leiter des Amtes für Information, 1954 des Amtes für Demoskopie, seit 1956 Stellvertretender Vorsitzender des staatlichen Rundfunkkomitees, dessen Leitung er 1962 übernahm, 1966–1967 Mitglied des Zentralkomitees der SED. Vgl. Biographisches Handbuch der deutschsprachigen Emigration nach 1933, S. 151.
Zu seinen Äußerungen vgl. »Frankfurter Allgemeine« v. 22.2.1951.

12 Vgl. zu den Überlegungen in der Bundestagsfraktion der CDU/CSU »Frankfurter Allgemeine« v. 19.2.1951.

13 Am 20.2.1951 waren Adenauer und Schumacher zu einem Gespräch unter anderem über den deutschen Verteidigungsbeitrag, den Grotewohl-Brief und den Volkskammer-Appell zusammengekommen. Zum Treffen vgl. »Frankfurter Allgemeine« v. 21.2.1951.

Nr. 11

a ‹ › Vom Bearbeiter korrigiert aus »sowohl die Autorität«.

1 Angabe in StBKAH 04.02.

2 Das Bundeskabinett hatte am 2.3.1951 beschlossen, die Getreidepreise zu erhöhen. Die Preisbehörden wurden angewiesen, lediglich dann einzuschreiten, wenn der Preis für eine Tonne Weizen 400 bis 420 DM und für die Tonne Roggen 380 DM überschreiten sollte. Vgl. »Frankfurter Allgemeine« v. 3.3.1951.

3 Den Vorsitz des Ausschusses übernahm der Bundeskanzler, sein Stellvertreter

wurde Minister Blücher, der frühere Bankenkommissar Dr. Friedrich Ernst Geschäftsführer des Ausschusses.

4 Spannungen zwischen Bundesregierung und Bundesrat hatten sich im Laufe des Jahres 1951 vor allem wegen der unterschiedlichen Auffassungen über die Kompetenzen des jeweiligen Bundesorgans ergeben. Während der Bundesrat mit wachsendem Selbstbewußtsein seinen Einfluß auf die Gesetzgebungspolitik der Bundesregierung zu erweitern suchte, war das Kabinett bestrebt, das Prüfungsrecht der Ländervertretung zu beschneiden. Zu diesen Konflikten vgl. Udo *Wengst,* Staatsaufbau, S. 302-309.

5 Wortlaut des Briefwechsels zwischen Adenauer und der Alliierten Hohen Kommission vom 6.3.1951 in: Auslandsschulden, S. 10-12.

6 Die erste Revision des Besatzungsstatuts trat am 7.3.1951 in Kraft. Vgl. EA, 6. Jg. (1951), S. 3829f.

7 Vgl. Nr. 5 Anm. 6.

Nr. 12

1 Angabe in StBKAH 04.02.

2 John Jay *McCloy* (geb. 1895), Dr. jur., amerikanischer Politiker; bis 1940 Tätigkeit in Anwaltsfirmen, 1941–1945 Unterstaatssekretär im Kriegsministerium, 1947 Präsident der Weltbank, 1949–1952 Hoher Kommissar in Deutschland, 1953–1965 wieder in der Wirtschaft tätig, 1961 Leiter der zentralen Abrüstungsbehörde. Vgl. Alan *Brinkley,* Minister without portofolio, The life and times of John J. McCloy, in: Harper's, Februar 1983, S. 31-46; Manuskript der Sendung »Zeugen der Zeit«, John McCloy im Gespräch mit Lothar Loewe, 10.7.1981, III. Fernsehprogramm von NDR, RB, SFB, WDR. Zu McCloy's Beziehung zum Kanzler vgl. seinen Beitrag: Adenauer und die Hohe Kommission, in: Konrad Adenauer und seine Zeit, Bd. 1, S. 421-426.

3 Vgl. Nr. 8 Anm. 13; zur Vermittlerrolle McCloys die Dokumentation von Werner *Abelshauser,* Ansätze »kooperativer Marktwirtschaft« in der Korea-Krise der frühen fünfziger Jahre, in: VfZ, 30. Jg. (1982), S. 715-756 sowie den Bericht der Stahltreuhändervereinigung, Die Neuordnung der Eisen- und Stahlindustrie im Gebiet der Bundesrepublik Deutschland, München–Berlin 1954, S. 1-315.

4 Jean *Monnet* (1888–1979); 1919–1923 Stellvertretender Generalsekretär des Völkerbundes, 1932 in dessen Auftrag Wirtschaftsberater in China, 1940 Koordinator der britisch-französischen Rüstungsproduktionen, 1943/44 Mitbegründer des nationalen Befreiungskomitees in Algier, 1946–1952 Leiter des französischen Planungsamtes, in dieser Funktion verantwortlich für die Pläne zur Modernisierung der Wirtschaft, 1950 maßgeblich beteiligt an der Konzeption des Schuman-Plans, 1952–1955 erster Präsident der Hohen Behörde der EGKS, 1956 Gründer und Vorsitzender des bis 1975 bestehenden Aktionskomitees für die Vereinigten Staaten von Europa. Vgl. Jean *Monnet,* Erinnerungen eines Europäers, München–Wien 1978.

Zu seiner im folgenden beschriebenen Haltung vgl. a.a.O., S. 444f.

5 Johannes *Hoffmann* (1890–1967); 1929 Chefredakteur der »Saarbrücker Landeszeitung«, 1935 Emigration nach Luxemburg, 1941 Aufenthalt in Brasilien, gründete nach seiner Rückkehr 1945 im Saargebiet die CVP und übernahm ihren Vorsitz, 1947 Ministerpräsident des Saargebietes, setzte sich für den wirtschaftlichen Anschluß des Saargebietes an Frankreich ein, späterhin für die politische Autonomie und Europäisierung, 1954 unterstützte er das Saarstatut, trat nach der Ablehnung durch die Bevölkerung 1955 zurück, 1956 gab er das Amt des Vorsitzenden der CVP ab. Vgl. seine Memoiren: Das Ziel war Europa, Der Weg der Saar 1945–1955, München 1963.

6 Alexander *von Falkenhausen* (1878–1966), General; 1919–1925 Chef des Generalstabs, 1940–1944 Militärbefehlshaber in den Niederlanden, Belgien und Nordfrankreich, 1944–1945 im Konzentrationslager wegen konspirativer Tätigkeit, anschließend Kriegsgefangenschaft.
Ein belgisches Militärgericht in Brüssel verurteilte Falkenhausen am 9.3.1951 wegen Geiselerschießung, Arbeiterdeportationen und Judenverschickung in der deutschen Besatzungszeit zu 12 Jahren Zwangsarbeit. Die Schuldfrage war dabei in einzelnen Punkten umstritten. Vgl. »Frankfurter Allgemeine« v. 10.3.1951.

7 Biographische Angaben zu Dr. Anton *Pfeiffer* (1888–1957) in: Adenauer, Briefe 1945–1947, S. 723.

8 Das Bundeskabinett hatte am 7.3.1951 über eine Reihe grundsätzlicher wirtschaftspolitischer Maßnahmen beraten, um durch Kapitalzuschuß in den Grundstoffindustrien eine Produktionsausweitung zu ermöglichen und das Preisniveau zu stabilisieren. Durch finanzpolitische Entscheidungen sollten zusätzliche Investitionsmittel freigesetzt werden. Beabsichtigt war, die Maßnahmen zunächst mit Vertretern der Wirtschaft und Gewerkschaften zu beraten. Vgl. »Frankfurter Allgemeine« v. 8.3.1951.

9 Als Antwort auf die Vorschläge der Volkskammer und der DDR-Regierung (vgl. Nr. 9 Anm. 6) nahm der Bundestag am 9.3.1951 nach einer Aussprache eine von allen Fraktionen mit Ausnahme der Kommunisten unterstützte Erklärung der Bundesregierung an. Darin wurden aus Anlaß der am 5.3.1951 begonnenen Konferenz von Vertretern der vier Mächte in Paris, um die Tagesordnung für ein neues Zusammentreffen des Außenminister-Rates über die Deutschlandfrage vorzubereiten, die Besatzungsmächte ersucht, die Voraussetzungen für freie, allgemeine, geheime und direkte Wahlen zu einem Parlament für ganz Deutschland sobald wie möglich zu schaffen. Text der von Adenauer verlesenen Erklärung in: Verhandlungen des Deutschen Bundestages, 1. Wahlperiode 1949, Stenographische Berichte, Bd. 6, S. 4757-4761; hs. korrigierter Entwurf der Erklärung sowie des Schreibens an den Geschäfsführenden Vorsitzenden der Alliierten Hohen Kommission, François-Poncet, vom 8.3.1951 in StBKAH 03.03; zum weiteren Verlauf der Bundestagsdebatte vgl. Verhandlungen des Deutschen Bundestages, a.a.O., S. 4761-4780; zu den Hintergründen Konrad *Adenauer,* Erinnerungen 1953–1955, S. 46-48.

10 Im Zuge der ersten Revision des Besatzungsstatuts (vgl. Nr. 3 Anm. 8, Nr. 11 Anm. 6) beschloß das Bundeskabinett am 13.3.1951 die Errichtung eines Auswärtigen Amtes. Die Geschäfte des Außenministers übernahm Bundeskanzler Adenauer am 15.3.1951 selbst, Professor Hallstein wurde zum Staatssekretär ernannt. Vgl. zum organisatorischen und personellen Aufbau des Auswärtigen Amtes Udo *Wengst,* Staatsaufbau, S. 183-189; ausführliche Darstellung bei Wilhelm *Haas,* Beitrag zur Geschichte der Entstehung des Auswärtigen Dienstes, S. 21-64.

11 Zu biographischen Angaben über Dr. h.c. Hans *Schlange-Schöningen* (1886–1960) und dessen Beziehung zum Bundeskanzler vgl. Adenauer, Briefe 1945–1947, S. 603f.

12 Bereits am 11.3.1950 hatte Adenauer bei Schlange-Schöningen angefragt, wenn es nicht gelingen sollte, ein deutsches Generalkonsulat in Washington statt in New York zu eröffnen, ob dieser dann bereit sei, nach London zu gehen, weil er dort größeren politischen Einfluß ausüben könne als in New York. Schreiben Schlange-Schöningens an Adenauer v. 13.3.1950 sowie Adenauers Antwort v. 16.3.1950 in StBKAH 10.02.

Nr. 13

1 Angabe in StBKAH 04.02.

2 Ebenda.

3 Zur Errichtung des Amtes und zur Ernennung Adenauers und Hallsteins vgl. Nr. 12 Anm. 10.

4 Wilhelm *Hausenstein* (1882–1957), Dr. phil., Professor, Publizist und Diplomat; seit 1916 Mitarbeiter der »Frankfurter Zeitung«, 1934 Leiter des Literaturteils, 1936 Ausschluß aus der Reichsschrifttumskammer, Verbot weiterer Buch-Veröffentlichungen, 1943 Ausschluß aus der Reichspressekammer, nach dem Zweiten Weltkrieg Mitarbeiter verschiedener Zeitungen und Zeitschriften, 1950–1955 Generalkonsul, dann Botschafter in Frankreich. Vgl. zu der diplomatischen Tätigkeit seine Pariser Erinnerungen, 3. Aufl., Minden 1961; Impressionen und Analysen, Letzte Aufzeichnungen, München 1969.

5 Vgl. Nr. 12 Anm. 11, 12.

6 Heinz L. *Krekeler* (geb. 1906), Dr. phil., Diplomat und Politiker; bis 1947 als Chemiker in der Industrie tätig, Mitbegründer der FDP, für diese von 1947–1950 MdL in Nordrhein-Westfalen, 1950–1951 Generalkonsul in New York, 1951–1955 Geschäftsträger in Washington, 1955–1958 dort Botschafter, 1958–1964 Mitglied der Euratom-Kommission. Vgl. zu seiner Biographie Frank *Lambach,* Der Draht nach Washington, S. 105-113.

7 Vgl. Nr. 12 Anm. 6.

8 Eggert *Reeder* (1894–1959), General; 1933 Regierungspräsident in Aachen und ab 1936 in Köln, 1939 gleichzeitig auch kommissarischer Regierungspräsident in Düsseldorf, 1940–1944 Chef des Verwaltungsstabes beim Militärbefehlshaber für Belgien und Nordfrankreich, 1944 Wiederaufnahme der Geschäfte des

Regierungspräsidenten in Köln, 1945 Verhaftung und Internierung bis 1951. Vgl. 150 Jahre Regierung und Regierungsbezirk Aachen, hrsg. vom *Regierungspräsidenten in Aachen,* Aachen 1967, S. 335f.
Reeder wurde in dem Prozeß zu 12 Jahren Zwangsarbeit verurteilt, jedoch nach Deutschland entlassen. Vgl. »Frankfurter Allgemeine« v. 10.3.1951. Auf Wunsch des Bundeskanzlers verzichtete Reeder auf eine Berufung, um nicht die deutsch-belgischen Beziehungen zu belasten. Im Juli 1951 trat er auf eigenen Wunsch in den Ruhestand.

9 George *Bertram* (1882–1953); 1935 Generalmajor, 1937–1942 Generalanwalt beim Reichskriegsgericht, 1939 Generalleutnant, 1944–1945 zuständig für die Rückwärtigen Armeegebiete in Belgien und den Niederlanden, anschließend Verhaftung und Internierung, nach der Verurteilung durch ein belgisches Militärgericht 1951 aus der Haft entlassen.

10 Bertram nahm das Urteil an. Vgl. »Frankfurter Allgemeine« v. 20.3.1951.

11 Kritik am Urteil des Militärgerichts wurde vor allem in Großbritannien geübt. Vgl. »Frankfurter Allgemeine« v. 15.3.1951.

12 Henri *Queuille* (1884–1970), französischer Politiker; 1914–1935 Abgeordneter der Deputiertenkammer (Radikalsozialist), 1924–1940 abwechselnd Minister für Landwirtschaft, Gesundheit, öffentliche Arbeiten, Post, 1935–1940 Senator, 1944 Mitglied der Beratenden Provisorischen Nationalversammlung, 1946–1958 Abgeordneter der Nationalversammlung, 1948–1952 zeitweise Ministerpräsident bzw. Stellvertretender Ministerpräsident, Innen-, Finanz- und Staatsminister, 1957 Vorsitzender der Radikalen und Radikalsozialistischen Partei.

13 Vgl. Nr. 8 Anm. 13, Nr. 12 Anm. 3.

14 Vgl. Nr. 14 Anm. 3.

15 Vgl. a.a.O., Anm. 5.

16 Text der Rede v. 14.3.1951 in StBKAH 12.50.

17 Grotewohl verurteilte am 14.3.1951 vor der Volkskammer die angeblichen Remilitarisierungsbemühungen Adenauers und Schumachers und lehnte die Entschließung des Bundestages vom 9.3.1951 zur Abhaltung freier, allgemeiner, geheimer und direkter Wahlen zu einem Parlament für ganz Deutschland ab (vgl. Nr. 12 Anm. 9). Vgl. AdG, 26. Jg. (1951), S. 2850, 2858.

18 Vgl. Nr. 5 Anm. 7, Nr. 9 Anm. 6.

19 Vgl. Horst *Thum,* Mitbestimmung, S. 93-95, 120-122.

20 Hans *vom Hoff* (1899–1969), Gewerkschaftsfunktionär; seit 1919 in der Gewerkschaftsbewegung tätig, 1923–1933 Bezirksleiter des Zentralverbandes der Angestellten in Hagen, Essen, Düsseldorf und Lübeck, 1946 Landrat in Nienburg (Weser), aktiv am Wiederaufbau der Gewerkschaften in Niedersachsen beteiligt, ab 1947 Mitglied des Bizonen-Gewerkschaftsrats in Frankfurt/Main, 1949–1952 Vorstandsmitglied des DGB, 1952–1955 Direktor und Sonderberater Jean Monnets bei der Hohen Behörde der EGKS. Vgl. Munzinger-Archiv, 25.4. 1970.

21 Vgl. Nr. 8 Anm. 3.

22 Vgl. a.a.O., Anm. 7.

Nr. 14

a ‹ › Vom Bearbeiter korrigiert aus »84«.

b ‹ › Vom Bearbeiter korrigiert aus »die«.

c ‹ › Vom Bearbeiter korrigiert aus »daß«.

d ‹ › Vom Bearbeiter korrigiert aus »für«.

e ‹ › Vom Bearbeiter korrigiert aus »der Hohen«.

f ‹ › Vom Bearbeiter korrigiert aus »in«.

g ‹ › Vom Bearbeiter korrigiert aus »81«.

h ‹ › Vom Bearbeiter korrigiert aus »81«.

i ‹ › Vom Bearbeiter korrigiert aus »beitragen«.

j ‹ › Vom Bearbeiter korrigiert aus »besteht«.

k ‹ › Vom Bearbeiter korrigiert aus »in«.

1 Fritz *von Twardowski* (1890–1970), Dr. jur., Dr. rer. pol., Diplomat; 1928–1935 Botschaftsrat in Moskau, 1935–1943 im Auswärtigen Amt in Berlin, ab 1939 Leiter der Kulturabteilung, 1943–1945 Generalkonsul in Istanbul, 1946–1950 Stellvertretender Leiter der Außenstelle Hamburg des Evangelischen Hilfswerks, 1950–1952 kommissarischer Leiter des Presse- und Informationsamtes der Bundesregierung, 1952–1956 Botschafter in Mexiko. Vgl. Bulletin, Nr. 61, 31.5. 1952, S. 671; zu seiner Tätigkeit im BPA Horst *Walker,* Das Presse- und Informationsamt der Bundesregierung, passim.

2 Angabe in StBKAH 04.02, im Dokument angegeben »15.30 Uhr«.

3 Am 18.4.1951 war in Paris von den Außenministern Belgiens, der Bundesrepublik Deutschland, Frankreichs, Italiens, Luxemburgs und der Niederlande der Vertrag über die Gründung der Europäischen Gemeinschaft für Kohle und Stahl unterzeichnet worden. Wortlaut in: EA, 6. Jg. (1951), S. 3987-4133.

4 Wortlaut der Pressekonferenz v. 20.4.1951, 14 S., in StBKAH 16.07.

5 Text des Schreibens von Außenminister Schuman an Bundeskanzler Adenauer vom 18.4.1951 hinsichtlich der Aufhebung der Beschränkungen für die deutsche Stahlproduktion und der Funktionen der Ruhrbehörde in: Konrad *Adenauer,* Erinnerungen 1945–1953, S. 435 f., auch abgedruckt in: EA, 6. Jg. (1951), S. 3986.

6 Gemeinsame Versammlung der EGKS.

7 Art. 18, 19 EGKS-Vertrag.

8 Gemeint war das Fragerecht der Gemeinsamen Versammlung gemäß Art. 23 EGKS-Vertrag.

9 Art. 40 EGKS-Vertrag.

10 Art. 33-35, 48, 59, 65 EGKS-Vertrag.

11 Art. 59 EGKS-Vertrag.

12 Art. 96 EGKS-Vertrag.

13 Art. 9 EGKS-Vertrag.

14 Damit dürfte Dirk Pieter *Spierenburg* (geb. 1909), niederländischer Politiker, gemeint gewesen sein, 1940–1945 Leiter des staatlichen Metallbüros im Wirtschaftsministerium, 1945 dort Direktor für Handelsabkommen in Westeuropa,

1948 stellvertretender Regierungskommissar für den Marshall-Plan und Leiter der OEEC-Delegation, 1950 Delegationschef bei den Schuman-Plan-Verhandlungen, 1952–1962 Mitglied der Hohen Behörde der EGKS, ab 1958 deren Vizepräsident, 1963–1971 Ständiger Vertreter bei der Europäischen Gemeinschaft, 1971–1974 in gleicher Funktion bei der NATO. Vgl. Hans *Dichgans,* Montanunion, S. 179.

15 Vgl. zu den Bestimmungen über die Ernennung der Mitglieder der Hohen Behörde Art. 10 EGKS-Vertrag.

16 Carlo *Graf Sforza* (1872–1952), italienischer Politiker; 1919–1920 Staatssekretär des Auswärtigen Amtes und Senator, 1920–1921 Außenminister, 1922 Botschafter in Paris, 1927–1943 Exil in Belgien, Frankreich und den USA, 1945 Präsident des Nationalrats, 1947 Außenminister, 1951 Rücktritt aus Gesundheitsgründen, anschließend Minister ohne Portefeuille für Europaratsfragen. Vgl. seine Memoiren: Cinque anni a Palazzo Chigi. La politica estera italiana dal 1947 al 1951, Rom 1952; Biographie von Livio *Zeno,* Ritratto di Carlo Sforza: col carteggio Croce-Sforza ed altri documenti inediti, Florenz 1975.

17 Art. 21 EGKS-Vertrag.

18 Belgien und die Niederlande bekamen 10, Luxemburg 4 Abgeordneten-Sitze zugesprochen.

19 Art. 28 EGKS-Vertrag.

20 Art. 77 EGKS-Vertrag.

21 In den Diskussionen über die Sitzfrage, die sich bis Juli 1952 hinzogen, favorisierten Frankreich Straßburg, Italien Turin, Belgien Lüttich und die Niederlande Den Haag. Vgl. Jean *Monnet,* Erinnerungen eines Europäers, S. 468f.; Konrad *Adenauer,* a.a.O., S. 437.

22 Gemeint war der von den Außenministern der EGKS-Staaten eingesetzte Interimsausschuß, der bis zum Inkrafttreten des Vertrages Vorbereitungen für die Konstituierung der Organe und den Beginn der gemeinsamen Arbeiten treffen sollte. Vgl. dazu das Protokoll der Ministerkonferenz in: EA, 6. Jg. (1951), S. 4113.

23 Vgl. Jean *Monnet,* a.a.O., S. 468.

24 Jossif Wissarionowitsch *Stalin,* eigentlich *Dschugaschwili* (1879–1953), sowjetischer Politiker; 1922–1953 Generalsekretär des ZK der KPdSU, seit 1941 Vorsitzender des Rats der Volkskommissare, 1943 Marschall, ab 1946 Vorsitzender des Ministerrats.

25 Darstellung über den Aufenthalt in Paris vom 12.–18.4.1951 in: Konrad *Adenauer,* a.a.O., S. 427-441.

26 Vgl. Nr. 8 Anm. 6.

27 Vgl. Nr. 2 Anm. 24.

28 Vgl. Jean *Monnet,* a.a.O., S. 367-380.

29 Der Vorstand der CDU/CSU-Bundestagsfraktion schloß sich in der Sitzung am 9.4.1951 der Bitte des Kanzlers an, zum damaligen Zeitpunkt eine Saardebatte im Bundestag zu verhindern, um jede Störung seiner Paris-Reise zu vermeiden. Aktennotiz zur Vorstandssitzung vom 9.4.1951 in: ACDP, VIII-CDU/CSU Bundestagsfraktion.

30 Der im Oktober 1947 neu gewählte saarländische Landtag verabschiedete am 8.11.1947 eine Verfassung, welche die Autonomie des Saargebietes mit wirtschaftlichem Anschluß an Frankreich vorsah. Die Zollgrenze zwischen dem Saargebiet und Frankreich wurde am 1.4.1948 aufgehoben und der französische Franken als alleiniges Zahlungsmittel eingeführt. Die Regierung Hoffmann schloß am 3.3.1950 mit Frankreich mehrere Konventionen ab (vgl. Nr. 1 Anm. 33), die bis zum Abschluß eines Friedensvertrages mit Deutschland Frankreich das Recht zur Ausbeutung der Saargruben gab.
31 Nachdem die Saarregierung am 30.11.1950 einen offiziellen Antrag auf Aufnahme in die Montangemeinschaft als selbständiger Staat gestellt hatte, dieses jedoch von der Bundesregierung entschieden abgelehnt wurde, forderte die Regierung Hoffmann Sitz und Stimme in der Hohen Behörde. Wegen des Widerstands der Bundesregierung versuchten die Saarvertreter, Bonn die Schuld für die Abhängigkeit der Saar gegenüber Frankreich zu geben. Bemühungen Hoffmanns, Schuman noch unmittelbar vor Unterzeichnung des EGKS-Vertrags zur Durchsetzung des saarländischen Standpunktes zu bewegen, blieben erfolglos. Vgl. Robert *Schmidt,* Saarpolitik, 2. Bd., S. 221f.; Jacques *Freymond,* Die Saar, S. 99f.
32 Art. 79 EGKS-Vertrag regelte den Anwendungsbereich und bestimmte im ersten Teil: »Er [der Vertrag, d. B.] findet ebenso auf die europäischen Gebiete Anwendung, deren auswärtige Angelegenheiten von einem Signatarstaat wahrgenommen werden.«
33 Text des Briefwechsels zwischen Schuman und Adenauer in: Konrad *Adenauer,* a.a.O., S. 429f., auch abgedruckt in: EA, 6. Jg. (1951), S. 4076f.
34 Eine dementsprechende Aussage war in den Tageszeitungen dieses Zeitraums nicht nachzuweisen. Vielleicht bezog Adenauer sich auch auf die »Frankfurter Allgemeine« v. 20.4.1951, in der berichtet wurde, Koalitionskreise seien der Ansicht, »die Tatsache, daß Paris auf seinem Standpunkt einer Saar-Autonomie bestehen bleibe, bedeute eine Schwächung für die Bundesregierung und eine Stärkung für die Opposition.«
35 Anspielung auf die zwischen der Saar und Frankreich geschlossenen Konventionen, vgl. Anm. 30.
36 Statistische Angaben über die Eisen- und Stahlindustrie in Europa in: EA, 6. Jg. (1951), S. 3986 I-IV.
37 Am 16.10.1925 hatten Belgien, Deutschland, Frankreich, Großbritannien und Italien in Locarno u. a. einen Vertrag über gegenseitige Garantie unterzeichnet, der auf einen politischen Ausgleich zwischen Deutschland und den ehemaligen Feindstaaten abzielte. Zum Inhalt und Hintergrund der abgeschlossenen Verträge vgl. Konferenzen und Verträge, Vertrags-Ploetz, Bd. 4A, S. 93-98; Abdruck auch in: EA, 9. Jg. (1954), S. 6792-6794.
38 Wortlaut der Gemeinsamen Erklärung der Minister vom 18.4.1951 zu der Unterzeichnung des EGKS-Vertrages in: EA, 6. Jg. (1951), S. 4333f.
39 Ähnliche Bewertung des Abkommens in: Konrad *Adenauer,* a.a.O., S. 437.

40 Zur Bedeutung des Croix de Guerre für Adenauer vgl. a.a.O., S. 441, die Abbildung S. 432/433 sowie das Anschreiben der Studentin Simone *Patrouilles,* S. 440.

41 Rodolfo Ottavio *Harscouët* (1874–1954); 1899 zum Priester geweiht, 1926 Bischof.

42 Vgl. Art. 6 EGKS-Vertrag.

43 Vgl. Art. 50, 51, 54 EGKS-Vertrag.

44 Widerstand gegen den Schuman-Plan kam vor allem aus den Reihen der Kommunisten und Konservativen (RPF). Vgl. Rudolf *Mittendorfer,* Robert Schuman, S. 227-229; Jean *Monnet,* a.a.O., S. 453; Gabriele *Latte,* Die französische Europapolitik, S. 23, 32-39.

45 Vgl. Anm. 30.

46 Vgl. Nr. 36 Anm. 31.

47 Adenauer hatte erklärt, die britische Regierung habe ihre Zustimmung zu der Bekanntgabe des Briefes von Schuman gegeben. Ruhrstatut und Schuman-Plan vertrügen sich nicht miteinander. Vgl. »Frankfurter Allgemeine« v. 21. 4. 1951.

48 Sir Herbert Stanley *Morrison,* seit 1959 Baron *Morrison of Lambeth* (1888–1965), britischer Politiker; 1923–1924, 1929–1931 und 1935–1959 Labour-Abgeordneter im Unterhaus, 1929–1931 Minister für Transport, 1940 Minister für Materialbeschaffung, 1940–1945 Innenminister und Minister für Innere Sicherheit, 1945–1950 Lordpräsident und Führer der Labour-Fraktion im Unterhaus, 1950-1951 Außenminister, 1951–1955 Stellvertretender Oppositionsführer. Vgl. An Autobiography by Lord Morrison of Lambeth, London 1960; biographische Studien von B. *Donoughue*/G. W. *Jones,* Herbert Morrison, Portrait of a Politician, London 1973; Avi *Shlaim* u. a., British Foreign Secretaries since 1945, S. 70-80.

49 Vermutlich spielte Adenauer in diesem Zusammenhang auf die erste größere Rede des neuen Außenministers Morrison am 2. 4. 1951 an, in der dieser die Bereitschaft Großbritanniens erkennen ließ, »der Sowjetunion die Freundschaftshand entgegenzustrecken«. Vgl. AdG, 21. Jg. (1951), S. 2881; zu den Äußerungen Adenauers über die britische Haltung vor der Presse vgl. »Frankfurter Rundschau« v. 20. 4. 1951.

50 Vgl. dazu die Darstellung von Wilhelm *Hausenstein,* Pariser Erinnerungen, S. 63-68.

51 Zur Rolle John McCloys vgl. Nr. 12 Anm. 3.

52 Art. 99 EGKS-Vertrag sah andernfalls eine Pflicht zur Verständigung der Regierungen der Teilnehmerstaaten vor.
Zu den im folgenden erwähnten Wahlen in Frankreich vgl. Nr. 15 Anm. 25.

53 An dem Gespräch, das am 23. 4. 1951 stattfand, nahmen Dr. Heinrich von Brentano (CDU), Dr. Carl von Campe (DP), August-Martin Euler (FDP), Dr. Hans Mühlenfeld (DP), Dr. Hermann Schäfer (FDP), Carl Schröter (CDU) und Staatssekretär Dr. Carl Otto Lenz teil. Angabe in StBKAH 04.02.

54 Gemeint war der Interimsausschuß vgl. Anm. 22.

55 Kooptiert wurde Paul *Finet* (1897–1967), belgischer Gewerkschaftler; 1928 Sekretär der Metallarbeiter-Gewerkschaft, 1946 Generalsekretär der Fédération Générale de Travail Belgique, Mitbegründer und erster Präsident des Internationalen Bundes Freier Gewerkschaften, 1945–1951 Mitglied des Verwaltungsrates des Internationalen Arbeitsamtes in Genf, seit 1952 Mitglied der Hohen Behörde der EGKS, 1958–1959 deren Präsident. Vgl. Hans *Dichgans,* Montanunion, S. 180f.

56 Die offizielle Zustimmung des DGB zum EGKS-Vertrag erfolgte während der Sitzung des Bundesausschusses am 7.5.1951. Zur Entscheidung und Haltung des DGB vgl. Horst *Thum,* Mitbestimmung, S. 100-104.

57 Eine Veröffentlichung des Briefwechsels ist nicht bekannt.

58 Biographische Angaben zu Josef *Joos* (1878–1965) in: Adenauer, Briefe 1945–1947, S. 625.

59 Vgl. Nr. 9.

60 Für Belgien unterzeichneten Außenminister Paul *van Zeeland* (1893–1973, biographische Daten in: Adenauer, Briefe 1947–1949, S. 668) und Außenhandelsminister Joseph *Meurice* (geb. 1896), belgischer Politiker; 1946 Mitglied des Senats, 1950–1954 Außenhandelsminister.

Bevollmächtigt für die Niederlande waren Dirk Uipko *Stikker* (1897–1979), Diplomat und Politiker; 1948 Mitbegründer und erster Vorsitzender der VVD, 1948–1952 Außenminister, 1952–1958 Botschafter in London, 1958–1961 bei der NATO, 1961–1964 deren Generalsekretär, anschließend in der Mineralölindustrie tätig. Vgl. seine Memoiren: Bausteine für eine neue Welt, Wien–Düsseldorf 1966 und seinen Beitrag: Die NATO-Politik Adenauers, in: Konrad Adenauer und seine Zeit, Bd. 1, S. 524-537, und

Johannes Roelof *van den Brink* (geb. 1915), Dr. rer. pol., Professor; 1940–1942 für das Departement Industrie und Handel tätig, 1945–1948 Abgeordneter der Kammer (KVP), Ordinarius für Wirtschaftswissenschaften in Nimwegen, 1948–1952 Wirtschaftsminister.

61 Vgl. Art. 95 EGKS-Vertrag.

62 Hervé *Alphand* (geb. 1907), französischer Diplomat; 1945–1949 Generaldirektor des Amts für Wirtschafts-, Finanz- und technische Fragen des Außenministers, 1950–1955 Botschafter bei der NATO, 1955 Ständiger Vertreter im Sicherheitsrat der UNO, 1959–1965 Botschafter in Washington, 1965–1972 Generalsekretär im Außenministerium. Vgl. seine Aufzeichnungen: L'étonnement d'être, Journal (1939–1973), Paris 1977.

63 Leiter der deutschen Delegation bei den Verhandlungen über den Schuman-Plan war Staatssekretär Hallstein.

Nr. 15

a ‹ › Vom Bearbeiter korrigiert aus »gelitten«.

1 Angabe in StBKAH 04.02.

2 Vgl. Anm. 28.

3 *Georg VI,* ursprünglich *Albert* (1895–1952); seit 1936 König des Vereinigten Königreiches von Großbritannien und Nordirland, nahm den Namen seines Vaters an. Vgl. John *Wheeler-Bennett,* King George VI, His Life and Reign, London 1958.

4 Adenauer bezog sich dabei auf den aus einer UP- und einer dpa-Meldung zusammengestellten Artikel »Adenauer fährt Mitte August nach London«, in: »Frankfurter Rundschau« v. 1.6.1951.

5 Bernhard *Lescrinier* (1900–1967), Journalist; in der 30er Jahren freier Mitarbeiter bei United Press, im Zweiten Weltkrieg Berliner Korrespondent der Basler »National-Zeitung«, 1948–1967 Sonderkorrespondent von United Press.

6 Biographische Angaben zu Fritz *Schäffer* (1888–1967) in: Adenauer, Briefe 1945–1947, S. 571.

7 Schon seit dem Winter 1950/51 war die Regierung wegen der erschöpften Devisenreserven, der absehbaren Versorgungsschwierigkeiten und der Preispolitik zerstritten. Adenauer und Schäffer drängten den Wirtschaftsminister, Importbeschränkungen und Maßnahmen der Rohstoffbewirtschaftung zu ergreifen. Erhard, der sich auch mit Blücher überwarf, mußte in dieser Situation um sein politisches Überleben fürchten. Vgl. dazu Hans-Peter *Schwarz,* Die Ära Adenauer 1949–1957, S. 126f.

8 Vgl. zur Biographie von Franz *Blücher* (1896–1959) die Angaben in: Adenauer, a.a.O., S. 722f. Zu Blüchers Kritik am 21.5.1951 an der zu hohen deutschen Kohlen-Exportquote vgl. »Frankfurter Allgemeine« v. 22.5.1951.

9 Angaben zur Biographie von Professor Dr. Ludwig *Erhard* (1897–1977) in: Adenauer, Briefe 1947–1949, S. 564f.

Der Bundeswirtschaftsminister hatte anläßlich der Eröffnung der Internationalen Messe für Druck und Papier am 27.5.1951 sich gegen den übermäßigen deutschen Kohlenexport gewandt und gefordert, »daß das deutsche Volk in diesem Jahr nicht noch einmal frieren soll und frieren darf.« Vgl. »Frankfurter Allgemeine« v. 28.5. 1951.

10 Vgl. in diesem Zusammenhang Nr. 19 Anm. 66.

11 Schäffer wurde zugute gehalten, »nicht aus Unkenntnis oder Leichtfertigkeit« gehandelt zu haben, vielmehr hätte er sich nur »ein finanzielles Sicherheitspolster für alle Fälle« schaffen wollen. Sachverständige der FDP wären »ihm jedoch auf die Schliche gekommen« und hätten den Nachweis falscher Berechnungen des Bundesfinanzministeriums erbracht. Vgl. »Frankfurter Allgemeine« v. 31.5.1951.

12 Zur Deckung eines Drei-Milliarden-Defizits im Bundeshaushalt hatte das Kabinett schließlich am 31.5.1951 auf Vorschlag von Finanzminister Schäffer eine Sonderumsatzsteuer, eine Luxussteuer sowie die Anhebung der Umsatzsteuer von 3 auf 4 Prozent beschlossen. Vgl. »Der Spiegel«, 5. Jg. (1951), Nr. 22, 30.5. 1951, S. 5f.

13 Biographische Angaben zu Bernhard *Reismann* (1903–1982) in: Adenauer, Briefe 1947–1949, S. 653.

Reismann hatte anläßlich der Etatberatungen am 31.5.1951 der Bundesregierung wiederholt vorgeworfen, in den personalpolitischen Entscheidungen beim Aufbau des Auswärtigen Amtes werde nach persönlichen und konfessionellen Präferenzen sowie aufgrund unzureichender Informationen über die Tätigkeit der Bewerber während der NS-Zeit entschieden. Vgl. Verhandlungen des Deutschen Bundestages, 1. Wahlperiode 1949, Stenographische Berichte, Bd. 7, S. 5789-5793; dazu auch Wilhelm *Haas,* Geschichte der Entstehung des Auswärtigen Dienstes, S. 51f.

14 Zur Zusammensetzung und Tätigkeit des am 21.9.1950 eingesetzten Untersuchungsausschusses »Auswärtiger Dienst«, vgl. ebenda.

15 Eigentlich Kösener Senioren-Convents-Verband, der bis 1935 die Corps der deutschen und einiger österreichischer Universitäten umfaßte.

16 Henri Philippe *Pétain* (1856–1951), Marschall von Frankreich; 1922–1931 Generalinspekteur der Armee, 1934 Kriegsminister, 1939 Botschafter in Spanien, 1940 Stellvertretender Ministerpräsident im Kabinett Reynaud, nach dessen Rücktritt Ministerpräsident und Staatschef, 1944 Flucht nach Deutschland, 1945 wegen Hoch- und Landesverrat Verurteilung zum Tod, dann zu lebenslänglicher Haft begnadigt.

17 Zu den Problemen beim Personalaufbau des Auswärtigen Dienstes vgl. Wilhelm *Haas,* a.a.O., S. 34-64.

18 Leopold G.A. *von Hoesch* (1881–1936), Dr. jur., Diplomat; Tätigkeit an den deutschen Vertretungen in Paris, Madrid, London, Sofia, Konstantinopel, Kristiania, 1920–1921 Geschäftsträger in Madrid, 1921–1932 in Paris, seit 1923 dort Botschafter, 1932–1936 in gleicher Funktion in London.

19 Vgl. Verhandlungen des Deutschen Bundestages, a.a.O., S. 5762f.

20 Margot *Hausenstein,* geb. Kohn-Rulf; seit 1919 verheiratet mit Professor Dr. Wilhelm Hausenstein. Zahlreiche Hinweise in den Tagebüchern ihres Mannes von 1942 bis 1946, Licht unter dem Horizont, München 1967 und dessen Impressionen und Analysen, Letzte Aufzeichnungen, München 1969.

21 Angaben zur Biographie von Wilhelm *Kaisen* (1887–1979) in: Adenauer, Briefe 1947–1949, S. 506.

22 Am 30.5.1951 wurde in einer ausführlichen Debatte des Bundestags die Saarfrage erörtert. Anlaß waren das Einreiseverbot von Bundestagsabgeordneten ins Saargebiet am 3.5.1951, der Brief des französischen Außenministers Schuman an den saarländischen Ministerpräsident Hoffmann vom 9.5.1951, in dem dieser aufgefordert wurde, Schritte gegen die Tätigkeit der DPS wegen ihrer anti-französischen Haltung zu unternehmen, und das am 21.5.1951 von der saarländischen Regierung ausgesprochene Verbot der DPS. Der Kanzler wie auch die Vertreter der Parteien verurteilten die Willkürmethoden der Saarregierung und kritisierten die Unentschlossenheit der französischen Regierung. Vgl. zu den Hintergründen der Entwicklung an der Saar seit der Unterzeichnung des EGKS-Vertrages am 18.4.1951 Jacques *Freymond,* Die Saar, S. 110-117; Kurzprotokoll über die Besprechung Adenauers mit den Vorsitzenden der Koalitionsparteien am 28.5.1951 zur Vorbereitung auf die Saardebatte im Bundestag in StBKAH 12.09 sowie Verhandlungen des Deutschen Bundestages, a.a.O., S. 5664–5704.

23 Gilbert *Grandval* (geb. 1904), französischer Politiker; 1939 Eintritt in die Luftwaffe, ab 1940 führend in der französischen Widerstandsbewegung tätig, 1945–1948 Gouverneur des Saarlandes, 1948–1952 dort Hochkommissar, 1952–1955 nach dem Abschluß der französisch-saarländischen Konventionen in der Funktion eines Botschafters tätig, 1955 General-Resident in Marokko, 1962–1966 Arbeitsminister.

24 Vgl. Nr. 14 Anm. 31.

25 Infolge einer Wahlreform fanden am 17.6.1951 Wahlen zur Nationalversammlung statt. Vgl. L'Année Politique 1951, S. 151-158.

26 Georges *Bidault* (1899–1983), französischer Politiker; Mitglied der Nationalversammlung (MRP), seit 1941 in der Widerstandsbewegung tätig, 1944–1946, 1947–1948 und 1953–1954 Außenminister, 1946 und 1949–1950 Ministerpräsident, 1951–1952 Stellvertretender Ministerpräsident und Verteidigungsminister, bekämpfte die Algerienpolitik de Gaulles und wurde Chef des Nationalen Widerstandsrates, 1963 Exil in Brasilien, 1968 Rückkehr nach Frankreich. Vgl. seine Memoiren: Noch einmal Rebell, Von einer Resistance in die andere, Berlin 1966 sowie Adenauer, Briefe 1945–1947, S. 635. Nachruf in »Frankfurter Allgemeine« v. 28.1.1983.

27 Zur Entwicklung der Saar vgl. die in Nr. 14 Anm. 31 aufgeführte Literatur.

28 Am 31.5.1951 wurde in zweiter Lesung der Haushaltsplan des Bundeskanzlers und des Bundeskanzleramtes für das Rechnungsjahr 1950 diskutiert. Zum Verlauf der Debatte, die bis um 1.40 Uhr nachts dauerte, vgl. Verhandlungen des Deutschen Bundestages, a.a.O., S. 5758-5803.

29 Vgl. ebenda. Entwurf der Rede sowie Schreiben Adenauers v. 29.5.1951, in dem er die Alliierte Hohe Kommission bat, »die geeigneten Schritte zu unternehmen, damit im Saargebiet die uneingeschränkte Freiheit der Meinungsäußerung und der Willensbildung hinsichtlich der Fragen hergestellt wird, die im Friedensvertrag ihre endgültige Regelung finden sollen«, in StBKAH 03.03.

30 In dem Artikel »Klug sein und mundhalten« berichtete »Der Spiegel«, 5. Jg., (1951), Nr. 39 v. 27.9.1950, S. 5-7, im Zusammenhang mit der Abstimmung des Bundestages Anfang November 1949 über die in einem Antrag der SPD enthaltene Frage, ob statt Bonn Frankfurt/Main künftig Bundeshauptstadt sein solle, seien insgesamt 2 Millionen DM Bestechungsgelder an Abgeordnete aller Fraktionen gezahlt worden. »Der Spiegel« stützte sich in dieser Behauptung auf ein »Gedächtnisprotokoll«, das der Vorsitzende der BP, Dr. Joseph *Baumgartner* (1904–1964, Angaben zu seiner Biographie in: Adenauer, Briefe 1947–1949, S. 626) und Dr. Ernst *Falkner* (1909–1950, 1945 Regierungspräsident der Oberpfalz, ab 1948 Generalsekretär der BP) nach Unterhaltungen mit Abgeordneten-Kollegen am 28.2.1950 im D-Zug Bonn–München geführt und ihren Aussagen zufolge am 1.3.1950 aufgezeichnet haben wollten. Der Bundestag setzte daraufhin am 5.10. 1950 einen Untersuchungsausschuß ein, der am 23.5.1951 seinen Bericht (vgl. Deutscher Bundestag, 1. Wahlperiode 1949, Drucksache Nr. 2274) dem Bundestag vorlegte. Der Ausschuß stellte zwar fest, einzelne BP-Abgeordnete hätten nach

der Abstimmung über die Hauptstadtfrage Zahlungen erhalten, doch sei nicht nachzuweisen, daß das Geld vor der Abstimmung als Gegenleistung für deren Votum gegen Frankfurt zugesagt und gezahlt wurde. Vgl. Konstanze *Wolf,* CSU und Bayernpartei, Ein besonderes Konkurrenzverhältnis 1948–1960, Köln 1982, S. 161-164.

31 Vermutlich war damit der Organisationsausschuß des Deutschen Bundestages gemeint.

32 Der Bericht des Untersuchungsausschusses wurde mehrheitlich vom Bundestag am 8.6.1951 angenommen; ebenso ein Antrag der CDU/CSU-Fraktion, im Entwurf eines Parteiengesetzes gemäß Art. 21 Grundgesetz eine Bestimmung vorzusehen, derzufolge Abgeordneten die Annahme von Spenden untersagt wird, wenn diese an Bedingungen geknüpft sind. Vgl. Verhandlungen des Deutschen Bundestages, 1. Wahlperiode 1949, Stenographische Berichte Bd. 8, S. 5961-5963.

33 Vgl. den Artikel von Hans *Baumgarten,* Der kleine Unterschied, in: »Frankfurter Allgemeine« v. 1.6.1951.

34 Vgl. Nr. 36 Anm. 31.

35 Zur Gründungsgeschichte, zur politischen Rolle und zum Verbot der DPS vgl. Robert *Schmidt,* Saarpolitik, 1. Bd., S. 256-282; 2. Bd., S. 280-282.

36 Vgl. dazu Gerhard *Bauer,* Vom Zentrum zur CDU, Hundert Jahre christliche Politik an der Saar, Saarbrücken 1981, S. 33 und Hans-Walter *Hermann*/Georg Wilhelm *Sante,* Geschichte des Saarlandes, Würzburg 1972, S. 46.

37 Im Friedensvertrag von Versailles 1919 war festgelegt worden, daß nach 15 Jahren Volksabstimmungen über die Zugehörigkeit des Saargebietes zu Deutschland oder Frankreich abgehalten werden sollten. Bei der Abstimmung am 13.1. 1935 entschieden sich 90,76 v. H. der stimmberechtigten Saarländer für die Rückgliederung des Saargebietes zu Deutschland. Der Völkerbund folgte dieser Entscheidung. Am 17.1.1935 beschloß er die Rückgliederung und setzte den 1.3. 1935 als Termin für die Übergabe der Regierungsgewalt an Deutschland fest. Vgl. Konferenzen und Verträge, Vertrags-Ploetz, Bd. 4A, S. 42, 95; Robert *Schmidt,* Saarpolitik, 1. Bd., S. 112-121.
Zu dem im folgenden erwähnten Antrag der Zentrums-Fraktion, in der UNO eine Abstimmung über die Saarfrage vorzubereiten, vgl. Verhandlungen des Deutschen Bundestages, a.a.O., S. 5701f.

38 Einer der stärksten Gegner der deutschen Wiederbewaffnung, der EVG und der Pariser Verträge von 1954 (vgl. Nr. 53 Anm. 4) war Jules *Moch* (geb. 1893), französischer Politiker; 1914–1918 Offizier, 1928 Abgeordneter der Nationalversammlung (Sozialist), 1936 Unterstaatssekretär, 1938 Minister für öffentliche Arbeiten, 1940 Verhaftung, schloß sich 1943 de Gaulle an, 1945 wieder Minister für öffentliche Arbeiten, 1947 Innenminister und Stellvertretender Ministerpräsident, 1949–1950 Innenminister, 1950–1951 Verteidigungsminister, 1958 Innenminister, 1951–1961 Ständiger Vertreter in der Abrüstungskommission der UNO. Vgl. seine Memoiren: Une si longue vie, Paris 1976; Wir sind gewarnt, Frankfurt/Main 1955.

39 Zu den Vorwürfen gegen Globke wegen seiner Tätigkeit in der NS-Zeit und des Kommentars zur deutschen Rassengesetzgebung vgl. Klaus *Gotto* (Hrsg.), Der Staatssekretär Adenauers, Persönlichkeit und politisches Wirken Hans Globkes, Stuttgart 1980, S. 211-282.

40 Wilhelm *Mellies* (1899–1958); 1933 und nach 1945 MdL in Nordrhein-Westfalen (SPD), Landrat des Kreises Detmold, 1948–1949 Mitglied des Frankfurter Wirtschaftsrates, ab 1949 MdB und bis 1957 Stellvertretender Fraktionsvorsitzender, seit 1952 Stellvertretender Parteivorsitzender, 1953 Präsident des Deutschen Gemeindetages.
Während der Etatberatungen im Bundestag am 31.5.1951 hatte Mellies dem Bundeskanzler vorgeworfen, das Ansehen der Bundesrepublik habe »durch die Ernennung des Herrn Globke zum Ministerialdirektor außerordentlich gelitten«. Vgl. Verhandlungen des Bundestages, a.a.O., S. 5771. Adenauer gab daraufhin eine Ehrenerklärung für Globke ab, vgl. a.a.O., S. 5771f.

41 Der SPD-Abgeordnete Gerhard Luetkens hatte in der gleichen Bundestagssitzung angekündigt, seine Partei werde dem Bundeskanzler am 1.6.1951 schriftliches Material über Globkes Tätigkeit überreichen. Vgl. a.a.O., S. 5773.

42 Konrad Graf *von Preysing-Lichtenegg-Moos* (1880–1950), katholischer Geistlicher; 1905 Attaché an der Botschaft in Rom, seit 1912 Priester, 1932 Bischof von Eichstätt, 1935 von Berlin, führende Persönlichkeit des kirchlichen Widerstandes gegen die nationalsozialistische Kirchenpolitik, 1946 Kardinal. Vgl. Ludwig *Volk*, Konrad Kardinal von Preysing, in: Rudolf *Morsey* (Hrsg.), Zeitgeschichte in Lebensbildern, Bd. 2, Mainz 1975, S. 88-100.

Nr. 16

1 In der Ratifizierungsdebatte über den Schuman-Plan vertrat der Bundesrat in einem Beschluß vom 27.6.1951 die Auffassung, vor Verabschiedung des Ratifizierungsgesetzes müsse eine verbindliche Zusage aller in Frage kommenden ausländischen Mächte vorliegen, daß spätestens mit der Errichtung des gemeinsamen Montanmarktes die Ruhrbehörde und die alliierten Restriktionen für die Kohle- und Stahlwirtschaft vollständig fortfallen müßten. Außerdem wollte der Bundesrat der Ratifizierung nur zustimmen, wenn seine Mitwirkung bei der Willensbildung über die Haltung der Bundesregierung in den Gremien der Montanunion gesetzlich geregelt sei. Vgl. Udo *Wengst,* Staatsaufbau, S. 308.

2 Auf Einladung der italienischen Regierung (vgl. Nr. 9) reiste Adenauer als Bundeskanzler vom 14.–18.6.1951 zum ersten offiziellen Besuch im Ausland nach Italien. Materialien zu dieser Reise in StBKAH 04.02 und 12.42.

3 Bei den Provinzialratswahlen am 27.5. und 10.6.1951 erhielt die Kommunistische Partei (PCI) insgesamt 21,2 v.H. der Stimmen.

4 Sebastiano *Veneziano* (1913–1975), italienischer Kommunalpolitiker, Verwaltungsfachmann; lebte seit 1937 in Assisi, war Ende der 40er/Anfang der 50er Jahre 3 Jahre Bürgermeister der Stadt.

5 Der vom sowjetischen UNO-Delegierten Jakob *Malik* am 24.6.1951 unterbreitete Vorschlag, in Verhandlungen über einen Waffenstillstand in Korea einzutreten, wurde in den folgenden Tagen von allen am Konflikt beteiligten Regierungen angenommen.
Jakob Alexandrowitsch *Malik* (geb. 1906), sowjetischer Diplomat; seit 1938 Mitglied der KP, 1942–1945 Botschafter in Tokio, 1946–1953 Stellvertretender Außenminister, 1948–1953 zugleich Chefdelegierter bei der UNO, hatte aus Protest gegen die Haltung seiner Regierung in der Koreafrage auf deren Weisung von Juni 1949–August 1950 nicht an den Sitzungen des Weltsicherheitsrats teilgenommen, 1953 Botschafter in London, 1960 Stellvertretender Außenminister.
6 Wegen der Verstaatlichung der iranischen Erdölindustrie – hauptsächlich betroffen war die Anglo-Iranian Oil Company – kam es 1951/52 zwischen dem Iran und Großbritannien zu einem Konflikt, der nach vorübergehendem Abbruch der diplomatischen Beziehungen auf Vermittlung der USA beigelegt werden konnte. Vgl. neuere Darstellung von Anthony *Sampson,* Die sieben Schwestern, Die Ölkonzerne und die Verwandlung der Welt, Hamburg 1976, S. 119-143.
7 Nach 73 Sitzungen wurde die Vorkonferenz der Viermächte-Vertreter (vgl. Nr. 12 Anm. 9) am 21.6.1951 in Paris ergebnislos abgebrochen. Sie scheiterte zuletzt an der Forderung der sowjetischen Delegation, auch den Atlantikpakt und die Frage militärischer Stützpunkte im Ausland als Themen auf die Tagesordnung zu setzen. Die drei Westmächte teilten der Sowjetunion mit, eine Fortsetzung der Beratungen habe »keinen praktischen Zweck«. Vgl. Konrad *Adenauer,* Erinnerungen 1953–1955, S. 48-52; Hans-Peter *Schwarz,* Die Ära Adenauer 1949–1957, S. 141, 152, 157.
8 Andrej Andrejewitsch *Gromyko* (geb. 1909), sowjetischer Politiker; 1943–1946 Botschafter in den USA und Gesandter in Kuba, 1946–1948 Ständiger Vertreter im Weltsicherheitsrat, 1947–1949 Stellvertretender Außenminister, 1948–1952 und 1953–1957 Erster Stellvertretender Außenminister, 1952–1953 Botschafter in Großbritannien, 1956 Mitglied des ZK der KPdSU, seit 1957 Außenminister und ab 1973 Mitglied des Politbüros, seit 1983 auch Erster Stellvertretender Ministerpräsident.
9 Hierzu konnte nur eine entsprechende Erklärung Gromykos am 24.5.1951 in Paris ausfindig gemacht werden. Vgl. »Frankfurter Allgemeine« v. 25.5.1951.
10 Am 5.7.1951 unterrichtete McCloy, der aus den USA mit neuen Instruktionen zurückkehrte, Adenauer über die Haltung seiner Regierung in der Deutschland-Politik. Zum Verlauf der Unterredung vgl. Konrad *Adenauer,* Erinnerungen 1945–1953, S. 455-459.
11 Truman bat am 26.4.1951 und nochmals am 15.6.1951 den Kongreß, den am 30.6.1951 auslaufenden Defense Production Act von 1950 um zwei Jahre zu verlängern und der Regierung einige Eingriffsrechte in den Haushalt für die Kredit- und Preispolitik zu geben. Wegen verschiedener Bedenken hinsichtlich der Kompetenzerweiterung bewilligten die Abgeordneten am 30.6.1951 jedoch nur eine Verlängerung von 31 Tagen. Vgl. Harry S. *Truman,* Years of Trial and Hope, S. 495f.

Nr. 17

a ‹ › Vom Bearbeiter korrigiert aus »käme«.

b ‹ › Vom Bearbeiter korrigiert aus »dann«.

c ‹ › Vom Bearbeiter korrigiert aus »zu werden«.

1 Wolfgang *Glaesser* (geb. 1908), Dr.; Gründungsmitglied der FDP, zeitweise im Bundesvorstand, seit 1950 Leiter der Inlandsabteilung im Presse- und Informationsamt der Bundesregierung. Vgl. zu seiner Rolle im BPA und seiner Beziehung zum Kanzler Horst *Walker*, Das Presse- und Informationsamt der Bundesregierung, S. 89-92, 98.

2 Adalbert *Worliczek*, Dr., Journalist; Chefredakteur bei »Die Welt« (Hamburg). Vgl. seine Studie: Bonn–Moskau, Die Ostpolitik Adenauers, München 1957.

3 Angabe in StBKAH 04.02, im Dokument angegeben »16.30 Uhr«.

4 Vgl. zur Haltung der französischen Stahlindustrie William *Diebold*, The Schuman-Plan, S. 85-95.

5 Adenauer meinte damit Georges *Catroux* (1877–1969), französischer General und Diplomat, der 1945–1948 Botschafter in Moskau war. Catroux warnte in diesem Artikel vor einer falschen Einschätzung der sowjetischen Machtexpansion, die hauptsächlich auf Berlin und Bonn, nicht jedoch auf Korea ausgerichtet sei. Vgl. »Le Figaro« v. 3.7.1951.

6 Vgl. Nr. 16 Anm. 5.

7 Richard *Stokes* (1897–1957), britischer Politiker; 1915 Eintritt in die Militärakademie Wodwich, 1917 Major, in den 30er und 40er Jahren als Fabrikant tätig, 1950–1951 Arbeitsminister, April–Oktober 1951 Lordsiegelbewahrer, Juli–Oktober 1951 Minister für Materialbeschaffung.

8 Biographische Angaben zu Theodor *Blank* (1905–1972) in: Adenauer, Briefe 1947–1949, S. 498. Neuere Darstellung von Hans Otto *Kleinmann*, Theodor Blank, in: Jürgen *Aretz*/Rudolf *Morsey*/Anton *Rauscher* (Hrsg.), Zeitgeschichte in Lebensbildern, Bd. 6, Mainz 1984, S. 171-188.

9 Vgl. Nr. 3 Anm. 8.

10 Vgl. Nr. 12 Anm. 9, Nr. 16 Anm. 7.

11 Angesichts der Zerstrittenheit vor allem über die Wirtschafts-, Finanz- und Außenpolitik innerhalb der Labour-Partei und ihrer geringen Mehrheit im Unterhaus sah sich Premierminister Clement *Attlee* (1883–1967, 1935–1955 Vorsitzender der Labour-Partei, 1940–1942 Stellvertretender Premierminister und Lordsiegelbewahrer, 1945–1951 Premierminister, vgl. zu seiner Biographie Kenneth *Harries*, Attlee, London 1982) am 19.9.1951 gezwungen, für den 25.10.1951 Neuwahlen anzukündigen.

12 Damit war wohl Jules Moch gemeint.

13 Anspielung auf das am 18. 6. 1935 zwischen Deutschland und Großbritannien in Form eines Notenwechsels geschlossene Flottenabkommen – das durch ein Flottenabkommen am 12.10.1936 und einen Flottenvertrag am 17. 7. 1937 ergänzt wurde –, womit England bei seiner Politik blieb, einzelne Schritte Hitlers zu mißbilligen, aber dennoch einen Ausgleich mit ihm zu suchen, während Frankreich

durch ein Bündnis mit der Sowjetunion solchen Neigungen entgegentrat. Vgl. Konferenzen und Verträge, Vertrags-Ploetz, Bd. 4A, S. 134f.

14 Sir Winston Leonard Spencer *Churchill* (1874–1965), britischer Politiker; 1900 Abgeordneter der Konservativen im Unterhaus, 1905 Wechsel zu den Liberalen, 1906 Unterstaatssekretär für die Kolonien, 1908 Handels-, 1910 Innenminister, 1911 Erster Lord der Admiralität, entlassen 1915 nach dem Scheitern des Dardanellen-Unternehmens, 1917 Munitionsminister, 1919 Kriegs- und Luftfahrtminister, 1921–1922 Staatssekretär für die Kolonien, 1924–1929 Schatzkanzler, 1925 Übertritt zu den Konservativen, 1929–1939 schriftstellerische und publizistische Tätigkeit, nach Kriegsbeginn 1939 unter Druck der öffentlichen Meinung von Chamberlain zum Ersten Lord der Admiralität berufen, 1940–1945 Premierminister, 1941 zusammen mit Franklin D. Roosevelt Formulierung und Verkündigung der Atlantik-Charta, 1945–1951 Oppositionsführer im Unterhaus, 1951–1955 wieder Premierminister, 1953 Verleihung des Nobelpreises für Literatur. Vgl. seine Memoiren: Der Zweite Weltkrieg, 12 Bde., Stuttgart–Hamburg 1948–1954; His Complete Speeches 1897–1963, 8 Bde., hrsg. von Robert Rhodes *James,* New York–London 1974; Churchill Taken from the Diaries of Lord Morgan, hrsg. von Lord *Morgan,* 2. Aufl., London 1976; Martin *Gilbert,* Churchills Political Philosophy, London 1981.

Zu den Diskussionen in Großbritannien um die EVG vgl. Gerhard *Wettig,* Entmilitarisierung, S. 459-462.

15 Vgl. Nr. 16 Anm. 6.

16 Nach den Wahlen im Januar 1950 forderte der ägyptische Ministerpräsident Nahas Pascha offiziell den Abzug der britischen Truppen mit der Begründung, der britisch-ägyptische Vertrag von 1936 (vgl. Nr. 8 Anm. 26) sei durch die internationalen Veränderungen im Nahen Osten hinfällig geworden. Die Londoner Regierung trat daraufhin in Verhandlungen mit Ägypten über die Stationierung britischer Truppen am Suezkanal. Vgl. Kenneth O. *Morgan,* Labour in Power 1945–1951, Oxford 1983.

17 Vermutlich war damit Othmar *Ziegler* (geb. 1896), Dr. phil., Bankier, gemeint. 1924–1933 Direktionsmitglied bei der Deutschen Verkehrs-Kredit-Bank AG Berlin, 1938 Emigration nach London, 1946 bei der britischen Militärregierung in Deutschland tätig, später Mitbegründer und Geschäftsführer der Deutschen Transportbank in Frankfurt/Main, 1953 Niederlassung in Deutschland, ab 1955 Vorstandsmitglied der Deutschen Verkehrs-Kredit-Bank, von 1957 ab Direktor der Europaabteilung der Exchange National Bank of Chicago in Frankfurt/Main. Vgl. Biographisches Handbuch der deutschsprachigen Emigration nach 1933, S. 847.

18 Ernest *Bevin* (1881–1951), britischer Politiker; seit 1911 Gewerkschaftsfunktionär, begründete 1922 die Transportarbeitergewerkschaft und wurde ihr Generalsekretär, zugleich führende Funktion in der Labour-Partei, 1940–1945 Arbeitsminister, 1945–1951 Außenminister. Vgl. Allan *Bullock,* The Life and Times of Ernest Bevin, Vol. 1 Trade Union Leader 1881–1940, London 1960;

Vol. 2 Minister of Labour 1940–1945, London 1967; Vol. 3 Foreign Secretary 1945–1951, London 1983; Avi *Shlaim* u. a., British Foreign Secretaries since 1945, S. 27-69.

19 Vgl. Anm. 11.

20 Die Präsidentschaftswahlen fanden erst am 4.11.1952 statt. Zum Ergebnis vgl. Nr. 35 Anm. 3.

21 Der amerikanische Präsident Truman hatte am 11.4.1951 General MacArthur u. a. entlassen, weil dieser mit eigenmächtigen Entscheidungen die Ausdehnung des Korea-Krieges auf China riskierte. Zu den Gründen und politischen Folgen der Absetzung MacArthurs vgl. Harry S. *Truman,* Years of Trial and Hope 1949–1953, S. 458-478; neuere Darstellung der Vorgänge bei Robert J. *Donovan,* Tumultuous Years, The Presidency of Harry S. Truman, 1949–1953, S. 281-362. Douglas *MacArthur* (1880–1964), amerikanischer Offizier; 1913–1917 im Generalstab der Armee, Teilnahme am Ersten Weltkrieg und an der Besetzung des Ruhrgebietes, 1930 Chef des Generalstabs, 1942 Oberbefehlshaber der Streitkräfte im Südwest-Pazifik, nahm 1945 die Kapitulation Japans entgegen und wurde dort Oberbefehlshaber der Besatzungstruppen, 1950 Oberbefehlshaber der UN-Streitkräfte im Korea-Krieg. Vgl. seine Autobiographie: Duty, Honor, Country, New York 1965; seine Erinnerungen: Courage was the rule: General MacArthurs own story, New York 1965; Biographie von William *Manchester,* American Caesar: Douglas MacArthur, Boston 1982.

22 Vgl. Nr. 3 Anm. 8.

23 Zur Haltung Italiens gegenüber der EVG vgl. F. Roy *Willis,* Italy chooses Europe, S. 41-45.

24 Zu den Äußerungen Schumachers vgl. »Frankfurter Allgemeine« v. 14.7.1951.

25 Vom 12.–15.7.1951 fand in Berlin der 3. Deutsche Evangelische Kirchentag statt. Die Bild-Unterzeile lautete: »In der Marienkirche in Ost-Berlin wohnte der ostzonale Staatspräsident der Eröffnungsfeier des Evangelischen Kirchentages bei. Unser Bild zeigt von links nach rechts den ostzonalen Volkskammerpräsidenten Diekmann, den Berliner Bischof Dibelius, Pieck, den Präsidenten des Kirchentages, von Thadden-Trieglaff, und den stellvertretenden Ministerpräsidenten der Ostzone, Nuschke.« Vgl. »Die Welt« v. 13.7.1951.

26 Angaben zur Biographie von Wilhelm *Pieck* (1876–1960) in: Adenauer, Briefe 1947–1949, S. 528.

27 Anspielung auf die vom 5.–19.8.1951 in Ost-Berlin veranstalteten 3. Weltfestspiele der Jugend und Studenten für den Frieden.

28 Georg *Dertinger* (1902–1968); vor 1933 Redakteur des »Stahlhelm«, 1945 Mitbegründer der CDU in der sowjetisch besetzten Zone, Pressereferent und ab 1946 Generalsekretär der CDU in Berlin und in der SBZ, ab 1948 als Leiter des persönlichen Stabes des Zonenvorsitzenden Jakob Kaiser in der Geschäftsstelle der Ost-CDU tätig, 1949–1953 Minister für Auswärtige Angelegenheiten der DDR, 1953 vom Staatssicherheitsdienst der DDR als Spion verhaftet und verurteilt, nach der Haftentlassung 1964 Tätigkeit als Lektor. Vgl. zu seinen früheren

Aktivitäten zahlreiche Angaben und Kurzbiographie in: Johann Baptist *Gradl*, Anfang unter dem Sowjetstern, Die CDU 1945–1948 in der sowjetischen Besatzungszone Deutschlands, Köln 1981.

29 Das Treffen Adenauers mit Niemöller fand in diesen Wochen nicht statt. Materialien zu Reden und Stellungnahmen Niemöllers im August–Oktober 1951 in StBKAH 12.07. Zu den Kontroversen zwischen Adenauer und der EKD, insbesondere Niemöller und Heinemann, vgl. Hans-Peter *Schwarz*, Die Ära Adenauer 1949–1957, S. 122-125.

30 Johannes Ernst Richard *Lilje* (1899–1977), D. Dr., evangelischer Geistlicher; 1927–1934 Generalsekretär der Deutschen Christlichen Studentenvereinigung und Vizepräsident des Christlichen Studentenweltbundes, 1934–1945 Generalsekretär, seit 1947 Landesbischof der Evangelisch-Lutherischen Kirche von Han- 1948–1969 leitender Bischof der VELKD, seit 1948 Gründer und Herausgeber von »Das Sonntagsblatt« (jetzt »Deutsches Allgemeines Sonntagsblatt«, Hamburg), 1952–1957 Präsident des Lutherischen Weltbundes. Vgl. Axel *Seeberg*/-Heinz *Zahrnt* (Hrsg.), Abschied vom Christentum? Festschrift zum 65. Geburtstag von Dr. Hanns Lilje, Hamburg 1964.

31 Eugen *Gerstenmaier* (geb. 1906), Dr. theol. habil., evangelischer Geistlicher und Politiker; 1937 Privatdozent an der Universität Berlin, 1938–1944 Konsistorialrat im Außenamt der Evangelischen Kirche, schloß sich in der NS-Zeit der Bekennenden Kirche an, gehörte im Zweiten Weltkrieg zur Widerstandsgruppe des »Kreisauer Kreises«, 1944 Verhaftung, 1945 Gründer und bis 1951 Leiter des Hilfswerks der EKD, seit 1948 Mitglied der Synode, 1949–1969 MdB (CDU), 1954–1969 Präsident des Deutschen Bundestages, 1956–1969 Stellvertretender Vorsitzender der CDU. Vgl. seine Memoiren: Streit und Friede hat seine Zeit, Ein Lebensbericht, Frankfurt/Main–Berlin–Wien 1981; biographischer Aufsatz von Friedrich Karl *Fromme*, Eugen Gerstenmaier, in: Walther *Bernecker*/Volker *Dotterweich* (Hrsg.), Persönlichkeit und Politik, Bd. 1, S. 155-167, dort auch mit weiteren Literaturhinweisen sowie Gerstenmaiers Beitrag Adenauer und die Macht, in: Konrad Adenauer und seine Zeit, Bd. 1, S. 29-44.

32 Damit war vermutlich der Appell des Exekutivkomitees des Weltkirchenrates vom 2.2.1951 an 158 christliche Kirchen in der Welt gemeint. Ihnen wurde empfohlen, militärischen Rüstungen und kriegerischen Auseinandersetzungen im Leben der internationalen Gemeinschaft nicht den Vorrang zu geben. Zum Inhalt vgl. AdG, 22. Jg. (1951), S. 2798.

33 Vgl. dazu Nr. 5 Anm. 5.

34 Protokoll über einen Empfang französischer Journalisten beim Bundeskanzler am 28.6.1951, 6 S., in BPA Archiv F 30.

35 Anspielung auf die Waffenstillstandsverhandlungen (vgl. Nr. 16 Anm. 5), die am 12.7.1951 für kurze Zeit unterbrochen worden waren.

36 Text der am 9.7.1951 in Essen gehaltenen Rede in StBKAH 02.09.

37 In Washington wurde am 12.7.1951 der Entwurf für einen pazifischen Sicherheitspakt von den USA, Australien und Neuseeland paraphiert, dem am 8.9.1951 die Unterzeichnung des japanischen Friedensvertrages und eines Sicherheitsver-

trages zwischen den Vereinigten Staaten und Japan folgte. Wortlaut der Verträge in: EA, 6.Jg. (1951), S. 4551-4553.

38 Vgl. Anm. 24.

39 Die deutsche Botschaft in Brasilien (Rio de Janeiro) wurde am 10.7.1951, die in Argentinien (Buenos Aires) am 30.12.1951 errichtet. Vgl. Die Auswärtige Politik, S. 932.

40 Nachdem die Bundesregierung am 6.3.1951 grundsätzlich die Vorkriegsschulden des Deutschen Reiches und die durch Hilfslieferungen an die westlichen Besatzungszonen Deutschlands entstandenen Verpflichtungen anerkannt hatte (vgl. Nr. 11 Anm. 5), sollte auf einer internationalen Konferenz, die am 28.2.1952 in London begann, über die Gesamtregelung der deutschen Schulden seit 1919 beraten werden. Literaturhinweise vgl. Nr. 3 Anm. 7.

41 Vgl. Anm. 34.

42 Mit den Stimmen der Abgeordneten der CDU/CSU, der FDP, der DP, der Bayernpartei, des Zentrums und des BHE nahm der Bundestag das Ratifizierungsgesetz zum EGKS-Vertrag in erster Lesung an. SPD, KP und SRP votierten dagegen. Eine namentliche Abstimmung fand nicht statt. Vgl. Verhandlungen des Deutschen Bundestages, 1. Wahlperiode 1949, Stenographische Berichte, Bd. 8, S. 6556.

43 Vgl. Nr. 14 Anm. 56.

44 Vom 30.6.–3.7.1951 trafen sich in Frankfurt/Main Delegierte sozialistischer Parteien aus 34 Ländern und riefen die Sozialistische Internationale wieder ins Leben. Zum Verlauf der Konferenz vgl. Julius *Braunthal,* Geschichte der Internationale, Bd. 3, Hannover 1971, S. 236-239.

Nr. 18

a ‹ › Vom Bearbeiter korrigiert aus »sein«.

1 Angabe in StBKAH 04.02.

2 Zum damaligen Stand der Verhandlungen über den Pleven-Plan in Paris vgl. Konrad *Adenauer,* Erinnerungen 1945–1953, S. 459-462; Gerhard *Wettig,* Entmilitarisierung, S. 438-443.

Die Konferenz der Außenminister der drei Westmächte trat vom 10.–14.9.1951 in der amerikanischen Hauptstadt zusammen. Vgl. Nr. 20 Anm. 6.

3 In ihrer Antwortnote vom 3.8.1951 auf das Schreiben des Bundeskanzlers vom 29.5.1951 (vgl. Nr. 15 Anm. 29) betonten die drei Westmächte, die »gegenwärtige Stellung des Saargebietes steht nicht im Widerspruch zu den Erklärungen der Alliierten vom 5. Juni 1945« (Beschlüsse der Potsdamer Konferenz, vgl. Nr. 21 Anm. 17). Zugleich bestätigen sie, daß »die endgültige Stellung des Saarlands durch den Friedensvertrag oder durch einen gleichwertigen Vertrag festgelegt werden soll.« Vgl. Ludwig *Dischler,* Das Saarland, 2. Teil, S. 66-68; Jacques *Freymond,* Die Saar, S. 119f.

4 Vgl. Nr. 25 Anm. 7.

5 François-Poncet war am Mittag des selben Tages mit dem Bundeskanzler zusammengetroffen. Angaben in StBKAH 04.02.

6 Schumacher hatte auf Äußerungen François-Poncets reagiert, in denen dieser ihn mit dem ewig unzufriedenen Faust verglichen hatte, der erst dann zufrieden sei, wenn er wie Faust ein freies Volk auf freiem Boden sehe. Dabei solle Schumacher aber nicht die verschleppten Personen (»displaced persons«) vergessen. Schumacher hatte dazu gesagt, François-Poncet werde vom deutschen Volk heute wohl ohne Unterschied der Partei als »misplaced person« angesehen. Vgl. »Frankfurter Allgemeine« v. 16.8.1951.

7 Weil der Bundeskanzler zu erkennen gab, daß er nicht bereit sein würde, für die Unterstützung seiner Außenpolitik dem DGB Konzessionen bei der Ausweitung des Mitbestimmungsrechts auf andere Wirtschaftsbereiche zu machen, empfahl der DGB-Bundesvorstand am 25.7.1951, »die Mitarbeit der Gewerkschaften in allen Gremien der deutschen Wirtschaftspolitik einzustellen.« In einer Besprechung mit Vertretern des DGB am 8./9.8.1951 in seinem schweizerischen Urlaubsort gelang es dem Kanzler, die Gewerkschaftler von der Notwendigkeit der weiteren Zusammenarbeit zu überzeugen. Zum Zustandekommen des Treffens gibt das Schreiben des DGB-Vorstandsmitglieds Föcher an Adenauer v. 31.7. 1951 in StBKAH 10.05 Aufschluß; zu den im folgenden dargestellten Ergebnissen des Gesprächs vgl. »Neue Zürcher Zeitung« v. 24.8.1951; ebenso den Briefwechsel zwischen Fette (Schreiben v. 14.8.1951) und Adenauer (Schreiben v. 16.8.1951) in StBKAH 10.05.

8 Christian *Fette* (1895–1971), Gewerkschaftsführer; bis 1933 in der Buchdruckergewerkschaft tätig, danach wiederholt in Haft, 1947 erster Vorsitzender der IG Druck und Papier, 1951–1952 Nachfolger von Hans Böckler als Vorsitzender des DGB. Vgl. Gerhard *Beier,* Schulter an Schulter, Schritt für Schritt, Köln 1983, S. 53-58.

9 Zur Rolle Adenauers bei der Formulierung des Ahlener Programms vgl. seine Korrespondenz im Januar und Februar 1947 in: Adenauer, Briefe 1945–1947, S. 410-440 sowie die dort zitierte Literatur.

10 In einer Unterredung mit dem Bundeskanzler am 21.8.1951 hatte der Staatspräsident von Baden, Leo *Wohleb* (1888–1955, vgl. zu dessen Biographie Adenauer, Briefe 1947–1949, S. 647) im Hinblick auf die Volksabstimmung am 16.9. 1951 über die Neuordnung der Südwestländer eine Überprüfung des von ihm bekämpften Südweststaat-Gesetzes, vom Bundestag am 19.4.1951 angenommen, durch das Bundesverfassungsgericht gewünscht und andernfalls einen Boykott der Volksabstimmung angedroht. Vgl. Paul *Feuchte,* Verfassungsgeschichte Baden-Württembergs, Stuttgart 1983, S. 144-157; Kurt Georg *Kiesinger,* Der Kampf im Bundestag um den Südweststaat, in: Max *Gögler*/Gregor *Richter*/ Gebhard *Müller* (Hrsg.): Das Land Württemberg-Hohenzollern 1945–1952, Sigmaringen 1982, S. 405-424.

11 Hermann *Höpker Aschoff* (1883–1954), Dr. jur.; im preußischen Justizdienst tätig, 1921–1932 Abgeordneter (DDP) im preußischen Landtag, 1925–1931 preußischer Finanzminister, 1930–1932 MdR (DStP), 1945–1946 Generalreferent für Finanzen bei der Westfälischen Provinzialregierung, 1948–1949 Mitglied des

Parlamentarischen Rates, 1949–1951 MdB (FDP), 1951–1954 Präsident des Bundesverfassungsgerichts. Vgl. Erhard H. M. *Lange,* Hermann Höpker Aschoff, in: Walter *Först* (Hrsg.), Land und Bund, Köln–Stuttgart–Berlin–Mainz 1981, S. 210-226; *ders.,* Ein Leben im Dienste des Staates, in: Liberal, 25. Jg. (1983), S. 946-951.

12 Zur Biographie von Dr. Hans *Ehard* (1887–1980) vgl. die Angaben in: Adenauer, Briefe, 1945–1947, S. 723f.

13 Adenauer hatte Wohleb – so seine Notiz über das Gespräch v. 24.8.1951 in StBKAH 10.05 – wohl zugesagt, »nötigenfalls sei die Einbringung eines Änderungsgesetzes zum Wahlgesetz in Aussicht genommen.« Vgl. Abb. S. 125.

Nr. 19

a ‹ › Vom Bearbeiter korrigiert aus »als«.

b ‹ › Vom Bearbeiter korrigiert aus »demokratische«.

c ‹ › In der Vorlage ms. gestrichen.

d ‹ › Vom Bearbeiter korrigiert aus »sein«.

1 Vgl. hs. gezeichnete Anwesenheitsliste in: BA, B 145/971-736 Bd. I.

2 Friedrich Carl *Badendieck* (geb. 1892), Journalist; 1919 Leiter der Pressestelle Vereinigte Verbände Heimattreuer Oberschlesier (Oppeln), 1923–1936 Pressechef des VDA, 1936–1939 Korrespondent für verschiedene Auslandszeitungen, stellvertretender Chefredakteur der »Neuen Freien Presse« (Wien), dann Leiter deren Berliner Redaktion, 1939 Mitarbeit am deutschen Auslandsfunk, anschließend 4 Jahre lang mit der Leitung und Verwaltung des belgischen Rundfunks betraut, ab 1947 bei den »Hannoverschen neuesten Nachrichten«, ab 1949 deren Leiter des Archivs, 1952–1964 Chefredakteur des CDU-Informationsdienstes Union in Deutschland und des »Deutschen Monatsblatts« (Bonn). Angaben in »General-Anzeiger« (Bonn) v. 19.8.1982.

3 Hilde *Bogner,* seit ihrer Heirat 1962 *Bogner-Coupette,* Dr. rer. pol., Journalistin; 1949–1950 Wirtschaftskorrespondentin und Leiterin des Bonner Büros von »Der Tagesspiegel« (Berlin), 1950–1953 des »Kölner-Stadtanzeigers«, 1953–1972 der »Börsen-Zeitung« (Berlin), seit 1972 des Wirtschaftsinformationsdienstes (Düsseldorf), Herausgeberin des Informationsdienstes »dm – der Mittelstandsdienst« (Bonn).

4 Fritz *Brühl* (1909–1982), Dr. rer. pol., Journalist; 1933–1935 Redakteur beim »Hannoverschen Kurier«, 1936 bei der »Magdeburgischen Zeitung«, 1937–1940 beim »Hannoverschen Anzeiger«, 1941–1945 bei der »Kölnischen Zeitung«, 1946–1948 Bürgermeister der Stadt Bad Hersfeld, 1948–1950 Leiter der Frankfurter Redaktion »Die Neue Zeitung«, 1950 Leiter der Bonner Redaktion der »Süddeutschen Zeitung« (München), 1951–1955 Kommentator des Hessischen Rundfunks, 1954–1955 beim NWDR-Fernsehen, 1955-1960 Chefredakteur und Leiter der Hauptabteilung Politik des WDR, 1960–1974 Direktor des WDR-Hörfunks. Vgl. den von ihm hrsg. Band: Ansichten über Deutschland, Eine kritische Bilanz von 36 Journalisten aus 30 Ländern, Düsseldorf–Wien 1972.

5 Ernst *Friedlaender* (1885–1973), Journalist und Publizist; 1920–1929 in der Wirtschaft tätig, 1929–1931 Ko-Direktor eines deutsch-amerikanischen Unternehmens in den USA, 1934–1945 Aufenthalt in Liechtenstein, publizistische Arbeiten, ab 1946 Verfasser von Leitartikeln für »Die Zeit« (Hamburg), ab 1950 als Journalist tätig u. a. für das »Hamburger Abendblatt«, die »Westdeutsche Allgemeine Zeitung« (Bochum–Essen), die »Stuttgarter Nachrichten«, die »Frankfurter Neue Presse« und die »Berliner Morgenpost« (ab 1952), seit 1951 Kommentator des NWDR. Vgl. die biographisch-publizistische Skizze von Norbert *Frei* in: Ernst Friedlaender, Klärung für Deutschland, Leitartikel in der »Zeit« 1946–1950, hrsg. von Norbert *Frei*/Franziska *Friedlaender,* München–Wien 1982, S. 7-33.

6 Biographische Angaben zu Dr. Josef *Hofmann* (1897–1973) in: Adenauer, Briefe 1945–1947, S. 629.

7 Wilhelm *Joost,* Dr., Journalist; Anfang der 50er Jahre Redakteur bei der Deutschen Korrespondenz (Bonn) und den Bonner Heften. Vgl. seine Biographien: Herren über Krieg und Frieden, Düsseldorf–Wien 1962; Botschafter bei den Roten Zaren, Die deutschen Missionschefs in Moskau 1918 bis 1941, Wien 1967 sowie den mit Hellmut H. *Führing* verfaßten Band: Wie stark ist die Sowjetunion?, Bonn 1958.

8 Karl *Lohmann* (geb. 1901), Dr. jur., Journalist; bis 1955 als Korrespondent - tätig u. a. für die »Aachener Nachrichten«, die »Hamburger Freie Presse«, »Die Rheinpfalz« (Koblenz) und den Evangelischen Pressedienst, 1952 Vorsitzender der Bundes-Pressekonferenz, 1955–1964 Persönlicher Referent des Bundestagspräsidenten, ab 1957 zugleich Pressereferent, 1965–1972 im Redaktionsstab des Deutschen Bundestages tätig. Vgl. seinen Dokumentarbericht über den ungarischen Volksaufstand 1956: 13 Tage erschütterten die Welt, München 1957.

9 Erika *Neumann* (geb. 1911), Dr. oec. publ., Journalistin; 1937 im Reichswirtschaftsministerium tätig, 1949–1962 Bonner Korrespondentin der »Welt« (Hamburg), 1949–1965 der »Lübecker Nachrichten«, 1962–1964 Pressereferentin am Generalkonsulat in Genf, 1964–1965 am Konsulat in Liverpool, gleichzeitig auch für das Konsulat in Edinburg zuständig.

10 Wilhelm *Papenhoff* (1914–1979), Journalist; 1946 Leiter des Frankfurter Büros des dpd, 1949–1954 Leiter des Bonner Büros der »Neuen Zeitung« (Frankfurt), Gründungsmitglied der Bundes-Pressekonferenz, 1953–1954 deren Vorsitzender, 1954–1955 Pressesprecher der niedersächsischen Landesregierung, 1955–1979 stellvertretender Leiter des Hörfunkstudios WDR Bonn.

11 Sigurd *Paulsen* (geb. 1901), Dr. phil., Journalist; 1933–1939 Korrespondent für das »Berliner Tageblatt« in Stockholm, 1939–1945 dort für die »Deutsche Allgemeine Zeitung« (Berlin) und die »Kölnische Zeitung« tätig, 1946–1951 freier Journalist, 1951–1952 Herausgeber der Außenpolitischen Korrespondenz (Bonn), 1952–1977 der Bonner Außenpolitischen Korrespondenz.

12 Max *Schulze-Vorberg* (geb. 1919), Dr. jur., Journalist; seit 1948 journalistisch tätig, u. a. Bonner Korrespondent des Bayerischen Rundfunks, 1965–1976 MdB

(CSU), 1974 Vorsitzender der Enquête-Kommission des Deutschen Bundestages für auswärtige Kulturpolitik. Vgl. seinen Beitrag: Die Moskaureise 1955, in: Konrad Adenauer und seine Zeit, Bd. 1, S. 651-664.

13 Zur Biographie von Dr. Karl *Silex* (1896–1982) vgl. die Angaben in: Adenauer, Briefe 1945–1947, S. 676; seine Berichte: Mit Kommentar, Lebensbericht eines Journalisten, Frankfurt/Main 1968; A. *Klemm,* Dr. Karl Silex – Chefredakteur des West-Berliner »Tagesspiegel«, in: Dokumentation der Zeit, 12. Jg. (1960), S. 31-35 sowie den Beitrag von Karl *Silex,* Adenauer und Korea, in: Die Ära Adenauer, Einsichten und Ausblicke, Frankfurt/Main–Hamburg 1964, S. 143-146.

14 Paul *Steinfurth* (1895–1965), Journalist; Herausgeber und Chefredakteur des Deutschen Zeitungsdienstes.

15 Norbert *Tönnies* (1914–1971), Journalist; 1938–1942 Redakteur bei Transozean, (Berlin), 1938–1939 dessen Korrespondent in London, 1939–1942 in Kopenhagen und Stockholm, 1949–1964 Bonner Korrespondent der »Düsseldorfer Nachrichten« und für den »General-Anzeiger« (Bonn), 1964 Pressereferent im Bundesministerium für gesamtdeutsche Fragen, 1968–1971 im Bundesministerium für Verteidigung. Vgl. auch seine Studien: Der Weg zu den Waffen, Die Geschichte der deutschen Wiederbewaffnung 1949–1957, 2. Aufl., Rastatt 1961, und den von ihm hrsg. Band: Gibt es noch Wege zur Wiedervereinigung?, Hamburg 1960.

16 Gerta E. *Tzschaschel* (geb. 1914), Journalistin; 1948 Bonner Korrespondentin der »Süddeutschen Zeitung« (München), 1950 Übernahme des Bonner Büros des Süddeutschen Rundfunks, 1953–1959 Leiterin der Verbindungs- und Informationsstelle Bonn der Deutschen Gesellschaft für die Vereinten Nationen, gründete 1959 das Büro für Auslandsinformation, seit 1961 Aufbau eines eigenen Public Relations-Unternehmens.

17 Josef *Ungeheuer* (1909–1959), Dr., Journalist; seit 1945 Mitglied der FDP, 1949–1959 Leiter der Pressestelle der Parteizentrale, Mitbegründer und verantwortlicher Schriftleiter für die »Freie Demokratische Korrespondenz«. Nachruf in »Frankfurter Allgemeine« und »Neue Zürcher Zeitung«, beide v. 9.10.1959. Vgl. seine Darstellung: Gebunden an Bonn? Der Weg der Freien Demokraten zur Wiedervereinigung, Bonn 1957.

18 Rolf *Vogel* (geb. 1921), Journalist; nach dem Krieg Ausbildung bei der »Stuttgarter Zeitung« und den »Stuttgarter Nachrichten«, 1948–1955 freier Zeitungs- und Rundfunkkorrespondent, 1955–1959 Bonner Korrespondent des Saarländischen Rundfunks, 1959 stellvertretender Leiter des Verbindungsbüros der Europäischen Gemeinschaften in Bonn, 1960–1961 Korrespondent der »Deutschen Zeitung«, seit 1965 Herausgeber der »Deutschland-Berichte« (Pressedienst für Israel und deutsch-jüdische Beziehungen). Vgl. die von ihm hrsg. Dokumentation: Deutschlands Weg nach Israel, 2. ergänzte Aufl., Stuttgart–Degerloch 1967.

19 Erich *Wagner* (geb. 1906), Journalist; gründete 1938 den Dienst mittlerer Tageszeitungen (DIMITAG), 1941–1945 dessen Direktor, 1945–1949 Kommentator verschiedener Lizenzzeitungen, seit 1949 Wiederaufbau des DIMITAG,

gründete 1960 die Arbeitsgemeinschaft mittlerer Tageszeitungen (AMT). Vgl. seinen Beitrag: Die Teestunden im Palais Schaumburg: Als Adenauer in der Bonner Frühzeit Cercle hielt, in: ZV + ZV, Zeitschrift für Medien und Werbung, 13./31.3.1983, S. 307.

20 Günter *Diehl* (geb. 1916), Diplomat; 1939–1945 im Auswärtigen Dienst in Berlin, Brüssel und Vichy, 1945–1950 als Journalist tätig u. a. für das »Hamburger Abendblatt«, 1950–1952 im Presse- und Informationsamt der Bundesregierung, zunächst Chef vom Dienst, seit 1951 Leiter der Abteilung Ausland, 1952–1956 Pressesprecher des Auswärtigen Amtes, 1956–1960 Botschaftsrat in Santiago de Chile, 1960–1966 wieder Leiter der Auslandsabteilung des Presse- und Informationsamtes der Bundesregierung, 1966–1967 Leiter des Planungsstabs des Auswärtigen Amtes, 1967–1969 Chef des Presse- und Informationsamtes der Bundesregierung, 1970–1977 Botschafter in Indien, 1977–1981 in Japan, seit 1981 Präsident der Deutschen Gesellschaft für Auswärtige Politik (Bonn). Zu seiner Tätigkeit im Bundespresseamt vgl. Horst *Walker,* Das Presse- und Informationsamt der Bundesregierung, passim, sowie Walter *Henkels,* 111 Bonner Köpfe, München–Wien 1968, S. 86-89.

21 Hans *Schirmer* (geb. 1911), Dr. phil., Diplomat; 1939–1943 in der Kulturabteilung des Auswärtigen Amtes tätig, 1950–1955 und 1966–1968 Leiter der Auslandsabteilung im Presse- und Informationsamt der Bundesregierung, 1955–1962 zuerst Botschaftsrat in Kairo, dann Generalkonsul in Hongkong, 1962–1966 im Auswärtigen Amt, 1968–1970 Botschafter in Australien, 1970–1974 in Wien, 1974–1977 Chefdelegierter der Bundesregierung für den Europäisch-Arabischen Dialog. Vgl. »Deutsche Handelskammer in Österreich«, Nr. 6-7 (1970), S. 74.

22 Gustav Adolf *Sonnenhol* (geb. 1912), Dr. jur., Diplomat; 1939–1945 im Auswärtigen Amt in Berlin, 1949–1957 Pressereferent im Bundesministerium für den Marshall-Plan, 1957–1962 Botschaftsrat bei der OEEC bzw. OECD in Paris, 1962–1968 Ministerialdirektor und Leiter der Abteilung Entwicklungspolitik im Bundesministerium für wirtschaftliche Zusammenarbeit, 1968–1971 Botschafter in der Südafrikanischen Union, 1971–1977 in der Türkei, seitdem als Industrieberater tätig.

23 Angabe in StBKAH 04.02, im Dokument angegeben »16.30 Uhr«.

24 Vgl. die Äußerungen McCloys am 11.6.1951 in Auszügen in: AdG, 21. Jg. (1951), S. 2979 und dessen Rundfunkansprache am 26.6.1951 in Washington D. C., Wortlaut in: 7. Bericht über Deutschland, hrsg. vom *Amerikanischen Hochkommissar für Deutschland* 1.4.–30.6.1951, Frankfurt/Main.

25 Gemeint war wohl die für September 1951 geplante Außenministerkonferenz der drei Westmächte, vgl. Nr. 20 Anm. 6.

26 In einer nicht mit Namen gekennzeichneten Notiz vom 12.9.1951, S. 3, in: BA, B 145/971-736 Bd. I., mit der Überschrift »Kanzler-Tee mit Schweigeliste« heißt es dazu: »Beim Tee [...] wurden die Anwesenden in der vergangenen Woche erstmalig namentlich in einer Liste erfaßt und zu strengstem Stillschweigen über die Gespräche des Kanzlers mit seinen Teegästen verpflichtet.«

Franz Hange bat in einem Schreiben vom 6.9.1951 an Chefredakteur Fritz Sänger, seinen nachfolgenden Bericht über den Kanzlertee »streng vertraulich zu behandeln«, da »ich einen Revers unterschreiben mußte, daß ich nur meine Chefredaktion von den Aussagen Adenauers in Kenntnis setzen darf.« Vgl. PA Franz Hange, Akte Tee-Gespräche Adenauer 1950–1955.

27 William Averell *Harriman* (geb. 1891), amerikanischer Politiker und Diplomat; ab 1915 in leitenden Stellungen bei Eisenbahn- und Schiffahrtsgesellschaften, 1942–1946 Botschafter in Moskau, Berater von Präsident Roosevelt bei den Konferenzen in Teheran, Jalta und Potsdam, 1946 Botschafter in London, 1946–1948 Handelsminister, 1948–1950 Sonderbeauftragter für den Marshall-Plan, 1950–1953 Berater von Präsident Truman, 1955–1959 Gouverneur des Staates New York, 1961–1963 Unterstaatssekretär für Fernostfragen im State Department, 1961 Sonderbotschafter Präsident Kennedys in verschiedenen Europa- und Afrikamissionen, 1965–1969 Berater Präsident Johnsons. Vgl. seine Aufzeichnungen, hrsg. mit Elie *Abel,* In geheimer Mission, Als Sonderbeauftragter Roosevelts bei Churchill und Stalin 1941–1946, Stuttgart–Degerloch 1979.

28 Vgl. Nr. 3 Anm. 8.

29 Adenauer bezog sich auf den Kommentar »Im offenen Strom«, in: »Frankfurter Allgemeine« v. 5.9.1951, in dem zum Schluß festgestellt wurde: »Sein [Adenauers, d. B.] Gang nach London und nach Rom wird den guten Europäern in den anderen Ländern und bei uns helfen, wenn er sagen kann, daß die Deutschen an die europäischen Absichten des Westens glauben und deshalb hinter ihm stehen. Die Alliierten können die Zwischenzeit nutzen, dieses Vertrauen in Deutschland durch Taten wieder zu heben.«

30 Der frühere Berliner Rechtsanwalt Dr. Hans Kemritz stand unter Strafverfolgung wegen im Jahre 1945 und 1946 betriebener Auslieferung von Deutschen an den sowjetischen Staatssicherheitsdienst. Das amerikanische Rechtsamt in Berlin verwies darauf, daß eine Strafverfolgung deutscher Stellen gegen das Gesetz Nr. 14 der Alliierten Hochkommission verstoße. Außerdem habe Kemritz legal gehandelt, zumal die Betroffenen »automatisch« der Verhaftung ausgesetzt waren. Bundestag und West-Berliner Abgeordnetenhaus protestierten gegen jede fremde Einmischung in den Fall. Kemritz wurde von einem West-Berliner Gericht verurteilt. Der Bitte McCloys, das Urteil zu annullieren, kam das West-Berliner Landgericht am 8.8.1951 aufgrund von Besprechungen zwischen deutschen und amerikanischen Vertretern nach und setzte den Vollzug des Urteils aus. Vgl. AdG, 21. Jg. (1951), S. 2982, 2993, 3002, 3055 und 3058.

31 Anspielung auf das Gesetz zum Schutz der persönlichen Freiheit, das der Bundestag am 21.6.1951 verabschiedete. Vgl. Verhandlungen des Deutschen Bundestages, 1. Wahlperiode 1949, Stenographische Berichte, Bd. 8, S. 6162.

32 Thomas *Dehler* (1897–1967), Dr. jur.; ab 1924 Rechtsanwalt in München und Bamberg, 1926–1933 dort Vorsitzender der DDP, 1933–1945 Rechtsanwalt, 1945 Landrat, 1947 Präsident des Oberlandesgerichts Bamberg, 1946–1956 Vorsitzender der bayerischen FDP, 1946–1949 MdL in Bayern, Mitglied des Parla-

mentarischen Rates, ab 1949–1967 MdB (FDP), 1949–1953 Bundesminister der Justiz, 1953–1957 Vorsitzender der FDP-Bundestagsfraktion, 1954–1957 Bundesvorsitzender, 1960–1967 Vizepräsident des Deutschen Bundestages. Vgl. Walter *Dorn*/Friedrich *Henning* (Hrsg.), Thomas Dehler, Begegnungen, Gedanken, Entscheidungen, Bonn 1977; Friedrich *Henning*, Theodor Heuss: Lieber Dehler! Briefwechsel mit Thomas Dehler, München–Wien 1983.

33 Biographische Angaben zu Dr. Walter *Strauß* (1900–1976) in: Adenauer, Briefe 1947–1949, S. 556.

34 Gemeint war der »Oberbundesanwalt« (ab 1958 »Generalbundesanwalt«), Leiter der Bundesanwaltschaft beim Bundesgerichtshof (§ 142 Abs. 1 Nr. 1 Gerichtsverfassungsgesetz). 1950–1956 hatte dieses Amt Dr. jur. Carl Ernst Martin *Wiechmann* (1886–1959), Ministerialrat im preußischen Justizministerium, 1931–1933 Generalstaatsanwalt, anschließend Senatspräsident des Berliner Kammergerichts und des Oberlandesgerichts Celle, inne.

35 Vgl. Nr. 18.

36 Die Internationale Ruhrbehörde lehnte den Antrag der Bundesregierung ab, wegen der knappen Kohlenreserven das deutsche Exportkohlenkontingent von 6,2 Mill. Tonnen um 1 Mill. Tonnen herabzusetzen. Aufgrund des Beschlusses der Ruhrbehörde vom 11.8.1951, die bestehende Quote im IV. Quartal beizubehalten, bat der deutsche Chefdelegierte, Franz Blücher, den Bundeskanzler, bis zum 15.9.1951 über sein Rücktrittsgesuch zu entscheiden. Vgl. AdG, 21. Jg. (1951), S. 3064.

37 Vgl. dazu Hans-Dieter *Kreikamp*, Deutsches Vermögen in den Vereinigten Staaten, Die Auseinandersetzung um seine Rückführung als Aspekt der deutsch-amerikanischen Beziehungen 1952–1962, Stuttgart 1979, hier insbes. S. 48-57.

38 Text des Gesetzes in: Amtsblatt des Alliierten Kontrollrats in Deutschland, Nr. 2, 1945, S. 27.

39 Benjamin J. *Buttenwieser* (geb. 1900), Bankier, 1949–1951 Stellvertreter des amerikanischen Hohen Kommissars für Politische Planung, hatte die Beschwerden von deutscher Seite als unberechtigt zurückgewiesen. Vgl. zu seinen Argumenten AdG, 21. Jg. (1951), S. 3098.

40 Vgl. Nr. 18 Anm. 6.

41 Schumacher nannte das europäische Jugendtreffen am 19.8.1951 auf der Loreley »eine bittere Sache« und übte Kritik an den ausgewählten Rednern, Minister Blücher und François-Poncet. Vgl. »Frankfurter Allgemeine« v. 25.8.1951.

42 In einem Artikel der katholischen Arbeitnehmer-Zeitschrift »Ketteler Wacht« v. 1.9.1951 war Kritik an Adenauer als Außenminister geübt worden, weil er in seinem Bestreben, eine isolierte europäische Einigung auf der Grundlage einer deutsch-französischen Verständigung zu erreichen, offensichtlich zu weit gegangen sei. Hinzu käme, so lautete der Vorwurf, die Fehlbesetzung des Staatssekretärpostens mit Professor Hallstein, der zu außenpolitischen Fragen keine Beziehung habe. Adenauer hatte daraufhin den Chefredakteur der Zeitung, Johannes Even, um eine Stellungnahme in einem persönlichen Gespräch gebeten. Schreiben Adenauers v. 4.9.1951 in StBKAH 10.05.

43 Zur Biographie von Johannes *Even* (1903–1964) vgl. Adenauer, Briefe 1945–1947, S. 610.

44 Wohl auf Weisung des Kanzlers hatte Krueger den FAZ-Journalisten bei der telefonischen Einladung zu diesem Teegespräch um konkrete Angaben zu den folgenden Sätzen in seinem Artikel »Findet man einen Außenminister?«, in: »Frankfurter Allgemeine« v. 4.9.1951 gebeten: »Koalitionspartner beklagen, daß außenpolitische Aktionen aus Zeitmangel des Außenministers unvollkommen vorbereitet, durchgearbeitet und durchgestanden würden ... « Und: »Bei Auseinandersetzungen über strittige Fragen findet man, daß sich der Außenminister häufig auf ›den Sinn‹ internationaler Abmachungen, die Gegenseite allein auf den Wortlaut beruft. Und die ›Gegenseite‹ ist in manchen Fällen ebenso im Ausland wie im Inland zu suchen«. Vgl. Abb. S. 133. Nach Angaben von Krueger konnte Baumgarten keine konkreten Tatsachen anführen, nannte jedoch FDP-Kreise als Informanten und sagte zu, nach Rücksprache mit diesen Kreisen während des Teegesprächs konkrete Angaben machen zu können. Vgl. Aktennotiz von Krueger vom 4.9.1951, 1 S., in: BA, B 145/971-736 Bd. I.

45 Nach dem Rücktritt seines Kabinetts am 16.7.1951 hatte Ministerpräsident Alcide De Gasperi in seinem neuen Kabinett auch das Amt des Außenministers übernommen.

46 Derartige Erwägungen in den westlichen Ländern im Winter 1950 standen jedoch im Gegensatz zur offiziellen Deutschlandpolitik der amerikanischen und westeuropäischen Regierungen.

47 Vgl. Nr. 12 Anm. 9, Nr. 16 Anm. 7.

48 In Kaesong fand am 10.7.1951 die erste Konferenz der Waffenstillstandsverhandlungen im Korea-Konflikt statt (vgl. Nr. 16 Anm. 5). Vom 4.–8.9.1951 nahmen 52 Staaten an der Konferenz von San Franzisko zur Unterzeichnung eines Friedensvertrages mit Japan teil. Text in: Dokumentation zur Deutschlandfrage, Annexbd. III, S. 96-108.

49 Vgl. Anm. 26.

50 Gemeint war wohl der Beschluß der Konferenz von Vertretern des Alliierten Oberkommandos vom 7.7.1945 über die gemeinsame Verwaltung Berlins. Vgl. Dokumente zur Berlin-Frage 1944–1959, S. 41f.

51 Vermutlich eine Anspielung auf das Schreiben des Regierenden Bürgermeisters von Berlin, Ernst *Reuter* (1889–1953, vgl. zu dessen Biographie die Angaben in: Adenauer, Briefe 1947–1949, S. 596f.) vom 9.4.1951 an Adenauer mit dem Wunsch, künftig »Berlin in alle internationalen Abkommen einzubeziehen, welche die Bundesrepublik abschließt.« Vgl. Ernst *Reuter*, Reden, Artikel, Briefe 1949–1953, 4. Bd., S. 367-369. Am 26.7.1951 forderte Reuter überdies die rasche finanzielle Einbeziehung Berlins in die Bundesrepublik. Vgl. a.a.O., S. 389-397.

52 Schreiben in StBKAH nicht vorhanden.

53 Anspielung auf die Anzeichen eines Wiederauflebens des Rechtsradikalismus, besonders in Niedersachsen. Vgl. Hans-Peter *Schwarz*, Die Ära Adenauer 1949–1957, S. 130-132.

54 Anspielung auf die Rede Churchills am 13.5.1940 vor dem britischen Unterhaus, in der er von jedem Mitbürger den Einsatz aller Kräfte forderte, um den Krieg zu gewinnen, und sagte: »Ich kann nicht mehr geben als Blut, Anstrengung, Tränen und Schweiß.« Vgl. Winston S. *Churchill,* His Complete Speeches 1897–1963, Vol. VI 1935–1942, hrsg. von Robert Rhodes *James,* New York–London 1974, S. 6218-6220, Zitat S. 6220.

55 Vgl. Anm. 48.

56 Diese von Adenauer dem naturalistischen Dramatiker und Erzähler Max *Halbe* (1865–1944) zugeschriebenen Zeilen stammen von dem Kölner Schriftsteller Ludwig *Fulda* (1862–1939), der am 20.6.1931 den folgenden Vers auf die Rückseite einer Speisekarte schrieb: »Was die Zeitung von dir meint, / Macht's dir etwa Kummer, / Denke, morgen schon erscheint / Eine neue Nummer.« Abdruck in: StBKAH, Konrad Adenauer, Dokumente aus vier Epochen deutscher Geschichte, Führer durch Ausstellung und Wohnhaus in Rhöndorf, 4. Aufl., Bad Honnef 1983, S. 50; vgl. Abb. S. 141.

57 Anspielung auf den Jahrestag der »Reichskristallnacht« am 9./10.11.1938.

58 In einer Regierungserklärung am 27.9.1951 vor dem Bundestag sprach Adenauer die Bereitschaft des deutschen Volkes zur Wiedergutmachung und zu Verhandlungen mit Vertretern des Judentums und des Staates Israel aus. Vgl. Verhandlungen des Deutschen Bundestages, a.a.O., Bd. 9, S. 6697f.; Entwurf der Erklärung in StBKAH 03.04; zu den Hintergründen der Initiative Adenauers Franz *Böhm,* Das deutsch-israelische Abkommen 1952, in: Konrad Adenauer und seine Zeit, Bd. 1, S. 444f.

59 Gemeint war die Washingtoner Außenministerkonferenz, vgl. Nr. 20 Anm. 6.

60 Zur Haltung des französischen Außenministers vgl. Rudolf *Mittendorfer,* Robert Schuman, S. 262-271.

61 Vgl. Art. 11 des Friedensvertrags mit Japan (Anm. 48) und zur Haltung Adenauers Nr. 21.

62 McCloy hatte in seinem 7. Vierteljahrsbericht 1951 an das State-Department extremistische Aktivitäten der Linken in der Bundesrepublik als gering und der Rechten als eine gewisse potentielle Gefahr bezeichnet, die jedoch keinen Fortschritt der ultranationalistischen Bewegung zu bedeuten habe. Vgl. 7. Bericht über Deutschland, Begleitbrief McCloys v. 30.6.1951, S. II sowie den Bericht S. 32-41.

63 Otto-Ernst *Remer* (geb. 1912); Generalmajor und Kommandeur des Wachbataillons, das bei der Niederschlagung des Putsches gegen Hitler am 20.7.1944 eine Schlüsselrolle spielte, 1949 Mitbegründer der rechtsradikalen Sozialistischen Reichspartei und ihr Landesvorsitzender in Schleswig-Holstein, 1950 stellvertretender Vorsitzender, 1952 wegen Verunglimpfung und Verleumdung von Beteiligten des Widerstandes zu drei Monaten Haft verurteilt, deshalb Flucht ins Ausland. Vgl. Robert *Wistrich,* Wer war wer im Dritten Reich, S. 217.

64 Am 19.11.1951 reichte die Bundesregierung beim Bundesverfassungsgericht einen Verbotsantrag gegen die SRP ein mit der Begründung, die Partei sei eine Nachfolgeorganisation der NSDAP. Sie verfolge die gleichen oder ähnliche Ziele

und beabsichtige, die freiheitlich demokratische Grundordnung zu beseitigen. Vgl. zu den Hintergründen Manfred *Jenke,* Verschwörung von rechts?, Berlin 1961; *ders.,* Die nationale Rechte, Parteien, Politiker, Publizisten, Berlin 1967.

65 Vgl. Nr. 18 Anm. 10.

66 Robert Kurt Albert *Platow* (1900–1982), Dr. sc. pol.; Wirtschaftsjournalist und Herausgeber eines Presse- und Informationsdienstes (»Platow-Briefe«, Frankfurt) war am 25. 8. 1951 verhaftet worden. In einem Strafverfahren vor dem Landgericht Bonn wurde Platow und 18 weiteren Angeklagten u. a. zur Last gelegt, durch Bestechung Beamte zur Preisgabe von Dienstgeheimnissen (§ 353 StGB) und zur Urkundenbeseitigung im Amt (§ 348 Abs. 2 StGB) verleitet zu haben. (Zu früheren Verdächtigungen vgl. Die Kabinettsprotokolle der Bundesregierung, Bd. 1, S. 231 f.)

Nachdem die Ermittlungen des vom Bundestag eingesetzten Untersuchungsausschusses gezeigt hatten, daß die Verwaltungsgrundsätze für die Zusammenarbeit von Beamten mit der Presse unterschiedlich gehandhabt wurden, legte die Bundesregierung einen Gesetzentwurf zur Änderung des Straffreiheitsgesetzes (StFG) vor, wodurch den Angeklagten Amnestie gewährt werden sollte. Der Bundestag stimmte der Novellierung (§ 8 StFG) am 17. 7. 1954 zu.

Die Strafkammer in Bonn setzte daraufhin am 10. 11. 1954 das Verfahren aus und beantragte die Entscheidung des Bundesverfassungsgerichts zur Frage der verfassungsmäßigen Abgrenzung von Amnestietatbeständen. Vgl. dazu Verhandlungen des Deutschen Bundestages, 2. Wahlperiode 1953, Stenographische Berichte, Bd. 27, S. 5928 sowie Deutscher Bundestag, 2. Wahlperiode 1953, Drucksache 1793.

Der Erste Senat des Bundesverfassungsgerichts entschied am 15. 12. 1959, daß § 8 StFG mit dem Grundgesetz vereinbar sei. Ausführliche Darstellung der Vorgänge in: Entscheidungen des Bundesverfassungsgerichts, 10. Bd., S. 234-250.

67 An dieser Stelle folgen persönliche Beurteilungen Adenauers über Platow und die gegen ihn erhobenen Vorwürfe.

Nr. 20

1 Vgl. hs. gezeichnete Anwesenheitsliste in: BA, B 145/971-736 Bd. I; Abb. S. 148/149.

2 Egon *Bahr* (geb. 1922), Journalist und Politiker; 1945–1950 Korrespondent verschiedener Zeitungen in Berlin, Hamburg und Bonn, 1950–1959 Bonner Korrespondent des RIAS, 1953–1954 dessen Chefredakteur, 1959 Attaché in Ghana, seit 1956 Mitglied der SPD und ab 1960 enger Mitarbeiter Willy Brandts, zunächst als Leiter des Presse- und Informationsamtes beim Berliner Senat, 1966 Sonderbotschafter im Auswärtigen Amt, 1967–1969 dort Leiter des Planungsstabs, 1969–1972 Staatssekretär im Bundeskanzleramt und zugleich Bundesbevollmächtigter für Berlin, seit 1972 MdB (SPD), 1972–1974 Bundesminister für besondere Aufgaben, 1974–1976 Bundesminister für wirtschaftliche Zusammenarbeit, 1976–1980 Bundesgeschäftsführer der SPD. Vgl. zur Biographie und

Bibliographie Otto *Borst*, Egon Bahr, in: Walther *Bernecker*/Volker *Dotterweich* (Hrsg.), Persönlichkeit und Politik, Bd. 1, S. 27-39.

3 Wolfdietrich *Gerdes* (geb. 1924), Journalist; 1950–1966 Bonner Korrespondent des Südwestfunks, anschließend in Baden-Baden tätig.

4 Paul Wilhelm *Wenger* (1912–1983), Journalist; seit 1948 Bonner Redakteur des »Rheinischen Merkurs« (Köln). Zur journalistischen Tätigkeit vgl. »Frankfurter Allgemeine« v. 15. 6. 1982 sowie seine Studien: Schuman und Adenauer, in: Konrad Adenauer und seine Zeit, Bd. 1, S. 395-414; Die Falle, Deutsche Ost-, russische Westpolitik, Stuttgart 1971.

5 Angabe in StBKAH 04.02.

6 Die Außenminister der drei Westmächte kamen auf der Konferenz vom 10.–14. 9. 1951 in Washington überein, die Beziehungen zur Bundesrepublik Deutschland grundlegend zu ändern. Das Besatzungsstatut sollte durch einen noch auszuhandelnden Generalvertrag (Deutschlandvertrag) ersetzt werden und zur selben Zeit in Kraft treten wie das vorgesehene Abkommen über den deutschen Verteidigungsbeitrag im Rahmen der EVG. Vgl. zu den Beschlüssen EA, 6. Jg. (1951), S. 4397f., auch Gerhard *Wettig*, Entmilitarisierung, S. 443-449. Zu den Ergebnissen aus Adenauers Sicht vgl. seine Erinnerungen 1945–1953, S. 468-470 und seine Rundfunkansprache vom 18. 9. 1951 in: EA, a.a.O., S. 4405 f. Dieser dort abgedruckte, vom Bundespresseamt veröffentlichte Redetext, auf Band aufgenommen am 17. 9. 1951, wurde jedoch zurückgezogen und durch die Rundfunkrede ersetzt. Redemanuskript für die Bandaufnahme sowie das Manuskript der Bandaufnahme v. 17. 9. 1951, die nicht gesendet wurde, in StBKAH 02.09.

7 Vgl. Nr. 3 Anm. 8.

8 Eingesetzt wurde der Unterausschuß »Verhandlungen der Bundesregierung mit der Hohen Kommission«.

9 Zum Verlauf des Gesprächs zwischen Adenauer, Schumacher und Ollenhauer am 25. 9. 1951 vgl. Konrad *Adenauer*, Erinnerungen 1945–1953, S. 482.

10 Zu den unterschiedlichen Konzeptionen einer europäischen Armee zahlreiche Hinweise in: Hans-Peter *Schwarz*, Die Ära Adenauer 1949–1957, passim.

11 Vgl. Anm. 6.

12 Am 15. 9. 1951 änderte Grotewohl in einer Regierungserklärung seinen ursprünglichen Plan zur Bildung eines »Gesamtdeutschen Konstituierenden Rates« (vgl. Nr. 5 Anm. 7, Nr. 9 Anm. 6) dahingehend ab, daß eine paritätische Besetzung nicht Bedingung sei. Er hielt an den Prinzipien einer freien Wahl fest und betrachtete es als »selbstverständlich, daß eine Betätigungsfreiheit für alle demokratischen Parteien in ganz Deutschland geschaffen werden muß und daß die Wahlen in ganz Deutschland unter völlig gleichen Bedingungen durchgeführt werden müssen. Es muß dabei auch für alle Personen, demokratischen Parteien und gesellschaftlichen Organisationen die völlige persönliche und bürgerliche Freiheit und die Gleichberechtigung in allen Teilen Deutschlands gesichert werden.« Die Volkskammer der DDR nahm am gleichen Tag einen Appell an, in dem der Bundestag mit dem Schlagwort »Deutsche an einen Tisch« zur Einbe-

rufung gesamtdeutscher Beratungen und zum Abschluß eines Friedensvertrages aufgerufen wurde. Vgl. EA, 6. Jg. (1951), S. 4398-4403; zu Adenauers Haltung dessen Erinnerungen 1953–1955, S. 52-55.

13 Vgl. Nr. 16 Anm. 7.

14 Wortlaut der Erklärung der Bundesregierung sowie des Beschlusses des Deutschen Bundestages über die Wiederherstellung der deutschen Einheit, beide v. 27.9.1951 in: EA, 6. Jg. (1951), S. 4409f.; vgl. auch Konrad *Adenauer,* Erinnerungen 1953–1955, S. 57-60.

15 Der britische Außenminister Morrison hatte Adenauer bei der Unterredung am 19.5.1951 in Bonn zu einem Besuch nach London eingeladen. Die ursprünglich für Oktober vorgesehene Reise wurde jedoch wegen der Unterhaus-Wahlen am 25.10.1951 auf Dezember verschoben, vgl. Nr. 23 Anm. 6.

Nr. 21

a ‹ › Vom Bearbeiter korrigiert aus »über«.

1 Angabe in StBKAH 04.02, im Dokument angegeben »16.30 Uhr«.

2 Rüdiger *Freiherr von Wechmar* (geb. 1923), Sohn von Irnfried Freiherr von Wechmar, Journalist und Diplomat; 1946–1947 Korrespondent für dpa, 1947–1958 Redakteur bei United Press, ab 1949 deren Leiter des Bonner Büros, 1958–1963 Presseattaché am Generalkonsulat in New York, 1963–1969 Leiter des ZDF-Studios Wien, 1969 Stellvertretender, 1970–1974 Leiter des Presse- und Informationsamtes der Bundesregierung, 1974–1981 Ständiger Vertreter bei der UNO, 1981–1984 Botschafter in Rom, seitdem in London. Vgl. zu seiner Tätigkeit im BPA Horst *Walker,* Das Presse- und Informationsamt der Bundesregierung, passim sowie »Frankfurter Allgemeine« v. 13.9.1980.

3 Vgl. Nr. 22 Anm. 10.

4 Zu den Verhandlungen Adenauers mit den Hohen Kommissaren im September/Oktober 1951 vgl. Konrad *Adenauer,* Erinnerungen 1945–1953, S. 474-489.

5 Vgl. »Frankfurter Allgemeine« v. 15.11.1951.

6 Nach den Neuwahlen hatte René Pleven (UDSR) am 11.8.1951 seine Regierung aus Vertretern der »demokratischen Mehrheit« – womit alle Parteien außer Gaullisten und Kommunisten gemeint waren – umgebildet. Vgl. L'Année Politique 1951, S. 198-201; zu den Diskussionen über die Finanzprobleme, S. 294-296.

7 Als Antwort auf den Grotewohl-Vorschlag (vgl. Nr. 20 Anm. 12) übermittelte Adenauer am 5.10.1951 den Hohen Kommissaren in einer Note die Vorschläge der Bundesregierung und des Bundestages vom 27.9.1951 (vgl. Nr. 20 Anm. 14), eine unparteiische internationale Kommission unter Kontrolle der UNO einzusetzen, um die Abhaltung gesamtdeutscher Wahlen zu prüfen. Die Hohen Kommissare wurden gebeten, diese Note an die UNO und an die sowjetische Kontrollkommission weiterzuleiten. In dem Antwortschreiben vom 15.10.1951 stimmten die drei westlichen Regierungen der Einsetzung einer UNO-Kommission zur Prüfung der Voraussetzung freier Wahlen zu und stellten am 4.11.1951

den formellen Antrag bei der UNO, der am 20.12.1951 in einer Resolution der Vollversammlung angenommen wurde. Vgl. Dokumente zur Deutschlandpolitik, Hauptbd., S. 117f.; Konrad *Adenauer,* Erinnerungen 1953–1955, S. 57-62; Hans-Peter *Schwarz,* Die Ära Adenauer 1949–1957, S. 149-166.

8 Über den Entwurf einer Wahlordnung für eine gesamtdeutsche Nationalversammlung kam es am 9.11.1951 (Schreiben Schumacher an Adenauer), am 10.11.1951 (Antwort des Kanzlers) und am 12.11.1951 (Replik des Oppositionsführers) zu einem Briefwechsel, in dem es vor allem um die Frage ging, ob die Bundesregierung durch ihre Vorschläge ohne vorherige Konsultation des Bundestags und des Bundesrats die gemeinsame Plattform der demokratischen Parteien in der Frage der gesamtdeutschen Wahlen verlassen habe oder nicht. Vgl. zum Inhalt der Schreiben AdG, 21. Jg. (1951), S. 3197.

9 Art. 146 Grundgesetz.

10 Gemeint waren die Alliierten Hochkommissare.

11 Der NATO-Rat tagte vom 24.–28.11.1951 in Rom. Wortlaut des Kommuniqués in: EA, 6. Jg. (1951), S. 4587.

12 Gemeint waren die amerikanische, britische und französische Regierung.

13 Anspielung auf das preußische Belagerungszustandsgesetz von 1851, vgl. Ernst Rudolf *Huber,* Dokumente zur deutschen Verfassungsgeschichte, Bd. 1, S. 414-418.

14 Ebenda.

15 Salomon *Grumbach* (1884–1952), französischer Journalist und Politiker; nach journalistischer Tätigkeit beim »Vorwärts« 1914–1918 Aufenthalt in der Schweiz, 1918 Rückkehr nach Frankreich, seit 1928 sozialistischer Abgeordneter in der Kammer, 1928–1932 und 1947–1948 Vorsitzender des Außenpolitischen Ausschusses, 1934–1939 Mitglied der französischen Delegation beim Völkerbund, 1944 verfolgt von der Gestapo, 1944–1948 Mitglied des SFIO-Vorstandes, 1947–1948 Vorsitzender des Parlamentsausschusses für das besetzte Deutschland und Österreich, Mitglied des Rates der Republik, bis 1952 Mitarbeiter von »Le Populaire«.

Zu der von Adenauer angesprochenen Haltung Grumbachs vgl. »Le Populaire« v. 3. und 11.10.1951.

16 Vgl. Nr. 17 Anm. 16.

17 Wortlaut der Mitteilung über die Berliner Konferenz der drei Mächte v. 2.8. 1945 (sog. Potsdamer Abkommen), in: Alexander *Fischer* (Hrsg.), Teheran, Jalta, Potsdam, 2. Aufl., Köln 1973, S. 391-404, auch abgedruckt in: EA, 1. Jg. (1946–1947), S. 215-220.

18 Vgl. Konrad *Adenauer,* Erinnerungen 1945–1953, S. 385.

19 Am 30.10.1951 verabschiedete das Bundeskabinett einen Gesetzesvorschlag über die Durchführung gesamtdeutscher Wahlen für die verfassunggebende Nationalversammlung (vgl. zur Vorgeschichte Anm. 7). Vorgesehen war, daß diese Nationalversammlung mit Zustimmung eines »Länderausschusses« die Verfassung beschließt. Vgl. Bulletin, Nr. 3, 1.11.1951, S. 13.

20 Wortlaut der Pressekonferenz Schumachers am 9.11.1951 in BPA Archiv F 30.
21 Vgl. Nr. 20 Anm. 14.
22 Vgl. Anm. 8.
23 Am 15.8.1951 war es zu Zusammenstößen gekommen, als FDJ-Mitglieder, die in geschlossenen Gruppen in die Westsektoren Berlins einzudringen versuchten, um dort zu demonstrieren, von der West-Berliner Polizei daran gehindert wurden. Je nach politischem Standort wurden die Vorfälle in den Medien unterschiedlich bewertet. So bezeichnete zum Beispiel die »Tägliche Rundschau« (Ost-Berlin) den Polizeieinsatz als »faschistische Einsatzkommandos«, die von den »Machthabern in West-Berlin« den Befehl bekommen hätten, durch einen Angriff Diskussionen der Bevölkerung mit den Jugendlichen zu vereiteln. Vgl. Auszug des Berichts in: AdG, 21. Jg. (1951), S. 3078.
24 Die Besprechung Adenauers mit Ehard fand kurz nach dem Teegespräch statt. Angabe in StBKAH 04.02. Schreiben Ehards an Adenauer in StBKAH nicht vorhanden.
25 Vgl. zu den Diskussionen um Schäffer Nr. 15.
26 Anton *Sabel* (1902–1983); 1926–1933 Landesjugendleiter der Christlichen Gewerkschaften in Hessen, 1945 Leiter des Arbeitsamtes Fulda, 1949–1957 MdB (CDU), Vorsitzender des Bundestags-Ausschusses für Arbeit, 1957–1968 Präsident der Bundesanstalt für Arbeitsvermittlung und Arbeitslosenversicherung.
27 Biographische Angaben zu Dr. Gerhard *Schröder* (geb. 1910) in: Adenauer, Briefe 1945–1947, S. 735.
28 Die Mitbestimmungsdiskussionen zwischen Bundesregierung und DGB-Führung am 15.10., 14.11. und 18.11.1951 führte der Kanzler vor allem mit dem Ziel, den DGB zu beruhigen (vgl. dazu Nr. 18 Anm. 7) und Zeit zu gewinnen. Auch war er nicht bereit, den in diesen Monaten neugegründeten Nachfolgegesellschaften des IG-Farben-Konzerns eine stärkere Beteiligung der Arbeitnehmer als ein Drittel der Sitze im Aufsichtsrat einzuräumen. Vgl. zum Verlauf der Verhandlungen Horst *Thum*, Mitbestimmung, S. 130-134.
29 Vgl. Nr. 15 Anm. 11, 12.
30 Vgl. zu den Kompetenzkonflikten zwischen dem Finanzminister und dem Wirtschaftsminister sowie zu den Gesprächen Adenauers mit Erhard und Schäffer an diesem Tage Udo *Wengst*, Staatsaufbau, S. 251-258.
31 Adenauer hatte in den ersten zweieinhalb Jahren mit der Besetzung der Stelle des Regierungssprechers wenig Glück. Nach Dr. Heinrich *Böx* (geb. 1905, Angaben zur Biographie in: Adenauer, Briefe 1947–1949, S. 551, kommissarischer Leiter 25.9.–10.11.1949), Paul Bourdin (10.11.1949–28.2.1950) und Dr. Heinrich Brand (28.2.–15.12.1950) fungierte Dr. Fritz von Twardowski (offiziell 16.12.1950–15.2.1952) als kommissarischer Leiter des Presse- und Informationsamtes der Bundesregierung, ging dann aber als Botschafter nach Mexiko. Zwischenzeitlich führte Werner Krueger die Amtsgeschäfte. Erst die Berufung Felix von Eckardts (16.2.1952–30.4.1955 und 1.7.1956–30.6.1962) brachte eine dauer-

hafte Lösung. Vgl. zu den Personaldiskussionen um dieses Amt 1949–1952 Horst *Walker,* Das Presse- und Informationsamt der Bundesregierung, S. 125-128; Arnulf *Baring,* Außenpolitik in Adenauers Kanzlerdemokratie, S. 41-46.

32 Gemeint war Paul *Bourdin* (1900–1955, vgl. zu seinen biographischen Daten Adenauer, Briefe 1947–1949, S. 573), der allerdings nur kurz (10.11.1949–28.2.1950) Leiter des Presse- und Informationsamtes der Bundesregierung war. Zu seiner damaligen Tätigkeit vgl. ebenda.

33 Bei der Paraphierung des Interzonen-Abkommens zwischen der Bundesrepublik Deutschland und der DDR am 6.7.1951 hatten die Vertreter Ost-Berlins dem von Bonn geforderten Junktim zugestimmt, daß das Abkommen unwirksam werde, wenn nach seinem Inkrafttreten (1.7.1951) Verkehrsstörungen zwischen Berlin und der Bundesrepublik erfolgten. Da nach Unterzeichnung des Vertrages am 20.9.1951 die DDR-Behörden die zugesagte Aufhebung der Beschränkungen beim Waren- und Postverkehr nicht eingehalten, sondern eher noch durch die Ablehnung von Warenbegleitscheinen verschärft hatten, kam es ab 1.12.1951 zum Stillstand des Interzonenhandels. Vgl. »Die Welt« v. 30.11.1951.

Nr. 22

a ‹ › Vom Bearbeiter korrigiert aus »vermieden«.

1 Vgl. Einladungsliste, in: BA, B 145/971-736 Bd. I.

2 Franz *Goeddert* (1893–1978), Journalist; 1919–1945 Redakteur der »Kölnischen Zeitung«, 1930–1945 dort Chef vom Dienst, nach Kriegsende in gleicher Funktion bei der damaligen Besatzungszeitung »Kölnischer Kurier«, 1946–1951 Chef vom Dienst bei der »Kölnischen Rundschau«, 1951–1960 deren Leiter der Bonner Redaktion.

3 Dieter *von König* (geb. 1913), Journalist; nach dem Krieg Parlamentskorrespondent beim nordrhein-westfälischen Landtag, seit 1949 Bonner Korrespondent für den »Kölner Stadtanzeiger«, die »Westdeutsche Zeitung« (Düsseldorf), die »Rhein-Neckar-Zeitung« (Heidelberg), und bis 1963 für den »Kurier« (Berlin).

4 Adolf *Kussl* (1897–1960), Dr. jur., Journalist; 1925–1937 Chefredakteur bei »Der Volksbote« (Trautenau), 1937–1938 bei der »Deutschen Presse«, 1938–1945 Redakteur beim Prager Zeitungsdienst, 1946–1949 Pressereferent bei der Kirchlichen Hilfsstelle in Frankfurt/Main, 1950 und 1951–1960 Chefredakteur beim Deutschland-Union-Dienst, 1951 Redakteur bei »Die Neue Zeitung« (Frankfurt/Main).

5 Franz *Rodens* (1900–1972), Dr. phil., Journalist; 1924–1930 Redakteur beim »Kölner Stadtanzeiger«, 1934–1938 freier Korrespondent in Rom und Paris, dann wissenschaftlicher und kulturpolitischer Mitarbeiter verschiedener Zeitungen und Zeitschriften in Berlin, seit 1949 parlamentarischer Korrespondent für Presse, u. a. das »Neue Tageblatt« (Osnabrück), und Rundfunk, 1953 Vorsitzender der Bundes-Pressekonferenz. Vgl. seine Studien: Konrad Adenauer, Der Mensch und Politiker, München–Zürich 1963; Wie steht's mit der Wiedervereinigung?, Bonn 1957.

6 Guenther *Scholz* (geb. 1919), Journalist; bis 1963 Parlamentskorrespondent des »Weser-Kuriers« (Bremen), der »Badischen neuesten Nachrichten« (Karlsruhe) und der »Schwäbischen Zeitung« (Augsburg), 1963–1983 Leiter des Bonner Büros und Hauptabteilungsleiter der Deutschen Welle (Köln).

7 Richard *Thilenius* (1908–1964), Dr. jur., Journalist; 1938–1939 im Reichswirtschaftsministerium, 1939–1941 Regierungsrat im Büro des Reichsprotektors von Böhmen und Mähren, von Neurath, in Prag, 1948–1956 Mitarbeiter der »Deutschen Zeitung und Wirtschaftszeitung« (Stuttgart), seit 1950 Leiter deren Bonner Redaktion, 1956–1964 Leiter des Bonner Büros der »Süddeutschen Zeitung«. Nachruf von Hermann *Proebst* in »Süddeutsche Zeitung« v. 15.10.1964. Vgl. Thilenius' zeitgeschichtliche Analyse: Die Teilung Deutschlands, Reinbek bei Hamburg 1961.

8 Biographische Daten zu Dr. Carl Otto *Lenz* (1903–1957) in: Adenauer, Briefe 1945–1947, S. 574. Zu seiner Tätigkeit im Bundeskanzleramt vgl. Hans-Peter *Schwarz,* Die Ära Adenauer 1949–1957, passim.

9 Angabe in StBKAH 04.02.

10 Der Bundeskanzler traf am 22.11.1951 in Paris mit den Außenministern der drei Westmächte zusammen, um im Rahmen der Washingtoner Beschlüsse (vgl. Nr. 20 Anm. 6) über Maßnahmen zur Einbindung der Bundesrepublik in das westliche Bündnis auf der Basis der Gleichberechtigung zu verhandeln. Als Ergebnis wurde ein sog. »Dachvertrag« zum Deutschlandvertrag paraphiert. Vgl. Konrad *Adenauer,* Erinnerungen 1945–1953, S. 513-516; Wilhelm *Grewe,* Rückblenden, S. 149.

11 Vgl. zum Verlauf der Verhandlungen in dieser Phase Gerhard *Wettig,* Entmilitarisierung, S. 450-458, 475-483.

12 Der Nordatlantikrat hatte auf seiner Tagung vom 15.–20.9.1951 in Ottawa ein nichtständiges Komitee des Rates geschaffen und es mit der Prüfung beauftragt, zu welchen Teilen die anfallenden Rüstungsausgaben finanziert werden können. Das Exekutivbüro dieses Komitees – genannt »Rat der Weisen« –, dem William Averell Harriman, Jean Monnet und Sir Edwin Plowden angehörten, legte am 12.12.1951 ein Finanzierungsmodell vor. Vgl. AdG, 21. Jg. (1951), S. 3240.

13 Schreiben in StBKAH nicht vorhanden.

14 Vgl. den zusammengefaßten Inhalt der Erklärungen Eisenhowers vor dem NATO-Rat in: AdG, 21. Jg. (1951), S. 3221.

15 Schumacher bezeichnete in einer Rede am 26.11.1951 in Limburg einen militärischen Beitrag der Bundesrepublik als eine Verschlechterung der Lage Deutschlands, wenn in einer europäischen Armee die Angriffsbefehle in deutscher und die Rückzugsbefehle in einer anderen Sprache gegeben würden. Vgl. AdG, 21. Jg. (1951), S. 3219.

16 Text der Rede vor der Konsultativ-Versammlung des Europarats am 10.12. 1951 in: Bulletin, Nr. 21, 15.12.1951, S. 157f.

17 Vgl. zum Verlauf des Besuches Nr. 23.

18 Zum Zweck des Besuches aus der Sicht Adenauers vgl. auch seine Erinnerungen 1945–1953, S. 500-505.

19 Im Fall Platow (vgl. Nr. 19 Anm. 66) wurde am 26.11.1951 der Journalist Alfred Schulze wegen Verdachts des Geheimnisverrats (§ 353 c StGB) verhaftet. Alfred *Schulze* (geb. 1901), Journalist; ab 1933 Korrespondent des »Berliner Tageblatts«, der »Frankfurter Zeitung«, der »Münchener neuesten Nachrichten«, des »Hamburger Fremdenblatts«, der »Berliner Börsenzeitung«, 1945 beim »Volksblatt« (Halle/Saale), anschließend Leiter des PPP (Bonn).

Nr. 23

a ‹ › Vom Bearbeiter korrigiert aus »oder«.

b ‹ › Vom Bearbeiter korrigiert aus »gesagt«.

c ‹ › Vom Bearbeiter korrigiert aus »sich«.

d ‹ › Vom Bearbeiter korrigiert aus »über«.

1 Teilnehmer ermittelt nach Einladungsliste in: BA, B 145/971-736 Bd. I.

2 Erich Peter *Neumann* (1912–1973), Journalist und Meinungsforscher; 1933 Redakteur des »Berliner Tageblatts«, 1933 der »Deutschen Allgemeinen Zeitung« (Berlin), arbeitete 1940 für »Das Reich«, 1941–1945 Kriegsberichterstatter, 1946 Gründer des Instituts für Demoskopie (Allensbach), Herausgeber des Jahrbuchs der öffentlichen Meinung, 1961–1965 MdB (CDU). Vgl. die von ihm hrsg. statistischen Erhebungen: Umfragen über Adenauer, Ein Porträt in Zahlen, Allensbach 1961.

3 Albert *Pfeiffer,* Dr., Journalist; war für den Christlich Demokratischen Pressedienst, den »Tagesanzeiger« (Regensburg) und den »Industriekurier« (Düsseldorf) tätig.

4 Angabe in StBKAH 04.02, im Dokument angegeben »17.00 Uhr«.

5 Vgl. Nr. 22 Anm. 10.

6 Adenauer hielt sich vom 3.–7.12.1951 zum ersten offiziellen Besuch eines deutschen Regierungschefs seit 1925 in Großbritannien auf. Zum Verlauf des Besuchs vgl. seine Erinnerungen 1945–1953, S. 500-512; Notiz Adenauers v. 7.12. 51 in StBKAH 10.05; auch Herbert *Blankenhorn,* Verständnis und Verständigung, S. 128-131.

7 Zum Ergebnis des am 11.12.1951 stattgefundenen Treffens vgl. AdG, 21. Jg. (1951), S. 3241.

8 Vgl. zu den Resultaten der Konferenz EA, 7. Jg. (1952), S. 4659 f.

9 Vgl. dazu Nr. 24 Anm. 34.

10 Am 11.1.1952 nahm der Bundestag mit 232 gegen 143 Stimmen bei 3 Enthaltungen das Ratifizierungsgesetz über den Schuman-Plan an. Zur Abstimmung vgl. Verhandlungen des Deutschen Bundestages, 1. Wahlperiode 1949, Stenographische Berichte, Bd. 10, S. 7833-7836. Der Bundesrat votierte am 1.2.1952 einstimmig für die Annahme des Gesetzes. Vgl. Verhandlungen des Bundesrates, Stenographische Berichte, Jg. 1951–1952, S. 31-34.

11 Mit 47 gegen 4 Stimmen verabschiedete das luxemburgische Abgeordnetenhaus am 13.5.1952 das Ratifizierungsgesetz.

12 Zum Verlauf der Unterredung vgl. Konrad *Adenauer,* Erinnerungen 1945–1953, S. 505-512.

13 Sir Anthony *Eden,* Earl of *Avon,* (1897–1977), britischer Politiker; 1923–1957 konservativer Unterhausabgeordneter, 1931–1933 Unterstaatssekretär im Außenministerium, 1934–1935 Lordsiegelbewahrer, 1935–1938, 1940–1945 und 1951–1955 Außenminister, 1940 Kriegsminister, 1955–1957 Premierminister, Rücktritt nach dem Scheitern der britisch-französischen Intervention im Suez-Konflikt. Vgl. zu seiner Tätigkeit in der Nachkriegszeit: Memoiren 1945–1947, Köln–Berlin 1960 (Originalausgabe: Full Circle, 2. Aufl., London 1960) sowie seinen Beitrag: Von der EVG zur NATO, in: Konrad Adenauer und seine Zeit, Bd. 1, S. 627-631; neuere Darstellung von David *Carlton,* Anthony Eden, A biography, London 1981.
14 Vgl. Nr. 20 Anm. 15.
15 Gemeint war vermutlich der Botschafter Großbritanniens in den Vereinigten Staaten, Sir Oliver Shewell *Franks* (geb. 1905); 1939–1945 im Verwaltungsdienst des Versorgungsministeriums, 1945–1946 dort Permanent Secretary, 1946–1948 Lehrtätigkeit am Queens College (Oxford), 1948–1952 Botschafter in Washington.
16 Walter Sherman *Gifford* (1885–1966), amerikanischer Wirtschaftsfachmann; 1905–1950 in führender Position in der Wirtschaft (Telefon- und Telegraphendienste) tätig, 1950–1953 Botschafter in London.
17 Dana L. *Wilgress* (1892–1969), kanadischer Diplomat; 1914–1940 im Auswärtigen Dienst und als Wirtschaftsberater tätig, 1940 Stellvertretender Minister für Handel und Finanzen, 1942–1944 Botschafter in Moskau, 1947–1949 in Bern, 1949–1952 Hoher Kommissar für Kanada in Großbritannien, 1952–1953 Unterstaatssekretär im Außenministerium, 1953–1958 Ständiger Vertreter bei der NATO.
18 Zur Biographie von Sir Brian Hubert *Robertson* (1896–1974) und seiner Beziehung zu Adenauer vgl. Adenauer, Briefe, 1945–1947, S. 674.
19 Vgl. Adenauers Darstellung in den Erinnerungen, a.a.O., S. 509f.
20 Text der Telegramme von Adenauer an Churchill und an Eden in: Bulletin, Nr. 19, 11.12.1951, S. 133; Text der Antwort-Telegramme, a.a.O., Nr. 21, 15.12.1951, S. 162.
21 Hinweis in der Vorlage: »(siehe Mitteilung an die Presse Nr. 1134/51.)«
22 Zur Person Alcide *De Gasperi* (1881–1954) und seinem Verhältnis zu Adenauer vgl. die Angaben in: Adenauer, Briefe 1947–1949, S. 559f.
23 Auszüge und inhaltliche Zusammenfassungen der Reden De Gasperis, van Zeelands und Schumans in: AdG, 21. Jg. (1951), S. 3238; zur Rede Adenauers vgl. Nr. 22 Anm. 16.
24 Art. 6 EVG-Vertrag (vgl. Nr. 27 Anm. 21).
25 Anspielung auf Adenauers Besuch in Italien im Juni 1951, vgl. Nr. 16.
26 Erst durch einen Briefwechsel zwischen dem Bundeskanzler (Schreiben v. 29.4.1952) und dem Bundespräsidenten (Antwort v. 2.5.1952) wurde das -»Deutschlandlied« zur Nationalhymne bestimmt. Wortlaut in: Bulletin, Nr. 51, 6.5.1952, S. 537; weitere Literaturhinweise vgl. Nr. 1 Anm. 34.

27 Text des Vortrages am 6.12.1951 mit grundsätzlichen Ausführungen zu den geistigen Grundlagen der Bundesrepublik Deutschland und zur Europapolitik in: Adenauer, Reden 1917–1967, S. 232-236; Manuskript in StBKAH 02.09.
28 Entwurf der Rede vor der Foreign Press Association am 7.2.1951, in der Adenauer auf die außen- und innenpolitische Entwicklung der Lage der Bundesrepublik und das britisch-europäische Verhältnis einging, in StBKAH 02.09. Vgl. auch Konrad *Adenauer,* Erinnerungen 1945–1953, S. 503f.
29 Vgl. dazu a.a.O., S. 511.
30 Angabe im Besuchsplan des Bundeskanzlers in London, 4.12.1951, in StBKAH 02.09.
Alan Campbell *Don* (1885–1966), anglikanischer Geistlicher; 1931–1941 Kaplan und Sekretär des Erzbischofs von Canterbury, 1934–1946 Kaplan des Königs, ab 1936 auch des Speakers, 1941–1946 stellvertretender, 1946–1959 Dekan von Westminster.
31 Bernardo W. *Griffin* (1899–1956), Dr. theol., römisch-katholischer Geistlicher; seit 1924 Priester, 1927–1937 Sekretär des Erzbischofs von Birmingham, 1929–1938 Kanzler des Erzbistums Birmingham, 1938–1944 dort Weihbischof, 1944–1956 Erzbischof von Westminster, 1946 Kardinal.
32 Geoffrey Francis *Fisher* (1887–1972), Dr. h.c., anglikanischer Geistlicher; seit 1912 Priester, 1914–1932 Direktor der Repton-Schule, 1932–1939 Bischof von Chester, 1939–1945 von London, 1945–1961 Erzbischof von Canterbury, 1946–1961 einer der sechs Präsidenten des Weltkirchenrates.
33 Biographische Angaben zu Franz *Etzel* (1902–1970) in: Adenauer, Briefe 1945–1947, S. 737.
34 Die SPD-Abgeordneten des Wirtschaftspolitischen Ausschusses des Bundestages hatten bei der Diskussion über den Termin der Beratung des EGKS-Vertrags in zweiter und dritter Lesung, die von den Fraktionen der Regierungskoalition für den 18.12.1951 ins Auge gefaßt wurden, aus Protest gegen die nach ihrer Ansicht zu knappe Zeit bis zur Plenarsitzung des Bundestages den Saal verlassen. Der Ältestenrat setzte am 13.12.1951 die Ratifizierungsdebatte auf den 9./10.1.1952 fest. Vgl. »Frankfurter Allgemeine« v. 14.12.1951.
35 Vgl. Anm. 10.
36 Die Nationalversammlung sprach sich am 13.12.1951 mit 377 gegen 235 Stimmen für die Ratifizierung des Montanunionvertrages aus. Das klare Votum war vor allem auf die positive Haltung der Regierung während der Debatte zurückzuführen. Mehrfach hatte Ministerpräsident Pleven mit der Ratifizierung die Vertrauensfrage verbunden. Vgl. Gabriele *Latte,* Die französische Europapolitik im Spiegel der Parlamentsdebatten (1950–1965), S. 21-39; Rudolf *Mittendorfer,* Robert Schuman, S. 227-240.
37 Text der am 4.12.1951 gehaltenen Rede, in der Adenauer die Zugehörigkeit der Bundesrepublik zu den demokratischen Staaten der Europäischen Gemeinschaft bekräftigte, in StBKAH 02.09.

38 In der Besprechung am 4.12.1951 sagten Churchill und Eden dem Bundeskanzler, es sei daran gedacht, durch die Anrechnung der gesamten Haftzeit 1/6 der sich in britischer Kriegsgefangenschaft befindenden Deutschen zu entlassen. Die Freilassung dürfe jedoch in der Öffentlichkeit nicht als direktes Ergebnis dieser Unterhaltung erscheinen, um den Eindruck eines »Kuhhandels« zu vermeiden. Adenauer erklärte daraufhin, es müsse in Deutschland der Eindruck entstehen, daß ein neuer Abschnitt erreicht sei. Dies könne geschehen, wenn bis Weihnachten 1/4 der Gefangenen begnadigt würden. Man einigte sich, lediglich mitzuteilen, die Frage der Gefangenen sei zur Sprache gebracht worden. Die Absprache führte jedoch nicht zu der erhofften Weisung der britischen Regierung. Sie wollte vielmehr diese Frage in den deutsch-alliierten Besprechungen erörtert wissen. Aufzeichnung des Gesprächs in StBKAH III/96; vgl. auch Bulletin, Nr. 21, 15.12. 1951, S. 163; aufschlußreich in diesem Zusammenhang auch der Briefwechsel zwischen Frings (Schreiben v. 29.11.1951) und Adenauer (Schreiben v. 13.12. 1951) in StBKAH 10.05.

39 Gemeint war die erste Plenarsitzung des Deutschen Bundestages nach der Weihnachtspause im Januar 1952, vgl. Anm. 10.

40 Aus den Reihen der Koalition wurde offenbar schon im Dezember 1951 ein gewisser Druck innerhalb der Regierungskoalition wegen der »atlantischen Frage« ausgeübt, nämlich ob eine außerhalb der NATO stehende Bundesrepublik als politisch völlig gleichberechtigt angesehen werden könne. Adenauer vertraute auf amerikanische Regierungsvertreter, die der Ansicht waren, die Bundesrepublik solle und werde nach ihrem Eintritt in die EVG auch direkt in die NATO kommen, allerdings erst wenn in Frankreich der EVG-Vertrag durchgesetzt sei. Die FDP-Minister verlangten jedoch während der Kabinettssitzung am 31.1.1952 ultimativ, die Bundesrepublik müsse schon bei Inkrafttreten des Vertrages der NATO unmittelbar angehören. Vgl. Gerhard *Wettig*, Entmilitarisierung, S. 463 f.

41 In einer dpa-Meldung vom 5.12.1951 hieß es, daß erste Einzelheiten über Textentwürfe einiger der fünf Zusatzabkommen zum Deutschlandvertrag (vgl. Nr. 27 Anm. 21) von alliierter Seite bekanntgegeben worden seien. Vgl. »Frankfurter Allgemeine« v. 6.12.1951.

42 Der amerikanische Hochkommissar vermerkte in seinem 8. Vierteljahrsbericht 1951 an das State Department, daß sich Westdeutschland in der Stimmung ungeduldiger Rebellion gegen die Besatzungsmächte befinde. Nach sechs Jahren Besatzungsregime habe sich eine Art Besatzungsmüdigkeit entwickelt, die von starken Zweifeln am guten Willen der Okkupationsmächte begleitet werde. Das Ergebnis dieser Stimmung sei, daß die Deutschen die Besatzungspolitik zunehmend kritisierten, geneigt seien, ihre Bürden und Beschwerden zu übertreiben, übermäßige Forderungen stellten und eine intransigente Haltung einnähmen, die weder mit der wirklichen Lage noch mit den Interessen Deutschlands übereinstimmen würde. Vgl. 8. Bericht über Deutschland, hrsg. vom *Amt des Amerikanischen Hochkommissars für Deutschland,* 1.7.–30.8.1951, Frankfurt/Main, S. 20-23.

43 Vgl. Nr. 22 Anm. 12.

44 Am 12.12.1951 einigten sich der Bundesfinanzminister und sein französischer Kollege René Mayer, aus Mitteln der nationalen Verteidigungsbudgets einen gemeinsamen europäischen Verteidigungsfonds zu bilden. Vgl. AdG, 21. Jg. (1951), S. 3241.

45 Auf dem Parteitag der DP am 2.12.1951 in Kassel hatte Bundesverkehrsminister Dr. Hans-Christoph *Seebohm* (1903–1967, vgl. zu dessen biographischen Daten Adenauer, Briefe 1947–1949, S. 553) u. a. zu den Grenzen des Deutschen Reiches von 1937 erklärt: »... das sind die Grenzen des Versailler Vertrages. Haben wir jemals in der Geschichte unseres Volkes diese Grenzen anerkannt?« Außerdem hatte er sich für eine eindeutige Beziehung der Deutschen zu Symbolen ausgesprochen und u. a. gesagt: »Wir neigen uns in Ehrfurcht vor jedem Symbol unseres Volkes – ich sage ausdrücklich vor jedem –, unter dem deutsche Menschen ihr Leben für ihr Vaterland geopfert haben ... « Die SPD-Bundestagsfraktion forderte daraufhin die Entlassung Seebohms »wegen Verherrlichung des Hakenkreuzes«. Vgl. »Die Welt« v. 5.12.1951.

46 Zur Biographie von Heinrich *Hellwege* (geb. 1908) vgl. Adenauer, Briefe 1945–1947, S. 707.

47 Seebohm erklärte zu dem Vorwurf, die Swastika sei kein Symbol des deutschen Volkes, sondern ein international vielverbreitetes Zeichen, das eine Partei in Deutschland als Parteiabzeichen benutzt habe. Vgl. »Frankfurter Allgemeine« v. 5.12.1951.

48 Nach heftigen Auseinandersetzungen im DGB-Bundesvorstand am 2.12. 1951 über die vorausgegangenen Verhandlungen mit der Bundesregierung über das Mitbestimmungsrecht (vgl. Nr. 21 Anm. 28) beschloß der Bundesausschuß des DGB am 3.12.1951, die Zusammenarbeit mit der Regierung aus Protest gegen deren Wirtschaftspolitik einzustellen. Vgl. zum Verlauf der Sitzungen und zu den Hintergründen der Entscheidung Horst *Thum,* Mitbestimmung, S. 131-134.

Nr. 24

a ‹ › Vom Bearbeiter korrigiert aus »machen«.

1 Vgl. Einladungsliste in: BA, B 145/971-736 Bd. I.

2 Karl August *Berdolt,* Journalist; Anfang der 50er bis Mitte der 60er Jahre freier Mitarbeiter der »Stuttgarter Zeitung«.

3 Werner *Lohe* (geb. 1901); bis 1939 Finanzdezernent bei der Reichslandwirtschaftskammer in Bonn, 1950–1974/75 Bonner Korrespondent des DIMITAG und verschiedener ausländischer Zeitungen, u. a. »Corriere della Sera« (Mailand).

4 Angabe in StBKAH 04.03, im Dokument angegeben »17.45 Uhr«.

5 Vgl. Nr. 2 Anm. 16.

6 Wiederholt wurde seit Januar 1951 von kommunistischer Seite eine Volksbefragung gegen die Remilitarisierung gefordert. Vgl. Eckardt *Opitz,* Die sicherheits- und wehrpolitische Diskussion in den politischen Parteien 1949–1955, in: Aus Politik und Zeitgeschichte (Beilage zur Wochenzeitung »Das Parlament«), B 35/83, 3.9.1983, S. 10f.

7 Art. 67 Grundgesetz.
8 Art. 68 Grundgesetz.
9 Den deutschen Wehrbeitrag lehnte die SPD-Opposition u. a. mit dem Argument ab, im Grundgesetz sei – wegen seines provisorischen Charakters – absichtlich noch nicht geregelt worden, ob die Gesetzgebungszuständigkeit für eine Wehrverfassung ausschließlich den Organen des Bundes oder der Länder oder beiden Organgruppen gewährt wird. Diese Kompetenzverteilung könne nicht durch ein Bundesgesetz nachgeholt, sondern allein von der verfassunggebenden Gewalt unter den Voraussetzungen und in den Formen des Art. 79, Abs. 1 und 2 vorgenommen werden. Eine solche Ergänzung des Grundgesetzes bedürfe daher sowohl der Zustimmung von Zweidritteln der Mitglieder des Bundestages und von Zweidritteln der Stimmen des Bundesrats als auch erfordere sie, daß der Wortlaut des Grundgesetzes ausdrücklich ergänzt wird. Wortlaut der Feststellungsklage der 145 Bundestagsabgeordneten vom 31.1.1952 beim Bundesverfassungsgericht in: Der Kampf um den Wehrbeitrag, 1. Halbbd., S. 3-14, hier S. 12.f.
10 Art. 79 Grundgesetz.
11 Biographische Daten zu Professor Dr. Theodor *Heuss* (1884–1963) in: Adenauer, Briefe 1947–1949, S. 632; vgl. auch Ralf *Dahrendorf*/Martin *Vogt* (Hrsg.), Theodor Heuss, Politiker und Publizist, Tübingen 1984.
Zur Rede von Heuss am 18.1.1949 vgl. Parlamentarischer Rat, Verhandlungen des Hauptausschusses, Bonn 1948/49, S. 545.
12 Vgl. den Bericht des Bonner FAZ-Korrespondenten Alfred *Rapp*, Wird der Bundestags doch überfahren? in: »Frankfurter Allgemeine« v. 24.1.1952.
13 Vgl. Verhandlungen des Deutschen Bundestages, 1. Wahlperiode 1949, Stenographische Berichte, Bd. 10, S. 8095-8145.
14 Vgl. die Regierungserklärung Adenauers, a.a.O., S. 8095-8108.
15 Seitdem die Washingtoner Außenministerkonferenz vom September 1951 (vgl. Nr. 20 Anm. 6) die europäische Konzeption der deutschen Wiederbewaffnung gebilligt hatte, stand die britische Regierung der Beteiligung an der Verteidigungsgemeinschaft reserviert gegenüber. Eden, der am 27.11.1951 bei Eisenhower um Verständnis warb für das britische Verhalten, erhielt die Zusage, Großbritannien könne außerhalb der EVG bleiben und zusammen mit Washington den Kontinentaleuropäern einen atlantischen Rückhalt bieten. Dementsprechend erklärte Eden am 28.11.1951 nach dem NATO-Ratstreffen in Rom, britische Verbände würden nicht in die Europa-Armee eingegliedert, doch könne es eine andere Form der Verbindung (Assoziation) geben. Zur Haltung der britischen Regierung vgl. Donald C. *Watt*, Großbritannien und Europa 1951–1959, Die Jahre konservativer Regierung, in: VfZ, 28. Jg. (1980), S. 393-397.
16 Vgl. Nr. 23 Anm. 6.
17 Gemeint war die am 26./27.1.1952 in Paris abgehaltene Außenministerkonferenz der an der EVG beteiligten Staaten. Zum Ergebnis der Verhandlungen vgl. EA, 7. Jg. (1952), S. 4731f.

18 Vgl. Nr. 22 Anm. 12.

19 Dem Wunsch der Bundesregierung entsprechend, verhandelte am 4.2.1952 in Paris eine Ministerdelegation unter Leitung von Minister Blücher sowie Finanzminister Schäffer und Wirtschaftsminister Erhard mit dem NATO-Sonderausschuß der Drei Weisen (vgl. ebenda) über die Höhe des finanziellen Verteidigungsbeitrags der Bundesrepublik. Die Alliierte Hochkommission hatte dem deutschen Ansinnen am 22.1.1951 unter der Bedingung zugestimmt, daß die Bonner Regierung das Recht der Westmächte anerkenne, einen finanziellen Beitrag zum Unterhalt der in Deutschland stationierten Truppen zu verlangen, die nicht der EVG angehören (Engländer und Amerikaner). Vgl. AdG, 22. Jg. (1952), S. 3307, 3329.

20 Neben dem Generalvertrag über die Beziehungen der Bundesrepublik Deutschland zu Frankreich, Großbritannien und den Vereinigten Staaten wurde ein Vertrag über die Rechte und Pflichten ausländischer Streitkräfte und ihrer Mitglieder in der Bundesrepublik (sog. Truppen-Vertrag), ein Finanzabkommen über die Beteiligung der Bundesrepublik an der Verteidigung des Westens und ein Vertrag zur Regelung aus Krieg und Besatzung entstandener Fragen abgeschlossen. Vgl. Die Vertragswerke von Bonn und Paris, S. 5-180.

21 Walter *Ulbricht* (1893–1973); seit 1921 Parteifunktionär der KPD, 1928–1933 MdR, 1933–1938 Exil in Prag, Brüssel und Paris, 1938–1945 in Moskau, 1943 Mitbegründer des Nationalkomitees Freies Deutschland, 1945 Rückkehr nach Deutschland, maßgeblich am Aufbau der KPD und des FDGB beteiligt, ab 1946 Mitglied der engsten Führungsgremien der SED, 1950–1953 deren Generalsekretär, 1953–1971 Erster Sekretär des Zentralkomitees der SED, 1949–1960 dazu Stellvertretender Vorsitzender des Ministerrats der DDR, seit 1960 Vorsitzender des Verteidigungsrates und des neugeschaffenen Staatsrates 1973, Entmachtung durch Übergabe seiner Ämter an Erich Honecker. Vgl. E. *Gniffke,* Jahre mit Ulbricht, Köln 1966; Carola *Stern,* Ulbricht, Eine politische Biographie, Köln–Berlin 1963; neuere Darstellung von Heinz *Voßke,* Walter Ulbricht, Biographischer Abriß, Ost-Berlin 1983.

22 Auf einer Pressekonferenz am 16.1.1952 erhob Ulbricht für den Nationalrat der Nationalen Front »Anklage« gegen Adenauer wegen Vorbereitung eines »Generalkriegsvertrages«, der mit seinen Versklavungsbedingungen noch das Besatzungsstatut übertreffe und deutsche Truppen als Kanonenfutter in aller Welt verwenden lasse. Anschließend wurde der angebliche Inhalt des Generalvertrages bekanntgegeben. Vgl. »Frankfurter Allgemeine« v. 17.1.1952.

23 Erich *Kaufmann* (1880–1972), Dr. jur., Dr. phil.; 1908–1913 Privatdozent und außerordentlicher Professor in Kiel, 1913–1950 Ordinarius für Öffentliches Recht an der Universität Königsberg, 1950–1958 Rechtsberater des Bundeskanzleramtes und des Auswärtigen Amtes.

24 Vgl. »Die Welt« v. 24.1.1952.

25 Vgl. Anm. 19.

26 Erich *Ollenhauer* (1901–1963); 1916 Eintritt in die Sozialistische Arbeiterjugend, 1928–1933 deren Vorsitzender, 1921–1946 Sekretär der Sozialistischen

Jugendinternationale, 1933–1946 als Mitglied des SPD-Parteivorstands in der Emigration, 1933–1938 in Prag, 1938–1940 in Paris, 1940–1946 in London, 1946–1952 Stellvertretender Parteivorsitzender der SPD in den Westzonen bzw. der Bundespartei, seit 1949 MdB und Stellvertretender Vorsitzender der Bundestagsfraktion, 1951–1953 Mitglied der Beratenden Versammlung des Europarats, ab 1952 Parteivorsitzender, 1951 Vizepräsident, 1963 Präsident der Sozialistischen Internationale. Vgl. Brigitte *Seebacher-Brandt,* Ollenhauer, Biedermann und Patriot, Berlin 1984; Susanne *Miller,* Erich Ollenhauer, in: Walther *Bernecker*/ Volker *Dotterweich* (Hrsg.), Persönlichkeit und Politik, Bd. 2, S. 101-109, dort auch mit weiteren Literaturhinweisen.

27 Zur Biographie von Professor Dr. Carlo *Schmid* (1896–1979) vgl. Adenauer, Briefe 1945–1947, S. 706f.

28 Die Besprechung mit Ollenhauer und Schmid fand am 23.1.1952 statt. An der vorgesehenen Unterredung am 30.1.1952 nahmen der Abgeordnete Schoettle, Minister Blank und General Heusinger teil. Angabe in StBKAH 04.03.

29 Der KPD-Abgeordnete Heinz *Renner* (1892–1964, biographische Angaben in: Adenauer, Briefe 1945–1947, S. 751) hatte im Bundestag u. a. dazu aufgerufen, den Bundeskanzler daran zu hindern, »seine Politik der Vernichtung Deutschlands, die Politik des Mordes seiner Jugend weiterzuverfolgen.« Der fraktionslose Abgeordnete Alfred *Loritz* (1902–1979, vgl. Hans *Woller,* Die Loritz-Partei, Geschichte, Struktur und Politik der Wirtschaftlichen Aufbau-Vereinigung 1945–1955, Stuttgart 1982) forderte ebenfalls Adenauer auf, die internationalen Verhandlungen abzubrechen, weil sie »uns politisch auf einen Weg festlegen, der nochmals zum Unglück und zur Katastrophe unseres ganzen Volkes werden kann.« Vgl. Verhandlungen des Deutschen Bundestages, 1. Wahlperiode 1949, Stenographische Berichte, Bd. 10, die Ausführungen Renners, S. 7982f., 8010f. sowie die Loritz', S. 8014.

30 Erwin *Schoettle* (1899–1976); 1928–1931 Redakteur, 1933 Emigration in die Schweiz und nach Großbritannien, nach der Rückkehr 1946 Vorsitzender der SPD in Württemberg-Baden, MdL, 1947–1949 Mitglied des Wirtschaftsrates, 1949–1972 MdB, 1951–1957 und ab 1964 Stellvertretender Fraktionsvorsitzender, 1961–1969 Vizepräsident des Bundestages. Vgl. Biographisches Handbuch der deutschsprachigen Emigration nach 1933, S. 664.

Schoettle hatte der Bundesregierung u. a. vorgeworfen, mit der »tropfenweise[n] Bekanntgabe von Einzelheiten aus den Verhandlungen über technische Details« werde die Bevölkerung zwangsläufig abgelenkt von den wirklichen politischen Problemen des deutschen Verteidigungsbeitrags. Seiner Meinung nach sei »eine Entscheidung in dieser Frage nach dem Wortlaut und dem Sinn des Art. 4 Ziffer 3 des Grundgesetzes nicht möglich.« Überdies stritt er dem damaligen Bundestag, der unter anderen Voraussetzungen gewählt worden sei, die Kompetenz zu einer solchen Entscheidung ab. Zudem sei das angebliche Junktim zwischen dem Generalvertrag und dem deutschen Verteidigungsbeitrag unzumutbar. Vgl. Verhandlungen des Deutschen Bundestages, a.a.O., S. 8011-8013.

31 Gemeint war der zweite Teil des Vertrages zur Regelung aus Krieg und Besatzung entstandener Fragen, der die Ablösung des bis dahin geltenden Vorbehalts auf dem Gebiet der Dekartellisierung und Entflechtung vorsah.

32 Vom 9.–11.1.1951 fanden die zweite und dritte Lesung des EGKS-Vertrages im Bundestag statt. Zur Regierungserklärung Adenauers vgl. Verhandlungen des Deutschen Bundestages, a.a.O., S. 7595-7600 sowie die dazugehörigen Schreiben in: Die Vertragswerke von Bonn und Paris, S. 86-94, 170-175; Entwurf mit hs. Korrekturen Adenauers in StBKAH 03.04.

33 Vom Bearbeiter korrigiert aus »Reader«; sehr wahrscheinlich handelte es sich um Samuel *Reber* (1903–1971), amerikanischer Diplomat; 1943–1965 Mitglied der Alliierten Militärkommission in Italien, 1944–1945 dort Vizepräsident und politischer Verbindungsoffizier in der Alliierten Kontrollkommission, 1947–1949 Stellvertretender Direktor der Europa-Abteilung im State Department, 1949 Gesandter in Rom, 1950 Politischer Berater der Hochkommission und Direktor des Amtes für politische Angelegenheiten im US-Hochkommissariat, 1952 Stellvertretender Hochkommissar für Deutschland.

34 Der NATO-Rat tagte vom 22.–25.2.1952 in Lissabon. Zu den Ergebnissen des Treffens vgl. Gerhard *Wettig*, Entmilitarisierung, S. 470f.

35 Bei der am 26./27.1.1952 in Paris stattgefundenen Außenministerkonferenz vertrat Staatssekretär Hallstein die Bundesrepublik. Zum Ergebnis vgl. Wortlaut des Kommuniqués in: EA, 7.Jg. (1952), S. 4731f.

36 Gegen die Stimmen der Opposition befürwortete der Bundestag am 8.2.1952 in einer Entschließung den vorgesehenen Verteidigungsbeitrag. Regierungserklärung des Kanzlers und anschließende Aussprache am 7./8.2.1952 in: Verhandlungen des Deutschen Bundestages, a.a.O., S. 8095-8145, 8149-8241, Abstimmung S. 8242.

Nr. 25

a ‹ › Vom Bearbeiter korrigiert aus »an den«.

b ‹ › Vom Bearbeiter korrigiert aus »daß«.

c ‹ › Vom Bearbeiter gestrichen »Verständnis hat«.

1 Vgl. Einladungsliste in: BA, B 145/976-736 Bd. I.

2 Felix *von Eckardt* (1903–1979), Journalist und Diplomat; 1921–1926 journalistische Ausbildung beim »Hamburger Fremdenblatt« und den »Münchener neuesten Nachrichten«, 1927–1929 außenpolitischer Berichterstatter, 1932–1933 Presseattaché an der Gesandtschaft in Brüssel, 1933–1945 als Filmautor und Dialogregisseur tätig, 1945 Mitbegründer, Lizenzträger und später Herausgeber des »Weser-Kuriers« (Bremen), 1946–1951 dessen Chefredakteur, 1952–1955 und 1956–1962 Leiter des Presse- und Informationsamtes der Bundesregierung (ab 1958 als Staatssekretär), dazwischen 1955–1956 Ständiger Beobachter bei den Vereinten Nationen, 1962–1965 Bevollmächtigter der Bundesrepublik Deutschland in Berlin, 1965–1969 MdB (CDU). Vgl. seine Memoiren: Ein unordentliches Leben, Lebenserinnerungen, Düsseldorf–Wien 1967; Darstellung seiner Tätigkeit

als Regierungssprecher bei Horst *Walker,* Das Presse- und Informationsamt der Bundesregierung, passim; zu seiner Beziehung zu Adenauer vgl. von Eckardts Beitrag: Konrad Adenauer – Eine Charakterstudie, in: Konrad Adenauer und seine Zeit, Bd. 1, S. 137-148.

3 Hubertus *von Guradze* (1915–1960), Journalist und Diplomat; 1946 in der hessischen Staatskanzlei tätig, 1946–1947 für die Arbeitsgemeinschaft der Zeitungsverleger Leiter des Verbindungsbüros Stuttgart zum Länderrat, 1947–1949 Leiter des Außenbüros Stuttgart und Heidelberg der dpa und des dpd, 1950–1952 zunächst Chef vom Dienst, dann Persönlicher Referent des jeweiligen Behördenleiters im Presse- und Informationsamt der Bundesregierung, 1952–1956 Legationssekretär an der Botschaft in Mexiko, 1956–1958 im Bonner Auswärtigen Amt, 1958–1960 Ständiger Vertreter des Botschafters in Bangkok.

4 Angabe in StBKAH 04.03, im Dokument angegeben »17 Uhr«.

5 Das französische Außenministerium hatte am 27.2.1952 erklärt, Bedingung für alle Verhandlungen über die Saarfrage sei die politische Unabhängigkeit des Saarlandes unter Beibehaltung seiner wirtschaftlichen Bindungen an Frankreich. Bei einer etwaigen Europäisierung des Saargebietes – wofür sich Ministerpräsident Hoffmann am 2.2.1952 vor dem Landtag ausgesprochen hatte – würde Frankreich die politische Unabhängigkeit gegenüber Paris als ebenso selbstverständlich ansehen wie diejenige gegenüber der Bundesrepublik. Vgl. AdG, 22. Jg. (1952), S. 3368 und »Frankfurter Allgemeine« v. 5.3.1952.

6 Nach dem Sturz der Regierung Edgar Faure am 29.2.1952 scheiterte der Versuch des Radikalen Paul Reynaud, eine Regierung der nationalen Union zu bilden, am Mißtrauen der Sozialisten gegenüber der Haltung des RPF, sich an einer parlamentarischen Regierung zu beteiligen. René Pleven (UDSR) lehnte wegen geringer Erfolgsaussichten die Bildung einer Koalition der linken Mitte ab. Am 8.3.1952 gelang es Antoine Pinay (Unabhängiger) eine Regierung der rechten Mitte zusammenzustellen, in der Pleven an Schumans Stelle Außenminister werden sollte (vgl. dazu Adenauers Äußerungen Nr. 31). Schließlich blieb Robert Schuman aber doch weiterhin im Amt. Vgl. L'Année Politique 1952, S. 23-29.

7 In dem Memorandum vom 29.2.1952 hatte die Bundesregierung die im Ministerkomitee des Europarats vertretenen Regierungen auf die Beschneidung freier politischer Betätigung im Saargebiet aufmerksam gemacht und die Wiederherstellung der demokratischen Grundfreiheiten gemäß der vom Europarat gebilligten Charta der Menschenrechte gefordert. Text des Memorandums in: Robert *Schmidt,* Saarpolitik, 2. Bd., S. 754-756. Ein Sprecher des Quai d'Orsay gab daraufhin am 5.3.1952 der »Verwunderung seiner Regierung« über den Schritt der Bundesregierung Ausdruck, den Europarat mit der Saarfrage zu befassen. Vgl. zu den Hintergründen Jacques *Freymond,* Die Saar, S. 126-129.

8 Jacques Camille Georges *Paris* (1902–1953), französischer Diplomat; 1928–1941 als Attaché und Sekretär in Peking, Washington, Bern und beim Vatikan tätig, 1941–1945 Leiter des französischen Roten Kreuzes, 1945–1947 Botschaftsrat in London, 1947–1949 Leiter der Europa-Abteilung im Quai d'Orsay, 1949 Exeku-

tivsekretär des Vorbereitungsausschusses für den Europarat, 1949–1953 Generalsekretär des Europarats.

9 Vgl. Nr. 18.

10 Die Regierung in Paris gab am 25.1.1952 bekannt, daß der französische Hochkommissar für die Saar, Grandval, zum Chef der diplomatischen Mission Frankreichs an der Saar im Range eines Botschafters ernannt worden sei. Vier Tage später teilte die saarländische Regierung mit, sie habe ein Amt für europäische Angelegenheiten und eine diplomatische Vertretung in Paris eingerichtet. Vgl. Konrad *Adenauer,* Erinnerungen 1945–1953, S. 517-523.

11 Text des am 17.3.1952 vom saarländischen Landtag verabschiedeten Gesetzes und der Verordnung zur Durchführung betreffend politische Parteien in: Robert *Schmidt,* a.a.O., S. 749-753, Darstellung der politischen Zusammenhänge, S. 337-340.

12 Vgl. Nr. 36 Anm. 31.

13 In dem Artikel »Das Saarmemorandum überrascht Paris, Bonn versteht das französische Erstaunen nicht« der »Frankfurter Allgemeinen« v. 5.3.1952 hieß es: »Man hebt in Bonn dazu hervor, daß nicht von Vertretern der Saarregierung gesprochen werde, denn erst eine Regierung in Saarbrücken, die von einem frei gewählten Landtag bestimmt worden sei, könne als Repräsentant der Saarbevölkerung angesprochen werden.«

14 Auf der Moskauer Außenministerkonferenz der vier Mächte vom 10.3.–24.4. 1947 hatte Frankreich die Eingliederung des Saargebietes in das französische Wirtschaftssystem gefordert. Im Laufe der Verhandlungen unterstützten Großbritannien und die USA schließlich die Forderung. Vgl. EA, 2. Jg. (Juli–Dezember 1947), S. 723, 734, 740.

15 Gemeint war das Treffen Adenauers mit den amerikanischen, britischen und französischen Außenministern vom 17.–19.2.1952 in London. Vgl. zum Inhalt der Besprechungen Konrad *Adenauer,* a.a.O., S. 524-527. Weitere Materialien in StBKAH III/100.

16 Vgl. Nr. 21 Anm. 7.

17 Die Koalitionskrise zwischen SPD, CDU und FDP, die entstanden war über die Gestaltung der Sozialversicherung, die Rechtsstellung der Privatschulen und die Wiedereinführung des Berufsbeamtentums, wurde am 3.4.1952 mit der Annahme einer Senatserklärung des Regierenden Bürgermeisters beigelegt. Vgl. Ernst *Reuter,* Reden, Artikel, Briefe 1949 bis 1953, 4. Bd., S. 530-546.

18 Vgl. den vom Amt für Information der DDR veröffentlichten Text in: »Neues Deutschland« v. 6.3.1952.

19 Am 8.10.1949 wurde zwischen der Bundesrepublik und der DDR in Frankfurt/Main ein Interzonenabkommen über den innerdeutschen Handel getroffen, wonach dem anderen Vertragspartner Waren im Wert von 300 Millionen Verrechnungseinheiten geliefert werden sollten. Der Vertrag lief am 30.6.1950 aus, wurde aber am 31.3.1951 verlängert. Vgl. AdG, 18./19. Jg. (1948/49), S. 2094 und 20. Jg. (1950), S. 2722.

20 Zum Inhalt des Interzonenabkommens, das am 6.7.1951 paraphiert worden war und rückwirkend ab 1.7.1951 in Kraft trat, vgl. AdG, 21.Jg. (1951), S. 3014, 3119.

21 Das am 3.10.1951 geschlossene Kohlenabkommen sah vor, daß die Bundesrepublik im 4. Quartal 1951 260 000 t Ruhrkohle, 30 000 t Superphosphat und 6 000 t Hyperphosphat an die DDR liefern sollte, während für Berlin in diesem Zeitraum 482 142 t Braunkohlenbriketts aus der DDR vorgesehen waren.

22 Josef *Orlopp* (1888–1960); seit 1910 Mitglied der SPD, schloß sich 1919 der USPD, 1922 der KPD an, 1926–1933 Mitglied des Hauptvorstandes des Gemeinde- und Staatsarbeiter-Verbandes, 1945–1946 Stellvertretender Bürgermeister von Berlin, 1947–1949 Leiter der Wirtschaftskommission für den Außen- und Interzonenhandel der sowjetisch besetzten Zone, ab 1949 Bevollmächtigter der DDR-Regierung für den innerdeutschen Handel. Vgl. Elections and Political Parties in Germany 1945–1952, hrsg. vom *Office of the US High Commissioner for Germany,* 1.6.1952, Nachdruck: Documentary Publications, Salisbury (North Carolina) 1976, S. 32.

23 Am 3.10.1946 wurde vom Alliierten Kontrollrat ein Zusatzabkommen getroffen, welches das Abkommen vom 10.9.1945 über die Regelung des Personen- und Frachtverkehrs von und nach Berlin ergänzte. Der Wortlaut des Zusatzabkommens (sog. Helmstedter Abkommen) wurde nicht veröffentlicht. Vgl. Dokumentation zur Deutschlandfrage, Hauptbd., S. 1073.

24 Text der Erklärung vom 7.3.1952 in: AdG, 22.Jg. (1952), S. 3376.

25 Dabei handelte es sich um eine antikommunistische Propagandaorganisation. Sie wurde von dem ehemaligen Antikomintern-Spezialisten des Reichspropagandaministeriums Dr. Eberhard Taubert geführt. Zur Tätigkeit der Organisation vgl. »Der Spiegel«, 5.Jg. (1951), Nr. 40, 5.10.1951, S. 11.

26 Am 4.3.1952 stellten die Ost-Berliner Behörden die Stromlieferungen nach West-Berlin ein, woraufhin die West-Berliner Behörden ebenfalls die Stromzufuhr nach Ost-Berlin sperrten.

27 Damit war wohl das Treffen des Ministerkomitees des Europarats am 19./20.3.1952 gemeint. Vgl. AdG, 22.Jg. (1952), S. 3399.

28 Vgl. Nr. 27 Anm. 21.

29 Vgl. Anm. 15, Nr. 24 Anm. 34.

30 Präsident Truman ersuchte am 6.3.1951 den Kongreß um Genehmigung eines Kredites in Höhe von 7,9 Milliarden Dollar für die militärische und wirtschaftliche Unterstützung der Alliierten im Finanzjahr 1952/53. Vgl. zur amerikanischen Rüstungshilfe an die NATO-Staaten AdG, 22.Jg. (1952), S. 3374f.

31 Die Nationalversammlung nahm am 17.2.1952 die zweite Fassung einer Tagesordnung zur Debatte über die EVG an. Die Tagesordnung, mit der Ministerpräsident Edgar Faure die Vertrauensfrage stellte, umfaßte im wesentlichen folgende Bedingungen der Regierungsparteien (Radikale, UDSR, MRP, Unabhängige) und der Sozialisten: keine Rekrutierung deutscher Kontingente vor der Ratifikation des EVG-Vertrages; Garantien für die Aufsicht über die deutsche

Waffenproduktion, die deutsche Polizei sowie die Verteilung der finanziellen Lasten; keine Zulassung Deutschlands zur EVG in Verbindung mit dessen Eintritt in die NATO; Sicherheitsgarantien der USA und Großbritanniens für den Fall des Vertragsbruchs eines Mitgliedsstaates, ihre Truppen lange genug auf dem europäischen Kontinent zu stationieren; Integrierung möglichst kleiner nationaler Kontingente, um die Gefahr eines Wiederaufbaus autonomer nationaler Streitkräfte zu verhindern; Unterordnung der europäischen Armee unter eine supranationale politische Autorität, die den nationalen Parlamenten oder den europäischen Völkern verantwortlich ist; Ablehnung des Wiederaufbaus einer deutschen nationalen Armee sowie eines deutschen Generalstabs. Vgl. L'Année Politique 1952, S. 489f.; zum Verlauf der Parlamentsdebatte vom 11.–17.2.1952, S. 477-490.

32 Der Bundestag schloß am 8.2.1952 die Debatte über den deutschen Verteidigungsbeitrag mit der Annahme von sechs Entschließungen ab. Darin wurden hauptsächlich folgende Forderungen aufgestellt: Gleichberechtigung der Bundesrepublik bei Eintritt in die EVG, womit im einzelnen gemeint waren die Beendigung des Besatzungsregimes, die Umwandlung der Rechtsstellung der in Deutschland stationierten Besatzungstruppen in Verteidigungstruppen, die Aufhebung der Souveränitätsbeschränkungen, die Auflösung des Alliierten Sicherheitsamtes, die Aufhebung aller wirtschaftlichen Beschränkungen sowie die Berücksichtigung der deutschen Leistungsfähigkeit bei der Verteilung der finanziellen Lasten; unmittelbare Mitgliedschaft der Bundesrepublik in der NATO; politische Freiheiten für die Saarbevölkerung; keine Regelung des politischen Schicksals der Saar vor Abschluß eines Friedensvertrages und eine objektive Prüfung, in welchem Umfange Kriegsverbrecher freigelassen werden können. Vgl. Verhandlungen des Deutschen Bundestages, 1. Wahlperiode 1949, Drucksachen Nr. 3074-3079, 3084.

33 Nachdem die Bundesrepublik die Vorkriegsschulden des Deutschen Reiches und die durch Hilfslieferungen an die westlichen Besatzungszonen Deutschlands entstandenen Verpflichtungen anerkannt hatte (vgl. Nr. 11 Anm. 5), trat am 28.2. 1952 eine internationale Konferenz in London zusammen, um über eine Gesamtregelung der deutschen Schulden seit 1919 zu beraten. Vgl. dazu die in Nr. 3 Anm. 7 aufgeführte Literatur.

34 Das Bundeskabinett verabschiedete am 24.3.1952 einen Gesetzentwurf gegen Wettbewerbsbeschränkungen, der ein prinzipielles Verbot von Kartellen vorsah. Vgl. Bulletin, Nr. 34, 22.3.1952, S. 351f.; zu den vorangegangenen Diskussionen über das Kartellgesetz Volker *Berghahn,* Westdeutsche Unternehmer, Weltmarkt und Wirtschaftsordnung, Zur Bedeutung des Kartellgesetzes, in: Lothar *Albertin*/Werner *Link* (Hrsg.), Politische Parteien auf dem Weg zur parlamentarischen Demokratie in Deutschland, Düsseldorf 1981, S. 301-324.

35 Text der Rede Adenauers auf einer Kundgebung der CDU in Heidelberg am 1.3.1952 in StBKAH 02.10.

36 Eine vollständige oder auszugsweise Veröffentlichung des Schreibens war nicht nachzuweisen.

37 Gemeint war die Wirtschaftspolitische Gesellschaft von 1947 mit Sitz in Frankfurt/Main.
38 Hans Joachim *Unger* (1898–1979); 1945–1948 Beauftragter für die pharmazeutische Industrie in Sachsen-Anhalt, 1948–1949 Ministerialrat im Ministerium für Wirtschaft und Verkehr (Sachsen-Anhalt), 1952–1953 Generalsekretär der Europa-Union Deutschland, 1954 Vorsitzender des Zentralverbandes Demokratischer Widerstandskämpfer und Verfolgtenorganisationen, 1960 der Fédération Internationale Libre de Déportés et Internés de la Résistance.
39 Es handelte sich dabei um den Entwurf eines Gesetzes der DDR für die Durchführung Gesamtdeutscher Wahlen zur Nationalversammlung v. 9.1.1952, Wortlaut in: EA, 7.Jg. (1952), S. 4787-4791; das überarbeitete und am 6.2.1952 vom Bundestag gebilligte Gesetz der Bundesrepublik Deutschland über die Grundsätze für die freie Wahl einer Verfassunggebenden Deutschen Nationalversammlung, Wortlaut in: Bulletin, Nr.16, 7.2.1952, S.152f., auch in: EA, a.a.O., S. 4791f.; die Schreiben der DDR-Regierung v. 13.2.1952 an die Regierung der vier Großmächte und an die Bundesregierung, Wortlaut, a.a.O., S. 4793, vgl. dazu auch die Antwort der Bundesregierung v. 22.2.1952, Wortlaut, a.a.O., S. 4794; sowie Konrad *Adenauer,* Erinnerungen 1953–1955, S. 46-48; Hans-Peter *Schwarz,* Die Ära Adenauer 1949–1957, S. 149-152.
40 Schreiben in StBKAH nicht vorhanden.
41 August-Martin *Euler* (1908–1966), Jurist und Politiker; 1939 Anwaltsvertreter, dann als Jurist in der Chemieindustrie tätig, 1944–1945 Wehrdienst, 1945–1946 kommissarischer Landrat in Bad Hersfeld, Rechtsanwalt und Notar in Frankfurt/Main, 1946–1947 MdL (FDP) in Hessen, 1946–1956 Landesvorsitzender der hessischen FDP, 1947–1949 Mitglied des Frankfurter Wirtschaftsrats, 1949–1958 MdB, dort bis 1955 stellvertretender FDP-Fraktionsvorsitzender, 1958 bis zu seinem Tode Generaldirektor bei Euratom in Brüssel.
42 Vgl. Nr. 23 Anm. 48.
43 Gemeint war der Unterausschuß »Mitbestimmung Bergbau und Eisen« des Bundestagsausschusses für Arbeit, der zusammen mit dem Bundestagsausschuß für Wirtschaftspolitik diese Fragen behandelte. Zu den Auseinandersetzungen zwischen Gewerkschaften und Bundesregierung über das Betriebsverfassungsgesetz von Januar bis Juli 1952 vgl. Eberhard *Schmidt,* Die verhinderte Neuordnung, S. 204-220; Horst *Thum,* Mitbestimmung, S. 134-145, dort auch mit weiteren Literaturhinweisen.
44 Auf der Londoner Außenminister-Konferenz (vgl. Anm. 15) war beschlossen worden, eine Kommission aus je einem Vertreter der drei Westmächte sowie drei deutschen Vertretern einzusetzen, welche in Einzelfällen die Möglichkeit des Straferlasses prüfen sollten. Vgl. Pressekonferenz Adenauers am 20.2.1952 in: Bulletin, Nr. 23, 3.2.1952, S. 217f., hier S. 217.
45 Albert *Kesselring* (1885–1960), Offizier; seit 1940 Generalfeldmarschall, 1941–1945 Oberbefehlshaber Süd, 1947 von einem britischen Militärgericht zum Tode verurteilt, dann zu lebenslänglichem Zuchthaus begnadigt, 1952 aus der Haft entlassen. Vgl. Robert *Wistrich,* Wer war wer im Dritten Reich, S. 155f.

46 Fritz Erich *von Lewinski, genannt von Manstein* (1887–1973); 1935 Leiter der Operationsabteilung im Generalstab des Heeres, 1938 Generalmajor, 1939 Generalleutnant, 1942–1944 Generalfeldmarschall, 1949 Verurteilung durch ein britisches Militärgericht, 1952 Entlassung, danach militärischer Berater der Bundesregierung. Vgl. seine Memoiren: Verlorene Siege, Bonn 1955; zu seiner Biographie Robert *Wistrich,* a.a.O., S. 182-184, zum Verfahren gegen ihn zahlreiche Hinweise in: Georg *Meyer,* Zur Situation der deutschen militärischen Führungsschicht im Vorfeld des westdeutschen Verteidigungsbeitrags 1945–1950/51, in: Anfänge westdeutscher Sicherheitspolitik, S. 577-735. Die Bemühungen des Kanzlers um die Entlassung Mansteins spiegeln sich auch in Adenauers Korrespondenz mit Admiral a. D. Gottfried Hansen v. 6., 9. und 13.1.1953 (Schreiben in StBKAH 10.05) wider.

47 Gemeint war der Untersuchungsausschuß Nr. 47, der am 24.10.1951 gebildet wurde. Zu den Arbeiten des Ausschusses und den publizistischen Angriffen jener Zeit vgl. Wilhelm *Haas,* Beitrag zur Geschichte der Entstehung des Auswärtigen Dienstes, S. 65-81; Udo *Wengst,* Staatsaufbau, S. 183-189.

48 Stellvertretender Vorsitzender war Dr. Erich *Köhler* (1892–1958); vgl. zu den biographischen Angaben Adenauer, Briefe 1945–1947, S. 730f.

49 Vermutlich eine Anspielung auf den Artikel », Völlig untragbar' im AA«, in: »Frankfurter Rundschau« v. 26.2.1952. Darin wurde berichtet, die Beamten Werner von Grundherr, Gottfried von Notitz-Drzewiecki, Hasso von Etzdorf, Albert von Kessel und Werner von Bargen würden vom Untersuchungsausschuß Nr. 47 als »völlig untragbar« angesehen. Vgl. auch Wilhelm *Haas,* a.a.O., S. 370.

50 Vgl. »Nichts ist so fein gesponnen«, in: »Die Neue Zeitung« v. 6.3.1952.

51 Der DGB billigte auf einer Tagung am 29.2.1952 den Beschluß des Bundesausschusses, daß Form und Ausmaß eines deutschen Verteidigungsbeitrags ausschließlich von den politischen Instanzen entschieden werden müßten. Der Bundesvorstand wurde gleichzeitig beauftragt, den Parteien nahezulegen, durch Neuwahlen zum Bundestag das Volk über den Verteidigungsbeitrag abstimmen zu lassen. Vgl. »Die Welt« v. 1.3.1952.

52 Vgl. »Soziale Rückwirkungen des Verteidigungsbeitrages«, in: Bergbau und Wirtschaft, 5. Jg. (1952), S. 104.

53 Zur Erklärung Schumachers im Süddeutschen Rundfunk am 6.3.1952 vgl. »Frankfurter Allgemeine« v. 7.3.1952.

54 Vgl. Anm. 35.

55 Werner *von Grundherr zu Altenthann und Weiherhaus* (1888–1962), Dr. phil., Diplomat; 1921–1923 an der Gesandtschaft in Bukarest, 1925–1934 an der Gesandtschaft in Helsinki, 1934–1945 im Auswärtigen Amt, 1950 Referent in der Dienststelle für auswärtige Angelegenheiten im Bundeskanzleramt, 1950–1952 Generalkonsul, ab 1951 Botschafter in Athen. Vgl. Wilhelm *Haas,* a.a.O., S. 303.

56 Vgl. das Urteil v. 6.3.1952 (2 BvE 1/51) betreffend die Rechtsgültigkeit des § 96 der Geschäftsordnung des Bundestages v. 6.12.1951, Behandlung der Finanzvorlagen, in: Entscheidungen des Bundesverfassungsgerichts, 1. Bd., S. 144-162.

Nr. 26

a ‹ › Vom Bearbeiter korrigiert aus »Einstimmung«.

b ‹ › Vom Bearbeiter korrigiert aus »verhindern«.

c ‹ › Vom Bearbeiter korrigiert aus »man«.

d ‹ › Vom Bearbeiter korrigiert aus »Politik«.

e ‹ › Vom Bearbeiter korrigiert aus »oder«.

f ‹ › Vom Bearbeiter korrigiert aus »Harz«.

1 Biographische Angaben zu Dr. Reinhold *Heinen* (1894–1969) in: Adenauer, Briefe 1945–1947, S. 609.

2 Genauere Angaben über die Teilnehmer waren nicht zu ermitteln.

3 Angabe in StBKAH 04.03, im Dokument angegeben »17,30 Uhr«.

4 Aus Anlaß des Notenwechsels zwischen der Sowjetunion und den drei Westmächten (vgl. Anm. 7) fand am 3.4.1952 im Bundestag eine Aussprache (vgl. Anm. 21) statt.

5 Die Wahlen wurden am 4.11.1952 abgehalten, vgl. Nr. 35 Anm. 3.

6 Robert Alphonso *Taft* (1889–1953), amerikanischer Politiker; Rechtsanwalt, seit 1939 Senator für Ohio, als Führer des konservativen Flügels der Republikanischen Partei bewarb er sich 1940, 1948 und 1952 vergeblich um die Präsidentschaft seiner Partei. Vgl. Geoffrey *Matthews,* Robert A. Taft, The Constitution and American Foreign Policy 1939–53, in: Journal of Contemporary History, Vol. 17 (1982), S. 507-522; James T. *Patterson,* Mr. Republican: A Biography of Robert A. Taft, Boston 1972.

7 Text der Note der Sowjetregierung an die Westmächte und des Entwurfs über die Grundlagen eines Friedensvertrages mit Deutschland vom 10.3.1952 in: EA, 7. Jg. (1952), S. 4832f., auch abgedruckt in: Konrad *Adenauer,* Erinnerungen 1953–1955, S. 66-69, vgl. auch dessen Bewertung, S. 69-73. Neuere Darstellung der Diskussionen und zahlreiche Literaturhinweise über diese Note in: Die Legende von der verpaßten Gelegenheit, Rhöndorfer Gespräche Bd. 5, hrsg. von Hans-Peter *Schwarz,* Veröffentlichung der StBKAH, Stuttgart–Zürich 1982, vgl. unter gleichlautendem Titel den Beitrag von Hermann *Graml,* in: VfZ, 29. Jg. (1981), S. 307-341; Hans-Peter *Schwarz,* Die Ära Adenauer 1949–1957, S. 152-157; Rolf *Steiniger,* Deutsche Geschichte 1945–1961, Bd. 1, Frankfurt/Main 1983, S. 407-450.

8 Anspielungen auf das Scheitern der Viererkonferenz im Juni 1951, vgl. Nr. 16 Anm. 7.

9 Text der Antwortnote der Westmächte an die Sowjetunion vom 25.3.1952 in: EA, 7. Jg. (1952), S. 4833f.

10 Ziffer 7 der politischen Leitsätze lautete: »Deutschland verpflichtet sich, keinerlei Koalitionen oder Militärbündnisse einzugehen, die sich gegen irgendeinen Staat richten, der mit seinen Streitkräften am Krieg gegen Deutschland teilgenommen hat.« Vgl. Anm. 7.

11 Die militärischen Leitsätze lauteten: »1. Es wird Deutschland gestattet sein, eigene nationale Streitkräfte (Land-, Luft- und Seestreitkräfte) zu besitzen, die für

die Verteidigung des Landes notwendig sind. 2. Deutschland wird die Erzeugung von Kriegsmaterial und -ausrüstung gestattet werden, deren Menge oder Typen nicht über die Grenzen dessen hinausgehen dürfen, was für die Streitkräfte erforderlich ist, die für Deutschland durch den Friedensvertrag festgesetzt sind.« Vgl. ebenda.

12 V-Waffen waren die zur »Vergeltung« der Terrorangriffe auf deutsche Städte im Zweiten Weltkrieg vorwiegend gegen London eingesetzten Waffen V 1 und V 2; letztere, auch A 4 genannt, war eine Mittelstreckenrakete mit Alkohol-Sauerstoff-Antrieb. Vgl. Heinz Dieter *Hölsken,* Die V-Waffen, Entstehung, Propaganda, Kriegseinsatz, Stuttgart 1984.

13 Angaben zur Biographie von Bundesinnenminister Dr. Robert *Lehr* (1883–1956) in: Adenauer, Briefe 1945–1947, S. 575f.

14 James Clement *Dunn* (geb. 1890), amerikanischer Diplomat; 1920–1934 in verschiedenen Funktionen des Auswärtigen Dienstes in Madrid, Port au Prince, Brüssel, Washington, London, Montevideo und Genf, 1935–1937 Leiter der Westeuropa-Abteilung im State Department, 1937–1944 Politischer Berater in Europa-Angelegenheiten, 1946–1952 Botschafter in Italien, 1952–1953 in Frankreich, 1953–1955 in Spanien, 1955–1956 in Brasilien.

15 Im Anschluß an die Tagung des Ministerrats des Europarats am 20.3.1952 besprachen die genannten Vertreter mit Adenauer den Inhalt der alliierten Antwortnote. Zum Verlauf der Beratungen vgl. Konrad *Adenauer,* Erinnerungen 1953–1955, S. 74-76.

16 Vgl. dazu Nr. 27 Anm. 21.

17 Der Passus lautete: »Die amerikanische Regierung ist der Auffassung, daß der Vorschlag der sowjetischen Regierung zur Aufstellung nationaler deutscher Streitkräfte mit der Erreichung dieser Ziele nicht zu vereinbaren ist.« Vgl. Anm. 9.

18 Der Ministerrat der DDR bekräftigte am 28.2.1952 seinen bereits am 11.12.1951 vor dem Sonderkomitee der UNO-Vollversammlung erklärten Standpunkt, die Einsetzung der Überprüfungskommission der UNO (vgl. Nr. 21 Anm. 7) sei lediglich ein Manöver zur Verhinderung gesamtdeutscher Wahlen und bedeute eine Einmischung in die inneren Angelegenheiten der Deutschen. Vgl. AdG, 21. Jg. (1951), S. 3244, 3257; 22. Jg. (1952), S. 3366.

19 Stalin beantwortete am 1.4.1952 vier Fragen einer Gruppe von Redakteuren amerikanischer Provinzzeitungen zum Ost-West-Verhältnis und zur Wiedervereinigung Deutschlands. Vgl. »Frankfurter Allgemeine« v. 3..4.1952.

20 Vgl. Nr. 27 Anm. 21.

21 Vgl. Verhandlungen des Deutschen Bundestages, 1. Wahlperiode 1949, Stenographische Berichte, Bd. 11, S. 8749–8798, auch die vom Bundestag verabschiedeten Entschließungen in: Dokumentation zur Deutschlandfrage, Hauptbd., S. 141f.; zur Darstellung Adenauers vgl. seine Erinnerungen 1953–1955, S. 78f.

22 Vermutlich war damit Jules Moch angesprochen, der 1947 u. a. französischer Minister für Verkehr war.

23 Vgl. Nr. 33 Anm. 62.

24 Bei den Presidential Primaries (regionale Vorwahlen für die Präsidentschaftswahlen) hatte Eisenhower in New Hampshire alle republikanischen Delegiertenstimmen gewonnen, in Minnesota und Nebraska erzielte Taft mehr Stimmen. Vgl. AdG, 22.Jg. (1952), S. 3394, 3417.

25 In seiner Eigenschaft als Oberkommandierender der Alliierten Streitkräfte in Europa erstattete Eisenhower am 2.4.1952 aus Anlaß des ersten Jahrestages seiner Kommandoübernahme einen Bericht an den Vorsitzenden der NATO-Standing Groups, in denen die Stabchefs der drei Westmächte vertreten sind. Wortlaut des Berichts, der sich vor allem mit der militärischen Lage in Europa und der atlantischen Zusammenarbeit befaßte, in: L'Année Politique 1952, S. 497-508.

26 Biographische Angaben zu Dr. Gustav *Heinemann* (1899–1976) in: Adenauer, Briefe 1945-1947, S. 673f.

27 Adenauer wurde in den Artikeln von Gustav *Heinemann,* »Gefährliche Achsenpolitik«, in: »Westdeutsches Tageblatt« v. 2.4.1952 und Paul *Bourdin,* »Die Ostpolitik des Kanzlers«, in: »Die Zeit« v. 3.4.1952, vorgeworfen, er setze zugunsten der Wiederbewaffnung Westdeutschlands die Wiedervereinigung Deutschlands aufs Spiel und riskiere damit die endgültige Teilung.

28 Auf der ersten Evangelischen Arbeitstagung der CDU in Siegen am 16.3. 1952 hatte Adenauer zur sowjetischen Note Stellung genommen und dabei die Fragen gestellt, wie sich die Sowjetunion die Bildung einer gesamtdeutschen Regierung vorstelle und wie das Problem der deutschen Gebiete jenseits der Oder-Neiße gelöst werden solle. Ausführliche Wiedergabe der Rede in: »Siegener Zeitung« v. 17.3.1952 (Artikel in StBKAH 02.10), Bericht in: »Frankfurter Allgemeine« v. 17.3.1952.

29 Vgl. zu Adenauers Besuch in London Nr. 25 Anm. 15.

30 Vgl. a.a.O., Anm. 14.

31 Adenauer spielte auf die Verhandlungen mit Schuman am Rande der Konferenz des Ministerkomitees des Europarats am 19./20.3.1952 in Paris an. Infolge der Besprechungen verzichtete die Bundesregierung darauf, daß ihr Memorandum über die Verletzung der Menschenrechte an der Saar (vgl. Nr. 25 Anm. 7) im Europarat zur Sprache gebracht wurde. Vgl. »Die Neue Zeitung« v. 19.3.1952.

32 Zur Erklärung Adenauers über die Zurückhaltung der Denkschrift vgl. »Frankfurter Allgemeine« v. 21.3.1952 und »Die Neue Zeitung« v. 23.3.1952.

33 Darin bestätigte der Rat der Republik die Auffassung von Außenminister Schuman, derzufolge Frankreich ein Saarstatut nicht anzunehmen bereit sei, das nicht gleichzeitig die französisch-saarländische Wirtschaftsunion und die vollkommene interne Autonomie dieses Landes enthalte. Vgl. »Frankfurter Allgemeine« v. 3.4.1952.

34 Zu den Plänen einer Europäisierung der Saar vgl. Robert *Schmidt,* Saarpolitik, 2. Bd., S. 580-582.

35 Der Vorschlag der luxemburgischen Regierung war vermutlich auf diplomatischem Weg erfolgt. Die Entscheidung für Luxemburg als »vorläufigen« Sitz

der EGKS wurde erst auf der Außenministerkonferenz der Sechs am 24./25.7. 1952 (vgl. Nr. 33 Anm. 25) getroffen. Vgl. dazu Jean *Monnet,* Erinnerungen eines Europäers, S. 468f.

36 Der District of Columbia bezeichnet den 1791 geschaffenen Bundesbezirk der USA mit der Bundeshauptstadt Washington. Dieses Territorium untersteht unmittelbar dem Bundeskongreß und ist kein Bundesstaat.

37 Vicomte Vincent *Cossee de Maulde* (geb. 1894), belgischer Politiker; 1936 Mitglied des Repräsentantenhauses (CVP/PSC), seit 1946 Senator (Tournai), Vorsitzender des Verteidigungsausschusses des Senats.

38 Ollenhauer und Schmid hatten u. a. am 28.3.1952 erklärt, die »österreichische Lösung« – eine gesamtdeutsche Regierung, die einem Viermächte-Kontrollrat unterstellt wäre – sei für die SPD unannehmbar. Vgl. »Frankfurter Allgemeine« v. 29.3.1952.

39 Wassilij Iwanowitsch *Tschuikow* (geb. 1900), sowjetischer Marschall; 1948–1953 Oberbefehlshaber der sowjetischen Streitkräfte in Deutschland, 1948–1949 zugleich Chef der SMAD, 1949–1953 Leiter der sowjetischen Kontrollkommission in der DDR, 1960–1964 Stellvertretender Verteidigungsminister, 1961 Chef der Zivilverteidigung, seit 1961 Mitglied des Zentralkomitees der KPdSU, 1963–1964 Oberbefehlshaber des Heeres.

40 Auf die Frage der amerikanischen Journalisten (vgl. Anm. 19): »Ist ein dritter Weltkrieg gegenwärtig näher als vor zwei oder drei Jahren?« antwortete Stalin lediglich: »Nein, das ist nicht der Fall.«

41 Adolf *Heusinger* (1897–1982), General; 1931–1944 im Generalstab des Heeres, seit 1950 militärischer Berater des Bundeskanzlers, 1952 Leiter der Militärabteilung der Dienststelle Blank, 1955 Vorsitzender des militärischen Führungsrates im Bundesverteidigungsministerium, 1957 Leiter der Abteilung Gesamtstreitkräfte, 1957–1961 Generalinspekteur der Bundeswehr. Zahlreiche Hinweise auf seine Tätigkeit in: Anfänge westdeutscher Sicherheitspolitik 1945–1956, passim.

42 Gemeint waren die Ergebnisse von Meinungsumfragen, vgl. dazu Hans-Peter *Schwarz,* Die Ära Adenauer 1949–1957, S. 166.

43 Bei den Wahlen für die Verfassunggebende Landesversammlung des neuen Südweststaates am 10.3.1952 erhielt die CDU 36,0 v. H., die SPD 28,0 v. H., die FDP/DVP 18,0 v. H., der BHE 6,3 v. H. der abgegebenen Stimmen. Vgl. Paul *Feuchte,* Verfassungsgeschichte von Baden-Württemberg, S. 158.

44 Vermutlich eine Anspielung auf die bayerischen Kommunalwahlen am 30.3. 1952, bei der die CSU, FDP und KPD Stimmenverluste, die SPD, die Bayernpartei und der BHE Stimmengewinne erzielten. Vgl. zum Ergebnis AdG, 22. Jg. (1952), S. 3423.

45 Text der am 30.3.1952 gehaltenen Rede, in der sich Adenauer mit den außenpolitischen Zielen der Sowjetunion auseinandersetzte, in StBKAH 02.10.

46 Vgl. dazu die Studie von Diether *Koch,* Heinemann und die Deutschlandfrage, München 1972.

47 Vgl. Nr. 25 Anm. 47, 49.

48 Der Bundeskanzler hatte am 26.9.1951 den Oberlandesgerichtspräsidenten a. D. Dr. Rudolf *Schetter* (1880–1967, zu dessen Biographie vgl. die Angaben in: Adenauer, Briefe 1947–1949, S. 555) mit der Untersuchung der gegen Beamte des Auswärtigen Dienstes erhobenen Vorwürfe beauftragt. Vgl. zu den Ergebnissen Wilhelm *Haas,* Beitrag zur Geschichte der Entstehung des Auswärtigen Dienstes, S. 66f., Abdruck des Gutachtens vom 24.11.1951 S. 177-221.

49 Vgl. Nr. 25 Anm. 47, 49.

50 Während der Arbeit des Untersuchungsausschusses hatte der Bayerische Rundfunk am 17.3.1952 in einem Hörspiel ebenfalls scharfe Angriffe gegen die Personalpolitik im Auswärtigen Amt gerichtet. Vgl. AdG, 22. Jg. (1952), S. 3394; Wilhelm *Haas,* a.a.O., S. 70.

51 Vgl. Verhandlungen des Deutschen Bundestages, 1. Wahlperiode 1949, Drucksache Nr. 3465.

52 Am 4.4.1952 berichtete der Vorsitzende des Untersuchungsausschusses, Dr. Josef Becker, in einer Rundfunkerklärung über die bis dahin vorliegenden Arbeitsergebnisse. Vgl. Wilhelm *Haas,* a.a.O., S. 278-281; zu Adenauers Haltung seine Ausführungen am 22.10.1952 vor dem Bundestag, in: Verhandlungen des Deutschen Bundestages, a.a.O., Bd. 13, S. 10722-10725, 10734-10736.

53 Vgl. Nr. 25 Anm. 49.

54 Max *Brauer* (1887–1973); 1918 kommissarischer Senator, 1919–1924 Bürgermeister von Hamburg, 1924–1933 Oberbürgermeister von Altona, 1933 Inhaftierung, anschließend Emigration nach Österreich, ab 1936 Lehrtätigkeit an verschiedenen Universitäten in den Vereinigten Staaten, 1946 Rückkehr nach Deutschland, 1946–1953 und 1957–1961 Erster Bürgermeister von Hamburg, 1961–1965 MdB (SPD). Vgl. Erich *Lüth,* Max Brauer, Glasbläser, Bürgermeister, Staatsmann, Hamburg 1972, und den Aufsatz desselben Verfassers unter dem gleichen Titel in: Claus Hinrich *Casdorff* (Hrsg.), Demokraten, S. 67-78.

55 Gemeint war Luis Herman *Irigoyen* (geb. 1897 – Anfang der 80er Jahre verstorben), argentinischer Diplomat; 1932 Attaché für zivile Angelegenheiten in Berlin, 1937–1944 dort Geschäftsträger, 1944 Sekretär I. Klasse im Außenministerium in Buenos Aires, 1946 Generaldirektor des Kultus- und Außenministeriums, 1946–1948 Unterstaatssekretär, 1948–1951 Botschafter in Uruguay, 1952–1956 und 1964–1970 Botschafter in Bonn.

Nr. 27

a ‹ › Vom Bearbeiter korrigiert aus »akkumuliert«.

b ‹ › Vom Bearbeiter korrigiert aus »als«.

c ‹ › Vom Bearbeiter korrigiert aus »mit«.

d ‹ › Vom Bearbeiter korrigiert aus »mit«.

1 Vgl. Einladungsliste in: BA, B 145/971-936 Bd. Ia; vgl. Abb. S. 249–254.

2 Wolfgang *Bartels* (1890–1971) Journalist und Verleger; Redakteur verschiedener Zeitungen, bis 1933 Chefredakteur »Der Volksfreund« (Braunschweig),

1924–1928 MdR (KPD) und Mitglied des Preußischen Landtags, 1933–1935, 1938, 1941 Schutzhaft bzw. Konzentrationslager, 1945–1955 Mitherausgeber und Chefredakteur der »Hessischen Nachrichten« (Kassel), 1956–1967 Herausgeber der Zeitschrift »Das Gewissen«. Nachruf in »Hessische Allgemeine« v. 26.10.1971.

3 Otto *Bothe* (1901–1968), Journalist; 1924–1926 Leiter der Nachrichtenabteilung der »Deutschen Allgemeinen Zeitung«, Süddeutsche Ausgabe (Frankfurt/Main), anschließend Leiter der Filiale Mannheim der Telegraphen Union, 1926–1939 Redakteur beim »Hamburger Fremdenblatt« in Berlin und Hamburg, 1946–1952 Leiter des Wirtschafts- und Schiffahrtsressorts des »Weser-Kuriers« (Bremen), 1952–1957 dort Mitglied der Chefredaktion, 1957–1967 Chefredakteur der »Nordsee-Zeitung« (Bremerhaven).

4 Biographische Angaben zu Erich *Brost* (geb. 1903) in: Adenauer, Briefe 1945–1947, S. 586.

5 Theodor *Fritzen* (geb. 1913), Journalist; 1946–1958 Redakteur bei der »Westfalenpost« (Hagen), ab 1951 dort Chefredakteur, 1958–1961 Ressortleiter Wirtschaft und stellvertretender Chefredakteur der »Westfälischen Nachrichten« (Münster), 1962–1966 Pressesprecher der Landesregierung Nordrhein-Westfalen, anschließend des Westfälischen Landwirtschaftsverbandes Münster, Kommentator des »Westfalenblatts« und des »Landwirtschaftlichen Wochenblatts«.

6 Alfred *Gerigk* (1896–1983), Journalist; 1918 Redakteur der »Vossischen Zeitung« (Berlin), 1924–1951 eigenes Redaktions-Büro in Berlin, Berichte für deutsche Tageszeitungen u. a. »Neue Badische Landeszeitung« (Mannheim), »Frankfurter Allgemeine«, »Südkurier« (Konstanz), 1934–1945 politische Beratung der Zeitschriften des Deutschen Verlages, 1945 beteiligt an der Gründung der CDU in Berlin und in der Sowjetzone, außenpolitischer Berater Jakob Kaisers, als Mitglied der Chefredaktion beteiligt am Aufbau der Zeitungen »Neue Zeit«, »Abend« und »Tag«, 1951–1966 Chefredakteur des »Südkuriers«. Nachruf von Franz *Oexle*, in »Südkurier« v. 20.8.1983. Vgl. von seinen Veröffentlichungen: Deutschland und das Weltgeschehen, Bde. 1960, 1961, Konstanz 1961; Der Staat, mit dem wir leben: wie in Deutschland regiert wird, Freiburg/Br.–Basel–Wien 1972.

7 Karl *Gerold* (1906–1973), Journalist und Verleger; ab 1922 Mitarbeiter verschiedener Zeitungen, u. a. »Volkswacht« (Freiburg/Br.), 1933–1945 Emigration in die Schweiz, dort schriftstellerisch und journalistisch als Korrespondent schweizerischer Zeitungen tätig, 1942 Gründer des »Bund Deutscher Revolutionärer Sozialisten«, 1945 Rückkehr nach Deutschland, 1946–1973 Lizenzträger, Mitherausgeber und Chefredakteur der »Frankfurter Rundschau«, Mitarbeiter mehrerer schweizerischer Zeitungen, u. a. »Basler Nachrichten«, »National-Zeitung« (Basel). Angaben in: Biographisches Handbuch der deutschsprachigen Emigration nach 1933, S. 219. Vgl. auch seine Darstellung: Zivilcourage, 2. Aufl., Frankfurt/Main 1966.

8 Albert *Komma*, Journalist; vor dem Zweiten Weltkrieg Redakteur bei »Bohemia« (Prag) und Korrespondent der »Frankfurter Zeitung«, 1945 Redakteur und später Chefredakteur der »Schwäbischen Zeitung« (Augsburg), 1952–1954 Chef-

redakteur bei »Die Welt« (Hamburg), 1954–1966 Chefredakteur der »Deutschen Korrespondenz« (Bonn). Angaben in »General-Anzeiger« (Bonn) v. 17.7.1968.

9 Kurt *Mauch* (geb. 1911), Journalist; 1946–1974 Redakteur beim German News Service und Deutschen Presse Dienst, dann bei der dpa, 1952 Leiter des Bonner dpa-Büros, später Chef vom Dienst in der dpa-Zentrale Hamburg.

10 Hanns *Reinhardt* (geb. 1912), Dr. phil., Journalist; 1948–1950 Redakteur beim Deutschen Zeitungsdienst, 1950–1954 bei DIMITAG, 1954–1957 Bonner Korrespondent der dpa, 1957–1962 deren Korrespondent für das nördliche Afrika mit Sitz in Algier, 1967 für das südliche Afrika in Johannesburg, 1972–1977 in Lissabon zuständig für Portugal und die portugiesischen Kolonien in Afrika.

11 Otto Bernhard *Roegele* (geb. 1920), Dr. phil., Dr. med., Professor, Journalist; 1949–1963 Redakteur, später Chefredakteur, ab 1963 Herausgeber des »Rheinischen Merkurs« (nach 1980 »Rheinischer Merkur/Christ und Welt«, Köln), seit 1963 Leiter des Instituts für Kommunikationswissenschaft der Universität München. Vgl. von seinen zahlreichen Studien u. a. Adenauer's electorial victory september 6, 1953, in: Review of Politics, Vol. 16 (1954), S. 212-235; Das Deutschland Adenauers, in: Dokumente, 14. Jg. (1958), S. 405-409; Die Bemühungen um eine Große Koalition in Bonn, Der erste Anlauf im Jahre 1962, in: Richard *Wisser* (Hrsg.), Politik als Gedanke und Tat, Mainz 1967, S. 215-235.

12 Robert *Schmelzer* (geb. 1914), Journalist; zunächst Ressortleiter für Politik der »Westfalenpost« (Hagen), 1950–1967 Chefredakteur der »Ruhr-Nachrichten« (Essen), 1957–1967 gleichzeitig auch Chefredakteur der »Westfalenpost«, 1967–1979 Chefredakteur der »Frankfurter Neuen Presse«, seit 1980 Herausgeber und Chefredakteur der »Westfalenpost«.

13 Marcel *Schulte* (1910–1965), Journalist; 1930 Redakteur des »Freien Aachener Volksfreundes«, 1936 zunächst selbständiger Kaufmann, dann bis 1945 Referent beim Reichskommissar für die Preisbildung, 1945 bei der Preisbehörde der hessischen Landesregierung tätig, Mitbegründer der CDU in Frankfurt, 1950–1965 Chefredakteur der »Frankfurter Neuen Presse«. Nachruf in »Fuldaer Zeitung« v. 18.10.1965. Vgl. seinen Beitrag: Freiheit und Verantwortung des Publizisten im demokratischen Staat, in: Die Funktion der Presse im demokratischen Staat, hrsg. von Wilhelm *Geiger*/Otto B. *Roegele*/Marcel *Schulte*/Anton *Betz*/Karl *Forster*, München 1958, S. 73-107.

14 Jürgen *Tern* (1909–1975), Journalist; 1936–1942 Redakteur der Berliner Wirtschaftsredaktion, der »Frankfurter Zeitung«, 1945–1946 Tätigkeit für den »Weser-Kurier« (Bremen), 1946–1950 für die »Wirtschaftszeitung« bzw. »Deutsche Zeitung und Wirtschaftszeitung« (Stuttgart), 1956–1970 Leiter der politischen Redaktion der »Frankfurter Allgemeinen«, 1960 deren Herausgeber. Vgl. seinen Beitrag: Von Adenauer zu Brandt, Die vier Kanzlerschaften, in: Pitt *Severin*/Hartmut *Jetter* (Hrsg.), Fünfundzwanzig Jahre Bundesrepublik Deutschland, Wandel und Bewährung einer Demokratie, Ein politisches Lesebuch, Wien 1974, S. 29-50.

15 Frank (eigentlich Franz) *Vogl* (geb. 1905), Dr. phil., Journalist; 1930–1934 Redakteur und freier Mitarbeiter des »General-Anzeigers« (Duisburg), 1934–1944 Feuilleton-Redakteur beim Girardet-Verlag (Berlin), 1947 Korrespondent der »Rheinischen Post« (Düsseldorf) in Berlin, 1948–1953 deren Chefredakteur, 1953–1962 in gleicher Funktion bei »Der Mittag« (Düsseldorf), 1962–1966 freier Mitarbeiter beim WDR und beim Deutschlandfunk, 1966–1971 in der England-Redaktion des Deutschlandfunks, anschließend als freier Journalist tätig. Vgl. seine Darstellung: German Business after the Economic Miracle, London–Basingstoke 1973.
16 Franz *Mai* (geb. 1911), Dr. jur.; 1945–1950 Amtsrichter in Frankfurt/Main, 1950–1952 Persönlicher Referent des Bundeskanzlers, 1952–1957 zunächst Leiter der Film-, Funk- und Fernsehabteilung, kurze Zeit später Leiter der Zentralverwaltung im Presse- und Informationsamt der Bundesregierung, 1958–1977 Intendant des Saarländischen Rundfunks. Vgl. Franz Mai, Einige ausgewählte Reden und Schriften, Ein Beitrag zur Geschichte des Saarländischen Rundfunks in den Jahren 1957–1977, hrsg. vom Saarländischen Rundfunk, Saarbrücken 1977, biographische Angaben, S. 269 f.
17 Heribert *Schnippenkötter* (geb. 1924), Beamter; 1951–1952 Persönlicher Referent des Staatssekretärs des Bundeskanzleramtes, 1952–1962 der Regierungssprecher in dieser Zeit und 1968–1975 Chef vom Dienst im Presse- und Informationsamt der Bundesregierung, 1962–1963 Pressereferent des Bundeskanzleramtes, 1964–1968 des Bundesministeriums für Familie und Jugend, seit 1975 Leiter des Informationsfunks des Presse- und Informationsamtes der Bundesregierung.
18 Angabe in StBKAH 04.03, im Dokument angegeben »16,30 Uhr«.
19 Die SPD-Fraktion hatte nach Art. 39 Grundgesetz die Einberufung des Bundestages verlangt, um vor der Unterzeichnung des Deutschland-Vertrages und des EVG-Vertrages über deren Inhalte informiert zu werden. Die Opposition warf der Regierung in der Bundestagsdebatte am 23.5.1952 vor, ohne Unterrichtung der Abgeordneten Verpflichtungen einzugehen. Der CDU-Abgeordnete Dr. Heinrich Krone sagte die umfassende Information zu und verteidigte die Geheimhaltung der Vertragstexte vor der Unterzeichnung damit, daß dies noch kein Akt sei, welcher das deutsche Volk und sein Parlament binde. Der Vertrag erlange erst Rechtskraft, nachdem der Deutsche Bundestag und die Parlamente der anderen am Vertrag beteiligten Länder ihre Zustimmung in Gesetzesform erteilt hätten. Vgl. zu den Äußerungen Krones: Verhandlungen des Deutschen Bundestages, 1. Wahlperiode 1949, Stenographische Berichte, Bd. 12, S. 9418; zum Verlauf der Debatte, S. 9413-9420.
20 Zu der bevorstehenden Unterzeichnung des Deutschlandvertrages (vgl. Anm. 21) hatte Schumacher am 22.5.1952 in einem UP-Interview erklärt: »Wer diesem Generalvertrag zustimmt, hört auf, ein Deutscher zu sein.« Vgl. AdG, 22. Jg. (1952), S. 3481 f.

21 Am 26.5.1952 fand in Bonn die Unterzeichnung des Vertrages über die Beziehungen zwischen der Bundesrepublik Deutschland und den drei Westmächten (auch Deutschland-, General- oder Bonner Vertrag genannt) statt. Wortlaut des Vertrages sowie der Anhänge und Zusatzabkommen in: Die Vertragswerke von Bonn und Paris vom Mai 1952, Dokumente und Berichte des Europa-Archivs, Bd. 10, S. 1-180.
Einen Tag später, am 27.5.1952, wurde in Paris der Vertrag zur Errichtung der Europäischen Verteidigungsgemeinschaft von den Außenministern der sechs Mitgliedsstaaten (Belgien, Bundesrepublik Deutschland, Frankreich, Italien, Luxemburg, Niederlande) unterzeichnet. Text des Vertrages sowie der Zusatzprotokolle und Erklärungen in: Die Vertragswerke von Bonn und Paris, a.a.O., S. 181-347.
Erläuterungen der staats- und völkerrechtlichen Aspekte gibt der maßgebliche Unterhändler auf deutscher Seite, Professor Dr. Wilhelm *Grewe,* in: Deutsche Außenpolitik der Nachkriegszeit, S. 46-60; zu Verhandlungen, Unterzeichnung, Inhalt und Bedeutung der Verträge aus der Sicht Adenauers vgl. seine Erinnerungen 1945–1953, S. 530-550; Hans-Peter *Schwarz,* Die Ära Adenauer 1949–1957, S. 149-166.
22 In Art. 38 § 1 EVG-Vertrag wurde die »Versammlung«, die identisch sein sollte mit der Gemeinsamen Versammlung der EGKS, beauftragt, Untersuchungen zur Fortführung der Integration anzustellen. »Die endgültige Organisation, die an die Stelle der vorläufigen Organisation [EVG, d. B.] treten wird, soll so beschaffen sein, daß sie den Bestandteil eines späteren bundesstaatlichen oder staatenbündischen Gemeinwesens bilden kann, das auf dem Grundsatz der Gewaltenteilung beruhen und insbesondere über ein Zweikammernsystem verfügen soll.«
§ 2 bestimmte über das Prozedere: »Die Vorschläge der Versammlung sind dem Rat binnen sechs Monaten nach Aufnahme ihrer Tätigkeit vorzulegen. Diese Vorschläge sind sodann mit der Stellungnahme des Rates vom Präsidenten der Versammlung den Regierungen der Mitgliedsstaaten zuzuleiten; diese haben binnen drei Monaten eine Konferenz zur Prüfung der Vorschläge einzuberufen.«
23 Nachdem sich am 21.5.1952 der Auswärtige Ausschuß der Nationalversammlung gegen den EVG-Vertrag ausgesprochen hatte, stellte das Kabinett am 23.5.1952 neue Bedingungen für die Unterschrift. Es verlangte vor allem, daß eine britisch-amerikanische Garantie gegen ein Ausscheren der Bundesrepublik aus der EVG gegeben werde und daß der Status der französischen Truppen in Deutschland auf dem für die angelsächsischen Mächte vorgesehenen Bonner Truppenstatut beruhen sollte und nicht wie ursprünglich beabsichtigt auf dem EVG-Vertrag. Vgl. zu den Verhandlungen zwischen den westlichen Außenministern und Adenauer vom 23.–26.5.1952 in Bonn Konrad *Adenauer,* Erinnerungen 1945–1953, S. 531-533; Wilhelm *Grewe,* Rückblenden, S. 148-154.
24 Vgl. Nr. 25 Anm. 6.
25 Die Unterzeichnung des Vertrages fand um 17.00 Uhr statt. Angabe in StBKAH 04.03; vgl. auch Nr. 28.

26 Der von den vier Außenministern im November 1951 in Paris gebilligte Entwurf eines »Generalvertrages« (vgl. Nr. 22 Anm. 10) enthielt in Art. 7, Abs. 3 die Bestimmung, derzufolge die Bundesrepublik und die drei Westmächte darin einig sind, »daß ein wiedervereinigtes Deutschland durch die Verpflichtungen der Bundesrepublik nach diesem Vertrag, den Zusatzverträgen und den Verträgen über die Bildung einer integrierten europäischen Gemeinschaft – in einer gemäß ihren Bestimmungen oder durch Vereinbarung der beteiligten Parteien angepaßten Fassung – gebunden sein wird und daß dem wiedervereinigten Deutschland in gleicher Weise die Rechte der Bundesrepublik aus diesen Vereinbarungen zustehen werden.« Vgl. zu der Diskussion um diesen Passus Wilhelm *Grewe,* Deutsche Außenpolitik der Nachkriegszeit, S. 57f.; auch Abb. S. 261.

27 Vgl. Nr. 5 Anm. 7.

28 Anspielung auf die Note der Sowjetregierung vom 10.3.1952 an die drei Westmächte (vgl. Nr. 26 Anm. 7). In einer zweiten Note (auf die Antwortnote der Westmächte an die Sowjetregierung vom 25.3.1952, vgl. Nr. 26 Anm. 9) an die drei anderen Mächte vom 9.4.1952 erklärten sich die Sowjetvertreter bereit, die Frage der Durchführung freier gesamtdeutscher Wahlen zu erörtern. Text der Note in: EA, 7. Jg. (1952), S. 4866f.; Wortlaut der darauffolgenden Antwortnote der Westmächte vom 13.5.1952, in: EA, a.a.O., S. 4963-4965.

29 George Frost *Kennan* (geb. 1904), amerikanischer Diplomat und Historiker; 1944–1946 Botschaftsrat in Moskau, als Chef eines außenpolitischen Planungsausschusses 1947–1949 konzipierte er die »Eindämmungspolitik« (containment policy) gegenüber der Sowjetunion, 1950–1952 Dozent in Chikago und Princeton, Berater der Regierung in Osteuropafragen, 1952 Botschafter in Moskau, nach Kritik an der Sowjetunion abberufen, 1954–1961 Professor in Princeton, 1961–1963 Botschafter in Belgrad, seit 1963 wieder Lehrtätigkeit. Vgl. Kennans Memoiren eines Diplomaten, 5. Aufl., Stuttgart 1969; Memoiren 1950–1963, Frankfurt/Main 1973.

30 Vgl. dazu den Bericht über die Reden von Außenminister Eden und Oppositionsführer Attlee am 14.5.1952 vor dem Unterhaus in: »Frankfurter Allgemeine« v. 15.5.1952.

31 Wilhelm Grewe zufolge war von deutscher Seite »eine Klausel verlangt worden, die ein Wiederaufleben der Viermächte-Kontrolle im Zeitpunkt der Wiedervereinigung ausschließen sollte. Anlaß zu diesem Verlangen waren Erwägungen in dieser Richtung gewesen, die in einem Leitartikel der Londoner »Times« Ausdruck gefunden hatten. Die Besatzungsmächte waren bereit, diesem Verlangen zu entsprechen, verknüpften es jedoch ihrerseits mit dem Verlangen, daß das wiedervereinigte Deutschland in die – entsprechend anzupassenden – Integrationsverträge eintreten solle. Die demgemäß formulierte Bindungsklausel erster Fassung wurde von ihnen vorgelegt.« Vgl. Wilhelm *Grewe,* a.a.O., S. 60.

32 Bis zum Tage vor der Unterzeichnung am 26.5.1952 wurde mit Rücksicht auf die Bedenken, die der Art. 7, Abs. 3 verursacht hatte, über eine Neuformulierung verhandelt. Angenommen wurde schließlich eine von Achesons Berater Philip

Jessup vorgeschlagene Kompromißformel, die der ursprünglichen Absicht der deutschen Seite entsprach, nämlich, daß die drei Westmächte Rechte, welche der Bundesrepublik aufgrund dieses Vertrages und der Zusatzverträge zustehen, auf ein wiedervereinigtes Deutschland erstrecken. Aus der Sicht der Bundesregierung bedeutete das, auch im Falle der Wiedervereinigung Deutschlands werde es keinesfalls zu einem Wiederaufleben des Kontrollrats und seiner Machtbefugnisse kommen können. Vgl. a.a.O., S. 57.

33 Vgl. ebenda.

34 Zu den Erklärungen Edens und Churchills vgl. Konrad *Adenauer,* a.a.O., S. 508.

35 Gemeint waren die Verhandlungen mit den Alliierten Hohen Kommissaren, die an deren Sitz in Mehlem bei Bonn stattfanden.

36 Der Alleinvertretungsanspruch der Bundesrepublik wurde von den drei Westmächten erstmals auf der New Yorker Außenminister-Konferenz am 18.9.1950 (vgl. Nr. 3 Anm. 8) unterstützt.

37 Vgl. dazu die in Nr. 3 Anm. 7 angegebene Literatur.

38 Streitigkeiten, die sich aus der Anwendung oder Auslegung des Vertrages – abgesehen von der Anwendung der Vorbehaltsrechte – ergeben könnten, sollten nach Art. 9 und Anhang B des Deutschland-Vertrages durch ein Schiedsgericht mit einem neutralen Vorsitzenden und paritätischer Besetzung mit alliierten, deutschen und neutralen Richtern entschieden werden.

39 Art. 125 des EVG-Vertrags sah Revisionsmöglichkeiten für den Fall vor, daß die Erfahrung unvorhergesehene Schwierigkeiten bei der Art und Weise der Vertragsanwendung ergäbe. Art. 126 EVG-Vertrag bestimmte: »Die Regierung jedes Mitgliedstaates und das Kommissariat können Änderungen dieses Vertrages vorschlagen.«

40 Vgl. Anm. 20.

41 Vgl. Anm. 23.

42 In Art. 3 des Finanzabkommens zwischen der Bundesrepublik Deutschland und den drei Mächten war vereinbart worden, daß der an die EVG abzuführende Verteidigungsbeitrag der Bundesrepublik zum Teil in Form eines Beitrages zu den Kosten für den Unterhalt der ausländischen (zur damaligen Zeit der amerikanischen, belgischen, britischen, dänischen, französischen, luxemburgischen und norwegischen) Streitkräfte im Gebiet der Bundesrepublik (sog. Stationierungskosten) und im übrigen zur Aufstellung der deutschen Kontingente für die EVG (sog. deutsche Aufbaukosten) verwendet werden sollte. Vgl. Die Verträge von Bonn und Paris, S. 65 f.

43 Art. 3, Abs. 5a legte diesbezüglich fest: »Der Teil des Verteidigungsbeitrages der Bundesrepublik, der nach dem 30. Juni 1953 als Betrag zur Bestreitung der Kosten für die Streitkräfte der nicht der Europäischen Verteidigungsgemeinschaft angehörenden beteiligten Mächte und die Mitglieder dieser Streitkräfte verwendet wird, wird zu gegebener Zeit durch Verhandlungen festgesetzt, an denen die Gemeinschaft, die Bundesrepublik und die nicht der Gemeinschaft angehörenden

Mächte, die Streitkräfte im Bundesgebiet unterhalten (d. h. die amerikanische, britische, dänische und norwegische Regierung), teilnehmen.«

44 Die Bundesregierung ging davon aus, daß der deutsche Verteidigungsbeitrag für das Rechnungsjahr der NATO ab 1.7.1953 neu festgelegt werden müßte und daß die Alliierten ab 1.7.1954 wohl keine oder nur geringe Stationierungskosten erhalten würden, da der deutsche Beitrag dann ganz für die Zwecke der EVG bzw. des deutschen Kontingents verwendet werden müßte.

45 Von dem nach Art. 4 des Finanzabkommens (vgl. Anm. 42) vorgesehenen Verteidigungsbeitrag in Höhe von monatlich 850 Millionen DM sollten in den ersten sechs Monaten 551 Millionen und in weiteren drei Monaten 319 Millionen DM auf Stationierungs- (bzw. evtl. Besatzungs-) kosten ausländischer Truppen entfallen und der Rest auf Kosten des deutschen Kontingents.

46 Vgl. Nr. 26 Anm. 38. Die Äußerung Adenauers, bei einer Ablehnung des Deutschland-Vertrages durch den Bundestag seien keine neuen Verhandlungen mit den Alliierten möglich, bezeichnete Ollenhauer am 18.5.1952 vor sozialdemokratischen Redakteuren und Verlegern als »äußerst unrealistisch«. Es sei selbstverständlich, daß dann neue Verhandlungen unter neuen Voraussetzungen folgen würden. »Wenn der Bundestag ablehnt, so geht die Weltgeschichte trotzdem weiter.« Vgl. »Die Neue Zeitung« v. 20.5.1952.

47 Eine solche Erklärung der amerikanischen Regierung war in diesem Zeitraum in der Tagespresse nicht nachzuweisen.

48 Zur Durchsetzung eines einheitlichen Betriebsverfassungsgesetzes hatten sich im April 1952 verschiedene Gremien des DGB für Kampfmaßnahmen ausgesprochen. Vom 15.–18.5.1952 kam es zu ersten Warnstreiks und Arbeitsniederlegungen. Vgl. dazu Eberhard *Schmidt,* Die verhinderte Neuordnung, S. 207-213.

49 Gemeint war Friedrich *Rische* (geb. 1914); 1945 Mitbegründer der KPD im Ruhrgebiet, 1948–1949 Fraktionsvorsitzender der KPD im Wirtschaftsrat in Frankfurt/Main, 1949–1953 MdB (KPD).

Anläßlich der Debatte über die Verträge (vgl. Anm. 19) hatte Rische die Aktionen des DGB als »machtvolle Demonstrationen und Streiks gegen den Staatsstreich der Reaktionäre und Kriegstreiber« bezeichnet. Vgl. Verhandlungen des Deutschen Bundestages, a.a.O., S. 9417.

50 Dem Vertragswerk wurde ein Schriftwechsel zwischen der Bundesrepublik und den drei Mächten beigefügt, der sich auf Fragen der künftigen Stellung Berlins in Zusammenhang mit den abgeschlossenen Verträgen bezog. Vgl. Die Verträge von Bonn und Paris, S. 135-137.

51 Verwaltungseinrichtungen der alliierten Besatzungsmächte.

52 Schreiben in StBKAH nicht vorhanden.

53 Im Zuge weiterer Maßnahmen zur Abriegelung der Zonengrenze wurden die drei Übergänge Oebisfelde, Vacha und Ahrenshausen am 24.5.1952 für den kleinen Grenzverkehr geschlossen. Sie waren allerdings für den Verkehr zwischen dem Bundesgebiet und West-Berlin nicht von Bedeutung. Zur Ankündigung der Absperrung vgl. »Frankfurter Allgemeine« v. 23.5.1952.

54 Die Regierung der DDR erließ am 26.5.1952 eine Verordnung über Maßnahmen an der Demarkationslinie zwischen der DDR und der Bundesrepublik Deutschland. Demzufolge wurde ein 5 Kilometer breites Gebiet zur Sperrzone erklärt und das Überschreiten der Zonengrenze nach Westen bei Androhung der Todesstrafe verboten. Vgl. »Frankfurter Allgemeine« v. 31.5.1952.

55 Vgl. Anm. 28.

56 In der dritten Deutschlandnote der sowjetischen Regierung an die Westmächte vom 24.5.1952 wurde unter anderem erklärt, »daß keinerlei von dem einen oder anderen Teil Deutschlands mit den Regierungen anderer Staaten abgeschlossene separate Abkommen der gesamtdeutschen Regierung irgendwelche Verpflichtungen auferlegen und daß eine gesamtdeutsche Regierung, die den Friedensvertrag unterzeichnet, alle Rechte besitzen wird, über die die Regierungen anderer unabhängiger und souveräner Staaten verfügen.« Wortlaut in: EA, 7. Jg. (1952), S. 4985-4987.

57 Vgl. dazu Konrad *Adenauer*, Erinnerungen 1953–1955, S. 124.

Nr. 28

a ‹ › Vom Bearbeiter korrigiert aus »ersten«.

1 Angabe in StBKAH 04.03, im Dokument angegeben »18 Uhr«.

2 Vgl. Nr. 27 Anm. 21.

3 Den Vertrag unterzeichneten für Belgien Paul van Zeeland, für Luxemburg Joseph Bech, für Italien Alcide De Gasperi und für die Niederlande Dirk Stikker.

4 Vertrag zwischen dem Vereinigten Königreich von Großbritannien und Nordirland und den Mitgliedsstaaten der Europäischen Verteidigungsgemeinschaft. Text in: Die Vertragswerke von Bonn und Paris, S. 295-301.

5 Dreimächte-Erklärung der Regierungen Frankreichs, Großbritanniens und der Vereinigten Staaten. Wortlaut, a.a.O., S. 343-347.

6 Das Erfordernis der Zustimmung des Bundesrates zu den beiden Verträgen war zwischen Bundesrat und Kanzler heftig umstritten. So war nach Ansicht Adenauers im Rahmen des Deutschland-Vertrages (vgl. Nr. 27 Anm. 21) nur das »Abkommen über die steuerliche Behandlung der Streitkräfte und ihrer Mitglieder« einschließlich seiner Anlagen wegen Art. 105, Abs. 3 Grundgesetz zustimmungsbedürftig, aber nicht der Deutschland-Vertrag nebst Anhänge. Im Pariser Vertragswerk (vgl. ebenda) sollte auch nur das »Abkommen über die Rechtsstellung der Europäischen Verteidigungsstreitkräfte und über das Zoll- und Steuerwesen der Europäischen Verteidigungsgemeinschaft«, nicht jedoch der eigentliche EVG-Vertrag der Zustimmung des Bundesrates bedürfen. Beide Verträge sollten ihn zwar passieren, doch unter Voraussetzung des Art. 77 Grundgesetz auch ohne seine Billigung Gesetzeskraft erlangen. Zu den Diskussionen um die Ratifikation der Verträge vgl. Hans-Peter *Schwarz*, Die Ära Adenauer 1949–1957, S. 169-181; Udo *Wengst*, Staatsaufbau, S. 312-314; Arnulf *Baring*, Außenpolitik in Adenauers Kanzlerdemokratie, S. 261-293, hier insbes. S. 268 f.

7 Vgl. Nr. 27 Anm. 32.

8 Der Kongreß der Sozialistischen Partei (SFIO) beschloß am 25.5.1952, den Nationalrat der Partei vor der Ratifikation des EVG-Vertrages einzuberufen. Mit 2537 gegen 1307 Stimmen nahmen die Delegierten eine Resolution von André Philip an, in der die rasche Integration Deutschlands im Sinne des Pleven-Plans und ein Abkommen über die künftige politische Struktur Europas gefordert wurden. Vgl. L'Année Politique 1952, S. 38; zum Inhalt der Resolution AdG, 22. Jg. (1952), S. 3484.

9 Während der Bonner Außenminister-Konferenz (vgl. Nr. 27 Anm. 23) wurde am 24.5.1952 auf Betreiben Adenauers über ein Schreiben der Minister an den Bundeskanzler verhandelt, das Vorkehrungen über ein früheres Inkrafttreten gewisser Teile des Vertragswerks vor der vollständigen Ratifikation des EVG-Vertrages durch die Unterzeichnerstaaten ermöglichen sollte. Ein solcher Brief schien Adenauer für die innenpolitischen Diskussionen von Nutzen. Würden die Verträge nicht bald in Kraft treten, so führte er aus, dann würden in der Bundesrepublik noch größere innenpolitische Schwierigkeiten entstehen. Die Bevölkerung müsse baldmöglichst in den Genuß der Vorteile der Verträge kommen. Außerdem verwies der Kanzler auf die 1953 bevorstehende Bundestagswahl, welche die Ratifizierung noch dringlicher mache.
Die Außenminister einigten sich schließlich auf den Text eines Schreibens, in dem sie dem Bundeskanzler mitteilten, daß ihre Regierungen bereit sein werden, nach Ratifizierung der Verträge durch alle daran beteiligten Parteien, sofern seitens anderer Mächte eine untunliche Verzögerung in der Ratifizierung des Vertrages über die Errichtung der EVG eintritt, mit der Bundesregierung zu einer Konferenz zusammenzutreten, um die Lage zu prüfen und zu beschließen, ob Vorkehrungen getroffen werden können, um gewisse in den Verträgen enthaltene Bestimmungen vor Inkrafttreten der Verträge in Kraft zu setzen. Schreiben in StBKAH III/95.

10 Am 26.6.1952 wurden die Abgeordneten für die zwei Kammern der Generalstaaten neu gewählt. Zu den Auswirkungen auf die niederländische Innen- und Außenpolitik vgl. Adrian *Manning*, Die Niederlande und Europa von 1945 bis zum Beginn der fünfziger Jahre, in: VfZ, 29. Jg. (1981), S. 13-19.

11 Am 2.6.1952 leitete Truman das Vertragswerk dem Senat zu. Vgl. »Frankfurter Allgemeine« v. 3.6.1952.

12 Am 30.5.1952 übermittelte die Bundesregierung das Bonner Vertragswerk dem Bundesrat.

13 Vgl. zu den Auseinandersetzungen zwischen dem Bundeskanzler und dem Bundesrat über die Zustimmungsbedürftigkeit der Verträge Udo *Wengst*, a.a.O., S. 312-314.

14 Vgl. Anm. 5.

15 Infolge der Kampfmaßnahmen des DGB (vgl. Nr. 27 Anm. 48) konnten vom 27.–29.5.1952 keine Tageszeitungen erscheinen. Zu den Gründen vgl. Eberhard *Schmidt*, Die verhinderte Neuordnung, S. 212.

16 Vgl. Nr. 27 Anm. 56.

17 Vgl. »Neue Note Moskaus an die Westmächte« in: »Neue Zürcher Zeitung« v. 26.5.1952.
18 In der von der Bundesregierung veröffentlichten Übersetzung des Textes der Note hieß es: »Indessen kann ohne Abschluß eines Friedensvertrages und die Vereinigung Deutschlands kein unabhängiger und voll gleichberechtigter deutscher Staat, der den wahren Willen des gesamten deutschen Volkes zum Ausdruck bringt, wiederhergestellt werden.« Vgl. Die Bemühungen der Bundesrepublik um Wiederherstellung der Einheit Deutschlands durch gesamtdeutsche Wahlen, 1. Teil, Oktober 1949–1953, hrsg. vom *Bundesministerium für gesamtdeutsche Fragen,* 4. erweiterte Aufl., Bonn 1958, S. 97.
19 Vgl. Nr. 21 Anm. 17.
20 Im Zeitraum zwischen der Unterzeichnung des Vertrages und der Amtsübernahme durch die Organe der EVG sollten die Delegationen weiterhin als sogenannter Interimsausschuß tagen. Vgl. das entsprechende Protokoll im Anhang des EVG-Vertrages in: Die Vertragswerke von Bonn und Paris, S. 330.
21 Gemeint waren die Präsidentenwahlen am 4.11.1952. Zum Ergebnis vgl. Nr. 35 Anm. 3.
22 Biographische Angaben zu Dr. Heinrich *von Brentano* (1904–1964) in: Adenauer, Briefe 1945–1947, S. 623.
23 Am 19.7.1952 trat erstmals der »Ausschuß zur Mitberatung des EVG-Vertrages und der damit zusammenhängenden Abmachungen« des Bundestages unter dem Vorsitz von Franz Josef Strauß zusammen. Am 21.1.1953 erfolgte eine Umbenennung in »Ausschuß für Fragen der europäischen Sicherheit«.
24 Am 25..4.1952 wählte die Verfassunggebende Landesversammlung des Südweststaates (vgl. Nr. 26 Anm. 43), der seitdem Baden-Württemberg heißt, den bisherigen württembergisch-badischen Ministerpräsidenten Dr. Reinhold Maier zum ersten Ministerpräsidenten des neuen Bundeslandes. Er bildete ein Koalitionskabinett aus Vertretern der SPD, DVP und des BHE. Dadurch wurden die Mehrheitsverhältnisse im Bundesrat verschoben. Mit den Stimmen der Länder Bayern, Nordrhein-Westfalen, Rheinland-Pfalz und Schleswig-Holstein konnte die Regierungskoalition mit 18 Stimmen rechnen, während die SPD mit den Ländern Bremen, Hamburg, Hessen und Niedersachsen über 15 Stimmen im Bundesrat verfügte. Da jedes Land nur einheitlich votieren kann (Art. 51 Abs. 3, Satz 2 Grundgesetz), fiel dem neugebildeten Land Baden-Württemberg bei den künftigen Mehrheitsverhältnissen im Bundesrat eine Schlüsselrolle zu. Vgl. Paul *Feuchte,* Verfassungsgeschichte von Baden-Württemberg, Stuttgart 1983, S. 157-164; Hans-Peter *Schwarz,* Die Ära Adenauer 1949–1957, S. 177-179.
25 Reinhold *Maier* (1889–1971); 1920–1929 Rechtsanwalt in Stuttgart, 1924–1933 Vorsitzender der württembergischen DDP und MdL, 1929–1933 württembergischer Wirtschaftsminister und Bevollmächtigter des Landes im Reichsrat, 1932–1933 MdR, 1933–1945 wieder Rechtsanwalt, 1945 Mitbegründer der DVP (später FDP), 1945–1952 Ministerpräsident von Württemberg-Baden, 1952–1953 von Baden-Württemberg, 1953–1956 und 1957–1959 MdB (FDP), 1957–

1960 Bundesvorsitzender, dann Ehrenvorsitzender der FDP. Vgl. seine Erinnerungen 1948–1953, Tübingen 1966; Gunter *Berg,* Reinhold Maier, in: Walther *Bernecker*/Volker *Dotterweich* (Hrsg.), Persönlichkeit und Politik in der Bundesrepublik Deutschland, Bd. 2, S. 60-70, dort auch mit weiteren Literaturhinweisen; Wilhelm *Hofman,* Reinhold Maier, in: Claus Hinrich *Casdorff* (Hrsg.), Demokraten, S. 196-207.

26 Eine entsprechende Äußerung Maiers war in der Tagespresse nicht nachzuweisen.

27 Zu den Diskussionen über den Organstatus des Bundesverfassungsgerichts vgl. Udo *Wengst,* a.a.O., S. 316-319.

28 Es handelte sich um den im Anhang A zum Deutschlandvertrag bekanntgegebenen Brief der Bundesregierung über die Hilfeleistung an Berlin, vgl. Nr. 27 Anm. 50.

29 Heinrich *Krone* (geb. 1895), Dr. phil.; 1922–1933 stellvertretender Generalsekretär der Zentrums-Partei, 1925–1933 MdR, 1934–1945 Mitbegründer und Geschäftsführer des Caritas-Notwerkes, 1945 Mitbegründer der CDU in Berlin, 1949–1969 MdB (bis 1965 Berliner Vertreter), 1951–1955 Geschäftsführer der CDU/CSU-Bundestagsfraktion, 1955–1961 ihr Vorsitzender, 1958–1964 stellvertretender Vorsitzender der CDU, 1961–1966 Bundesminister für besondere Aufgaben, u. a. für Berlin-Fragen und Angelegenheiten des Bundesverteidigungsrates, 1967–1969 Sonderberater des Bundeskanzlers (Schulfragen). Zur Biographie und Bibliographie vgl. Klaus *Gotto,* Heinrich Krone, in: Walther *Bernecker*/Volker *Dotterweich,* a.a.O., S. 37-48, auch Krones Beitrag: Konrad Adenauer – Im Gespräch mit einem großen Politiker und tiefen Menschen, in: Konrad Adenauer und seine Zeit, Bd. 1, S. 117-121.

30 Vgl. Nr. 27 Anm. 54.

31 Infolge der anhaltenden Auseinandersetzungen zwischen der Bundesregierung und dem DGB über das Betriebsverfassungsgesetz kam es am 13.6.1952 zu einem Gespräch, an dem der Kanzler sowie einige andere Regierungsvertreter und die DGB-Führung teilnahmen. Zu der Vorgeschichte vgl. Horst *Thum,* Mitbestimmung, S. 134-139, dort auch mit weiteren Literaturhinweisen; zum Verlauf des Gesprächs S. 138.

32 Nahum *Goldmann* (1894–1982); seit 1918 in der zionistischen Bewegung tätig, 1926–1933 Leiter der Zionistischen Vereinigung in Deutschland, 1933 Emigration, 1935–1940 Vertreter der Jewish Agency beim Völkerbund in Genf, 1940–1964 als amerikanischer Staatsbürger in den USA, dann zeitweise in Israel, setzte sich mit Ben Gurion für die Gründung des Staates Israel ein, 1949–1978 Präsident des Jüdischen Weltkongresses, den er 1936 mitbegründet hatte, 1952 maßgeblich an der Aushandlung des Wiedergutmachungs-Abkommens der Bundesrepublik mit Israel beteiligt, 1956–1968 Präsident der Zionistischen Weltorganisation. Vgl. seine autobiographischen Werke: Staatsmann ohne Staat, Köln 1970; Mein Leben als deutscher Jude, München–Wien 1980; Mein Leben, USA-Europa-Israel, München–Wien 1981 sowie seinen Beitrag: Adenauer und das jüdische Volk, in: Konrad Adenauer und seine Zeit, Bd. 1, S. 427-436.

33 Zu den deutsch-israelischen Verhandlungen über die Wiedergutmachung vgl. Nicholas *Balabkins,* West German Reparations to Israel, New Brunswick (New Jersey) 1971 und die Dokumentation von Rolf *Vogel* (Hrsg.), Deutschlands Weg nach Israel, 2. ergänzte Aufl., Stuttgart-Degerloch 1967.
Zur Begegnung in Paris Konrad *Adenauer,* Erinnerungen 1953–1955, S. 151f. (dort auch der Text des Kommuniqués); Nahum *Goldmann,* Staatsmann ohne Staat, S. 329.
34 Franz *Böhm* (1895–1977), Dr. jur., Professor der Rechte; 1924–1925 Staatsanwalt am Landgericht Freiburg, 1925–1932 Sachbearbeiter im Reichswirtschaftsministerium, 1933–1938 Privatdozent an den Universitäten Freiburg und Jena, aus politischen Gründen entlassen, 1945–1946 Minister für Kultus und Unterricht Groß-Hessen, 1946–1962 Ordinarius für Bürgerliches Handels- und Wirtschaftsrecht an der Universität Frankfurt/Main, ab 1948 dessen Rektor, 1952 Leiter der deutschen Delegation bei den Wiedergutmachungsverhandlungen mit Israel, 1953–1965 MdB (CDU). Vgl. Franz Böhm, Beiträge zu Leben und Wirken, hrsg. von der *Konrad-Adenauer-Stiftung,* Forschungsbericht 8, Melle 1980; seine Beiträge: Das deutsch-israelische Abkommen von 1952, in: Konrad Adenauer und seine Zeit, Bd. 1, S. 437-465; Die deutsch-israelischen Beziehungen, in: Frankfurter Hefte, 20. Jg. (1965), S. 601-625.
35 Zu seiner Rolle in den deutsch-israelischen Verhandlungen vgl. die in Anm. 32 und 34 aufgeführte Literatur.
36 Otto *Küster* (geb. 1907), Dr. h.c.; 1932–1933 Richter in Stuttgart, dann entlassen, seit 1935 Rechtsanwalt, 1945–1954 Staatsbeauftragter für die Wiedergutmachung und Abteilungsleiter im Justizministerium Württemberg-Baden bzw. (nach 1952) Baden-Württemberg, 1952 stellvertretender Leiter der deutschen Delegation bei den Verhandlungen mit Israel über die Wiedergutmachung. Vgl. seine Studie: Erfahrungen in der deutschen Wiedergutmachung, Tübingen 1967.
37 Als Gründe für seinen Rücktritt als stellvertretender Leiter der deutschen Delegation für die Verhandlungen mit Israel nannte Küster am 22. 5. 1952 im Süddeutschen Rundfunk, »maßgebende Faktoren der Bundesregierung« (gemeint war Finanzminister Schäffer) seien nicht bereit, die erforderlichen 100 Millionen DM für die Wiedergutmachung vom Jahreshaushalt, der 20 Milliarden DM betrage, abzuzweigen. Ebenso sei eine Steuererhöhung wie auch eine innerdeutsche Anleihe abgelehnt worden. Vgl. »Frankfurter Allgemeine« v. 22. 5. 1952. Im Text seines Rücktrittschreibens hieß es dann, Schäffer habe in einer Besprechung mit Böhm und Küster ersteren aufgefordert, dem Bundeskanzler darzulegen, daß keine Mittel für Leistungen an Israel zur Verfügung stünden. Küster fühle sich durch Schäffer brüskiert, auch deshalb, weil dieser antisemitische Vorwürfe in Briefen an ihn erhoben habe. Vgl. »Frankfurter Allgemeine« v. 24. 5. 1952.
38 Hermann Josef *Abs* (geb. 1901), Bankier; 1938 Mitglied des Vorstandes und Leiter des Auslandsgeschäftes der Deutschen Bank, 1948 stellvertretender Vorsitzender des Verwaltungsrates der Kreditanstalt für Wiederaufbau und in deren Vorstand delegiert, 1951–1953 Leiter der deutschen Delegation bei der Londoner

Schuldenkonferenz, 1957–1967 Mitglied und Sprecher des Vorstands der Deutschen Bank AG, 1967–1976 Vorsitzender des Aufsichtsrats, seitdem Ehrenvorsitzender. Vgl. Karl B. *Schnelting* (Hrsg.), Zeugen des Jahrhunderts, Porträts aus Wirtschaft und Gesellschaft, Hermann J. Abs, Frankfurt/Main 1981, S. 11-56. Vgl. seine Beiträge: Konrad Adenauer und die Wirtschaftspolitik der fünfziger Jahre, in: Konrad Adenauer und seine Zeit, Bd. 1, S. 229-245; Germany and the London and Paris agreements, in: International Affairs (London), Vol. 31 (1955), S. 167-173.

39 Zu den Tilgungsmodalitäten der Auslandsschulden teilte Abs am 23.5.1952 den Konferenzteilnehmern mit, die Bundesregierung könne eine jährliche Leistung von höchstens 500 Millionen DM verantworten, wobei es hinsichtlich der in diesem Betrag enthaltenen Vorkriegsschulden möglich sei, nach Ablauf von 5-6 Jahren einen weiteren Jahresbeitrag von allenfalls 100 Millionen DM für eine verstärkte Tilgung zu leisten. Der Vorschlag wurde jedoch abgelehnt. Vgl. Hans-Peter *Schwarz,* (Hrsg.), Die Wiederherstellung des deutschen Kredits, S. 27 und AdG, 22. Jg. (1952), S. 3497.

40 Gemeint war der Dreimächte-Ausschuß für die deutschen Schulden, der von der Alliierten Hohen Kommission eingesetzt wurde, um mit der Bundesregierung die Vorverhandlungen und auch die Verhandlungen auf der Londoner Schuldenkonferenz (vgl. Nr. 25 Anm. 33) für Frankreich, Großbritannien und die USA zu führen. Vgl. zur Zusammensetzung und zu den Aufgaben des Ausschusses das Schreiben der Alliierten Hohen Kommission an Blankenhorn v. 23.5.1951 in: Deutsche Auslandsschulden, S. 13-19, Liste der Delegationsmitglieder S. 26.

41 Zur Position Erhards vgl. Hans-Peter *Schwarz,* Die Wiederherstellung des deutschen Kredits, S. 25, 27.

42 Vom Bearbeiter korrigiert aus »Barain«. Wahrscheinlich handelte es sich um Noah *Barou* (1889–1955), britischer Wirtschaftsberater; 1918–1919 Generalsekretär des Gewerkschaftsrates in der Ukraine, seit 1923 als Berater in der britischen Wirtschaft tätig, 1948 Vorsitzender des World Jewish Congress.

43 Vgl. Nr. 26 Anm. 48-52.

44 Vgl. Deutscher Bundestag, 1. Wahlperiode 1949, Drucksache Nr. 3465; der schriftliche Bericht des Untersuchungsausschusses ist auch abgedruckt in: Wilhelm *Haas,* Beitrag zur Geschichte der Entstehung des Auswärtigen Dienstes, S. 282-423.

45 Zur Tradition des deutschen Auswärtigen Dienstes gehörte es, den Botschafterposten beim Vatikan mit einem Protestanten zu besetzen. Der Politische Arbeitskreis der katholischen Verbände, und vor allem dessen Mitbegründer Prälat Wilhelm Johannes *Böhler* (1891–1958, biographische Angaben in: Adenauer, Briefe 1945–1947, S. 720), forderte, einen Katholiken zu berufen. Da die Protestanten erwarteten, daß die Tradition fortgesetzt werde, schob Adenauer die Entscheidung zunächst auf, bis die Übereinkunft zustande kam, auf den Posten im Wechsel einen Protestanten und einen Katholiken zu berufen. Vgl. Arnulf *Baring,* Außenpolitik in Adenauers Kanzlerdemokratie, S. 434; zur Berufung des ersten Vatikan-Botschafters der Bundesrepublik vgl. Nr. 47 Anm. 31.

46 Zentrum und Bayernpartei im Bundestag hatten sich am 14.12.1951 zur Fraktion »Föderalistische Union« (FU) zusammengeschlossen. Vgl. Ilse *Unger,* Die Bayernpartei, Geschichte und Struktur 1945–1957, Stuttgart 1979, S. 199.

47 Vgl. Nr. 44 Anm. 8.

48 Das Treffen Adenauers mit General Clay war in StBKAH nicht nachzuweisen.

49 In der Republikanischen Partei gab es zwischen Taft und Eisenhower ein Kopf-an-Kopf-Rennen bei den Vorwahlen um die Präsidentschaftskandidatur, vgl. Nr. 31 Anm. 5.

50 Kay Orland *Armstrong* (geb. 1893), amerikanischer Professor und Politiker; 1925–1928 Professor für Journalismus, seit 1944 Herausgeber des Reader's Digest, 1947–1948 Vorsitzender des Senatsausschusses für die Reform öffentlicher Arbeiten, 1951–1952 Abgeordneter des Repräsentantenhauses.

51 Ein Treffen Adenauers mit Armstrong konnte in StBKAH nicht nachgewiesen werden.

52 Vgl. Nr. 27 und Konrad *Adenauer,* a.a.O., S. 124.

53 Dabei handelte es sich um den britischen Botschafter Sir Ivone Kirkpatrick. Vgl. dazu Nr. 29.

54 Vgl. zur Haltung der SPD gegenüber dem EVG- und den Deutschland-Verträgen Udo *Löwke,* Für den Fall, daß …, S. 48-61.

55 Vgl. Anm. 6.

56 Vgl. Nr. 27 Anm. 20.

57 Vgl. a.a.O., Anm. 19.

58 Gemeint war die Notstandsklausel Art. 5 des Deutschland-Vertrages, vgl. Nr. 27 Anm. 21.

59 Vgl. Nr. 21 Anm. 13.

60 Vgl. Carlo *Schmid,* Erinnerungen, Bern–München–Wien 1979, S. 522f.

61 Vgl. die von Ministerialrat Dr. Hans *Kutscher* mit erläuternden Hinweisen versehene und von Prof. Dr. Wilhelm Grewe eingeleitete Textausgabe: Bonner Vertrag, München–Berlin 1952.

62 Art. 5 Deutschland-Vertrag.

63 Wortlaut der Begrüßungsansprache des Kanzlers am 26.5.1952 anläßlich der Unterzeichnung des Deutschland-Vertrages und der anschließenden Ansprache in StBKAH 16.10.

64 Text der Rundfunk-Rede Adenauers aus Anlaß der Unterzeichnung des EVG-Vertrages am 27.5.1952 in StBKAH 16.10.

65 Wortlaut des Interviews vom 28.5.1952 in StBKAH 16.10.

66 Der Richterwahlausschuß setzt sich nach Art. 95 des Grundgesetzes aus den für die jeweilige Gerichtsbarkeit des Landes zuständigen Länderministern und einer gleichen Zahl vom Bundestag gewählten Mitgliedern zusammen. Vgl. zu den ersten Richterwahlen am 4. und 6.9.1951 Reinhard *Schiffers,* »Ein mächtiger Pfeiler im Bau der Bundesrepublik«, in: VfZ, 32. Jg. (1984), S. 100.

67 Text der am 10.2.1951 in der Mensa der Universität Bonn gehaltenen Rede in StBKAH 02.08.

Nr. 29

a ‹ › Vom Bearbeiter korrigiert aus »deutschen entsprechenden«.

1 Heinz *Noack* (geb. 1909), Dr. phil.; 1939–1944 im Chiffrierbüro, später beim Sprachendienst des Auswärtigen Amtes in Berlin tätig, 1950–1951 als Dolmetscher und Gruppenleiter beim Sprachendienst im Bundeskanzleramt, Dienststelle für Auswärtige Angelegenheiten, 1951–1953 beim Sprachendienst des Auswärtigen Amtes, 1953–1954 in gleicher Funktion beim Ministerrat der EGKS in Luxemburg.

2 William Francis *Casey* (1884–1952), britischer Journalist; 1920–1922 Korrespondent für »The Times« in Paris, 1923–1928 Leiter des Ressorts Außenpolitik, 1935 Assistant Editor, 1941 stellvertretender, 1948–1952 Herausgeber von »The Times«. Biographische Angaben in »The Times« v. 22.4.1957.

3 George Herbert *Morison* (geb. 1888), britischer Journalist; 1919 Sonderkorrespondent der »Irish Times« (Dublin) bei der Pariser Friedenskonferenz, anschließend Berliner Korrespondent der »Westminster Gazette«, wirtschafts- und finanzpolitische Kommentare für »The Morning Post«, »The Economist« und »Financial News« (alle London), während des Zweiten Weltkrieges Berliner Wirtschaftskorrespondent für »The New York Times«, seit 1940 bei »The Times« (London) als Sonderkorrespondent an der deutschen Front.

4 Vgl. Nr. 27 Anm. 21.

5 Vgl. Nr. 28 Anm. 10.

6 Über den Zeitpunkt der Ratifizierung der Verträge durch das französische Parlament wurden von französischer Seite Ende Mai/Anfang Juni 1952 unterschiedliche Angaben gemacht. Während die »Frankfurter Allgemeine« am 27.5. 1952 berichtete, die Ratifizierung werde »nicht vor Herbst nach der Rückkehr der französischen Kammer aus den Ferien erwartet«, was auch durch Äußerungen Schumans in den ersten Juni-Tagen bestätigt wurde (vgl. »Frankfurter Allgemeine« v. 3.6.1952), erklärte einem Bericht der »Neuen Zeitung« v. 30.5.1952 zufolge ein französischer Regierungssprecher, die Verträge würden Ende Juli oder Anfang August dem Parlament zur Ratifizierung unterbreitet.

7 Vgl. Nr. 33 Anm. 16.

8 Am 7.6.1952 forderte die SPD in einer Normenkontrollklage das Bundesverfassungsgericht auf, die Verfassungsmäßigkeit des Deutschland- und des EVG-Vertrages zu prüfen. Wortlaut des Schriftsatzes in: Der Kampf um den Wehrbeitrag, 1. Halbbd., S. 218-227; vgl. zur Vorgeschichte Nr. 24 Anm. 9.

9 Nachdem in Italien der Senat bereits am 15.3.1952 mit 148 gegen 97 Stimmen vor allem der extremen Linksparteien das Ratifizierungsgesetz verabschiedet hatte, billigte am 16.6.1952 auch die Abgeordnetenkammer mit 275 gegen 98 Stimmen bei Abwesenheit von 210 Abgeordneten, insbesondere der linken Parteien, das Gesetz. Vgl. AdG, 22. Jg. (1952), S. 3391, 3521.

In Belgien nahm die Kammer am 12.5.1952 mit 165 Stimmen der Christlich-Sozialen, der Sozialisten und der Liberalen gegen 13 Stimmen der Kommunisten bei 13 Enthaltungen das Ratifizierungsgesetz zum Schuman-Plan an. Vgl. a.a.O., S. 3516.

10 Vgl. Nr. 14 Anm. 22.
11 Zu den Arbeiten des Interimsausschusses der EVG vgl. Nr. 40 Anm. 8.
12 In dem Artikel »The Western Reply«, in: »The Times« v. 14.5.1952 wurde u. a. festgestellt, »that the treaties with western Germany should not be promptly completed and signed-fortunately there is now plenty of time for that – but that they should not be ratified until the Soviet offer has been explored.«
13 Vgl. Nr. 28 Anm. 52.
14 Gemeint war der Besuch des britischen Außenministers anläßlich der Unterzeichnung des Deutschland-Vertrages vom 23.–26.5.1952 in Bonn. Vgl. Anthony *Eden,* Memoiren 1945–1957, S. 67f.
15 Vermutlich eine Anspielung auf die Weiterführung des Außenministeramtes durch Robert Schuman, die Anfang März 1952 umstritten war, vgl. Nr. 25 Anm. 7.
16 Vgl. dazu Alexander *Sieger,* Stand und Entwicklung der Grundstoffindustrie und die Energiebilanz der Sowjetunion in der Nachkriegszeit, in: EA, 7. Jg. (1952), S. 5296-5303.
17 Eduard *Benesch* (1884–1948), Dr., tschechoslowakischer Politiker; wirkte 1917 als Generalsekretär des tschechischen Nationalrats in Paris für die Errichtung eines tschechoslowakischen Staates, 1918–1935 Außenminister, 1921–1932 Ministerpräsident, 1935–1938 Präsident der Republik, nach dem Münchener Abkommen Rücktritt, Emigration nach London, dort 1940 Präsident der tschechoslowakischen Exilregierung, 1945–1948 erneut Präsident der wiedererrichteten Tschechoslowakischen Republik. Vgl. Memoirs of Dr. Edvard Beneš, From Munich to New War and New Victory, London 1954; neuere Darstellung von Edward *Taborsky,* President Edvard Beneš, Between East and West 1938–1948, Stanford 1981.
18 Vgl. Nr. 23 Anm. 6, Nr. 25 Anm. 15.
19 Die Beendigung der Streikmaßnahmen des DGB zur Erreichung eines einheitlichen Betriebsverfassungsgesetzes hatte Adenauer in verschiedenen Briefen an Fette zur Voraussetzung der Wiederaufnahme von Gesprächen zwischen den Gewerkschaften und der Bundesregierung gemacht. Am 4.6.1952 beschloß der DGB-Bundesvorstand, die Aktionen abzubrechen, worauf dann am 14.6.1952 die erste Gesprächsrunde stattfand. Vgl. Eberhard *Schmidt,* Die verhinderte Neuordnung, S. 213f.

Nr. 30
1 Cyrus Leo *Sulzberger* (geb. 1912), amerikanischer Journalist; nach Abschluß des Studiums an der Harvard Universität (Cambridge/Massachusetts) Redakteur bei »The New York Times«, 1944–1954 dort Leiter des Auslandsdienstes, führender Kolumnist, erhielt 1951 den Pulitzer-Preis. Von seinen Studien vgl. u. a. What's wrong with US foreign policy, New York 1959; The Last of the Giants, New York 1970; The Fall of Eagles, New York 1977; Such a Peace, The roots and ashes of Yalta, New York 1982.
Zu diesem Gespräch mit Adenauer vgl. die Aufzeichnung Sulzbergers in dessen

Memoiren: Auf schmalen Straßen durch die dunkle Nacht, Erinnerungen eines Augenzeugen der Weltgeschichte 1939–1954, Wien–München–Zürich 1971, S. 463f.

2 Angabe in StBKAH 04.03, im Dokument angegeben »11 bis 12 Uhr«.

3 Vgl. Nr. 27 Anm. 21, Nr. 28 Anm. 6.

4 Zur Haltung der SPD zu den Verträgen vgl. Udo *Löwke,* Für den Fall, daß ..., S. 48-61.

5 Gemeint waren die Bundestagswahlen im Herbst 1953. Zum Ergebnis vgl. Nr. 47 Anm. 7.

6 Vgl. Nr. 28 Anm. 10.

7 Nach Art. 70 § 1 EVG-Vertrag sollten die europäischen Seestreitkräfte sich aus nationalen Einheiten zusammensetzen und »durch Übereinkommen zwischen den Regierungen festgelegt werden«.

8 Der Chefredakteur der kommunistischen Zeitung »L'Humanité«, André Stil, war am 25.5.1952 verhaftet worden, weil er zu Protestdemonstrationen gegen die Ankunft des neuen Oberkommandierenden der Alliierten Streitkräfte in Europa, General Ridgway, am 28.5.1952 in Paris aufgerufen hatte. Als am 26. und 27.5. 1952 die Zeitungen »L'Humanité« und »Libération« beschlagnahmt wurden, kam es in verschiedenen Städten Frankreichs zu Demonstrationen und Zusammenstößen von Kommunisten mit der Polizei. Der kommunistische Gewerkschaftsverband CGT rief daraufhin am 4.6.1952 zu einem Generalstreik auf, der aber von der Arbeiterschaft nicht befolgt wurde. Vgl. zu den Vorgängen AdG, 22. Jg. (1952), S. 3496, 3507f.

9 Der Bundeskanzler gab am 10.6.1952 im Bundestag als Antwort auf eine Interpellation der SPD-Fraktion eine Erklärung über die Hilfeleistung der Bundesregierung an Berlin ab. Text der Anfrage in: Verhandlungen des Deutschen Bundestages, 1. Wahlperiode 1949, Drucksache Nr. 3441; vgl. zur Erklärung Adenauers, a.a.O., Stenographische Berichte, Bd. 12, S. 9500f.

10 Vgl. Nr. 35 Anm. 3.

11 Auf der Kundgebung am 6.10.1951 in Berlin sagte Adenauer u. a. zur Oder-Neiße-Grenze: »Es scheint, daß Herr Grotewohl und die Volkskammer mit der Wiederherstellung der Einheit Deutschlands eine andere Vorstellung verbinden als wir ... Herr Grotewohl [hat] das Gebiet jenseits der Oder-Neiße-Linie ausdrücklich von der Wiedervereinigung ausgenommen. Lassen Sie mich in letzter Klarheit sagen: das Land jenseits der Oder-Neiße-Linie gehört für uns zu Deutschland.« Wortlaut der Rede in StBKAH 02.09.

12 Der Pressedienst der SPD hatte am 9.10.1951 den Kanzler kritisiert, weil dieser in seiner Berliner Rede die Oder-Neiße-Linie in die Debatte geworfen habe und damit ohne Anlaß über das hinausgegangen sei, worauf sich Regierung und Bundestag geeinigt hätten. Vgl. dazu Nr. 20 Anm. 14.

13 Einer Mitteilung der »Neuen Zeitung« v. 13.6.1947 zufolge, sah Adenauer in einem Interview mit der »Gazette de Lausanne« die »einzig mögliche Lösung des deutschen Problems in der Unterstellung Deutschlands unter die Kontrolle der

Vereinten Nationen, die die Arbeit der deutschen Verwaltung überwachen würde. Diese Kontrolle müßte sich auch auf die zur Zeit von Polen besetzten Gebiete erstrecken.«

14 Im Rahmen des am 17.3.1952 vom saarländischen Landtag verabschiedeten Gesetzes über die Zulassung von Parteien (vgl. Nr. 25 Anm. 11) wurden am 6.6. 1952 in Saarbrücken die CDU des Saarlandes und die Deutsche Sozialdemokratische Partei gegründet. Vgl. Robert *Schmidt*, Die Saarpolitik, 2. Bd., S. 341-359.

15 Gemeint war der am 17.3.1948 in Brüssel zwischen Belgien, Frankreich, Großbritannien, Luxemburg und den Niederlanden geschlossene Vertrag über wirtschaftliche, soziale und kulturelle Zusammenarbeit und über berechtigte kollektive Selbstverteidigung (sog. Fünf-Mächte-Vertrag oder Brüsseler Pakt), der den Teilnehmern gegenseitigen Beistand im Falle einer neuen deutschen Aggression zusicherte. Wortlaut in: EA, 3. Jg. (1948), S. 1263f.

16 In der sowjetischen Note vom 10.3.1952 (vgl. Nr. 26 Anm. 7) wie in der Note der Westmächte vom 13.5.1952 (vgl. Nr. 27 Anm. 28) war vorgeschlagen worden, das wiedervereinigte Deutschland, nicht jedoch die Bundesrepublik Deutschland, in die Vereinten Nationen aufzunehmen.

17 Anspielung auf Art. 3, Abs. 2 Deutschland-Vertrag (vgl. Nr. 27 Anm. 21).

18 Vgl. Nr. 33 Anm. 62.

Nr. 31

1 Robert *Haeger* (geb. 1920), amerikanischer Journalist; 1945–1951 Korrespondent für United Press in Bonn, 1952–1954 dort tätig für »Newsweek«, 1954–1956 deren Korrespondent in London, 1956–1964 Redakteur bei »US News and World Report« (Washington), 1964–1976 deren Korrespondent in Bonn, 1976–1981 in London, seit 1982 wieder in Bonn. Vgl. seinen Beitrag: Nicht mehr als Eroberer, in: Arthur *Settel* (Hrsg.), Das ist Germany, S. 7-25.

2 Harry *Kern*, amerikanischer Journalist; Leiter des Ressorts Außenpolitik bei »Newsweek«.

3 Angabe in StBKAH 04.03, im Dokument angegeben »12 Uhr«.

4 Vgl. Nr. 33 Anm. 16.

5 Bei den Vorwahlen für die Präsidentschaftskandidatur waren bis zu jenem Zeitpunkt bei der Republikanischen Partei 431 Delegierte für Taft, 397 Delegierte für Eisenhower, 76 für Warren, 25 für Stassen und 4 für MacArthur gewählt worden. Vgl. AdG, 22. Jg. (1952), S. 3504; zur Nominierung vgl. Nr. 33 Anm. 62.

6 Zu den Kontroversen zwischen MacArthur und Eisenhower vgl. »Frankfurter Allgemeine« v. 5.6.1952.

7 William Joseph *Slim* (1891–1970), britischer Offizier; 1939–1945 als Kommandant im Sudan, in Äthiopien, im syrisch-persischen-irakischen Grenzgebiet und in Burma, 1945–1946 Kommandeur der Alliierten Landstreitkräfte in Südostasien, 1946–1947 Kommandant des Imperial Defense College, 1948–1952 Chef des Generalstabs, 1953–1960 Generalgouverneur in Australien. Vgl. Geoffrey Charles *Evans*, Slim as Military Commander, London 1969.

8 Vgl. Nr. 29.

9 Antoine *Pinay* (geb. 1891), französischer Politiker; 1936 Abgeordneter der Nationalversammlung, 1938 Mitglied des Senats (Unabhängige Radikale), 1946 wieder Abgeordneter, Vizepräsident der Unabhängigen Republikaner, 1948–1950 zeitweise Staatssekretär für Wirtschaftsfragen, 1950–1952 Minister für öffentliche Arbeiten, 1952 Ministerpräsident und Finanzminister, 1955–1956 Außenminister, 1958–1959 Wirtschafts- und Finanzminister, 1959–1960 Finanzminister, 1973 Ombudsman.

10 Zur Bekämpfung der Finanzprobleme und der Währungsschwäche des Franken war es Pinay am 10./11.5.1952 gelungen, im Parlament einen Gesetzentwurf der Regierung über die Emission einer Anleihe durchzusetzen, die dazu bestimmt war, Mittel zu beschaffen, welche durch die Kürzung der Ausgaben für Investitionskredite in Höhe von 95 Milliarden (alte) Franken im Budget 1952 nicht zur Verfügung standen. Vgl. zu den Finanz- und Währungsproblemen Frankreichs L'Année Politique 1952, S. 99-116.

11 Vgl. zu den Vorgängen Nr. 30 Anm. 8. Nachdem die nationale Sicherheit betreffende Dokumente bei einem militanten Kommunisten gefunden worden waren, nahm die Polizei in mehreren Städten am 7.6.1952 Hausdurchsuchungen in den Gebäuden der CGT und der Kommunistischen Partei vor. Vgl. L'Année Politique 1952, S. 40-42.

12 Nach den Senatswahlen vom 18.3.1952, bei denen die Hälfte der Sitze neu gewählt wurde, veränderte sich bei der Konstituierung der Parteigruppen am 3.6.1952 nochmals ihre Mitgliederzahl. Fünf Senatoren, die entweder als Unabhängige oder Parteilose kandidiert hatten, schlossen sich der RPF an. Vgl. L'Année Politique 1952, S. 44f.

13 Vgl. Nr. 25 Anm. 6.

14 Vgl. Nr. 27 Anm. 21.

15 Vgl. Nr. 6 Anm. 22.

16 Vgl. dazu Christian *Greiner,* Die alliierten militärstrategischen Planungen zur Verteidigung Westeuropas 1947–1950, in: Anfänge westdeutscher Sicherheitspolitik, Bd. 1, S. 197-315.

Nr. 32

1 Basil Henry *Liddell Hart* (1895–1970), britischer Offizier und führender Militärschriftsteller; 1925–1935 Militärkorrespondent des »Daily Telegraph«, 1935–1939 bei »The Times«, als Berater der britischen Regierung tätig, befaßte sich vor allem mit kriegsgeschichtlichen und militärstrategischen Fragen. Vgl. von seinen zahlreichen Schriften u. a. Die Verteidigung des Westens, Konstanz 1951; Abschreckung oder Umkehr, Wiesbaden 1960; Geschichte des 2. Weltkrieges, 2 Bde., Düsseldorf–Wien 1972.

2 Angabe in StBKAH 04.03, im Dokument angegeben »17.30 bis 18.45 Uhr«.

3 Bei einem Treffen ehemaliger deutscher Soldaten am 8.6.1952 in Dillenburg forderten ehemals hohe Offiziere die Freilassung ihrer von den Alliierten gefangengehaltenen Kameraden und eine Generalamnestie für die »angeblichen« Kriegsverbrecher. Vgl. »Frankfurter Allgemeine« v. 9.6.1952.

4 Joseph *Bech* (1887–1975), luxemburgischer Politiker; seit 1914 Mitglied der Abgeordnetenkammer für die Rechtspartei, 1921 Innen- und Unterrichts-, 1923 Justizminister, 1926–1937 und 1953–1958 Ministerpräsident, 1926–1958 Außenminister, 1926–1939 Vertreter seines Landes beim Völkerbund, 1953 zusätzlich Landwirtschafts- und Weinbauminister, 1959–1964 Präsident der Abgeordnetenkammer. Vgl. Gilbert *Trausch,* Joseph Bech, un homme dans son siècle, Luxemburg 1978; Gaston *Thorn,* Joseph Bech, hrsg. vom Centre de Recherches Européennes, Lausanne 1977.

5 Vgl. Nr. 23 Anm. 38.

6 Nach Art. 6 des Vertrages zur Regelung aus Krieg und Besatzung entstandener Fragen sollte ein Gemischter Ausschuß (sog. »Review Board«), zusammengesetzt aus drei Mitgliedern der Bundesregierung und je eines von der Regierung der drei Mächte, ohne die Urteile der Kriegsverbrecher in Frage zu stellen, Empfehlungen für die Beendigung oder Herabsetzung oder für die Entlassung auf Ehrenwort aussprechen. Vgl. Die Vertragswerke von Bonn und Paris, S. 84; zu Entstehung und Aufgaben des Ausschusses Konrad *Adenauer,* Erinnerungen 1945–1953, S. 525f., 573, 576f.

7 Vgl. Nr. 25 Anm. 44.

8 Schuman teilte in der Sitzung der Außenminister am 24.5.1952 (vgl. Nr. 27 Anm. 23) mit, seine Regierung habe nicht die Absicht, eine »Kollektivbegnadigung« vorzunehmen, somit werde eine jedem einzelnen Fall angepaßte Regelung vorgesehen. Eden wies darauf hin, daß die Frage seit der Londoner Konferenz geprüft würde und die Zahl der 200 gefangenen Kriegsverbrecher auf 100 reduziert worden sei. Acheson sagte lediglich eine weitere Prüfung dieser Angelegenheit zu. Protokoll der Konferenz in StBKAH III/95.

9 Lord Maurice Pascal Alers *Hankey* (1877–1963), britischer Offizier und Politiker; 1906–1912 im Naval Intelligence Department tätig, 1912–1938 Sekretär des nationalen Verteidigungskomitees, ab 1916 zugleich Sekretär des Kriegskabinetts, 1939–1940 Minister des Kabinetts ohne Portefeuille, 1941–1942 Paymaster General, anschließend in verschiedenen Industrieunternehmen tätig, zeitweise auch als Regierungsberater. Vgl. seine Studien: Diplomacy by Conference, Studies in public affairs 1920–1946, New York 1946; Politics, trials, and errors, Chikago 1950.

10 George Kennedy Allen *Bell* (1883–1958), anglikanischer Geistlicher; 1924–1929 Domdechant von Canterbury, ab 1929 Bischof von Chichester, 1948–1954 Vorsitzender des Weltkirchenrats. Vgl. seine Darstellungen: The Kingship of Christ, The Story of the World Council of Churches, Harmondsworth (Middlesex), Baltimore 1954; The English Church, London 1942.

11 Biographische Angaben zu Lord Francis *Pakenham* (geb. 1905) in: Adenauer, Briefe 1947–1949, S. 531.

12 Robert Arthur James *Gascoyne-Cecil,* Marquess of *Salisbury* (1893–1972), britischer Politiker; 1929–1941 Abgeordneter im Unterhaus (Konservative Partei), 1935–1938 Unterstaatssekretär des Auswärtigen, seit 1941 Mitglied des Ober-

hauses, 1940–1942 und 1943–1945 Minister für Dominion, 1942 für Kolonien, 1942–1943 und 1951–1952 Geheimsiegelbewahrer, 1952 Minister für Commonwealth-Beziehungen, 1952–1957 Lordpräsident des Geheimen Rates.

13 Sir Frank Kenyon *Roberts* (geb. 1907), britischer Diplomat; 1945–1947 Minister für die UdSSR, 1947–1949 Privatsekretär des Außenministers, 1949–1951 Stellvertretender Hochkommissar in Indien, 1951–1954 Stellvertretender Unterstaatssekretär für Deutschland-Fragen, 1954–1957 Botschafter in Jugoslawien, 1957–1960 Ständiger Vertreter beim NATO-Rat, 1960–1962 Botschafter in Moskau, 1963–1968 in Bonn, 1968–1980 in der Auto- und Chemieindustrie tätig.

14 Vgl. Nr. 33 Anm. 16.

15 Vgl. Nr. 23 Anm. 38.

16 Vincent *Auriol* (1884–1966), französischer Politiker; seit 1914 Abgeordneter der Nationalversammlung, 1919–1936 Generalsekretär der sozialistischen Fraktion, 1936 Finanzminister, 1937 Justizminister, während des Zweiten Weltkrieges in der Widerstandsbewegung tätig, 1944 Präsident der Verfassunggebenden Nationalversammlung, 1945 Stellvertretender Ministerpräsident, 1947–1954 Präsident der Republik, 1959 Austritt aus der Sozialistischen Partei, schied 1960 aus dem Verfassungsrat aus, weil er die Verfassungsentwicklung unter de Gaulle ablehnte. Vgl. die von Pierre *Nora*/Jacques *Ozouf* hrsg. Nachlaßveröffentlichung Journal du Septennat 1947–1954: Tome I 1947, Paris 1970; Tome VII 1953–1954, Paris 1971; Tome II 1948, Paris 1974; Tome V 1951, Paris 1975; Tome III 1949, Paris 1977; Tome VI 1952, Paris 1978.

17 Gemeint war *Elisabeth I.* (1533–1603), seit 1558 Königin von England.

Nr. 33

a ‹ › Vom Bearbeiter korrigiert aus »und«.

b ‹ › Vom Bearbeiter korrigiert aus »Publizität«.

1 Vgl. Einladungsliste in: BA, B 145/971-736 Bd. Ia.

2 Frank *Drexler* (geb. 1914), Journalist; 1935–1939 freier Mitarbeiter u. a. bei der »Berliner Zeitung am Mittag« und der »Berliner Morgenpost«, 1945–1946 Redakteur bei der Public Relation Division Württemberg-Baden, 1946–1954 Chef vom Dienst und später stellvertretender Chefredakteur der »Stuttgarter Nachrichten«.

3 Ludwig *Eberlein* (1902–1979), Dr. jur., Journalist; vor 1939 Redakteur beim Ullstein-Verlag (Berlin), 1947–1954 Redakteur, später Chefredakteur beim »Tagesspiegel« (Berlin), 1954–1955 Chefredakteur und Leiter der politischen Redaktion beim SFB, 1963–1967 Leiter des Berliner Büros des WDR. Vgl. seine Studie: Experiment Berlin, Plädoyer für eine deutsche Konföderation, Köln–Berlin 1967.

4 Rudolf *Fechter* (geb. 1912), Dr. phil., Journalist und Diplomat; ab 1945 Dozent am Instituto Catolico de Artes e Industrias in Madrid, 1949–1953 außenpolitischer Redakteur und stellvertretender Chefredakteur des »Rheinischen Merkurs« (Köln), 1953–1954 Presse- und Kulturattaché in Mexico-City, 1955–1959 Leiter

des Referats für Gesamtdeutsche Fragen und Berlin im Auswärtigen Amt, 1959–1964 Generalkonsul, ab 1962 Botschafter in Damaskus, 1964–1969 Botschaftsrat in Paris, 1969–1973 Botschafter in Addis Abeba, 1973–1977 in Dublin.

5 Curt *Frenzel* (1900–1970), Journalist; 1928–1933 Redakteur bei der »Chemnitzer Volksstimme«, 1933 Verhaftung, nach Freilassung Berufsverbot, 1934–1945 im privaten Reisebüro tätig und bei der Norddeutschen Lloyd, 1945–1970 Lizenzträger, Verleger und Chefredakteur der »Schwäbischen Landeszeitung«, ab 1959 der umbenannten »Augsburger Allgemeinen Zeitung«. Nachruf von Hans *Drexler,* Curt Frenzel und sein Werk, in »Augsburger Allgemeine« v. 2.2.1970.

6 Hans *Guhr,* Journalist; freier Mitarbeiter beim RIAS Berlin, 1952–1953 parlamentarischer Berichterstatter Studio Bonn.

7 Hermann *Proebst* (1904–1970), Journalist; bis 1937 für den Rundfunk tätig, dann freier Schriftsteller und Auslandskorrespondent deutscher Zeitungen, 1945–1949 Pressechef der bayerischen Staatsregierung, seit 1949 Redakteur der »Süddeutschen Zeitung« (München), ab 1960 deren Chefredakteur. Vgl. seinen Beitrag: Zu früh und zu spät, in: Die Ära Adenauer, Einsichten und Ausblicke, Frankfurt/Main–Hamburg 1964, S. 147-159.

8 Hans Johann *Reinowski* (1900–1977), Zeitungsverleger; 1919–1923 freier Journalist, 1923–1933 Bezirkssekretär der SPD in Braunschweig, 1933 emigriert, als Journalist in Dänemark und Schweden tätig, 1946 leitender Redakteur der amtlichen Lagerzeitung »Deutsche Nachrichten« für von Dänen internierte deutsche Flüchtlinge, seit 1947 Herausgeber und Chefredakteur des »Darmstädter Echos«, 1952–1969 Vorsitzender des Verbandes Hessischer Zeitungsverleger. Vgl. zu seiner Biographie Kurt W. *Reinhold,* Aus der Feder eines kämpferischen Demokraten, Darmstadt 1980.

9 Otto *Siemer* (1898–1972), Journalist; 1925 Redakteur beim »8 Uhr Abendblatt« (Hamburg), 1931–1935 »Hamburger Nachrichten«, 1935–1945 »Hamburger Fremdenblatt«, 1948 Schriftleiter der im Auftrag des NWDR herausgegebenen Nordwestdeutschen Hefte, 1951 Chef vom Dienst beim »Hamburger Abendblatt«, 1952–1965 dessen Chefredakteur.

10 Die Ausgabe des »Spiegels« v. 9.7.1952 war wegen des Berichts »Geheimnisse, Am Telefon vorsichtig«, S. 5-7, beschlagnahmt worden. Darin wurde behauptet, im Rahmen seiner nachrichtendienstlichen Tätigkeit habe Hans-Konrad Schmeißer (vgl. zu den biographischen Angaben Anm. 15) 1948/49 enge Kontakte mit dem damaligen Generalsekretär der CDU, Herbert Blankenhorn, und dem CDU-Vorsitzenden der britischen Zone, Konrad Adenauer, unterhalten. Auf dessen Weisung hin sei Schmeißer von Blankenhorn über die innen- und außenpolitischen Absichten Adenauers sowie weitere, den französischen Nachrichtendienst interessierende Einzelheiten über westdeutsche Politiker informiert worden. Als Gegenleistung habe Adenauer von französischer Seite das Angebot angenommen, im Falle eines sowjetischen Einmarsches ihn mit seiner Familie nach Spanien zu bringen, um dort eine deutsche Exilregierung zu gründen. Außerdem solle Blankenhorn bei Schmeißer um die Finanzierung eines Betrages von 800 000 DM für die CDU nachgefragt haben.

11 Vgl. zu den Diskussionen um das Bundespressegesetz den Referenten-Entwurf des Bundesinnenministeriums von 1952 in: Journalistengesetze und Pressegesetze, Die Entwürfe von 1924 bis 1954, hrsg. vom *Deutschen Journalisten-Verband,* Bonn 1969, S. 77-90 sowie die Entwürfe des Journalisten-Verbandes und der Zeitungs- und Zeitschriftenverleger, S. 67-76, 91-95.

12 Zur Verschärfung der publizistischen Angriffe auf das Auswärtige Amt vgl. Wilhelm *Haas,* Beitrag zur Geschichte der Entstehung des Auswärtigen Dienstes, S. 65-81.

13 Eine diesbezügliche schriftliche Äußerung Heuss' konnte in StBKAH nicht nachgewiesen werden.

14 Vgl. Nr. 26 Anm. 50.

15 Hans-Konrad *Schmeißer* (alias René *Levacher*); 1946–1947 beschäftigt im bayerischen Staatsministerium, 1947–1951 für den französischen Geheimdienst tätig, 1952 Verhaftung in Frankreich und Auslieferung an die Bundesrepublik. Zur Klage Blankenhorns gegen den »Spiegel« vgl. »Die Welt« v. 9.7.1952.

16 Der Bundestag debattierte am 9./10.7.1952 in erster Lesung über den Deutschland-Vertrag und den EVG-Vertrag. Vgl. Verhandlungen des Deutschen Bundestages, 1. Wahlperiode 1949, Stenographische Berichte, Bd. 12, S. 9788-9841, 9848-9923; zu den Reden Adenauers S. 9789-9801 (Manuskript in StBKAH 03.05), 9907-9912.

17 Damit war die Note der drei Westmächte vom 10.7.1952 an die Sowjetregierung gemeint als Antwort auf deren Note vom 24.5.1952 (vgl. Nr. 27 Anm. 56). Wortlaut der Note in: EA, 7. Jg. (1952), S. 5093f.

18 Der Oberste Sowjet ernannte am 14.6.1952 den Stellvertretenden Außenminister Gromyko als Nachfolger von Georgi Zarubin zum Botschafter in Großbritannien. Vgl. AdG, 22. Jg. (1952), S. 3516.

19 Aneurin Bevan (1897–1960), britischer Politiker; 1929–1939 Unterhausabgeordneter (Labour-Partei), Führer des linksradikalen Flügels, 1939 Parteiausschluß, wieder aufgenommen auf Betreiben der Gewerkschaften, 1945–1950 Gesundheits-, 1951 Arbeitsminister, 1958 stellvertretender Parteivorsitzender. Bei den Unterhaus-Wahlen am 25.10.1951 hatten die Konservative Partei 321 und die Labour-Partei 295 Mandate errungen.

20 Anspielung auf die verschiedenen bilateralen Verträge der Sowjetunion mit den Staaten Ost- und Südosteuropas nach dem Ende des Zweiten Weltkrieges, in denen sich die Sowjetunion zum »Garanten der Freiheit« für diese Staaten machte. Neuere Darstellung von Jens *Hacker,* Der Ostblock, Entstehung, Entwicklung und Struktur 1939–1980, Baden-Baden 1983.

21 Vgl. zu dieser von seiten der SPD geäußerten Befürchtung Nr. 26 Anm. 38.

22 Gemeint waren die vorangegangenen Noten vgl. Nr. 26 Anm. 7, 9, Nr. 27 Anm. 28, 56.

23 Text der Sowjetnote vom 9.4.1952 vgl. Nr. 27 Anm. 28.

24 In der Sowjetnote vom 24.5.1952 hieß es, daß sich die vier Regierungen »... von den Bestimmungen des Potsdamer Abkommens leiten lassen werden ...«. Vgl. Nr. 27 Anm. 56.

25 Am 24./25.7.1952 fand in Paris eine Außenminister-Konferenz der EGKS-Mitgliedstaaten statt. Zum Ergebnis vgl. das Kommuniqué vom 25.7.1952 in: Bulletin, Nr. 99, 26.7.1952, S. 967.
26 Gemeint waren offenbar Verhandlungen mit der Sowjetunion.
27 Vgl. Nr. 27 Anm. 21.
28 Wilhelm Georg *Grewe* (geb. 1911), Dr. jur., Professor, Diplomat; 1942 außerordentlicher Professor an der Universität Berlin, 1945 an der Universität Göttingen, 1947 Ordinarius für Staats-, Verwaltungs- und Völkerrecht an der Universität Freiburg/Br., 1951–1952 Delegationsleiter bei den Verhandlungen über den Deutschland-Vertrag, 1953–1955 kommissarischer Leiter der Rechtsabteilung im Auswärtigen Amt, Sonderbevollmächtigter auf der Berliner Konferenz 1954 und der Genfer Viermächtekonferenz 1955 und 1959, 1955–1958 Leiter der Politischen Abteilung im Auswärtigen Amt, maßgeblich an der Ausarbeitung der Hallstein-Doktrin beteiligt, 1958–1962 Botschafter in den USA, 1962 bei der NATO, 1971–1976 in Japan und ab 1974 zugleich in der Mongolischen Volksrepublik, 1979 Mitglied des Internationalen Schiedsgerichtshofs in Den Haag. Von seinen zahlreichen Studien vgl. u. a. Deutsche Außenpolitik der Nachkriegszeit, Stuttgart 1960; Spiel der Kräfte in der Weltpolitik, Düsseldorf–Wien 1970; seine Memoiren: Rückblenden 1976–1951, Frankfurt/Main–Berlin–Wien 1979; Der Deutschland-Vertrag nach zwanzig Jahren, in: Konrad Adenauer und seine Zeit, Bd. 1, S. 698-718 sowie die von Friedrich J. *Kroneck*/Thomas *Oppermann* hrsg. Festschrift für Wilhelm G. Grewe, Im Dienste Deutschlands und des Rechts, Baden-Baden 1981.
29 Vgl. *ders.,* Von der Kapitulation zum Deutschlandvertrag, in: Außenpolitik, 3. Jg. (1952), S. 414-427.
30 Am 8.7.1952 war Walter *Linse* (1903–1953), Dr. jur., Jurist; 1949–1952 Leiter des Wirtschaftsreferates im Untersuchungsausschuß Freiheitlicher Juristen von Agenten des Staatssicherheitsdienstes in die DDR entführt worden. Nach Angaben sowjetischer Behörden aus dem Jahre 1960 verstarb er bereits im Dezember 1953 in sowjetischer Haft. Vgl. dazu Ernst *Reuter,* Reden, Artikel, Briefe, 4. Bd., Berlin 1975, S. 615, 1008 f.
31 Helga *Linse,* Ehefrau von Dr. Linse, lebte vorübergehend im St. Joseph-Kloster auf der Rheininsel Nonnenwerth bei Bad Honnef. Hinweise im Briefwechsel zwischen Frau Linse und Adenauer v. 9. und 10.10.1952 sowie Adenauers Schreiben an die Schwester Oberin v. 10.10.1952 in StBKAH 10.23.
32 Der ehemalige Persönliche Referent Dertingers, Gerold Rummler, hatte am 10.7.1952 vor der Versammlung der Arbeitsgemeinschaft demokratischer Arbeitskreise im Werrastrand über das Thema »Deutschlandvertrag und Ostzone« gesprochen. Vgl. »Hessische Nachrichten« v. 11.7.1952.
Gerold *Rummler* (geb. 1924), Dr.; 1950–1952 Persönlicher Referent des DDR-Außenministers Dertinger, 1952 Flucht, 1952–1953 für die Arbeitsgemeinschaft demokratischer Kreise der CDU tätig, seit 1953 in der CDU-Bundesgeschäftsstelle für Organisations- und Planungsfragen zuständig, Hauptgeschäftsführer der Ost- und Mitteldeutschen Vereinigung der CDU.

33 Adenauer hatte Frau Linse versichert, er werde alles tun, um ihrem Mann zu helfen. Hinweise in den Schreiben von Pfarrer Melchior Grossek an Adenauer v. 15.7.1952 sowie Adenauers Antwortschreiben v. 21.7.1952. Adenauer teilte Frau Linse am gleichen Tage mit, McCloy habe in dieser Angelegenheit persönlich an General Tschuikow geschrieben, was aber nicht öffentlich bekannt werden sollte. Schreiben in StBKAH 10.05.

34 Vgl. »Frankfurter Rundschau« v. 11.7.1952.

35 Der amerikanische Stadtkommandant von Berlin, General Lemuel Mathewson, forderte am 8.7.1952 in einem Protest an den Berliner Vertreter der Sowjetischen Kontrollkommission, Sergej A. Dengin, die unverzügliche Freilassung Dr. Linses. Drei Tage später brachte der scheidende US-Hochkommissar John McCloy während eines Abschiedsbesuchs beim Vorsitzenden der Sowjetischen Kontrollkommission, General Tschuikow, einen mündlichen Protest vor. Tschuikow erklärte, nichts von dem Vorfall zu wissen, versprach jedoch die Untersuchung der Angelegenheit. Vgl. AdG, 22. Jg. (1952), S. 3567.

36 John Foster *Dulles* (1888–1959), amerikanischer Politiker; ab 1911 Rechtsanwalt in Washington, 1918–1919 Mitglied der amerikanischen Friedensdelegation in Paris, in den folgenden Jahren außenpolitischer Berater der Republikanischen Partei, Tätigkeit in der Wirtschaft, 1945 Mitglied der amerikanischen Delegation bei der Gründung der Vereinten Nationen, 1946–1950 dort Delegierter der USA, ab 1949 Leiter der Delegation, war anschließend maßgeblich am Abschluß des Friedensvertrages mit Japan 1951 beteiligt, 1953–1959 Außenminister. Neuere Biographie von Ronald W. *Pruessen,* John Foster Dulles, The Road to Power, New York–London 1982; zu seiner Beziehung zum Bundeskanzler vgl. Eleanor *Dulles,* Adenauer und Dulles, in: Konrad Adenauer und seine Zeit, Bd. 1, S. 377-389; Dieter *Oberndörfer,* John Foster Dulles und Konrad Adenauer, in: Konrad Adenauer und seine Zeit, Bd. 2, S. 229-248.

37 Vgl. Anm. 16.

38 Vgl. ebenda.

39 Vgl. Nr. 26 Anm. 7.

40 Vgl. ebenda, Anm. 9, Nr. 27 Anm. 28, 56.

41 Der französische Außenminister Schuman hatte auf einer Pressekonferenz am 1.7.1952 den Entschluß seiner Regierung erläutert, eine neue Initiative zu unternehmen, die Mitgliedstaaten der EGKS und der EVG auch mit einer gemeinsamen »politischen Autorität« zu versehen. In Durchführung des Art. 38 EVG-Vertrags (vgl. Nr. 27 Anm. 22) sollten von der Gemeinsamen Versammlung verschiedene Vorschläge zur Einberufung einer »europäischen Konstituante« geprüft werden. Vgl. »Neue Zürcher Zeitung« v. 4.7.1952.

42 Nach Hinterlegung aller Ratifizierungsurkunden bei der französischen Regierung trat der EGKS-Vertrag am 25.7.1952 in Kraft.

43 Der RPF übermittelte am 27.12.1951 der Nationalversammlung zwei Resolutionsentwürfe über die Organisierung einer europäischen Konföderation (Verfasser Gaston Palewski) und die Schaffung einer politischen und militärischen euro-

päischen Gemeinschaft (Verfasser General Pierre Billotte). Vgl. zu deren Inhalt AdG, 21.Jg. (1951), S. 3262; L'Année Politique 1951, S. 324f.

44 Fritz *Erler* (1913–1967); 1928 Mitglied der Sozialistischen Arbeiterjugend (SAJ), 1932–1938 bei der Stadtverwaltung Berlin tätig, seit 1935 aus politischen Gründen ausgeschieden, 1938 Verhaftung, 1939 Verurteilung zu zehn Jahren Zuchthaus wegen Vorbereitung zum Hochverrat, 1939–1945 inhaftiert, 1945–1946 Landrat von Biberach, 1946 Mitglied des württembergisch-badischen Landtags, 1947–1949 Landrat von Tuttlingen, 1949–1967 MdB (SPD), ab 1956 im SPD-Parteivorstand, 1957 stellvertretender Vorsitzender der SPD-Bundestagsfraktion, 1964–1967 Fraktionsvorsitzender und stellvertretender Parteivorsitzender. Vgl. Hartmut *Soell,* Fritz Erler, in: Walther *Bernecker*/Volker *Dotterweich* (Hrsg.), Persönlichkeit und Politik, Bd. 1, S. 123-132 sowie dessen politische Biographie über Fritz Erler, Berlin 1976, dort mit zahlreichen Literaturhinweisen.

Text der Rede Erlers am 10.7.1952 in: Verhandlungen des Deutschen Bundestages, a.a.O., S. 9902-9907.

45 Vgl. die Rede von Carlo Schmid am 9.7.1952 vor dem Bundestag, a.a.O., S. 9807-9818.

46 Herbert *Wehner* (geb. 1906); 1927 Eintritt in die KPD, 1930–1931 Stellvertretender Vorsitzender der KPD-Fraktion im sächsischen Landtag, 1933–1937 illegale Tätigkeit für die KPD in Deutschland, ab 1935 Mitglied des Zentralkomitees der Exil-KPD und der Komintern, 1937–1941 Aufenthalt in Moskau, 1941 im Auftrag der Komintern in Stockholm, 1942–1944 Inhaftierung und Ausschluß aus der KPD, 1944–1946 als wissenschaftlicher Hilfsarbeiter in Schweden tätig, 1946 Rückkehr nach Deutschland, Redakteur beim »Hamburger Echo«, Mitglied des Landesvorstandes der SPD in Hamburg, 1949–1983 MdB (SPD), bis 1966 Vorsitzender des Ausschusses für gesamtdeutsche und Berliner Fragen, 1958–1973 Stellvertretender Vorsitzender der SPD, 1966–1969 Bundesminister für gesamtdeutsche Fragen, 1969–1983 Vorsitzender der SPD-Fraktion im Bundestag. Vgl. Manfred *Franz,* Herbert Wehner, in: Walther *Bernecker*/Volker *Dotterweich* (Hrsg.), Persönlichkeit und Politik, Bd. 2, S. 218-228, dort auch mit weiteren Literaturhinweisen.

47 Wehner führte aus: »Bei dieser Debatte geht es darum, in welcher Haltung und von welchen Grundlagen aus Forderungen der deutschen Politik vertreten werden sollen. ... Es geht in Wirklichkeit darum, *wie* die deutschen Anliegen vertreten werden sollen.« Text seiner Ausführungen am 10.7.1952 vor dem Bundestag, a.a.O., S. 9817-9876, hier S. 9872.

48 Karl Georg *Pfleiderer* (1899–1957), Dr. jur., Generalkonsul und Landrat; 1922–1945 im Auswärtigen Dienst in Mailand, Peking, Moskau, Leningrad, Kattowitz, Paris und Stockholm, 1943 Generalkonsul, 1948–1949 Landrat im Kreis Waiblingen, 1949–1955 MdB (FDP), 1955–1957 Botschafter in Belgrad. Vgl. seine Reden- und Aufsatzsammlung 1948–1956, Politik für Deutschland, Stuttgart 1961; zu dem nach ihm benannten Plan Karl-Heinz *Schlarp,* Alternativen zur deutschen Außenpolitik 1952–1955: Karl Georg Pfleiderer und die »Deutsche

Frage«, in: Wolfgang *Benz*/Hermann *Graml* (Hrsg.), Aspekte deutscher Außenpolitik im 20. Jahrhundert, Stuttgart 1976, S. 211-248.

49 Zu den Diskussionen innerhalb der SPD vgl. Udo *Löwke,* Für den Fall, daß ..., S. 48-70.

50 Vgl. Anm. 17.

51 Vgl. die Rede Carlo Schmids, a.a.O., S. 9818.

52 Alle Bundestagsabgeordneten – mit Ausnahme der Kommunisten – verurteilten am 10.7.1952 die Entführung Dr. Linses (vgl. Anm. 30). Als der KPD-Abgeordnete Reimann das Vorgehen zu rechtfertigen versuchte, verließen außer den kommunistischen Abgeordneten alle übrigen den Plenarsaal. Vgl. Verhandlungen des Deutschen Bundestages, a.a.O., S. 9864-9869.

53 Vgl. zur Äußerung Schumachers Nr. 27 Anm. 20.

54 Angaben zur Biographie von Max *Reimann* (1898–1977) in: Adenauer, Briefe 1945–1947, S. 663. Wortlaut seiner Rede am 10.7.1952 in: Verhandlungen des Deutschen Bundestages, a.a.O., S. 9864-9869.

55 Vgl. die Ausführungen Carlo Schmids, a.a.O., S. 9818.

56 Text der am 30.6.1952 in der Frankfurter Universität gehaltenen Ansprache in: Konrad Adenauer, Reden, S. 254-259; Manuskript in StBKAH 02.10.

57 Es handelte sich vermutlich um eine Äußerung Blüchers während der Kabinettsitzung. In der Tagespresse wurde sie nicht bekanntgegeben.

58 Wortlaut der am 16.7.1952 gehaltenen Rede in StBKAH 02.10.

59 Adenauer sagte dann in der Rede: »Ich bin überzeugt, daß eines Tages auch Sowjetrußland sehen wird, daß ein vereinigtes Europa mit Deutschland als gleichberechtigtes Mitglied eine notwendige Voraussetzung für die Herstellung des Friedens in der Welt ist.« Vgl. ebenda.

60 Vgl. Rede Adenauers am 10.7.1952 in: Verhandlungen des Deutschen Bundestages, a.a.O., S. 9908, 9911.

61 Vgl. Adenauers Ausführungen am 9.7.1952, a.a.O., S. 9792.

62 Dwight D. Eisenhower wurde am 11.7.1952 vom Konvent der Republikanischen Partei zum Präsidentschaftskandidaten nominiert. Vgl. seine Memoiren Die Jahre im Weißen Haus 1953–1956, S. 34-57. Bei der Demokratischen Partei zeichnete sich die Kandidatur von Adlai E. Stevenson ab, der offiziell am 25.7.1952 vom Nationalkonvent seiner Partei als Kandidat bestimmt wurde.

63 Gemeint war der Interimsausschuß der sechs EGKS-Staaten, vgl. Nr. 14 Anm. 22.

64 Schuman schlug während der Außenminister-Konferenz am 24.7.1952 vor, Straßburg als provisorischen und ein europäisiertes Saarbrücken als endgültigen Sitz der EGKS-Behörden zu wählen. Vgl. Jean *Monnet,* Erinnerungen eines Europäers, S. 468f.

65 Biographische Angaben zu Jakob *Kaiser* (1888–1961) in: Adenauer, Briefe 1945–1947, S. 565f.

66 Kaiser hatte in einer Rede auf dem Rheinischen Heimattag in Trier am 29.6.1952 mit Nachdruck die politische Integration der Saar in das Gebiet

Deutschlands gefordert. Zu seiner Äußerung und den Reaktionen darauf, vor allem in den USA, vgl. Erich *Kosthorst:* Jakob Kaiser, Bundesminister für gesamtdeutsche Fragen 1949–1957, Stuttgart–Berlin–Köln–Mainz 1972, S. 327-329.

Nr. 34

1 Hanson Weightman *Baldwin* (geb. 1903), amerikanischer Journalist; 1928 Redakteur bei »The Baltimore Sun«, seit 1929 arbeitete er für »The Times«, 1937–1942 Militär- und Kriegskorrespondent, seit 1942 in gleicher Funktion bei »The New York Times«, 1943 ausgezeichnet mit dem Pulitzer-Preis für seine Berichterstattung über den Krieg im Südpazifik. Vgl. seine Studien: Defence of the Western World, London–Melbourne 1941; The Price of Power, New York 1948; Great Mistakes of the War, New York 1950; Power and Politics, the Price of Security in the Atomic Age, Claremont (Kalifornien) 1950; Große Schlachten des 2. Weltkrieges, 3. Aufl., Bergisch-Gladbach 1978.

2 Drew *Middleton* (geb. 1914), Dr. h.c., amerikanischer Journalist; 1939–1942 militärpolitischer Redakteur für Associated Press in London, seit 1942 Kriegsberichterstatter für »The New York Times« in London, 1944–1946 in Großbritannien, Französisch-Nordafrika, Frankreich, Belgien und Deutschland, 1946–1947 deren Korrespondent in Moskau, 1948–1953 in Deutschland, 1953–1963 in London, 1963–1965 in Paris, 1965–1969 Leiter des UN-Büros der »New York Times«, 1969 deren Europakorrespondent für die EG- und NATO-Staaten in Brüssel, seit 1970 im New Yorker Büro zuständig für militärpolitische Fragen. Vgl. von seinen zahlreichen Darstellungen u. a. The Struggle for Germany, Indianapolis–New York 1949; The Supreme Choice, Britain and the European Community, London 1963; Crisis in the West, London 1965; The Atlantic Community, A Study in Unity and Disunity, New York 1965; den Aufsatz über Konrad Adenauer: Germany reborn, in: R. Carolyn *King* (Hrsg.), Portraits of power, New York 1979, S. 132-145 zu Middletons Tätigkeiten John *Hohenberg,* Foreign Correspondence, S. 337, 400, 425.

3 Die französische Regierung hatte am 22.10.1952 nach langen Diskussionen unter den Parteien entschieden, den Deutschland-Vertrag und den EVG-Vertrag voraussichtlich Ende November 1952 dem Parlament vorzulegen. Zu den internen Auseinandersetzungen vor dieser Entscheidung vgl. Rudolf *Mittendorfer,* Robert Schuman, S. 457-467; Gerhard *Wettig,* Entmilitarisierung, S. 526-530.

4 Anspielung auf den ungewissen Ausgang der amerikanischen Präsidentenwahl am 4.11.1952 (vgl. Nr. 35 Anm. 3). Zur Haltung der amerikanischen Regierung im Herbst 1952 vgl. Rudolf *Mittendorfer,* a.a.O., S. 467-469.

5 Kammer und Senat wurden am 7./8.6.1953 neu gewählt.

6 Teilweiser Abdruck der Rede auf dem CDU-Parteitag am 18.10.1952 in West-Berlin in: Konrad Adenauer, Reden, S. 281-288; Wortlaut in StBKAH 02.10.

7 Gemeint war Iwan Nicolai *Stranski* (1897–1979) bulgarischer Wissenschaftler; 1929 außerordentlicher Professor, 1937 Ordinarius für Physikalische Chemie an der Universität Sofia, 1941–1944 Gastprofessor in Breslau, 1946–1962 Ordi-

narius für Physikalische Chemie und Elektrochemie an der Technischen Universität Berlin, 1951–1953 dort Rektor.
8 Zu den Kontroversen zwischen Bonn und Paris über die Europäisierung des Saargebietes im Sommer und Herbst 1952 vgl. Jacques *Freymond,* Die Saar, S. 134-141.

Nr. 35
1 Freda *Utley* (1898–1978), britische, ab 1950 amerikanische Journalistin; 1928–1929 Sonderkorrespondentin für den »Manchester Guardian« in Japan, 1930–1936 arbeitete die Kommunistin am Institut für Weltwirtschaft und Politik in Moskau, zugleich Chinakorrespondentin für »News Chronicle« (London), wandte sich vom Kommunismus ab und siedelte in die USA über, 1940–1944 als Wirtschaftsberaterin in New York tätig, 1945–1956 Korrespondentin des Reader's Digest in China, 1948 vorübergehend in Deutschland. Vgl. von ihren Studien u. a. The High Cost of Vengeance, Chikago 1954 (erweiterte Neuausgabe: Kostspielige Rache, Tübingen 1962); Drama China, Hintergründe einer Katastrophe, Essen–München–Hamburg 1951; Arabische Welt – Ost oder West? Vom neuen Schauplatz des Kalten Krieges, Göttingen 1958.
Zu dem abgedruckten Gesprächsprotokoll vgl. auch die auszugsweise Darstellung in: Konrad *Adenauer,* Erinnerungen 1945–1953, S. 551f.
2 Angaben nach StBKAH 04.03, im Dokument angegeben »von 10.30 bis 11.30 Uhr«.
3 Am 4.11.1952 gewann bei den Präsidentschaftswahlen bzw. den Wahlen des Wahlmännerkollegiums von 531 Elektoren für die eigentliche Präsidentschaftswahl der Republikaner Eisenhower in 39 Staaten 442 Stimmen, sein demokratischer Gegenkandidat Stevenson in 9 Staaten 89 Stimmen. Mit der gleichen Stimmenzahl wurde Eisenhower am 15.12.1952 zum 34. Präsidenten der Vereinigten Staaten gewählt, Vizepräsident wurde Richard Nixon. Vgl. Dwight *Eisenhower,* Die Jahre im Weißen Haus, S. 87f.
4 Der amerikanische Präsident wird traditionell am 20.1. des Jahres nach der Wahl, in diesem Fall 1953, in sein Amt eingeführt.
5 In seinen Erinnerungen 1945–1953, S. 551, berichtet Adenauer, er habe Eisenhower im Juni 1951 das erste Mal getroffen. Dieser suchte ihn damals in dessen Eigenschaft als Oberbefehlshaber der NATO auf. Ein zweites Mal begegneten sich beide am 2.5.1952 in Bonn anläßlich des Abschiedsbesuches von Eisenhower als NATO-Oberbefehlshaber.
6 Vgl. John Morton *Blum,* Deutschland ein Ackerland? Morgenthau und die amerikanische Kriegspolitik 1941–1945, 2 Bde., Düsseldorf 1968; *ders.,* Roosevelt and Morgenthau, Boston 1970.
7 Adenauer bezog sich vermutlich auf die Rede Churchills am 12.11.1946 vor dem britischen Unterhaus, in der dieser vor einer falschen Beurteilung der allgemeinen Absichten der sowjetischen Regierung warnte, weil dort auch wirkliche Fortschritte der Demokratie zu beobachten seien. Vgl. Winston S. Churchill, His

Complete Speeches 1957–1963, hrsg. von Robert Rhodes *James,* Vol. VII 1943–1949, New York–London 1974, S. 7400-7408, hier S. 7400.

8 Vgl. Freda *Utley,* Drama China, Hintergründe einer Katastrophe, Essen–München–Hamburg 1951.

9 Unter dem Titel »Ökonomische Probleme des Sozialismus in der UdSSR« veröffentlichte die Zeitschrift »Der Bolschewik« Anfang Oktober 1952 einen Beitrag Stalins, in dem er sich u. a. mit dem Zerfall eines einheitlichen Weltmarktes und der sich verschärfenden Krise des kapitalistischen Weltsystems sowie der Unvermeidbarkeit von Kriegen zwischen kapitalistischen Ländern befaßte. Text in: EA, 7. Jg. (1952), S. 5303-5317.

10 Anspielung auf die von Eisenhower geäußerten Bedenken hinsichtlich der unsicheren Haltung Frankreichs in Fragen der europäischen Verteidigung. Vgl. »Le Monde« v. 6.11.1952, auch AdG, 22. Jg. (1952), S. 3727.

11 Vgl. dazu auch Peter H. *Merkl,* Das Adenauer-Bild in der öffentlichen Meinung der USA (1949 bis 1955), in: Konrad Adenauer und seine Zeit, Bd. 2, S. 220-228.

12 Georg von *Lilienfeld* (geb. 1912), Diplomat; 1939–1945 im Auswärtigen Amt in Berlin und an der Botschaft in Rom, 1945 freiberuflich in den USA tätig, 1951–1954 Leiter des Referats USA in der Auslandsabteilung des Presse- und Informationsamtes der Bundesregierung, 1954–1961 wieder im Auswärtigen Dienst in Genf und Ankara, 1961–1968 Gesandter in Washington, 1968–1974 Botschafter in Teheran, 1974–1977 in Madrid. Vgl. Bulletin, Nr. 48, 13.4.1974, S. 472.

13 Während seines zum damaligen Zeitpunkt letzten USA-Besuches vom 2.–11.7.1952 hielt sich Erhard in Washington und New York auf. Dabei traf er u. a. mit dem amerikanischen Handelsminister Charles Lawyer und Finanzminister John Wesley Snyder zusammen. Zum Ergebnis der Unterredungen vgl. AdG, 21. Jg. (1951), S. 3023.

14 Vgl. Nr. 44 Anm. 8.

15 Vgl. Nr. 25 Anm. 46.

16 Henry Cabot *Lodge* (geb. 1902), amerikanischer Politiker; seit 1924 Mitarbeiter der »New York Herald Tribune«, 1933–1936 am Massachusetts General Court, 1937–1942 und 1946–1952 Senator für Massachusetts, 1942–1945 Panzeroffizier, 1953–1960 Ständiger Vertreter der USA bei der UNO, 1960 Vizepräsidentschaftskandidat neben Richard Nixon, 1963–1964 und 1965–1967 Botschafter in Saigon, 1968–1969 in Bonn, 1970 Beauftragter des Präsidenten beim Vatikan.

17 John Fitzgerald *Kennedy* (1917–1963), amerikanischer Politiker; 1941–1945 Marineoffizier, 1947–1953 Abgeordneter der Demokratischen Partei im Repräsentantenhaus, 1953–1961 Senator für Massachusetts, 1961–1963 35. Präsident der Vereinigten Staaten von Amerika. Vgl. seine Darstellung: Der Weg zum Frieden, Düsseldorf 1961; zu seiner Biographie: Theodore C. *Sorensen,* Kennedy, 2. Aufl., München 1966; Arthur M. *Schlesinger,* Die tausend Tage Kennedys, 2 2 Bde., München 1968; Lewis J. *Paper,* The Promise and the Performance: The Leaderships of John F. Kennedy, New York 1976.

18 Joseph Patrick *Kennedy* (1888–1969), amerikanischer Bankier, Reeder und Politiker; seit 1930 enger Mitarbeiter von Präsident Roosevelt, 1936 Vorsitzender des Flottenausschusses im Repräsentantenhaus, 1937–1940 Botschafter in London. Vgl. Michael R. *Beschloss,* Joseph Kennedy and Roosevelt, the uneasy alliance, New York 1980.
19 Am 18.7.1952 hatte Präsident Truman Walter Donnelly als Nachfolger John McCloys zum neuen Hochkommissar in Deutschland ernannt, der sein Amt am 1.8.1952 antrat.
Walter Joseph *Donnelly* (geb. 1896), amerikanischer Diplomat; 1921–1928 Verwaltungsbeamter, seit 1928 im diplomatischen Dienst, vorwiegend in Südamerika, 1947–1950 Botschafter in Venezuela, 1950 Hochkommissar in Österreich, August–Dezember 1952 Hochkommissar in Deutschland, anschließend in der Stahlindustrie tätig.
20 Robert Abercrombie *Lovett* (geb. 1895), amerikanischer Bankier und Politiker; 1941–1945 Assistant Secretary für den Luftkrieg, 1947–1949 Unterstaatssekretär, 1950–1951 Staatssekretär im Verteidigungsministerium, 1951–1953 Verteidigungsminister, 1961–1963 Berater von Präsident Kennedy. Vgl. seine Darstellungen: Political profiles: the Kennedy years, Facts on file, New York 1976; Political profiles: the Truman years, Facts on file, New York 1978.

Nr. 36
a ‹ › Vom Bearbeiter korrigiert aus »tendiert«.
1 Welche Stenographen dieses Gespräch aufzeichneten, war nicht zu ermitteln.
2 Das vorangegangene Teegespräch fand am 11.7.1952 statt, vgl. Nr. 33.
3 Der Bundestag debattierte am 18.11.1952 über eine Erklärung der Bundesregierung zu den Saarverhandlungen, die bevorstehenden Wahlen im Saargebiet am 30.11.1952 sowie über den Termin für die Beratung der Deutschland-Verträge. Wortlaut der Erklärung Adenauers in: Verhandlungen des Deutschen Bundestages, 1. Wahlperiode 1949, Stenographische Berichte, Bd. 13, S. 10922-10924 (Manuskript in StBKAH 03.05), zur Aussprache S. 10924-10932.
4 Die Regierungskoalition wollte die zweite und dritte Lesung der Verträge vom 26.11.1952 an im Bundestag durchführen. Vgl. dazu die Ausführungen des CDU-Abgeordneten Heinrich Krone in: Verhandlungen des Deutschen Bundestages, a.a.O., S. 10932.
5 Vgl. zur Diskussion um die Ratifikation der Verträge in Frankreich Hans-Peter *Schwarz,* Die Ära Adenauer 1949–1957, S. 179-181; Gerhard *Wettig,* Entmilitarisierung, S. 526-530.
6 Vgl. Nr. 35 Anm. 3, 4.
7 Der Antrag Krones (vgl. Anm. 4) wurde mit 166 gegen 179 Stimmen bei 4 Enthaltungen abgelehnt, weil die Berichte der verschiedenen Ausschüsse über den Deutschland-Vertrag erst zum Teil vorlagen. Auch spielte eine Rolle, daß das Bundesverfassungsgericht mitgeteilt hatte, es habe den mündlichen Verhandlungstermin über das vom Bundespräsidenten erbetene Gutachten über die Ver-

einbarkeit des Vertrages mit dem Grundgesetz auf den gleichen Termin festgesetzt wie die geplante Beratung im Bundestag. Eine Verschiebung eines der beiden Termine schien daher ratsam. Vgl. Verhandlungen des Deutschen Bundestages, a.a.O., S. 10932-10938.

8 Adenauer spielte auf das Fehlen verschiedener Abgeordneter der Regierungskoalition an, wodurch ein Mehrheitsvotum vereitelt worden war. Vgl. Arnulf *Baring,* Sehr verehrter Herr Bundeskanzler!, S. 123 und das Schreiben von Brentanos v. 20.11.1952 an Adenauer, S. 123-125.

9 Vgl. Nr. 37.

10 Die Parabel von Friedrich Rückert »Es ging ein Mann im Syrerland, / Führt' ein Kamel am Halfterband ... « beschreibt einen Mann, der inmitten eines Brunnenschachts an einer Wurzel hängend den Drachen (Symbol des Todes) unter sich, das Kamel (Symbol »des Lebens Angst und Not«) über sich, eine weiße und eine schwarze Maus (Symbole für den Tag und die Nacht) an der Wurzel nagend sieht, einen Beerenzweig entdeckt und trotz der Todesgefahren die Beeren genußvoll ißt, dadurch seine Furcht vergißt und auf nichts acht gibt. Abdruck dieses Gedichtes in: Georg *Ellinger* (Hrsg.), Rückerts Werke, Meyers Klassiker-Ausgaben hrsg. von Ernst *Elster,* Leipzig–Wien 1897, S. 287-289.

11 Der Sozialdemokratische Pressedienst bezeichnete das Abstimmungsergebnis als »politische Niederlage des Kanzlers«, da dieser aus der Abstimmung über den Termin aufgrund seines ständigen Drängens ein indirektes Vertrauensvotum für sich habe herleiten wollen. Vgl. AdG, 22. Jg. (1952), S. 3744. Der KPD-Abgeordnete Renner forderte gar: »Adenauer abtreten!« Vgl. Verhandlungen des Deutschen Bundestages, a.a.O., S. 10938.

12 Vgl. »Frankfurter Allgemeine« v. 21.11.1952.

13 Die französisch-saarländischen Wirtschaftskonventionen (vgl. Nr. 14 Anm. 30) spielten in den Diskussionen um die Europäisierung der Saar (vgl. Nr. 34 Anm. 8) deshalb eine so große Rolle, weil sowohl Bonn wie auch Paris gegenseitiges Mißtrauen hegten. Während die französische Regierung die von den Alliierten zugestandene Wirtschaftseinheit des Saargebietes mit Frankreich möglichst lange aufrechterhalten wollte, beharrte die Bundesregierung darauf, daß der politische und wirtschaftliche Status in einem europäisierten Saargebiet geändert werde. Vgl. Jacques *Freymond,* Die Saar, S. 124-143.

14 Schreiben in StBKAH nicht vorhanden.

15 Zu Ollenhauers Ausführungen am 18.11.1952 vgl. Verhandlungen des Deutschen Bundestages, a.a.O., S. 10924-10926.

16 Vgl. Nr. 30 Anm. 11, 12.

17 Gemeint waren die Wahlen zum zweiten Deutschen Bundestag am 6.9.1953. Zum Ergebnis vgl. Nr. 47 Anm. 7.

18 Am 10.6.1952 hatte Bundespräsident Heuss das Bundesverfassungsgericht um ein Gutachten über die verfassungsrechtliche Frage gebeten, ob der EVG-Vertrag im Widerspruch zum Grundgesetz stehe, soweit durch ihn aufgrund des Art. 24 des Grundgesetzes die zwischenstaatliche Einrichtung der Europäischen

Verteidigungsgemeinschaft berechtigt wird, europäische Wehrhoheit unter Zugrundelegung der Wehrpflicht der Staatsbürger der Mitgliedsstaaten auszuüben. Vgl. zu den Hintergründen Nr. 24 Anm. 9, Nr. 29 Anm. 8.

19 An der deutsch-französischen Grenzstelle Schweigen war es am 13.11.1952 wegen der Durchfahrt eines französischen Militäromnibusses, der mit in Deutschland angeworbenen Fremdenlegionären besetzt war, zu einer Auseinandersetzung zwischen deutschen und französischen Grenzkontrollbeamten gekommen. Zum Hergang vgl. »Frankfurter Allgemeine« v. 15.11.1952 sowie die Erklärung Adenauers am 29.1.1953 zur Werbung junger Deutscher für ausländische Wehrdienste in: Verhandlungen des Deutschen Bundestages, a.a.O., Bd. 14, S. 11857f., auch abgedruckt in: Bulletin, Nr. 21, 31.1.1953, S. 165.

20 Wegen seiner gegensätzlichen Auffassung zu Adenauer und der Haltung der CDU in der Wiederbewaffnungsfrage trat der ehemalige Bundesminister des Inneren, Dr. Gustav *Heinemann,* am 13.11.1952 aus der CDU aus. Die Bundestagsabgeordnete und frühere Vorsitzende der Zentrumspartei, Helene *Wessel* (1898–1969, biographische Angaben in: Adenauer, Briefe 1947–1949, S. 579), trat ebenfalls am gleichen Tag aus dem Zentrum bzw. der Föderalistischen Union aus.

Beide beabsichtigten, die 1951 von ihnen geschaffene »Notgemeinschaft für den Frieden Europas« in eine Partei umzuwandeln. Am 30.11.1952 gründeten sie mit weiteren 27 Mitgliedern die »Gesamtdeutsche Volkspartei«. Vgl. Diether *Koch,* Heinemann und die Deutschlandfrage, München 1972, S. 374-391.

21 Vermutlich eine Anspielung auf das »Horst-Wessel-Lied«. Das von dem Studenten Horst *Wessel* (1907–1930), seit 1926 Mitglied der NSDAP, verfaßte Lied (»Die Fahne hoch ...«) wurde von den Nationalsozialisten neben dem Deutschlandlied als Kampflied gesungen.

22 Die Staaten der Arabischen Liga, vor allem Ägypten und Syrien, protestierten im Herbst 1952 massiv gegen den Abschluß des deutsch-israelischen Wiedergutmachungsabkommens vom 10.9.1952 (vgl. Anm. 24), weil damit Israel im Nahost-Konflikt bevorteilt würde. Die arabischen Staaten drohten damit, die Wirtschaftsbeziehungen zur Bundesrepublik abzubrechen. Vgl. Konrad *Adenauer,* Erinnerungen 1953–1955, S. 153-155; Rolf *Vogel,* Deutschlands Weg nach Israel, S. 60.

23 Anspielung auf den Beschluß des Politischen Komitees der Arabischen Liga vom 12.11.1952, zur Durchsetzung ihrer Forderungen gegebenenfalls einen Wirtschaftsboykott gegen die Bundesrepublik zu betreiben. Text der Noten der Arabischen Liga an die Bundesregierung vom 30.10.1952 in: AdG, 22. Jg. (1952), S. 3739 und vom 12.11.1952 in: Bulletin, Nr. 180, 18.12.1952, S. 1587.

24 Dem deutsch-israelischen Wiedergutmachungsabkommen zufolge, das am 10.9.1952 in Luxemburg unterzeichnet worden war, sollte Israel von der Bundesrepublik 3,45 Milliarden DM für Ansiedlung und Wiedereingliederung jüdischer Flüchtlinge aus Deutschland und ehemals deutsch beherrschter Gebiete erstattet bekommen, die Israel an Kosten erwachsen waren. Text des Vertrages

in: Rolf *Vogel,* a.a.O., S. 62-75; zur Unterzeichnung des Abkommens vgl. Konrad *Adenauer,* a.a.O., S. 151-153.
25 Erich *Mende* (geb. 1916), Dr. jur.; 1936–1945 Berufssoldat, zuletzt Major, 1945 Mitbegründer der FDP, 1949–1980 MdB, 1953–1957 Parlamentarischer Geschäftsführer und Stellvertretender Fraktionsvorsitzender, 1957–1963 Fraktionsvorsitzender, 1960–1968 Parteivorsitzender, 1963–1966 Stellvertreter des Bundeskanzlers und Bundesminister für gesamtdeutsche Fragen, bis 1970 Mitglied der FDP, im selben Jahr der CDU beigetreten. Vgl. seine Memoiren: Das verdammte Gewissen, Zeuge der Zeit 1921–1945, München 1982; Die neue Freiheit, München–Berlin 1984; Die FDP, Daten, Fakten, Hintergründe, Stuttgart 1972; Die schwierige Regierungsbildung 1961, in: Konrad Adenauer und seine Zeit, Bd. 1, S. 302-325; neuerer biographischer Aufsatz von Arnulf *Baring*/Daniel *Koerfer,* Erich Mende, in: Walther *Bernecker*/Volker *Dotterweich* (Hrsg.), Persönlichkeit und Politik, Bd. 2, S. 80-91.
Zu Mendes Äußerung auf dem Bundesparteitag der FDP vom 20.–22.11.1952 in Bad Ems vgl. Dietrich *Wagner,* FDP und Wiederbewaffnung, Die wehrpolitische Orientierung der Liberalen in der Bundesrepublik Deutschland 1949–1955, Boppard/Rhein 1978, S. 101f.
26 Vgl. zum Fall Kemritz Nr. 19 Anm. 30.
27 Das Bundeskabinett verabschiedete am 20.1.1953 einen vom Innenministerium vorgelegten Entwurf eines Bundeswahlgesetzes, das schließlich nach einigen Änderungen am 25.6.1953 vom Bundestag angenommen wurde. Zur Vorgeschichte vgl. Erhard H. M. *Lange,* Wahlrecht und Innenpolitik, Meisenheim am Glan 1975, S. 411-586, auch Nr. 44 Anm. 16.
28 Vgl. Nr. 28 Anm. 12.
29 Zu den Diskussionen und Spekulationen über die Vorlage vgl. Nr. 29 Anm. 6, Nr. 34 Anm. 3.
30 Der Bundesparteitag der FDP vom 20.–22.11.1952 in Bad Ems sprach sich trotz mancher Bedenken für eine baldige Ratifizierung der Verträge aus. Vgl. AdG, 22. Jg. (1952), S. 3754; zu den parteiinternen Diskussionen Dietrich *Wagner,* a.a.O., S. 94-111.
31 Adenauer meinte vermutlich, wenn die Zahl der ungültigen Stimmen »knapp« unter 50 v. H. liege, wäre das für Hoffmann eine vernichtende Niederlage. Für diesen Fall, so hatte Hoffmann nämlich am 28.11.1952 angekündigt, werde er die Folgerungen aus dem ersten Wahlgang ziehen. Von den abgegeben Stimmen (= 100) waren 24,4 v. H. ungültig. Zum Ergebnis der Wahlen am 30.11.1952 vgl. Hans-Peter *Schwarz,* Die Ära Adenauers 1949–1957, S. 282, 479; Robert *Schmidt,* Saarpolitik, 2. Bd., S. 466-480.
32 Bo Östen *Undén* (1886–1974), Dr. jur., schwedischer Jurist und Politiker; 1913–1937 Professor für internationales Zivil- und Privatrecht in Uppsala, 1934–1965 Mitglied der Ersten Kammer des Reichstages, 1920 Justiz-, 1924–1926 und 1945–1962 Außenminister, 1921–1939 zeitweise Delegierter seiner Regierung beim Völkerbund, 1946–1961 bei der UNO. Er hatte am 20.3.1952 in der schwe-

dischen Botschaft einen Empfang gegeben. Vgl. seine Erinnerungen: Minnesbilder, Stockholm 1966 sowie die Bibliografi över Östen Undénstryckta vetenskapliga och politiska skrifter 1906–1966, Stockholm 1966.

33 Franz Josef *Strauß* (geb. 1915), Dr. h.c.; 1939–1945 Heeres-Flakoffizier, zuletzt Oberleutnant, 1945 Gründungsmitglied der CSU in Schongau, seit 1946 Mitglied des Landesvorstandes, 1946–1948 Landrat des Kreises Schongau, 1949 Mitglied des bizonalen Wirtschaftsrates in Frankfurt/Main, 1948–1952 Landesgeschäftsführer der CSU, 1952–1961 Stellvertretender Landesvorsitzender, seit 1961 Landesvorsitzender, 1949–1978 MdB (CSU), 1953–1957 und 1963–1966 Vorsitzender der CSU-Landesgruppe im Deutschen Bundestag und zugleich stellvertretender Vorsitzender der CDU/CSU-Fraktion, Bundesminister 1953–1955 für besondere Aufgaben, 1955–1956 für Atomfragen, 1956–1962 für Verteidigung, 1966–1969 für Finanzen, seit 1978 Ministerpräsident des Freistaates Bayern. Zahlreiche Angaben zu Darstellungen und Schriften von und über Strauß in: Bibliographie zur Geschichte der CDU und CSU 1945–1980, Stuttgart 1982, passim.

34 Das Ministerkomitee des Europarats trat erst am 6./7.5.1953 in Straßburg zu seiner nächsten Tagung zusammen. Zu den Beschlüssen vgl. EA, 8. Jg. (1953), S. 5785, 5794f.

35 Bundesjustizminister Dehler hatte im Verlauf einer Wahlrede bemerkt, die schwarz-rote Koalition in Wien mäste sich an dem deutschen Eigentum in Österreich. Daraufhin erfolgte eine österreichische Démarche bei der Bundesregierung. Dehler entschuldigte sich dann beim Chef der österreichischen Verbindungsstelle in Bonn, Dr. Josef Schöner, für seine Äußerung. Das österreichische Außenministerium betrachtete damit die Angelegenheit am 6.11.1952 als abgeschlossen. Vgl. AdG, 22. Jg. (1952), S. 3729.

Nr. 37

a ‹ › In der Vorlage hs. eingefügt.

b ‹ › Vom Bearbeiter gestrichen »sich«.

c ‹ › Vom Bearbeiter korrigiert aus »und«.

d ‹ › Vom Bearbeiter korrigiert aus »83«.

e ‹ › Vom Bearbeiter korrigiert aus »Bundesverfassungsgesetz«.

1 Vgl. Einladungsliste in: BA, B 145/971-736 Bd. Ia. Hinweis auf dieses Teegespräch bei Alfred *Rapp,* Adenauer und die Journalisten, in: Konrad Adenauer und seine Zeit, Bd. 1, S. 283f.

2 Walter *Henkels* (geb. 1906), Journalist; seit 1949 Bonner Feuilletonist verschiedener Zeitungen. Zahlreiche Veröffentlichungen über Adenauer u. a. » . . . gar nicht so pingelig, meine Damen und Herren . . . «, 2. Aufl., Düsseldorf–Wien 1967; Doktor Adenauers gesammelte Schwänke, Der Anekdoten 2. Teil, Düsseldorf–Wien 1966; Neues vom Alten, Adenauer-Anekdoten, Düsseldorf–Wien 1976; Bonner Köpfe in Wort und Bild, neueste Aufl., Düsseldorf–Wien 1981; Die Lage war immer so ernst, Ein Chronist erinnert sich, Düsseldorf–Wien 1982; Adenauers gesammelte Bosheiten, Eine anekdotische Nachlese, Düsseldorf–

Wien 1983; Der Kanzler hat die Stirn gerunzelt, 35 Jahre Bonner Szene, Düsseldorf–Wien 1984.

3 Ernst *Samhaber* (1901–1973), Dr. phil., Journalist und Publizist; 1935–1939 Ressortleiter bei »Deutsche Zukunft« (Berlin), 1946 Chefredakteur bei »Die Zeit« (Hamburg), 1948–1950 Ressortchef der »Allgemeinen Zeitung« (Mainz), 1950–1951 Chefredakteur des Europa-Kuriers, 1952–1954 Leiter des Bonner Büros des »Tagesspiegels« (Berlin). Vgl. seine Darstellungen: Geschichte der Vereinigten Staaten von Nordamerika, Werden einer Weltmacht, München 1954; Weltgeschichtliche Zusammenhänge, Perspektive für die Zukunft, Gütersloh–Berlin–München–Wien 1976; Geschichte Europas, neueste Aufl., Bonn 1982.

4 Karl *Klein* (1898–1966), Dr.; 1951–1965 Chefredakteur des Bulletins des Presse- und Informationsamtes der Bundesregierung.

5 Roland *Schacht* (geb. 1888), Dr.; 1951–1953 Leiter des Referats Inland im Presse- und Informationsamt der Bundesregierung.

6 Peter *Schulze* (geb. 1919); 1949–1963 Leiter des Referats Chef vom Dienst im Presse- und Informationsamt der Bundesregierung, 1963–1967 dessen Verbindungsreferent zu Adenauer, 1967 Gruppenleiter der Nachrichtenabteilung im Presseamt.

7 Das Bundesverfassungsgericht gab in einer Plenarsitzung am 9.12.1952 den am Vortag gefaßten Beschluß bekannt, daß sein Gutachten für den Bundespräsidenten (vgl. Nr. 36 Anm. 18) und alle anderen Gutachten des Plenums beide Senate des Gerichts binde. Der Staatssekretär im Bundesjustizministerium Strauß stellte namens der Delegation der Bundesregierung einen Vertagungsantrag, um die neue Lage mit der Bundesregierung beraten zu können. Das Verfassungsgericht vertagte das Verfahren auf den 10.12.1952. Nachdem der Bundespräsident von der Entscheidung des Bundesverfassungsgerichts Kenntnis genommen hatte, entschloß er sich am 10.12.1952, sein Gesuch um ein Rechtsgutachten zurückzuziehen, da ihm »der Charakter eines Gutachtens schlechthin und in seinem grundsätzlichen Wesen« durch diesen Beschluß aufgehoben zu sein schien. Text der Rücknahmeerklärung vom 9.12.1952 in: Der Kampf um den Wehrbeitrag, 2. Halbbd., Das Gutachterverfahren (30.7.–15.12.1952), München 1953, S. 811. Das Bundesverfassungsgericht sagte daraufhin die an diesem Tag vorgesehene Sitzung ab. Bundespräsident Heuss begründete seinen Entschluß in einer Rundfunkrede am Abend des 10.12.1952. Text in: Bulletin, Nr. 198, 12.12.1952, S. 1729. Vgl. zu den Hintergründen die Darstellung in Adenauers Erinnerungen 1953–1955, S. 163-176, 179-186; Hans-Peter *Schwarz*, Die Ära Adenauer 1949–1957, S. 169-177; Udo *Wengst*, Staatsaufbau, S. 286-290, 319-322; Arnulf *Baring*, Außenpolitik in Adenauers Kanzlerdemokratie, S. 224-261.

8 Vgl. Arnulf *Baring*, a.a.O., S. 244.

9 Text in: Der Kampf um den Wehrbeitrag, 2. Halbbd., S. 804.

10 Die Kabinettssitzung fand am 9.12.1952 von 10.35–12.00 Uhr statt. Anschließend trafen der Bundespräsident und der Bundeskanzler zu einer dreiviertelstündigen Unterredung zusammen. Angaben in StBKAH 04.03. Vgl. Abb. S. 366/367.

11 Das Kabinett tagte von 18.10 Uhr–19.45 Uhr, anschließend suchte der Bundeskanzler nochmals den Bundespräsidenten auf. Die Unterredung dauerte bis 21.30 Uhr. Angaben in StBKAH 04.03. Vgl. Abb. S. 366/367.

12 Unter der Überschrift »Bonn und Karlsruhe geraten in Konflikt« hatte »Die Welt« am 10.12.1952 berichtet: »An der zweistündigen Beratung des Kabinetts nahmen außer den Ministern Bundestagspräsident Ehlers, die CDU-Fraktionsvorsitzenden von Brentano und Schröder sowie ein Vertreter des Bundespräsidenten teil.«

13 Vgl. zur Haltung Ollenhauers und der SPD Konrad *Adenauer,* a.a.O., S. 186-194, die Ansprache Ollenhauers am 11.12.1952 im Nordwestdeutschen Rundfunk sowie seine Pressekonferenz am 12.12.1952, beide Texte in StBKAH 06.09.

14 Angaben zur Biographie von Anton *Storch* (1892–1975) in: Adenauer, Briefe 1945–1947, S. 711f.

15 Adolf *Arndt* (1904–1974), Dr. jur.; 1932–1933 Landrichter, 1933–1945 Rechtsanwalt in Berlin, 1945–1949 Ministerialrat im hessischen Justizministerium, 1948–1949 Vorsitzender des Rechtsausschusses des Frankfurter Wirtschaftsrates, 1949–1969 MdB (SPD), 1949–1961 Geschäftsführer der SPD-Bundestagsfraktion, 1956–1964 Mitglied des Parteivorstandes, 1963–1964 Senator für Wissenschaft und Kunst in West-Berlin. Vgl. Horst *Ehmke*/Carlo *Schmid*/ Hans *Schoroun* (Hrsg.), Festschrift für Adolf Arndt zum 65. Geburtstag, Frankfurt/Main 1969.

16 Dem Bundestag lagen zwei Gesetzentwürfe für die Konstituierung des Bundesverfassungsgerichts vor: der von Dehler für sich in Anspruch genommene Entwurf der Bundesregierung, der im Bundesjustizministerium erstellt worden war, und ein Entwurf der SPD-Fraktion, an dem der Abgeordnete Arndt maßgeblichen Anteil hatte. Vgl. Reinhard *Schiffers,* Grundlegung der Verfassungsgerichtsbarkeit, Das Gesetz über das Bundesverfassungsgericht vom 12. März 1951, Düsseldorf 1984, und *ders.,* »Ein mächtiger Pfeiler im Bau der Bundesrepublik«, in: VfZ, 32. Jg. (1984), S. 66-102.

17 Georg-August *Zinn* (1901–1976), Dr. h. c.; 1927–1933 Stadtverordneter in Kassel, ab 1931 als Rechtsanwalt tätig, 1945 im hessischen Justizministerium, 1946 zugleich Direktor des Landespersonalamtes, 1947 Vizepräsident des Frankfurter Wirtschaftsrates, 1947–1970 Landesvorsitzender der hessischen SPD, 1948–1949 Mitglied des Parlamentarischen Rates, 1948–1951 MdB, 1950–1969 Ministerpräsident des Landes Hessen. Vgl. Wilhelm *von Sternburg,* Georg August Zinn, in: Claus Hinrich *Casdorff* (Hrsg.), Demokraten, S. 257-271.

18 Während der zweiten Lesung über die Vertragsgesetze vom 3.–6.12.1952 erklärte die SPD-Fraktion, daß sie diese Gesetze als nicht vereinbar mit dem Grundgesetz ansehe und deshalb vom Bundestag nicht in der in Art. 42, Abs. 2, Satz 2 vorgeschriebenen Mehrheit beschlossen werden dürften. Insbesondere habe der Bundestag keine Kompetenz, Gesetze über Wehrfragen zu erlassen. Auf Antrag der Fraktionen der CDU/CSU und der FDP beschloß der Bundestag am 5.12.1952, die zweite Lesung auszusetzen.

Am nächsten Tag erhoben die Bundestagsfraktionen der CDU/CSU, der FDP und der DP vor dem Zweiten Senat des Bundesverfassungsgerichts Feststellungsklage. Sie wollten vor Verabschiedung der Gesetze in dritter Lesung wissen, ob die Gesetze mit der Verfassung vereinbar seien, das hieß, ob also ein mehrheitlicher Beschluß des Bundestages gemäß Art. 42 Grundgesetz rechtswirksam zustande kommen könne. Klageschrift und Antragsbegründung in: Der Kampf um den Wehrbeitrag, Ergänzungsbd., München 1958, S. 1-24.

19 Die SPD-Fraktion brachte am 13.5.1952 im Bundestag einen Antrag auf vorbeugende Feststellungsklage wegen des Wehrbeitrags ein. Vgl. Deutscher Bundestag, 1. Wahlperiode 1949, Drucksache Nr. 3364. Bereits am 31.1.1952 hatten 145 Abgeordnete unter der Federführung von Adolf Arndt (SPD) und Bernhard Reismann (Föderalistische Union) eine vorbeugende Feststellungsklage zur Frage des deutschen Verteidigungsbeitrags fertiggestellt und an das Bundesverfassungsgericht weitergeleitet. Wortlaut der Klage in: Der Kampf um den Wehrbeitrag, 1. Halbbd., Die Feststellungsklage, München 1952, S. 3-14.

20 Vgl. Wortlaut der Begründung des Beschlusses des Bundesverfassungsgerichts vom 15.12.1952, in: Der Kampf um den Wehrbeitrag, 2. Halbbd., a.a.O., S. 812-822.

21 Gegen den Beschluß votierten die Richter Willi Geiger und Anton Henneka, vgl. dazu Udo *Wengst,* a.a.O., S. 320, auch die abweichende Stellungnahme Geigers vom 13.12.1952 in: Der Kampf um den Wehrbeitrag, 2. Halbbd., a.a.O., S. 822-828.

22 Vgl. dazu Arnulf *Baring,* a.a.O., S. 229.

23 Die SPD-Abgeordneten Arndt und Reismann beantragten am 7.6.1952 im Hinblick auf den EVG-Vertrag und in Ergänzung dazu am 7.7.1952 auch für den Deutschland-Vertrag beim Ersten Senat des Bundesverfassungsgerichts, festzustellen, daß die Gesetze ohne vorangegangene Ergänzung und Abänderung des Grundgesetzes weder förmlich noch sachlich mit dem Grundgesetz vereinbar seien. Vgl. Der Kampf um den Wehrbeitrag, 1. Halbbd., a.a.O., S. 218-227 und S. 242-251. Nach Art. 79 des Grundgesetzes bedarf eine Änderung desselben der Zustimmung von zwei Dritteln der Mitglieder des Bundestages und zwei Dritteln der Stimmen des Bundesrates.

24 Vgl. die Beschlüsse des Bundesverfassungsgerichts vom 13.6.1952, a.a.O., S. 227f.

25 Vgl. die Mitteilung in: Bulletin, Nr. 71, 18.6.1952, S. 755.

26 Vgl. den Schriftsatz der SPD-Abgeordneten Arndt und Reismann an den Ersten Senat des Bundesverfassungsgerichts vom 19.6.1952 in: Der Kampf um den Wehrbeitrag, 1. Halbbd., a.a.O., S. 229-234.

27 Vgl. zur Unterredung zwischen Arndt und Heuss am 11.6.1952 die Bemerkungen Adenauers und die Zwischenrufe Arndts während der Bundestagssitzung am 5.3.1953 in: Verhandlungen des Deutschen Bundestages, 1. Wahlperiode 1949, Stenographische Berichte, Bd. 15, S. 12162.

28 Nachdem sich die SPD-Fraktion geweigert hatte, das Gutachten als verbindlich anzuerkennen, folgte das Bundesverfassungsgericht seiner Ankündigung vom 13.6.1952, das Gutachterverfahren auszusetzen, bis das Verfahren über die Feststellungsklage durch das Urteil des Bundesverfassungsgerichtes beendet sei. Vgl. Der Kampf um den Wehrbeitrag, 1. Halbbd., a.a.O., S. 228.

29 Vgl. das Urteil des Bundesverfassungsgerichtes vom 30.7.1952, a.a.O., S. 436-446.

30 Auf Antrag der Bundesregierung erklärte der Erste Senat des Bundesverfassungsgerichts am 23.10.1952 die rechtsradikale Sozialistische Reichspartei für verfassungswidrig und ordnete an, daß die Bundestags-, Landtags- und Bürgerschaftsmandate der SRP-Abgeordneten ersatzlos fortfallen. Wortlaut des Urteils (1 BvB 1/51) in: Entscheidungen des Bundesverfassungsgerichts, 2. Bd., S. 1-79.

31 Erwin *Bumke* (1874–1945), Jurist; 1919 Ministerialdirektor im Reichsjustizministerium, seit 1929 Präsident des Reichsgerichtes. Vgl. Dieter *Kolbe,* Reichsgerichtspräsident Dr. Erwin Bumke, Studien zum Niedergang des Reichsgerichts und der deutschen Rechtspflege, Karlsruhe 1975.

32 Anspielung auf die Entscheidung des Staatsgerichtshofs für das Deutsche Reich vom 25.10.1932, in der die Klage Preußens auf einstweilige Verfügung gegen die Verordnung des Reichspräsidenten vom 20.7.1932 zur Wiederherstellung der öffentlichen Sicherheit und Ordnung im Gebiet des Landes Preußen abgewiesen wurde, weil die Verordnung mit der Reichsverfassung vereinbar sei. Der Reichskanzler wurde dadurch zum Reichskommissar für Preußen bestellt und ermächtigt, preußischen Ministern vorübergehend Amtsbefugnisse zu entziehen und selbst zu übernehmen oder anderen Personen als Kommissare des Reiches zu übertragen. Vgl. Wolfgang *Benz*/Imanuel *Geiss,* Staatsstreich gegen Preußen, 20. Juli 1932, Düsseldorf, ohne Jahr; Ernst *Friesenhahn,* Zur Legitimation und zum Scheitern der Weimarer Reichsverfassung, in: Karl Dietrich *Erdmann*/ Hagen *Schulze* (Hrsg.), Weimar, Selbstpreisgabe einer Demokratie, Eine Bilanz heute, Düsseldorf 1980; H. *Grund,* »Preußenschlag« und Staatsgerichtshof im Jahre 1932, Baden-Baden 1976.

33 Vgl. Anm. 29.

34 Vgl. Anm. 28.

35 Manfred *Klaiber* (1903–1981), Dr. jur., Diplomat; 1929–1945 im Auswärtigen Dienst in Frankreich, Südafrika, Niederländisch Indien und der Türkei tätig, 1945–1949 Regierungsdirektor und Ministerialrat im Staatsministerium Württemberg-Baden, 1949–1957 Chef des Bundespräsidialamtes, 1957–1963 Botschafter in Italien, 1963–1968 in Frankreich, 1968–1969 Koordinator für die deutsch-französische Zusammenarbeit.

36 Biographische Angaben zu Dr. Heinrich *Brüning* (1885–1970) in: Adenauer, Briefe 1945–1947, S. 650f.

37 Vgl. dazu Adenauers Gespräch mit Ernst Friedlaender, das am 17.12.1952 im Nordwestdeutschen Rundfunk gesendet wurde. Text in: Bulletin, Nr. 203, 19.12.1952, S. 1769-1771.

38 Zu den Diskussionen über die personelle Besetzung des Bundesverfassungsgerichts vgl. Udo *Wengst,* a.a.O., S. 228-244.
39 Vgl. Art. 94, Abs. 1 Grundgesetz.
40 Heuss sagte zum Schluß: »Das Bundesverfassungsgericht ist ein ›Hüter der Verfassung‹ – der eine. Der Bundespräsident ist der andere. Sie müssen sich in den Staats- und Rechtsnotwendigkeiten zu begegnen verstehen«. Vgl. Anm. 7.
41 Vgl. die Erklärung Höpker Aschoffs im Protokoll der mündlichen Verhandlungen vor dem Bundesverfassungsgericht am 9.12.1952, in: Der Kampf um den Wehrbeitrag, 2. Halbbd., a.a.O., S. 804.
42 Der Zweite Senat des Bundesverfassungsgerichts hatte am 5.4.1952 einer Klage des Südschleswigschen Wählerverbandes (Vertreter der dänischen Minderheit) stattgegeben und die geänderte Bestimmung des schleswig-holsteinischen Wahlgesetzes für nichtig erklärt, derzufolge bei den Landtagswahlen Mandate über die Landesliste nur den Parteien zuerkannt werden, die mindestens 7,5 v. H. (statt wie bisher 5 v. H.) der abgegebenen gültigen Stimmen auf sich vereinigen. In dem Urteil wird die geänderte Bestimmung als weder mit der Landesverfassung noch mit dem Grundgesetz für vereinbar erklärt. Wortlaut des Urteils (2 BvH 1/52) in: Entscheidungen des Bundesverfassungsgerichts, 1. Bd., S. 208-261.
43 Vgl. Anm. 19.
44 Vgl. Anm. 25.
45 Vgl. dazu die Schreiben Höpker Aschoffs an die SPD-Bundestagsfraktion und an die Bundesregierung beide vom 19.9.1952 in: Der Kampf um den Wehrbeitrag, 2. Halbbd., a.a.O., S. 833f.
46 Vgl. Anm. 29.
47 Vgl. dazu den Schriftwechsel zwischen Arndt und Höpker Aschoff in der Zeit vom 1.8.1952–14.8.1952 in: Der Kampf um den Wehrbeitrag, 2. Halbbd., a.a.O., S. 215f., 829-832, das Schreiben der SPD-Bundestagsfraktion an den Ersten Senat des Bundesverfassungsgerichts v. 8.9.1952, S. 217f. und die Schriftsätze der Bundestagsfraktion der SPD an das Bundesverfassungsgericht v. 7.10. 1952 und 8.10.1952, S. 219-244.
48 Vgl. Anm. 45.
49 Vgl. Schriftsatz der SPD-Bundestagsfraktion v. 6.11.1952 an das Bundesverfassungsgericht, a.a.O., S. 741-749.
50 Vgl. Anm. 18.
51 Zur Rolle Dehlers vgl. Arnulf *Baring,* a.a.O., S. 230-254 sowie den Briefwechsel zwischen Heuss und Dehler im November 1952 in: Friedrich *Henning,* Theodor Heuss: Lieber Dehler!, München 1983, S. 82-96.
52 Vgl. Anm. 20.
53 Vgl. die Erklärung der Bundesregierung über das Bundesverfassungsgericht vom 19.12.1952, in: Bulletin, Nr. 205, 23.12.1952, S. 1785.
54 Vgl. Nr. 25 Anm. 56.
55 Vgl. Anm. 39.
56 Vgl. »Frankfurter Allgemeine« v. 10.12.1952, die unter dem Titel »Staatskrise« kommentierte: »Taktisch gesehen hat der Kanzler eine Schlappe erlitten.«

Nr. 38

1 Heinz *Weber* (geb. 1924); seit 1951 Chefdolmetscher des Auswärtigen Amtes. Angaben in »Frankfurter Allgemeine« v. 17.5.1983.

2 Vgl. Vermerk BPA zu 250-1 III 270/53 v. 14.1.1953, in: BA, B 145/717 sowie StBKAH 04.04.

3 Omer *Anderson,* amerikanischer Journalist; Bonner Korrespondent für »Stars and Stripes«.

4 Richard C. *Hottelet* (geb. 1917), amerikanischer Journalist; 1938 Redakteur im Berliner Büro von United Press, 1939 Kriegskorrespondent, 1941–1943 für das US Office of War Information in London, Nordafrika und Italien tätig, seit 1944 Korrespondent bei Columbia Broadcasting System News (CBS), bis 1946 in dessen Londoner Büro, 1946 in Moskau, anschließend Rückkehr in die USA, 1951–1956 Leiter des Büros in Bonn, 1960 Korrespondent bei der UNO, seitdem außenpolitischer Kommentator für CBS News Rundfunk und Fernsehen mit Sitz in New York. Vgl. seine Beiträge: Deutschland im Denken der Nordamerikaner, in: Offene Welt, Nr. 46 (1956), S. 593-597; Berlin und der Ost-West-Konflikt, in: Moderne Welt, 3. Jg. (1962), S. 227-249; Berlin and beyond, in: Orbis, Vol. 5 (1966), S. 267-291; Nachrichten aus Deutschland, in: Fritz *Brühl* (Hrsg.), Ansichten über Deutschland, S. 175-180.

5 David M. *Nichol* (geb. 1911), Journalist; Redakteur der »Daily News« (Chicago), für die er seit 1940 aus Berlin, London, dem Mittleren Osten, 1943–1944 aus Moskau berichtete, seit 1946 wieder in Berlin, ab 1949 in Bonn. Vgl. seinen Beitrag: Der Harte Frieden, in: Arthur *Settel* (Hrsg.): Das ist Germany, S. 203-222.

6 Frank *White,* amerikanischer Journalist; Korrespondent für »Time Life« in Bonn.

7 Angabe in StBKAH 04.04, im Dokument als Beginn angegeben »10 Uhr«.

8 Am 23.12.1952 stürzte die Regierung Pinay-Schuman. Ihr folgte am 6.1.1953 eine Regierung unter der Führung des Radikalsozialisten René Mayer, die von den Gaullisten und der von ihnen abgespaltenen Action Républicaine Sociale getragen wurde. Mayer wollte die Bedenken der Rechten gegen die Verträge durch Zusatzprotokolle ausräumen. Sichergestellt werden sollte, daß bei Notfällen in den Überseegebieten französische Truppenteile aus der Europa-Armee abgezogen werden können. Zu den internen Auseinandersetzungen und der Forderung nach Zusatzprotokollen vgl. Hans-Peter *Schwarz,* Die Ära Adenauer 1949–1957, S. 179 f.; Gerhard *Wettig,* Entmilitarisierung, S. 531–540.

9 Eine Mitteilung, daß »bereits Verhandlungen stattgefunden hätten«, konnte in »The New York Times« nicht nachgewiesen werden. Vermutlich bezog sich die Äußerung aber auf den Artikel »Abroad« in: »The New York Times« v. 12.1.1953, in dem festgestellt wurde: »Chancellor Adenauer is seeking an early meeting with Foreign Minister Bidault in an effort to get the stalled negotiations started again.«

10 René *Mayer* (geb. 1895), französischer Politiker; 1939 Leiter der Rüstungskommission in London, 1943–1944 Kommissar für Verkehr und Handelsmarine

im Nationalen Befreiungskomitee, 1944–1945 Minister für Verkehr und öffentliche Arbeiten, 1945–1946 Hoher Kommissar für deutsche und österreichische Angelegenheiten, 1946–1956 Abgeordneter der Nationalversammlung (Radikalsozialist), 1947–1948 und 1951–1952 Wirtschafts- und Finanzminister, 1948 Verteidigungsminister, 1949–1951 Justizminister, 1953 Ministerpräsident, 1955–1957 Präsident der Hohen Behörde der EGKS. Angaben zu seiner Vita in: Hans *Dichgans*, Montanunion, S. 176, 181f. und L'Année Politique 1953, S. 7.

11 Vgl. Anm. 13, 14.

12 Zum Abschluß der Investiturdebatte der französischen Nationalversammlung am 6.1.1953 sagte Mayer zu, die Bedenken der Gaullisten durch Zusatzprotokolle, welche die Einheit und Integrität der französischen Armee aufrechterhalten, sicherzustellen. Vgl. L'Année Politique, a.a.O., S. 314f.

13 Vgl. Ansprache Adenauers am 7.1.1953 im Bayerischen Rundfunk über die außenpolitischen Aufgaben der Bundesregierung. Text in: Bulletin, Nr. 5, 9.1.1953, S. 33f., Entwurf in StBKAH 02.11.

14 In der nachträglich eingeschobenen Passage bestätigte Adenauer die Notwendigkeit, das Vertragswerk werde »in Form von Zusatzprotokollen, von Erläuterungen präzisiert und entwickelt werden müssen kraft der in ihm liegenden Dynamik.« Das sei kein Revisionismus. Adenauer stellte fest, daß Mayer die gleiche Ansicht vertreten habe.

15 Nachdem am 1.7.1952 der amerikanische Senat mit 77 gegen 5 Stimmen dem Deutschland-Vertrag zugestimmt hatte, wurde dieser am 4.8.1952 von Präsident Truman ratifiziert. Das britische Unterhaus stimmte am 1.8.1952 der Ratifizierung des Deutschland- und des EVG-Vertrages zu.

16 Vgl. Nr. 27 Anm. 21.

17 Truman ersuchte am 6.3.1952 den Kongreß um Genehmigung eines Kredites von 7,9 Milliarden Dollar zur Unterstützung der Verbündeten. Vgl. AdG, 22. Jg. (1952), S. 3374f.

18 Am 6.1.1953 wurde bekannt, daß Dr. jur. Leo *Zuckermann* (geb. 1905), Professor für Völkerrecht, 1949–1951 Staatssekretär und Chef der Präsidialkanzlei von DDR-Ministerpräsident Pieck, 1951–1953 Direktor des Instituts für Rechtswissenschaft in Potsdam, »vor einiger Zeit« mit seiner Familie nach West-Berlin geflohen war. Er wurde vom SED-Zentralkomitee beschuldigt, mit veranlaßt zu haben, daß die der SED angehörenden Juden in die Berliner Jüdische Gemeinde eintreten, um sie »amerikanischen Agentenzwecken« dienstbar zu machen. Vgl. »Frankfurter Rundschau« v. 7.1.1953; zur Tätigkeit Zuckermanns in Ost-Berlin, SBZ von 1945 bis 1954, hrsg. vom *Bundesministerium für gesamtdeutsche Fragen*, Bonn–Berlin 1961, S. 113, 115, 216, 222f., 225, sowie Biographisches Handbuch der deutschsprachigen Emigration nach 1933, Bd. I, S. 851.

19 Am 13.1.1953 veröffentlichte TASS eine Meldung über die angebliche Entlarvung einer »terroristischen Ärztegruppe«, die durch ihre Behandlungsmethoden beabsichtigt hätten, das Leben führender Persönlichkeiten zu gefährden. Vgl. Anton *Kolendič*, Machtkampf im Kreml, S. 52-73.

20 Der Bundestag stimmte am 5.12.1952 den Ratifizierungsgesetzen zum Deutschlandvertrag und zum EVG-Vertrag in zweiter Lesung mit den Stimmen der Koalition gegen die Stimmen der SPD, des Zentrums, der KPD sowie einiger Fraktionslose und weniger FDP-Abgeordnete zu. Mehrheitlich billigte das Parlament drei Entschließungen, die auf Vorschlag des Auswärtigen Ausschusses und der Föderalistischen Union eingebracht worden waren. Sie bezogen sich vor allem auf die Eigentums- und Finanzregelungen sowie auf das Recht der Deutschen zu nationaler Einheit und Unabhängigkeit. Vgl. Verhandlungen des Deutschen Bundestages, 1. Wahlperiode 1949, Stenographische Berichte, Bd. 14, S. 11495-11535.
21 Vor einem Militärgericht in Bordeaux fand vom 12.1.–13.2.1953 ein Prozeß gegen 51 deutsche und 14 elsässische ehemalige SS-Angehörige statt. Sie waren angeklagt, 642 Einwohner, darunter 242 Kinder, ermordet und den Ort Oradour-sur-Glane größtenteils eingeäschert zu haben. Vgl. AdG, 23. Jg. (1953), S. 3868 f.
22 Vgl. Nr. 37.
23 Der designierte Präsident Eisenhower bestimmte Professor Dr. Conant am 12.1.1953 zum Nachfolger des zum Jahresende 1952 zurückgetretenen Walter I. Donnelly.
James Bryant *Conant* (1893–1978), Dr., amerikanischer Diplomat, Wissenschaftler und Kulturpolitiker; 1929 Professor an der Harvard-Universität (Cambridge/ Massachusetts), 1933–1953 deren Präsident, 1941–1946 Vorsitzender des Forschungsausschusses für Landesverteidigung und maßgebend an der Entwicklung der Atombombe beteiligt, 1946 Mitglied des Beratenden Ausschusses der Atomenergiekommission, 1953–1955 Hoher Kommissar in Deutschland, anschließend 1955–1957 Botschafter in der Bundesrepublik.
24 McCloy begrüßte die Ernennung mit den Worten: »Dr. Conant ist genau das, was der Arzt für die Zukunft Deutschlands verordnet hätte.« Vgl. »Frankfurter Rundschau« v. 14.1.1953.
25 Vgl. Anm. 19.

Nr. 39
a ‹ › Vom Bearbeiter gestrichen »will«.
b ‹ › Vom Bearbeiter korrigiert aus »12«.
c ‹ › Vom Bearbeiter korrigiert aus »gleichlich«.
1 Karl S. *Robson,* Journalist; Bonner Korrespondent für »News Chronicle« (London).
2 Text der Rede Adenauers anläßlich der Eröffnungsveranstaltung des Deutschen Presseclubs in der Godesberger Redoute am 12.1.1953 in: Bulletin, Nr. 9, 15.1.1953, S. 65-68.
3 Auf Anweisung des britischen Hochkommissars wurden in der Nacht vom 14./15.1.1953 der ehemalige Staatssekretär im Reichspropagandaministerium, Dr. rer. pol. Werner *Naumann* (geb. 1896, Geschäftsführer in der Flugzeugbau- und Bauindustrie in Bremen, vgl. die Angaben in Erich *Stockhorst,* Fünftausend Köpfe, S. 304) und weitere ehemals führende Nationalsozialisten, die sich mit

Plänen zur Wiederergreifung der Macht in Westdeutschland befaßten, verhaftet. Es sollte festgestellt werden, in welchem Umfange ihre Tätigkeit eine Bedrohung der Sicherheit der alliierten Streitkräfte darstellte. Vgl. dazu das am 15.1.1953 vom britischen Außenministerium herausgegebene Kommuniqué in: AdG, 22.Jg. (1953), S. 3824, auch Ivone *Kirkpatrick,* Im Inneren Kreis, West-Berlin 1964, S. 210-213.

4 Britischer Geheimdienst.

5 Vgl. »Die Welt« v. 17.1.1953.

6 Karl Otto Kurt *Kaufmann* (geb. 1900); 1924–1928 Leiter des NSDAP Gaus Rheinland, 1928–1930 Mitglied des preußischen Landtags, 1928–1945 Gauleiter in Hamburg, 1930 MdR, 1933 Reichsstatthalter von Hamburg, Reichskommissar für die deutsche Seefahrt, 1939 Reichskommissar für den Wehrbereich X, SS-Obergruppenführer. Vgl. Erich *Stockhorst,* a.a.O., S. 227f.

7 In dem Bericht wurde die Auffassung vertreten, der Anteil der mit nationalistischen Gedanken sympathisierenden Deutschen habe in den letzten 18 Monaten in der Bundesrepublik erheblich zugenommen, vor allem unter den Anhängern der FDP und der der anderen Rechtsparteien. Vgl. »Frankfurter Allgemeine« v. 20.1.1953. Adenauer gab zu der Veröffentlichung und zu den britischen Verhaftungen am 21.1.1953 vor dem Bundestag eine Erklärung ab, in der er sich gegen rechts- wie linksextremistische Bewegungen in der Bundesrepublik wandte und die Entwicklung hin zu demokratischen Verhältnissen hervorhob. Vgl. Verhandlungen des Deutschen Bundestages, 1. Wahlperiode 1949, Stenographische Berichte, Bd. 14, S. 11673f.

8 Vgl. Nachrichtenspiegel (I) v. 19.1.1953, S. 1, in BPA Archiv F 20.

9 Gemeint war die EMNID GmbH & Co, abgekürzt für Erforschung der öffentlichen Meinung, Marktforschung, Nachrichten- und Informations-Dienste, die am 1.9.1945 in Bielefeld als Unternehmen für politische, wirtschaftliche und publizistische Umfragen mit mehreren deutschen und ausländischen Niederlassungen gegründet wurde.

10 Hermann Bernhard *Ramcke* (geb. 1889), General; 1940 bei der Fallschirmtruppe, 1942 Generalmajor, 1944 General der Fallschirmtruppen, 1944–1951 zunächst in amerikanischer, dann in französischer Haft. Vgl. zu seiner Vita Ernst *Stockhorst,* a.a.O., S. 336.

11 Auf dem ersten Nachkriegstreffen von Angehörigen der ehemaligen Waffen-SS in Verden/Aller hatte der als Gast geladene Ramcke erklärt: »Wer sind denn wirklich die Kriegsverbrecher? Es sind die, die den unseligen Frieden gemacht haben, die ohne taktische Gründe ganze Städte zerstörten, die die Bomben auf Hiroshima warfen und neue Atombomben herstellen.« Vgl. AdG, 22.Jg. (1952), S. 3718.

12 Vgl. »Frankfurter Allgemeine« v. 13.1.1953.

13 Vgl. den Artikel »German Lesson«, in: »News Chronicle« v. 16.1.1953 und den Bericht des Korrespondenten Karl *Robson,* No Chance for Nazism: Adenauer, in: »News Chronicle« v. 20.1.1953, in dem der während des Teegesprächs

gegebene Hinweis des Kanzlers auf den Artikel v. 16.1.1953 wiedergegeben wurde.

14 Vgl. Nr. 38 Anm. 15.

15 Adenauer meinte vermutlich den Artikel von Rüdiger *Proske,* Remers dunkle Jahre, in: »Welt am Sonntag« v. 25.5.1952, in dem u. a. berichtet wurde, daß Remer in den letzten Kriegstagen seiner in Spreeberg östlich der Elbe eingeschlossenen Division befohlen habe, nach Dresden durchzubrechen.

16 Nachdem durch einen Briefwechsel zwischen Adenauer und Kirkpatrick vom 13. bzw. 17.3.1953 klargestellt worden war, daß die deutschen Justizbehörden den Fall weiterhin behandeln (Text der Briefe in: AdG, 23. Jg. (1953), S. 3934), wurde Naumann am 28.7.1953 aus der Haft entlassen. Ein Jahr später, am 6.7.1954, wurde er wegen Vergehens nach § 90a StGB vor dem Bundesgerichtshof angeklagt. Mit Beschluß vom 3.12.1954 lehnte der Bundesgerichtshof die Eröffnung des Hauptverfahrens ab, da ein Tatbestand nach § 90a nicht vorliege, solange die von Naumann geführte Vereinigung nicht begonnen habe, in der Öffentlichkeit politisch wirksam gegen die verfassungsmäßige Ordnung vorzugehen. Vgl. AdG, 24. Jg. (1954), S. 4608, 4886.

17 An belastenden Materialien wurden das Tagebuch Naumanns, Briefe und Aufzeichnungen seiner Reden gefunden.

18 Wilhelm *Schepmann* (geb. 1894); organisierte in den 20er Jahren den Aufbau der SA im Ruhrgebiet, 1932 Mitglied des preußischen Landtags (NSDAP), 1933 MdR, 1934 Polizeipräsident von Dortmund, 1936 Regierungspräsident in Dresden, 1943 Stabschef der SA, lebte 1947–1949 unter dem Decknamen Schuhmacher in Gifhorn, 1949 Verhaftung und Prozeß, 1954 Freispruch, 1952 Mitglied des Kreistags und der Gemeindevertretung in Gifhorn, dort Stellvertretender Bürgermeister, 1961 Rücktritt. Vgl. Munzinger Archiv, Internationales Biographisches Archiv, 17.6.1961.

Vom BHE wurde Schepmann im Oktober 1952 für die Gemeindewahlen in Niedersachsen im Wahlkreis Gifhorn als dritter Listenkandidat nominiert. Vgl. »Die Welt« v. 24.10.1952, »Lübecker Nachrichten« v. 14.1.1953; zu den Reaktionen des Auslands auf seine Nominierung vgl. »Frankfurter Rundschau« und »Frankfurter Allgemeine« beide v. 12.11.1952.

19 Anthony *Nutting* (geb. 1920), britischer Politiker; 1940–1945 im Auswärtigen Dienst, 1946–1947 Vorsitzender der Jungkonservativen Bewegung, 1950–1951 Mitglied der Conservative National Union, 1951–1956 Parlamentarischer Staatssekretär im Foreign Office, Leiter der UN-Delegation, wegen des Verhaltens von Premierminister Eden im Suezkonflikt 1956 zurückgetreten. Vgl. seine Darstellungen: Europe will not wait, A warning and a way out, London 1960; Die Suez-Verschwörung 1956, Der ehemalige britische Staatsminister enthüllt das anglofranzösische Komplott zum Sturz Nassers, Wien 1967; Nasser, London 1972.

20 Zur Vorgeschichte und zum Inhalt des Briefes von Ollenhauer an Adenauer vom 7.1.1953 vgl. Konrad *Adenauer,* Erinnerungen 1953–1955, S. 188-191; Abschrift des Schreibens in StBKAH 06.09.

21 Wortlaut der Pressekonferenz am 16.1.1953 in Bonn in BPA Archiv F 30; Auszüge in: AdG, 23. Jg. (1953), S. 3826.
22 Vgl. dazu die folgenden Artikel im »Neuen Vorwärts« v. 9.1.1953: »Auf dem Wege zur Neuwahl« und »Gute Nerven und einen klaren Kopf«; zum Briefwechsel: »Der Bundeskanzler lehnt alles ab«, in: »Neuer Vorwärts« v. 23.1.1953.
23 Vgl. Anm. 2.
24 Text des Briefes in: Konrad *Adenauer,* a.a.O., S. 191-193.
25 Vgl. dazu Hans-Peter *Schwarz,* Die Ära Adenauer 1949–1957, S. 305 f. Die FDP wies in einer Erklärung vom 24.1.1953 die Verdächtigungen zurück. Text der Erklärung in: AdG, 23. Jg. (1953), S. 3832.
26 Zu Dr. Friedrich *Middelhauve* (1896–1966) vgl. die biographischen Angaben in: Adenauer, Briefe 1945–1947, S. 642.
27 Zu den Beziehungen Adenauers zu Middelhauve und dessen parteipolitischer Orientierung vgl. ebenda, S. 226, 423 f., 499, 540, 722 sowie Adenauer, Briefe 1947–1949, S. 165, 190, 417, 510, 550.
28 Vor einem französischen Gericht in Metz begann am 12.1.1953 der Prozeß gegen zwölf Angehörige des ehemaligen deutschen Wachpersonals des sog. »Umerziehungslagers« von Schirmeck bei Straßburg. Die Anklage lautete auf Folterung und Ermordung von 288 Lagerinsassen. Vgl. »Frankfurter Rundschau« v. 13.1.1953.
29 Damit waren vermutlich Beratungen der am EVG-Vertrag Beteiligten über die französische Forderung nach Zusatzprotokollen gemeint, vgl. Nr. 38 und insbes. Anm. 8.
30 Aus London wurde berichtet, Viktor Semjonowitsch *Abakumow* (1894–1954), sowjetischer Politiker, im Zweiten Weltkrieg Stellvertreter Berijas beim Militärischen Abwehrdienst, seit 1946 Minister für Staatssicherheit, sei abgesetzt und verhaftet worden. Vgl. »Die Welt« v. 19.1.1953. Er wurde 1953 verurteilt und später hingerichtet.
31 Vgl. dazu Anton *Kolendič,* Machtkampf im Kreml, Bergisch Gladbach 1983.

Nr. 40

a ‹ › Vom Bearbeiter korrigiert aus »mit«.
1 Vgl. Einladungsliste in: BA, B 145/971-736 Bd. II. Vgl. Abb. S. 408.
2 Hans-Georg *von Studnitz* (geb. 1907), Journalist und Publizist; 1932–1940 Schriftleiter und Zeitungskorrespondent für Scherl, 1940–1945 Referent in der Presseabteilung des Auswärtigen Amtes, 1948 Korrespondent der »Zeit« (Hamburg) bei den Nürnberger Prozessen, 1949–1950 Chefredakteur der »Hamburger Allgemeinen Zeitung«, Begründer und Herausgeber der Monatsschrift Außenpolitik, ab 1953 Chefredakteur des »Hamburger Anzeigers«, 1978 Chefredakteur der »Zeitbühne«, ständiger Mitarbeiter u. a. des »Bayernkuriers« (München), »Deutschland-Magazins« und der »Welt am Sonntag« (Essen). Vgl. seine Studie: Bismarck in Bonn, Bemerkungen zur Außenpolitik, Stuttgart 1964.

3 Adenauer reiste unmittelbar nach diesem Gespräch zur Außenminister-Konferenz der EGKS-Staaten am 24./25.2.1953 nach Rom. Wortlaut des Kommuniqués in: EA, 8.Jg. (1953), S. 5543.

4 Gemeint war die Ratifizierung des Deutschland- und des EVG-Vertrages, vgl. Nr. 27 Anm. 21.

5 Unter Leitung von Pierre *André* (geb. 1903), seit 1946 Mitglied der Nationalversammlung, bildete sich am 12.2.1953 eine Arbeitsgemeinschaft von Parlamentariern beider Kammern des französischen Parlaments, die sich die Verhinderung der Ratifizierung der Verträge zum Ziel gesetzt hatte. Vgl. Gerhard *Wettig,* Entmilitarisierung, S. 533f., dort auch mit weiteren Hinweisen.

6 Auf einer Europareise vom 31.1.–8.2.1953 besuchte der neue amerikanische Außenminister Dulles am 5./6.2.1953 Bonn. Vgl. seine Erklärung vor der Presse am 5.2.1953 in: Bulletin, Nr. 25, 6.2.1953, S. 201.

7 Vgl. Nr. 38 Anm. 9, 14.

8 Zu den Beratungen im EVG-Interimsausschuß vgl. Gerhard *Wettig,* a.a.O., S. 540-543; Hans Joachim *Heiser,* Die Interimsarbeit an der Europäischen Verteidigungsgemeinschaft, in: EA, 7.Jg. (1953), S. 5763f.

9 Zu den Diskussionen um die Zusatzprotokolle auf der Außenministerkonferenz vgl. Gerhard *Wettig,* a.a.O., S. 543f.

10 Eine Erklärung Seebohms um den 15.2.1953 in Bremen konnte nicht nachgewiesen werden. Jedoch berichtete die »Frankfurter Rundschau« v. 23. und 24.2. 1953 von einer entsprechenden Äußerung Seebohms am 21.2.1953 in Kiel, die allerdings von ihm dementiert wurde, vgl. dazu »Frankfurter Rundschau« v. 26.2. 1953.

11 Am Rande der Außenministerkonferenz trafen der Bundeskanzler und der französische Außenminister am 26.2.1953 zusammen, um eine Verständigung über die Saarfrage in die Wege zu leiten. Vgl. Bulletin, Nr. 39, 27.2.1953; AdG, 22.Jg. (1953), S. 3889.

12 Vgl. Nr. 45 Anm. 38.

13 Der niederländische Außenminister Beyen schlug auf der Konferenz vor, die Errichtung eines Gemeinsamen Marktes in den Zielkatalog für die Schaffung einer Europäischen Politischen Gemeinschaft aufzunehmen. Vgl. zur Entstehung des sog. »Beyen-Plans« die Darstellung von J[an] W[illem] *Beyen,* Het Spel en de Knikkers, Rotterdam 1968, S. 227-229; *ders.,* Die europäische Zollunion, in: Außenpolitik, 4.Jg. (1953), S. 433-435; Adrian F. *Manning,* Die Niederlande und Europa von 1945 bis zum Beginn der fünfziger Jahre, in: VfZ, 29.Jg. (1981), S. 17f.; Hanns Jürgen *Küsters,* Die Gründung der Europäischen Wirtschaftsgemeinschaft, S. 55-58.

14 Am 26.2.1953 nahm der Verfassungsausschuß der Ad-hoc-Versammlung (vgl. Nr. 27 Anm. 22, Nr. 33 Anm. 41, Nr. 41 Anm. 11) zur Ausarbeitung einer Satzung für eine Europäische Politische Gemeinschaft den revidierten Satzungsentwurf an. Die Ad-hoc-Versammlung stimmte dem Entwurf am 10.3.1953 zu (vgl. Nr. 41 Anm. 11). Vgl. Hans-Peter *Schwarz,* Die Ära Adenauer 1949–1957, S. 221-223.

15 Vgl. Nr. 35 Anm. 9.
16 Vgl. die Reden und Beschlüsse des 19. Parteitages der KPdSU vom 5.–14.10. 1952 in Moskau in: AdG, 22. Jg. (1952), S. 3693 f. Zur Bedeutung des Parteitags in der Entwicklung der Sowjetunion vgl. Peter *Reddaway,* Union der Sozialistischen Sowjetrepubliken, in: Claus Dieter *Kernig* (Hrsg.), Die kommunistischen Parteien der Welt, Freiburg–Basel–Wien 1969, S. 548.
17 Vgl. Nr. 28 Anm. 8.
18 Zu den Äußerungen Dehlers und seinem Dementi vgl. »General-Anzeiger« (Bonn) v. 23.2.1953 und »Frankfurter Rundschau« v. 24.2.1953.
19 Vgl. Nr. 36 Anm. 24.
20 Vgl. Nr. 39 Anm. 3, 16, 17.

Nr. 41
1 Vgl. Einladungsliste in: BA, B 145/971-736 Bd. II.
2 Wilhelm *Backhaus* (geb. 1905), Journalist; in den 50er Jahren Chefredakteur des Diplomatischen Kuriers, in den 60er Jahren freier Mitarbeiter des »Hamburger Abendblattes«. Vgl. seine Studien: Psychoanalyse der deutschen Europapolitik, Schriftenreihe des Diplomatischen Kuriers, Köln 1955; Begegnung im Kreml, So wurden die Gefangenen befreit, Berlin 1955; Sind die Deutschen verrückt? Ein Psychogramm der Nation und ihrer Katastrophen, Bergisch Gladbach 1968.
3 In der Einladungsliste als »Brinkmann« ausgewiesen. Es handelte sich um Karl *Bringmann* (geb. 1912), Dr. phil., Journalist und Verlagsdirektor, Honorarprofessor für Journalistik; 1937–1938 Redakteur der »Germania« (Berlin), 1947–1952 Kulturredakteur der »Rheinischen Post« (Düsseldorf), 1953–1958 Chefredakteur der Katholischen Nachrichten Agentur, 1959–1978 Verlagsdirektor bei der »Rheinischen Post«. Vgl. Kurt *Koszyk*/Volker *Schulze* (Hrsg.), Die Zeitung als Persönlichkeit, Festschrift für Karl Bringmann, Düsseldorf 1982.
4 Carl *Helfrich,* Dr., Journalist; arbeitete als Korrespondent für den Hessischen Rundfunk in Bonn.
5 Erhard *Herzig* (geb. 1912), Journalist; 1932–1938 Redakteur beim »Tagebote« (Prag), 1938–1939 beim »Grenzblatt« (Sebnitz), 1939–1941 beim »Prager Tageblatt« und »Neuen Tag«, 1941-1951 beim »Telegraf« (Berlin), 1951–1953 beim Parlamentarisch Politischen Pressedienst (Bonn), 1953–1959 Leiter der Bonner Büros der dpa, 1959–1963 Pressesprecher der niedersächsischen Landesregierung, 1963–1975 Chefredakteur des NDR-Regionalfernsehens.
6 Heinz *Ockhardt,* Journalist; 1949–1954/55 Bonner Korrespondent der »Bremer Nachrichten«.
7 Walter *Schlösser,* Journalist; Bonner Korrespondent des »Westdeutschen Tageblatts« (Dortmund).
8 Ulrich *Wirth* (geb. 1918), Dr. phil.; 1950 Redakteur der »Süddeutschen Zeitung« (München), 1951–1958 deren Korrespondent in Bonn, 1958–1971 Chef vom Dienst im Presse- und Informationsamt der Bundesregierung, ab 1963 zugleich Referatsleiter, 1971–1973 Leiter der Zentralredaktion der Auslandsabteilung.

9 Friedrich *Kleibömer* (geb. 1923), 1949–1953 als Stenograph im Presse- und Informationsamt der Bundesregierung tätig.

10 Adolf *Michaelis* (geb. 1910); 1953–1962 Hilfsreferent in der Inlandsabteilung des Presse- und Informationsamtes der Bundesregierung, später Oberregierungsrat, 1962 Wechsel ins Bundesministerium für Gesundheitswesen.

11 Der Ministerrat der EGKS hatte auf seiner ersten Sitzung am 10.9.1952 beschlossen (vgl. zur Vorgeschichte Nr. 27 Anm. 22, Nr. 33 Anm. 41), die Mitglieder der Gemeinsamen Versammlung einzuladen, in enger Verbindung mit den Mitgliedern des Europarats, eine Ad-hoc-Versammlung (Präkonstituante) zur Ausarbeitung eines Vertragsentwurfs über die Gründung einer Europäischen Politischen Gemeinschaft zu bilden. Die Ad-hoc-Versammlung konstituierte sich am 15.9.1952 unter dem Vorsitz von Paul Henri Spaak und entschied, eine Ad-hoc-Kommission einzusetzen, die am 22.9.1953 unter Leitung von Heinrich von Brentano ihre Arbeiten an dem Vertragsentwurf aufnahm. Zur Zusammensetzung der Ad-hoc-Kommission vgl. Europa, Dokumente zur Frage der europäischen Einigung, hrsg. vom *Auswärtigen Amt,* Bonn 1953, S. 390f.; Herbert *Müller-Roschach,* Die deutsche Europapolitik, S. 37-39; Arnulf *Baring,* Sehr verehrter Herr Bundeskanzler!, S. 116-120.
Am 9.3.1953 nahmen die Außenminister der EGKS-Staaten in Straßburg, am nächsten Tag nahm dort die Ad-hoc-Versammlung den Entwurf an. Wortlaut in: Europa, Dokumente, 2. Teilbd., S. 947-982, auch abgedruckt in: EA, 8. Jg. (1953), S. 5669-5683.
Zwischen Adenauer und Bidault fand außerdem am 9.3.1953 eine Unterredung über die Saarfrage statt. Vgl. Jacques *Freymond,* Die Saar, S. 147.

12 Text in: Bulletin, Nr. 47, 11.3.1953, S. 399.

13 Paul Henri *Spaak* (1899–1972), Dr. jur., belgischer Politiker; 1932–1956 und 1961–1966 Abgeordneter des Repräsentantenhauses (BSP/PSB), 1935 Minister für Post und Verkehr, 1936–1939 (1940–1945 in der Exilregierung in London), 1946–1949, 1954–1957, 1961–1966 Außenminister, 1938–1939 und 1946, 1947–1949 Ministerpräsident, 1945–1946 und 1961–1966 stellvertretender Ministerpräsident, 1949–1951 Präsident der Beratenden Versammlung des Europarats, 1950–1955 Leiter des Internationalen Rates der Europäischen Bewegung, 1952–1954 Präsident der Gemeinsamen Versammlung der EGKS, 1957–1961 Generalsekretär der NATO. Vgl. seine Memoiren eines Europäers, Hamburg 1969; La pensée européenne et atlantique de Paul Henri Spaak, Textes réunis et présentés par Paul F. *Smets,* 2 Bde., Brüssel 1981; Beate *Schneider,* Propagandist und Staatsmann Paul-Henri Spaak, in: Thomas *Jansen*/Dieter *Mahncke* (Hrsg.), Persönlichkeiten der Europäischen Integration, S. 411-454; Jacques *Willequet,* Paul Henri Spaak. Un homme, des combats, Brüssel 1975.

14 Margaretha *Klompé* (geb. 1912), Dr. math., niederländische Politikerin; 1932–1949 Lehrerin für Mathematik, Chemie und Physik in Nimwegen, seit 1940 in der niederländischen Widerstandsbewegung tätig, nach dem Zweiten Weltkrieg Vorsitzende verschiedener nationaler Frauenorganisationen, 1947–1952 Mitglied

der niederländischen Delegation bei der UN-Vollversammlung, 1947–1956 und ab 1963 Abgeordnete der Generalstaaten (KVP), 1949–1956 Mitglied der Beratenden Versammlung des Europarats und 1952–1956 der Gemeinsamen Versammlung der EGKS, 1956–1963 Sozial-, 1966–1971 Kulturministerin.

15 Vgl. Nr. 45 Anm. 2.

16 Heinz (Heinrich) *Braun* (1888–1962), Dr., Rechtsanwalt; 1933 Mitarbeiter des Chefredakteurs der »Volksstimme« (Saarbrücken), Max Braun, 1935 Emigration nach Frankreich, 1940 nach England, 1942–1945 im britischen Ministerium für Wirtschaftskriegsführung und im Foreign Office tätig, 1945 Generalstaatsanwalt beim Interalliierten Gerichtshof in Nürnberg, 1946 Ernennung zum Generalstaatsanwalt des Saarlandes, 1946–1955 Mitglied des Landesvorstandes der SPS, 1947 Mitglied des saarländischen Landtags, 1947–1951 und 1952–1954 Justizminister des Saarlandes, 1949–1955 Präsident der Europa Union Saar. Vgl. Robert *Schmidt,* Saarpolitik, 1. Bd., S. 200f.; Biographisches Handbuch der deutschsprachigen Emigration nach 1933, Bd. 1, S. 87.

17 Beim Satzungsentwurf für die EPG hatte sich zunächst der deutsche Standpunkt durchgesetzt, daß das Saarland nicht »als Staat« Mitglied der politischen Gemeinschaft werden könne. Aufgenommen werden sollten »das Gebiet und die Bevölkerung der Saar«. Vgl. zu den Verhandlungen Robert *Schmidt,* a.a.O., 2. Bd., S. 508f.

18 Zu den Änderungsanträgen der Saarvertreter Erwin *Müller* (1906–1968, Rechtsanwalt; 1946–1947 Präsident und Direktor für Justiz der Verwaltungskommission des Saargebietes, 1951–1952 saarländischer Minister für Justiz und Kultus, 1952–1954 für Finanzen, vgl. Robert *Schmidt,* a.a.O., 1. Bd., S. 172) und Dr. Franz *Singer* (1898–1953; seit 1927 Redakteur der »Saarbrücker Landeszeitung«, 1945 Verwaltungsdirektor der Stadt Saarbrücken, 1945–1953 stellvertretender Vorsitzender der CVP, 1947–1951 saarländischer Minister für Wirtschaft, 1952–1954 Kultusminister, vgl. a.a.O., S. 171 und a.a.O., 2. Bd., S. 509) sowie dem Änderungsantrag der französischen Regierung, vgl. a.a.O., 2. Bd., S. 510.

19 Eine Regelung wurde nicht gefunden, das Problem der Einbeziehung der Saar in die EPG blieb weiterhin umstritten. Vgl. a.a.O., 2. Bd., S. 510-530; Jacques *Freymond,* a.a.O., S. 147-149.

20 Der Vertreter Frankreichs, Alphand, erklärte am 11.2.1953 im Lenkungsausschuß des Interimskomitees, die französischen Entwürfe für die Zusatzprotokolle hätten lediglich erläuternden Charakter. Auf der Außenministerkonferenz in Rom gaben die übrigen Partner Bidault zu verstehen, daß die französischen Entwürfe Vertragsänderungen darstellten und daher einen neuen Ratifizierungsprozeß erfordern würden, womit für sie die Protokolle aus der Diskussion waren. Die französische Regierung blieb jedoch bei ihrer Version und behielt sich unausgesprochen das Recht vor, die Zusatzprotokolle bei der Ratifizierung dem Parlament vorzulegen. Dementgegen behauptete Bidault nach der Konferenz, die französischen Entwürfe seien nie aufgegeben worden, sondern stünden weiterhin zur Diskussion. Vgl. zu diesen Vorgängen Gerhard *Wettig,* Entmilitarisierung, S. 541-546.

21 David K. E. *Bruce* (1898–1977), amerikanischer Diplomat; 1926–1928 Vizekonsul in Rom, 1928–1940 für verschiedene Unternehmen tätig, 1941–1945 beim Office of Strategic Service (Spionageabwehr), ab 1943 dort Direktor, 1947–1948 stellvertretender Handelssekretär, 1948–1949 Chef der ECA-Mission in Frankreich, 1949–1952 dort Botschafter, 1952–1953 Stellvertretender Außenminister, 1953–1954 Ständiger Vertreter bei der Hohen Behörde der EGKS, 1957–1959 Botschafter in Bonn, 1961–1969 in London, 1970–1971 Vertreter bei den Pariser Vietnam-Verhandlungen, 1972–1974 Chef des US-Verbindungsbüros in der Volksrepublik China, 1974–1975 Botschafter bei der NATO in Brüssel. Zu seiner Ernennung zum Ständigen Vertreter bei der EGKS vgl. Bulletin, Nr. 47, 11.3. 1953, S. 399.

22 Eine solche Rede konnte nicht nachgewiesen werden. Allerdings hatte Mayer bereits in seiner Regierungserklärung am 6.1.1953 davon gesprochen, ein Statut für die Saar zu entwerfen – nicht zu unterzeichnen –, ehe der EVG-Vertrag ratifiziert werden könne. Vgl. L'Année Politique 1953, S. 473.

23 Vgl. dazu Jacques *Freymond,* a.a.O., S. 147.

24 Mayer äußerte in seiner Investiturrede (vgl. Anm. 22): »Je considére que la définition de ce statut [de la Sarre, d. B.] est un préalable nécessaire á tout ratification des accords contractuels et du traité á la Communauté de Défense.«

25 Tete Harens *Tetens* arbeitete während der 20er Jahre als Zeitungsherausgeber, 1933–1934 Inhaftierung durch die Nationalsozialisten, anschließend Flucht in die Schweiz, 1938 Emigration in die USA, 1940–1947 in der amerikanischen Kriegsverbrecher-Kommission tätig. Vgl. seine Darstellung: Germany plots with the Kremlin, New York 1953.

26 Reuters Ltd., britische Nachrichtenagentur, gegründet 1849 von Paul Julius *Freiherr von Reuter* (1816–1899).

27 Anspielung auf die Ausführungen Schumans am 8.3.1953 in Saargemünd: »Wir können Deutschland nicht das Recht zum Wiederaufbau geben, weil Deutschland auf diese Weise nach unserer Ansicht gefährlich werden könnte. Das deutsche Volk ist ein militärisches Volk, und wir wünschen nicht, daß es seine alten Gewohnheiten wieder aufnimmt und seinen alten Geschmack wiedergewinnt. Wenn das deutsche Volk aber nicht die gleichen Lasten trägt wie wir, wird es seine Bemühungen dem Wiederaufbau, der Produktivität und den Exporten zuwenden, und es würde die Gefahr entstehen, daß es zu einem gefährlichen Konkurrenten wird.« Vgl. »»Frankfurter Allgemeine« v. 10.3.1953.

28 Vgl. Nr. 26 Anm. 12.

Nr. 42

a ‹ › Vom Bearbeiter korrigiert aus »Bahn«.

b ‹ › Vom Bearbeiter korrigiert aus »wenig«.

c ‹ › In der Vorlage unleserlich.

d ‹ › Vom Bearbeiter korrigiert aus »draußen«.

1 Vgl. Teilnehmerliste in: BA, B 145/971-736 Bd. II.

2 In der Teilnehmerliste vermerkt: »Dr. Wegener oder Junges«.

3 Vgl. ebenda.

4 Der Bundeskanzler nahm von 16.45 Uhr bis 16.55 Uhr an dem Gespräch teil. Angabe in StBKAH 04.04.

5 Am 18.3.1953 wurde das Zustimmungsgesetz zum deutsch-israelischen Wiedergutmachungsvertrag (vgl. Nr. 36 Anm. 24) vom Bundestag mit 238 gegen 34 Stimmen der KPD und einigen Vertretern der Rechten bei 86 Enthaltungen aus den Reihen der CSU, FDP, DP und der Bayernpartei verabschiedet. Vgl. Verhandlungen des Deutschen Bundestages, 1. Wahlperiode 1949, Stenographische Berichte, Bd. 15, S. 12290-12293.
Der Bundestag nahm am 19.3.1953 mit 226 Stimmen der CDU/CSU, FDP, DP, der Bayernpartei und einiger Abgeordneter der Föderalistischen Union sowie fraktionsloser Abgeordneter gegen 164 Stimmen vor allem der SPD und der KPD den Deutschland-Vertrag in dritter Lesung an. Für den EVG-Vertrag votierten 224, 165 Abgeordnete stimmten dagegen, 2 enthielten sich der Stimme. Vgl. zur Debatte a.a.O., S. 12296-12361, zum Ergebnis der namentlichen Abstimmung, S. 12363-12366.

6 Vgl. a.a.O., S. 12276f.

7 Text der am 18.3.1953 über den Nordwestdeutschen Rundfunk gesendeten Ansprache in: Bulletin, Nr. 55, 21.3.1953, S. 467f.

8 Vgl. Verhandlungen des Deutschen Bundestages, a.a.O., S. 12276.

9 Moshe *Sharett,* früher *Shertok* (1884–1965), israelischer Politiker; in der Ukraine aufgewachsen, ging 1906 nach Palästina, wurde dort führendes Mitglied der Mapai, leitete bis 1948 das Politische Departement der Jewish Agency, 1948–1956 Außenminister, 1953–1955 Ministerpräsident, 1960 Präsident der Jewish Agency. Zu seiner Tätigkeit zahlreiche Hinweise in Nahum *Goldmann,* Staatsmann ohne Staat, Köln–Berlin 1970; *ders.,* Mein Leben als deutscher Jude, München–Wien 1980; *ders.,* Mein Leben, USA–Europa–Israel, München–Wien 1981.

10 Vgl. Nr. 36 Anm. 24.

11 Die Bundesregierung hatte vor Unterzeichnung des Vertrages darauf hingewirkt, das in Israel bestehende Verbot, die deutsche Flagge zu zeigen, zurückzunehmen. In den Verhandlungen darüber erklärte sich die israelische Regierung zur Aufhebung des Verbotes bereit, sobald das Abkommen ratifiziert sei. Vgl. dazu die Erklärung Adenauers am 4.3.1953 in: Verhandlungen des Deutschen Bundestages, a.a.O., S. 12095.

12 Vgl. Nr. 41 Anm. 11, 12.

13 Vgl. Nr. 36 Anm. 24.

14 Die Studienkommission war beauftragt, im Rahmen einer Intensivierung der deutsch-ägyptischen Wirtschaftsbeziehungen die technischen und kaufmännischen Voraussetzungen für die Errichtung eines neuen Nil-Staudammes bei Assuan zu prüfen. Vgl. Bulletin, Nr. 54, 20.3.1953, S. 456.

15 Max *Prüß* (1888–1962), Dr.-Ing. E.h., Wasserwirtschaftler; 1937–1955 Geschäftsführer des Ruhrverbandes, 1938–1955 auch des Ruhrtalsperrenvereins, ab 1948 Begründer der Abwassertechnischen Vereinigung und deren erster Präsident.
16 Vgl. Anm. 14.
17 Nach einer dpa-Meldung vom 19.3.1953 aus Beirut erklärte ein Sprecher des libanesischen Außenministeriums einem Vertreter der arabischen Nachrichtenagentur, es sei nicht zu erwarten, daß der Libanon und die anderen Araberstaaten deutsche Waren boykottieren würden. Vgl. »Die Welt« v. 20.3.1953.
18 Vgl. dazu »Export-Imperialismus?«, Der deutsche Außenhandel im Rahmen der Welthandelsentwicklung, in: Bulletin, Nr. 49, 13.3.1953, S. 414f.
19 In dem Artikel »Auf krummen Wegen, Geheimabmachung über die endgültige Spaltung Deutschlands« in der »Zeit« v. 19.3.1953 berichtete der frühere Regierungssprecher Paul Bourdin von einem Gespräch mit dem international bekannten amerikanischen Journalisten von International News Service in Europa, Kingsbury-Smith, in dem dieser die Ansicht geäußert habe, die britische, die französische und die sowjetische Regierung seien gegen die Wiedervereinigung Deutschlands. Die Bundesregierung müsse angesichts dieser Situation um so mehr zu ihrer Unterschrift unter die EVG- und Deutschland-Verträge stehen, da sie kein Interesse habe, Frankreich und England aus ihrer Verpflichtung, die sie in Art. 7 des Deutschland-Vertrages eingegangen seien, zu entlassen. Gleichzeitig mit der Ratifizierung sollte der Bundestag erklären, daß keine Geheimabmachung zur »Interpretation« der Verträge, durch die die Wiedervereinigung behindert werden könnte, für Deutschland verpflichtend sein kann.
20 Vgl. dazu auch die Äußerungen Adenauers am 19.3.1953 vor dem Bundestag in: Verhandlungen des Deutschen Bundestages, a.a.O., Bd. 15, S. 12306-12308; zu den Hintergründen Arnulf *Baring,* Außenpolitik in Adenauers Kanzlerdemokratie, S. 307-312.
21 Vgl. Nr. 44 Anm. 8.
22 Hans *Kilb* (geb. 1910); 1936 Assessor, 1936–1945 Berufsoffizier, 1948–1951 in der Stadtverwaltung Göttingen tätig, 1951 Persönlicher Referent von Staatssekretär Walter Gose im Bundesministerium für den Marshall-Plan, 1951–1958 Persönlicher Referent des Bundeskanzlers, zuletzt Ministerialrat, 1958–1974 Direktor bei der Euratom-Kommission, ab 1967 der EG-Kommission.
23 Philip *Mountbatten* (geb. 1921); seit der Heirat mit der britischen Thronfolgerin Elisabeth II. 1947 Herzog von Edinburg, legte dabei den Familiennamen *von Battenberg* ab, seit 1957 Prinz.
24 Josip *Tito,* eigentlich *Broz* (1892–1980), jugoslawischer Politiker; 1917–1920 Dienst in der Roten Armee, 1920–1927 als Mechaniker tätig, beteiligt am Aufbau der KP in Kroatien, 1928–1934 inhaftiert wegen illegaler Tätigkeit für die KP, seit 1934 Mitglied des ZK und des Politbüros, 1937 Generalsekretär der KP, 1941 Aufbau der kommunistisch orientierten »Befreiungsfront«, 1943 Marschall und Vorsitzender des Nationalen Befreiungskomitees, 1945–1953 Ministerpräsident

und Staatschef der Föderativen Volksrepublik Jugoslawien, zugleich Verteidigungsminister, 1953 Staatspräsident und Oberbefehlshaber der Streitkräfte, seit 1963 Staatspräsident auf Lebenszeit. Vgl. Vladimir *Dedijer,* Tito, Mein Leben – Mein Werk – Mein Vermächtnis, Percha 1981; Fitzroy *Maclean,* Josip Broz Tito, Ein Kampfgefährte berichtet, Zürich 1980; Milovan *Djilas,* Tito, Eine kritische Biographie, München–Wien 1980; *ders.,* Jahre der Macht, München 1983.

25 Text der Erklärung des Foreign Office vom 18.3.1953 in: Bulletin, Nr. 54, 20.3.1953, S. 453.

26 Text vgl. Verhandlungen des Deutschen Bundestages, a.a.O., S. 12308.

27 Alexander *Wiley* (1884–1967), amerikanischer Politiker; seit 1907 als Anwalt in Chippewa Fall (Wisconsin) tätig, 1939–1962 Senator für Wisconsin (Republikaner), 1947–1948 Vorsitzender des Rechtsausschusses des Senats.

28 Wiley beglückwünschte Adenauer und den Bundestag zu der »weitsichtigen Demonstration der Führerschaft«, weil die Abkommen zum erstenmal von einer kontinentaleuropäischen gesetzgebenden Körperschaft gebilligt worden waren. Vgl. »Die Neue Zeitung« v. 21./22.3.1953.

29 Vgl. Nr. 43 Anm. 39.

30 Zu den Kontroversen zwischen Bundesrat und Bundesregierung vgl. Nr. 28 Anm. 6.

31 Vgl. zu diesen Kontroversen zwischen Bundestag und Bundesrat Udo *Wengst,* Staatsaufbau, S. 305-307.

Nr. 43

a ‹ › Vom Bearbeiter korrigiert aus »des Beitritts«.

b ‹ › Vom Bearbeiter korrigiert aus »lt«.

c ‹ › Vom Bearbeiter korrigiert aus »Bundesrats«.

d ‹ › Vom Bearbeiter korrigiert aus »in einem«.

e ‹ › Vom Bearbeiter korrigiert aus »erhört«.

1 Vgl. Einladungsliste in: BA, B 145/971-736 Bd. II.

2 Enrico *Altavilla,* Dr., italienischer Journalist; Korrespondent für »Nova Stampa«, hat jedoch seiner Erinnerung nach – laut Schreiben an den Bearbeiter v. 7.4. 1984 – nicht an Teegesprächen Adenauers teilgenommen.

3 In der Einladungsliste vermerkt: »Kasischke oder Boultwood«.
George *Boultwood* (geb. 1915), amerikanischer Journalist; 1946–1950 Korrespondent bei Associated Press in Frankfurt/Main, 1950–1960 in Bonn, 1960–1964 in Berlin, anschließend Leiter der AP-Büros in Oslo und Kopenhagen.
Richard *Kasischke* (geb. 1911), deutscher Journalist; 1945–1951 Korrespondent bei Associated Press in Frankfurt/Main, 1951 in Berlin, 1951–1953 in Bonn.

4 Alain *Clément* (geb. 1925), französischer Journalist; 1948–1962 Deutschland-Korrespondent von »Le Monde«, 1962 deren Korrespondent in Washington 1982–1983 wieder in Bonn. Vgl. seine Studie: L'Allemagne d'Adenauer, Paris 1953.

5 Jacques *Clergier* (1916–1974), französischer Journalist; seit 1941 journalistisch tätig, bis zum Kriegsende Korrespondent für AFP in Ungarn, 1952–1956 Korrespondent von »Le Figaro« in Bonn, später Chef des Auslandsdienstes von Les Echos. Nachruf in »Le Figaro« v. 18.5.1974.
6 Gaston *Coblentz,* amerikanischer Journalist; Korrespondent der »New York Herald Tribune« in Bonn. Vgl. seine Darstellung: Duell am Abgrund, John Foster Dulles und die amerikanische Außenpolitik 1953–1959, Köln–Berlin 1961.
7 Mario *Franchini,* Dr., italienischer Journalist; Korrespondent in Bonn für »Giornale d'Italia«.
8 Ian *Fraser* (geb. 1923), Journalist und Bankier; 1946 Redakteur bei Reuters Ltd., 1948 deren Korrespondent in Berlin, 1949–1956 Leiter des Bonner Büros, seit 1951 Chefkorrespondent für Deutschland, ab 1956 als Handelsbankier, seit 1980 im eigenen Unternehmen tätig.
9 John Henry *Freeman* (1888–1964), britischer Journalist; zunächst Redakteur bei »Nottingham Express«, »Sussex Daily News«, »Hastings Argus«, »Yorkshire Observer«, seit 1926 für »The Times« tätig, 1946–1954 Korrespondent in Berlin, ab 1949 in Bonn, 1951 mit Emlyn Williams Vorsitzender des Vereins der ausländischen Presse, 1954–1962 Korrespondent in Genf. Nachruf in »The Times« v. 28.7.1964. Umfangreiche Korrespondenz mit Adenauer in StBKAH 10.10.
10 Aritsune *Fujimoto* (geb. 1914), japanischer Journalist; 1952–1953 Korrespondent der Agentur Ji Ji Press (Tokio) in Bonn, 1953 Leiter des politischen Ressorts in Tokio, 1966–1968 Korrespondent in Hamburg, 1968 Exekutiv- und Managementdirektor, 1974–1979 Generalsekretär der nationalen japanischen Pressevereinigung.
11 Eduard *Geilinger* (1912–1973), Dr. phil., schweizerischer Journalist; seit 1940 Redakteur bei der »Neuen Zürcher Zeitung«, zunächst beauftragt mit der Berichterstattung aus Vichy, 1941–1945 Korrespondent in Berlin, nach zeitweiliger Rückkehr in die Schweiz Beobachter beim Kriegsverbrecherprozeß in Nürnberg, ab 1947 wieder in Berlin, 1952–1955 Korrespondent in Bonn, 1955–1971 in Rom, 1971–1973 in Moskau. Nachruf in »Neue Zürcher Zeitung« v. 7.12.1973.
12 Slobodan *Glumac,* jugoslawischer Journalist; Bonner Korrespondent für »Borba«.
13 Bjørn *Heimar* (geb. 1923), norwegischer Journalist; 1953–1962 als Korrespondent der »Aftenposten« (Oslo) in Bonn, 1962–1970 in Washington, seit 1970 Leiter des Ressorts Außenpolitik und Mitglied der Chefredaktion.
14 Vgl. Anm. 3.
15 Gottfried A. *Knepflé* (geb. 1913), niederländischer Journalist; 1945–1956 Deutschland-Korrespondent der Presseagentur Allgemeen Nederlands Pers (Den Haag), 1956–1963 deren Chefredakteur, 1963–1978 in gleicher Funktion bei »De Limburger« (Maastricht).
16 Arnold *Künzli* (geb. 1919), Dr. phil., Professor, schweizerischer Journalist und Publizist; 1946–1947 Korrespondent der Basler »National-Zeitung« und des Züricher »Tages-Anzeigers« in Rom, 1947–1949 Korrespondent der »National-Zei-

tung« in London, 1949–1955 in Bonn, 1956–1962 Mitglied der Redaktion in Basel, anschließend als freier Publizist und Dozent tätig, 1964 Habilitation, seit 1971 Professor für Philosophie an der Universität Basel. Angaben in »Basler Nachrichten« und »National-Zeitung«, beide v. 1.12.1971. Zahlreiche Veröffentlichungen zu Themen der politischen Philosophie, des Sozialismus und Kommunismus.
17 Yoshitada *Kumamoto,* japanischer Journalist; für »Asahi Shimbun« Korrespondent in Bonn.
18 Wellington *Long* (geb. 1924), amerikanischer Journalist; 1946–1954 Korrespondent für United Press in Frankfurt/Main, Paris, London und Bonn, 1954–1956 Leiter des Bonner Büros von »Newsweek«, 1956–1959 Redakteur bei Script Howard Newspaper in Washington, Nahost und Bonn, 1959–1979 Korrespondent für United Press International in Bonn, Washington, Moskau und wieder Bonn, seit 1979 als freier Journalist in Bonn tätig.
19 Paul *Maugain,* französischer Journalist; zuerst Kriegskorrespondent, 1947 Programmchef des französischen Rundfunks in Baden-Baden (Südwestfunk) und Korrespondent verschiedener französischer Zeitungen, 1949–1969 Korrespondent des französischen Rundfunks und Fernsehens in Bonn. Angaben in »Bonner Rundschau« v. 23.7. und 15.10.1969.
20 Ladislav *Melcicki,* jugoslawischer Journalist; Korrespondent in Bonn für die Nachrichtenagentur Tanjug.
21 Luigi *Morandi* (1898–1965), Dr. rer.nat., italienischer Wissenschaftler, Journalist; 1924–1943 in der Industrie tätig, war in den 50er Jahren Vertreter Italiens im Forschungskomitee der OEEC, arbeitete bis 1960 als Korrespondent der Presseagentur Ansa, anschließend Präsident der nationalen Kommission des Verbandes wissenschaftlich-technischer Gesellschaften in Mailand. Angaben in »Die Welt« v. 21.4.1965. Vgl. seine Studien: Adenauer, Cancelliere della libertà, Brescia 1961; Rußland heute, München 1962.
22 Eugenio *Morreale,* italienischer Journalist; Bonner Korrespondent für »Gazetta del Popolo« und »Gazetta Sera«.
23 Miguel *Moya-Huertas,* spanischer Journalist; Korrespondent für »La Vanguardia« (Madrid) in Bonn.
24 Sandro *Paternostro,* Dr., italienischer Journalist; Korrespondent für RAI und »Il Tempo« in Bonn.
25 Terence *Prittie* (geb. 1913), britischer Journalist; 1946–1963 Deutschland-Korrespondent des »Manchester Guardian«, anschließend dessen diplomatischer Korrespondent. Zahlreiche Veröffentlichungen über Adenauer und die deutsche Nachkriegsgeschichte, u. a. Architect of the new Germany, in: Germany divided, The legacy of the Nazi era, Boston 1960, S. 193-220; Konrad Adenauer 1876–1967, Chikago 1971 und London 1972; Konrad Adenauer, Vier Epochen deutscher Geschichte, 2. Aufl., Stuttgart, 1972; Der Staatsmann, Geschichtliche Perspektiven, in: Konrad Adenauer, Leben und Politik, hrsg. mit Horst *Osterheld*/ François *Seydoux,* Bonn 1975, S. 11-65; Deutsche Bundeskanzler, in: Walter *Scheel* (Hrsg.), Nach dreißig Jahren, Die Bundesrepublik Deutschland – Vergangenheit,

Gegenwart, Zukunft, Stuttgart 1979, S. 212-231; Kanzler in Deutschland, Stuttgart 1981.

26 Jens E. J. *Ranten,* dänischer Journalist; Bonner Korrespondent der »Berlingske Tidende« (Kopenhagen).

27 Adolph *Rastén,* dänischer Journalist; Korrespondent der »Politiken« (Kopenhagen) in Bonn, war laut Schreiben an den Bearbeiter v. 21.3.1984 nicht zu Teegesprächen Adenauers eingeladen.

28 Stéphane *Roussel,* französische Journalistin; vor dem Zweiten Weltkrieg Berliner Korrespondentin von »Le Matin« (Paris), gehörte zu einer kleinen Gruppe französischer Journalisten, die während des Krieges in London die Tageszeitung »France« herausgab, bis 1951 Korrespondentin von »France Soir« in London, 1951–1964 in Bonn. Angaben in »Rheinische Post« v. 3.10.1964. Vgl. ihren Beitrag in: Fritz *Brühl* (Hrsg.), Ansichten über Deutschland, S. 40-43.

29 Max *Schnetzer* (1900–1968), schweizerischer Journalist; 1934–1945 Auslandskorrespondent in Berlin, 1948–1960 in Bonn, arbeitete für den »Bund« (Bern), das »St. Galler Tagblatt«, den »Tagesanzeiger« (Zürich), die »Basler Nachrichten«, die »Schweizer Illustrierte Zeitung« (Zürich), die Schweizerische Depeschenagentur (Bern) und Radio Bern.

30 Tom *Selander,* Dr., schwedischer Journalist; Korrespondent des »Svenska Dagbladet« (Stockholm) in Bonn.

31 Reginald *Steed* (geb. 1906), britischer Journalist; seit 1933 Redakteur für »Daily Express« und »Daily Telegraph« (beide London), 1940–1945 als Oberstleutnant in der militärischen Abwehr tätig, 1952–1956 Korrespondent des »Daily Telegraph« in Bonn, in den 70er Jahren deren Chefkommentator und stellvertretender Chefredakteur. Angaben in »Bild am Sonntag« v. 21.5.1978.

32 Douglas *Stuart,* britischer Journalist; Bonner Korrespondent der BBC.

33 J. Emlyn *Williams* (geb. 1896), britischer Journalist; seit 1926 Europa-Korrespondent des »Christian Science Monitor« (Boston) mit Sitz in Wien, während des Zweiten Weltkriegs in der politischen Nachrichtenabteilung des Foreign Office tätig, 1944 Kriegsberichterstatter, seit 1945 wieder Korrespondent für den »Christian Science Monitor« in Berlin, anschließend in Bonn. Vgl. seine Beiträge: Wohin führt der Weg?, in: Arthur *Settel* (Hrsg.), Das ist Germany, S. 72-84; The German Federal Republic today, in: International Affairs (London), Vol. 28 (1952), S. 422-431; Western Germany before the summit, in: The World Today, Vol. 16 (1960), S. 63-70; Federal elections in West Germany, a.a.O., Vol. 17 (1961), S. 512-518; Recent West German political developments, a.a.O., Vol. 19 (1963), S. 70-77; zu seiner journalistischen Tätigkeit John *Hohenberg,* Foreign Correspondence, S. 332, 363.

34 Arthur G. *Williamsen,* britischer Journalist; Korrespondent für den »Exchange Telegraph« in Bonn.

35 Bernhard *Winter,* französischer Journalist; Bonner Korrespondent der Agence France Press.

36 Johannes Jacobus Hubertus *Wintraecken* (1917–1981), niederländischer Journalist; 1951–1958 Korrespondent für »De Gelderlander-Pers« (Nimwegen) in Bonn, 1958–1964 in Rom, seit 1964 in Brüssel. Auf dessen journalistische Arbeit und die Beziehungen zu Adenauer verweist Jan *Koesen,* Schrijver in schaduw van Coppi, Joannes, Adenauer, in »De Gelderlander-Pers« v. 3.7.1976.
37 Ernst *Kayser* (1899–1970), Dr.; 1951–1960 Referent, später Leiter der Auslandsabteilung im Presse- und Informationsamt der Bundesregierung, 1960 im Auswärtigen Dienst.
38 Angabe in StBKAH 04.04, im Dokument angegeben »15 Uhr«.
39 Auf Antrag des Landes Baden-Württemberg hatte der Bundesrat am selben Tag mit 20 Stimmen der Länder Baden-Württemberg, Bremen, Hamburg, Hessen und Niedersachsen gegen 18 Stimmen der übrigen Bundesländer beschlossen, seine Stellungnahme zum EVG- und zum Deutschland-Vertrag bis nach der Vorlage eines Gutachtens des Bundesverfassungsgerichts über die Verfassungsmäßigkeit und die Zustimmungsbedürftigkeit der Ratifizierungsgesetze zu vertagen. Vgl. Verhandlungen des Bundesrates, Stenographische Berichte, Jg. 1953–1954, S. 178-195. Zu den Hintergründen dieser Entscheidung vgl. Hans-Peter *Schwarz,* Die Ära Adenauer 1949–1957, S. 177-179; Arnulf *Baring,* Außenpolitik in Adenauers Kanzlerdemokratie, S. 278-284.
40 Vgl. dazu »Frankfurter Allgemeine« v. 25.4.1953.
41 Zur Rede Adenauers am 24.4.1953 vgl. Verhandlungen des Bundesrates, a.a.O., S. 186-188.
42 Matthew Bunker *Ridgway* (geb. 1895), amerikanischer Offizier; diente 1917–1939 in verschiedenen Positionen des Generalstabes, 1939–1942 im Generalstab des Kriegsministeriums, 1942–1944 Kommandeur der 82. Airborne Division, 1944 beteiligt an der Invasion in der Normandie, 1946–1950 in verschiedenen Positionen in Westeuropa, im Mittelmeer, in der Karibik und Korea tätig, 1951–1952 Kommandeur der UN-Truppen und Oberkommandierender der Alliierten Mächte, 1952–1953 Oberkommandeur der Alliierten Mächte in Europa, 1953–1955 Chef des Stabes der US-Armee.
Zum Inhalt des Schreibens von Eisenhower an Ridgway vgl. die Rede Adenauers vor dem Bundesrat, a.a.O., S. 187.
43 Zu den Äußerungen Dulles' auf einer Pressekonferenz am 24.4.1953 in Paris vgl. »Die Neue Zeitung« v. 25.4.1953.
44 Lord Hastings Lionel *Ismay* (1887–1965), britischer Offizier und Politiker; 1933–1936 Generalstabsoffizier, 1940–1945 Stabschef im Kriegsministerium, stellvertretender Militärsekretär des Kriegskabinetts, enger Berater Churchills in Fragen der militärischen Kriegsführung, 1947 Stabschef des Vizekönigs von Indien, 1951 Minister für Commonwealth-Beziehungen, 1952–1957 Generalsekretär der NATO. Vgl. The Memoirs of General the Lord Ismay, London 1960 und die von ihm hrsg. Dokumentation: NATO: The First Five Years, 1949–1954, 2. Aufl., Utrecht 1956.

45 Zur Rede Zinns vgl. Verhandlungen des Bundesrates, a.a.O., S. 191-193.
46 Vgl. dazu auch die Rede Adenauers vor dem Bundesrat, a.a.O., S. 187.
47 Gemeint war der Vermittlungsausschuß.
48 Vgl. Nr. 28 Anm. 6.
49 Vgl. Nr. 27 Anm. 21.
50 Vgl. Nr. 28 Anm. 6, 13.
51 Zum Ergebnis der Volkszählung vom 13.9.1950 vgl. Wirtschaft und Statistik, 2. Jg., Heft 7 (1950), S. 246-248 und 3. Jg., Heft 11 (1951), S. 427-438, 1103-1105.
52 Vgl. zu der Rede Ehards Verhandlungen des Bundesrates, a.a.O., S. 181-183, 190f.
53 Vgl. Nr. 37.
54 Zu dem Vortrag Höpker Aschoffs vor der Schwäbischen Gesellschaft am 15.4.1953 in Bad Cannstatt bei Stuttgart vgl. »Stuttgarter Zeitung« v. 17.4.1953.
55 Vgl. Anm. 39.
56 Zum Wortlaut des Beschlusses des Bundeskabinetts vom 23.4.1953 vgl. die Rede Adenauers vor dem Bundesrat, a.a.O., S. 187.
57 Vgl. Nr. 42 Anm. 5; zu den Ausführungen Adenauers Verhandlungen des Bundesrates, a.a.O., S. 186-188.
58 Gemeint waren entweder der Bremer Bürgermeister Wilhelm Kaisen oder der hessische Ministerpräsident Georg August Zinn.
59 Am 11.5.1953 stellten die Mitglieder der Bundestagsfraktionen der SPD und der FU beim Bundesverfassungsgericht erneut einen Antrag auf Feststellungsklage. Texte des Schriftsatzes und der nachgereichten Begründungen in: Der Kampf um den Wehrbeitrag, Ergänzungsbd., S. 166-223.
60 Die Bundesregierung hatte am 27.3.1953 ihren bereits am 20.3.1953 gefaßten Beschluß bekanntgegeben, die Ratifikationsurkunden erst dann zu hinterlegen, wenn die anderen Vertragspartner dies bereits getan haben, es sei denn, das Bundesverfassungsgericht habe schon vorher über die Verträge entschieden. Vgl. AdG, 23. Jg. (1953), S. 3933.
61 Text der Erklärung Eisenhowers vor dem Verband der amerikanischen Zeitungsverleger am 16.4.1953, in der er seine Verhandlungsbereitschaft mit der Sowjetunion ankündigte, in: Bulletin, Nr. 72, 17.4.1953, S. 613-615. Zur Politik des amerikanischen Präsidenten nach dem Tod Stalins am 5.3.1953 vgl. Walt *Whitman,* Europe after Stalin, Eisenhower's three decisions of March 11, 1953, Austin 1982.
62 Zu den Äußerungen Dulles' während der Tagung des Nordatlantikrats vom 23.–25.4.1953 in Paris vgl. AdG, 23. Jg. (1953), S. 3967.
63 Wortlaut in: Bulletin, Nr. 68, 11.4.1953, S. 581f.
64 Eine dementsprechende Äußerung Ismays war in der Tagespresse nicht nachzuweisen.
65 Weil die CDU/CSU- wie die SPD-regierten Bundesländer die Verträge geschlossen unterstützten bzw. ablehnten, gab die Haltung Maiers bzw. die Stimmabgabe des Landes Baden-Württemberg den Ausschlag über das Mehrheitsver-

hältnis und damit für die Vertagung der Entscheidung im Bundesrat. Zur Haltung Maiers vgl. dessen Erinnerungen 1948–1953, Tübingen 1964, S. 483; Hans-Peter *Schwarz,* Die Ära Adenauer 1949–1957, S. 178; Arnulf *Baring,* Außenpolitik in Adenauers Kanzlerdemokratie, S. 281.

66 Gemeint waren die Bundestagswahlen am 6.9.1953, vgl. zum Ergebnis Nr. 47 Anm. 7.

67 Zur Rede Kaisens vgl. Verhandlungen des Bundesrates, a.a.O., S. 183-185.

68 Der französische Außenminister hatte am 23.4.1953 während einer Rede im Restaurant auf dem Eiffelturm u. a. erklärt, die Wiederherstellung der deutschen Einheit sei unumgänglich und stelle ein Hauptziel der französischen Politik dar. Eine Lösung der deutschen Frage außerhalb Europas gebe es nicht, auch komme eine Neutralisierung nicht in Betracht. Vgl. L'Année Politique 1953, S. 346.

69 Zu den vom Sachverständigenausschuß der Bundesregierung erarbeiteten Unterlagen für einen Gesetzentwurf vgl. den Beitrag von Hans Kurt *Geeb,* Zur Frage der Neugliederung des Bundesgebietes, in: Bulletin, Nr. 52, 18.3.1953, S. 440-442.

Nr. 44

a ‹ › In der Vorlage ms. durchgestrichen.

b ‹ › Vom Bearbeiter gestrichen »für«.

c ‹ › Vom Bearbeiter korrigiert aus »Kalkulationen«.

d ‹ › Vom Bearbeiter korrigiert aus »entsprechend«.

1 Genaue Angaben über die Teilnehmer waren nicht zu ermitteln.

2 Die Bischofskonferenz der Vereinigten Evangelisch-Lutherischen Kirchen Deutschlands hatte in einer am 24.4.1953 bekanntgewordenen Erklärung zur Lage der Kirche in der DDR den staatlichen Druck auf Kirchenmitglieder in Glaubensfragen angeprangert und die Maßnahmen gegen die »Junge Gemeinde« (Verhaftungen, soziale Benachteiligung) als unmenschlich bezeichnet. Wortlaut der Stellungnahme in: Bulletin, Nr. 77, 24.4.1953, S. 656. Am 6.5.1953 begründete das DDR-Innenministerium das Vorgehen damit, daß die »Junge Gemeinde« keine erlaubte Organisation sei. Bischof Otto Dibelius hingegen verwies auf Artikel 41 der Verfassung der DDR, der die Religionsfreiheit festlege. Vgl. AdG, 23. Jg. (1953), S. 3980.

3 Person war in StBKAH nicht genau zu ermitteln.

4 Zu der sowjetischen »Friedensoffensive« – womit die außenpolitischen Aktivitäten Moskaus nach dem Tode Stalins gemeint waren – und den westlichen Reaktionen vgl. Hans-Peter *Schwarz,* Die Ära Adenauer 1949–1957, S. 207-211; *ders.*/Boris *Meissner* (Hrsg.), Entspannungspolitik in Ost und West, Köln–Berlin–Bonn–München 1980; Peer *Lange,* Konfrontation mit dem westlichen Bündnis in Europa, in: Dietrich *Geyer* (Hrsg.), Osteuropa-Handbuch, Bd. 1, Sowjetunion, Außenpolitik 1917–1955, Köln–Wien 1972, S. 550-557.

5 Vermutlich handelte es sich um den Bonner Korrespondenten von »The Times«, John H. Freeman, den Adenauer am 6.5.1953 zu einem Gespräch empfangen hatte. Angabe in StBKAH 04.04.

6 Bei den Gemeindewahlen am 26.4.1953 erhielten die Kommunisten ohne das Ergebnis in der Hauptstadt 28,8 v. H. der abgegebenen Stimmen, in Paris zogen sie mit 27,46 v. H. der abgegebenen Stimmen als stärkste Fraktion ins Rathaus ein. Vgl. L'Année Politique 1953, S. 35, 651-654.

7 Vgl. Nr. 43 Anm. 68.

8 Während seiner USA-Reise vom 6.–18.4.1953 (vgl. Konrad *Adenauer,* Erinnerungen 1945–1953, S. 564-589; Materialien in StBKAH 12.52) erklärte Adenauer – nach einem Bericht von United Press – auf einer Pressekonferenz am 11.4.1953 in San Franzisko: »Deutschland würde im Falle der Wiedervereinigung unseres Landes seine Rolle in der EVG nicht aufgeben, denn dies käme der Spaltung Westeuropas gleich. Zudem würde Deutschland dann früher oder später ein Opfer der Sowjets werden, da wir allein nicht stark genug sind, um Widerstand zu leisten. Wir werden, was auch geschehe, auf der Seite des Westens stehen. Wir müssen zusammen in die Zukunft schreiten.« Vgl. AdG, 23. Jg. (1953), S. 3947.

9 Nach Rückkehr von seiner USA-Reise am 9.4.1953 unterstrich der französische Ministerpräsident Mayer, daß die Ratifikation des EVG-Vertrages durch die Nationalversammlung der einvernehmlichen deutsch-französischen Definition eines europäischen Saar-Statuts untergeordnet bleibe. Vgl. AdG, 23. Jg. (1953), S. 3945.

10 Vgl. Nr. 25 Anm. 14.

11 Zu den Ausführungen Adenauers vor dem amerikanischen Presseclub am 8.4.1953 vgl. Bulletin, Nr. 67, 10.4.1953, S. 574, und zu denen auf einer Pressekonferenz am 10.4.1953 in Washington vgl. »Die Neue Zeitung« v. 11.4.1953.

12 Vgl. Nr. 41 Anm. 17-19.

13 Zum Inhalt der Unterredungen mit Eisenhower vgl. Konrad *Adenauer,* Erinnerungen 1945–1953, S. 569.

14 Anspielung auf die Auseinandersetzungen über die Ratifizierung des EVG- und des Deutschland-Vertrages am 24.4.1953 im Bundesrat, vgl. Nr. 43 Anm. 39; zu den Verhandlungen Ende April 1953 Arnulf *Baring,* Außenpolitik in Adenauers Kanzlerdemokratie, S. 281-290.

15 Rechtsfragen des Verhältnisses zwischen Berlin und der Bundesrepublik behandelt Dieter *Mahncke,* Berlin im geteilten Deutschland, S. 54-67. Zu Adenauers Haltung vgl. *ders.,* Adenauer und die Hauptstadt Berlin: Das Verhältnis Berlins zum Bund 1949 bis 1956, in: Konrad Adenauer und seine Zeit, Bd. 2, S. 402-426.

16 Der Bundestag setzte am 18.3.1953 einen Sonderausschuß für das Wahlrecht ein, dem der entsprechende Regierungsentwurf (vgl. Nr. 36 Anm. 27), der auf einer Mischung von Mehrheits- und Verhältniswahlsystem basierte, zur Prüfung übermittelt wurde. Das am 26.6.1953 vom Bundestag verabschiedete Wahlgesetz zum zweiten Bundestag legte jedoch keine genauen Modalitäten für die Entsendung der Berliner Abgeordneten in den Bundestag (Wahl oder Delegierung) fest. Vgl. Erhard H. M. *Lange,* Wahlrecht und Innenpolitik, Meisenheim am Glan 1975, S. 518-586.

17 Eine solche Erklärung lag der Bundesregierung vermutlich zunächst informell vor. Offiziell mitgeteilt hatte die Alliierte Hohe Kommission ihre Entscheidung im Schreiben vom 24.6.1953 an den Bundeskanzler. Wortlaut in: Dokumente zur Berlin-Frage, S. 142.
18 Gemeint war wohl die Anordnung der Alliierten Kommandantur der Stadt Berlin vom 30.6.1949, derzufolge für die Vertretung von Berlin im Deutschen Bundestag »keine allgemeinen Wahlen stattzufinden haben, um diese Vertreter zu wählen, vielmehr sind sie von der Stadtverordnetenversammlung zu wählen.« Wortlaut in: Dokumente zur Berlin-Frage, S. 130.
19 Günter Robert Paul *Klein* (1900–1963), Dr. jur., Jurist; 1931–1933 Landrat des Kreises Dinslaken, später im Versicherungswesen tätig, ab 1947 Vertreter Berlins beim Frankfurter Wirtschaftsrat, 1949–1953 Mitglied des Magistrats von Groß-Berlin bzw. des West-Berliner Senats und dessen Vertreter im Bundesrat, 1954–1961 Mitglied des Berliner Abgeordnetenhauses (SPD), 1955–1961 Senator für Bundesangelegenheiten sowie für das Post- und Fernmeldewesen, 1961–1963 MdB.
20 Zum Wahlgesetz vgl. Anm. 16.
21 Pierre Jacques *Manceaux-Demiau* (1898–1979), französischer Offizier; 1936–1938 als Militärberater in Brasilien, 1938–1940 im Hauptquartier in Paris, 1949 Militärattaché in Argentinien, Uruguay, Paraguay und Chile, 1951 Brigadegeneral, 1953–1954 Stadtkommandant in Berlin, 1955 Kommandant in Algerien, 1957–1958 in Rennes.
22 Vgl. Nr. 47 Anm. 7.
23 Waldemar *Kraft* (1898–1977); 1920–1939 polnischer Staatsbürger, 1921 Direktor des Hauptvereins der Deutschen Bauernvereine, 1925 Direktor des Deutschen Landwirtschaftlichen Zentralverbandes in Polen, 1940–1945 Geschäftsführer der Reichsgesellschaft für Landbewirtschaftung, SS-Ehrenhauptsturmführer, 1945–1948 in Neumünster und Eselsheide interniert, Mitbegründer des BHE in Schleswig-Holstein, 1950 Finanzminister und Stellvertretender Ministerpräsident Schleswig-Holsteins, 1951 zugleich Justizminister, 1952–1953 Vorsitzender der Vereinigung aus Gesamtdeutscher Block/BHE, 1953–1961 MdB, 1953–1956 Bundesminister für besondere Aufgaben, 1955 Austritt aus dem BHE, 1956 Eintritt in die CDU. Zu seiner Tätigkeit vgl. Franz *Neumann,* Der Block der Heimatvertriebenen und Entrechteten 1950–1960, Ein Beitrag zur Geschichte und Struktur einer politischen Interessenpartei, Philosophische Dissertation, Marburg/Lahn 1966; Linus *Kather,* Die Entmachtung der Vertriebenen, 1. Bd. Die entscheidenden Jahre, München–Wien 1964, 2. Bd. Die Jahre des Verfalls, München-Wien 1965.
24 Zu den innenpolitischen Verhandlungen über die Ratifizierung vgl. Arnulf *Baring,* a.a.O., S. 286-290; Linus *Kather,* a.a.O., 1. Bd., S. 310-312; Franz *Neumann,* a.a.O., S. 103 f.
25 Adenauer war mit Kraft am 24.4.1953 und am 8.5.1953 nach diesem Teegespräch zusammengetroffen. Angabe in StBKAH 04.04.

26 Vgl. »Frankfurter Allgemeine« v. 9.5.1953.
27 Wilhelm *Niklas* (1887–1957), Dr.-Ing., Dr.med. vet.h.c., Professor; 1916–1925 im Kriegsernährungsamt und Reichsministerium für Ernährung und Landwirtschaft, 1925–1934 und 1945–1947 im bayerischen Staatsministerium für Ernährung, Landwirtschaft und Forsten, ab 1945 Staatsrat, 1948–1949 Stellvertretender Direktor der Verwaltung für Ernährung, Landwirtschaft und Forsten des Vereinigten Wirtschaftsgebiets, 1949–1953 Bundesminister für Ernährung, Landwirtschaft und Forsten, 1951–1953 MdB (CSU). In seiner Tätigkeit als Bundesminister vgl. Theodor *Sonnemann,* Gestalten und Gedanken, Aus einem Leben für Staat und Volk, Hannover 1975, S. 113-125.
28 Außenminister Dulles gab am 6.5.1953 bekannt, Präsident Eisenhower habe beträchtliche Summen bewilligt, mit deren Hilfe in Berlin Versorgungslager errichtet werden sollten, um einer eventuellen sowjetischen Transportblockade zu begegnen. Vgl. »Frankfurter Allgemeine« v. 8.5.1953.
29 Vom 13.–25.4.1953 fanden in Genf unter der Ägide der UNO-Wirtschaftskommission für Europa Verhandlungen über den Ost-West-Handel statt. Zur Zusammensetzung der deutschen Delegation und zu den dort geführten Unterredungen vgl. Viktor *von Zahn-Stranik,* Die ECE Ost-West-Handelskonferenz in Genf, in: Bulletin, Nr. 91, 16.5.1953, S. 778f.
30 Vgl. Alexander *Scharff,* Der Weg zur deutsch-dänischen Verständigung nach 1945 und zu den Bonn–Kopenhagener Erklärungen von 1955, in: Geschichte und Gegenwart, Festschrift für Karl Dietrich Erdmann, Neumünster 1980, S. 673-687, hier S. 679f.
31 Vgl. dazu die Ausführungen des Bundesministers der Vertriebenen, Oberländer, am 4.11.1953 im Bayerischen Rundfunk in: Bulletin, Nr. 213, 6.11.1953, S. 1771f.; zu den Berlin-Hilfen, die die Bundesregierung im November 1953 verabschiedete, vgl. Bulletin, Nr. 232, 4.12.1953, S. 1926 und Nr. 235, 9.12.1953, S. 1955f.
32 Zu den Hilfen für die Berliner Wirtschaft vgl. die Rede von Bundesfinanzminister Schäffer am 30.3.1953 in Bad Homburg in: Bulletin, Nr. 63, 2.4.1953, S. 542f.
33 Im Anschluß beantworteten Felix von Eckardt und Werner Krueger noch weitere Fragen der Journalisten nach der Entwicklung des Ost-West-Handels, den alliierten Verhandlungen über die Sicherheit des Luftverkehrs von und nach Berlin sowie der Mitteilung der Hohen Kommissare zum Beschluß des Wahlrechtsausschusses. Außerdem wurde abgesprochen, in welchem Umfang und zu welchem Zeitpunkt Äußerungen des Bundeskanzlers zum Saarproblem publizistisch verwertet werden konnten.

Nr. 45

a ‹ › Vom Bearbeiter korrigiert aus »in«.
b ‹ › Vom Bearbeiter korrigiert aus »hing«.

1 Adenauer hielt sich vom 14.–16.5.1953 zu Konsultationen mit der britischen Regierung in London auf. Vgl. Konrad *Adenauer,* Erinnerungen 1953–1955, S. 205-208.

2 Die Außenminister der EGKS-Staaten trafen am 12./13.5.1953 in Paris zusammen, um u. a. über den Vertragsentwurf der Ad-hoc-Versammlung (vgl. Nr. 41 Anm. 11) zu beraten. Zu Verlauf und Ergebnis der Konferenz vgl. den Text des Kommuniqués in: Bulletin, Nr. 91, 16.5.1953, S. 773.

3 Vgl. »Adenauer zurückgekehrt: Im Herbst deutsche Armee«, in: »Welt am Sonntag« v. 17.5.1953.

4 Vgl. »Der Kanzler ist wieder in Bonn«, in: »Kölnische Rundschau« v. 17.5. 1953.

5 Zu den deutsch-französischen Kontroversen im Vorfeld der Besprechung Adenauers mit Mayer und Bidault am 11./12.5.1953 vgl. Jacques *Freymond,* Die Saar, S. 147-151 und AdG, 23. Jg. (1953), S. 3995; Abschrift der Gesprächsaufzeichnung vom 11.5.1953 in StBKAH III/82.

6 Vgl. Nr. 41 Anm. 11, 12.

7 Vgl. a.a.O., Anm. 11.

8 Vereinbart worden war, daß vom 12.6.–1.7.1953 eine Regierungskonferenz stattfinden sollte. Infolge der französischen Regierungskrise (Sturz Mayers am 18.5.1953; die Investitur des neuen Regierungschefs erfolgte erst am 27.6.1953) kamen die Außenminister der EGKS-Staaten am 23.6.1953 in Paris überein, sich am 7.8.1953 in Baden-Baden mit der Schaffung einer Europäischen Politischen Gemeinschaft zu befassen. Vgl. Nr. 46 Anm. 44.

9 Im Kommuniqué hieß es: »Die Minister haben sich erneut für eine auf demokratischer Grundlage gewählte Versammlung erklärt. Überwiegend konnten sie schon jetzt die Erklärung abgeben, daß die Mitglieder dieser Versammlung in allgemeiner, unmittelbarer Wahl zu wählen sind.« Vgl. Anm. 2.

10 Bereits am 8.5.1953 billigte die Beratende Versammlung des Europarats eine Empfehlung an das Ministerkomitee und an die Außenminister der EGKS-Staaten zu dem Vertragsentwurf über die Satzung der Europäischen Gemeinschaft. Text des Beschlusses in: EA, 8. Jg. (1953), S. 5788f.; zum Verlauf der Beratungen vgl. Bulletin, Nr. 92, 19.9.1953, S. 782f.

11 Anspielung auf den Wechsel im Amte des Außenministers von Schuman zu Bidault im Dezember 1952, vgl. Nr. 38 Anm. 8.

12 Die am 9.2.1953 begonnenen französisch-saarländischen Verhandlungen über die Revision der Wirtschaftskonventionen (vgl. Nr. 14 Anm. 30) wurden am 20.5.1953 mit der Paraphierung von sechs neuen Konventionen über die politisch-diplomatischen Beziehungen, den Wirtschaftsverkehr, die Exploration der Saarminen, den Zollverkehr sowie die Rechtsbeziehungen abgeschlossen. Ihr angebliches Ziel war es, der Saar ein Maximum an Autonomie zu gewähren, ohne die französisch-saarländische Wirtschaftsunion zu beeinträchtigen. Wortlaut in: Robert *Schmidt,* Saarpolitik, 2. Bd., S. 704-723; L'Année Politique 1953, S. 354f.

13 Richard *Kirn* (geb. 1902); 1935 Sekretär der CGT in Forbach, 1940 von der Gestapo verhaftet und wegen Hochverrats verurteilt, 1945 Verwaltungsdirektor für Arbeit und Wohlfahrt (faktisch Arbeitsminister) in der saarländischen Verwaltungskommission, 1946–1955 Vorsitzender der SPS, 1947–1955 Abgeordneter des saarländischen Landtags, 1947–1951 und 1952–1954 Minister für Arbeit und Wohlfahrt, 1955 Rücktritt als Parteivorsitzender der SPS nach der Volksabstimmung 1955. Vgl. a.a.O., 1. Bd., S. 200.

14 Hoffmann hatte anläßlich der Unterzeichnung u. a. erklärt: »Die politische Autonomie des Saarlandes ist nunmehr Tatsache geworden, wie es die saarländische Bevölkerung erhofft und erwartet und wie es die französische Regierung versprochen hatte.« Zur Rede Hoffmanns vgl. »Saarländische Volkszeitung« v. 21.5. 1953.
Kirn hingegen hatte vor dem Parteiausschuß der SPS am 16.5.1953 in Saarbrücken hervorgehoben, daß es allein dem Friedensvertrag oder einem ähnlichen Vertrag vorbehalten bleibe, über den endgültigen Status des Saarlandes zu befinden. Vgl. »Volksstimme« v. 18.5.1953.

15 Zu den Absichten des Besuchs vgl. Adenauers Interview mit dem BBC-Reporter Franz Wördemann am 14.5.1953 in: Bulletin, Nr. 31, 16.5.1953, S. 775.

16 Text der am 14.5.1953 vor dem Internationalen Presse-Institut in London gehaltenen Rede in: Bulletin, Nr. 91, 16.5.1953, S. 774, 776; Manuskript in StBKAH 02.11.

17 Wortlaut des Vortrags am 14.5.1953 in: Bulletin, Nr. 94, 21.5.1953, S. 798, 800f.; Manuskript in StBKAH 02.11.

18 *Elisabeth II.* Alexandra Mary (geb. 1926); älteste Tochter König Georgs VI., heiratete 1947 Philip *von Battenberg,* seit 1952 Königin des Vereinigten Königreichs von Großbritannien und Nordirland, 1953 Krönung.

19 Der bisherige britische Hochkommissar Ivone Kirkpatrick war nach Mitteilung des Foreign Office v. 10.5.1953 zum Leiter des Amtes ernannt worden, wo er die Nachfolge des aus Altersgründen ausscheidenden William Strang antrat.
Neuer Hochkommissar in Deutschland wurde Frederick Robert *Hoyer Millar,* seit 1961 *Inchyra,* 1. Baron (geb. 1900), britischer Diplomat; 1953–1955 Hochkommissar in Deutschland, 1955–1957 Botschafter in Bonn, 1957–1961 Ständiger Unterstaatssekretär im Foreign Office.

20 Sir William *Strang* (1893–1978), britischer Diplomat; 1919–1930 in Belgrad und im Foreign Office tätig, 1930 Botschaftsrat in Moskau, 1939–1943 stellvertretender Unterstaatssekretär im Foreign Office, 1943–1945 Ständiger Vertreter in der European Advisory Commission, 1945–1947 politischer Berater bei den britischen Besatzungsstreitkräften in Deutschland, 1947–1949 Ständiger Unterstaatssekretär für Deutschland-Fragen, 1949 Staatssekretär des Foreign Office, trat 1953 zurück.

21 Zur deutschen Delegation gehörten Staatssekretär Hallstein, Ministerialdirektor Blankenhorn, Gesandter von Herwarth, Botschafter Schlange-Schöningen sowie Dolmetscher Weber. Zum Verlauf der Besprechung am 15.5.1953 vgl.

Konrad *Adenauer,* Erinnerungen 1953–1955, S. 205-208; Aufzeichnung in StBKAH III/97.

22 Churchill hatte sich am 11.5.1953 im britischen Unterhaus in einer außenpolitischen Grundsatzrede für eine erneute Viermächte-Konferenz ausgesprochen, um nach dem Tode Stalins zu einer Ost-West-Verständigung zu kommen. Seine Überlegungen zielten darauf ab, zur Befriedigung des Sicherheitsbedürfnisses der Sowjetunion auf den Vertrag von Locarno 1925 (vgl. Nr. 14 Anm. 37) zurückzugreifen, dessen gegenseitige Beistandsverpflichtungen nunmehr von der UNO verwirklicht werden könnten. Text der Rede in: EA, 8. Jg. (1953), S. 5738-5744; »The Times« v. 12.5.1953; vgl. auch Konrad *Adenauer,* a.a.O., S. 209-217; Hans-Peter *Schwarz,* Die Ära Adenauer, 1949–1957, S. 206.

23 Vgl. »Die Neue Zeitung« v. 18.5.1953.

24 In Art. 45-50 des Friedensvertrags von Versailles 1919 war vorgesehen, daß nach 15 Jahren Volksabstimmungen über den Verbleib des Saargebietes stattfinden sollten. Der Vertrag von Locarno hingegen sah unter bestimmten Voraussetzungen die Möglichkeit vor, die Volksabstimmungen auch früher als vorgesehen durchzuführen. Zu den Bestimmungen und zu der Volksabstimmung 1935 vgl. Nr. 15 Anm. 37.

25 Gustav *Stresemann* (1879–1929); 1902–1918 Syndikus des Verbandes sächsischer Industrieller, 1907–1912 und 1914–1918 MdR (National-liberale Partei), 1918 Mitbegründer der DVP, bis zu seinem Tode Parteivorsitzender, 1923 Reichskanzler, 1923–1929 Reichsaußenminister. Zu den Beziehungen Adenauers zu Stresemann vgl. Karl Dietrich *Erdmann,* Stresemann und Adenauer – zwei Wege deutscher Politik, in: Otmar *Franz* (Hrsg.), Vom Sinn der Geschichte, Stuttgart 1976, S. 228-244.

26 Zur Erklärung Adenauers vgl. »Die Neue Zeitung« v. 18.5.1953.

27 Vgl. Konrad *Adenauer,* a.a.O., S. 207.

28 Vgl. a.a.O., S. 208.

29 Richard Austin *Butler,* seit 1965 Baron *Butler of Saffron Walden* (1902–1983), britischer Politiker; seit 1929 Abgeordneter des Unterhauses (Konservative Partei), 1938 Unterstaatssekretär im Außenministerium, 1941–1945 Leiter des Erziehungsamtes, ab 1944 Erziehungsminister, 1945 Arbeitsminister, 1951–1955 Schatzkanzler, 1955–1959 Lordsiegelbewahrer, 1957–1962 Innenminister, 1963–1964 Außenminister. Vgl. seine Memoiren: The Art of the Possible, London 1971; biographischer Aufsatz von Avi *Shlaim* u. a., British Foreign Secretaries since 1945, S. 174-180.

30 Lord Harold Rupert Leofric George *Alexander of Tunis* (1891–1969), britischer Offizier und Politiker; 1937 Generalmajor, 1940 Generalleutnant, kämpfte während des Zweiten Weltkrieges in Burma, Mittelost- und Nordafrika, 1942 General, 1944 Feldmarschall, 1946–1952 Generalgouverneur von Kanada, 1952–1954 Verteidigungsminister. Vgl. The Alexander Memoirs 1940–1945, London 1962.

31 Zu den Ausführungen Lord Alexanders vgl. »The Times« v. 16.5.1953.

32 Sir Harold George *Nicolsen* (1886–1968), britischer Diplomat und Schriftsteller; 1909–1929 im diplomatischen Dienst in Madrid, Teheran und Berlin, seit 1929 freier Journalist, Kritiker, Mitarbeiter des »Daily Express«, 1935–1945 Mitglied des Unterhauses. Zahlreiche Veröffentlichungen zur Diplomatiegeschichte sowie biographische Darstellungen. Vgl. u. a. Kleine Geschichte der Diplomatie, Frankfurt/Main 1955.

33 Einem Bericht in »Die Neue Zeitung« v. 18.5.1953 zufolge erklärte Adenauer, daß die Frage der Oder-Neiße-Linie bei den Besprechungen keine Rolle gespielt habe. »Wenn jedoch die Spannungen mit dem Osten eines Tages schwinden«, fügte er hinzu, »muß ein Versuch unternommen werden, mit einem freien Polen einen Modus vivendi zu finden, der nicht zu neuen Schwierigkeiten führt.«

34 Vgl. Winston S. *Churchill,* Der Zweite Weltkrieg, 5. Bd. Der Ring schließt sich, 2. Buch Von Teheran bis Rom, 1. Aufl., Stuttgart–Hamburg 1953, S. 101, in diesem Zusammenhang auch S. 49f., 87-91, 153f.

35 Zur Rede Eisenhowers am 16.4.1953 vgl. Nr. 43 Anm. 61. Wortlaut der Unterhaus-Rede Churchills am 11.5.1953, in der er im Gegensatz zu Eisenhower durchaus Möglichkeiten sah, mit der Sowjetunion zur Regelung internationaler Probleme (Korea, Österreich) zu kommen, in: Winston Churchill, The Unwritten Alliance, Speeches 1953 to 1959, hrsg. von Randolph S. *Churchill,* London 1961, S. 42-54.

36 Der Auswärtige Ausschuß der Nationalversammlung hatte am 13.5.1953 beschlossen, die Beratungen über die Ratifizierung des Verteidigungsvertrags zurückzustellen, bis ihm das Ergebnis der Verhandlungen zwischen den EVG-Mitgliedstaaten über die Zusatzprotokolle vorliege. Vgl. »Frankfurter Allgemeine« v. 15.5.1953.

37 Vgl. »Le Monde« v. 18.5.1953.

38 Adenauer selbst hatte am 18.11.1952 vor dem Bundestag erklärt: »Es ist nicht zu verkennen, daß Frankreich besondere wirtschaftliche Interessen an der Saar hat.« Vgl. Verhandlungen des Deutschen Bundestages, 1. Wahlperiode 1949, Stenographische Berichte, Bd. 13, S. 10922.

Anläßlich einer Großen Anfrage der SPD-Fraktion betreffend das Saargebiet und die Saarwahlen vom 30.11.1952 (vgl. Nr. 36 Anm. 31) hatte der SPD-Abgeordnete Willi *Eichler* (vgl. biographische Angaben in: Adenauer, Briefe 1947–1949, S. 564) am 5.3.1953 im Bundestag erklärt: »Die besonderen Interessen Frankreichs an der Saarkohle und an anderen wirtschaftlichen Gegebenheiten sind anerkannt und anzuerkennen und sollten in einem frei ausgehandelten Vertrage so niedergelegt und gesichert werden, daß es Gründe zu Beschwerden darüber nicht gibt.« Vgl. a.a.O., Bd. 15, S. 12157.

39 Aufzeichnung Adenauers vom 11.9.1952 über das Gespräch mit Schuman am 10.9.1952 in Luxemburg in StBKAH III/82.

40 Vgl. Nr. 27 Anm. 21.

41 Am 6.5.1953 löste General de Gaulle in einer Erklärung die politische Bindung der parlamentarischen Gruppen des RPF in der Nationalversammlung und im Senat bis auf weiteres auf. Damit war der innere Zusammenhang des RPF ins Wanken geraten. Vgl. L'Année Politique 1953, S. 40; Text der Erklärung in: AdG, 23. Jg, (1953), S. 3980.
42 Vgl. Nr. 44 Anm. 9.
43 Vgl. Nr. 43 Anm. 39.
44 Vgl. Nr. 25 Anm. 15.
45 Vgl. Nr. 23 Anm. 6.
46 Vgl. Anm. 17.
47 Vgl. Nr. 39 Anm. 3, 16, 17.
48 Karl *Gruber* (geb. 1909), Dr. jur., österreichischer Politiker; 1945 führend in der Tiroler Widerstandsbewegung tätig, Gründer der Demokratischen Staatspartei, die mit der ÖVP fusionierte, 1945 Landeshauptmann von Tirol, 1945–1953 Abgeordneter im Nationalrat (ÖVP), 1945 Unterstaatssekretär für Äußeres in der Provisorischen Staatsregierung, 1945–1946 und 1949–1953 Außenminister, 1954–1957 Botschafter in Washington, 1957 Sonderberater beim Generaldirektor der Internationalen Atomenergie-Organisation, 1961–1966 Botschafter in Madrid, 1966 in Bonn, 1966–1969 Staatssekretär im Bundeskanzleramt, 1970–1972 Botschafter in Washington, 1972–1974 in Bern. Vgl. seine Memoiren: Ein politisches Leben. Österreichs Weg zwischen den Diktaturen, Wien 1976; Die Welt im Konflikt, Leben zwischen 2 Supermächten im ausgehenden 20. Jahrhundert, München 1982.
49 Vor (!) seiner Abreise nach Salzburg äußerte Gruber über den Zweck seines Besuchs: »Es soll zum Ausdruck gebracht werden, daß wir eine Gesamtpolitik auf realer Grundlage wünschen, daß wir also weder einen Anschluß noch eine Trennung durch eine Chinesische Mauer anstreben.« Vgl. »Kölnische Rundschau« v. 18.5.1953.
50 Bruno *Kreisky* (geb. 1911), Dr. jur., österreichischer Politiker; 1938 Verhaftung, Flucht nach Schweden, 1945 Rückkehr nach Österreich, 1946–1951 an der Botschaft in Stockholm tätig, 1951–1953 in der Kanzlei des Bundespräsidenten, 1953–1959 Staatssekretär im Bundeskanzleramt, seit 1956 Abgeordneter des Nationalrats, 1959–1967 Stellvertretender Parteivorsitzender der SPÖ, 1959–1966 Außenminister, 1967–1983 Vorsitzender der SPÖ, 1970–1983 Bundeskanzler. Vgl. eine Sammlung seiner Aufsätze, Reden und Interviews: Politik braucht Visionen, Königstein 1982; Viktor *Reimann*, Bruno Kreisky, Das Portrait eines Staatsmannes, Wien 1972; Erich *Bielka*/Peter *Jankowitsch*/Hans *Thalberg* (Hrsg.), Die Ära Kreisky, Schwerpunkte der österreichischen Außenpolitik, Wien 1982; neuere biographische Darstellung von Karl R. *Stadler*, in: Friedrich *Weissensteiner*/Erika *Weinzierl* (Hrsg.), Die österreichischen Bundeskanzler, Leben und Werk, Wien 1983, S. 380-416.
51 Zum Verlauf und Ergebnis des Besuchs vom 18.–21.5.1953 vgl. Bulletin, Nr. 91, 16.5.1953, S. 775; Nr. 93, 20.5.1953, S. 796; Nr. 94, 21.5.1953, S. 797.

Text des Kommuniqués, Nr. 95, 22.5.1953, S. 809; Kommentar der Diplomatischen Korrespondenz, Nr. 96, 23.5.1953, S. 818.

52 Nach dem Tode König Georgs VI. am 6.2.1952 wurde seine älteste Tochter am 2.6.1953 zur Königin Elisabeth II. gekrönt.

53 Die vom britischen Unterhaus am 17.3.1953 verabschiedete Iron and Steel Bill sah eine Denationalisierung und Reorganisation der Stahlindustrie vor. Vgl. zum Inhalt des Gesetzes AdG, 22. Jg. (1952), S. 3580f., 3729 und 23. Jg. (1953), S. 3911.

54 Leiter der Sitzungen des Unterhauses.

55 Diese Formel wird zur Zustimmung aller Gesetzesentwürfe (Public and Private Acts) des House of Lords angewandt. Ausgenommen sind Gesetzentwürfe, die für die Krone eine materielle Unterstützung erbringen. In dem Fall lautet die Zustimmungsformel – aus der sich die Formel »La Reyne le veult« offenbar entwickelt hat –: »La Reyne remercie ses bon sujets, accepte leur benevolence, et ainsi le veult.« (Die Herrschaft dankt den guten Untertanen, nimmt deren Wohlwollen entgegen, und will es auch so.) Eine Ausnahme bilden ferner Gesetzesentwürfe, welche die persönlichen Rechte der Bürger tangieren (Private Acts). Ihnen stimmt das Oberhaus zu mit der Formel »Soit fait comme il est désiré.« (Es geschehe, wie es gewünscht ist.) Vgl. Erskine May, The Law, Privileges, Proceedings and Usage of Parliament (Erskine May's Parliamentary Practice), 18. Aufl., bearbeitet von Barnet *Cocks,* London 1971, S. 551f.

Nr. 46

a ‹ › Vom Bearbeiter gestrichen »sich«.

b ‹ › Vom Bearbeiter korrigiert aus »man wird«.

c ‹ › Vom Bearbeiter korrigiert aus »also, Sowjetrußland dann vor der Frage stehen wird, diesen kalten Krieg noch weiter aufrechtzuerhalten, indem es einen erheblichen Teil des ganzen Volksvermögens in Kriegsrüstung steckt und die Konsumgüterindustrien weiter vernachlässigt, zwecklos, ohne Aussicht auf Erfolg, oder ob Sowjetrußland sich schließlich mit den anderen verständigt«.

d ‹ › Vom Bearbeiter korrigiert aus »im«.

e ‹ › Vom Bearbeiter korrigiert aus »5.7.1945«.

1 Gemeint war die Note der sowjetischen Regierung an die Regierungen der drei Westmächte zur Deutschlandfrage vom 15.8.1953. Text in: EA, 8. Jg. (1953), S. 5951-5954.

2 Vgl. Liste der Teilnehmer in: BA, B 145/971-736 Bd. II. Vgl. Abb. S. 474.

3 Clemens *Honnigfort* (geb. 1921), Journalist; 1947–1950 Redakteur beim »Neuen Westfälischen Kurier« (Paderborn), 1950–1963 beim DIMITAG, seit 1964 Bonner Korrespondent der Deutschen Welle (Köln).

4 Eghard *Mörbitz* (geb. 1926), Journalist; 1947–1949 Redakteur der »Rhein-Neckar-Zeitung« (Stuttgart), seit 1950 Bonner Korrespondent der »Frankfurter Rundschau«.

5 Angabe in StBKAH 04.04, im Dokument angegeben »16 Uhr«.

6 Vgl. Anm. 1.

7 In der Note vom 2.9.1953 an die Sowjetunion schlugen die drei Westmächte vor, am 15.10.1953 in Lugano eine Außenminister-Konferenz der vier Großmächte abzuhalten. Wortlaut in: Bulletin, Nr. 168, 4.9.1953, S. 1405f. Zur außenpolitischen Entwicklung vgl. Hans-Peter *Schwarz*, Die Ära Adenauer 1949–1957, S. 211-213.
8 Vom 10.–14.7.1953 trafen die Außenminister der drei Westmächte in Washington zu Beratungen über europäische und Ost-West-Probleme zusammen. Zum Ergebnis der Konferenz vgl. Wortlaut des Kommuniqués in: EA, 8.Jg. (1953), S. 5911f.; zu Reaktionen von britischer und französischer Seite aus Adenauers Sicht vgl. seine Erinnerungen 1953–1955, S. 232-238.
9 Text der Note der Westmächte an die sowjetische Regierung in: EA, a.a.O., S. 5913.
10 Die Bundesregierung hatte den Westmächten in einem Memorandum vom 29.5.1953 ihren Standpunkt zur Wiedervereinigung dargelegt, vgl. Konrad *Adenauer*, a.a.O., S. 217f. Außerdem billigte der Bundestag am 10.6.1953 eine Resolution, die in fünf Punkten die Voraussetzungen für die Wiedervereinigung zusammenfaßte. Text in: EA, 8.Jg. (1953), S. 5825.
Am 1.7.1953 forderte der Kanzler in einer Regierungserklärung vor dem Bundestag die Verwirklichung eines Sofortprogramms zur Wiedervereinigung Deutschlands, und zwar die Öffnung aller Zonenübergänge, Aufhebung des Sperrstreifens und der evakuierten Zone, Freizügigkeit aller Deutschen in ganz Deutschland, Presse- und Versammlungsfreiheit, Zulassung der Parteien, Schaffung demokratischer Rechtsformen zum Schutze der Menschen gegen Willkür und Terror. Text der Erklärung in: Verhandlungen des Deutschen Bundestages, 1. Wahlperiode 1949, Stenographische Berichte, Bd. 17, S. 13870-13873.
Mit 342 gegen 14 Stimmen der KPD billigte der Bundestag am 1.7.1953 eine entsprechende Entschließung, in der die Forderung nach einer deutschen Wiedervereinigung in Frieden und Freiheit vom 10.6.1953 wiederholt wurde. Wortlaut der Entschließung in: EA, 8.Jg. (1953), S. 5825 und 5922.
In einem Schreiben vom 8.7.1953 an Dulles bat Adenauer, das Sofortprogramm auf der Washingtoner Außenminister-Konferenz zu beraten. Wortlaut in: Konrad *Adenauer*, a.a.O., S. 225f.; zur Mission Blankenhorns, der das Schreiben überbrachte, vgl. a.a.O., S. 226-228, Herbert *Blankenhorn*, Verständnis und Verständigung, S. 158-162.
11 Wortlaut der Note der sowjetischen Regierung an die drei Westmächte vom 4.8.1953 in: EA, a.a.O., S. 5913.
12 Vgl. Nr. 26 Anm. 7.
13 Vgl. a.a.O., Anm. 9.
14 Vgl. Nr. 21 Anm. 17.
15 Anspielung auf den damaligen Bundestagswahlkampf. Zum Ergebnis der Wahl vgl. Nr. 47 Anm. 7.
16 Zu der damals jüngsten Äußerung Eisenhowers vgl. dessen Brief an Adenauer vom 23.7.1953. Zum Wortlaut und der Beurteilung durch Adenauer vgl. seine Erinnerungen 1953–1955, S. 229-232.

17 Vgl. die Entschließungen des Bundestages Nr. 9 Anm. 6, Nr. 12 Anm. 9, Nr. 21 Anm. 7 und die Antwortnote der Westmächte an die Sowjetunion vom 25.3.1952 (Nr. 26 Anm. 9).

18 Gemeint war die Volkskammer der DDR.

19 Vgl. Nr. 9 Anm. 6.

20 Eine Delegation der Volkskammer besuchte am 19./20.9.1952 Bonn mit dem Auftrag, Besprechungen über die Entsendung von Vertretern der Bundesrepublik Deutschland und der DDR zur Teilnahme an der Viermächtekonferenz sowie über alle Modalitäten zur Bildung der Prüfungskommission für freie gesamtdeutsche Wahlen zu führen. Gegen den Wunsch Adenauers, wie auch der SPD und der DP, empfing Bundestagspräsident Hermann Ehlers die Delegation. Die Bundestagsfraktionen der CDU/CSU und der FDP hatten sich für den Empfang ausgesprochen. Vgl. AdG, 22. Jg. (1952), S. 3659.

21 Zu Vorgeschichte, Verlauf und Folgen des Arbeiteraufstandes in der DDR am 16./17.6.1953 vgl. Arnulf *Baring*, Der 17. Juni 1953, Köln–Berlin 1965, Neuaufl. Stuttgart 1983; Ilse *Spittmann*/Karl Wilhelm *Fricke* (Hrsg.), 17. Juni 1953, Arbeiteraufstand in der DDR, Köln 1982, dort mit weiteren Literaturhinweisen. Darstellung von Adenauer in seinen Erinnerungen 1953–1955, S. 218-224.

22 In der Note vom 15.8.1953 (vgl. Anm. 1) wurde darauf verwiesen, es sei wichtig, »eine entsprechende Beteiligung von Vertretern Deutschlands in allen Stadien der Vorbereitung des Friedensvertrages sowie auf der Friedenskonferenz zu gewährleisten.« Zum Schluß hieß es, »daß eine Verständigung zwischen der UdSSR, Frankreich, den USA und Großbritannien in der Deutschlandfrage und die baldige Beschlußfassung zu den ... dargelegten Vorschlägen« der Entspannung diene und zur übernationalen Sicherheit beitrage.

23 Georgij Maximilianowitsch *Malenkow* (geb. 1902), sowjetischer Politiker; 1925–1939 im Apparat des ZK tätig, 1938 persönlicher Sekretär Stalins, 1939–1957 Mitglied des ZK, bis 1953 ZK-Sekretär und Leiter der Kaderverwaltung, 1941–1945 Mitglied des Staatlichen Verteidigungsrats und Leiter des Wirtschaftsausschusses für die Rüstungsindustrie, 1946 Mitglied des Politbüros, 1946–1953 Stellvertretender Vorsitzender des Ministerrats, nach Stalins Tod 1953 Vorsitzender des Ministerrats und Erster Sekretär des Parteisekretariats, in dieser Funktion bereits 1953 von Chruschtschow abgelöst, 1955 von diesem zum Rücktritt gezwungen, danach Kraftwerksleiter in Kasachstan, 1961 Ausschluß aus der KPdSU. Zu den Äußerungen Malenkows vgl. seine Rede während der 5. Tagung des Obersten Sowjets am 8.8.1953 in Moskau in: AdG, 23. Jg. (1953), S. 4109-4112.

24 Vgl. Nr. 39 Anm. 31.

25 Text der Note der drei Westmächte an die sowjetische Regierung vom 23.9.1952 in: EA, 7. Jg. (1952), S. 5207-5208.

26 Vgl. Anm. 8.

27 Vgl. Anm. 1.

28 Vgl. Nr. 26 Anm. 7.

29 Zum Schreiben Adenauers vom 8.7.1953 an den amerikanischen Außenminister Dulles in dessen Eigenschaft als Vorsitzenden der Washingtoner Außenminister-Konferenz sowie den Reaktionen vgl. Konrad *Adenauer,* a.a.O., S. 225f.
30 Die Sowjetunion hatte vorgeschlagen, Deutschland vom 1.1.1954 an von Reparationszahlungen und von der Bezahlung der Nachkriegs-Staatsschulden an die vier Großmächte zu befreien, mit Ausnahme der aus den Handelsverpflichtungen erwachsenen Verbindlichkeiten. Ferner sollte die Höhe der Stationierungskosten auf jährlich 50 v. H. der Einnahmen des Staatshaushaltes der Bundesrepublik und der DDR begrenzt werden und die Gesamtsumme der Besatzungskosten des Jahres 1949 nicht übersteigen. Außerdem sollte Deutschland von der Zahlung jener Schulden befreit werden, die nach 1945 außerhalb Deutschlands aus Besatzungsausgaben der vier Großmächte entstanden waren. Vgl. Anm. 1.
31 Vgl. dazu die Ergebnisse der Londoner Schuldenkonferenz in: Hans-Peter *Schwarz* (Hrsg.), Die Wiederherstellung des deutschen Kredits, Stuttgart–Zürich 1982.
32 Vgl. Anm. 7.
33 Vgl. Anm. 11.
34 Vgl. Anm. 1.
35 Zur Festigung der Sicherheit in Europa, so erklärte Malenkow, »muß man auf die Politik der Einbeziehung Deutschlands in einen aggressiven Militärblock, auf die Politik der Wiederaufrichtung eines aggressiven militärischen Deutschlands verzichten. ... nicht um diesen gefährlichsten Kriegsherd in Europa wiedererstehen zu lassen, hat unser Volk das Blut von Millionen seiner Söhne und Töchter im Krieg gegen das militärische Deutschland vergossen.« Vgl. AdG, 23. Jg. (1953), S. 4111.
36 Zu den Noten vom 4.8.1953 und vom 15.8.1953 gab es keinen Annex. Die Äußerung bezog sich vermutlich auf die Passage in der Note vom 15.8.1953, in der es hieß, es dürfe nicht außer acht gelassen werden, »daß seit der Potsdamer Konferenz 8 Jahre vergangen sind und daß seitdem nicht geringe Veränderungen eingetreten sind, die bei der endgültigen Regelung der Deutschlandfrage berücksichtigt werden müssen.« Vgl. Anm. 1.
37 Vgl. Alexander *Fischer* (Hrsg.), Teheran, Jalta, Potsdam, 2. Aufl., Köln 1973, S. 391-404.
38 Vgl. a.a.O., Teil IX. Über Polen, Abschnitt B, S. 401.
39 Vgl. Nr. 26 Anm. 7.
40 Anspielung auf das zwischen den Regierungen der DDR und Polen am 6.7.1950 in Görlitz abgeschlossene Oder-Neiße-Grenzabkommen, vgl. Nr. 9 Anm. 6.
41 Gemeint war der westliche Teil Deutschlands.
42 Wortlaut der Erklärung in Anbetracht der Niederlage Deutschlands und der Übernahme der obersten Regierungsgewalt hinsichtlich Deutschlands durch die Alliierten Regierungen am 5.6.1945 in: EA, 1. Jg. (1946–1947), S. 213-215.
43 Vgl. Nr. 26 Anm. 18.

44 Zu den Ergebnissen des Treffens der Außenminister der sechs Montanunionsländer am 7./8.8.1953 in Baden-Baden vgl. Wortlaut des Kommuniqués in: EA, 8.Jg. (1953), S.5956; Herbert *Müller-Roschach,* Die deutsche Europapolitik, S.39f.; Heinrich *von Brentano,* Europa in Baden-Baden, in: Bulletin, Nr.146, 5.8.1953, S.1229f.; Walter *Hallstein,* Konferenz von Baden-Baden, Beitrag zur Festigung des Friedens, a.a.O., Nr.149, 8.8.1953, S.1253f.
45 Vgl. Anm.11.
46 Am 7.8.1953 hatte Ollenhauer vor der Auslandspresse in Bonn die Konferenz als »Abschiedsfeier für die Integrationspolitik des Bundeskanzlers« kritisiert. Vgl. »Die Welt« v. 8.8.1953.
47 Vgl. Nr.45 Anm.8.
48 In Baden-Baden wurde vereinbart, daß die stellvertretenden Außenminister am 22.9.1953 in Rom zusammentreffen sollten. Für die Minister war eine weitere Konferenz am 20.10.1953 in Den Haag vorgesehen, vgl. Kommuniqué Anm. 44. Zu den Ergebnissen der Außenministerkonferenz der EGKS-Staaten am 23.6. 1953 in Paris vgl. Nr.45 Anm.8.

Nr. 47
1 Vgl. Teilnehmerliste in: BA, B 145/971-736 Bd.II.
2 Alfred *Athen;* 1950/51 Persönlicher Referent von Waldemar Kraft, dann kommissarischer Landesvorsitzender des BHE in Berlin, 1955 Austritt aus dem BHE. Vgl. zu seiner Tätigkeit Franz *Neumann,* Der Block der Heimatvertriebenen und Entrechteten 1950–1960, Philosophische Dissertation, Marburg/Lahn 1966, S.153, 160.
3 Don *Cook,* amerikanischer Journalist; Korrespondent der »New York Herald Tribune« in Bonn, dann in London.
4 Pietro *Solari* (1895–1955), Dr., italienischer Journalist; seit 1922 journalistisch tätig, Korrespondent verschiedener Zeitungen, u. a. des »Corriere della Sera«, in Paris und Berlin, nach dem Kriege bis 1955 Korrespondent für den »Corriere della Sera« in Bonn.
5 Rade *Vujovic,* jugoslawischer Journalist; Bonner Korrespondent von »Borba«.
6 Wolfgang Wolfram *von Wolmar,* Dr., Journalist; 1939–1942 Leiter der Presseabteilung beim Reichsprotektor für Böhmen und Mähren, arbeitete mehrere Jahre für die »Salzburger Nachrichten«, seit 1950 Bonner Korrespondent verschiedener österreichischer Zeitungen, u. a. der »Oberösterreichischen Nachrichten«. Vgl. seine Studie: Ein Requiem für Preußen, 4. erweiterte und durchgesehene Aufl., Zürich 1980.
7 Ergebnis der Wahlen zum zweiten Deutschen Bundestag am 6.9.1953 in: Bulletin, Nr.170, 8.9.1953, S.1421. Am 9.10.1953 wurde Konrad Adenauer mit 304 gegen 178 Stimmen bei 14 Enthaltungen erneut zum Bundeskanzler gewählt. Zum Ausgang der Wahl aus Adenauers Sicht vgl. seine Erinnerungen, 1953–1955, S.194-200, auch Hans-Peter *Schwarz,* Die Ära Adenauer 1949–1957, S.193-195.

8 Nach der Außenministerkonferenz der drei Westmächte vom 16.–18.10.1953 in London wurde die Sowjetunion von ihnen erneut zu einer Viermächte-Konferenz in Lugano eingeladen. Text der Note vom 18.10.1953, in: EA, 8.Jg. (1953), S. 6065f.; zur vorangegangenen Einladung und den Diskussionen unter den Westmächten über die geplante Konferenz vgl. Nr. 46 Anm. 7.
9 Israelische Truppen hatten in der Nacht vom 14. auf den 15.10.1953 die Demarkationslinie zu Jordanien überschritten, die Ortschaft Qibya auf jordanischem Gebiet überfallen und dabei 42 Menschen getötet. Wegen der Verletzung des israelisch-jordanischen Waffenstillstandsabkommens suspendierten die USA daraufhin ihr 60-Millionen-Dollar-Hilfsprogramm an Israel. Vgl. AdG, 23.Jg. (1953), S. 4208, 4216.
10 Anfang Oktober konnte im Streit zwischen Italien und Jugoslawien um Triest ein militärischer Zusammenstoß gerade noch verhindert werden. Am 10.10. 1953 unterbreitete Tito einen Lösungsvorschlag in der Triest-Frage, der in den Grundzügen in den folgenden Monaten angenommen wurde. Vgl. Lujo *Toncic-Sorinj,* Das Schicksal Triests, Seine Bedeutung und Stellung in Vergangenheit und Gegenwart, in: EA, 10.Jg. (1955), S. 7461-7482, hier S. 7475.
11 Vgl. Nr. 46 Anm. 1, 7-11 und die Note der sowjetischen Regierung an die Westmächte vom 28.9.1953, Wortlaut in: EA, 8.Jg. (1953), S. 6042-6044.
12 Wortlaut der Regierungserklärung vom 20.10.1953 in: Verhandlungen des Deutschen Bundestages, 2. Wahlperiode 1953, Stenographische Berichte, Bd. 18, S. 11-22; Manuskript in StBKAH 03.08.
Adenauer erklärte zum Deutschlandvertrag: »Nachdem das deutsche Volk alles getan hat, um den Weg für die Ratifizierung frei zu machen, würde es nicht verstehen, wenn es nicht endlich auch in den Genuß des Status der Unabhängigkeit kommen würde. Ich hoffe, daß man im Ausland für diese Empfindung des deutschen Volkes Verständnis aufbringt und ihr Rechnung trägt.« Vgl. a.a.O., S. 19.
13 Im Anschluß an die Außenministerkonferenz der EGKS-Staaten am 27./ 28.11.1953 in Den Haag führten Adenauer und Bidault ihre Gespräche über die Lösung der Saarfrage fort (vgl. auch Nr. 45 Anm. 5). Zu dem Stand der Verhandlungen im Herbst 1953 vgl. Jacques *Freymond,* Die Saar, S. 160-163, hier insbes. S. 163.
14 Zur Zusammensetzung der neuen Regierung vgl. Bulletin, Nr. 201, 21.10. 1953, S. 1673.
15 Adenauer empfing am 18.12.1953 Oppositionsführer Ollenhauer zu einer Unterredung. Angabe in StBKAH 04.03.
16 Vermutlich eine Anspielung auf den Artikel von Hans *Baumgarten,* Soll Bonn mit Pankow verhandeln?, in: »Frankfurter Allgemeine« v. 9.10.1953, in dem die Frage direkter Verhandlungen zwischen der Bundesregierung und der DDR-Regierung über gesamtdeutsche Wahlen erörtert wurde.
17 Vgl. Nr. 46 Anm. 21.
18 Auf dem Parteitag der Konservativen in Margate erklärte Churchill am 10.10. 1953: »Sollten die Franzosen die Europäische Verteidigungsgemeinschaft nicht

annehmen, so bleibt uns keine andere Wahl, als in kluger Vorsorge einer neuen Abmachung beizutreten, durch welche die Stärke Deutschlands über den Nordatlantikpakt den westlichen Alliierten angeschlossen wird.« Auszüge der Rede in: Bulletin, Nr. 196, 14.10.1953, S. 1639f., hier S. 1639.

19 Wortlaut der außenpolitischen Erklärung John Foster Dulles' am 27.1.1953 in: EA, 8. Jg. (1953), S. 5528-5532, hier S. 5531. Zu der Frage, inwieweit Dulles wirklich die EVG als die einzige Lösung ansah, vgl. Gerhard *Wettig,* Entmilitarisierung, S. 551-554.

20 Der Nationalausschuß des MRP hatte sich am 19.10.1953 in einer Entschließung für die baldige Ratifizierung des EVG-Vertrages und die Bildung einer Europäischen Politischen Gemeinschaft mit begrenzter, aber übernationaler Autorität eingesetzt. Vgl. »Die Welt« v. 20.10.1953.

21 Mit der Regierungsbildung im Oktober 1953 war das Bundesministerium für Familienfragen gegründet worden. Vgl. Gerhart *Attenberger*/Helmut *Eiden-Jaegers,* Das Bundesministerium für Jugend, Familie und Gesundheit, Düsseldorf–Frankfurt/Main–Bonn 1968.
Die Leitung übernahm Dr. Franz-Josef Wuermeling. Vgl. auch Anm. 42.

22 Vgl. Wilhelm *Throm,* Die Überalterung droht noch zu wachsen, in: »Frankfurter Allgemeine« v. 30.9.1953.

23 Zu seinen Aufgaben vgl. Lothar *Wieland,* Das Bundesministerium für Vertriebene, Flüchtlinge und Kriegsgeschädigte, Frankfurt/Main–Bonn 1968.

24 Vgl. Alfred *Adam,* Das Bundesministerium für innerdeutsche Beziehungen, Bonn 1971.

25 Bei den Wahlen am 11.4.1954 zur belgischen Abgeordnetenkammer und zum Senat verlor die Christlich-Soziale Partei die absolute Mehrheit.

26 Als Ergebnis der Unterhaus-Wahlen vom 25.10.1951 und der Nachwahlen vom 9.11.1951 und 19.7.1952 fielen auf die Labour-Partei 296 Sitze, auf die Konservativen 321 Sitze. Vgl. AdG, 21. Jg (1951), S. 3173 und 22. Jg. (1952), S. 3568.

27 Aufgrund der Kongreßwahlen am 4.11.1952 und einer Nachwahl am 13.10. 1953 waren im Repräsentantenhaus 220 Abgeordnete der Republikanischen Partei, 214 Abgeordnete der Demokratischen Partei und 1 Unabhängiger vertreten.

28 Die Bundesregierung war gebildet worden aus einer Koaliton von CDU/CSU, FDP, DP und GB/BHE. Im Bundestag verfügte die Koalition über eine Mehrheit von 334 zu 151 Mandaten. Zum zweiten Kabinett Adenauer vgl. Hans-Peter *Schwarz,* Die Ära Adenauer 1949–1957, S. 197-203.

29 Zur Entstehung und Zusammensetzung des Wirtschaftskabinetts vgl. Edgar *Randel,* Das Bundesministerium für Wirtschaft, Frankfurt/Main–Bonn 1966, S. 192f.; Wilhelm *Hennis,* Richtlinienkompetenz und Regierungstechnik, Tübingen 1964, S. 22 sowie die Ausführungen von Vizekanzler Franz Blücher am 24.3. 1955, Wortlaut in: Bulletin, Nr. 59, 26.3.1955, S. 483.

30 Zu den Auseinandersetzungen innerhalb der Bundesregierung vgl. Udo *Wengst,* Staatsaufbau, S. 246-274.

31 Die Botschaft der Bundesrepublik Deutschland beim Heiligen Stuhl wurde am 1.6.1954 errichtet. Am 10.3.1954 erteilte der Vatikan dem Protestanten Dr. jur. h.c. Wolfgang *Jaenicke* (1881–1968) das Agrément als Botschafter. Zur Vorgeschichte vgl. Nr. 28 Anm. 45.

32 Spekuliert wurde u. a., McCloys Besuch diene dazu, ein zweites Gespräch Adenauers mit Eisenhower vorzubereiten. Vgl. »Industriekurier« v. 15.10.1953. Dagegen berichtete »Die Welt« v. 22.10.1953, Hauptaufgabe McCloys sei, sich in der Bundesrepublik über Anleihe-, Kredit- und private amerikanische Investitionsmöglichkeiten zu informieren.

33 Mit der Annahme des Abgeordnetenmandats des Bundestages schied Staatssekretär Lenz aus dem Amt aus. Vgl. dazu das Schreiben Adenauers in: Bulletin, Nr. 193, 9.10.1953, S. 1611.

34 Als Nachfolger von Lenz berief das Kabinett am 27.10.1953 Ministerialdirektor Dr. Hans Globke zum Staatssekretär für Inneres im Bundeskanzleramt. Vgl. »Frankfurter Allgemeine« v. 28.10.1953.

35 Zwischen Spanien und den Vereinigten Staaten waren am 26.9.1953 Abkommen über den Bau und die Verwendung militärischer Stützpunkte, über Wirtschaftshilfe der USA an Spanien und über die Lieferung militärischen Materials geschlossen worden. Zum Inhalt der Verträge vgl. EA, 8. Jg. (1953), S. 6101f.; AdG, 23. Jg. (1953), S. 4184f.

36 Paul *Sethe* (1901–1967), Dr. phil., Journalist und Publizist; ab 1921 als Redakteur in Ohligs (Rheinland) tätig, 1934–1943 (Zeitungsverbot) Redakteur der »Frankfurter Zeitung«, 1949–1955 Herausgeber der »Frankfurter Allgemeinen«, 1955–1960 Ressortleiter Politik, 1960–1962 Redakteur bei »Die Zeit« (Hamburg), 1962–1963 Redakteur bei »Die Welt« (Hamburg). Von seinen Veröffentlichungen vgl. u. a. Geschichte der Deutschen, Frankfurt/Main 1962; Öffnung nach Osten, Weltpolitische Realitäten zwischen Bonn, Paris und Moskau, Frankfurt/Main 1966; In Wasser geschrieben, Porträts, Profile, Prognosen, Frankfurt/Main 1968, insbes. zur Ära Adenauer, S. 61-91 und seinen Beitrag in dem mit Ferdinand *Fried* und Hans *Schwab-Felisch* hrsg. Band: Das Fundament unserer Zukunft, Bilanz der Ära Adenauer, Düsseldorf–Wien 1964, S. 9-100; zu den publizistischen Kontroversen zwischen Sethe und Adenauer vgl. Arnulf *Baring*, Außenpolitik in Adenauers Kanzlerdemokratie, passim.

In dem Kommentar »Die große Wandlung«, in: »Frankfurter Allgemeine« v. 20.10. 1953 hatte Sethe sich für einen »Neuen Kurs« in der Ost-West-Politik eingesetzt, demzufolge der Westen den Interessen der Sowjetunion mehr als bisher Rechnung tragen sollte, um zu einer Verständigung mit Moskau zu kommen.

37 Giuseppe *Pella* (1902–1981), Dr. rer., pol., italienischer Politiker; 1932–1939 in der piemontesischen Wollindustrie tätig, 1946 Abgeordneter der Verfassunggebenden Nationalversammlung (DC), 1946–1947 Unterstaatssekretär für Finanzen, 1948–1951 Minister des Schatzamtes und zeitweilig des Budgetministeriums, 1951–1952 Budgetminister, 1952–1954 Budget- und Schatzminister, 1953–1954 Ministerpräsident, Außen- und Budgetminister, 1954–1956 Präsident der Ge-

meinsamen Versammlung der Montanunion, 1957–1958 Stellvertretender Ministerpräsident und Außenminister, 1959–1960 Außenminister, 1960–1962 Budgetminister, 1972 Finanzminister. Vgl. Munzinger-Archiv, Internationales Biographisches Archiv, 19.9.1981 sowie »Frankfurter Allgemeine« v. 2.6.1981.

38 Vgl. Anm. 10.

39 Der Bundesminister für das Post- und Fernmeldewesen war noch nicht ernannt worden. Der scheidende Amtsinhaber Hans *Schuberth* (1897–1976, biographische Angaben in: Adenauer, Briefe 1947–1949, S. 498) führte die Geschäfte bis zur Ernennung von Diplom-Ingenieur Dr. Siegfried Balke am 10.12.1953 fort.

Siegfried *Balke* (1902–1984), Dr.-Ing., Dr. rer. nat. h.c., Chemiker; 1925–1953 in der Chemieindustrie tätig, 1953–1956 Bundesminister für das Post- und Fernmeldewesen, 1956–1957 für Atomfragen, 1957–1969 MdB (CSU), 1957–1961 für Atomkernenergie und Wasserwirtschaft, 1961–1962 für Atomkernenergie, 1964–1969 Präsident der Bundesvereinigung der Deutschen Arbeitgeberverbände. Vgl. Walter *Henkels,* 111 Bonner Köpfe, Düsseldorf–Wien 1968, S. 36-39.

40 Zur Liste der Kabinettsmitglieder vgl. Anm. 14.

41 Angaben zur Biographie von Dr. Robert *Tillmanns* (1896–1955) in: Adenauer, Briefe, 1947–1949, S. 635.

42 Biographische Hinweise zu Dr. Franz-Josef *Wuermeling* (geb. 1900), a.a.O., S. 566f.

Nr. 48

1 Walter *Lippmann* (1889–1974), führender amerikanischer Journalist und Publizist; seit 1910 journalistisch tätig, zunächst als Redakteur beim »Boston Common«, ab 1914 arbeitete er für »New Republic«, 1917–1919 beteiligt an den Vorbereitungen für die Versailler Friedensverhandlungen, seit 1922–1931 Chefredakteur der »World« (New York), 1931–1963 führender republikanischer Kolumnist der »New York Herald Tribune«, schrieb dann für die »Washington Post« und »Newsweek«, 1962 erhielt er für seine Studie Western Unity and the Common Market, Boston 1962, den Pulitzer-Preis. Zur Biographie und Einführung in die umfangreiche Bibliographie vgl. Ronald *Steel,* Walter Lippmann and the American Century, London–Sydney–Toronto 1980, zu Lippmanns Begegnungen mit Adenauer, S. 463, 477.

2 Angabe in StBKAH 04.04.

3 Arthur William *Radford* (1896–1973), amerikanischer Admiral; zunächst Marineflieger, 1929 Staffelführer auf einem Flugzeugträger, 1939 Admiral, Ausbildungsleiter von Marinepiloten, 1943 Befehlshaber eines Flugzeugträgerverbandes, 1945–1946 der Marineluftflotte, 1946–1949 an leitender Stelle im Operationsstab der Marine, dann Flottenkommandeur im Atlantik, 1949 Oberbefehlshaber der Marine im Pazifik, 1953–1957 Joint Chief of Staff. Angaben in »Die Neue Zeitung« v. 15.5.1953.

4 Adenauer traf mit Radford am 4.11.1953 zusammen. Angabe in StBKAH 04.04.

5 In Meldungen aus den USA wurde spekuliert, aufgrund »bewaffnungstechnischer« Änderungen trage sich die amerikanische Regierung mit dem Gedanken, die sechs amerikanischen Divisionen aus Europa abzuziehen. Beunruhigung lösten diese Nachrichten auch deshalb aus, weil man glaubte, die französische Öffentlichkeit sei von der objektiven Möglichkeit eines solchen früher oder später drohenden Abzuges fest überzeugt. Vgl. »Frankfurter Allgemeine« v. 27.10. 1953.

6 Vgl. Walter *Lippmann,* Today and Tomorrow, The Franco-American Misunderstanding, in: »New York Herald Tribune« v. 3.11.1953.

7 Bei den vorhergehenden Wahlen zur Nationalversammlung am 17.6.1951 hatte die KPF 26,5 v. H. der abgegebenen Stimmen erhalten und lag damit deutlich vor dem RPF mit 21,7 v. H. und der SFIO 14,5 v. H. Vgl. AdG, 21. Jg. (1951), S. 2987.

8 Die Kommunisten (PCI) und die unter ihrem Einfluß stehende PSI erhielten bei den Wahlen zur italienischen Kammer am 8.6.1953 zusammen etwas mehr als 9,5 Millionen Stimmen, während sie als Demokratische Volksfront bei den Wahlen am 19.4.1948 etwa 8,0 Millionen Stimmen bekamen. Zu den Ergebnissen vgl. AdG, 18./19. Jg. (1948/49), S. 1469 und 23. Jg. (1953), S. 4025.

9 Zu Adenauers Haltung gegenüber Frankreich in den zwanziger Jahren vgl. Karl Dietrich *Erdmann,* Adenauer in der Rheinlandpolitik nach dem Ersten Weltkrieg, Stuttgart 1966.

10 Vgl. Nr. 47 Anm. 7.

11 Zum Ergebnis der Wahlen zur Hamburger Bürgerschaft am 1.11.1953 vgl. Hans-Peter *Schwarz,* Die Ära Adenauer 1949–1957, S. 480.

12 Vgl. Nr. 28 Anm. 67.

13 Vgl. Nr. 46 Anm. 7, Nr. 47 Anm. 8.

14 Das Repräsentantenhaus stimmte am 30.6.1954 dem Auslandshilfegesetz für das Finanzjahr 1954/55 mit 260 gegen 125 Stimmen zu. Die Bewilligung der 3338,6 Millionen Dollar erfolgte unter der Bedingung, daß die wirtschaftliche Hilfe an jene Staaten suspendiert bliebe, die den EVG-Vertrag noch nicht ratifiziert hatten. Damit sollte vor allem auf Frankreich und Italien Druck ausgeübt werden. Vgl. AdG, 24. Jg. (1954), S. 4582, 4599; Hans-Jürgen *Stieringer,* Die Auslandshilfegesetzgebung des amerikanischen Kongresses und die europäische Integration, in: EA, 9. Jg. (1954), S. 6421-6428.

15 Die französische Nationalversammlung nahm am 23.7.1953 den Gesetzentwurf über die Verfassungsrevision an. Vgl. L'Année Politique 1953, S. 517-520.

16 Paul *Reynaud* (1878–1966), französischer Politiker; 1940 Ministerpräsident, zugleich auch Verteidigungs- und Außenminister, 1940 Verhaftung durch die Vichy-Regierung, 1942 Internierung im KZ in Deutschland, 1946–1962 Abgeordneter (Unabhängiger Republikaner), 1948 Finanz- und Wirtschaftsminister, 1953–1954 Stellvertretender Ministerpräsident, 1958 maßgeblich an der Ausarbeitung der Verfassung der V. Republik beteiligt, 1959–1962 Vorsitzender des Finanz-, Wirtschafts- und Planungsausschusses der Nationalversammlung. Vgl. seine

Mémoires venus de ma Montagne, Paris 1960; Mémoires envers et contre tous, Paris 1963.

17 Joseph *Laniel* (1889–1975), französischer Politiker; 1932 Mitglied der Kammer, 1940 Unterstaatssekretär im Finanzministerium, Mitbegründer des Nationalrats der Widerstandsbewegung, 1946 Mitbegründer und ab 1947 Präsident der Republikanischen Freiheitspartei, 1951–1952 Staatsminister für Post und Telefon, 1953–1954 Ministerpräsident.

18 Guy *Mollet* (1905–1975), französischer Politiker; 1946–1969 Generalsekretär der SFIO, 1946–1947 und 1959 Staatsminister, 1948 Mitbegründer und Stellvertretender Vorsitzender des Generalrats der Sozialistischen Internationale, 1949 Mitglied und 1954–1956 Präsident der Beratenden Versammlung des Europarats. 1950–1951 Minister für Angelegenheiten des Europarats, 1956–1957 Ministerpräsident, 1958–1965 Vizepräsident der Linksföderation.

19 Gemeint war der zwischen Frankreich und der Sowjetunion am 10.12.1944 geschlossene Bündnis- und Beistandsvertrag, der von Bidault und Molotow unterzeichnet wurde. Wortlaut des Abkommens in: EA, 2. Jg. (Juli–Dezember 1947), S. 1946.

20 Wortlaut der Note der sowjetischen Regierung an die drei Westmächte vom 3.11.1953, die eine Antwort auf deren Note vom 18.10.1953 (vgl. Nr. 47 Anm. 8) darstellte, in: EA, 8. Jg. (1953), S. 6175-6179. Moskau schlug darin vor, in Lugano eine Fünfmächtekonferenz (einschließlich der Volksrepublik China) einzuberufen.

21 Vgl. Nr. 38 Anm. 19, Nr. 39 Anm. 31.

22 Vgl. Demosthenes *Nacu,* Die Verstaatlichung der sowjetischen Landwirtschaft von 1917 bis heute, 2. Teil, in: EA, 13. Jg. (1958), S. 10787-10792.

Nr. 49

a ‹ › Vom Bearbeiter korrigiert aus »annimmt (ablehnt?)«.

b ‹ › Vom Bearbeiter korrigiert aus »fließt«.

c ‹ › Vom Bearbeiter korrigiert aus »worden sei«.

d ‹ › Vom Bearbeiter gestrichen »müßte«.

e ‹ › Vom Bearbeiter korrigiert aus »in den«.

f ‹ › Vom Bearbeiter korrigiert aus »zwar«.

g ‹ › Vom Bearbeiter korrigiert aus »auf der«.

1 Die Zahl der Teilnehmer hatte sich zusehends vergrößert, weil immer mehr Journalisten das Presseamt drängten, zum Kanzlertee eingeladen zu werden. Vgl. dazu auch die Einleitung.

2 Das Ministerkomitee des Europarats tagte am 11./12.12.1953 in Paris. Zu den Ergebnissen vgl. Bulletin, Nr. 239, 15.12.1953, S. 1983.

3 Adenauers Unterredung mit Bidault fand am 12.12.1953, die mit Dulles und mit Eden am 13.12.1953 statt. Zu Verlauf und Ergebnissen der Pariser Gespräche vgl. Konrad *Adenauer,* Erinnerungen 1953–1955, S. 239-242.

4 René *Coty* (1882–1962), französischer Politiker (Unabhängig), wurde am 23.12.1953 im 13. Wahlgang als Nachfolger von Vincent Auriol zum Präsidenten der Republik gewählt. Vgl. L'Année Politique 1953, S. 83-89.

5 Wegen der bevorstehenden Viererkonferenz (Anm. 8) bot Ministerpräsident Laniel bereits am 2.1.1954 dem scheidenden Staatspräsidenten Auriol die Demission seiner Regierung an. Dieser bat ihn, im Amt zu bleiben. Die Nationalversammlung sprach Laniel daraufhin schon am 6.1.1954 das Vertrauen aus. Vgl. L'Année Politique 1954, S. 1f.; AdG, 24.Jg. (1954), S. 4318f.

6 Vgl. Nr. 47 Anm. 8, Nr. 48 Anm. 20.

7 Da die Forderungen in der letzten Sowjetnote vom 3.11.1953 (vgl. Nr. 48 Anm. 20) für die drei Westmächte unannehmbar seien, erklärte der amerikanische Außenminister Dulles am 9.11.1953, würden die drei Westmächte allein handeln. Daraufhin kamen vom 4.–7.12.1953 die Regierungschefs und Außenminister in Tucker's Town auf Bermuda zusammen, um über gemeinsame Schritte in der Deutschland- und Außenpolitik zu beraten. Zum Ergebnis der Konferenz vgl. Gerhard *Wettig*, Entmilitarisierung, S. 555f.

8 Am 8.12.1953 schlugen die drei Westmächte der Sowjetunion den Beginn einer Konferenz der vier Außenminister am 4.1.1954 vor, da die Sowjetunion am 26.11.1953 ihre Bereitschaft zur Teilnahme an einer solchen Konferenz erklärt und Berlin als Tagungsort angeregt hatte. Zur sowjetischen Note vgl. EA, 8.Jg. (1953), S. 6228–6230; zur Note der Westmächte, a.a.O., S. 6230f.

9 In einer Note an die Westmächte vom 26.12.1953 sagte die sowjetische Regierung ihre Teilnahme an der Viererkonferenz zu und schlug den 25.1.1954 für den Beginn der Verhandlungen vor. Wortlaut der Note sowie der Antworten über die technischen Fragen vom 1.1.1954 und 4.1.1954 in: EA, 9.Jg. (1954), S. 6308f.

10 Vgl. dazu »Vierertreffen erst im Februar?«, in: »Frankfurter Rundschau« v. 14.12.1953.

11 Vgl. »Frankfurter Allgemeine« v. 31.10.1953.

12 Der britische Hochkommissar Hoyer Millar hatte Adenauer erst am 10.11. 1953 zugesichert, daß die Bundesregierung von den Westmächten voll über deren Vorgehen in den deutschen und europäischen Fragen konsultiert würde. Vgl. AdG, 23.Jg. (1953), S. 4245.

13 Vgl. Nr. 46 Anm. 1, 7, 9, 11, Nr. 48 Anm. 20.

14 Die Bemühungen der Bundesrepublik um Wiederherstellung der Einheit Deutschlands durch gesamtdeutsche Wahlen, 1. Teil Oktober 1949 – Oktober 1953, hrsg. vom *Bundesministerium für gesamtdeutsche Fragen*, 4. erweiterte Aufl., Bonn 1958.

15 Vgl. Anm. 7-9, 14.

16 Zur Note der Sowjetunion vom 3.11.1953 vgl. Nr. 48 Anm. 20.

17 Zur Note der Sowjetunion an die Westmächte vom 26.11.1953 vgl. Anm. 8.

18 Eine grundsätzliche Auseinandersetzung über die EVG und die französische Europapolitik fand in Erklärungen de Gaulles sowie in einer großen außenpolitischen Debatte der Nationalversammlung vom 17.–27.11.1953 – erstmals nach 21 Monaten – ihren Niederschlag. Zu der Haltung de Gaulles und den unterschiedlichen Stimmungen unter den Gruppierungen im Parlament vgl. Gabriele *Latte*, Die französische Europapolitik im Spiegel der Parlamentsdebatten (1950–1965),

S. 48-51; Gerhard *Kiersch,* Parlament und Parlamentarier in der Außenpolitik der IV. Republik, Wirtschafts- und Sozialwissenschaftliche Dissertation, Berlin 1971, Bd. 1, S. 277-279.

19 Die Tischrede wurde nicht veröffentlicht.

20 Wortlaut der Rede Adenauers vor der Association de la Presse Diplomatique Française und der Association de la Presse Etrangère am 11.12.1953 in: Bulletin, Nr. 238, 12.12.1953, S. 1973-1975, hier S. 1974; Manuskript in StBKAH 02.11.

21 Vgl. Nr. 27 Anm. 21.

22 Vgl. Anm. 20.

23 Es nahmen noch teil Staatssekretär Maurice Schumann und der Generaldirektor des Quai d'Orsay, Alexandre Parodi.

Maurice *Schumann* (geb. 1911), französischer Diplomat; Mitbegründer und 1945–1949 Präsident des MRP, 1945–1967 Abgeordneter der Nationalversammlung, 1951–1954 Staatssekretär im Außenministerium, 1959–1962 Vorsitzender des Auswärtigen Ausschusses der Nationalversammlung, 1962 Minister für Regionalplanung, 1967–1968 für Wissenschaft und Fragen der Atomenergie, 1968–1969 Sozial-, 1969–1973 Außenminister, 1973–1977 Vizepräsident des Senats.

Biographische Angaben zu Alexandre Parodi vgl. Anm. 41.

24 Text des Kommuniqués in: AdG, 23. Jg. (1953), S. 4292; vgl. zu den Hintergründen der Unterredung auch Robert *Schmidt,* Saarpolitik, 2. Bd., S. 514f.

25 So zum Beispiel der Kommentar »Blauer Himmel?« in: »Die Welt« v. 14.12. 1953; wohlwollender dagegen der Bericht »Zweckpessimismus der Pariser Presse«, in: »Frankfurter Allgemeine« v. 15.12.1953.

26 Joseph *Kingsbury-Smith* (geb. 1908), amerikanischer Journalist; 1924–1926 Reporter bei International News Service (INS), 1926–1927 Auslandskorrespondent für United Press, 1927–1931 arbeitete er wieder für INS in London, 1932–1936 diplomatischer Korrespondent in Washington, 1936–1938 Leiter des Londoner Büros, 1940 stellvertretender Direktor des auswärtigen Dienstes bei INS, 1941–1944 im State Departement tätig, 1944–1955 Leiter der Europa-Abteilung von INS in Paris, 1955–1958 deren Präsident und Generaldirektor, nach der Fusion von INS und United Press 1958 Vizepräsident von United Press International, 1966–1976 außenpolitischer Chefkommentator von Hearst Newspapers und des King Features Syndicate, seit 1976 Herausgeber der nationalen Hearst Newspapers.

27 Vgl. Anm. 20.

28 Wortlaut der Rede Eisenhowers vor der UN-Vollversammlung am 8.12.1953, in der er Vorschläge zur internationalen Kontrolle der Atomenergie erläuterte, in: EA, 9. Jg. (1954), S. 6275-6278.

29 Eisenhower wies darauf hin, daß die Gewalt der Atombomben zur damaligen Zeit 25 mal größer sei als die der Waffen zu Beginn des Atomzeitalters. Die USA würden insgesamt bereits über ein Atomwaffen-Arsenal verfügen, das um ein Vielfaches die Wirkung aller Bomben und Granaten des Zweiten Weltkrieges übertreffe. Selbst bei allerstärksten Verteidigungsanlagen könne ein Angreifer, der

im Besitz der für einen Überraschungsangriff notwendigen Mindestzahl von Atombomben ist, wahrscheinlich eine genügend große Zahl seiner Bomben auf die ausgewählten Ziele so plazieren, daß damit verheerende Zerstörungen angerichtet würden. Vgl. a.a.O., S. 6276.

30 Vgl. Anm. 2.

31 Zum Verlauf der Beratungen des gemischten Ausschusses aus Vertretern des Ministerkomitees und der Beratenden Versammlung am 12.10.1953 vgl. EA, 9. Jg. (1954), S. 6315 f.

32 Zum Inhalt der Konvention und Abkommen über technische, kulturelle und soziale Fragen vgl. a.a.O., S. 6315-6318.

33 Vgl. a.a.O., S. 6315, 6316.

34 Jonkheer Marinus *van der Goes van Naters* (geb. 1900), Dr. jur., niederländischer Politiker; zunächst als Rechtsanwalt tätig, seit 1937 Abgeordneter der Generalstaaten (SDAP), 1940–1944 im Konzentrationslager, 1945–1953 Fraktionsvorsitzender der PvdA, 1951 Vizepräsident der Beratenden Versammlung des Europarats, 1952 Mitglied der Gemeinsamen Versammlung des EGKS, legte 1953 den Plan zur Europäisierung des Saargebietes vor, vgl. dazu Hans-Peter *Schwarz,* Die Ära Adenauer 1949–1957, S. 222-224; Robert *Schmidt,* Die Saar, 2. Bd., S. 569-575.

35 Text in: EA, 9. Jg. (1954), S. 6317.

36 Auszüge der Rede van Zeelands, in der er auf den Inhalt der unterzeichneten Abkommen einging, in: »La Dernière Heure« v. 12.12.1953.

37 Die Außenminister der EGKS-Staaten beauftragten auf ihrer Sitzung vom 26.–28.11.1953 in Den Haag einen Ausschuß, einen Vertragstext für die Gründung einer Europäischen Politischen Gemeinschaft auszuarbeiten. Bis zum nächsten Außenministertreffen am 30.3.1954 sollte ein Bericht verfaßt werden. Wortlaut des Kommuniqués v. 28.11.1953 in: Bulletin, Nr. 229, 1.12.1953, S. 1901 f.; Protokoll der Konferenz in StBKAH 12.43. Vgl. auch Herbert *Müller-Roschach,* Die deutsche Europapolitik, S. 41 f. sowie die Artikel »Erfolge in Den Haag«, in: Bulletin, Nr. 230, 2.12.1953, S. 1910 f., »Fortgang der Europäischen Integration«, a.a.O., Nr. 232, 4.12.1953, S. 1927 f.

38 Die Konferenz der Stellvertretenden Außenminister (vgl. Nr. 46 Anm. 48) fand vom 22.9.–9.10.1953 in Rom statt. Wortlaut des Kommuniqués in: EA, 8. Jg. (1953), S. 6071; Ausführungen von Walter Hallstein dazu im Hessischen Rundfunk in: Bulletin, Nr. 224, 24.11.1953, S. 1860 f.; Zusammenfassung der erarbeiteten Vorschläge in StBKAH 12.43.

39 Die Bundesrepublik war vertreten durch Staatssekretär Hallstein, für Italien nahm teil Lodovico *Benvenuti* (1899–1966), Dr. jur., italienischer Politiker; 1946 Mitglied der Verfassunggebenden Nationalversammlung, seit 1948 Abgeordneter der Kammer (DC), 1949 Mitglied der Beratenden Versammlung des Europarats, 1951–1953 Unterstaatssekretär im Außenhandelsministerium, 1952 Mitglied der Gemeinsamen Versammlung der EGKS, 1953–1955 Staatssekretär im Außenministerium, 1957–1964 Generalsekretär des Europarats.

40 Jacques *Fouques Duparc* (1897–1966) französischer Diplomat; 1921–1924 und 1926–1932 beim Völkerbund tätig, 1924–1926 in Berlin, 1932–1938 im Außenministerium in Paris, 1938–1939 in Madrid, 1946–1947 Kabinettsdirektor von Léon Blum, 1947–1957 Botschafter in Rom.
41 Alexandre *Parodi* (1901–1979), französischer Diplomat; 1944 Minister für Arbeit und soziale Sicherheit, 1946–1949 Ständiger Vertreter Frankreichs im UN-Sicherheitsrat, 1949–1954 Generalsekretär im Außenministerium, 1955–1957 Ständiger Vertreter im NATO-Rat, 1957–1960 Botschafter in Marokko, 1960–1971 Vizepräsident, seitdem Ehrenvizepräsident des Staatsrates, 1961–1976 Vertreter Frankreichs im Verwaltungsrat des Internationalen Arbeitsamtes, 1964–1979 Mitglied des Internationalen Schiedsgerichtshofs in Den Haag.
42 Der offizielle Titel lautete »Sonderbeauftragter des Europarats für die Flüchtlinge und Bevölkerungsüberschüsse in Europa«.
43 Wortlaut der Entschließung des Ministerkomitees in: EA, 9.Jg. (1954), S. 6319.
44 Pierre *Schneiter* (geb. 1905), französischer Politiker und Diplomat; 1945 Abgeordneter des Département Marne (MRP), 1946–1947 Unterstaatssekretär für Auswärtige Angelegenheiten, 1947–1948 Staatssekretär für deutsche Fragen, 1948–1951 Minister für Öffentliche Gesundheit und Bevölkerungsfragen, 1952–1953 Mitglied der französischen UN-Delegation, 1954 Sonderbeauftragter des Europarats, 1955 Präsident der Nationalversammlung.
45 Wortlaut der Entschließung in: EA, 8.Jg. (1953), S. 6079.
46 Zum Verlauf der Debatte vom 18.–22.9.1953 vgl. a.a.O., S. 6078f.
47 Vgl. Anm. 45.
48 Wortlaut in: EA, 9.Jg. (1954), S. 6316.
49 Polen und die Tschechoslowakei hatten auf diplomatischen Kanälen in Moskau den Wunsch vorgebracht, Beobachter zu der Berliner Konferenz zu entsenden, in der Absicht, sich stärker in die internationalen Verhandlungen über Deutschland einzuschalten. Vgl. »Frankfurter Rundschau« v. 14.12.1953.
50 Vgl. Hermann *Volle,* Atlantikpakt und Europäische Verteidigungsgemeinschaft auf der 12. Tagung des Nordatlantikrats in Paris vom 14. bis 16. Dezember 1953, in: EA, 9.Jg. (1954), S. 6285-6294.
51 Wortlaut des Kommuniqués, a.a.O., S. 6309f.
52 Vgl. Anm. 38.
53 Vgl. Nr. 41 Anm. 11, dort mit weiterführenden Hinweisen.
54 Vgl. Art. 146 Grundgesetz.
55 Vgl. Anm. 9.
56 Zum Verlauf und Ergebnis der Konferenz vgl. Nr. 50, 51.
57 Vgl. dazu Anm. 5.

Nr. 50
1 Biographische Angaben zu Wjatscheslaw Michajlowitsch *Molotow,* eigentlich *Skrjabin* (geb. 1890), der 1984 wieder in die KPdSU aufgenommen wurde,

in: Adenauer, Briefe 1947–1949, S. 524. Zusammenfassung des Vorschlags von Molotow auf der Berliner Außenministerkonferenz der vier Mächte am 1.2.1954, in dem er die Vorbereitung eines Friedensvertrages mit Deutschland vorschlug, in: EA, 9.Jg. (1954), S. 6526; Wortlaut in StBKAH 12.70.

2 Johannes *Jöckel* (1892–1968); 1952–1958 Stenograph im Dienst des Presse- und Informationsamtes der Bundesregierung.

3 Eine Person, auf deren Namen eine solche Paraphe zutraf, war zu jener Zeit im Büro Chef vom Dienst des BPA nicht angestellt. Die Transkription besorgte wahrscheinlich eine Aushilfskraft des Schreibbüros.

4 Angabe in StBKAH 04.05, im Dokument angegeben »11.30 Uhr«.

5 Auf der vom 25.1.–18.2.1954 in Berlin zusammengetretenen Konferenz der Außenminister der vier Großmächte, an der Bidault, Dulles, Eden und Molotow teilnahmen, legte die sowjetische Regierung am 1.2.1954 einen Entwurf für den Friedensvertrag mit Deutschland vor. Wortlaut in: EA, 9.Jg. (1954), S. 6526–6528. Vollständige Ausgabe der Reden und Dokumente: Die Viererkonferenz in Berlin 1954, hrsg. vom *Presse- und Informationsamt der Bundesregierung*, Berlin [1954].

Zum Verlauf und Ergebnis der Konferenz aus Adenauers Sicht vgl. seine Erinnerungen 1953–1955, S. 243-269; Wilhelm *Grewe*, Rückblenden, S. 174-190; neuere Darstellung von Hans-Peter *Schwarz*, Die Ära Adenauer 1949–1957, S. 211-221; umfangreiche Materialien zur Berliner Konferenz in StBKAH 12.63 und 12.70.

6 Es handelte sich hierbei um eine amtliche Übersetzung nach AP vom 1.2. 1954, Text in StBKAH 12.70.

7 Im Original vermerkt »(88)?«. Molotow sagte dazu: »Die Zahl der amerikanischen Stützpunkte auf den erwähnten fremden Territorien beträgt sogar nach unvollkommenen Angaben 82.« Wortlaut der Erklärung, S. 10, in StBKAH 12.70.

8 Eden legte am 29.1.1954 einen Plan zur Wiedervereinigung Deutschlands in Freiheit vor, der im wesentlichen auf Vorschlägen beruhte, die ein Expertenausschuß der Westmächte vor der Konferenz in Paris ausgearbeitet hatte. Wortlaut des Vorschlags in: EA, 9.Jg. (1954), S. 6525f.

9 Vgl. Nr. 26 Anm. 12.

10 Vgl. »Franc Tireur« v. 2.2.1954.

11 Vgl. »Combat« v. 2.2.1954.

12 Mit einem Schreiben des DDR-Regierungschefs Otto Grotewohl vom 30.1. 1954 wurde den Außenministern der vier Mächte ein Memorandum zur Lösung der deutschen Frage übersandt. Wortlaut in: »Neues Deutschland« v. 31.1.1954.

13 Vgl. Gerald *Stourzh*, Geschichte des österreichischen Staatsvertrages, Graz–Wien–Köln 1980, S. 116-129.

14 Zu den Eröffnungsreden Bidaults und Edens am 25.1.1954 vgl. AdG, 24.Jg. (1954), S. 4348f. und Dulles am 26.1.1954, S. 4352f.

15 In »The Times« v. 20.1.1954 wurden zwei mögliche Reaktionen des Westens auf ein Scheitern der Berliner Konferenz diskutiert: Der Vorschlag Edens, mit Ein-

willigung der Sowjetunion die Vorschläge der Westmächte für eine Wiedervereinigung Deutschlands auszusetzen und die westlichen Vorschläge, eine Friedensregelung auf der Grundlage der Teilung Deutschlands fortzuführen. Als Begründung für die zweite Lösung wurde u. a. angeführt, bei der Ausarbeitung eines »Reserveplans« habe sich herausgestellt, daß die Westdeutschen eher für ihre eigene Sicherheit eintreten, bevor sie voreilig in der Wiedervereinigungsfrage ein Risiko eingehen und sich dem Kommunismus öffnen.

16 Was unter der sog. »kleinen Lösung« verstanden wurde, konnte nicht genau ermittelt werden. Zu möglichen Überlegungen vgl. ebenda.

17 Zu den Äußerungen Wehners auf einer Pressekonferenz am 1.2.1954 vgl. »Frankfurter Rundschau« v. 2.2.1954.

18 Vgl. zu den Äußerungen Ollenhauers auf einer Pressekonferenz am 1.2.1954 in Berlin den »Neuen Vorwärts« v. 5.2.1954.

19 Kurt Schumacher verstarb am 20.8.1952 in Bonn.

20 Gemeint war der Sozialdemokratische Pressedienst.

21 Vgl. dazu André *Fontaine,* M. Molotov se contenterait d'un embryon d'accord sur l'Allemagne, in: »Le Monde« v. 2.2.1954; Cyrus Leo *Sulzberger,* Soviets Propose Neutral Germany as Price of Pact, in: »The New York Times« v. 2.2.1954 und »Russian draft for Germany Treaty«, in: »The Times« v. 2.2.1954.

22 Wortlaut des Schreibens von Blankenhorn an Adenauer v. 2.2.1954 in: Herbert *Blankenhorn,* Verständnis und Verständigung, S. 183f.

23 Vgl. Anm. 14 sowie die Antwort Bidaults am 29.1.1954 auf den Antrag der sowjetischen Regierung, eine Welt-Abrüstungskonferenz einzuberufen, in: AdG, 24. Jg. (1954), S. 4354.

24 Wortlaut der Eröffnungsrede Molotows am 25.1.1954 in: AdG, 24. Jg. (1954), S. 4350-4352.

25 Zu den Äußerungen Ollenhauers am 24.1.1954 in Berlin vgl. »The Times« v. 25.1.1954.

26 Auf Antrag der sowjetischen Regierung vereinbarten die Außenminister am 26.1.1954, im Mai oder Juni 1954 eine Außenministerkonferenz der fünf Mächte (unter Einbeziehung der Volksrepublik China) in Genf einzuberufen, um über die Lage in Asien zu verhandeln. Im Schlußkommuniqué wurde vereinbart, daß die vier Mächte, die Volksrepublik China sowie Vertreter Nordkoreas und Südkoreas am 26.4.1954 in Genf zu einer Konferenz über die Korea-Frage zusammentreten sollten. Vgl. AdG, 24. Jg. (1954), S. 4353f., 4389.

27 Vgl. dazu die Resolution der UNO-Vollversammlung v. 28.11.1953, in der internationale Verhandlungen zur Begrenzung und Reduzierung aller Streitkräfte und Rüstungen sowie die Abschaffung und das Verbot von ABC- und H-Waffen vorgesehen waren, in: AdG, 23. Jg. (1953), S. 4293; auch die Rede Eisenhowers vom 8.12.1953, Nr. 49 Anm. 28.

28 Vgl. AdG, 23. Jg. (1953), S. 3916. Ähnlich äußerte sich Eisenhower auch in seiner Botschaft über die Lage der Union an den Kongreß (State of the Union Message) am 7.1.1954, Wortlaut in: EA, 9. Jg. (1954), S. 6324f.

29 Vgl. Nr. 49 Anm. 28.
30 Am 29.1.1954 antwortete Bidault für die drei Westmächte positiv auf den Antrag der sowjetischen Regierung vom 28.1.1954, eine Welt-Abrüstungskonferenz einzuberufen. Vgl. Dokumentation zur Deutschlandfrage, Hauptbd. I, S. 179f.
31 Vgl. Nr. 48 Anm. 14.

Nr. 51
a ‹ › Vom Bearbeiter korrigiert aus »sind«.
b ‹ › Vom Bearbeiter korrigiert aus »sie«.
c ‹ › Vom Bearbeiter gestrichen »östlichen«.
1 Vgl. Nr. 50 Anm. 5.
2 In der Erklärung bedauerte die Bundesregierung das Scheitern der Berliner Konferenz über die Frage der Wiedervereinigung Deutschlands. Wortlaut in: Bulletin, Nr. 35, 20.1.1954, S. 281. Vgl. auch die am 25.2.1954 von Adenauer vor dem Bundestag abgegebene Regierungserklärung zu den Ergebnissen der Berliner Konferenz in: Verhandlungen des Deutschen Bundestages, 2. Wahlperiode 1953, Stenographische Berichte, Bd. 18, S. 518-522; Manuskript in StBKAH 03.08.
3 Die am 26.1.1954 von den vier Außenministern angenommene Tagesordnung beinhaltete unter dem 2. Punkt »Die deutsche Frage und die Aufgaben der Gewährleistung der europäischen Sicherheit«. Vgl. Dokumentation zur Deutschlandfrage, Hauptbd. I, S. 179.
4 Unter dem 1. Punkt der Tagesordnung wurde verhandelt »Über die Maßnahmen zur Minderung der Spannungen in den internationalen Beziehungen und über die Einberufung einer Konferenz der Außenminister Frankreichs, Großbritanniens, der Vereinigten Staaten, der Sowjetunion und der Volksrepublik China«.
5 Vgl. Nr. 50 Anm. 13.
6 Österreichs Außenminister Leopold Figl (1902–1965, Angaben zu seiner Biographie in: Adenauer, Briefe 1947–1949, S. 559; neuere biographische Darstellung von Therese *Kraus,* in: Friedrich *Weissenseteiner*/Erika *Weinzierl* (Hrsg.), Die österreichischen Bundeskanzler, Leben und Werk, Wien 1983, S. 266-294) erklärte am 16.2.1954 in Berlin zu den sowjetischen Vorschlägen über einen österreichischen Staatsvertrag, seine Regierung werde alles tun, »um sich von fremden militärischen Einflüssen freizuhalten, das bedeutet, daß wir auch fremden Mächten keine militärischen Basen zugestehen werden.« Die Fortdauer der Besatzung bezeichnete er als unakzeptabel. Vgl. AdG, 24. Jg. (1954), S. 4386f.; zu den Vorschlägen Molotows, S. 4383f., 4387.
7 Anspielung auf die Freundschafts- und Beistandspakte, die die Sowjetunion mit den Ostblock-Staaten nach dem Zweiten Weltkrieg geschlossen hatte. Vgl. Nr. 33 Anm. 20.
8 Da die sowjetische Regierung nicht bereit war, auf die weitere Besetzung Österreichs zu verzichten, konnte in dieser Frage keine Einigung erzielt werden. Vgl. Nr. 50 Anm. 13.

9 Vom 23.5.–20.6.1949 tagte in Paris die Konferenz des Rats der Außenminister über die Probleme der deutschen Einheit, die Viermächtekontrolle sowie die Möglichkeit eines Staatsvertrages mit Österreich. Zu Verlauf und Ergebnis der Konferenz vgl. EA, 4. Jg. (1949), S. 2287f., 2327f., 2393-2396.

10 Gemeint waren entweder die 5. Tagung des Außenministerrats vom 25.11.–15.12.1947 in London (vgl. EA, 3. Jg. (1948), S. 1978, 1080-1083) oder deren 6. Tagung in Paris (vgl. Anm. 9).

11 Der sowjetische Außenminister Molotow legte am 10.2.1954 auf der Berliner Konferenz zwei Anträge vor: einen Vertragsentwurf über den Abzug der Besatzungstruppen und eine Neutralisierung Deutschlands bis zum Abschluß des Friedensvertrages sowie den Entwurf über einen 50jährigen gesamteuropäischen Vertrag über die kollektive Sicherheit in Europa. Beide Vorschläge wurden von den Westmächten abgelehnt. Wortlaut der Anträge in: Dokumentation zur Deutschlandfrage, Hauptbd. I, S. 195-198; zu den Reaktionen der Verhandlungspartner, S. 198-206.

12 Vgl. Nr. 50 Anm. 12.

13 Die sowjetische Regierung ließ im Vorfeld der Konferenz verlauten, daß die Wiederaufnahme der Handelsbeziehungen zwischen Ost und West ein wesentlicher Faktor für die internationale Entspannung sei. Moskau reagierte damit auf eine gewisse Bereitschaft in französischen und britischen Wirtschaftskreisen, aktiver mit dem Osten ins Geschäft zu kommen, um von den USA etwas unabhängiger zu werden. Vgl. dazu Berichte in: »Business Week« v. 26.12.1953; »Washington Post« v. 18.1.1954; »Financial Times« v. 21.1.1954; »Handelsblatt« v. 22.1. 1954; »Le Monde« v. 24./25.1.1954.

14 Zum Verlauf der Unterredung zwischen Adenauer und Dulles auf dem Flugplatz Köln-Wahn am 18.2.1954 vgl. Konrad *Adenauer,* Erinnerungen 1953–1955, S. 259-264.

15 Vgl. Nr. 48 Anm. 20, Nr. 50 Anm. 26.

16 Zu den Diskussionen um Art. 7, Abs. 3 des Deutschland-Vertrages vgl. Nr. 27 Anm. 26, 31, 32.

17 Vgl. dazu Nr. 49 Anm. 18.

18 Wortlaut des Briefes in: Bulletin, Nr. 36, 23.2.1954, S. 289; Entwurf und Durchschlag des Schreibens, datiert vom 19.1.1954, in StBKAH 12.27.

19 Nachdem bereits am 11.1.1954 eine Besprechung zwischen Adenauer und Ollenhauer über die damals bevorstehende Berliner Konferenz stattgefunden hatte (Niederschrift von Adenauer, abgezeichnet am 14.1.1954, in StBKAH 12.27), nahm Ollenhauer auch das Angebot zu einer weiteren Unterredung mit Schreiben v. 20.2.1954 an den Bundeskanzler an. Angabe in StBKAH 12.27. Das Treffen kam am 24.2.1954 (vgl. Schreiben Adenauers an Ollenhauer v. 22.2.1954 in StBKAH 12.27) zustande.

20 Vgl. Nr. 50 Anm. 26.

21 Am 23./24.2.1954 besuchte Adenauer Berlin und hielt dort am Tag der Ankunft in den Messehallen am Funkturm eine Rede über die Lage Deutschlands

nach der Berliner Konferenz. Wortlaut in: Bulletin, Nr. 38, 25.2.1954, S. 305-308; Manuskript und Materialien zu der Reise in StBKAH 12.43.

22 Zur Verbesserung der Wirtschaftsbeziehungen zwischen Ost- und Westdeutschland schlug Molotow am 17.2.1954 vor, ein Gesamtdeutsches Komitee zu schaffen, das den innerdeutschen Handels-, Kultur- und Sportverkehr koordinieren sollte. Die Westmächte lehnten den Vorschlag mit dem Hinweis ab, das richtige Mittel, die Beziehungen zu verbessern, sei die Bildung einer aus gesamtdeutschen Wahlen hervorgehenden Regierung. Sie teilten ihre Anweisung an die Hochkommissare mit, die Verbesserung der Beziehungen im täglichen Leben auf dem normalen Geschäftswege mit dem sowjetischen Hochkommissar weiterhin zu verfolgen. Dazu legten die drei Außenminister am 18.2.1954 detaillierte Vorschläge vor. Vgl. Dokumentation zur Deutschlandfrage, Hauptbd. I, S. 206f.

23 Lawrentij Pawlowitsch *Berija* (1899–1953), sowjetischer Politiker; 1934 Mitglied der ZK der KPdSU, 1938–1945 Volkskommissar des Inneren und damit Chef der Polizei (Nachrichten- und Sicherheitsdienst), 1941–1945 zugleich Mitglied des Staatlichen Verteidigungsrats, 1946 Mitglied des Politbüros bzw. des Präsidiums des ZK, Stellvertretender Ministerpräsident, nach dem Tod Stalins 1953 Erster Stellvertretender Ministerpräsident und Innenminister, wurde im Juni 1953 von Chruschtschow und Malenkow gestürzt, zum Tode verurteilt und im Dezember 1953 erschossen. Vgl. Anton *Kolendič*, Machtkampf im Kreml, Vom Tode Stalins bis zur Hinrichtung Berijas, Bergisch Gladbach 1983.

24 In den am 26.3.1953 geschlossenen sowjetisch-chinesischen Handels- und Finanzabkommen war vereinbart worden, daß die Sowjetunion vor allem Industriegüter, China hingegen hauptsächlich Rohstoffe liefern sollte. Vgl. AdG, 23. Jg. (1953), S. 3926; zu den Verhandlungen über die Hilfe der Sowjetregierung bei der Industrialisierung Chinas im September 1953, S. 4166; zu den Lieferschwierigkeiten der UdSSR vgl. »Business Week« v. 26.12.1953.

25 Vgl. Nr. 48 Anm. 7, 8.

26 Wortlaut in: Dokumentation zur Deutschlandfrage, Hauptbd. I, S. 207f.

27 Vgl. Anm. 22.

28 Anspielung auf die gescheiterte Vorkonferenz der Viermächte-Vertreter vom 5.3.–21.6.1951 im Palais Marbre-Rose in Paris zur Vorbereitung einer weiteren Deutschland-Konferenz. Vgl. Nr. 12 Anm. 9, Nr. 16 Anm. 7.

Nr. 52

a ‹ › Vom Bearbeiter korrigiert aus »präsentativen«.

b ‹ › Vom Bearbeiter korrigiert aus »präsentativen«.

c ‹ › Vom Bearbeiter korrigiert aus »hätte«.

1 Nachdem der EVG-Vertrag am 30.8.1954 in der französischen Nationalversammlung gescheitert war, berieten die Außenminister der sechs EVG-Staaten, Großbritanniens, Kanadas und der USA auf der Neunmächtekonferenz vom 27.9–3.10.1954 in London über die völkerrechtliche Stellung der Bundesrepublik Deutschland, einen neuen europäischen Zusammenschluß auf der Grundlage des

Brüsseler Paktes von 1948 (vgl. Nr. 30 Anm. 15) und über einen Verteidigungsbeitrag der Bundesrepublik im Rahmen der NATO. Wortlaut der Schlußakte v. 3.10.1954 in: EA, 9.Jg. (1954), S. 6978-6987; zu diesen Vorgängen aus der Sicht Adenauers vgl. seine Erinnerungen 1953–1955, S. 270-354; Herbert *Blankenhorn,* Verständnis und Verständigung, S. 195-200; Felix *von Eckardt,* Ein unordentliches Leben, S. 318-324; Wilhelm *Grewe,* Rückblenden, S. 195-202. *Ders.,* Deutsche Außenpolitik der Nachkriegszeit, S. 61-82; Anthony *Eden* (Earl of Avon), Von der EVG zur NATO, in: Konrad Adenauer und seine Zeit, Bd. 1, S. 627-631; Paul *Noack,* Das Scheitern der Europäischen Verteidigungsgemeinschaft, Entscheidungsprozesse vor und nach dem 30. August 1954, Düsseldorf 1977; neuere zusammenfassende Darstellung von Hans-Peter *Schwarz,* Die Ära Adenauer 1949–1957, S. 221-229.

2 Fritz *Hilgendorf* (1906–1977); 1954–1971 Stenograph im Dienst des Presse- und Informationsamtes der Bundesregierung.

3 Angabe in StBKAH 04.05, im Dokument angegeben »16.30 Uhr«.

4 Auf der Londoner Konferenz wurde beschlossen, den Brüsseler Pakt (vgl. Nr. 30 Anm. 15) durch die Aufnahme der Bundesrepublik und Italiens zu erweitern und in die Westeuropäische Union überzuführen. Wortlaut der Schlußakte in: EA, a.a.O., S. 6978-6980.

5 Neben der Bundesrepublik und Italien zeigten Dänemark und Norwegen Interesse, der neugegründeten WEU beizutreten. Außerdem hatte Spanien sich bereit erklärt, zu gegebener Zeit Mitglied der NATO und der WEU zu werden. Vgl. Walter *Lipgens'* Beitrag über Spanien in: Die Internationale Politik 1955, hrsg. von Arnold *Bergstraesser*/Wilhelm *Cornides,* München 1958, S. 290, auch »Deutsche Zeitung und Wirtschaftszeitung« v. 11.9.1954.

6 Vgl. Anm. 1.

7 Vgl. Nr. 27 Anm. 26, 31, 32, Nr. 51 Anm. 16.

8 Zu den Verhandlungen über die Streichung des Art. 7, Abs. 3 Deutschland-Vertrag vgl. Wilhelm *Grewe,* Deutsche Außenpolitik der Nachkriegszeit, S. 72, 81f.

9 Vgl. die in der Schlußakte enthaltene Erklärung der Regierungen der drei Westmächte in: EA, a.a.O., S. 6981f., hier S. 6982 sowie Art. 7, Abs. 1 Deutschland-Vertrag (vgl. Nr. 27 Anm. 21).

10 Anspielung auf Abschnitt II. Brüsseler Vertrag, 13. Absatz der Schlußakte, a.a.O., S. 6979.

11 In der ersten Plenarsitzung der Konferenz am 28.9.1954 ging der französische Ministerpräsident Mendès-France davon aus, daß deutsch-französische Besprechungen über die Saarfrage stattfinden sollten, weil durch eine Lösung des Problems zusammen mit den angestrebten Vereinbarungen die Chancen für die Ratifizierung im französischen Parlament erhöht würden. Protokoll der Konferenz in StBKAH III/63.

12 Pierre *Mendès-France* (1907–1982), Dr. jur., französischer Politiker; 1932–1940 und 1945–1958 Abgeordneter der Nationalversammlung (Radikalsozialist),

1947 Ständiger Vertreter Frankreichs im Wirtschafts- und Sozialrat der UNO, 1947–1948 Gouverneur des Internationalen Währungsfonds, 1954–1955 Ministerpräsident, 1955–1957 Staatsminister im Kabinett, 1958 gründete er mit François Mitterrand die UFD, 1959 Ausschluß aus der Radikalsozialistischen Partei, 1960 Gründung der PSU, aus der er 1968 austrat. Vgl. seine Memoiren: Regard sur la Ve République 1958–1978, Paris 1983; Pierre Mendès-France, Choisir-Conversations avec Jean Bothorel, Paris 1974; neuere Biographie von Jean *Lacouture,* Pierre Mendès-France, Paris 1981.

13 Vgl. Nr. 53 Anm. 71.

14 Am 10.9.1954 hatten die drei Westmächte zwei Noten der Sowjetregierung vom 29.7.1954 und 4.8.1954 beantwortet. Zu dem Notenwechsel zwischen den vier Mächten über die Frage der europäischen Sicherheit nach der Berliner Konferenz im Januar/Februar 1954 (vgl. Nr. 50 Anm. 5) vgl. Eberhard *Jäckel* (Hrsg.), Die deutsche Frage 1952–1956, in: Dokumente, Heft XXIII, Frankfurt/Main–Berlin 1957, S. 75-96; die Note v. 10.9.1954, S. 82f.

15 Zum Inhalt der Ausführungen von Mendès-France vgl. »Frankfurter Allgemeine« v. 4. und 5.10.1954.

16 Adenauer hatte am 5.10.1954 dem Bundestag in einer Regierungserklärung über die Londoner Konferenz berichtet. Wortlaut in: Verhandlungen des Deutschen Bundestages, 2. Wahlperiode 1953, Stenographische Berichte, Bd. 21, S. 2227-2234; Manuskript und Entwürfe in StBKAH 03.09, 10.26.

17 Abkommen zwischen den Parteien des Nordatlantikvertrages über die Rechtsstellung ihrer Truppen (sog. NATO-Truppenstatut), Wortlaut in: Verträge der Bundesrepublik Deutschland, Bd. 20, Nr. 227, S. 89-140.

18 Gemeint war der Deutschland-Vertrag, vgl. Nr. 27 Anm. 21.

19 Anspielung auf Art. 30 des Finanzprotokolls, das als Zusatzprotokoll zum EVG-Vertrag (vgl. Nr. 27 Anm. 21) unterzeichnet wurde.

20 Zu den Diskussionen um einen europäischen Rüstungspool im Winter 1954/55 vgl. Hanns Jürgen *Küsters,* Die Gründung der Europäischen Wirtschaftsgemeinschaft, S. 88-90.

21 Vgl. Art. 1-3 Brüsseler Vertrag (vgl. Nr. 30 Anm. 15).

22 Wortlaut des am 4.4.1949 geschlossenen Vertrages in: EA, 4. Jg. (1949), S. 2071-2073.

23 Zur Entstehung des Vorschlags vgl. Anthony *Eden,* Memoiren 1945–1957, Köln–Berlin 1960, S. 181; zur Entstehung und Funktion Gabriele *Dransfeld,* Die Rolle der Westeuropäischen Union (WEU) im europäischen Integrationsprozeß, Philosophische Dissertation, München 1974, S. 7-99.

24 Vgl. Nr. 14 Anm. 3.

25 Gemeint war die Gemeinsame Versammlung der EGKS.

26 Vgl. Anm. 16.

27 Die sog. Pariser Verträge (vgl. Nr. 53 Anm. 4) traten am 5.5.1955 in Kraft.

28 Wortlaut der Beitrittsaufforderung und der Protokolle zur Änderung und Ergänzung des Brüsseler Vertrags in: EA, 9. Jg. (1954), S. 7127-7135.

29 Vgl. Nr. 53 Anm. 4.
30 Anspielung auf Art. 79, Ziffer 1,2 Grundgesetz sowie auf das am 26.3.1954 vom Bundestag mit der erforderlichen Zweidrittelmehrheit angenommene Gesetz zur Ergänzung des Grundgesetzes. Sein Kern war die Erweiterung des Art. 73, Ziffer 1 Grundgesetz, der nunmehr dem Bund die ausschließliche Gesetzgebung über die auswärtigen Angelegenheiten »sowie die Verteidigung einschließlich der Wehrpflicht für Männer vom vollendeten achtzehnten Lebensjahr an und des Schutzes der Zivilbevölkerung« übertrug. Die Wehrhoheit war damit durch die Bundesrepublik Deutschland ausdrücklich in Anspruch genommen und die 1949 vertagte Entscheidung des Verfassunggebers in der Wehrfrage vollzogen worden. Die Alliierte Hohe Kommission stellte jedoch am 25.3.1954 fest, sie werde der Aufstellung einer deutschen bewaffneten Macht nur unter der Voraussetzung des Inkrafttretens der Verträge von Bonn und Paris 1952 (vgl. Nr. 27 Anm. 21) zustimmen. Vgl. Verteidigung im Bündnis, Planung, Aufbau und Bewährung der Bundeswehr 1950–1972, 2. Aufl., München 1975, S. 53.
31 Diese Möglichkeit war in Art. 3, Abs. 2 des Vertrags über den Aufenthalt ausländischer Streitkräfte in der Bundesrepublik (vgl. Nr. 53 Anm. 21) geregelt worden, demzufolge die Bestimmungen dieses Vertrages zur gleichen Zeit und gemäß den gleichen Bedingungen, wie sie in Art. 10 Deutschland-Vertrages (vgl. Nr. 27 Anm. 21) vorgesehen waren, überprüft würden. Jener wiederum sah vor, daß auf Ersuchen eines Unterzeichnerstaates oder bei Eintritt eines anderen Ereignisses, das die Grundlage des Vertrages verändert, die Bundesrepublik und die Drei Mächte eine Überprüfung vornehmen.
32 Andrej Januarewitsch *Wyschinski* (1883–1954), sowjetischer Politiker; 1931–1935 Generalstaatsanwalt der RSFSR, 1935–1939 der UdSSR, 1939–1954 Mitglied des ZK der KPdSU, 1940–1949 Stellvertretender Außenminister, 1949–1953 Außenminister, 1952–1953 Kandidat des Präsidiums des ZK, 1953–1954 Stellvertretender Außenminister und Ständiger Vertreter bei der UNO.
Am 30.9.1954 brachte Wyschinski in der UN-Vollversammlung einen Resolutionsentwurf für den Abschluß einer internationalen Konvention über die Einschränkung der Rüstungen und das Verbot der Atom-, Wasserstoff- und anderer Massenvernichtungswaffen ein. Die sowjetische Regierung akzeptierte damit den im Juni 1954 vorgelegten britisch-französischen Kompromißvorschlag als Verhandlungsgrundlage. Wortlaut in: Heinrich *von Siegler* (Hrsg.), Dokumentation zur Abrüstung und Sicherheit, Bad Godesberg 1960, S. 77f.
33 Damit waren die zum 31.12.1953 bestehenden Rüstungen und Streitkräfte gemeint.
34 Auf der 9. Tagung des Nordatlantikrats vom 20.–25.2.1952 in Lissabon wurde »über das Ausmaß der in diesem Jahr zu schaffenden spezifischen Verteidigungsstärke sowie über ein festumrissenes Programm der Maßnahmen, die in diesem Jahr zur Steigerung der Verteidigungsstärke in den nachfolgenden Jahren ergriffen werden müssen«, Einvernehmen erzielt. Wortlaut des Kommuniqués in: EA, 7. Jg. (1952), S. 4795f., hier S. 4795. Während seiner Sitzung vom 14.–16.12.

1953 in Paris legte der NATO-Rat aufgrund der im Jahresbericht 1953 gemachten Vorschläge »bindende Ziele für 1954, vorläufige Ziele für 1955 und Planziele für 1956« fest. Wortlaut des Kommuniqués, a.a.O., 9.Jg. (1954), S. 6309f., hier S. 6310.
Während die Bundesrepublik als Mitglied der NATO gehalten sein würde, entsprechend den Vereinbarungen ein Mindestmaß von Rüstungs- und Truppenstärke nicht zu unterschreiten, wurde sie als Mitglied der WEU einem System der Rüstungsbegrenzung und Rüstungskontrolle unterworfen, um zu vermeiden, daß gewisse Höchststärken überschritten würden. Vorbehalte gegen eine unbegrenzte Rüstungsfreiheit der Bundesrepublik, insbesondere auf französischer Seite, wurden auf diese Weise abgebaut. Vgl. dazu Wilhelm *Grewe,* Deutsche Außenpolitik, S. 63f.
35 Anspielung auf die Erweiterung des Brüsseler Pakts durch die Gründung der Westeuropäischen Union.
36 Gemeint war der Badenweiler Marsch.
37 Vgl. dazu den Artikel »Arbeitslosigkeit in den Angestellten- und Arbeiterberufen«, in: Bulletin, Nr. 236, 16.12.1954, S. 2191.
38 Adenauer spielte damit wohl auf das Amt für Rüstungskontrolle der WEU an, dem vor allem Kontroll- und Überwachungsaufgaben oblagen. Wortlaut des Protokolls Nr. IV vom 23.10.1954 in: EA, 9.Jg. (1954), S. 7131-7134, hier S. 7132.
39 Am 7.10.1954 fand im Bundestag die Aussprache über die Erklärung der Bundesregierung vom 5.10.1954 (vgl. Anm. 16) statt. Vgl. Verhandlungen des Deutschen Bundestages, a.a.O., S. 2235-2320.
40 Vom 2.–9.10.1954 besuchten der türkische Ministerpräsident Adnan Menderes und Außenminister Fuad Köprülü die Bundesrepublik. Wortlaut des Kommuniqués in: Bulletin, Nr. 192, 12.10.1954, S. 1704. Sie erwiderten den Türkei-Besuch von Bundeskanzler Adenauer vom 18.–26.3.1954.
41 Vgl. Nr. 48 Anm. 19.
42 Wortlaut des Vertrages zwischen Deutschland und der Russischen Sozialistischen Föderativen Sowjetrepublik, der am 16.4.1922 in Rapallo unterzeichnet und durch ein Zusatzabkommen vom 5.11.1922 auf alle anderen Unionsrepubliken der Sowjetunion ausgedehnt wurde, in: EA, 9.Jg. (1954), S. 6791; vgl. auch Konferenzen und Verträge, Vertrags-Ploetz Bd. 4A, S. 71-74.
43 Vgl. Anm. 5.
44 Vgl. Wolf D. *Gross,* Türkischer Besuch in Bonn, in: »Kölnische Rundschau« v. 5.10.1954.
45 Helmuth *Graf von Moltke* (1800–1891); trat nach mehrjährigem Dienst im dänischen Heer 1822 in die preußische Armee über, kam 1833 in den Großen Generalstab und stand 1836–1839 als Instrukteur in türkischen Diensten, 1858–1888 Chef des preußischen Generalstabes, 1867–1891 konservativer Reichstagsabgeordneter, seit 1872 erbliches Mitglied des preußischen Herrenhauses. Vgl. *Helmuth von Moltke,* Briefe über Zustände und Begebenheiten in der Türkei aus den Jahren 1835 bis 1839, Köln 1968.

46 Colmar *Freiherr von der Goltz* (-Pascha) (1843–1916); arbeitete in der kriegsgeschichtlichen Abteilung des Großen Generalstabes in Preußen, wurde bekannt als Militärschriftsteller, 1883 Eintritt in den türkischen Heeresdienst, Ernennung zum Pascha, bis 1896 mit der Reorganisation der türkischen Armee befaßt, anschließend Rückkehr in den preußischen Militärdienst als Chef des Ingenieur- und Pionierkorps sowie als Generalinspekteur der Festungen, 1909–1911 erneut in türkischen Diensten, 1911 Generalfeldmarschall, 1914 Generalgouverneur von Belgien, dann Kommandeur am Bosporus und in Mesopotamien.
47 Wortlaut des am 9.8.1954 zwischen Griechenland, Jugoslawien und der Türkei abgeschlossenen Vertrages über Bündnis, politische Zusammenarbeit und gegenseitige Hilfe (sog. Balkanpakt) in: EA, 9.Jg. (1954), S. 6904-6906; vgl. auch Klaus-Detlev *Grothusen,* Die Außenpolitik, in: Südosteuropa-Handbuch, Bd. 1 Jugoslawien, Göttingen 1975, S. 160.
48 Abkommen über freundschaftliche Zusammenarbeit zwischen Pakistan und der Türkei vom 2.4.1954, Wortlaut in: EA, 9.Jg. (1954), S. 6901f.

Nr. 53
a ‹ › Vom Bearbeiter korrigiert aus »26«.
1 Angabe in StBKAH 04.05.
2 Erika *Galla* (geb. 1924); seit 1952 Mitarbeiterin im Büro Chef vom Dienst des Presse- und Informationsamtes der Bundesregierung.
3 Adenauer nahm an diesem Gespräch in der Zeit von 19.30–19.50 Uhr teil. Angabe in StBKAH 04.05.
4 Aufgrund der Vereinbarungen der Londoner Neunmächte-Konferenz (vgl. Nr. 52 Anm. 1) fanden vom 19.–23.10.1954 in Paris verschiedene Konferenzen (vgl. Anm. 5-8, auch Abb. S. 553–557) statt, als deren Ergebnisse die sog. Pariser Verträge abgeschlossen wurden. Wortlaut in: EA, 9.Jg. (1954), S. 7020-7022, 7127-7139, 7171-7181. Vollständige deutschsprachige Textausgabe in: Verträge der Bundesrepublik Deutschland, Bd. 7, Nr. 62-68 und Bd. 8, Nr. 69, 70, S. 3-101, hrsg. vom *Auswärtigen Amt,* Bonn–Köln–Berlin 1957.
Vgl. die Darstellungen von Ellinor *von Puttkamer,* Vorgeschichte und Zustandekommen der Pariser Verträge vom 23. Oktober 1954, in: Zeitschrift für ausländisches öffentliches Recht und Völkerrecht, Bd. 17 (1957), S. 448-475; zum Konferenzverlauf Konrad *Adenauer,* Erinnerungen 1953–1955, S. 355-383; Felix *von Eckardt,* Ein unordentliches Leben, S. 325-329; Wilhelm *Grewe,* Rückblenden, S. 202-209; seine Bewertung des Vertragswerks, S. 209-217; *ders.,* Der Deutschland-Vertrag nach zwanzig Jahren, in: Konrad Adenauer und seine Zeit, Bd. 1, S. 698-718; neuere Darstellung der Zusammenhänge von Hans-Peter *Schwarz,* Die Ära Adenauer 1949–1957, S. 246-257.
5 Die Verhandlungen betrafen die Verabschiedung des Saarstatuts (vgl. Anm. 18) und eine Vereinbarung über wirtschaftliche und kulturelle Zusammenarbeit (vgl. Anm. 15).

6 Die drei Mächte verhandelten mit den deutschen Vertretern über die Beendigung des Besatzungsregimes und die Souveränität der Bundesrepublik (vgl. Anm. 20).

7 Die sechs EVG-Signatarstaaten sowie Großbritannien, Kanada und die USA berieten über die Änderung des Brüsseler Pakts (vgl. Nr. 30 Anm. 15) und die Gründung der WEU unter Einschluß der Bundesrepublik und Italien (vgl. Anm. 33).

8 Die 14 NATO-Mitgliedsstaaten und die Bundesrepublik als Beobachter konferierten über den Beitritt der Bundesrepublik zur NATO (vgl. Anm. 43) und die erweiterten Vollmachten und Verpflichtungen der NATO infolge der Schaffung der WEU.

9 Zu den Besprechungen zwischen Adenauer und Mendès-France am 19.10. 1954 und an den beiden folgenden Tagen vgl. Konrad *Adenauer,* a.a.O., S. 370-375.

10 Wortlaut des deutsch-französischen Kommuniqués über wirtschaftliche und kulturelle Zusammenarbeit in: Bulletin, Nr. 203, 27.10.1954, S. 1807.

11 Vollrath *von Maltzan* (1899–1967), Dr. jur.; 1928–1933 an der Gesandtschaft in Warschau und in Paris, 1933–1938 in der Wirtschaftsabteilung des Auswärtigen Amtes, dann in der Industrie tätig, 1945 Leiter der Abteilung Handel im hessischen Wirtschaftsministerium, Beauftragter für Interzonen- und Außenhandel des Süddeutschen Länderrats, ab 1946 Leiter der Hauptabteilung Außenwirtschaft des Verwaltungsamts für Wirtschaft (Minden und Frankfurt/Main), 1950–1953 Leiter der Abteilung Außenhandel im Bundeswirtschaftsministerium, 1953–1955 Leiter der Handelspolitischen Abteilung des Auswärtigen Amtes, 1955–1958 Botschafter in Frankreich.

12 Am Rande der Pariser Konferenzen vereinbarten der Bundesverband der Deutschen Industrie und der Conseil National du Patronat Français eine engere industrielle Zusammenarbeit. Vgl. Bulletin, Nr. 203, 27.10.1954, S. 1807; zum Inhalt der Vereinbarung Hanns Jürgen *Küsters,* Die Gründung der Europäischen Wirtschaftsgemeinschaft, S. 67f.

13 Am 14.1.1954 und 15.5.1954 wurden die zu diesem Zeitpunkt letzten deutsch-französischen Handelsabkommen unterzeichnet. Zum Inhalt vgl. Bulletin, Nr. 11, 19.1.1954, S. 87; Nr. 13, 21.1.1954, S. 100; Nr. 15, 23.1.1954, S. 120; Nr. 93, 19.5.1954, S. 823.

14 Zum Verlauf der Besprechung zwischen Adenauer und Mendès-France im Anschluß an die Brüsseler Konferenz der Außenminister der EVG-Staaten am 22.8.1954 vgl. Konrad *Adenauer,* a.a.O., S. 286-289.

15 Wortlaut des deutsch-französischen Abkommens über kulturelle Zusammenarbeit und kulturellen Austausch vom 23.10.1954 in: Bulletin, Nr. 210, 6.11.1954, S. 1896f.

16 Text des deutsch-französischen Abkommens über die Kriegsgräber des Krieges 1939–1945 vom 23.10.1954 in: Bulletin, Nr. 204, 28.10.1954, S. 1816f. Vgl. dazu Fritz *Debus,* Der Stand der deutschen Kriegsgräberfürsorge im Ausland, a.a.O., Nr. 215, 13.11.1954, S. 1955-1957, hier S. 1956.

17 Wortlaut des deutsch-französischen Abkommens über die Regelung gewisser Probleme, die sich aus der Deportation aus Frankreich ergeben, vom 23.10.1954, a.a.O., Nr. 204, 28.10.1954, S. 1817-1819.
18 Text des deutsch-französischen Abkommens über das Statut der Saar sowie der zugehörige Briefwechsel vom 23.10.1954 in: EA, 9. Jg. (1954), S. 7020-7022.
19 Es handelte sich um ein »Protokoll«, nicht um ein »Abkommen«.
20 Wortlaut des Protokolls über die Beendigung des Besatzungsregimes in der Bundesrepublik Deutschland einschließlich der zugehörigen Listen der Änderungen über die Beziehungen zwischen der Bundesrepublik Deutschland und den drei Westmächten (zum Deutschland-Vertrag vgl. Nr. 27 Anm. 21) vom 23.10. 1954 in: Bulletin, Nr. 202, 26.10.1954, S. 1783-1791; Wortlaut der zugehörigen Briefwechsel in: EA, 9. Jg. (1954), S. 7173-7180.
21 Wortlaut des Vertrages über den Aufenthalt ausländischer Streitkräfte in der Bundesrepublik Deutschland vom 23.10.1954 (sog. Truppenstationierungsvertrag) in: Bulletin, Nr. 202, 26.10.1954, S. 1791.
22 Art. 1 und 2 des Protokolls über die Beendigung des Besatzungsregimes und Art. 2 der Liste I der Änderungen zum Deutschland-Vertrag, worin festgestellt wird, daß die alliierten Rechte der Westmächte in bezug auf Berlin und Deutschland als Ganzes einschließlich der Wiedervereinigung Deutschlands und einer friedensvertraglichen Regelung unberührt bleiben, vgl. Anm. 20.
23 Art. 1 der Liste I der Änderungen zum Deutschland-Vertrag vgl. ebenda.
24 In Art. 1 Deutschland-Vertrag (vgl. Nr. 27 Anm. 21) fehlten die Worte »eines souveränen Staates«.
25 Vgl. dazu Wilhelm *Grewe,* Deutsche Außenpolitik der Nachkriegszeit, S. 86-89.
26 Art. 5 erhielt eine neue Fassung, vgl. Liste I der Änderungen zum Deutschland-Vertrag in: Bulletin, Nr. 202, 26.10.1954, S. 1784.
27 Nach langwierigen Diskussionen verabschiedete der Bundestag erst am 30.5. 1968 die sog. Notstandsverfassung. Dieses 17. Gesetz zur Ergänzung des Grundgesetzes trat am 28.6.1968 in Kraft. Vgl. Ernst *Benda,* Die Notstandsverfassung, 8.–10. Aufl., München 1968; Notstandsverfassung des Grundgesetzes, Kommentar von Carl Otto *Lenz,* Frankfurt/Main 1971.
28 Vgl. Anm. 26.
29 Ergebnis dieser Verhandlungen waren das Zusatzabkommen zu dem Abkommen zwischen den Parteien des Nordatlantikvertrags über die Rechtsstellung ihrer Truppen hinsichtlich der in der Bundesrepublik Deutschland stationierten ausländischen Truppen v. 3.8.1959 und weitere diesbezügliche Abkommen. Wortlaut in: Verträge der Bundesrepublik, Bd. 20, Nr. 228-232, S. 143-519.
30 Vgl. Nr. 52 Anm. 17.
31 Vermutlich waren damit die Verhandlungen der Bundesregierung mit den Westmächten, die zwischen der Londoner und der Pariser Konferenz auf Expertenebene stattfanden, gemeint.
32 Vgl. Nr. 30 Anm. 15.

33 Wortlaut der Erklärung, mit welcher die Bundesrepublik und Italien eingeladen wurden, dem Brüsseler Vertrag beizutreten, und der Protokolle zur Änderung und Ergänzung des Brüsseler Vertrages vom 23.10.1954 in: EA, 9.Jg. (1954), S. 6980, 7127-7134.

34 Vgl. Nr. 52 Anm. 5.

35 Art. V des Protokolls zur Änderung und Ergänzung des Brüsseler Vertrags sah vor, daß der Rat der WEU aus einer »Versammlung, die aus Vertretern der Brüsseler Vertragsmächte bei der Beratenden Versammlung des Europarats besteht, jährlich einen Bericht über seine Tätigkeit, insbesondere über die Rüstungskontrolle« erstattet. Vgl. EA, 9.Jg. (1954), S. 7128.

36 Wortlaut des Protokolls Nr. III über die Rüstungskontrolle, a.a.O., S. 6980, 7130f.

37 Wortlaut des Protokolls Nr. IV über das Amt für Rüstungskontrolle der Westeuropäischen Union, a.a.O., S. 7131-7134.

38 Nach Art. 1 des Protokolls Nr. IV leitet der »Direktor« das Amt für Rüstungskontrolle, vgl. ebenda.

39 Art. 3 des Protokolls Nr. IV, vgl. ebenda.

40 Wortlaut der Entschließung über Rüstungsproduktion und -standardisierung vom 21.10.1954, a.a.O., S. 7134.

41 Zum Verlauf der Diskussionen in der Studiengruppe vgl. Hanns Jürgen *Küsters,* a.a.O., S. 88-90.

42 Wortlaut der Kommuniqués vom 22.10.1954 in: EA, 9.Jg. (1954), S. 7139.

43 Wortlaut des Protokolls zum Nordatlantikvertrag über den Beitritt der Bundesrepublik Deutschland, a.a.O., S. 7135f.

44 Vgl. Anm. 20.

45 Vgl. Anm. 21.

46 Wortlaut der Briefwechsel im Zusammenhang mit der Unterzeichnung des Protokolls über die Beendigung des Besatzungsregimes in der Bundesrepublik Deutschland vom 23.10.1954 in: EA, 9.Jg. (1954), S. 7175-7180.

47 Vgl. Anm. 33.

48 Wortlaut des Protokolls Nr. II über die Streitkräfte der Westeuropäischen Union in: EA, 9.Jg. (1954), S. 7129f.

49 Vgl. Anm. 36.

50 Vgl. Anm. 37.

51 Vgl. Anm. 43.

52 Vgl. Anm. 18.

53 Vgl. Anm. 15.

54 Vgl. Anm. 16.

55 Vgl. Anm. 17.

56 Vgl. Anm. 18.

57 Vgl. Nr. 49 Anm. 34.

58 Vgl. Nr. 47 Anm. 19.

59 Vgl. Nr. 52 Anm. 1.

60 Vgl. Anm. 9, Nr. 41 Anm. 11. Um die Mehrheitsverhältnisse in der Nationalversammlung auszuloten, stellte Mendès-France die Ergebnisse der Londoner Konferenz zur Debatte und verband damit die Vertrauensfrage. Mit 350 gegen 113 Stimmen bei 152 Enthaltungen wurde ihm am 12.10.1954 das Vertrauen für die Fortsetzung der Verhandlungen ausgesprochen. Vgl. Hanns Jürgen *Küsters*, a.a.O., S. 46f.
61 Vgl. Anm. 9.
62 Ein Abkommen im Sinne eines Vertrages wurde nicht geschlossen. Vielmehr handelte es sich um die Vereinbarung auf der Außenministerkonferenz der vier Mächte vom 10.3.–24.4.1947 in Moskau, als die Außenminister Großbritanniens und der USA zusagten, Frankreichs Wünsche in bezug auf das Saargebiet zu unterstützen. Vgl. Nr. 25 Anm. 14.
63 Wortlaut des zum Saarstatut zugehörigen Briefwechsels zwischen Adenauer und Mendès-France vom 23.10.1954 in: EA, 9. Jg. (1954), S. 7022.
64 Vgl. Nr. 27 Anm. 21.
65 Der Wortlaut der Rundfunkrede Wehners wurde nicht veröffentlicht.
66 Vgl. Nr. 52 Anm. 1.
67 Gemeint war das Scheitern des EVG-Vertrages im französischen Parlament am 30.8.1954, vgl. ebenda.
68 Wortlaut der Erklärung Adenauers über den Nordwestdeutschen Rundfunk am 25.10.1954 in: Bulletin, Nr. 203, 27.10.1954, S. 1805f.
69 Aus Anlaß der Verleihung der Ehrendoktorwürde der Columbia-Universität in New York am 31.10.1954 hielt sich Adenauer vom 27.–31.10.1954 in den Vereinigten Staaten auf. Angabe in StBKAH 04.05.
70 Am Tage der Unterzeichnung der Pariser Abkommen (23.10.1954) bot die Sowjetregierung in einer Antwortnote auf die Note der Westmächte vom 10.9.1954 (vgl. Nr. 52 Anm. 14) an, zur Regelung des Deutschlandproblems und der Schaffung eines kollektiven Sicherheitssystems in Europa erneut eine Viermächte-Außenministerkonferenz einzuberufen. Wortlaut der Sowjetnote vom 23.10.1954 in: EA, 10. Jg. (1955), S. 7206-7209.
71 Am 13.11.1954 schlug die Sowjetunion in gleichlautenden Noten allen europäischen Staaten eine Konferenz zur Schaffung eines kollektiven Sicherheitssystems in Europa vor. Wortlaut in: EA, 10. Jg. (1955), S. 7209-7211; zu den Vorschlägen der Westmächte in ihrer Antwortnote an die Sowjetregierung vom 29.11.1954 vgl. a.a.O., S. 7211f.
72 In der damals jüngsten Erklärung Molotows vom 6.10.1954 anläßlich des 5. Jahrestages der Gründung der DDR am 7.10.1954 war der Vorschlag enthalten, ein Übereinkommen über den »Abzug« der alliierten Besatzungstruppen aus Ost- und Westdeutschland mit den Westmächten zu erzielen. Auszüge der Rede in: AdG, 24. Jg. (1954), S. 4774f.; Wortlaut in StBKAH 12.65.

Abkürzungen

AA	Auswärtiges Amt der Bundesrepublik Deutschland
a.a.O.	am angegebenen Ort
Abb.	Abbildung
ABC-Waffen	Atomare, Bakteriologische und Chemische Waffen
Abg.	Abgeordneter
Abs.	Absatz
ACDP	Archiv für Christlich-Demokratische Politik der Konrad-Adenauer-Stiftung
AdG	Keesing's Archiv der Gegenwart
ADN	Allgemeiner Deutscher Nachrichtendienst
AEG	Allgemeine Elektricitäts-Gesellschaft
AFP	Agence France-Presse (französische Nachrichtenagentur)
AHK	Alliierte Hohe Kommission
AMT	Arbeitsgemeinschaft Mittlerer Tageszeitungen
Anm.	Anmerkung
AP	Associated Press (amerikanische Nachrichtenagentur)
BA	Bundesarchiv
BBC	British Broadcasting Corporation (britische Rundfunk- und Fernsehanstalt)
Bd.	Band
Bde.	Bände
BdL	Bank deutscher Länder
bearb.	bearbeitet
BGB	Bürgerliches Gesetzbuch
BHE	Block der Heimatvertriebenen und Entrechteten
BM	Bundesministerium (auch: Bundesminister)
BMP	Bundesministerium für Angelegenheiten des Marshallplans
BP	Bayernpartei
BPA	Bundespresseamt (Presse- und Informationsamt der Bundesregierung)
BSP	Belgische Socialistische Partij (Belgische Sozialistische Partei)
Bulletin	Bulletin des Presse- und Informationsamtes der Bundesregierung
CDP	Christlich-Demokratischer Pressedienst
CBS	Columbia Broadcasting System (amerikanische Rundfunk- und Fernsehanstalt)

CDU	Christlich Demokratische Union Deutschlands
CGT	Confédération Générale du Travail (Allgemeiner Gewerkschaftsverband)
CSU	Christlich-Soziale Union in Bayern
CvD	Chef vom Dienst
CVP	Christelijke Volkspartij (Christliche Volkspartei)
d. B.	der Bearbeiter
DC	Democrazia Cristiana (Christliche Demokratie)
DDP	Deutsche Demokratische Partei
DDR	Deutsche Demokratische Republik
ders.	derselbe
DGB	Deutscher Gewerkschaftsbund
DIMITAG	Dienst Mittlerer Tageszeitungen
DK	Deutsche Korrespondenz
DP	Deutsche Partei
dpa	Deutsche Presse-Agentur
dpd	Deutscher Pressedienst
DPS	Demokratische Partei Saar (auch: des Saarlandes)
DRP	Deutsche Reichspartei
DSP	Deutsche Sozialdemokratische Partei
DStP	Deutsche Staatspartei
DUD	Deutschland-Union-Dienst
DVP	Deutsche Volkspartei
DZD	Deutscher Zeitungsdienst
EA	Europa-Archiv
ECA	Economic Cooperation Administration (amerikanische Behörde zur Verwaltung des Europäischen Wiederaufbau-Programms)
ECE	Economic Commission for Europe (Wirtschaftskommission für Europa des Wirtschafts- und Sozialrats der Vereinten Nationen)
EGKS	Europäische Gemeinschaft für Kohle und Stahl
EKD	Evangelische Kirche in Deutschland
EMNID	Erforschung der öffentlichen Meinung, Marktforschung, Nachrichten- und Informations-Dienste
EPG	Europäische Politische Gemeinschaft
ERP	European Recovery Program (Europäisches Wiederaufbau-Programm/Marshall-Plan)
EVG	Europäische Verteidigungsgemeinschaft
EWG	Europäische Wirtschaftsgemeinschaft
FAZ	Frankfurter Allgemeine, Zeitung für Deutschland
FDGB	Freier Deutscher Gewerkschaftsbund
FDJ	Freie Deutsche Jugend
fdk	Freie Demokratische Korrespondenz
FDP	Freie Demokratische Partei

FNP	Frankfurter Neue Presse
FU	Föderalistische Union
GB	Gesamtdeutscher Block
GG	Grundgesetz
H-Waffen	Wasserstoff-Waffen
HAB	Hamburger Abendblatt
HFP	Hamburger Freie Presse
Hrsg.	Herausgeber
hrsg.	herausgegeben
hs.	handschriftlich
IG	Industriegewerkschaft
INS	International News Service (amerikanische Nachrichtenagentur)
Jg.	Jahrgang
KP	Kommunistische Partei
KPD	Kommunistische Partei Deutschlands
KPdSU	Kommunistische Partei der Sowjetunion
KPF	Kommunistische Partei Frankreichs
KVP	Katholieke Volkspartij (Katholische Volkspartei)
KZ	Konzentrationslager
Leg. Rat	Legationsrat
Ltd.	Limited
MD	Ministerialdirektor
MdB	Mitglied des (Deutschen) Bundestages
MdL	Mitglied des Landtages
MdR	Mitglied des Reichstages
Min.-Dir.	Ministerialdirektor
MR	Ministerrat
MRP	Mouvement Républicain Populaire (Republikanische Volksbewegung)
ms.	maschinenschriftlich
NATO	North Atlantic Treaty Organization (Nordatlantisches Verteidigungs- und Beistandsbündnis)
NDR	Norddeutscher Rundfunk
NL	Nachlaß
NS	Nationalsozialismus
NSDAP	Nationalsozialistische Deutsche Arbeiterpartei
NWDR	Nordwestdeutscher Rundfunk (-Verband)
OECD	Organization for Economic Cooperation and Development (Organisation für wirtschaftliche Zusammenarbeit und Entwicklung)
OEEC	Organization for European Economic Cooperation (Organisation für europäische wirtschaftliche Zusammenarbeit)
ORR	Oberregierungsrat

ÖVP	Österreichische Volkspartei
PA	Privatarchiv
PCI	Partito Comunista Italiano (Italienische Kommunistische Partei)
PIA	Presse- und Informationsamt der Bundesregierung
PPP	Parlamentarisch-Politischer Pressedienst
PSC	Parti Social Chrétien (Christlich-Soziale Partei)
PSI	Partitio Socialista Italiano (Italienische Sozialistische Partei)
PSU	Parti Socialiste Unifié (Vereinigte Sozialistische Partei)
RAI	Radio Andizioni Italia, ab 1954 Radiotelevisione Italiana (italienische Rundfunk- und Fernsehanstalt)
RB	Radio Bremen
RIAS	Rundfunk im amerikanischen Sektor (von Berlin)
RPF	Rassemblement du Peuple Français (Sammlungsbewegung des französischen Volkes)
RSFSR	Rossijskaja Sowjetskaja Federatiwnaja Sozialistitscheskaja Respublika (Russische Sozialistische Föderative Sowjetrepublik)
SA	Sturm-Abteilung
SACEUR	Supreme Allied Commander, Europe (Oberkommandierender der Alliierten Truppen, Europa)
SAJ	Sozialistische Arbeiterjugend
SBZ	Sowjetisch Besetzte Zone
SDAP	Sociaal-Democratische Arbeiderpartij (Sozialdemokratische Arbeiterpartei)
SED	Sozialistische Einheitspartei Deutschlands
SFB	Sender Freies Berlin
SFIO	Section Française de l'Internationale Ouvrière (Französische Sektion der Arbeiterinternationale)
SHAPE	Supreme Headquarter of the Allied Powers in Europe (Oberkommando der Streitkräfte des Nordatlantikvertrages in Europa)
SMAD	Sowjetische Militäradministration in Deutschland
SPD	Sozialdemokratische Partei Deutschlands
SPÖ	Sozialistische Partei Österreichs
SPS	Sozialdemokratische Partei Saar (auch: des Saarlandes)
SRP	Sozialistische Reichspartei
SS	Schutzstaffel
StBKAH	Stiftung Bundeskanzler-Adenauer-Haus
StFG	Straffreiheitsgesetz
StGB	Strafgesetzbuch
StS	Staatssekretär
TASS	Telegrafnoje Agenstwo Sowjetskowo Sojusa (sowjetische Nachrichtenagentur)
UDSR	Union Démocratique et Socialiste de la Résistance (Demokratische und Sozialistische Union des Widerstandes)

UdSSR	Union der Sozialistischen Sowjet-Republiken (Sowjetunion)
UFD	Union des Forces Démocratiques (Union der Demokratischen Kräfte)
UN	United Nations (Vereinte Nationen)
UNESCO	United Nations Educational, Scientific and Cultural Organization (Organisation der Vereinten Nationen für Erziehung, Wissenschaft und Kultur)
UNO	United Nations Organization (Organisation der Vereinten Nationen)
UP	United Press (amerikanische Nachrichtenagentur)
USA	United States of America (Vereinigte Staaten von Amerika)
USPD	Unabhängige Sozialdemokratische Partei Deutschlands
VDA	Verein für das Deutschtum im Ausland
VELKD	Vereinigte Evangelisch-Lutherische Kirche Deutschlands
VfZ	Vierteljahrshefte für Zeitgeschichte
Vol.	Volume
VVD	Volkspartij voor Vrijheid en Democratie (Volkspartei für Freiheit und Demokratie)
WAZ	Westdeutsche Allgemeine Zeitung
WAV	Wirtschaftliche Aufbauvereinigung
WDR	Westdeutscher Rundfunk
WEU	Westeuropäische Union
z. d. A.	zu den Akten
ZDF	Zweites Deutsches Fernsehen
ZK	Zentralkomitee

Quellen- und Literaturverzeichnis

Unveröffentlichte Quellen

Dokumente:

Stiftung Bundeskanzler-Adenauer-Haus, Bad Honnef-Rhöndorf
Nachlaß Konrad Adenauer

Bundesarchiv, Koblenz/Hangelar
Bestand Presse- und Informationsamt der Bundesregierung

Presse- und Informationsamt der Bundesregierung, Bonn
Bestand Pressekonferenzen

Privatarchiv Franz Hange, Bonn

Privatarchiv Dr. Robert Strobel, Bonn

Privatarchiv Marliese Wirth, Bonn

Schriftliche und mündliche Informationen:

Elisabeth Arenz, Bonn
Enrico Altavilla, Rom
Reinhard Appel, Wiesbaden
Dr. Franz Josef Bach, Aachen
Friedrich Carl Badendieck, Bonn
Rudolph Bernhard, Stuttgart
Dr. Heinrich Böx, Königswinter
Dr. Hilde Bogner-Coupette, Bonn
Hendrik Bonde-Hendriksen, Sankt Augustin
Lilo Bothe, Bremerhaven
Colette Boverat, Bonn
Annemarie Brand, Neuss
Günter Diehl, Remagen
Dr. Karlheinz von den Driesch, Bonn
Ian J. Fraser, London
Erika Galla, Bonn
Wolfdietrich Gerdes, Baden-Baden
Professor Dr. Wilhelm Grewe, Königswinter

Elisabeth Grüssen, Marl-Rheinbach
Robert Haeger, Bonn
Franz Hange, Bonn
Bjørn Heimar, Oslo
Walter Henkels, Wachtberg-Ließem
Clemens Honnigfort, Bonn
Richard C. Hottelet, New York
Rudolf Junges, Wachtberg
Guenter Karweina, Doerpum
Heinz van Kempen, Bad Neuenahr-Ahrweiler
Hans Kilb, Vallendar
Dr. Heinzgünter Klein, Bonn
Gottfried Knepflé, AN Cadier en Keer (Niederlande)
Dieter von König, Bonn
Dr. Herbert Kremp, Bonn
Werner Krueger, Bonn
Bruno Kussl, Bonn
Hermann Kusterer, Bonn
Anna Lescrinier, Bonn
Dr. Gesa Liethschmidt, Königswinter
Theo M. Loch, Köln
Werner Lohe, Neunkirchen-Seelscheid
Dr. Günther von Lojewski, München
Wellington Long, Bonn
Jürgen Lorenz, Bonn
Dr. Fred Luchsinger, Zürich
Dr. Franz Mai, Saarbrücken
Heinz Medefind, Bonn
Eghard Mörbitz, Bonn
Dr. Erika Neumann, Bonn
Dr. Max Nietzsche, Düsseldorf
Martha Papenhoff, Bonn
Dr. Alfred Rapp, Bonn
Adolph Rastén, Kopenhagen
Dr. Hanns Reinhardt, Königswinter
Hansfrieder Rost, Bonn
Gerold Rummler, Bonn
Dr. Ina Saame, Wackernheim
Fritz Sänger, München
Dr. Hans Schirmer, Feldafing
Robert Schmelzer, Hagen
Max R. Schnetzer, Olten (Schweiz)
Heribert Schnippenkötter, Bonn

Guenther Scholz, Auckland (Neuseeland)
Peter Schulze, Bonn
Dr. Max Schulze-Vorberg, Bonn
Dr. Otto Schumacher-Hellmold, Bonn
Hannelore Siegel, Bonn
Dr. Robert Strobel, Bonn
Olaf Tönnies, Bonn
Ralf Tönnies, Bonn
Gerta Tzschaschel, Bonn
Rolf Vogel, Bonn
Dr. Frank Vogl, Düsseldorf
Adam Vollhardt, Hamburg
Erich Wagner, Bonn
Dr. Wolfgang Wagner, Hannover
Heinz Weber, Bonn
Rüdiger Freiherr von Wechmar, London
Dr. August Wegener, Brühl
Hans Wendt, Hinterzarten
Fried Wesemann, Remagen-Oberwinter
Dr. Ludger Westrick, Bonn
Marliese Wirth, Bonn
Dr. Ulrich Wirth, Bonn
Elisabeth Zimmermann, Bonn

Aachener Nachrichten, Aachen
Amerikanische Botschaft, Bonn
Ansa, Bonn
Archiv für Christlich-Demokratische Politik der Konrad-Adenauer-Stiftung, Sankt Augustin
Associated Press, Frankfurt/Main–New York
Augsburger Allgemeine, Augsburg
Auswärtiges Amt, Bonn
Axel-Springer-Verlag, Hamburg
Basler Zeitung, Basel
Botschaft der Republik Argentinien, Bonn – Ministerium für Auswärtiges, Buenos Aires
Botschaft von Belgien, Köln – Senat, Brüssel
Botschaft der Französischen Republik, Bonn
Botschaft der Republik Italien, Bonn
Bremer Nachrichten, Bremen
Britische Botschaft, Bonn – House of Lords, London
Bundesarchiv, Koblenz-Hangelar
Bundesarchiv, Militärgeschichtliches Forschungsamt, Freiburg/Breisgau

Bundeskanzleramt, Bonn
Bundesministerium der Verteidigung, Bonn
Bundes-Pressekonferenz, Bonn
Bundesrechtsanwaltskammer, Bonn
Christian Science Monitor, Bonn
Corriere della Sera, Bonn
Darmstädter Echo, Darmstadt
De Gelderlander-Pers, Nimwegen
Der Bund, Bern
Der Tagesspiegel, West-Berlin
Deutsche Gesellschaft für Auswärtige Politik, Bonn
Deutsche Presse-Agentur, Hamburg
Deutscher Bundestag, Bonn
Deutscher Gewerkschaftsbund, Düsseldorf
Deutschland-Union-Dienst, Bonn
Die Welt, Bonn
Europäische Gemeinschaften, Bonn–Brüssel
Europäischer Pressedienst, Frankfurt/Main
Fondation Jean Monnet pour l'Europe, Lausanne
Frankfurter Allgemeine, Frankfurt/Main
Frankfurter Neue Presse, Frankfurt/Main
Frankfurter Rundschau, Frankfurt/Main
Friedrich-Ebert-Stiftung, Archiv der sozialen Demokratie, Bonn
Friedrich-Naumann-Stiftung/Theodor-Heuss-Akademie, Archiv des deutschen Liberalismus, Gummersbach
Gemeinschaftswerk der Evangelischen Publizistik, Frankfurt/Main
Gouvernement Militaire Française De Berlin, West-Berlin
Hamburger Abendblatt, Hamburg
Hessische/Niedersächsische Allgemeine, Kassel
Hessischer Rundfunk, Frankfurt/Main
Industriegewerkschaft Bergbau und Energie, Bochum
Institut für Zeitungsforschung der Stadt Dortmund
Ji Ji Press-Agentur, Hamburg–Tokio
Katholische Nachrichten-Agentur, Bonn
Katholische Internationale Presse-Agentur, Fribourg (Schweiz)
Kölnische Rundschau, Köln
Königlich Niederländische Botschaft, Bonn
Le Figaro, Paris
Ludwig-Erhard-Stiftung, Bonn
Neue Osnabrücker Zeitung, Osnabrück
Neue Zürcher Zeitung, Zürich
Neues Osnabrücker Tageblatt, Osnabrück
Newsweek, Bonn

Norddeutscher Rundfunk, Hamburg
Presse- und Informationsamt der Bundesregierung, Bonn
Reuters, Bonn–London
Rheinische Post, Düsseldorf
RIAS, Berlin
Ruhrtalsperrenverein, Essen
Ruhrverband, Essen
Stadtverwaltung Assisi
Stuttgarter Nachrichten, Stuttgart
Stuttgarter Zeitung, Stuttgart
Süddeutsche Zeitung, München
Südkurier, Konstanz
Technische Universität Berlin, West-Berlin
The New York Times, New York
The Times, London
Time-Life, Bonn
Verein der Ausländischen Presse in der Bundesrepublik Deutschland, Bonn
Weser-Kurier, Bremen
Westdeutscher Rundfunk, Köln

Veröffentlichte Quellen

Literatur:

Abelshauser, Werner: Ansätze »kooperativer Marktwirtschaft« in der Koreakrise der frühen fünfziger Jahre. Ein Briefwechsel zwischen dem Hohen Kommissar und John McCloy und Bundeskanzler Konrad Adenauer, in: Vierteljahrshefte für Zeitgeschichte, 30.Jg. (1982), S. 715-756.

Abs, Hermann Josef: Germany and the London and Paris agreements, in: International Affairs (London), Vol. 31 (1955), S. 167-173.

Abs, Hermann Josef: Konrad Adenauer und die Wirtschaftspolitik der fünfziger Jahre, in: Konrad Adenauer und seine Zeit, Bd. 1, S. 229-245.

Acheson, Dean: Present at the creation. My years in the State Department, London 1969.

Adenauer, Konrad: Erinnerungen 1945–1953, 3. Auflage, Stuttgart 1976; Erinnerungen 1953–1955, Stuttgart 1966; Erinnerungen 1955–1959, Stuttgart 1967; Erinnerungen 1959–1963. Fragmente, Stuttgart 1968.

Adenauer-Studien I, hrsg. von *Rudolf Morsey/Konrad Repgen,* Mainz 1971.

Konrad Adenauer: Briefe 1945–1947, Berlin 1983; Briefe 1947–1949, Berlin 1984; beide hrsg. von *Rudolf Morsey/Hans-Peter Schwarz,* bearb. von *Hans Peter Mensing.*

Konrad Adenauer: Dokumente aus vier Epochen deutscher Geschichte. Führer durch Ausstellung und Wohnhaus in Rhöndorf, hrsg. von der *Stiftung Bundeskanzler-Adenauer-Haus,* 4. Auflage, Bad Honnef-Rhöndorf 1983.

Konrad Adenauer: Reden 1917–1967. Eine Auswahl, hrsg. von *Hans-Peter Schwarz,* Stuttgart 1975.

Konrad Adenauer und seine Zeit. Politik und Persönlichkeit des ersten Bundeskanzlers. Bd. 1: Beiträge von Weg- und Zeitgenossen; Bd. 2: Beiträge der Wissenschaft, beide hrsg. von *Dieter Blumenwitz/Klaus Gotto/Hans Maier/Konrad Repgen/Hans-Peter Schwarz,* Stuttgart 1976.

Alphand, Hervé: L'étonnement d'être. Journal (1939–1973), Paris 1977.

Ambrose, Stephen E.: Eisenhower the soldier, 1890–1952, London 1983.

Anfänge westdeutscher Sicherheitspolitik 1945–1956. Bd. 1: Von der Kapitulation bis zum Pleven-Plan, hrsg. vom Militärgeschichtlichen Forschungsamt von *Roland G. Foerster/Christian Greiner/Georg Meyer/Hans-Jürgen Rautenberg/Norbert Wiggershaus,* München–Wien 1982.

L'Année Politique 1950–1954, hrsg. von *André Siegfried/Edouard Bonnefous/Jean-Baptiste Duroselle,* Paris 1951–1955.

Auriol, Vincent: Journal du Septennat 1947–1954. Tome I 1947, Paris 1970; Tome VII 1953–1954, Paris 1971; Tome II 1948, Paris 1974; Tome V 1951, Paris 1975; Tome III 1949, Paris 1977; Tome VI 1952, Paris 1978.

Die Auswärtige Politik der Bundesrepublik Deutschland, hrsg. vom *Auswärtigen Amt,* Köln 1972.

Backhaus, Wilhelm: Begegnung im Kreml. So wurden die Gefangenen befreit, Berlin 1955.

Balabkins, Nicholas: West German Reparations to Israel, New Brunswick (New Jersey) 1971.

Baring, Arnulf: Außenpolitik in Adenauers Kanzlerdemokratie. Bonns Beitrag zur Europäischen Verteidigungsgemeinschaft, München–Wien 1969.

Baring, Arnulf: Der 17. Juni 1953, Köln–Berlin 1965; neue Auflage, Stuttgart 1983.

Baring, Arnulf: Sehr verehrter Herr Bundeskanzler! Heinrich von Brentano im Briefwechsel mit Konrad Adenauer 1949–1964, Hamburg 1974.

Bauer, Gerhard: Vom Zentrum zur CDU. Hundert Jahre Christliche Politik an der Saar, Saarbrücken 1981.

Beier, Gerhard: Schulter an Schulter, Schritt für Schritt. Lebensläufe deutscher Gewerkschaftler. Von August Bebel bis Theodor Thomas, Köln 1983.

Die Bemühungen der Bundesrepublik um Wiederherstellung der Einheit Deutschlands durch gesamtdeutsche Wahlen. 1. Teil, Oktober 1949–1953, hrsg. vom *Bundesministerium für gesamtdeutsche Fragen,* 4. Auflage, Bonn 1958.

Bernecker, Walter L./Dotterweich, Volker (Hrsg.): Persönlichkeit und Politik in der Bundesrepublik Deutschland. Politische Porträts. 2 Bde., Göttingen 1982.

Beyen, Jan Willem: Die europäische Zollunion, in: Außenpolitik, 4. Jg. (1953), S. 433–435.

Beyen, Jan Willem: Het Spel en de Knikkers. Een kroniek van 50 jaren, Rotterdam 1968.

Bibliographie zur Geschichte der CDU und CSU 1945–1980, hrsg. von *Klaus Gotto/Hans Günter Hockerts/Rudolf Morsey/Hans-Peter Schwarz,* erstellt von *Gerhard Hahn,* 1. Auflage, Stuttgart 1982.

Bidault, George: Noch einmal Rebell. Von einer Resistance in die andere, Berlin 1966.

Biographien zur Zeitgeschichte 1945–1983, hrsg. von *Wolf-Rüdiger Baumann/ Gustav Fochler-Hauke,* Frankfurt/Main 1983.

Biographisches Handbuch der deutschsprachigen Emigration nach 1933, Bd. I Politik, Wirtschaft, Öffentliches Leben, New York, München–New York–London–Paris 1980; Bd. II The Arts, Science, and Literature, Part 1 und 2; München–New York–London–Paris 1983; Bd. III Gesamtregister, München–New York–London–Paris 1983, alle hrsg. vom *Institut für Zeitgeschichte,* München, und der *Research Foudation für Jewish Immigration,* New York.

Blankenhorn, Herbert: Verständnis und Verständigung. Blätter eines politischen Tagebuches 1949–1979, Frankfurt/Main–Berlin–Wien 1980.

Böhm, Franz: Das deutsch-israelische Abkommen 1952, in: Adenauer und seine Zeit, Bd. 1, S. 437-465.

Böhm, Franz: Die deutsch-israelischen Beziehungen, in: Frankfurter Hefte, 20. Jg. (1965), S. 601-625.

Brinkley, Alan: Minister without portofolio. The life and times of John J. McCloy, in: Harper's, Februar 1983, S. 31-46.

Brühl, Fritz (Hrsg.): Ansichten über Deutschland. Eine kritische Bilanz von 36 Journalisten aus 30 Ländern, Düsseldorf–Wien 1972.

Buczylowski, Ulrich: Kurt Schumacher und die deutsche Frage. Sicherheitspolitik und strategische Offensivkonzeption von August 1950 bis September 1951, Stuttgart 1973.

Bulletin des Presse- und Informationsamtes der Bundesregierung, Jg. 1951–1954, 1969, 1974, Bonn.

Bullock, Allan: The Life and Times of Ernest Bevin. Vol. 3 Foreign Secretary 1945–1951, London 1983.

Butler, Richard Austin: The Art of the Possible, London 1971.

Carlton, David: Anthony Eden. A biography, London 1981.

Casdorff, Claus Hinrich (Hrsg.): Demokraten. Profile unserer Republik, Königstein/Taunus 1983.

Churchill, Winston S.: Der Zweite Weltkrieg. 5. Bd. Der Ring schließt sich. 2. Buch Von Teheran bis Rom, 1. Auflage, Stuttgart–Hamburg 1953.

Winston S. Churchill. His Complete Speeches 1897–1963. Vol. VI 1935–1942; Vol. VII 1943–1949, hrsg. von *Robert Rhodes James,* New York–London 1974.

Winston Churchill. The Unwritten Alliance. Speeches 1953 to 1959, hrsg. von *Randolph S. Churchill,* London 1961.

Clément, Alain: L'Allemagne d'Adenauer, Paris 1953.

Dahrendorf, Ralf/Vogt, Martin (Hrsg.): Theodor Heuss. Politiker und Publizist, Tübingen 1984.

Datenhandbuch zur Geschichte des Deutschen Bundestages 1949 bis 1982, hrsg. vom *Presse- und Informationszentrum des Deutschen Bundestages,* Bonn 1983.

Deutsche Auslandsschulden. Dokumente zu den internationalen Verhandlungen Oktober 1950 bis Juli 1951, hrsg. vom *Auswärtigen Amt, Bundesministerium der Finanzen, Bundesministerium für Wirtschaft* und *Bundesministerium für den Marshall-Plan,* ohne Ort und Jahr.

Der deutsche Verteidigungsbeitrag. Dokumente und Reden, hrsg. vom *Auswärtigen Amt,* Bonn 1954.

Dichgans, Hans: Montanunion. Menschen und Institutionen, Düsseldorf–Wien 1980.

Dictionaire Biographique Français Contemporain, hrsg. vom *Centre International de Documentation,* Paris 1950.

Diebold, William: The Schuman-Plan. A Study in Economic Cooperation 1950–1959, New York 1959.

Die Internationale Politik 1955. Eine Einführung in das Geschehen der Gegenwart, hrsg. von *Arnold Bergstraesser/Wilhelm Cornides,* München 1958.

Dischler, Ludwig: Das Saarland 1945–1956. Bd. I Darstellung; Bd. II Dokumente, hrsg. von der Forschungsstelle für Völkerrecht der Universität Hamburg, Bd. 24, Hamburg 1956.

Djilas, Milovan: Jahre der Macht, München 1983.

Djilas, Milovan: Tito. Eine kritische Biographie, München–Wien 1980.

Dohse, Rainer: Der Dritte Weg. Neutralitätsbestimmungen in Westdeutschland zwischen 1945 und 1955, Hamburg 1974.

Dokumentation zur Abrüstung und Sicherheit, hrsg. von *Heinrich von Siegler,* Bad Godesberg 1960.

Dokumentation zur Deutschlandfrage. Von der Atlantik-Charta 1941 bis zur Genfer Außenministerkonferenz 1959. Hauptbd. Chronik der Ereignisse; Annexbd. Verträge, beide hrsg. von *Heinrich von Siegler,* ohne Ort und Jahr.

Dokumente zur Berlin-Frage 1944–1959, hrsg. vom *Forschungsinstitut der Deutschen Gesellschaft für Auswärtige Politik* in Zusammenarbeit mit dem *Senat von Berlin,* München 1959.

Dokumente zur deutschen Verfassungsgeschichte. Bd. 1 Deutsche Verfassungsgeschichte 1803–1950, Stuttgart 1961; Bd. 2 Deutsche Verfassungsdokumente 1851–1918, hrsg. von *Ernst Rudolf Huber,* Stuttgart 1964.

Donoughue, B./Jones, G. W.: Herbert Morrison. Portrait of a Politician, London 1973.

Donovan, Robert John: Conflict and Crisis. The Presidency of Harry S. Truman, 1945–1948, New York–London 1977.

Donovan, Robert John: Tumultuous Years. The Presidency of Harry S. Truman 1949–1953, New York–London 1982.

Dorn, Walter/Henning, Friedrich (Hrsg.): Thomas Dehler. Begegnungen, Gedanken, Entscheidungen, Bonn 1977.

dtv-Lexikon zur Geschichte und Politik im 20. Jahrhundert, 3 Bde., hrsg. von

Carola Stern/Thilo Vogelsang/Erhard Klöss/Albert Graff, durchgesehene und neubearbeitete Auflage, München 1974.

Dulles, Eleanor: Adenauer und Dulles, in: Konrad Adenauer und seine Zeit, Bd. 1, S. 377-389.

Eckardt, Felix von: Ein unordentliches Leben. Lebenserinnerungen, Düsseldorf–Wien 1967.

Eckardt, Felix von: Konrad Adenauer – Eine Charakterstudie, in: Konrad Adenauer und seine Zeit, Bd. 1, S. 137-148.

Eden, Anthony: Memoiren 1945–1957, Köln–Berlin 1960.

Eden, Anthony: Von der EVG zur NATO, in: Konrad Adenauer und seine Zeit, Bd. 1, S. 627-631.

Ehmke, Horst/Schmidt, Carlo/Schoroun, Hans (Hrsg.): Festschrift für Adolf Arndt zum 65. Geburtstag, Frankfurt/Main 1969.

Eisenhower, Dwight D.: Die Jahre im Weißen Haus, 1953–1956, Düsseldorf–Wien 1964.

Eisenhower, Dwight D.: Wagnis für den Frieden, Düsseldorf–Wien 1966.

The Eisenhower Diaries, hrsg. von *Robert H. Ferrell,* New York 1981.

Entscheidungen des Bundesverfassungsgerichts, hrsg. von den Mitgliedern des Bundesverfassungsgerichts, 1. Bd., Tübingen 1952; 2. Bd., Tübingen 1953; 10. Bd., Tübingen 1960.

Erdmann, Karl Dietrich: Adenauer in der Rheinlandpolitik nach dem Ersten Weltkrieg, Stuttgart 1966.

Erdmann, Karl Dietrich: Stresemann und Adenauer – zwei Wege deutscher Politik, in: *Otmar Franz* (Hrsg.), Vom Sinn der Geschichte, Stuttgart 1976.

Erfurt, Werner [Pseudonym von *Werner von Lojewski*]: Die sowjetische Deutschlandpolitik, 6. Auflage, München–Eßlingen 1962.

Europa. Dokumente zur Frage der europäischen Einigung, hrsg. im Auftrag des *Auswärtigen Amtes,* 3 Teilbde., Bonn 1962.

Europa. Dokumente zur Frage der europäischen Einigung, hrsg. vom *Auswärtigen Amt,* Bonn 1953.

Europa-Archiv, 1.–9. Jg. (1946–1954), Oberursel/Taunus, Frankfurt/Main.

Ferrell, Robert H.: George C. Marshall, New York 1966.

Feuchte, Paul: Verfassungsgeschichte Baden-Württembergs, Stuttgart 1983.

Fischer, Alexander (Hrsg.): Teheran–Jalta–Potsdam. Die sowjetischen Protokolle von den Kriegskonferenzen der »Großen Drei«, 2. Auflage, Köln 1973.

François-Poncet, André: Auf dem Wege nach Europa. Politisches Tagebuch 1942–1962, Berlin–Mainz 1964.

Freymond, Jacques: Die Saar 1945–1955, München 1961.

Ernst Friedlaender: Klärung für Deutschland. Leitartikel in der »Zeit« 1946–1950, hrsg. von *Norbert Frei/Franziska Friedlaender,* München–Wien 1982.

De Gaulle, Charles: Lettres, Notes et Carnets, 4 Bde., Paris 1980–1982.

De Gaulle, Charles: Memoiren der Hoffnung. Die Wiedergeburt 1958–1962, Wien–München–Zürich 1971.

De Gaulle, Charles: Memoiren 1942–1946. Die Einheit – Das Heil, Düsseldorf 1961.

Gerigk, Alfred: Deutschland und das Weltgeschehen, Bde. 1960, 1961, Konstanz 1961.

Gerigk, Alfred: Der Staat, mit dem wir leben: wie in Deutschland regiert wird, Freiburg/Breisgau–Basel–Wien 1972.

Gerstenmaier, Eugen: Adenauer und die Macht, in: Konrad Adenauer und seine Zeit, Bd. 1, S. 29-44.

Gerstenmaier, Eugen: Streit und Friede hat seine Zeit. Ein Lebensbericht, Frankfurt/Main–Berlin–Wien 1981.

Geyer, Dietrich (Hrsg.): Osteuropa-Handbuch, Bd. 1 Sowjetunion, Außenpolitik 1917–1955, Köln–Wien 1972.

Gilbert, Martin: Churchills Political Philosophy, London 1981.

Gimbel, John: The Origins of the Marshall Plan, Stanford 1976.

Gögler, Max/Richter, Gregor/Müller, Gebhard (Hrsg.): Das Land Württemberg-Hohenzollern 1945–1952, Sigmaringen 1982.

Goldmann, Nahum: Adenauer und das jüdische Volk, in: Konrad Adenauer und seine Zeit, Bd. 1, S. 427-436.

Goldmann, Nahum: Mein Leben als deutscher Jude, München–Wien 1980.

Goldmann, Nahum: Mein Leben, USA–Europa–Israel, München–Wien 1981.

Goldmann, Nahum: Staatsmann ohne Staat, Köln 1970.

Gotto, Klaus (Hrsg.): Der Staatssekretär Adenauers. Persönlichkeit und politisches Wirken Hans Globkes, Stuttgart 1980.

Gradl, Johann Baptist: Anfang unter dem Sowjetstern. Die CDU 1945–1948 in der sowjetischen Besatzungszone Deutschlands, Köln 1981.

Graml, Hermann: Die Legende von der verpaßten Gelegenheit, in: Vierteljahrshefte für Zeitgeschichte, 29. Jg. (1981), S. 307-341.

Grewe, Wilhelm Georg: Der Deutschland-Vertrag nach zwanzig Jahren, in: Konrad Adenauer und seine Zeit, Bd. 1, S. 698-718.

Grewe, Wilhelm Georg: Deutsche Außenpolitik der Nachkriegszeit, Stuttgart 1960.

Grewe, Wilhelm Georg: Rückblenden 1976–1951. Aufzeichnungen eines Augenzeugen deutscher Außenpolitik von Adenauer bis Schmidt, Frankfurt/Main–Berlin–Wien 1979.

Grewe, Wilhelm Georg: Spiel der Kräfte in der Weltpolitik, Düsseldorf–Wien 1970.

Grewe, Wilhelm Georg: Von der Kapitulation zum Deutschlandvertrag, in: Außenpolitik, 3. Jg. (1952), S. 414-427.

Gross, Heinz-Willi: Die Deutsche Presse-Agentur, Frankfurt/Main 1982.

Haas, Wilhelm: Beitrag zur Geschichte der Entstehung des Auswärtigen Dienstes der Bundesrepublik Deutschland, Bremen 1969.

Hacker, Jens: Der Ostblock. Entstehung, Entwicklung und Struktur 1939–1980, Baden-Baden 1983.

Hallstein, Walter: Das Auswärtige Amt, in: Außenpolitik, 2. Jg. (1950), S. 453-458.

Hallstein, Walter: Der unvollendete Bundesstaat, Düsseldorf–Wien 1969; neuere Fassung: Die Europäische Gemeinschaft, 5. überarbeitete und erweiterte Auflage, Düsseldorf–Wien 1979.

Hallstein, Walter: Mein Chef Adenauer, in: Konrad Adenauer und seine Zeit, Bd. 1, S.132-136.

Handbuch des Deutschen Bundestages, hrsg. von *Fritz Sänger,* 2. Auflage, Stuttgart 1952.

Harries, Kenneth: Attlee, London 1982.

Hausenstein, Wilhelm: Impressionen und Analysen. Letzte Aufzeichnungen, München 1969.

Hausenstein, Wilhelm: Licht unter dem Horizont, München 1967.

Hausenstein, Wilhelm: Pariser Erinnerungen. Aus fünf Jahren diplomatischen Dienstes 1950–1955, 3. Auflage, München 1961.

Häussermann, Ekkhard: Konrad Adenauer und die Presse vor 1933, in: Konrad Adenauer, Oberbürgermeister von Köln, Festgabe der Stadt Köln zum 100. Geburtstag ihres Ehrenbürgers am 5. Januar 1976, hrsg. von *Hugo Stehkämper,* Köln 1976, S. 207-247.

Heiser, Joachim: Die Interimsarbeit an der Europäischen Verteidigungsgemeinschaft, in: Europa-Archiv, 7. Jg. (1953), S. 5761-5765.

Henkels, Walter: 111 Bonner Köpfe, Düsseldorf–Wien 1968.

Henle, Günter: Vom Ruhrstatut zur Montanunion, in: Konrad Adenauer und seine Zeit, Bd. 1, S. 566-590.

Henning, Friedrich (Hrsg.): Theodor Heuss: Lieber Dehler! Briefwechsel mit Thomas Dehler, München–Wien 1983.

Heß, Jürgen C./Steensel van der Aa, E. van: Bibliographie zum deutschen Liberalismus, Göttingen 1981.

Hoffmann, Johannes: Das Ziel war Europa. Der Weg der Saar 1945–1955, München 1963.

Hofsähs, Rudolf/Pollmann, Hans: Das Presse- und Informationsamt der Bundesregierung, 4. Auflage, Düsseldorf 1977.

Hohenberg, John: Foreign Correspondence. The Great Reporters and Their Times, New York–London 1964.

Hopes, Townsend: The Devil and John Foster Dulles. The Diplomacy of the Eisenhower Era, Boston–Toronto 1973.

Huber, Ernst Rudolf: Deutsche Verfassungsgeschichte seit 1789. Bd. III Bismarck und das Reich, Stuttgart 1963.

The International Who's who, 19.–47. Ausgabe, London 1955–1983.

Interpress. Internationaler Biographischer Pressedienst, Hamburg.

Ismay, Lionel Hastings: NATO. The First Five Years, 1949–1954, 2. Auflage, Utrecht 1956.

Ismay, Lionel Hastings: The Memoirs of General the Lord Ismay, London 1960.

Jäckel, Eberhard (Hrsg.): Die deutsche Frage 1952–1956, in: Dokumente, Heft XXIII, Frankfurt/Main–Berlin 1957, S. 75-96.

Joost, Wilhelm: Herren über Krieg und Frieden, Düsseldorf–Wien 1962.

Joost, Wilhelm/Führung, Hellmuth H.: Wie stark ist die Sowjetunion?, Bonn 1958.

Journalistengesetze und Pressegesetze. Die Entwürfe von 1924 bis 1954, hrsg. vom *Deutschen Journalistenverband,* Bonn 1969.

Die Kabinettsprotokolle der Bundesregierung, Bd. 1 1949, hrsg. für das Bundesarchiv von *Hans Booms,* bearb. von *Ulrich Enders/Konrad Reiser,* Boppard/Rhein 1982.

Der Kampf um den Wehrbeitrag. 1. Halbbd. Die Feststellungsklage, München 1952; 2. Halbbd. Das Gutachtenverfahren (30.7.–15.12.1952), München 1953; Ergänzungsbd., München 1958.

Kather, Linus: Die Entmachtung der Vertriebenen. 1. Bd. Die entscheidenden Jahre, München–Wien 1964; 2. Bd. Die Jahre des Verfalls, München–Wien 1965.

Keesings Archiv der Gegenwart, 16.–24. Jg. (1946–1954), Bonn–Wien–Zürich.

Kennan, George Frost: Memoiren eines Diplomaten, 5. Auflage, Stuttgart 1969.

Kennan, George Frost: Memoiren 1950–1963, Frankfurt/Main 1973.

Kernig, Claus Dieter (Hrsg.): Die kommunistischen Parteien der Welt, Freiburg–Basel–Wien 1969.

Kiersch, Gerhard: Parlament und Parlamentarier in der Außenpolitik der IV. Republik. Wirtschafts- und Sozialwissenschaftliche Dissertation, 3 Bde., Berlin 1971.

Kirkpatrick, Ivone: Im Inneren Kreis, West-Berlin 1964.

Kleinmann, Hans Otto: Theodor Blank, in: *Jürgen Aretz/Rudolf Morsey/Anton Rauscher* (Hrsg.), Zeitgeschichte in Lebensbildern, Bd. 6, Mainz 1984, S. 171-188.

Klemm, A.: Dr. Karl Silex, Chefredakteur des West-Berliner »Tagesspiegel«, in: Dokumentation der Zeit, 12. Jg. (1960), S. 31-35.

Koch, Diether: Heinemann und die Deutschlandfrage, München 1972.

Kolendič, Anton: Machtkampf im Kreml. Vom Tode Stalins bis zur Hinrichtung Berijas, Bergisch Gladbach 1983.

Konferenzen und Verträge. Vertrags-Ploetz. Teil II. Bd. 4A: Neueste Zeit 1914–1959, bearb. von *Helmuth K. G. Rönnefarth/Heinrich Euler,* zweite und veränderte Auflage, Würzburg 1959.

Kosthorst, Erich: Jakob Kaiser. Bundesminister für gesamtdeutsche Fragen 1949–1957, Stuttgart–Berlin–Köln–Mainz 1972.

Koszyk, Kurt/Schulze, Volker (Hrsg.): Die Zeitung als Persönlichkeit. Festschrift für Karl Bringmann, Düsseldorf 1982.

Kreikamp, Hans-Dieter: Deutsches Vermögen in den Vereinigten Staaten, Stuttgart 1972.

Krone, Heinrich: Konrad Adenauer – Im Gespräch mit einem großen Politiker und tiefen Menschen, in: Konrad Adenauer und seine Zeit, Bd. 1, S. 117-121.

Kroneck, Friedrich J./Oppermann, Thomas (Hrsg.): Im Dienste Deutschlands und des Rechts. Festschrift für Wilhelm G. Grewe, Baden-Baden 1981.

Küster, Otto: Erfahrungen in der deutschen Wiedergutmachung, Tübingen 1967.
Küsters, Hanns Jürgen: Die Gründung der Europäischen Wirtschaftsgemeinschaft, Baden-Baden 1982.
Kutscher, Hans (Hrsg.): Die Bonner Verträge, München–Berlin 1952.
Lacouture, Jean: Pierre Mendès-France, Paris 1981.
Lambach, Frank: Der Draht nach Washington. Von den ersten preußischen Ministerresidenten bis zu den Botschaftern der Bundesrepublik Deutschland, Köln 1976.
Lange, Erhard H.M.: Ein Leben im Dienste des Staates. Zum 30. Todestag von Hermann Höpker Aschoff, in: Liberal, 25.Jg. (1983), S. 946-951.
Lange, Erhard H.M.: Hermann Höpker Aschoff, in: *Walter Först* (Hrsg.), Land und Bund, Köln–Stuttgart–Berlin–Mainz 1981, S. 210-226.
Lange, Erhard H.M.: Wahlrecht und Innenpolitik, Meisenheim am Glan 1975.
Latte, Gabriele: Die französische Europapolitik im Spiegel der Parlamentsdebatten (1950–1965), Berlin 1979.
Legoll, Paul: Konrad Adenauer et l'idée d'unification européenne janvier 1948–mai 1950, Dissertation, Paris 1983.
Liddell Hart, Basil Henry: Die Verteidigung des Westens, Konstanz 1951.
Liddell Hart, Basil Henry: Geschichte des 2. Weltkrieges, 2 Bde., Düsseldorf–Wien 1972.
Loch, Theo M.: Walter Hallstein. Eine biographische Skizze, in: Wege nach Europa, Walter Hallstein und die junge Generation, Andernach/Rhein 1967.
Löwke, Udo F.: Für den Fall, daß ..., SPD und Wehrfrage 1949–1955, Hannover 1968.
Lohmann, Karl: 13 Tage erschütterten die Welt, München 1957.
Lojewski, Werner von: Bonn am Wendepunkt. Die Krise der deutschen Außenpolitik. Analyse und Bilanz, München 1965.
Lovett, Robert A.: Political profiles: the Kennedy years. Facts on file, New York 1976.
Lovett, Robert A.: Political profiles: the Truman years. Facts on file, New York 1978.
Luchsinger, Fred: Bericht über Bonn. Deutsche Politik 1955–1965, Zürich 1966.
Luchsinger, Fred: Realitäten und Illusionen. NZZ-Artikel zur internationalen Politik 1963–1983, Zürich 1983.
Lüth, Erich: Max Brauer. Glasbläser, Bürgermeister, Staat, Hamburg 1972.
Maclean, Fitzroy: Josip Broz Tito. Ein Kampfgefährte berichtet. Zürich 1980.
März, Peter: Die Bundesrepublik zwischen Westintegration und Stalin-Noten. Zur deutschlandpolitischen Diskussion 1952 in der Bundesrepublik vor dem Hintergrund der westlichen und der sowjetischen Deutschlandpolitik, Frankfurt/Main–Bern 1982.
Mahncke, Dieter: Adenauer und die Hauptstadt Berlin. Das Verhältnis Berlins zum Bund 1949 bis 1956, in: Konrad Adenauer und seine Zeit, Bd. 2, S. 402-426.

Mahncke, Dieter: Berlin im geteilten Deutschland, München–Wien 1973.

Mai, Franz: Einige ausgewählte Reden und Schriften. Ein Beitrag zur Geschichte des Saarländischen Rundfunks in den Jahren 1957–1977, hrsg. vom *Saarländischen Rundfunk,* Saarbrücken 1977.

Maier, Reinhold: Erinnerungen 1948–1953, Tübingen 1966.

Manchester, William Raymond: American Caesar. Douglas MacArthur 1880–1964, 6. Auflage, Boston 1978.

Manning, Adrian F.: Die Niederlande und Europa von 1945 bis zum Beginn der fünfziger Jahre, in: Vierteljahrshefte für Zeitgeschichte, 29.Jg. (1981), S.1-20.

Matthews, Geoffrey: Robert A. Taft. The Constitution and American Foreign Policy 1939–1953, in: Journal of Contemporary History, Vol. 17 (1982), S. 507-522.

McCloy, John Jay: Adenauer und die Hohe Kommission, in: Konrad Adenauer und seine Zeit, Bd. 1, S. 421-426.

McLellan, David S.: Dean Acheson. The State Department Years, New York 1976.

Medefind, Heinz: Die Deutschen im Europarat. Zwei Jahrzehnte Nachkriegspolitik im Spiegel von Straßburg, Bonn 1972.

Medefind, Heinz: Organisation Europa. Die Achtzehn und die Neun – und darunter die Deutschen, Bonn 1975.

Mende, Erich: Das verdammte Gewissen. Zeuge der Zeit 1921–1945, München 1982.

Mende, Erich: Die neue Freiheit, München–Berlin 1984.

Mendès-France, Pierre: Choisir. Conversations avec Jean Bothorel, Paris 1974.

Mendès-France, Pierre: Regard sur la Ve République 1958–1978, Paris 1983.

Merkl, Peter H.: Das Adenauer-Bild in der öffentlichen Meinung der USA (1949 bis 1955), in: Konrad Adenauer und seine Zeit, Bd. 2, S. 220-228.

Middleton, Drew: Germany reborn, in: *R. Carolyn King* (Hrsg.), Portraits of power, New York 1979, S. 132-145.

Middleton, Drew: The Struggle for Germany, Indianapolis–New York 1949.

Milward, Alan S.: The Reconstruction of Western Europe 1945–1951, London 1984.

Mittendorfer, Rudolf: Robert Schuman – Architekt des neuen Europas, Hildesheim–Zürich–New York 1983.

Moch, Jules: Une si longue vie, Paris 1976.

Moch, Jules: Wir sind gewarnt, Frankfurt/Main 1955.

Monnet, Jean: Erinnerungen eines Europäers, München–Wien 1978.

Morandi, Luigi: Adenauer. Cancelliere della liberta, Brescia 1961.

Morgan, Kenneth O.: Labour in Power 1945–1951, Oxford 1983.

Morrison, Herbert: An Autobiography by Lord Morrison of Lambeth, London 1960.

Müller-List, Gabriele: Die Entstehung der Montanmitbestimmung, in: *Walter Först* (Hrsg.), Zwischen Ruhrkontrolle und Mitbestimmung, Köln 1982, S. 119-142.

Müller-List, Gabriele: Montanmitbestimmung. Das Gesetz über die Mitbestimmung der Arbeitnehmer in den Aufsichtsräten und Vorständen der Unternehmen des Bergbaus und der Eisen und Stahl erzeugenden Industrie vom 21. Mai 1951. Quellen zur Geschichte des Parlamentarismus und der politischen Parteien. Vierte Reihe. Deutschland seit 1945. Bd. 1, hrsg. von *Karl Dietrich Bracher/Rudolf Morsey/Hans-Peter Schwarz,* Düsseldorf 1984.

Müller-Roschach, Herbert: Die deutsche Europapolitik 1949–1977. Eine politische Chronik, Bonn 1980; erweiterte Auflage der Ausgabe: Die deutsche Europapolitik. Wege und Umwege zur politischen Union Europas, Baden-Baden 1974.

Munzinger-Archiv, Internationales Biographisches Archiv, Ravensburg.

Neumann, Erich Peter (Hrsg.): Umfragen über Adenauer. Ein Portrait in Zahlen, Allensbach 1961.

Neumann, Franz: Der Block der Heimatvertriebenen und Entrechteten 1950–1960. Ein Beitrag zur Geschichte und Struktur einer politischen Interessenpartei, Marburg/Lahn 1966.

Die Neuordnung der Eisen- und Stahlindustrie im Gebiet der Bundesrepublik Deutschland. Ein Bericht der *Stahltreuhänder-Vereinigung,* München–Berlin 1954.

Noack, Paul: Das Scheitern der Europäischen Verteidigungsgemeinschaft. Entscheidungsprozesse vor und nach dem 30. August 1954, Düsseldorf 1977.

Nutting, Anthony: Europe will not wait. A warning and a way out, London 1960.

Oberndörfer, Dieter: John Foster Dulles und Konrad Adenauer, in: Konrad Adenauer und seine Zeit, Bd. 2, S. 229-248.

Opitz, Eckardt: Die sicherheits- und wehrpolitische Diskussion in den politischen Parteien 1949–1955, in: Aus Politik und Zeitgeschichte, Beilage zur Wochenzeitung »Das Parlament«, B 35/83, 3.9.1983, S. 3-18.

Osterheld, Horst: Konrad Adenauer. Ein Charakterbild, Bonn 1973.

Paper, Lewis J.: The Promise and the Performance. The Leaderships of John F. Kennedy, New York 1976.

Patterson, James T.: Mr. Republican. A Biography of Robert A. Taft, Boston 1972.

Pfleiderer, Karl Georg: Politik für Deutschland. Reden und Aufsätze 1948–1956, Stuttgart 1961.

Pikart, Eberhard: Theodor Heuss und Konrad Adenauer. Die Rolle des Bundespräsidenten in der Kanzlerdemokratie, Stuttgart 1976.

Poppinga, Anneliese: Konrad Adenauer. Geschichtsverständnis, Weltanschauung und politische Praxis, Stuttgart 1975.

Poppinga, Anneliese: Meine Erinnerungen an Konrad Adenauer, Stuttgart 1970, neuere Ausgabe: Freiburg/Breisgau–Basel–Wien 1983.

Prittie, Terence: Architect of the new Germany, in: Germany divided. The legacy of the Nazi era, Boston 1960, S. 193-220.

Prittie, Terence: Der Staatsmann. Geschichtliche Perspektiven, in: *Terence Prittie/*

Horst Osterheld/François Seydoux (Hrsg.), Konrad Adenauer, Leben und Politik, Bonn 1975, S. 11-65.

Prittie, Terence: Deutsche Bundeskanzler, in: *Walter Scheel* (Hrsg.), Nach dreißig Jahren, Die Bundesrepublik Deutschland, Vergangenheit, Gegenwart, Zukunft, Stuttgart 1979, S. 212-231.

Prittie, Terence: Kanzler in Deutschland, Stuttgart 1981.

Prittie, Terence: Konrad Adenauer 1876–1967, Chicago 1971, London 1972.

Prittie, Terence: Konrad Adenauer. Vier Epochen deutscher Geschichte, 2. Auflage, Stuttgart 1972.

Proebst, Hermann: Zu früh und zu spät, in: Die Ära Adenauer. Einsichten und Ausblicke, Frankfurt/Main–Hamburg 1964, S. 147-159.

Pross, Hary: Deutsche Presse seit 1945, Bern–München 1965.

Pruessen, Ronald W.: John Foster Dulles. The Road to Power, New York–London 1982.

Puttkamer, Ellinor von: Vorgeschichte und Zustandekommen der Pariser Verträge vom 23. Oktober 1954, in: Zeitschrift für ausländisches öffentliches Recht und Völkerrecht, Bd. 17 (1957), S. 448-475.

Ramonet, Wolfgang: Rationalist und Wegbereiter: Walter Hallstein, in: *Thomas Janssen/Dieter Mahncke* (Hrsg.), Persönlichkeiten der Europäischen Integration, Vierzehn biographische Essays, Bonn 1981, S. 337-378.

Rapp, Alfred: Adenauer und die Journalisten, in: Konrad Adenauer und seine Zeit, Bd. 1, S. 283-290.

Rapp, Alfred: Bonn auf der Waage, Stuttgart 1959.

Rautenberg, Hans-Jürgen/Wiggershaus, Norbert: Die »Himmeroder Denkschrift« vom Oktober 1950. Politische und militärische Überlegungen für einen Beitrag der Bundesrepublik Deutschland zur westeuropäischen Vereinigung, in: Militärgeschichtliche Mitteilungen, 1 (1977), S. 135-206.

Regenten und Regierungen der Welt. Minister-Ploetz. Teil II. Bd. 4: Neueste Zeit 1917/18–1964, 2. Auflage, Würzburg 1964; Nachtrag 1964/65, Würzburg 1966, beide bearbeitet von *Bertold Spuler.*

Regierung Adenauer 1949–1963, hrsg. vom *Presse- und Informationsamt der Bundesregierung,* Bonn 1963.

Reinhold, Kurt W.: Aus der Feder eines kämpferischen Demokraten, Darmstadt 1980.

Reuter, Ernst: Schriften – Reden. 4. Bd. Reden – Artikel – Briefe 1949 bis 1953, hrsg. von *Hans E. Hirschfeld/Hans J. Reichardt,* Berlin 1975.

Reynaud, Paul: Mémoires. Venus de ma montagne, Paris 1960; Envers et contre tous, Paris 1963.

Rodens, Franz: Konrad Adenauer. Der Mensch und Politiker, München–Zürich 1963.

Rodens, Franz: Wie steht's mit der Wiedervereinigung?, Bonn 1957.

Roegele, Otto Bernhard: Adenauer's electorial victory september 6, 1953, in: Review of Politics, Vol. 16 (1954), S. 212-235.

Roegele, Otto Bernhard: Das Deutschland Adenauers, in: Dokumente, 14.Jg. (1958), S. 405-409.

Roegele, Otto Bernhard: Die Bemühungen um eine Große Koalition in Bonn. Der erste Anlauf im Jahre 1962, in: *Richard Wisser* (Hrsg.), Politik als Gedanke und Tat, Mainz 1967, S. 215-235.

Rosenberg, Ludwig: Adenauer und die Gewerkschaften, in: Konrad Adenauer und seine Zeit, Bd. 1, S. 255-259.

Sänger, Fritz: Verborgene Fäden. Erinnerungen eines Journalisten, Bonn 1978.

Schiffers, Reinhard: »Ein mächtiger Pfeiler im Bau der Bundesrepublik«. Das Gesetz über das Bundesverfassungsgericht vom 12. März 1951, in: Vierteljahrshefte für Zeitgeschichte, 32. Jg. (1984), S. 66-102.

Schiffers, Reinhard: Grundlegung der Verfassungsgerichtsbarkeit. Das Gesetz über das Bundesverfassungsgericht vom 12. März 1951, Düsseldorf 1984.

Schlarp, Karl-Heinz: Alternativen zur deutschen Außenpolitik 1952–1955. Karl Georg Pfleiderer und die Deutsche Frage, in: *Wolfgang Benz/Hermann Graml* (Hrsg.), Aspekte deutscher Außenpolitik im 20. Jahrhundert, Stuttgart 1976, S. 211-248.

Schmid, Carlo: Erinnerungen, Bern–München–Wien 1979.

Schmidt, Dietmar: Martin Niemöller. Eine Biographie, Stuttgart 1983.

Schmidt, Eberhard: Die verhinderte Neuordnung 1945–1952, Frankfurt/Main 1970.

Schmidt, Robert H.: Saarpolitik 1945–1957. Bd. 1 Politische Struktur, Berlin 1959; Bd. 2 Entfaltung der Saarpolitik zwischen »Wirtschaftsanschluß« und »Europäisierung«, Berlin 1960; Bd. 3 Entfaltung der Saarpolitik von Scheitern der EVG bis zur Wiedervereinigung (1954–1957), Berlin 1962.

Schnelting, Karl B. (Hrsg.): Zeugen des Jahrhunderts. Portraits aus Wirtschaft und Gesellschaft. Hermann J. Abs, Frankfurt/Main 1981.

Schulte, Marcel: Freiheit und Verantwortung des Publizisten im demokratischen Staat, in: *Wilhelm Geiger/Otto B. Roegele/Marcel Schulte/Anton Betz/Karl Forster,* Die Funktion der Presse im demokratischen Staat, München 1958, S. 73-107.

Schulze-Vorberg, Max: Die Moskaureise 1955, in: Konrad Adenauer und seine Zeit, Bd. 1, S. 651-664.

Schwarz, Hans-Peter: Adenauer und Europa, in: Vierteljahrshefte für Zeitgeschichte, 27. Jg. (1979), S. 471-523.

Schwarz, Hans-Peter: Das außenpolitische Konzept Konrad Adenauers, in: Adenauer-Studien I, S. 71-108.

Schwarz, Hans-Peter: Die Ära Adenauer. Epochenwechsel 1957–1963. Geschichte der Bundesrepublik Deutschland Bd. 3, Stuttgart–Wiesbaden 1983.

Schwarz, Hans-Peter: Die Ära Adenauer. Gründerjahre der Republik 1949–1957. Geschichte der Bundesrepublik Deutschland Bd. 2, Stuttgart–Wiesbaden 1981.

Schwarz, Hans-Peter (Hrsg.): Die Legende von der verpaßten Gelegenheit. Rhöndorfer Gespräche Bd. 5, Stuttgart–Zürich 1982.

Schwarz, Hans-Peter (Hrsg.): Die Wiederherstellung des deutschen Kredits. Das Londoner Schuldenabkommen. Rhöndorfer Gespräche Bd. 4, Stuttgart 1982.

Schwarz, Hans-Peter/Meissner, Boris (Hrsg.): Entspannungspolitik in Ost und West, Köln 1980.

Seebacher-Brandt, Brigitte: Ollenhauer. Biedermann und Patriot, Berlin 1984.

Seeberg, Axel/Heinz Zahrnt (Hrsg.): Abschied vom Christentum? Festschrift zum 65. Geburtstag von Dr. Hanns Lilje, Hamburg 1964.

Sethe, Paul: Geschichte der Deutschen, Frankfurt/Main 1962.

Sethe, Paul: In Wasser geschrieben. Portraits, Profile, Prognosen, Frankfurt/Main 1968.

Sethe, Paul: Öffnung nach Osten. Weltpolitische Realitäten zwischen Bonn, Paris und Moskau, Frankfurt/Main 1966.

Sethe, Paul/Fried, Ferdinand/Schwab-Felisch, Hans (Hrsg.): Das Fundament unserer Zukunft. Bilanz der Ära Adenauer, Düsseldorf–Wien 1964.

Settel, Arthur (Hrsg.): Das ist Germany, Frankfurt/Main 1950.

Sforza, Carlo: Cinque anni a Palazzo Chigi. La politica estera italiana dal 1947 al 1951, Rom 1952.

Shlaim, Avi/Jones, Peter/Sainsburg, Keith: British Foreign Secretaries since 1945, London–Vancouver 1977.

Sicherheitspolitik der Bundesrepublik Deutschland. Dokumentation 1945–1977. Teil 1, hrsg. von *Klaus von Schubert,* Bonn 1977.

Silex, Karl: Adenauer und Korea, in: Die Ära Adenauer. Einsichten und Ausblicke, Frankfurt/Main–Hamburg 1964, S. 143-146.

Silex, Karl: Mit Kommentar. Lebensbericht eines Journalisten, Frankfurt/Main 1968.

Soell, Hartmut: Fritz Erler, 2 Bde., Berlin 1976.

Sorensen, Theodore C.: Kennedy, 2. Auflage, München 1966.

Spaak, Paul Henri: Memoiren eines Europäers, Hamburg 1969.

Spaak, Paul Henri: La pensée européenne et atlantique. Texte réunis et présentés par *Paul F. Smets,* 2 Bde., Brüssel 1981.

Speidel, Hans: Aus unserer Zeit. Erinnerungen, 3. Auflage, Berlin–Frankfurt/Main–Wien 1977.

Spittmann, Ilse/Fricke, Karl Wilhelm (Hrsg.): 17. Juni 1953. Arbeiteraufstand in der DDR, Köln 1982.

Steel, Ronald: Walter Lippmann and the American Century, London–Sydney–Toronto 1980.

Steininger, Rolf: Deutsche Geschichte 1945–1961. Darstellung und Dokumente in zwei Bänden, Frankfurt/Main 1983.

Steininger, Rolf: Großbritannien und die Ruhr, in: *Walter Först* (Hrsg.), Zwischen Ruhrkontrolle und Mitbestimmung, Köln 1982, S. 9-63.

Stern, Carola: Ulbricht. Eine politische Biographie, Köln–Berlin 1963.

Stikker, Dirk Uipko: Die NATO-Politik Adenauers, in: Konrad Adenauer und seine Zeit, Bd. 1, S. 524-537.

Stikker, Dirk Uipko: Bausteine für eine neue Welt. Gedanken und Erinnerungen an schicksalhafte Nachkriegsjahre, Wien–Düsseldorf 1966.

Stockhorst, Erich: Fünftausend Köpfe. Wer war was im Dritten Reich, Rheinhausen 1967.

Stourzh, Gerald: Geschichte des österreichischen Staatsvertrages, Graz–Wien–Köln 1980.

Strobel, Robert: Adenauer und der Weg Deutschlands, Luzern 1965.

Studnitz, Hans-Georg von: Bismarck in Bonn. Bemerkungen zur Außenpolitik, Stuttgart 1964.

Sulzberger, Cyrus Leo: Auf schmalen Straßen durch die dunkle Nacht. Erinnerungen eines Augenzeugen der Weltgeschichte 1939–1954, Wien–München–Zürich 1971.

Tern, Jürgen: Von Adenauer zu Brandt. Die vier Kanzlerschaften, in: *Pitt Severin/Hartmut Jetter* (Hrsg.), Fünfundzwanzig Jahre Bundesrepublik Deutschland, Wandel und Bewährung einer Demokratie, Ein politisches Lesebuch, Wien 1974, S. 29-50.

Thilenius, Richard: Die Teilung Deutschlands, Reinbek bei Hamburg 1961.

Thorn, Gaston: Joseph Bech. Hrsg. vom *Centre de Recherches Européennes,* Lausanne 1977.

Thum, Horst: Mitbestimmung in der Montanindustrie. Der Mythos vom Sieg der Gewerkschaften, Stuttgart 1982.

Tönnies, Norbert: Der Weg zu den Waffen. Die Geschichte der deutschen Wiederbewaffnung 1949–1957, 2. Auflage, Rastatt 1961.

Tönnies, Norbert (Hrsg.): Gibt es noch Wege zur Wiedervereinigung?, Hamburg 1960.

Trausch, Gilbert: Joseph Bech, un homme dans son siècle, Luxemburg 1978.

Truman, Harry S.: Das Jahr der Entscheidungen (1945), Stuttgart 1955; Jahre der Bewährung und des Hoffens (1946–1953), Stuttgart 1956.

Truman, Harry S.: Off the record. The private papers, hrsg. von *Robert H. Ferrell,* New York 1980.

Ungeheuer, Josef: Gebunden an Bonn? Der Weg der Freien Demokraten zur Wiedervereinigung, Bonn 1957.

Unger, Ilse: Die Bayernpartei. Geschichte und Struktur 1945–1957, Stuttgart 1979.

Utley, Freda: Drama China. Hintergründe einer Katastrophe, Essen–München–Hamburg 1951.

Utley, Freda: The high cost of vengeance, Chikago 1949 (deutsche Ausgabe: Kostspielige Rache, Tübingen 1962).

Verhandlungen des Bundesrates, Stenographische Berichte, Jg. 1953–1954, Bonn 1953–1954.

Verhandlungen des Deutschen Bundestages. 1. Wahlperiode 1949, Stenographische Berichte Bde. 5-17, Bonn 1951–1953; 2. Wahlperiode 1953, Stenographische Berichte Bde. 18–21, Bonn 1953–1954.

Verteidigung im Bündnis. Planung, Aufbau und Bewährung der Bundeswehr 1950–1972, hrsg. vom *Militärgeschichtlichen Forschungsamt,* 2. Auflage, München 1975.

Verträge der Bundesrepublik Deutschland, hrsg. vom *Auswärtigen Amt,* Serie A: Multilaterale Verträge Bd. 7, Bd. 8, Bonn–Köln–Berlin 1957; Bd. 20, Bonn–Köln–Berlin 1965.

Die Vertragswerke von Bonn und Paris vom Mai 1952. Dokumente und Berichte des Europa-Archivs, Bd. 10, Frankfurt/Main 1952.

Die Viererkonferenz in Berlin 1954. Reden und Dokumente, hrsg. vom *Presse- und Informationsamt der Bundesregierung,* Berlin [1954].

Vogel, Rolf (Hrsg.): Deutschlands Weg nach Israel. Eine Dokumentation, Zweite ergänzte Auflage, Stuttgart–Degerloch 1967.

Volk, Ludwig: Konrad Kardinal von Preysing, in: *Rudolf Morsey* (Hrsg.), Zeitgeschichte in Lebensbildern, Bd. 2, Mainz 1975, S. 88-100.

Wagner, Dietrich: FDP und Wiederbewaffnung. Die wehrpolitische Orientierung der Liberalen in der Bundesrepublik Deutschland 1949–1955, Boppard/Rhein 1978.

Walker, Horst Otto: Das Presse- und Informationsamt der Bundesregierung. Eine Untersuchung zu Fragen der Organisation, Koordination und Kontrolle der Presse- und Öffentlichkeitsarbeit der Bundesregierung, Frankfurt/Main 1982.

Watt, Donald C.: Großbritannien und Europa 1951–1959. Die Jahre konservativer Regierung, in: Vierteljahrshefte für Zeitgeschichte, 28. Jg. (1980), S. 389-409.

Wenger, Paul Wilhelm: Die Falle. Deutsche Ost-, russische Westpolitik, Stuttgart 1971.

Wenger, Paul Wilhelm: Schuman und Adenauer, in: Konrad Adenauer und seine Zeit, Bd. 1, S. 395-414.

Wengst, Udo: Staatsaufbau und Regierungspraxis 1948–1953. Zur Geschichte der Verfassungsorgane der Bundesrepublik Deutschland, Düsseldorf 1984.

Wenzel, Rolf: Konrad Adenauer und die Gestaltung der Wirtschafts- und Sozialordnung im Nachkriegsdeutschland, Flensburg 1983.

Wer ist wer? Das deutsche Who's who, XI-XXII. Ausgabe von Degeners Wer ist's?, Berlin–Frankfurt/Main–Lübeck 1951–1983.

Wettig, Gerhard: Entmilitarisierung und Wiederbewaffnung in Deutschland 1943–1955. Internationale Auseinandersetzung um die Rolle der Deutschen in Europa, München 1967.

Whitman, Walt: Europa after Stalin. Eisenhowers' three decisions of March 11, 1953, Austin 1982.

Who's who 1951–1983, hrsg. von *Adam Black/Charles Black,* London 1951–1983.

Who's who in America, 27.–40. Ausgabe (1952–1979), Chicago 1952–1979.

Who's who in Austria 1971/72, 8. Ausgabe, hrsg. von R. *Bohmann/Stephen S. Taylor,* Wien 1971/72.

Who's who in Belgium and Grand Duchy of Luxembourg, 2. Ausgabe, hrsg. von *F. Michielsen/Stephen S. Taylor,* Brüssel 1962.

Who's who in France. Qui est qui en France, 1.–16. Ausgabe, hrsg. von *Jacques Lafitte,* Paris 1953–1982.

Who's who in World Jewry, hrsg. von *Harry Schmeiderman/Itzhan J. Carmin,* New York 1955.

Who's who 1951–1960, 1961–1970, 1971–1980. Vol. V-VII, hrsg. von *Adam Black/Charles Black,* London 1961, 1972, 1981.

Who was who in America, Vol. IV-VII (1961–1981), Chicago 1968–1981.

Wiggershaus, Norbert: Bedrohungsvorstellungen Bundeskanzler Adenauers nach dem Ausbruch des Korea-Krieges, in: Militärgeschichtliche Mitteilungen, 1 (1979), S. 79-122.

Wiggershaus, Norbert: Zur Frage der Planung für die verdeckte Aufstellung westdeutscher Verteidigungskräfte in Konrad Adenauers sicherheitspolitischer Konzeption 1950, in: *Heinz-Ludger Borgert/Walter Sturm/Norbert Wiggershaus,* Dienstgruppen und westdeutscher Verteidigungsbeitrag, Alternative Überlegungen zur Bewaffnung der Bundesrepublik Deutschland, Boppard/Rhein 1981. S. 11-88.

Willequet, Jacques: Paul-Henri Spaak. Un homme, des combats, Brüssel 1975.

Williams, J. Emlyn: The German Federal Republic today, in: International Affairs (London), Vol. 28 (1952), S. 422-431.

Willis, Frank Roy: Italy chooses Europe, New York 1971.

Wistrich, Robert: Wer war wer im Dritten Reich. Anhänger, Mitläufer, Gegner aus Politik, Wirtschaft, Militär, Kunst und Wissenschaft, München 1983.

Wolf, Konstanze: CSU und Bayernpartei. Ein besonders Konkurrenzverhältnis 1948–1960, Köln 1982.

Woller, Hans: Die Loritz-Partei. Geschichte, Struktur und Politik der Wirtschaftlichen Aufbau-Vereinigung 1945–1955, Stuttgart 1982.

Worliczek, Adalbert: Bonn–Moskau. Die Ostpolitik Adenauers, München 1957.

Zeno, Livio: Ritratto di Carlo Sforza: col carteggio Crocce – Sforza ed altri documenti inediti, Florenz 1975.

Zeitungen:

Augsburger Allgemeine, Augsburg
Basler Nachrichten, Basel
Bild am Sonntag, Hamburg–Essen–Berlin
Bonner Rundschau, Bonn
Business Week, New York

Combat, Paris
De Gelderlander-Pers, Nimwegen
Der Spiegel, Hamburg
Deutsche Zeitung und Wirtschaftszeitung, Stuttgart
Die Neue Zeitung, Frankfurt/Main–Berlin
Die Welt, Hamburg
Die Zeit, Hamburg
Financial Times, London
Franc Tireur, Paris
Frankfurter Allgemeine, Frankfurt/Main
Frankfurter Rundschau, Frankfurt/Main
Fuldaer Zeitung, Fulda
General-Anzeiger, Bonn
Hamburger Abendblatt, Hamburg
Handelsblatt, Düsseldorf
Hessische Allgemeine, Kassel
Industriekurier, Düsseldorf
Ketteler Wacht, Köln
Kölnische Rundschau, Köln
Le Figaro, Paris
Le Monde, Paris
Lübecker Nachrichten, Lübeck
Mannheimer Morgen, Mannheim
National-Zeitung, München
Neue Zürcher Zeitung, Zürich
Neuer Vorwärts, Bonn
Neues Deutschland, Ost-Berlin
Rheinische Post, Düsseldorf
Rheinischer Merkur, Köln
Saarländische Volkszeitung, Saarbrücken
Stuttgarter Zeitung, Stuttgart
Süddeutsche Zeitung, München
Südkurier, Konstanz
The New York Times, New York
The Times, London
Volksstimme, Saarbrücken
Washington Post, Washington, D. C.
Welt am Sonntag, Hamburg–Essen–Berlin
Westdeutsches Tageblatt, Dortmund

Nachweis der Abbildungen

Abbildungen, die im folgenden nicht verzeichnet sind, stammen aus dem Nachlaß Konrad Adenauers.
Mit freundlicher Genehmigung stellten Bilder und andere Materialien für den Abdruck zur Verfügung bzw. wurden entnommen aus:

Bundesarchiv, Bestand Presse- und Informationsamt der Bundesregierung (Hangelar): 148f., 224f., 249–254, 408, 474
Frankfurter Allgemeine (Frankfurt/Main): 133
Handbuch des Deutschen Bundestages, hrsg. von Fritz Sänger, 2. Auflage, Stuttgart 1952: 597 (außer Bourdin), 598 (Euler, Höpker Aschoff, Krone), 599 (außer von Twardowski)
Nachlaß Henry Bernhard (Stuttgart): 9–11
Presse- und Informationsamt der Bundesregierung (Bonn): 582 (Friedlaender), 583 (Rapp, Roussel, Strobel), 585, 586 (Wegener), 597 (Bourdin), 599 (von Twardowski)
Presse- und Informationsamt der Bundesregierung (Bonn): 582 (Friedlaender), 583 (Rapp, Roussel, Strobel), 585, 586 (Wegener), 597 (Bourdin), 599 (von Twardowski)
Privatarchiv Dr. Hilde Bogner-Coupette (Bonn): 581 (oben)
Privatarchiv Annemarie Brand (Neuss): 573 (oben)
Privatarchiv Elisabeth Grüssen (Marl-Rheinbach): 582
Privatarchiv Bjørn Heimar (Oslo): 582
Privatarchiv Werner Krueger (Bonn): 580 (unten)
Privatarchiv Martha Papenhoff (Bonn): 582
Privatarchiv Max R. Schnetzer (Olten/Schweiz): 583
Privatarchiv Dr. Max Schulze-Vorberg (Bonn): 577
Privatarchiv Ralf Tönnies (Bonn): 584
Privatarchiv Dr. Frank Vogl (Düsseldorf): 584
Privatarchiv Adam Vollhardt (Hamburg): 584
Privatarchiv Rüdiger Freiherr von Wechmar (London): 573, 577 (beide unten)
Privatarchiv Hans Wendt (Hinterzarten): 584
Privatarchiv Dr. Ulrich Wirth (Bonn): 584
Time Incorporation (New York): XXX, 596
Westdeutscher Rundfunk (Köln): 582 (Brühl, von Danwitz)

Personenregister

Halbfett gedruckte Seitenzahlen weisen entweder auf biographische Angaben zu der jeweiligen Person hin oder auf den Fundort in den beiden Bänden »Briefe 1945–1947« und »Briefe 1947–1949« der Rhöndorfer Ausgabe.
Jens Bleiel, Birgit Bröhl und Ursula Pinkus waren an der Erstellung des Registers beteiligt.

CIP-Kurztitelaufnahme der Deutschen Bibliothek

Adenauer:
Adenauer/Stiftung Bundeskanzler-Adenauer-Haus.
Hrsg. von Rudolf Morsey u. Hans-Peter Schwarz. –
Rhöndorfer Ausg. – Berlin: Siedler

NE: Adenauer, Konrad: [Sammlung]; HST

Teegespräche 1950–1954/bearb. von Hanns Jürgen Küsters. –
1984
ISBN 3-88680-060-1
ISBN 3-88680-061-X

NE: Küsters, Hanns Jürgen [Bearb.]

Umschlag, Einband und Typographie: Hans Peter Willberg, Eppstein
Reproduktionen: Rembert Faesser, Berlin
Satz: Bongé & Partner, Berlin
Druck und Buchbinder: Spiegelbuch, Ulm

Printed in Germany 1984
ISBN 3-88680-060-1 (Leinenausgabe)
ISBN 3-88680-061-X (Ganzlederausgabe)

Die Forschungsarbeiten wurden durch die
Stiftung Volkswagenwerk, Hannover, unterstützt.